国家出版基金项目
NATIONAL PUBLICATION FOUNDATION

艺术卷

14

中国历代图书总目

李致忠　主编

北京国图书店有限责任公司
北京广臻文化艺术有限公司
编纂

文物出版社

第十四分册目录

摄影艺术

中国摄影艺术作品

J0111114

丁玲　罗光达主编

沈阳　辽宁美术出版社　1993 年　102 页　24×26cm

精装　ISBN：7-5314-1009-5　定价：CNY98.00

　　作者罗光达（1919—1997），曾用名王天成，笔名兀羊、东征，浙江吴兴县人。曾任北京电影学院第一副院长，中国老年摄影学会副会长。出版有《罗光达摄影作品·论文选集》。

J0111115

古代仕女　刘海发摄

沈阳　辽宁美术出版社　1993 年　1 张　77×53cm

定价：CNY1.96

　　本作品为年画形式的摄影作品。

J0111116

官渡　（汉英对照）中共昆明市官渡区委员会，昆明市官渡区人民政府编

昆明　云南民族出版社　1993 年　68 页

29cm（16 开）　ISBN：7-5367-0599-9

定价：CNY28.00

　　中国现代摄影作品集。

J0111117

贵州安顺　（摄影集　英汉对照）罗丕恒主编

福州　海风出版社　1993 年　60 页　29×14cm

ISBN：7-80597-001-7　定价：CNY18.00

J0111118

桂林阳朔风光　（汉英对照）莫文兴摄影；植日焕，刘建国撰文

北京　人民美术出版社　1993 年　61 页

26cm（16 开）　ISBN：7-102-01102-4

　　中国现代摄影作品集。

J0111119

海拉尔　（摄影集　英汉对照）海拉尔市对外文化交流协会编

北京　外文出版社　1993 年　76 页　29cm（16 开）

ISBN：7-119-01631-8　定价：CNY48.00

J0111120

花香妙影　王伟，晓戴摄

南京　江苏美术出版社　1993 年　4 张　102×38cm

定价：CNY5.20

　　本作品为年画形式的摄影作品。

J0111121

环球歌坛：中外明星画刊

北京　中国电影出版社　[1993 年] 36 页

26cm（16 开）　ISBN：7-106-00717-X

定价：CNY4.10

　　中外现代摄影作品集。

J0111122

晶莹　志恒摄

南京　江苏美术出版社　1993 年　1 张　53×38cm

定价：CNY0.90

　　本作品为年画形式的摄影作品。

J0111123

精彩瞬间的捕捉：体育摄影 88 例　官一著
北京 人民体育出版社 1993 年 177 页 17×19cm
ISBN：7-5009-0943-8 定价：CNY13.80

J0111124

静湖　小滨摄
南京 江苏美术出版社 1993 年 1 张 38×106cm
定价：CNY1.70
　　本作品为年画形式的摄影作品集

J0111125

九州银河：中国农村水电　（汉英文对照）陈
涌主编；水利部农村水电司，新世纪之光编辑委
员会编著
北京 中国画报出版社 1993 年 301 页 有彩图
29cm（16 开）精装 ISBN：7-80024-166-1
　　中国现代摄影作品集。

J0111126

辽河油田一日　张世荣等编
沈阳 辽宁美术出版社 1993 年 有图 26×23cm
ISBN：7-5314-1008-7 定价：CNY30.00
　　中国现代摄影作品集。

J0111127

林志颖偶像专集
海口 海南摄影美术出版社 1993 年 26cm（16 开）
ISBN：7-80571-415-0 定价：CNY8.88
（偶像珍藏系列 1）
　　中国现代摄影作品集。

J0111128

名模小姐风采　李维良等编
长春 吉林科学技术出版社 1993 年 64 页
26cm（16 开）ISBN：7-5384-1131-3
定价：CNY19.80
　　中国现代摄影作品集。

J0111129

南京　（汉英对照）《南京》编辑委员会编；丁卫
等摄
北京 外文出版社 1993 年 29cm（16 开）
ISBN：7-119-01645-8 定价：CNY30.00
　　中国现代摄影作品集。

J0111130

千古丰碑：纪念海河治理 30 年　千古丰碑编
委会编
北京 水利电力出版社 1993 年 95 页 29×21cm
ISBN：7-120-01707-1
　　中国现代摄影作品集。

J0111131

秦皇岛　（摄影集 英汉对照）施友义主编
福州 海风出版社 1993 年 47 页 26cm（16 开）
ISBN：7-80597-018-1 定价：CNY15.00
　　作者施友义（1947—　　），画家。笔名石奇，
福建平潭人。曾任中国美术家协会福建分会会
员，福建出版集团编审，华艺出版社副社长。出
版有《施友义国画选》《侯官县烈女歼仇》《千里
送京娘》《千古名媛》。

J0111132

秦始皇兵马俑
北京 外文出版社 1993 年 20 张 11×15cm
ISBN：7-119-01630-X
　　中国现代摄影作品集。

J0111133

琴梦　志恒摄
南京 江苏美术出版社 1993 年 1 张 53×38cm
定价：CNY0.90
　　年画形式的中国现代摄影作品。

J0111134

青春的梦　（七）陈春轩摄
上海 上海人民美术出版社 1993 年 1 张
68×38cm 定价：CNY1.90
　　本作品为年画形式的摄影作品。

J0111135

青春的梦　（八）陈春轩等摄
上海 上海人民美术出版社 1993 年 1 张
68×38cm 定价：CNY1.90
　　本作品为年画形式的摄影作品。

J0111136

青春的梦　（九）陈春轩等摄
上海 上海人民美术出版社 1993 年 1 张
68×38cm 定价：CNY1.90

本作品为年画形式的摄影作品。

J0111137

青春的梦 （十）陈春轩等摄

上海 上海人民美术出版社 1993 年 1 张

68×38cm 定价: CNY1.90

　　本作品为年画形式的摄影作品。

J0111138

青春的梦 （十一）陈春轩等摄

上海 上海人民美术出版社 1993 年 1 张

68×38cm 定价: CNY1.90

　　本作品为年画形式的摄影作品。

J0111139

青春的梦 （十二）陈春轩等摄

上海 上海人民美术出版社 1993 年 1 张

68×38cm 定价: CNY1.90

　　本作品为年画形式的摄影作品。

J0111140

三笑姻缘 春雨摄

上海 上海人民美术出版社 1993 年 2 张

77×53cm 定价: CNY2.00

　　本作品为年画形式的摄影作品。

J0111141

上海 （英汉日文对照）谢新发等摄影

上海 上海人民美术出版社［1993 年］10 张

17cm（40 开）ISBN: 7-5322-1100-2

定价: CNY5.00

　　中国现代摄影作品集。作者谢新发，擅长年画摄影。主要作品有《节日欢舞》《风光摄影》《怎样拍摄夜景》等。

J0111142

上海：1992 丁定等摄影；蔡来兴等编

上海 上海人民美术出版社［1993 年］

29cm（16 开）ISBN: 7-5322-1245-9

　　中国现代摄影作品集。

J0111143

诗与景 （一）陈春轩摄

上海 上海人民美术出版社 1993 年 1 张

68×38cm 定价: CNY1.90

本作品为年画形式的摄影作品集

J0111144

诗与景 （二）陈春轩摄

上海 上海人民美术出版社 1993 年 1 张

68×38cm 定价: CNY1.90

　　本作品为年画形式的摄影作品。

J0111145

诗与景 （三）陈春轩摄

上海 上海人民美术出版社 1993 年 1 张

68×38cm 定价: CNY1.90

　　本作品为年画形式的摄影作品。

J0111146

诗与景 （四）陈春轩摄

上海 上海人民美术出版社 1993 年 1 张

68×38cm 定价: CNY1.90

　　本作品为年画形式的摄影作品。

J0111147

水乡名镇南浔 阮仪三编著；马元浩，阮仪三摄影

上海 同济大学出版社 1993 年 67 页 26cm（16 开）

精装 ISBN: 7-5608-1279-1 定价: CNY38.00

　　中国现代摄影作品集。编著者阮仪三（1934— ），教授。江苏苏州人，毕业于同济大学。历任建设部同济大学国家历史文化名城研究中心主任，同济大学建筑城规学院教授、博士生导师，中国历史文化名城保护专家委员会委员，全国历史文化名城保护专家委员会委员。代表作品《护城纪实》《江南古镇》《历史文化名城保护理论与规划》等。摄影者马元浩（1944— ），摄影家、导演。毕业于上海财经学院。中国摄影家协会会员，英国皇家摄影学会高级会士。出版有《中国古代雕塑观音》等。

J0111148

台湾同胞在大陆 （摄影集）施友义主编

福州 海风出版社 1993 年 126 页 26cm（16 开）

ISBN: 7-80597-010-0 定价: CNY55.00

J0111149

腾飞的江宁 蔡遗春主编；徐元平等摄影；李荣潮等撰文

南京 南京出版社 1993 年 29cm（16 开）
ISBN：7–80560–765–6 定价：CNY28.00
　　中国现代摄影作品集。

J0111150
天安门广场 （汉英对照）
北京 北京美术摄影出版社［1993 年］10 张
17cm（40 开）ISBN：7–80501–155–9
定价：CNY2.00
　　中国现代摄影作品集。

J0111151
天成佳配 戴许，长健摄
南京 江苏美术出版社 1993 年 4 张 102×38cm
定价：CNY5.20
　　本作品为年画形式的摄影作品集

J0111152
铜川矿务局 周俊生编著
西安 陕西人民美术出版社 1993 年 29cm（16 开）
ISBN：7–5368–0577–2 定价：CNY78.50
　　中国现代摄影作品集。

J0111153
武陵源 （摄影集 英汉对照）施友义，李相时主编
福州 海风出版社 1993 年 79 页 26cm（16 开）
ISBN：7–80597–005–X 定价：CNY15.00

J0111154
西藏当代美术选辑 西藏自治区对外文化交
流协会等供稿
上海 上海人民美术出版社［1993 年］10 张
15×11cm ISBN：7–5322–1269–6
　　中国现代摄影作品集。

J0111155
西藏艺术 （雕刻卷选辑）西藏自治区对外文化
交流协会等供稿
上海 上海人民美术出版社［1993 年］10 张
15×11cm ISBN：7–5322–1267–4
　　中国现代摄影作品图片。

J0111156
西藏艺术 （绘画卷选辑）西藏自治区对外文化
交流协会等供稿

上海 上海人民美术出版社［1993 年］10 张
15×11cm ISBN：7–5322–1268–8
　　中国现代摄影作品图片。

J0111157
雨花石 （第一辑）吴浩源藏石
上海 华东师范大学出版社 1993 年 10 张
10×15cm ISBN：7–5617–1024–0 定价：CNY3.30
　　中国现代摄影作品集。

J0111158
豫园
上海 上海人民美术出版社［1993 年］10 张
17cm（40 开）ISBN：7–5322–1224–6
定价：CNY4.00
　　中国现代摄影作品集。

J0111159
真善美 （一）姚中玉摄
上海 上海人民美术出版社 1993 年 1 张
53×38cm 定价：CNY1.40
　　年画形式的中国现代摄影作品。作者姚中
玉，画家。曾任湖南省艺术家书画院会员、长沙
市书法家协会会员等职。主要作品有《迎风燕
舞》《向天歌》《一唱雄鸡天下白》《春情》《富贵
吉祥》等。

J0111160
真善美 （二）姚中玉摄
上海 上海人民美术出版社 1993 年 1 张
53×38cm 定价：CNY1.40
　　年画形式的中国现代摄影作品。

J0111161
真善美 （三）姚中玉摄
上海 上海人民美术出版社 1993 年 1 张
53×38cm 定价：CNY1.40
　　年画形式的中国现代摄影作品。

J0111162
真善美 （四）姚中玉摄
上海 上海人民美术出版社 1993 年 1 张
53×38cm 定价：CNY1.40
　　年画形式的中国现代摄影作品。

J0111163
中国三峡 《中国三峡》编辑委员会编
南京 江苏人民出版社 1993 年 743 页 38×27cm
精装 ISBN：7-214-01112-3
中国现代摄影作品集。

J0111164
中国新疆博乐旅游 （汉英文对照）蒋黎明主
编；博乐市委宣传部编
乌鲁木齐 新疆美术摄影出版社 1993 年
29cm（16 开）ISBN：7-80547-127-4
定价：CNY36.00
中国现代摄影作品集。

J0111165
中国最大的淡水湖鄱阳湖 （汉英对照）施友
义主编
福州 海风出版社 1993 年 80 页 26cm（16 开）
ISBN：7-80597-000-9 定价：CNY18.00
中国现代摄影作品集。

J0111166
中央领导在广东纪影 牛正武摄
北京 新华出版社 1993 年 70 页 29cm（16 开）
ISBN：7-5011-2112-5 定价：CNY38.00
中国现代摄影作品集。

J0111167
准噶尔雄风：国道 216 线工程素描 庄才庆
主编；国道 216 线工程指挥部编
北京 人民交通出版社 1993 年 128 页 有彩照
28cm（大 16 开）ISBN：7-114-01709-X
定价：CNY68.00
中国现代摄影作品集。

J0111168
走向 2000 年的宝钢 （摄影集 中、英文对照）
走向 2000 年的中国编辑委员会编
北京 中国华侨出版社 1993 年 95 页 29cm（16 开）
ISBN：7-80074-804-9 定价：CNY80.00

J0111169
八一军旗 （摄影）
天津 天津人民美术出版社 1994 年 1 张
53×77cm 定价：CNY1.20

J0111170
布达拉宫 （藏、汉、英对照）甲央主编
北京 中国大百科全书出版社 1994 年 125 页
30cm（10 开）ISBN：7-5000-5462-9
定价：CNY98.00

J0111171
布达拉宫建筑艺术：布达拉宫文物珍藏
（藏、汉、英对照）西藏高大陆（集团）有限责任公
司等编
拉萨 西藏人民出版社 1994 年 1 套 15×10cm

J0111172
春和景明 （摄影）刘震摄
南京 江苏美术出版社 1994 年 1 张 53×154cm
定价：CNY5.20

J0111173
董必武 武继忠主编；中国革命博物馆编
广州 广东人民出版社 1994 年 235 页
36cm（15 开）精装 ISBN：7-218-01361-9
定价：CNY198.00

J0111174
方学辉黑白摄影集 葛骞主编
北京 中国友谊出版公司 1994 年 79 页
21×19cm ISBN：7-5057-0828-7
定价：CNY30.00

J0111175
丰收有余 （摄影）顾国治作
天津 天津人民美术出版社 1994 年 2 张
77×53cm 定价：CNY1.70
作者顾国治（1938— ），画家。江苏太仓人。
毕业于南京艺术学院美术系，现为中国美术家协
会会员，常州书画院画师。主要作品有《秋实图》
《幽境》《春满人间》等。

J0111176
风韵 （2）刘海发摄
上海 上海人民美术出版社 1994 年 1 张
77×53cm 定价：CNY2.00
中国现代摄影作品。

J0111177
公关小姐 （摄影）石强等设计
南京 江苏美术出版社 1994 年 4 张 106×38cm
定价：CNY6.20

J0111178
哈萨克风情 （汉哈对照）阿斯力汉·巴根编著、
摄影
乌鲁木齐 新疆美术摄影出版社 1994 年 160 页
29cm（16 开）ISBN：7-80547-247-5
定价：CNY138.00
　　中国现代摄影作品。

J0111179
花港凝翠 （摄影）德安，王伟摄
南京 江苏美术出版社 1994 年 1 张 53×154cm
定价：CNY5.20
　　中国现代摄影年画。

J0111180
黄冈 彭刚撰文；戚永安，军锋摄影
福州 海风出版社 1994 年 25×13cm
ISBN：7-80597-071-8 定价：CNY10.00
　　中国现代摄影集。

J0111181
魂系雪域：罗锦辉迪庆摄影作品集 （汉英对
照）罗锦辉著
昆明 云南美术出版社 1994 年 90 页 29cm（16 开）
ISBN：7-80586-058-0 定价：CNY68.00

J0111182
焦力·卡德尔摄影作品集 （维、汉、英文对
照）焦力·卡德尔摄
乌鲁木齐 新疆美术摄影出版社 1994 年 48 页
17×19cm ISBN：7-80547-232-7
定价：CNY15.00

J0111183
金色年华 （一 摄影）
上海 上海人民美术出版社 1994 年 1 张
68×38cm 定价：CNY1.40
　　中国现代摄影年画。

J0111184
金色年华 （二 摄影）
上海 上海人民美术出版社 1994 年 1 张
68×38cm 定价：CNY1.40
　　中国现代摄影年画。

J0111185
金色年华 （三 摄影）
上海 上海人民美术出版社 1994 年 1 张
68×38cm 定价：CNY1.40
　　中国现代摄影年画。

J0111186
金色年华 （四 摄影）
上海 上海人民美术出版社 1994 年 1 张
68×38cm 定价：CNY1.40
　　中国现代摄影年画。

J0111187
敬爱的解放军 （摄影）
天津 天津人民美术出版社 1994 年 1 张
77×53cm 定价：CNY1.20
　　中国现代摄影年画。

J0111188
客家人 古进主编；北京客家海外联谊会，梅
州客家联谊会合编
北京 中国三峡出版社 1994 年 384 页 有照片
29cm（16 开）ISBN：7-80099-085-0
定价：CNY380.00

J0111189
美在人间 包于飞摄
上海 上海人民美术出版社 1994 年 1 张
77×53cm 定价：CNY3.00
　　中国现代摄影年画。

J0111190
美在人间 谢新发摄
上海 上海人民美术出版社 1994 年 1 张
77×53cm 定价：CNY3.00
　　中国现代摄影年画。作者谢新发，擅长年画
摄影。主要作品有《节日欢舞》《风光摄影》《怎
样拍摄夜景》等。

J0111191

瞄准了再打 （摄影）

天津 天津人民美术出版社 1994 年 1 张

77×53cm 定价：CNY1.20

　　中国现代摄影年画。

J0111192

明珠 （广州石油化工总厂二十周年 1974—

1994）林辉, 黄承伟主编

广州 岭南美术出版社 1994 年 119 页 25×26cm

精装 ISBN：7-5362-1111-2 定价：CNY88.00

J0111193

年画四条屏　　王伟摄；晏明绘

南京 江苏江美术出版社 1994 年 4 张

106×38cm 定价：CNY6.20

　　中国现代摄影年画。

J0111194

七仙女下凡 （摄影）

天津 天津人民美术出版社 1994 年 2 张

77×53cm 定价：CNY2.40

　　中国现代摄影年画。

J0111195

倩女情 （摄影）徐震时摄

沈阳 辽宁美术出版社 1994 年 1 张 53×38cm

定价：CNY1.00

　　中国现代摄影年画。

J0111196

热爱和平 （摄影）

天津 天津人民美术出版社 1994 年 1 张

77×53cm 定价：CNY1.20

　　中国现代摄影年画。

J0111197

热爱解放军 （摄影）

天津 天津人民美术出版社 1994 年 1 张

77×53cm 定价：CNY1.20

　　中国现代摄影年画。

J0111198

山西人看世界 （万国风情摄影作品集）狄森

主编

太原 北岳文艺出版社 1994 年 94 页 29cm（16 开）

ISBN：7-5378-1358-2 定价：CNY38.50

J0111199

上海精神文明　　陈至立主编

上海 上海人民美术出版社 1994 年 91 页

有彩照 28cm（大 16 开）ISBN：7-5322-1394-3

定价：CNY80.00

J0111200

神功保良　　天元撰文；郑鸣等摄影

北京 北京工艺美术出版社 1994 年 51 页

29cm（16 开）ISBN：7-80526-119-9

（炎黄子孙系列丛书）

　　作者郑鸣（1957—　　），记者。中国摄影家协

会会员，中国新闻摄影学会副秘书长。

J0111201

神奇的西藏　　人民画报社画册研究中心编辑

北京 中国画报出版社 1994 年 196 页 有彩图

29cm（16 开）精装 ISBN：7-80024-133-5

定价：CNY140.00

J0111202

时和景泰 （摄影）胡维标等摄

北京 中国旅游出版社 1994 年 2 张 77×53cm

定价：CNY2.40

　　中国现代摄影年画。

J0111203

世纪之桥　　夏克强主编；上海黄浦江大桥工程

建设指挥部等编

北京 新华出版社 1994 年 228 页 36cm（15 开）

精装 ISBN：7-5011-2682-8 定价：CNY158.00

J0111204

世界名人赞桂林 （汉、英、日对照）刘寿保, 马

勇主编；桂林市文化研究中心编；王冬鸣等摄影

南宁 广西美术出版社 1994 年 140 页 有摄影

21×29cm 精装 ISBN：7-80582-188-7

定价：CNY128.00

J0111205

丝绸之路黄金道：中国新疆昌吉 （汉、英文

对照）崔书杰主编；《丝绸之路黄金道》编委会编

乌鲁木齐 新疆美术摄影出版社 1994 年 139 页
29cm（16 开）ISBN：7-80547-230-0
定价：CNY100.00

J0111206
四川交警 （摄影画册 1987—1994）王寿春主
编；四川省公安厅交通警察总队编
成都 四川民族出版社 1994 年 76 页 29cm（16 开）
精装 ISBN：7-5409-1390-8

J0111207
台北恋情 （剧照摄影）
南京 江苏美术出版社 1994 年 2 张 77×53cm
定价：CNY2.80

J0111208
唐明皇与杨贵妃 （摄影）
北京 中国旅游出版社 1994 年 2 张 77×53cm
定价：CNY2.40
　　　中国现代摄影年画。

J0111209
王星军摄影作品集 王星军著
天津 百花文艺出版社 1994 年 52 页 25×25cm
ISBN：7-5306-1534-3 定价：CNY58.00

J0111210
我们都是解放军 （摄影）
天津 天津人民美术出版社 1994 年 1 张
77×53cm 定价：CNY1.20
　　　中国现代摄影年画。

J0111211
我们热爱解放军 姚中玉摄
上海 上海人民美术出版社 1994 年 1 张
77×53cm 定价：CNY2.00
　　　中国现代摄影年画。

J0111212
小兵嘎子 （摄影）
天津 天津人民美术出版社 1994 年 1 张
77×53cm 定价：CNY1.20
　　　中国现代摄影年画。

J0111213
小海军 （摄影）
天津 天津人民美术出版社 1994 年 1 张
77×53cm 定价：CNY1.20
　　　中国现代摄影年画。

J0111214
小小侦察兵 （摄影）
天津 天津人民美术出版社 1994 年 1 张
77×53cm 定价：CNY1.20
　　　中国现代摄影年画。

J0111215
小战士 （摄影）
天津 天津人民美术出版社 1994 年 1 张
77×53cm 定价：CNY1.20
　　　中国现代摄影年画。

J0111216
秀峰天下甲 （汉英对照）李晓英主编；敬有权
等摄
长沙 湖南地图出版社 1994 年 112 页
21cm（32 开）
（武陵源旅游丛书）

J0111217
杨贵妃后传 （摄影）
天津 天津人民美术出版社 1994 年 2 张
77×53cm 定价：CNY2.40
　　　中国现代摄影年画。

J0111218
游戏战 （摄影）
天津 天津人民美术出版社 1994 年 1 张
77×53cm 定价：CNY1.20
　　　中国现代摄影年画。

J0111219
玉堂春后传 （摄影）
天津 天津人民美术出版社 1994 年 2 张
77×53cm 定价：CNY2.40
　　　中国现代摄影年画。

J0111220
扎西次登作品集 扎西次登摄

北京 民族出版社 1994 年 25×26cm
ISBN：7-105-02293-0 定价：CNY105.00

J0111221
长征路上　王铁生摄
武汉 湖北美术出版社 1994 年 22×29cm 精装
ISBN：7-5394-0508-2 定价：CNY128.00
　　中国现代摄影作品集。

J0111222
争奇斗艳　（摄影）刘震摄
南京 江苏美术出版社 1994 年 1 张 53×154cm
定价：CNY5.20
　　中国现代摄影年画。

J0111223
中国·新疆·木垒　（汉、哈萨克、英文对照）马
进孝主编；范明华，王春亮摄影
乌鲁木齐 新疆美术摄影出版社 1994 年 16 页
有彩照 21×19cm ISBN：7-80547-244-0
定价：CNY5.80

J0111224
中国大佛　顾美华编撰；吕立春摄影
上海 上海古籍出版社 1994 年 156 页
29cm（16 开）ISBN：7-5325-1867-1
定价：CNY100.00

J0111225
中国首富镇——灵溪　耿兴余主编
北京 中国社会出版社 1994 年 94 页 有照片
28cm（大 16 开）ISBN：7-80088-536-4
定价：CNY79.50
　　中国现代乡镇风光与新闻摄影作品。

J0111226
中国新疆·克孜勒苏　柳用能，贺继宏撰文；
图尔迪等摄
乌鲁木齐 新疆美术摄影出版社 1994 年
29cm（16 开）ISBN：7-80547-224-6
定价：CNY80.00

J0111227
中国长城　（汉、日、英、法对照）成大林，舒辉
主编；成大林摄

北京 北京体育大学出版社 1994 年 25×26cm
精装 ISBN：7-81003-893-1

J0111228
中华瑰宝　（摄影）王建华摄
南京 江苏美术出版社 1994 年 2 张 77×53cm
定价：CNY2.80
　　中国现代摄影年画。

J0111229
竹林深处　（摄影）娄晓曦摄
天津 天津人民美术出版社 1994 年 1 张
106×38cm 定价：CNY1.20
　　中国现代摄影年画。作者娄晓曦，摄影家。
主要作品有《重庆长江大桥》《雪》《思念》等。

J0111230
状元招亲　（摄影）
天津 天津人民美术出版社 1994 年 2 张
77×53cm 定价：CNY2.40
　　中国现代摄影年画。

J0111231
暗恋　谢丽金著
台北 时报文化出版企业公司 1995 年 有照片
21cm（32 开）ISBN：957-13-1766-7
定价：TWD250.00
（桔色页 9）

J0111232
春明画卷　（摄影年画）四星摄
南京 江苏美术出版社 1995 年 1 张 53×150cm
定价：CNY5.50

J0111233
淡水河上的风起云涌　倪再沁主编；许伯鑫摄影
台北 台北县立文化中心 1995 年 178 页
有彩图 29cm（16 开）精装
ISBN：957-00-6050-6 定价：TWD600.00
　　本书为 1995 年台北县第七届美展。

J0111234
飞阁凌空　（摄影年画）王伟摄
南京 江苏美术出版社 1995 年 1 张 38×106cm
定价：CNY2.50

中国现代摄影年画。

J0111235
飞虹生辉 （摄影年画）
南京 江苏美术出版社 1995 年 1 张 38×106cm
定价：CNY2.50
　　中国现代摄影年画。

J0111236
花香满园 （摄影年画）蒙紫摄
北京 中国旅游出版社 1995 年 1 张 37×106cm
定价：CNY2.60
　　作者蒙紫（1933— ），摄影家。历任解放军
画报记者，中国摄影家协会理事，中国旅游出版
社编辑室主任、编委会副主任、高级记者、编审
等。出版了《美丽的桂林》《故宫》《紫禁城》《炎
黄故里》等画册。

J0111237
艺苑长青 （1 摄影年画）年华祖摄
上海 上海人民美术出版社 1995 年 1 张
68×38cm 定价：CNY1.60
　　中国现代摄影年画。

J0111238
艺苑长青 （2 摄影年画）年华祖摄
上海 上海人民美术出版社 1995 年 1 张
68×38cm 定价：CNY1.60
　　中国现代摄影年画。

J0111239
艺苑长青 （3 摄影年画）年华祖摄
上海 上海人民美术出版社 1995 年 1 张
68×38cm 定价：CNY1.60
　　中国现代摄影年画。

J0111240
艺苑长青 （4 摄影年画）年华祖摄
上海 上海人民美术出版社 1995 年 1 张
68×38cm 定价：CNY1.60
　　中国现代摄影年画。

J0111241
**'97 香港回归祖国之日"松文杯"摄影大赛
获奖作品集** （珍藏本）高兴烈主编

北京 九州图书出版社 1997 年 111 页 28×29cm
精装 ISBN：7-80114-208-X 定价：CNY288.00

J0111242
'97 中国旅游年摄影作品集 佟华龄主编
北京 中国旅游出版社 1997 年 109 页 21×29cm
ISBN：7-5032-1505-4 定价：CNY120.00

J0111243
百舸争流 （摄影年画）
南京 江苏美术出版社 1997 年 1 张 57×87cm
定价：CNY3.20
　　中国现代摄影年画作品。

J0111244
沧海情 维恒摄
南京 江苏美术出版社 1997 年 1 张 72×100cm
定价：CNY10.00
　　中国现代年画作品。

J0111245
春满园林 吕大千摄
北京 中国旅游出版社 1997 年 1 张 37×102cm
定价：CNY3.40
　　中国现代摄影年画。

J0111246
醇香 高盛奎摄
天津 天津人民美术出版社 1997 年 1 张
72×100cm 定价：CNY6.80
　　中国现代摄影年画。

J0111247
多彩多姿 建国等摄
南京 江苏美术出版社 1997 年 4 张 102×38cm
定价：CNY9.20
　　中国现代摄影年画。

J0111248
锦绣前程 陈东林摄
北京 中国旅游出版社 1997 年 1 张 37×102cm
定价：CNY3.40
　　中国现代摄影年画。

J0111249

气节高坚图　李晓青摄
天津　天津人民美术出版社　1997 年　4 轴
107×39cm　定价：CNY18.80
　　中国现代摄影年画。

J0111250

三军小战士　支柱摄影
天津　天津人民美术出版社　1997 年　1 张
77×53cm　定价：CNY3.00
　　中国现代摄影年画。

J0111251

硕果　高盛奎摄
天津　天津人民美术出版社　1997 年　1 张
72×100cm　定价：CNY6.80
　　中国现代摄影年画。

J0111252

苏州风情　（汉英对照）陈德铭主编
北京　五洲传播出版社　1997 年　107 页　23×19cm
精装　ISBN：7-80113-239-4
　　中国现代城市风貌摄影集。

J0111253

温馨　高盛奎摄
天津　天津人民美术出版社　1997 年　1 张
72×100cm　定价：CNY6.80
　　中国现代摄影年画。

J0111254

幽谷风　志武摄
南京　江苏美术出版社　1997 年　1 张　72×100cm
定价：CNY10.00
　　中国现代摄影年画。

J0111255

竹影透琦窗　王伟，建国摄
南京　江苏美术出版社　1997 年　4 张　102×38cm
定价：CNY9.20
　　中国现代摄影年画。

J0111256

'98 中国教师摄影艺术作品选集　（摄影集）
江晨清主编

上海　上海科学普及出版社　1998 年　75 页
29cm（16 开）精装　ISBN：7-5427-1491-0
定价：CNY135.00

J0111257

1999：只生一个好幸福又吉祥　（摄影年历画）
重庆　重庆出版社　1998 年　1 张　68cm（3 开）
定价：CNY2.00

J0111258

20 世纪中国摄影文献　赵大鹏主编
沈阳　辽宁美术出版社　1998 年　2 册（743 页）
29cm（16 开）精装　ISBN：7-5314-2107-0
定价：CNY500.00

J0111259

MUSIC　TV 摄影　（王国平作品选）王国平等
摄；邓明主编；朱晓茜，冯豫译
上海　上海画报出版社　1998 年　57 页　25×26cm
精装　ISBN：7-80530-441-6　定价：CNY75.00

J0111260

巴山摄影作品　四川美术出版社编
成都　四川美术出版社　1998 年　52 页　29cm（16 开）
ISBN：7-5410-1431-1　定价：CNY48.00

J0111261

汉宫飞燕　（剧照摄影）建国摄；士明编文
南京　江苏美术出版社　1998 年　2 张　77×54cm
定价：CNY4.30

J0111262

白山杉南极纪行摄影集　白山杉著
北京　海洋出版社　1999 年　167 页　25×26cm
ISBN：7-5027-4175-5　定价：CNY158.00

J0111263

林梦星艺文选集　林梦星著
福州　海潮摄影艺术出版社　1999 年　182 页
20cm（32 开）ISBN：7-80562-690-1
定价：CNY29.80

中国摄影作品综合集

J0111264
美哉中华 （怀氏兄弟摄影作品三十二帧）怀氏
兄弟美术社编
上海 怀氏兄弟美术社 民国 [64]页 27cm（16开）

J0111265
中国之天然美及艺术美 良友全国摄影旅行
团摄制；良友图书印刷公司编
上海 良友图书印刷公司 [民国][120]页
30cm（10开）精装
　　本书收照片60幅，每幅有中、英文说明。

J0111266
北京光社年鉴 （第一册 影印社员一九二七年
作品）刘复编
北京 光社 1928年 [120]页 28cm（16开）
　　本书内收该社社员王琴希、伍周甫、老焱
若、李召贻、汪孟舒、刘半农等16人拍的北京风
景照片56幅。

J0111267
北平光社年鉴 （第2集 1928年）北平光社编
北平 北平光社 1929年 [126]页 28cm（16开）
　　本书收该社社员1928年的摄影作品67幅。
书末附王琴希、刘半农两人的摄影论文各一篇。

J0111268
静山摄影集 （1）郎静山摄
上海 郎静山 民国十八年 [1929]37页
26cm（16开）定价：大洋一元
　　本书收照片45幅。书前有陈山山、陈万里、
胡伯翔等人的序4篇及摄影者自序。

J0111269
哲隐摄影集 （1）屠哲隐摄
上海 文华美术图书印刷公司 1930年 [64]
18cm（15开）定价：大洋一元
　　本书收照片50幅。书前有胡汉民、陈万里
的题字，徐悲鸿的序，摄影者的自序、简介。

J0111270
复旦摄影年鉴 （二十年）赵沄等编
上海 复旦摄影学会年鉴出版部 1931年 80页
25cm（12开）定价：大洋二元
　　本书收照片60幅。书末附复旦摄影学会章
程等。

J0111271
美社照片选刊 美社选编
上海 良友图书印刷公司 1931年 27cm（16开）
精装
　　本书收照片100幅。书前有蓬舟的《美社
简史》。

J0111272
晨曦 舒新城摄
上海 中华书局 1934年 28cm（大16开）
定价：银一元五角
　　本书为中国现代摄影集，收照片20幅。

J0111273
美影集 刘体志摄
上海 上海良友图书公司 1934年 20版
25cm（15开）精装
　　本书系中国现代摄影集专著。

J0111274
中华景象 （全国摄影总集 样本）
上海 良友图书印刷公司 1934年 31cm（10开）
　　本书为中国现代摄影集。

J0111275
白绿 （第1集）白绿摄影学社编辑部编
广州 白绿摄影学社出版部 1935年 20页
27cm（16开）
　　本书收照片20余幅。

J0111276
华美影集 （1935—1936年）苏桂樵等编
上海 华美影社 1935年 [78]页 19cm（32开）
精装
　　本书内收《黄山云树》（郎静山）、《牧羊》
（丁升保）等摄影作品55幅，其中包括外国人作
品5幅。另收《实用摄影经验讲话》（张若谷）、《何
谓美术摄影》（郎静山）、《摄影与绘画》（李宝泉）

等 3 篇文章。

J0111277
今昔之比　　良友图书印刷公司编
上海 良友图书印刷公司 1935 年 [75] 页
19cm（ 32 开）
（万有画库 10）
　　本书用照片反映二十世纪三四十年代与之
前年代社会生活、科技发展等方方面面的对比和
介绍，书前有《今昔之比》一文。

J0111278
陈卢影集　　陈传霖，卢施福编
上海 黑白影社 1936 年 [66] 页 27cm（ 16 开）
　　本书收陈传霖、卢施福的摄影作品 36 幅。
前后均有中、英文有关摄影的文章。作者卢施
福（ 1898—1983 ），又名卢克希（ DR. K. Clusievg ）。
广东香山县金鼎人，毕业于天津英文商业专科学
校和上海同德医学院。中国摄影学会安徽省分会
筹备小组副组长，中国摄影家协会理事。摄影艺
术代表作《顽皮小孩》《SPEAKING》《说话》等，
出版有《卢施福黄山影集》。

J0111279
西北一瞥　　（全国猎影集）张沅恒编
上海 良友图书公司 [1936 年] 62 页 18cm（ 32 开）
定价：三角
　　本书收照片 60 幅。有说明文字。书前有编
者的《西北一瞥》一文。

J0111280
白绿影集　　（第三集）白绿摄影学社编辑部编
广州 培英青年会白绿摄影学社 1937 年
19cm（ 32 开）定价：五角
　　本书为中国现代摄影集，收民国时期广州培
英青年会白绿摄影学社的摄影作品 70 幅。书末
附《摄影与绘画》（梁锡鸿）、《摄影的新动向》（何
铁华）、《艺术摄影构图上的线》（郑浩初）等 3 篇
文章。

J0111281
光华影集　　上海光华摄影学会编辑委员会编
上海 上海光华摄影学会编辑委员会 1937 年
32 页 26cm（ 16 开）
　　本书为中国现代摄影集，收陈刘笃、王兆英

等 20 余人的照片 32 幅。附《献给本会》（屋滋
屋斯著，杨大和译）诗一首。

J0111282
长虹第一次读者影展选集　　长虹月刊社编辑
上海 益昌照相材料行 [1937 年] 48 页
27cm（ 16 开）定价：国币一元
　　本书收照片 48 幅。书前有达斋的《写在"长
虹第一次读者影展选集"之前》，写于 1937 年
3 月。

J0111283
影展特刊　　（第二届无锡业余摄影展览会）孙云
年编
无锡 无锡摄影研究会 1945 年 23 页
[19cm]（ 32 开）
　　本书收摄影展览会作品 50 余幅，有说明文
章。附有关摄影知识的短文。该展览会由无锡
日报社主办。

J0111284
静山集锦　　郎静山摄
上海 桐云书屋 1948 年 [160] 31cm（ 10 开）
　　本书收照片 66 幅。书前有张大千、徐蔚南、
陈万里的序以及摄影者自序。

J0111285
开国典礼　　（朱总司令检阅陆海空军）
北京 人民美术出版社 1950 年 [16cm]（ 26 开）
定价：CNY0.16
　　本书系中国现代摄影集。

J0111286
拖拉机收麦子　　葛力群，陈砥平摄影
北京 人民美术出版社 1950 年 [16cm]（ 26 开）
定价：CNY0.24
（工农画册）
　　本作品系中国现代摄影集。

J0111287
学习·生产·休息
北京 人民美术出版社 1950 年 [16cm]（ 26 开）
定价：CNY0.24
　　本作品系中国现代摄影集。

J0111288
一个新的城市
北京 人民美术出版社 1950 年 ［16cm］（26 开）
定价：CNY0.24
（工农画册）
　　本作品系中国现代摄影集。

J0111289
英勇的人民解放军 （2）
上海 晨光出版公司 1950 年 14cm（64 开）
定价：2.20
（新中国画库）
　　本书为中国人民解放军摄影集。

J0111290
爱国增产模范张富贵　姜维朴编
北京 人民美术出版社 1951 年 定价：CNY0.21
　　中国现代摄影集。编者姜维朴（1926—
2019），编辑。山东黄县人，毕业于山东大学文
艺系。历任人民美术出版社《连环画报》编辑室
主任、副主编，中国连环画出版社总编辑等。代
表作品有《鲁迅论连环画》《要摄取事物的本质》
《连环画艺术论》等。

J0111291
保卫和平保卫儿童幸福　中苏友好协会编
北京 人民美术出版社 1951 年 有图
18cm（小 32 开）定价：CNY0.73
　　中国现代摄影集。

J0111292
和平战胜战争 （第二届世界保卫和平大会）
人民画报社编
［北京］人民画报社 1951 年 有图 18cm（小 32 开）
定价：CNY0.40
　　中国现代摄影集。

J0111293
苏联农民的乐园 （图片辑）野夫配词；苏南大
众社编
无锡 苏南人民出版社 1951 年 44 页 17cm（32 开）
定价：旧币 1,700 元
（大众文艺丛书 3）
　　本书包括“新社会废铁炼成钢”、“苏联农民
的乐园”、“抗美援朝时事照片辑”三组图片。

J0111294
战斗在敌后　艾平摄影；鲁莽编
上海 华东人民出版社 1951 年 影印本 62 页
20cm（32 开）定价：旧币 8,000 元
　　本书编入张爱萍将军于抗日战争时期在苏
北、淮北拍摄的敌后抗日民主根据地新四军练
兵、生产、战斗和根据地人民支前、生产、生活
以及当地风光等照片 61 幅。照片反映当时国家
危难时期，根据地军民在中国共产党领导下，在
条件艰苦环境中，始终坚持团结，英勇抗敌，体
现了不屈不挠的民族精神，具有历史价值。卷首
有张爱萍将军亲笔书写的《摄者的话》。

J0111295
中朝人民的胜利　人民画报社编
北京 人民美术出版社 1951 年 定价：CNY0.32
　　中国现代摄影集。

J0111296
动员起来消灭蝗虫　朱波编
北京 人民美术出版社 1952 年 定价：CNY0.22
（工农画册）
　　中国现代新闻摄影集。

J0111297
伟大的荆江分洪工程图片集　李椷编
［武汉］武汉通俗出版社 1952 年 定价：CNY0.30
　　中国现代新闻摄影集。

J0111298
陈亮乡基层选举影集　何力夫等编
［贵阳］贵州人民出版社 1953 年 定价：CNY0.42
　　中国现代摄影作品。

J0111299
导沭整沂画册　山东省人民政府农林厅编
［济南］山东人民出版社 1953 年 40 页 有照片
横 19cm 定价：CNY0.18
　　本画册反映的是 1949 年 4 月到 1952 年 6 月
间发生在山东大地上的一次规模宏大的水利治
理工程——导沭整沂工程。

J0111300
反对细菌战　中央电影局东北电影制片厂编
北京 人民美术出版社 1953 年 定价：CNY0.35

中国现代摄影作品。

J0111301
工厂卫生
上海 上海人民美术出版社 1953 年
[16cm]（26 开）定价：CNY0.35
中国现代爱国卫生摄影作品。

J0111302
农业生产的榜样   李械，赵彦章编
[汉口] 中南人民文学艺术出版社 1953 年
定价：CNY0.30
中国现代摄影作品。

J0111303
首都风景
北京 人民美术出版社 1953 年 定价：CNY2.00
中国现代风光摄影作品。

J0111304
土地改革前后的湖南农村　（图片集）湖南省
土地改革展览会编
[长沙] 湖南通俗读物出版社 1953 年
定价：CNY4.50
中国现代摄影作品。

J0111305
为了祖国，为了孩子们   中南民主妇联编
[汉口] 中南人民文学艺术出版社 1953 年
定价：CNY0.45
中国现代摄影作品。

J0111306
为和平幸福而劳动   李械，赵彦章编
[汉口] 中南人民文学艺术出版社 1953 年
定价：CNY0.35
中国现代摄影作品。

J0111307
伟大的开始——鞍山的基本建设   朱波编
北京 人民美术出版社 1953 年 定价：CNY0.21
（工农画册）
中国现代摄影作品。

J0111308
五金工人职业病
上海 上海人民美术出版社 1953 年
定价：CNY0.35
中国现代摄影作品。

J0111309
预防和急救
上海 上海人民美术出版社 1953 年
定价：CNY0.35
中国现代摄影作品。

J0111310
在毛主席故乡   赵彦章，李械编
[汉口] 中南人民文学艺术出版社 1953 年
定价：CNY0.68
中国现代摄影作品。

J0111311
怎样带小宝宝
上海 上海人民美术出版社 1953 年
定价：CNY0.70
中国现代摄影作品。

J0111312
中南风光   李械等编
[汉口] 中南人民文学艺术出版社 1953 年
定价：CNY0.29
中国现代风光摄影作品。

J0111313
中南土地改革的伟大胜利   中南区土地改革
展览会编
[汉口] 中南人民文学艺术出版社 1953 年
定价：CNY6.00
中国现代摄影作品。

J0111314
佛子岭水库   治淮委员会政治部宣教处编
上海 上海人民美术出版社 1954 年
定价：CNY0.18
中国现代摄影集。

J0111315
和平战士参观治淮工程   治淮委员会政治部

宣教处编
上海 上海人民美术出版社 1954 年
定价：CNY0.18
　　中国现代新闻摄影集。

J0111316
华东工业支援国家经济建设　上海人民美术
出版社编
上海 上海人民美术出版社 1954 年
定价：CNY0.18
　　中国现代新闻摄影集。

J0111317
解放军战士在治淮工地上　治淮委员会政治
部宣教处编
上海 上海人民美术出版社 1954 年
定价：CNY0.18
　　中国现代抢险救灾摄影集。

J0111318
马鞍山铁厂　上海人民美术出版社编
上海 上海人民美术出版社 1954 年
定价：CNY0.21
　　中国现代工厂摄影集。

J0111319
人民的庐山　江西人民出版社编
［南昌］江西人民出版社 1954 年 定价：CNY0.55
　　中国现代风景摄影集。

J0111320
三河闸　治淮委员会政治部宣教处编
上海 上海人民美术出版社 1954 年
定价：CNY0.24
　　中国现代摄影集。

J0111321
少年宫　中国福利会编
上海 上海人民美术出版社 1954 年
定价：CNY0.18
　　中国现代建筑摄影集。

J0111322
为国家培养工业建设人才　上海人民美术出
版社编

上海 上海人民美术出版社 1954 年
定价：CNY0.18
　　中国现代教育事业摄影集。

J0111323
新中国少数民族的生活　人民画报编辑
北京 外文出版社 1954 年 12 幅 37cm（8 开）
　　中国现代少数民族摄影集。

J0111324
延边朝鲜族自治区画集　民族出版社编
［北京］民族出版社 1954 年 精装
定价：CNY2.00，CNY1.20（平装）
　　中国现代少数民族摄影集。

J0111325
祖国关怀着我们　少年儿童出版社编
［北京］少年儿童出版社 1954 年 定价：CNY0.40

J0111326
奥尔忠尼启则工业大学　上海市中苏友好协
会编
上海 上海人民美术出版社 1955 年
定价：CNY0.18
（中苏友好画库）
　　中国现代摄影作品。

J0111327
北京苏联红十字医院　上海人民美术出版社编
上海 上海人民美术出版社 1955 年
定价：CNY0.28
（人民中国画库 第一辑）
　　中国现代摄影作品。

J0111328
工农兄弟的友谊　陕西人民出版社编辑
西安 陕西人民出版社 1955 年 40 页 15cm（40 开）
定价：CNY0.25
　　中国现代摄影集。

J0111329
荆江分洪　湖北人民出版社编
［武汉］湖北人民出版社 1955 年 精装
定价：CNY4.00
　　中国现代摄影作品。

J0111330

开采更多的煤 上海人民美术出版社编

上海 上海人民美术出版社 1955 年

定价：CNY0.28

（人民中国画库 第一辑）

中国现代摄影作品。

J0111331

可爱的海南岛 陈福北等编

[武汉] 湖北人民出版社 1955 年 [1] 张

定价：CNY0.21

中国现代风光摄影作品。

J0111332

庐山——劳动人民的天然疗养区 庐山编辑

委员会编

上海 上海人民美术出版社 1955 年

定价：CNY1.15, CNY2.85（精装）

中国现代摄影作品。

J0111333

莫斯科——北京 上海人民美术出版社编

上海 上海人民美术出版社 1955 年 [1 张]

定价：CNY0.28

（人民中国画库 第一辑）

中国现代摄影作品。

J0111334

莫斯科大学 上海市中苏友好协会编

上海 上海人民美术出版社 1955 年

定价：CNY0.23

（中苏友好画库）

中国现代摄影作品。

J0111335

青岛水族馆 中央电影局科学教育电影制片厂编

上海 上海人民美术出版社 1955 年 [1 张]

定价：CNY0.15

中国现代摄影作品。

J0111336

人畜两旺的内蒙古草原 上海人民美术出版

社编

上海 上海人民美术出版社 1955 年

定价：CNY0.28

（人民中国画库 第一辑）

中国现代摄影作品。

J0111337

人民西湖 浙江人民出版社编

[杭州] 浙江人民出版社 1955 年 112 页

20cm（32 开）精装 定价：CNY3.40

本书是杭州西湖风景摄影册。主要介绍西

湖的成因、地理环境、历史沿革和主要风景点，

以及名胜古迹 40 处，照片 50 幅，每幅有简短的

文字说明。其中有戚继光纪念塔、雷峰塔、初阳

台、苏小小墓、秋瑾墓、韬光等照片。本书由郭

沫若题写书名。

J0111338

沙荒变良田 （豫东防护林照片集）河南省农

林厅林业局编

[郑州] 河南人民出版社 1955 年 定价：CNY0.30

中国现代摄影作品。

J0111339

水土保持 （科学教育电影画册）上海中国科学

电影制片厂编

西安 陕西人民出版社 1955 年 定价：CNY0.50

中国现代摄影作品。

J0111340

苏北灌溉总渠 治淮委员会政治部宣教处编

上海 上海人民美术出版社 1955 年 定价：CNY0.18

（治淮画库）

中国现代摄影作品。

J0111341

苏联钢铁工业的新成就 上海市中苏友好协

会编

上海 上海人民美术出版社 1955 年

定价：CNY0.18

中国现代摄影作品。

J0111342

苏联集体农民的文化生活 上海市中苏友好

协会编

上海 上海人民美术出版社 1955 年 定价：CNY0.18

（中苏友好画库）

中国现代摄影作品。

J0111343
苏联木材工业的机械化　上海市中苏友好协会编
上海　上海人民美术出版社 1955 年
定价：CNY0.18
　　中国现代摄影作品。

J0111344
苏联农业展览会　上海市中苏友好协会编
上海　上海人民美术出版社 1955 年
定价：CNY0.70
　　中国现代摄影作品。

J0111345
苏联人民热爱中国艺术　上海市中苏友好协会编
上海　上海人民美术出版社 1955 年
定价：CNY0.18
　　中国现代摄影作品。

J0111346
塘沽新港　上海人民美术出版社编
上海　上海人民美术出版社 1955 年
定价：CNY0.28
（人民中国画库　第一辑）
　　中国现代摄影作品。

J0111347
通向拉萨的公路　上海人民美术出版社编
上海　上海人民美术出版社 1955 年
定价：CNY0.50
（人民中国画库　第一辑）
　　中国现代摄影作品。

J0111348
伟大的祖国　民族出版社编
[北京] 民族出版社 1955 年 [1] 张 39cm（8 开）
定价：CNY1.50, CNY2.50（精装）
　　中国现代摄影作品。

J0111349
新疆各族人民的幸福生活　上海人民美术出版社编
上海　上海人民美术出版社 1955 年
定价：CNY0.28

（人民中国画库　第一辑）
　　中国现代摄影作品。

J0111350
新中国的动物园　上海人民美术出版社编
上海　上海人民美术出版社 1955 年 [1 张]
定价：CNY0.38
（人民中国画库　第一辑）
　　中国现代摄影作品。

J0111351
新中国工人的生活　中华全国总工会编
上海　上海人民美术出版社 1955 年 [1] 张
定价：CNY0.53
　　中国现代摄影作品。

J0111352
新中国水利建设　（中英文版）中华人民共和国水利部编
上海　上海人民美术出版社 1955 年 20cm（32 开）
定价：CNY7.20
　　本书内容反映中国水利工程建设成就，包括：新中国的水里建设、伟大的治淮工程、长江和荆江分洪工程、黄河的额过去和现在、海河水系的治理、农田水利、防汛斗争等。收照片 108 幅。汉英对照本。

J0111353
幸福的中国青年　中国青年出版社编
[北京] 中国青年出版社 1955 年 [1] 张
39cm（8 开）定价：CNY4.00
　　中国现代摄影作品。

J0111354
修复富饶的祖国粮仓　（洞庭湖堤垸修复工程图片集）湖南省洞庭湖堤垸修复工程指挥部政治部编
[长沙] 湖南人民出版社 1955 年　精装
定价：CNY5.00
　　中国现代摄影作品。

J0111355
在国家资本主义轨道上前进的民生轮船公司　陈七，侯印封等摄
[武汉] 湖北人民出版社 1955 年　定价：CNY0.19

中国现代摄影作品。

J0111356

治淮战线上的妇女　治淮委员会政治部宣教
处编

上海　上海人民美术出版社　1955 年

定价：CNY0.18

（治淮画库）

　　中国现代摄影作品。

J0111357

中国佛教　（汉英文对照）中国佛教协会编

［北京］民族出版社　1955 年　［1］张

定价：CNY3.60，CNY6.80（精装）

　　中国现代宗教摄影作品。

J0111358

中国留学生和实习生在苏联　上海市中苏友
好协会编

上海　上海人民美术出版社　1955 年

定价：CNY0.18

（中苏友好画库）

　　中国现代摄影作品。

J0111359

中国少年先锋队夏令营　上海人民美术出版
社编

上海　上海人民美术出版社　1955 年　［1］张

定价：CNY0.32

（人民中国画库　第一辑）

　　中国现代摄影作品。

J0111360

走农业合作化的道路　上海人民美术出版社编

上海　上海人民美术出版社　1955 年

定价：CNY0.28

（人民中国画库　第一辑）

　　中国现代摄影作品。

J0111361

组织起来的手工业　上海人民美术出版社编

上海　上海人民美术出版社　1955 年

定价：CNY0.28

（人民中国画库　第一辑）

　　中国现代摄影作品。

J0111362

大陈岛的新生　吴平等作；解放军画报社编辑

［北京］解放军画报社　1956 年　定价：CNY0.36

（解放军画报丛刊）

　　中国现代摄影作品。

J0111363

第一个石油基地——玉门　（摄影画册）何阑编

上海　上海人民美术出版社　1956 年

定价：CNY0.30

（人民中国画库）

J0111364

发展中的西江第一农业社　（摄影画册）农业
部农业宣传总局编

上海　上海人民美术出版社　1956 年

定价：CNY0.12

（农业通俗画库　第一辑）

J0111365

防止孕畜掉驹　（摄影画册）农业部农业电影
社编

上海　上海人民美术出版社　1956 年

定价：CNY0.12

（农业通俗画库　第一辑）

J0111366

防治气肿疽和炭疽病　（摄影画册）农业部农
业电影社编

上海　上海人民美术出版社　1956 年

定价：CNY0.12

（农业通俗画库　第二辑）

J0111367

防治猪丹毒　（摄影画册）农业部农业电影社编

上海　上海人民美术出版社　1956 年

定价：CNY0.12

（农业通俗画库　第二辑）

J0111368

防治猪瘟　（摄影画册）农业部农业电影社编

上海　上海人民美术出版社　1956 年

定价：CNY0.12

（农业通俗画库　第二辑）

J0111369
戈壁滩变绿洲　解放军画报社编
[北京] 解放军画报社 1956 年 定价: CNY0.36
(解放军画报丛刊)
　　中国现代沙漠治理摄影作品。

J0111370
共产党领导农民走合作化道路　(摄影画册)
上海人民美术出版社编
上海 上海人民美术出版社 1956 年
定价: CNY0.12
(农业通俗画库 第一辑)

J0111371
海洋渔业　(摄影画册) 农业部农业电影社编
上海 上海人民美术出版社 1956 年
定价: CNY0.28
(人民中国画库)

J0111372
合作化给农民带来了幸福　(摄影画册) 上海
人民美术出版社编
上海 上海人民美术出版社 1956 年
定价: CNY0.12
(农业通俗画库 第一辑)

J0111373
和平农业社的养猪经验　(摄影画册) 农业部
农业电影社编
上海 上海人民美术出版社 1956 年
定价: CNY0.12
(农业通俗画库 第二辑)

J0111374
河北名胜古迹　河北省文化局编选
[石家庄] 河北人民出版社 1956 年
定价: CNY0.55
　　中国现代名胜古迹摄影作品。

J0111375
红军长征走过的道路　解放军画报社编辑
[北京] 解放军画报社 1956 年 定价: CNY0.36
(解放军画报丛刊)
　　中国现代摄影作品。

J0111376
建设中的第一汽车制造厂　(摄影画册) 何阑编
上海 上海人民美术出版社 1956 年
定价: CNY0.28
(人民中国画库)

J0111377
节约粮食，建设祖国　(画册) 北京市节约粮
食展览会编
[北京] 北京大众出版社 1956 年 定价: CNY0.21
　　中国现代国家建设摄影作品。

J0111378
解放军参加建设汽车厂　解放军画报社编辑;
刘洪增等摄影
[北京] 解放军画报社 1956 年 定价: CNY0.36
(解放军画报丛刊)
　　中国现代汽车工业摄影作品。

J0111379
今日延安　陕西人民出版社编辑
西安 陕西人民出版社 1956 年 20cm (32 开)
定价: CNY0.32
　　展现延安风貌的摄影作品。

J0111380
精打细算勤俭办社　(摄影画册) 上海人民美
术出版社编
上海 上海人民美术出版社 1956 年
定价: CNY0.12
(农业通俗画库 第一辑)

J0111381
利用粗料喂猪　(摄影画册) 农业部农业电影
社编
上海 上海人民美术出版社 1956 年
定价: CNY0.12
(农业通俗画库 第二辑)

J0111382
利用玉米秸做青贮饲料　(摄影画册) 农业部
农业电影社编
上海 上海人民美术出版社 1956 年
定价: CNY0.12
(农业通俗画库 第二辑)

J0111383
梅山水库 （摄影画册）治淮委员会政治部教宣
处编
上海　上海人民美术出版社　1956年
定价：CNY0.18

J0111384
南京风光 （照片集）江苏人民出版社编辑
［南京］江苏人民出版社　1956年　25cm（15开）
统一书号：8100.45 定价：CNY0.50
　　本书收有南京城市风光的照片57幅的摄影
集。包括：天然公园—玄武湖，雄伟的屏风—紫
金山，伟大的民主主义革命家—孙中山陵墓等的
秀丽风光。

J0111385
南湾水库 河南省治淮总指挥部政治处编
［郑州］河南人民出版社　1956年 定价：CNY0.22
　　中国现代水利摄影作品。

J0111386
内蒙古自治区画集 民族出版社编
［北京］民族出版社　1956年 精装
定价：CNY1.80
　　中国现代少数民族摄影作品。

J0111387
农业合作化高潮 （摄影画册）上海人民美术
出版社编
上海　上海人民美术出版社　1956年
定价：CNY0.30
（人民中国画库）

J0111388
全国人民支援农业合作化 （摄影画册）上海
人民美术出版社编
上海　上海人民美术出版社　1956年
定价：CNY0.12
（农业通俗画库　第一辑）

J0111389
全面规划的红旗农业社 （摄影画册）农业部
农业宣传总局编
上海　上海人民美术出版社　1956年
定价：CNY0.12

（农业通俗画库　第一辑）

J0111390
人民解放军支援农业合作化 （摄影画册）解
放军画报社编
上海　上海人民美术出版社　1956年
定价：CNY0.12
（农业通俗画库　第一辑）

J0111391
三户贫农坚决办社的好榜样 （摄影画册）上
海人民美术出版社编
上海　上海人民美术出版社　1956年
定价：CNY0.12
（农业通俗画库　第一辑）

J0111392
四季青蔬菜生产合作社 （摄影画册）上海人
民美术出版社编
上海　上海人民美术出版社　1956年
定价：CNY0.12
（农业通俗画库　第一辑）
　　中国现代农业摄影作品。

J0111393
为保卫祖国加紧训练 柳成行等作；解放军画
报社编辑
［北京］解放军画报社　1956年 定价：CNY0.27
（解放军画报丛刊）
　　中国现代军事摄影作品。

J0111394
喂养牲口的经验 （摄影画册）农业部农业电
影社编
上海　上海人民美术出版社　1956年
定价：CNY0.12
（农业通俗画库　第一辑）

J0111395
我当上了光荣的国防战士 解放军画报社编
［北京］解放军画报社　1956年 定价：CNY0.34
（解放军画报丛刊）
　　中国现代军事摄影作品。

J0111396
我国新建的宝成铁路　陕西人民出版社编
［西安］陕西人民出版社 1956年 定价：CNY1.00
　　中国现代铁路建设成就摄影作品。

J0111397
西藏在前进　林安波等作；解放军画报社编辑
［北京］解放军画报社 1956年 定价：CNY0.45
（解放军画报丛刊）
　　中国现代西藏摄影作品。

J0111398
新民农业社的女社员　四川省民主妇女联合
会编
［成都］四川人民出版社 1956年 定价：CNY0.75
　　中国现代农村人物摄影作品。

J0111399
星火集体农庄的庄员生活　（摄影画册）上海
人民美术出版社编
上海 上海人民美术出版社 1956年
定价：CNY0.12
（农业通俗画库 第一辑）

J0111400
养猪积肥　（摄影画册）农业部农业电影社编
上海 上海人民美术出版社 1956年
定价：CNY0.12
（农业通俗画库 第二辑）

J0111401
在柴达木盆地上勘探　（摄影画册）何阑编
上海 上海人民美术出版社 1956年
定价：CNY0.34
（人民中国画库）

J0111402
怎样阉鸡　（摄影画册）农业部农业电影社编
上海 上海人民美术出版社 1956年
定价：CNY0.12
（农业通俗画库 第一辑）

J0111403
长江航运　（摄影画册）钟信编
上海 上海人民美术出版社 1956年

定价：CNY0.28
（人民中国画库）

J0111404
中国儿童　中国保卫儿童委员会编
中国保卫儿童委员会 1956年 定价：CNY1.30
　　中国现代摄影作品。

J0111405
中国学生的光荣传统　（中国学生运动历史图
片集）中华全国学生联合会编
［北京］中国青年出版社 1956年 定价：CNY2.50

J0111406
中苏友好集体农庄　（摄影画册）农业部农业
电影社编
上海 上海人民美术出版社 1956年
定价：CNY0.28
（人民中国画库）

J0111407
第一届全国摄影艺术展览目录　中国摄影学
会编
北京 中国摄影学会 1957年 影印本 ［18］页
21cm（32 开）

J0111408
摄影艺术选集　摄影艺术展览会编辑组编
上海 上海人民美术出版社 1957年 58 页
26cm（16 开）精装 统一书号：8081.1728
定价：CNY3.50

J0111409
中国摄影　（季刊 第二期）中国摄影编辑部编辑
北京 人民美术出版社 1957年 影印本 60 页
26cm（16 开）定价：CNY1.60

J0111410
十三陵水库　十三陵水库修建总指挥部政治部编
北京 北京出版社 ［1958年］［86］页
26cm（16 开）定价：CNY2.80

J0111411
穗港澳摄影家作品展览摄影作品选　上海人
民美术出版社编辑

上海　上海人民美术出版社 1958 年 15cm（40 开）
统一书号：8081.3171 定价：CNY0.48

J0111412
北京风景 （照片集 一）北京出版社编
北京 北京出版社 1959 年 1 套（8 幅）
16cm（25 开）统一书号：8071.90 定价：CNY0.50

J0111413
北京风景 （照片集 二）北京出版社编
北京 北京出版社 1959 年 1 套（8 幅）
16cm（25 开）统一书号：8071.91 定价：CNY0.50

J0111414
第二届全国摄影艺术展览会作品选 （1）
上海　上海人民美术出版社 1959 年 1 套（10 幅）
17×14cm 统一书号：T8081.8045 定价：CNY0.40

J0111415
第二届全国摄影艺术展览会作品选 （2）
上海　上海人民美术出版社 1959 年 1 套（8 幅）
17×14cm 统一书号：T8081.8046 定价：CNY0.32

J0111416
第二届全国摄影艺术展览会作品选 （8）
上海　上海人民美术出版社 1959 年 1 套（8 幅）
17×14cm

J0111417
第二届全国摄影艺术展览作品评选 　上海人
民美术出版社编辑
上海　上海人民美术出版社 1960 年 30 页
19cm（32 开）统一书号：8081.4678
定价：CNY1.70

J0111418
第三届全国摄影艺术展览会作品选 （2）上
海人民美术出版社编
上海　上海人民美术出版社 1960 年 1 套（10 幅）
17cm（40 开）统一书号：T8081.8489
定价：CNY0.40

J0111419
第三届全国摄影艺术展览会作品选 （1）上
海人民美术出版社编

上海　上海人民美术出版社 1961 年 1 套（8 幅）
17cm（40 开）定价：CNY0.32

J0111420
第三届全国摄影艺术展览作品评选 　上海人
民美术出版社编辑
上海　上海人民美术出版社 1961 年［59］页
21cm（32 开）统一书号：8081.5073
定价：CNY1.80

J0111421
第十二届全国摄影艺术展览作品集 　张宗
尧，徐静编
北京 中国摄影出版社 1982 年 44 页 25cm（15 开）
统一书号：8226.11 定价：CNY1.20
　　本书是 1982 年全国摄影艺术展览作品图目，
收录了展出的全部作品近 400 余幅。

J0111422
第十三届全国摄影艺术展览作品集
北京 中国摄影出版社 1984 年 52 页 25cm（15 开）
统一书号：8226.30 定价：CNY1.60

J0111423
第十四届全国摄影艺术展览作品集 　丁文文
等摄
北京 中国摄影出版社 1986 年 52 页 有照片
19×26cm 统一书号：8226.49 定价：CNY2.00

J0111424
第十六届全国摄影艺术展览作品集
北京 中国摄影出版社 1990 年 44 页 有彩照
26cm（16 开）ISBN：7-80007-066-2
定价：CNY7.50

J0111425
第十七届全国摄影艺术展览作品集 　吕厚民
主编
北京 中国摄影出版社 1994 年 29cm（12 开）
ISBN：7-80007-111-1 定价：CNY36.00（USD10）
　　外文书名：Works from 17th Photographic
Art Exhibition of China.

J0111426
第十八届全国摄影艺术展览作品集 　吕厚民

主编

北京 中国摄影出版社［1997年］60页

29cm（16开）ISBN：7-80007-231-2

定价：CNY60.00

　　本书共收 313 幅作品，内容分为：社会生活、社会风貌类；科教、文体、军事类；风光、花卉、动物类；人像、婚纱类；广告、静物类等。作者吕厚民（1928—2015），摄影家。生于黑龙江依兰。曾任中国摄影协会党组书记，中国文联副主席，中华民族文化促进会副主席。代表作品《毛主席和周总理》《周恩来和邓小平在颐和园》等。

J0111427

第四届全国摄影艺术展览会作品选　上海人民美术出版社编

上海 上海人民美术出版社 1961年 12张（套）

定价：CNY0.48

J0111428

第五届全国摄影艺术展览目录　中国摄影学会主办

北京 中国摄影学会 1961年 20cm（32开）

J0111429

第一届全国摄影艺术展览作品选　上海人民美术出版编

上海 上海人民美术出版社 1959年 38幅

19cm（32开）统一书号：T8081.4360

定价：CNY0.08

J0111430

中国摄影艺术选集　（1958年）中国摄影艺术选集编辑委员会编

北京 人民美术出版社 1959年［144］页

27cm（16开）精装 统一书号：8027—2764

定价：CNY9.80

J0111431

中国摄影艺术选集　（1959—1960）中国摄影学会编

上海 上海人民美术出版社 1961年［115］页

27cm（16开）精装 统一书号：8081.5109

定价：CNY12.00

　　本书主要选收第三届和第四届全国摄影艺

术展览会上 103 位摄影家创作的 96 幅作品，其中有 6 幅是香港摄影家的作品。

J0111432

中国摄影艺术选集　（1961）《中国摄影艺术选集》编辑委员会编

上海 上海人民美术出版社 1963年［86］页

26cm（16开）精装 统一书号：T8081.5244

定价：CNY9.50

J0111433

中国摄影艺术选集　（1962）《中国摄影艺术选集》编辑委员会编

上海 上海人民美术出版社 1964年 66页

26cm（16开）精装 统一书号：T8081.5417

定价：CNY9.00

　　本书收有 1962 年全国摄影艺术展览会的部分优秀作品 65 幅图，主要选自该年全国摄影，不少作品在国内外影展中获奖。

J0111434

福建前线　中国人民解放军福建前线部队政治部编

上海 上海人民美术出版社 1960年 有照片

26cm（16开）统一书号：T8081.4834

定价：CNY4.20

　　中国现代摄影集。

J0111435

技术革命满园春　上海人民美术出版社编辑

上海 上海人民美术出版社 1960年［70页］

25cm（小16开）统一书号：T8081.5011

定价：CNY3.10

　　中国现代摄影集。

J0111436

列宁格勒风光　（摄影集）上海市中苏友好协会宣传部编

上海 上海人民美术出版社 1960年 20m（24开）

定价：CNY2.10

J0111437

内蒙古水利　（1949—1959 画册）内蒙古自治区水利厅编

呼和浩特 内蒙古人民出版社 1960年 有照片

25cm（15 开）精装 定价：CNY3.20

内蒙古农田水利摄影集。

J0111438

新闻纪录片解说词选辑 （第二辑 摄影集）

中央新闻纪录电影制片厂编

北京 中国电影出版社 1960 年［20cm］（32 开）

定价：CNY0.55

本书系中国现代摄影集。

J0111439

中华人民共和国成立十周年纪念画册

（1949—1959）中华人民共和国成立十周年纪念

画册编辑委员会编

北京 人民美术出版社 1960 年 197 页 37cm（8 开）

精装 定价：CNY20.00

本书系中国现代摄影集，主要是通过摄影图

片反映新中国成立后 经济、文化、国防等各方

面的建设成就。

J0111440

东北三省摄影艺术展览会作品选集 上海人

民美术出版社编

上海 上海人民美术出版社 1961 年［50］页

21cm（32 开）精装 定价：CNY4.20

J0111441

风光人物活页摄影选 上海人民美术出版社编

上海 上海人民美术出版社 1961 年 27 张（套）

定价：CNY4.35

J0111442

吴中行摄影艺术选辑 上海人民美术出版社编

上海 上海人民美术出版社 1961 年 8 张（套）

定价：CNY0.32

J0111443

中国各民族 （摄影集 汉、俄、英文对照）民族

文化宫编

北京 民族出版社 1961 年 53 张（套）

J0111444

中国各民族 （摄影集 汉、蒙、藏、维、壮、朝、

哈文对照）民族文化宫编

北京 民族出版社 1961 年 53 张（套）

J0111445

"考考你" 吴云龙摄

济南 山东人民出版社 1962 年 53cm（4 开）

定价：CNY0.10

本书系中国现代摄影作品。

J0111446

测验 吴云龙摄

济南 山东人民出版社 1962 年 38cm（6 开）

定价：CNY0.06

本书系中国现代摄影作品。

J0111447

东方红 袁毅平摄；袁鹰诗

上海 上海人民美术出版社 1962 年 53cm（4 开）

定价：CNY0.60

本书系中国现代摄影作品。

J0111448

广州烈士陵园 孙智和摄

上海 上海人民美术出版社 1962 年 38cm（6 开）

定价：CNY0.25

本书系中国现代摄影作品。

J0111449

建明人民公社 人民美术出版社编辑

北京 人民美术出版社 1962 年 12 张（套）

30cm（10 开）精装 定价：CNY5.70

本书系中国现代摄影作品。

J0111450

路迁 董青摄

合肥 安徽人民出版社 1962 年 76cm（2 开）

定价：CNY0.18

本书系中国现代摄影作品。

J0111451

南泥湾 吴印咸摄

上海 上海人民美术出版社 1962 年 25 幅

27cm（16 开）活页 统一书号：T8081.8756

定价：CNY4.80

本书为陕西现代摄影集。

J0111452

攀上珠穆朗玛峰

[北京]人民体育出版社 1962 年 12 张(套)
定价:CNY0.60
　　本书系中国现代摄影作品。

J0111453
永远团结在毛主席的周围 (汉、蒙、藏、维、朝、哈、僮文对照)
[北京]民族出版社 1962 年 78cm(2 开)
定价:CNY0.20
　　本书系中国现代摄影作品。

J0111454
值日　王瑞华,林岗摄
济南 山东人民出版社 1962 年 38cm(6 开)
定价:CNY0.06
　　本书系中国现代摄影作品。

J0111455
职工文化生活　中华全国总工会编
[北京]外文出版社 1962 年 12 张(套)
20cm(32 开)
　　本作品系摄影集,还有日文、印尼文、德文、法文、英文、西班牙文、世界语等七种文本。

J0111456
中国各民族 (折叠式小影集)
[北京]民族出版社 1962 年 12 张(套)
28cm(16 开) 定价:CNY0.20

J0111457
中国人民解放军摄影艺术展览作品选集
解放军画报社编
上海 上海人民美术出版社 1962 年 [64]页
27cm(16 开) 统一书号:T8081.5173
定价:CNY4.00, CNY5.20(精装)

J0111458
中国摄影作品选 (1957—1959)"中国摄影"
编辑部编
北京 人民美术出版社 1962 年 影印本 24 幅
39cm(4 开) 精装 统一书号:8027.3075
定价:CNY15.00

J0111459
中国摄影作品选 (1960—1962)《中国摄影》

编辑部编
北京 人民美术出版社 1964 年 33 幅 38cm(6 开)
精装 统一书号:8027.4229 定价:CNY15.00

J0111460
助手　林岗,王瑞华摄
济南 山东人民出版社 1962 年 38cm(6 开)
定价:CNY0.06
　　本书系中国现代摄影作品。

J0111461
薛子江摄影遗作展览 (1934—1961)中国摄影学会主办
北京 中国摄影学会 1963 年 6 页 18cm(32 开)
　　作者薛子江(1910—1962),摄影家。广东顺德人。英国皇家摄影学会高级会员,中国新闻社摄影记者,中国摄影家协会第一、二届常务理事等。主要作品有《衡山初晓》《千里江陵一日还》《日出而作》等。

J0111462
优秀摄影作品欣赏　中国摄影编辑部编
上海 上海人民美术出版社 1963 年 75 页
19cm(32 开) 统一书号:T8081.5334
定价:CNY0.65

J0111463
上海海员俱乐部　郭仁仪,沈洛明摄
上海 上海人民美术出版社 1964 年 7 张(套)
13cm(64 开) 定价:CNY0.56
　　中国现代摄影集。

J0111464
少年宫　中国福利会少年宫编;吴文钦摄
北京 人民美术出版社 1964 年 8 页 17cm(32 开)
统一书号:T8081.9131 定价:CNY0.40
　　中国现代摄影集。

J0111465
第一届　摄影艺术展览作品选 (广东、广西、福建三省 区)上海人民美术出版社编辑
上海 上海人民美术出版社 1966 年 20×19cm
统一书号:T8081.5592 定价:CNY1.80

J0111466
摄影二十年集　程子然作
香港 香港摄影书报社 1970 年 124 页 有图
24cm（16 开）精装 定价：HKD10.00
　　本书为中国现代摄影作品集。外文书名：20
Years Experience of 35mm Photograph.

J0111467
优秀共产主义战士杨今月　（展览图片）
长春 吉林人民出版社 1970 年 2 张 76cm（2 开）
定价：CNY0.28

J0111468
光辉的《五七指示》万岁　（庆祝伟大领袖毛
主席光辉的《五·七指示》发表五周年 1966—
1971）解放军画报社编
北京 解放军画报社 1971 年 38cm（6 开）精装
　　中国现代摄影作品集。

J0111469
聂家大队　（记山东蓬莱县北沟"公社"聂家大
队贫下中农战天斗地的英雄事迹）
［济南］山东人民出版社 1971 年 15cm（64 开）
定价：CNY0.22
　　中国现代摄影作品集。

J0111470
在光辉的"五七"大道上奋勇前进　湖北人
民出版社编辑
武汉 湖北人民出版社 1971 年 23×26cm
统一书号：8106.1275 定价：CNY8.00

J0111471
在光辉的"五七"大道上奋勇前进　湖北人
民出版社编辑
［武汉］湖北人民出版社 1971 年 30cm（10 开）
定价：CNY7.40
　　中国现代摄影作品集。

J0111472
红太阳照亮林县河山　《红太阳照亮林县河
山》画册创作组作
［郑州］河南人民出版社 1972 年 2 版
19cm（32 开）定价：CNY0.55
　　中国现代摄影作品集。

J0111473
**纪念毛主席关于民兵工作"三落实"指示十周
年（1962—1972）**　广西军区司令部，政治部编
［南宁］广西人民出版社 1972 年 30cm（12 开）
定价：CNY1.30
　　中国现代摄影作品集。

J0111474
数风流人物还看今朝　（照片）峻岭摄影
昆明 云南人民出版社 1972 年 15 张（套）
19cm（32 开）定价：CNY0.50
　　中国现代摄影作品集。

J0111475
延安精神育新人　延安地区"革命委员会"政
工组编
［西安］陕西人民出版社 1972 年 2 版
19cm（32 开）定价：CNY0.55
　　中国现代摄影作品集。

J0111476
宝鸡峡引渭灌溉工程　陕西省宝鸡峡工程指
挥部，陕西省宝鸡峡引渭灌溉管理局编
西安 陕西人民出版社 1973 年 30cm（15 开）
定价：CNY1.50
　　中国现代摄影作品。

J0111477
**纪念毛主席"一定要根治海河"题词十周年
影集**　（1963—1973）河北省纪念毛主席"一定
要根治海河"题词十周年影集编辑组编
石家庄 河北人民出版社 1973 年 32cm（10 开）
统一书号：8086.353
　　本书选入 78 位摄影工作者所记录的河北省
人民响应毛泽东"一定要根治海河"的伟大号召，
抗洪、开山、治水、造田、兴修水利工程等动人
场面的照片 180 幅。

J0111478
艰苦奋斗是我们的政治本色　上海人民出版
社编辑
上海 上海人民出版社 1973 年 26cm（16 开）
定价：CNY0.40
　　中国现代摄影作品。

J0111479

全国摄影艺术展览　［全国摄影艺术展览办公室编］

［北京］全国摄影艺术展览办公室［1973年］

20cm（32开）

J0111480

社会主义美术摄影创作的丰硕成果　宁夏回族自治区美术摄影展览办公室编

银川 宁夏人民出版社 1973年 75页 19cm（32开）

统一书号：8157.211 定价：CNY0.19

J0111481

胸怀朝阳建设边疆　云南省"革命委员会"知识青年上山下乡工作办公室编

昆明 云南人民出版社 1973年 1册 有照片

26cm（16开）统一书号：8116.590

定价：CNY1.40

　　中国现代摄影作品。

J0111482

长白山下新一代　吉林省新闻图片社编

长春 吉林人民出版社 1973年 24cm（26开）

定价：CNY1.80

　　中国现代摄影作品。

J0111483

朝霞万里　陈宝生摄

西安 陕西人民出版社 1974年 ［1张］

54cm（4开）定价：CNY0.07

　　中国现代摄影作品。作者陈宝生（1939— ），摄影家。山西吕梁人。中国摄影家协会会员，中国书法家协会会员，陕西省榆林地区文联副主席，榆林地区摄影家协会主席。先后出版有《塞上风光》《长城内外》《无定河》等9部图集和《陈宝生摄影作品集》及《摄影家与实践》理论专著。代表作《农家乐》《黄土魂》《大河号子》等。

J0111484

大寨在前进　游云谷摄

上海 上海人民出版社 1974年 ［1张］

39cm（8开）定价：CNY0.13

　　中国现代摄影作品。

J0111485

垛田春色　吕厚军摄

上海 上海人民出版社 1974年 ［1张］

39cm（8开）定价：CNY0.13

　　中国现代摄影作品。

J0111486

高唱《三大纪律八项注意》歌　尹家清摄

上海 上海人民出版社 1974年 ［1张］

54cm（4开）定价：CNY0.26

　　中国现代摄影作品。

J0111487

工人新村晨曦　尹福康，左家忠摄

上海 上海人民出版社 1974年 ［1张］

39cm（8开）定价：CNY0.13

　　中国现代摄影作品。作者尹福康（1927— ），摄影家。江苏南京人。曾任上海人民美术出版社副编审、上海市摄影家协会副主席等职。主要作品有《烟笼峰岩》《向荒山要宝》《晒盐》《工人新村》等。

J0111488

纪念刘胡兰烈士

太原 山西人民出版社 1974年 10张（套）

15cm（64开）定价：CNY0.55

　　中国现代摄影作品。

J0111489

今日安源　张涵毅摄

上海 上海人民出版社 1974年 ［1张］

39cm（8开）定价：CNY0.15

　　中国现代摄影作品。

J0111490

今日南泥湾　杨礼门摄

上海 上海人民出版社 1974年 ［1张］

39cm（8开）定价：CNY0.13

　　中国现代摄影作品。

J0111491

鲁迅先生之墓　左家忠摄

上海 上海人民出版社 1974年 ［1张］

39cm（8开）定价：CNY0.13

　　中国现代摄影作品。

J0111492
毛主席主持中国共产党第十次全国代表大会
北京　人民美术出版社　1974 年　54cm（4 开）
定价：CNY0.20
　　　中国现代摄影作品。

J0111493
全国摄影艺术展览　（庆祝中华人民共和国成
立二十五周年）全国摄影艺术展览办公室编
北京　全国摄影艺术展览办公室　1974 年
20×18cm

J0111494
全国摄影艺术展览作品选　（1）上海人民出
版社编辑
上海　上海人民出版社　1974 年　10 幅　17cm（32 开）
统一书号：8171.850　定价：CNY0.46

J0111495
全国摄影艺术展览作品选　（2）上海人民出
版社编辑
上海　上海人民出版社　1974 年　10 幅　17cm（32 开）
统一书号：8171.851　定价：CNY0.46

J0111496
上海民兵在前进　吴毅德摄
上海　上海人民出版社　1974 年　[1 张]
54cm（4 开）定价：CNY0.26
　　　中国现代摄影作品。

J0111497
蔬菜供应城市　张祖林摄
上海　上海人民出版社　1974 年　[1 张]
39cm（8 开）定价：CNY0.13
　　　中国现代摄影作品。

J0111498
新安江水库捕鱼图　山谷摄
杭州　浙江人民出版社　1974 年　[1 张]
76cm（2 开）定价：CNY0.14
　　　中国现代摄影作品。

J0111499
又是一个丰收年　赵曙晤摄
上海　上海人民出版社　1974 年　[1 张]

39cm（8 开）定价：CNY0.13
　　　中国现代摄影作品。

J0111500
中国工人阶级的先锋战士　（铁人王进喜）中
共大庆委员会政治部编
北京　人民美术出版社　1974 年　60 页　17×18cm
定价：CNY0.95
　　　中国现代摄影作品。

J0111501
中国体育　（10　中、英、法文对照）
北京　人民体育出版社　1974 年　10 张（套）
15cm（64 开）定价：CNY0.40
　　　中国现代摄影作品。

J0111502
中国体育　（12　中、英、法文对照）
北京　人民体育出版社　1974 年　10 张（套）
15cm（64 开）定价：CNY0.50
　　　中国现代摄影作品。

J0111503
自力更生制成三百吨大平板车　姜长庚摄
上海　上海人民出版社　1974 年　[1 张]
39cm（8 开）定价：CNY0.13
　　　中国现代摄影作品。

J0111504
南泥湾　吴印咸编
西安　陕西人民出版社　1975 年　[70]页
29×28cm　精装　统一书号：8094.450
定价：CNY3.00
　　　中国现代摄影作品。

J0111505
内蒙古　山西　河北　天津摄影作品选
四省市，自治区摄影选集编辑组编
天津　天津人民美术出版社　1975 年　120 页
25cm（小 16 开）统一书号：8073.50046
定价：CNY5.80

J0111506
前进在光辉的大道上　中共陕西省委知识青
年上山下乡领导小组办公室编

西安 陕西人民出版社 1975 年 76 页 38cm（6 开）
统一书号：8094.370 定价：CNY1.40
　　中国现代摄影作品集。

J0111507
全国摄影艺术展览工农兵形象选 （1974）
上海 上海人民出版社 1975 年 30 页 24cm（27 开）
统一书号：8171.1265 定价：CNY1.40

J0111508
全国摄影艺术展览作品选 （1）上海人民出版社编辑
上海 上海人民出版社 1975 年 10 幅 10×15cm
统一书号：8171.1250 定价：CNY0.46

J0111509
全国摄影艺术展览作品选 （2）上海人民出版社编辑
上海 上海人民出版社 1975 年 10 幅 10×15cm
统一书号：8171.1251 定价：CNY0.46

J0111510
全国摄影作品汇编 （1975）全国影展办公室编辑
北京 人民美术出版社 1975 年 234 幅
26cm（16 开）定价：CNY0.56

J0111511
全国影展作品汇编 （1975）全国影展办公室编辑
北京 人民美术出版社 1975 年 62 页 26cm（16 开）
定价：CNY0.56

J0111512
生气勃勃的小钢联 （山东省烟台地区）1975 年秋季中国出口商品交易会编
广州 1975 年秋季中国出口商品交易会 1975 年 有图 20cm（32 开）
　　中国现代摄影作品集。

J0111513
天津杂技 （摄影集）
天津 天津人民美术出版社 1975 年 10 幅 10×15cm（60 开）统一书号：8073.60206
定价：CNY0.50

J0111514
新中国建筑 　国家基本建设委员会建筑科学研究院编
北京 中国建筑工业出版社 1976 年 171 页 38cm（6 开）精装 统一书号：15040.3245
定价：CNY35.00
　　中国现代建筑摄影作品。

J0111515
多为祖国献石油 　大庆政治部宣传处编
北京 石油化学工业出版社 1977 年 14 页 19cm（小 32 开）
　　大庆油田四十九队和中一队简介摄影集。

J0111516
革命圣地展新貌
上海 上海人民出版社 1977 年 12 张（套）14cm（64 开）定价：CNY0.63
　　中国现代摄影作品。

J0111517
锦绣大地绘新图
上海 上海人民出版社 1977 年 11 张（套）14cm（64 开）定价：CNY0.59
　　中国现代摄影作品。

J0111518
庐山
南昌 江西人民出版社 1977 年 15 张（套）15cm（64 开）定价：CNY0.67
　　庐山风景摄影选集。

J0111519
全国摄影艺术展览作品汇编 （1976 热烈庆祝华国锋同志任中共中央主席、中共军委主席 全国摄影艺术展览办公室编
西安 陕西人民出版社 1977 年 82 页 26cm（16 开）
定价：CNY1.10

J0111520
中国摄影艺术选辑 （1975）上海人民出版社编辑
上海 上海人民出版社 1977 年 12 幅 18cm（15 开）
定价：CNY0.53

J0111521

周恩来同志为共产主义光辉战斗的一生
新华社供稿
沈阳 辽宁人民出版社 1977年 60页 30cm（10开）
定价：CNY4.00
　　中国现代人物摄影作品。

J0111522

祖国处处披新装
上海 上海人民出版社 1977年 11张（套）
14cm（64开）定价：CNY0.59
　　中国现代摄影选集。

J0111523

华主席和吉林人民心连心 （摄影集）钱嗣杰
等摄影；郑维汉，马腾骧编
长春 吉林人民出版社 1978年 32页 30cm（15开）
定价：CNY3.20（精）

J0111524

纪念周恩来总理 中国历史博物馆编
北京 文物出版社 1978年 372页 13cm（60开）
定价：CNY4.50，CNY16.00（精装）
　　中国现代人物摄影集。

J0111525

**敬爱的周恩来总理永远活在云南各族人民
心中** 云南人民出版社编辑
昆明 云南人民出版社 1978年 42页 30cm（12开）
定价：CNY0.80
　　中国现代人物摄影作品。

J0111526

**敬爱的周总理永远活在云南各族人民心
中** 云南人民出版社编辑
昆明 云南人民出版社 1978年 38页 21cm（32开）
定价：CNY0.80
　　中国现代人物摄影作品。

J0111527

绿化祖国 农林部林业局编
北京 农业出版社 1978年 82页 30cm（10开）
定价：CNY3.80
　　中国现代新闻摄影作品。

J0111528

**内蒙古自治区、新疆维吾尔自治区、广西壮
族自治区、宁夏回族自治区、西藏自治区摄
影展览作品选集** 民族画报社编
北京 民族出版社 1978年 105页 25cm（小16开）
统一书号：8049.28 定价：CNY2.00

J0111529

全国摄影艺术展览作品汇编 全国摄影艺术
展览会办公室编辑
北京 人民美术出版社 1978年 64页 26cm（16开）
统一书号：8027.6931 定价：CNY0.78

J0111530

摄影艺术 （一）上海人民美术出版社编辑
上海 上海人民美术出版社 1978年 11幅
17cm（32开）统一书号：8081.11232
定价：CNY0.59

J0111531

摄影艺术 （二）上海人民美术出版社编辑
上海 上海人民美术出版社 1978年 11幅
17cm（32开）定价：CNY0.59

J0111532

中国民兵 中国人民解放军总政治部编辑
北京 中国人民解放军总政治部 1978年 179页
38cm（6开）
　　新中国民兵摄影集。

J0111533

中国人民解放军摄影作品选 （一）上海人民
美术出版社编辑
上海 上海人民美术出版社 1978年 8幅
52cm（4开）统一书号：8081.11099
定价：CNY0.47

J0111534

中国人民解放军摄影作品选 （二）上海人民
美术出版社编辑
上海 上海人民美术出版社 1978年 8幅
18cm（15开）统一书号：8081.11100
定价：CNY0.47

J0111535
中国岩溶　金宝源摄影
上海　上海人民美术出版社 1978 年 11 幅
18cm（15 开）统一书号：8081.11354
定价：CNY0.59
　　中国地质地貌摄影作品。

J0111536
朱德同志光辉战斗的一生　解放军画报社编
北京　人民美术出版社 1978 年 60 页 30cm（10 开）
定价：CNY1.50
　　中国现代人物摄影作品。

J0111537
江淮敌后烽火　张爱萍摄影；魏传统诗
北京　人民美术出版社 1979 年 56 幅
25cm（小 16 开）统一书号：8027.6903
定价：CNY4.40
　　中国现代摄影集。

J0111538
中国摄影艺术作品选　（1949— 1979）《中国摄影》编辑部编
北京　中国摄影出版社 1979 年 142 页 38cm（6 开）
精装　统一书号：3028.3031 定价：CNY50.00
　　本书选编了从 1949 年中华人民共和国成立以来到 1979 年期间，我国专业和业余摄影工作者，通过 143 幅摄影作品反映了人民生活和祖国的壮丽山河，以及 30 年来中国摄影艺术的发展概貌。

J0111539
摄影艺术作品欣赏　朱羽君选编
长春　吉林人民出版社 1980 年 125 页
19cm（32 开）统一书号：8091.936 定价：CNY2.50
（摄影知识丛书）

J0111540
文坛繁星谱　（中国文学艺术工作者第四次代表大会摄影集锦）中国摄影家协会编辑；于璜摄影
北京　中国社会科学出版社 1980 年 26cm（16 开）
统一书号：10190.032 定价：CNY3.60

J0111541
中国人民解放军摄影艺术作品选　解放军画

报社编辑
上海　上海人民美术出版社 1980 年 98 页
25cm（15 开）精装 统一书号：8081.11913
定价：CNY11.00
　　本书汇集 103 位部队摄影工作者的作品 104 幅，绝大部分作品选自中华人民共和国成立以来的历届"中国人民解放军摄影作品展览"。反映了中国人民解放军参加进军西藏、解放沿海岛屿、中越边境自卫反击战及保卫祖国领土、领海、领空等各个历史时期的重大活动。

J0111542
中国铁道
北京　中国铁道出版社 1980 年 157 页 37cm（8 开）
精装　统一书号：8043.1001 定价：CNY40.00
　　本书是中国铁路建设成就的摄影集。

J0111543
庄学本少数民族摄影选　人民美术出版社编辑
北京　人民美术出版社 1980 年 104 页
25cm（小 16 开）统一书号：8027.3044
定价：CNY4.90
　　本书反映中国少数民族生活的摄影作品集。作者是中国较早从事少数民族摄影的摄影家之一。在他的摄影作品中，记录祖国壮丽的山河风貌，以及精制、美丽的服饰、手工艺品，游牧、狩猎、农耕的风土人情，宗教和文艺活动。

J0111544
今日华侨　（1981— 1982）今日华侨编辑委员会编辑
台北　侨务委员会 1981 年 143 页 有彩照
22cm（30 开）

J0111545
南泥湾　吴印咸编
西安　陕西人民美术出版社 1981 年 29×28cm
统一书号：8199.112 定价：CNY3.00
　　本书为中国摄影集。

J0111546
摄影技法作品选　张宗尧，任一权编
北京　中国摄影出版社 1981 年 66 页 19cm（32 开）
统一书号：8226.5 定价：CNY0.88
　　作者任一权（1934—　），编审、理论评论

家。笔名黄岩、一荃。生于江苏南京，祖籍浙江黄岩县。任大连市群众艺术馆摄影。出版有《摄影艺术论文集》《当代中国摄影艺术史》《世界摄影艺术流派图谱》。

J0111547
西藏行 （图片集）杨凡摄影
香港 三联出版有限公司 1981 年 208 页
38cm（6 开）
　　本书是中国现代旅游摄影画册。

J0111548
雪山草地行 杨绍明摄
北京 新华出版社 1981 年 159 页 25cm（16 开）
精装 定价：CNY30.00
　　本书是中国现代摄影画册。作者杨绍明
（1942—　），社会活动家。毕业于北京大学历史
系。新华社摄影记者，中国摄影家协会副主席，
世界华人摄影学会会长，当代摄影学会主席，中
国人民对外友好协会理事等职。

J0111549
中南海 （摄影集）中南海画册编辑委员会编辑
北京 新华出版社 1981 年 27cm（16 开）
统一书号：8203.001 定价：CNY6.40

J0111550
江山多娇 （第十四期 云南）江山多娇编辑部编
上海 上海人民美术出版社 1982 年 26cm（16 开）
统一书号：8081.12900 定价：CNY2.50
　　本书为中国现代各地风光摄影集。

J0111551
摄影艺术画片 （摄影图片 英汉维文对照）高
兰清等摄影
乌鲁木齐 新疆人民出版社 1982 年 10 张
13cm（60 开）定价：CNY0.50
　　中国艺术摄影图片集。

J0111552
延安农业新貌 延安地区行政公署编
西安 陕西人民美术出版社 1982 年 ［30cm］
定价：CNY3.10
　　本影集反映了延安的农业新貌，一图一诗。

J0111553
杨凡摄影作品选 杨凡摄影
北京 人民美术出版社 1982 年 69 页 27cm（16 开）
统一书号：8027.7540 定价：CNY20.00
　　本摄影集收有摄影作品 100 幅。内容主要
有自然风光，以及作者在香港、巴黎等地拍摄的
服装、服装人物模特、舞台人物的动态等。

J0111554
英雄军队的巡礼
北京 人民美术出版社 1982 年 16 幅 39cm（4 开）
统一书号：8027.8173 定价：CNY2.00
　　本书是中国现代摄影集。

J0111555
全国女摄影工作者作品展览 （1983）中国摄
影出版社编辑
北京 中国摄影出版社 1983 年 ［34］页
26cm（16 开）定价：CNY1.00

J0111556
全国优秀摄影作品选 （1977—1980）（汉英文
对照）中国摄影出版社编辑
北京 中国摄影出版社 1983 年 94 页 25cm（16 开）
精装 统一书号：8226.17 定价：CNY6.00
定价：4.50 元
　　本书辑录了中国摄影家协会评选出的
1977—1980 年间全国优秀摄影作品的全部获奖
作品，共 110 幅。

J0111557
摄影台湾 （1887—1945 年的台湾）雄狮美术
编辑部编
台北 雄狮图书公司 1983 年 4 版 161 页
有照片 20cm（32 开）定价：TWD110.00
　　外文书名：The Face of Taiwan.

J0111558
摄影中国 （1860—1912）雄狮美术编辑部编
台北 雄狮图书公司 1983 年 10 版 163 页
有照片 20cm（32 开）定价：TWD110.00
　　外文书名：The Face of China.

J0111559
探索与创新 （1982 年全国青年摄影艺术展览

作品集）

北京 中国摄影出版社 1983 年 267 幅

19cm（32 开）统一书号：8226.18 定价：CNY3.20

　　本书版权页书名题为《全国青年优秀摄影作品集》。

J0111560

中国农业　中华人民共和国农牧渔业宣传司，外事司，中国农学会编

北京 农业出版社 1983 年 215 页 38cm（8 开）精装

　　这是一本反映中国农业概貌的画册。它通过大量的图片，可以大致了解中国农业自然资源与特点、农业生产发展与变化及农民物质与文化生活的情况。

J0111561

邹健东摄影集　邹健东摄影；人民美术出版社编辑

北京 人民美术出版社 1983 年 66 页 27cm（16 开）

统一书号：8027.7819 定价：CNY3.80

　　作者邹健东（1915—2005），军事摄影记者。广东大埔人。历任新四军总兵站第二站副站长，山东画报社摄影记者，新华社摄影记者，新华社摄影部中央新闻组组长。代表作品有《百万雄师过大江》《我送亲人过大江》《占领总统府》《人民的好总理》等。

J0111562

欢乐神州　（中央电视台 1984 年春节联欢晚会特辑）《中国广播电视》编辑部编

北京 广播出版社 1984 年 30cm（10 开）

定价：CNY1.20

　　本书是春节联欢晚会摄影作品集。

J0111563

绿化祖国　中国人民解放军绿化委员会编

北京 长城出版社 1984 年 156 页 38cm（6 开）

定价：CNY22.00

　　本画册通过 160 多幅照片，全面反映了全军开展义务植物运动的情况。

J0111564

绿满平原　（摄影报告集）《绿满平原》编辑组编；宛琳主编；张道引等摄影

北京 中国摄影出版社 1984 年 85 页 30cm（10 开）

定价：CNY10.00

　　本书以一个全国平原绿化先进县——安徽省宿县的平原绿化为背景，用摄影报告的形式、系统地反映平原绿化的面貌、成果和效益。

J0111565

乌兰牧骑　（蒙、汉、英文对照）内蒙古自治区文化厅编辑

呼和浩特 内蒙古人民出版社 1984 年 94 页

39cm（12 开）精装

　　本画册收集了内蒙古自治区乌兰牧骑 26 年战斗历程的照片 160 幅，它反映了乌兰牧骑的成长过程和队员们工作、学习、生活的情景。本书有邓小平、邓颖超、乌兰夫、杨静仁为乌兰牧骑的题词。

J0111566

无定河　（摄影画册）陕西省水土保持局，榆林地区水利水保局；陈宝生摄影

西安 陕西人民美术出版社 1984 年 30cm（10 开）

定价：CNY9.00

　　本书是陕北摄影作品集。

J0111567

影画合璧　陈复礼摄影；古元等书画

北京 人民美术出版社 1984 年 1 盒（51 幅）

38cm（6 开）定价：CNY60.00

　　本书为中国现代摄影集。外文书名：A Harmonious Combination of Photo and Printing. 作者古元（1919—1996），画家。字帝源，生于广东珠海。曾就读于鲁迅艺术学院。历任中央美术学院教授、院长，中国美术家协会协会副主席，中国版画家协会主席。作品有《减租会》《烧毁旧地契》《人桥》《刘志丹和赤卫军》《枣园灯光》等。出版有《古元木刻选》《古元水彩画选》等。

J0111568

珍贵的回忆　吉林画报社编辑

长春 吉林画报社 1984 年 100 页 20cm（32 开）

J0111569

中国电子工业　中国电子工业编辑委员会编

北京 电子工业出版社 1984 年 115 页

30cm（10 开）精装

本画册是反映中国电子工业从党的十一届三中全会以来，在生产、科研、建设、教育等各方面所取得的巨大成就为主要内容的摄影作品集。

J0111570

中国摄影艺术作品选　余成德，杨绍明编辑

北京 中国摄影出版社 1984年 109页 26cm（16开）

这本画册展示了摄影艺术这门新兴艺术在祖国沃野上发展的情况。作者杨绍明（1942— ），社会活动家。毕业于北京大学历史系。新华社摄影记者，中国摄影家协会副主席，世界华人摄影学会会长，当代摄影学会主席，中国人民对外友好协会理事等职。

J0111571

作家之旅　古蒙仁等著；谢春德摄影

台北 尔雅出版社 1984年 226页 有照片 19cm（32开）定价：TWD250.00

（尔雅丛书 150）

J0111572

民族风貌　（《民族画报》摄影作品选）《民族风貌》编辑小组［编辑］

北京 民族出版社 1985年 144页 26×21cm

统一书号：8049.34 定价：CNY15.00

本书为中国现代摄影集专著。

J0111573

南极向你招手　蒋加伦摄；冰若文

杭州 浙江人民美术出版社 1985年 41页

有彩照 25cm（15开）定价：CNY6.00

本书为中国现代摄影集，选编作者赴南极考察期间所拍摄的许多有关南极风貌、生物资源和在南极工作、生活情景的照片，共计40余幅。

J0111574

全军摄影展览作品集　李友诚等摄

北京 长城出版社 1985年 117页 17cm（32开）

统一书号：8269.83 定价：CNY1.20

庆祝中华人民共和国成立三十五周年全军摄影集。

J0111575

吴印咸摄影工作六十年影展作品集　吴印咸作

西安 陕西人民美术出版社 1985年 52页

26cm（16开）统一书号：8199.990

定价：CNY2.30

作者吴印咸（1900—1994），摄影艺术家、导演。原名吴荫诚，祖籍安徽歙县，生于江苏沭阳。曾在上海美术专科学校学习。历任东北电影制片厂厂长，北京电影学院副院长兼摄影系主任，文化部电影局顾问，中国摄影家协会副主席，中国电影摄影师学会副理事长，全国文学艺术联合会委员等。代表作品《生死同心》《风云儿女》《坚苦的奋斗》。

J0111576

夏衍的电影道路　中国电影艺术研究中心等编

北京 中国电影出版社 1985年 154页

30cm（15开）精装 定价：CNY35.00

夏衍是我国革命文艺运动老一代著名理论家、翻译家、话剧和电影剧作家、电影事业家。本画册是从搜集的近1000幅图片中，遴选出400幅编辑而成，以祝贺夏衍从事革命文艺活动55周年。

J0111577

在中华大地上　（《人民画报》三十五年图片选集）人民画报社编

北京 人民画报社 1985年 192页 26cm（16开）

统一书号：8383.1008 定价：CNY22.00

J0111578

中国现代摄影沙龙'85　余成德，杨绍明编辑

北京 中国摄影出版社 1985年 98页

28cm（大16开）精装

外文书名：Contemporary Chinese Photographs.

J0111579

中华腾飞　（庆祝中华人民共和国成立三十五周年首都举行盛大阅兵仪式和群众游行）王孝等摄；高帆主编

北京 长城出版社 1985年 154页 32cm（10开）

精装 统一书号：8269.58 定价：CNY45.00

J0111580

九寨沟　（摄影集）周书凡等摄影

北京 华艺出版社 1986年 25cm（小16开）

定价：CNY7.50

J0111581

齐鲁风光 （英汉对照 摄影集）山东友谊书社编辑
北京 华艺出版社 1986 年 63 页 27cm（大 16 开）

J0111582

伟大的壮举　最后的征服 （中国长江科学考察漂流探险纪实 摄影集）杨勇等撰文、摄影
北京 华艺出版社［1986—1987 年］1 册
26cm（16 开）统一书号：8472.45
ISBN：7-80039-011-X 定价：CNY8.00

J0111583

新疆军民情 （画册）新疆军区政治部，新疆军区后勤部编
北京 长城出版社 1986 年 1 册 28cm（16 开）
定价：CNY27.50, CNY29.50（精装）
　　中国现代摄影作品集。

J0111584

中国女排生活剪影 何慧娴撰文及摄影
太原 山西人民出版社 1986 年 20×26cm
统一书号：808.2145 定价：CNY7.00
　　中国现代摄影作品集。

J0111585

中山 （摄影集）林海能等摄影
北京 华艺出版社 1986 年 25cm（小 16 开）
定价：CNY4.50

J0111586

中山陵园 （摄影集）中山陵园编
南京 江苏人民出版社 1986 年 26cm（16 开）
　　本摄影画册收集了以中山陵为中心的南京东郊游览胜地的摄影照片，为中英文版。

J0111587

古代丝路 人民画报社编辑
北京 中国画报出版公司 1987 年 118 页
25cm（小 16 开）精装 ISBN：7-80024-007-X
定价：CNY16.00

J0111588

国际和平年全国青年摄影大奖赛作品集
山东省青年摄影家协会，福建画报社编

福州 福建美术出版社 1987 年 116 页 30×29cm
ISBN：7-5393-0002-7
定价：CNY14.50, CNY19.30（精装）

J0111589

黄金树摄影集 邵宇主编
北京 人民美术出版社 1987 年 158 页 36cm（6 开）
精装 统一书号：8027.9882 定价：CNY88.00
　　本书收有旅日台湾摄影家黄金树的写实和抒情摄影作品 154 幅。内容包括：欧洲纪行、京都映像谱、天鹅之歌专辑。作者邵宇（1919—1992），教授。曾用名邵进德，辽宁丹东人。毕业于北平美术专科学校。代表作品有《土地》《上饶集中营》《首都速写》《选举》《早读》等。

J0111590

今日"黄泛区" （摄影集）王世龙等摄影
北京 华艺出版社［1987 年］［85］页 20×19cm
定价：CNY7.50
　　作者王世龙（1930—　　），摄影家。河南平舆人，曾用名于一。曾任中国人民解放军军报随军摄影记者，河南新乡日报社摄影美术组长，河南日报社摄影记者，河南人民出版社摄影编辑、编辑室主任、编审委员等职。中国摄影家协会常务理事。作品有《秋收完毕》《山里俏》《山村在欢唱》等。

J0111591

旧京返照集 北京市文物工作队，首都博物馆编
北京 人民美术出版社 1987 年 26cm（16 开）
统一书号：8027.9711 定价：CNY7.70
　　中国现代摄影作品。

J0111592

开发长江画卷 （南京分卷）张耀华主编
北京 中国展望出版社 1987 年 23cm（10 开）
ISBN：7-5050-0097-7 定价：CNY7.70
　　中国现代摄影作品集。

J0111593

烙在大地上的伤痕 （来自大兴安岭火场的摄影报告）乔天富摄
北京 华艺出版社 1987 年 17×19cm
ISBN：7-80039-055-1 定价：CNY4.00
　　本书以现场照片反映 1987 年 5 月大兴安岭

森林特大火灾和广大军民奋勇扑火救灾情，以触目惊心的画面，记录森林大火造成的惨象和军民团结奋战与大火搏斗的壮烈场面，揭示管理混乱、纪律松弛和官僚主义给国家和人民造成的损失，赞扬扑火军民无私无畏的革命英雄主义精神。作者乔天富（1954—　　），高级记者，四川绵竹市人。历任解放军报高级记者，中国摄影家协会理事，中国新闻摄影学会常务理事。代表作品《中国人民解放军驻香港部队》《大阅兵》《军中姐妹》。

J0111594
灵隐　（汉英对照）张候权，陈忠宝摄影
杭州　西湖摄影艺术出版社　1987年　10张
定价：CNY1.20
　　中国现代摄影明信片。

J0111595
摄影拔萃　（1）《浙江画报》社编辑
杭州　浙江摄影出版社　1987年　21cm（32开）
定价：CNY2.30

J0111596
摄影特集　（作品）水禾田编辑
香港　专业出版社　1987年　有照片　15cm（40开）
ISBN：962-315-007-5　定价：HKD30.00

J0111597
影苑新蕾　（解放军摄影函授学校学员作品选）
解放军摄影函授学校编辑
北京　长城出版社　1987年　120页　17×18cm
统一书号：8269.138　ISBN：7-80017-012-8
定价：CNY6.00

J0111598
中国大西北　张温璞，李东福撰文；丁铭通等摄影
北京　华艺出版社　1987年　25cm（小16开）
ISBN：7-80039-002-0　定价：CNY17.00
　　中国现代摄影作品。

J0111599
中国青年摄影家　（罗小韵）罗小韵摄；韩紫汕编
杭州　浙江摄影出版社　1987年　26页　有照片
26cm（16开）统一书号：8364.171

ISBN：7-80536-006-5　定价：CNY3.90
　　作者罗小韵（1953—　　），女，摄影家。湖南桂东县人，生于北京，毕业于中国人民大学摄影专业，获美国纽约大学摄影硕士。出版有《大西北纪行》《自然与人文的交响诗——三江并流》《我看美国》《边疆之旅》《中国摄影家罗小韵作品集》。

J0111600
中国青年摄影家　（马云）马云摄；韩紫汕编
杭州　浙江摄影出版社　1987年　24页　有照片
26cm（16开）ISBN：7-80536-011-1
定价：CNY3.90

J0111601
中国青年摄影家　（王苗）王苗摄；韩紫汕编
杭州　浙江摄影出版社　1987年　23页　有照片
26cm（16开）统一书号：8364.173
ISBN：7-80536-008-1　定价：CNY3.90
　　作者王苗（1951—　　），摄影家。北京人。历任中国新闻社摄影记者，香港中国旅游出版社副社长、总编辑，中国摄影家协会理事。出版摄影集有《敦煌飞天》《西藏神秘的高原》等。

J0111602
中国青年摄影家　（王文澜）王文澜摄；韩紫汕编
杭州　浙江摄影出版社　1987年　24页　有照片
26cm（16开）统一书号：8364.174
ISBN：7-80536-009-X　定价：CNY2.30
　　作者王文澜（1953—　　），记者。生于北京，河北新乐人。历任中国日报摄影部主任，中国摄影家协会理事，中国新闻摄影学会学术委员。摄影作品《京味》《名人透视》《流动的长城》《自行车的日子》等。

J0111603
中国青年摄影家　（王志平）王志平摄；韩紫汕编
杭州　浙江摄影出版社　1987年　23页　有照片
26cm（16开）统一书号：8364.172
ISBN：7-80536-007-3　定价：CNY3.90

J0111604
中国青年摄影家　（许涿）许涿摄；韩紫汕编
杭州　浙江摄影出版社　1987年　21页　有照片
26cm（16开）统一书号：8364.175

ISBN：7-80536-010-3 定价：CNY3.90

J0111605
中国青年摄影家 （张旗）张旗摄；韩紫汕编
杭州 浙江摄影出版社 1987 年 23 页 有照片
26cm（16 开）统一书号：8364.177
ISBN：7-80536-012-X 定价：CNY3.90

J0111606
中国青年摄影家罗小韵 罗小韵，韩紫汕摄
杭州 西湖摄影艺术出版社 1987 年 26 页
24cm（26 开）统一书号：8364.171
ISBN：7-80536-006-5 定价：CNY3.90

J0111607
中国早期摄影作品选 （1840—1919 汉英对
照）胡志川，陈申编
北京 中国摄影出版社 1987 年 174 页 有照片
27cm（16 开）定价：CNY15.60，CNY18.60（精装）
　　本书有 210 余幅图。

J0111608
中华揽胜 钱浩主编；侯毅副主编
北京 中国画报出版公司 1987 年 284 页
37cm（8 开）精装 ISBN：7-80024-000-2
统一书号：8383.1010 定价：CNY100.00
　　中国现代摄影作品。

J0111609
《今日通州》画册 （汉英对照）中共北京通县
委员会，北京通县人民政府编
北京 中国建设出版社 1988 年 27cm（大 16 开）
精装
　　中国现代摄影作品。

J0111610
北京卫星城——昌平 （汉英对照）中共昌平
县委员会宣传部编
北京 北京美术摄影出版社 1988 年 26cm（16 开）
定价：CNY6.10
　　中国现代摄影作品。

J0111611
古貌雄风迎嘉宾 （汉英对照）陕西省人民政
府外事办公室编

西安 陕西人民美术出版社 1988 年 82 页
有彩照 26cm（16 开）ISBN：7-5368-0068-1
定价：CNY14.50，CNY19.50（精装）
　　本书系摄影作品集。内容为 1979 年以来访
问过陕西的所有外国元首、政府首脑和部分外国
议会领导人；陕西主要的文物古迹，风光名胜。
外 文 书 名：Xi'an, A Majestic Ancient Capital,
Welcomes Its Honoured Guests.

J0111612
呼伦贝尔 （汉英对照）呼伦贝尔对外文化交流
协会编
北京 外文出版社 1988 年 80 页 26cm（16 开）
　　中国现代摄影作品。

J0111613
艰巨历程 （全国摄影公开赛优秀作品简介）
《艰巨历程》全国摄影公开赛组织委员会编
西安 陕西人民美术出版社 1988 年 26cm（16 开）
定价：CNY3.10

J0111614
今日宝鸡 《今日宝鸡》画册编辑委员会编
西安 陕西人民出版社 1988 年 240 页
29cm（16 开）ISBN：7-224-00547-9
　　中国现代摄影作品。

J0111615
励志集 余明沃编
香港 西罗亚中心 1988 年 有图 19cm（32 开）
　　中国现代摄影作品。

J0111616
龙 丁允衍等编
北京 中国和平出版社 1988 年 41 页 26cm（16 开）
精装 定价：CNY14.20
　　中国现代摄影作品。

J0111617
龙海 （闽南金三角的明珠 汉英对照）林东水
等撰文；许扬摄影
北京 华艺出版社 1988 年 58 页 26cm（16 开）
定价：CNY9.80
　　中国现代摄影作品。

J0111618
路　（徐肖冰、侯波摄影作品集）李琦等主编
杭州 浙江人民美术出版社 10 页 42cm（8 开）
活页装 ISBN：7-5340-0138-2 定价：CNY8.80

J0111619
路　（徐肖冰、侯波摄影作品集）徐肖冰，侯波摄
影；李琦等主编
杭州 浙江人民美术出版社 1988 年 222 页
39cm（4 开）精装
　　本书精选了著名摄影家徐肖冰和侯波夫妇
从 1937—1966 年期间拍摄的 187 幅照片。第一
部分：延安；第二部分：太行，第三部分：北平，
第四部分：新中国。

J0111620
妈祖千年祭　林文豪编；卓家棋等摄
北京 华艺出版社 1988 年 84 页 26cm（16 开）
　　中国现代摄影作品。

J0111621
穆桂英　王秉龙摄
石家庄 河北美术出版社 1988 年 1 张
76cm（2 开）定价：CNY0.40
　　中国现代摄影年画作品。

J0111622
前进中的中国航天工业　（汉英对照）中国长
城工业公司编
北京 中国建设出版社 1988 年 112 页
［30cm］（15 开）精装
　　中国现代摄影作品。

J0111623
人民战争必胜　（抗日战争中的晋察冀摄影集）
晋察冀文艺研究会编
沈阳 辽宁美术出版社 1988 年 343 页 24×25cm
ISBN：7-5314-0044-8 定价：CNY25.00

J0111624
四川妇女自行车摄影考察队作品集　（1987.
3.7—1987.6.12）
成都 四川人民出版社 1988 年 45 页 18cm（32 开）
ISBN：7-220-00551-2 定价：CNY7.00

J0111625
现代摄影沙龙'88 展
北京 中国摄影出版社 1988 年 135 页
26cm（16 开）ISBN：7-80007-030-1
　　外文书名：The China Modern Photo Salon 1988.

J0111626
中国青年摄影家　（初小青）初小青摄
杭州 浙江摄影出版社 1988 年 29 页 24cm（26 开）
ISBN：7-80536-013-8 定价：CNY3.40
　　中国现代摄影作品。

J0111627
中国摄影四十年　（《艰巨历程》全国摄影公开
赛优秀作品汇集）张光，徐行主编
西安 陕西人民美术出版社 1988 年 34cm（12 开）
精装 ISBN：7-5368-0081-9 定价：CNY95.00
　　本摄影画册收有照片 247 幅图，其中新闻摄
影部分选编中华人民共和国成立以来的优秀新
闻摄影作品 163 幅，摄影创作部分选编了中华人
民共和国成立后的摄影艺术作品 78 幅，改革开
放以来的摄影创作占有较大比重。

J0111628
壮族　（画册 汉壮对照）广西壮族自治区民族
事务委员会编辑
北京 人民出版社 1988 年 223 页 26cm（16 开）
精装 定价：CNY60.00
　　中国现代摄影作品。

J0111629
邹平　（摄影集）中共邹平县委宣传部编
济南 山东友谊书社 1988 年 74 页
27cm（大 16 开）定价：CNY1.00

J0111630
爱我森林　（画册）中华人民共和国林业部编辑
北京 奥林匹克出版社 1989 年 241 页 39cm（4 开）
精装 ISBN：7-80067-035-x
　　中国现代摄影作品集。

J0111631
北京　曹子西，沈鹏主编
北京 人民美术出版社 1989 年 30cm（16 开）
　　本画册是由北京市社会科学院与人民美

术出版社为纪念北京解放 40 周年，合作编辑的艺术画册。共收有表现北京自然风光、人文景观、文化风情的摄影作品 300 幅。作者沈鹏（1931—　），书法家、美术评论家、诗人。生于江苏江阴。历任中国文联副主席、中国书法家协会主席、中国美术出版总社顾问以及《中国书画》主编、炎黄书画院副院长、中国书画函授大学教授、《书法之友》杂志名誉主席等职。书法作品有著作：《书画论评》《沈鹏书画谈》《三余吟草》《沈鹏书法选》《沈鹏书法作品集》。

J0111632

北京旧影　（摄影集）傅公钺编写
北京 人民美术出版社 1989 年 216 页
26cm（16 开）定价：CNY25.00

　　本书收集的 212 幅图，拍摄于 20 世纪初到三四十年代。照片介绍了北京城垣、城市中轴线、城区外风景区、庙宇与教堂、厂甸与天桥、店铺商贩、手工业、婚丧礼仪及民俗。反映老北京从清末民初到抗日战争期间的城市建设，如城垣、牌楼、街道等；着重反映当时的民俗，如厂甸和天桥的商贩、手工艺人，卖艺场面等。有中、日、英文对照。

J0111633

北京旧影　（摄影集）傅公钺编
北京 人民美术出版社 1990 年 2 版 214 页
26cm（16 开）ISBN：7-102-00609-8
定价：CNY25.00

J0111634

北京林业建设　（画册）北京市林业局编
北京 中国林业出版社 1989 年 26cm（16 开）
ISBN：7-5038-0441-6 定价：CNY30.00
　　中国现代摄影作品。

J0111635

本钢画册　（英汉对照）本钢史志办公室编
沈阳 辽宁人民出版社 1989 年 153 页 20×18cm
精装 ISBN：7-205-01054-3 定价：CNY40.00
　　中国现代摄影作品。

J0111636

滇中碧玉——江川　（汉英对照）川江画册编
辑组编

昆明 云南民族出版社 1989 年 19cm（32 开）
定价：CNY8.00
　　中国现代摄影作品。

J0111637

发展中的宿县地区　（汉英对照）宿新地区行政公署，新华社安徽分社编
北京 新华出版社 1989 年 36cm（12 开）
定价：CNY32.00
　　中国现代摄影作品。

J0111638

风云五万里——新安旅行团画册　上海市新四军历史研究会，淮安市新安旅行团历史陈列馆编
上海 上海人民美术出版社 1989 年 123 页
26cm（16 开）精装 ISBN：7-5322-0483-9
定价：CNY14.60

　　本书内容反映了抗日战争时期，由 15 名少儿组成的新安旅行团，奔走在南京、上海等大城市，跋涉在偏远荒凉的大西北，行程五万里，最终播下了抗日救国的种子，并组织广大青年投身到抗日战争中的感人事迹。

J0111639

黄河之光　贺万鹏撰文；李界范等摄
北京 华艺出版社 1989 年 26cm（16 开）
ISBN：7-80039-038-1 定价：CNY11.00
　　中国现代摄影作品。外文书名：Prides of the Yellow River.

J0111640

巾帼英豪　（抗日战争中的晋察冀妇女儿童摄影集）罗光达主编
沈阳 辽宁美术出版社 1989 年 119 页
25cm（小 16 开）精装 ISBN：7-5314-0214-9
定价：CNY72.50

　　本书通过 130 幅图集，表现抗日根据地晋察冀边区的妇女和儿童参加抗日斗争的光辉业绩。聂荣臻、刘澜涛、肖克、康克清等为摄影集题词。作者罗光达（1919—1997），曾用名王天成，笔名兀羊、东征，浙江吴兴县人。曾任北京电影学院第一副院长，中国老年摄影学会副会长。出版有《罗光达摄影作品·论文选集》。

J0111641

京郊明珠怀柔 （汉英对照）中共怀柔县委宣
传部编
北京 北京旅游出版社 1989 年 26cm（16 开）
定价：CNY5.50

中国现代摄影集。

J0111642

酒都杏花村 （汉英对照）文景明主编
北京 北京美术摄影出版社［1989 年］27cm（16 开）

J0111643

冷水江 （锑都新城）袁明毓等主编
北京 华艺出版社 1989 年 93 页 26cm（16 开）
ISBN：7-80039-238-4 定价：CNY19.00

中国现代摄影作品。

J0111644

陆上与海上丝绸之路 （摄影集）人民画报社
编辑
北京 中国画报出版公司 1989 年 303 页
39cm（4 开）精装 ISBN：7-80024-026-6

J0111645

闽东 《闽东》画册编辑小组编辑
福州 福建人民出版社 1989 年 107 页 26cm（16 开）
定价：CNY24.50

中国现代摄影集。

J0111646

星子——镶嵌在庐山鄱水间的一颗明珠（摄
影集）中共江西省星子县委宣传部, 江西省星子
县人民政府办公室编
南昌 江西人民出版社 1989 年 32 页 26cm（16 开）
定价：CNY6.00

中国现代摄影集。

J0111647

穆桂英下山 子路编摄
天津 天津人民美术出版社 1989 年 2 张
76cm（2 开）定价：CNY1.10

中国现代摄影年画。

J0111648

青海穆斯林 （摄影集 中、阿、英对照）青海省

民族事务委员会, 青海省伊斯兰教协会编
西宁 青海民族出版社 1989 年 125 页
30cm（12 开）精装 定价：CNY33.00

本书收入 235 幅彩色照片, 通过青海的穆斯
林, 先民的足迹；神奇的土地、可爱的家乡；遵
行"五功"、终身不渝；各具特色的清真寺建筑艺
术；在祖国民族大家庭中；农业在发展、民族工
业在兴起；名贵的土特产品；清真风味食品；繁
荣的集市贸易；卫生和教育；丰富多彩的传统文
体活动；穆斯林人才掠影；穆斯林生活一瞥等 14
个章节, 介绍了青海穆斯林的历史与现状。

J0111649

摄苑撷英 （中国摄影家作品选）邓历耕, 张宗
尧主编
北京 中国摄影出版社 1989 年 88 页 29cm（16 开）
ISBN：7-80007-039-5

J0111650

生活艺术 （现代艺术摄影集）陆元国摄影
兰州 甘肃人民出版社［1989 年］10 张
15cm（40 开）定价：CNY2.10

J0111651

锑都新城——冷水江 何克武, 李谟毅撰文；
王羽年等摄影
北京 华艺出版社 1989 年 93 页 26cm（16 开）
定价：CNY19.00

中国现代摄影作品。

J0111652

天鹅湖 （摄影集）刘凤岐摄影；吴秀琴翻译
乌鲁木齐 新疆摄影艺术出版社［1989 年］
26cm（16 开）ISBN：7-80547-004-9
定价：CNY4.00

外文书名：The Swan-lake.

J0111653

皖林之路 （1949—1989 摄影集）钱正伐主编；
丁日强等摄影
北京 新华出版社 1989 年 27cm（16 开）
定价：CNY40.00

J0111654

新春的礼物 （1989 年春节联欢晚会）1989 年

春节联欢晚会画册编辑部编
北京 朝花美术出版社 [1989年] 1册
26cm（16开）定价：CNY5.80

J0111655
雄师震南疆　中国人民解放军五一〇〇二部队编
石家庄 河北美术出版社 1989年 120页
26cm（16开）
　　中国现代摄影作品。本画册收入240余幅照片。

J0111656
徐肖冰侯波摄影作品选辑　徐肖冰，侯波摄影
杭州 浙江人民美术出版社 [1989年] 10张
39cm（8开）定价：CNY8.80

J0111657
中国北京第五届国际摄影艺术展览作品集　（汉英对照）中国摄影出版社编
北京 中国摄影出版社 1989年 79页 26cm（16开）
　　本书与大道文化有限公司合作出版。

J0111658
中国大连十年建设　（摄影集）《中国大连十年建设》编辑委员会编
北京 中国建筑工业出版社 1989年 132页
36cm（12开）精装 定价：CNY40.00

J0111659
中国解放区摄影史略　顾棣，方伟著
太原 山西人民出版社 1989年 496页 有照片
20cm（32开）ISBN：7-203-00941-6
定价：CNY10.75
　　本书收集图片183幅，表现了30、40年代中国历史发展的进程和解放区摄影工作者的战斗功绩和艺术成就。其中有《中国工农红军在瘴州缴敌飞机》（1932，聂荣臻摄），《平型关战斗中我军机枪阵地》（1937，苏静摄），《朱德司令在延安》（1938，田野摄），《白求恩大夫在前线抢救八路军伤员》（1939，吴印咸摄）等。

J0111660
中国军队十年大观　（1979—1988 摄影集）乔天富摄
成都 四川美术出版社 1989年 92页 26cm（16开）
ISBN：7-5410-0457-X 定价：CNY17.50

　　作者乔天富（1954— ），高级记者，四川绵竹市人。历任解放军报高级记者，中国摄影家协会理事，中国新闻摄影学会常务理事。代表作品《中国人民解放军驻香港部队》《大阅兵》《军中姐妹》。

J0111661
中国民族　民族画报社编辑
北京 中国民族摄影艺术出版社 1989年 230页
19cm（32开）精装 ISBN：7-80069-010-5
定价：CNY108.00
　　中国现代摄影作品。

J0111662
中国摄影艺术作品精选'88　高纪宪编辑
上海 上海人民美术出版社 1989年 26cm（16开）
ISBN：7-5322-0650-5 定价：CNY18.00
　　本画册选入了28位摄影家的代表作28幅，选入的摄影作品均是在全国性和国际影展中获得大奖的。书中有作者肖像、简介，以及摄影艺术特点。中英文对照版。

J0111663
中国摄影艺术作品选　（1949—1989）中国摄影家协会编
福州 海潮摄影艺术出版社 1989年 286页
26cm（16开）精装 ISBN：7-80562-000-8
定价：CNY120.00
　　本书展现中国摄影艺术40年来发展轨迹的大型画册，为纪念新中国成立40周年和世界摄影术发明150周年，中国摄影家协会组织专家从1949—1989年40年间发表的摄影作品中选取287幅珍贵的摄影艺术作品编辑成册。外文书名：Selected Works of the Chinese Photographic Art.

J0111664
中国梯田　中华人民共和国水利部编
长春 吉林科学技术出版社 1989年 116页
有彩照 27cm（16开）精装 定价：CNY38.00
　　中国现代摄影作品。

J0111665
中国乡镇企业　农业部乡镇企业司编
北京 农业出版社 1989年 151页 29cm（16开）
ISBN：7-109-01576-9 定价：CNY60.00

中国现代摄影作品。

J0111666

走向小康：宿县 40 年 （汉英对照）安徽省宿县人民政府，新华通讯社安徽分社编

北京 新华出版社 1989年 63页 27cm（16 开）

精选 定价：CNY30.00

中国现代摄影作品。

J0111667

90 亚运 （摄影集）第 11 届亚运会组委会新闻部编

北京 奥林匹克出版社 1990年［29cm］（大 16 开）

ISBN：7-80067-156-9 定价：CNY38.00

J0111668

大地与人 （摄影集）王永强主编；中国画报社《大地与人》编辑部编

北京 新星出版社 1990年 37页 39cm（8 开）

J0111669

大陆沧桑 （摄影集）段连城等编

北京 中国画报出版公司 1990年 2版 347页

27cm（大 16 开）精装 ISBN：7-80024-070-3

定价：CNY100.00

J0111670

俯瞰北京 （摄影集）王立行等撰文；王振民等摄

北京 北京出版社 1990年 91页 30cm（10 开）

定价：CNY38.00

作者王振民（1937—　　），教授。中国人民大学中文系教授、文艺理论教研室主任，中国摄影家协会、中国文艺理论学会会员。

J0111671

京华彩虹 《京华彩虹》画册编委会编辑

北京 中国建筑工业出版社 1990年 159页

33cm（5 开）精装 ISBN：7-112-01176-0

定价：CNY130.00

本画册精选了北京已建成的 34 座立交桥，通过壮观的立交桥建设形象，从一个侧面可领略首都现代化建设的雄伟步伐。

J0111672

可爱的中华 （全国摄影比赛作品选）张宗尧，

刘雷主编；《可爱的中华》全国摄影比赛组织委员会编辑

北京 中国摄影出版社 1990年 277页 33cm（5 开）

精装 ISBN：7-80007-045-X

作者刘雷（1954—　　），吉林长春市人。中国摄影家协会会员，文化部对外文化联络局从事摄影交流工作。

J0111673

历史的脚印 （童小鹏摄影资料选集）童小鹏摄

北京 文物出版社 1990年 26cm（16 开）

精装 ISBN：7-5010-0286-X 定价：CNY36.00

J0111674

历史的脚印 （童小鹏摄影资料选集）童小鹏摄

北京 文物出版社 1990年 30cm（12 开）

定价：CNY29.00

J0111675

榴红欲燃 麦粒摄

乌鲁木齐 新疆人民出版社 1990年 1张

定价：CNY0.90

中国现代摄影年画。

J0111676

煤海之光 （摄影集）山西画报社编

太原 山西科学教育出版社 1990年 112页

28cm（大 16 开）定价：CNY95.00

J0111677

上海一日 （摄影集）邓明主编；许志刚等摄

上海 上海人民美术出版社 1990年 85页

28cm（大 16 开）定价：CNY45.00

本摄影画册通过 140 幅照片，对上海 1990年 5月 22 日的 24 小时划分成为 5个时间章节，进行全方位、多层次、即景快速扫描，真实地记录了上海在改革开放年代普通市民的日常生活。浓郁的生活气息，无数幅小景，毫不矫饰、细腻生动。

J0111678

摄影者的足迹 （金坛建昌建筑安装工程公司成立二十五周年）范德元主编，摄影；江苏省金坛县建昌建筑安装公司，新华出版社三编室编

北京 新华出版社［1990年］［29cm］（大 16 开）

J0111679

苏联 （摄影画册）沈鹏，林文碧主编

北京 人民美术出版社 1990年 31×23cm

　　本书为纪实性大型彩色摄影画册，收有454幅照片。图片为1988年5月，人民美术出版社组团，到莫斯科、列宁格勒、新西伯利亚、基辅等10个城市进行采访和拍摄，介绍苏联的历史文化、风土人情、社会风貌。作者沈鹏（1931— ），书法家、美术评论家、诗人。生于江苏江阴。历任中国文联副主席、中国书法家协会主席、中国美术出版总社顾问以及《中国书画》主编、炎黄书画院副院长、中国书画函授大学教授、《书法之友》杂志名誉主席等职。书法作品有著作：《书画论评》《沈鹏书画谈》《三余吟草》《沈鹏书法选》《沈鹏书法作品集》。

J0111680

铜川画册 （汉英对照）李春生，史保胜主编；铜川市外事办公室编

西安 陕西人民美术出版社 1990年 33页 19cm（小32开）定价：CNY4.50

J0111681

雪山草地风情录 （中国四川西北部纪行）胡宝玉摄；黄宝善撰

北京 外文出版社 1990年 121页 30cm（10开）定价：CNY50.00

　　中国现代摄影作品集。

J0111682

亚洲雄风 （第十一届亚运会摄影佳作选）杨绍明主编

北京 中国摄影出版社 1990年 56页 28cm（16开）ISBN：7-80007-068-9

　　作者杨绍明（1942— ），社会活动家。毕业于北京大学历史系。新华社摄影记者，中国摄影家协会副主席，世界华人摄影学会会长，当代摄影学会主席，中国人民对外友好协会理事等职。

J0111683

英雄的丰碑 （摄影集）云南省战备支前领导小组等编

昆明 云南人民出版社 1990年 194页 30cm（10开）精装

J0111684

雨花石 （摄影集）江苏人民出版社编

南京 江苏人民出版社 1990年 30cm（12开）定价：CNY63.00

　　本摄影集分为艺术鉴赏和自然常识两部分，通过100多幅雨花石照片，展示雨花石神奇魅力和摄影技艺。

J0111685

雨花石精选 （摄影集 汉英对照）上海人民美术出版社编；周祖贻摄；黄仁译

上海 上海人民美术出版社 1990年 30cm（24开）ISBN：7-5322-0794-3 定价：CNY63.00

J0111686

张甸摄影集 张甸摄

沈阳 辽宁美术出版社 1990年 77页 30cm（12开）精装 定价：CNY79.00

　　本摄影集通过71幅照片从不同题材，从不同角度，表现了不同历史时期的社会生活和人的精神面貌。作者张甸（1930— ），摄影家。原名张殿宸，生于河北昌黎，毕业于鲁迅文艺学院美术系。历任东北画报社摄影组助理记者，辽宁画报社摄影创作室主任，中国摄影家协会会员。作品有《声震山河》《草原神鹰》《客人来到草原》。

J0111687

哲里木农垦 （摄影集）中华人民共和国农业部农垦司宣传处，内蒙古自治区哲里木盟农牧场管理处编

北京 中国民族摄影艺术出版社 1990年 89页 ［29cm］（大16开）定价：CNY35.00

J0111688

中国感受 （一个摄影家的1988至1989 摄影集）初小青摄影；何志云撰文

杭州 浙江摄影出版社 1990年 27×28cm 精装 ISBN：7-80536-093-6

　　本大型摄影画册收有照片300多幅，分为寻根溯源、栖息方式、饮食文化、服饰文化、路、宗教、节庆佳日等多方面内容，并附文字阐述。

J0111689

中国吉林农业 （摄影集）《中国吉林农业》编委会编

北京 农业出版社 1990年 159页
[29cm]（大16开）

J0111690
中国驱逐舰 （北海舰队驱逐舰部队掠影）陈
先锋，曲卫平编；牟健为摄
北京 海潮出版社 1990年 48页 26cm（16开）
ISBN：7-80054-146-0 定价：CNY15.00

J0111691
中国摄影家看世界作品选 朱宪民，刘雷主编
北京 中国摄影出版社 1990年 106页 有彩照
26cm（16开）ISBN：7-80007-060-3
定价：CNY48.00
　　作者刘雷（1954—　），吉林长春市人。中国
摄影家协会会员，文化部对外文化联络局从事摄
影交流工作。作者朱宪民（1942—　），编辑。生
于山东濮城，祖籍河南范县。历任中国艺术研究
院编审，《中国摄影家》杂志社社长兼总编辑，中
国摄影艺术研究所所长，中国摄影家协会理事，
中国艺术摄影学会副会长。著作有《黄河百姓》
《中国摄影家朱宪民作品集》《草原人》等。

J0111692
中国主要开放港口 （摄影集）高镇都主编
北京 人民交通出版社 1990年 166页
30cm（10开）精装

J0111693
中华 邵宇主编
北京 人民美术出版社 1990年 有照片 38cm（6开）
　　本摄影集选入450幅照片，内容分为大河
奔流、长城内外、丝绸之路、白山黑白、大江东
去、水乡秀色、高原风情、世界之巅、南国热浪、
海峡两岸10章。作者邵宇（1919—1992），教授。
曾用名邵进德，辽宁丹东人。毕业于北平美术专
科学校。代表作品有《土地》《上饶集中营》《首
都速写》《选举》《早读》等。

J0111694
中华风采 邢雁主编；人民画报社编
北京 中国画报出版社 1990年 224页
29cm（16开）精装 ISBN：7-80024-077-0
定价：CNY140.00
　　中国现代摄影集。外文书名：China through

the Camera's Eye.

J0111695
儿童摄影画册 杨金华主编；北京儿童摄影学
校，北京朝阳区三里屯第三小学编
北京 农业出版社 1991年 26cm（16开）
ISBN：7-109-02265-X 定价：CNY14.50
　　本书收集了党和国家领导人会见儿童摄影
爱好者的近20幅彩照，还收集了少年儿童彩色
摄影作品30余幅，黑白摄影作品近百幅。

J0111696
光辉的战斗历程（1921—1949） （中国共产
党在江苏）中共江苏省委员会编
南京 江苏人民出版社 1991年 188页 38cm（8开）
定价：CNY0.18
　　本书为纪念中国共产党建党70周年历史摄
影画册，收入的900多幅照片为江苏人民在中国
共产党的领导下进行革命斗争的历史剪影。内
容为四个部分：1、中国共产党的创建和大革命
时期；2、土地革命战争时期；3、抗日战争时期；
4、解放战争时期

J0111697
广东摄影家代表作 广东省摄影家协会，花城
出版社摄影编辑室编
广州 花城出版社 1991年 131页 28cm（15开）
精装 ISBN：7-5360-1160-1 定价：CNY128.00
　　本摄影集收入广东摄影家的代表作品280
幅，是一部广东省当代摄影创作的回顾作品，也
是广东摄影艺术创作成果的汇集。外文书名：
The Representative Works of Guangdong Pho-
tographers.

J0111698
极道追踪 郑明宝编辑
香港 嘉通创库制作公司 1991年 有照片
29cm（16开）
（嘉通创库）
　　外文书名：Zodiac Killers.

J0111699
今日延安 陕西人民出版社编辑
西安 陕西人民出版社 1991年 28cm（大16开）
　　本摄影画册从历史、自然、经济、文化等方

面全面介绍了延安。中英文对照。

J0111700

历史的踪影 （摄影集）邹健东编

南京 江苏人民出版社 1991 年 168 页 有彩照
29cm（15 开）精装 ISBN：7-214-00828-9
定价：CNY40.00

　　本摄影集收有摄影作品 300 幅图，内容包括：大江南北燃起抗日烽火、解放的旗帜高高飘扬、天安门上升起五星红旗 3 部分。画册中有李先念、叶飞、彭冲题词，张爱萍题写书名。作者邹健东（1915—2005），军事摄影记者。广东大埔人。历任新四军总兵站第二站副站长，山东画报社摄影记者，新华社摄影记者，新华社摄影部中央新闻组组长。代表作品有《百万雄师过大江》《我送亲人过大江》《占领总统府》《人民的好总理》等。

J0111701

鲁迅故里人像 （画集）徐勇摄影

杭州 浙江摄影出版社 1991 年 38cm（8 开）
精装 ISBN：7-80536-136-3 定价：CNY26.30

　　本摄影画册的人物都是从鲁迅小说中"走"到现实生活中的人物。作者徐勇（1954—　　），摄影家。上海人。中国摄影家协会会员，北京摄影家协会会员。代表作品有《胡同》《小方家胡同》《解决方案》《这张脸》等。

J0111702

摄影版画 康诗纬绘

杭州 浙江摄影出版社 1991 年 93 页 有照片
21×19cm ISBN：7-80536-124-X 定价：CNY9.90

　　作者康诗纬（1943—　　），国家一级摄影师。别名康旻，生于浙江奉化。历任安徽省文联副主席，安徽省摄影家协会主席兼秘书长，安徽省文艺评论家协会副主席，中国摄影家协会理事。出版有《速写》《摄影版画》《业余摄影实用技法》等。

J0111703

诗情画意集 （物华篇）胡国钦，曾协泰主编

台北 台湾珠海出版有限公司 1991 年 112 页
有彩照 26cm（16 开）精装
ISBN：957-657-001-8 定价：TWD380.00

　　本书与香港珠海出版有限公司合作出版。

J0111704

诗情画意集 （山水篇）胡国钦，曾协泰主编

香港 万里书店 1991 年 112 页 有彩图
26cm（16 开）ISBN：962-14-0478-9
定价：HKD88.00

　　本书与福建画报社合作出版。

J0111705

诗情画意集 （物华篇）胡国钦，曾协泰主编

香港 万里书店 1991 年 112 页 有彩图
26cm（16 开）ISBN：962-14-0479-7
定价：HKD88.00

　　本书与福建画报社合作出版。

J0111706

雪域军魂 西藏军区政治部编

北京 长城出版社 1991 年 158 页 32cm（10 开）
精装 ISBN：7-80017-168-X 定价：CNY90.00

J0111707

亚运美京城 （摄影集）第十一届亚洲运动会组织委员会宣传部编

北京 北京燕山出版社 1991 年 103 页
28cm（大 16 开）精装 ISBN：7-5402-0309-9
定价：CNY69.00

　　本画册记载了古都北京城"亚运"时期的风采。外文书名：Beijing in Splendour-Scenes of the City During the Asian Games.

J0111708

亚运在北京 （画册）《亚运在北京》画册编委会编

北京 北京出版社 1991 年 281 页 38cm（8 开）
精装 ISBN：7-200-01371-4

J0111709

长江三峡 刘超主编

北京 中国摄影出版社 1991 年 87 页
29cm（大 16 开）精装 ISBN：7-80007-058-1
定价：CNY22.00
（中国名胜鉴赏）

　　本摄影画册收有照片 90 多幅，主要展现长江三峡的风貌。

J0111710

中国老摄影记者优秀作品选 葛力群主编

沈阳 辽宁美术出版社 1991 年 240 页

26cm（16 开）ISBN：7-5314-0878-3

定价：CNY17.00

J0111711

中国摄影家眼中苏联 （1990）郑鸣等摄；杨绍明主编；刘净等编

北京 中国摄影出版社 1991 年 159 页 31×23cm

ISBN：7-80007-078-6

本书有 170 余幅图。所收图片均为 1990 年 7 月 30 日至 8 月 20 日中国摄影家代表团访问苏联时拍摄。代表团参观了莫斯科、列宁格勒、明斯克和基辅 4 个城市的工厂、农村、机关、学校和名胜古迹等，从历史的角度真实而生动地记录了苏联在解体前社会的各个层面和动态。作者杨绍明（1942— ），社会活动家。毕业于北京大学历史系。新华社摄影记者，中国摄影家协会副主席，世界华人摄影学会会长，当代摄影学会主席，中国人民对外友好协会理事等职。作者郑鸣（1957— ），记者。中国摄影家协会会员，中国新闻摄影学会副秘书长。

J0111712

中华之光 （纪念孙中山先生诞辰 125 周年）《中华之光》编委会编

上海 译林出版社 1991 年 243 页 29cm（12 开）精装

本书收有孙中山的照片、墨迹、文物图片 500 幅，通过图片和文字介绍孙中山的一生。内容分为：翠亨明灯、共和曙光、捍卫共和、伟大转变、巨星陨落、永恒纪念等六个部分。

J0111713

《湖北高校体育》画册 （汉英对照）邓刚臣主编；方肃等摄影

武汉 湖北人民出版社 1992 年 64 页 29cm（16 开）

ISBN：7-216-00944-4 定价：CNY18.00

中国现代摄影作品集。

J0111714

暴雨狂澜之下 （1991 年江苏人民抗洪救灾斗争图册）《暴雨狂澜之下》编委会编

南京 江苏人民出版社 1992 年 174 页

31cm（10 开）精装 ISBN：7-214-00902-1

定价：CNY100.00

本画册通过 500 幅摄影作品反映 1991 年江苏地区所遭遇的特大洪涝中，全省人民开展抗洪救灾的实情实景。

J0111715

川西民俗 （李杰摄影集 汉英对照）崔显昌撰文；李杰摄影

成都 四川人民出版社 1992 年 95 页 29cm（16 开）精装 ISBN：7-220-01687-5

J0111716

党旗飘飘摄影作品选 支益民，王巨才主编

西安 陕西人民教育出版社 1992 年 120 页

25×25cm 精装 ISBN：7-5419-3311-2

定价：CNY70.00

本摄影集收入摄影作品 116 幅，记录了半个世纪以来中华大地的许多难忘的瞬间，展现了各条战线上的共产党人的英姿。有《党旗飘飘》摄影集序。

J0111717

俄罗斯之冬 （郑永琦纪实摄影作品选）郑永琦摄影

北京 中国民族摄影艺术出版社 1992 年 63 页

26×26cm ISBN：7-80069-033-4

定价：CNY59.00

外文书名：The Winter of Russia. 作者郑永琦（1939— ）满族，摄影师。生于辽宁大连。历任中国国际文艺家协会博学会员、高级摄影师，中国摄影家协会会员，大连市群众艺术馆研究馆员，大连理工大学兼职教授。出版《俄罗斯之冬》《女性篇》《模特篇》《人生一程又一程——郑永琦人物摄影作品选》。

J0111718

建设者之歌 （前进中的金坛建筑业 汉英对照）范德元主编

北京 新华出版社 1992 年 144 页 29cm（16 开）

ISBN：7-5011-1597-4

中国现代摄影作品集。

J0111719

京杭运河 （摄影画）蔡蕃，鲍昆等摄

杭州 浙江摄影出版社 1992年 有图 29cm（12开）

　　本摄影画册收入图片 370幅，展现京杭运河历史文化风貌。内容包括：古老的岁月的河、水利史上的丰碑；悠久的文化，斑斓的画卷；通往世界之河；泱泱大河，淳淳民风；在运河是哪个流经的土地上等。

J0111720

荆江大堤　湖北省荆江大堤加固工程总指挥部等编
武汉 湖北人民出版社 1992年 65页 29cm（16开）
ISBN：7-216-00859-6 定价：CNY30.00
　　中国现代摄影作品集。

J0111721

力挽狂澜　（江淮战洪图）叶如强，梁钧主编
合肥 安徽美术出版社 1992年 87页
29cm（大16开）
　　本摄影画册收有 113位摄影记者提供的 243幅作品，内容分为洪水突袭、慷慨纾难、砥柱中流、生死搏斗、浪濯红星、风流人物、风雨同舟、两重天地、重建家园、迎接明天 10大部分。

J0111722

凉州美酒　王立光等摄影
兰州 甘肃人民美术出版社［1992年］
29cm（16开）ISBN：7-80588-026-3
　　中国现代摄影作品集。

J0111723

绿染金城两山　李茂主编
兰州 甘肃人民出版社［1992年］29cm（16开）
ISBN：7-226-00927-7
　　中国现代摄影作品集。

J0111724

面向世界的上海　（摄影集）上海市人民政府新闻处编
上海 上海人民美术出版社［1992年］
29cm（16开）ISBN：7-5322-1116-9

J0111725

欧阳西、钟怀海外掠影集　欧阳西，钟怀摄影
广州 岭南美术出版社 1992年 64页 29cm（16开）
ISBN：7-5362-0835-9

　　中国现代摄影作品集。

J0111726

黔江　（汉英对照）黄宗福主编、摄影
北京 中央民族学院出版社 1992年 29cm（16开）
ISBN：7-81001-315-7 定价：CNY25.00
　　中国现代摄影作品集。

J0111727

上海百年掠影　（1840—1940）上海市历史博物馆，上海人民美术出版社编
上海 上海人民美术出版社 1992年 213页
29cm（16开）精装 ISBN：7-5322-1038-3
定价：CNY89.00
　　中国现代摄影作品集。

J0111728

少林武功　（汉英文对照）蔡流海主编
郑州 河南美术出版社 1992年 155页
29cm（16开）精装 ISBN：7-5401-0246-2
定价：CNY160.00
　　中国现代摄影作品集。

J0111729

似江南　（宁夏剪影 汉英对照）石观达摄影
银川 宁夏人民出版社［1992年］29cm（16开）
ISBN：7-227-00684-0
　　本摄影集通过 112幅图片，内容包括：黄河两岸和南部山区的山水风光、人文景观、经济建设和人民生活。反映了宁夏的水利建设成绩，包括沙漠绿洲、沙坡头、沙湖等驰名中外的旅游胜地，石油、煤炭、电力等资源建设成就以及西夏王陵等文物古迹，各族人民的宗教习俗和日常生活。

J0111730

手的语言　（摄影集）覃忠华著
南宁 广西美术出版社 1992年 115页 17×18cm
ISBN：7-80582-436-3 定价：CNY5.60
　　包括 200与幅摄影作品，侧重于手对刻画人物形象、表达作品主题的作用及美学价值的研讨。作者覃忠华（1939—　　），教授。画家。广西融安人，毕业于广西艺术学院美术系版画。历任广西艺术学院教授，中国美术家协会会员，中国版画家协会会员。出版有《手的语言》《色彩风

景入门》等。

J0111731

天安门参观纪念　胡维标主编

北京　北京出版社　1992 年　32 页　31cm（10 开）

ISBN：7-200-01867-8　定价：CNY15.00

　　中国现代摄影作品集。外文书名：Ticket in Commemoration of Visit of Tiananmen Gate.

J0111732

田承强摄影作品集　田承强摄

成都　四川美术出版社　1992 年　83 页　25×26cm 精装　ISBN：7-5410-0742-0

　　中国现代摄影作品集。

J0111733

新旧社会水灾掠影　（摄影集）杨道德主编；《新旧社会水灾掠影》编委会编辑

合肥　安徽美术出版社　1992 年　93 页　29cm（15 开）精装　ISBN：7-5398-0236-7　定价：CNY38.00

　　本摄影集收有图片 236 幅图，以大量照片和资料再现了安徽人民同洪魔搏斗的场面及党和人民对灾区的关怀，同时展现了旧社会灾区人民的悲惨景象。

J0111734

亚欧新桥　（从连云港到鹿特丹）江苏人民出版社等编辑

乌鲁木齐　新疆美术摄影出版社　1992 年

29cm（16 开）ISBN：7-80547-101-0

定价：CNY150.00

　　本摄影集通过 600 幅彩色图片，展示了第二亚欧大陆桥沿线，即中国的苏、皖、豫、陕、甘和新疆 6 省区及哈萨克斯坦、俄罗斯、乌克兰、白俄罗斯、波兰、德国和荷兰等国的景观。外文书名：New Asia-Europe Continental Bridge.

J0111735

阳光下的花朵　（刘恪山摄影作品选）刘恪山作

沈阳　希望出版社　1992 年　110 页　26cm（大 16 开）

ISBN：7-5379-1071-5　定价：CNY42.80

　　本摄影作品是新中国少年儿童在党的阳光沐浴下幸福成长的写照。作者刘恪山（1931—2013），书画家。湖南省湘阴县人，毕业于东北

鲁迅文艺学院美术部。中国少先队队徽的设计者。中国美术家协会会员、中国书法家协会会员、中国工艺美术学会会员，团中央《辅导员》杂志美术编辑、摄影记者。出版有《阳光下的花朵——刘恪山摄影作品选》《董寿平传略》《刘恪山文集》。

J0111736

玉树　（汉、藏、英文对照）博巴·仓巴旺苏主编；久嘎等摄影

西宁　青海民族出版社　1992 年　142 页　38cm（8 开）

ISBN：7-5420-0295-3　定价：CNY90.00

　　中国现代摄影作品集。

J0111737

中国公路　（1949—1990 汉英对照）中华人民共和国交通部编

北京　中国画报出版社［1992 年］191 页

38cm（6 开）精装　ISBN：7-80024-111-4

定价：CNY130.00

　　中国现代摄影作品集。

J0111738

中国公路　（1949—1990 汉英对照）中华人民共和国交通部编

北京　中国画报出版社［1992 年］191 页

38cm（6 开）ISBN：7-80024-110-6

定价：CNY115.00

　　中国现代摄影作品集。

J0111739

中国丝绸之路·甘肃系列画册　（一　甘肃概览）张润秀等摄影

兰州　甘肃人民出版社　1992 年　48 页　29cm（16 开）

ISBN：7-226-01010-0　定价：CNY50.00

J0111740

中国丝绸之路·甘肃系列画册　（八　甘肃对外交往　汉英对照）张润秀等摄影

兰州　甘肃人民出版社　1992 年　38 页　29cm（16 开）

ISBN：7-226-01011-9　定价：CNY40.00

J0111741

中国西南重镇贵阳　（汉英对照）沈庆生主编；贵阳市对外文化交流协会编辑

北京 今日中国出版社［1992年］41页
14×16cm ISBN：7-5072-0293-3 定价：CNY6.00
　　中国现代摄影作品集。

J0111742
中国浙江 （摄影集 汉英日对照）张希钦主编
北京 中国旅游出版社 1992年 142页 33cm 精装
ISBN：7-5032-0563-6 定价：CNY59.00

J0111743
朱力摄影集 朱力摄
北京 人民中国出版社1992年 48页 26cm（16开）
ISBN：7-80065-107-X 定价：CNY24.00
　　外文书名：Photo Album by Zhu Li. 作者朱
力（1937—　），画家。安徽全椒人，安徽艺专毕
业。安徽美协会员、国家二级美术师、中国美协
会员。出版有《朱力画辑》《朱力国画作品选》《朱
力画集》等。

J0111744
北京一日 （1993.6.6 星期天 0.00-24.00）王占
臣主编；郑文译
北京 改革出版社 1993年 29×29cm
ISBN：7-80072-362-3 定价：CNY226.00
　　外文书名：A Day in the Life of Beijing.

J0111745
桥屋舟石竹芦树瀑摄影资料集 马元浩著
上海 上海书画出版社 1993年 234页
26cm（16开）ISBN：7-80512-629-1 定
价：CNY44.90
　　作者马元浩（1944—　），摄影家、导演。毕
业于上海财经学院。中国摄影家协会会员，英国
皇家摄影学会高级会士。出版有《中国古代雕塑
观音》等。

J0111746
生活，每天都是新的 （中国青年“公元杯”彩
色摄影大奖赛作品选）王树德主编
北京 长城出版社 1993年 250页 28cm（大16开）
精装 ISBN：7-80017-229-5 定价：CNY150.00
　　汇集参赛作品232幅。外文书名：Life-
Everyday is New. 作者王树德，中国青年杂志社
副处长。

J0111747
世界永恒的艳星——玛丽莲·梦露 张正平编
武汉 湖北美术出版社 1993年 69页 26cm（16开）
ISBN：7-5394-0357-8 定价：CNY28.00

J0111748
丝绸之路——通向中亚的历史古道 刘文敏
主编
北京 中国三峡出版社 1993年 155页 29cm（16开）
精装 ISBN：7-80099-045-1 定价：CNY135.00
　　中国现代摄影集。外文书名：The Silk Road—
An Ancient Road to Central Asia. 作者刘文敏，中
国三峡出版社社长，曾任人民画报社主任记者、
中国画报出版社常务副社长，中国摄影家协会会
员，中国新闻摄影协会理事。

J0111749
腾飞长江 （摄影集）
武汉 湖北美术 1993年 28cm（大16开）
ISBN：7-5394-0461-2
定价：CNY168.00，CNY188.00（精装）
　　外文书名：The Yangtze River Soaring Dragon.

J0111750
中国儿童摄影作品选 包宏等摄
武汉 湖北少年儿童出版社 1993年 62页
25×26cm ISBN：7-5353-1227-6
定价：CNY12.50
　　本书收有全国各省市、自治区少儿摄影作品
百余幅。

J0111751
中华摄影文学 （1993.7）中华摄影文学编委
会编辑
福州 海潮摄影艺术出版社 1993年 48页
29cm（16开）ISBN：7-80562-178-0
定价：CNY9.80
　　外文书名：Literature Photographic Chinese.

J0111752
自然之花 （中国人体艺术摄影）张华铭摄影
北京 中国电影出版社 1993年 26cm（16开）
ISBN：7-106-00798-6 定价：CNY32.00
　　外文书名：Flower of Nature. 作者张华铭，
摄影家。著有《自然之花，中国人体艺术摄影》，

与陈耀武合作《有阳光下的中国人体》。

J0111753

昨日一瞬　司志兰主编

济南　山东画报出版社　1993 年　62 页　21×29cm

ISBN：7-80603-003-4　定价：CNY59.00

中国现代摄影作品集。

J0111754

扑光掠影　（高粮、李祖慧摄影诗集）高粮，李祖慧摄

沈阳　辽宁美术出版社　1994 年　107 页　17×18cm

ISBN：7-5314-1019-2　定价：CNY78.80

作者高粮（1921—2006），摄影记者。生于河北易县。历任《人民日报》社摄影组长、高级记者，中国老摄影家协会理事，中国老摄影记者联谊会理事。出版有《高粮诗影集》。

J0111755

上野公园——街头艺人们的舞台　（摄影集）

傅曙光著

北京　海潮出版社　1994 年　19cm（小 32 开）

ISBN：7-80054-608-X　定价：CNY15.80

J0111756

摄影与诗歌　俞林泉摄；王海诗

北京　语文出版社　1994 年　56 页　有照片

19cm（小 32 开）ISBN：7-80006-855-2

定价：CNY5.60

本书收有摄影剪影作品 24 幅，每幅作品配有诗作。

J0111757

水乡余韵　周道明摄影；叶鹏飞配诗

杭州　中国美术学院社　1994 年　127 页　19×21cm

精装　ISBN：7-81019-285-X　定价：CNY18.50

中国现代风景摄影集。作者周道明，中国美术学院从事摄影教学、编辑工作。

J0111758

万众一心　（摄影集）《万众一心》画册编委会编

北京　北京出版社　1994 年　162 页　37×26cm

精装　ISBN：7-200-02638-7　定价：CNY195.00

外文书名：Millions of People of One Mind.

J0111759

我要上学　（中国希望工程摄影纪实）高琴主编；解海龙摄

北京　中国摄影出版社　1994 年　91 页　26×29cm

精装　ISBN：7-80007-113-8

外文书名：I Desire to Go to School: Photographic Report of China Hope Project.

J0111760

吴燕玲玉女情画写真集　沈松清摄

台北县　尖端出版公司　1994 年　29cm（16 开）

ISBN：957-712-746-0　定价：TWD220.00

（漂亮宝贝系列 4）

J0111761

中国名指挥　（刘铮摄影专集）刘铮著

北京　国际文化出版公司　1994 年　89 页

26×26cm　ISBN：7-80105-075-4　定价：CNY58.00

本集收李德伦、郑小瑛、曹鹏等 40 位指挥家的工作或生活的黑白照片。

J0111762

中国人体摄影艺术　（摄影集）傅欣著

西安　陕西人民美术出版社　1994 年

28cm（大 16 开）ISBN：7-5368-0421-0

定价：CNY41.80

J0111763

中国摄影家汪山渊　（作品 A 卷 中英文本）汪山渊摄影

武汉　湖北美术出版社　1994 年　44 页

28cm（大 16 开）ISBN：7-5394-0498-1

定价：CNY48.00

外文书名：Photographer Wang Shanyuan China. 汪山渊（1951—　），副研究馆员，中国摄影家协会会员，湖北省摄影家协会理事。

J0111764

白云之上　（简敏男摄影集）简敏男摄影

台北　淑馨出版社　1995 年　130 页　有照片

26×27cm　精装　ISBN：957-531-443-3

定价：TWD1100.00

外文书名：Above the White Clouds, Photographs of Chien Minnan.

J0111765

俄罗斯印象 （汉英对照）马千里摄

济南 山东美术出版社 1995年 88页 29cm（16开）

精装 ISBN：7-5330-0910-X 定价：CNY120.00

　　现代摄影艺术作品。

J0111766

高凤章摄影作品选　高凤章摄

北京 海潮出版社 1995年 79页 28cm（大16开）

ISBN：7-80054-677-2 定价：CNY56.00

　　作者高凤章（1944—　），军事摄影家。河南
开封尉氏人，中国摄影家协会会员。

J0111767

摩登照相　伍鼎宏摄影撰文

上海 上海科学技术文献出版社 1995年 74页

28cm（大16开）精装 ISBN：7-5439-0646-5

定价：CNY28.00

　　外文书名：Modern Photograph. 作者伍鼎宏
（1948—　），中国人像摄影学会会员，上海摄影
家协会会员。

J0111768

岁月回眸 （张巨成军旅摄影作品集）张巨成
摄；二炮政治部编

北京 长城出版社 1995年 139页 28cm（大16开）

ISBN：7-80017-255-4 定价：CNY90.00

　　作者张巨成（1963—　），第二炮兵专职摄
影记者，中国摄影家协会、中国新闻摄影协会
会员。

J0111769

图说儿童摄影　张宇编著

福州 福建科学技术出版社 1995年 100页

有彩照 19cm（小32开）ISBN：7-5335-0949-8

定价：CNY6.20

　　中国现代摄影艺术作品。

J0111770

我的眼睛 （姜丽彬在NGO纪实摄影 汉英对
照）姜丽彬摄

沈阳 辽宁美术出版社 1995年 118页 26×28cm

ISBN：7-5314-1369-8 定价：CNY120.00

　　中国现代摄影艺术作品。

J0111771

邬志豪电视新闻摄影作品选　邬志豪编

上海 学林出版社 1995年 651页 有图

20cm（32开）ISBN：7-80616-103-1

定价：CNY28.00

　　作者邬志豪（1957—　），上海电视台新闻中
心主任记者。

J0111772

无因、无由、无果——人生梦 （纪国章摄影
作品集）纪国章摄

台北 淑馨出版社 1995年 112页 有图

26cm（16开）精装 ISBN：957-531-424-7

定价：TWD700.00

　　外文书名：Photgraphic Collection of Kuo-
Chang Chi, Dreams of Life.

J0111773

伍蔚繁摄影集　伍蔚繁摄；林冬，小野配诗

桂林 漓江出版社 1995年 25×25cm

ISBN：7-5407-1676-2 定价：CNY58.00

　　作者伍蔚繁，企业家。

J0111774

一个女摄影记者的明星日记 （图册）赵荣编

上海 上海画报出版社 1995年 79页 29×28cm

ISBN：7-80530-185-9 定价：CNY70.00

　　外文书名：A Woman Photographer's Diary
for Stars.

J0111775

一个摄影家镜头中的女性篇　任一权主编

北京 中国摄影出版社 1995年 25×26cm

　ISBN：7-80007-180-4 定价：CNY125.00

　　本书外文书名：The Females, From a Pho-
tographer's Camera. 由世界的"芭莱罗"名品推荐，
献给'95第四次世界妇女大会。中英文本。作者
任一权（1934—　），编审、理论评论家。笔名黄
岩、一荃。生于江苏南京，祖籍浙江黄岩县。任
大连市群众艺术馆摄影。出版有《摄影艺术论文
集》《当代中国摄影艺术史》《世界摄影艺术流派
图谱》。

J0111776

中国浙江衢州柯城　《柯城画册》编辑委员会编

杭州 中国美术学院出版社 1995 年 36 页
有彩照 29cm（16 开）ISBN：7-81019-130-6
定价：CNY28.00
　　中国现代摄影作品。

J0111777
中华一日 （摄影集）新华通讯社摄影部编
北京 改革出版社 1995 年 108 页 27×24cm
ISBN：7-80072-717-3
定价：CNY120.00, CNY150.00（精装）

J0111778
边陲中国 徐立群著
台北 汉光文化事业公司 1996 年 271 页
有照片 29cm（16 开）精装
ISBN：957-629-285-9 定价：TWD2100.00
（中华之美系列）

J0111779
陈复礼摄影自选集 ［陈复礼摄］；王苗，陈一
年执行编辑
［香港］香港中国旅游出版社 1996 年 125 页
31cm（10 开）
　　外文书名：Self-Selected Photo Album of Tchan
Fou-Li. 作者王苗（1951—　），摄影家。北京人。
历任中国新闻社摄影记者，香港中国旅游出版社
副社长、总编辑，中国摄影家协会理事。出版摄
影集有《敦煌飞天》《西藏神秘的高原》等。

J0111780
废弃与超越 （孙嘉平摄影艺术 汉英对照）孙
嘉平摄
长春 吉林美术出版社 1996 年 37 页 29cm（16 开）
ISBN：7-5386-0531-2 定价：CNY50.00
　　中国现代摄影集。

J0111781
高凤章摄影集 （第二集）高凤章摄
北京 解放军出版社 1996 年 91 页 28cm（大 16 开）
统一书号：85065.16 定价：CNY88.00
　　作者高凤章（1944—　），军事摄影家。河南
开封尉氏人，中国摄影家协会会员。

J0111782
康矛召·杨玲摄影选集

北京 中国文联出版公司 1996 年 205 页
29cm（16 开）精装 ISBN：7-5059-2531-8
定价：CNY118.00
　　外文书名：Selected Album of Kang Mao-
zhao and Yang Ling.

J0111783
空中导游 （图集）张连军主编
北京 中国民航出版社 1996 年 89 页 29cm（16 开）
ISBN：7-80110-048-4 定价：CNY26.00
　　外文书名：Aviation Guide.

J0111784
历史瞬间 （徐大刚新闻摄影作品展选集）徐大
刚编著、摄影
乌鲁木齐 新疆美术摄影出版社 1996 年 137 页
29cm（16 开）精装 ISBN：7-80547-449-4
定价：CNY165.00

J0111785
沙飞纪念集 （摄影集）沙飞摄
深圳 海天出版社 1996 年 189 页 29cm（16 开）
定价：CNY138.00
（中国解放区摄影序系）
　　外文书名：The Commemorative Album of
Sha Fei. 本书与山西人民出版社合作出版。作者
沙飞（1912—1950），摄影家。广东开平人。毕业
于上海美术专科学校西画系。曾任晋察冀军区
新闻摄影科科长。1936 年 10 月拍摄发表鲁迅最
后的留影、鲁迅遗容及其葬礼的摄影作品，引起
广泛震动。

J0111786
天山彩虹 （新疆公路桥梁专辑）新疆维吾尔自
治区交通厅编
北京 人民交通出版社 1996 年 166 页
30cm（10 开）精装 ISBN：7-114-02461-4
定价：CNY180.00
　　本书集中展示了新疆公路桥梁建设成就。
选编新疆境内各种类型的公路和城市桥梁 165
座，从各种角度展示了新疆公路桥梁的历史和
现状。

J0111787
炎黄子孙 （1 氏羌颂卷 汉英对照）邓廷良主编

成都 四川人民出版社 1996 年 203 页 有彩照
31cm（10 开）盒装 ISBN：7-220-03071-1
　　中国现代摄影集。

J0111788
造型何英　莫大林摄
杭州 浙江摄影出版社 1996 年 29cm（16 开）
ISBN：7-80536-371-4 定价：CNY86.00
　　中国现代摄影集。

J0111789
中央领导和洛阳人民在一起　刘长春主编
郑州 河南美术出版社 1996 年 165 页 27×26cm
精装 ISBN：7-5401-0527-5 定价：CNY180.00
　　国家领导考察洛阳摄影集。

J0111790
足迹
1996 年 112 页 29cm（16 开）精装
　　中国现代摄影集。

J0111791
百年老照片　（第一册）王芳，石仁主编
北京 经济日报出版社 1997 年 305 页
20cm（32 开）ISBN：7-80127-406-7
定价：CNY19.00

J0111792
搏天　（'96 防风抗洪摄影作品选）国家防汛抗
旱总指挥部办公室，中国水利报社编
北京 中国水利水电出版社 1997 年 29cm（16 开）
精装 ISBN：7-80124-431-1 定价：CNY80.00

J0111793
儿童摄影画册　崔振成主编，北京儿童摄影学
校，北京市朝阳区三里屯第三小学编
北京 中国农业出版社 1997 年 70 页
28cm（大 16 开）ISBN：7-109-04831-4
定价：CNY30.00

J0111794
回眸　（文汇摄影精品）徐裕根主编
上海 上海文化出版社 1997年 106页 29cm（16开）
精装 ISBN：7-80511-944-9 定价：CNY126.00

J0111795
今日延安　今日延安画册编委会编辑
西安 今日延安画册编委会 1997 年 80 页
28cm（大 16 开）
　　本摄影画册从历史、自然、经济、文化等方
面全面介绍了延安。中英文对照。

J0111796
菊影诗魂　孙振宇摄
北京 大众文艺出版社 1997 年 89 页 有彩图
26cm（16 开）ISBN：7-80094-198-1
定价：CNY68.00
（孙振宇作品集）
　　中国现代摄影集。

J0111797
劳模风采　（第三届文汇摄影作品选）徐裕根主编
上海 上海人民出版社 1997 年 75 页 29cm（16 开）
ISBN：7-208-02597-5 定价：CNY120.00

J0111798
老照片　（第一辑）《老照片》编辑部编
济南 山东画报出版社 1997 年 20cm（32 开）
定价：CNY6.50
　　本册收集了近百幅照片。

J0111799
老照片　（第二辑）《老照片》编辑部编
济南 山东画报出版社 1997 年 126 页
20cm（32 开）ISBN：7-80603-110-3
定价：CNY6.50
　　本册收集了近百幅照片。

J0111800
老照片　（第三辑）《老照片》编辑部编
济南 山东画报出版社 1997 年 126 页
20cm（32 开）ISBN：7-80603-134-0
定价：CNY6.50
　　本册收集了近百幅照片。

J0111801
老照片　（第四辑）《老照片》编辑部编
济南 山东画报出版社 1997 年 126 页
20cm（32 开）ISBN：7-80603-167-7
定价：CNY6.50

本册收集了近百幅照片。

J0111802
老照片 （第五辑）《老照片》编辑部编
济南 山东画报出版社 1997 年 126 页
20cm（32 开）ISBN：7-80603-246-0
定价：CNY6.50
　　本册收集了近百幅照片。

J0111803
老照片 （第六辑）《老照片》编辑部编
济南 山东画报出版社 1997 年 20cm（32 开）
ISBN：7-80603-218-5 定价：CNY6.50
　　本册收集了近百幅照片。

J0111804
老照片 （第七辑）《老照片》编辑部编
济南 山东画报出版社 1998 年 126 页
20cm（32 开）ISBN：7-80603-316-5
定价：CNY6.50
（老照片丛书）
　　本辑收集了 79 幅照片。

J0111805
老照片 （第八辑）《老照片》编辑部编
济南 山东画报出版社 1997 年 20cm（32 开）
ISBN：7-80603-246-0 定价：CNY6.50
　　本册收集了近百幅照片。

J0111806
老照片 （第九辑）《老照片》编辑部编
济南 山东画报出版社 1999 年 20cm（32 开）
ISBN：7-80603-318-1 定价：CNY6.50
　　本册收集了近百幅照片。

J0111807
刘志江摄影作品集 刘志江[摄]
北京 中国摄影出版社 1997 年 82 页 25×25cm
精装 ISBN：7-80007-221-5 定价：CNY228.00
　　本摄影集分"家乡篇""川滇篇""海外篇"
三部分，收录了刘志江同志的摄影作品七十余
幅，这些作品真实反映了美丽的自然风光与和
谐、淳朴的民风乡俗。作者刘志江（1964—　　），
影视制片人。浙江东阳人，历任横店集团总裁助
理，横店影视制作有限公司总经理。代表作品有

《大圣归来》《西游记》系列，出版有《刘志江摄
影作品集》。

J0111808
迈向二十一世纪——甘肃 （汉英对照）石宗
源主编；《迈向二十一世纪——甘肃》编委会编
兰州 甘肃人民美术出版社 1997 年
28cm（大 16 开）ISBN：7-80588-203-7
定价：CNY50.00
　　中国现代新闻与风景摄影集。

J0111809
迈向新世纪的中国城市 中华人民共和国建
设部《迈向新世纪的中国城市》编辑委员会编
北京 中国建筑工业出版社 1997 年 361 页
29×29cm 精装 ISBN：7-112-03238-5
定价：CNY395.00
　　中国现代城市摄影集，中英文本。

J0111810
麦加纪行 白学义摄影；祝承耀，吴慧英文翻
译；李华英阿文翻译
北京 民族出版社 1997 年 75 页 25×26cm
ISBN：7-105-02989-7 定价：CNY125.00
　　中国现代外国城市风貌摄影集，中英阿
文本。

J0111811
炮兵神威 （钱小铭摄影作品集 第一集）钱小
铭摄
海口 南海出版公司 1997 年 110 页 19×21cm
ISBN：7-5442-0947-4 定价：CNY40.00

J0111812
青春帝国 施良达摄影
台北 号角出版社 1997 年 有照片 21cm（32 开）
ISBN：957-620-215-9 定价：TWD280.00
（写真语言 2）

J0111813
任达华心照 任达华摄
北京 新华出版社 1997 年 29cm（16 开）
ISBN：7-5011-3533-9 定价：CNY70.00
　　中国现代摄影集。

J0111814
日本侵华大写真 王晓华等编译
汕头 汕头大学出版社 1997 年 227 页 有照片
33×26cm 精装 ISBN：7-81036-217-8
定价：CNY280.00

J0111815
沈利亚摄影作品集 沈利亚［摄］
北京 中国摄影出版社 1997 年 57 页 25×25cm
ISBN：7-80007-239-8 定价：CNY60.00
　　本书收录了作者的《天高云淡》《杜鹃花红》
《妈妈回来了》《夕阳红》《老妪》《岁月的雕凿》
等四十余幅摄影作品。外文书名：Photo Album
of Shen Liya. 作者沈利亚（1960—　），女，浙江
黄岩人，浙江摄影家协会会员。出版有《沈利亚
摄影作品集》。

J0111816
体热 （周一之摄影专辑）周一之摄
台北 旺角出版社 1997 年 有照片 29cm（16 开）
ISBN：957-98868-1-4 定价：TWD400.00

J0111817
西部摄影作品集 赵景亭摄
西安 陕西人民美术出版社 1997 年 52 页
19×21cm ISBN：7-5368-0967-0
定价：CNY48.00

J0111818
中国超级模特 朱宪民主编；徐志新等摄
北京 中国摄影出版社 1997 年 29cm（16 开）
ISBN：7-80007-175-8 定价：CNY78.00
　　中国现代摄影集。

J0111819
中国当代摄影家精品集 （陈秀庆）陈秀庆摄
沈阳 辽宁美术出版社 1997 年 48 页 27×27cm
ISBN：7-5314-1733-2 定价：CNY58.00
　　外文书名：Photographic Works of Contem-
porary Chinese Photographers.

J0111820
中国当代摄影家精品集 （刘生生 摄影作品
专辑）刘生生摄
沈阳 辽宁美术出版社 1997 年 48 页 27×27cm

ISBN：7-5314-1815-0 定价：CNY58.00

J0111821
中国黄河人 （1977—1997 朱宪民黄河风俗摄
影集）朱宪民摄
北京 文化艺术出版社 1997 年 145 页 25×26cm
ISBN：7-5039-1647-8
　　中国现代民俗摄影集，汉英日文等对照。作
者朱宪民（1942—　），编辑。生于山东濮城，祖
籍河南范县。历任中国艺术研究院编审，《中国
摄影家》杂志社社长兼总编辑，中国摄影艺术研
究所所长，中国摄影家协会理事，中国艺术摄影
学会副会长。著作有《黄河百姓》《中国摄影家
朱宪民作品集》《草原人》等。

J0111822
1998 力挽狂澜 （新闻摄影集）曹淳亮主编；
羊城晚报报业集团，广州市社会公益事业发展中
心编
广州 广东教育出版社 1998 年 115 页
29cm（16 开）精装 ISBN：7-5406-4040-5
定价：CNY98.00

J0111823
保卫大武汉 （'98 战洪图）叶金生主编；中共
武汉市委武汉市人民政府编
武汉 武汉出版社 1998 年 109 页 29cm（16 开）
精装 ISBN：7-5430-1843-8 定价：CNY198.00

J0111824
沧海横流 英雄浩歌 （'98 江西抗洪救灾摄
影纪实）陈世旭主编
北京 中国摄影出版社 1998 年 61 页 29cm（16 开）
ISBN：7-80007-286-X 定价：CNY78.00

J0111825
大写照 （1998 湖北战胜特大洪水纪实）邱久
钦，卢吉安主编
武汉 湖北美术出版社 1998 年 201 页 38cm（6 开）
精装 ISBN：7-5394-0800-6 定价：CNY280.00

J0111826
高原腾龙 （画册）昆明铁路局党委宣传部编辑
北京 中国铁道出版社 1998 年 83 页 25×26cm
精装 ISBN：7-113-02982-5 定价：CNY68.00

J0111827
河颂 （殷鹤仙黄河摄影作品集）殷鹤仙摄
郑州 黄河水利出版社 1998 年 106 页 25×26cm
精装 ISBN：7-80621-237-X 定价：CNY138.00

J0111828
黄河百姓 （朱宪民摄影专集 1968—1998）朱宪民摄
北京 朝华出版社 1998 年 381 页 35cm（15 开）
精装 ISBN：7-5054-0518-7 定价：CNY898.00
　　本摄影集以"黄河远上白云间"、"民族移徙的走廊"、"天下黄河富宁夏"、"骑跨在黄河河套上"、"人生的盛宴"等为单元，收录作者的摄影作品多幅。外文书名：The People of the Yellow River Valley.作者朱宪民（1942— ），编辑。生于山东濮城，祖籍河南范县。历任中国艺术研究院编审，《中国摄影家》杂志社社长兼总编辑，中国摄影艺术研究所所长，中国摄影家协会理事，中国艺术摄影学会副会长。著作有《黄河百姓》《中国摄影家朱宪民作品集》《草原人》等。

J0111829
老照片 （合订本 1-3 辑）山东画报出版社编辑部编
济南 山东画报出版社 1997 年 20cm（32 开）
ISBN：7-80603-174-X 定价：CNY21.90
（老照片丛书）

J0111830
老照片 （合订本 4-6 辑）山东画报出版社编辑部编
济南 山东画报出版社 1998 年 378 页
20cm（32 开）ISBN：7-80603-228-2
定价：CNY21.90
（老照片丛书）

J0111831
马夫摄影作品选 ［马夫摄］
西安 陕西人民美术出版社 1998 年 25×26cm
ISBN：7-5368-1124-1 定价：CNY98.00
　　本书收有作者的 84 幅摄影作品，内容有：西岳华山、云雾山中、两代人、远古的梦、故乡的云、农家孩子、三月里、下乡、战争与和平、蛟龙出海、年轮等。作者马夫（1955— ），陕西人，陕西省军区政治部宣传处正团职新闻干事，作品

有《马夫摄影作品选》等。

J0111832
迈向二十一世纪的河南城市 洪瀛主编；《迈向二十一世纪的河南城市》编委会编
郑州 河南美术出版社 1998 年 157 页 29×29cm
精装 ISBN：7-5401-0704-9 定价：CNY198.00

J0111833
目击抗洪 （1998 湖北）钱悍摄
济南 山东画报出版社 1998 年 93 页 22×22cm
ISBN：7-80603-325-4 定价：CNY60.00

J0111834
南翔摄影 吴南翔摄
福州 海潮摄影艺术出版社 1998 年 26cm（16 开）
ISBN：7-80562-518-2 定价：CNY60.00

J0111835
人像摄影新锐 （1 于仲安、潘杰、谢墨、黑冰、拍摄实例）于仲安等摄
北京 中国摄影出版社 1998 年 174 页
20cm（32 开）ISBN：7-80007-251-7
定价：CNY78.00
（中国摄影丛书）
　　作者于仲安（1958— ），摄影师。生于浙江杭州，中国摄影家协会会员。出版人像摄影专集《名人大讲堂》。

J0111836
日本人印象 刘卫兵摄
北京 新华出版社 1998 年 84 页 26cm（16 开）
ISBN：7-5011-4021-9 定价：CNY98.00
　　中国现代摄影集，中英文本。

J0111837
神奇美丽的神农架 陈咏良编
武汉 湖北美术出版社 1998 年 197 页 34cm（10 开）
精装 ISBN：7-5394-0782-4 定价：CNY398.00

J0111838
田野风 （上高县农民摄影艺术作品选）
北京 中国摄影出版社 1998 年 122 页 26×27cm
ISBN：7-80007-240-1
定价：CNY150.00，CNY165.00（精装）

外文书名：Countryside Field.

J0111839

为了美好的未来 （云南省第一次农业普查纪实）徐力主编；云南省第一次农业普查领导小组办公室编

昆明 云南人民出版社 1998年 119页 25×26cm

精装 ISBN：7-222-02515-4 定价：CNY150.00

J0111840

伍鼎宏怀旧艺术摄影 伍鼎宏摄

沈阳 辽宁美术出版社 1998年 127页 有照片 29cm（16开）精装 ISBN：7-5314-2048-1

定价：CNY110.00

作者伍鼎宏（1948— ），中国人像摄影学会会员，上海摄影家协会会员。

J0111841

相约美利坚 （初看美国）安敏摄

北京 民族出版社 1998年 112页 21×26cm

ISBN：7-105-03199-9 定价：CNY89.00

中国现代摄影集，中英文本。

J0111842

辛露 （中日合作大连医科大学摄影系'98毕业生及部分教师作品集）杨晓光，光辉主编

沈阳 辽宁美术出版社 1998年 63页 26cm（16开）

ISBN：7-5314-1919-X 定价：CNY48.00

J0111843

新塘影艺 （新塘摄影协会会员作品选集）卢锦华主编；新塘摄影协会编

广州 岭南美术出版社 1998年 83页 23×23cm

精装 ISBN：7-5362-1873-7 定价：CNY98.00

J0111844

友谊长虹 （300位外国元首与八达岭长城）北京八达岭长城特区编

北京 中国摄影出版社 1998年 147页 30cm（10开）ISBN：7-80007-249-5

定价：CNY188.00

外文书名：Long Rainbow of Friendship.

J0111845

友谊长虹 （300位外国元首与八达岭长城）北京八达岭长城特区编

北京 中国摄影出版社 1998年 147页 30cm（10开）

精装 ISBN：7-80007-257-6 定价：CNY220.00

外文书名：Long Rainbow of Friendship.

J0111846

照片背后的故事 《大众摄影》编辑

北京 中国摄影出版社 1998年 183页 有照片 20cm（32开）ISBN：7-80007-254-1

定价：CNY25.00

J0111847

中国外交官看世界 章颂先，安国政主编

北京 世界知识出版社 1998年 271页 34cm（10开）

精装 ISBN：7-5012-1015-2 定价：CNY280.00

中国现代摄影集，中英文本。

J0111848

周学勤葵乡风情摄影集 周学勤摄

北京 中国摄影出版社 1998年 97页 29cm（16开）

ISBN：7-80007-296-7 定价：CNY68.00

作者周学勤（1957— ），摄影记者。广东新会人。中国摄影家协会会员，新会市摄影学会副会长，新会报社摄影记者。出版有《周学勤葵乡风情摄影集》《周学勤中国风光摄影集》《古兜山》。

J0111849

'98松嫩长堤大阅兵 （沈阳军区松花江、嫩江抗洪抢险纪实摄影作品集）线云强主编

沈阳 白山出版社 1999年 160页 26cm（16开）

ISBN：7-80566-675-X 定价：CNY198.00

J0111850

按下快门 （聚焦50年国事·家事）赵勇田著

北京 解放军文艺出版社 1999年 180页 20cm（32开）ISBN：7-5033-1141-X

定价：CNY10.00

J0111851

百岁寿星风采 何冰皓主编

南京 江苏美术出版社 1999年 100页 29cm（16开）ISBN：7-5344-0776-1

定价：CNY78.00

J0111852

保卫大粮仓 （黑龙江垦区 98 抗洪纪实）李洪
及，张雅文主编
哈尔滨 黑龙江美术出版社 1999 年 79 页
26cm（16 开）ISBN：7-5318-0646-0
定价：CNY50.00

J0111853

陈宝生摄影艺术集 陈宝生著
西安 陕西人民美术出版社 1999 年 5 册
有照片 20cm（32 开）ISBN：7-5368-1099-7
定价：CNY75.00

J0111854

春之城 （昆明园林 汉英对照）昆明园林局编著
昆明 云南美术出版社 1999 年 119 页
29cm（16 开）精装 ISBN：7-80586-639-2
定价：CNY98.00

J0111855

大江听壮歌，湖畔识明珠 （九江）胡强主编；
孙翔云等撰文；万心华等摄影
福州 海风出版社 1999 年 61 页 有彩图
26cm（16 开）精装 ISBN：7-80597-229-X
定价：CNY27.00

J0111856

大千百味 （摄影杂文集）徐达摄；符号著
武汉 湖北人民出版社 1999 年 376 页
20cm（32 开）ISBN：7-216-02546-6
定价：CNY26.00

J0111857

高原璞玉放异彩 （蔡巴扎西芒康摄影作品集
汉英对照）蔡巴扎西著
北京 长城出版社 1999 年 28×29cm 精装
ISBN：7-80017-404-2 定价：CNY198.00

J0111858

耿荣兴摄影作品集 耿荣兴摄
北京 中国摄影出版社 1999 年 120 页 27×27cm
精装 ISBN：7-80007-303-3 定价：CNY118.00
　　本书收百余幅摄影作品，主要是风光摄影作
品，也有风情、人物、花卉、小品类作品，是作者
几十年摄影生涯的结晶。

J0111859

海宁 邬泉林等编
北京 五洲传播出版社 1999 年 79 页
25cm（小 16 开）精装 ISBN：7-80113-630-6
定价：CNY120.00
　　中国现代摄影集。

J0111860

红墙摄影师 （杜修贤作品选 中英文本）[杜修
贤摄]；石少华，徐佑珠主编
北京 经济日报出版社 1999 年 248 页 37cm 精装
ISBN：7-80127-520-9 定价：CNY880.00
　　本摄影集选收作者 226 幅佳作，记录了我国
重大历史事件，展现了毛泽东等老一辈无产阶级
革命家的工作、学习和生活的风采，是新闻报道
的思想性、真实性与摄影艺术的完美结合。作者
杜修贤（1926—　　　），记者、摄影师。生于陕西米
脂。历任新华通讯社记者，北京分社摄影组组长、
中央新闻组组长、中国图片社副总经理。摄影代
表作有《历史性的握手》，主编有《人民的总理》
《中南海》《邓颖超影集》等。作者石少华（1918—
1998），摄影艺术家。原籍广东番禺，出生于香港。
毕业于陕北公学、抗日军政大学。历任新华社副
社长、新华出版社社长、中国老年摄影协会会长
等职。代表作品《毛主席和小八路》《埋地雷》《白
洋淀上的雁翎队》等。

J0111861

华夏城市之花 云南滇萃博览中心编
北京 国际文化出版公司 1999 年 255 页
29cm（16 开）精装 ISBN：7-80105-727-9
定价：CNY280.00

J0111862

画语心影 （河南电力职工摄影作品集）于连魁
主编
北京 中国摄影出版社 1999 年 109 页
29cm（16 开）ISBN：7-80007-357-2
定价：CNY198.00
　　本画册收编了 107 幅摄影作品，是河南电力
职工的杰作。作品表现了工业建设、农村生活、
军旅生活、风光小品以及异域见闻等内容。

J0111863

皇天后土集 陈宝生著

西安 陕西人民美术出版社 1999 年 121 页
20cm（32 开）ISBN：7-5368-1099-7
定价：CNY75.00（全套）
（陈宝生摄影艺术集 2）

J0111864
回首百年，奔向新世纪 （20 世纪百年百事纪
实）中国档案出版社摄影
北京 中国档案出版社 1999 年 1 袋 30cm（10 开）
袋装 ISBN：7-80019-955-X 定价：CNY128.00

J0111865
嘉兴影踪 寇林主编
杭州 浙江摄影出版社 1999 年 190 页 26×26cm
精装 ISBN：7-80536-274-2 定价：CNY128.00

J0111866
金石声摄影集 （1930—1998 中英对照）［金
石声摄］
上海 上海人民美术出版社 1999 年 119 页
24×26cm 精装 ISBN：7-5322-2286-1
定价：CNY150.00
　　本书收录了《自摄像》《老同济大学大礼堂》
《大江东去》《赤外线下的长江》《长江日落》《晓
航》《菊》等 112 幅摄影作品。

J0111867
抗洪壮歌 （福建卷）中共福建省委办公厅，新
华社福建分社编
北京 中央文献出版社 1999 年 261 页 22×29cm
精装 ISBN：7-5073-0542-2 定价：CNY428.00

J0111868
老苏州 （百年旧影）苏州市地方志编纂委员会
办公室编
南京 江苏人民出版社 1999 年 165 页 23cm 精装
ISBN：7-214-02473-X 定价：CNY140.00

J0111869
老照片 朱成梁，王跃年主编；中国第二历史
档案馆编
南京 江苏美术出版社 1999年 448页 20cm（32开）
精装 ISBN：7-5344-0884-9 定价：CNY120.00
（社会百业 系列图集）
　　作者朱成梁（1948— ），绘本作家。中国美

术家协会会员。作品有《两兄弟》《屋檐下的腊
八粥》《团圆》等。

J0111870
李福龙摄影 （第一印象）［李福龙摄］
北京 中国摄影出版社 1999 年 127 页 有照片
28×29cm 精装 ISBN：7-80007-327-0
定价：CNY258.00
　　本书收 100 多幅摄影作品，有祖国的名山大
川，江河湖海，风土人情。

J0111871
李新摄影作品集 李新摄
北京 中国摄影出版社 1999 年 61 页 26×29cm
ISBN：7-80007-352-1 定价：CNY160.00
　　本书收录了《驿城新貌》《甜蜜的事业》《在
那桃花盛开的地方》等摄影作品。作者李新
（1944— ），河南罗山县人，驻马店日报社编委
会委员，中国摄影家协会会员。摄有《李新摄影
作品集》等。

J0111872
丽江 （英汉对照）洪卫东编；成卫东等摄影
北京 外文出版社 1999 年 71 页 16×16cm 精装
ISBN：7-119-02343-8 定价：CNY48.00

J0111873
丽江古城 北京精信文化发展有限责任公司编
北京 中国画报出版社 1999 年 112 页
29cm（16 开）ISBN：7-80024-516-0
定价：CNY108.00
（世界文化与自然遗产 中国部分）

J0111874
辽宁摄影 50 年 （摄影集）辽宁摄影家协会编
沈阳 辽宁美术出版社 1999 年 111 页 27×27cm
ISBN：7-5314-2236-0 定价：CNY168.00

J0111875
龙马精神图 陈宝生著
西安 陕西人民美术出版社 1999 年 168 页
有照片 20cm（32 开）ISBN：7-5368-1099-7
定价：CNY75.00（全套）
（陈宝生摄影艺术集 1）

J0111876
梦乡 （陶松生摄影作品 中英文本）陶松生摄影
北京 中国摄影出版社 1999 年 106 页 25×26cm
ISBN：7-80007-343-2 定价：CNY125.00
　　本书收入描绘云南美丽景色的摄影作品《彩云颂》《高原梦幻》《石鼓长江第一湾》《异龙湖秀色》等近百幅。作者陶松生（1933— ），摄影家。生于天津蓟县，中国摄影家协会会员，中国艺术摄影学会会员，中国人像摄影学会会员，云南摄影家协会会员。作品有《梦乡》等。

J0111877
闽西 （面向二十一世纪）陈雄，徐继武主编；中共龙岩市委宣传部编
福州 海潮摄影艺术出版社 1999 年 55 页
30×21cm 精装 ISBN：7-80562-582-4
定价：CNY80.00

J0111878
南京新貌 《南京新貌》画册编委会编
南京 江苏人民出版社 1999 年 165 页 29×29cm
精装 ISBN：7-214-02454-3 定价：CNY150.00

J0111879
黔境古风 曾宪阳编著
北京 人民美术出版社 1999 年 229 页 29cm（16开）
精装 ISBN：7-102-02045-7 定价：CNY480.00

J0111880
人与自然 （石明摄影作品集）[石明摄]
昆明 云南美术出版社 1999 年 79 页 20×21cm
ISBN：7-80586-558-2 定价：CNY80.00
　　本书收集了石明的摄影作品几十余幅，它再现了云南这块红土地的神奇迷人的风情，以及为这块土地祖祖辈辈勤劳耕耘的各族父老乡亲。作者石明（1953— ），摄影家。山西太谷人，中国摄影家协会会员，云南省青年摄影协会理事。作品有《人与自然》等。

J0111881
厦门旧影 （汉英对照）洪卜仁主编
北京 人民美术出版社 1999 年 133 页 25×24cm
ISBN：7-102-02062-7 定价：CNY60.00

J0111882
上海 （英汉对照）兰佩瑾编；谢新发等摄
北京 外文出版社 1999 年 71 页 14×16cm 精装
ISBN：7-119-02221-0 定价：CNY48.00

J0111883
上海印象 上海市政府新闻办公室编
北京 五洲传播出版社 1999 年 191 页 19×21cm
精装 ISBN：7-80113-629-2 定价：CNY180.00

J0111884
尚存的故乡 （人文中国·南方 吴俊摄影集）吴俊著
北京 人民日报出版社 1999 年 25×26cm 精装
ISBN：7-80153-132-9 定价：CNY70.00
　　本画册是吴俊的摄影集，收录了他的几十幅反映南方生活的摄影作品。作者吴俊（1962— ），生于安徽贵池，安徽省公安厅任职。著有《尚存的故乡：人文中国南方——吴俊摄影集》。

J0111885
摄影家王国年 储玉编著；王国年摄影
上海 上海人民美术出版社 1999 年 115 页
29cm（13开）精装 ISBN：7-5322-2139-3
定价：CNY198.00

J0111886
世博礼仪小姐风采 李凯主编
昆明 云南教育出版社 1999 年 51 页 29cm（16开）
ISBN：7-5415-1619-8 定价：CNY30.00

J0111887
世界自然与文化遗产 （黄山）张永富摄
北京 中国旅游出版社 1999 年 96 页 19×21cm
精装 ISBN：7-5032-1609-3 定价：CNY48.00

J0111888
孙进摄影作品集 [孙进摄影]
北京 中国摄影出版社 1999 年 152 页 25×27cm
精装 ISBN：7-80007-344-0 定价：CNY280.00
　　本摄影集内容涉及新闻纪实、民俗、人物和风光摄影。作者孙进，中国摄影家协会会员，湖北省作家协会会员。著有《国有企业激励机制问题探讨》《闲话文集》《科特里写真集》等。

J0111889

泰国印象 （英汉对照）鲁炜摄

北京 新华出版社 1999 年 161 页 29×21cm

精装 ISBN：7-5011-4665-9 定价：CNY260.00

　　中国现代摄影艺术作品。

J0111890

天安门 董瑞成等摄影

北京 中国旅游出版社 1999 年 80 页 19×21cm

精装 ISBN：7-5032-1587-9 定价：CNY58.00

J0111891

天安门前 《大众摄影》编

北京 解放军文艺出版社 1999 年 248 页

20cm（32 开）ISBN：7-5033-1150-9

定价：CNY17.00

　　中国现代摄影艺术作品。

J0111892

天雨流芳 （旅行中国影画集）[吴颀]，[雨雁]著

广州 广州出版社 1999 年 58+39 页 18×20cm

精装 ISBN：7-80655-009-7 定价：CNY98.00

J0111893

吴中揽胜 殷照明主编

苏州 古吴轩出版社 1999 年 182 页

19cm（小 32 开）精装 ISBN：7-80574-454-8

定价：CNY88.00

J0111894

西部情韵 （贺凤龙摄影作品选集）贺凤龙摄影；李年喜主编

北京 中国摄影出版社 1999 年 25×26cm

ISBN：7-80007-345-9 定价：CNY98.00

　　本书收《训练归来》《战地救护》《惜金莫过农家心》《痕》《勃发》《岁月·轮经》《青藏护路工》等摄影作品 80 幅。作者贺凤龙（1956—　　），记者、高级工程师。生于山西吕梁山区。历任总后勤部青藏兵站部政治部高级工程师，中国摄影家协会会员，青海省摄影家协会副主席，西宁市摄影家协会主席，《解放军画报》特约记者。作品有《西部情韵》等。

J0111895

乡土情 （中国摄影家刘兆江黑白作品选集）

[刘兆江摄影]；刘榜等主编

北京 中国摄影出版社 1999 年 77 页 26×26cm

ISBN：7-80007-309-2 定价：CNY108.00

　　本摄影集收入《晒米粉》《铁肩挑丰年》《乡情》《民族之神》《好天气》《黄河子孙》等 100 幅黑白摄影作品。作者刘兆江，生于江西奉新。中国摄影家协会会员，江西省摄影家协会理事。作品有《回家去》《守岁》《晒米粉》等。

J0111896

香格里拉 （英汉对照）兰佩瑾，韦爱君摄；华筠文

北京 外文出版社 1999 年 71 页 16×16cm 精装

ISBN：7-119-02352-7 定价：CNY48.00

　　中国现代摄影艺术作品。

J0111897

写给春天的诗行 （摄影集）仲秋摄影；晓籁配诗

广州 岭南美术出版社 [1999 年] 21×22cm

ISBN：7-5362-1124-4

定价：CNY68.00（HKD80.00）

J0111898

一户人家五十年 （徐永辉跟踪摄影）徐永辉著

杭州 浙江文艺出版社 1999 年 64 页 26×25cm

ISBN：7-5339-1262-4 定价：CNY25.00

　　中国现代摄影艺术作品。

J0111899

再铸辉煌 李志深，于万夫主编

长春 吉林美术出版社 1999 年 108 页 26×28cm

ISBN：7-5386-0898-2 定价：CNY106.00

　　中国现代摄影集。

J0111900

中国'99 昆明世界园艺博览会 曾令洪主编

杭州 中国美术学院出版社 1999 年 128 页

26cm（16 开）精装 ISBN：7-81019-649-9

定价：CNY99.00

　　中国现代摄影集。

J0111901

中国河南 （英汉对照）《中国河南》画册编辑委员会编

北京 中国画报出版社 1999 年 43 页 有彩照

29cm（16 开）精装 ISBN：7-80024-554-3
定价：CNY48.00

J0111902

中国魂 （98 抗洪纪实）中国红十字会总会等
编辑
北京 中国画报出版社 1999 年 179 页 有彩照
25×26cm 精装 ISBN：7-80024-551-9
定价：CNY388.00
　　中国现代摄影艺术作品。

J0111903

中国旧影录 （中国早期摄影作品选 1980—
1919）胡志川，陈申编
北京 中国摄影出版社 1999 年 174 页 26cm（16
开）精装 ISBN：7-80007-311-4 定价：CNY90.00

J0111904

中国摄影五十年　中国摄影家协会编
杭州 浙江摄影出版社 1999年 298 页 29cm（16 开）
精装 ISBN：7-80536-658-6 定价：CNY390.00

J0111905

中国——我的梦我的爱 （叶华眼里的中国）
耶娃·萧（叶华）著；孙庆国主编
石家庄 河北美术出版社 1999 年 243 页
29cm（16 开）精装 ISBN：7-5310-1285-5
定价：CNY185.00
　　中国现代摄影集。

J0111906

朱立凤摄影作品集 （中英文本）朱立凤［摄影］
北京 中国摄影出版社［1999 年］112 页
29cm（16 开）ISBN：7-80007-302-5
定价：CNY118.00
　　本摄影集收入摄影作品《壶口冰瀑》《果子
沟白云》《伊犁牧歌》《湖心桥》《岁月无痕》《野
云万里无城廓》等多幅。作者朱立凤（1950—　　），
女，江苏常州人。中国女摄影家协会、中国艺术
摄影学会、江苏省摄影家协会、常州市摄影家协
会会员，武进市摄影家协会副主席。出版摄影集
有《朱立凤摄影作品集》等。

J0111907

筑起永恒的丰碑 （昆明地区革命纪念设施建

设纪实）中共云南省委党史研究室，昆明地区革
命纪念设施工作小组办公室编
昆明 云南民族出版社 1999 年 64 页 29cm（16 开）
ISBN：7-5367-1788-1 定价：CNY56.00

J0111908

自然肌理写真　吴成槐著
沈阳 辽宁美术出版社 1999 年 134 页
29cm（16 开）精装 ISBN：7-5314-2074-0
定价：CNY70.00
　　中国现代摄影作品集。作者吴成槐（1943—　　），
满族，编辑。辽宁沈阳人。辽宁民族出版社社长
兼总编辑，辽宁美术家协会、辽宁摄影家协会会
员。连环画作品有《南下路上》《大桥争夺战》，
编辑设计图书《海外藏明清绘画珍品——沈周
卷》《20 世纪中国摄影文献》。

中国各地方摄影作品综合集

J0111909

屈巡按使巡视两浙摄影
［民国］2 册（120；110 页）38cm（8 开）精装

J0111910

复中影集 （1930）复旦附中摄影学会编
上海 复旦附中摄影学会 1930 年 86 页
26cm（16 开）定价：大洋一元
　　本书书前有"卷头语"、"发刊词"；末附该学
会职员像等。

J0111911

美术照相习作集　舒新城摄
上海 中华书局 1930 年 27cm（16 开）
定价：大洋一元五角
　　本书收照片 20 幅。书前有徐悲鸿的序及丰
子恺的《题卷首》。

J0111912

桂林山水 （全国猎影集）张沅恒编
上海 良友图书公司［1936 年］18cm（15 开）
定价：三角
　　本书收照片 60 幅，有说明文字。

J0111913
北京新景
北京　人民美术出版社［1951—1959年］
1套（12幅）14×10cm　统一书号：8027.5491
定价：CNY0.46
　　北京风光摄影作品选集。

J0111914
北京新景
北京　人民美术出版社［1972年］1套（12幅）
14×10cm　统一书号：8027.5491
定价：CNY0.46

J0111915
1955年浙江省农业生产展览会画册　浙江
人民出版社编
［杭州］浙江人民出版社　1956年　定价：CNY0.28

J0111916
桂林山水
香港　艺光出版社　1956年　有照片　12×15cm
定价：HKD2.00

J0111917
黄坛口水电站工程纪念册　新安江水力发电
工程局黄坛口工程处编
1958年　26cm（16开）

J0111918
静山集锦作法　郎静山著
台北　中华丛书委员会　1958年　有图
26cm（16开）定价：TWD60.00
（中华丛书）
　　外文书名：Techniques in Composite Pic-
ture-making.

J0111919
上海工人摄影作品选　上海工人文化宫编
上海　上海人民美术出版社　1958年　影印本
17页　20cm（32开）统一书号：T8081.3751
定价：CNY0.70

J0111920
成都风光　（摄影集）四川人民出版社，四川省
群众艺术馆编

成都　四川人民出版社　1959年［50］页
26cm（16开）精装　统一书号：8118.288
定价：CNY2.50

J0111921
广东　（1949—1959）广东画报社编辑
广州　广东画报社　1959年　156页　附英文说明书
1册　30cm（10开）精装
　　中国现代摄影集。

J0111922
广东　（1949—1979）广东人民政府编辑
广州　广东人民出版社　1979年　185页　39cm（8开）
　　中国现代摄影集。

J0111923
桂林山水　刘旭沧等摄
上海　上海人民美术出版社　1959年　89（幅）
26cm（16开）精装　统一书号：T8081.4512
定价：CNY5.30

J0111924
桂林山水　桂林市文化局编著
南宁　广西僮族自治区人民出版社　1959年　117页
26cm（16开）统一书号：7113.87
定价：CNY0.84，CNY1.26（精）

J0111925
合肥　（1949—1959　画册）安徽省合肥市人民
委员会编
合肥　安徽人民出版社　1959年［145］页
26cm（16开）精装　统一书号：8102.113

J0111926
吉林　（画册）吉林画报社编辑
长春　吉林画报社　1959年［220］页　27cm（16开）
精装　定价：CNY7.00

J0111927
江苏　江苏摄影编辑室编
南京　江苏人民出版社　江苏文艺出版社　1959年
［174］页　39cm（4开）精装　统一书号：8100.675
　　本书为新中国十年建设成就摄影集中表现
江苏城市的摄影集。

J0111928
上海工人"跃进"摄影作品评选　上海人民
美术出版社编辑
上海　上海人民美术出版社 1959 年［63］页
19cm（32 开）统一书号：T8081.4470
定价：CNY1.00

J0111929
苏州　（摄影集）"苏州"画册编辑委员会编
苏州　江苏苏州人民出版社 1959 年［92］页
20cm（32 开）统一书号：8100（苏）.8
定价：CNY3.60, CNY5.00（精装）

J0111930
延安革命纪念建筑　（摄影集）延安革命纪念
馆编
北京　文物出版社 1959 年 36 页 21cm（32 开）
统一书号：7068.99 定价：CNY0.50

J0111931
云南　（画册）云南人民出版社编辑
昆明　云南人民出版社 1959 年［170］页
27cm（16 开）精装 统一书号：8116.367
定价：CNY6.00
　　中国现代摄影集。

J0111932
祖国的辽宁　辽宁美术出版社［编辑］
沈阳　辽宁美术出版社 1959 年 28×24cm
统一书号：T8117.315 定价：CNY10.00
　　中国现代摄影集。

J0111933
祖国的辽宁　（摄影集）辽宁美术出版社编辑
沈阳　辽宁美术出版社 1960 年 73 幅 29cm（50开）
统一书号：T8117.316 定价：CNY2.50

J0111934
江苏摄影艺术展览会作品选集　中国摄影学
会江苏分会编
上海　上海人民美术出版社 1960 年［66］幅
21cm（32 开）统一书号：T8081.4921
定价：CNY4.00

J0111935
上海　上海画册编辑委员会编
上海　上海人民美术出版社 1960 年 影印本
332 幅 36cm（6 开）精装 定价：CNY80.00
　　反映中国现代城市上海摄影集，共有摄影照
片 332 幅。其中有毛泽东领导人与上海人民欢
叙的照片；有丰子恺等著名作家的作品；还有上
海解放初建设的《小厂办大事》《永久牌自行车》
《司令员与战士》《党委书记在工人宿舍里》《热
情招待》等作品。

J0111936
上海摄影艺术展览会作品选集　（1959 年）
中国摄影学会上海分会筹备委员会编
上海　上海人民美术出版社 1960 年［67］幅
21cm（32 开）统一书号：T8081.4826
定价：CNY3.20

J0111937
武汉　（画册）中国人民对外文化协会湖北省暨
武汉市分会编
武汉　湖北人民出版社 1960 年 129 页
19cm（32 开）统一书号：T8106.424
定价：CNY2.80

J0111938
桂林山水　黄翔摄
上海　上海人民美术出版社 1961 年［1 张］
定价：CNY0.18

J0111939
武汉东湖　许颖摄
上海　上海人民美术出版社 1961 年［1 张］
定价：CNY0.18

J0111940
扬州摄影艺术作品选　上海人民美术出版社
编辑
上海　上海人民美术出版社 1961 年［50］页
19cm（32 开）统一书号：T8081.5114
定价：CNY2.30

J0111941
贵州　（摄影画册）贵州人民出版社编
贵阳　贵州人民出版社［1962 年］156 幅

26cm（16开）精装 定价：CNY10.00

J0111942

上海　徐大刚等摄

上海 上海人民美术出版社 1962年 8张（套）

13cm（60开）定价：CNY0.48

J0111943

上海摄影艺术作品　（第1辑）中国摄影学会

上海分会筹备委员会编

上海 上海人民美术出版社 1962年 8张（套）

13cm（56开）统一书号：T8081.8880

定价：CNY0.32

J0111944

上海摄影艺术作品　（第2辑）中国摄影学会

上海分会筹备委员会编

上海 上海人民美术出版社 1962年 12张（套）

13cm（56开）统一书号：T8081.8896

定价：CNY0.60

J0111945

上海摄影艺术作品　（第3辑）中国摄影学会

上海分会筹备委员会编

上海 上海人民美术出版社 1963年 10张（套）

13cm（56开）统一书号：T8081.8918

定价：CNY0.50

J0111946

上海摄影艺术作品　（第4辑）中国摄影学会

上海分会筹备委员会编

上海 上海人民美术出版社 1964年 8张（套）

13cm（56开）统一书号：T8081.9008

定价：CNY0.40

J0111947

上海摄影艺术作品　（第5辑）中国摄影学会

上海分会编

上海 上海人民美术出版社 1964年 10张（套）

13cm（56开）统一书号：T8081.9063

定价：CNY0.50

J0111948

儿童人像摄影作品选　上海市饮食服务公司编

上海 上海人民美术出版社 1963年 66页

22cm（25开）精装 统一书号：T8081.5245

定价：CNY4.20

　　本书有儿童人像摄影作品38幅图。

J0111949

山东摄影艺术作品选　中国摄影学会山东分

会筹委会编

济南 山东人民出版社 1963年［78］页

27cm（16开）精装 统一书号：8099.368

定价：CNY15.00

J0111950

乌鲁木齐新景　（汉、维文对照 1）刘浪摄；森

里设计

乌鲁木齐 新疆人民出版社 1963年 76cm（2开）

定价：CNY0.25

J0111951

乌鲁木齐新景　（汉、维文对照 2）刘浪摄；森

里设计

乌鲁木齐 新疆人民出版社 1963年 76cm（2开）

定价：CNY0.25

J0111952

北京新景　肖顺权摄

北京 人民美术出版社 1964年 4张 53cm（4开）

定价：CNY0.30

　　中国现代摄影年画作品。作者肖顺权

（1934—　），曾用名肖顺泉、肖舜权。河北博野

人。曾任人民美术出版社总编办公室副主任、摄

影部副主任等职。主要作品有《唐永泰公主墓壁

画集》《故宫》《元明清雕塑》等。

J0111953

南湖　燕烈，张颖摄

上海 上海人民美术出版社 1964年 8页

18cm（小32开）定价：CNY0.64

J0111954

齐观山摄影作品选集　齐观山摄

上海 上海人民美术出版社 1964年 20×40cm

统一书号：T8081.5168 定价：CNY8.00

　　本摄影集收录了作者有关党和国家领导人

活动的新闻照片，以及抗日战争时期、中华人民

共和国成立后各个时期的新闻照片60多幅；

J0111955
广东风光 （活页画）广东画报社编辑
广州 岭南美术出版社 1965 年 盒装本 86 幅
40cm（8 开）统一书号：8111.577
定价：CNY20.00
    中国现代摄影作品。

J0111956
广西新貌 （摄影作品选）
西宁 广西壮族自治区人民出版社 1965 年 8 张
13×18cm 散页 统一书号：8113.183
定价：CNY0.50

J0111957
哈尔滨 （中、英文对照版）
[哈尔滨] 黑龙江美术出版社 1965 年 10 张（套）
15cm（64 开）
    中国现代摄影作品。

J0111958
济南
[济南] 山东人民出版社 1965 年 10 张（套）
15cm（64 开）定价：CNY0.50
    中国现代摄影作品。

J0111959
上海 张颖等摄；上海人民美术出版社编辑
上海 上海人民美术出版社 1965 年 2 版
12 张（套）13cm（60 开）定价：CNY0.96

J0111960
上海新貌 （摄影画册）上海人民美术出版社编辑
上海 上海人民美术出版社 1964 年 26cm（16 开）
统一书号：T8081.5479 定价：CNY9.00
    本摄影集主要反映中华人民共和国成立 15
年间上海在工业、农业、文教卫生、人民生活等
方面取得的成就。内容有上海港景观、绿化外滩、
肇家浜新貌、繁荣的南京路、人民广场大道、闵
行新区、吴泾工业区、1.2 万吨水压机、工人住宅
照片 63 幅。

J0111961
上海新貌 （摄影画册）上海人民美术出版社编辑
上海 上海人民美术出版社 1965 年 2 版
70 页 26cm（16 开）统一书号：T8081.5479

定价：CNY9.00

J0111962
武汉
[武汉] 湖北人民出版社 1965 年 12 张（套）
15cm（64 开）定价：CNY0.80
    中国现代摄影作品。

J0111963
西安
[西安] 长安美术出版社 1965 年 10 张（套）
15cm（64 开）定价：CNY0.60
    中国现代摄影作品。

J0111964
南京长江大桥
南京 江苏省"革命委员会"出版发行局 1970 年
11×15cm 统一书号：8100.3082 定价：CNY0.40
    本书为南京长江大桥铁路公路两用桥摄
影集。

J0111965
六十年摄影选辑 郎静山著
台湾 学术院摄影研究所 1971 年 有图
31cm（10 开）精装
    外文书名：Selected Works of Chin-san long.

J0111966
北京新景
北京 人民美术出版社 1972 年 [1] 张
76cm（2 开）定价：CNY0.14
    中国现代摄影作品。

J0111967
大寨之县——昔阳 昔阳县"革委会"，农业出
版社编
[北京] 农业出版社 1972 年 30cm（12 开）
定价：CNY1.60
    中国现代摄影作品。

J0111968
广西摄影艺术作品选集 （纪念毛主席《在延
安文艺座谈会上的讲话》发表三十周年）广西美
术摄影展览办公室编
南宁 广西人民出版社 1972 年 26 页 19cm（32 开）

统一书号：8113.68 定价：CNY0.58

J0111969
美术摄影 （纪念毛主席《在延安文艺座谈会上的讲话》发表三十周年征文选）嘉兴地区"革委会"征文办公室［编］
嘉兴 嘉兴地区"革委会"征文办公室［1972年］
19cm（32开）

J0111970
上海
上海 上海人民出版社 1972年 12张（套）
13cm（60开）定价：CNY0.49
　　中国现代摄影作品。

J0111971
上海摄影艺术作品选　上海人民出版社编辑
上海 上海人民出版社 1972年 42页 19×17cm
统一书号：8.3.551 定价：CNY0.70

J0111972
上海摄影艺术作品选　上海人民出版社编辑
上海 上海人民出版社 1973年 15cm（40开）
统一书号：8171.565 定价：CNY0.64

J0111973
我爱边疆 （黑龙江生产建设兵团摄影选）黑龙江生产建设兵团政治部编
哈尔滨 黑龙江人民出版社 1972年 80页
21×19cm（20开）统一书号：8093.158
定价：CNY1.75

J0111974
遵义 （四条屏）
［广州］广东人民出版社 1972年 2张
76cm（2开）定价：CNY0.28
　　中国现代摄影作品。

J0111975
遵义 （四条屏）
［石家庄］河北人民出版社 1972年 2张
76cm（2开）定价：CNY0.32
　　中国现代摄影作品。

J0111976
遵义 （四条屏）
［郑州］河南人民出版社 1972年 2张
76cm（2开）定价：CNY0.28
　　中国现代摄影作品。

J0111977
遵义 （四条屏）
［长春］吉林人民出版社 1972年 2张
76cm（2开）定价：CNY0.32
　　中国现代摄影作品。

J0111978
遵义 （四条屏）
［济南］山东人民出版社 1972年 2张
76cm（2开）定价：CNY0.28
　　中国现代摄影作品。

J0111979
遵义 （四条屏）
［太原］山西人民出版社 1972年 2张
76cm（2开）定价：CNY0.30
　　中国现代摄影作品。

J0111980
遵义 （四条屏）
天津 天津人民出版社 1972年 2张 76cm（2开）
定价：CNY0.28
　　中国现代摄影作品。

J0111981
大连
沈阳 辽宁人民出版社 1973年 11×15cm
统一书号：8090.390
　　中国现代摄影作品，彩色明信片，中、英文对照。

J0111982
抚顺 （摄影集）
沈阳 辽宁人民出版社 1973年 10幅 10×15cm
统一书号：8090.386
　　彩色明信片，中、英文对照。

J0111983
抚顺

沈阳　辽宁人民出版社　1977 年　20cm（32 开）
统一书号：8090.773

中国现代摄影作品。

J0111984

河北省根治海河工程图片选　（纪念毛主席
"一定要根治海河"题词十周年）河北省纪念毛主
席"一定要根治海河"题词十周年影集编辑组编
石家庄　河北人民出版社　1973 年　有照片
16cm（25 开）统一书号：8086.374
定价：CNY0.05

J0111985

河南省影展作品选　河南人民出版社编选
郑州　河南人民出版社　1973 年　40 页　17×18cm
定价：CNY0.35

J0111986

南京长江大桥
南京　江苏人民出版社　1973 年　15cm（40 开）
统一书号：8100.4.002　定价：CNY0.44

中国现代摄影作品。

J0111987

上海摄影　（艰苦奋斗是我们的政治本色）上海
人民出版社编辑
上海　上海人民出版社　1973 年　18×26cm
统一书号：8171.604　定价：CNY0.40

J0111988

他们朝气蓬勃　广州部队生产建设兵团《兵团
战士报》供稿
广州　广东人民出版社　1973 年　38 页　21×19cm
统一书号：8111.1178　定价：CNY0.34

中国现代摄影作品。

J0111989

天津工农兵摄影作品选　（纪念毛主席《在延
安文艺座谈会上的讲话》发表三十周年）天津市
纪念毛主席《在延安文艺座谈会上的讲话》发表
三十周年办公室编
天津　天津人民美术出版社　1973 年　46 页
20cm（32 开）统一书号：8073.50014
定价：CNY0.70

J0111990

西安　（四条屏）吴印咸等摄影
西安　陕西人民出版社　1973 年　2 张　76cm（2 开）
定价：CNY0.22

中国现代摄影作品。

J0111991

艺术摄影选集　潘日波作
香港　万里书店　1973 年　增订本　127 页　有图
19cm（32 开）定价：HKD8.40

外文书名：Selected Works of Pictorial Pho-
tography.

J0111992

云南省美术摄影展览作品选　云南省文化局编
昆明　云南人民出版社　1973 年　26cm（16 开）
精装　统一书号：8116.591　定价：CNY4.80

J0111993

知识青年在北大荒　（黑龙江生产建设部队业
余摄影作品选）黑龙江生产建设部队政治部编
北京　人民美术出版社　1973 年　143 页　有照片
17×18cm　统一书号：8027.5797　定价：CNY0.95

J0111994

大庆　（画册）大庆"革命委员会"编
上海　上海人民出版社　1974 年　29×28cm　精装
统一书号：8171.651　定价：CNY15.00

中国现代摄影作品。

J0111995

南海诸岛之一——西沙群岛摄影展览　（庆
祝中华人民共和国成立二十五周年）全国摄影艺
术展览办公室编
北京　全国摄影艺术展览办公室　1974 年
20×18cm

J0111996

山西省摄影艺术作品选　山西省文化局摄影
展览办公室编
太原　山西人民出版社　1974 年　52 页　21×19cm
统一书号：8088.918　定价：CNY0.71

J0111997

上海工人业余摄影作品选　上海市工人文化

宫编
上海 上海人民出版社 1974 年 17×18cm
统一书号：8171.773 定价：CNY0.49

J0111998
上海工人业余摄影作品选　上海市工人文化
宫编
上海 上海人民出版社 1975 年［48］页
20cm（32 开）统一书号：8171.1045
定价：CNY0.55

J0111999
上海摄影艺术作品选　（二）上海市摄影艺术
展览会编
上海 上海人民出版社 1974 年 46 页 20cm（32 开）
统一书号：8171.853 定价：CNY0.83

J0112000
上海摄影艺术作品选　（三）上海市摄影创作
办公室编
上海 上海人民出版社 1975 年 46 页 20cm（32 开）
统一书号：8171.1245 定价：CNY0.90

J0112001
上海摄影艺术作品选　（四）上海市摄影创作
办公室编
上海 上海人民美术出版社 1978 年 45 页
20cm（32 开）统一书号：8081.11235
定价：CNY1.45

J0112002
云南边疆　欣欣向荣　（影集）
昆明 云南人民出版社 1974 年 28 页 17×19cm

J0112003
大庆　（摄影集）
哈尔滨 黑龙江人民出版社 1975 年 12 幅
10×15cm

J0112004
大庆　（摄影集）大庆 "革命委员会" 供稿
上海 上海人民出版社 1975 年 10 幅 11×15cm
统一书号：8171.1415 定价：CNY0.46

J0112005
大庆　（摄影集）大庆 "革命委员会" 编
上海 上海人民出版社 1977 年 2 版 11 幅
11×15cm 统一书号：8171.1415 定价：CNY0.50

J0112006
大有作为的新一代　（黑龙江生产建设兵团业
余摄影作品选）黑龙江生产建设兵团政治部编
辑；丁珊等摄影
天津 天津人民美术出版社 1975 年 110 页
20cm（32 开）统一书号：8073.50050
定价：CNY1.12

J0112007
大寨　（农村版图书）全国农业展览馆，农业出
版社编
北京 农业出版社 1975 年 26 幅 26cm（16 开）
统一书号：3144.125 定价：CNY1.20
　　中国现代摄影作品。

J0112008
大寨　（摄影集）
太原 山西人民出版社 1975 年 10 幅 10×15cm
统一书号：8088.946 定价：CNY0.50

J0112009
都江堰　四川省水利局，四川人民出版社编
成都 四川人民出版社 1975 年 25cm（15 开）
统一书号：8118.275 定价：CNY2.40
　　中国现代摄影作品。

J0112010
都江堰　（画册）四川省水利电力厅，四川人民
出版社编
成都 四川人民出版社 1985 年 106 页
26cm（16 开）精装 统一书号：12118.63
定价：CNY14.50
　　本书为四川都江堰的摄影集。

J0112011
黄河岸边大寨花　榆林地区 "革委会" 编；陈
宝生摄影
西安 陕西人民出版社 1975 年 46 幅 17cm（40 开）
统一书号：8094.420 定价：CNY0.33
　　中国现代摄影作品。

J0112012

辉县新貌 （四条屏）

[郑州] 河南人民出版社 1975 年 2 张

76cm（2 开）定价：CNY0.28

年画形式的中国现代摄影作品。

J0112013

南海诸岛之一——西沙群岛

北京 人民美术出版社 1975 年 26 幅 35cm（15 开）

统一书号：7501 定价：CNY1.13

中国现代摄影作品。

J0112014

南海诸岛之一——西沙群岛摄影展览作品

选 伍振超等摄

上海 上海人民出版社 1975 年 29 页 20cm（32 开）

统一书号：8171.1249 定价：CNY1.40

J0112015

南海诸岛之一—— 西沙群岛 摄影作品

选 上海人民出版社编辑

上海 上海人民出版社 1975 年 12 幅 17cm（40 开）

统一书号：8171.1159 定价：CNY0.53

J0112016

森严壁垒　众志成城 （前进中的上海民兵）

上海民兵指挥部供稿

上海 上海人民出版社 1975 年 36 页 19cm（32 开）

统一书号：8171.1322 定价：CNY0.16

中国现代摄影作品。

J0112017

上钢五厂工人理论队伍在斗争中前进 上

海人民出版社编辑

上海 上海人民出版社 1975 年 36 页 18cm（32 开）

统一书号：8171.1129 定价：CNY0.16

中国现代摄影作品。

J0112018

上海民兵摄影作品选 上海民兵指挥部编

上海 上海人民出版社 1975 年 10 幅 17cm（32 开）

统一书号：8171.1091 定价：CNY0.46

J0112019

摄影作品选

郑州 河南人民出版社 1975 年 16 幅 19cm（32 开）

统一书号：8105.471 定价：CNY0.30

J0112020

西藏自治区画集 西藏自治区画集编辑组编辑

拉萨 西藏人民出版社 [1975 年] 1 册

38cm（6 开）精装 统一书号：8170.16

定价：CNY30.00

中国现代摄影作品。

J0112021

重庆风光 （摄影集）

成都 四川人民出版社 1975 年 12 幅 11×15cm

定价：CNY0.60

J0112022

遵化新貌 农业出版社编辑

北京 农业出版社 1975 年 24cm（26 开）

统一书号：3144.70 定价：CNY0.75

中国现代摄影作品。

J0112023

大庆新貌 大庆展览馆编

北京 人民美术出版社 1976 年 12 幅 38cm（6 开）

统一书号：8027.6228 定价：CNY2.00

中国现代摄影作品。

J0112024

大寨 （图片集）昔阳县《大寨》图片编辑组编

北京 人民美术出版社 1976 年 68 页 29×28cm

定价：CNY4.00

中国现代摄影作品。

J0112025

大寨之县 （昔阳）中国摄影出版社编辑

北京 中国摄影出版社 1976 年 18cm（小 32 开）

统一书号：8027.6319 定价：CNY0.30

J0112026

衡阳地区摄影作品选集 湖南省衡阳地区文

化局编辑

衡阳 湖南省衡阳地区文化局 1976 年 67 页

20cm（32 开）

本书系湖南省衡阳地区文化局编辑衡阳地

区摄影集。

J0112027

南京路上好八连　上海警备区政治部供稿
上海 上海人民出版社 1976年 36幅 18cm（15开）
统一书号：8171.1620 定价：CNY0.16
　　本书为上海现代中国人民解放军摄影集。

J0112028

内蒙古摄影艺术作品选　内蒙古人民出版社
编辑
呼和浩特 内蒙古人民出版社 1976年 82页
20cm（32开）统一书号：M8089.148
定价：CNY1.50

J0112029

沙海绿洲　中共定边县委宣传部；陈宝生摄影
西安 陕西人民出版社 1976年 41页 20cm（32开）
统一书号：8094.488 定价：CNY0.40
　　本书陕西省榆林市定边县现代摄影作品。

J0112030

上海工人摄影作品选　（1975）上海市工人文
化宫编
上海 上海人民出版社 1976年 40幅 20cm（32开）
统一书号：8171.1423 定价：CNY0.70

J0112031

上海青年业余摄影作品选　上海市青年宫编
上海 上海人民出版社 1976年 48页 20cm（32开）
统一书号：8171.1552 定价：CNY0.55

J0112032

铁人还在大庆战斗　人民美术出版社编辑
北京 人民美术出版社 1976年 30页 20cm（32开）
统一书号：8027.6321 定价：CNY0.34
　　中国现代摄影作品。

J0112033

新大学　（同济大学"五·七"公社）同济大学，
上海人民出版社编
上海 上海人民出版社 1976年 19张 32cm（10开）
定价：CNY0.70
　　中国现代摄影作品。

J0112034

新生事物赞　上海人民出版社编辑
上海 上海人民出版社 1976年 24页 25cm（16开）
统一书号：8171.1675 定价：CNY0.40
　　中国现代摄影作品。

J0112035

在光辉的五·七道路上前进　（记西安市南泥
湾五·七干校）西安市南泥湾"五·七"干校"革
委会"编
西安 陕西人民出版社 1976年 39页 20cm（32开）
统一书号：8094.460 定价：CNY0.50
　　中国现代摄影作品。

J0112036

郑州
北京 中国旅游出版社 1976年 15cm（40开）
统一书号：8179.004
　　中国现代摄影作品。

J0112037

走大庆道路的马安　广东人民出版社编辑
广州 广东人民出版社 1976年 37页 24cm（26开）
统一书号：8111.1556 定价：CNY0.36
　　中国现代摄影作品。

J0112038

大庆　（图片集）大庆政治部，黑龙江摄影艺术
展览办公室编
北京 人民美术出版社 1977年 25cm（15开）
统一书号：8027.6549 定价：CNY10.50
　　本书与黑龙江人民出版社合作出版。

J0112039

大庆　大庆"革命委员会"编
上海 上海人民出版社 1977年 2版 134页
25cm（15开）统一书号：8171.651
定价：CNY14.00
　　中国现代摄影作品。

J0112040

大寨　（摄影作品集）山西省《大寨》画册编辑
组编
太原 山西人民出版社 1977年 154页
25cm（15开）统一书号：8088.1145
定价：CNY18.00

J0112041
大寨　山西省《大寨》画册编辑组编
太原　山西人民出版社　1978 年　22 张（套）
15cm（40 开）定价：CNY1.10
　　中国现代摄影作品。

J0112042
河南民兵　河南省军区政治部编；孙耀和等摄影
郑州　河南人民出版社　1977 年　108 页
20cm（32 开）统一书号：8105.759 定价：CNY1.05

J0112043
今日内蒙古　内蒙古人民出版社编辑
呼和浩特　内蒙古人民出版社　1977 年　12 幅
17cm（40 开）统一书号：M8089.135
定价：CNY0.50
　　中国现代摄影作品。

J0112044
旅大
沈阳　辽宁人民出版社　1977 年　20cm（32 开）
统一书号：8090.641 定价：CNY0.80
　　中国现代摄影作品。

J0112045
内蒙古　《内蒙古》画集编辑组编辑
呼和浩特　内蒙古人民出版社　1977 年
38cm（6 开）精装　统一书号：M8089.169
定价：CNY40.00
　　中国现代摄影作品。

J0112046
山东风光　（摄影四条屏）
济南　山东人民出版社　1977 年　2 张（套）
76cm（2 开）定价：CNY0.22
　　中国现代摄影作品。

J0112047
上海风光　（摄影）上海人民出版社编
上海　上海人民出版社　1977 年　76cm（2 开）
定价：CNY0.11
　　年画形式的中国现代摄影作品。

J0112048
胜利油田　山东新闻图片社编辑

济南　山东新闻图片社　1977 年　108 页　34×19cm
定价：CNY6.00
　　中国现代摄影作品。

J0112049
兴庆公园　西安兴庆公园"革命委员会"编
西安　陕西人民出版社　1977 年　10 幅　17cm（32 开）
统一书号：8094.517 定价：CNY0.50
　　中国现代摄影作品。

J0112050
云南边疆　（1）云南人民出版社编辑
昆明　云南人民出版社　1977 年　25 页　20cm（32 开）
统一书号：8116.742 定价：CNY0.25
　　中国现代摄影作品。

J0112051
云南边疆　（2）云南人民出版社编辑
昆明　云南人民出版社　1977 年　16 页　20cm（32 开）
统一书号：8116.76 定价：CNY0.25
　　中国现代摄影作品。

J0112052
抓纲治国学大寨　广东省农业学大寨展览馆，
广东人民出版社编
广州　广东人民出版社　1977 年　76 页　24cm（26 开）
统一书号：8111.1824 定价：CNY0.66
　　中国现代摄影作品。

J0112053
遵化　农业出版社编辑
北京　农业出版社　1977 年　60 页　24cm（26 开）
统一书号：3144.168 定价：CNY0.80
　　中国现代摄影作品。

J0112054
广西　广西画册编辑小组编
南宁　广西人民出版社　1978 年　208 页　38cm（6 开）
　　中国现代摄影作品。

J0112055
井冈山　井冈山博物馆编
北京　文物出版社　1978 年　12 页　定价：CNY0.85
　　中国现代摄影作品。

J0112056
林海添翠 （知识青年战斗在大兴安岭）黑龙江大兴安岭地区文化局编
北京 人民美术出版社 1978年 96幅 20cm（32开）
统一书号：8027.6852 定价：CNY1.00
　　中国现代摄影作品。

J0112057
千里沙漠绘新图 陕西省榆林地区"革命委员会"编；陈宝生摄影
西安 陕西人民出版社 1978年 52页
25cm（小16开）统一书号：8094.555
定价：CNY3.60

J0112058
摄影艺术作品选 宁夏回族自治区美术摄影工作办公室编
银川 宁夏人民出版社 1978年 89幅 25cm（16开）
统一书号：8157.294
定价：CNY8.00, CNY12.00（精装）
　　庆祝宁夏回族自治区成立二十周年摄影作品。

J0112059
伊岭岩
南宁 广西人民出版社 1978年 10幅 18cm（32开）
统一书号：8113.458
　　南宁风光摄影集。

J0112060
大兴安岭 大兴安岭地区文化局供稿
天津 天津人民美术出版社 1979年 88页
20cm（32开）统一书号：8073.50117
定价：CNY1.20
　　中国现代摄影作品。

J0112061
恩施地区摄影作品选 （庆祝中华人民共和国成立三十周年）
恩施 1979年 10页 25cm（24开）

J0112062
广东 《广东》画册编辑委员会编辑
广州 广东人民出版社 1979年 168页 38cm（8开）
统一书号：8111.1966 定价：CNY25.00

中国现代摄影作品。

J0112063
广东 《广东》画册编辑委员会编辑
广州 广东人民出版社 1979年 204页 38cm（8开）
精装 统一书号：8111.1966 定价：CNY35.00
　　中国现代摄影作品。

J0112064
辽宁摄影艺术作品选 辽宁画报编辑部编
沈阳 辽宁美术出版社 1979年 64页
25cm（小16开）精 定价：CNY10.00

J0112065
卢施福黄山摄影选 卢施福摄影；中国摄影出版社编
北京 中国摄影出版社 1979年 49页 25cm（12开）
统一书号：8028.3033 定价：CNY3.20
　　作者卢施福（1898—1983），又名卢克希。广东香山县金鼎人，毕业于天津英文商业专科学校和上海同德医学院。中国摄影学会安徽省分会筹备小组副组长，中国摄影家协会理事。摄影艺术代表作《顽皮小孩》《SPEAKING》《说话》等，出版有《卢施福黄山影集》。

J0112066
美术摄影作品选 山东省聊城地区行政公署文化局编
聊城 山东省聊城地区行政公置文化局 1979年
51页 19cm（32开）

J0112067
天山 新疆人民出版社编
乌鲁木齐 新疆人民出版社 1979年 1册
25cm（16开）精装 统一书号：8098.376
定价：CNY25.00
　　中国现代摄影作品。

J0112068
铁路穿天山 中国人民解放军八九一一二部队政治部编
乌鲁木齐 新疆人民出版社 1979年 1册
20cm（32开）定价：CNY2.00
　　中国新疆铁路建设成就摄影作品。

J0112069

豫园

上海　上海人民美术出版社　1979年　19cm（32开）

统一书号：8081.11375　定价：CNY1.10

　　中国现代摄影作品。

J0112070

北埔　（阮义忠摄影集）阮义忠作

台北　雄狮图书公司［1980—1986年］93页

有图　25cm（15开）

定价：TWD280.00, TWD400.00（精装）

　　外文书名：Pei Pu: Juani Jong Photographs.

作者阮义忠（1950—　），台湾著名摄影家。生于

台湾宜兰县。美国《当代摄影家》一书的华人摄

影家之一。代表作《当代摄影大师》《当代摄影

新锐》。

J0112071

桂林山水　邓朝兴等摄影；邓朝兴编文

上海　上海人民美术出版社　1980年［1］张

76cm（2开）定价：CNY0.16

　　年画形式的中国现代摄影作品。

J0112072

杭州　浙江省旅游局编

北京　中国旅游出版社　1980年［26cm］（16开）

　　中国现代摄影作品。

J0112073

吉林摄影艺术作品选

长春　吉林人民出版社　1980年　88页

25cm（小16开）精装　统一书号：8091.935

定价：CNY6.00

J0112074

金陵之春　（6 南京市交通安全摄影作品选）

［南京］［1980—1989年］95页　有照片

19×26cm

J0112075

金陵之春　（金陵之春摄影艺术展览作品集 1）

南京　南京日报社［1983年］22页　有照片

19cm（小32开）

　　这次展出共收入二百一十二件作品，有彩色

八十九幅。这些作品反映了南京的经济建设，社

会风貌，秀丽山川。本书与南京市工人文化宫合

作出版。

J0112076

金陵之春　（4 第四届金陵之春摄影作品选）南

京日报社, 南京市工人文化宫

南京　南京日报社［1983年］74页　有照片

19cm（小32开）

　　本书与南京市工人文化宫合作出版。

J0112077

漓江　（摄影明信片辑 汉英文对照）王梧生摄影

上海　上海人民美术出版社　1980年　12幅

18cm（15开）统一书号：8081.11782

定价：CNY0.65

　　作者王梧生（1942—　），高级摄影师。江

苏江宁人。中国摄影家协会会员，广西艺术摄影

学会副会长，桂林市艺术摄影学会会长，华中理

工大学美术摄影研究室副主任，桂林市展览馆馆

长。著有《现代风光摄影技巧》《桂林山水摄影

集》等；摄影作品有《奇峰红叶》《晓雾船影》《金

光冲破水中天》等。

J0112078

美丽香港　（摄影集）小流摄影

香港　摄影画报［1980—1999年］51页

21×30cm　ISBN：962–7006–57–2

定价：HKD60.00

J0112079

南宁　广西旅游局编

北京　中国旅行出版社　1980年　26cm（16开）

　　中国现代摄影作品。

J0112080

扬州游　扬州市委宣传部编

北京　人民美术出版社［1980年］1册

20cm（32开）统一书号：8027.7467

定价：CNY3.00

　　中国现代摄影作品。

J0112081

北京名胜　肖顺权等摄；谭云森编

北京　人民美术出版社　1981年　2张　76cm（2开）

定价：CNY0.26

年画形式的中国现代摄影作品。

J0112082
黄山之歌　董青摄
合肥 安徽人民出版社 1981 年 16 页 25cm（15 开）
套装 统一书号：8102.1145 定价：CNY0.95
　　中国现代摄影作品。画片背面有歌曲。

J0112083
庐山植物园　（摄影画册）戴新民等摄
上海 上海人民美术出版社 1981 年 62 幅
19cm（32 开）统一书号：8081.12203
定价：CNY1.50

J0112084
四川摄影作品选　陈岳峰等摄
成都 四川人民出版社 1981 年 68 页
25cm（小 16 开）统一书号：R8118.629
定价：CNY6.50

J0112085
紫禁城帝后生活　（1644—1911 摄影画册）故
宫博物院，中国旅游出版社编
北京 中国旅游出版社 1981 年 121 页
28cm（11 开）定价：CNY23.00

J0112086
大自然之美　（昆虫）赖要三摄影
台北 印刷出版社 1982 年 131 页 有彩照
22cm（32 开）精装

J0112087
福建　（中英文对照）福建人民出版社编辑
福州 福建人民出版社 1982 年 19cm（小 32 开）
定价：CNY1.20
　　中国现代摄影作品。

J0112088
甘肃　（摄影画册）甘肃人民出版社编辑编辑
兰州 甘肃人民出版社 1982 年 42 页 26cm（16 开）
统一书号：8096.895 定价：CNY3.00

J0112089
桂林漓江　蒙紫摄
北京 中国旅游出版社 1982 年 76cm（2 开）

定价：CNY0.18
　　年画形式的中国现代摄影作品。

J0112090
台湾风光　水禾田摄影；邵宇主编
北京 人民美术出版社 1982 年 96 页 39cm（8 开）
统一书号：8027.8213 定价：CNY40.00

J0112091
泰山摄影艺术　中国摄影家协会山东分会著
济南 山东人民出版社 1982 年 36 页
19cm（32 开）统一书号：8099.2404
定价：CNY2.60
　　本影集收入了泰山的风景、名胜古迹照片共
36 幅。

J0112092
天津残人　天津市国际残废人年组织委员会编印
天津 天津人民美术出版社［1982 年］42 页
25cm（16 开）统一书号：8073.50235
　　这是一本摄影集。集中展现了天津市的盲
人、聋人、哑人、残人在"四化"建设中生活、学
习、工作的一幅幅生动的画面。

J0112093
西安　王天育等摄
上海 上海人民美术出版社 1982 年 141 页
15×19cm
　　中国现代城市西安的摄影集，收有照片
14 幅。

J0112094
西藏　人民美术出版社等编辑
北京 人民美术出版社 1982 年 234 页
33×26cm（10 开）精装 ISBN：7-102-00452-4
定价：CNY280.00
　　中国现代摄影作品。另有藏文书名。

J0112095
香港海鸥摄影会会员摄影作品展览　蔡祖谦
编辑
［广州］［中国摄影学会广东分会］1982 年 1 册
有图 19cm（32 开）
　　本书为中国摄影学会广东分会主办的香港
海鸥摄影会会员摄影作品展览作品集。

J0112096

中国的辽宁

沈阳　辽宁美术出版社 1982 年 25cm（小 16 开）

统一书号：8161.0108 定价：CNY12.40

　　这本摄影集通过一幅幅照片，介绍了辽宁省的工业、农业、交通、科研、教育、医疗、文化艺术和名胜古迹等。

J0112097

中国哈尔滨冰雕　宋挥摄影

哈尔滨　黑龙江人民出版社 1982 年 40 幅

24cm（26 开）统一书号：8217.017

J0112098

今日榆林　陕西省陕北革命建设委员会等编；陈宝生摄影并配诗

西安　陕西人民美术出版社 1983 年 54 页

25cm（小 16 开）统一书号：8199.504

定价：CNY2.40

　　本书以照片的形式，介绍了陕西省榆林地区城乡呈现出的一派政通人和，民康物阜的喜人景象。

J0112099

神话世界九寨沟　（汉英文对照）毕凤洲摄影；代安常撰文

成都　四川人民出版社 1983 年 128 页

29cm（18 开）统一书号：8118.1359

定价：CNY14.00

　　中国现代摄影作品。

J0112100

北京　（摄影画册）

北京　北京出版社 1984 年 39cm（4 开）

统一书号：8071.518 定价：CNY18.00

　　这本摄影集，从各个不同的角度反映了北京——这座古老而又年轻的城市的面貌。附中英文对照。

J0112101

北京新貌　北京美术摄影出版社编辑

北京　北京美术摄影出版社 1984 年 25cm（15 开）

统一书号：8328.46 定价：CNY10.00

　　本摄影集介绍了北京中华人民共和国成立 35 年来各条战线取得的引人注目的成就。

J0112102

地下世界　中国贵州　（第一册）金德明摄影；汪朝阳撰文；贵州科学院编

贵阳　贵州人民出版社 1984 年 25cm（16 开）

精装 统一书号：8115.1030 定价：CNY45.00

　　本书为贵州溶洞风光摄影作品集。收入照片 138 幅。外文书名：Underground Worlds: Guizhou.

J0112103

富饶美丽的大兴安岭　黑龙江省大兴安岭地区行政公署，林业部大兴安岭林业管理局编

北京　北京美术摄影出版社［1984 年］78 页

25cm（15 开）统一书号：8328.36

　　本摄影集通过一幅幅生动有趣的画面，深刻地反映了大兴安岭这一我国主要的林业基地 20 年来发生的深刻变化。

J0112104

甘肃　（摄影画册）《甘肃》画册编辑组编

兰州　甘肃人民出版社 1984 年 248 页 38cm（6 开）

精装 定价：CNY50.00

　　中国现代摄影作品。

J0112105

工业新城株洲　（摄影集）黄福坤等摄；陈文茜等撰；卜福昌［英译］

北京　华艺出版社［1984 年］76 页 20cm（24 开）

统一书号：8472.17 定价：CNY8.00

　　外文书名：Zhuzhou a New Industrial City.

J0112106

广东摄影艺术作品选　中国摄影家协会广东分会编辑

广州　岭南美术出版社 1984 年 103 页 25cm（15 开）

定价：CNY20.00

　　本书共收集了 100 多位摄影家和摄影爱好者的 100 幅作品，其中有 20 幅是港澳摄影家的作品。外文书名：Selected Works of Photo in Guangdong.

J0112107

贵州　曾宪阳等编辑

贵阳　贵州美术出版社 1984 年 29×21.5cm

精装 统一书号：8396.1

本书通过 367 幅照片生动地展现了贵州的奇丽、丰饶和迷人。作者曾宪阳(1940—2008),摄影师,漫画家。贵州贵阳人。曾任贵州省美术出版社副总编辑,贵州省漫画研究会副会长。主要作品有《昨天我发薪》《乱弹琴》《三思而后行》等。

J0112108
贵州 曾宪阳等编辑
贵阳 贵州美术出版社 1985 年 25cm(15 开)
精装
　　中国现代摄影作品。

J0112109
合肥 (1949—1984)合肥画册编辑组编
合肥 安徽人民出版社 1984 年 109 页 25cm(15 开)
统一书号: 8102.1540 定价: CNY15.50
　　中国现代摄影作品。

J0112110
红军在贵州 贵州省文物管理委员会等编
贵阳 贵州人民出版社 1984 年 175 页 38cm(8 开)
统一书号: 8115-944 定价: CNY35.00
　　本摄影集收入红军在贵州时期的历史文物照片 230 张。内容包括: 1934 年 4 月,张云逸率领红七军攻占榕江县; 1934 年 5 月,贺龙、关向应率红三军挺进黔东; 1934 年 9 月,任弼时、王震、肖克率红六军团从湖南进入贵州,于 10 月下旬与红三军会师; 1934 年 10 月,红一军长征,由湖南进入贵州,攻克黎平县城,召开中共政治局会议,肯定了毛泽东西进贵州的正确主张。1936 年初,贺龙、任弼时率红二方面军由湖南进入贵州,占领玉屏等地,渡过乌江等。

J0112111
黄山摄画 华国璋摄
北京 中国旅游出版社 1984 年 60 幅 27cm(16 开)
统一书号: 8179.432 定价: CNY3.85

J0112112
煤乡山西 (摄影集)晓理等摄影;郝金林,丁忠效撰
北京 华艺出版社 [1984 年] 19×19cm
统一书号: 8472.6 定价: CNY5.50

J0112113
农民摄影作品选
上海 上海人民美术出版社 1984 年 19cm(32 开)
统一书号: 8081.14047 定价: CNY0.90
　　本摄影集收有摄影作品 54 幅图,所收照片是根据"第一届上海彭浦公社农民摄影作品展览"展出作品选编,其中有袁毅平、赵曙晖专文介绍。作品浓郁清新,朴实无华,散发着强烈的乡土气息。

J0112114
陕西风貌 武伯纶等编撰
西安 陕西人民美术出版社 1984 年 38cm(6 开)
精装 定价: CNY18.00
　　中国现代摄影作品。

J0112115
上海 (摄影画册)陈春轩等摄
上海 上海人民美术出版社 1984 年 108 页
27cm(16 开)统一书号: 8081.14113
定价: CNY20.00
　　分别介绍了上海的历史沿革、工业、农业、商业、交通运输、科技教育、医疗体育、文化艺术、人民生活和对外交往等方面的情况。

J0112116
石家庄 (摄影画册)石家庄外事办公室供稿
石家庄 河北美术出版社 1984 年 25cm(16 开)
定价: CNY3.75

J0112117
无锡风光 徐震时等摄影
北京 人民美术出版社 1984 年 2 张 76cm(2 开)
定价: CNY0.32
　　中国现代摄影作品。

J0112118
西安 张静波,陶光明编
西安 陕西人民美术出版社 1984 年 1 册
25cm(15 开)精装 统一书号: 8799.800
定价: CNY8.50
　　中国现代摄影作品。

J0112119
西藏 (摄影集)程曦摄影

北京 华艺出版社 [1984 年] 20×19cm(24 开)
统一书号: 8472.11 定价: CNY7.00

J0112120

新疆风光 （汉英文对照）王德钧等摄影
乌鲁木齐 新疆人民出版社 1984 年 10 张
10cm(70 开) 定价: CNY0.60

J0112121

伊犁 （1954—1984）《伊犁》画册编辑委员会编
奎屯 伊犁人民出版社 1984 年 1 册 25cm(16 开)
精装 统一书号: 8189.3 定价: CNY18.00
　　这本摄影集反映了伊犁哈萨克自治州 35 年
来社会主义建设的巨大成就。

J0112122

榆林畜牧 榆林地区畜牧局编；陈宝生，段延
斌撰文；陈宝生摄影
西安 陕西人民美术出版社 1984 年 19cm(32 开)
统一书号: 8199.728 定价: CNY2.15

J0112123

玉屏侗乡春 贵州省玉屏侗族自治县筹备委员
会编
成都 四川省新闻图片社 1984 年 有彩图
25cm(小 16 开)
　　中国现代摄影作品。与重庆市美术公司合
作出版。

J0112124

园林之城——苏州 曹玉泉，郑可俊摄
北京 外文出版社 1984 年 142 页 有彩照
25×21cm
　　本摄影画册选收有反映苏州宋、元、明、清
四个不同朝代的城市风貌，包括：狮子林、
拙政园、留园、西园、怡园等园林。中、英、日
文本。

J0112125

"迈进中的香港" 摄影展览 （1985）林秉辉编
香港 香港市政局 1985 年 有照片 24cm(15 开)
ISBN: 962–7039–10–1 定价: HKD10.00
　　1985 年香港概况摄影集。外文书名:
"History in the Making" Photography Exhibition.

J0112126

八尺门 （阮义忠摄影集）阮义忠作
台北 雄狮图书公司 1985 年 93 页 有图 25cm
(12 开) 定价: TWD280.00, TWD400.00（精装）
　　作者阮义忠(1950—)，台湾著名摄影家。
生于台湾宜兰县。美国《当代摄影家》一书的华
人摄影家之一。代表作《当代摄影大师》《当代
摄影新锐》。

J0112127

大连风光 吕同举摄
上海 上海人民美术出版社 1985 年 1 张
76cm(2 开) 定价: CNY0.20
　　中国现代摄影作品。

J0112128

东方明珠——香港 上海画报出版社编辑
上海 上海画报出版社 1985 年 12 张 19m(32 开)
定价: CNY0.60
　　中国现代摄影作品。

J0112129

甘肃 （汉英对照）《甘肃》画册编辑组编
兰州 甘肃人民出版社 1985 年 58 页 25cm(15 开)
统一书号: 8096.1163
　　中国现代摄影作品。

J0112130

古都西安 肖顺权等摄；余良文
北京 人民美术出版社 1985 年 2 张 76cm(2 开)
定价: CNY0.42
　　中国现代摄影作品。

J0112131

广东 《中国少数民族地区画集丛刊》广东册编
辑委员会编
北京 民族出版社 1985 年 157 页 25cm(15 开)
精装 统一书号: 8049.40 定价: CNY20.00
(中国少数民族地区画集丛刊)
　　中国现代摄影作品。

J0112132

广西 《中国少数民族地区画集丛刊》总编辑委
员会
北京 民族出版社 1985 年 27cm(16 开)

精装 定价: CNY22.00

（中国少数民族地区画集丛刊）

　　中国现代摄影作品。

J0112133

贵州 《中国少数民族地区画集丛刊》贵州册编辑委员会编

北京 民族出版社 1985 年 165 页 25cm（15 开）

精装 统一书号: 8049.46 定价: CNY22.00

（中国少数民族地区画集丛刊）

　　中国现代摄影作品。

J0112134

桂林山水 （汉、日、英对照）王梧生摄影

北京 外文出版社 1985 年 99 页 26cm（16 开）

ISBN: 0–8351–1455–4

J0112135

桂林山水 （图册）于天为主编

北京 中国旅游出版社 1985 年 108 页 英文文摘附件 25cm（15 开）统一书号: 8179.763

定价: CNY28.00

　　中国现代摄影作品。

J0112136

桂林山水 （汉、日、英对照）王梧生摄影；肖师铃，陈幼实编

北京 外文出版社 1987 年 2 版 99 页

26cm（16 开）定价: CNY25.00

J0112137

桂林山水 （中、英、日文对照 王梧生摄影集）王梧生摄

北京 外文出版社 1988 年 105 页 25×26cm

ISBN: 7–119–00654–1

定价: CNY29.00, CNY35.00（精装）

　　外文书名: Guilin Scenery. 作者王梧生（1942— ），高级摄影师。江苏江宁人。中国摄影家协会会员，广西艺术摄影学会副会长，桂林市艺术摄影学会会长，华中理工大学美术摄影研究室副主任，桂林市展览馆馆长。著有《现代风光摄影技巧》《桂林山水摄影集》等；摄影作品有《奇峰红叶》《晓雾船影》《金光冲破水中天》等。

J0112138

桂林山水甲天下 肖顺权等摄

北京 人民美术出版社 1985 年 2 张 76cm（2 开）

定价: CNY0.52

　　作者肖顺权（1934— ），曾用名肖顺泉、肖舜权。河北博野人。曾任人民美术出版社总编办公室副主任、摄影部副主任等职。主要作品有《唐永泰公主墓壁画集》《故宫》《元明清雕塑》等。

J0112139

黑龙江 《中国少数民族地区画集丛刊》总编辑委员会编辑

北京 民族出版社 1985 年 27cm（16 开）

精装 定价: CNY20.00

（中国少数民族地区画集丛刊）

　　中国现代摄影作品。

J0112140

湖北 《中国少数民族地区画集丛刊》湖北册编辑委员会编辑

北京 民族出版社 1985 年 141 页 26cm（16 开）

精装 定价: CNY18.00

（中国少数民族地区画集丛刊）

　　中国现代摄影作品。

J0112141

湖南 《中国少数民族地区画集丛刊》湖南册编辑委员会编辑

北京 民族出版社 1985 年 149 页 26cm（16 开）

精装 定价: CNY20.00

（中国少数民族地区画集丛刊）

　　中国现代摄影作品。

J0112142

黄山漫步 （摄影集）吴印咸，董青主编

合肥 黄山书社 1985 年 17cm（24 开）

统一书号: 8379.4 定价: CNY5.00

　　作者吴印咸（1900—1994），摄影艺术家、导演。原名吴荫诚，祖籍安徽歙县，生于江苏沭阳。曾在上海美术专科学校学习。历任东北电影制片厂厂长，北京电影学院副院长兼摄影系主任，文化部电影局顾问，中国摄影家协会副主席，中国电影摄影师学会副理事长，全国文学艺术联合会委员等。代表作品《生死同心》《风云儿女》《坚

苦的奋斗》。

J0112143

九寨沟　（中英对照）上海人民美术出版社编辑；邓一编文
上海　上海人民美术出版社　1985年　19cm（32开）
定价：CNY1.90
　　中国现代摄影作品。

J0112144

快门下的老台湾　向阳，刘还月编
台北　林白出版社　1985年　217页　有照片
19cm（32开）定价：TWD110.00
（岛屿文库15）
　　中国现代摄影作品。

J0112145

兰屿，再见　（王信摄影集）王信著
台北　纯文学出版社　1985年　174页　有图
20cm（32开）定价：TWD280.00
（纯文学丛书131）
　　作者王信（1925—　），画家。河北承德人。
历任辽宁美术出版社专职画家、承德市群艺馆研
究馆员、河北水彩画会名誉会长、河北省美协顾
问。画作有《早雾》《原始森林》《深山情》《山家》
等。出版有《王信水彩画选辑》《王信水彩选集》
《王信水彩画专辑》等。

J0112146

荔波风情　中共荔波县委宣传部，荔波县民族
事务委员会编
贵阳　贵州美术出版社　1985年　25cm（15开）
统一书号：8396.0051　定价：CNY6.00
　　荔波，位于贵州省黔南布依族、苗族自治州
东南部，这里居住着布依、水、苗、瑶、壮、仡、
佬、毛南等17个民族。本画册通过百余幅照片
生动地介绍了荔波的自然风光和风俗民情。

J0112147

岭南风情　广东旅游出版社主编
广州　广东旅游出版社　1985年　38cm（6开）
精装　统一书号：8272.48
　　中国现代摄影作品。

J0112148

美丽富饶的安徽　（汉英对照）安徽省人民政
府编
合肥　安徽美术出版社　1985年　35cm（18开）
　　本书系中国安徽现代摄影集专著，它以生
动美丽的画面和简短的文字介绍了前进中的安
徽。包括安徽的山川、水系、地理、工业、教育、
体育、文化、卫生事业等。外文书名：An Hui
Province of Beauty and Bounty.

J0112149

青海　青海人民出版社编
西宁　青海人民出版社　1985年　223页
25cm（15开）
　　本书是青海风貌的综合摄影画册，收入彩色
照片347幅，为汉、藏、英文版。

J0112150

上海风光
昆明　云南人民出版社　1985年　1张　76cm（2开）
定价：CNY0.20
　　中国现代摄影作品。

J0112151

上海摄影年刊　（1982）中国摄影家协会上海
分会编
上海　上海人民美术出版社　1985年　26cm（16开）
统一书号：8081.14014　定价：CNY4.00
　　本书除了421幅摄影作品外，书末附有文字
资料：1982年上海摄影界活动大事件；本年度获
奖作品目录；会员发表的摄影理论性等。

J0112152

上海摄影年刊　（1983）中国摄影家协会上海
分会编
上海　上海人民美术出版社　1986年　114页
26cm（16开）统一书号：8081.14803
定价：CNY4.00

J0112153

上海摄影年刊　（1984—1985）中国摄影家协
会上海分会编
上海　上海人民美术出版社　1988年　26cm（16开）
ISBN：7-5322-0204-1　定价：CNY5.50

J0112154
深圳旅游 （汉英对照）深圳经济特区新闻工作委员会宣传处编
北京 中国青年出版社 1985年 46页 26cm（16开）
统一书号：8009.50
　　中国现代摄影作品。

J0112155
神话世界九寨沟 （汉英对照）毕凤洲等摄影；戴安常撰文；何志范，林泰基译文
成都 四川人民出版社 1985年 2版 128页
26cm（16开）精装 统一书号：8118.1359
　　中国现代摄影作品。1983年第1版。外文书名：Jiuzhaigou a Fairyland in China.

J0112156
四川 （摄影画册）四川人民出版社编辑
成都 四川人民出版社 1985年 145页
29cm（16开）精装 统一书号：8118.2080
定价：CNY15.80
　　中国现代摄影集，包括：巴山蜀水揽秀、历史文化探踪、摩崖石刻集萃、熊猫故乡一瞥、民族风情剪影、富饶天府叠彩等几部分内容。

J0112157
四川 （摄影画册《中文版》）陈捷等摄
成都 四川人民出版社 1985年 145页
29cm（16开）精装 统一书号：8118.2080
定价：CNY24.00

J0112158
天津 （画册）王新等摄影
天津 天津人民美术出版社 1985年 82页
25×18cm 统一书号：8073.50361

J0112159
西藏 《中国少数民族地区画集丛刊》西藏册编辑委员会编
北京 民族出版社 1985年 181页 25cm（16开）
精装 统一书号：8049.39 定价：CNY22.00
（中国少数民族地区画集丛刊）
　　中国现代摄影作品集。

J0112160
香港 （摄影作品集）辽宁美术出版社编

沈阳 辽宁美术出版社 1985年 81页 20cm（32开）
统一书号：8161.0722 定价：CNY3.30

J0112161
香港沧桑录 （陈迹四十年集影）陈迹摄
香港 三联书店香港分店 1985年 136页
有图 25cm（16开）ISBN：962-04-0433-5
　　外文书名：Hong Kong After Forty Year's Vicissitudes.

J0112162
香港风光 黎郎摄
北京 中国文联出版公司 1985年 2张
76cm（2开）定价：CNY0.42
　　中国现代摄影作品。

J0112163
新疆丝路古迹 （画册）新疆维吾尔自治区建筑学会编
北京 中国建筑工业出版社 1985年 204页
38cm（6开）精装 统一书号：15040.4915
定价：CNY75.00
　　中国现代摄影作品集。

J0112164
浙江风光 张克庆摄
杭州 浙江人民美术出版社 1985年 2张
76cm（2开）定价：CNY0.38
　　中国现代摄影作品集。作者张克庆（1946—　），摄影编辑。重庆人。历任当代文学艺术研究院院士，香港现代摄影学会会员，中国职业摄影撰稿人，中国华侨摄影学会会员，浙江人民出版社美术编辑室，浙江人民美术出版社摄影年画编辑室。出版有《杭州西湖》摄影画册。

J0112165
珠江 （中国南方大河）刘兆伦主编；水利电力部珠江水利委员会编
北京 朝华出版社 1985年 206页 37cm（8开）
　　本书以图片为主，辅以文字，概略介绍珠江流域的开发建设和风土人情，是一本综合性、艺术性画册。

J0112166
陈武生黄山摄影作品 陈武生摄

厦门 鹭江出版社 1986年 51页 20cm（32开）
统一书号：8422.15 定价：CNY2.50

J0112167
福建 《中国少数民族地区画集丛刊》总编辑委
员会编
北京 民族出版社 1986年 142页 29cm（16开）
精装 统一书号：8049.54 定价：CNY18.00
（中国少数民族地区画集丛刊）
　　中国现代摄影作品集。

J0112168
甘肃 《中国少数民族地区画集丛刊》总编辑委
员会编
北京 民族出版社 1986年 161页 25cm（16开）
精装 统一书号：8049.52 定价：CNY20.00
（中国少数民族地区画集丛刊）
　　中国现代摄影作品集。

J0112169
贵州 贵州美术出版社编
贵阳 贵州美术出版社 1986年 25cm（15开）
精装
　　本书系贵州现代摄影画册，收有照片365
幅。分为奇丽的山水、丰饶的土地、迷人的风情
三大部分。

J0112170
贵州盲人聋哑人 贵州省盲人聋哑人协会编
贵阳 贵州美术出版社 1986年 25cm（小16开）
定价：CNY8.00
　　中国现代摄影作品集。

J0112171
欢腾的西藏 （藏汉对照）《欢腾的西藏》画集
编辑委员会编
拉萨 西藏人民出版社 1986年 183页
26cm（16开）精装 统一书号：CNM3170.263
　　中国现代摄影作品集。

J0112172
吉林 《中国少数民族地区画集丛刊》总编辑委
员会编
北京 民族出版社 1986年 149页 25cm（小16开）
精装 统一书号：8049.48 定价：CNY20.00

（中国少数民族地区画集丛刊）
　　中国现代摄影作品集。

J0112173
江苏履踪 （摄影集）陈复礼摄
南京 江苏美术出版社 1986年 35页 21cm（32开）
统一书号：8353.6.015 定价：CNY2.80

J0112174
克拉玛依人摄影作品选 新疆克拉玛依地名
委员会编
乌鲁木齐 新疆人民出版社 1986年 68页
26cm（16开）定价：CNY4.50
（新疆地名摄影）

J0112175
辽宁 《中国少数民族地区画集丛刊》总编辑委
员会编
北京 民族出版社 1986年 136页 29cm（16开）
精装 统一书号：8049.53 定价：CNY18.00
（中国少数民族地区画集丛刊）
　　中国现代摄影作品集。

J0112176
洛阳牡丹 （汉英文对照）梁祖宏，孙北辰摄
影；曹法舜，王世端著文
郑州 河南美术出版社 1986年 106页
19cm（小32开）定价：CNY6.30
　　中国现代摄影作品集。

J0112177
内蒙古 《中国少数民族地区画集丛刊》总编辑
委员会编
北京 民族出版社 1986年 176页 25cm（小16开）
精装 统一书号：8049.49 定价：CNY22.00
　　中国现代摄影作品集。

J0112178
宁夏 《中国少数民族地区画集丛刊》总编辑委
员会编
北京 民族出版社 1986年 173页 29cm（16开）
精装 统一书号：8049.50 定价：CNY22.00
（中国少数民族地区画集丛刊）
　　中国现代摄影作品集。

J0112179

浦江两岸——上海　徐中定，张颖摄
上海　上海人民美术出版社　1986 年　1 张
76cm（2 开）定价：CNY0.20
　　中国现代摄影作品集。

J0112180

普陀山　孙永学编
北京　外文出版社　1986 年　115 页　21cm（32 开）
ISBN：7-8351-1072-9
（中国名山画册丛书）
　　中国现代摄影作品集。外文书名：Mount
Putuo.

J0112181

千古文化名山——庐山　（画册　汉英对照）江
西庐山风景名胜区管理局编
南昌　江西人民出版社　1986 年　36 页
25cm（小 16 开）统一书号：8110.1382
定价：CNY5.80
　　中国现代摄影作品集。

J0112182

青海　《中国少数民族地区画集丛刊》总编辑委
员会编
北京　民族出版社　1986 年　173 页　29cm（16 开）
精装　统一书号：8049.54　定价：CNY18.00
（中国少数民族地区画集丛刊）
　　中国现代摄影作品集。

J0112183

青海　《中国少数民族地区画集丛刊》总编辑委
员会编
北京　民族出版社　1986 年　173 页　25cm（小 16 开）
精装　统一书号：8049.51　定价：CNY20.00
（中国少数民族地区画集丛刊）
　　中国现代摄影作品集。

J0112184

摄影画家　李铭盛摄
台北　艺术家出版社　1986 年　200 页　有图
19cm（32 开）定价：TWD120.00

J0112185

深圳风光　肖顺权摄

西安　陕西人民美术出版社　1986 年　2 张
76cm（2 开）定价：CNY0.50
　　中国现代摄影作品。

J0112186

深圳掠影　俊卿等摄
杭州　浙江人民美术出版社　1986 年　1 张
76cm（2 开）定价：CNY0.20
　　中国现代摄影作品。

J0112187

四川　（汉英对照）四川旅游局宣传处编；林义
平摄影
北京　中国旅游出版社　1986 年　10 张
定价：CNY1.20
　　中国现代摄影作品。明信片。

J0112188

唐山新貌　（汉英文对照）
北京　长城出版社　1986 年　186 页　25cm（小 16 开）
定价：CNY18.70
　　中国现代摄影作品。

J0112189

无锡蠡园　董岩清摄
天津　天津人民美术出版社　1986 年　1 张
76cm（2 开）定价：CNY0.22
　　中国现代摄影作品。

J0112190

西双版纳风情　（汉英文对照）文家成，罗继五
撰文
北京　华艺出版社　1986 年　［88 页］
25cm（16 开）统一书号：8472.10
定价：CNY15.00，CNY20.00（精）
　　中国现代摄影作品。

J0112191

新疆　《中国少数民族地区画集丛刊》总编辑委
员会编
北京　民族出版社　1986 年　179 页　29cm（10 开）
精装　统一书号：8049.49　定价：CNY22.00
　　中国现代摄影作品集。

J0112192

新疆 《中国少数民族地区画集丛刊》总编辑委员会编

北京 民族出版社 1986 年 26cm（16 开）

精装 统一书号：8049.55 定价：CNY22.00

（中国少数民族地区画集丛刊）

　　中国现代摄影作品集。

J0112193

新唐山 （摄影集）杨丽文，金作义撰文；王伟瑜等摄影

北京 华艺出版社 1986 年 19cm（小 32 开）

定价：CNY4.00

J0112194

烟台 （摄影集）孙启发摄影

北京 华艺出版社 1986 年 17×17cm

统一书号：8472.13 定价：CNY7.00

J0112195

扬州 扬州市人民政府编

深圳 海天出版社 1986 年 66 页 有彩照

26cm（16 开）统一书号：12382.002

定价：CNY17.00

（中国名城丛书）

　　中国现代摄影作品集。

J0112196

映象之旅 雷骧作

台北 林白出版社 1986 年 172 页 有图

20cm（32 开）定价：TWD180.00

（岛屿文库 6）

　　中国现代摄影作品集。

J0112197

雨花石 池澄，姜平章著

南京 江苏人民出版社 1986 年 47 页 19cm（32 开）

统一书号：10100.857 定价：CNY0.47

　　中国现代摄影作品集。

J0112198

云南 《中国少数民族地区画集丛刊》总编辑委员会编

北京 民族出版社 1986 年 173 页 25cm（小 16 开）

精装 统一书号：8049.47 定价：CNY22.00

（中国少数民族地区画集丛刊）

　　中国现代摄影作品集。

J0112199

悲鸣 （水禾田摄影集）水禾田著

香港 专业出版社 1987 年 有图 18×25cm

ISBN：962-315-006-7 定价：HKD25.00

　　中国现代摄影作品集。外文书名：Mournful Cries.

J0112200

承德风光 （摄影集 汉英对照）河北美术出版社编

石家庄 河北美术出版社 1987 年 38cm（8 开）

统一书号：8087.1124 定价：CNY38.00

J0112201

大连 廖一廉摄影撰文

北京 华艺出版社 1987 年 20cm（32 开）

定价：CNY7.00

　　本书收集了近百幅照片，展现了大连工农业及自然风光。

J0112202

福建 陈允豪，陈德峰主编

厦门 鹭江出版社 1987 年 190 页 有彩照

26×26cm 精装 ISBN：7-80533-044-1

定价：CNY30.00

　　中国现代摄影作品。本书与东方出版社合作出版。

J0112203

古都西安 马凌云摄

西安 陕西人民美术出版社 1987 年 2 张

76cm（2 开）定价：CNY0.60

　　中国现代摄影作品。

J0112204

贵州溶洞 吕福俊等摄影；杨通祥，吕福俊撰文

北京 华艺出版社 1987 年 19cm（32 开）

ISBN：7-80039-006-3 定价：CNY5.00

　　中国现代摄影作品集。

J0112205

桂林 （汉英对照）张益桂撰；封小明摄

北京 文物出版社 1987 年 140 页 26cm（16 开）
统一书号：8068.1594 定价：CNY28.00

　　中国现代摄影作品集。

J0112206
桂林山水甲天下　白亮摄
天津 天津人民美术出版社 1987 年 1 张
76cm（2 开）定价：CNY0.30

　　中国现代摄影作品。

J0112207
桂林山水摄影艺术作品选　漓江出版社编；
彭作明等译
桂林 漓江出版社 1987 年 62 页 26cm（16 开）
精装 ISBN：7-5407-0166-8 定价：CNY27.00

　　本画册收入摄影作品 62 幅，照片是从桂林山水摄影艺术作品大赛，以及众多的桂林山水摄影艺术新作和国内外获奖作品中精选出来的。这些作品从不同的气候条件、光影效果和角度，运用不同的表现手法，把秀丽的桂林山水表现得如梦似幻，更具神韵。外文书名：Selection Photographic Art On Guilin Landscape.

J0112208
桂林阳朔　卞志武摄
石家庄 河北美术出版社 1987 年 1 张
76cm（2 开）定价：CNY0.54

　　中国现代摄影作品。作者卞志武，摄影家。擅长风光摄影、纪实摄影和建筑摄影。专注拍摄中国西部壮美的高原风光、名寺古刹和独特的宗教文化。

J0112209
国家森林公园——张家界　黄福坤等摄影；
李相时撰文
北京 华艺出版社 1987 年 74 页 26cm（16 开）
ISBN：7-80039-000-4 定价：CNY8.00，CNY11.00
（精装）

　　张家界位于湖南省武陵山脉，是我国第一个国家森林公园。本摄影集展现了张家界的腰子寨、金鞭溪等风景区的景致。外文书名：State Forest Park Zhang Jia Jie.

J0112210
果洛　（摄影集）多哇·更桑协热布主编

西宁 青海民族出版社 1987 年 29cm（18 开）
定价：CNY0.35

　　本画册通过 202 幅彩色照片，介绍了青海南部果洛藏族自治州神奇的自然景观、民俗风情、丰富资源、土特产品。汉、藏文版。

J0112211
合肥　王建平，卢熔撰文；王天宝等摄影
北京 华艺出版社 ［1987 年］［44］页
19cm（32 开）定价：CNY4.50

　　中国现代摄影作品集。

J0112212
黄山百松图　（摄影集）黄山园林局编
北京 华夏出版社 1987 年 ［76］页 26cm（16 开）
ISBN：7-80053-123-6 定价：CNY16.00

J0112213
济宁　（画册）济宁市外事办公室编
济南 山东友谊书社 1987 年 26cm（16 开）
统一书号：12511.1 ISBN：7-80551-003-2
定价：CNY10.00

　　中国现代摄影作品。

J0112214
今日柴达木　（汉英对照）姜维周摄影，撰文；
金起元译
西宁 青海人民出版社 1987 年 ［74］页
26cm（16 开）ISBN：7-225-00090-X
定价：CNY10.00

　　本画册以 187 幅彩色照片反映中外驰名的聚宝盆——柴达木的景观。

J0112215
今日石家庄　（1947—1987）《今日石家庄》
编辑组编
石家庄 河北美术出版社 1987 年 92 页
26cm（16 开）

　　中国现代摄影作品。

J0112216
今日遵化　（汉英对照）长城出版社编辑
北京 长城出版社 1987 年 80 页 30cm（10 开）
定价：CNY11.00

　　中国现代摄影作品。

J0112217
镜里香江 陈迹摄著
香港 绿洲出版社 1987 年 150 页 有图
18cm（15 开）ISBN：962-307-703-3
定价：HKD24.00
中国现代摄影作品集。

J0112218
楼兰古国 （汉英对照）穆舜英主编；刘玉生摄影
乌鲁木齐 新疆摄影艺术出版社 1987 年
26cm（16 开）ISBN：7-80547-000-6
定价：CNY5.00
中国现代摄影作品。

J0112219
螺髻山与邛海 张光宇主编
成都 四川民族出版社 1987 年 [115] 页 有照片
29×22cm ISBN：7-5409-0001-6
本摄影画册收入作品有《墨海笔峰》《邛海
夜月》《螺髻天门》《杜鹃花海》《螺髻山云海》
《狂欢的火把节之夜》等 150 多幅，反映了风景区
内的秀丽风光和民俗风情。

J0112220
面向未来的哈尔滨 王人生主编
北京 红旗出版社 1987 年 320 页 26cm（16 开）
精装 统一书号：17160.027
（中国城市改革丛书）
中国现代摄影作品。外文书名：Harbin
Looking Ahead.

J0112221
默片 （郑直焕作品集）水禾田著
香港 专业出版社 1987 年 有图 15cm（40 开）
ISBN：962-315-001-6 定价：HKD20.00
中国现代摄影作品。

J0112222
内蒙古 （图册）内蒙古画报社编辑
呼和浩特 内蒙古人民出版社 1987 年 195 页
29cm（18 开）精装 ISBN：7-204-00014-5
定价：CNY27.00
本书收入彩色照片 326 幅，包括北方，生命
的交响曲；大厦，从我们手中升起；在文明的沃
土上耕耘；边城风情等四大部分，展示祖国北部
边疆——内蒙古的山水风情。

J0112223
内蒙古风情 王定国等摄影
北京 华艺出版社 1987 年 26cm（16 开）
ISBN：7-80039-009-8 定价：CNY8.50
中国现代摄影作品集。

J0112224
平顶山 （图册）中共平顶山市委宣传部编
郑州 河南人民出版社 1987 年 35 页 20cm（32 开）
ISBN：7-215-00009-5 定价：CNY4.50
中国现代摄影作品集。

J0112225
汕头风光
香港 京华出版社 1987 年 136 页 有照片地图
26cm（16 开）精装
中国现代摄影作品。外文书名：Scenes of
Shantou.

J0112226
上海风光 杨中俭摄；任春成编文
北京 人民美术出版社 1987 年 2 张 76cm（2 开）
定价：CNY0.54
中国现代摄影作品集。作者杨中俭，擅长摄
影。主要年历作品有《花好人妍》《上海外滩》《喜
庆临门》等。

J0112227
上虞风貌 （[图册]）浙江省上虞县人民政府
《上虞风貌》编辑组编
杭州 浙江人民出版社 1987 年 [60] 页
26cm（16 开）ISBN：7-213-00102-7
中国现代摄影作品集。

J0112228
嵊泗 （汉英对照）嵊泗县城乡建设环境保护局编
杭州 浙江人民出版社 [1987 年] 19cm（32 开）
折装 定价：CNY0.40
中国现代摄影作品集。

J0112229
石家庄 （[英汉对照]）邢绍彬，郑建忠主编；
王连增等编辑；关宁宇，王镇元译

石家庄 河北美术出版社 1987年 72页
25cm（16开）ISBN：7-5310-0085-7
定价：CNY18.00
　　中国现代摄影作品。

J0112230
台湾飞行 梁正吕摄著
台北 汉光文化事业公司 1987年 144页
有照片 29cm（16开）定价：TWD350.00
　　中国现代摄影作品。

J0112231
太庸 （图册 汉英对照）江山多娇编辑部编
上海 上海人民出版社 1987年 26cm（16开）
定价：CNY3.90
（江山多娇 第二十七期）
　　中国现代摄影作品。

J0112232
天津 曹悦波，杨雨文撰文；王永生等摄影
北京 华艺出版社 1987年 20cm（24开）
ISBN：7-80039-007-1 定价：CNY7.50
　　本书通过近百张彩色图片，介绍了天津的油
田、工业、交通和风情、风貌。

J0112233
无锡蠡园 牛嵩林摄
石家庄 河北美术出版社 1987年 1张
76cm（2开）定价：CNY0.58
　　中国现代摄影作品。作者牛嵩林
（1925— ），记者、摄影师。大连庄河市人。历
任解放军报社高级记者，中国旅游出版社编辑
室主任，中国摄影家协会会员，中国老摄影家
协会理事。20世纪50年代至70年代，曾担任
中央国事采访工作，作品有《伟人的瞬间画册》
《周恩来总理纪念册》《民兵画册》《领袖风采》
《共和国十大将》等画册。

J0112234
无锡蠡园 牛嵩林摄
石家庄 河北美术出版社 1989年 1张
［76cm］（2开）定价：CNY0.60
　　中国现代摄影作品。

J0112235
武当山风光 张志民，潘炳元摄；高山编文
北京 人民美术出版社 1987年 2张 76cm（2开）
定价：CNY0.66
　　中国现代摄影作品集。

J0112236
武汉 严越培等摄影、撰文
北京 华艺出版社 1987年 ［36］页 20cm（32开）
ISBN：7-80039-004-7 定价：CNY7.50
　　中国现代摄影作品集。

J0112237
西安 （摄影 汉英对照）郭佐民等摄影
北京 中国旅游出版社 1987年 10张 15cm（40开）
　　中国现代摄影作品。

J0112238
西藏概况 （摄影集 藏汉对照）丹增主编
拉萨 西藏人民出版社 1987年 192页 26cm（16开）
精装 定价：CNY40.00

J0112239
延安画册 （摄影集）延安地委，延安行署编
西安 陕西人民美术出版社 1987年 26cm（16开）
ISBN：7-5368-0028-2 定价：CNY20.00
　　中国现代摄影作品集。

J0112240
影象新锐 （阮义忠暗房工作室影象报告 第一
册）阮义忠暗房工作室著
台北 人间出版社 1987年 72页 有照片
25cm（15开）定价：TWD190.00
　　中国现代摄影作品集。

J0112241
粤北风光 （摄影集）麦国明摄影、撰文
北京 华艺出版社 1987年 ［40］页 20cm（32开）
ISBN：7-80039-002-9 定价：CNY4.50

J0112242
云南民族摄影作品选 中国摄影家协会云南
分会编
昆明 云南人民出版社 1987年 48页 19cm（32开）
ISBN：7-222-00021-6 定价：CNY1.90

J0112243
中国黄山　（汉英对照）王天宝等摄影
北京 华艺出版社［1987年］［88］页
26cm（16开）ISBN：7-80039-010-1
定价：CNY9.00
　　本书收集了近百幅黄山景观的照片，并在
每幅照片下有英、汉两种文字介绍。外文书名：
Huangshan in China.

J0112244
中国辽宁　（汉文版）《中国辽宁》编辑委员会
编；于兆等摄影
沈阳 辽宁美术出版社 1987年 24×26cm
　　本书摄影画册通过220幅照片，介绍辽宁省
50年代至80年代社会主义建设所取得的辉煌成
就，以及党的十一届三中全会以来所取得的新成
果。内容包括辽宁省在对外开放、对内搞活政策
下经济建设的新布局和远景规划，以及辽宁省的
文化、教育、科研、体育、卫生、艺术和旅游等。

J0112245
中国湘潭　［摄影集：汉英对照］贺秋云撰文、
摄影
北京 华艺出版社 1987年 86页 26cm（16开）
ISBN：7-80039-016-0 定价：CNY14.00
　　中国现代摄影作品。

J0112246
舟山　何福清主编
舟山 舟山市人民政府 1987年 117页 29cm（16开）
　　中国现代摄影作品集。

J0112247
北京名胜　徐震时摄；华喻编文
西安 陕西人民美术出版社 1988年 2张
76cm（2开）定价：CNY0.80
　　中国现代摄影年画作品。作者徐震时，擅长
摄影。主要作品有《胜景大观》《皇家园林》《山
溪春晓》等。

J0112248
大同　葛世民主编
北京 中国建筑工业出版社 1988年 286页
［30cm］（10开）精装 定价：CNY129.00
（中国历史文化名城丛书）

中国现代摄影作品集。

J0112249
大西北的宝石　（克拉玛依 画册）邵常坦主编
北京 中国城市经济社会出版社 1988年
29cm（13开）ISBN：7-5074-0009-3
定价：CNY11.00
　　中国现代摄影作品集。外文书名：Kara-
may—A Gem of Northwest China.

J0112250
广西旅游大观　漓江出版社编
桂林 漓江出版社 1988年 202页 有照片
26cm（16开）精装 ISBN：7-5407-0280-X
定价：CNY95.00
　　中国现代摄影作品集。

J0112251
广州　黄崧华，杨万秀主编
北京 中国建筑工业出版社 1988年 310页
［30cm］（10开）精装 定价：CNY135.00
（中国历史文化名城丛书）
　　中国现代摄影作品集。

J0112252
桂林旅游大观　漓江出版社编
桂林 漓江出版社 1988年 200页 26cm（16开）
精装 ISBN：7-5407-0281-8 定价：98.00
　　中国现代摄影作品集。

J0112253
桂林山水　胡建瑜摄
沈阳 辽宁美术出版社 1988年 2张 76cm（2开）
定价：CNY0.76
　　中国现代摄影年画作品。

J0112254
桂林山水甲天下　（汉英对照）黄福坤等摄影
北京 华艺出版社 1988年 111页 27cm（大16开）
定价：CNY27.50
　　中国现代摄影作品集。

J0112255
桂林天下秀　（图册：汉英日对照）温少英摄
桂林 漓江出版社 1988年 95页 25cm（15开）

ISBN：7-5407-0367-9 定价：CNY22.00

　　中国现代摄影作品集。

J0112256

桂林之春　徐书摄

沈阳　辽宁美术出版社　1988年　1张　76cm（2开）

定价：CNY0.36

　　中国现代摄影年画作品。

J0112257

哈尔滨　（英汉对照）

北京　华艺出版社　1988年　55页　26cm（16开）

定价：CNY8.50

　　中国现代摄影作品集。

J0112258

菏泽　（摄影集）刘文军，姚庆林主编

济南　山东友谊书社　1988年　有地图　25×26cm

ISBN：7-80551-075-X 定价：CNY18.00

J0112259

吉林　张凤泽主编

深圳　海天出版社　1988年　26cm（16开）

精装　ISBN：7-80542-038-6

（中国名城丛书）

　　中国现代摄影作品。

J0112260

家园　（1973—1987）谢春德摄

台北　雄狮图书公司　1988年　有照片　28×29cm

精装　定价：TWD900.00

　　中国现代摄影作品集。

J0112261

九江风光　林秋摄

北京　华艺出版社　1988年　有彩照　19cm（32开）

ISBN：7-80039-022-5 定价：CNY5.50

　　中国现代摄影作品。外文书名：Beautiful Scenes in Jiu Jiang City.

J0112262

九寨黄龙剑门风光　［摄影集］伍素心摄影

长沙　湖南美术出版社　1988年　44页　有彩照

17cm（40开）ISBN：7-5356-0113-8

定价：CNY7.55

J0112263

克拉玛依人摄影作品选　（汉英对照）中国石油摄影协会，中国石油摄影协会新疆分会主办

乌鲁木齐　新疆人民出版社　1988年　86页

38cm（6开）ISBN：7-228-00622-4

定价：CNY78.00（平装），CNY88.00（精装）

J0112264

昆明　《昆明》画册编辑委员会编

北京　新华出版社　1988年　191页　27cm（16开）

ISBN：7-5011-0186-8 定价：CNY30.00

　　中国现代摄影作品集。

J0112265

浏阳河　（摄影集　汉英对照）谢金庭，谭仲池撰文；谢金庭摄影

北京　华艺出版社　1988年　45页　26cm（16开）

定价：CNY8.00

　　中国现代摄影作品集。

J0112266

柳州　《柳州》画册编辑办公室编

深圳　海天出版社　1988年　27cm（16开）

精装　ISBN：7-80542-116-1

（中国名城丛书）

　　中国现代摄影作品集。

J0112267

人与土地　阮义忠摄

香港　香港艺术中心　1988年　有照片　26cm（16开）

定价：HKD40.00

　　中国现代摄影作品集。外文书名：Man and Land. 作者阮义忠（1950—　　），台湾著名摄影家。生于台湾宜兰县。美国《当代摄影家》一书的华人摄影家之一。代表作《当代摄影大师》《当代摄影新锐》。

J0112268

陕西　［画册］中共陕西省委研究室编

西安　陕西人民出版社　1988年　256页　33cm（5开）

精装　ISBN：7-224-00275-5 定价：CNY79.00

　　中国现代摄影作品集。

J0112269

首都风光　（节日的天安门广场）北京美术摄影

出版社编

北京 北京美术摄影出版社 1988 年 2 张

76cm（2 开）定价：CNY0.48

　　中国现代摄影年画作品。

J0112270

孙振华西藏风情摄影集　孙振华摄

合肥 安徽美术出版社 1988 年 118 页 有彩照

24×26cm ISBN：7-5398-0011-9

定价：CNY30.00

　　外文书名：An Album of Tibetan Conditions
and Customs Taken by Sun Zhenhua.

J0112271

台湾风情　[图册] 周存致主编；李正模等编

成都 四川民族出版社 1988 年 26cm（16 开）

ISBN：7-5409-0157-8 定价：CNY8.00

　　中国现代摄影作品集。本书与香港源盛广
告设计公司合作出版。

J0112272

吐鲁番　宋士敬摄影

乌鲁木齐 新疆摄影艺术出版社 1988 年 1 册

26cm（16 开）ISBN：7-80547-002-2

定价：CNY18.00

　　中国现代摄影作品。

J0112273

无锡蠡园　林伟新，凌岚摄

广州 岭南美术出版社 1988 年 1 张 76cm（2 开）

定价：CNY0.70

　　中国现代摄影作品。

J0112274

忻州　（图册）潘玉厚等撰；白炜明等摄

北京 华艺出版社 1988 年 19cm（32 开）

ISBN：7-80039-023-3 定价：CNY3.80

　　中国现代摄影作品。

J0112275

新疆　（摄影画册）富文主编；茹遂初等摄影

乌鲁木齐 新疆摄影艺术出版社 [1988 年]

[30cm]（15 开）精装

J0112276

引滦入津　天津市重点工程指挥部编

天津 天津人民美术出版社 1988 年 180 页

34cm（8 开）精装 ISBN：7-5305-0133-X

　　中国现代摄影作品集。

J0112277

影像的追寻　（上 台湾摄影家写实风貌）张照
堂著

台北 光华画报杂志社 1988 年 120 页 有照片

30cm（12 开）定价：TWD300.00

（光华杂志社丛书 9）

　　外文书名：In Search of Photos Past.

J0112278

影像的追寻　（下 台湾摄影家写实风貌）张照
堂著

台北 光华画报杂志社 1989 年 139 页 有照片

30cm（12 开）精装 定价：TWD350.00

（光华杂志社丛书 12）

　　外文书名：In Search of Photos Past.

J0112279

云南　[画册]《云南》画册编辑委员会编

昆明 云南人民出版社 1988 年 30cm（10 开）

精装 ISBN：7-222-00293-6 定价：CNY100.00

　　中国现代摄影作品集。

J0112280

珠海　（汉英对照）何华景摄；珠海市新华书店
凤凰店编

广州 广东旅游出版社 [1988 年] 10 张

13cm（60 开）定价：CNY1.60

　　中国现代摄影作品集。

J0112281

澳门风光　李长杰摄

西安 陕西人民美术出版社 1989 年 1 张

76cm（2 开）定价：CNY1.05

　　中国现代摄影作品。

J0112282

北京　《北京》画册编委会编

北京 北京出版社 1989 年 255 页 37cm（8 开）

精装 ISBN：7-200-00909-1 定价：CNY190.00

中国现代摄影作品集。

J0112283
北京 （画册）《北京》画册编委会编
北京 北京出版社 1993 年 249 页 28×29cm
精装 ISBN：7-200-02154-7 定价：CNY190.00
　　中国现代摄影作品集。中英文本。

J0112284
北京揽胜 （英汉对照）廖频编
北京 外文出版社 1989 年 116 页 29cm（15 开）
ISBN：7-119-00735-1 定价：CNY36.00
　　中国现代摄影作品集。

J0112285
北京新景 晓时摄影
武汉 湖北美术出版社 1989 年 2 张 76cm（2 开）
定价：CNY1.20
　　中国现代摄影年画作品。

J0112286
碧水丹山 （画册 中国武夷山）福建省武夷山
管理局编
福州 海峡文艺出版社 1989 年 19cm（32 开）
ISBN：7-80534-177-X 定价：CNY5.00
　　中国现代摄影作品集。

J0112287
成都四十年 （1949—1989）凯兵主编
成都 成都出版社 1989 年 26cm（16 开）
ISBN：7-80575-031-9
　　中国现代摄影作品。

J0112288
滇中碧——江川 （摄影集）罗增华，赵鹏主编
昆明 云南人民出版社 1989 年 18×19cm
ISBN：7-222-00468-4 定价：CNY8.00

J0112289
福鼎 杨有志等编
北京 华艺出版社 1989 年 26cm（16 开）
ISBN：7-80039-239-2 定价：CNY14.00
　　中国现代摄影作品。

J0112290
福州郊区 熊师铿等编
北京 华艺出版社 1989 年 26cm（16 开）
ISBN：7-80039-232-5 定价：CNY14.00
　　中国现代摄影作品。

J0112291
福州四十年 （1949—1989）袁启彤主编；陈增
柏等编
北京 华艺出版社 1989 年 119 页 26cm（16 开）
ISBN：7-80039-234-1 定价：CNY25.00
　　中国现代摄影作品集。

J0112292
港台当代摄影 盛二龙主编
杭州 浙江摄影出版社 1989 年 96 页 26cm（16 开）
ISBN：7-80536-068-5 定价：CNY8.60
（摄影丛书 第四辑）
　　外文书名：Contemporary Photography in
Hong Kong & Taiwan. 主编盛二龙（1948—　　），
广东中山人，毕业于浙江美术学院附中。历任浙
江人民美术出版社美术编辑、浙江摄影出版社社
长，《浙江画报》社社长兼主编。作品有《红孩子、
红队长、红爷爷》《山姑娘》（合作）《江山多娇》。

J0112293
贵州解放四十周年成就展览图片集 常征主编
贵阳 贵州人民出版社 1989 年 123 页 29×22cm
精装 ISBN：7-221-00090-X 定价：CNY100.00
　　本书为纪念贵州解放 40 周年专辑摄影集，
收入照片 399 幅。介绍了贵州解放四十年来农业、
工业、交通、科技、教育、文化、卫生、体育等方
面取得的成就。

J0112294
桂林榕荫古渡 （摄影）
成都 四川新闻图片社 ［1989 年］1 张 76cm（2 开）
定价：CNY0.70

J0112295
江西 （摄影集）陈癸尊主编；王力勇等摄影
南昌 江西人民出版社 1989 年 200 页
29cm（16 开）精装 ISBN：7-210-00753-9
定价：CNY65.00

J0112296

角色 谢明庄著
香港 友禾制作事务所 1989 年 有照片
17cm（40 开）定价：HKD35.00
（友禾纯影集 1）
　　中国现代摄影作品集。

J0112297

九寨之梦 董亚凡摄
上海 学林出版社 1989 年 21×19cm
ISBN：7-80510-431-X 定价：CNY19.90
　　中国现代摄影作品。中英对照。董亚凡
（1949— ），摄影家。

J0112298

喀什噶尔 （摄影集）宋士敬等摄影；阎醒民编辑
乌鲁木齐 新疆摄影艺术出版社 1989 年 80 页
26cm（16 开）ISBN：7-80547-008-1
定价：CNY24.00

J0112299

美丽的汕头 汕头市建设委员会编
广州 广东旅游出版社 1989 年 104 页 有照片
20×29cm ISBN：7-80521-138-8
定价：CNY22.00
　　中国现代摄影作品集。

J0112300

铅山 （摄影集）董清明主编；刘学玉等摄影；
黄正祥等撰文；邓路平译
北京 华艺出版社 1989 年 46 页 19cm（32 开）
ISBN：7-80039-044-6 定价：CNY8.00

J0112301

青藏线上 （画册）刘庆武主编
西宁 青海人民出版社 1989 年 138 页
25cm（15 开）ISBN：7-225-00255-4
定价：CNY25.00
　　本画册通过 197 幅彩色照片，介绍青藏兵站
部的广大指战员艰苦创业无私奉献的精神。以
汽车兵、通讯兵、管道兵三条线为主线，表现青
藏兵站部特别能吃苦、特别能忍耐、特别能战斗
的革命精神和军民鱼水情。

J0112302

三明梅列 吕少郎等编
北京 华艺出版社 1989 年 53 页 26cm（16 开）
ISBN：7-80039-050-0 定价：CNY14.00
　　中国现代摄影作品集。

J0112303

上海 曾庆红，刘振元主编；上海国际信息交流
协会编
上海 上海人民美术出版社 1989 年 56 页
有彩图 29cm（10 开）精装
ISBN：7-5322-0642-4 定价：CNY38.00
　　本书为纪念上海解放 40 周年而出版的大型
摄影画册，收有彩色照片 110 幅，内容包括：人
民；历史；环境；文化、体育、教育、卫生；对外
交流；经济；展望等 7 个方面。

J0112304

上海的公园 《园林》杂志社编
上海 上海科学技术出版社 1989 年 93 页
26cm（16 开）ISBN：7-5323-1614-9
定价：CNY30.00
　　中国现代摄影作品集。

J0112305

生命的倒影 （侯淑姿摄影专辑）侯淑姿摄影；
何秀煌撰文
台北 东大图书公司 1989 年 97 页 29×30cm
精装 ISBN：957-19-1218-2 定价：旧台币 17.78

J0112306

岁月燃烧 （1989）草蜢摄
香港 友禾制作事务所公司 1989 年 有照片
26cm（16 开）定价：HKD50.00
（友禾感觉写真系列 3）
　　中国现代摄影作品集。

J0112307

台湾摄影家群象 邓南光等作
台北 跃升文化事业公司 1989 年 6 册
有照片 21cm（32 开）ISBN：957-630-001-0
定价：TWD1080.00
　　中国现代人物摄影作品集。外文书名：As-
pects & Visions Taiwan Photographers.

J0112308

天水画册 （英汉对照）《天水画册》编辑委员
会编
兰州 甘肃人民出版社 1989年 86页 26cm（16开）
ISBN：7-226-00439-9
　　中国现代摄影作品集。

J0112309

万众欢腾 （首都庆祝中华人民共和国成立
四十周年活动剪影）《万众欢腾》画册编委会编
北京 北京出版社 1989年 163页 37cm（8开）
精装 ISBN：7-200-01008-1 定价：CNY110.00
　　本书是大型画册。记录了庆祝中华人民共
和国成立40周年的节日盛况。分《火树银花》《佳
节国节》《歌舞满圆》和《姹紫嫣红》4部分。中、
英文对照，邓小平为画册题写书名。

J0112310

无锡蠡园 胡维标摄
天津 天津人民美术出版社 1989年 1张
53cm（4开） 定价：CNY0.25
　　中国现代摄影作品。

J0112311

无锡蠡园 胡维标［摄］
天津 天津人民美术出版社 1991年 1张
76cm（2开）ISBN：7-5305-2216 定价：CNY0.55
　　中国现代摄影作品。

J0112312

芗城 《芗城》编辑委员会编
福州 福建人民出版社 1989年 64页 26cm（16开）
ISBN：7-211-01059-2 定价：CNY18.50
　　中国现代摄影作品。

J0112313

香港风光 章盾之摄
武汉 湖北美术出版社 1989年 2张 76cm（2开）
定价：CNY1.20
　　中国现代摄影作品。

J0112314

星子 中共江西省星子县委宣传部，江西省星
子县人民政府办公室编
南昌 江西人民出版社 1989年 1册 26cm（16开）

ISBN：7-210-00596-X 定价：CNY6.00
　　中国现代摄影作品。

J0112315

雪线之州——果洛 ［汉藏对照］果洛画册编
辑室编
西宁 青海民族出版社 1989年 118页 26cm（16开）
ISBN：7-225-00283-X 定价：CNY23.00
　　中国现代摄影作品。

J0112316

影像的追寻 （上 台湾摄影家写实风貌）张照
堂著
台北 光华画报杂志社 1989年 再版 120页
有照片 30cm（10开）精装
定价：TWD350.00（USD12.00）
（光华杂志社丛书 9）
　　外文书名：In Search of Photos Past.

J0112317

影像的追寻 （下 台湾摄影家写实风貌）张照
堂著
台北 光华画报杂志社 1989年 再版 139页
有照片 30cm（10开）精装 定价：TWD350.00
（光华杂志社丛书 12）
　　中国现代摄影作品集。外文书名：In Search
of Photos Past.

J0112318

长沙 温福钰主编
北京 中国建筑工业出版社 1989年 266页
30cm（10开）精装 ISBN：7-112-00842-5
定价：CNY175.00
（中国历史文化名城丛书）
　　中国现代摄影作品集。

J0112319

中国福清 （摄影集）陈维忠，蔡萍萍主编
北京 华艺出版社 1989年 63页 26cm（16开）
ISBN：7-80039-048-9

J0112320

中国福州 邓保南等编；郑宋乾撰文
北京 华艺出版社 1989年 26cm（16开）
ISBN：7-80039-047-0 定价：CNY16.00

中国现代摄影作品。

J0112321
中国湖北 （1949—1989）湖北省对外文化交
流协会编
武汉　湖北人民出版社　1989 年　126 页　有彩照
28cm（大 16 开）ISBN：7-216-00442-6
定价：CNY55.00
　　中国现代摄影作品集。

J0112322
中国厦门 （摄影集）李秀记主编
北京　华艺出版社　1989 年　87 页　28cm（大 16 开）
ISBN：7-80039-231-7　定价：CNY2.80

J0112323
中国新疆 （汉、英文　画册）《中国·新疆》画册
编委会，新疆对外文化交流协会编
乌鲁木齐　新疆人民出版社　1989 年　295 页
29cm（16 开）ISBN：7-228-01101-5
定价：CNY88.00
　　中国现代摄影作品集。本书与香港文化教
育出版社合作出版。

J0112324
中国新疆·巴音郭楞 （画册）《中国新疆·巴音
郭楞》画册编委会编
乌鲁木齐　新疆人民出版社　1989 年　114 页
29cm（16 开）ISBN：7-228-01167-8
定价：CNY38.00
　　外文书名：XinJiang, China-Bayingoleng. 本
书与香港亚洲出版社合作出版。

J0112325
中国新疆·喀什噶尔 （摄影集）《中国新疆·喀
什噶尔》画册编委会编
乌鲁木齐　新疆人民出版社　1989 年　120 页
29cm（16 开）ISBN：7-228-01168-6
定价：CNY38.00
　　外文书名：Kashgar-Xinjiang China. 本书与
香港亚洲出版社合作出版。

J0112326
中国新疆·吐鲁番 （摄影集）《中国新疆·吐鲁
番》画册编委会编

乌鲁木齐　新疆人民出版社　1989 年　120 页
29cm（16 开）ISBN：7-228-01165-1
定价：CNY38.00
　　外文书名：Turpan-Xinjiang China. 本书与
香港亚洲出版社合作出版。

J0112327
中国新疆·乌鲁木齐 （摄影集）《中国新疆·乌
鲁木齐》画册编委会，乌鲁木齐市摄影家协会编
乌鲁木齐　新疆人民出版社　1989 年　228 页
29cm（16 开）ISBN：7-228-01195-3
定价：CNY64.00
　　外文书名：Urumqi-Xinjiang China. 本书与
香港亚洲出版社合作出版。

J0112328
中国新疆·哈密 （摄影集）《中国新疆·哈密》
画册编委会编
乌鲁木齐　新疆美术摄影出版社　1993 年　95 页
29cm（16 开）ISBN：7-80547-187-8
　　外文书名：Hami-Xinjiang China.

J0112329
北京风情 北京市对外文化交流协会编
北京　北京出版社　1990 年　121 页　29cm（15 开）
ISBN：7-200-01177-0　定价：CNY45.00
　　中国现代摄影作品集。

J0112330
大理 欧燕生，张楠摄；白蛮文
昆明　云南民族出版社　1990 年　100 页
29cm（13 开）ISBN：7-5367-0254-X
定价：CNY45.00
　　中国现代摄影作品集。

J0112331
都市底层 （何经泰摄影集）何经泰摄；林丽云
撰文
台北　时报文化出版企业公司　1990 年　25×26cm
定价：TWD350.00

J0112332
峨眉山 峨眉山佛教协会编
成都　四川人民出版社　1990 年　64 页　26cm（16 开）
ISBN：7-220-00968-2　定价：CNY13.50

中国现代摄影作品集。

J0112333

戈壁绿涛 （中国·新疆·石河子总场 1950—1990）李文厚编
乌鲁木齐 新疆摄影艺术出版社 1990年 111页
26cm（16开）ISBN：7-80547-028-6
定价：CNY22.00
　　中国现代摄影作品集。

J0112334

古都西安 （摄影集）
北京 外文出版社 1990年 189页 39cm（8开）
精装 定价：CNY112.00
　　本书与人民美术出版社合作出版。

J0112335

桂林风光 桂林市人民对外友好协会编
桂林 漓江出版社［1990年］10张 15cm（40开）
ISBN：7-5407-0449-7
　　中国现代摄影作品集。

J0112336

桂林山水 胡建瑜摄
杭州 浙江人民美术出版社 1990年 2张
76cm（2开）定价：CNY0.90
　　中国现代摄影年画作品。

J0112337

街坊市井 （鹿港景深三十年）许苍泽摄
鹿港镇 左羊出版社 1990年 再版 130页
有照片 25cm（小16开）ISBN：957-9319-00-6
定价：TWD280.00
　　中国现代摄影作品集。

J0112338

康巴撷珠 （画册）
昆明 云南人民出版社 1990年 25×25cm
ISBN：7-222-00469-6 定价：CNY40.00
　　康巴是川、滇、藏、青（海）省的结合部，以
藏族为主体的特定历史文化名区的泛指。画册
展示了康巴日新月异的丰采和各族人民团结奋
进的精神风貌，收有摄影作品87幅。

J0112339

绿海明珠 （明溪）秦荣铺，李大刚主编；刘杰
等摄；翁其孝撰文
福州 海峡文艺出版社 1990年 86页 26cm（16开）
ISBN：7-80534-307-1 定价：CNY15.00
（八闽风光摄影丛书）
　　本书为八闽风光摄影丛书中的明溪县摄影
集专著。

J0112340

闽南风情 （画册）施友义主编
北京 华艺出版社 1990年 124页 26cm（16开）
ISBN：7-80039-237-6 定价：CNY30.00
　　中国现代摄影作品集。

J0112341

南平建设 吕文新主编；南平市建设委员会编
北京 华艺出版社［1990年］61页 有彩照
26cm（16开）ISBN：7-80039-249-X
定价：CNY20.00
　　中国现代摄影作品集。

J0112342

榕江 《榕江》画册编辑委员会编
贵阳 贵州民族出版社 1990年 26cm（16开）
ISBN：7-5412-0114-6 定价：CNY30.00
　　中国现代摄影作品集。

J0112343

随缘行 （谢明庄西藏影像）谢明庄摄
香港 友禾制作事务所 1990年 有照片
19cm（32开）定价：HKD38.00
（友禾纯影集 5）
　　中国现代摄影作品集。

J0112344

无锡蠡园 李长捷摄
天津 天津人民美术出版社 1990年 1张（2开）
定价：CNY0.50
　　中国现代摄影作品集。

J0112345

西藏 （神秘的高原）王苗摄影；夏图文
台北 淑馨出版社 1990年 138页 有彩照
26cm（16开）精装 ISBN：957-531-061-6

定价：TWD600.00

　　中国现代摄影作品集。

J0112346

西行写真　杨大洲摄

杭州　浙江摄影出版社　1990 年　1 册

28×29cm（10 开）精装　ISBN：7-80536-085-5

　　本书收摄影作品 67 幅。通过对中国西部人物众生相、奇异风光和民俗活动的反映，表现对苍茫、玄渺的西部土地的心的感悟：宇宙在我，悟大道者始于寂寞。作者杨大洲（1952—　　），又题杨大周，摄影家。

J0112347

香港风光　王志强摄

上海　上海人民美术出版社　1990 年　2 张（2 开）

定价：CNY0.90

　　中国现代摄影作品。

J0112348

亚运圣火普照琼州大地　（第十一届亚运会南端点火和火炬传递专辑）王越丰，辛业江主编

海口　海南摄影美术出版社 [1990 年] 68 页

29cm（16 开）ISBN：7-80571-042-2

　　中国现代摄影作品集。

J0112349

阳朔胜境　（画册）人民画报社编辑

北京　中国画报出版公司　1990 年　重印本　96 页

24cm（16 开）ISBN：7-80024-018-5

定价：CNY40.00

　　中国现代摄影作品集。

J0112350

漳浦　（摄影集）承光大等主编；许扬等摄

北京　华艺出版社 [1990 年] 26cm（16 开）

ISBN：7-80039-236-8　定价：CNY16.00

J0112351

北京　曹子西，沈鹏主编

北京　人民美术出版社　1991 年　240 页　35×26cm

精装　ISBN：7-102-00370-6　定价：CNY180.00

　　本画册通过精选的摄影艺术作品和散文创作，向读者展现北京的古都风貌和现代建设成就，反映改革、开放形势下北京人的生活，情趣

和憧憬。

J0112352

不要跟我说再见台湾　（一位自然摄影作家记录的台湾 1973—1987）徐仁修摄影撰文

台北　1991 年　再版　213 页　有照片　25×26cm

定价：TWD900.00

　　中国现代摄影作品集。

J0112353

大泽山风光　（摄影集）曲岗摄

济南　山东美术出版社　1991 年　48 页　26cm（16 开）

ISBN：7-5330-0432-9　定价：CNY15.00

　　作者曲岗（1967—　　），山东人，任职于平度市展览馆。

J0112354

党的光辉照喀什　中共喀什地委宣传部编

乌鲁木齐　新疆摄影艺术出版社　1991 年　104 页

26cm（16 开）ISBN：7-80547-048-0

定价：CNY48.00

　　中国现代摄影作品集。

J0112355

光荣的纪念　（献给为新疆石油工业做出贡献的离退休职工们）新疆石油管理局，新疆石油管理局工会编；赵承安摄

乌鲁木齐　新疆美术摄影出版社　1991 年　有彩照

29cm（16 开）ISBN：7-80547-066-9

　　中国现代摄影作品集。

J0112356

桂林山水总是情　（一　象鼻山前意浓浓　摄影）

上海　上海人民美术出版社　1991 年　2 张

78cm（2 开）定价：CNY0.80

　　年画形式的中国风光摄影作品。

J0112357

桂林山水总是情　（二　骆驼峰前喜滋滋　摄影）

上海　上海人民美术出版社　1991 年　2 张

78cm（2 开）定价：CNY0.80

　　年画形式的中国风光摄影作品。

J0112358

桂林山水总是情　（三　书僮山旁情切切　摄影）

上海 上海人民美术出版社 1991 年 2 张
78cm（2 开）定价：CNY0.80
　　年画形式的中国风光摄影作品。

J0112359
桂林山水总是情 （四 漓江水暖乐融融 摄影）
上海 上海人民美术出版社 1991 年 2 张
78cm（2 开）定价：CNY0.80
　　年画形式的中国风光摄影作品。

J0112360
和乐融融 （摄影比赛专辑）李铭训等摄
台中 台湾省政府新闻处 1991 年 150 页
有照片 25×26cm

J0112361
黑龙江 （摄影画册）吴荣玉主编
哈尔滨 黑龙江人民出版社 1991 年 27cm（16 开）
　　本摄影画册采用纪实性照片反映黑龙江省
40 多年的变化。内容包括：概貌资源、农牧副渔、
塞外天府、林业森工、重工交通、经贸金融、科
教文卫、民族宗教等。

J0112362
黄山脚下 施友义，赵祖德主编
北京 华艺出版社 1991 年 91 页 有彩照
26cm（16 开）ISBN：7-80039-447-6
定价：CNY18.50
　　本书为中国现代摄影作品集，图文并茂地
介绍了黄山周围地区的历史、文化、风景、民居、
古建等概况。外文书名：Around MT.Huangshan.
作者施友义（1947— ），画家。笔名石奇，福建
平潭人。曾任中国美术家协会福建分会会员，福
建出版集团编审，华艺出版社副社长。出版有《施
友义国画选》《侯官县烈女歼仇》《千里送京娘》
《千古名媛》。

J0112363
今日韶关 （摄影集）武长安，何耀昌主编；《今
日韶关》编辑委员会编
北京 中国建筑工业出版社 1991 年
28cm（大 16 开）ISBN：7-112-01609-6
定价：CNY30.00
　　外文书名：Shaoguan Today.

J0112364
九华山 （摄影集）孙毓飞撰文；王春树等摄影
北京 外文出版社 1991 年 117 页 19×21cm
ISBN：7-119-00430-1
（中国名山画册）
　　本画册集有 115 幅彩色图片，以简要的文字
介绍了九华山的风光、寺庙、文物，以及神话传
说。外文书名：Mount Jiuhua.

J0112365
崂山奇观 张秉山摄影
青岛 青岛出版社 1991 年 58 页 有彩照
28cm（16 开）ISBN：7-5436-0633-X
定价：CNY30.00
　　本书收有以崂山景观为题材的摄影艺术
作品 58 幅，从不同的审美角度再现了崂山的
云、泉、雾、石等山海奇观。外文书名：Laoshan's
Spectacle. 作者张秉山（1931— ），山东莱州人，
中国摄影家协会会员、山东分会理事，山东省、
青岛市老摄影家协会主席，青岛日报主任记者。

J0112366
刘雷西藏摄影作品选 刘雷摄
北京 中国摄影出版社 1991 年 22×29cm 精装
ISBN：7-80007-073-5
　　外文书名：Tibet Selected Works of Photos
by Liulei. 作者刘雷（1954— ），吉林长春市人。
中国摄影家协会会员，文化部对外文化联络局从
事摄影交流工作。

J0112367
那达慕 乌云其木格主编；内蒙古画报社编
呼和浩特 内蒙古人民出版社 1991 年 有图
29cm（大 16 开）ISBN：7-204-01480-4
定价：CNY62.00
　　本画册收集内蒙古 61 名摄影家的 220 幅优
秀摄影作品，其中有《蒙古族传统隆重的礼节—
献哈达》《那达慕圣火》《骑手风采》《绿野上的
那达慕会场》等作品。外文书名：The Nadam
Fair.

J0112368
青岛印象 （中国摄影家任锡海作品集）任锡
海摄
青岛 青岛出版社 1991 年 有肖像 29cm（15 开）

ISBN：7-5436-0729-8 定价：CNY28.00

本摄影集收入作者以青岛风光和风土人情为主的摄影艺术作品 40 幅图。外文书名：Impression of Qingdao China：The Works of Chinese Photographer Ren Xihai.

J0112369

山东当代摄影 （中英文本）王瑞华主编；山东省摄影家协会编
济南 山东美术出版社［1991 年］140 页
26cm（16 开）ISBN：7-5330-0545-7
定价：CNY75.00

外文书名：Selected Works of Shandong Contemporary Photographic.

J0112370

上海 上海国际信息交流协会编；曾庆红，刘振元主编
上海 上海人民美术出版社［1991 年］56 页
有彩图 28cm（16 开）精装
ISBN：7-5322-0642-4 定价：CNY38.00

中国现代摄影作品集。

J0112371

上海一日 （摄影集）杨绍明主编
北京 中国摄影出版社［1991 年］218 页
38cm（8 开）精装 ISBN：7-80007-082-4

本摄影集收入 180 位摄影家的作品 208 幅，是为纪念上海建成 700 年，1991 年 7 月 1 日这一天 24 小时上海的风貌，照片是按照时间顺序“0 点到 6 点”、“6 点到 12 点”、“12 点到 18 点”、“18 点到 24 点”排列。

J0112372

台湾田野影像 林苍郁著
台北 张老师出版社 1991 年 有照片 21cm（32 开）
ISBN：957-9486-50-6 定价：TWD240.00
（文化显影系列 1）

中国现代摄影作品集。

J0112373

西藏大地 （西藏农牧林业四十年）《西藏大地》画册编辑委员会编
北京 新华出版社 1991 年 240 页 有地图
29cm（16 开）精装 ISBN：7-5011-1164-2

定价：CNY100.00

中国现代摄影作品集。外文书名：Tibet，The Mother Earth.

J0112374

乡情 （摄影集）于胜兰摄影
济南 山东友谊书社 1991 年 32 页 17×18cm
ISBN：7-80551-337-6 定价：CNY13.50

作者于胜兰（1939— ），山东省胶南市人，安丘县文化馆摄影干部，中国摄影家协会山东分会会员。

J0112375

香港风光 孙克让编摄
北京 人民美术出版社 1991 年 2 张 76cm（2 开）
中国现代摄影作品。

J0112376

香港风光 （摄影）卞志武摄
杭州 浙江人民美术出版社 1991 年 1 张
76cm（2 开）定价：CNY1.10
中国现代摄影作品。

J0112377

一同走进彝乡 吴海坤主编；曲靖地区行政公署办公室，云南新闻图片社编辑
昆明 云南民族出版社 1991 年 120 页 有彩图
25×25cm ISBN：7-5367-0440-2
定价：CNY46.00
中国现代摄影作品集。

J0112378

玉树 （摄影集）玉树藏族自治州人民政府，玉树藏族自治州州委宣传部编
西宁 青海民族出版社 1991 年 144 页
37cm（8 开）ISBN：7-5420-0295-3
定价：CNY90.00，CNY120.00（精装）

本画册收入的 297 幅彩色照片，以中、藏、英 3 种文字对照介绍了玉树藏族自治州的自然资源、古道胜迹、佛事活动、草原的日常生活及居舍文化等。

J0112379

长沙 （摄影集）郭俊秀主编
北京 华艺出版社 1991 年 90 页 27cm（大 16 开）

ISBN：7-80039-280-5 定价：CNY25.00

J0112380
中国大连 （摄影集）大连对外文化交流协会编
大连 大连出版社 1991年 21×29cm
ISBN：7-80555-390-4 定价：CNY50.00
　　本摄影画册通过200幅图片，从港口交通、工业基础、城市设施、经贸活动、旅游资源和投资环境等各个方面，形象地向海内外介绍大连，并展示大连的风采和魅力。外文书名：Dalian China.

J0112381
中国江苏 （摄影集）江苏对外文化交流协会编
南京 江苏人民出版社［1991年］106页
26cm（16开）精装 ISBN：7-214-00520-4
定价：CNY50.00
　　本书收入图片250余幅。反映江苏的历史文化、地理风情和今日面貌。宣传江苏改革开放以来现代化建设事业取得的丰硕成果。

J0112382
尊严与屈辱 （国境边陲 兰屿造舟）关晓荣著
台北 时报文化出版企业公司 1991年 165页
有照片 29cm（16开）ISBN：957-13-0269-4
定价：TWD800.00
　　中国现代摄影作品集。

J0112383
伴你步入华宁 （画册）魏祖胜主编；华宁县人民政府编
昆明 云南人民出版社 1992年 90页 25×25cm
ISBN：7-222-01083-1 定价：CNY40.00
　　中国现代摄影作品集。

J0112384
砥柱中流 （1991年中国抗洪救灾摄影纪实）《砥柱中流》编委会编
北京 科学普及出版社 1992年 137页 26×19cm
　　本书通过260幅摄影作品，展现了1991年夏中国部分地区遭受严重洪涝，全国人民团结奋斗、抗洪救灾、恢复生产、重建家园的精神面貌。

J0112385
桂林风光 （温少瑛先生摄影艺术作品选 汉、英、日文对照）温少瑛摄
北京 中国旅游出版社 1992年 84页 26×26cm
ISBN：7-5032-0654-3 定价：CNY27.00
　　本书收有作者的摄影艺术作品70余幅。作者温少瑛（1940— ），广西桂林市卫生防疫站主管医师，全国卫生摄影协会理事，桂林市摄影家协会副主席。代表作品《渔村炊烟》《山乡晨光》等。

J0112386
杭州 （摄影集 汉英日对照）张希钦主编
北京 中国旅游出版社 1992年 142页 33cm 精装
ISBN：7-5032-0563-8 定价：CNY59.00
　　中国现代摄影作品集。

J0112387
霍林河之光 （汉英对照）费庆富主编；张元刚编辑摄影
北京 中国民族摄影艺术出版社 1992年 71页
25×25cm ISBN：7-80069-034-2
定价：CNY40.00
　　中国现代摄影作品集。外文书名：Light of Huolin He.

J0112388
四川茶铺 （摄影集）陈锦摄
成都 四川人民出版社 1992年 22×28cm 精装
ISBN：7-220-01686-7
（巴蜀文化系列书集）
　　本书介绍了四川茶铺的由来、茶道、茶铺众生相、茶铺文化说。外文书名：Teahouses Sichuan. 作者陈锦（1955— ），摄影编辑。出生于四川成都，毕业于云南大学。四川美术出版社摄影编辑，中国摄影家协会会员。出版有《四川茶铺》《感怀成都》《高原魂》等。

J0112389
苏州 （英汉对照）施友义主编
北京 华艺出版社 1992年 61页 29cm（16开）
ISBN：7-80039-440-9
　　中国现代摄影作品集。

J0112390
苏州 （图册 汉、英、日对照）苏州市旅游局，中国旅游出版社编；高立成主编

北京 中国旅游出版社 1992年 144页 26×26cm
精装 ISBN: 7-5032-0653-5 定价: CNY59.00

本书为中国现代摄影作品集，从历史、园林、史迹、商品、艺术、旅游等多方面，图文并茂地介绍了苏州城。外文书名: Suzhou.

J0112391
台湾百景 林添福摄; 洪文庆撰文
台北 自立晚报社文化出版部 1992年 有照片
26cm（16开）精装 ISBN: 957-596-170-6
定价: TWD650.00

中国现代摄影作品集。

J0112392
万里羌塘 （画册）唐泽全主编; 丁峻等摄影
北京 新华出版社 1992年 140页 28cm（大16开）
ISBN: 7-5011-1561-3
定价: CNY68.00, CNY79.00（精装）

中国现代摄影作品集。外文书名: Qiangtang in Tibet.

J0112393
巫山小三峡 （摄影集 汉日英文对照）解特利摄; 颜昌晋撰文
北京 人民美术出版社 1992年 26cm（16开）
ISBN: 7-102-01139-3 定价: CNY15.00

外文书名: The Lesser Three Gorges At Wushan Mountain.

J0112394
武汉 武汉市人民政府编; 沈玲等摄影; 王继增, 罗赤忠译
武汉［1992—1999年］51页 有照片
30cm（15开）精装

中国现代摄影作品集。

J0112395
西部神韵 周俊彦［摄］
济南 山东美术出版社 1992年 78页 29cm（16开）
软精装 ISBN: 7-5330-0564-3 定价: CNY60.00

中国现代摄影作品集。外文书名: Western Myth.

J0112396
西藏 （图册）西藏自治区旅游局, 中国旅游出版社编; 张希钦主编
北京 中国旅游出版社 1992年 144页 26×26cm
精装 ISBN: 7-5032-0645-4 定价: CNY65.00

本书为中国现代摄影作品集，图文并茂地介绍了西藏的民俗风情、秀丽景色和人民的美好生活。外文书名: Tibet.

J0112397
西南丝绸之路 申再望主编
成都 四川人民出版社 1992年 28cm（大16开）
精装 ISBN: 7-220-01934-3 定价: CNY248.00
（巴蜀文化系列画集）

中国现代摄影作品集。外文书名: The Silk Road in Southwest China.

J0112398
云南省景点交通图 （摄影集）郭方明主编
昆明 云南民族出版社 1992年 112页 有彩图
21×29cm 精装 ISBN: 7-5367-0463-1
定价: CNY100.00

J0112399
政和 （摄影集）江瀼等撰文; 宋德华等摄影
福州 福建人民出版社 1992年 64页 26cm（16开）
ISBN: 7-211-01927-1 定价: CNY31.50

本画册介绍了福建省政和县概况，名优特产品，丰富的自然资源等。

J0112400
中国西南丝绸之路 （摄影集）赵廷光主编
昆明 云南民族出版社 1992年 236页 31cm（10开）
精装 ISBN: 7-5367-0532-8 定价: CNY260.00

外文书名: The Silk Road in Southwest China.

J0112401
大地心窗 （章嘉年摄影作品集）章嘉年摄
台北 淑馨出版社 1993年 有照片 29cm（16开）
精装 ISBN: 957-531-296-1 定价: TWD800.00

J0112402
广州 （汉英对照）何沛行等摄影
广州 岭南美术出版社［1993年］10张
17cm（40开）定价: CNY2.00

中国现代摄影作品集。

J0112403

桂林　吕华昌摄影

桂林　漓江出版社　1993 年　10 张　11×15cm

ISBN：7-5407-1389-5　定价：CNY2.50

　　中国现代摄影作品集。

J0112404

桂林　佘国琨，刘英主编

北京　中国建筑工业出版社　1993 年　228 页

30cm（10 开）ISBN：7-112-01923-0

定价：CNY151.00

（中国历史文化名城丛书）

　　中国现代摄影作品集。

J0112405

桂林山水摄影　（汉、英、日对照）陈亚江，莫

义同主编

北京　外文出版社　1993 年　95 页　有彩照

25×26cm　ISBN：7-119-01640-7

　　外文书名：Fantastical Visions—Guilin in Pho-
tographs. 作者陈亚江（1931—　　），广西灵川人。
曾任中国摄影家协会常务理事、副主席，广西文
联委员，桂林市摄影协会主席，桂林市职工摄影
协会名誉主席。主要作品有《漓江晨景》《阳江
晓雾》《春到漓江》等。

J0112406

桂林阳朔风光选粹　（摄影集）刘榜，任一权

主编；莫文兴，黄富旺摄影

北京　中国摄影出版社　1993 年　61 页　26cm（16 开）

ISBN：7-80007-103-0

　　外文书名：The Best Scenery of Guilin and
Yangshuo. 作者任一权（1934—　　），编审、理论评
论家。笔名黄岩、一荃。生于江苏南京，祖籍浙
江黄岩县。任大连市群众艺术馆摄影。出版有《摄
影艺术论文集》《当代中国摄影艺术史》《世界摄
影艺术流派图谱》。

J0112407

黄山魂　（罗苏民摄影纪念集）罗苏民摄

香港　耀添发展公司　1993 年　136 页　有照片

36cm（15 开）精装　定价：HKD500.00

　　外文书名：The Soul of Mount Huangshan.

J0112408

建德　（摄影集）柴廷芳主编

杭州　西泠印社　1993 年　68 页　29cm（16 开）

ISBN：7-80517-102-5　定价：CNY28.00

J0112409

今日青海　田源，温桂芬主编；青海省人民政
府办公厅，中共青海省委对外宣传小组办公室编

西宁　青海人民出版社　1993 年　140 页　有彩照

26×26cm　ISBN：7-225-00788-2

定价：CNY95.00

　　本摄影集图文并茂地介绍了青海的风景、资
源、投资环境和民族风情。外文书名：Qinghai
Today.

J0112410

金石滩　（摄影集）吕举同摄影

沈阳　辽宁人民出版社　1993 年　68 页　25×26cm

ISBN：7-205-02528-1　定价：CNY60.00

　　外文书名：Goldenstone Beach.

J0112411

科艺神韵　（摄影集）国防科工委，炎黄艺术馆编

北京　新时代出版社　1993 年　118 页　36cm（15 开）

精装　ISBN：7-5042-0170-7　定价：CNY130.00

　　内容包括毛泽东、邓小平等领导人的题
词、批示和手迹，黄胄、沈鹏等著名书画家的作
品，王淦昌、王大珩等著名科学家的诗、书作品，
并精选历代名家部分罕世珍品等。外文书名：
Romantic Charm of Science and Art.

J0112412

美丽的大连　吕同举摄

沈阳　辽宁人民出版社　1993 年　69 页　有彩图

24×26cm　ISBN：7-205-02735-7　定价：USD20.00

　　本书为中国现代摄影作品集，反映了大连市
区建筑、大连南部海滨、旅顺口风景名胜区及冰
峪风景区等。

J0112413

名城之光耀广州　（图集）广州市人民政府办

公厅等编

广州　广东人民出版社　1993 年　79 页　29cm（16 开）

ISBN：7-218-01134-9　定价：CNY20.00

　　中国现代摄影作品集。

J0112414

青海春色　青海省农林厅编
西宁　青海人民出版社　1993 年　142 页
28cm（大 16 开）ISBN：7-225-00662-2
定价：CNY40.00
　　本书中国现代摄影作品集，以图文并茂的形式，展示了青海高原的自然风貌、农林资源及其取得的建设成就。

J0112415

上海　上海阿波罗文化艺术公司编
上海　上海人民美术出版社［1993 年］10 张
15×11cm　ISBN：7-5322-1248-3
　　中国现代摄影作品集。

J0112416

韶山一日　（摄影集）湖南省新闻摄影学会编
北京　新华出版社　1993 年　95 页　28cm（大 16 开）
ISBN：7-5011-2230-X
定价：CNY48.00，CNY58.00（精装）
　　本书为纪念毛泽东诞辰一百周年编辑出版。书中图文并茂地展示了毛泽东同志的故乡——韶山在改革开放中的新面貌。外文书名：One Day in Shaoshan.

J0112417

温州大全　（摄影集）浙江省国际广告公司温州分公司编
杭州　浙江人民出版社　1993 年　474 页　29cm（16 开）
精装　ISBN：7-213-00932-X　定价：CNY200.00
　　中国现代摄影作品集，兼有温州企业名录的作用。外文书名：Survey of Wenzhou in China.

J0112418

炎帝神农故里编钟古乐之乡——随州　（图集）余义明主编；李冠泉撰文
武汉　湖北美术　1993 年　112 页　26cm（16 开）
ISBN：7-5394-0380-2　定价：CNY45.00
　　本图集分为：名人题随州、编钟古乐之乡、大洪山风光、投资优惠政策、企业目录等 10 部分。作者余义明（1938—　　），随州市美术馆从事摄影创作，中国摄影家协会，湖北摄影家协会，湖北新闻摄影学会会员，随州市摄影家协会副主席。

J0112419

浙江山水行　胡理琛主编
杭州　浙江摄影出版社　1993 年　107 页　28×29cm
精装　ISBN：7-80536-217-3　定价：CNY110.00
　　中国现代摄影作品集。

J0112420

中国邵武　（图册）福建省邵武市人民政府编
福州　海潮摄影艺术出版社　1993 年　32 页
26cm（16 开）ISBN：7-80562-203-5
定价：CNY12.00
　　中国现代摄影作品集。

J0112421

中国湖北　（图册　中英文对照）湖北省文化交流协会，湖北屈原国际文化传播中心编
北京　档案出版社　1993 年　305 页　28cm（大 16 开）
ISBN：7-80019-444-2
定价：CNY145.00，CNY165.00（精装）
　　中国现代摄影作品集。外文书名：Hubei China.

J0112422

北方名城哈尔滨　（摄影集　汉英对照）王明珠主编；王新林等摄影
哈尔滨　哈尔滨出版社　1994 年　27 页
28cm（大 16 开）ISBN：7-80557-723-4
定价：CNY11.68
　　外文书名：Harbin-A Renowned Northern City.

J0112423

承德风光　（摄影集）季增主编
北京　地质出版社　1994 年　26cm（16 开）
ISBN：7-116-01021-1　定价：CNY25.00

J0112424

古都开封　（摄影集）施友义主编
福州　海风出版社　1994 年　77 页　26cm（16 开）
ISBN：7-80597-052-1　定价：CNY28.00
　　外文书名：Ancient Capital Kaifeng.

J0112425

古都西安　（图集　中英文本）纪鸿尚，施友义主编
福州　海风出版社　1994 年　91 页　28cm（大 16 开）

ISBN：7-80597-051-3 定价：CNY80.00

中国现代摄影作品集。外文书名：Ancient Capital Xi'An. 作者施友义（1947—　），画家。笔名石奇，福建平潭人。曾任中国美术家协会福建分会会员，福建出版集团编审，华艺出版社副社长。出版有《施友义国画选》《侯官县烈女歼仇》《千里送京娘》《千古名媛》。

J0112426

广州 （迈向国际大都市 摄影集）广州市人民政府编
广州 广东人民出版社 1994年 249页 有彩图 36cm（15开）精装 ISBN：7-218-01582-4
定价：CNY480.00

　　本书为中国现代摄影作品集，着力描述广州历史特色、反映广州今天的成就、展示广州未来的美景。

J0112427

广州 广州市人民政府新闻办公室，广州市人民政府外事办公室编
广州 广州出版社 1994年 97页 有彩图 26×26cm ISBN：7-80592-182-2

　　中国现代摄影作品集。

J0112428

桂林·阳朔揽胜 廖频，望天星编；刘宗仁译
北京 中国世界语出版社 1994年 77页 26cm（16开）ISBN：7-5052-0167-0

　　本书为中国现代摄影作品集，图文并茂地介绍了桂林、阳朔的美丽风光。

J0112429

桂林胜境 （陈亚江摄影艺术作品选）陈亚江摄影
北京 外文出版社 1994年 84页 25×26cm ISBN：7-119-00303-8

　　外文书名：Fantastic Visions of Guilin: Selected Photographs by Chen Yajiang.

J0112430

黄山仙境 （中文、日本语、英语）朱力摄
北京 新华出版社 1994年 71页 26cm（16开）
ISBN：7-5011-2423-X 定价：CNY68.00

　　本影集收有黄山名胜风景摄影作品60余幅。外文书名：MT.Huangshan the Fairyland.

J0112431

辉煌的跨越 （1949—1994 画册）云南省社会发展成就展览领导小组办公室编
昆明 云南美术出版社 1994年 110页 26cm（16开）
精装 ISBN：7-80586-078-5 定价：CNY118.00

　　本书为中国现代摄影作品集，反映云南省26个主要民族的3885万高原儿女，在社会主义建设的45年间辉煌的跨越。

J0112432

建阳 （摄影集）武勇主编
福州 福建人民出版社 1994年 57页 26cm（16开）
ISBN：7-211-02342-2 定价：CNY15.00

J0112433

今日山西 （摄影集）中共山西省委办公厅编
太原 山西人民出版社 [1994年] 84页 29cm（16开）ISBN：7-203-02933-6
定价：CNY29.00

　　外文书名：Today of Shanxi.

J0112434

晋城
太原 山西人民出版社 1994年 180页 25×26cm
精装 ISBN：7-203-03299-X 定价：CNY180.00

　　本书为中国现代摄影作品集，旨在通过瞬间画面，真实展现晋城特有的风采和魅力，希望全国了解晋城，世界了解晋城。

J0112435

看见淡水河 （摄影集）张照堂主编
台北 台北县立文化中心 1994年 再版 199页 29×29cm ISBN：957-00-3018-6
定价：TWD1000.00

J0112436

历史文化名城——丽江 （摄影集）丽江纳西族自治县县委宣传部编
昆明 云南民族出版社 1994年 24页 28cm（大16开）ISBN：7-5367-0941-2
定价：CNY19.00

J0112437

鄱阳湖风情 （中国摄影家吴东双作品集）吴东双摄

北京 中国摄影出版社 1994 年 88 页 26×25cm
ISBN：7-80007-114-6
定价：CNY98.00，CNY128.00（精装）
　　外文书名：Local Scenery and Customs of Poyang Lake: The Works of Chinese Photographer Wu Dongshuang.

J0112438
庆阳 （摄影集）《庆阳》画册编委会编
兰州 甘肃人民出版社 1994 年 28cm（大 16 开）
ISBN：7-226-01401-7 定价：CNY80.00

J0112439
社会发展成就——湖北 （摄影集）焦俊贤主编
武汉 湖北美术出版社 1994 年 29cm（16 开）
ISBN：7-5394-0515-5

J0112440
深圳世界之窗风光集锦 （Ⅰ）深圳世界之窗有限公司市场部编
北京 中国旅游出版社 1994 年 9×10cm
ISBN：7-5032-1094-X
　　中国现代摄影作品集。外文书名：The Sights of the Window of the World Shen Zhen.

J0112441
腾飞的岁月 （云南社会发展成就大观 摄影集）云南省社会发展成就展览领导小组办公室编
昆明 云南人民出版社 1994 年 119 页 26×26cm
精装 ISBN：7-222-01656-2 定价：CNY130.00
　　外文书名：The Soaring Years.

J0112442
无锡蠡园 （摄影）陈书帛摄
北京 中国旅游出版社 1994 年 1 张 38×106cm
定价：CNY1.90

J0112443
无锡蠡园 陈书帛摄
北京 中国旅游出版社 1997 年 1 张 77×102cm
定价：CNY3.40
　　中国现代摄影作品。

J0112444
玄妙观的故事 （摄影集）程原津摄

北京 中国摄影出版社 1994 年 94 页 17×14cm
ISBN：7-80007-119-4 定价：CNY18.00
（程原津苏州风情摄影集 1）
　　外文书名：Story of Xuanmiao Taoist Temple. 作者程原津（1961— ），摄影家。天津人，深圳玛力印务有限公司艺术总监。摄影集有《玄妙观的故事》《中国水乡周庄》等。

J0112445
阳光与荒原的诱惑 巴荒著
成都 四川美术出版社 1994 年 219 页
29cm（16 开）ISBN：7-5410-0935-0
定价：CNY［173.00］
　　中国现代摄影作品集。

J0112446
阳光与荒原的诱惑 （我的西藏之行）巴荒［摄］
成都 四川美术出版社 1997 年 2 版 225 页
28cm（大 16 开）ISBN：7-5410-0935-0
定价：CNY［198.00］
　　中国现代摄影作品集。中英文本。外文书名：Temptations of the Sunshine and Wilderness.

J0112447
夜之颂 （陈次雄摄影集）陈次雄摄
台北 淑馨出版社 1994 年 132 页 有照片
27cm（大 16 开）精装 ISBN：957-531-372-0
定价：TWD1100.00
　　外文书名：Ode to Night, Photographs of Chen Chih-Hsiung.

J0112448
中国黄山 （汉、英、日对照）宋忠元主编；周道明选编；袁廉民等摄影
杭州 中国美术学院出版社 1994 年 有彩照
29cm（13 开）ISBN：7-81019-284-1
定价：CNY27.00
　　中国现代摄影作品集。作者宋忠元（1932—2013），教授。上海奉贤人，毕业于浙江美术学院，留校任教。历任中国美术学院教授、副院长、中国美术家协会理事、浙江美术协会副主席、浙江省文联委员等职。代表作品《文成公主入藏图》《游春图》《邓白像》等。作者袁廉民（1932— ），国家一级摄影师。浙江慈溪人。历任中国摄影家协会理事，中国老摄影家协会理事、安徽摄影

家协会名誉主席、英国皇家摄影学会会士、世界华人摄影学会会员。代表作品有《蒸蒸日上》《松魂》等。作者周道明，中国美术学院从事摄影教学、编辑工作。

J0112449
中国九寨沟　（摄影集）九寨沟管理局，中国旅游出版社编
北京　中国旅游出版社　1994年　132页　25×26cm
精装　ISBN：7-5032-1102-4
　　　外文书名：China Jiuzhaigou Valley.

J0112450
《开拓》画册　（画册）陈统渭主编
乌鲁木齐　新疆美术摄影出版社　1995年　242页
有照片　26cm（16开）ISBN：7-80547-318-8
定价：CNY80.00
　　　中国现代摄影作品集。

J0112451
澳门的另一面——渔民　［澳门海事博物馆编］
澳门　澳门海事博物馆　［1995年］198页　有照片
28×32cm　精装　ISBN：972-96755-0-3
　　　中国现代摄影作品集。外文书名：Fishermen of Macau.

J0112452
冯学敏摄影作品集　（绍兴酒的故乡）冯学敏摄影
杭州　浙江摄影出版社　1995年　103页　28×29cm
精装　ISBN：7-80536-302-1　定价：CNY290.00
　　　外文书名：Photographs by Feng Xuemin.

J0112453
福建摄影家作品集　张宇，陈争鸣编
福州　福建美术出版社　1995年　103页
28cm（大16开）ISBN：7-5393-0383-2
定价：CNY98.00
　　　外文书名：Collected Works of Fu Jian Photographers.

J0112454
哈尔滨之冬　哈尔滨出版社编
哈尔滨　哈尔滨出版社　1995年　55页
29cm（16开）ISBN：7-80557-874-5

定价：CNY58.00
（冰雪风情摄影精萃）
　　　中国现代摄影作品集。中英文本。

J0112455
瀚海劫尘　冯其庸［著］
北京　文化艺术出版社　1995年　31cm（10开）
精装　ISBN：7-5039-1335-5
　　　本书主要是作者在甘肃和新疆的摄影集，每幅照片附有文字说明。共计229幅。

J0112456
湖南摄影艺术50年　张利萍主编；湖南省摄影家协会编
北京　五洲传播出版社　1995年　100页　25×26cm
ISBN：7-80113-673-X　定价：CNY90.00
　　　外文书名：50th Art of Camera in Hunan.

J0112457
李坤山摄影集　（众生 1980—1995 台湾篇）李坤山摄影
台北　淑馨出版社　1995年　168页　有照片
26×27cm　精装　ISBN：957-531-466-2
定价：TWD1000.00
　　　外文书名：Photographs of Kinnie K.S. Lee, Taiwan Mosaic 1980—1995.

J0112458
历史文化名城——泉州　（摄影集）施友义主编
福州　海风出版社　1995年　75页　29cm（16开）
ISBN：7-80597-094-7　定价：CNY80.00
　　　外文书名：Quanzhou—A Historical & Cultural City.

J0112459
龙威奋飞　（'95广州龙舟节"广州赛马杯"摄影作品选）广州市人民政府编
广州　广东人民出版社　1995年　29cm（16开）
精装　ISBN：7-218-01664-2　定价：CNY128.00

J0112460
旅顺口　吕同举摄影
沈阳　辽宁人民出版社　1995年　123页　25×27cm
ISBN：7-205-03455-8　定价：USD30.00
　　　中国现代摄影作品集。作者吕同举，摄影家。

J0112461

迈向新世纪 （上海市国庆 45 周年彩车、彩船展示）金炳华主编；中共上海市委宣传部编

上海　上海人民出版社 1995 年 79 页 29cm（16 开）

ISBN：7-208-01969-X 定价：CNY98.00

中国现代摄影作品集。

J0112462

民族之光 （1965—1995）杨水利主编；卢卫东等摄影

拉萨　西藏人民出版社 1995 年 29cm（16 开）

ISBN：7-223-00854-7 定价：CNY160.00

中国现代摄影作品集。中英文版。外文书名：Nationality Glory.

J0112463

上海郊区摄影作品集 上海市农业委员会编

上海　学林出版社 1995 年 89 页 29cm（16 开）

ISBN：7-80510-875-7

J0112464

上海游 （汉英对照 摄影集）朱延龄主编；而冬强等摄影

上海　上海画报出版社 1995 年 81 页 26×26cm

ISBN：7-80530-129-8

外文书名：Tourist Attractions of Shanghai.

J0112465

绍兴

杭州　浙江人民美术出版社［1995 年］119 页 24×26cm 精装 ISBN：7-5340-0308-3

定价：CNY70.00

（中国风光摄影画册系列）

J0112466

深圳十五年 （1980—1995 摄影集）中共深圳市委宣传部，深圳画报社编

深圳　海天出版社 1995 年 143 页 28cm（16 开）

ISBN：7-80615-302-0

定价：CNY80.00, CNY150.00（精装）

外文书名：Fifteen Years of Shenzhen.

J0112467

深圳一日 （摄影集）苏宏宇，旷昕主编

北京　中国摄影出版社 1995 年 29cm（16 开）

ISBN：7-80007-201-0 定价：CNY118.00

外文书名：One Day in Shenzhen.

J0112468

桃花源里人家 （黟县）汪扬主编

合肥　安徽文艺出版社 1995 年 25×26cm

ISBN：7-5396-1398-X 定价：CNY66.00

中国现代摄影作品集。

J0112469

图录上海大趋势 （英汉对照 1994）上海人民出版社编

上海　上海人民出版社 1995 年 205 页 27cm（大 16 开）精装 ISBN：7-208-02018-3

定价：CNY98.00

中国现代摄影作品集。外文书名：The Pictorial Annals of Shanghai.

J0112470

图录上海大趋势 （1995）上海人民出版社编

上海　上海人民出版社 1996 年 222 页 27cm（大 16 开）精装 ISBN：7-208-02394-8

定价：CNY120.00

中国现代摄影作品集。中英文本。

J0112471

图录上海大趋势 （1997）上海人民出版社编

上海　上海人民出版社 1998 年 256 页 27cm（大 16 开）精装 ISBN：7-208-03151-7

定价：CNY200.00

中国现代摄影作品集。

J0112472

夕阳聚焦 冀全文主编；潍坊市老年摄影协会编

北京　华艺出版社 1995 年 75 页 25×24cm

ISBN：7-80039-937-0 定价：CNY75.00

中国现代摄影作品集。

J0112473

雪域神山 （摄影集）中国登山协会，中国西藏自治区登山协会编辑

拉萨　西藏人民出版社 1995 年 237 页 29cm（16 开）精装 ISBN：7-223-00880-6

定价：CNY400.00（USD50.00）

外文书名：Immortal Mountains in the Snow

Region.

J0112474

雪域西藏 （车刚摄影作品选）车刚摄影
成都 四川美术出版社 1995 年 116 页 25×26cm
精装 ISBN：7-5410-0987-3 定价：CNY165.00
　　外文书名：The Snowland Tibet.

J0112475

中国·哈尔滨 （画册）赵连城主编
哈尔滨 哈尔滨出版社 1995 年 7 册 28cm（大 16
开）套装 ISBN：7-80557-841-9 定价：CNY68.00
　　本套书为中国现代摄影作品集，包括：《发
达的科学技术和教育事业》《繁荣昌盛的经济贸
易》《独具特色的文化》《以冰雪运动见长的体
育事业》《迅猛发展的工农业》《花园般的城市》
《哈尔滨欢迎你》。

J0112476

中国·台州 （画册）《中国·台州》画册编委会编
北京 人民出版社 1995 年 29cm（16 开）
ISBN：7-01-002124-4 定价：CNY21.80
　　中国现代摄影作品集。外文书名：Taizhou
China.

J0112477

中国江南水乡 （摄影集）阮仪三著文；马元浩
摄影
上海 同济大学出版社 1995 年 111 页
29cm（16 开）精装 ISBN：7-5608-1523-5
定价：CNY78.00
　　收 120 余幅摄影作品，分为说水、话桥、人
家、文化、商市、人物逸事、风土乡情等 20 个章
节。The Chinese Water Regions on the South
of the Yangtze River. 作者阮仪三（1934—　　），
教授。江苏苏州人，毕业于同济大学。历任建设
部同济大学国家历史文化名城研究中心主任，同
济大学建筑城规学院教授、博士生导师，中国历
史文化名城保护专家委员会委员，全国历史文化
名城保护专家委员会委员。代表作品《护城纪实》
《江南古镇》《历史文化名城保护理论与规划》等。

J0112478

中国南京 （图集）南京市旅游局，中国旅游出
版社编
北京 中国旅游出版社 1995 年 120 页 26×26cm
精装 ISBN：7-5032-1228-4
　　中国现代摄影作品集。外文书名：China
Nanjing.

J0112479

中国云南农村妇女自我写真集
昆明 云南民族出版社 1995 年 118 页
29cm（16 开）ISBN：7-5367-1004-6
定价：CNY168.00（USD39.00）
　　中国现代摄影作品集。外文书名：Visual
Voices 100 Photographs of Village China by the
Women of Yunnan Province.

J0112480

淄川风光揽胜 汉英对照；张书永，焦波主编；
张书永，焦波摄影
南京 江苏美术出版社 1995 年 29cm（16 开）
ISBN：7-80551-799-1 定价：CNY80.00
　　中国现代摄影作品集。

J0112481

常州社会发展 （图集）《常州社会发展》编委
会编
北京 中国计划出版社 1996 年 75 页 29×29cm
ISBN：7-80058-469-0 定价：CNY58.00
　　中国现代摄影作品集。外文书名：Sustainable
Development in Changzhou.

J0112482

博士荣摄影集 （庙影）博士荣摄影
台北 英浩影像公司 1996 年 128 页 有照片
26cm（16 开）ISBN：957-99602-5-9
定价：TWD650.00

J0112483

桂林 吕大千等撰文、摄影
北京 中国旅游出版社 1996 年 96 页 14×14cm
精装 ISBN：7-5032-1249-7 定价：CNY25.00
（旅游在中国）
　　中国现代摄影作品集。中、英、日、法、德、
韩文对照。

J0112484

桂林 孙帆撰稿；黄富旺等摄影

北京 中国旅游出版社 1996 年 96 页 14×14cm
ISBN：7-5032-1248-9 定价：CNY22.00
（旅游在中国）
　　中国现代摄影作品集。中、英、日、法、德、
韩对照。

J0112485
哈尔滨世纪风　姚敏夫等摄影；李兰颂撰稿
哈尔滨 哈尔滨出版社 1996 年 69 页
29cm（16 开）ISBN：7-80557-959-8
定价：CNY58.00
　　中国现代摄影作品集。中英文本。

J0112486
九七影情　（当代香港视觉探索 1990—1996）
伍小仪总编辑
香港 摄影画报有限公司 1996 年 144 页
有照片 21×28cm ISBN：962-7630-13-6
定价：HKD120.00
　　中国现代摄影作品集。香港艺术发展局
赞助出版。外文书名：The Metropolis, Visual
Research into Contemporary Hong Kong 1990—
1996. 本书与香港艺术中心合作出版。

J0112487
九寨沟　（摄影集）于宁摄影；胡斌等撰文
北京 中国旅游出版社 1996 年 96 页 14×14cm
精装 ISBN：7-5032-1318-3 定价：CNY28.00
　　外文书名：Jiuzhaigou Valley. 作者于宁，九
寨沟职业摄影师。

J0112488
九寨沟国家级自然保护区　四川省林业厅野
生动植物保护管理处等编
北京 中国林业出版社 1996 年 135 页 29cm（16 开）
精装 ISBN：7-5038-1681-3 定价：CNY180.00
　　中国现代摄影作品集。中英文本。外文书名：
Jiuzhaigou National Nature Reserve.

J0112489
拉萨新貌　梅朵撰稿；杜泽泉等摄影
北京 五洲传播出版社 1996 年 17 页 19×19cm
ISBN：7-80113-169-X
（西藏系列画册）
　　中国现代摄影作品集。

J0112490
泸沽湖风情　（摄影作品集）韩远华，汤志明摄
昆明 云南美术出版社 1996 年 91 页 22×25cm
ISBN：7-80586-252-4 定价：CNY58.00
　　外文书名：Lu Gu Lake. 作者汤志明
（1954—　），摄影家，中国摄影家协会会员，中
国环境摄影协会会员。作者韩远华，摄影家、书
法家。中国环境摄影协会会员，四川新闻摄影学
会会员。

J0112491
旅顺口　王恒杰主编
沈阳 辽宁人民出版社 1996 年 29cm（16 开）
ISBN：7-205-03715-8 定价：CNY60.00
　　中国现代摄影作品集。中英文本。

J0112492
美丽的桂林　黄理彪主编；桂林市摄影家协会编
桂林 广西师范大学出版社 1996 年 92 页
25×26cm ISBN：7-5633-2332-5
定价：CNY48.00
　　中国现代摄影作品集。中英日德法韩文本。

J0112493
闽西·客家祖地　徐继武主编；刘少雄，吴福文
撰文
福州 海潮摄影艺术出版社 1996 年 49 页
29cm（16 开）ISBN：7-80562-426-7
定价：CNY38.00
　　中国现代摄影作品集。中英文本。

J0112494
牡丹江名人肖像选集　牡丹江市摄影家协会编
北京 中国摄影出版社 1996 年 59 页 23×23cm
ISBN：7-80007-203-7 定价：CNY55.00
　　中国现代摄影作品集。

J0112495
浦东向我们走来　（摄影集）上海市浦东新区
社会发展局编
上海 上海远东出版社 1996 年 105 页 26×27cm
精装 ISBN：7-80613-368-2 定价：CNY120.00
　　外文书名：Pudong Marching Towards Us.

J0112496

青春关不住 （年轻·台北）钟乔总编辑

台北 台原艺术文化基金会 1996 年 263 页

有照片 25cm（18 开）ISBN：957-9261-80-6

定价：TWD800.00

（台北历史影像系列）

　　中国现代摄影作品集。

J0112497

泉城济南 （摄影集）济南市人民政府新闻办公

室，山东画报社编

济南 山东画报出版社 1996 年 51 页 19×21cm

ISBN：7-80603-083-2

定价：CNY24.00，CNY36.00（精装）

J0112498

上海新景观 李春涛主编

上海 上海人民美术出版社 1996 年 137 页

28cm（大 16 开）ISBN：7-5322-1606-3

定价：CNY180.00

　　中国现代摄影作品集。外文书名：Grand
New Sights in Shanghai.

J0112499

神奇的巴丹吉林 （摄影集）高东风摄

北京 中国摄影出版社 1996 年 83 页 29cm（16 开）

精装 ISBN：7-80007-205-3 定价：CNY98.00

（高东风系列摄影作品集 1）

　　外文书名：Magic Badainjaran. 作者高东风
（1959—　　），蒙古族，摄影艺术家。中国人民保
险公司内蒙古分公司宣传处专职摄影，中国摄影
家协会会员，国家一级摄影师。作品有《大漠交
响曲》《跑马溜溜的山上》《金色的童年》《生命
河》等。

J0112500

四方城 胡武功等著

西安 陕西人民美术出版社 1996 年 141 页

27×29cm 精装 ISBN：7-5368-0915-8

定价：CNY260.00

　　中国现代摄影作品集。中英文本。作者胡
武功（1949—　　），摄影记者。生于陕西西安。现
任陕西省摄影家协会主席。出版文集《摄影家
的眼睛》《中国影像革命》，摄影画册《胡武功
摄影作品集》《四方城》《西安记忆》《藏着的关

中》等。

J0112501

五朵金花的故乡 大理白族自治州人民政府，

人民画报社编辑

北京 中国画报出版社 1996 年 104 页

29cm（12 开）ISBN：7-80024-335-4

定价：CNY108.00，CNY128.00（精装）

　　庆祝大理白族自治州建州四十周年摄影集，
中英文本。

J0112502

西藏 （摄影集）龚威健主编

北京 中国旅游出版社 1996 年 120 页 26×27cm

精装 ISBN：7-5032-1316-7

　　外文书名：Tibet.

J0112503

西藏风光 张晓明撰稿；杨秉政等摄影

北京 五洲传播出版社 1996 年 21 页 19×19cm

ISBN：7-80113-176-2

（西藏系列画册）

　　中国现代摄影作品集。

J0112504

西藏普通人家 朱启良撰稿；吴卫平等摄影

北京 五洲传播出版社 1996 年 17 页 19×19cm

ISBN：7-80113-181-9

（西藏系列画册）

　　中国现代摄影作品集。

J0112505

张伯根摄影集 （国际沙龙作品精选）张伯根

摄影

香港 诚艺出版社 1996 年 29cm（16 开）

精装 定价：HKD300.00

　　中国现代摄影作品集。外文书名：Photo-
graphic Works of Cheung Pak-Kan.

J0112506

中国东方航空公司江苏公司画册 （机上读

物）江苏辉煌广告摄影公司编著

南京 江苏人民出版社 1996 年 29cm（16 开）

ISBN：7-214-01646-X

　　中国现代摄影作品集。外文书名：China

Eastern Airlines Jiangsu Ltd.Inflight Magazine.

J0112507

中国佛教圣地九华山　（摄影集）吕光群，姜尚礼主编

北京 中国世界语出版社 1996 年 173 页

29cm（16 开）ISBN：7-5052-0314-2

J0112508

中国泰安　（摄影集）阎贵生主编；泰安市人民政府新闻办公室编

济南 山东美术出版社 1996 年 有地图及彩照

29cm（16 开）ISBN：7-5330-1017-5

定价：CNY58.00

　　外文书名：Taian China.

J0112509

中国威海　（摄影集）崔日臣主编；威海市人民政府新闻办公室［编］

济南 山东画报出版社 1996 年 61 页 29cm（16 开）

ISBN：7-80603-082-4 定价：CNY43.00

　　外文书名：Wei Hai China.

J0112510

安多风情　（恒考摄影作品集）恒考摄

兰州 甘肃人民美术出版社 1997 年 64 页

25×26cm ISBN：7-80588-168-5

定价：CNY88.00

　　外文书名：The Customs and Features in Anduo.

J0112511

北京新景　王建华摄

南京 江苏美术出版社 1997 年 2 张 76×52cm

定价：CNY4.30

　　年画形式的中国现代摄影作品。

J0112512

草原连着中南海　张民华主编；内蒙古自治区党委宣传部，新华社内蒙古分社编

呼和浩特 内蒙古人民出版社 1997 年 172 页

29cm（16 开）精装 ISBN：7-204-03582-8

定价：CNY280.00

　　中国现代摄影作品集。

J0112513

东方明珠　李春涛主编

上海 上海科技教育出版社 1997 年 112 页

有彩照 29cm（16 开）精装

ISBN：7-5428-1493-1 定价：CNY90.00

　　中国现代摄影作品集。

J0112514

福建　（摄影集）《福建》画册编委会编

福州 海潮摄影艺术出版社 1997 年 209 页

29cm（16 开）精装 ISBN：7-80562-461-5

定价：CNY280.00

J0112515

福建山水　明敏主编

厦门 鹭江出版社 1997 年 309 页 29cm（16 开）

精装 ISBN：7-80610-529-8 定价：CNY320.00

（福建大观 系列画册）

　　中国现代摄影作品集。

J0112516

改革开放中的陕西　陕西省经济体制改革委员会，《中国摄影家》杂志社编

北京 中华工商联合出版社 1997 年 386 页

有彩照 29cm（16 开）ISBN：7-80100-326-8

定价：CNY345.00

　　中国现代摄影作品集。

J0112517

故里　陈益群等著

广州 岭南美术出版社 1997 年 136 页 有照片

19cm（小 32 开）ISBN：7-5362-1691-2

定价：CNY12.00

　　中国现代摄影作品集。

J0112518

广西风光　胡建瑜摄

南京 江苏美术出版社 1997 年 2 张 76×52cm

定价：CNY4.30

　　年画形式的中国风光摄影作品。

J0112519

瑰丽的红河　（摄影集）云南省红河州人民政府新闻办公室，人民画报社编辑

北京 中国画报出版社 1997 年 120 页

29cm（12 开）ISBN：7-80024-364-8
定价：CNY108.00，CNY148.00（精装）
　　本摄影集为庆祝红河哈尼族彝族自治州建州 40 周年。中英文本。

J0112520
桂林　曹蕾编
北京 外文出版社 1997 年 71 页 16×17cm 精装
ISBN：7-119-02096-X 定价：CNY［39.00］
　　中国现代摄影作品集。中英文本。

J0112521
桂林山水　（王梧生摄影集）王梧生摄
桂林 广西师范大学出版社 1997 年 有地图
21×29cm ISBN：7-5633-2414-3
　　外文书名：Guilin Scenery Photo Collection by Wang Wusheng.

J0112522
桂林山水　杨茵摄
北京 中国旅游出版社 1997 年 1 张 37×102cm
定价：CNY3.40
　　年画形式的中国风光摄影作品。

J0112523
桂园春晖　（摄影集）深圳市接待办公室编；孟发国摄
深圳 海天出版社 1997 年 148 页 29cm（16 开）
精装 ISBN：7-80615-459-0 定价：CNY350.00

J0112524
街坊日记　（许苍泽摄影展专辑）赖万发，詹秀铃［编辑］
彰化县 彰化县立文化中心 1997 年 76 页 有肖像
26cm（16 开）ISBN：957-00-8619-X

J0112525
井冈山　（汉英对照）施友义，崔琳主编
福州 海风出版社 1997 年 78 页 29cm（16 开）
ISBN：7-80597-155-2 定价：CNY40.00
　　中国现代摄影作品集。作者施友义
（1947—　），画家。笔名石奇，福建平潭人。曾任中国美术家协会福建分会会员，福建出版集团编审，华艺出版社副社长。出版有《施友义国画选》《侯官县烈女歼仇》《千里送京娘》《千古

名媛》。

J0112526
孔孟之乡　（济宁）济宁市人民政府新闻办公室，山东画报社编
济南 山东画报出版社 1997 年 79 页 28cm（16 开）
ISBN：7-80603-182-0
定价：CNY80.00，CNY138.00（精装）
　　中国现代摄影作品集。

J0112527
兰坪　（1987—1997）政协兰坪白族普米族自治县委员会，兰坪白族普米族自治县十周年县庆办公室编
［昆明］［云南画报社］1997 年 116 页
28cm（大 16 开）
　　中国现代摄影作品集。

J0112528
历史的瞬间　（上海人民喜庆香港回归摄影作品选）查小玲主编；上海市黄浦区人民政府南京东路街道办事处编
上海 上海画报出版社 1997 年 43 页 29cm（15 开）
精装 ISBN：7-80530-302-9 定价：CNY68.00

J0112529
美丽的城市——大连　杨白新主编
北京 中国建筑工业出版社 1997 年 25×26cm
ISBN：7-112-03379-9
定价：CNY200.00（精装），CNY280.00（豪华本）
　　中国现代摄影作品集。中英文本。

J0112530
美丽富饶的昭乌达　（白显林摄影集）白显林摄
西安 陕西人民美术出版社 1997 年 195 页
29cm（16 开）ISBN：7-5368-0961-1
定价：CNY158.00

J0112531
名人·香港　洪金玉，张诗剑主编
香港 香港荣誉出版公司 1997 年 176 页 有照片
31cm（10 开）精装 ISBN：962-929-030-8
　　中国现代摄影作品集。外文书名：Who's Who in Hong Kong in Photos.

J0112532

南京 （英汉对照）刘晓梵编文；兰佩瑾等摄；
方芷筠译
北京 外文出版社 1997年 71页 有彩照
17×17cm 精装 ISBN：7-119-01970-8
定价：CNY39.00
　　中国现代摄影作品集。

J0112533

内蒙古 （献给内蒙古自治区成立五十周年）达
楞古日布主编；石玉平等摄影
呼和浩特 内蒙古人民出版社 1997年 207页
29cm（16开）ISBN：7-204-03568-2
定价：CNY210.00
　　中国现代摄影作品集。蒙汉对照。

J0112534

三峡坝上第一县——秭归 （影集 汉英对照）
中共秭归县委员会，秭归县人民政府编
北京 中国三峡出版社 1997年 69页 29cm（12开）
ISBN：7-80099-336-1 定价：CNY85.00

J0112535

上海新姿 中国人民政治协商会议上海市委员
会文史资料委员会编
上海 上海画报出版社 1997年 173页 有彩照
28×29cm 精装 ISBN：7-80530-329-0
定价：CNY380.00
　　中国现代摄影作品集。

J0112536

上海夜景 （汉英对照）沈世纬主编；上海市市
政管理委员会，新华通讯社上海分社编
上海 上海教育出版社 1997年 30cm（10开）
精装 ISBN：7-5320-5417-9 定价：CNY100.00
　　中国现代摄影作品集。

J0112537

苏州 兰佩瑾编
北京 外文出版社 1997年 71页 16×17cm 精装
ISBN：7-119-02138-9 定价：CNY［39.00］
　　中国现代摄影作品集。中英文本。

J0112538

苏州胜景 陈德铭主编

北京 五洲传播出版社 1997年 107页 20×23cm
精装 ISBN：7-80113-240-8 定价：CNY［120.00］
　　中国现代摄影作品集。中英文本。

J0112539

巫山小三峡 解特利摄
北京 中国三峡出版社 1997年 71页 26cm（16开）
ISBN：7-80099-260-8
　　中国现代摄影作品集。中英日文本。

J0112540

香港的童年 何良懋著
香港 新雅文化事业公司 1997年 128页
24×29cm 精装 ISBN：962-08-2704-X
（名人成功传奇）
　　中国现代摄影作品集。外文书名：Growing
up with Hong Kong.

J0112541

香港跨越九七 （中英对照 摄影集）中国新闻
社编；赵伟，赖祖铭执行主编
香港 通行出版有限公司 1997年 300页
28×26cm 精装 ISBN：962-7667-36-6
　　本书与香港中国新闻出版社有限公司合作
出版。

J0112542

小桥流水人家 （吴江风情 摄影集）徐静柏主
编；吴江市政协文史资料委员会编撰
上海 上海画报出版社 1997年 116页
29cm（12开）ISBN：7-80530-292-8
定价：CNY100.00，CNY120.00（精装）

J0112543

元江风采 《元江风采》编委会编辑
北京 中国民族摄影艺术出版社［1997年］
80页 29cm（16开）ISBN：7-80069-035-0
定价：CNY25.00
　　中国现代摄影作品集。

J0112544

长乐 （摄影集）张维船主编；《长乐》画册编委
会编
福州 海风出版社 1997年 2版 95页
29cm（16开）ISBN：7-80597-066-1

定价: CNY68.00

J0112545

这里一片静谧 （张沅生新疆风光摄影集）张
沅生摄
南昌 江西美术出版社 1997 年 26×25cm 精装
ISBN: 7-80580-434-6 定价: CNY98.00
　　本书为中英文本。

J0112546

中甸·香格里拉　中共中甸县委, 中甸县人民
政府编
昆明 云南民族出版社 1997 年 96 页 有地图
26cm（16 开）ISBN: 7-5367-1421-1
定价: CNY118.00
　　中国现代摄影作品集。

J0112547

中国千岛湖 （摄影集）施友义主编
福州 海风出版社 1997 年 91 页 29cm（16 开）
ISBN: 7-80597-166-8 定价: CNY48.00
　　中国现代摄影作品集。中英文本。

J0112548

中国千山 （汉、英、朝文对照）千山风景名胜
区管理局, 中国旅游出版社编
北京 中国旅游出版社 1997 年 96 页 有彩照
25×26cm ISBN: 7-5032-1391-4
定价: CNY66.00
　　中国现代摄影作品集。

J0112549

中国西藏·阿里　西藏阿里地区旅游局, 中国
旅游出版社编
北京 中国旅游出版社 1997 年 重印本 118 页
25×26cm 精装 ISBN: 7-5032-1482-1
定价: CNY［98.00］
　　中国现代摄影作品集。

J0112550

周庄摄影作品选集 （中英文本）
北京 中国摄影出版社［1997 年］71 页
22×21cm ISBN: 7-80007-222-3
定价: CNY35.00
　　本书收有 71 幅作品, 运用摄影艺术全方位

地反映、宣传和赞美了多姿多彩的水镇周庄。

J0112551

承德风光　承德市文物园林局编
北京 新华出版社 1998 年 95 页 25×26cm
ISBN: 7-5011-4023-5
　　中国现代摄影作品集。

J0112552

大地的脉动　台湾河川风情 （北部篇）汉光
文化编辑部著; 傅金福摄
台北 汉光文化事业公司 1998 年 168 页
有照片 25×28cm 精装 ISBN: 957-629-298-0
定价: TWD1250.00
　　中国现代摄影作品集。

J0112553

大地的脉动　台湾河川风情 （东部篇）汉光
文化编辑部著; 傅金福摄
台北 汉光文化事业公司 1998 年 168 页
有照片 25×28cm 精装 ISBN: 957-629-301-4
定价: TWD1250.00
　　中国现代摄影作品集。

J0112554

大地的脉动　台湾河川风情 （南部篇）汉光
文化编辑部著; 傅金福摄
台北 汉光文化事业公司 1998 年 168 页
有照片 25×28cm 精装 ISBN: 957-629-300-6
定价: TWD1250.00
　　中国现代摄影作品集。

J0112555

大地的脉动　台湾河川风情 （中部篇）汉光
文化编辑部著; 傅金福摄影
台北 汉光文化事业公司 1998 年 168 页
有照片 25×28cm 精装 ISBN: 957-629-299-9
定价: TWD1250.00
　　中国现代摄影作品集。

J0112556

冬天的童话 （九寨沟冬季景观摄影报告）李
杰摄
成都 四川美术出版社 1998 年 120 页 25×26cm
精装 ISBN: 7-5410-1487-7 定价: CNY138.00

J0112557

贡嘎山南麓田湾河　刘建民主编；盖明生，孙有彬摄影

成都　四川美术出版社 1998 年 119 页 25×26cm

精装 ISBN：7-5410-1517-2 定价：CNY139.00

中国现代摄影作品集。

J0112558

光辉历程　（纪念郑州解放五十周年 1948—1998）中共郑州市委宣传部编

郑州　河南美术出版社 1998 年 54 页 26cm（16 开）

ISBN：7-5401-0755-3 定价：CNY30.00

中国现代摄影作品集。

J0112559

广州　（摄影集）广州市旅游局，中国旅游出版社编

北京　中国旅游出版社 1998 年 119 页 25×26cm

精装 ISBN：7-5032-1562-3

（中国旅游全览）

J0112560

桂林山水天下秀　蒙紫主编

北京　中国旅游出版社 1992 年 108 页

78×110cm 精装 ISBN：7-5032-0565-Z

J0112561

桂林山水天下秀(画册)　（中、日文对照）吕大千，刘寿保等编著

北京　中国旅游出版社 1995 年 2 版 108 页

25×26cm 精装 ISBN：7-5032-0477-X

中国现代摄影作品集。作者蒙紫（1933—　），摄影家。历任解放军画报记者，中国摄影家协会理事，中国旅游出版社编辑室主任、编委会副主任、高级记者、编审等。出版了《美丽的桂林》《故宫》《紫禁城》《炎黄故里》等画册。

J0112562

桂林山水天下秀　（摄影集）蒙紫主编；刘寿保撰文

北京　中国旅游出版社 1998 年 3 版 108 页

25×26cm 精装 ISBN：7-5032-0565-2

（中国旅游全览）

J0112563

河西走廊　张温璞，胡强主编

福州　海风出版社 1998 年 80 页 29cm（16 开）

ISBN：7-80597-209-5 定价：CNY75.00

中国现代摄影作品集。

J0112564

河源镜痕　（摄影集）廖曙辉［摄］

广州　岭南美术出版社 1998 年 26×27cm 精装

ISBN：7-5362-1884-2 定价：CNY128.00

本书为中英文本。外文书名：Heyuan in Lens.

J0112565

黄山心境　王慎敏摄影

北京　中国摄影出版社 1998 年 113 页 29×29cm

ISBN：7-80007-247-9 定价：CNY260.00

中国现代摄影作品集。外文书名：Mt.Huang-shan：Mind and Place.

J0112566

惠州风光　祝基棠主编

广州　岭南美术出版社 1998 年 31cm（10 开）

精装 ISBN：7-5362-1579-7 定价：CNY135.00

中国现代摄影作品集。中英文本。

J0112567

济南　（摄影集）济南市人民政府新闻办公室，山东画报社编

济南　山东画报出版社 1998 年 59 页 29cm（18 开）

ISBN：7-80603-257-6

定价：CNY32.00，CNY46.00（精装）

J0112568

九寨沟　泽仁珠主编；于宁等摄影

成都　四川美术出版社 1998 年 80 页 18×20cm

精装 ISBN：7-5410-1507-5 定价：CNY［50.00］

世界自然遗产、世界生物圈保护区中国四川九寨沟风光摄影集。

J0112569

丽江古城　和段琪主编

广州　岭南美术出版社 1998 年 105 页

29cm（18 开）ISBN：7-5362-1919-9

定价：CNY88.00，CNY128.00（精装）

（世界文化遗产）

　　中国现代摄影作品集。

J0112570

丽江古城　（张桐胜摄影集　文·写真）张桐胜摄

北京　中国摄影出版社　1998年　136页

26cm（16开）ISBN：7-80007-274-6

定价：CNY88.00

　　外文书名：The old Town of Lijiang. 作者

张桐胜（1953—　），摄影记者。河北胜芳人，中

国摄影家学会会员，中国俄罗斯友好学会理事。

J0112571

南迦巴瓦大峡谷　（绿色峡谷揭秘）王殿元主编

成都　四川美术出版社　1998年　132页　25×26cm

精装　ISBN：7-5410-1460-5　定价：CNY180.00

（西藏国土开发丛书）

　　中国现代摄影作品集。汉藏英文本。

J0112572

三清山　胡强主编

福州　海风出版社　1998年　79页　28cm（16开）

ISBN：7-80597-176-5　定价：CNY39.60

　　中国现代摄影作品集。中英文本。

J0112573

三峡旅情　石汉主编

重庆　重庆出版社　1998年　79页　25cm（小16开）

ISBN：7-5366-3834-5　定价：CNY30.00

　　中国现代摄影作品集。

J0112574

石观达摄影集　石观达摄

银川　宁夏人民出版社　1998年　116页

29cm（16开）ISBN：7-227-01795-8

定价：CNY108.00

J0112575

苏州新貌　陈德铭主编

北京　五洲传播出版社　1998年　105页　23cm　精装

ISBN：7-80113-445-1　定价：CNY［120.00］

　　中国现代摄影作品集。

J0112576

西湖梦寻　（汉英对照）浙江摄影出版社［编］

杭州　浙江摄影出版社　1998年　119页　18×19cm

精装　ISBN：7-80536-543-1　定价：CNY60.00

　　中国现代摄影作品集。

J0112577

阳朔胜景　郭维奇主编；阳朔县人民政府编

南宁　广西美术出版社　1998年　99页　25×26cm

ISBN：7-80625-636-9

定价：CNY118.00，CNY168.00（精装）

　　中国现代摄影作品集。中英文本。

J0112578

彝州神韵　云南省楚雄彝族自治州人民政府编

昆明　云南民族出版社　1998年　97页　29cm（16开）

ISBN：7-5367-1535-8　定价：CNY120.00

　　中国现代摄影作品集。

J0112579

云南　云南省旅游局，中国旅游出版社编

北京　中国旅游出版社　1998年　117页　25×26cm

精装　ISBN：7-5032-1582-8　定价：CNY108.00

（中国旅游全览）

　　中国现代摄影作品集。

J0112580

中国大连　（摄影集）大连市人民政府新闻办公

室编

大连　大连出版社　1998年　56页　25×26cm

ISBN：7-80612-517-5　定价：CNY40.00

J0112581

中国沈阳　沈阳市城乡建设委员会，沈阳市城

市建设档案馆编

沈阳　沈阳出版社　1998年　167页　37cm　精装

ISBN：7-5441-1150-4　定价：CNY368.00

　　中国现代摄影作品集。外文书名：Shenyang

China.

J0112582

中国水乡周庄　（中英文本）程原津摄影

北京　中国摄影出版社　1998年　71页　22×22cm

ISBN：7-80007-246-0　定价：CNY86.00

　　本书收集有关江南古镇的摄影作品《双

桥》《沈厅河埠》《贞丰桥·迷楼》《陈家弄民居》

《临河人家》《水乡人家》等71幅。作者程原津

（1961—　），摄影家。天津人，深圳玛力印务有限公司艺术总监。摄影集有《玄妙观的故事》《中国水乡周庄》等。

J0112583

中国新疆·哈纳斯　罗忆摄；新疆布尔津县人民政府编辑

乌鲁木齐　新疆青少年出版社　1998 年　108 页
29cm（12 开）ISBN：7-5371-3081-7

定价：CNY120.00，CNY160.00（精装）

中国现代摄影作品集。

J0112584

中国浙江　浙江省人民政府新闻办公室等编

杭州　浙江摄影出版社　1998 年　91 页
27cm（大 16 开）精装　ISBN：7-80536-591-1

定价：CNY98.00

中国现代摄影作品集。

J0112585

中国正北方　（车光照摄影作品集　中英文本）
[车光照摄]；高琴主编

北京　中国摄影出版社　1998 年　83 页　29cm（16 开）
ISBN：7-80007-248-7　定价：CNY98.00

本书中国现代摄影作品集，选择出内蒙古高原独有的自然景观，从知识的层面展示了内蒙古人的生存条件。作者车光照（1951—　），一级摄影师。生于内蒙古呼和浩特，代表作有《中国正北方》。

J0112586

重庆　（摄影集）重庆市旅游事业管理局，中国旅游出版社编

北京　中国旅游出版社　1998 年　119 页　25×26cm
精装　ISBN：7-5032-1547-X

（中国旅游全览）

J0112587

重庆风光　（摄影集　汉英对照）杨绍全著

重庆　重庆出版社　1998 年　95 页　29cm（15 开）
ISBN：7-5366-3932-5　定价：CNY78.00

J0112588

壮丽高原　旺久主编；车刚摄影

拉萨　西藏人民出版社　1998 年　110 页　25×25cm

精装　ISBN：7-223-01108-4　定价：CNY320.00

中国现代摄影作品集。中英文本。

J0112589

宝岛美地　（摄影比赛优胜作品专辑）赖建作等著

台中县　台湾省政府新闻处　1999 年　209 页
25×26cm　ISBN：957-02-3319-2

J0112590

冲向世界屋脊　（一个探险青年的足迹）夏青著；董恩博主编

北京　人民中国出版社　1999 年　40 页　29cm（16 开）
精装　ISBN：7-80065-678-0　定价：CNY96.00

本书用照片纪录了作者独自一人骑自行车探险西藏，历时六个多月，行程一万二千多公里过程中的传奇经历。

J0112591

大荒写照　汤富，冯力主编；北大荒摄影家协会编著

哈尔滨　黑龙江美术出版社　1999 年　61 页
21×21cm　ISBN：7-5318-0626-6

定价：CNY40.00

中国现代摄影作品集。

J0112592

而今我谓昆仑　（摄影集）刘少敏摄

北京　宇航出版社　1999 年　24×26cm
ISBN：7-80144-233-4　定价：CNY45.00

J0112593

故宫之美写真集　台北故宫博物院编辑委员会编辑

台北　台北故宫博物院　1999 年　111 页　有照片
30cm（10 开）精装　ISBN：957-562-344-4

中国现代摄影作品集。外文书名：The Beauty of the National Palace Museum.

J0112594

光影之恋　（江西省老摄影家作品选）王昭荣主编

南昌　江西美术出版社　1999 年　102 页　25×26cm
ISBN：7-80580-614-4

定价：CNY98.00，CNY128.00（精装）

作者王昭荣（1930—2018），中国老摄影家学会会员，江西省摄影家学会顾问，江西省新闻摄

影学会名誉会长。

J0112595
桂林 （一座举世闻名的美丽城市）李元君［编］
南宁 接力出版社 1999年 123页 21×29cm
ISBN：7-80631-476-8 定价：CNY75.00
　　中国现代摄影作品集。

J0112596
桂林经典五十美景 漓江出版社编
桂林 漓江出版社 1999年 50页 19×19cm
ISBN：7-5407-2456-0
定价：CNY50.00, CNY50.00（精装）
（金象鼻旅游书系）
　　中国现代摄影作品集。

J0112597
桂林山水张力平摄影作品 张力平摄
桂林 漓江出版社 1999年 101页 28×29cm
ISBN：7-5407-2420-X
定价：CNY100.00, CNY140.00（精装）

J0112598
淮源风光 （刘佳勤摄影集）刘佳勤摄影
郑州 河南美术出版社 1999年 65页 25×26cm
ISBN：7-5401-0799-5 定价：CNY88.00
　　本书为中英文本。外文书名：Scenery of
Huaihe Rivers's Origin: Liu Jiaqin's Photographic
Selections.

J0112599
江苏摄影五十年 （1949—1999）顾东升主编
南京 江苏美术出版社 1999年 209页 29cm（16开）
精装 ISBN：7-5344-0990-X 定价：CNY320.00

J0112600
锦绣江西 （中国摄影家刘礼国作品集）［刘礼
国摄］；洪礼和，吴文峰主编
北京 中国摄影出版社 1999年 83页 25×26cm
精装 ISBN：7-80007-325-4 定价：CNY260.00
　　本书作者从30多年来拍摄的几万幅作品
中，精选出山水、家园和花鸟类摄影作品50幅，
介绍江西省的秀丽景色和巨变。作者刘礼国
（1944—　），生于江西瑞昌市，江西省人民政府
《江西政报》副总编，中国摄影家学会会员，著有

《锦绣江西：中国摄影家刘礼国作品集》等。

J0112601
九寨沟·黄龙 高屯子，桑正摄影
成都 四川人民出版社 1999年 120页 25×26cm
精装 ISBN：7-220-04592-1 定价：CNY138.00
　　中国现代摄影作品集。中英文本。

J0112602
客家·竹堑·老照片 （李增昌摄影集）李增昌
摄影
新竹县 新竹县立文化中心 1999年 166页
有照片 27cm（大16开）精装
ISBN：957-02-3736-8
（新竹县地方人文影像田野搜寻计划 1）

J0112603
昆明世博园 （"杰先杯"'99昆明世博会反转
艺术摄影大赛作品集）"杰先杯"'99世博会反转
片艺术大赛组委会编
福州 海潮摄影艺术出版社 1999年 99页
25×26cm 精装 ISBN：7-80562-675-8
定价：CNY180.00

J0112604
老家 （摄影集）B门摄
杭州 西泠印社 1999年 97页 29×29cm
ISBN：7-80517-393-1 定价：CNY250.00

J0112605
林峰作品选 林峰摄；中共涿州市委宣传部编
北京 蓝天出版社 1999年 80页 18×20cm
ISBN：7-80081-984-1 定价：CNY38.80
　　本书收有《天下第一州》《郦道元故居》《晨
曦》《京门华彩》《河北涿州中学》《金融一条街》
《北国男儿》等摄影作品。作者林峰（1938—　），
本名王树林，生于河北涿州。历任新艺摄影公司
技术副总监、市摄协顾问，国家特级摄影师。著
有《林峰作品选》等。

J0112606
秘境香格里拉 迪庆藏族自治州，云南科技出
版社编著
昆明 云南科技出版社 1999年 121页
29cm（16开）ISBN：7-5416-1071-2

定价：CNY168.00

中国现代摄影作品集。外文书名：Shangri-la—A Fascinating Land.

J0112607

青岛风采 （"海尔杯"青岛风采摄影大赛获奖作品集）青岛市人民政府新闻办公室等编

济南 山东画报出版社 1999年 59页 26×24cm

ISBN：7-80603-379-3 定价：CNY68.00

外文书名：The Splendor of Qingdao.

J0112608

青岛崂山 青岛市崂山风景区管理委员会，山东画报社编

济南 山东画报出版社 1999年 125页 24×26cm

ISBN：7-80603-358-0

定价：CNY80.00，CNY100.00（精装）

中国现代摄影作品集。

J0112609

青海辉煌50年 （1949—1999）中共青海省委宣传部，青海省新闻出版局编

西宁 青海人民出版社 1999年 247页 29cm（16开）

精装 ISBN：7-225-01665-2 定价：CNY268.00

中国现代摄影作品集。

J0112610

山西文艺创作五十年精品选 （1949—1999 摄影卷）谷威主编

太原 山西人民出版社 1999年 178页 29cm（16开）

精装 ISBN：7-203-03858-0 定价：CNY296.00

J0112611

神秘的怒江 杨发顺主编、摄影；怒江傈僳族自治州泸水县旅游局［编］

北京 民族出版社 1999年 96页 13×14cm 精装

ISBN：7-105-03627-3 定价：CNY28.00

（中国云南风光风情旅游丛书）

中国现代摄影作品集。外文书名：The Mysterious Nujiang.

J0112612

神秘的香格里拉 中国旅游出版社等编

北京 中国旅游出版社 1999年 96页 25×26cm

ISBN：7-5032-1619-0 定价：CNY73.00

（中国旅游全览）

中国现代摄影作品集。

J0112613

石林 中国旅游出版社编

北京 中国旅游出版社 1999年 96页 25×26cm

ISBN：7-5032-1594-1 定价：CNY73.00

（中国旅游全览）

中国现代摄影作品集。

J0112614

时代胶囊 （千·禧年半世纪前的影像台湾）杨基炘著

台北 杨基炘（发行人）1999年 133页 32cm（10开）

中国现代摄影作品集。外文书名：Time Capsule.

J0112615

探险怒江 罗焕灵等著

广州 羊城晚报出版社 1999年 120页

26cm（16开）ISBN：7-80651-024-9

定价：CNY40.00

本书以摄影集的形式反映了怒江傈僳族自治州的概貌和怒江两岸人民的生活。作者罗焕灵（1970— ），广东兴宁人。羊城晚报珠江三角洲版编辑。合著有《探险怒江》。

J0112616

同里摄影作品选集 （中英文本）江苏省摄影家协会编著

北京 中国摄影出版社［1999年］78页

22×22cm ISBN：7-80007-304-1

定价：CNY50.00

本摄影集生动地记录和拍摄了精彩的镜头，真实、全面和艺术地反映出同里秀美宜人的湖光桥影、富有水乡特色的水乡风情。

J0112617

往事·流景·春去也 （第二届郎静山纪念摄影奖作品集）洪力合摄影

台北县 博扬文化事业公司 1999年 67页

26×27cm 精装 ISBN：957-97710-8-1

定价：TWD400.00

J0112618

往事回眸 （20世纪新疆图片纪实 第1辑）樊矫健主编

乌鲁木齐 新疆美术摄影出版社 1999年 156页 20cm（32开）ISBN：7-80547-820-1

定价：CNY9.90

J0112619

往事回眸 （20世纪新疆图片纪实 第2辑）袁国祥主编

乌鲁木齐 新疆美术摄影出版社 1999年 140页 20cm（32开）ISBN：7-80547-821-X

定价：CNY9.90

J0112620

往事回眸 （20世纪新疆图片纪实 第3辑）郑华主编

乌鲁木齐 新疆美术摄影出版社 1999年 140页 20cm（32开）ISBN：7-80547-822-8

定价：CNY9.90

J0112621

往事回眸 （20世纪新疆图片纪实 第4辑）唐天中主编

乌鲁木齐 新疆美术摄影出版社 1999年 140页 20cm（32开）ISBN：7-80547-823-6

定价：CNY9.90

J0112622

西藏风光 张鹰等摄影

北京 中国旅游出版社 1999年 96页 19×22cm ISBN：7-5032-1599-2 定价：CNY38.00

　　中国现代摄影作品集。

J0112623

香港故事 （1960's-1970's 邱良摄影选）邱良摄影

香港 三联书店（香港）公司 1999年 131页 29×25cm 精装 ISBN：962-04-1697-X

定价：HKD198.00

　　外文书名：Images of Hong Kong 1960's-1970's.

J0112624

香港照相册 邱良主编

香港 三联书店（香港）公司 1999年 重印本

153页 有照片 25×30cm 精装 ISBN：962-04-1306-7 定价：HKD240.00

　　外文书名：Photo Hong Kong 1950's-1970's.

J0112625

雪域 杨永年摄影撰文

拉萨 西藏人民出版社 1999年 200页 26×26cm ISBN：7-223-01142-4 定价：CNY148.00

　　中国现代摄影作品集。中英文本。本书与香港文汇出版社合作出版。

J0112626

迎回归 （澳门采风摄影作品集）张利萍主编

北京 五洲传播出版社 1999年 114页 26×27cm 精装 ISBN：7-80113-662-4 定价：CNY120.00

　　外文书名：Photographic Works of the On-The-Spot Shooting in Macao.

J0112627

云南大自然博物馆 （动物奇趣）云南省科学技术协会等编；徐志辉主编

昆明 云南大学出版社 1999年 96页 27×29cm ISBN：7-81068-033-1 定价：CNY98.00

　　中国现代摄影作品集。

J0112628

云南大自然博物馆 （花卉奇姿）云南省科学技术协会等编；武全安，徐志辉主编

昆明 云南大学出版社 1999年 96页 27×29cm ISBN：7-81068-033-1 定价：CNY98.00

　　中国现代摄影作品集。

J0112629

云南大自然博物馆 （山水奇观）云南省科学技术协会等编；徐志辉主编

昆明 云南大学出版社 1999年 96页 27×29cm ISBN：7-81068-033-1 定价：CNY98.00

　　中国现代摄影作品集。

J0112630

云南大自然博物馆 （植物奇态）云南省科学技术协会等编；徐志辉主编

昆明 云南大学出版社 1999年 96页 27×29cm ISBN：7-81068-033-1 定价：CNY98.00

　　中国现代摄影作品集。

J0112631

云南之旅　（摄影集）施惟达主编

昆明　云南大学出版社　1999 年　103 页　25×26cm

精装　ISBN：7-81025-150-3　定价：CNY98.00

本书为中英文本，外文书名：Journey to Yunnan.

J0112632

浙江摄影作品集　徐邦主编；《浙江摄影作品集》编委会编

杭州　浙江摄影出版社　1999 年　198 页　36cm（15 开）

精装　ISBN：7-80536-664-0　定价：CNY420.00

本摄影集收录了《一户人家五十年间》《溢洪》《交流》《施肥》等 198 幅作品，这些作品歌颂了党、歌颂了社会主义祖国，是时代的缩影、历史的见证。

J0112633

中国黄山　（王健材摄影集）王健材摄；吴广民主编

合肥　安徽美术出版社［1999 年］175 页

31cm（12 开）精装　ISBN：7-5398-0641-9

定价：CNY258.00

本书为中英文本。外文书名：China Huang-Shan：Photographic Works of Wong Kin-Choy.

J0112634

中国云南　（风光卷）顾伯平主编；云南省对外文化交流协会编

昆明　云南美术出版社　1999 年　118 页　25×26cm

ISBN：7-80586-633-3　定价：CNY100.00

中国现代摄影作品集。中英日文本，外文书名：Yunnan China Landscapes.

J0112635

走进荒原　（黄土高原摄影摘记）田国斌［摄影］

西安　陕西人民美术出版社　1999 年

27cm（18 开）ISBN：7-5368-1146-2

定价：CNY62.00，CNY96.00（精装）

外文书名：Get into the Wilderness.

中国个人摄影作品综合集

J0112636

大风集　（陈万里摄影作品集之一）陈万里摄

北京　摄影者刊　1924 年［24］页　31cm（15 开）

精装　定价：洋二元五角

本书收照片 12 幅。书前有钱稻孙、顾颉刚的序及陈万理的自序。

J0112637

克立摄影集　陈克立摄

［上海］吉星出版社　1931 年　62 页　26cm（16 开）

定价：二元

本书收照片 56 幅。书前有郎静山序。

J0112638

安澜摄影集　孙安澜摄

上海　益新印务局（印）1934 年　46+44 页

26cm（16 开）

本书收有照片 44 幅。书前另有潘冷残、李嵩、程晦人、罗植等人的摄影作品 40 余幅。

J0112639

吴中行艺术摄影集　吴中行作

南京　江苏人民出版社　1957 年　影印本　30 页

18cm（32 开）统一书号：8100.239

定价：CNY0.44

本摄影集收有作者数十年摄影作品 30 幅。作者吴中行（1899—1976），摄影艺术家。江苏武进人。英国皇家摄影学会会员，中国摄影家协会常务理事。摄影作品有《归牧》《报晓》《锦树双栖》《双清》等。

J0112640

景康摄影集　郑景康作

上海　上海人民美术出版社　1958 年　影印本

21cm（32 开）精装　统一书号：T8081.3225

定价：CNY3.30

本书选入作者 1938 年至 1956 年拍摄的 75 幅精品。第 1-4 幅，记录了日本侵略者给中国人民带来惨重灾难的实景。第 5-8 幅，反映解放区人民克服困难自力更生的情景。第 9-12 幅是解放战争时期拍的，反映山东解放区人民的精神面貌。第 13-75 幅，是 1950—1956 年拍的，体现了作者在日常生活环境中的观察和感受，其中有林伯渠、梅兰芳、齐白石等名人肖像 20 幅。作者郑景康（1904—1978），摄影大师、新闻摄影记者。广东中山人。毕业于上海美术专科学校。摄影作品有《陕北与江南》《挥手之间》《南泥湾之秋》《开荒》，著有《景康摄影集》《摄影讲座》。

J0112641
金石声摄影艺术作品选辑　上海人民美术出版社编辑
上海　上海人民美术出版社 1962 年 10 张（套）13cm（56 开）定价：CNY0.60

J0112642
齐观山摄影作品选集　齐观山摄
上海　上海人民美术出版社 1964 年 [61] 页 26cm（16 开）精装 统一书号：T8081.5168
定价：CNY11.00
　　本书有 61 幅图。所收作品有党和国家领导人活动的珍贵镜头，也有抗日战争、解放战争以及建国后各个时期拍摄的新闻照片，有小部分是风光摄影，作者在创作后期，拍摄了大量反映祖国壮丽河山的风光照片，这些作品在构图和用光上均有独到之处。

J0112643
陈复礼摄影集　陈复礼摄影
香港　摄影书报社 1978 年 94 幅 有彩照 34cm（10 开）

J0112644
蔡俊三摄影艺术　蔡俊三摄影
广州　花城出版社 1981 年 115 页 19cm（32 开）
统一书号：8261.1 定价：非卖品
　　本书是 1980 年 5 月间在广州举行的"蔡俊三摄影遗作展览"的全部作品，共 500 幅。

J0112645
吴印咸摄影集　（上）吴印咸作
哈尔滨　黑龙江人民出版社 1981 年 1 册 37cm（8 开）精装 统一书号：8093.688
定价：CNY15.00
　　作者吴印咸（1900—1994），摄影艺术家、导

演。原名吴荫诚，祖籍安徽歙县，生于江苏沭阳。曾在上海美术专科学校学习。历任东北电影制片厂厂长，北京电影学院副院长兼摄影系主任，文化部电影局顾问，中国摄影家协会副主席，中国电影摄影师学会副理事长，全国文学艺术联合会委员等。代表作品《生死同心》《风云儿女》《坚苦的奋斗》。

J0112646
吴印咸摄影集　（下）吴印咸作
哈尔滨　黑龙江人民出版社 1984 年 37cm 精装
统一书号：8093.1000 定价：CNY50.00

J0112647
陈复礼摄影集　陈复礼摄
北京　人民美术出版社 1982 年 101 幅 37cm（8 开）
精装 统一书号：8027.7446 定价：CNY60.00
　　本书选入香港著名摄影家陈复礼 50 年代至 70 年代拍摄的人物和风景照片 100 幅。照片内容包括祖国大好河山和泰国、柬埔寨、老挝、日本等国的风土人情。作者陈复礼（1916—2018），摄影家。生于广东省潮州市潮安县官塘镇。毕业于省立第二师范学校（今韩山师范学院）乡村师范科。后赴东南亚谋生，先后侨居泰国、柬埔寨、越南等地。1951 年组织越南摄影学会，任副会长。1955 年迁居香港。1961 年获香港摄影学会和伦敦英国皇家摄影学会高级会士衔。1958 年创立香港中华摄影学会，被推为终身名誉会长。1960 年创立影艺出版公司，出版《摄影艺术》月刊，后年改为《摄影画报》月刊。1980 年当选中国摄影家协会副主席。主要有《流浪者》《月光曲》《漓江》《迎客松》《朝晖颂》《九寨飞瀑》等优秀作品。在国际影展中，获金、银、铜牌数百枚。

J0112648
陈复礼摄影作品欣赏　陈勃编著
北京　新华出版社 1982 年 125 页 21cm（32 开）
统一书号：8203.002 定价：CNY1.40
　　本书选介了香港著名摄影加陈复礼的部分代表作品。作品题材包括风景、人物、静物、花卉、小品等，评介偏重于技巧方面。编著者陈勃（1925—2015），摄影家。河北阜北人。历任中国摄影学会副秘书长、《中国摄影》杂志主编、中国图片社经理等。代表作品《雨越大干劲越大》《金

鱼》《妙不可言》等。著作有《简明摄影知识》。

J0112649

水禾田摄影集 （黄河）水禾田摄
台北 台湾影集台湾观光局 1982 年 151 页
有照片 26cm（16 开）定价：TWD85.80

J0112650

薛子江摄影作品集 薛子江，尚进摄
上海 上海人民美术出版社 1983 年 83 页
27cm（16 开）统一书号：8081.13121
定价：CNY6.00，CNY8.50（精装）
　　本摄影集收录了薛子江同志生平各个时期的优秀摄影作品，共 58 幅。薛子江（1910—1962），摄影家。广东顺德人。英国皇家摄影学会高级会员，中国新闻社摄影记者，中国摄影家协会第一、二届常务理事等。主要作品有《衡山初晓》《千里江陵一日还》《日出而作》等。

J0112651

黄翔摄影集 黄翔摄
北京 人民美术出版社 1984 年 104 幅 37cm（8 开）
精装 统一书号：8027.8877 定价：CNY60.00
　　本书选编了作者自中华人民共和国成立以来所创作的 104 幅摄影代表作。作品包括《黄山雨后》《碧玉簪》《淡烟流水画屏幽》《长城秋色》等。作者黄翔（1904—1990），摄影家。湖北长阳人。中国摄影家协会副主席。

J0112652

大运河 （水禾田摄影集）水禾田摄
香港 艺美图书公司 1985 年 有图 19cm（32 开）
定价：HKD60.00
　　外文书名：The Great Canal of China: Photographys by Water Poon.

J0112653

吕厚民摄影作品集 ［吕厚民摄影］
1985 年 有图 30cm（10 开）

J0112654

丝路风情 （窦实摄影作品选）窦实摄
兰州 甘肃人民出版社 1985 年 25cm（16 开）
统一书号：8096.1159
　　本书收集了作者反映浓郁的丝路风情和河

西人民在社会主义现代化建设中的精神面貌的作品 58 幅。外文书名：Along the Silk Road.

J0112655

历史的瞬间 （孟昭瑞摄影作品选）孟昭瑞著
北京 人民美术出版社 1986 年 164 页
25cm（15 开）统一书号：8027.9669
定价：CNY20.00

J0112656

上海动物园 （摄影集）陈克立编
上海 上海人民美术出版社 1986 年 26cm（16 开）
定价：CNY4.00

J0112657

徐裕根摄影作品选集 徐裕根摄
厦门 鹭江出版社 1986 年 50 页 20cm（32 开）
统一书号：8422.16 定价：CNY2.50

J0112658

李兆军摄影作品 李兆军摄
济南 山东省青年摄影协会 1987 年 27cm（24 开）
　　本摄影集题材主要反映沂蒙山区人民生活。

J0112659

郑君瑜小品摄影集 （第一辑）郑君瑜摄
香港 专业出版社 1987 年 62 页 有照片
18cm（15 开）ISBN：962–315–011–3
定价：HKD25.00

J0112660

中国摄影家陈长芬作品集 陈长芬摄影；杨恩编辑
北京 人民美术出版社 1987 年 30cm（12 开）
统一书号：8027.10492 定价：CNY26.00
　　本书收作者的摄影作品 58 幅，内容分长城、大地、瀚海、星空 4 个部分。外文书名：The Works of Chinese Photographer Chen Changfen.
　　作者陈长芬（1941—　　），书画家、摄影家。生于湖南衡阳市。任中国文学艺术界联合会第七届全国委员会委员，中国艺术摄影学会副会长。代表作品有《关山万里》《裂变》《长城两边的百姓》。

J0112661

中国摄影家罗小韵作品集　罗小韵摄影；杨恩编辑

北京 人民美术出版社 1987年 30cm（10开）

统一书号：8027.10491 定价：CNY26.00

　　本书收作者摄影作品82幅。作品注重反映人的思想、人的性格、人的情感交流的诸多方面，反映不同民族和不同地域的人情风俗。外文书名：The Works of Chinese Photographer Luo Xiaoyun. 罗小韵（1953—　　　），女，摄影家。湖南桂东县人，生于北京，毕业于中国人民大学摄影专业，获美国纽约大学摄影硕士。出版有《大西北纪行》《自然与人文的交响诗－三江并流》《我看美国》《边疆之旅》《中国摄影家罗小韵作品集》。

J0112662

中国摄影家朱宪民作品集　朱宪民摄影；杨恩编辑

北京 人民美术出版社 1987年 30cm（16开）

统一书号：8027.10489 定价：CNY26.00

　　本作品集选入作者从1979至1987年分别于北京、中原、北国、南骚、西域5个地区拍摄的人物作品65幅图。外文书名：The Works of Chinese Photographer Zhu Xian Min.

J0112663

李少白摄影作品选　李少白摄

沈阳 辽宁美术出版社 1988年 70页

17×18cm（24开） ISBN：7-5314-0039-1

定价：CNY7.50

　　本摄影画册选入作者摄影作品67幅。李少白（1942—　　　），著名摄影家。生于重庆。先后任《大众摄影》《中国摄影》等杂志编委，《中国国家地理》《文明》等杂志签约摄影师。出版有《李少白摄影作品选》《神秘的紫禁城》《伟大的长城》《走进故宫》等。

J0112664

李元摄影作品选　（美）李元摄；林少忠选编

北京 中国摄影出版社 1988年 82页 23×26cm

ISBN：7-80007-016-6 定价：CNY24.00

　　外文书名：A Portfolio of Li Yuan. 编者林少忠（1924—2016），摄影家、艺术评论家。出生于陕西麟游，肄业于山东大学。中国摄影家协会会员，中国翻译工作者协会会员。先后任《国际摄影》《中国摄影》杂志编辑、编委。撰译著作有《投影名作的诞生》《进入摄影》等。

J0112665

石少华作品选　石少华作；《石少华作品选》编委会编

广州 岭南美术出版社 1988年 115页 有照片

26cm（16开） ISBN：7-5362-0165-6

定价：CNY30.00

　　本摄影集收有作者摄影作品96幅图，内容分新疆、革命战争和非洲之行三部分，作品中有纪录中国人民革命历程的作品和革命领导人的照片。书末附有石少华年表。石少华（1918—1998），摄影艺术家。原籍广东番禺，出生于香港。毕业于陕北公学、抗日军政大学。历任新华社副社长、新华出版社社长、中国老年摄影协会会长等职。代表作品《毛主席和小八路》《埋地雷》《白洋淀上的雁翎队》等。

J0112666

阎立杰人像摄影作品选集　阎立杰摄

北京 北京燕山出版社 1988年 ［62页］

17cm（32开） ISBN：7-5402-0041-3

定价：CNY1.80

J0112667

张秉山摄影作品选　张秉山摄

青岛 青岛出版社 1988年 90页 26cm（16开）

ISBN：7-5436-0282-2 定价：CNY16.00

J0112668

中国风景线　（陈复礼旅游摄影集）陈复礼摄

香港 三联书店 1988年 126页 有照片

31cm（10开） 精装 ISBN：962-04-0608-7

　　中国现代风光摄影作品。外文书名：China's Scenic Beauty through the Camera of Tchan Fou-li.

J0112669

中国摄影家林孙杏作品集　林孙杏摄影；杨恩编辑

北京 人民美术出版社 1988年 30cm（16开）

　　本书选入作者有关大海专题摄影作品51幅。

J0112670

中国摄影家王文泉、王文波、王文澜、王文扬作品集　王文泉等摄；杨恩编

北京　人民美术出版社　1988年　有彩色照片

28cm（16开）

　　本书作者为王氏摄影四兄弟，均为中国新闻摄影学会会员。摄影画册共选收他们的作品72幅。外文书名：The Works of Chinese Photographers. 作者王文泉，中国摄影家协会会员，多次在全国摄影大赛上获奖。王文波，中国摄影家协会会员，曾获联合国教科文组织亚洲大洋洲摄影比赛亚洲文化中心奖，曾获北京摄影家协会授予的"全像奖"、"突出贡献奖"。王文澜，中国摄影家协会理事，中国新闻摄影学会学术委员。在全国新闻摄影优秀作品评选中获金、银、铜牌奖及中国新闻奖，荣获全国十佳摄影记者、全国十佳体育摄影记者、全国人像摄影十杰称号，多次担任全国影展、国际影展、新闻影展评委。王文扬，中国摄影家协会会员、中国新闻摄影学会会员。曾获首届全国十大青年摄影家及全国人像摄影十杰称号；1999年获摄影最高奖——中国摄影金像奖。

J0112671

陈宝生摄影作品选　陈宝生摄；陕西老年摄影学会，陕西画报社编

西安　陕西人民美术出版社　1989年　26cm（16开）

ISBN：7-5368-1029-7　定价：CNY26.70

J0112672

历史的脚步　（高粮摄影作品选集）高粮摄

沈阳　辽宁美术出版社　1989年　99页　19cm（32开）

ISBN：7-5314-0217-3　定价：CNY80.00

　　本书收作者的摄影作品20幅，记录了中国老一辈无产阶级革命家们从事各种活动的情景，再现了抗日战争、解放战争、抗美援朝战场上激烈的战斗场面，以及军民团结，重建家园和天安门广场上升起的第一面五星红旗等激动人心的壮观场面。高粮（1921—2006），摄影记者。生于河北易县。历任《人民日报》社摄影组长、高级记者，中国老摄影家协会理事，中国老摄影记者联谊会理事。出版有《高粮诗影集》。

J0112673

梁枫摄影作品选　梁枫摄

沈阳　辽宁美术出版社　1989年　59页　24cm（15开）

ISBN：7-5314-0212-2　定价：CNY86.00

　　本书选编作者从40年代末到80年代期间拍摄的作品59幅。作品从不同角度反映了中国经济恢复时期、抗美援朝战场上和党的十一届三中全会以来，各个历史时期的政治、经济发展变化和人们的精神面貌。

J0112674

祁连积雪　（窦实摄影集）窦实摄

兰州　甘肃人民出版社　1989年　25cm（小16开）

ISBN：7-226-00451-8　定价：CNY15.00

J0112675

方季惟摄影辑　潘重威摄

台北　兰与白唱片出版社　1990年　24cm（26开）

精装

J0112676

胡武功摄影作品集　（1981—1990）胡武功摄

杭州　浙江摄影出版社　1990年　22×22cm（20开）

精装　ISBN：7-80536-086-3　定价：CNY20.00

　　本书有46幅图。作品整体上倾向于对生活、人生作出社会的、历史的判断和形象化的评说，注重处在特定生存状态和现存关系中的人的基本态度和情感类型。胡武功（1949—　　），摄影记者。生于陕西西安。现任陕西省摄影家协会主席。出版文集《摄影家的眼睛》《中国影像革命》，摄影画册《胡武功摄影作品集》《四方城》《西安记忆》《藏着的关中》等。

J0112677

胡晓泉摄影作品集　胡晓泉摄影；中国艺术研究院摄影艺术研究室，中国农垦摄影协会编

北京　中国民族摄影艺术出版社　1990年

56页　26cm（16开）ISBN：7-80069-018-0

定价：CNY25.00

J0112678

姜长庚摄影艺术　姜长庚摄

上海　上海画报出版社　1990年　有彩照

26cm（16开）精装　ISBN：7-80530-021-6

定价：CNY35.00

　　姜长庚（1945—　　），摄影家。笔名肖疆等，中国摄影家协会会员。

J0112679
摄影大师郎静山作品集　郎静山摄
北京 中国摄影出版社 1990年 100页
30cm（16开）ISBN：7-80007-064-0
定价：CNY38.00，CNY45.00（精装）
　　本书选收作者摄影作品100幅。

J0112680
王国年摄影作品集　王国年摄影
上海 王国年［自刊］1990年 1册 有照片
22cm（16开）精装
　　外文书名：The Collection of Photographic
Works of Wang Guonian.

J0112681
王静莹写真（马尔地夫之恋）　谢岳勋摄影
台北 瑞市企业公司［199?年］1册 30cm（15开）
定价：TWD380.00
　　本书与凯威影视事业公司合作出版。

J0112682
中国摄影家李元奇作品集　李元奇摄
北京 人民美术出版社 1990年 65页 26×23cm
　　本画册收入作者拍摄的作品72幅，主要表
现生活底层的贫困农民和少数民族。

J0112683
中国摄影家王苗作品集　王苗摄；杨恩编
北京 人民美术出版社 1990年 25cm（16开）
（中国摄影家）
　　本摄影画册收集了作者摄影作品65幅，内
容以风光摄影为主。王苗（1951—　），摄影家。
北京人。历任中国新闻社摄影记者，香港中国
旅游出版社副社长、总编辑，中国摄影家协会理
事。出版摄影集有《敦煌飞天》《西藏神秘的高
原》等。

J0112684
朱天民人像摄影作品选　朱天民摄
上海 上海人民美术出版社 1990年 60页
26cm（16开）ISBN：7-5322-0706-4
定价：CNY12.00
　　本书收辑作者自30年代以来代表作品90
幅。拍摄对象多为文艺界的演员、画家，有白杨、
秦怡、俞振飞、张君秋、袁雪芬、王文娟、刘海

粟、朱屺瞻等。

J0112685
邹毅摄影作品选集　邹毅摄
沈阳 辽宁美术出版社 1990年 64页 19cm（32开）
ISBN：7-5314-0855-4 定价：CNY12.50

J0112686
冯学敏摄影艺术　冯学敏摄
上海 上海画报出版社 1991年 66页 18×20cm
ISBN：7-80530-031-3 定价：CNY19.90
　　本书选收中国留日摄影家冯学敏在日本创
作的彩色作品62幅，全书由"水与芳草地"、"建
筑"、"静物"、"梦幻"和"自然"5个部分组成，并
附有文章3篇，分别由日本摄影评论家泽东德
美、中国摄影评论家金石声及作者本人撰写。

J0112687
黑白摄影集　王世平摄影
沈阳 沈阳出版社 1991年 49页 29cm（16开）
ISBN：7-80556-593-7 定价：CNY17.00
　　本摄影集收入作者黑白照片44幅，内容包
括从多角度展现不同人物的形象和心态。

J0112688
魂流　（张利德摄影集）张利德摄
沈阳 辽宁美术出版社 1991年 71页 19cm（32开）
ISBN：7-5314-0885-6 定价：CNY25.00

J0112689
镜头与冲击　（许同庆摄影作品集）许同庆摄
北京 中国摄影出版社 1991年 58页 29cm（16开）
ISBN：7-80007-085-9 定价：CNY38.00
　　本书作品结合了广告摄影和人像摄影的特
点并汲取了国外现代派摄影大师的技术表现力，
表现了整体的现代意识，强调了内含的冲击力
量。许同庆（1957—　），摄影师。历任中国人
像摄影学会会员，任职于北京市纺织品进出口
公司。

J0112690
老家人　（范毅舜摄影文集）范毅舜摄
台北 时报文化出版企业公司 1991年 131页
有照片 25×26cm ISBN：957-13-0277-5
定价：TWD800.00

外文书名：My People.

J0112691
霜华集萃 （朱乃华霜花摄影作品专辑）朱乃华摄影
长春 吉林美术出版社 1991年 有照片
18×21cm ISBN：7-5386-0228-3
定价：CNY16.00
　　本摄影集选入作者 52 幅霜花摄影作品，并有英译文。外文书名：A Collection of Choicing Frostwork Picture. 朱乃华，高级摄影师。笔名顾屑、雪夫、闲人，吉林市人。吉林市档案馆任职，中国摄影家协会会员，中国新闻学会会员。

J0112692
王健摄影集 王健著
北京 中国民族摄影艺术出版社 1991年 57页
26×25cm ISBN：7-80069-017-2
定价：CNY20.00
　　外文书名：Anthology of Photography by Wangjian.

J0112693
王云阶摄影集 王云阶摄
沈阳 辽宁美术出版社 1991年 58页 24×26cm
ISBN：7-5314-0886-4 定价：CNY30.00
（辽宁摄影家丛集）
　　本书选编作者在《辽沈战役》《平津战役》《抗美援朝》时期拍摄的军事题材作品 60 幅图。

J0112694
杨春洲摄影作品选集 杨春洲摄；云南省摄影家协会编
昆明 云南人民出版社 1991年 101页
28cm（大16开）ISBN：7-222-00919-1
定价：CNY32.00
　　本摄影集收入作者 1933 年到 1991 年的摄影作品 88 幅，，其中彩照 35 幅，黑白照 53 幅。作品以反映故乡云南的作品居多，有南陲风光、云南石林、节日狂欢等。外文书名：Selected Photographs by Yang Chunzhou.

J0112695
杨晓利摄影作品集 杨晓利摄
北京 中国工人出版社 1991年 26×25cm

ISBN：7-5008-0874-7 定价：CNY19.80
　　本集选收作者黑白摄影作品 45 幅。在影调的处理上，作者大胆舍去中间色调，使画面的黑白反差强烈到近乎版画的效果。从全新的角度，体现现代建筑之美和作者的艺术追求。杨晓利（1955—　　），陕西人，中国摄影学会、中国华侨摄影学会会员，中国人民大学一分校摄影系任教。

J0112696
中国摄影家黄一鸣纪实作品集 黄一鸣摄
郑州 河南美术出版社 1991年 55页 28cm（16开）
ISBN：7-5401-0308-6 定价：CNY30.00
　　本书收入摄影作品 50 余幅。外文书名：The Works of Chinese Photographer Huang Yiming. 黄一鸣（1960—　　），摄影家。历任《中国日报》海南记者站站长，中国摄影家协会会员，海南省青年摄影家协会主席。出版摄影集有《黑白海南》《海南故事》等。

J0112697
中国摄影家李兆军作品集 李兆军摄；杨恩编
北京 人民美术出版社 1991年 67页 28cm（16开）
ISBN：7-102-01293-4 定价：CNY45.00
　　本摄影集收入作者摄影作品 67 幅。作品主要反映沂蒙山区人民生活。

J0112698
中国摄影家魏秀金摄影集 崔岩编辑
北京 中国摄影出版社 [1991年] 28cm（大16开）
ISBN：7-80007-085-9 定价：CNY35.00

J0112699
自然的沉思 （张冠豪摄影作品集）张冠豪摄
台北 淑馨出版社 1991年 有彩图 26×27cm
精装 ISBN：957-531-175-2 定价：TWD600.00
　　外文书名：Contemplations on Nature, Photographic Works by Chang Kuan-Hao.

J0112700
耿大鹏摄影作品选 耿大鹏摄影
北京 北京燕山出版社 1992年 60页 22×25cm
ISBN：7-5402-0394-3 定价：CNY12.00

J0112701

耿兴余摄影作品集　耿兴余摄

北京 中国民族摄影艺术出版社 1992年 88页

29cm（16开）ISBN：7-80069-036-9

定价：CNY46.00

（中国摄影家）

外文书名：China Photographer Works from Geng Xingyu Photographic.

J0112702

花石嶂　（王辑东摄影作品集）王辑东作

南宁 广西美术出版社 1992年 有彩照

17×26cm ISBN：7-80582-019-8

定价：CNY19.50

J0112703

黄成江摄影作品集　黄成江摄

北京 中国摄影出版社 1992年 26×26cm

ISBN：7-80007-097-2 定价：CNY38.00

外文书名：Huang Chengjiang's Photographic Works. 黄成江（1952— ），高级摄影师。黑龙江双鸭山市人。中国摄影家协会理事，中国农垦摄影协会副主席兼秘书长，国务院发展研究中心副局长。出版有《黄成江摄影作品集》。

J0112704

李纯恩摄影作品集　（黑白有色）李纯恩摄

香港 创建影像馆 1992年 30cm（10开）

定价：HKD78.00

J0112705

历史的瞬间　（姜伟四十年摄影作品选）姜伟著

济南 山东友谊书社 1992年 146页 有照片

26cm（16开）ISBN：7-80551-440-2

定价：CNY55.00

本书汇集了作者40多年来摄影的作品共200多幅。姜伟（1932— ），摄影家。江苏涟水人。山东人民出版社从事摄影工作，中国摄影家协会、中华全国新闻工作者协会会员。

J0112706

历史的瞬间　蒋齐生主编；乔天富编辑

北京 长城出版社 1992年 276页 有照片

20cm（32开）ISBN：7-80017-167-1

定价：CNY4.50

作者蒋齐生（1917—1997），新闻摄影理论家、高级编辑。陕西户县人。曾任新华通讯社新闻摄影编辑部副主任、新闻摄影家协会常务理事、中国新闻摄影学会会长等。作品有《老舍》《肖三》《郭沫若》《吴晗》等，出版《新闻摄影论集》《新闻摄影一百四十年》《新闻摄影的价值与规律》《摄影史记》等。编辑乔天富（1954— ），高级记者，四川绵竹市人。历任解放军报高级记者，中国摄影家协会理事，中国新闻摄影学会常务理事。代表作品《中国人民解放军驻香港部队》《大阅兵》《军中姐妹》。作者蒋齐生（1917—1997），新闻摄影理论家、高级编辑。陕西户县人。曾任新华通讯社新闻摄影编辑部副主任、新闻摄影家协会常务理事、中国新闻摄影学会会长等。作品有《老舍》《肖三》《郭沫若》《吴晗》等，出版《新闻摄影论集》《新闻摄影一百四十年》《新闻摄影的价值与规律》《摄影史记》等。

J0112707

名家明星留真　（崔益军摄影作品选）崔益军摄

上海 上海人民美术出版社 1992年 60页

29cm（16开）ISBN：7-5322-1190-8

定价：CNY30.00

本摄影集精选照片78幅，内容有《邓小平和江泽民在一起》《谢晋小憩的思索》《巩俐获金狮奖步出机场的喜悦》《周洁在矿井里邀请工人合影的情景》《严文井的幽默》《华君武对新作的苦苦思索》等。崔益军（1952— ），记者、摄影师、美术师。曾用名崔益君，江苏东台市人。解放日报记者，中国摄影家协会会员。摄影作品有《瞬间》《晚情》《情系孤儿》等。

J0112708

彭年生摄影作品　（思想者肖像系列 一）彭年生摄；作新实业有限公司（皇宫）编

武汉 湖北人民出版社 1992年 25×26cm 精装

ISBN：7-216-00887-1 定价：CNY46.60

外文书名：Selected Photographs by Peng Nian-sheng. 彭年生（1955— ），美术摄影编辑。生于湖北武汉市，毕业于武汉大学新闻系艺术摄影专业。历任长江文艺出版社副社长，湖北美术出版社副社长，中国摄影家协会会员等职。出版有《思想者——彭年生摄影作品集》《性格肖像——彭年生摄影作品集》等。

J0112709

人道主义　（沈建中摄影作品集）沈建中摄

上海　上海画报出版社 1992 年　78 页　23×23cm

ISBN：7-80530-069-0 定价：CNY15.00

　　本书作者通过 58 幅黑白照片，展现身体残疾、智能不全和面对死亡的世界，以特有的形式表现自己的情感。照片中记录的是不健全的躯体、呆滞中带忧伤的目光，以及人们无法摆脱的必然归宿——老年生命的晚景。

J0112710

夏小希摄影作品集　（舞台·生命·风情）夏小希摄

北京　人民美术出版社 1992 年　100 页　26×23cm

ISBN：7-102-01099-0 定价：CNY45.00

　　外文书名：The Works of Chinese Photographer Xia Xiaoxi. 夏小希（1959—　　），女，中国摄影家协会会员。

J0112711

用两只手照相　（江式高新闻摄影作品选集）江式高著

北京　新华出版社 1992 年　113 页　有照片

20cm（32 开） ISBN：7-5011-1572-9

定价：CNY3.50

　　本书汇集了作者近 10 年来发表于国内各类报刊照片近百篇，并配有新闻报道，书中还有关于摄影理论以及总结自己摄影经验的文章。作者江式高（1935—　　），天津人，中国摄影家协会会员，深圳市新闻摄影学会会长。

J0112712

中国摄影家吕静波作品集　吕静波摄

北京　人民美术出版社 1992 年　80 页　28cm（16 开）

ISBN：7-102-01161-X 定价：CNY35.40

　　外文书名：The Works of Chinese Photographer Lu Jingbo. 吕静波（1957—　　），女，毕业于山东省青岛商校摄影班。蓬莱市文化馆馆员，中国摄影家协会会员，山东省摄影家协会理事，烟台市摄影家协会副主席。作品有《大海子女》《仙境蓬莱》等。

J0112713

卓雅摄影作品集　卓雅摄

长沙　湖南美术出版社 1992 年　36 页　有彩图

25×26cm ISBN：7-5356-0540-0

定价：CNY16.40

　　外文书名：Zhuo Ya's Photographic Work. 卓雅，女，中国艺术摄影学会常务理事。

J0112714

邴俊先摄影作品集　（1）邴俊先摄

西安　陕西人民美术出版社 1993 年　90 页

29cm（16 开） ISBN：7-5368-0469-5

定价：CNY39.00

　　本书收入彩色和黑白摄影作品 90 幅。外文书名：An Album of Bing Jun Xian's Photographic Works. 邴俊先，记者、编辑。笔名高原。参与《陕西青年》（后更名《当代青年》）、《侨声时报》（后更名为《华商报》）、《民声报》的创刊，曾任记者、编辑、主任记者、副总编辑等职。著作有《邴俊先摄影作品集》《跨越生命》《风雨人生》。

J0112715

赖吉钦摄影专集　赖吉钦摄；张丰荣编著

台北　冠伦出版社 1993 年　95 页　有照片

26cm（16 开） ISBN：957-8629-29-X

定价：TWD250.00

（摄影艺术丛书 8）

J0112716

李乃洪摄影作品集　李乃洪摄影

青岛　青岛出版社 1993 年　47 页 29cm（16 开）

ISBN：7-5436-0985-1 定价：CNY38.00

　　李乃洪（1944—　　），字萧波，山东潍坊人。潍坊市群众艺术馆摄影部主任、副研究员。

J0112717

吕相友摄影集　吕相友摄

西宁　青海人民出版社 1993 年　111 页　38×27cm

精装 ISBN：7-225-00402-6

　　本书收有作者摄影作品 86 幅，分为领袖风采、风光风情两部分。外文书名：Photo Album of Lu Xiangyou.

J0112718

邵家业摄影集　邵家业摄

沈阳　辽宁人民出版社 1993 年　有彩图

26×26cm ISBN：7-205-02737-3

定价：CNY58.00

外文书名：An Album of Shao Jiaye's Photos. 邵家业(1939—　)，特级摄影师。浙江温州人，历任中国摄影家协会会员，中国人像摄影学会理事，浙江省摄影家协会常务理事，浙江省文联委员，温州市摄影家协会主席，香港《中国旅游》画报特约记者等。代表作品《归棹》《秋》《瓯江船队》《碧水白帆》《春山暖雾》等。

J0112719

吴印咸摄影作品选　　吴印咸摄影
福州　海潮摄影艺术出版社　1993 年　136 页
30cm(10 开)　精装　ISBN：7-80562-209-4
定价：CNY98.00
(中国摄影名家作品书系)

外文书名：Collection of Photographs by Wu Yinxian.

J0112720

吴印咸摄影作品珍藏　　吴印咸摄；杨绍明主编
北京　中央文献出版社　1993 年　135 页　29×26cm
ISBN：7-5073-0143-5

本画册收吴印咸的摄影作品 122 幅。外文书名：Photographic Masterpiece by Wu Yinxian. 吴印咸(1900—1994)，摄影艺术家、导演。原名吴荫诚，祖籍安徽歙县，生于江苏沭阳。曾在上海美术专科学校学习。历任东北电影制片厂厂长，北京电影学院副院长兼摄影系主任，文化部电影局顾问，中国摄影家协会副主席，中国电影摄影师学会副理事长，全国文学艺术联合会委员等。代表作品《生死同心》《风云儿女》《坚苦的奋斗》。主编杨绍明(1942—　)，社会活动家。毕业于北京大学历史系。新华社摄影记者，中国摄影家协会副主席，世界华人摄影学会会长，当代摄影学会主席，中国人民对外友好协会理事等职。

J0112721

西部性格　　(陈之涛摄影集之三)陈之涛编
兰州　甘肃人民美术出版社　1993 年
28cm(大 16 开)　ISBN：7-80588-048-4
定价：CNY38.00

外文书名：The Characteristics of Northwest China：The Photograph Collections 3 by Chen Zhitao. 陈之涛，摄影艺术家。

J0112722

中国摄影家徐力群作品集　　徐力群摄
北京　人民美术出版社　1993 年　78 页
28cm(大 16 开)　ISBN：7-102-01292-6

外文书名：The Works of Chinese Photographer Xu Liqun. 徐力群(1946—　)，中国摄影家协会会员，主任记者。

J0112723

中国摄影家于俊海作品集　　于俊海编著
北京　人民美术出版社　1993 年　80 页　28cm(16 开)
ISBN：7-102-01293-4　定价：CNY45.00

本摄影集又题为《坝上行》，它艺术地反映出河北省坝上的迷人风光景物。外文书名：The Works of Chinese Photogapher Yu Junhai.

J0112724

何泽洪摄影作品集　　何泽洪摄
北京　中国摄影出版社　1994 年　96 页　29cm(16 开)
ISBN：7-80007-126-X　定价：CNY60.00

外文书名：Selected Photographic Works by He Zehong.

J0112725

林超群摄影集　　(漫游心情　Ⅱ　飞行之美)林超群摄
台北　淑馨出版社　1994 年　156 页　25×27cm
精装　ISBN：957-531-396-8　定价：TWD960.00

J0112726

牛印川摄影作品集　　牛印川摄；任一权主编
北京　中国摄影出版社　1994 年　74 页　29cm(16 开)
ISBN：7-80007-123-5　定价：CNY68.00

外文书名：Niu Yinchuan Photographic Works Album. 牛印川(1931—　)，摄影师。作者任一权(1934—　)，编审、理论评论家。笔名黄岩、一荃。生于江苏南京，祖籍浙江黄岩县。任大连市群众艺术馆摄影。出版有《摄影艺术论文集》《当代中国摄影艺术史》《世界摄影艺术流派图谱》。

J0112727

我看美国　　(罗小韵摄影作品集)罗小韵摄
北京　人民美术出版社　1994 年　25×25cm
ISBN：7-102-01446-5　定价：CNY80.00

外文书名：The America in My Eyes. 罗小

韵(1953—　)，女，摄影家。湖南桂东县人，生于北京，毕业于中国人民大学摄影专业，获美国纽约大学摄影硕士。出版有《大西北纪行》《自然与人文的交响诗－三江并流》《我看美国》《边疆之旅》《中国摄影家罗小韵作品集》。

J0112728

萧淑方写真集　江文华著
台北　尖端出版公司 1994 年 30cm（10 开）
ISBN：957–712–740–1 定价：TWD220.00
（美少女学园 1）

J0112729

一个导演眼里的世界　（王星军摄影作品集）
王星军摄
北京　外文出版社 1994 年 88 页 23×26cm 精装
ISBN：7–119–00749–1
　　外文书名：The World through the Eyes of a Film Director.

J0112730

中国摄影家韩学章电力工业作品选　（汉英对照）韩学章摄
北京　中国三峡出版社 1994 年 80 页 29cm（16 开）
精装 ISBN：7–80099–062–1 定价：CNY78.00
　　外文书名：Selected Works of Chinese Photographer Han Xuezhang. 作者韩学章，《中国水利电力报》主任记者，中国水利电力摄影协会会长。

J0112731

中国摄影家吕方作品集　吕方摄
北京　中国画报出版社［1994 年］72 页
26×23cm ISBN：7–80024–115–7
定价：CNY45.00
　　本书分自然·大地、社会·民族两个部分，收作者的 72 幅作品。外文书名：The Works of Chinese Photographer Lu Fang. 作者吕方，女，中国摄影家协会会员。

J0112732

朱晓平摄影作品集　朱晓平摄；福建画报社编辑
福州　海潮摄影艺术出版社 1994 年 96 页
25×27cm 精装 ISBN：7–80562–170–5
定价：CNY78.00

J0112733

场景　姜健著
杭州　浙江摄影出版社 1995 年 60 页 26×25cm
精装 ISBN：7–80536–344–9 定价：CNY120.00
　　中国摄影家姜健的现代摄影作品集，中英文本。

J0112734

场景　姜健著
杭州　浙江摄影出版社 1995 年 60 页 26×26cm
ISBN：7–80536–344–9 定价：CNY90.00
　　中国摄影家姜健的现代摄影作品集。外文书名：Scenes.

J0112735

崔建伟摄影集　崔建伟摄
郑州　河南美术出版社 1995 年 25×26cm
ISBN：7–5401–0494–5 定价：CNY120.00
　　外文书名：Photographic Album by Cui Jianwei.
崔建伟（1955—　），山西人，中国人民银行河南分行《金融理论与实践》编辑部美术编辑、摄影记者，中国艺术摄影协会会员。

J0112736

戴兵摄影作品集　戴兵摄
哈尔滨　黑龙江美术出版社 1995 年 29cm（16开）
ISBN：7–5318–0327–5 定价：CNY58.00

J0112737

杜和摄影作品集　杜和摄影
北京　中国轻工业出版社 1995 年 122 页
29cm（16 开）精装 ISBN：7–5019–1843–0
定价：CNY220.00
　　杜和，我国服装界著名设计师。

J0112738

高原雄鹰　（孔繁森摄影作品选）《孔繁森摄影作品选》编委会编
宁波　宁波出版社 1995 年 42 页 29cm（16 开）
ISBN：7–80602–080–2 定价：CNY38.00

J0112739

管宜孔摄影美术作品选　管宜孔摄
济南　山东友谊出版社 1995 年 56 页 25×26cm
ISBN：7–80551–711–8 定价：CNY56.00

管宜孔（1940—　），编辑。山东郯城人。历任《郯城报》社副总编辑，中国新闻摄影学会会员，山东省新闻摄影学会理事。

J0112740

胡培烈艺术摄影集　胡培烈摄；任一权主编
北京　中国摄影出版社［1995年］100页　有彩照 29cm（16开）精装　ISBN：7-80007-120-0
定价：CNY128.00

外文书名：A Collection of Photographs by Hu Peilie.

J0112741

家乡的画卷　（秦寒光摄影艺术）秦寒光摄
郑州　河南美术出版社 1995年 26cm（16开）
ISBN：7-5401-0492-9 定价：CNY26.00

外文书名：The Photographic Art of Qin Hanguang.

J0112742

渴望苍茫　（冬风意境摄影作品选）冬风摄
沈阳　沈阳出版社 1995年 41页 28cm（大16开）
ISBN：7-5441-0343-9 定价：CNY38.00

冬风，本名于冬风，辽宁科技出版社编辑。

J0112743

李子青摄影作品选　李子青摄
南昌　江西美术出版社 1995年 103页 26×25cm
ISBN：7-80580-257-2
定价：CNY120.00, CNY140.00（精装）

外文书名：Li Ziqing Photographic Selections. 李子青（1935—　），江西画报社高级记者，美国纽约摄影学会荣誉高级会士。

J0112744

历史脚印　（王世龙摄影作品选）王世龙著
郑州　海燕出版社 1995年 68页 27×26cm 精装
ISBN：7-5350-1282-5 定价：CNY50.00

J0112745

莲华菩提　（陈丽财摄影）陈丽财摄
台中　龙惠实业公司 1995年 130页 有图 26cm（16开）精装　ISBN：957-8754-07-8
定价：TWD680.00

J0112746

梁惠湘摄影作品选　梁惠湘摄
北京　中国摄影出版社 1995年 100页 29cm（16开）
精装　ISBN：7-80007-163-4 定价：CNY130.00

外文书名：The Selection of Liang Huixiang Photo Works. 梁惠湘（1930—　），摄影家。广东省摄影家协会名誉主席，广东省国际文化交流中心理事，广东华夏文化促进会理事。出版有《梁惠湘摄影文集》《梁惠湘黑白摄影作品展》《梁惠湘反转片摄影作品展》等。

J0112747

刘曦光影集　刘曦光摄
兰州　甘肃文化出版社 1995年 29cm（16开）
ISBN：7-80608-092-9 定价：CNY35.00

外文书名：Photo Album of Liu Xi Guang. 刘曦光（1936—　），中国书画函授学院天水分校顾问，陇南地区文联副主席，中国摄影家协会甘肃分会、省戏剧家协会会员。

J0112748

罗光达摄影作品·论文选集　罗光达摄影；靳福堂编
沈阳　辽宁美术出版社 1995年 174页 25×27cm
精装　ISBN：7-5314-1234-9 定价：CNY98.00

罗光达（1919—1997），曾用名王天成，笔名兀羊、东征，浙江吴兴县人。曾任北京电影学院第一副院长，中国老年摄影学会副会长。出版有《罗光达摄影作品·论文选集》。

J0112749

牛子祥摄影作品选　牛子祥摄
郑州　河南美术出版社 1995年 95页 25cm（小16开）ISBN：7-5401-0464-3
定价：CNY58.00
（中国摄影家）

J0112750

潘朝阳摄影作品选　潘朝阳摄
福州　海潮摄影艺术出版社 1995年 58页 25×26cm 精装　ISBN：7-80562-301-5
定价：CNY68.00
（摄影家丛书）

J0112751

史贵俊摄影集

北京　新华出版社　1995 年　112 页　34cm（10 开）

精装　ISBN：7-5011-3015-9　定价：CNY238.00

　　外文书名：Shi Gui Jun's Photograph Album.

J0112752

王承仕写真集　（烈焰之吻）沈松清摄

台北县　尖端出版社　1995 年　29cm（16 开）

定价：TWD250.00

J0112753

艺术家透视　（徐志伟摄影作品集　汉英对照）

徐志伟摄

乌鲁木齐　新疆美术摄影出版社　1995 年

25×21cm　ISBN：7-80547-350-1

J0112754

赵大鹏摄影作品集　（中英文）赵大鹏摄

沈阳　辽宁美术出版社　1995 年　30cm（10 开）

ISBN：7-5314-1244-6　定价：CNY［98.00］

　　外文书名：Zhao Dapeng's Photographic Works

Collection.

J0112755

中国摄影家池仙照摄影作品集　（中英文本）

池仙照摄；任一权主编

北京　中国摄影出版社　1995 年　60 页　25×26cm

ISBN：7-80007-170-7

定价：CNY58.00，CNY78.00（精装）

　　外文书名：The works of Chinese Photogra-
pher Chi Xianzhao. 池仙照（1933—　），摄影师。
浙江黄岩人，历任中国摄影家协会会员，江西省
摄影家协会常务理事。代表作品有《巍巍井冈山》
《瀑布》《争艳之境》《广宇丰碑》《扬鞭逐浪》等。
主编任一权（1934—　），编审、理论评论家。笔
名黄岩、一荃。生于江苏南京，祖籍浙江黄岩县。
任大连市群众艺术馆摄影。出版有《摄影艺术论
文集》《当代中国摄影艺术史》《世界摄影艺术流
派图谱》。

J0112756

中国摄影家洪祖仁作品集　洪祖仁摄

南京　江苏美术出版社　1995 年　29cm（16 开）

ISBN：7-5344-0475-4　定价：CNY38.00

　　外文书名：The works of Chinese Photogra-
pher Hong Zuren. 洪祖仁（1936—　），研究馆
员。笔名祖人、黎民，安徽歙县人。历任如东县
文化馆副研究馆员，中国摄影家协会会员，南通
市摄影家协会副主席。代表作品《沧海夺田》《邓
爷爷也看到了》等。

J0112757

中国摄影家张世英作品集　张世英摄

乌鲁木齐　新疆美术摄影出版社　1995 年　62 页

29cm（16 开）ISBN：7-80547-310-2

定价：CNY48.00

J0112758

中原父老　（王世龙摄影作品选）王世龙著

郑州　海燕出版社　1995 年　68 页　27×26cm　精装

ISBN：7-5350-1282-5　定价：CNY50.00

　　王世龙（1930—　），摄影家。河南平舆人，
曾用名于一。曾任中国人民解放军军报随军摄
影记者，河南新乡日报社摄影美术组长，河南日
报社摄影记者，河南人民出版社摄影编辑、编辑
室主任、编审委员等职。中国摄影家协会常务
理事。作品有《秋收完毕》《山里俏》《山村在欢
唱》等。

J0112759

光影意念　（1990—1996）高均海摄

北京　中国摄影出版社　1996 年　77 页　25×27cm

ISBN：7-80007-208-8　定价：CNY98.00

（中国摄影家　高均海作品集）

　　外文书名：Light Image Perception.

J0112760

黑白人生　（中国摄影家孙沛然摄影作品集）孙
沛然摄

郑州　河南美术出版社　1996 年　25×26cm

ISBN：7-5401-0523-2　定价：CNY60.00

J0112761

华山　（秦小平摄影作品集）秦小平摄影

西安　陕西人民美术出版社　1996 年　29cm（16 开）

ISBN：7-5368-0883-6　定价：CNY58.00

　　秦小平（1956—　），风光摄影家。历任中国
摄影家学会会员，陕西省摄影家协会会员，陕西
省艺术摄影学会理事，陕西省渭南市摄影家协会

顾问。出版有《仙石峪水——华山仙峪》《尧头古窑场》。

J0112762
姜凤翔摄影作品集　姜凤翔摄
沈阳　辽宁美术出版社　1996 年　117 页　25 × 26cm
ISBN：7-5314-1407-4
定价：CNY188.00, CNY238.00（精装）

J0112763
孔令成摄影作品集　孔令成摄；江长录主编
西安　陕西旅游出版社　1996 年　29cm（16 开）
ISBN：7-5418-1291-9　定价：CNY46.00
　　外文书名：Selected Works of Kong Ling Cheng's Photojournalism. 孔令成（1945— ），笔名人戈、冀予，河北沧州市人。历任陕西渭南日报社美术摄影主任，中国新闻摄影学会会员，陕西省新摄影学会副会长，渭南日报社美术摄影部主任、主任记者。出版《孔令成摄影作品集》。

J0112764
梁达明摄影作品集　（人像）梁达明摄
沈阳　辽宁美术出版社　1996 年　111 页
29cm（16 开）ISBN：7-5314-1418-X
定价：CNY100.00

J0112765
孟华摄影作品集　孟华摄
北京　中国摄影出版社　1996 年　87 页　23 × 26cm
ISBN：7-80007-218-5　定价：CNY68.00

J0112766
妮的凝视　（涂善妮个人摄影展）涂善妮摄
台北　偶像文化事业公司　1996 年　26cm（16 开）
精装　定价：TWD200.00

J0112767
邵严国风光摄影作品选集　邵严国摄；陕西省摄影家协会，西安市摄影家协会编
西安　陕西人民美术出版社　1996 年　85 页
29cm（16 开）ISBN：7-5368-0890-9
定价：CNY98.00

J0112768
时代光点　（游练摄影作品选集）游练摄影

福州　福建美术出版社　1996 年　63 页
28cm（大 16 开）ISBN：7-5393-0484-7
定价：CNY50.00

J0112769
挑战罗布泊　（余纯顺徒步中国纪实摄影）余纯顺摄；赵丽宏题诗
上海　华东师范大学出版社　1996 年　183 页
20cm（32 开）ISBN：7-5617-1645-1
定价：CNY40.00

J0112770
佟惠文摄影书法作品集　佟惠文［作］
北京　民族出版社　1996 年　81 页　29cm（16 开）
ISBN：7-105-02736-3　定价：CNY68.00
　　外文书名：A Collection of Photography and Calligrahpy Works.

J0112771
羲皇故里　（裴福昌摄影作品集）裴福昌摄
北京　中国摄影出版社　［1996 年］80 页
28cm（大 16 开）ISBN：7-80007-171-5
定价：CNY88.00

J0112772
萧顺权摄影作品选　萧顺权著
北京　人民美术出版社　1996 年　57 页　26 × 23cm
ISBN：7-102-01551-8　定价：CNY68.00
　　外文书名：The Works of Chinese Photographer Xiao Shun Quan.

J0112773
性格肖像摄影　（彭年生作品集）彭年生摄
杭州　浙江摄影出版社　1996 年　58 页　25 × 26cm
精装　ISBN：7-80536-397-8　定价：CNY128.00
　　彭年生（1955— ），美术摄影编辑。生于湖北武汉市，毕业于武汉大学新闻系艺术摄影专业。历任长江文艺出版社副社长，湖北美术出版社副社长，中国摄影家协会会员等职。出版有《思想者——彭年生摄影作品集》《性格肖像——彭年生摄影作品集》等。

J0112774
异域风情　（吕鸿勋国外摄影作品集）吕鸿勋摄
郑州　河南美术出版社　1996 年　82 页　25 × 26cm

精装 ISBN：7-5401-0512-7 定价：CNY128.00

外文书名：World Scenes: A Collection for Hongxun's Overseas Photos. 吕鸿勋（1929—　），曾任河南经贸委办公室主任、省计经委副秘书长，河南省摄影家协会常务理事，河南省老年摄影学会副会长。

J0112775
应华集 （许应华摄影作品）许应华摄影；任一权主编
北京 中国摄影出版社 1996 年 107 页
29cm（16 开）精装 ISBN：7-80007-211-8
定价：CNY95.00

J0112776
张耀华摄影集　张耀华摄
南京 南京出版社 1996 年 72 页 26cm（16 开）
ISBN：7-80614-040-9 定价：CNY68.00

J0112777
中国摄影家池文学摄影作品选　池文学摄
长春 吉林摄影出版社 1996 年 21×21cm
ISBN：7-80606-098-7 定价：CNY38.00

J0112778
中原·一代传统农民 （中国摄影家赵震海作品集）赵震海摄影
杭州 浙江摄影出版社 1996 年 44 页 25×26cm
精装 ISBN：7-80536-382-X 定价：CNY120.00

J0112779
单雄威艺术摄影集　单雄威摄；黄朔军主编
广州 岭南美术出版社 1997 年 182 页 29cm（16 开）
精装 ISBN：7-5362-1732-3
定价：CNY260.00（USD60）

J0112780
红嘴鸥写真 （中国摄影家于永平摄影作品集）
于永平摄
北京 中国摄影出版社 1997 年 28cm（大 16 开）
ISBN：7-80007-223-1 定价：CNY29.80

J0112781
军魂·兵情·瞬间 （缪青民摄影作品集）缪青民摄

北京 长城出版社 1997 年 80 页 28cm（16 开）
ISBN：7-80017-349-6 定价：CNY69.00

J0112782
李文摄影作品集　李文摄
北京 新华出版社 1997 年 101 页 29cm（16 开）
精装 ISBN：7-5011-3828-1 定价：CNY128.00

J0112783
莲花韵 （高占祥摄影作品集）高占祥摄
深圳 海天出版社 1997 年 108 页 29×29cm
精装 ISBN：7-80615-457-4 定价：CNY180.00

J0112784
马育文摄影作品选　马育文摄
北京 中国摄影出版社 1997 年 83 页 25×27cm
ISBN：7-80007-229-0 定价：CNY98.00

外文书名：The Photographic Works Collection by Ma Yuwen.

J0112785
木月摄影　李膺［摄］
兰州 甘肃民族出版社 1997 年 63 页 25×26cm
精装 ISBN：7-5421-0542-6 定价：CNY120.00

中国现代风光摄影集。外文书名：Photographs of Mu Yue.

J0112786
曲利明摄影作品选　曲利明摄影
福州 海潮摄影艺术出版社 1997 年 114 页
25×27cm 精装 ISBN：7-80562-432-1
定价：CNY98.00

J0112787
人生缩影 （高占祥人物摄影作品集）高占祥摄
西安 陕西人民美术出版社 1997 年 54 页
29cm（16 开）精装 ISBN：7-5368-0968-9
定价：CNY160.00

高占祥（1935—　），诗人、书法家。笔名罗丁、高翔，北京通县人。曾任文化部常务副部长，中国作家协会、中国书法家协会、中国摄影家协会会员，北京大学、中国人民大学、上海交通大学客座教授。著有《人生宝鉴》《咏荷四百首》《浇花集》《微笑集》等，摄影集有《莲花韵》《祖国颂》等。

J0112788
宋红岩摄影作品集　宋红岩摄
北京　人民中国出版社　1997年　20cm（32开）
ISBN：7-80065-586-5　定价：CNY28.00

J0112789
孙喜贵摄影作品选集　张平主编
西安　陕西人民美术出版社　1997年　102页
29cm（16开）ISBN：7-5368-0916-6
定价：CNY98.00

J0112790
吴齐摄影作品选　（画家眼中的世界）吴齐摄影
北京　人民美术出版社　1997年　29cm（16开）
精装　ISBN：7-102-01877-0　定价：CNY116.00
　　　外文书名：Selected Works from Wuqi's Photographs.

J0112791
夏念长摄影作品选　（1957—1997）夏念长摄
福州　福建美术出版社　1997年　100页
29cm（18开）ISBN：7-5393-0619-X
定价：CNY88.00, CNY98.00（精装）

J0112792
熊少臣创意摄影　熊少臣摄；湖北亚大创想艺术有限公司编
武汉　湖北美术出版社　1997年　49页　22×25cm
精装　ISBN：7-5394-0636-4　定价：CNY158.00
　　　外文书名：Xiong Shaochen's Creative Photography.

J0112793
徐洪铎摄影作品集　徐洪铎摄
天津　百花文艺出版社　1997年　54页　26×24cm
ISBN：7-5306-2331-1　定价：CNY48.00

J0112794
一个摄影家镜头中的模特篇　（郑永琦摄影作品集）郑永琦摄；苍石，唤晓主编
北京　中国摄影出版社　1997年　116页　25×27cm
ISBN：7-80007-228-2　定价：CNY135.00
　　　外文书名：The Model's Album, From a Photographer's Camera. 郑永琦（1939—　）满族，摄影师。生于辽宁大连。历任中国国际文艺家协会博学会员、高级摄影师，中国摄影家协会会员，大连市群众艺术馆研究馆员，大连理工大学兼职教授。出版《俄罗斯之冬》《女性篇》《模特篇》《人生一程又一程——郑永琦人物摄影作品选》。

J0112795
于仲安彩色人像摄影集　于仲安摄
杭州　浙江摄影出版社　1997年　51页　25×26cm
ISBN：7-80536-306-4　定价：CNY120.00
　　　于仲安（1958—　），摄影师。生于浙江杭州，中国摄影家协会会员。出版人像摄影专集《名人大讲堂》。

J0112796
云南故事　（徐晋燕摄影作品）徐晋燕摄
成都　四川美术出版社　1997年　99页　28cm（16开）
ISBN：7-5410-1247-5
定价：CNY96.00, CNY188.00（精装）

J0112797
钟毅青摄影集　（阿坝行）钟毅青摄
北京　中国摄影出版社　1997年　80页　26×25cm
精装　ISBN：7-80007-220-7　定价：CNY128.00
　　　外文书名：Photographs by Zhong Yiqing.

J0112798
蔡国胜纪实摄影　蔡国胜摄
北京　中国摄影出版社　1998年　25×26cm
ISBN：7-80007-253-3　定价：CNY68.00
　　　外文书名：Cai Guosheng's On-the-spot Photography. 蔡国胜，新华社摄影记者。

J0112799
藏族建筑服饰　（潘志林摄影作品集）万渝川主编
成都　四川民族出版社　1998年　105页　28×29cm
精装　ISBN：7-5409-2099-8　定价：CNY168.00

J0112800
曾明宣摄影作品集　曾明宣摄
北京　中国摄影出版社　1998年　70页　29cm（16开）
ISBN：7-80007-285-1　定价：CNY70.00

J0112801
程文周摄影作品集　程文周摄
北京 文化艺术出版社 1998 年 141 页 26×27cm
ISBN：7-5039-1753-9 定价：CNY135.00

J0112802
感悟之美　（王昭荣摄影作品选）王昭荣摄
北京 中国摄影出版社 1998 年 83 页 31cm（12 开）
定价：CNY98.00，CNY128.00（精装）
　　王昭荣（1930—2018），中国老摄影家学会会
员，江西省摄影家学会顾问，江西省新闻摄影学
会名誉会长。

J0112803
高占祥摄影作品集　（菊花卷）
北京 文化艺术出版社 1998 年 183 页
29cm（16 开）ISBN：7-5039-1754-7
定价：CNY260.00，CNY290.00（精装）

J0112804
黑白魅力　（中国摄影家于俊海作品集）于俊海
摄；李培艺主编；熊力译
北京 长城出版社 1998 年 26cm（16 开）
ISBN：7-80017-401-8
定价：CNY88.00，CNY128.00（精装）

J0112805
华山　秦小平摄
北京 中国摄影出版社 1998 年 25×26cm
ISBN：7-80007-295-9 定价：CNY68.00
　　作者秦小平（1956—　），风光摄影家。历任
中国摄影家学会会员，陕西省摄影家协会会员，
陕西省艺术摄影学会理事，陕西省渭南市摄影家
协会顾问。出版有《仙石峪水——华山仙峪》《尧
头古窑场》。

J0112806
黄继贤华山风光摄影艺术作品集　黄继贤
摄；中国华山管理局编
西安 陕西人民美术出版社 1998 年 141 页
29cm（16 开）精装 ISBN：7-5368-0999-9
定价：CNY280.00

J0112807
黄汝广摄影作品选　黄汝广摄；广州日报编委
会编
广州 岭南美术出版社 1998 年 117 页 25×26cm
ISBN：7-5362-1770-6 定价：CNY128.00
（广州日报丛书）

J0112808
简庆福摄影集　简庆福摄
上海 上海教育出版社 1998 年 176 页 34cm（10 开）
精装 ISBN：7-5320-6070-5 定价：CNY260.00

J0112809
蒋丰摄影作品集　蒋丰摄
沈阳 春风文艺出版社 1998 年 62 页 29cm（16 开）
精装 ISBN：7-5313-1856-3 定价：CNY98.00

J0112810
刘杰敏摄影作品集　刘杰敏摄
沈阳 辽宁美术出版社 1998 年 131 页 25×26cm
精装 ISBN：7-5314-2090-2 定价：CNY168.00

J0112811
吕厚民摄影作品集　（1958—1996 瞬间之旅）
周振平，高琴主编
北京 中国摄影出版社 1998 年 95 页 25×26cm
ISBN：978-7-80007-235-2 定价：CNY98.00

J0112812
穆青摄影选　穆青摄
北京 新华出版社 1998 年 120 页 25×25cm
精装 ISBN：7-5011-3901-6 定价：CNY198.00
　　外文书名：Selected Photographic Works of
Mu Qing.

J0112813
三象随笔　（何署坤摄影作品专集）
北京 新华出版社 1998 年 223 页 29cm（16 开）
精装 ISBN：7-5011-4183-5 定价：CNY485.00
　　外文书名：Jottings with Camera, Selected
Photo Works of Mr. He Shukun.

J0112814
绍兴乡土文化　（沈标桐摄影作品集）沈标桐著
郑州 河南美术出版社 1998 年 103 页 26×26cm
精装 ISBN：7-5401-0728-6 定价：CNY280.00

J0112815
生活的回声 （王加林诗书摄影作品集）王加林著
北京 中国文联出版公司 1998 年 134 页
28×29cm ISBN：7-5059-2994-1
定价：CNY198.00

J0112816
太行石韵 （中国摄影家王树洲摄影作品选集）
王树洲［摄］
郑州 河南美术出版社 1998 年 47 页 25×26cm
ISBN：7-5401-0773-1 定价：CNY88.00

J0112817
王昭荣摄影作品选　王昭荣摄
北京 中国摄影出版社 1998 年 83 页 31cm（10 开）
精装 ISBN：7-80007-255-X 定价：CNY128.00
　　外文书名：Selected Photographic Works of
Wang Zhao Rong.

J0112818
邬旻摄影作品集　邬旻摄
合肥 黄山书社 1998 年 107 页 25×26cm 精装
ISBN：7-80630-358-8 定价：CNY128.00
　　外文书名：An Album of Wu Min's Photo-
graphic Works.

J0112819
陈思禹摄影作品　陈思禹摄
银川 宁夏人民出版社 1999 年 2 册
28cm（大 16 开）ISBN：7-227-02062-2
定价：CNY238.00

J0112820
风情 （王世龙摄影作品选 第三集）王世龙摄影
郑州 河南美术出版社 1999 年 60 页 27×26cm
精装 ISBN：7-5401-0795-2 定价：CNY80.00

J0112821
郭明俊摄影作品集 （第一部）郭明俊摄
北京 中国文联出版公司 1999 年 137 页
29cm（16 开）ISBN：7-5059-3197-0
定价：CNY88.00

J0112822
蓝直荣摄影集　蓝直荣摄
南宁 广西美术出版社 1999 年 107 页 24×26cm
精装 ISBN：7-80625-672-5 定价：CNY138.00
　　外文书名：Photography Album of Lan Zhirong.

J0112823
刘志超摄影作品集 （世界风情）刘志超摄
北京 中国摄影出版社 1999 年 115 页 25×26cm
精装 ISBN：7-80007-350-5 定价：CNY148.00
　　外文书名：An Album of Liu Zhichao's Pho-
tographic Works, The World Pursuits.

J0112824
牟钢摄影艺术集　牟钢摄
北京 人民美术出版社 1999 年 79 页 29×21cm
精装 ISBN：7-102-01999-8 定价：CNY72.00

J0112825
庞守义摄影作品集　庞守义摄
济南 山东画报出版社 1999 年 95 页 29cm（16 开）
ISBN：7-80603-376-9 定价：CNY108.00

J0112826
任锡海摄影集　任锡海摄
青岛 青岛出版社 1999 年 157 页 29cm（16 开）
ISBN：7-5436-2114-2 定价：CNY128.00

J0112827
孙长青欧洲风情摄影作品选　孙长青摄
福州 海风出版社 1999 年 95 页 29cm（16 开）
ISBN：7-80597-241-9 定价：CNY58.00

J0112828
天人合一 （郑宪章人体摄影集）郑宪章摄
上海 上海画报出版社 1999 年 69 页 29cm（16 开）
ISBN：7-80530-515-3 定价：CNY38.00

J0112829
祥瑞天使 （孙占礼摄影集）孙占礼摄
北京 长城出版社 1999 年 91 页 25×26cm 精装
ISBN：7-80017-407-7 定价：CNY168.00
　　本书为中英日文本。**外文书名**：The Angel-
White Crane.

J0112830

心语 （程多多摄影习作选）程多多摄
上海 上海书画出版社 1999 年 2×80 页
29×29cm 精装 ISBN：7-80635-512-X
定价：CNY280.00

　　本书收录了作者多篇摄影作品，作者用手中的镜头表现了涌动的海、缥缈的山，迷人的落日，耀眼的朝阳，变幻的云彩，怒放的鲜花，每幅作品都可以让读者领略到独有的情致。程多多（1947—　），教授。生于上海市松江区，毕业于上海师范大学美术系。历任徐汇区少年宫美术指导员，上海中国画院海外特聘画师，上海东华大学顾问，上海国际昆曲联谊会副会长。作品有《心语——程多多摄影习作选》《春雨鸟归图》等。

J0112831

许一鸣摄影作品选　许一鸣著
福州 海潮摄影艺术出版社 1999 年 100 页
25×26cm ISBN：7-80562-558-1
定价：CNY90.00

J0112832

遥远的土地 （简钧钰风光摄影）简钧钰［摄］
北京 长征出版社 1999 年 80 页 29×30cm 精装
ISBN：7-80015-496-3 定价：CNY160.00

J0112833

张勋仓摄影作品选　张勋仓摄
北京 中国画报出版社 1999 年 23 页 25×26cm
ISBN：7-80024-518-7
定价：CNY80.00，CNY120.00（精装）

J0112834

中国摄影家梁惠湘作品集　梁惠湘摄；段吉勇翻译
北京 人民美术出版社 1999 年 108 页
29cm（16 开）精装 ISBN：7-102-02032-5
定价：CNY50.00
（《中国摄影家》系列丛书）

　　外文书名：The Works of Chinese Photographer Liang Huixiang.

J0112835

中国摄影家南德豪摄影作品选　南德豪［摄影］
北京 中国摄影出版社 1999 年 50 页 29cm（16 开）
ISBN：7-80007-321-1 定价：CNY56.00

　　本书分为：风光、社会生活、人像、甘南风情四部分，有《岁月》《亲情》《圣洁》《妩媚》《神采》《展翅》等作品。南德豪（1946—　），摄影家。河北临西县人。中国摄影家协会会员，河北省摄影家协会会员。代表作《南德豪摄影作品选》。

中国室内、广告摄影作品

J0112836

宋代北方民间瓷器　陈万里编
北京 朝花美术出版社 1955 年 影印本 33 页
有图 20cm（32 开）定价：旧币 8,400 元

J0112837

玩具 （中、俄、英、法文对照版）
北京 人民美术出版社 1964 年 ［1 张］54cm（4 开）
　　中国现代摄影作品。

J0112838

南京博物院藏文物　南京博物院编
［北京］文物出版社 1965 年 8 张（套）
13cm（64 开）定价：CNY0.64
　　中国现代静物摄影作品。

J0112839

毛主席是我们心中的红太阳 （大型摄影展览解说词）中国革命摄影协会编
北京 北京出版社 1967 年 19cm（小 32 开）
定价：CNY0.05

　　纪念毛主席《在延安文艺座谈会上的讲话》发表廿五周年摄影作品。

J0112840

毛主席是我们心中的红太阳 （展览图片）中国革命摄影协会编
北京 人民美术出版社 1967 年 59 张 53cm（7 张）；38cm（52 张）（4 开）定价：CNY1.80

J0112841

纪念毛主席"一定要根治海河"题词十周年

影集　河北省纪念毛主席"一定要根治海河"题词十周年影集编辑组编辑
石家庄　河北人民出版社 1973 年 29cm（25 开）
　　本摄影集通过 78 位摄影家拍摄的 180 幅作品，展现了河北人民在根治海河的过程中抗洪、开山、治水、造田、修水利工程等动人场面。照片包括：《海河日出》《巍巍太行》《草原牧歌》《沸腾的山谷》《渠水长流》等。

J0112842
广告摄影精华
台北　大将书局 1979 年 95 页 26cm（16 开）

J0112843
新疆文物　（1 汉、维、英文对照）
乌鲁木齐　新疆人民出版社 1980 年 13 张 13cm（64 开）
　　本书是中国古代文物摄影作品集。

J0112844
新疆文物　（2 汉、维、英文对照）
乌鲁木齐　新疆人民出版社 1980 年 10 张 13cm（64 开）
　　本书是中国古代文物摄影作品集。

J0112845
新疆文物　（3 汉、维、英文对照）
乌鲁木齐　新疆人民出版社 1980 年 16 张 13cm（64 开）
　　本书是中国古代文物摄影作品集。

J0112846
琴棋书画屏　池一平，郭阿根摄；顾锡东配诗
杭州　浙江人民美术出版社 1985 年 2 张 76cm（2 开）定价：CNY0.38
　　中国现代静物摄影作品。

J0112847
国宝　故宫博物院供稿
长沙　湖南美术出版社 1986 年 1 张 76cm（2 开）定价：CNY0.70
　　中国现代静物摄影作品。

J0112848
静物
呼和浩特　内蒙古人民出版社 1987 年 1 张 54cm（4 开）定价：CNY0.92
　　中国现代静物摄影作品。

J0112849
1990：摩托车广告摄影　（挂历）
南京　江苏美术出版社 1989 年 76cm（2 开）定价：CNY16.00
　　中国现代广告摄影作品。

J0112850
双人摩托　陈玉玲摄
上海　上海人民美术出版社 1989 年 1 张 76cm（2 开）定价：CNY1.00
　　年画形式的中国现代摄影作品。

J0112851
静物　谭尚忍摄
天津　天津人民美术出版社 1990 年 1 张（全开）定价：CNY0.30
　　年画形式的中国现代静物摄影作品。作者谭尚忍（1940— ），上海人。上海美术家协会和上海摄影家协会会员，上海人民美术出版社副编审。作品有《儿童武书》《民族英雄岳飞》等。

J0112852
奇珍异宝　赵之硕摄
北京　人民美术出版社 1990 年 2 张 76cm（2 开）定价：CNY1.05
　　年画形式的中国现代静物摄影作品。

J0112853
工艺美术荟萃　（摄影四条屏）王建华摄
北京　人民美术出版社 1991 年 2 张 76cm（2 开）
　　年画形式的中国现代静物摄影作品。

J0112854
摩托　（摄影二条屏）
上海　上海人民美术出版社 1991 年 1 张 76cm（2 开）定价：CNY1.10
　　年画形式的中国现代静物摄影作品。

J0112855
赛车　（摄影）
上海　上海人民美术出版社［1991 年］1 张

76cm（2 开）定价：CNY1.10

年画形式的中国现代摄影作品。

J0112856
欧美居室博览　（摄影四条屏）谷静摄

南京 江苏美术出版社 1995 年 2 张 77×53cm
定价：CNY3.60

现代室内摄影作品。

中国人物、时装摄影作品

J0112857
闺秀丽影集

上海 良友图书印刷公司［1900—1949 年］
23×25cm 定价：大洋二元

中国现代人像摄影集。

J0112858
女性人体美　张建文摄

上海 良友图书印刷公司［民国］48页 21cm（32开）

中国现代人像摄影集，收照片 23 幅。

J0112859
裸体摄影选集　严次平，郎静山摄

上海 青青画报社 1934 年 2 册 53cm（4 开）
定价：洋四元

中国现代人像摄影集，收照片 12 幅。书前有摄影者的"编后"。

J0112860
爱国增产的模范人物

北京 人民美术出版社 1952 年 定价：CNY0.20
（工农画册）

中国现代人物摄影集。

J0112861
新中国妇女

北京 人民美术出版社 1952 年 定价：CNY0.22
（工农画册）

中国现代人物摄影集。

J0112862
水稻丰产模范陈永康　上海人民美术出版社编

上海 上海人民美术出版社 1954 年
定价：CNY0.18

中国现代人物摄影集。

J0112863
毛泽东主席　（彩色）侯波摄

北京 人民美术出版社 1955 年［1 张］
39cm（8 开）定价：CNY0.10

中国现代人物摄影作品。

J0112864
新兵　解放军画报社编辑

［北京］解放军画报社 1956 年 定价：CNY0.36
（解放军画报丛刊）

中国现代人物摄影作品。

J0112865
弗·伊·列宁　（摄影集）

北京 中国电影出版社 1960 年 定价：CNY0.16

本摄影集作品选自苏联文献纪录片《列宁传》。

J0112866
弗·伊·列宁　（摄影集）

北京 中国电影出版社 1960 年 定价：CNY0.16

本作品系摄影集，选自苏联影片《列宁的故事》。

J0112867
列宁和克鲁普斯卡雅　（摄影集）

北京 中国电影出版社 1960 年 定价：CNY0.16

本摄影集选自苏联影片《列宁的故事》。

J0112868
刘三姐　（摄影集）长春电影制片厂供稿

长春 吉林人民出版社 1960 年 定价：CNY0.06

中国现代电影人物摄影作品。

J0112869
牧羊姑娘　四川民族出版社美术编辑室摄

成都 四川民族出版社 1960 年 定价：CNY0.03

中国现代人物摄影作品。

J0112870
聂耳、冼星海纪念图片　音乐出版社编辑部编

［北京］音乐出版社 1960 年 29 张(套)
17cm(24 开) 定价：CNY1.30（铜版纸本），
CNY1.30（道林纸本）
　　中国现代人物摄影作品。

J0112871
亲切的会见　　侯波摄影
成都 四川民族出版社 1960 年 定价：CNY0.08
　　中国现代人物摄影作品。

J0112872
听老师讲课　　孙忠靖摄
成都 四川民族出版社 1960 年 定价：CNY0.03
　　中国现代人物摄影作品。

J0112873
万民奔腾　（摄影集）杨溥涛摄影
上海 上海人民美术出版社 1960 年
定价：CNY0.27
　　中国现代人物摄影作品。

J0112874
冼星海画传　（1905—1945）马可编
北京 音乐出版社 1960 年［1 张］54cm（4 开）
定价：CNY0.90
　　中国现代人物摄影作品。

J0112875
邢燕子　　舒野摄
石家庄 河北人民美术出版社 1960 年
定价：CNY0.12
　　中国现代人物摄影作品。

J0112876
长影故事片《红孩子》中的细妹
北京 中国电影出版社 1960 年 定价：CNY0.16
　　中国现代人物摄影作品。

J0112877
中国各族人民的伟大领袖毛主席　　孟庆彪摄影
上海 上海人民美术出版社 1960 年
定价：CNY0.12
　　中国现代人物摄影作品。

J0112878
毛主席在韶山和少年儿童在一起　　侯波摄
长沙 湖南人民出版社 1962 年 20cm（32 开）
定价：CNY0.04
　　中国现代人物摄影作品。

J0112879
毛主席在延安的时候
［西安］长安美术出版社 1962 年 10 张(套)
定价：CNY0.90
　　中国现代人物摄影作品。

J0112880
幸福的儿童　（蒙汉文对照）
呼和浩特 内蒙古人民出版社 1962 年
53cm（4 开）定价：CNY0.13
　　中国现代人物摄影作品。

J0112881
中国人民解放军摄影艺术展览人像作品选
上海 上海人民美术出版社 1962 年 8 张(套)
15cm（40 开）定价：CNY0.32
　　中国现代人物摄影作品。

J0112882
冬梅　（故事片《冬梅》中的女红军）白杨饰
北京 中国电影出版社 1963 年［1 张］
54cm（4 开）定价：CNY0.10
　　年画形式的国产电影《冬梅》剧中人物摄影
作品。

J0112883
苦妹子和冬哥　（影片《枯木逢春》）尤喜，徐
志骅饰
北京 中国电影出版社 1963 年 76cm（2 开）
定价：CNY0.18
　　年画形式的国产电影《枯木逢春》剧中人物
摄影作品。

J0112884
红色宣传员　　任明改编；曹震云摄影
上海 上海人民美术出版社 1964 年 4 张
53cm（4 开）定价：CNY0.30
　　年画形式的中国现代人物摄影作品。

J0112885
雷锋和少先队员们　张峻摄影
[哈尔滨] 辽宁美术出版社 1964 年 [1 张]
76cm(2 开) 定价: CNY0.15
　　年画形式的中国现代人物摄影作品。

J0112886
刘主席　(单色摄影)
北京 人民美术出版社 1964 年 [1 张]
76cm(2 开) 定价: CNY0.16
　　中国现代人物摄影作品。

J0112887
刘主席　(单色摄影)
北京 人民美术出版社 1964 年 [1 张]
38cm(6 开) 定价: CNY0.25
　　中国现代人物摄影作品。

J0112888
毛主席的好战士——雷锋　张峻摄
上海 上海人民美术出版社 1964 年 38cm(6 开)
定价: CNY0.25
　　中国现代人物摄影作品。

J0112889
毛主席像　(彩色摄影)
北京 人民美术出版社 1964 年 [1 张]
38cm(6 开) 定价: CNY0.15
　　本作品为国家领袖肖像摄影作品。

J0112890
毛主席像　(单色摄影)
北京 人民美术出版社 1964 年 [1 张]
76cm(2 开) 定价: CNY0.16
　　本作品为国家领袖肖像摄影作品。

J0112891
毛主席像　(单色摄影)
北京 人民美术出版社 1964 年 [1 张]
54cm(4 开) 定价: CNY0.08
　　本作品为国家领袖肖像摄影作品。

J0112892
毛主席像　(单色摄影)
北京 人民美术出版社 1964 年 [1 张]

38cm(6 开) 定价: CNY0.25
　　本作品为国家领袖肖像摄影作品。

J0112893
伟大的战士——雷锋　金昌杰摄
上海 上海人民美术出版社 1964 年 [1 张]
53cm(4 开) 定价: CNY0.08
　　中国现代人物摄影作品。

J0112894
风雪铁骑　纳穆吉勒摄
上海 上海人民美术出版社 1965 年 38cm(6 开)
定价: CNY0.25
　　中国现代人物摄影作品。

J0112895
雷锋　张峻, 周军摄
上海 上海人民美术出版社 1965 年 8 张(套)
13cm(64 开) 定价: CNY0.32
　　中国现代人物摄影作品。

J0112896
雷锋替战友洗衣服　张峻摄
上海 上海人民美术出版社 1965 年 38cm(6 开)
定价: CNY0.05
　　中国现代人物摄影作品。

J0112897
雷锋学习毛主席著作　张峻摄
上海 上海人民美术出版社 1965 年 38cm(6 开)
定价: CNY0.05
　　中国现代人物摄影作品。

J0112898
雷锋在工作　张峻摄
上海 上海人民美术出版社 1965 年 38cm(6 开)
定价: CNY0.05
　　中国现代人物摄影作品。

J0112899
刘少奇主席　(单色摄影)
北京 新华社通讯社 1965 年 [1 张] 38cm(6 开)
定价: CNY0.05
　　中国现代人物摄影作品。

J0112900
毛泽东主席 （单色摄影）
北京 新华社通讯社 1965 年［1 张］38cm（6 开）
定价：CNY0.05
　　本作品为国家领袖肖像摄影作品。

J0112901
毛主席的好战士——雷锋 金昌杰摄
上海 上海人民美术出版社 1965 年 76cm（2 开）
定价：CNY0.15
　　年画形式的中国现代人物摄影作品。

J0112902
毛主席的好战士——雷锋 周军摄
上海 上海人民美术出版社 1965 年 38cm（6 开）
定价：CNY0.05
　　中国现代人物摄影作品。

J0112903
毛主席的好战士——雷锋 金昌杰摄
上海 上海人民美术出版社 1965 年 53cm（4 开）
定价：CNY0.08
　　年画形式的中国现代人物摄影作品。

J0112904
毛主席在飞机中工作 侯波摄
上海 上海人民美术出版社 1965 年 53cm（4 开）
定价：CNY0.30
　　本作品为国家领袖肖像摄影作品。

J0112905
聂耳纪念图片 音乐出版社编辑部编
［北京］音乐出版社 1965 年 10 张（套）
15cm（64 开）定价：CNY0.45
　　中国现代人物摄影作品。

J0112906
亲密战友 （雷锋和廖初江）张峻摄
沈阳 辽宁美术出版社 1965 年 53cm（4 开）
定价：CNY0.08
　　年画形式的中国现代人物摄影作品。

J0112907
丝厂两姐妹 （汉、维文对照版）刘浪摄影
乌鲁木齐 新疆人民出版社 1965 年 76cm（2 开）

定价：CNY0.20
　　年画形式的中国现代人物摄影作品。

J0112908
伟大的人民领袖毛主席 吕相友摄
北京 人民美术出版社 1965 年 76cm（2 开）
定价：CNY0.15
　　本作品为国家领袖肖像摄影作品。

J0112909
伟大战士雷锋 周军摄影
上海 上海人民美术出版社 1965 年 76cm（2 开）
定价：CNY0.15
　　年画形式的中国现代人物摄影作品。

J0112910
伟大战士雷锋 周军摄影
上海 上海人民美术出版社 1965 年 53cm（4 开）
定价：CNY0.08
　　年画形式的中国现代人物摄影作品。

J0112911
冼星海纪念图片（1905—1945） 音乐出版社
编辑部编
［北京］音乐出版社 1965 年 12 张（套）
13cm（64 开）定价：CNY0.50
　　中国现代人物摄影作品。

J0112912
中国人民的伟大领袖毛主席 孟庆彪摄影
上海 上海人民美术出版社 1965 年 76cm（2 开）
定价：CNY0.15
　　本作品为国家领袖肖像摄影作品。

J0112913
组织起来 从小干革命 徐永辉摄影
杭州 浙江人民美术出版社 1965 年 76cm（2 开）
定价：CNY0.15
　　年画形式的中国现代人物摄影作品。

J0112914
焦裕禄同志在田间劳动 新华社稿
［石家庄］河北人民出版社 1966 年［1 张］
76cm（2 开）定价：CNY0.15
　　中国现代人物摄影作品。

J0112915
伟大战士雷锋 周军摄影
上海 上海人民美术出版社 1966 年［1 张］
38cm（6 开）定价：CNY0.03
　　中国现代人物摄影作品。

J0112916
边防女民兵
沈阳 辽宁省新华书店 1970 年 1 张 54cm（4 开）
定价：CNY0.08
　　中国现代人物摄影作品。

J0112917
高度警惕 峻岭摄影
武汉 湖北人民出版社 1970 年 1 张 54cm（4 开）
定价：CNY0.07
　　中国现代人物摄影作品。

J0112918
高度警惕 峻岭摄影
长春 吉林人民出版社 1970 年 1 张 54cm（4 开）
定价：CNY0.07
　　中国现代人物摄影作品。

J0112919
高度警惕 峻岭摄影
天津 天津人民美术出版社 1970 年 1 张
54cm（4 开）定价：CNY0.07
　　中国现代人物摄影作品。

J0112920
高度警惕 峻岭摄影
天津 天津人民美术出版社 1971 年 1 张
53cm（4 开）定价：CNY0.07
　　中国现代人物摄影作品。

J0112921
聚精会神 大海摄影
武汉 湖北人民出版社 1970 年 1 张 54cm（4 开）
定价：CNY0.07
　　中国现代人物摄影作品。

J0112922
聚精会神 大海摄影
长春 吉林人民出版社 1970 年 1 张 54cm（4 开）

定价：CNY0.07
　　中国现代人物摄影作品。

J0112923
聚精会神 大海摄影
［沈阳］辽宁人民出版社 1971 年 1 张 76cm（2 开）
定价：CNY0.12
　　中国现代人物摄影作品。

J0112924
边防女民兵
［沈阳］辽宁省新华书店 1971 年 1 张
76cm（2 开）定价：CNY0.10
　　中国现代人物摄影作品。

J0112925
高度警惕 峻岭摄影
［石家庄］河北人民出版社 1971 年 1 张
53cm（4 开）定价：CNY0.07
　　中国现代人物摄影作品。

J0112926
高度警惕 峻岭摄影
［沈阳］辽宁省新华书店 1971 年 1 张 76cm（2 开）
定价：CNY0.12
　　中国现代人物摄影作品。

J0112927
高度警惕 峻岭摄影
北京 人民美术出版社 1971 年 1 张 76cm（2 开）
定价：CNY0.16
　　中国现代人物摄影作品。

J0112928
高度警惕 峻岭摄影
北京 人民美术出版社 1971 年 1 张 53cm（4 开）
定价：CNY0.08
　　中国现代人物摄影作品。

J0112929
紧跟伟大领袖毛主席就是胜利
［福州］福建省新华书店 1971 年 1 张 76cm（2 开）
定价：CNY0.14
　　中国现代人物摄影作品。

J0112930
鲁迅　北京鲁迅博物馆编
北京 人民美术出版社 1971 年 10 张 15cm（64 开）
定价：CNY0.14
　　中国现代人物摄影作品。

J0112931
毛主席万岁
［石家庄］河北人民出版社 1971 年 1 张
76cm（2 开）定价：CNY0.14
　　本作品为国家领袖肖像摄影作品。

J0112932
毛主席万岁
［济南］山东人民出版社 1971 年 1 张 76cm（2 开）
定价：CNY0.14
　　本作品为国家领袖肖像摄影作品。

J0112933
毛主席万岁
［济南］山东人民出版社 1971 年 1 张
53cm（4 开）定价：CNY0.07
　　本作品为国家领袖肖像摄影作品。

J0112934
伟大的领袖毛主席万岁　（抗日战争时期在延安）
［济南］山东人民出版社 1971 年 1 张 53cm（4 开）
定价：CNY0.07
　　本作品为国家领袖肖像摄影作品。

J0112935
伟大的领袖毛主席万岁　（抗日战争时期在延安）
［济南］山东人民出版社 1971 年 1 张 76cm（2 开）
定价：CNY0.14
　　本作品为国家领袖肖像摄影作品。

J0112936
伟大领袖毛主席万岁　新华社稿
上海 上海人民出版社 1971 年 1 张 76cm（2 开）
定价：CNY0.12
　　本作品为国家领袖肖像摄影作品。

J0112937
伟大领袖毛主席万岁！万岁！万万岁！
（一九四一年，毛主席在延安给干部作报告）新

华社稿
上海 上海人民出版社 1971 年 1 张 76cm（2 开）
定价：CNY0.12
　　本作品为国家领袖肖像摄影作品。

J0112938
一九二五年毛主席在广州
天津 天津人民美术出版社 1971 年 1 张
76cm（2 开）定价：CNY0.14
　　本作品为国家领袖肖像摄影作品。

J0112939
一九六六年毛主席在北京
天津 天津人民美术出版社 1971 年 1 张
76cm（2 开）定价：CNY0.14
　　本作品为国家领袖肖像摄影作品。

J0112940
一九三六年毛主席在陕北
天津 天津人民美术出版社 1971 年 1 张
76cm（2 开）定价：CNY0.14
　　本作品为国家领袖肖像摄影作品。

J0112941
一九四五年毛主席在延安
天津 天津人民美术出版社 1971 年 1 张
76cm（2 开）定价：CNY0.14
　　本作品为国家领袖肖像摄影作品。

J0112942
一九五〇年毛主席在北京
天津 天津人民美术出版社 1971 年 1 张
76cm（2 开）定价：CNY0.14
　　本作品为国家领袖肖像摄影作品。

J0112943
中国工人阶级的先锋战士——铁人王进喜
新华社稿
［西安］陕西人民出版社 1972 年 ［1］张
53cm（4 开）定价：CNY0.06
　　中国现代人物摄影作品。

J0112944
西沙民兵　伍振超摄
上海 上海书画社 1975 年 38cm（6 开）

定价：CNY0.13

　　中国现代人物摄影作品。选自《南海诸岛之一——西沙群岛摄影展览》。

J0112945

西沙女民兵　黄旌整摄

上海　上海人民出版社 1975 年 53cm（4 开）

定价：CNY0.13

　　中国现代人物摄影作品。选自《南海诸岛之一——西沙群岛摄影展览》。

J0112946

鲁迅　（图片集）《鲁迅》图片集编辑组［编辑］

上海　上海人民出版社 1977 年 124 页

30cm（10 开）定价：CNY3.70

　　中国现代人物摄影作品。

J0112947

鲁迅　（1881—1936）北京鲁迅博物馆编辑

北京　文物出版社 1977 年 114 页 30cm（10 开）

定价：CNY3.50

　　中国现代人物摄影作品。

J0112948

毛泽东主席照片选集　《中国摄影》编辑部编

北京　人民美术出版社 1977 年 200 幅

［40cm］（6 开）精装 定价：CNY55.00

　　本作品为国家领袖肖像摄影作品选集。

J0112949

深切怀念敬爱的恩来总理　（画报）人民画报社编辑

北京　人民画报社 1977 年 40 页 26cm（16 开）

定价：赠品

　　本作品为国家领导人肖像摄影作品。

J0112950

伟大的共产主义战士——雷锋　上海人民出版社编辑

上海　上海人民出版社 1977 年 12 张（套）

14cm（64 开）定价：CNY0.59

　　中国现代人物摄影作品。

J0112951

伟大的共产主义战士——雷锋　（展览图片）

解放军画报社编

上海　上海人民出版社 1977 年 18 张 38cm（4 开）

定价：CNY0.80

　　中国现代人物摄影作品。

J0112952

伟大领袖毛主席永远活在我们心中　《中国摄影》编辑部编

北京　人民美术出版社 1977 年 70 页 36cm（12 开）

定价：CNY3.60

　　本作品为国家领袖肖像摄影作品。

J0112953

我们永远怀念敬爱的周总理　新华社稿

银川　宁夏人民出版社 1977 年 24 张（套）

26cm（16 开）定价：CNY0.67

　　本作品为国家领导人肖像摄影作品选。

J0112954

中国工人阶级的先锋战士——“铁人”王进喜

上海　上海人民出版社 1977 年 11 幅 17cm（40 开）

统一书号：8171.1965 定价：CNY0.50

　　中国现代人物摄影作品。

J0112955

敬爱的周总理

西安　陕西人民出版社 1978 年 53cm（4 开）

定价：CNY0.18

　　本作品为国家领导人肖像摄影作品。

J0112956

人民的好总理　邹健东摄

北京　人民美术出版社 1978 年 38cm（6 开）

定价：CNY0.08

　　本作品为国家领导人肖像摄影作品。作者邹健东（1915—2005），军事摄影记者。广东大埔人。历任新四军总兵站第二站副站长，山东画报社摄影记者，新华社摄影记者，新华社摄影部中央新闻组组长。代表作品有《百万雄师过大江》《我送亲人过大江》《占领总统府》《人民的好总理》等。

J0112957

我们敬爱的周总理　孙毅夫摄影

成都　四川人民出版社 1978 年 1 册 38cm（6 开）

定价: CNY0.10

本作品为国家领导人肖像摄影作品。

J0112958

一九六〇年二月，周总理在海南岛参观华侨农场时与少先队员在一起　新华社供稿

上海　上海人民美术出版社 1978 年　1 张 76cm（2 开）定价: CNY0.14

本作品为国家领导人肖像摄影作品。

J0112959

一九六〇年二月，周总理在海南岛参观华侨农场时与少先队员在一起　新华社供稿

上海　上海人民美术出版社 1978 年　1 张 53cm（4 开）定价: CNY0.07

本作品为国家领导人肖像摄影作品。

J0112960

在灿烂的阳光下茁壮成长　陈宝生摄

西安　陕西人民出版社 1978 年 76cm（2 开）定价: CNY0.14

年画形式的中国现代人物摄影作品。

J0112961

周恩来同志代表中国共产党中央委员会（1973 年 8 月 24 日）新华社供稿

上海　上海人民美术出版社 1978 年 53cm（4 开）定价: CNY0.30

本作品为国家领导人肖像摄影作品。作品全名：周恩来同志代表中国共产党中央委员会，在中国共产党第十次全国代表大会上作政治报告

J0112962

周恩来同志青年时代在津革命活动（文物图片选）

天津　天津人民美术出版社 1978 年 12 张(套) 15cm（40 开）定价: CNY0.45

本作品为国家领导人肖像摄影作品。

J0112963

周恩来总理

济南　山东人民出版社 1978 年 53cm（4 开）定价: CNY0.15

本作品为国家领导人肖像摄影作品。

J0112964

周总理在海南岛参观华侨农场时与少先队员在一起（1960 年 2 月）新华社供稿

上海　上海人民美术出版社 1978 年 53cm（4 开）定价: CNY0.30

本作品为国家领导人肖像摄影作品。

J0112965

人民的悼念（摄影）《人民的悼念》联合编辑组编

北京　北京出版社 1979 年 216 页 26cm（18 开）定价: CNY5.00

中国现代人物摄影作品集。

J0112966

人像摄影作品选　上海市饮食服务公司编

上海　上海人民美术出版社 1979 年 71 页 20cm（32 开）统一书号: 8081.11436 定价: CNY1.60

本摄影集收有人像摄影作品 51 幅。

J0112967

伟大的国际主义战士白求恩　中国人民解放军白求恩国际和平医院编

北京　人民美术出版社 1979 年 111 页［30cm］定价: CNY12.00

中国现代人物摄影作品选集。

J0112968

我爱小手鼓　尹福康，王全亨摄

上海　上海人民美术出版社 1979 年［1 张］76cm（2 开）定价: CNY0.11

年画形式的中国现代人物摄影作品。

J0112969

杨排风　魏德忠摄

郑州　河南人民出版社 1979 年［1 张］76cm（2 开）定价: CNY0.14

年画形式的中国现代戏剧人物摄影作品。

J0112970

遨游太空　杨克林摄

上海　上海人民美术出版社 1980 年［1］张 76cm（2 开）定价: CNY0.11

年画形式的中国现代人物摄影作品。作者

杨克林，擅长摄影。主要作品有年历《时装·女东方衫》《怒放》《漫游太空》等。

J0112971

电影演员——陈冲　关景宇摄
南宁　广西人民出版社 1980 年［1］张
53cm（4 开）定价：CNY0.13
　　　　年画形式的中国现代人物摄影作品。作者关景宇（1940—　），北京人。历任北京出版社美术编辑、人民美术出版社《连环画报》编辑部副主编。擅长连环画、插图。　作品有连环画《林道静》《骆驼祥子》《豹子湾战斗》等。

J0112972

电影演员——方舒　李晨声摄
南宁　广西人民出版社 1980 年［1］张
53cm（4 开）定价：CNY0.13
　　　　年画形式的中国现代人物摄影作品。

J0112973

电影演员——李秀明　李晨声摄
南宁　广西人民出版社 1980 年［1］张
76cm（2 开）定价：CNY0.13
　　　　年画形式的中国现代人物摄影作品。

J0112974

电影演员　吴毓琦摄
南宁　广西人民出版社 1980 年［1］张
53cm（4 开）定价：CNY0.13
　　　　年画形式的中国现代人物摄影作品。

J0112975

电影演员——马军勤　刘建华摄
南宁　广西人民出版社 1980 年［1］张
53cm（4 开）定价：CNY0.13
　　　　年画形式的中国现代人物摄影作品。

J0112976

电影演员——斯琴高娃　关景宇摄
南宁　广西人民出版社 1980 年［1］张
53cm（4 开）定价：CNY0.13
　　　　年画形式的中国现代人物摄影作品。

J0112977

电影演员——吴海燕　刘建华摄

南宁　广西人民出版社 1980 年［1］张
53cm（4 开）定价：CNY0.13
　　　　年画形式的中国现代人物摄影作品。

J0112978

**毛泽东同志　刘少奇同志　周恩来同志
朱德同志在一起**
北京　人民美术出版社 1980 年 53cm（4 开）
定价：CNY0.20
　　　　本作品为国家领导人肖像摄影作品。

J0112979

梅英　（京剧《卖水》剧照）葛立英摄影
济南　山东人民出版社 1980 年［1］张
76cm（2 开）定价：CNY0.16
　　　　年画形式的中国现代戏剧人物摄影作品。

J0112980

小演员　（剧照）金铎摄
北京　中国摄影出版社 1980 年［1］张 53cm（4开）
　　　　年画形式的中国现代人物摄影作品。

J0112981

杨八姐游春　纪梅摄
石家庄　河北人民出版社 1980 年［1］张
76cm（2 开）定价：CNY0.16
　　　　年画形式的中国现代戏剧人物摄影作品。

J0112982

祝英台　（中堂画轴）张志增摄
石家庄　河北人民出版社 1980 年［1］轴
76cm（2 开）定价：CNY0.75
　　　　年画形式的中国现代戏剧人物摄影作品。

J0112983

电影演员　（第一辑）
北京　中国电影出版社 1981 年 10 张
［15cm］（56 开）定价：CNY0.50
　　　　中国现代人物摄影作品。

J0112984

电影演员　（第二辑）
北京　中国电影出版社 1981 年 10 张
［15cm］（56 开）定价：CNY0.50
　　　　中国现代人物摄影作品。

J0112985
电影演员近影（1981）（画片辑）
北京 中国电影出版社 1981年 12张
72开（72开）定价：CNY0.65
　　中国现代人物摄影作品。

J0112986
红娘 （剧照）刘震摄
天津 天津杨柳青画店 1981年［1张］
76cm（2开）定价：CNY0.16
　　年画形式的中国现代戏剧人物摄影作品。

J0112987
女孩 （1982农历壬戌年年历）王金亭，尹福康摄
银川 宁夏人民出版社 1981年 54cm（4开）
定价：CNY0.18
　　中国现代人物摄影作品。

J0112988
青年歌唱演员苏小明 李崇戍，董岩青摄
天津 天津人民美术出版社 1981年 54cm（4开）
定价：CNY0.18
　　中国现代人物摄影作品。

J0112989
晴雯 （剧照）高国强摄
南京 江苏人民出版社 1981年 2张 76cm（2开）
定价：CNY0.36
　　年画形式的中国现代戏剧人物摄影作品。

J0112990
人像摄影艺术选集 尚进编
北京 中国摄影出版社 1981年 72页 25cm（16开）
统一书号：8226.4 定价：CNY1.60
　　中国现代人像摄影作品。

J0112991
西施 （一～四）池一平，钱豫强摄；方元配诗
杭州 浙江人民美术出版社 1981年 2张
76cm（2开）定价：CNY0.32
　　年画形式的中国现代戏剧人物摄影作品。

J0112992
艺坛新秀 （剧照）钱豫强，天鹰摄；潘一平配诗
杭州 浙江人民美术出版社 1981年 2张

76cm（2开）定价：CNY0.32
　　年画形式的中国现代戏剧人物摄影作品。

J0112993
戴战公主 张朝玺，董岩青摄影
天津 天津人民美术出版社 1982年 76cm（2开）
定价：CNY0.18
　　年画形式的中国现代戏剧人物摄影作品。

J0112994
技巧之花
广州 岭南美术出版社 1982年 54cm（4开）
定价：CNY0.20
　　中国人物艺术摄影作品。

J0112995
兰花与柳郎 （云南省花灯剧《摸花轿》主要人物）姚中玉作
昆明 云南人民出版社 1982年 76cm（2开）
定价：CNY0.16
　　年画形式的中国现代戏剧人物摄影作品。

J0112996
梅玉配 张朝玺，董岩青摄影
天津 天津人民美术出版社 1982年 76cm（2开）
定价：CNY0.18
　　年画形式的中国现代戏剧人物摄影作品。

J0112997
人面桃花 刘震，张煜摄影
天津 天津杨柳青画店 1982年 76cm（2开）
定价：CNY0.16
　　年画形式的中国现代人物摄影作品。

J0112998
佘赛花 刘震，张煜摄影
天津 天津杨柳青画社 1982年 1张 76cm（2开）
定价：CNY0.16
　　年画形式的中国现代戏剧人物摄影作品。

J0112999
幸福的儿童 曹震云摄影；吴大业编文
上海 上海人民美术出版社 1982年 76cm（2开）
定价：CNY0.16
　　中国现代人物摄影作品。

J0113000

杨宗保与穆桂英　邹本东摄影

济南 山东人民出版社 1982 年 1 张 76cm（2 开）

定价：CNY0.18

年画形式的中国现代戏剧人物摄影作品。

J0113001

优秀运动员陈肖霞

广州 岭南美术出版社 1982 年 54cm（4 开）

定价：CNY0.20

中国现代体育人物摄影作品。

J0113002

优秀运动员郎平

广州 岭南美术出版社 1982 年 54cm（4 开）

定价：CNY0.20

中国现代体育人物摄影作品。

J0113003

优秀运动员李小平

广州 岭南美术出版社 1982 年 54cm（4 开）

定价：CNY0.20

中国现代体育人物摄影作品。

J0113004

优秀运动员李月久

广州 岭南美术出版社 1982 年 54cm（4 开）

定价：CNY0.20

中国现代体育人物摄影作品。

J0113005

优秀运动员马艳红

广州 岭南美术出版社 1982 年 54cm（4 开）

定价：CNY0.20

中国现代体育人物摄影作品。

J0113006

优秀运动员童玲

广州 岭南美术出版社 1982 年 54cm（4 开）

定价：CNY0.20

中国现代体育人物摄影作品。

J0113007

歌唱祖国　姜长庚摄影

上海 上海人民美术出版社 1983 年 ［1 张］

76cm（2 开）定价：CNY0.16

中国现代摄影作品。作者姜长庚（1945—　），
摄影家。笔名肖疆等，中国摄影家协会会员。

J0113008

好宝宝　刘震，张煜摄影

天津 天津杨柳青画店 1983 年 ［1 张］

76cm（2 开）定价：CNY0.16

中国现代人物摄影作品。

J0113009

红娘　刘震，张煜摄

天津 天津杨柳青画店 1983 年 76cm（2 开）

定价：CNY0.16

年画形式的中国现代戏剧人物摄影作品。

J0113010

红珠女　纪梅摄

石家庄 河北美术出版社 1983 年 76cm（2 开）

定价：CNY0.16

年画形式的中国现代戏剧人物摄影作品。

J0113011

花木兰　费文麓摄

南京 江苏人民出版社 1983 年 2 张 76cm（2 开）

定价：CNY0.32

年画形式的中国现代戏剧人物摄影作品。

J0113012

计划生育好　陈宝生摄影

西安 陕西人民美术出版社 1983 年 ［1 张］

76cm（2 开）定价：CNY0.16

中国现代人物摄影作品。

J0113013

梁红玉　肖顺权摄

北京 人民美术出版社 1983 年 76cm（2 开）

定价：CNY0.16

年画形式的中国现代戏剧人物摄影作品。

J0113014

穆桂英　纪梅摄

石家庄 河北美术出版社 1983 年 76cm（2 开）

定价：CNY0.16

年画形式的中国现代戏剧人物摄影作品。

J0113015
女驸马　张祖道摄
南京 江苏人民出版社 1983 年 76cm（2 开）
定价：CNY0.18
　　年画形式的中国现代戏剧人物摄影作品。作者张祖道（1922— ），纪实摄影家。生于湖南浏阳，就读与西南联大社会学系，毕业于清华大学社会学系。历任《新观察》杂志摄影记者，中国摄影家协会理事，出版有《江村纪事》。

J0113016
娃娃好　张煜，刘振摄影
天津 天津杨柳青画店 1983 年［1 张］
76cm（2 开）定价：CNY0.16
　　中国现代人物摄影作品。

J0113017
小将岳云　驰古摄
北京 人民美术出版社 1983 年 1 张 76cm（2 开）
定价：CNY0.16
　　年画形式的中国现代戏剧人物摄影作品。

J0113018
小守门员　金宜摄影
太原 山西人民出版社 1983 年［1 张］
76cm（2 开）定价：CNY0.18
　　中国现代人物摄影作品。

J0113019
渔家姑娘　陈春轩，封云清摄
上海 上海人民美术出版社 1983 年 76cm（2 开）
定价：CNY0.16
　　中国现代人物摄影作品。

J0113020
岳母刺字　刘震，张煜摄
天津 天津杨柳青画店 1983 年 2 张 76cm（2 开）
定价：CNY0.16
　　年画形式的中国现代戏剧人物摄影作品。

J0113021
越剧新花　（1—4）池一平，钱豫强摄
杭州 浙江人民美术出版社 1983 年 2 张
76cm（2 开）定价：CNY0.32
　　年画形式的中国现代戏剧人物摄影作品。

J0113022
周炳与区桃　（选自影片《三家巷》）
北京 中国电影出版社 1983 年 76cm（2 开）
定价：CNY0.16
　　年画形式的国产电影《三家巷》的剧中人物摄影作品。

J0113023
电影演员张瑜
北京 中国电影出版社 1984 年 2 版 76cm（2 开）
定价：CNY0.16
　　年画形式的中国现代人物摄影作品。

J0113024
红娘子　周则生编文；李中信，张锡佑摄影
郑州 河南人民出版社 1984 年 76cm（2 开）
定价：CNY0.36
　　年画形式的中国现代戏剧人物摄影作品。

J0113025
红珠女　骆仲琦，周玉元摄影
天津 天津人民美术出版社 1984 年 2 张
76cm（2 开）定价：CNY0.36
　　年画形式的中国现代戏剧人物摄影作品。

J0113026
倩影却在想象中　群力摄影
西安 陕西人民美术出版社 1984 年 76cm（2 开）
定价：CNY0.18
　　年画形式的中国现代人物摄影作品。

J0113027
青年演员万琼　于淑珍，曹洪才摄影
广州 岭南美术出版社 1984 年 54cm（4 开）
定价：CNY0.25
　　年画形式的中国现代人物摄影作品。

J0113028
人像摄影艺术作品集　《人像摄影》编辑部编
北京 中国商业出版社 1984 年 84 页 26cm（16 开）
统一书号：17237.002 定价：CNY2.00
　　这本作品集从现实生活的各个角度，运用各种艺术形式，反映了我国各族人民中男、女、老、少的生动形象，尤其着重反映了广大工人、农民、战士、知识分子等在四化建设中所表现出来

的高尚的精神面貌。

J0113029
岳家小将　黎帆改编；翟庆明摄影
北京 中国戏剧出版社 1984 年 2 张 76cm(2 开)
定价: CNY0.32
　　年画形式的中国现代戏剧人物摄影作品。

J0113030
祖国的花朵　张克庆摄影
杭州 浙江人民美术出版社 1984 年 76cm(2 开)
定价: CNY0.16
　　年画形式的中国现代人物摄影作品。

J0113031
电影演员林方兵　云子摄
济南 山东美术出版社 1985 年 1 张 76cm(2 开)
定价: CNY0.46
　　年画形式的中国现代人物摄影作品。

J0113032
杜鹃女
北京 中国电影出版社 1985 年 2 张 76cm(2 开)
定价: CNY0.42

J0113033
多好玩　贾育平摄
南京 江苏科学技术出版社 1985 年 1 张
76cm(2 开)定价: CNY0.21
　　中国现代人物摄影作品。

J0113034
给妈妈打电话　钟向东摄
南京 江苏科学技术出版社 1985 年 1 张
76cm(2 开)定价: CNY0.21
　　中国现代人物摄影作品。

J0113035
宫娥　池一平摄
杭州 浙江人民出版社 1985 年 1 张 76cm(2 开)
定价: CNY0.18
　　中国现代戏曲人物摄影作品。

J0113036
巾帼英雄:洪宣娇，穆桂英，梁红玉，花木

兰　兆新,基中摄
南京 江苏美术出版社 1985 年 4 张 76cm(2 开)
定价: CNY1.00
　　中国现代戏曲人物摄影。

J0113037
金榜题名新婚时　陈春轩, 徐斌摄
北京 中国戏剧出版社 1985 年 1 张 76cm(2 开)
定价: CNY0.21
　　中国现代戏曲人物摄影。作者陈春轩
(1906—1993),闽剧表演艺术家。福建闽侯县
人。艺名嘉滨弟。曾任福州市实验闽剧团副团长。
中国剧协会员。演出主要剧目有《八大锤》《长
坂坡》《独木关》等。作者徐斌,擅长摄影。主要
作品有年历《算一算》《喜悦》《小演员》等。

J0113038
孟丽君　李厚健编文;曹长春摄影
郑州 河南美术出版社 1985 年 2 张 107cm(全开)
定价: CNY0.80
　　中国现代戏曲人物摄影作品。

J0113039
木兰凯旋还故乡　陈春轩, 徐斌摄
北京 中国戏剧出版社 1985 年 1 张 76cm(2 开)
定价: CNY0.21
　　中国现代戏曲人物摄影作品。

J0113040
女英雄红娘子　杨克林,刘海发摄
上海 上海人民美术出版社 1985 年 1 张
76cm(2 开)定价: CNY0.20
　　中国现代人物摄影作品。

J0113041
人物形象与表情　江西人民出版社编
南昌 江西人民出版社 1985 年 44 页 26cm(16 开)
统一书号: 8110.940 定价: CNY2.80

J0113042
仕女　李智颖摄
兰州 甘肃出版社 1985 年 1 张 53cm(4 开)
定价: CNY0.10
　　中国现代人物摄影作品。

J0113043

双镇山下结良缘　王秉龙摄

北京 中国戏剧出版社 1985 年 1 张 76cm（2 开）

定价：CNY0.21

　　年画形式的中国现代人物摄影作品。作者王秉龙（1943—　），生于山西祁县。中国戏剧家协会会员，北京美术家协会会员。擅长楷书、魏碑、行书。出版《科学发明家故事》《明史演义》等多部连环画册；改编拍摄并出版了几百种传统戏曲年画，被称为中国戏曲年画摄影第一人。

J0113044

苏丹与皇帝　谢新发等摄；胜林编文

上海 上海人民美术出版社 1985 年 2 张 76cm（2 开）定价：CNY0.40

　　中国现代摄影作品。

J0113045

她入了迷　钟向东摄

南京 江苏科学技术出版社 1985 年 1 张 76cm（2 开）定价：CNY0.21

　　中国现代人物摄影作品。作者钟向东（1944—　），画家。别名钟兴、号高联居士，江西兴国长岗人。毕业于赣南师范学院艺术系及中国书画函授大学国画专业。历任江西省美术家协会会员、漫画学会理事、工艺美术学会会员、摄影家协会会员、赣南画院美术事业部主任、特聘画家、赣州市中山书画院特聘画师。主要作品有《郁孤台》《现代风》《希望之星》《考察报告》等。

J0113046

调皮的玲玲　茅瑾摄

南京 江苏科学技术出版社 1985 年 1 张 76cm（2 开）定价：CNY0.21

　　中国现代人物摄影作品。

J0113047

香港影视明星　上海画报出版社编辑

上海 上海画报出版社 1985 年 12 张 19cm（32 开）

定价：CNY0.55

　　中国现代人物摄影图册。

J0113048

艺苑新花　兆欣等摄影

南京 江苏美术出版社 1985 年 2 张 76cm（2 开）

定价：CNY0.46

J0113049

憧憬　湖南美术出版社编

长沙 湖南美术出版社 1986 年 1 张

定价：CNY0.70

　　中国现代人物摄影作品。

J0113050

电影演员丁岚

北京 中国电影出版社 1986 年 1 张 76cm（2 开）

定价：CNY0.20

　　中国现代人物摄影作品。

J0113051

电影演员洪学敏、宋春丽

北京 中国电影出版社 1986 年 1 张 76cm（2 开）

定价：CNY0.23

　　中国现代人物摄影作品。

J0113052

电影演员李羚、吴玉芳

北京 中国电影出版社 1986 年 1 张 76cm（2 开）

定价：CNY0.20

　　中国现代人物摄影作品。

J0113053

电影演员吕晓禾、吴玉芳

北京 中国电影出版社 1986 年 1 张 76cm（2 开）

定价：CNY0.23

　　中国现代人物摄影作品。

J0113054

电影演员朱琳、白灵、殷亭如

北京 中国电影出版社 1986 年 1 张 76cm（2 开）

定价：CNY0.20

　　中国现代人物摄影作品。

J0113055

貂蝉　王秉龙改编并摄影

北京 中国电影出版社 1986 年 2 张 76cm（2 开）

定价：CNY0.50

　　中国现代人物摄影作品。作者王秉龙（1943—　），生于山西祁县。中国戏剧家协会会员，北京美术家协会会员。擅长楷书、魏碑、行书。出版《科学发明家故事》《明史演义》等多部连环画册；改编拍摄并出版了几百种传统戏曲年画，被称为中国戏曲年画摄影第一人。

J0113056

红娘　乔海民编文；王秉龙摄
北京 中国戏剧出版社 1986 年 2 张 76cm（2 开）
定价：CNY0.50
　　中国现代人物摄影作品。

J0113057

湖阳公主　（剧照）
北京 中国电影出版社 1986 年 1 张 76cm（2 开）
定价：CNY0.20
　　中国现代人物摄影作品。

J0113058

湖阳公主　（剧照）
北京 中国电影出版社 1986 年 2 张 76cm（2 开）
定价：CNY0.42
　　中国现代人物摄影作品。

J0113059

欢乐的小伙伴　袁学军摄
北京 人民美术出版社 1986 年 1 张 76cm（2 开）
定价：CNY0.32
　　中国现代摄影作品。作者袁学军（1950— ），四川成都人，解放军画报社主任记者。作品有《我们劳动去》《二重奏》《印象·青藏高原》等。

J0113060

济公　张信发，张戈摄；华土明编
南京 江苏美术出版社 1986 年 2 张 76cm（2 开）
定价：CNY0.50
　　中国现代人物摄影作品。

J0113061

金玉良缘　尹福康，刘海发摄
成都 四川美术出版社 1986 年 1 张 76cm（2 开）
定价：CNY0.20
　　中国现代戏剧人物摄影作品。

J0113062

敬爱的周恩来同志

成都 四川美术出版社 1986 年 1 张
定价：CNY0.24
　　中国现代人物摄影作品。

J0113063

美满姻缘　兆欣，培良摄
南京 江苏美术出版社 1986 年 1 张 76cm（2 开）
定价：CNY0.21
　　中国现代戏曲人物摄影作品。

J0113064

穆桂英　徐斌摄
西安 陕西人民美术出版社 1986 年 1 张
76cm（2 开）定价：CNY0.22
　　中国现代戏曲人物摄影作品。作者徐斌，擅长摄影。主要作品有年历《算一算》《喜悦》《小演员》等。

J0113065

南诏妃　杨克林，含语摄
上海 上海人民美术出版社 1986 年 2 张
76cm（2 开）定价：CNY0.40
　　中国现代人物摄影作品。

J0113066

你好　彭年生摄
武汉 湖北美术出版社 1986 年 1 张 76cm（2 开）
定价：CNY0.50
　　中国现代人物摄影作品。作者彭年生（1955— ），美术摄影编辑。生于湖北武汉市，毕业于武汉大学新闻系艺术摄影专业。历任长江文艺出版社副社长，湖北美术出版社副社长，中国摄影家协会会员等职。出版有《思想者——彭年生摄影作品集》《性格肖像——彭年生摄影作品集》等。

J0113067

女驸马　魏启平改编；王秉龙摄
北京 中国戏剧出版社 1986 年 2 张 76cm（2 开）
定价：CNY0.50
　　中国现代戏曲人物摄影作品。

J0113068

倩影　湖南美术出版社编
长沙 湖南美术出版社 1986 年 1 张

定价：CNY0.70
　　中国现代人物摄影作品。

J0113069
青春　娄晓曦摄
天津　天津人民美术出版社　1986年　1张
76cm（2开）定价：CNY0.22
　　中国现代人物摄影作品。作者娄晓曦，摄影家。主要作品有《重庆长江大桥》《雪》《思念》等。

J0113070
青年阿信的扮演者田中裕子和中国演员龚雷
周雁鸣摄
长沙　湖南美术出版社　1986年　1张　53cm（4开）
定价：CNY0.30
　　中国现代人物摄影作品。

J0113071
情深意长　陈春轩，徐斌摄
西安　陕西人民美术出版社　1986年　1张
76cm（2开）定价：CNY0.22
　　中国现代戏曲人物摄影作品。

J0113072
时代的脸　谢春德摄影
台北　大地出版社　1986年　有图　27cm（16开）
定价：TWD360.00，TWD460.00（精装）
（万卷文库 160）
　　中国现代人物摄影作品。

J0113073
书童夏日　何世尧摄
南宁　广西人民出版社　1986年　1张（2开）
定价：CNY1.75
　　中国现代人物摄影作品。作者何世尧（1935—　　），摄影家。生于浙江永康，曾在人民画报社学习摄影，后任人民画报社摄影记者。作品有《巍巍长城》《静海晨雾》等，有风光摄影画册《黄龙》《春雨绵绵》。

J0113074
四美图　池一平等摄
杭州　浙江人民美术出版社　1986年　2张
76cm（2开）定价：CNY0.40
　　中国现代人物摄影作品。

J0113075
宋庆龄和孩子们　（英汉对照　摄影集）宋庆龄基金会编辑
北京　中国和平出版社　1986年　94页
19cm（小32开）定价：CNY2.20
　　中国现代人物摄影作品。

J0113076
武林英杰　高洁摄
天津　天津人民美术出版社　1986年　2张
76cm（2开）定价：CNY0.44
　　中国现代人物摄影作品。

J0113077
武星影星张小燕
北京　人民体育出版社　1986年　1张　76cm（2开）
定价：CNY0.25
　　中国现代人物摄影作品。

J0113078
湘云眠芍　池一平，郭阿根摄
杭州　浙江人民美术出版社　1986年　1张
76cm（2开）定价：CNY0.20
　　中国现代戏剧人物摄影作品。

J0113079
新婚燕尔　（周雅琴，杨文蔚饰）尹福康，王全亨摄
上海　上海人民美术出版社　1986年　1张
76cm（2开）定价：CNY0.20
　　中国现代戏剧人物摄影作品。

J0113080
中外影星　邵佐唐作
沈阳　辽宁美术出版社　1986年　2张　76cm（2开）
定价：CNY0.42
　　中国现代人物摄影作品。

J0113081
著名歌星邓丽君
西安　陕西人民美术出版社　1986年　1张
53cm（4开）定价：CNY0.24
　　中国现代人物摄影作品。

J0113082

著名歌星——邓丽君

西安 陕西人民美术出版社 1986 年 1 张
76cm（2 开）定价：CNY0.50

  中国现代人物摄影作品。

J0113083

祖国在我心中 解放军画报社编辑

北京 长城出版社 1986 年 95 页 26cm（16 开）
统一书号：8269.91 定价：CNY6.00

  中国现代人物摄影作品。

J0113084

艾里甫与赛乃木 （摄影）

乌鲁木齐 新疆人民出版社 1987 年 10 张
15cm（40 开）定价：CNY1.50

  中国现代人物摄影作品。

J0113085

蓓蕾初放 陈振新摄

北京 人民美术出版社 1987 年 2 张 76cm（2 开）
定价：CNY0.54

  中国现代人物摄影作品。作者陈振新
（1950—　　），江苏南通市人。中国美术家协会会
员，中国民间艺术家协会会员。任职于人民美术
出版社。创作和发表了大量美术、摄影作品。主
要作品有《大家动手，植树栽花，美化环境》《期
望》《林》等。

J0113086

绰约风姿 杨时音摄

长沙 湖南美术出版社 1987 年 1 张 76cm（2 开）
定价：CNY0.70

  中国现代人物摄影作品。

J0113087

电影演员

北京 中国电影出版社［1987 年］1 张
76cm（2 开）定价：CNY0.28

  中国现代人物摄影作品。

J0113088

电影演员白灵、邬君梅

北京 中国电影出版社［1987 年］1 张
76cm（2 开）定价：CNY0.28

  中国现代人物摄影作品。

J0113089

电影演员洪学敏

北京 中国电影出版社［1987 年］1 张
76cm（2 开）定价：CNY0.28

  中国现代人物摄影作品。

J0113090

电影演员黄爱玲、邬倩倩

北京 中国电影出版社［1987 年］1 张
76cm（2 开）定价：CNY0.28

  中国现代人物摄影作品。

J0113091

电影演员罗燕 周俊彦摄

济南 山东美术出版社 1987 年 1 张 76cm（2 开）
定价：CNY0.27

  中国现代人物摄影作品。

J0113092

电影演员麦小琴、常戎、高菱薇、麦文燕

北京 中国电影出版社 1987 年 1 张 76cm（2 开）
定价：CNY0.28

  中国现代人物摄影作品。

J0113093

电影演员潘虹、赵娜

北京 中国电影出版社 1987 年 1 张 76cm（2 开）
定价：CNY0.28

  中国现代人物摄影作品。

J0113094

电影演员普超英、张玲

北京 中国电影出版社 1987 年 1 张 76cm（2 开）
定价：CNY0.28

  中国现代人物摄影作品。

J0113095

电影演员邬君梅 云子摄

济南 山东美术出版社 1987 年 1 张 76cm（2 开）
定价：CNY0.27

  中国现代人物摄影作品。

J0113096

电影演员朱琳、李凤绪

北京 中国电影出版社 1987 年 1 张 76cm（2 开）

定价：CNY0.28

中国现代人物摄影作品。

J0113097

共读西厢 谢仲善，张凯摄

上海 上海人民美术出版社 1987 年 1 张

76cm（2 开）定价：CNY0.28

中国现代戏曲人物摄影作品。

J0113098

欢聚 （电影演员朱时茂、唐国强、龚雪、方舒、斯琴高娃、王伯昭）

北京 中国电影出版社［1987 年］1 张

76cm（2 开）定价：CNY0.28

中国现代人物摄影作品。

J0113099

伉俪情深——三浦友和与山口百惠 陈洪庶，黎纪明摄

成都 四川美术出版社 1987 年 1 张 76cm（2 开）

定价：CNY0.26

中国现代人物摄影作品。

J0113100

两个"阿信"

北京 中国电影出版社［1987 年］1 张

76cm（2 开）定价：CNY0.28

中国现代人物摄影作品。

J0113101

妙龄女郎 叶导摄

长沙 湖南美术出版社 1987 年 1 张 76cm（2 开）

定价：CNY0.70

中国现代人物摄影作品。作者叶导，擅长摄影。主要年历作品有《花仙子》《清香》《九寨沟秋色》等。

J0113102

母与子

呼和浩特 内蒙古人民出版社 1987 年 1 张

54cm（4 开）定价：CNY0.32

中国现代人物摄影作品。

J0113103

勤读 高国强等摄

南京 江苏美术出版社 1987 年 1 张 76cm（2 开）

定价：CNY0.28

中国现代人物摄影作品。

J0113104

群芳谱 盛二龙等摄

杭州 浙江人民美术出版社 1987 年 2 张

76cm（2 开）定价：CNY0.50

中国现代人物摄影作品。作者盛二龙（1948— ），广东中山人，毕业于浙江美术学院附中。历任浙江人民美术出版社美术编辑、浙江摄影出版社社长，《浙江画报》社社长兼主编。作品有《红孩子、红队长、红爷爷》《山姑娘》（合作）《江山多娇》。

J0113105

三国故事 （剧照）王广林等摄

南京 江苏美术出版社 1987 年 2 张 76cm（2 开）

定价：CNY0.60

作者王广林（1944— ），记者。江苏铜山人，历任新华日报社摄影部主任，中国摄影家协会会员，江苏新闻摄影协会副会长，江苏年画研究会理事。

J0113106

同心喜结美姻缘 陈坚，石如摄

杭州 西湖摄影艺术出版社 1987 年 1 张

76cm（2 开）统一书号：8364.76 定价：CNY0.24

中国现代戏曲人物摄影作品。作者陈坚（1959— ），山东青岛人。曾任中国美术家协会水彩画艺术委员会副主任兼秘书长、北京市美协水彩画艺术委员会副主任、北京水彩画学会副会长。主要作品有《塔吉克老人》《塔吉克姑娘》《逝》等。

J0113107

武林英豪

北京 人民体育出版社 1987 年 1 张 76cm（2 开）

定价：CNY0.30

中国现代人物摄影作品。

J0113108

骁勇小将 亦辛，荣卫摄

南宁 广西人民出版社 1987 年 2 张 76cm（2 开）
定价：CNY0.58

中国现代人物摄影作品。

J0113109
小武士
北京 人民体育出版社 1987 年 2 张 76cm（2 开）
定价：CNY0.60

中国现代人物摄影作品。

J0113110
新秀
北京 人民体育出版社 1987 年 1 张 76cm（2 开）
定价：CNY0.30

中国现代人物摄影作品。

J0113111
银苑新星
北京 中国电影出版社［1987 年］1 张
76cm（2 开）定价：CNY0.28

中国现代人物摄影作品。

J0113112
英俊少年
北京 人民体育出版社 1987 年 1 张 76cm（2 开）
定价：CNY0.30

中国现代人物摄影作品。

J0113113
影星龚雪　　陈振戈摄
太原 山西人民出版社 1987 年 1 张 53cm（4 开）
定价：CNY0.30

中国现代人物摄影作品。

J0113114
中国民兵　　才孝文等摄影；中国解放军总参谋
部动员部编辑
北京 长城出版社 1987 年 141 页 32cm（10 开）
统一书号：8269.155 定价：CNY55.00
精装 ISBN：7-80017-035-7

中国现代人物摄影作品。

J0113115
中国青年摄影家马云　　马云摄
杭州 浙江摄影出版社 1987 年 24 页 24cm（26 开）

统一书号：8364.176 定价：CNY3.90
ISBN：7-80536-011-1

J0113116
崔莺娘　　王秉龙摄
北京 中国戏剧出版社 1988 年 2 张 76cm（2 开）
定价：CNY0.55

年画形式的中国现代戏剧人物摄影作品。

J0113117
邓小平　　（摄影画册）中共中央文献研究室，新
华通讯社编辑
北京 中国文献出版社 1988 年 302 页 38cm（6 开）
精装

中国现代人物摄影作品。

J0113118
电影明星张瑜　　盛东摄
武汉 湖北美术出版社 1988 年 1 张 76cm（2 开）
定价：CNY0.76

年画形式的中国现代人物摄影作品。

J0113119
电影演员曾春晖
北京 中国电影出版社［1988 年］1 张
76cm（2 开）定价：CNY0.36

中国现代人物摄影作品。

J0113120
电影演员陈燕华　　张涵毅摄
石家庄 河北美术出版社 1988 年 1 张
54cm（4 开）定价：CNY0.40

年画形式的中国现代人物摄影作品。

J0113121
电影演员丛珊
北京 中国电影出版社［1988 年］1 张
76cm（2 开）定价：CNY0.36

年画形式的中国现代人物摄影作品。

J0113122
电影演员董智芝
北京 中国电影出版社［1988 年］1 张
76cm（2 开）定价：CNY0.36

年画形式的中国现代人物摄影作品。

J0113123
电影演员乐韵 蔡体星摄
济南 山东美术出版社 1988 年 1 张 76cm（2 开）
定价：CNY0.35
　　年画形式的中国现代人物摄影作品。

J0113124
电影演员柳荻 张苏妍摄
济南 山东美术出版社 1988 年 1 张 76cm（2 开）
定价：CNY0.35
　　年画形式的中国现代人物摄影作品。

J0113125
电影演员卢君、陈肖依
北京 中国电影出版社［1988 年］1 张
76cm（2 开）定价：CNY0.36
　　年画形式的中国现代人物摄影作品。

J0113126
电影演员王姬
北京 中国电影出版社［1988 年］1 张
76cm（2 开）定价：CNY0.36
　　年画形式的中国现代人物摄影作品。

J0113127
电影演员许志崴 陈振戈摄
济南 山东美术出版社 1988 年 1 张 76cm（2 开）
定价：CNY0.30
　　年画形式的中国现代人物摄影作品。

J0113128
电影演员张瑜
北京 中国电影出版社［1988 年］1 张
76cm（2 开）定价：CNY0.36
　　年画形式的中国现代人物摄影作品。

J0113129
电影演员张瑜、陈烨、张芝华
北京 中国电影出版社［1988 年］1 张
76cm（2 开）定价：CNY0.36
　　年画形式的中国现代人物摄影作品。

J0113130
电影演员朱琳
北京 中国电影出版社［1988 年］1 张

76cm（2 开）定价：CNY0.36
　　年画形式的中国现代人物摄影作品。

J0113131
樊梨花与薛丁山 陈春轩摄
上海 上海人民美术出版社 1988 年 1 张
76cm（2 开）定价：CNY0.36
　　年画形式的中国现代人物摄影作品。

J0113132
红楼梦金陵十二钗 池一平等摄
杭州 浙江人民美术出版社 1988 年 2 张
76cm（2 开）定价：CNY0.65
　　年画形式的中国现代人物摄影作品。

J0113133
孟丽君 陈春轩摄
上海 上海人民美术出版社 1988 年 1 张
76cm（2 开）定价：CNY0.36
　　年画形式的中国现代人物摄影作品。

J0113134
青年演员陈怡 刘海发摄
石家庄 河北美术出版社 1988 年 1 张
54cm（4 开）定价：CNY0.40
　　年画形式的中国现代人物摄影作品。

J0113135
青年演员崔佳 陈振戈摄
济南 山东美术出版社 1988 年 1 张 76cm（2 开）
定价：CNY0.80
　　年画形式的中国现代人物摄影作品。

J0113136
青年演员陆剑波 林伟新摄
石家庄 河北美术出版社 1988 年 1 张
54cm（4 开）定价：CNY0.40
　　年画形式的中国现代人物摄影作品。

J0113137
青年演员耐安 邵黎阳摄
石家庄 河北美术出版社 1988 年 1 张
76cm（2 开）定价：CNY0.90
　　年画形式的中国现代人物摄影作品。作者
邵黎阳（1942— ），画家。浙江镇海人。历任《解放军报》美术编辑，上海人民美术出版编辑部主任。作品有版画《山高攀》《胜利的旗帜》《航标灯》，油画《房东》《马石山十勇士》《天福山起义》等。著有《藏书票入门》。

J0113138
青年演员王坛　　林伟新摄
石家庄 河北美术出版社 1988 年 1 张
54cm（4 开）定价：CNY0.40
　　年画形式的中国现代人物摄影作品。

J0113139
情思　　盛东摄
武汉 湖北美术出版社 1988 年 1 张 76cm（2 开）
定价：CNY0.76
　　年画形式的中国现代人物摄影作品。

J0113140
人体美　　周玉霞编纂
长春 吉林美术出版社 1988 年 194 页
26cm（16 开）ISBN：7–5386–0129–5
定价：CNY14.50
　　中国现代人体摄影作品。

J0113141
人体摄影　　常涅，袁林编
合肥 安徽科学技术出版社 1988 年 78 页
26cm（16 开）ISBN：7–5337–0348–0
定价：CNY18.00
　　中国现代人体摄影作品。

J0113142
人物作品集　　詹鸿昌摄
长沙 湖南美术出版社 1988 年 8 张 13cm（60 开）
定价：CNY1.60
（世界美术名作集粹）
　　中国现代人物摄影作品。

J0113143
武林新秀　　张连诚，李崇戍摄
天津 天津人民美术出版社 1988 年 2 张
76cm（2 开）定价：CNY0.80
　　中国现代人物摄影作品。

J0113144
武林英豪　　陈振新摄
北京 人民美术出版社 1988 年 2 张 76cm（2 开）
定价：CNY0.80
　　中国现代人物摄影作品。

J0113145
武星——施瑞芬　　唐禹民摄
天津 天津人民美术出版社 1988 年 1 张
76cm（2 开）定价：CNY0.38
　　年画形式的中国现代人物摄影作品。作者唐禹民（1940—　　），记者。出生于辽宁朝阳市。历任国家体育总局中国体育杂志社摄影部主任，中国体育记者协会理事，中国体育摄影学会副主席兼秘书长等。著有《抹不掉的记忆》《体育摄影理论与实践》等。

J0113146
武星影星张小燕
北京 人民体育出版社 1988 年 1 张 76cm（2 开）
定价：CNY0.38
　　中国现代人物摄影作品。

J0113147
戏剧四条屏　　王秉龙摄
天津 天津人民美术出版社 1988 年 2 张
76cm（2 开）定价：CNY0.80
　　年画形式的中国现代戏剧人物摄影作品。

J0113148
戏剧条屏　　王秉龙摄
石家庄 河北美术出版社 1988 年 4 张
78cm（2 开）定价：CNY1.20
　　年画形式的中国现代戏剧人物摄影作品。作者王秉龙（1943—　　），生于山西祁县。中国戏剧家协会会员，北京美术家协会会员。擅长楷书、魏碑、行书。出版《科学发明家故事》《明史演义》等多部连环画册；改编拍摄并出版了几百种传统戏曲年画，被称为中国戏曲年画摄影第一人。

J0113149
香罗帕　　王秉龙摄
石家庄 河北美术出版社 1988 年 1 张
76cm（2 开）定价：CNY0.90
　　年画形式的中国现代戏剧人物摄影作品。

J0113150
小宝宝　钟向东摄
西安 陕西人民美术出版社 1988 年 1 张
76cm（2 开）定价：CNY0.40
　　年画形式的中国现代人物摄影作品。

J0113151
小伙伴　达历摄
沈阳 辽宁美术出版社 1988 年 1 张 76cm（2 开）
定价：CNY0.45
　　年画形式的中国现代人物摄影作品。

J0113152
徐玉兰　王文娟　陈安禹摄
上海 上海人民美术出版社 1988 年 2 张
76cm（2 开）定价：CNY0.72
　　年画形式的中国现代人物摄影作品。

J0113153
银坛伉俪　陈振戈摄
南宁 广西人民出版社 1988 年 1 张 54cm（4 开）
定价：CNY0.44
　　年画形式的中国现代人物摄影作品。

J0113154
宝宝乐　（摄影）享耳摄
沈阳 辽宁美术出版社 1989 年 1 张 76cm（2 开）
定价：CNY0.55
　　年画形式的中国现代人物摄影作品。

J0113155
憧憬　迭文摄影
武汉 湖北美术出版社 1989 年 1 张 76cm（2 开）
定价：CNY0.90
　　中国现代人物摄影作品。

J0113156
春姑　张九荣摄
北京 人民美术出版社 1989 年 1 张 76cm（2 开）
定价：CNY0.50
　　年画形式的中国现代人物摄影作品。作者
张九荣，画家、摄影家。摄影作品有年画《花卉
仕女图》《春》等。

J0113157
狄青与双阳公主　陈春轩，姚中玉摄
上海 上海人民美术出版社 1989 年 1 张
76cm（2 开）定价：CNY0.45
　　年画形式的中国现代戏剧人物摄影作品。
作者陈春轩（1906—1993），闽剧表演艺术家。福
建闽侯县人。艺名嘉滨弟。曾任福州市实验闽
剧团副团长。中国剧协会员。演出主要剧目有
《八大锤》《长坂坡》《独木关》等。作者姚中玉，
画家。曾任湖南省艺术家书画院会员、长沙市
书法家协会会员等职。主要作品有《迎风燕舞》
《向天歌》《一唱雄鸡天下白》《春情》《富贵吉
祥》等。

J0113158
电影演员白灵　（摄影）
北京 中国电影出版社［1989 年］1 张
76cm（2 开）定价：CNY0.50
　　中国现代人物摄影作品。

J0113159
电影演员巩俐　（摄影）
北京 中国电影出版社［1989 年］1 张
76cm（2 开）定价：CNY0.50
　　中国现代人物摄影作品。

J0113160
电影演员洪学敏　（摄影）
北京 中国电影出版社［1989 年］1 张
76cm（2 开）定价：CNY0.50
　　年画形式的中国现代人物摄影作品。

J0113161
电影演员洪学敏、宋春丽、李岚　（摄影）
北京 中国电影出版社［1989 年］1 张
76cm（2 开）定价：CNY0.50
　　年画形式的中国现代人物摄影作品。

J0113162
电影演员李爱群、董艳博　（摄影）
北京 中国电影出版社［1989 年］1 张
76cm（2 开）定价：CNY0.50
　　年画形式的中国现代人物摄影作品。

J0113163
电影演员林芳兵 （摄影）
北京 中国电影出版社［1989 年］1 张
76cm（2 开）定价：CNY0.50
　　年画形式的中国现代人物摄影作品。

J0113164
电影演员方舒、李羚 （摄影）
北京 中国电影出版社［1989 年］1 张
76cm（2 开）定价：CNY0.50
　　年画形式的中国现代人物摄影作品。

J0113165
电影演员卢君、陈肖依 （摄影）
北京 中国电影出版社［1989 年］1 张
76cm（2 开）定价：CNY0.50
　　年画形式的中国现代人物摄影作品。

J0113166
电影演员麦文琴、赵越、沈琳、胡泽红 （摄影）
北京 中国电影出版社［1989 年］1 张
76cm（2 开）定价：CNY0.50
　　年画形式的中国现代人物摄影作品。

J0113167
电影演员潘虹 （摄影）
北京 中国电影出版社［1989 年］1 张
76cm（2 开）定价：CNY0.50
　　年画形式的中国现代人物摄影作品。

J0113168
电影演员潘虹、赵娜 （摄影）
北京 中国电影出版社［1989 年］1 张
76cm（2 开）定价：CNY0.50
　　年画形式的中国现代人物摄影作品。

J0113169
电影演员谭小燕 （摄影）
长沙 湖南美术出版社［1989 年］1 张
76cm（2 开）定价：CNY0.90
　　年画形式的中国现代人物摄影作品。

J0113170
电影演员谭小燕 （摄影）
济南 山东美术出版社［1989 年］1 张

76cm（2 开）
　　年画形式的中国现代人物摄影作品。

J0113171
电影演员陶慧敏 （摄影）
北京 中国电影出版社［1989 年］1 张
76cm（2 开）定价：CNY0.50
　　年画形式的中国现代人物摄影作品。

J0113172
电影演员邬倩倩 （摄影）
北京 中国电影出版社［1989 年］1 张
76cm（2 开）定价：CNY0.50
　　年画形式的中国现代人物摄影作品。

J0113173
电影演员吴玉芳、赵英、梁玉瑾 （摄影）
北京 中国电影出版社［1989 年］1 张
76cm（2 开）定价：CNY0.50
　　年画形式的中国现代人物摄影作品。

J0113174
电影演员阎青、高宝宝 （摄影）
北京 中国电影出版社［1989 年］1 张
76cm（2 开）定价：CNY0.50
　　年画形式的中国现代人物摄影作品。

J0113175
电影演员杨凤一 （摄影）
北京 中国电影出版社［1989 年］1 张
76cm（2 开）定价：CNY0.50
　　年画形式的中国现代人物摄影作品。

J0113176
电影演员杨丽萍 （摄影）
北京 中国电影出版社［1989 年］1 张
76cm（2 开）定价：CNY0.50
　　年画形式的中国现代人物摄影作品。

J0113177
电影演员张琪 （摄影）
北京 中国电影出版社［1989 年］1 张
76cm（2 开）定价：CNY0.50
　　年画形式的中国现代人物摄影作品。

J0113178

电影演员张晏 （摄影）

北京 中国电影出版社［1989年］1张

76cm（2开）定价：CNY0.48

年画形式的中国现代人物摄影作品。

J0113179

电影演员张瑜 （摄影）

北京 中国电影出版社［1989年］1张

76cm（2开）定价：CNY0.50

年画形式的中国现代人物摄影作品。

J0113180

电影演员张瑜、陈烨、张芝华 （摄影）

北京 中国电影出版社［1989年］1张

76cm（2开）定价：CNY0.50

年画形式的中国现代人物摄影作品。

J0113181

电影演员朱琳 （摄影）

北京 中国电影出版社［1989年］1张

76cm（2开）定价：CNY0.50

年画形式的中国现代人物摄影作品。

J0113182

电影演员朱琳、白灵、殷亭如 （摄影）

北京 中国电影出版社［1989年］1张

76cm（2开）定价：CNY0.50

年画形式的中国现代人物摄影作品。

J0113183

海灯法师 黄铁军摄；潘清波编

天津 天津人民美术出版社 1989年 2张

76cm（2开）定价：CNY1.10

年画形式的中国现代人物摄影作品。

J0113184

花木兰 林峰编摄

北京 人民美术出版社 1989年 2张 76cm（2开）

定价：CNY1.05

年画形式的中国现代戏剧人物摄影作品。

作者林峰（1938—　），本名王树林，生于河北涿州。历任新艺摄影公司技术副总监、市摄协顾问，国家特级摄影师。著有《林峰作品选》等。

J0113185

回眸传情 丁宇光摄

天津 天津人民美术出版社 1989年 1张

76cm（2开）定价：CNY0.50

年画形式的中国现代人物摄影作品。

J0113186

回眸一笑含情愫 任清威摄

上海 上海人民美术出版社 1989年 1张

76cm（2开）定价：CNY1.00

年画形式的中国现代人物摄影作品。

J0113187

回眸一笑美不尽 陈春轩，姚中玉摄

上海 上海人民美术出版社 1989年 1张

53cm（4开）定价：CNY0.50

年画形式的中国现代人物摄影作品。

J0113188

锦车丽人 伍仁行摄

上海 上海人民美术出版社 1989年 1张

76cm（2开）定价：CNY1.00

年画形式的中国现代人物摄影作品。

J0113189

敬爱的马老师 马家吉摄

天津 天津人民美术出版社 1989年 1张

76cm（2开）定价：CNY0.50

年画形式的中国现代人物摄影作品。

J0113190

连理南枝姐妹花 任清威摄

上海 上海人民美术出版社 1989年 1张

76cm（2开）定价：CNY1.00

年画形式的中国现代人物摄影作品。

J0113191

柳荫倩影 任国兴摄

石家庄 河北美术出版社 1989年 1张

76cm（2开）定价：CNY0.50

年画形式的中国现代人物摄影作品。

J0113192

美满幸福 （一）桑榆摄

上海 上海人民美术出版社 1989年 1张

76cm（2开）定价：CNY1.00

年画形式的中国现代人物摄影作品。

J0113193

美满幸福 （二）桑榆摄

上海 上海人民美术出版社 1989年 1张

76cm（2开）定价：CNY1.00

年画形式的中国现代人物摄影作品。

J0113194

美满幸福 （三）桑榆摄

上海 上海人民美术出版社 1989年 1张

76cm（2开）定价：CNY1.00

年画形式的中国现代人物摄影作品。

J0113195

美满幸福 （四）桑榆摄

上海 上海人民美术出版社 1989年 1张

76cm（2开）定价：CNY1.00

年画形式的中国现代人物摄影作品。

J0113196

孟丽君与皇甫少华 杭志忠摄

西安 陕西人民美术出版社 1989年 1张

76cm（2开）定价：CNY0.48

年画形式的中国现代戏剧人物摄影作品。

J0113197

摩托女郎 （摄影）

石家庄 河北美术出版社 1989年 1张

76cm（2开）定价：CNY0.90

年画形式的中国现代人物摄影作品。

J0113198

摩托女郎 （摄影）

上海 上海人民美术出版社 1989年 4张

76cm（2开）定价：CNY4.00

年画形式的中国现代人物摄影作品。

J0113199

南海姑娘 （之一）林伟新，晔石摄

上海 上海书画出版社 1989年 1张

［78cm］（3开）定价：CNY0.75

年画形式的中国现代人物摄影作品。

J0113200

南海姑娘 （之二）林伟新，晔石摄

上海 上海书画出版社 1989年 1张

［78cm］（3开）定价：CNY0.75

年画形式的中国现代人物摄影作品。

J0113201

南海姑娘 （之三）林伟新，晔石摄

上海 上海书画出版社 1989年 1张

［78cm］（3开）定价：CNY0.75

年画形式的中国现代人物摄影作品。

J0113202

南海姑娘 （之四）林伟新，晔石摄

上海 上海书画出版社 1989年 1张

［78cm］（3开）定价：CNY0.75

年画形式的中国现代人物摄影作品。

J0113203

女性之美是自然的一部分 （摄影）

石家庄 河北美术出版社 1989年 1张

76cm（2开）定价：CNY0.90

年画形式的中国现代人物摄影作品。

J0113204

前程万里 （之一）林伟新摄

上海 上海书画出版社 1989年 1张 74×43cm

定价：CNY0.75

年画形式的中国现代摄影作品。

J0113205

前程万里 （之二）林伟新摄

上海 上海书画出版社 1989年 1张 74×43cm

定价：CNY0.75

年画形式的中国现代摄影作品。

J0113206

前程万里 （之三）林伟新摄

上海 上海书画出版社 1989年 1张 74×43cm

定价：CNY0.75

年画形式的中国现代摄影作品。

J0113207

前程万里 （之四）林伟新摄

上海 上海书画出版社 1989年 1张 53cm（4开）

定价：CNY0.75
　　年画形式的中国现代摄影作品。

J0113208
倩影芬芳　　岳鹏飞等摄
天津　天津人民美术出版社　1989年　2张
76cm（2开）定价：CNY1.10
　　年画形式的中国现代人物摄影作品。

J0113209
青春美　（摄影）
北京　人民体育出版社　1989年　1张 76cm（2开）
定价：CNY0.50
　　年画形式的中国现代人物摄影作品。

J0113210
青春倩影　（摄影）茅瑾，张九荣摄
石家庄　河北美术出版社　1989年　1张
76cm（2开）定价：CNY0.90
　　年画形式的中国现代人物摄影作品。

J0113211
青年歌手苏红　章云京摄
北京　人民美术出版社　1989年　1张 76cm（2开）
定价：CNY1.00
　　年画形式的中国现代人物摄影作品。

J0113212
青年演员陈俊华　姜衍波摄
济南　山东美术出版社　1989年　1张 76cm（2开）
　　年画形式的中国现代人物摄影作品。

J0113213
青年演员董智芝　姜衍波摄
济南　山东美术出版社　1989年　1张 76cm（2开）
定价：CNY1.00
　　年画形式的中国现代人物摄影作品。

J0113214
青年演员米丽新　段霞中摄
济南　山东美术出版社　1989年　1张 76cm（2开）
　　年画形式的中国现代人物摄影作品。

J0113215
青年演员万琼　万贵云摄

济南　山东美术出版社　1989年　1张 76cm（2开）
定价：CNY1.00
　　年画形式的中国现代人物摄影作品。

J0113216
如花似玉　　谭尚忍，王秉龙摄
天津　天津人民美术出版社　1989年　2张
76cm（2开）定价：CNY1.00
　　年画形式的中国现代人物摄影作品。作者
谭尚忍（1940—　），上海人。上海美术家协会和
上海摄影家协会会员，上海人民美术出版社副编
审。作品有《儿童武书》《民族英雄岳飞》等。作
者王秉龙（1943—　），生于山西祁县。中国戏剧
家协会会员，北京美术家协会会员。擅长楷书、
魏碑、行书。出版《科学发明家故事》《明史演义》
等多部连环画册；改编拍摄并出版了几百种传统
戏曲年画，被称为中国戏曲年画摄影第一人。

J0113217
上海时装新潮　谢新发，姚申玉摄
上海　上海人民美术出版社　1989年　1张
76cm（2开）定价：CNY0.55
　　年画形式的中国现代时装摄影作品。

J0113218
上海小姐　（一）陈春轩摄
上海　上海人民美术出版社　1989年　1张
85cm（3开）定价：CNY0.75
　　年画形式的中国现代人物摄影作品。

J0113219
上海小姐　（二）陈春轩摄
上海　上海人民美术出版社　1989年　1张
85cm（3开）定价：CNY0.75
　　年画形式的中国现代人物摄影作品。

J0113220
上海小姐　（三）陈春轩摄
上海　上海人民美术出版社　1989年　1张
85cm（3开）定价：CNY0.75
　　年画形式的中国现代人物摄影作品。

J0113221
上海小姐　（四）陈春轩摄
上海　上海人民美术出版社　1989年　1张

85cm（3 开）定价: CNY0.75

　　年画形式的中国现代人物摄影作品。

J0113222

时装佳丽　谭尚忍等摄

天津 天津人民美术出版社 1989 年 2 张

76cm（2 开）定价: CNY1.10

　　年画形式的中国现代时装摄影作品。

J0113223

时装美　（1）陈诚摄

上海 上海人民美术出版社 1989 年 1 张

74×43cm 定价: CNY0.75

　　年画形式的中国现代时装摄影作品。

J0113224

时装美　（2）陈诚摄

上海 上海人民美术出版社 1989 年 1 张

74×43cm 定价: CNY0.75

　　年画形式的中国现代时装摄影作品。

J0113225

时装美　（3）陈诚摄

上海 上海人民美术出版社 1989 年 1 张

74×43cm 定价: CNY0.75

　　年画形式的中国现代时装摄影作品。

J0113226

时装美　（4）陈诚摄

上海 上海人民美术出版社 1989 年 1 张

74×43cm 定价: CNY0.75

　　年画形式的中国现代时装摄影作品。

J0113227

世界超级影星史泰隆　（摄影）

南京 江苏美术出版社 1989 年 1 张 53cm（4 开）

定价: CNY0.53

J0113228

双刀女侠　徐晓摄影；蒋剑奎编文

天津 天津人民美术出版社 1989 年 2 张

76cm（2 开）定价: CNY1.10

　　年画形式的中国现代戏剧人物摄影作品。
作者徐晓，擅长摄影。主要作品有《真假唐伯虎》
《金玉满堂》《金鸡独立》等。

J0113229

双凤除霸　徐晓摄影；蒋剑奎编文

天津 天津人民美术出版社 1989 年 2 张

76cm（2 开）定价: CNY1.10

　　年画形式的中国现代戏剧人物摄影作品。

J0113230

天仙配　胡建瑜摄

重庆 重庆出版社 1989 年 1 张 76cm（2 开）

定价: CNY0.55

　　年画形式的中国现代戏剧人物摄影作品。

J0113231

文学家艺术家肖像选　潘德润摄；曹辛之编

长沙 湖南文艺出版社 1989 年 132 页 有照片

17cm（32 开）ISBN: 7–5404–0450–7

定价: CNY9.85

　　本书所收作品，准确地抓住了被摄者各自独
特的表情、动作、气质、风度和神采。

J0113232

文学家艺术家肖像选　曹辛之编

长沙 湖南文艺出版社 1989 年 149页 26cm（16 开）

　　曹辛之（1917.10—1995.5），书籍装帧美术
家，江苏宜兴人。擅长书籍装帧。历任生活、读
书、新知三联书店管理处美编室主任，人民美术
出版社编审，《诗书画》报主编，中国装帧艺术研
究会会长。装帧设计有《苏加诺总统藏画集》（合
作）获 1959 年莱比锡国际书籍展览会装帧设计
金质奖；《郭沫若全集》获第三届全国书籍装帧展
封面设计荣誉奖等。

J0113233

我爱熊宝宝　（摄影）

北京 人民体育出版社 1989 年 1 张 76cm（2 开）

定价: CNY0.50

　　年画形式的中国现代人物摄影作品。

J0113234

武术新星　（摄影）周铁侠摄

天津 天津人民美术出版社 1989 年 1 张

76cm（2 开）定价: CNY0.50

　　年画形式的中国现代人物摄影作品。作者
周铁侠（1943—　　），人民体育出版社编审，中国
摄影家协会理事，中国体育摄影学会副秘书长。

J0113235
武星影星黄秋燕 （摄影）
北京 人民体育出版社 1989 年 1 张 76cm（2 开）
定价：CNY0.50
　　年画形式的中国现代人物摄影作品。

J0113236
香港亚洲电视台艺员斑斑小姐　石建敏摄
上海 上海人民美术出版社 1989 年 1 张
76cm（2 开）定价：CNY1.00
　　年画形式的中国现代人物摄影作品。

J0113237
小海军　马家吉摄
天津 天津人民美术出版社 1989 年 1 张
76cm（2 开）定价：CNY0.50
　　年画形式的中国现代人物摄影作品。

J0113238
小战士　马家吉摄
天津 天津人民美术出版社 1989 年 1 张
76cm（2 开）定价：CNY0.50
　　年画形式的中国现代人物摄影作品。

J0113239
亚洲小姐利智　石建敏摄
上海 上海人民美术出版社 1989 年 1 张
76cm（2 开）定价：CNY1.00
　　年画形式的中国现代人物摄影作品。

J0113240
演员肖像 （摄影）
天津 天津人民美术出版社 1989 年 1 张
76cm（2 开）定价：CNY0.50
　　年画形式的中国现代人物摄影作品。

J0113241
演员周洁　马元浩摄
天津 天津人民美术出版社 1989 年 1 张
76cm（2 开）定价：CNY0.50
　　年画形式的中国现代人物摄影作品。

J0113242
杨业与佘赛花　张涵毅，杭志忠摄
上海 上海人民美术出版社 1989 年 1 张

76cm（2 开）定价：CNY0.45
　　年画形式的中国现代戏剧人物摄影作品。

J0113243
杨宗保与穆桂英　丛力摄
上海 上海人民美术出版社 1989 年 1 张
76cm（2 开）定价：CNY0.45
　　年画形式的中国现代戏剧人物摄影作品。

J0113244
影视演员李勇勇　尹福康摄
天津 天津人民美术出版社 1989 年 1 张
76cm（2 开）定价：CNY0.50
　　年画形式的中国现代人物摄影作品。

J0113245
影坛新花——梁玉瑾、万琼、张玲、高虹、普超英
北京 中国电影出版社 1989 年 1 张 76cm（2 开）
定价：CNY0.50
　　年画形式的中国现代人物摄影作品。

J0113246
影坛新花——梁玉瑾、万琼、张玲、高虹、普超英
北京 中国电影出版社 1989 年 1 张 76cm（2 开）
定价：CNY0.36
　　年画形式的中国现代人物摄影作品。

J0113247
影星林芳兵 （摄影）影宣供稿
沈阳 辽宁美术出版社 1989 年 1 张 76cm（2 开）
定价：CNY0.55
　　年画形式的中国现代人物摄影作品。

J0113248
影星 （摄影）
沈阳 辽宁美术出版社 1989 年 1 张 76cm（2 开）
定价：CNY0.55
　　年画形式的中国现代人物摄影作品。

J0113249
影星谭小燕 （摄影）影宣供稿
沈阳 辽宁美术出版社 1989 年 1 张 76cm（2 开）
定价：CNY0.55

年画形式的中国现代人物摄影作品。

J0113250

雍容典雅 （室内人物摄影精选）《摄影家》编辑部编

上海 上海人民美术出版社 1989 年 10 张
15cm（40 开）定价：CNY1.80

（摄影家系列明信片 2）

　　中国现代人物摄影作品。明信片。

J0113251

祝您快乐 （青年演员张艳丽）周俊彦摄影

济南 山东美术出版社 1989 年 1 张 53cm（4 开）

　　年画形式的中国现代人物摄影作品。

J0113252

卓文君 （摄影）王秉龙摄

北京 人民美术出版社 1989 年 1 张 76cm（2 开）

定价：CNY0.50

　　年画形式的中国现代戏剧人物摄影作品。

J0113253

出水芙蓉 谢新华，石建敏摄

天津 天津人民美术出版社 1990 年 1 张

定价：CNY0.50

　　年画形式的中国现代人物摄影作品。

J0113254

春光万里 （泳装美女摄影年画）罗恒摄

天津 天津人民美术出版社 1990 年 1 张

定价：CNY0.50

　　年画形式的中国现代人物摄影作品。

J0113255

电影演员巩俐

北京 中国电影出版社 1990 年 1 张 76cm（2 开）

定价：CNY0.50

　　年画形式的中国现代人物摄影作品。

J0113256

电影演员金莉莉、潘婕

北京 中国电影出版社 1990 年 1 张 76cm（2 开）

定价：CNY0.50

　　年画形式的中国现代人物摄影作品。

J0113257

电影演员林晓杰、娜依、梁玉瑾

北京 中国电影出版社 1990 年 1 张 76cm（2 开）

定价：CNY0.50

　　年画形式的中国现代人物摄影作品。

J0113258

电影演员谭小燕

长沙 湖南美术出版社 1990 年 1 张 76cm（2 开）

定价：CNY0.90

　　年画形式的中国现代人物摄影作品。

J0113259

电影演员武红、高宝宝、田冰

北京 中国电影出版社 1990 年 1 张 76cm（2 开）

定价：CNY0.50

　　年画形式的中国现代人物摄影作品。

J0113260

电影演员张琪 罗恒摄

天津 天津人民美术出版社 1990 年 1 张
76cm（2 开）定价：CNY1.10

　　年画形式的中国现代人物摄影作品。

J0113261

东方女子 陈春轩摄

乌鲁木齐 新疆人民出版社 1990 年 1 张（4 开）

定价：CNY0.55

　　年画形式的中国现代人物摄影作品。

J0113262

多梦的年华

福州 福建美术出版社 1990 年 10 张 15cm（40 开）

定价：CNY2.00

　　中国现代摄影作品。

J0113263

共产主义战士——雷锋

成都 成都出版社 1990 年 10 张 15cm（40 开）

定价：CNY1.80

　　中国现代人物摄影作品。

J0113264

海外影星 胡建瑜摄

南宁 广西美术出版社 1990 年 10 张 15cm（40 开）

ISBN：7-80582-004-X 定价：CNY1.80
中国现代人物摄影作品。

J0113265
红伞少女　鄂毅摄
北京 中国旅游出版社 1990 年 1 张 76cm（2 开）
定价：CNY2.40
　　年画形式的中国现代人物摄影作品。作者
鄂毅（1941—　　），摄影家。毕业于中央工艺美术
学院。曾任北京出版社美术编辑、中国旅游出版
社摄影编辑室主任。中国摄影家协会会员、中国
出版摄影艺术委员会副主任。主要作品《晨歌》
《姐妹松》《苍岩毓秀》等，著有《风光摄影的理
论与实践》。

J0113266
红伞少女　鄂毅摄
北京 中国旅游出版社 1990 年 1 张 76cm（2 开）
定价：CNY1.15
　　年画形式的中国现代人物摄影作品。

J0113267
机场倩影　志忠摄
上海 上海人民美术出版社 1990 年 1 张
定价：CNY1.00
　　年画形式的中国现代人物摄影作品。

J0113268
佳丽淑女　晓林摄
上海 上海人民美术出版社 1990 年 12 张
78cm（2 开）定价：CNY9.00
　　中国现代人物摄影作品。

J0113269
敬爱的周恩来总理　（摄影）
南昌 江西美术出版社［1990 年］1 张
76cm（2 开）定价：CNY1.60

J0113270
摩托佳丽系列画　谭尚忍等摄
天津 天津人民美术出版社 1990 年 4 张
76cm（2 开）定价：CNY2.00
　　年画形式的中国现代人物摄影作品。作者
谭尚忍（1940—　　），上海人。上海美术家协会和
上海摄影家协会会员，上海人民美术出版社副编

审。作品有《儿童武书》《民族英雄岳飞》等。

J0113271
摩托女郎　建新摄
天津 天津人民美术出版社 1990 年 1 张（2 开）
定价：CNY0.50
　　年画形式的中国现代人物摄影作品。

J0113272
牧羊女　左汉中摄
长沙 湖南美术出版社［1990 年］8 张
15cm（40 开）ISBN：7-5356-1470-X
定价：CNY2.00
　　中国现代人物摄影作品。作者左汉中
（1947—　　），湖南双峰人。湖南美术出版社年画
编辑室主任，中国美术家协会会员、中国民间美
术学会会员，中国民俗学会会员。

J0113273
青春年华　陈春轩摄
上海 上海人民美术出版社 1990 年 5 张（2 开）
定价：CNY5.00
　　中国现代人物摄影作品。

J0113274
青年演员柳荻　张甦妍摄
长沙 湖南美术出版社 1990 年 1 张 76cm（2 开）
定价：CNY0.90
　　年画形式的中国现代人物摄影作品。

J0113275
青年演员张虹　屈正一摄
石家庄 河北美术出版社 1990 年 1 张
76cm（2 开）定价：CNY1.00
　　年画形式的中国现代人物摄影作品。

J0113276
青年演员张晏　金以云摄
长沙 湖南美术出版社 1990 年 1 张 76cm（2 开）
定价：CNY0.90
　　年画形式的中国现代人物摄影作品。

J0113277
情侣　胡建瑜摄
南宁 广西美术出版社 1990 年 10 张 15cm（40 开）

ISBN：7-80582-005-8 定价：CNY1.80
　　中国现代人物摄影作品。

J0113278
人民的总理——周恩来 （摄影）
北京 人民美术出版社 1990 年 1 张 54cm（ 4 开）
定价：CNY0.90
　　中国现代人物摄影作品。

J0113279
人体艺术摄影 （1）
北京 中国民族摄影艺术出版社［1990 年］10 张
15cm（ 40 开）定价：CNY2.50

J0113280
人体艺术摄影 （2）
北京 中国民族摄影艺术出版社［1990 年］10 张
15cm（ 40 开）定价：CNY2.50

J0113281
人体艺术摄影 （3）
北京 中国民族摄影艺术出版社［1990 年］10 张
15cm（ 40 开）定价：CNY2.50

J0113282
人体艺术摄影 （4）
北京 中国民族摄影艺术出版社［1990 年］10 张
15cm（ 40 开）定价：CNY2.50

J0113283
如花似玉 徐震时摄
西安 陕西人民美术出版社 1990 年 2 张
76cm（ 2 开）定价：CNY1.10
　　年画形式的中国现代戏剧人物摄影作品。

J0113284
少女 谭尚忍摄
天津 天津人民美术出版社 1990 年 1 张（2 开）
定价：CNY0.50
　　年画形式的中国现代人物摄影作品。

J0113285
时装皇后——彭莉 吴健骅摄
长沙 湖南美术出版社 1990 年 1 张 76cm（ 2 开）
定价：CNY0.90

年画形式的中国现代人物摄影作品。

J0113286
外国时装 王洪增摄
天津 天津杨柳青画社 1990 年 10 张 15cm（ 40 开）
ISBN：7-80503-305-2
　　中国现代时装摄影作品。

J0113287
我们的辅导员 支柱摄
天津 天津人民美术出版社 1990 年 1 张（2 开）
定价：CNY0.50
　　年画形式的中国现代人物摄影作品。

J0113288
我们的辅导员 （摄影）支柱摄
天津 天津人民美术出版社 1991 年 1 张
76cm（ 2 开）ISBN：7-5305-2209-7
定价：CNY0.55
　　年画形式的中国现代人物摄影作品。

J0113289
武星张宏梅 唐禹民摄
天津 天津人民美术出版社 1990 年 1 张
76cm（ 2 开）定价：CNY0.50
　　年画形式的中国现代人物摄影作品。

J0113290
小憩 建新摄
天津 天津人民美术出版社 1990 年 1 张（2 开）
定价：CNY0.50
　　年画形式的中国现代人物摄影作品。

J0113291
小演员 马家吉摄
天津 天津人民美术出版社 1990 年 1 张
76cm（ 2 开）定价：CNY0.50
　　年画形式的中国现代人物摄影作品。

J0113292
杨宗保与穆桂英 水佳定摄
天津 天津人民美术出版社 1990 年 1 张
76cm（ 2 开）定价：CNY0.50
　　年画形式的中国现代戏剧人物摄影作品。

J0113293
影视新秀 邵华安,葛国伟摄
上海 上海书画出版社 1990年 4张(4开)
定价: CNY2.00
　　年画形式的中国现代人物摄影作品。

J0113294
影坛之花 林伟新摄
上海 上海书画出版社 1990年 4张
定价: CNY3.00
　　年画形式的中国现代人物摄影作品。

J0113295
影星倩影 刘海发等摄
南宁 广西美术出版社 1990年 10张 15cm(40开)
ISBN: 7-80582-006-6 定价: CNY1.80
　　中国现代人物摄影作品。

J0113296
泳坛新花 丁定摄
上海 上海人民美术出版社 1990年 4张
定价: CNY3.00
　　年画形式的中国现代人物摄影作品。

J0113297
宝宝 (摄影)
北京 人民体育出版社 1991年 1张 76cm(2开)
定价: CNY1.20
　　年画形式的中国现代人物摄影作品。

J0113298
宾馆小姐 (摄影)
上海 上海人民美术出版社 1991年 4张
76cm(2开)定价: CNY4.40
　　年画形式的中国现代人物摄影作品。

J0113299
彩色青春 (影迷公主陈宝珠画册)卢子英编辑
香港 次文化堂 1991年 142页 有照片
30cm(10开)精装 ISBN: 962-7420-01-8
定价: TWD220.00
(次文化传记文化系列 2)

J0113300
村姑 (摄影)盛奎,俊卿摄

杭州 浙江人民美术出版社 1991年 1张
53cm(4开)定价: CNY1.20
　　年画形式的中国现代人物摄影作品。

J0113301
电影演员——麻颖 (摄影)
北京 中国电影出版社 [1991年] 1张
76cm(2开)统一书号: 8106·3876
定价: CNY1.00
　　年画形式的中国现代人物摄影作品。

J0113302
电影演员——瞿颖 (摄影)
北京 中国电影出版社 [1991年] 1张
76cm(2开)定价: CNY1.00
　　年画形式的中国现代人物摄影作品。

J0113303
电影演员——王超、郑爽、孙海红 (摄影)
北京 中国电影出版社 [1991年] 1张
76cm(2开)定价: CNY1.00
　　年画形式的中国现代人物摄影作品。

J0113304
电影演员——张弘 (摄影)
北京 中国电影出版社 [1991年] 1张
76cm(2开)定价: CNY1.00
　　年画形式的中国现代人物摄影作品。

J0113305
风流人物 杨武敏编
北京 新华出版社 1991年 26cm(16开)
定价: CNY0.19
　　本书是作者10年来为100多名著名科学家、
艺术家、教育家、作家、医生等拍摄的照片。其
中包括:钱学森、钱三强、茅以升、华罗庚、周培
源、陆嘉锡、唐敖庆、吴文俊杨振宁、李可染等。

J0113306
港台明星 影纺供稿
西安 陕西人民美术出版社 1991年 2张
76cm(2开)定价: CNY1.20
　　年画形式的中国现代人物摄影作品。

J0113307

歌星 （摄影）夏文宗摄

天津　天津人民美术出版社　1991 年　1 张

76cm（2 开）ISBN：7-5305-21936　定价：CNY0.55

　　年画形式的中国现代人物摄影作品。

J0113308

给妈妈打电话 （摄影）尹春华等摄

天津　天津人民美术出版社　1991 年　1 张

76cm（2 开）ISBN：7-5305-22074　定价：CNY0.55

　　中国现代人物摄影作品。作者尹春华，擅长摄影。主要年历作品有《凝视》《梦乡》《小青河上》等。

J0113309

巩俐写真集 甘国亮摄

香港　创建影像馆　1991 年　有照片　30cm（10 开）

定价：HKD98.00

　　中国现代人物摄影作品。

J0113310

故事会 （摄影）支柱摄

天津　天津人民美术出版社　1991 年　1 张

53cm（2 开）ISBN：7-5305-2217-4

定价：CNY0.30

　　年画形式的中国现代人物摄影作品。

J0113311

故事会 （摄影）支柱摄

天津　天津人民美术出版社　1991 年　1 张

76cm（2 开）ISBN：7-5305-2209-4

定价：CNY0.55

　　年画形式的中国现代人物摄影作品。

J0113312

国际影星 （摄影）

天津　天津人民美术出版社　1991 年　1 张

76cm（2 开）ISBN：7-5305-2213-4

定价：CNY0.55

J0113313

红花少年 （摄影）尹春华等摄

天津　天津人民美术出版社　1991 年　1 张

76cm（2 开）ISBN：7-5305-2207-1

定价：CNY0.55

　　年画形式的中国现代人物摄影作品。作者尹春华，擅长摄影。主要年历作品有《凝视》《梦乡》《小青河上》等。

J0113314

红楼梦·金陵十二钗 （正册）北京电影制片厂供稿

天津　天津人民美术出版社　1991 年　2 张

76cm（2 开）ISBN：7-5305-2198-0

定价：CNY1.20

　　年画形式的中国现代戏剧人物摄影作品。

J0113315

花丛玉女 （摄影）丁宇光, 孙合营摄

天津　天津人民美术出版社　1991 年　2 张

76cm（2 开）ISBN：7-5305-2203-5

定价：CNY1.20

　　年画形式的中国现代人物摄影作品。

J0113316

花冠少女 （摄影）

上海　上海人民美术出版社　［1991 年］1 张

76cm（2 开）定价：CNY1.40

　　年画形式的中国现代人物摄影作品。

J0113317

花冠少女 （摄影）华安摄

上海　上海人民美术出版社　1991 年　2 张

76cm（2 开）定价：CNY2.20

　　年画形式的中国现代人物摄影作品。

J0113318

花仙子 （摄影）高盛奎摄

天津　天津人民美术出版社　1991 年　1 张

76cm（2 开）ISBN：7-5305-2213-3

定价：CNY0.55

　　年画形式的中国现代人物摄影作品。

J0113319

画中人 （摄影）韩志雅摄

天津　天津人民美术出版社　1991 年　1 张

76cm（2 开）ISBN：7-5305-2204-1

定价：CNY0.55

　　年画形式的中国现代人物摄影作品。

J0113320
画中人　（剧照四条屏）费文麓摄影
北京　中国电影出版社 1991 年 2 张 76cm（2 开）
定价：CNY1.00
　　年画形式的中国现代人物摄影作品。

J0113321
黄河中原人　（朱宪民摄影集）朱宪民摄；常振
国主编
台北　淑馨出版社 1991 年 有图 26×27cm 精装
ISBN：957-531-129-9 定价：TWD600.00
　　本书与现代出版社合作出版。作者朱宪民
（1942—　），编辑。生于山东濮城，祖籍河南范
县。历任中国艺术研究院编审，《中国摄影家》杂
志社社长兼总编辑，中国摄影艺术研究所所长，
中国摄影家协会理事，中国艺术摄影学会副会
长。著作有《黄河百姓》《中国摄影家朱宪民作
品集》《草原人》等。

J0113322
黄河中原人　（中国摄影家朱宪民摄影专集
1978—1993）朱宪民摄；常振国主编
北京　现代出版社 1993 年 25×26cm
ISBN：7-80028-133-7
定价：CNY88.00（USD20.00）

J0113323
将星璀璨　（安徽籍将军）中共六安地委党史工
作委员会编辑
合肥　安徽美术出版社 1991 年 293 页 有照片
37cm（8 开）精装 ISBN：7-5396-0179-4
定价：CNY6.00
　　本摄影集收入中国人民解放军 130 位安徽
籍将军的战斗、生活、学习照片，分为上将、中
将、少将三编。主要描述了李克农、洪学智、皮
定均等中将，以及包括丁世方在内的 116 位少将
的事迹。还介绍了每位将军的生平、业绩、功勋，
以及入伍、入党时间和各个时期的职务。

J0113324
绝代影星　（摄影）
南京　江苏美术出版社 1991 年 1 张 76cm（2 开）
定价：CNY1.90
　　年画形式的中国现代人物摄影作品。

J0113325
快乐少女　（摄影）
南京　江苏美术出版社 1991 年 1 张 76cm（2 开）
定价：CNY1.80
　　年画形式的中国现代人物摄影作品。

J0113326
拉纳·特娜　（摄影）
杭州　浙江人民美术出版社 1991 年 1 张
76cm（2 开）定价：CNY2.00
　　年画形式的人物摄影作品。

J0113327
老师您好　（摄影）支柱摄
天津　天津人民美术出版社 1991 年 1 张
76cm（2 开）ISBN：7-5305-2209-6
定价：CNY0.55
　　年画形式的中国现代人物摄影作品。

J0113328
丽人新装　（摄影）
上海　上海人民美术出版社 1991 年 4 张
53cm（4 开）定价：CNY3.20
　　年画形式的中国现代人物摄影作品。

J0113329
卖花姑娘　（摄影）邵黎阳摄
天津　天津人民美术出版社 1991 年 1 张
76cm（2 开）ISBN：7-5305-2203-7
定价：CNY0.55
　　年画形式的中国现代人物摄影作品。

J0113330
摩登女郎　（摄影）何兆兴摄
天津　天津人民美术出版社 1991 年 1 张
76cm（2 开）ISBN：7-5305-2202-9
定价：CNY0.55
　　年画形式的中国现代人物摄影作品。

J0113331
青春歌手的风采　（一 十七岁的太阳 摄影）
上海　上海人民美术出版社 1991 年 1 张
53cm（2 开）定价：CNY0.60
　　年画形式的中国现代人物摄影作品。

J0113332

青春歌手的风采 （二 纯情比黄金更可贵 摄影）

上海 上海人民美术出版社 1991 年 1 张

53cm（2 开）定价：CNY0.60

年画形式的中国现代人物摄影作品。

J0113333

青春年华 （摄影）牛嵩林，杨中俭摄

天津 天津人民美术出版社 1991 年 1 张

76cm（2 开）ISBN：7-5305-2201-6

定价：CNY0.55

年画形式的中国现代人物摄影作品。作者牛嵩林（1925— ），记者、摄影师。大连庄河市人。历任解放军报社高级记者，中国旅游出版社编辑室主任，中国摄影家协会会员，中国老摄影家协会理事。20 世纪 50 年代至 70 年代，曾担任中央国事采访工作，作品有《伟人的瞬间画册》《周恩来总理纪念册》《民兵画册》《领袖风采》《共和国十大将》等画册。

J0113334

青年演员宦柳梅 （摄影）杨中俭摄

长沙 湖南美术出版社 1991 年 1 张 76cm（2 开）

ISBN：7-5356-1532 定价：CNY1.10

年画形式的中国现代人物摄影作品。作者杨中俭，擅长摄影。主要年历作品有《花好人妍》《上海外滩》《喜庆临门》等。

J0113335

群芳争妍 （摄影）高盛奎摄

天津 天津人民美术出版社 1991 年 1 张

76cm（2 开）ISBN：7-5305-2201-2

定价：CNY0.55

年画形式的中国现代人物摄影作品。

J0113336

人体艺术摄影 视觉工房编著

台北 唐代文化事业公司 1991 年 191 页

有照片 21cm（32 开）精装

ISBN：957-9011-34-6 定价：TWD350.00

（摄影丛书 14）

外文书名：Artistic Photographs of Figures.

J0113337

上海姑娘南国靓女 （摄影四条屏）钟向东，

谭尚忍摄

南京 江苏美术出版社 1991 年 2 张 76cm（2 开）

定价：CNY1.60

年画形式的中国现代人物摄影作品。作者钟向东（1944— ），画家。别名钟兴、号高联居士，江西兴国长岗人。毕业于赣南师范学院艺术系及中国书画函授大学国画专业。历任江西省美术家协会会员、漫画学会理事、工艺美术学会会员、摄影家协会会员、赣南画院美术事业部主任、特聘画家、赣州市中山书画院特聘画师。主要作品有《郁孤台》《现代风》《希望之星》《考察报告》等。作者谭尚忍（1940— ），上海人。上海美术家协会和上海摄影家协会会员，上海人民美术出版社副编审。作品有《儿童武书》《民族英雄岳飞》等。

J0113338

少女芳姿 （摄影 一～十二）

上海 上海人民美术出版社 1991 年 12 张

78cm（2 开）定价：CNY9.60

年画形式的中国现代人物摄影作品。

J0113339

时装模特 （摄影）

南京 江苏美术出版社 1991 年 1 张 107cm（1 开）

定价：CNY3.85

年画形式的中国现代人物摄影作品。

J0113340

世界超级球星 （摄影）

天津 天津人民美术出版社 1991 年 1 张

76cm（2 开）ISBN：7-5305-2213-6

定价：CNY0.55

年画形式的中国现代人物摄影作品。

J0113341

天堂之鸟 （三毛摄影诗歌集）三毛著；肖全摄影

成都 成都科技大学出版社 1991 年 有照片

19cm（小 32 开）ISBN：7-5616-0811-X

定价：CNY3.20

摄影者肖全（1959— ），摄影记者。四川成都人。著名摄影艺术家，四川省广播电视大学教师，中国摄影艺术家协会会员。摄影专辑有《天堂之鸟》《我们这一代》《太阳鸟》等。

J0113342
恬静 （摄影）江苏美术出版社编
南京 江苏美术出版社 1991 年 1 张 76cm（2 开）
定价：CNY1.80
　　年画形式的中国现代人物摄影作品。

J0113343
武坛新星 （摄影）
北京 人民体育出版社 1991 年 1 张 76cm（2 开）
定价：CNY0.60
　　年画形式的中国现代人物摄影作品。

J0113344
小宝宝 （摄影）
南京 江苏美术出版社 1991 年 1 张 53cm（4 开）
定价：CNY0.95
　　年画形式的中国现代人物摄影作品。

J0113345
小别动队 （摄影）支柱摄
天津 天津人民美术出版社 1991 年 1 张
76cm（2 开）ISBN：7-5305-2205-2
定价：CNY0.55
　　年画形式的中国现代人物摄影作品。

J0113346
小皇帝 （摄影）孙合营，张成摄
天津 天津人民美术出版社 1991 年 1 张
76cm（2 开）ISBN：7-5305-2202-4
定价：CNY0.55
　　年画形式的中国现代人物摄影作品。

J0113347
小演员 （摄影）尹春华等摄
天津 天津人民美术出版社 1991 年 1 张
76cm（2 开）ISBN：7-5305-2207-2
定价：CNY0.55
　　年画形式的中国现代人物摄影作品。作者
尹春华，擅长摄影。主要年历作品有《凝视》《梦
乡》《小青河上》等。

J0113348
新婚倩影 （摄影）陈行健摄
天津 天津人民美术出版社 1991 年 1 张
76cm（2 开）ISBN：7-5305-21939 定价：CNY0.55
　　年画形式的中国现代人物摄影作品。

J0113349
幸福的新娘 （摄影四条屏）
上海 上海人民美术出版社 1991 年 4 张
78cm（2 开）定价：CNY3.20
　　年画形式的中国现代人物摄影作品。

J0113350
椰林少女 （摄影）王明志，王志强摄
天津 天津人民美术出版社 1991 年 1 张
76cm（2 开）ISBN：7-5305-2197-8
定价：CNY1.10
　　年画形式的中国现代人物摄影作品。

J0113351
艺用人体 500 图 （摄影集）徐谦主编
天津 天津人民美术出版社 1991 年 158 页
26cm（16 开）ISBN：7-5305-0273-5
定价：CNY21.00
　　中国现代人体摄影作品。

J0113352
长大也要当水兵 （摄影）李柱摄
天津 天津人民美术出版社 1991 年 1 张
76cm（2 开）ISBN：7-5305-2205-1
定价：CNY0.55
　　年画形式的中国现代人物摄影作品。

J0113353
长大也要当水兵 （摄影年画）李柱摄
天津 天津人民美术出版社 1995 年 1 张
77×53cm 定价：CNY2.20
　　年画形式的中国现代人物摄影作品。

J0113354
中国诗魂 （柳快肖像摄影作品集）柳快摄
武汉 湖北美术出版社 1991 年 19cm（32 开）
ISBN：7-5394-0221-0 定价：CNY16.00
　　本书收有 120 位中国当代诗人的黑白肖像
照，并附有诗句和简介。

J0113355
毛主席的关怀 （郝建国摄影作品选）郝建国摄
北京 长征出版社 1992 年 79 页 21×18cm

ISBN：7-80015-226-X 定价：CNY8.30
（解放军报社老新闻工作者作品选）

　　本书选入毛主席及老一辈革命家的照片11幅，解放战争、抗美援朝战争及中华人民共和国成立后的照片75幅。作者郝建国（1926—　），记者。河北饶阳人。解放军报摄影记者、组长，中国摄影家协会理事等。代表作品有《突破石家庄外市沟》《摄影记者在前线》《红旗插上太原城头》等。

J0113356
新中国外交的铺路者 （为百名大使造像）衣家奇编著
南京 江苏人民出版社 1992年 有图
25cm（12开）ISBN：7-214-00418-0
　　本摄影集收有1987年至1992年期间，100多位老资格的新中国驻外大使，其中包括：王幼平、耿飚、姬鹏飞、何英、王炳南、伍修权、黄华、柴泽民、章文晋等。

J0113357
1993'明星追踪 丹妮编著
成都 四川人民出版社 1993年 26cm（16开）
ISBN：7-220-02106-2 定价：CNY4.98
（港台影视歌世界全景写真系列 1）
　　中国现代人物摄影作品。

J0113358
出水芙蓉 （1 摄影集）阿荣编著
武汉 湖北科学技术出版社 1993年 26cm（16开）
ISBN：7-5352-1057-0 定价：CNY12.80

J0113359
当代中国影星 张苏妍摄
南京 江苏美术出版社 1993年 2张 77×53cm
定价：CNY2.00
　　年画形式的中国现代人物摄影作品。

J0113360
豆蔻 （陈德容写真集）黄镇华摄
新店[台湾]万盛出版公司 1993年 30cm（10开）
精装 ISBN：957-628-774-X 定价：TWD350.00
　　中国现代人物摄影作品。

J0113361
名模倩影 （1）李维良摄
上海 上海人民美术出版社 1993年 1张
77×53cm 定价：CNY2.70
　　年画形式的中国现代人物摄影作品。

J0113362
名模倩影 （2）李维良摄
上海 上海人民美术出版社 1993年 1张
77×53cm 定价：CNY2.70
　　年画形式的中国现代人物摄影作品。

J0113363
电影演员常红艳 （摄影）
北京 中国电影出版社 1994年 1张 77×53cm
定价：CNY1.30
　　年画形式的中国现代人物摄影作品。

J0113364
电影演员 （摄影）
北京 中国电影出版社 1994年 1张 77×53cm
定价：CNY1.30
　　年画形式的中国现代人物摄影作品。

J0113365
电影演员马晓晴 （摄影）
北京 中国电影出版社 1994年 1张 77×53cm
定价：CNY1.30
　　年画形式的中国现代人物摄影作品。

J0113366
电影演员许晴 （摄影）
北京 中国电影出版社 1994年 1张 77×53cm
定价：CNY1.30
　　年画形式的中国现代人物摄影作品。

J0113367
电影演员周丽萍 （摄影）
北京 中国电影出版社 1994年 1张 77×53cm
定价：CNY1.30
　　年画形式的中国现代人物摄影作品。

J0113368
东方女性人体艺术摄影集珍藏本 ［徐家因摄影］

南昌 江西美术出版社 1994 年 29cm（16 开）
ISBN：7-80580-137-1 定价：CNY38.80
　　中国现代人体摄影作品。

J0113369
放纵性感 （杨琪写真集）孟庭丽著
台北 尖端出版公司 1994 年 29cm（16 开）
定价：TWD220.00
（漂亮宝贝系列 2）
　　中国现代人物摄影作品。

J0113370
港台明星叶倩文 （摄影）
北京 中国电影出版社 1994 年 1 张 77×53cm
定价：CNY1.80
　　年画形式的中国现代人物摄影作品。

J0113371
港台明星郭富城 （摄影）
上海 上海人民美术出版社 1994 年 1 张
53×38cm 定价：CNY1.60
　　年画形式的中国现代人物摄影作品。

J0113372
港台明星黎明 （摄影）
上海 上海人民美术出版社 1994 年 1 张
53×38cm 定价：CNY1.60
　　年画形式的中国现代人物摄影作品。

J0113373
港台明星刘德华 （摄影）
上海 上海人民美术出版社 1994 年 1 张
53×38cm 定价：CNY1.60
　　年画形式的中国现代人物摄影作品。

J0113374
港台明星张学友 （摄影）
上海 上海人民美术出版社 1994 年 1 张
53×38cm 定价：CNY1.60
　　年画形式的中国现代人物摄影作品。

J0113375
港台明星钟楚红 （摄影）
上海 上海人民美术出版社 1994 年 1 张
53×38cm 定价：CNY1.60

年画形式的中国现代人物摄影作品。

J0113376
公主与王子 （摄影）
北京 中国电影出版社 1994 年 1 张 77×53cm
定价：CNY1.30
　　年画形式的中国现代人物摄影作品。

J0113377
好莱坞明星邬君梅 （摄影）
上海 上海人民美术出版社 1994 年 1 张
53×38cm 定价：CNY1.60
　　年画形式的中国现代人物摄影作品。

J0113378
四大天王 刘延年，刘沂摄影
沈阳 辽宁美术出版社 1994 年 1 张 53×77cm
定价：CNY2.00
　　年画形式的中国现代人物摄影作品。

J0113379
台港"巨星" （摄影）
北京 中国电影出版社 1994 年 1 张 77×53cm
定价：CNY1.80
　　年画形式的中国现代人物摄影作品。

J0113380
台港"巨星" （摄影）
北京 中国电影出版社 1994 年 1 张 77×53cm
定价：CNY1.80
　　年画形式的中国现代人物摄影作品。

J0113381
影星 （一 摄影）
上海 上海人民美术出版社 1994 年 1 张
77×53cm 定价：CNY2.00
　　年画形式的中国现代人物摄影作品。

J0113382
影星 （二 摄影）
上海 上海人民美术出版社 1994 年 1 张
77×53cm 定价：CNY2.00
　　年画形式的中国现代人物摄影作品。

J0113383
影星 （三 摄影）
上海 上海人民美术出版社 1994 年 1 张
77×53cm 定价：CNY2.00
　　年画形式的中国现代人物摄影作品。

J0113384
影星 （四 摄影）
上海 上海人民美术出版社 1994 年 1 张
77×53cm 定价：CNY2.00
　　年画形式的中国现代人物摄影作品。

J0113385
中国影星 （摄影）
北京 中国电影出版社 1994 年 1 张 77×53cm
定价：CNY1.80
　　年画形式的中国现代人物摄影作品。

J0113386
港台明星 （摄影年画）
上海 上海人民美术出版社 1995 年 1 张
77×53cm 定价：CNY2.40
　　年画形式的中国现代人物摄影作品。

J0113387
港台明星胡慧中 （摄影年画）
上海 上海人民美术出版社 1995 年 1 张
77×53cm 定价：CNY2.40
　　年画形式的中国现代人物摄影作品。

J0113388
港台明星林志颖 （摄影年画）
上海 上海人民美术出版社 1995 年 1 张
77×53cm 定价：CNY2.40
　　年画形式的中国现代人物摄影作品。

J0113389
港台明星刘德华 （摄影年画）
上海 上海人民美术出版社 1995 年 1 张
77×53cm 定价：CNY2.40
　　年画形式的中国现代人物摄影作品。

J0113390
港台明星汪明荃 （摄影年画）
上海 上海人民美术出版社 1995 年 1 张

77×53cm 定价：CNY2.40
　　年画形式的中国现代人物摄影作品。

J0113391
港台明星叶倩文 （摄影年画）
上海 上海人民美术出版社 1995 年 1 张
77×53cm 定价：CNY2.40
　　年画形式的中国现代人物摄影作品。

J0113392
花丛倩影 （摄影年画）支柱摄
天津 天津人民美术出版社 1995 年 1 张
77×53cm 定价：CNY2.20
　　年画形式的中国现代人物摄影作品。

J0113393
三军女战士 （摄影年画）支柱摄
天津 天津人民美术出版社 1995 年 1 张
77×53cm 定价：CNY2.20
　　年画形式的中国现代人物摄影作品。

J0113394
深圳特区打工妹 （摄影集 英汉对照）黄扬略
主编
北京 新华出版社 1995 年 108 页 21×19cm
ISBN：7-5011-2939-8 定价：CNY40.00
　　外文书名：The Migrant Women Workers in
Shenzhen Special Economic Zone.

J0113395
维和女兵 （摄影年画）支柱摄
天津 天津人民美术出版社 1995 年 1 张
77×53cm 定价：CNY2.20
　　年画形式的中国现代人物摄影作品。

J0113396
我也要当侦察兵 （摄影年画）支柱摄
天津 天津人民美术出版社 1995 年 1 张
53×77cm 定价：CNY2.20
　　年画形式的中国现代人物摄影作品。

J0113397
小嘎子 （摄影年画）支柱摄
天津 天津人民美术出版社 1995 年 1 张
77×53cm 定价：CNY2.20

年画形式的中国现代人物摄影作品。

J0113398

小虎队 （摄影年画）支柱摄

天津 天津人民美术出版社 1995 年 1 张

53×77cm 定价：CNY2.20

年画形式的中国现代人物摄影作品。

J0113399

小小摄影家 （摄影年画）年华祖摄

上海 上海人民美术出版社 1995 年 1 张

77×53cm 定价：CNY2.40

年画形式的中国现代人物摄影作品。

J0113400

小小侦察兵 （摄影年画）支柱摄

天津 天津人民美术出版社 1995 年 1 张

77×53cm 定价：CNY2.20

年画形式的中国现代人物摄影作品。

J0113401

雪域藏家女 （藏汉英文对照）戴贤主编；丁卫

国等摄影

北京 民族出版社 1995 年 120 页 有彩图

29cm（16 开）ISBN：7-105-02459-3

中国现代人物摄影作品。

J0113402

于仲安人像摄影集

杭州 浙江摄影出版社 1995 年 91 页 26×26cm

ISBN：7-80536-342-0 定价：CNY92.00

中国现代人像摄影集。作者于仲安

（1958— ），摄影师。生于浙江杭州，中国摄影

家协会会员。出版人像摄影专集《名人大讲堂》。

J0113403

中国婚礼婚纱 陈禧元主编

上海 上海人民出版社 1995 年 66 页

28cm（大 16 开）ISBN：7-208-01952-5

定价：CNY38.00

J0113404

中国女职工风采 （汉、英文对照）唐克碧主

编；中华全国总工会女职工部等编

北京 新华出版社 1995 年 120 页 有照片

29cm（16 开）精装 ISBN：7-5011-2965-7

定价：CNY198.00

中国现代摄影艺术作品。

J0113405

最新海派婚纱摄影 （上海名特婚纱摄影公司

作品集）顾云兴，刘育文主编

上海 学林出版社 1995 年 71 页 28cm（大 16 开）

ISBN：7-80510-809-9 定价：CNY38.00

主编顾云兴（1926— ），摄影师、教授。历

任中国华侨摄影学会理事，上海华侨摄影协会副

秘书长。

J0113406

爱国英杰光照千秋 （第一辑 照片）人民画报

社编

北京 中国画报出版社 1996 年 32 张（1 袋）

32cm（10 开）统一书号：880024.432

定价：CNY56.00

J0113407

爱国英杰光照千秋 （第二辑 照片）人民画报

社编

北京 中国画报出版社 1996 年 32 张（1 袋）

32cm（10 开）统一书号：880024.433

定价：CNY56.00

J0113408

海南故事 （黄一鸣摄影集）黄一鸣摄影；高琴

主编

北京 中国摄影出版社 1996 年 95 页 26×27cm

ISBN：7-80007-216-9 定价：CNY108.00

外文书名：The Story of Hainan. 摄影者黄

一鸣（1960— ），摄影家。历任《中国日报》海

南记者站站长，中国摄影家协会会员，海南省青

年摄影家协会主席。出版摄影集有《黑白海南》

《海南故事》等。

J0113409

婚纱与摄影 （摄影集）香港迎宾婚纱晚装公

司，《人像摄影》杂志编辑部编辑

广州 华南理工大学出版社 ［1996 年］237 页

28cm（大 16 开）ISBN：7-5623-0880-2

定价：CNY128.00

外文书名：Wedding Dress and Photography.

J0113410
名人透视 （现场新闻人物　摄影集）黄庆主编；王文澜，武治义摄
北京 中国摄影出版社［1996年］2 册
26cm（16 开）精装 ISBN：7-80007-125-1
　　本书为中英文本。外文书名：News Makers in Action: A Journalistic Portrait. 摄影者王文澜（1953— ），记者。生于北京，河北新乐人。历任中国日报摄影部主任，中国摄影家协会理事，中国新闻摄影学会学术委员。摄影作品《京味》《名人透视》《流动的长城》《自行车的日子》等。摄影者武治义（1956— ），中国日报摄影部主任摄影记者。

J0113411
陕西著名企业家肖像集　柳影摄；陕西新闻摄影学会编
西安 陕西人民美术出版社 1996 年 121 页
23×23cm ISBN：7-5368-0820-8
定价：CNY58.00
　　外文书名：An Album of Shanxi's Famous Photograph Entrepreneurs. 作者柳影，摄影工作者。

J0113412
诗人、学者、民主斗士——闻一多　（画册）闻立雕等编
北京 中国摄影出版社 1996 年 135 页 26×23cm
精装 ISBN：7-80007-210-X 定价：CNY180.00

J0113413
藏人　薛华克摄；丁宁译
北京 中国摄影出版社 1997 年 130 页 28×29cm
精装 ISBN：7-80007-225-8 定价：CNY370.00
　　中国现代人像摄影集，中英文本。

J0113414
藏族人像写真　吴建平摄；吴秋月译
北京 中国摄影出版社 1997 年 128 页 28×29cm
精装 ISBN：7-80007-226-6 定价：CNY370.00
　　外文书名：Portraits of Tibet.

J0113415
经典婚纱摄影
杭州 浙江摄影出版社［1997 年］87 页
25×26cm ISBN：7-80536-396-X

定价：CNY180.00

J0113416
闻香识女人　（李琳散文写真集）李琳著
深圳 海天出版社 1997 年 133 页 有彩照
20cm（32 开）ISBN：7-80615-458-2
定价：CNY36.80
　　中国现代人物摄影作品。

J0113417
我们的尊敬的老师　（年画）支柱摄影
天津 天津人民美术出版社 1997 年 1 张
53×72cm 定价：CNY3.00
　　年画形式的中国现代人物摄影作品。

J0113418
小虎队　支柱摄影
天津 天津人民美术出版社 1997 年 1 张
77×53cm 定价：CNY3.00
　　年画形式的中国现代人物摄影作品。

J0113419
永恒的瞬间　（世纪伟人邓小平）杨绍明摄影
上海 上海教育出版社 1997 年 107 页 有照片
31cm（10 开）精装 ISBN：7-5320-5453-5
定价：CNY145.00

J0113420
原始丛林　施良达摄
台北 旺角出版社 1997 年 有照片 29cm（16 开）
ISBN：957-620-212-4 定价：TWD400.00
（写真语言 1）
　　中国现代人物摄影作品。

J0113421
儿童眼中的世界　（何乐天摄影展）［何乐天摄影］
澳门 澳门市政厅/文化康体部 1998 年 137 页
25×25cm ISBN：972-97808-5-4
　　外文书名：Um Mundo de Criancas, Fotografias de Claude Ho.

J0113422
黄永玉的黄永玉　卢申摄
长沙 湖南文艺出版社 1998 年 102 页 26×26cm
精装 ISBN：7-5404-1884-2 定价：CNY78.00

中国现代人像摄影集。

J0113423

刘洋印象　刘洋编著

郑州 河南科学技术出版社 1998年 有彩照

28cm（大16开）ISBN：7-5349-2003-5

定价：CNY60.00

　　中国现代人像摄影集。外文书名：Liu Yang Photo Image.

J0113424

人像迈向21世纪　凌大卫主编

北京 中国商业出版社 1998年 171页

29cm（16开）ISBN：7-5044-3714-X

定价：CNY180.00

J0113425

人像摄影工作室　（中国当代中青年人像摄影精品集）于仲安等摄

沈阳 辽宁美术出版社 1998年 130页 27×27cm

精装 ISBN：7-5314-1878-9 定价：CNY137.00

　　作者于仲安（1958— ），摄影师。生于浙江杭州，中国摄影家协会会员。出版人像摄影专集《名人大讲堂》。

J0113426

人像摄影新锐　（2 亚辰拍摄实例）亚辰摄

北京 中国摄影出版社 1998年 142页

20cm（32开）ISBN：7-80007-252-5

定价：CNY68.00

（中国摄影丛书）

J0113427

上海人写真　（画册）伍鼎宏摄影、撰文

福州 海潮摄影艺术出版社 1998年 123页

29cm（16开）ISBN：7-80562-491-7

定价：CNY68.00

　　作者伍鼎宏（1948— ），中国人像摄影学会会员，上海摄影家协会会员。

J0113428

踏着孔繁森的足迹　中共山东省委组织部编

济南 山东画报出版社 1998年 57页

28cm（大16开）ISBN：7-80603-226-6

定价：CNY68.00

J0113429

许晴　娟子等摄

北京 中国摄影出版社 1998年 1册 21cm（32开）

ISBN：7-80007-243-6 定价：CNY68.00

　　中国现代人像摄影作品集。

J0113430

院士写真　（崔益军摄影作品集）崔益军摄

上海 上海科学普及出版社 1998年 110页

25×26cm ISBN：7-5427-1394-9

定价：CNY100.00

　　中国现代人物摄影作品。作者崔益军（1952— ），记者、摄影师、美术师。曾用名崔益君，江苏东台市人。解放日报记者，中国摄影家协会会员。摄影作品有《瞬间》《晚情》《情系孤儿》等。

J0113431

知青老照片　百花文艺出版社编

天津 百花文艺出版社 1998年 62页 26cm（16开）

ISBN：7-5306-2632-9 定价：CNY15.00

J0113432

不只是张清芳　（张清芳尼泊尔写真书）张清芳著；木星摄影

台北 角色文化事业公司 1999年 20×21cm

ISBN：957-0347-11-2 定价：TWD250.00

J0113433

仇晓　刘迎，刘素影摄影

长沙 湖南美术出版社 1999年 光盘1片

23×21cm ISBN：7-5356-1353-5

定价：CNY36.00

　　中国现代人像摄影集。

J0113434

花容　郭志国[摄]

沈阳 辽宁美术出版社 1999年 48页 29cm（16开）

ISBN：7-5314-2105-4 定价：CNY25.00

J0113435

旅程　（马琨摄影作品集）

北京 长城出版社 1999年 25×26cm

ISBN：7-80017-474-3 定价：CNY200.00

　　外文书名：Journey, A Collection of Ma Kun's

Photographic Works.

J0113436

人体·彩虹·青春　刘林，岩兵主编
长春 吉林摄影出版社 1999 年 29cm（16 开）
ISBN：7-80606-320-X 定价：CNY49.80

　　本书选编了当代摄影名作，从不同角度、风格展示健康的人体艺术，为广大艺术工作者有益的参考借鉴。

J0113437

人体写生姿态图例　李欣主编、摄影
哈尔滨 黑龙江人民出版社 1999 年 262 页
29cm（16 开）ISBN：7-207-04257-4
定价：CNY128.00

J0113438

世纪肖像　沈建中摄影、撰文
天津 天津教育出版社 1999 年 115 页 26×25cm
ISBN：7-5309-3104-0 定价：CNY78.00

J0113439

新生代 2000 人像摄影作品集　亚辰等［摄］
北京 中国摄影出版社 1999 年 159 页
21cm（32 开）ISBN：7-80007-324-6
定价：CNY76.00

　　本书收录了新生代 2000 摄像专业机构的一些成员的人像摄影作品。包括亚辰、佳丽、傅百林、黑冰等摄影师的作品。

中国风光摄影作品

J0113440

全国铁路风景
［民国］有照片 25cm（16 开）线装

J0113441

西北风光照片展览目录
［民国］［8］页 26cm（16 开）

　　本书包括 140 幅照片的展品目录及说明

J0113442

西湖风景画　（摄影集）商务印书馆编译所编

上海 商务印书馆 1913 年 3 版 40 页
14×22cm（32 开）定价：大洋四角

　　本书收：涌金门外、三潭印月、云林寺、平湖秋月、断桥、天竺、岳王坟、虎跑寺等 40 幅画。

J0113443

中国风景画　（第 1 集）商务印书馆编
上海 商务印书馆 1915 年 5 版 40 页
［15×23cm］

　　本书两集共收风景照片 89 幅。

J0113444

中国风景画　（第 2 集）商务印书馆编
上海 商务印书馆 1917 年 40 页［15×23cm］

　　本书两集共收风景照片 89 幅。

J0113445

美的西湖　（摄影集）舒新城作
上海 中华书局 1931 年 再版 27cm（16 开）
定价：大洋一元八角

　　本书系西湖风光摄影集。

J0113446

峨眉风景　李德培摄
［1933 年］56 页 20cm（32 开）

　　本书收照片 27 幅，摄于 1933 年 4 月。

J0113447

大公报画刊集萃　（第一册）大公报编辑部编
天津 大公报馆 1934 年 100 页 19×26cm
定价：大洋七角

　　本书辑集 1933 年至 1934 年刊登在该报上的美术风景照片 100 幅。

J0113448

铁华北游摄影集选集　何铁华编
广州 何铁华［自刊］1935 年 21 页 19cm（32 开）
定价：六角

　　本书收北平、杭州、上海、南京、苏州、镇江、泰山、济南、曲阜、天津、长城等地风景照片 35 幅。另有谢扶雅的《我们应注目北方》、张宗象的《为铁华影展而写》、何铁华的《北游素描》（简介各地概况）等 3 篇文章。

J0113449
郎静山摄影专刊　郎静山摄
民国二十八年［1939］摄影本　有照片　线装

J0113450
西安名胜古迹介绍　陕西省博物馆编
［西安］陕西人民出版社 1955 年［1 张］
定价：CNY0.07
　　中国现代风光摄影作品。

J0113451
名山大川
香港　艺光出版社 1956 年 10 页 12×15cm
　　中国现代风光摄影作品。外文书名：China's Moutains and Rivers.

J0113452
苏杭风景
香港　艺光出版社 1956 年　有照片 12×15cm
定价：HKD2.00
　　中国现代风光摄影作品。

J0113453
西湖　（摄影画册）
上海　上海人民美术出版社 1956 年
定价：CNY0.80
　　中国现代风光摄影作品。

J0113454
云南风光　（摄影集）云南人民出版社编
［昆明］云南人民出版社 1956 年
定价：CNY1.50，CNY3.00（精装）
　　中国现代风光摄影作品。

J0113455
辽宁风光
沈阳　辽宁画报社 1957 年 1 袋（13 页）
15cm（40 开）统一书号：8117.387
定价：CNY0.30
　　中国现代风光摄影作品。

J0113456
黄山　（摄影本）卢施福等摄影；安徽画报社编辑
合肥　安徽人民出版社 1959 年 77 页 36cm（6 开）
精装　统一书号：8102.111 定价：CNY15.00

本书是以黄山为题材的摄影集，收有摄影照片 77 幅。其中包括奇松《迎客松》《送客松》《双龙松》；怪石《梦笔生花》《仙人下棋》《鲫鱼背》；群峰《天都峰》《莲花峰》《九龙峰》等。作者卢施福（1898—1983），又名卢克希。广东香山县金鼎人，毕业于天津英文商业专科学校和上海同德医学院。中国摄影学会安徽省分会筹备小组副组长，中国摄影家协会理事。摄影艺术代表作《顽皮小孩》《SPEAKING》《说话》等，出版有《卢施福黄山影集》。

J0113457
韶山　（摄影集）
长沙　湖南人民出版社 1959 年 14 幅 15cm（40 开）
统一书号：8109.411 定价：CNY0.42
　　中国现代风光摄影作品。

J0113458
北京风光　（照片集 一）北京出版社编
北京　北京出版社 1960 年 1 套（8 幅）
16cm（25 开）统一书号：8071.92 定价：CNY0.50
　　中国现代风光摄影作品。

J0113459
北京风光　（照片集 二）北京出版社编
北京　北京出版社 1960 年 1 套（8 幅）
16cm（25 开）统一书号：8071.91 定价：CNY0.50
　　中国现代风光摄影作品。

J0113460
春到颐和园
北京　人民美术出版社 1960 年 定价：CNY0.12
　　中国现代风光摄影作品。

J0113461
浦江之晨　尹福康摄影
上海　上海人民美术出版社 1960 年
定价：CNY0.10
　　中国现代风光摄影作品。

J0113462
眺望桂林市
北京　人民美术出版社 1960 年 定价：CNY0.12
　　中国现代风光摄影作品。

J0113463
波光帆影　郑献铭摄
上海　上海人民美术出版社 1961 年 [1 张]
定价：CNY0.18
　　中国风光摄影作品。

J0113464
朝晖渔事　吴国庆摄
上海　上海人民美术出版社 1961 年 [1 张]
定价：CNY0.18
　　中国现代风光摄影作品。

J0113465
海南风光　赵慕志摄
上海　上海人民美术出版社 1961 年 [1 张]
定价：CNY0.18
　　中国现代风光摄影作品。

J0113466
黄山玉屏峰　吴寅伯摄
上海　上海人民美术出版社 1961 年 [1 张]
定价：CNY0.18
　　中国现代风光摄影作品。

J0113467
金沙江畔　许必华摄
上海　上海人民美术出版社 1961 年 [1 张]
定价：CNY0.18
　　中国现代风光摄影作品。

J0113468
昆仑冰雪　许必华摄
上海　上海人民美术出版社 1961 年 [1 张]
定价：CNY0.18
　　中国现代风光摄影作品。

J0113469
菱荇鹅儿水　吴中行摄
上海　上海人民美术出版社 1961 年 [1 张]
定价：CNY0.18
　　中国现代风光摄影作品。作者吴中行
（1899—1976），摄影艺术家。江苏武进人。英
国皇家摄影学会会员，中国摄影家协会常务理
事。摄影作品有《归牧》《报晓》《锦树双栖》《双
清》等。

J0113470
庐山　（汉、俄、英文对照）上海人民美术出版
社编
上海　上海人民美术出版社 1961 年 12 张(套)
定价：CNY60.00
　　中国现代风光摄影作品。

J0113471
南昌　（摄影集）尹福康等摄影；"南昌画册"编
辑委员会编
上海　上海人民美术出版社 1961 年 122 页
26cm（16 开）精装 统一书号：T8081.5058
定价：CNY12.00
　　中国现代风光摄影作品。作者尹福康
（1927—　），摄影家。江苏南京人。曾任上海人
民美术出版社副编审、上海市摄影家协会副主席
等职。主要作品有《烟笼峰岩》《向荒山要宝》《晒
盐》《工人新村》等。

J0113472
瓯江帆影　沈鸣摄
上海　上海人民美术出版社 1961 年 [1 张]
定价：CNY0.18
　　中国现代风光摄影作品。

J0113473
西安名胜
[西安] 长安美术出版社 1961 年 10 张(套)
定价：CNY0.60
　　中国现代风光摄影作品。

J0113474
颐和园　（第 1 集）文物出版社编辑
北京　文物出版社 1961 年 2 版 12 张(套)
定价：CNY0.70
　　中国现代风景摄影作品，1959 年 9 月第 1 版。

J0113475
颐和园　（第 2 集）文物出版社编辑
北京　文物出版社 1961 年 2 版 12 张(套)
定价：CNY0.70
　　中国现代风景摄影作品，1959 年 9 月第 1 版。

J0113476
颐和园　（第 3 集）文物出版社编辑

［北京］文物出版社 1965 年 8 张（套）
13cm（64 开）定价：CNY0.64
　　中国现代风光摄影作品。

J0113477
颐和园 （第 4 集）文物出版社编辑
［北京］文物出版社 1965 年 8 张（套）
13cm（64 开）定价：CNY0.64
　　中国现代风光摄影作品。

J0113478
粤北晨曦 陆文骏摄
上海 上海人民美术出版社 1961 年 ［1 张］
定价：CNY0.18
　　中国现代风光摄影作品。

J0113479
云南石鼓景色 齐观山摄
上海 上海人民美术出版社 1961 年 ［1 张］
定价：CNY0.18
　　中国现代风光摄影作品。

J0113480
北京风景
［北京］外文出版社 1962 年 15cm（42 开）
　　中国现代风光摄影作品。

J0113481
苍松旭日 黄翔摄
上海 上海人民美术出版社 1962 年 38cm（6 开）
定价：CNY0.30
　　中国现代风光摄影作品。

J0113482
草原牧放 臧宁作
沈阳 辽宁美术出版社 1962 年 26cm（16 开）
定价：CNY0.06
　　中国现代风光摄影作品。

J0113483
风光摄影 山东人民出版社编辑
济南 山东人民出版社 1962 年 10 幅 39cm（4 开）
活页 统一书号：8099.488 定价：CNY5.50
　　中国现代风光摄影作品。

J0113484
福建九龙江 陈秀全摄
上海 上海人民美术出版社 1962 年 38cm（6 开）
定价：CNY0.25
　　中国现代风光摄影作品。

J0113485
海上花园——厦门 李开聪摄
上海 上海人民美术出版社 1962 年 12 张（套）
13cm（64 开）定价：CNY0.60
　　中国现代风光摄影作品。

J0113486
湖滨夕照 韩忠摄
沈阳 辽宁美术出版社 1962 年 26cm（16 开）
定价：CNY0.06
　　中国现代风光摄影作品。

J0113487
华山北峰 薛子江摄
上海 上海人民美术出版社 1962 年 38cm（6 开）
定价：CNY0.30
　　中国现代风光摄影作品。

J0113488
黄山天都峰夕照 王义摄
上海 上海人民美术出版社 1962 年 38cm（6 开）
定价：CNY0.30
　　中国现代风光摄影作品。

J0113489
嘉陵江晓色 薛子江摄
上海 上海人民美术出版社 1962 年 53cm（4 开）
定价：CNY0.18
　　中国现代风光摄影作品。作者薛子江
（1910—1962），摄影家。广东顺德人。英国皇家
摄影学会高级会员，中国新闻社摄影记者，中国
摄影家协会第一、二届常务理事等。主要作品有
《衡山初晓》《千里江陵一日还》《日出而作》等。

J0113490
江堤春雪 杜玉民摄
沈阳 辽宁美术出版社 1962 年 26cm（16 开）
定价：CNY0.06
　　中国现代风光摄影作品。

J0113491

昆明黑龙官　沈鸣摄
上海　上海人民美术出版社　1962 年　38cm（6 开）
定价：CNY0.30
　　　中国现代风光摄影作品。

J0113492

昆明西山龙门　沈鸣摄
上海　上海人民美术出版社　1962 年　38cm（6 开）
定价：CNY0.30
　　　中国现代风光摄影作品。

J0113493

漓江晓雾　林襄修摄
上海　上海人民美术出版社　1962 年　53cm（4 开）
定价：CNY0.60
　　　中国现代风光摄影作品。

J0113494

漓江早渡　陈复礼摄
上海　上海人民美术出版社　1962 年　38cm（6 开）
定价：CNY0.30
　　　中国现代风光摄影作品。

J0113495

鲤湖飞瀑　（福建仙游九鲤湖）黄温候摄
福州　福建人民出版社　1962 年　38cm（6 开）
定价：CNY0.05
　　　中国现代风光摄影作品。

J0113496

辽宁　辽宁画册编委会编辑
沈阳　辽宁美术出版社　1962 年　31cm（10 开）
精装　统一书号：T8117.709 定价：40.00
　　　中国现代风光摄影作品。

J0113497

辽宁　辽宁画册编委会编辑
辽宁　美术出版社　1962 年　[200]页 31cm（10 开）
精装　统一书号：T8117.709 定价：CNY10.00
　　　中国现代风光摄影作品。

J0113498

辽宁原野的早晨　田原摄
沈阳　辽宁美术出版社　1962 年　26cm（16 开）

定价：CNY0.06
　　　中国现代风光摄影作品。作者田原
（1925— ），漫画家，一级美术师。祖籍江苏溧
水，生于上海。原名潘有炜，笔名饭牛。中国美
术家协会、中国书法家协会、中国版画家协会、
中国记者协会、中国漫画家协会会员，中国工艺
美术协会理事，东南大学、深圳大学教授。书画
作品有《陋室铭》，出版有《中国民间玩具》《田
原硬笔书法》等，设计动画片有《熊猫百货商
店》等。

J0113499

林海雪原　郎琦摄
长春　吉林人民出版社　1962 年［1 张］
53cm（4 开）定价：CNY0.13
　　　中国现代风光摄影作品。作者郎琦，满族，
摄影家。曾用名魁琦，吉林珲春人。中国摄影家
协会会员、中国艺术摄影家协会理事。作品有《中
国人民解放军入北平仪式》《踏雪送医》《林海银
鹰》等。

J0113500

庐山　《庐山》画册编辑委员会编
上海　上海人民美术出版社　1962 年　28cm（16 开）
精装 定价：CNY18.50
　　　本书有庐山的风光胜迹照片 80 幅。内容包
括庐山三绝、庐山名胜、庐山建设景象 3 个方面。

J0113501

庐山含鄱口　尹福康摄
上海　上海人民美术出版社　1962 年　53cm（4 开）
定价：CNY0.60
　　　中国现代风光摄影作品。

J0113502

庐山五老峰　徐墨摄
上海　上海人民美术出版社　1962 年　53cm（4 开）
定价：CNY0.60
　　　中国现代风光摄影作品。

J0113503

南昌"八一"公园　汪伟光摄
南昌　江西人民出版社　1962 年　53cm（4 开）
定价：CNY0.13
　　　中国现代风光摄影作品。

J0113504
南京风光
南京 江苏人民出版社 1962年 12张(套)
定价: CNY0.72
　　中国现代风光摄影作品。

J0113505
琴韵微波荡柳梢　郎琦摄
长春 吉林人民出版社 1962年 53cm(4开)
定价: CNY0.13
　　中国现代风光摄影作品。

J0113506
上海风景　上海人民美术出版社编辑
上海 上海人民美术出版社 1962年 76cm(2开)
定价: CNY0.18
　　中国现代风光摄影作品。

J0113507
声震山河　张甸摄
沈阳 辽宁美术出版社 1962年 26cm(16开)
定价: CNY0.06
　　中国现代风光摄影作品。作者张甸(1930—　　),
摄影家。原名张殿宸,生于河北昌黎,毕业于鲁
迅文艺学院美术系。历任东北画报社摄影组助
理记者,辽宁画报社摄影创作室主任,中国摄影
家协会会员。作品有《声震山河》《草原神鹰》《客
人来到草原》。

J0113508
松花江之春　肖莹摄
长春 吉林人民出版社 1962年 38cm(6开)
定价: CNY0.07
　　中国现代风光摄影作品。

J0113509
西湖春色　吴宝基摄
上海 上海人民美术出版社 1962年 38cm(6开)
定价: CNY0.25
　　中国现代风光摄影作品。

J0113510
西湖名胜　浙江人民出版社编辑
杭州 浙江人民出版社 1962年 2版 8张(套)
15cm(64开) 定价: CNY2.00

中国现代风光摄影作品,收有彩色图片20
张,附西湖名胜简图1幅。

J0113511
仙崖景色　汪伟光摄
南昌 江西人民出版社 1962年 38cm(6开)
定价: CNY0.07
　　中国现代风光摄影作品。

J0113512
长白秋色　郎琦摄
长春 吉林人民出版社 1962年 53cm(4开)
定价: CNY0.13
　　中国现代风光摄影作品。作者郎琦,满族,
摄影家。曾用名魁琦,吉林珲春人。中国摄影家
协会会员、中国艺术摄影家协会理事。作品有《中
国人民解放军入北平仪式》《踏雪送医》《林海银
鹰》等。

J0113513
长春风光　郑捷等摄影
长春 吉林人民出版社 1962年 12张(套)
15cm(64开) 定价: CNY0.60
　　中国现代风光摄影作品。作者郑捷,摄影家。
摄影宣传画有《优生优育苗壮成长(1984年)》,
编有《安徒生童话》等。

J0113514
长春斯大林大街　郑捷摄
长春 吉林人民出版社 1962年 53cm(4开)
定价: CNY0.13
　　中国现代风光摄影作品。

J0113515
镇江金山寺　华谷平摄
上海 上海人民美术出版社 1962年 38cm(6开)
定价: CNY0.25
　　中国现代风光摄影作品。

J0113516
中国风光　《中国摄影》编辑部编
[北京] 外文出版社 1962年 28cm(11开)
　　中国现代风光摄影作品,还有日文、越南
文、泰文、缅甸文、印尼文、印地文、阿拉伯文、
俄文、德文、法文、英文、瑞典文、西班牙文、世

界语等十四种文本。

J0113517
碧玉天池　（汉、维、哈文对照）刘浪摄
乌鲁木齐　新疆青年出版社　1963年
定价：CNY0.13
　　　中国现代风光摄影作品。

J0113518
杭州西湖全景图　章育青作
上海　上海人民美术出版社　1963年　76cm（2开）
定价：CNY0.18
　　　年画形式的中国风光摄影作品。作者章育青（1909—1993），画家。浙江慈溪人。上海人民美术出版社年画专业画家。作品《上海大世界》《元宵灯》《上海外滩》《南京长江大桥》等。

J0113519
杭州西湖全景图　章育青作
上海　上海人民美术出版社　1964年［1张］
76cm（2开）
　　　年画形式的中国风光摄影作品。

J0113520
苏州园林屏　（1—4）顾东升等摄
上海　上海人民美术出版社　1963年　4张
54cm（4开）定价：CNY0.36
　　　中国现代风光摄影作品。

J0113521
西安名胜　吴印咸等摄影
西安　长安美术出版社　1963年　76cm（2开）
定价：CNY0.18
　　　中国现代风光摄影作品。

J0113522
北京风光　北京出版社编辑
北京　北京出版社　1964年　19cm（小32开）
定价：CNY1.20
　　　中国现代风光摄影作品。

J0113523
渤海　（彩色风光画片）
［沈阳］辽宁美术出版社　1964年　11张（套）
13cm（64开）定价：CNY0.25

中国现代风光摄影作品。

J0113524
河北风光
石家庄　河北人民美术出版社　1964年　10张（套）
15cm（64开）定价：CNY0.40
　　　中国现代风光摄影作品。

J0113525
华清池　吴印咸摄
［西安］长安美术出版社　1964年　6张（套）
15cm（64开）定价：CNY0.42
　　　中国现代风光摄影作品。

J0113526
华山　吴印咸摄
［西安］长安美术出版社　1964年　10张（套）
13cm（64开）定价：CNY0.66
　　　中国现代风光摄影作品。

J0113527
华山下棋亭　吴印咸摄
［西安］长安美术出版社　1964年　54cm（4开）
定价：CNY0.30
　　　中国现代风光摄影作品。

J0113528
华山仙人仰卧　吴印咸摄
［西安］长安美术出版社　1964年　54cm（4开）
定价：CNY0.30
　　　中国现代风光摄影作品。

J0113529
江山如此多娇　（画报）上海人民美术出版社编辑
上海　上海人民美术出版社　1964年　219页
30cm（12开）精装　统一书号：T8081.5447
定价：CNY25.00
　　　本书系大型风光摄影画册，通过120位摄影家拍摄的200幅照片，介绍了新中国建设15年以来，祖国各地的名山大川、革命遗址、名胜古迹，反映了工农业生产、交通运输、文化教育等行业新的建设成就。画册是按照北京、东北、华北、中南、西南、西北七个部分编排。

J0113530
庐山 （中、英、法文对照版）
上海 上海人民美术出版社 1964 年 14 张（套）
13cm（64 开）
　　中国现代风光摄影作品。

J0113531
庐山龙首崖　徐墨摄
[南昌] 江西人民出版社 1964 年 38cm（6 开）
定价：CNY0.15
　　中国现代风光摄影作品。

J0113532
苏州风光
南京 江苏人民出版社 1964 年 12 幅 12×16cm
统一书号：8100.1058 定价：CNY0.80
　　中国现代风光摄影作品。

J0113533
五台山胜景　太原市图片社编；毛松友摄
上海 上海人民美术出版社 1964 年 10 张（套）
13cm（64 开）定价：CNY0.80
　　中国现代风光摄影作品。作者毛松友
（1911—2000），摄影师。别名仿梅，浙江江山县
人。毕业于中国公学大学。曾就职于第二轻工
业部。出版有《晋祠风光》《天龙山石窟艺术》《五
台山胜景》等。

J0113534
武汉长江大桥　张其军摄
上海 上海人民美术出版社 1964 年 [1 张]
54cm（4 开）定价：CNY0.50
　　中国现代风光摄影作品。

J0113535
西安风景　吴印咸等摄影
[西安] 长安美术出版社 1964 年 4 张
53cm（4 开）定价：CNY0.30
　　中国现代风光摄影作品。

J0113536
农村晨曦　唐允仁摄
上海 上海人民美术出版社 1965 年 53cm（4 开）
定价：CNY0.50
　　中国现代风光摄影作品。

J0113537
七星岩 （广东名胜古迹）文物出版社编辑
[北京] 文物出版社 1965 年 8 张（套）
13cm（64 开）定价：CNY0.64
　　中国现代风光摄影作品。

J0113538
苏州园林　郭仁仪等摄
上海 上海人民美术出版社 1965 年 10 张（套）
13cm（64 开）定价：CNY0.80
　　中国现代风光摄影作品。

J0113539
万里长城　何世尧摄
上海 上海人民美术出版社 1965 年 53cm（4 开）
定价：CNY0.10
　　中国现代风光摄影作品。

J0113540
香山 （中、英文对照版）文物出版社编辑
[北京] 文物出版社 1965 年 8 张（套）
15cm（64 开）
　　中国现代风光摄影作品。

J0113541
新安江水电站　郑震孙摄
上海 上海人民美术出版社 1965 年 38cm（6 开）
定价：CNY0.25
　　中国现代风光摄影作品。

J0113542
新西藏 （小画片 庆祝西藏自治区成立 1965
汉、藏文对照版）民族出版社编辑
[北京] 民族出版社 1965 年 24 张（套）
15cm（64 开）定价：CNY0.35
　　中国现代风光摄影作品。

J0113543
延安新貌　常春摄
上海 上海人民美术出版社 1965 年 53cm（4 开）
定价：CNY0.10
　　中国现代风光摄影作品。作者常春
（1933— ），河北阜城人。原名李凤楼。先后任
《解放日报》记者、上海人美社编辑室主任等职，
并兼任《摄影家》杂志主编。中国摄协上海分会

会员。主要作品有《出击》《横跨激流》《上工》等。

J0113544
园林好　夏一平摄影配文
石家庄　河北人民美术出版社 1965 年　2 张
76cm（2 开）定价：CNY0.30
　　中国现代风光摄影作品。

J0113545
长江巫峡　何世尧摄
上海　上海人民美术出版社 1965 年　53cm（4 开）
定价：CNY0.10
　　中国现代风光摄影作品。

J0113546
革命圣地井冈山
天津　天津人民美术出版社 1970 年［1 张］
76cm（2 开）定价：CNY0.14
　　中国现代风光摄影作品。

J0113547
井冈山
南昌　江西省新华书店 1970 年　15 张（套）
55cm（4 开 ）定价：CNY0.55
（彩色摄影图片辑）
　　本书为彩色摄影图片辑，以 15 张图片介绍
了井冈山革命遗址和历史文物。

J0113548
井冈山　黄洋界
天津　天津人民美术出版社 1970 年［1 张］
76cm（2 开）定价：CNY0.14
　　中国现代风光摄影作品。

J0113549
韶山
长沙　湖南人民出版社 1970 年　12 幅（套）
11cm（100 开）塑料套装 定价：CNY0.30
（彩色摄影图片辑）
　　中国现代彩色风光摄影作品。

J0113550
**沧海变良田——"牛田洋"生产基地鸟
瞰**　中国人民解放军纪念《五·七指示》五周年
办公室供稿

上海　上海人民出版社 1971 年　1 张 38cm（6 开）
定价：CNY0.13
　　中国现代风光摄影作品。

J0113551
大渡河铁索桥
天津　天津人民美术出版社 1971 年　1 张
76cm（2 开）定价：CNY0.14
　　中国现代风光摄影作品。

J0113552
滇池新貌
天津　天津人民出版社 1971 年　1 张 53cm（4 开）
定价：CNY0.09
　　中国现代风光摄影作品。

J0113553
滇池新貌　（摄影　1972< 农历壬子年 >）
天津　天津人民美术出版社 1971 年［1 张］
53cm（4 开）定价：CNY0.08
　　中国现代风光摄影作品。

J0113554
海岛巡逻
天津　天津人民美术出版社 1971 年　1 张
53cm（4 开）定价：CNY0.09
　　中国现代风光摄影作品。

J0113555
井冈山　（摄影图片辑）
［南昌］江西人民出版社 1971 年　17 张
11cm（100 开）定价：CNY0.40
　　中国现代风光摄影作品。

J0113556
庐山雄姿
北京　人民美术出版社 1971 年　1 张 53cm（4 开）
定价：CNY0.07
　　中国现代风光摄影作品。

J0113557
庐山雄姿　初咏摄影
［济南］山东人民出版社 1971 年　1 张
76cm（2 开）定价：CNY0.14
　　中国现代风光摄影作品。

J0113558
庐山雄姿　初咏摄影
天津　天津人民出版社　1971 年　1 张　76cm（2 开）
定价：CNY0.14
　　中国现代风光摄影作品。

J0113559
庐山雄姿　初咏摄影
天津　天津人民出版社　1971 年　1 张　53cm（4 开）
定价：CNY0.09
　　中国现代风光摄影作品。

J0113560
韶山
[太原] 山西人民出版社　1971 年　13 张　11cm
定价：CNY0.25
　　中国现代风光摄影作品。

J0113561
天安门的早晨
天津　天津人民出版社　1971 年　1 张　53cm（4 开）
定价：CNY0.09
　　中国现代风光摄影作品。

J0113562
伟大领袖毛主席的家乡——韶山
[石家庄] 河北人民出版社　1971 年　1 张
76cm（2 开）定价：CNY0.16
　　中国现代风光摄影作品。

J0113563
雄伟壮丽的南京长江大桥
[南京] 江苏人民出版社　1971 年　1 张
76cm（2 开）定价：CNY0.14
　　中国现代风光摄影作品。

J0113564
阿瓦山翠色
[石家庄] 河北人民出版社　1972 年　[1]张
53cm（4 开）定价：CNY0.08
　　中国现代风光摄影作品。

J0113565
阿瓦山翠色
天津　天津人民出版社　1972 年　[1]张

53cm（4 开）定价：CNY0.09
　　中国现代风光摄影作品。

J0113566
北京　（四条屏）
[广州] 广东人民出版社　1972 年　2 张
76cm（2 开）定价：CNY0.28
　　中国现代风光摄影作品。

J0113567
北京　（四条屏）
[郑州] 河南人民出版社　1972 年　2 张
76cm（2 开）定价：CNY0.28
　　中国现代风光摄影作品。

J0113568
北京
北京　人民出版社　1972 年　10 张(套)
13cm（64 开）定价：CNY0.40
　　中国现代风光摄影彩色明信片。

J0113569
北京　（四条屏）
[济南] 山东人民出版社　1972 年　2 张
76cm（2 开）定价：CNY0.28
　　中国现代风光摄影作品。

J0113570
北京　（四条屏）
[太原] 山西人民出版社　1972 年　2 张
76cm（2 开）定价：CNY0.32
　　中国现代风光摄影作品。

J0113571
北京　（四条屏）
天津　天津人民美术出版社　1972 年　2 张
76cm（2 开）定价：CNY0.20
　　中国现代风光摄影作品。

J0113572
北京风光
[北京] 外文出版社　1972 年　12 张(套)
19cm（小 32 开）定价：CNY0.44
　　中国现代风光摄影彩色明信片。

J0113573
北京风景
北京　人民出版社　1972 年　10 张(套)
13cm（64 开）定价：CNY0.40
　　中国现代风光摄影彩色明信片。

J0113574
大庆油田
[杭州] 浙江人民出版社　1972 年　[1]张
38cm（6 开）定价：CNY0.08
　　中国现代风光摄影作品。

J0113575
滇池新貌
[石家庄] 河北人民出版社　1972 年　[1]张
53cm（4 开）定价：CNY0.08
　　中国现代风光摄影作品。

J0113576
滇池新貌
[沈阳] 辽宁人民出版社　1972 年　[1]张
53cm（4 开）定价：CNY0.08
　　中国现代风光摄影作品。

J0113577
革命纪念地延安
天津　天津人民出版社　1972 年　[1]张
76cm（2 开）定价：CNY0.14
　　中国现代风光摄影作品。

J0113578
革命历史名城——遵义
[哈尔滨] 黑龙江人民出版社　1972 年　[1]张
53cm（4 开）定价：CNY0.08
　　中国现代风光摄影作品。

J0113579
革命摇篮——井冈山　外文出版社供稿
[哈尔滨] 黑龙江人民出版社　1972 年　[1]张
76cm（2 开）定价：CNY0.16
　　中国现代风光摄影作品。

J0113580
革命摇篮——井冈山　外文出版社供稿
上海　上海人民出版社　1972 年　[1]张

76cm（2 开）定价：CNY0.11
　　中国现代风光摄影作品。

J0113581
海岛巡逻
[石家庄] 河北人民出版社　1972 年　[1]张
53cm（4 开）定价：CNY0.08
　　中国现代风光摄影作品。

J0113582
海岛巡逻
[郑州] 河南人民出版社　1972 年　[1]张
53cm（4 开）定价：CNY0.07
　　中国现代风光摄影作品。

J0113583
海岛巡逻
[沈阳] 辽宁人民出版社　1972 年　[1]张
53cm（4 开）定价：CNY0.08
　　中国现代风光摄影作品。

J0113584
海岛巡逻
北京　人民美术出版社　1972 年　[1]张
53cm（4 开）定价：CNY0.07
　　中国现代风光摄影作品。

J0113585
黄浦江畔节日夜景　金元宝摄
上海　上海人民出版社　1972 年　[1]张
38cm（6 开）定价：CNY0.10
　　中国现代风光摄影作品。

J0113586
黄浦江畔之夜　夏孟摄影
上海　上海人民出版社　1972 年　[1]张
38cm（6 开）定价：CNY0.13
　　中国现代风光摄影作品。

J0113587
井冈山　（四条屏）
[广州] 广东人民出版社　1972 年　2 张
76cm（2 开）定价：CNY0.28
　　中国现代风光摄影作品。

J0113588
井冈山 （四条屏）
［长春］吉林人民出版社 1972 年 2 张
76cm（2 开）定价：CNY0.32
　　中国现代风光摄影作品。

J0113589
井冈山 （四条屏）
［太原］山西人民出版社 1972 年 2 张
76cm（2 开）定价：CNY0.20
　　中国现代风光摄影作品。

J0113590
井冈山　外文出版社编
上海 上海人民出版社 1972 年 12 张(套)
［17cm］（44 开）定价：CNY0.44
　　中国现代风光摄影作品。

J0113591
井冈山 （四条屏）
天津 天津人民出版社 1972 年 2 张 76cm（2 开）
定价：CNY0.22
　　中国现代风光摄影作品。

J0113592
井冈山
［北京］外文出版社 1972 年 10 张(套)
［17cm］（44 开）定价：CNY0.44
　　中国现代风光摄影彩色明信片。

J0113593
六盘山　宁夏回族自治区立体摄影部供稿
［银川］宁夏人民出版社 1972 年 ［1］张
76cm（2 开）定价：CNY0.16
　　中国现代风光摄影作品。

J0113594
六盘山　宁夏回族自治区立体摄影部供稿
［银川］宁夏人民出版社 1972 年 ［1］张
38cm（8 开）定价：CNY0.06
　　中国现代风光摄影作品。

J0113595
庐山雄姿
［石家庄］河北人民出版社 1972 年 ［1］张

76cm（2 开）定价：CNY0.16
　　中国现代风光摄影作品。

J0113596
庐山雄姿
［郑州］河南人民出版社 1972 年 ［1］张
53cm（4 开）定价：CNY0.07
　　中国现代风光摄影作品。

J0113597
庐山雄姿
［沈阳］辽宁人民出版社 1972 年 ［1］张
76cm（2 开）定价：CNY0.12
　　中国现代风光摄影作品。

J0113598
庐山雄姿
北京 人民出版社 1972 年 ［1］张 38cm（6 开）
定价：CNY0.10
　　中国现代风光摄影作品。

J0113599
庐山雄姿
北京 人民美术出版社 1972 年 ［1］张
53cm（4 开）定价：CNY0.15
　　中国现代风光摄影作品。

J0113600
庐山雄姿
［太原］山西人民出版社 1972 年 ［1］张
76cm（2 开）定价：CNY0.14
　　中国现代风光摄影作品。

J0113601
毛主席少年时代读过书的地方——韶山南岸
上海 上海人民出版社 1972 年 ［1］张
38cm（6 开）定价：CNY0.10
　　中国现代风光摄影作品。

J0113602
南京长江大桥　宋士诚摄
上海 上海人民出版社 1972 年 ［1］张
38cm（8 开）定价：CNY0.10
　　中国现代风光摄影作品。

J0113603
塞上风光　（摄影画片）陕西省榆林地区"革
命委员会"政工组，陕西省定边县"革命委员会"
政工组编
西安　陕西人民出版社 1972 年 15cm（40 开）
统一书号：8094.200 定价：CNY0.50

J0113604
上海港之夜
［石家庄］河北人民出版社 1972 年［1］张
53cm（4 开）定价：CNY0.08
　　中国现代风光摄影作品。

J0113605
上海港之夜
［沈阳］辽宁人民出版社 1972 年［1］张
53cm（4 开）定价：CNY0.08
　　中国现代风光摄影作品。

J0113606
上海港之夜
天津　天津人民出版社 1972 年［1］张
53cm（4 开）定价：CNY0.09
　　中国现代风光摄影作品。

J0113607
韶山　（四条屏）
［广州］广东人民出版社 1972 年 2 张
76cm（2 开）定价：CNY0.28
　　中国现代风光摄影作品。

J0113608
韶山　（四条屏）
［石家庄］河北人民出版社 1972 年 2 张
76cm（2 开）定价：CNY0.32
　　中国现代风光摄影作品。

J0113609
韶山
［长沙］湖南人民出版社 1972 年 11 张（套）
13cm（64 开）定价：CNY0.50
　　中国现代风光摄影作品。

J0113610
韶山　（四条屏）

［长春］吉林人民出版社 1972 年 2 张
76cm（2 开）定价：CNY0.32
　　中国现代风光摄影作品。

J0113611
韶山　（四条屏）
［济南］山东人民出版社 1972 年 2 张
76cm（2 开）定价：CNY0.28
　　中国现代风光摄影作品。

J0113612
韶山　（四条屏）
［太原］山西人民出版社 1972 年 2 张
76cm（2 开）定价：CNY0.30
　　中国现代风光摄影作品。

J0113613
水库风光
上海　上海人民出版社 1972 年［1］张
38cm（6 开）定价：CNY0.10
　　中国现代风光摄影作品。

J0113614
太湖夕照　徐春荣摄
上海　上海人民出版社 1972 年［1］张
38cm（6 开）定价：CNY0.10
　　中国现代风光摄影作品。

J0113615
天安门的早晨
［沈阳］辽宁人民出版社 1972 年［1］张
53cm（4 开）定价：CNY0.08
　　中国现代风光摄影作品。

J0113616
天安门的早晨
天津　天津人民美术出版社 1972 年［1］张
76cm（2 开）定价：CNY0.14
　　中国现代风光摄影作品。

J0113617
万里长城
［石家庄］河北人民出版社 1972 年［1］张
53cm（4 开）定价：CNY0.08
　　中国现代风光摄影作品。

J0113618
万里长城
[沈阳] 辽宁人民出版社 1972 年 [1] 张
53cm（4 开）定价: CNY0.08
　　中国现代风光摄影作品。

J0113619
万里长城
[太原] 山西人民出版社 1972 年 [1] 张
53cm（4 开）定价: CNY0.07
　　中国现代风光摄影作品。

J0113620
万里长城
天津 天津人民出版社 1972 年 [1] 张
53cm（4 开）定价: CNY0.09
　　中国现代风光摄影作品。

J0113621
西湖 （中、英、法文对照）
[杭州] 浙江人民出版社 1972 年 12 张（套）
13cm（64 开）定价: CNY0.60
　　中国现代风光摄影作品。

J0113622
西湖（中国　杭州）
[杭州] 浙江人民出版社 1972 年 [1] 张
53cm（4 开）定价: CNY0.50
　　中国现代风光摄影作品。

J0113623
新安江翠色　陈春轩摄
上海 上海人民出版社 1972 年 [1] 张
38cm（6 开）定价: CNY0.10
　　中国现代风光摄影作品。

J0113624
延安 （四条屏）
[广州] 广东人民出版社 1972 年 2 张
76cm（2 开）定价: CNY0.28
　　中国现代风光摄影作品。

J0113625
延安 （四条屏）
[石家庄] 河北人民出版社 1972 年 2 张
76cm（2 开）定价: CNY0.32
　　中国现代风光摄影作品。

J0113626
延安 （四条屏）
[长春] 吉林人民出版社 1972 年 2 张
76cm（2 开）定价: CNY0.32
　　中国现代风光摄影作品。

J0113627
延安 （四条屏）
[济南] 山东人民出版社 1972 年 2 张
76cm（2 开）定价: CNY0.28
　　中国现代风光摄影作品。

J0113628
延安 （四条屏）
[太原] 山西人民出版社 1972 年 2 张
76cm（2 开）定价: CNY0.32
　　中国现代风光摄影作品。

J0113629
延安　毛主席在延安领导中国革命纪念馆编
[西安] 陕西人民出版社 1972 年 10 张（套）
13cm（64 开）定价: CNY0.40
　　中国现代风光摄影作品。

J0113630
延安　外文出版社供稿
上海 上海人民出版社 1972 年 12 张（套）
[17cm]（44 开）定价: CNY0.44
　　中国现代风光摄影作品。

J0113631
延安 （四条屏）
天津 天津人民美术出版社 1972 年 2 张
76cm（2 开）定价: CNY0.28
　　中国现代风光摄影作品。

J0113632
延安
[北京] 外文出版社 1972 年 12 张（套）
[17cm]（44 开）定价: CNY0.44
　　中国现代风光摄影彩色明信片，有朝鲜文和
西班牙文两种。

J0113633

远眺贡嘎山

［石家庄］河北人民出版社 1972 年［1］张

53cm（4 开）定价：CNY0.08

　　中国现代风光摄影作品。

J0113634

远眺贡嘎山

［沈阳］辽宁人民出版社 1972 年［1］张

53cm（4 开）定价：CNY0.08

　　中国现代风光摄影作品。

J0113635

远眺贡嘎山

北京 人民美术出版社 1972 年［1］张

53cm（4 开）定价：CNY0.07

　　中国现代风光摄影作品。

J0113636

远眺贡嘎山

［太原］山西人民出版社 1972 年［1］张

53cm（4 开）定价：CNY0.08

　　中国现代风光摄影作品。

J0113637

远眺贡嘎山

天津 天津人民出版社 1972 年［1］张

53cm（4 开）定价：CNY0.09

　　中国现代风光摄影作品。

J0113638

在高山峡谷间的铁路工程

［杭州］浙江人民出版社 1972 年［1］张

38cm（6 开）定价：CNY0.08

　　中国现代风光摄影作品。

J0113639

长沙橘子洲

上海 上海人民出版社 1972 年［1］张

38cm（6 开）定价：CNY0.10

　　中国现代风光摄影作品。

J0113640

祖国风光 （四条屏）浙江人民出版社编辑

［杭州］浙江人民出版社 1972 年 2 张

76cm（2 开）定价：CNY0.28

　　中国现代风光摄影作品。

J0113641

祖国风光 （四条屏）浙江人民出版社编辑

杭州 浙江人民出版社 1973 年 2 张 76cm（2 开）

定价：CNY0.28

　　中国现代风光摄影作品。

J0113642

鞍山 （摄影集）

沈阳 辽宁人民出版社 1973 年 10 幅 11×15cm

统一书号：8090.387

　　中国现代风光摄影作品。

J0113643

北京风光 外文出版社供稿

上海 上海人民出版社 1973 年 76cm（2 开）

定价：CNY0.11

　　中国现代风光摄影作品。

J0113644

北京风景

济南 山东人民出版社 1973 年 1 套（6 幅）

15cm（40 开）统一书号：8099.114

定价：CNY0.40

　　中国现代风光摄影作品。

J0113645

北陵 （摄影集）

沈阳 辽宁人民出版社 1973 年 10 幅 11×15cm

统一书号：8090.385

　　中国现代风光摄影作品。

J0113646

东湖 《武汉》游览图摄影组摄

武汉 湖北人民出版社 1973 年 53cm（4 开）

定价：CNY0.07

　　中国现代风光摄影作品。

J0113647

华清池 吴印咸等摄影

西安 陕西人民出版社 1973 年 76cm（2 开）

定价：CNY0.14

　　中国现代风光摄影作品。

J0113648

黄浦江畔　张常晤摄影

上海　上海人民出版社 1973 年 38cm（6 开）

定价：CNY0.13

　　中国现代风光摄影作品。

J0113649

京郊秋色

石家庄　河北人民出版社 1973 年 53cm（4 开）

定价：CNY0.07

　　中国现代风光摄影作品。

J0113650

景山之晨

石家庄　河北人民出版社 1973 年 53cm（4 开）

定价：CNY0.07

　　中国现代风光摄影作品。

J0113651

上海风貌　上海人民出版社摄影

上海　上海人民出版社 1973 年［1 张］

76cm（2 开）定价：CNY0.11

　　中国现代风光摄影作品。

J0113652

上海港　夏道陵摄影

上海　上海人民出版社 1973 年 38cm（6 开）

定价：CNY0.13

　　中国现代风光摄影作品。

J0113653

上海工业区一瞥　尹创庚摄影

上海　上海人民出版社 1973 年 38cm（6 开）

定价：CNY0.13

　　中国现代风光摄影作品。

J0113654

上海工业新貌　上海工业展览会编

上海　上海人民出版社 1973 年 1 张 107cm（全开）

定价：CNY0.20

　　中国现代风光摄影作品。

J0113655

上海郊区农村　赵春宝摄影

上海　上海人民出版社 1973 年 38cm（6 开）

定价：CNY0.13

　　中国现代风光摄影作品。

J0113656

苏州河傍晚　夏孟摄影

上海　上海人民出版社 1973 年 1 张 38cm（6 开）

定价：CNY0.13

　　中国现代风光摄影作品。

J0113657

武汉长江大桥　《武汉》游览图摄影组摄

武汉　湖北人民出版社 1973 年 1 张 53cm（4 开）

定价：CNY0.07

　　中国现代风光摄影作品。

J0113658

西安名胜　吴印咸等摄影

西安　陕西人民出版社 1973 年 1 张 76cm（2 开）

定价：CNY0.14

　　中国现代风光摄影作品。作者吴印咸（1900—1994），摄影艺术家、导演。原名吴荫诚，祖籍安徽歙县，生于江苏沭阳。曾在上海美术专科学校学习。历任东北电影制片厂厂长，北京电影学院副院长兼摄影系主任，文化部电影局顾问，中国摄影家协会副主席，中国电影摄影师学会副理事长，全国文学艺术联合会委员等。代表作品《生死同心》《风云儿女》《坚苦的奋斗》。

J0113659

西湖　（四条屏）浙江人民出版社摄影

杭州　浙江人民出版社 1973 年 2 张 76cm（2 开）

定价：CNY0.28

　　中国现代风光摄影作品。

J0113660

湘江橘子洲

石家庄　河北人民出版社 1973 年 1 张

53cm（4 开）定价：CNY0.07

　　中国现代风光摄影作品。

J0113661

新安江电站春色　浙江人民出版社摄影

杭州　浙江人民出版社 1973 年 1 张 76cm（2 开）

定价：CNY0.11

　　中国现代风光摄影作品。

J0113662

胸怀祖国　放眼世界　赵曙晤摄
上海　上海人民出版社 1973 年 1 张 76cm（2 开）
定价：CNY0.11
　　中国现代风光摄影作品。

J0113663

雄伟的新安江水电站　陈春轩，张涵毅摄影
上海　上海人民出版社 1973 年 1 张 76cm（2 开）
定价：CNY0.11
　　中国现代风光摄影作品。

J0113664

巡逻　赵曙晤摄影
上海　上海人民出版社 1973 年 1 张 38cm（6 开）
定价：CNY0.13
　　中国现代风光摄影作品。

J0113665

延安　吴印咸等摄影
西安　陕西人民出版社 1973 年 1 张 76cm（2 开）
定价：CNY0.14
　　中国现代风光摄影作品。

J0113666

征服沙漠建草原　内蒙古人民出版社编辑
呼和浩特　内蒙古人民出版社 1973 年
19cm（32 开）定价：CNY0.60
　　中国现代风光摄影作品。

J0113667

"风庆"轮远航胜利归来　陈春轩摄
上海　上海人民出版社 1974 年［1 张］
76cm（2 开）定价：CNY0.11
　　中国现代风光摄影作品。

J0113668

北京　（四条屏）
郑州　河南人民出版社 1974 年 2 张 76cm（2 开）
定价：CNY0.28
　　中国现代风光摄影作品。

J0113669

春耕时节　王瑞林摄
上海　上海人民出版社 1974 年［1 张］

39cm（8 开）定价：CNY0.13
　　中国现代风光摄影作品。

J0113670

稻香千里　（摄影 1975〈农历乙卯年〉年历）张
其军摄
［武汉］湖北人民出版社 1974 年 38cm（6 开）
定价：CNY0.10
　　中国现代风光摄影作品。

J0113671

内蒙古　（摄影集）
呼和浩特　内蒙古人民出版社 1974 年 12 幅
10×15cm 统一书号：M8089.67 定价：CNY0.50
　　中国现代风光摄影作品。

J0113672

千里海河起宏图　（四条屏）河北省海河影展
办公室供稿
石家庄　河北人民出版社 1974 年 2 张
76cm（2 开）定价：CNY0.28
　　中国现代风光摄影作品。

J0113673

云南风光，广州风光　（德文、斯瓦希里文、世
界语对照）
北京　外文出版社 1974 年 6 张（套）15cm（64 开）
定价：CNY0.30
　　中国现代风光摄影作品。

J0113674

云南风光，广州风光　（英文、法文、西班牙文
对照）
北京　外文出版社 1974 年 6 张（套）15cm（64 开）
定价：CNY0.30
　　中国现代风光摄影作品。

J0113675

滇池新貌　刘薇作
［昆明］云南人民出版社 1975 年［1 张］
76cm（2 开）定价：CNY0.11
　　中国现代风光摄影作品。

J0113676

井冈杜鹃红　吕厚民摄

［南昌］江西人民出版社 1975 年 53cm（4 开）
定价：CNY0.16
　　中国现代风光摄影作品。作者吕厚民
（1928—2015），摄影家。生于黑龙江依兰。曾任
中国摄影协会党组书记，中国文联副主席，中华
民族文化促进会副主席。代表作品《毛主席和周
总理》《周恩来和邓小平在颐和园》等。

J0113677
井冈山　吕厚民摄
［南昌］江西人民出版社 1975 年 53cm（4 开）
定价：CNY0.07
　　中国现代风光摄影作品。

J0113678
南海明珠——西沙群岛　新华社稿
［沈阳］辽宁人民出版社 1975 年［1 幅］
76cm（2 开）定价：CNY0.11
　　中国现代风光摄影作品。

J0113679
上海外滩　尹福康，俞创硕摄影
上海 上海人民出版社 1975 年 53cm（4 开）
定价：CNY0.26
　　中国现代风光摄影作品。

J0113680
韶山春　孙忠靖摄
北京 人民美术出版社 1975 年 53cm（4 开）
定价：CNY0.20
　　中国现代风光摄影作品。

J0113681
世界第一高峰——珠穆朗玛峰　（摄影集）贾
玉江摄
上海 上海人民出版社 1975 年 11 幅 11×15cm
统一书号：8171.1280 定价：CNY0.53
　　中国现代风光摄影作品。

J0113682
西藏察隅换新天　李振廷摄
北京 人民美术出版社 1975 年 53cm（4 开）
定价：CNY0.20
　　中国现代风光摄影作品。

J0113683
长城　黄翔摄
北京 人民美术出版社 1975 年 53cm（4 开）
定价：CNY0.20
　　中国现代风光摄影作品。

J0113684
江山如此多娇　上海人民出版社编辑
上海 上海人民出版社 1976 年 253 页 38cm（6 开）
特精装 统一书号：8171.1670 定价：CNY24.00
　　中国现代风光摄影作品集。

J0113685
石林　（摄影集）
昆明 云南人民出版社 1976 年 12 幅 10×15cm
统一书号：8116.710 定价：CNY0.54
　　中国现代风光摄影作品。

J0113686
豫园　（摄影集）陈春轩，张涵毅摄影
上海 上海人民出版社 1976 年 10 幅 11×15cm
统一书号：8171.1393 定价：CNY0.49
　　中国现代风光摄影作品。

J0113687
上海　（摄影集）上海人民出版社编辑
上海 上海人民出版社 1977 年 2 版 12 幅
11×15cm 统一书号：8171.572 定价：CNY0.53
　　中国现代风光摄影作品。

J0113688
韶山　（摄影集）
上海 上海人民出版社 1977 年 11 幅 11×15cm
统一书号：8171.2098 定价：CNY0.50
　　中国现代风光摄影作品。本书与湖南人民
出版社合作出版。

J0113689
万水千山　中国图片社稿
武汉 湖北人民出版社 1977 年 2 张(套)
76cm（2 开）定价：CNY0.28
　　中国现代风光摄影作品。

J0113690
中国旅行　（广州·佛山）中国国际旅行社广州

分社，广东人民出版社编辑部编辑
广州 广东人民出版社 1977 年 110 页 21×19cm
统一书号：(汉)8111.1552 定价：CNY4.00
　　中国现代风光摄影作品集。

J0113691
中州大地尽朝晖 王世龙摄
郑州 河南人民出版社 1977 年 2 张(套)
76cm(2 开) 定价：CNY0.28
　　中国现代风光摄影作品。作者王世龙
(1930—)，摄影家。河南平舆人，曾用名于一。
曾任中国人民解放军报随军摄影记者，河南新
乡日报社摄影美术组长，河南日报社摄影记者，
河南人民出版社摄影编辑、编辑室主任、编审委
员等职。中国摄影家协会常务理事。作品有《秋
收完毕》《山里俏》《山村在欢唱》等。

J0113692
百川飞泻 谭志强摄影
上海 上海人民美术出版社 1978 年 38cm(6 开)
统一书号：8081.11219 定价：CNY0.15
　　中国现代风光摄影作品。

J0113693
北京风景
北京 人民出版社 1978 年 10 张(套)
15cm(40 开) 定价：CNY0.50
　　中国现代风光摄影作品。

J0113694
北京旅游图集
北京 人民出版社 1978 年 11 种(套)
18cm(15 开) 统一书号：8071.297
定价：CNY3.00
　　中国现代风光摄影作品。

J0113695
成昆铁路 昆明铁路局编
昆明 云南人民出版社 1978 年 44 页 20cm(32 开)
定价：CNY1.60
　　中国现代风光摄影作品。

J0113696
春风杨柳 （纪念毛主席光辉诗篇《送瘟神二
首》发表二十周年）江西人民出版社编辑

南昌 江西人民出版社 1978 年 36 页 26cm(16 开)
定价：CNY3.00
　　中国现代摄影作品选集。

J0113697
春风杨柳 上海人民美术出版社编辑
上海 上海人民美术出版社 1978 年 26 页
26cm(16 开) 统一书号：8081.11332
定价：CNY3.00
　　中国现代风光摄影作品。

J0113698
春风杨柳 （纪念毛主席光辉诗篇《送瘟神二
首》发表二十周年）上海人民美术出版社编辑
上海 上海人民美术出版社 1978 年 36 页
26cm(16 开) 定价：CNY3.00
　　中国现代摄影作品选集。

J0113699
故宫 （1）故宫博物院编
北京 文物出版社 1978 年 10 张(套)
9cm(128 开) 定价：CNY0.25
　　中国现代风光摄影作品。

J0113700
故宫 （2）故宫博物院编
北京 文物出版社 1978 年 10 张(套)
9cm(128 开) 定价：CNY0.25
　　中国现代风光摄影作品。

J0113701
故宫 （3）故宫博物院编
北京 文物出版社 1978 年 10 张(套)
9cm(128 开) 定价：CNY0.25
　　中国现代风光摄影作品。

J0113702
黄山 张宝安等摄影
上海 上海人民美术出版社 1978 年 12 张(套)
18cm(15 开) 定价：CNY0.63
　　中国现代风光摄影作品。作者张宝安，摄
影家。华东师范大学教授，上海市摄影家协会副
主席。

J0113703

江山多娇 （第一期 上海）江山多娇编辑部编
上海 上海人民美术出版社 1978 年 18 页
英、日文说明书 1 册 25cm（15 开）
　本套书为中国现代各地风光摄影集。

J0113704

江山多娇 （第二期 无锡）
上海 上海人民美术出版社 1978 年 18 页
日文说明书 1 册 25cm（15 开）

J0113705

江山多娇 （第三期 上海）江山多娇编辑部编
上海 上海人民美术出版社 1979 年 18 页
25cm（15 开）统一书号：8081.11511
定价：CNY3.00

J0113706

江山多娇 （第四期 苏州园林）江山多娇编辑
部编
上海 上海人民美术出版社 1979 年 18 页
25cm（15 开）

J0113707

江山多娇 （第五期 黄山）江山多娇编辑部编
上海 上海人民美术出版社 1979 年 18 页
25cm（15 开）定价：CNY3.00

J0113708

江山多娇 （第六期 桂林）江山多娇编辑部编
上海 上海人民美术出版社 1980 年 18 页
25cm（15 开）定价：CNY3.00

J0113709

江山多娇 （第七期 承德）江山多娇编辑部编
上海 上海人民美术出版社 1980 年 18 页
25cm（15 开）定价：CNY2.00

J0113710

江山多娇 （第八期 北京）江山多娇编辑部编
上海 上海人民美术出版社 1980 年 18 页
25cm（15 开）统一书号：8081.12121
定价：CNY2.50

J0113711

江山多娇 （第九期 西湖）江山多娇编辑部编
上海 上海人民美术出版社 1981 年 25cm（15 开）
统一书号：8081.12125 定价：CNY2.50

J0113712

江山多娇 （第十期 广州）江山多娇编辑部编
上海 上海人民美术出版社 1981 年 18 页
25cm（15 开）统一书号：8081.12548
定价：CNY2.50

J0113713

江山多娇 （第十一期 无锡）江山多娇编辑部编
上海 上海人民美术出版社 1981 年 18 页
25cm（15 开）定价：CNY2.50

J0113714

江山多娇 （第十二期 西安）江山多娇编辑部编
上海 上海人民美术出版社 1981 年 18 页
25cm（15 开）统一书号：8081.12598
定价：CNY2.50

J0113715

江山多娇 （第十三期 南京）江山多娇编辑部编
上海 上海人民美术出版社 1982 年 18 页
25cm（15 开）统一书号：8081.12778
定价：CNY2.50

J0113716

江山多娇 （第十四期 扬州）江山多娇编辑部编
上海 上海人民美术出版社 1982 年 18 页
25cm（15 开）统一书号：8081.12900
定价：CNY2.50
　本套书为中国现代各地风光摄影集。

J0113717

江山多娇 （第十五期 山西）江山多娇编辑部编
上海 上海人民美术出版社 1982 年 18 页
25cm（15 开）统一书号：8081.13008
定价：CNY2.50

J0113718

江山多娇 （第十六期 镇江）江山多娇编辑部编
上海 上海人民美术出版社 1983 年 18 页
25cm（15 开）统一书号：8081.13210

定价: CNY2.50

J0113719
江山多娇 （第十七期 洛阳）江山多娇编辑部编
上海 上海人民美术出版社 1983 年 18 页
25cm（15 开）统一书号: 8081.13234
定价: CNY2.50

J0113720
江山多娇 （第十八期 山西）江山多娇编辑部编
上海 上海人民美术出版社 1983 年 18 页
25cm（15 开）统一书号: 8081.13317
定价: CNY2.50

J0113721
江山多娇 （第十九期 丝绸之路）江山多娇编辑部编
上海 上海人民美术出版社 1983 年 18 页
25cm（15 开）定价: CNY2.50

J0113722
江山多娇 （第二十期 河南）江山多娇编辑部编
上海 上海人民美术出版社 1983 年 25cm（15 开）
统一书号: 8081.13618 定价: CNY2.50

J0113723
江山多娇 （第二十一期 庐山）江山多娇编辑部编
上海 上海人民美术出版社 1984 年 18 页
25cm（15 开）统一书号: 8081.13886
定价: CNY2.50

J0113724
江山多娇 （第二十二期 苏州）江山多娇编辑部编
上海 上海人民美术出版社 1984 年 18 页
25cm（15 开）统一书号: 8081.14031
定价: CNY2.50

J0113725
江山多娇 （第二十三期 河南）江山多娇编辑部编
上海 上海人民美术出版社 1984 年 18 页
25cm（15 开）统一书号: 8081.14079
定价: CNY2.50

J0113726
江山多娇 （第二十四期 西藏）江山多娇编辑部编
上海 上海人民美术出版社 1985 年 18 页
25cm（15 开）统一书号: 8081.14017
定价: CNY3.00

J0113727
江山多娇 （第二十五期 云南）江山多娇编辑部编
上海 上海人民美术出版社 1985 年 18 页
25cm（16 开）统一书号: 8081.14462
定价: CNY3.00

J0113728
江山多娇 （第二十六期 北京）江山多娇编辑部编
上海 上海人民美术出版社 1985 年 18 页
25cm（16 开）统一书号: 8081.143444
定价: CNY3.00

J0113729
江山多娇 （第二十七期 大庸）《江山多娇》编辑部编
上海 上海人民美术出版社 1987 年 18 页
25cm（16 开）统一书号: 8081.15613
定价: CNY3.90

J0113730
井冈山 刘成龙等摄影
南昌 江西人民出版社 1978 年 2 张(套)
76cm（2 开）定价: CNY0.28
　　中国现代风光摄影作品。

J0113731
井冈山 （摄影集）陈春轩等摄
上海 上海人民美术出版社 1978 年 13 幅
11×15cm 统一书号: 8081.11044 定价: CNY0.63
　　中国现代风光摄影作品。

J0113732
漓江烟雨 陈亚江摄影
上海 上海人民美术出版社 1978 年 38cm（6 开）
定价: CNY0.15
　　中国现代风光摄影作品。作者陈亚江

（1931—　　），广西灵川人。曾任中国摄影家协会常务理事、副主席，广西文联委员，桂林市摄影协会主席，桂林市职工摄影协会名誉主席。主要作品有《漓江晨景》《阳江晓雾》《春到漓江》等。

J0113733
令箭荷花　　茅九荣摄影
上海　上海人民美术出版社　1978年　38cm（6开）
定价：CNY0.15
　　中国现代风光摄影作品。

J0113734
宁夏　（庆祝宁夏回族自治区成立二十周年）宁夏画册编辑组编
银川　宁夏人民出版社　1978年　153页
28cm（大16开）
　　中国现代风光摄影作品。

J0113735
天安门广场鸟瞰　　李基禄摄
北京　人民美术出版社　1978年　1张　53cm（4开）
定价：CNY0.18
　　中国现代风光摄影作品。

J0113736
扬州　　扬州地委宣传部编；丁峻等摄
上海　上海人民美术出版社　1978年　11张（套）
18cm（32开）定价：CNY0.59
　　中国现代风光摄影作品。

J0113737
云湖天河——韶山灌区新貌
上海　上海人民美术出版社　1978年　8张（套）
15cm（40开）定价：CNY0.47
　　中国现代风光摄影作品。

J0113738
中国旅行　（郑州　洛阳　安阳　林县）中国国际旅行社编
北京　中国旅游出版社　1978年　120页
20cm（32开）定价：CNY4.00
　　中国现代风光摄影作品。

J0113739
北京风光

北京　北京出版社　1979年　69幅　25cm（15开）
统一书号：8071.317　定价：CNY18.00
　　中国现代风光摄影作品。

J0113740
春到帕米尔牧场　　麦烽著
香港　三育图书有限公司　1979年　127页
20cm（32开）
　　中国现代风光摄影作品。

J0113741
春江花月夜　　李兰英摄
石家庄　河北人民出版社　1979年　[1张]
76cm（2开）定价：CNY0.14
　　中国现代风光摄影作品。

J0113742
岱宗胜览
济南　齐鲁书社　1979年　210页　[20cm]
定价：CNY2.60
　　中国现代风光摄影作品。

J0113743
侗笛迎春　　王瑞祥摄影
南宁　广西人民出版社　1979年　[1张]
53cm（4开）定价：CNY0.20
　　中国现代风光摄影作品。

J0113744
广州风光　（摄影）上海人民美术出版社编辑
上海　上海人民美术出版社　1979年　[1张]
76cm（2开）定价：CNY0.14
　　中国现代风光摄影作品。

J0113745
杭州西湖全景　　龚景充，杜红早作
杭州　浙江人民出版社　1979年　[1张]
76cm（2开）定价：CNY0.20
　　年画形式的中国风光摄影作品。

J0113746
湖南　《湖南》画册编辑办公室编；万祥麟等摄影
长沙　湖南人民出版社　1979年　306页　38cm（8开）
定价：CNY35.00，CNY40.00（精装）
　　中国现代风光摄影作品。

J0113747
黄山　董青等摄
合肥 安徽人民出版社 1979 年 2 张 76cm（2 开）
定价：CNY0.32
　　中国现代风光摄影作品。

J0113748
锦鳞争辉　马南摄
贵阳 贵州人民出版社 1979 年 [1 张]
53cm（4 开）定价：CNY0.18
　　中国现代风光摄影作品。

J0113749
西湖风光　长天编文；孙肃显等摄
上海 上海人民美术出版社 1979 年 [1 张]
76cm（2 开）定价：CNY0.14
　　中国现代风光摄影作品。

J0113750
星湖风光　曹桂江等摄影
广州 广东人民出版社 1979 年 2 张 76cm（2 开）
定价：CNY0.28
　　中国现代风光摄影作品。

J0113751
镇江风光
南京 江苏人民出版社 1979 年 8 幅 18cm（15 开）
统一书号：8100.4.005.00044
　　中国现代风光摄影作品。

J0113752
中国风光——川西九寨沟秋色　金宝源，张
涵毅摄
上海 上海人民美术出版社 1979 年 [1 张]
38cm（6 开）定价：CNY0.15
　　中国现代风光摄影作品。

J0113753
中国风光——桂林山水　郭克毅摄
上海 上海人民美术出版社 1979 年 [1 张]
38cm（6 开）定价：CNY0.15
　　中国现代风光摄影作品。

J0113754
中国风光——黄山莲花峰晚霞　陈谋荃摄

上海 上海人民美术出版社 1979 年 [1 张]
38cm（6 开）定价：CNY0.15
　　中国现代风光摄影作品。

J0113755
中国风光——黄山云海　陈谋荃摄
上海 上海人民美术出版社 1979 年 [1 张]
38cm（6 开）定价：CNY0.15
　　中国现代风光摄影作品。

J0113756
昌潍风光
济南 齐鲁书社 1980 年 12 页 15cm（64 开）
定价：CNY0.28
　　中国现代风光摄影作品。

J0113757
湖北水利　湖北省水利局编
武汉 湖北人民出版社 1980 年 140 页
28cm（大 16 开）精装 定价：CNY25.00
　　中国现代风光摄影作品。

J0113758
克拉玛依　（1955—1980）新疆石油管理局政
治部编
乌鲁木齐 新疆人民出版社 1980 年 140 页
25cm（15 开）定价：CNY19.00，CNY15.00（精装）
　　中国现代风光摄影作品。

J0113759
南京风光　章石羽摄影；周仓志，范爱全编文
上海 上海人民美术出版社 1980 年 [1] 张
76cm（2 开）定价：CNY0.16
　　年画形式的中国风光摄影作品。作者周仓
志，摄影连环画有《李太白与杨贵妃》，黄梅戏
《女驸马》四连拍，锡剧《嫦娥奔月》等。

J0113760
塔尔寺　（汉藏英文对照）青海省文化局编；刘
励中摄
天津 天津人民美术出版社 1980 年 18 张
13cm（64 开）定价：CNY1.00
　　中国现代风光摄影作品。

J0113761
天池 （汉、维、英文对照）
乌鲁木齐 新疆人民出版社 1980 年 15 张
13cm（64 开）定价：CNY0.92
　　中国现代风光摄影作品。

J0113762
天山 （汉英文对照）新疆人民出版社编辑
乌鲁木齐 新疆人民出版社 1980 年 192 页
25cm（小 16 开）精装
　　中国现代风光摄影作品。

J0113763
西安风光 王天育等摄影
上海 上海人民美术出版社 1980 年 ［1］张
76cm（2 开）定价：CNY0.16
　　年画形式的中国现代风光摄影作品。

J0113764
西安名胜 肖顺权，卫象摄影
西安 陕西人民美术出版社 1980 年 ［1］张
76cm（2 开）定价：CNY0.16
　　中国现代风光摄影作品。

J0113765
西湖 浙江人民美术出版社摄
杭州 浙江人民美术出版社 1980 年 2 张
76cm（2 开）定价：CNY0.32
　　中国现代风光摄影作品。

J0113766
长城 （汉英文对照）郁进编；成大林摄影
北京 文物出版社 1980 年 86 页 26cm（16 开）
定价：CNY8.00
　　中国现代风光摄影作品集。

J0113767
中国风光 苍石等编
北京 人民画报社 1980 年 修订本 211 页
39cm（4 开）布面精装 定价：CNY65.00
　　中国现代风光摄影集。

J0113768
中国风光——桂林漓江晨雾 王梧生摄影
上海 上海人民美术出版社 1980 年 38cm（6 开）

定价：CNY0.15
　　中国现代风光摄影作品。

J0113769
中国风光摄影选 （1）
北京 中国摄影出版社 1980 年 8 幅 39cm（8 开）
统一书号：8028.3032 定价：CNY2.00

J0113770
中国风光摄影选 （2）
北京 中国摄影出版社 1980 年 8 幅 39cm（8 开）
统一书号：8028.3037 定价：CNY1.40

J0113771
中国风光摄影选 （3）
北京 中国摄影出版社 1980 年 8 幅 39cm（8 开）
统一书号：8028.3039 定价：CNY1.40

J0113772
中国黄土 （汉英文对照）王永焱，张宗祜主
编；王凌等摄影
西安 陕西人民美术出版社 1980 年 180 页
38cm（6 开）精装 定价：CNY30.00
　　中国现代风光摄影作品集。

J0113773
中国林海漫游 林业部编
北京 北京出版社 1980 年 27cm（16 开）
统一书号：8071.441 定价：CNY25.00
　　中国现代风光摄影作品。

J0113774
北京风光 （一～四）胡维标等摄
北京 中国旅游出版社 1981 年 2 张 76cm（2 开）
定价：CNY0.26
　　年画形式的中国现代风光摄影作品。作者
胡维标（1939— ），著名风光摄影家。江苏镇江
市人。毕业于中国人民解放军防化兵工程指挥
学院新闻系。中国摄影家协会会员。摄影作品
以旅游风光、古今建筑、文物为主。主要作品有
《长城风光》《北京风光荟萃》《故宫》《天安门》。

J0113775
非洲风光 念菲摄
上海 上海人民美术出版社 1981 年 ［1］张

76cm（2开）定价：CNY0.16

年画形式的风光摄影作品。

J0113776

国外风光　江美摄

南京 江苏人民出版社 1981 年［1 张］

76cm（2开）定价：CNY0.18

年画形式的风光摄影作品。

J0113777

杭州西湖全景　章育青作

上海 上海人民美术出版社 1981 年［1 张］

76cm（2开）定价：CNY0.16

年画形式的中国现代风光摄影作品。

J0113778

华清池　卫王相，刘复汉摄

西安 陕西人民美术出版社 1981 年 2 张

76cm（2开）定价：CNY0.36

年画形式的中国现代风光摄影作品。

J0113779

黄果树瀑布　张嘉齐摄

北京 中国旅游出版社 1981 年［1 张］

76cm（2开）定价：CNY0.18

年画形式的中国现代风光摄影作品。

J0113780

黄山玉屏楼　袁廉民摄

北京 中国旅游出版社 1981 年［1 张］

76cm（2开）定价：CNY0.18

年画形式的中国风光摄影作品。作者袁廉民（1932— ），国家一级摄影师。浙江慈溪人。历任中国摄影家协会理事，中国老摄影家协会理事、安徽摄影家协会名誉主席、英国皇家摄影学会会士、世界华人摄影学会会员。代表作品有《蒸蒸日上》《松魂》等。

J0113781

江南风光　（一～四）杨茵等摄；范云兴文

天津 天津杨柳青画店 1981 年 4 张 76cm（2开）

定价：CNY1.20

年画形式的中国现代风光摄影作品。

J0113782

昆明大观园　邓毅摄

北京 人民美术出版社 1981 年 54cm（4开）

定价：CNY0.16

中国现代风光摄影作品。

J0113783

漓江　肖顺权摄

北京 人民美术出版社 1981 年 54cm（4开）

定价：CNY0.16

中国现代风光摄影作品。

J0113784

庐山含鄱口　刘英杰摄

北京 中国旅游出版社 1981 年［1 张］

76cm（2开）定价：CNY0.18

年画形式的中国现代风光摄影作品。

J0113785

青岛风光　任锡海等摄；任锡海编

上海 上海人民美术出版社 1981 年［1 张］

76cm（2开）定价：CNY0.16

年画形式的中国现代风光摄影作品。

J0113786

塞上新貌　陈宝生摄影、配诗

西安 陕西人民美术出版社 1981 年 2 张

76cm（2开）定价：CNY0.36

年画形式的中国现代风光摄影作品。

J0113787

三潭印月　张克庆摄

杭州 浙江人民出版社 1981 年［1 张］

76cm（2开）定价：CNY0.16

年画形式的中国现代风光摄影作品。

J0113788

四川九寨沟静海晨雾　何世尧摄

北京 中国旅游出版社 1981 年［1 张］

76cm（2开）定价：CNY0.18

年画形式的中国风光摄影作品。作者何世尧（1935— ），摄影家。生于浙江永康，曾在人民画报社学习摄影，后任人民画报社摄影记者。作品有《巍巍长城》《静海晨雾》等，有风光摄影画册《黄龙》《春雨绵绵》。

J0113789
四川九寨沟诺日朗大瀑布　何世尧摄
北京 中国旅游出版社 1981 年［1 张］
76cm（2 开）定价：CNY0.18
　　年画形式的中国风光摄影作品。

J0113790
四川九寨沟寨旁小景　何世尧摄
北京 中国旅游出版社 1981 年［1 张］
76cm（2 开）定价：CNY0.18
　　年画形式的中国风光摄影作品。

J0113791
泰山　（汉英文对照 摄影画册）
北京 外文出版社 1981 年 100 页 20cm（32 开）

J0113792
新疆天池　茹遂初摄
北京 中国旅游出版社 1981 年［1 张］
76cm（2 开）定价：CNY0.18
　　年画形式的中国风光摄影作品。

J0113793
云南石林　鄂毅摄
北京 中国旅游出版社 1981 年［1 张］
76cm（2 开）定价：CNY0.18
　　年画形式的中国风光摄影作品。

J0113794
肇庆七星岩　陈东林摄
北京 中国旅游出版社 1981 年［1 张］
76cm（2 开）定价：CNY0.18
　　年画形式的中国风光摄影作品。作者陈东林（1947—　），安徽人。中国摄影家协会会员。主要摄影作品有《茶馆》《元宵节》《茶香迎远客》等。

J0113795
中国风光　（一～四）鄂毅等摄
北京 中国旅游出版社 1981 年 2 张 76cm（2 开）
定价：CNY0.26
　　年画形式的中国风光摄影作品。

J0113796
祖国风光　（摄影）邹健东等作

沈阳 辽宁美术出版社 1981 年 2 张 76cm（2 开）
定价：CNY0.26
　　年画形式的中国风光摄影作品。

J0113797
繁花似锦　刘志堂等摄影
西安 陕西人民美术出版社 1982 年 76cm（2 开）
定价：CNY0.18
　　中国风光艺术摄影图片集。

J0113798
古城北京展新颜　黄翔摄
北京 北京出版社 1982 年 76cm（2 开）
定价：CNY0.18
　　年画形式的中国风光摄影作品。

J0113799
故宫　故宫博物院编
北京 文物出版社 1982 年 15 张 9cm（128 开）
　　中国建筑艺术摄影图片集。

J0113800
黄河风光　水利部黄河水利委员会编
上海 上海人民美术出版社 1982 年［1 张］
54cm（4 开）定价：CNY11.00
　　本作品是中国现代风光摄影。

J0113801
黄山　郑昌嶷摄
北京 中国旅游出版社 1982 年 76cm（2 开）
定价：CNY0.18
　　年画形式的中国风光摄影作品。

J0113802
黄山　（摄影集）中国国际旅行社合肥分社，中国旅游出版社编
北京 中国旅游出版社 1982 年 115 页
25cm（15 开）统一书号：8179.102
定价：CNY20.00
　　中国风光摄影作品集。

J0113803
黄山石　王朝闻编著
上海 上海人民美术出版社 1982 年 74 页
22cm（32 开）统一书号：8081.12181

定价: CNY3.20

本书包括两部分内容: 第一部分是王朝闻写的《黄山观石文》; 第二部分为"黄山奇石", 收集了平原、宋子龙、张祖麟、陈谋荃等作者的摄影作品50余幅。作者王朝闻(1909—2004), 雕塑家、文艺理论家、美学家。生于四川合江。别名王昭文, 更名王朝闻, 笔名汶石、廖化、席斯珂。就读于成都艺专、杭州国立艺专。历任中央美术学院副教务长、中国美术家协会副主席、中国艺术研究院副院长等。代表作品《浮雕毛泽东像》《圆雕刘胡兰像》等。

J0113804

江南水乡 鲁小明摄影

南京 金陵书画社 1982年 76cm(2开)
定价: CNY0.18

中国风光艺术摄影图片集。

J0113805

九寨沟瀑布 何世尧摄影

成都 四川省新闻图片社[1982年]78cm(2开)
定价: CNY0.27

中国现代风光摄影作品。作者何世尧(1935—), 摄影家。生于浙江永康, 曾在人民画报社学习摄影, 后任人民画报社摄影记者。作品有《巍巍长城》《静海晨雾》等, 有风光摄影画册《黄龙》《春雨绵绵》。

J0113806

瑯琊九华风光 朱力摄影

合肥 安徽人民出版社 1982年 2张 76cm(2开)
定价: CNY0.32

年画形式的中国现代风光摄影作品。

J0113807

洛阳牡丹 梁祖宏, 孙北辰摄影; 王世端, 曹法舜编文

郑州 中州书画社 1982年 19cm(32开)
定价: CNY0.15

中国现代风光摄影作品。

J0113808

美丽的黄山 (刘群编文)朱云风等摄影

北京 人民美术出版社 1982年 2张 76cm(2开)
定价: CNY0.32

年画形式的中国现代风光摄影作品。作者朱云风(1933—), 高级记者。湖北监利人。新华社主任记者, 新华社黄山记者站站长。

J0113809

南坪秋色 杜泽泉摄影

北京 人民美术出版社 1982年[1张]
76cm(2开) 定价: CNY0.40

中国风光艺术摄影图片集。

J0113810

宁夏风光 宁夏画报编辑部编辑

银川 宁夏人民出版社 1982年 76cm(2开)
定价: CNY0.18

中国风光艺术摄影图片集。

J0113811

青岛海滨 张冠嵘摄

北京 中国旅游出版社 1982年 76cm(2开)
定价: CNY0.18

年画形式的中国现代风光摄影作品。

J0113812

青海风光 茹遂初等摄影

西宁 青海人民出版社 1982年 76cm(2开)
定价: CNY0.18

年画形式的中国现代风光摄影作品。

J0113813

曲阜 孔祥民, 姜伟摄影

济南 山东人民出版社 1982年 56页 19cm(32开)
统一书号: 8099.2443 定价: CNY2.80

本摄影集主要介绍孔庙、孔府和孔林的古代建筑艺术。作者姜伟(1932—), 摄影家。江苏涟水人。山东人民出版社从事摄影工作, 中国摄影家协会、中华全国新闻工作者协会会员。

J0113814

陕北风光 陈宝生摄影并配诗

西安 陕西人民美术出版社 1982年 2张
76cm(2开) 定价: CNY0.36

年画形式的中国现代风光摄影作品。

J0113815

世界风光 朱丁元, 郑昌嶷摄影

合肥 安徽人民出版社 1982 年 2 张 76cm（2 开）
定价：CNY0.32
　　年画形式的中国现代摄影作品，内容为世界
各国风光。

J0113816

世界风光　肖少元等摄影
北京 中国旅游出版社 1982 年 2 张 76cm（2 开）
定价：CNY0.36
　　年画形式的中国现代摄影作品，内容为世界
各国风光。

J0113817

首都风光　（颐和园）北京出版社编辑，出版
北京 北京出版社 1982 年 2 张 76cm（2 开）
定价：CNY0.36
　　年画形式的中国风光摄影作品。

J0113818

塔尔寺风光　张修身等摄
西安 青海人民出版社 1982 年 1 张 76cm（2 开）
定价：CNY0.18
　　年画形式的中国风光摄影作品。

J0113819

泰山中天门　刘英杰摄
北京 中国旅游出版社 1982 年 1 张 76cm（2 开）
定价：CNY0.18
　　年画形式的中国风光摄影作品。

J0113820

天女散花　胡建瑜摄影
南宁 广西人民出版社 1982 年 54cm（4 开）
定价：CNY0.10
　　中国风光摄影作品集。

J0113821

伟大祖国的首都北京　徐震时，肖顺权摄
昆明 云南人民出版社 1982 年 76cm（2 开）
定价：CNY0.16
　　中国风光艺术摄影图片集。

J0113822

西湖　（春·夏·秋·冬）张克庆，池一平摄影
杭州 浙江人民美术出版社 1982 年 2 张

76cm（2 开）定价：CNY0.32
　　中国现代风光摄影作品。

J0113823

西湖风光　徐中定等摄影
杭州 西泠印社 [1982 年] 2 张 76cm（2 开）
定价：CNY0.34
　　中国现代风光摄影作品。

J0113824

西岳华山　张涵毅等摄；杨力民编文
上海 上海人民美术出版社 1982 年 1 张
76cm（2 开）定价：CNY0.16
　　年画形式的中国现代风光摄影作品。

J0113825

颐和园　孙肃显等摄影；谭云森编文
北京 人民美术出版社 1982 年 2 张 76cm（2 开）
定价：CNY0.32
　　年画形式的中国现代风光摄影作品。

J0113826

雨后斜阳中的长城　严钟义摄影
北京 人民美术出版社 1982 年 [1 张]
76cm（2 开）定价：CNY0.40
　　中国风光艺术摄影图片集。

J0113827

云南风光　金宝源等摄影
上海 上海人民美术出版社 1982 年 76cm（2 开）
定价：CNY0.16
　　中国现代风光摄影作品。

J0113828

长白山天池　邹起程摄
北京 中国旅游出版社 1982 年 76cm（2 开）
定价：CNY0.18
　　年画形式的中国现代风光摄影作品。

J0113829

长城　鄂毅摄
北京 中国旅游出版社 1982 年 76cm（2 开）
定价：CNY0.18
　　年画形式的中国现代风光摄影作品。

J0113830
中国风光　白亮等摄影
北京 中国旅游出版社 1982 年 2 张 76cm（2 开）
定价: CNY0.32
　　年画形式的中国现代风光摄影作品。

J0113831
中国林海漫游　中华人民共和国林业部编
北京 北京出版社 1982 年 25×26cm
　　中国现代风光摄影作品。外文书名: Rambling Over the Sea of Forests in China.

J0113832
中南海　《中南海》画册编辑委员会供稿
北京 中国旅游出版社 1982 年 76cm（2 开）
定价: CNY0.18
　　中国现代风光摄影作品。

J0113833
中南海　《中南海》画册编辑委员会供稿
北京 中国旅游出版社 1982 年 2 张 76cm（2 开）
定价: CNY0.32
　　中国现代风光摄影作品。

J0113834
中南海风光　《中南海画册》编委会供稿
北京 北京出版社 1982 年 2 张 76cm（2 开）
定价: CNY0.36
　　中国现代风光摄影作品。

J0113835
紫金山
南京 江苏人民出版社 1982 年 76cm（2 开）
定价: CNY0.18
　　中国现代风光摄影作品。

J0113836
八达岭长城　朱嵩林, 王文波摄影
北京 中国旅游出版社 1983 年 [1 张]
76cm（2 开）定价: CNY0.30
　　中国现代风光摄影作品。

J0113837
巴音布鲁克风光　何世尧摄影
乌鲁木齐 新疆人民出版社 1983 年 [1 张]

76cm（2 开）定价: CNY0.30
　　中国现代风光摄影作品。

J0113838
北戴河　白亮摄影
北京 中国旅游出版社 1983 年 [1 张]
76cm（2 开）定价: CNY0.28
　　中国现代风光摄影作品。

J0113839
北海柳莺　牛嵩林摄影
天津 天津杨柳青社 1983 年 [1 张]
76cm（2 开）定价: CNY0.18
　　中国现代风光摄影作品。

J0113840
北京香山　于天为摄影
北京 中国旅游出版社 1983 年 [1 张]
76cm（2 开）定价: CNY0.28
　　中国现代风光摄影作品。

J0113841
北京颐和园　牛嵩林摄影
北京 中国旅游出版社 1983 年 [1 张]
76cm（2 开）定价: CNY0.30
　　中国现代风光摄影作品。

J0113842
北京园林　（1—4）牛嵩林摄
北京 中国旅游出版社 1983 年 2 张 76cm（2 开）
定价: CNY0.36
　　年画形式的中国现代风光摄影作品。

J0113843
承德普乐寺　陈克寅摄影
北京 中国旅游出版社 1983 年 [1 张]
76cm（2 开）定价: CNY0.28
　　中国现代风光摄影作品。

J0113844
承德普宁寺　陈克寅摄影
北京 中国旅游出版社 1983 年 [1 张]
76cm（2 开）定价: CNY0.20
　　中国现代风光摄影作品。

J0113845

承德普陀宗乘之庙　陈克寅摄影
北京　中国旅游出版社　1983年［1张］
78cm（2开）定价：CNY0.20
　　中国现代风光摄影作品。

J0113846

承德山庄秋色　陈克寅摄影
北京　中国旅游出版社　1983年［1张］
78cm（2开）定价：CNY0.20
　　中国现代风光摄影作品。

J0113847

承德烟雨楼　白亮摄影
北京　中国旅游出版社　1983年［1张］
76cm（2开）定价：CNY0.30
　　中国现代风光摄影作品。

J0113848

春城　（昆明）张刘摄影
昆明　云南人民出版社　1983年［1张］
76cm（2开）定价：CNY0.18
　　中国现代风光摄影作品。

J0113849

春色怡人　（苏州怡园）以恭，亚生摄
南京　江苏人民出版社　1983年　76cm（2开）
定价：CNY0.18
　　年画形式的中国现代风光摄影作品。

J0113850

都江堰　刘士木作
成都　四川人民出版社　1983年
76cm（2开）定价：CNY0.16
　　中国现代风光摄影作品。

J0113851

古丝绸道　窦实摄影
北京　人民美术出版社　1983年［1张］
76cm（2开）定价：CNY0.40
　　中国现代风光摄影作品。

J0113852

花港观鱼　张克庆摄影
杭州　浙江人民美术出版社　1983年［1张］

76cm（2开）定价：CNY0.16
　　中国现代风光摄影作品。

J0113853

黄果树瀑布群　（岩溶风光）贵州科学院编；汪朝阳撰文；金德明摄影
贵阳　贵州人民出版社　1983年　27cm（12开）
精装　统一书号：8115.913　定价：CNY25.00
　　本画册选收有黄果树瀑布群和溶洞奇观照片120幅。第一：瀑布群包括螺丝滩瀑布、滴水滩瀑布、滑石岩瀑布、蜘蛛洞瀑布、帘带瀑布、天河源瀑布、毛竹林瀑布等；第二：溶洞包括龙宫、者斗洞、观音洞、蘑菇洞、新寨仙人洞、犀牛洞等；第三：奇峰异石包括石头寨溶柱、云山石林、南天一柱、石牙山等。

J0113854

黄山　（汪芜生影集）汪芜生摄影
北京　人民美术出版社　1983年　50幅　19cm（32开）
统一书号：8027.8259　定价：CNY2.50
　　本影集收录黄山摄影作品50幅。

J0113855

黄山　（汉英文对照）孙永学编
北京　外文出版社　1983年　116页　24cm（26开）
ISBN：0-8351-1013-3　定价：CNY6.60
　　本书系风光摄影集，收录黄山摄影作品100余幅。

J0113856

黄山秀色　陈谋荃，袁廉民摄影
合肥　安徽人民出版社　1983年［1张］
76cm（2开）定价：CNY0.18
　　中国现代风光摄影作品。

J0113857

黄山雪霁　何世尧摄影
北京　人民美术出版社　1983年［1张］
76cm（2开）定价：CNY0.40
　　中国现代风光摄影作品。

J0113858

九寨沟飞瀑　何世尧摄影
北京　人民美术出版社　1983年［1张］
76cm（2开）定价：CNY0.40

中国现代风光摄影作品。

J0113859

昆明大观楼　董岩青摄影

天津　天津人民美术出版社 1983 年［1 张］

76cm（2 开）定价：CNY0.18

　　中国现代风光摄影作品。作者董岩青（1925— ），山东蓬莱人。笔名冬山，别名董宝珊。中国摄影家协会会员，天津摄影家协会理事、顾问。作品有《我为祖国献石油》《早班车》《古街新雪》等。

J0113860

昆明风光　李承墉，张刘摄影

昆明　云南人民出版社 1983 年［1 张］

76cm（2 开）定价：CNY0.16

　　中国现代风光摄影作品。

J0113861

昆明烟波　牛嵩林摄影

天津　天津杨柳青画社 1983 年［1 张］

76cm（2 开）定价：CNY0.18

　　中国现代风光摄影作品。作者牛嵩林（1925— ），记者、摄影师。大连庄河市人。历任解放军报社高级记者，中国旅游出版社编辑室主任，中国摄影家协会会员，中国老摄影家协会理事。20 世纪 50 年代至 70 年代，曾担任中央国事采访工作，作品有《伟人的瞬间画册》《周恩来总理纪念册》《民兵画册》《领袖风采》《共和国十大将》等画册。

J0113862

漓江叠彩山　高胜康摄影

北京　人民美术出版社 1983 年［1 张］

76cm（2 开）定价：CNY0.40

　　本作品是风光摄影，表现了作者对漓江叠彩山美好的感受。

J0113863

漓江渔歌　张涵毅摄影

上海　上海人民美术出版社 1983 年［1 张］

38cm（6 开）定价：CNY0.16

　　风光摄影作品，表现了作者对漓江沿岸人民辛勤劳动和美好生活的感受。

J0113864

芦笛岩　（汉英文对照）桂林市芦笛公园编；曾耀庭摄影

上海　上海人民美术出版社［1983 年］12 张

11×17cm

　　中国现代风光摄影作品。明信片。

J0113865

路南石林　唐世龙，张晓源摄影

昆明　云南人民出版社 1983 年［1 张］

76cm（2 开）定价：CNY0.18

　　中国现代风光摄影作品，表现了作者对云南石林的美好感受。

J0113866

绿簇山庄　牛嵩林摄影

天津　天津杨柳青画社 1983 年［1 张］

76cm（2 开）定价：CNY0.18

　　中国现代风光摄影作品。

J0113867

莫愁湖　朱葵撰文；摄影组摄影

南京　江苏人民出版社 1983 年［1 张］

76cm（2 开）定价：CNY0.18

　　中国现代风光摄影作品。

J0113868

山庄荷香　牛嵩林摄影

天津　天津杨柳青画社 1983 年［1 张］

76cm（2 开）定价：CNY0.18

　　中国现代风光摄影作品。

J0113869

山庄清漪　牛嵩林摄影

天津　天津杨柳青画社 1983 年［1 张］

76cm（2 开）定价：CNY0.18

　　中国现代风光摄影作品。

J0113870

首都风光　（北海晨曦）周毅摄影

北京　北京出版社 1983 年［1 张］76cm（2 开）

定价：CNY0.18

　　中国现代风光摄影作品。

J0113871

首都风光 （古都新姿）鄂毅摄影

北京 北京出版社 1983 年［1 张］76cm（2 开）

定价: CNY0.18

　　中国现代风光摄影作品。

J0113872

首都风光 （十七孔桥夕照）何世尧摄影

北京 北京出版社 1983 年［1 张］76cm（2 开）

定价: CNY0.18

　　中国现代风光摄影作品。

J0113873

首都风光 （天安门西望）王文波摄影

北京 北京出版社 1983 年［1 张］76cm（2 开）

定价: CNY0.18

　　中国现代风光摄影作品。

J0113874

首都风光 牛嵩林摄

天津 天津杨柳青画店 1983 年 2 张 76cm（2 开）

定价: CNY0.36

　　年画形式的中国现代风光摄影作品。

J0113875

四川风光 鄂毅等摄影

成都 四川人民出版社 1983 年［1 张］

76cm（2 开）定价: CNY0.16

　　中国现代风光摄影作品。

J0113876

天山天池 茹逐初摄影

北京 人民美术出版社 1983 年［1 张］

76cm（2 开）定价: CNY0.40

　　中国现代风光摄影作品。

J0113877

吐鲁番苏公塔 窦谦作摄影

乌鲁木齐 新疆人民出版社 1983 年［1 张］

53cm（4 开）定价: CNY0.30

　　中国现代风光摄影作品。

J0113878

五台山台怀镇 张嘉齐摄影

北京 中国旅游出版社 1983 年［1 张］

76cm（2 开）定价: CNY0.28

　　中国现代风光摄影作品。

J0113879

武夷云海 徐斌摄影

上海 上海人民美术出版社 1983 年［1 张］

38cm（6 开）定价: CNY0.16

　　中国现代风光摄影作品。

J0113880

西湖秋色 张颖摄影

上海 上海人民美术出版社 1983 年［1 张］

38cm（6 开）定价: CNY0.16

　　中国现代风光摄影作品。

J0113881

玄武湖 朱葵撰文；摄影组摄影

南京 江苏人民出版社 1983 年［1 张］

76cm（2 开）定价: CNY0.18

　　中国现代风光摄影作品。

J0113882

云南苍山 沈延太摄影

北京 人民美术出版社 1983 年［1 张］

76cm（2 开）定价: CNY0.40

　　中国现代风光摄影作品。

J0113883

云南洱海 王钟虎摄影

北京 人民美术出版社 1983 年［1 张］

76cm（2 开）定价: CNY0.40

　　中国现代风光摄影作品。

J0113884

云南石林 董岩青摄影

天津 天津人民美术出版社 1983 年［1 张］

76cm（2 开）定价: CNY0.18

　　中国现代风光摄影作品。作者董岩青

（1925— ），山东蓬莱人。笔名冬山，别名董宝

珊。中国摄影家协会会员，天津摄影家协会理事、

顾问。作品有《我为祖国献石油》《早班车》《古

街新雪》等。

J0113885

长城秋景 牛嵩林摄影

北京 中国旅游出版社 1983 年［1 张］
76cm（2 开）定价：CNY0.30
　　中国现代风光摄影作品。

J0113886
中秋之夜　沈延太摄影
北京 人民美术出版社 1983 年［1 张］
76cm（2 开）定价：CNY0.40
　　中国现代风光摄影作品。

J0113887
中岳嵩山　孙肃显摄
北京 人民美术出版社 1983 年 2 张 76cm（2 开）
定价：CNY0.32
　　年画形式的中国风光摄影作品。

J0113888
1985（中国风光）　浙江人民美术出版社编
杭州 浙江人民美术出版社 1984 年 54cm（4 开）
定价：CNY3.40
　　中国现代风光摄影作品。

J0113889
1985（中国风光）
北京 中国旅游出版社［1984 年］54cm（4 开）
　　中国现代风光摄影作品。

J0113890
1985（中国风光挂历）
石家庄 河北美术出版社 1984 年 54cm（4 开）
定价：CNY3.00
　　中国现代风光摄影作品。

J0113891
1985（中国风光挂历）
南京 江苏美术出版社 1984 年 74cm（2 开）
定价：CNY3.50
　　中国现代风光摄影作品。

J0113892
1985 年月历　（世界风光）谭增烈等摄
北京 人民美术出版社 1984 年 54×76cm
定价：CNY3.30
　　中国现代摄影作品，内容为世界各国风光。

J0113893
阿尼玛卿山　詹国光摄影
西宁 青海人民出版社 1984 年［1 张］
76cm（2 开）定价：CNY0.25
　　年画形式的中国现代风光摄影作品。

J0113894
北海　翁一摄影
天津 天津人民美术出版社 1984 年 76cm（2 开）
定价：CNY0.18
　　年画形式的中国现代风光摄影作品。

J0113895
北海公园　北海公园管理处编辑；陈渊摄影
北京 印刷工业出版社 1984 年 10 张 15cm（64 开）
定价：CNY0.60
　　中国现代风光摄影作品。

J0113896
北海荷涛　牛嵩林摄影
天津 天津杨柳青画社 1984 年 76cm（2 开）
胶版纸 定价：CNY0.18
　　年画形式的中国现代风光摄影作品。

J0113897
北海植物园（北京）　梅林摄影
北京 中国戏剧出版社 1984 年 76cm（2 开）
定价：CNY0.16
　　年画形式的中国现代风光摄影作品。

J0113898
北京风景　（一～四）杨茵等摄影
北京 中国旅游出版社 1984 年 2 张 76cm（2 开）
定价：CNY0.36
　　年画形式的中国现代风光摄影作品。

J0113899
北京潭柘寺　张韫磊摄影
济南 山东美术出版社 1984 年 76cm（2 开）
定价：CNY0.16
　　年画形式的中国现代风光摄影作品。作者
张韫磊（1926—　），记者。山东莱州人。人民画
报社高级记者，中国老摄影家协会理事。出版专
著有《怎样拍夜景》《神州风光》(画册)等。

J0113900
北京天安门　刘英杰摄影
北京 中国旅游出版社 1984 年［1 张］
76cm（2 开）定价：CNY0.28
　　年画形式的中国现代风光摄影作品。

J0113901
沧海劲松　吕同举摄影
上海 上海人民美术出版社 1984 年 54cm（4 开）
统一书号：8081.13901 定价：CNY0.20
　　年画形式的中国现代风光摄影作品。

J0113902
沧海劲松　吕同举摄影
上海 上海人民美术出版社 1984 年 76cm（2 开）
统一书号：8081.13691 定价：CNY0.40
　　年画形式的中国现代风光摄影作品。

J0113903
茶卡盐湖　詹国光摄影
西宁 青海人民出版社 1984 年 76cm（2 开）
定价：CNY0.25
　　中国现代风光摄影作品。

J0113904
春光明媚　牛嵩林摄影
天津 天津杨柳青画社 1984 年 76cm（2 开）
定价：CNY0.40（铜版纸），CNY0.18（胶版纸）
　　年画形式的中国风光摄影作品。

J0113905
春满小瀛洲　张克庆摄影
杭州 浙江人民美术出版社 1984 年 76cm（2 开）
定价：CNY0.16
　　年画形式的中国风光摄影作品。

J0113906
春满小瀛洲　张克庆摄
杭州 浙江人民美术出版社 1985 年 1 张
76cm（2 开）定价：CNY0.45
　　中国现代风光摄影作品。

J0113907
春夏秋冬　尹福康等摄影
上海 上海人民美术出版社 1984 年 2 张

76cm（2 开）定价：CNY0.32
　　年画形式的中国现代风光摄影作品。

J0113908
滇池锦绣　牛嵩林摄影
天津 天津杨柳青画社 1984 年 76cm（2 开）
定价：CNY0.40（铜版纸），CNY0.18（胶版纸）
　　年画形式的中国现代风光摄影作品。作者
牛嵩林（1925—　），记者、摄影师。大连庄河市
人。历任解放军报社高级记者，中国旅游出版社
编辑室主任，中国摄影家协会会员，中国老摄影
家协会理事。20 世纪 50 年代至 70 年代，曾担任
中央国事采访工作，作品有《伟人的瞬间画册》
《周恩来总理纪念册》《民兵画册》《领袖风采》
《共和国十大将》等画册。

J0113909
峨眉天下秀　肖顺权等摄影
北京 人民美术出版社 1984 年 2 张 76cm（2 开）
定价：CNY0.32
　　中国现代风光摄影作品。

J0113910
芳草如茵　詹国光摄影
西宁 青海人民出版社 1984 年 76cm（2 开）
定价：CNY0.25
　　年画形式的中国现代风光摄影作品。

J0113911
故宫　翁一摄影
天津 天津人民美术出版社 1984 年 76cm（2 开）
定价：CNY0.18
　　中国现代风光摄影作品。

J0113912
故宫御花园　钟离果摄影；蜀人编文
北京 人民美术出版社 1984 年 2 张 76cm（2 开）
定价：CNY0.32
　　本作品是中国现代摄影年画。

J0113913
海滨风光　吕同举摄影
上海 上海人民美术出版社 1984 年 54cm（4 开）
定价：CNY0.08
　　年画形式的中国风光摄影作品。

J0113914

海滨风光　吕同举摄影
上海　上海人民美术出版社　1984 年　76cm（2 开）
定价：CNY0.16
　　年画形式的中国风光摄影作品。

J0113915

荷花映日柳色新　牛嵩林摄影
福州　福建人民出版社　1984 年　76cm（2 开）
定价：CNY0.25
　　年画形式的中国现代风光摄影作品。

J0113916

华清池　白亮摄影
天津　天津人民美术出版社　1984 年　76cm（2 开）
定价：CNY0.18
　　年画形式的中国现代风光摄影作品。

J0113917

华山风光　李森，孙肃显摄影
北京　人民美术出版社　1984 年　2 张　76cm（2 开）
定价：CNY0.32
　　年画形式的中国现代风光摄影作品。

J0113918

黄山晨雾　牛嵩林摄影
天津　天津杨柳青画社　1984 年　76cm（2 开）
定价：CNY0.40（铜版纸），CNY0.18（胶版纸）
　　中国现代风光摄影作品。

J0113919

黄山天下奇　庄明景作
台北　大拇指出版社　1984 年　126 页　有图
29cm（15 开）精装
　　中国现代风光摄影作品。外文书名：The
Mount of Great Wonder – Huangshan.

J0113920

黄山——西海景色　张宝安摄影
上海　上海人民美术出版社　1984 年　54cm（4 开）
定价：CNY0.08
　　中国现代风光摄影作品。作者张宝安，摄
影家。华东师范大学教授，上海市摄影家协会副
主席。

J0113921

锦绣河山　（一～四）黄禄奎等摄影
杭州　浙江人民美术出版社　1984 年　2 张
76cm（2 开）定价：CNY0.32
　　中国现代风光摄影作品。

J0113922

烈士公园　陈兵等摄影
长沙　湖南美术出版社［1984 年］38cm（6 开）
定价：CNY0.15
　　中国现代风光摄影作品。

J0113923

灵隐清溪　刘震摄影
天津　天津杨柳青画社　1984 年　76cm（2 开）
定价：CNY0.40（铜版纸），CNY0.18（胶版纸）
　　中国现代风光摄影作品。

J0113924

庐山五老峰　何信泉摄影
长沙　湖南美术出版社　1984 年　54cm（4 开）
定价：CNY0.20
　　中国现代风光摄影作品。

J0113925

马陵道　水登编文；东长，张英军摄影
南昌　江西人民出版社［1984 年］2 张
76cm（2 开）定价：CNY0.36
　　中国现代风光摄影作品。作者张英军，摄影
有年画《相思奈何天》等。

J0113926

祁连山　詹国光摄影
西宁　青海人民出版社　1984 年　76cm（2 开）
定价：CNY0.25
　　中国现代风光摄影作品。

J0113927

青海湖　詹国光摄影
西宁　青海人民出版社　1984 年　76cm（2 开）
定价：CNY0.25
　　中国现代风光摄影作品。

J0113928

秋湖丽影　牛嵩林摄影

天津 天津杨柳青画社 1984 年 76cm（2 开）
定价：CNY0.40
　　中国现代风光摄影作品。

J0113929
曲院秋色　钱豫强摄影
杭州 浙江人民美术出版社 1984 年 76cm（2 开）
定价：CNY0.16
　　年画形式的中国风光摄影作品。作者钱豫
强（1944—　），浙江嘉善人，历任浙江美术出版
社副编审，浙江赛丽美术馆执行馆长。

J0113930
山东青岛　牛嵩林摄影
北京 中国旅游出版社 1984 年 76cm（2 开）
定价：CNY0.30
　　中国现代风光摄影作品。

J0113931
深圳特区新貌　曹桂江, 黄风摄影
广州 岭南美术出版社 1984 年 1 张 76cm（2 开）
定价：CNY0.50
　　年画形式的中国风光摄影作品。

J0113932
世界胜景　李高, 郑振孙摄影
合肥 安徽人民出版社 1984 年 2 张 76cm（2 开）
定价：CNY0.32

J0113933
首都风光　北京美术摄影出版社编
北京 北京美术摄影出版社 1984 年 1 张
76cm（2 开）定价：CNY0.18
　　年画形式的中国风光摄影作品。

J0113934
首都风光　北京美术摄影出版社编
北京 北京美术摄影出版社 1986 年 2 张
76cm（2 开）定价：CNY0.36
　　中国现代摄影作品，内容为首都风光。

J0113935
首都风光——北海　北京美术摄影出版社编
北京 北京美术摄影出版社 1984 年 1 张
76cm（2 开）定价：CNY0.18

年画形式的中国风光摄影作品。

J0113936
首都风光——北海公园　牛嵩林摄影
郑州 河南人民出版社 1984 年 1 张 76cm（2 开）
定价：CNY0.36
　　中国现代风光摄影作品。

J0113937
首都风光——景山公园牡丹亭　牛嵩林摄影
郑州 河南人民出版社 1984 年 1 张 76cm（2 开）
定价：CNY0.36
　　中国现代风光摄影作品。

J0113938
首都风光——天安门广场　牛嵩林摄影
郑州 河南人民出版社 1984 年 1 张 76cm（2 开）
定价：CNY0.36
　　中国现代风光摄影作品。

J0113939
首都风光——颐和园　北京美术摄影出版社编
北京 北京美术摄影出版社 1984 年 1 张
76cm（2 开）定价：CNY0.36
　　年画形式的中国风光摄影作品。

J0113940
首都风光——颐和园昆明湖　牛嵩林摄影
郑州 河南人民出版社 1984 年 1 张 76cm（2 开）
定价：CNY0.36
　　中国现代风光摄影作品。

J0113941
水上公园　陈春轩摄影
福州 福建人民出版社 1984 年 ［23×15cm］
定价：CNY0.25
　　中国现代风光摄影作品。

J0113942
四川黄龙寺　胡宝玉摄影
北京 中国旅游出版社 1984 年 1 张 76cm（2 开）
定价：CNY0.28
　　中国现代风光摄影作品。

J0113943

塔尔寺　青海民族出版社编辑；詹国光摄影

西宁 青海民族出版社 1984 年 136 页

25cm（16 开）精装 定价：CNY25.00

　　本摄影集反映中国著名的藏传佛教六大寺院之一塔尔寺，根据建筑布局介绍如意八塔、时轮塔、文殊菩萨殿、小金瓦殿、大经堂等，收入 180 余幅彩色照片。汉、英、藏文版。

J0113944

泰山风光　孙肃显摄影

北京 人民美术出版社 1984 年 2 张 76cm（2 开）

定价：CNY0.32

　　年画形式的中国风光摄影作品。

J0113945

天安门广场　牛嵩林摄影

天津 天津杨柳青画社 1984 年 1 张 76cm（2 开）

定价：CNY0.18

　　中国现代风光摄影作品。

J0113946

五台山　（1 汉英文对照）山西省旅游供应公司编

北京 北京旅游出版社［1984 年］10 张

15cm（64 开）

　　中国现代风光摄影作品。

J0113947

五台山　（2 汉英文对照）山西省旅游供应公司编

北京 北京旅游出版社［1984 年］10 张

15cm（64 开）

　　中国现代风光摄影作品。

J0113948

五台山　顾棣等摄影；蜀人编文

北京 人民美术出版社 1984 年 2 张 76cm（2 开）

定价：CNY0.32

　　中国现代风光摄影作品。

J0113949

西安华清池　陈东林摄

北京 中国旅游出版社 1984 年 1 张 76cm（2 开）

定价：CNY0.28

　　中国现代风光摄影作品。

J0113950

西湖　浙江人民美术出版社编辑

杭州 浙江人民美术出版社 1984 年 19cm（32 开）

　　本书系中国现代风光摄影作品，收有图片 106 张，全书首先展现春夏秋冬四季不同景色的照片；然后介绍三潭印月、吴山、六和塔、龙井、九溪等十大景观等照片。

J0113951

西湖　（春·夏·秋·冬）张克庆，邢冬文摄影

杭州 浙江人民美术出版社 1984 年 2 张

76cm（2 开）

　　本书收入摄影作品106件。全书以西湖的春、夏、秋、冬四季不同景色的画面为开篇，继而介绍白堤、苏堤、灵隐、湖滨、吴山、三潭印月、花港观鱼、龙井、九溪、六和塔 10 大景区的各个景观，并强调了各景区的不同特色和审美情趣。所收作品，无论是选材取景还是构图用色都注意到完美和丰富，较真实地反映了西湖风光的四季更迭、晴雨之变和各个景观的特殊气氛和情调，具有较高的欣赏价值。作者张克庆（1946—　），摄影编辑。重庆人。历任当代文学艺术研究院院士，香港现代摄影学会会员，中国职业摄影撰稿人，中国华侨摄影学会会员，浙江人民出版社美术编辑室，浙江人民美术出版社摄影年画编辑室。出版有《杭州西湖》摄影画册。

J0113952

西湖　（中国摄影画册）浙江人民美术出版社编

杭州 浙江人民美术出版社 1984 年 123 页

19cm（32 开）统一书号：8756.720

定价：CNY24.00

　　本书收辑以西湖风光和文化古迹为主要内容的艺术摄影作品 106 件，从不同的审美角度和取录方式，展现了西湖自然风光的诗情画意和文化古迹的丰富多彩。

J0113953

西湖夏荷　张克庆摄影

杭州 浙江人民美术出版社 1984 年 1 张

76cm（2 开）定价：CNY0.16

　　中国现代风光摄影作品。

J0113954

西湖小瀛洲　任鲸，中定摄影

杭州 西泠印社 1984 年 1 张 76cm（2 开）
定价：CNY0.40
　　中国现代风光摄影作品。

J0113955
西子瑞雪　天鹰，郑伟摄影
杭州 浙江人民美术出版社 1984 年 1 张
76cm（2 开）定价：CNY0.16
　　中国现代风光摄影作品。

J0113956
星湖之夏　曹桂江摄影
广州 岭南美术出版社 1984 年 1 张 76cm（2 开）
定价：CNY0.45
　　中国现代风光摄影作品。

J0113957
银装素裹　池一平摄影
杭州 浙江人民美术出版社 1984 年［1 页］
76cm（2 开）定价：CNY0.16
　　年画形式的中国现代风光摄影作品。

J0113958
云南玉龙雪山　王钟虎摄影
北京 中国旅游出版社 1984 年 76cm（2 开）
定价：CNY0.28
　　中国现代风光摄影作品。

J0113959
长城　白亮摄影
天津 天津人民美术出版社 1984 年 76cm（2 开）
定价：CNY0.18
　　年画形式的中国风光摄影作品。

J0113960
长江乐园　老永煊摄影
广州 岭南美术出版社 1984 年 76cm（2 开）
定价：CNY0.45
　　中国现代风光摄影作品。

J0113961
中南海风光　《中南海画册》编委会供稿
北京 北京美术摄影出版社 1984 年 76cm（2 开）
定价：CNY0.36
　　中国现代风光摄影作品。

J0113962
珠海风采——特区珠海市珠海宾馆　张洛摄影
广州 岭南美术出版社 1984 年 76cm（2 开）
定价：CNY0.45
　　中国现代风光摄影作品。

J0113963
祖国风光　孟照瑞等摄影
济南 山东美术出版社 1984 年 76cm（2 开）
定价：CNY0.32
　　年画形式的中国风光摄影作品。

J0113964
祖国风光　（一 二）董岩青等摄影
天津 天津人民美术出版社 1984 年 2 张
76cm（2 开）定价：CNY0.36
　　中国现代风光摄影作品。

J0113965
八达岭长城　牛嵩林摄
重庆 重庆出版社 1985 年 1 张 76cm（2 开）
定价：CNY0.40
　　中国现代风光摄影作品。

J0113966
宝石雪霁　张克庆摄
杭州 浙江人民美术出版社 1985 年 1 张
76cm（2 开）定价：CNY0.45
　　中国现代风光摄影作品。

J0113967
北海公园　蜀人编文；司马诸人摄影
北京 人民美术出版社 1985 年 2 张 76cm（2 开）
定价：CNY0.42
　　中国现代风光摄影作品。

J0113968
北海盛夏　牛嵩林摄
石家庄 河北美术出版社 1985 年 1 张
76cm（2 开）定价：CNY0.48
　　中国现代风光摄影作品。

J0113969
北海远眺　牛嵩林摄
石家庄 河北美术出版社 1985 年 1 张

76cm（2开）定价：CNY0.48
中国现代风光摄影作品。

J0113970

北京揽桂亭之春　牛嵩林摄
石家庄 河北美术出版社 1985年 1张
76cm（2开）定价：CNY0.48
中国现代风光摄影作品。

J0113971

北京天坛　刘春根摄
北京 中国文联出版公司 1985年 1张
76cm（2开）定价：CNY0.50
中国现代风光摄影作品。

J0113972

北京颐和园　刘春根摄
北京 中国文联出版公司 1985年 1张
76cm（2开）定价：CNY0.50
中国现代风光摄影作品。

J0113973

边塞古今　李月润著；刘志斌等摄影
北京 长城出版社 1985年 185页 26cm（16开）
精装 定价：CNY21.00
本画册用简洁的文字，勾勒出从古到今，纵横议论的戍边图景，将数千年来涉密而雄壮、艰险而又光荣的戍边事业展现在读者面前。

J0113974

大观楼风光：楼外楼　王滇云摄
昆明 云南人民出版社 1985年 1张 76cm（2开）
定价：CNY0.48
中国现代风光摄影作品。

J0113975

丁香花　贾鸿勋摄
北京 人民美术出版社 1985年 1张 76cm（2开）
定价：CNY0.26

J0113976

发展中的深圳特区　钟新和摄
广州 岭南美术出版社 1985年 1张 76cm（2开）
定价：CNY0.38
中国现代风光摄影作品。

J0113977

风光如画的长江下游　顾东升等摄
南京 江苏美术出版社 1985年 4张 76cm（2开）
定价：CNY1.00
中国现代风光摄影作品。

J0113978

峰奇色秀春意暖　陈兵摄
长沙 湖南美术出版社 1985年 1张 76cm（2开）
定价：CNY0.20
中国现代风光摄影作品。

J0113979

港台风光　沈平，统一摄
杭州 浙江人民美术出版社 1985年 1张
76cm（2开）定价：CNY0.18
中国现代风光摄影作品。

J0113980

杭州西湖畔　牛嵩林摄
石家庄 河北美术出版社 1985年 1张
76cm（2开）定价：CNY0.48
中国现代风光摄影作品。作者牛嵩林（1925— ），记者、摄影师。大连庄河市人。历任解放军报社高级记者，中国旅游出版社编辑室主任，中国摄影家协会会员，中国老摄影家协会理事。20世纪50年代至70年代，曾担任中央国事采访工作，作品有《伟人的瞬间画册》《周恩来总理纪念册》《民兵画册》《领袖风采》《共和国十大将》等画册。

J0113981

虎踞险峰揽风云　（华山西峰杨公 虎城塔）黄牛摄
西安 陕西人民出版社 1985年 1张 76cm（2开）
定价：CNY0.50
中国现代风光摄影作品。

J0113982

花港春色　谭铁民摄
西安 陕西人民美术出版社 1985年 1张
76cm（2开）定价：CNY0.50
中国现代风光摄影作品。作者谭铁民（1932—1983），摄影家。原名谭铮，曾用笔名谭晓、集英。生于山东潍坊市。主要摄影作品有《把

电输往农村》《锦绣坡田》《盖叫天》《织网舞》
《钱江潮》等。

J0113983
黄山奇观 （中英文对照）袁廉民摄
北京 人民美术出版社 1985 年 21cm（32 开）
统一书号：8027.9172 定价：CNY29.50
　　本摄影册分为玉屏楼、北海、西海三大部
分，通过 112 幅照片，表现了黄山一年四季的不
同景色。作者袁廉民（1932—　　），国家一级摄影
师。浙江慈溪人。历任中国摄影家协会理事，中
国老摄影家协会理事、安徽摄影家协会名誉主
席、英国皇家摄影学会会士、世界华人摄影学会
会员。代表作品有《蒸蒸日上》《松魂》等。

J0113984
黄山胜境　牛嵩林摄影
重庆 重庆出版社 1985 年 1 张 76cm（2 开）
定价：CNY0.40
　　　　中国现代风光摄影作品。

J0113985
黄山天下奇　郑昌嵘，陈谋荃摄影
合肥 安徽美术出版社 1985 年 78 页 20cm（32 开）
统一书号：8381.3 定价：CNY2.00
　　这本摄影集收入黄山风景照片 88 幅。着重
介绍黄山的奇松、坚石和云海。

J0113986
黄山云海　牛嵩林摄
郑州 河南美术出版社 1985 年 1 张 76cm（2 开）
定价：CNY0.50
　　　　中国现代风光摄影作品。

J0113987
黄山云雾　牛嵩林摄
石家庄 河北美术出版社 1985 年 1 张
76cm（2 开）定价：CNY0.48
　　　　中国现代风光摄影作品。

J0113988
鸡公山风光　张新政摄
郑州 河南美术出版社 1985 年 1 张 78cm（3 开）
定价：CNY0.50
　　　　中国现代风光摄影作品。

J0113989
金山初夏　鄂毅摄
天津 天津人民美术出版社 1985 年 1 张
76cm（2 开）定价：CNY0.20
　　　　中国现代风光摄影作品。

J0113990
锦绣河山　天鹰等摄
杭州 浙江人民美术出版社 1985 年 1 张
76cm（2 开）定价：CNY0.38
　　　　中国现代风光摄影作品。

J0113991
锦绣中华　（二）华瑜文；肖顺权等摄
北京 人民美术出版社 1985 年 2 张 76cm（2 开）
定价：CNY0.48
　　　　中国现代风光摄影作品。

J0113992
锦绣中华　（三）肖顺权，徐震时摄
北京 人民美术出版社 1985 年 2 张 76cm（2 开）
定价：CNY0.52
　　　　中国现代风光摄影作品。

J0113993
锦绣中华　（四）王仲文；肖顺权，徐震时摄
北京 人民美术出版社 1985 年 2 张 76cm（2 开）
定价：CNY0.52
　　　　中国现代风光摄影作品。

J0113994
漓江春雨　王志成摄
天津 天津人民美术出版社 1985 年 1 张
76cm（2 开）定价：CNY0.20
　　　　中国现代风光摄影作品。

J0113995
良辰　池一平，郭阿根摄
杭州 浙江人民美术出版社 1985 年 1 张
76cm（2 开）定价：CNY0.18
　　　　中国现代风景摄影。

J0113996
满园春光　牛嵩林摄
石家庄 河北美术出版社 1985 年 1 张

76cm（2 开）定价：CNY0.48
　　中国现代风景摄影作品。

J0113997

盘山秋色　　董岩青摄
天津　天津人民美术出版社 1985 年 1 张
76cm（2 开）定价：CNY0.20
　　中国现代风光摄影作品。

J0113998

厦门菽庄花园　　牛嵩林摄
石家庄　河北美术出版社 1985 年 1 张
76cm（2 开）定价：CNY0.48
　　中国现代风光摄影作品。

J0113999

世界风光
杭州　浙江人民美术出版社 1985 年 2 张
76cm（2 开）定价：CNY0.38
　　中国现代摄影作品，内容为世界各国风光。

J0114000

嵩山风光　　孙肃显摄
郑州　河南美术出版社 1985 年 1 张 76cm（2 开）
定价：CNY0.50
　　中国现代风光摄影作品。

J0114001

五台胜境　　马名俊摄影
太原　山西人民出版社 1985 年 1 张 53cm（4 开）
定价：CNY0.25
　　中国现代风光摄影。

J0114002

武昌黄鹤楼　　彭年生摄
武汉　湖北美术出版社 1985 年 1 张（卷轴）
76cm（2 开）定价：CNY1.20
　　中国现代风光摄影作品。作者彭年生
（1955—　），美术摄影编辑。生于湖北武汉市，
毕业于武汉大学新闻系艺术摄影专业。历任长
江文艺出版社副社长，湖北美术出版社副社长，
中国摄影家协会会员等职。出版有《思想者——
彭年生摄影作品集》《性格肖像——彭年生摄影
作品集》等。

J0114003

西湖风光　　牛嵩林摄
郑州　河南美术出版社 1985 年 1 张 76cm（2 开）
定价：CNY0.50
　　中国现代风光摄影作品。

J0114004

西湖十二景　　石召，池一平摄
北京　中国文联出版公司 1985 年 2 张
76cm（2 开）定价：CNY0.42
　　中国现代风光摄影作品。

J0114005

夏日园林　　吕同举摄
上海　上海人民美术出版社 1985 年 1 张
76cm（2 开）定价：CNY0.20
　　中国现代风光摄影作品。

J0114006

谐趣园幽境　　牛嵩林摄
石家庄　河北美术出版社 1985 年 1 张
76cm（2 开）定价：CNY0.48
　　中国现代风光摄影作品。

J0114007

羊城风貌　　老永煊，李蕾摄
广州　岭南美术出版社 1985 年 1 张 76cm（2 开）
定价：CNY0.38
　　中国现代风光摄影作品。

J0114008

颐和园风景　　牛嵩林摄
郑州　河南美术出版社 1985 年 1 张 76cm（2 开）
定价：CNY0.50
　　中国现代风光摄影作品。

J0114009

瀛洲湖光　　谭铁民摄
西安　陕西人民美术出版社 1985 年 1 张
76cm（2 开）定价：CNY0.50
　　中国现代风光摄影作品。

J0114010

长白山　　马闻等著
长春　吉林美术出版社 1985 年 36×19cm

定价: CNY9.50

　　本摄影画册通过 106 幅照片, 介绍了长白山的自然景观、地理环境、动植物资源。章节内容为: 自然景观、探索自然奥秘、兽类王国、鸟类乐园、奇花异草、东北三宝。附有英文说明。

J0114011

长白山 (中英对照) 吉林画报社, 吉林美术出版社《长白山》画册编辑组编辑; 吴龙才, 赵冰撰文; 马闯等摄影

长春 吉林美术出版社 1985 年 25cm(小 16 开)

统一书号: 8390.36 定价: CNY9.50

　　本书全面介绍长白山自然景观, 展现长白山地理环境, 动植物资源的大型摄影画册。所收集的 106 幅照片皆附英文说明。

J0114012

中国自然保护区——九寨沟 林业部宣传司主编

北京 中国林业出版社 1985 年 127 页

28cm(大 16 开) 精装

　　中国现代风光摄影作品。

J0114013

祖国各地 谢新发等摄; 吴启文编文

北京 中国戏剧出版社 1985 年 2 张 76cm(2 开)

定价: CNY0.44

　　中国现代风光摄影作品。

J0114014

《风景》四条屏 谢新发等摄

成都 四川美术出版社 1986 年 2 张 76cm(2 开)

定价: CNY0.44

　　中国现代风光摄影作品。

J0114015

北京钓鱼台风光 张兆基摄

郑州 河南美术出版社 1986 年 1 张 76cm(2 开)

定价: CNY0.50

　　中国现代风光摄影作品。

J0114016

北京风光 牛嵩林摄

郑州 河南美术出版社 1986 年 4 张 76cm(2 开)

定价: CNY2.80

　　中国现代风光摄影作品。

J0114017

北京景山 卞志武摄

石家庄 河北美术出版社 1986 年 1 张(卷轴)

76cm(2 开) 定价: CNY0.50

　　年画形式的中国现代风光摄影作品。

J0114018

北京天坛风光 刘春根摄

郑州 河南美术出版社 1986 年 1 张 76cm(2 开)

定价: CNY0.50

　　中国现代风光摄影作品。

J0114019

北京谐趣园 牛嵩林摄

天津 天津人民美术出版社 1986 年 1 张

76cm(2 开) 定价: CNY0.22

　　年画形式的中国现代风光摄影作品。

J0114020

北京颐和园风光 牛嵩林摄

郑州 河南美术出版社 1986 年 1 张 76cm(2 开)

定价: CNY0.50

　　中国现代风光摄影作品。

J0114021

北京中南海 刘春根等摄影

郑州 河南美术出版社 1986 年 1 张 107cm(全开)

定价: CNY2.00

　　中国现代风光摄影作品。

J0114022

北美风采 何良摄

广州 岭南美术出版社 1986 年 1 张 76cm(2 开)

定价: CNY0.42

　　中国现代摄影作品, 内容为北美风光。

J0114023

穿岩古榕 莫文兴摄

桂林 漓江出版社 1986 年 1 张 定价: CNY0.50

　　中国现代风光摄影作品。

J0114024

春、夏、秋、冬 兆欣等摄

南京 江苏美术出版社 1986 年 4 张 76cm（2 开）
定价：CNY1.00
　　中国现代风光摄影作品。

J0114025
春到漓江　白亮摄
天津 天津人民美术出版社 1986 年 1 张
76cm（2 开）定价：CNY0.22
　　中国现代风光摄影作品。

J0114026
春雨漓江行　张朝玺摄
天津 天津人民美术出版社 1986 年 1 张
76cm（2 开）定价：CNY0.22
　　中国现代风光摄影作品。

J0114027
大海　李森摄
成都 四川美术出版社 1986 年 1 张
定价：CNY0.45
　　中国现代风光摄影作品。

J0114028
大连海滩　李焱摄
长沙 湖南美术出版社 1986 年 1 张 76cm（2 开）
定价：CNY0.45
　　中国现代风光摄影作品。

J0114029
风景四条屏　志成，岩青摄
天津 天津人民美术出版社 1986 年 2 张
76cm（2 开）定价：CNY0.44
　　中国现代风光摄影作品。

J0114030
芙蓉花仙　（剧照）
北京 中国电影出版社 1986 年 2 张 76cm（2 开）
定价：CNY0.42
　　中国现代摄影作品。

J0114031
高原秋色
乌鲁木齐 新疆人民出版社 1986 年 1 张
78cm（2 开）定价：CNY0.27
　　中国现代风光摄影作品。

J0114032
故宫　李焱摄
长沙 湖南美术出版社 1986 年 1 张 76cm（2 开）
定价：CNY0.45
　　中国现代风光摄影作品。

J0114033
广州新姿　志渊等摄
广州 岭南美术出版社 1986 年 1 张 76cm（2 开）
定价：CNY0.42
　　年画形式的中国现代风光摄影作品。

J0114034
桂林新姿　卜志武摄
杭州 浙江人民美术出版社 1986 年 1 张
76cm（2 开）定价：CNY0.30
　　中国现代风光摄影作品。作者卜志武，摄影
家。擅长风光摄影、纪实摄影和建筑摄影。专注
拍摄中国西部壮美的高原风光、名寺古刹和独特
的宗教文化。

J0114035
杭州白堤　卜志武摄
石家庄 河北美术出版社 1986 年 1 张
76cm（2 开）定价：CNY0.50
　　中国现代风光摄影作品。

J0114036
杭州花港　卜志武摄
石家庄 河北美术出版社 1986 年 1 张
76cm（2 开）定价：CNY0.50
　　中国现代风光摄影作品。

J0114037
杭州花港公园　春越摄
天津 天津人民美术出版社 1986 年 1 张
76cm（2 开）定价：CNY0.22
　　中国现代风光摄影作品。

J0114038
杭州小瀛洲　卜志武摄
石家庄 河北美术出版社 1986 年 1 张
76cm（2 开）定价：CNY0.50
　　中国现代风光摄影作品。

J0114039
杭州玉泉　卞志武摄
石家庄 河北美术出版社 1986 年 1 张
76cm（2 开）定价：CNY0.50
　　中国现代风光摄影作品。

J0114040
华山　朱力摄
南京 江苏美术出版社 1986 年 1 张 76cm（2 开）
定价：CNY0.21
　　中国现代风光摄影作品。作者朱力
（1937— ），画家。安徽全椒人，安徽艺专毕业。
安徽美协会员、国家二级美术师、中国美协会
员。出版有《朱力画辑》《朱力国画作品选》《朱
力画集》等。

J0114041
华山松风
西安 陕西人民美术出版社 1986 年 1 张
定价：CNY0.90
　　中国现代风光摄影作品。

J0114042
黄河　（摄影集）民族画报社，黄河水利委员会
编辑
北京 水利电力出版社 1986 年 232 页
34cm（10 开）精装 统一书号：7143.6340
定价：CNY98.00

J0114043
黄鹤楼　孙智和摄；史穆书
长沙 湖南美术出版社 1986 年 1 张 53cm（4 开）
定价：CNY0.25
　　中国现代风光摄影作品。

J0114044
黄鹤楼新姿　刘万恭摄
天津 天津人民美术出版社 1986 年 1 张
76cm（2 开）定价：CNY0.22
　　中国现代风光摄影作品。

J0114045
黄山松云　张克庆摄
杭州 浙江人民美术出版社 1986 年 1 张
76cm（2 开）定价：CNY0.20

　　中国现代风光摄影作品。

J0114046
黄山之美　庄明景作
台北 锦绣出版社 1986 年 118 页 有图
26cm（16 开）精装
　　中国现代风光摄影作品集。

J0114047
嘉定古猗园　牛嵩林摄
天津 天津人民美术出版社 1986 年 1 张
76cm（2 开）定价：CNY0.22
　　中国现代风光摄影作品。

J0114048
江畔古榕　温少英摄
南宁 广西人民出版社 1986 年 1 张
定价：CNY2.90
　　中国现代风光摄影作品。

J0114049
今日"黄泛区"　（摄影集）
北京 华艺出版社［1986 年］20×19cm
统一书号：8472.8 定价：CNY7.50

J0114050
锦绣中华　徐震时，肖顺权摄
西安 陕西人民美术出版社 1986 年 2 张
76cm（2 开）定价：CNY0.50
　　中国现代风光摄影作品。

J0114051
井冈山——黄洋界　张韫磊摄
南昌 江西人民出版社 1986 年 1 张 78cm（2 开）
定价：CNY0.48
　　中国现代风光摄影作品。作者张韫磊
（1926— ），记者。山东莱州人。人民画报社高
级记者，中国老摄影家协会理事。出版专著有《怎
样拍夜景》《神州风光》（画册）等。

J0114052
静谷——中南海风光　李长捷摄
北京 人民美术出版社 1986 年 1 张 76cm（2 开）
定价：CNY0.26
　　中国现代风光摄影作品。

J0114053

昆明湖畔 牛嵩林摄
天津 天津人民美术出版社 1986 年 1 张
76cm（2 开）定价：CNY0.22
中国现代风光摄影作品。

J0114054

漓江春色 何世尧摄
杭州 西湖摄影艺术出版社 1986 年 1 张（2 开）
定价：CNY0.50
中国现代风光摄影作品。

J0114055

漓江风光 余亚万摄
桂林 漓江出版社 1986 年 1 张（2 开）
定价：CNY0.50
中国现代风光摄影作品。

J0114056

连江风貌 （摄影集）陈惠铸撰文；黄加法等摄影
北京 华艺出版社 1986 年 19cm（小 32 开）
定价：CNY4.50
中国现代风光摄影作品集。

J0114057

庐山风光 谅守摄
北京 人民美术出版社 1986 年 2 张 76cm（2 开）
定价：CNY0.42
中国现代风光摄影作品。

J0114058

庐山揽胜 钱豫强，陈羽鑫摄
杭州 浙江人民美术出版社 1986 年 1 张
76cm（2 开）定价：CNY0.20
中国现代风光摄影作品。作者钱豫强
（1944— ），浙江嘉善人，历任浙江美术出版社
副编审，浙江赛丽美术馆执行馆长。

J0114059

罗浮烟雨 牛嵩林摄
天津 天津人民美术出版社 1986 年 1 张
76cm（2 开）定价：CNY0.22
中国现代风光摄影作品。

J0114060

美国风情 冯一平摄
成都 四川美术出版社 1986 年 1 张 76cm（2 开）
定价：CNY0.22
中国现代风光摄影作品。

J0114061

美哉京华 （中英文本）苍石主编
北京 中国摄影出版社 1986 年 196 页 36cm（6 开）
统一书号：8226.35 定价：CNY50.00，CNY60.00
（精装）
中国现代风光摄影作品集。外文书名：
Beautiful Beijing.

J0114062

平湖秋月 卜志武摄
石家庄 河北美术出版社 1986 年 1 张（卷轴）
76cm（2 开）定价：CNY0.50
年画形式的中国风光摄影作品。

J0114063

奇峰竞秀 琳琳，晓安摄
天津 天津人民美术出版社 1986 年 2 张
76cm（2 开）定价：CNY0.44
中国现代风光摄影作品。

J0114064

钱塘江 （摄影集）陈海霖，黄加法摄影
北京 华艺出版社 1986 年 72 页 20×19cm
统一书号：23 定价：CNY7.50
中国现代风光摄影作品集。

J0114065

琼岛风光 何世尧摄
成都 四川美术出版社 1986 年 1 张 76cm（2 开）
定价：CNY0.44
中国现代风光摄影作品。

J0114066

曲院风荷映晴晖 李长捷摄
长沙 湖南美术出版社 1986 年 1 张 76cm（2 开）
定价：CNY0.45
中国现代风光摄影作品。

J0114067

群芳竞艳 （1—4）钱豫强摄

杭州 浙江人民美术出版社 1986 年 2 张

76cm（2 开）定价：CNY0.40

中国现代风光摄影作品。

J0114068

群芳吐艳 张运辉摄

广州 岭南美术出版社 1986 年 1 张

定价：CNY0.42

中国现代风光摄影作品。

J0114069

群峰浮水 王梦祥摄

桂林 漓江出版社 1986 年 1 张 76cm（2 开）

定价：CNY0.50

中国现代风光摄影作品。

J0114070

群峰竞秀 孔艺摄

武汉 湖北美术出版社 1986 年 1 张 76cm（2 开）

定价：CNY0.22

中国现代风光摄影作品。

J0114071

日本风光 李丰平，刘新摄

杭州 浙江人民美术出版社 1986 年 1 张

76cm（2 开）定价：CNY0.20

中国现代摄影作品，内容为日本风光。

J0114072

山川风物摄影作品选 上海人民美术出版社

编辑

上海 上海人民美术出版社 1986 年 25cm（16 开）

统一书号：8081.14606 定价：CNY17.00

中国现代风光摄影作品。

J0114073

山环水绕 王梧生摄

南宁 广西人民出版社 1986 年 1 张

定价：CNY2.90

中国现代风光摄影作品。

J0114074

上海豫园 牛嵩林摄

天津 天津人民美术出版社 1986 年 1 张

76cm（2 开）定价：CNY0.22

年画形式的中国现代风光摄影作品。

J0114075

沈阳风光

沈阳 辽宁美术出版社 1986 年 1 张 53cm（4 开）

定价：CNY0.25

中国现代风光摄影作品。

J0114076

胜景大观 徐震时摄；华瑜编

郑州 河南美术出版社 1986 年 2 张 76cm（2 开）

定价：CNY0.50

中国现代风光摄影作品。作者徐震时，擅长

摄影。主要作品有《胜景大观》《皇家园林》《山

溪春晓》等。

J0114077

世界风光

北京 人民美术出版社 1986 年 2 张 76cm（2 开）

定价：CNY0.54

中国现代摄影作品，内容为世界风光。

J0114078

世界风光 李小可，万经章摄

成都 四川美术出版社 1986 年 1 张 76cm（2 开）

定价：CNY0.22

中国现代摄影作品，内容为世界风光。

J0114079

世界风光

杭州 西湖摄影艺术出版社 1986 年 2 张

76cm（2 开）定价：CNY0.40

中国现代摄影作品，内容为世界风光。

J0114080

首都风光 胡维标摄

北京 北京美术摄影出版社 1986 年 1 张

76cm（2 开）定价：CNY0.46

中国现代风光摄影作品。

J0114081

苏州风光 王德英摄

郑州 河南美术出版社 1986 年 1 张 76cm（2 开）

定价：CNY0.50
　　中国现代风光摄影作品。

J0114082
苏州退思园　牛嵩林摄
天津　天津人民美术出版社　1986年　1张
76cm（2开）定价：CNY0.22
　　中国现代风光摄影作品。

J0114083
台湾风光　刘应斗编
北京　中国戏曲出版社　1986年　2张　76cm（2开）
定价：CNY0.50
　　中国现代风光摄影作品。

J0114084
特区深圳风貌　金燕荣摄
广州　岭南美术出版社　1986年　1张　76cm（2开）
定价：CNY0.42
　　中国现代风光摄影作品。

J0114085
天池风光　苏茂春等摄影；孙福全著文
乌鲁木齐　新疆人民出版社［1986年］10张
定价：CNY1.00
　　中国现代风光摄影作品。作者苏茂春
（1940—　），回族，副编审。甘肃静宁县人。新
疆美术摄影出版社摄影部副主任、新疆摄影家协
会常务理事。

J0114086
万紫千红　（一、二）林伟新作
南昌　江西人民出版社　1986年　2张　76cm（2开）
定价：CNY2.40
　　中国现代风光摄影作品。

J0114087
万紫千红　（1~2）林伟新摄
南昌　江西人民出版社　1986年　2张　76cm（2开）
定价：CNY0.46
　　中国现代风光摄影作品。

J0114088
武汉风光　江夏摄
北京　人民美术出版社　1986年　2张　76cm（2开）

定价：CNY0.42
　　中国现代风光摄影作品。

J0114089
武汉黄鹤楼　牛嵩林摄
天津　天津人民美术出版社　1986年　1张
76cm（2开）定价：CNY0.22
　　中国现代风光摄影作品。

J0114090
西海　梦觉非摄
天津　天津人民美术出版社　1986年　1张
76cm（2开）定价：CNY0.22
　　中国现代风光摄影作品。

J0114091
西湖　卜志武摄
石家庄　河北美术出版社　1986年　1张
76cm（2开）定价：CNY0.50
　　中国现代风光摄影作品。

J0114092
西湖　（春夏秋冬）张克庆摄；田地诗
杭州　浙江人民出版社　1986年　2张
76cm（2开）定价：CNY0.40
　　中国现代风光摄影作品。

J0114093
西湖小瀛洲　徐定中摄
上海　上海人民美术出版社　1986年　1张
76cm（2开）定价：CNY0.20
　　中国现代风光摄影作品。

J0114094
西湖新十景　张候权摄；王寿美编文
上海　上海人民美术出版社　1986年　1张
76cm（2开）定价：CNY0.20
　　中国现代风光摄影作品。

J0114095
西湖之春　徐邦摄
石家庄　河北美术出版社　1986年　1张
76cm（2开）定价：CNY0.50
　　中国现代风光摄影作品。

J0114096
西门豹　祝英培摄影；陈昉编文
南昌　江西人民出版社　1986 年　2 张　76cm（2 开）
定价：CNY0.48
　　中国现代风光摄影作品。

J0114097
西子夏荷　张候权摄
杭州　西湖摄影艺术出版社　1986 年　1 张
定价：CNY0.50
　　中国现代风光摄影作品。

J0114098
仙山碧影　孔艺摄
武汉　湖北美术出版社　1986 年　1 张　76cm（2 开）
定价：CNY0.22
　　中国现代风光摄影作品。

J0114099
乡村雪霜
乌鲁木齐　新疆人民出版社　1986 年　1 张
78cm（2 开）定价：CNY0.27
　　中国现代风光摄影作品。

J0114100
小瀛洲　张克庆摄
杭州　浙江人民美术出版社　1986 年　1 张
76cm（2 开）定价：CNY0.30
　　中国现代风光摄影作品。

J0114101
兴坪风光　余亚万，王梦祥摄
桂林　漓江出版社　1986 年　1 张　76cm（2 开）
定价：CNY0.50
　　中国现代风光摄影作品。

J0114102
烟花三月下扬州　孙华奎编文并摄影
北京　人民美术出版社　1986 年　2 张　76cm（2 开）
定价：CNY0.48
　　中国现代风光摄影作品。

J0114103
岩湖温泉　牛嵩林摄
天津　天津人民美术出版社　1986 年　1 张

76cm（2 开）定价：CNY0.22
　　中国现代风光摄影作品。

J0114104
燕京三景　陈东林摄
天津　天津人民美术出版社　1986 年　1 张
76cm（2 开）定价：CNY0.22
　　中国现代风光摄影作品。

J0114105
阳朔古渡　王梦禅摄
南宁　广西人民出版社　1986 年　1 张
定价：CNY2.90
　　中国现代风光摄影作品。

J0114106
阳朔卧云亭　张朝玺摄
石家庄　河北美术出版社　1986 年　1 张
76cm（2 开）定价：CNY0.50
　　中国现代风光摄影作品。

J0114107
一九八七：九寨风光　（摄影挂历）
成都　四川省新闻图片社　1986 年　76cm（2 开）
定价：CNY4.80
　　中国现代风光摄影作品。

J0114108
旖旎风光　（1—4）董岩青等摄
天津　天津人民美术出版社　1986 年　4 张
76cm（2 开）定价：CNY1.90
　　中国现代风光摄影作品。

J0114109
银装素裹　浙江人民美术出版社编
杭州　浙江人民美术出版社　1986 年　1 张
76cm（2 开）定价：CNY0.30
　　中国现代风光摄影作品。

J0114110
岳阳楼　何世尧摄
成都　四川省新闻图片社　1986 年　1 张
76cm（2 开）定价：CNY0.44
　　中国现代风光摄影作品。

J0114111
郑州邙山游览区 陆柯摄
郑州 河南美术出版社 1986 年 1 张 76cm（2 开）
定价：CNY0.50
中国现代风光摄影作品。

J0114112
中国风光摄影集 （读者文摘）钱万里摄
香港 读者文摘远东公司 1986 年 311 页
36cm（6 开）精装 ISBN：962–258–058–0

J0114113
中国名胜 孙肃显编；杨永明等摄
郑州 河南美术出版社 1986 年 1 张 107cm（全开）
定价：CNY2.00
中国现代风光摄影作品。作者杨永明，云南
保山人。曾任德宏州摄影家协会理事、中国橡树
摄影网会员。主要作品有《传授》《泼水欢歌》《春
眠不觉晓》《相聚喊沙》等。

J0114114
中华古都 徐震时等摄
杭州 西湖摄影艺术出版社 1986 年 2 张
76cm（2 开）定价：CNY0.40
中国现代风光摄影作品。

J0114115
中南海风光 （紫光阁）徐霞时摄
北京 北京美术摄影出版社 1986 年 1 张
78cm（2 开）定价：CNY0.30
中国现代风光摄影作品。

J0114116
中南海风光 陈振新摄
上海 上海人民美术出版社 1986 年 1 张
76cm（2 开）定价：CNY0.20
中国现代风光摄影作品。

J0114117
中山长江游乐场 牛嵩林摄
天津 天津人民美术出版社 1986 年 1 张
76cm（2 开）定价：CNY0.22
年画形式的中国现代风光摄影作品。

J0114118
北海 （摄影 1988 年年历）陈东林摄影
天津 天津人民美术出版社 1987 年 1 张
76cm（2 开）定价：CNY0.45
中国现代风光摄影作品。

J0114119
北海公园 乔天富，牛嵩林摄
成都 四川美术出版社 1987 年 1 张 76cm（2 开）
定价：CNY0.55
中国现代风光摄影作品。作者乔天富
（1954— ），高级记者，四川绵竹市人。历任解
放军报高级记者，中国摄影家协会理事，中国新
闻摄影学会常务理事。代表作品《中国人民解放
军驻香港部队》《大阅兵》《军中姐妹》。

J0114120
北海远眺 牛嵩林摄
重庆 重庆出版社 1987 年 1 张 76cm（2 开）
定价：CNY0.64
中国现代风光摄影作品。

J0114121
北海之夏 金耀文摄
南宁 广西人民出版社 1987 年 1 张 76cm（2 开）
定价：CNY0.65
中国现代风光摄影作品。

J0114122
北京大观园 孙肃显摄
郑州 河南美术出版社 1987 年 1 张 76cm（2 开）
定价：CNY0.70
中国现代风光摄影作品。

J0114123
北京昆明湖畔 牛嵩林摄
石家庄 河北美术出版社 1987 年 1 张
76cm（2 开）定价：CNY0.54
中国现代风光摄影作品。

J0114124
北京石景山游乐园 张肇基摄
北京 北京美术摄影出版社 1987 年 1 张
76cm（2 开）定价：CNY0.50
中国现代风光摄影作品。

J0114125
北京香山　卞志武摄
石家庄 河北美术出版社 1987 年 1 张
76cm（2 开）定价：CNY0.54
　　中国现代风光摄影作品。

J0114126
北京香山风光　谭云森摄影并编文
北京 人民美术出版社 1987 年 2 张 76cm（2 开）
定价：CNY0.54
　　中国现代风光摄影作品。

J0114127
北京颐和园风光　牛嵩林摄
武汉 湖北少年儿童出版社［1987 年］1 张
76cm（2 开）定价：CNY0.60
　　中国现代风光摄影作品。

J0114128
北京紫竹院春色　牛嵩林摄
武汉 湖北少年儿童出版社［1987 年］1 张
76cm（2 开）定价：CNY0.60
　　中国现代风光摄影作品。

J0114129
碧映亭台
天津 天津人民美术出版社 1987 年 2 张
76cm（2 开）定价：CNY0.55
　　中国现代风光摄影作品。

J0114130
博格达雄姿　苏茂春摄
乌鲁木齐 新疆人民出版社 1987 年 1 张
107cm（全开）定价：CNY0.90
　　中国现代风光摄影作品。

J0114131
承德金山亭　卞志武摄
石家庄 河北美术出版社 1987 年 1 张
76cm（2 开）定价：CNY0.58
　　中国现代风光摄影作品。

J0114132
承德普宁寺　胡维标摄
北京 北京美术摄影出版社 1987 年 1 张

76cm（2 开）定价：CNY0.50
　　中国现代风光摄影作品。作者胡维标
（1939—　），著名风光摄影家。江苏镇江市人。
毕业于中国人民解放军防化学兵工程指挥学院
新闻系。中国摄影家协会会员。摄影作品以旅
游风光、古今建筑、文物为主。主要作品有《长
城风光》《北京风光荟萃》《故宫》《天安门》。

J0114133
春到黑龙潭　卞志武摄
杭州 浙江人民美术出版社 1987 年 1 张
76cm（2 开）定价：CNY0.60
　　中国现代风光摄影作品。

J0114134
春风　卞志武摄
杭州 浙江人民美术出版社 1987 年 1 张
76cm（2 开）定价：CNY0.60
　　中国现代风光摄影作品。

J0114135
翠峦碧波　何世尧摄
南京 江苏美术出版社 1987 年 1 张 76cm（2 开）
定价：CNY0.65
　　中国现代风光摄影作品。作者何世尧
（1935—　），摄影家。生于浙江永康，曾在人民
画报社学习摄影，后任人民画报社摄影记者。作
品有《巍巍长城》《静海晨雾》等，有风光摄影画
册《黄龙》《春雨绵绵》。

J0114136
翠苑情深　钱豫强，郑伟摄
杭州 浙江人民美术出版社 1987 年 1 张
76cm（2 开）定价：CNY0.25
　　中国现代风光摄影作品。

J0114137
大都市之光　谷静摄
南京 江苏美术出版社 1987 年 1 张 76cm（2 开）
定价：CNY0.65
　　中国现代风光摄影作品。

J0114138
大观园凹晶溪馆　胡敦志摄
北京 北京美术摄影出版社 1987 年 1 张

76cm（2开）定价：CNY0.20

　　中国现代风光摄影作品。

J0114139

大庸张家界风光　谢新发，徐中定摄

杭州 西泠印社 1987年 1张 76cm（2开）

定价：CNY0.25

　　中国现代风光摄影作品。作者谢新发，擅长年画摄影。主要作品有《节日欢舞》《风光摄影》《怎样拍摄夜景》等。

J0114140

钓鱼台国宾馆湖心亭　张肇基摄

天津 天津人民美术出版社 1987年 1张

76cm（2开）定价：CNY0.30

　　中国现代风光摄影作品。

J0114141

峨眉冷杉林　韩德洲摄

成都 四川美术出版社 1987年 1张 76cm（2开）

定价：CNY0.55

　　中国现代风光摄影作品。

J0114142

洱海三塔　张金明摄

杭州 西湖摄影艺术出版社 1987年 1张

76cm（2开）定价：CNY0.56

　　中国现代风光摄影作品。

J0114143

法国巴黎风光　陈菊明编文

上海 上海人民美术出版社 1987年 1张

76cm（2开）定价：CNY0.28

　　中国现代摄影作品，内容为巴黎风光摄影。

J0114144

风光屏　肖顺权摄

北京 人民美术出版社 1987年 2张 76cm（2开）

定价：CNY0.66

　　中国现代风光摄影作品。

J0114145

风光如画　杨万国摄

天津 天津人民美术出版社 1987年 4轴（卷轴）

76cm（2开）定价：CNY2.30

中国现代风光摄影作品。

J0114146

峰峦叠翠　何世尧摄

南京 江苏美术出版社 1987年 1张 76cm（2开）

定价：CNY0.65

　　中国现代风光摄影作品。

J0114147

芙蓉花仙　（剧照）

北京 中国电影出版社 1987年 2张 76cm（2开）

定价：CNY0.60

　　中国现代摄影作品。

J0114148

故宫　（摄影集 汉英日对照）金钺编写；曾认等摄影

北京 人民美术出版社［1987年］61页 26cm（16开）

　　中国现代风光摄影作品。

J0114149

广东星湖　牛嵩林摄

天津 天津人民美术出版社 1987年 1张

76cm（2开）定价：CNY0.30

　　中国现代风光摄影作品。

J0114150

杭州曲院风荷　牛嵩林摄

天津 天津人民美术出版社 1987年 1张

76cm（2开）定价：CNY0.30

　　中国现代风光摄影作品。

J0114151

杭州西湖　牛嵩林摄

石家庄 河北美术出版社 1987年 1张

76cm（2开）定价：CNY0.54

　　中国现代风光摄影作品。

J0114152

杭州西湖风光　肖顺权摄

郑州 河南美术出版社 1987年 1张 76cm（2开）

定价：CNY0.70

　　中国现代风光摄影作品。

J0114153
杭州西湖风光　常春等摄
上海　上海人民美术出版社　1987 年　2 张
76cm（2 开）定价：CNY0.58
　　中国现代风光摄影作品。

J0114154
杭州西湖三潭印月　牛嵩林摄
天津　天津人民美术出版社　1987 年　1 张
76cm（2 开）定价：CNY0.30
　　中国现代风光摄影作品。

J0114155
杭州西湖小瀛洲　陈东林摄
天津　天津人民美术出版社　1987 年　1 张
76cm（2 开）定价：CNY0.30
　　中国现代风光摄影作品。作者陈东林
（1947—　　），安徽人。中国摄影家协会会员。
主要摄影作品有《茶馆》《元宵节》《茶香迎远
客》等。

J0114156
杭州玉泉　牛嵩林摄
重庆　重庆出版社　1987 年　1 张　76cm（2 开）
定价：CNY0.64
　　中国现代风光摄影作品。

J0114157
红河　（摄影集）（汉英对照）孙官生主编；红河
州民族事务委员会，红河州文化局编
昆明　云南人民出版社　1987 年　136 页
26cm（16 开）精装　ISBN：7–222–00090–9
定价：CNY40.00
　　中国现代风光摄影作品。

J0114158
湖光春色　卞志武摄
杭州　浙江人民美术出版社　1987 年　1 张
76cm（2 开）定价：CNY0.60
　　中国现代风光摄影作品。

J0114159
华清池春色　白亮摄
天津　天津人民美术出版社　1987 年　1 张
76cm（2 开）定价：CNY0.30
　　中国现代风光摄影作品。

J0114160
幻境　谷静摄
南京　江苏美术出版社　1987 年　1 张　76cm（2 开）
定价：CNY0.65
　　中国现代风光摄影作品。

J0114161
皇家园林　徐震时等摄
南京　江苏美术出版社　1987 年　2 张　76cm（2 开）
定价：CNY0.60
　　中国现代风光摄影作品。作者徐震时，擅长
摄影。主要作品有《胜景大观》《皇家园林》《山
溪春晓》等。

J0114162
黄果树瀑布　彭匡摄
贵阳　贵州美术出版社［1987 年］1 张
76cm（2 开）定价：CNY0.46
　　中国现代风光摄影作品。

J0114163
黄龙五彩池
成都　四川新闻图片社　1987 年　1 张　76cm（2 开）
定价：CNY0.55
　　中国现代风光摄影作品。

J0114164
黄山风光　张克庆摄
杭州　浙江人民美术出版社　1987 年　1 张
76cm（2 开）定价：CNY0.20
　　中国现代风光摄影作品。作者张克庆
（1946—　　），摄影编辑。重庆人。历任当代文学
艺术研究院院士，香港现代摄影学会会员，中国
职业摄影撰稿人，中国华侨摄影学会会员，浙江
人民出版社美术编辑室，浙江人民美术出版社摄
影年画编辑室。出版有《杭州西湖》摄影画册。

J0114165
黄山听涛　钱豫强摄
杭州　浙江人民美术出版社　1987 年　1 张
76cm（2 开）定价：CNY0.60
　　中国现代风光摄影作品。

J0114166
黄山卧龙松　刘传炎摄
天津 天津人民美术出版社 1987 年 1 张
76cm（2 开）定价：CNY0.30
　　中国现代风光摄影作品。

J0114167
黄山仙女峰奇观　刘传炎摄
天津 天津人民美术出版社 1987 年 1 张
76cm（2 开）定价：CNY0.30
　　中国现代风光摄影作品。

J0114168
黄山云松　任国恩摄
杭州 西湖摄影艺术出版社 1987 年 1 张
76cm（2 开）定价：CNY0.24
　　中国现代风光摄影作品。

J0114169
假日中南海　张肇基摄
北京 北京美术摄影出版社 1987 年 1 张
78cm（3 开）定价：CNY0.33
　　中国现代风光摄影作品。

J0114170
江山多娇　谷维恒，侯钦孟摄；白瑜生编文
北京 人民美术出版社 1987 年 2 张 76cm（2 开）
定价：CNY0.54
　　中国现代风光摄影作品。作者谷维恒
（1944—　　），山东人。中国摄影学会陕西省分会、
中国摄影家协会会员。摄影作品有《石林奇观》
《黄山佛光》《悬空寺夜色》等。

J0114171
江山如画　（1—4）徐书摄
沈阳 辽宁美术出版社 1987 年 2 张 76cm（2 开）
定价：CNY0.56
　　中国现代风光摄影作品。

J0114172
金陵名胜　郭群等摄
南京 江苏美术出版社 1987 年 2 张 76cm（2 开）
定价：CNY0.60
　　中国现代风光摄影作品。

J0114173
静谷　胡维标摄
北京 北京美术摄影出版社 1987 年 1 张
76cm（2 开）定价：CNY0.50
　　中国现代风光摄影作品。

J0114174
静心斋夏景　胡维标摄
天津 天津人民美术出版社 1987 年 1 张
76cm（2 开）定价：CNY0.30
　　中国现代风光摄影作品。

J0114175
镜泊湖风光　李长捷摄
郑州 河南美术出版社 1987 年 1 张 76cm（2 开）
定价：CNY0.70
　　中国现代风光摄影作品。

J0114176
九寨沟风光　常春等摄
上海 上海人民美术出版社 1987 年 2 张
76cm（2 开）定价：CNY0.58
　　中国现代风光摄影作品。

J0114177
昆明揽胜　（摄影 汉英对照）
昆明 云南人民出版社 ［1987 年］ 10 张
15cm（40 开）定价：CNY1.90
　　中国现代风光摄影作品。

J0114178
浪花之恋　何世尧摄影
杭州 西湖摄影艺术出版社 1987 年 1 张
76cm（2 开）定价：CNY0.56
　　中国现代风光摄影作品。

J0114179
漓水渔舟　王梦祥摄
南宁 广西人民出版社 1987 年 1 张 76cm（2 开）
定价：CNY0.60
　　中国现代风光摄影作品。

J0114180
绿色的风采——内蒙古大兴安岭　王瑞臣等编
沈阳 辽宁美术出版社 ［1987 年］［46］页

26cm（16开）定价：CNY16.00
　　中国现代风光摄影作品。

J0114181
满园春色　肖顺权摄
长沙　湖南美术出版社 1987 年 1 张 107cm（全开）
定价：CNY1.10
　　中国现代风光摄影作品。

J0114182
美丽的西双版纳　钱豫强等摄
杭州　浙江人民美术出版社 1987 年 1 张
76cm（2开）定价：CNY0.25
　　中国现代风光摄影作品。

J0114183
牡丹亭晨色　卞志武摄
杭州　浙江人民美术出版社 1987 年 1 张
76cm（2开）定价：CNY0.60
　　中国现代风光摄影作品。作者卞志武，摄影
家。擅长风光摄影、纪实摄影和建筑摄影。专注
拍摄中国西部壮美的高原风光、名寺古刹和独特
的宗教文化。

J0114184
南京梁州晨曦　牛嵩林摄
天津　天津人民美术出版社 1987 年 1 张
76cm（2开）定价：CNY0.30
　　中国现代风光摄影作品。

J0114185
南京梁州观鱼亭　牛嵩林摄
天津　天津人民美术出版社 1987 年 1 张
76cm（2开）定价：CNY0.30
　　中国现代风光摄影作品。

J0114186
南京玄武湖　牛嵩林摄
天津　天津人民美术出版社 1987 年 1 张
76cm（2开）定价：CNY0.30
　　中国现代风光摄影作品。

J0114187
宁园春　董岩青摄
天津　天津人民美术出版社 1987 年 1 张
76cm（2开）定价：CNY0.30
　　中国现代风光摄影作品。

J0114188
欧美风光　毛澹然摄
西安　陕西人民美术出版社 1987 年 2 张
76cm（2开）定价：CNY0.60
　　中国现代摄影作品，内容为欧美风光。

J0114189
欧洲风光　芮连侠，蒋志栋供稿编文
北京　人民美术出版社 1987 年 2 张 76cm（2开）
定价：CNY0.66
　　中国现代摄影作品，内容为欧洲风光。

J0114190
秋临九寨沟　何世尧摄
杭州　西湖摄影艺术出版社 1987 年 1 张
76cm（2开）定价：CNY0.56
　　中国现代风光摄影作品。

J0114191
秋艳　谭尚忍摄
天津　天津人民美术出版社 1987 年 1 张
76cm（2开）定价：CNY0.28
　　中国现代风景摄影作品。

J0114192
绍兴东湖　史维克，王守平摄
西安　陕西人民美术出版社 1987 年 1 张
76cm（2开）定价：CNY0.56
　　中国现代风光摄影作品。

J0114193
绍兴东湖　鄂毅摄
天津　天津人民美术出版社 1987 年 1 张
76cm（2开）定价：CNY0.30
　　中国现代风光摄影作品。

J0114194
深圳西丽湖　李长捷摄
郑州　河南美术出版社 1987 年 1 张 76cm（2开）
定价：CNY0.70
　　中国现代风光摄影作品。

J0114195

深圳香蜜湖度假村　牛嵩林摄
天津 天津人民美术出版社 1987 年 1 张
76cm（2 开）定价：CNY0.30
　　中国现代风光摄影作品。

J0114196

深圳香蜜湖度假村　牛嵩林摄
重庆 重庆出版社 1987 年 1 张 76cm（2 开）
定价：CNY0.64
　　中国现代风光摄影作品。

J0114197

神州风光　江苏美术出版社编
南京 江苏美术出版社 1987 年 2 张 76cm（2 开）
定价：CNY0.60
　　中国现代风光摄影作品。

J0114198

沈阳北陵　高亚雄摄影
沈阳 辽宁美术出版社 1987 年 1 张 53cm（4 开）
定价：CNY0.40
　　中国现代风光摄影作品。

J0114199

狮子林　陈健行摄
南京 江苏美术出版社 1987 年 1 张 76cm（2 开）
定价：CNY0.65
　　中国现代风光摄影作品。

J0114200

世界风光　芮连侠，李先明编文
北京 人民美术出版社 1987 年 2 张 76cm（2 开）
定价：CNY0.54
　　中国现代摄影作品，内容为世界风光。

J0114201

世界风情　胡振宇摄
杭州 浙江人民美术出版社 1987 年 2 张
76cm（2 开）定价：CNY0.50
　　中国现代摄影作品，内容为世界风光。作家
胡振宇（1939—　　），画家。浙江宁波人。浙江美
术学院油画系毕业，国家选派赴比利时皇家美术
学院留学。历任浙江美院油画系主任、造型学部
副主任。代表作品有《功》《一生难忘1976》《峥

嵘岁月》《百年沧桑》《白求恩》，出版有《胡振宇
油画作品》画册。

J0114202

世界各地　贺启龙供稿
郑州 河南美术出版社 1987 年 2 张 76cm（2 开）
定价：CNY1.40
　　中国现代摄影作品，内容为世界风光。

J0114203

世界名都——巴黎　王雪青摄
杭州 浙江人民美术出版社 1987 年 1 张
76cm（2 开）定价：CNY0.25
　　中国现代摄影作品，内容为巴黎风光。

J0114204

首都风光　（八达岭长城）王文波摄
北京 北京美术摄影出版社 1987 年 1 张
76cm（2 开）定价：CNY0.50
　　中国现代风光摄影作品。

J0114205

首都风光　（钓鱼台养源斋）肖顺权摄
北京 北京美术摄影出版社 1987 年 1 张
76cm（2 开）定价：CNY0.50
　　中国现代风光摄影作品。

J0114206

首都风光　（节日天安门）牛嵩林摄
北京 北京美术摄影出版社 1987 年 1 张
76cm（2 开）定价：CNY0.50
　　中国现代风光摄影作品。

J0114207

首都风光　胡维标摄
西安 陕西人民美术出版社 1987 年 1 张
76cm（2 开）定价：CNY0.27
　　中国现代风光摄影作品。

J0114208

书童秋艳　柳友干摄
桂林 漓江出版社 1987 年 1 张 76cm（2 开）
统一书号：8256.265 定价：CNY1.00
　　中国现代风光摄影作品。

J0114209

四川风光　高英熙等摄
成都　四川美术出版社　1987年　2张　76cm（2开）
定价：CNY0.52
　　　中国现代风光摄影作品。

J0114210

四季风光　（1—4）张甸等摄
沈阳　辽宁美术出版社　1987年　2张　76cm（2开）
定价：CNY0.56
　　　年画形式的中国风光摄影作品。作者张甸
（1930— ），摄影家。原名张殿宸，生于河北昌
黎，毕业于鲁迅文艺学院美术系。历任东北画报
社摄影组助理记者，辽宁画报社摄影创作室主
任，中国摄影家协会会员。作品有《声震山河》
《草原神鹰》《客人来到草原》。

J0114211

苏州风光　（日、英、汉对照）丁众摄影
北京　北京燕山出版社　1987年　10张
　　　中国现代风光摄影作品。明信片。

J0114212

苏州环秀山庄　牛嵩林摄
天津　天津人民美术出版社　1987年　1张
76cm（2开）定价：CNY0.30
　　　中国现代风光摄影作品。

J0114213

苏州留园水廊　牛嵩林摄
天津　天津人民美术出版社　1987年　1张
76cm（2开）定价：CNY0.30
　　　中国现代风光摄影作品。

J0114214

苏州名胜　（汉英对照）丁宝联等摄影
南京　江苏人民出版社　1987年　10张
定价：CNY1.50
　　　中国现代风光摄影作品。明信片。

J0114215

苏州狮子林　牛嵩林摄
天津　天津人民美术出版社　1987年　1张
76cm（2开）定价：CNY0.30
　　　中国现代风光摄影作品。

J0114216

苏州天平山庄　牛嵩林摄
天津　天津人民美术出版社　1987年　1张
76cm（2开）定价：CNY0.30
　　　中国现代风光摄影作品。

J0114217

苏州拙政园　韩德洲摄
郑州　河南美术出版社　1987年　1张　76cm（2开）
定价：CNY0.70
　　　中国现代风光摄影作品。

J0114218

塔尔寺　青海人民出版社编
西宁　青海人民出版社　1987年　9张　15cm（40开）
定价：CNY1.50
　　　中国现代风光摄影作品。明信片。

J0114219

泰山　汪稼明等撰文；荆强，和进海摄影
北京　华艺出版社［1987年］78页　20cm（32开）
ISBN：7-80039-008-X　定价：CNY7.50
　　　外文书名：Mount Taishan.

J0114220

特区风光　牛嵩林摄
天津　天津人民美术出版社　1987年　2张
76cm（2开）定价：CNY0.60
　　　中国现代风光摄影作品。

J0114221

天子山风光　贺培铨摄
贵阳　贵州美术出版社［1987年］1张
76cm（2开）定价：CNY0.46
　　　中国现代风光摄影作品。

J0114222

网师园　陈建行摄
南京　江苏美术出版社　1987年　1张
［78cm］（2开）定价：CNY0.65
　　　中国现代风光摄影作品。

J0114223

巍峨雪山
成都　四川新闻图片社　1987年　1张　76cm（2开）

定价: CNY0.55

　　中国现代风光摄影作品。

J0114224

我国十大名胜　　常春, 徐斌摄

上海　上海人民美术出版社 1987 年 1 张

76cm(2 开)定价: CNY0.28

　　中国现代风光摄影作品。

J0114225

五台山风光　　王正保摄

郑州　河南美术出版社 1987 年 1 张 76cm(2 开)

定价: CNY0.70

　　中国现代风光摄影作品。

J0114226

五指岩晨曦　　王岳阳摄

杭州　浙江人民出版社 [1987 年] 1 张

53cm(4 开)定价: CNY0.25

　　中国现代风光摄影作品。

J0114227

五指岩瀑布　　王岳阳摄

杭州　浙江人民出版社 [1987 年] 1 张

53cm(4 开)定价: CNY0.25

　　中国现代风光摄影作品。

J0114228

武汉黄鹤楼　　周沁军摄

郑州　河南美术出版社 1987 年 1 张 76cm(2 开)

定价: CNY0.70

　　中国现代风光摄影作品。

J0114229

武林春早　　唐禹民摄

郑州　河南美术出版社 1987 年 4 张

[78cm](2 开)定价: CNY0.90

　　中国现代风光摄影作品。作者唐禹民
(1940—　),记者。出生于辽宁朝阳市。历任国
家体育总局中国体育杂志社摄影部主任,中国体
育记者协会理事,中国体育摄影学会副主席兼秘
书长等。著有《抹不掉的记忆》《体育摄影理论
与实践》等。

J0114230

西安古都　　天鹰等摄

杭州　浙江人民美术出版社 1987 年 1 张

76cm(2 开)定价: CNY0.25

　　中国现代风光摄影作品。

J0114231

西安华清池　　葛立英摄

济南　山东美术出版社 1987 年 1 张 76cm(2 开)

定价: CNY0.28

　　中国现代风光摄影作品。

J0114232

西湖春早　　何世尧摄

杭州　西湖摄影艺术出版社 1987 年 1 张

76cm(2 开)定价: CNY0.56

　　中国现代风光摄影作品。

J0114233

西湖泛舟　　天鹰摄

杭州　浙江人民美术出版社 1987 年 1 张

76cm(2 开)定价: CNY0.60

　　中国现代风光摄影作品。

J0114234

西湖秋爽　　徐中定摄

西安　陕西人民美术出版社 1987 年 1 张

76cm(2 开)定价: CNY0.56

　　中国现代风光摄影作品。

J0114235

西湖小瀛洲　　王守平摄

西安　陕西人民美术出版社 1987 年 1 张

76cm(2 开)定价: CNY0.56

　　中国现代风光摄影作品。

J0114236

西湖新十景　　张侯权等摄

杭州　西湖摄影艺术出版社 1987 年 2 张

76cm(2 开)定价: CNY0.47

　　中国现代风光摄影作品。

J0114237

夏日北海飘荷香　　胡维标摄

北京　北京美术摄影出版社 1987 年 1 张

76cm（2开）定价：CNY0.50

中国现代风光摄影作品。

J0114238

香山红叶　卞志武摄

杭州 浙江人民美术出版社 1987年 1张

76cm（2开）定价：CNY0.60

中国现代风光摄影作品。

J0114239

扬州瘦西湖　牛嵩林摄

郑州 河南美术出版社 1987年 1张 76cm（2开）

定价：CNY0.70

中国现代风光摄影作品。

J0114240

扬州瘦西湖　牛嵩林摄

天津 天津人民美术出版社 1987年 1张

76cm（2开）定价：CNY0.30

中国现代风光摄影作品。

J0114241

颐和园之夏　胡维标摄

北京 北京美术摄影出版社 1987年 1张

［78cm］（3开）定价：CNY0.33

中国现代风光摄影作品。作者胡维标（1939— ），著名风光摄影家。江苏镇江市人。毕业于中国人民解放军防化学兵工程指挥学院新闻系。中国摄影家协会会员。摄影作品以旅游风光、古今建筑、文物为主。主要作品有《长城风光》《北京风光荟萃》《故宫》《天安门》。

J0114242

银瀑飞泻　彭匡摄

贵阳 贵州美术出版社［1987年］1张

76cm（2开）定价：CNY0.46

中国现代风光摄影作品。

J0114243

云南名胜　（汉英对照）王滇云，张金明摄影

昆明 云南人民出版社［1987年］10张

15cm（40开）定价：CNY1.90

中国现代风光摄影作品。

J0114244

云消现群峰　张朝玺摄

天津 天津人民美术出版社 1987年 1张

76cm（2开）定价：CNY0.30

中国现代风光摄影作品。

J0114245

长城　肖顺权，东邨摄

北京 人民美术出版社 1987年 2张 76cm（2开）

定价：CNY0.54

中国现代风光摄影作品。

J0114246

中国摄影家辛凯作品集　（山海情）辛凯摄影

北京 人民美术出版社 1987年 26cm（16开）

中国现代风光摄影作品集。

J0114247

中国摄影家辛凯作品集　（欧美行）辛凯摄影

北京 人民美术出版社 1992年 26cm（16开）

本摄影集是作者在访问英、法、德、俄罗斯和美国的摄影创作，收有作品120幅。

J0114248

珠峰流云　任国恩摄

太原 山西人民出版社 1987年 1张

［78cm］（3开）定价：CNY0.40

中国现代风光摄影作品。

J0114249

竹林深处　娄晓曦摄

天津 天津人民美术出版社 1987年 1张

76cm（2开）定价：CNY0.24

中国现代风光摄影作品。作者娄晓曦，摄影家。主要作品有《重庆长江大桥》《雪》《思念》等。

J0114250

祖国风光　肖顺权摄

西安 陕西人民美术出版社 1987年 2张

76cm（2开）定价：CNY0.60

中国现代风光摄影作品。作者肖顺权（1934— ），曾用名肖顺泉、肖舜权。河北博野人。曾任人民美术出版社总编办公室副主任、摄影部副主任等职。主要作品有《唐永泰公主墓壁画集》《故宫》《元明清雕塑》等。

J0114251
祖国风光　肖顺权摄
西安 陕西人民美术出版社 1988 年 2 张
76cm（2 开）定价：CNY0.80
　　年画形式的中国现代风光摄影作品。

J0114252
祖国名胜　何世尧等摄
南京 江苏美术出版社 1987 年 4 张 76cm（2 开）
定价：CNY2.60
　　中国现代风光摄影作品。作者何世尧
（1935— ），摄影家。生于浙江永康，曾在人民
画报社学习摄影，后任人民画报社摄影记者。作
品有《巍巍长城》《静海晨雾》等，有风光摄影画
册《黄龙》《春雨绵绵》。

J0114253
北京大观园　李长杰摄
西安 陕西人民美术出版社 1988 年 2 张
76cm（2 开）定价：CNY0.80
　　年画形式的中国现代风光摄影作品。

J0114254
北京大观园　李长杰摄
西安 陕西人民美术出版社 1989 年 1 张
76cm（2 开）定价：CNY1.05
　　年画形式的中国现代风光摄影作品。

J0114255
北京皇家园林　（颐和园）鄂毅摄
天津 天津人民美术出版社 1988 年 1 张
78cm（2 开）定价：CNY0.40
　　年画形式的中国现代风光摄影作品。

J0114256
北京龙潭湖畔　牛嵩林摄
天津 天津人民美术出版社 1988 年 1 张
76cm（2 开）定价：CNY0.40
　　年画形式的中国现代风光摄影作品。

J0114257
北京陶然亭公园　刘震摄
天津 天津人民美术出版社 1988 年 1 张
76m（2 开）定价：CNY0.40
　　年画形式的中国现代风光摄影作品。

J0114258
北京天坛　牛嵩林摄
天津 天津人民美术出版社 1988 年 1 张
76cm（2 开）定价：CNY0.40
　　年画形式的中国现代风光摄影作品。

J0114259
北京西山风景　曾万编文摄影
北京 人民美术出版社 1988 年 2 张 76cm（2 开）
定价：CNY0.80
　　年画形式的中国现代风光摄影作品。

J0114260
北京颐和园　（谐趣园）王志成摄
济南 山东美术出版社 1988 年 1 张 76m（2 开）
定价：CNY0.36
　　年画形式的中国现代风光摄影作品。

J0114261
北京颐和园　（谐趣园）牛嵩林摄
天津 天津人民美术出版社 1988 年 1 张
76m（2 开）定价：CNY0.40
　　年画形式的中国现代风光摄影作品。

J0114262
北京中山公园雪景　胡维标摄
天津 天津人民美术出版社 1988 年 1 张
76cm（2 开）定价：CNY0.40
　　年画形式的中国现代风光摄影作品。

J0114263
碧波轻筏画中游　陈春轩摄
石家庄 河北美术出版社 1988 年 1 张
78cm（2 开）定价：CNY0.54
　　年画形式的中国现代风光摄影作品。

J0114264
春光好　范德元摄
石家庄 河北美术出版社 1988 年 1 张
76cm（2 开）定价：CNY0.40
　　年画形式的中国现代风光摄影作品。

J0114265
春光明媚　谢新发摄
石家庄 河北美术出版社 1988 年 1 张

78cm（2 开）定价：CNY0.54
　　年画形式的中国现代风光摄影作品。

J0114266
春花明媚　江华摄
武汉 湖北美术出版社 1988 年 1 张 76cm（2 开）
定价：CNY0.76
　　年画形式的中国风光摄影作品。

J0114267
春夏秋冬　邵黎阳等摄
石家庄 河北美术出版社 1988 年 4 张
54cm（4 开）定价：CNY2.20
　　年画形式的中国现代风光摄影作品。

J0114268
翠湖春色　牛嵩林摄
天津 天津人民美术出版社 1988 年 1 张
76cm（2 开）定价：CNY0.40
　　年画形式的中国现代风光摄影作品。

J0114269
大闹满春园　晓丁，于速摄
北京 中国戏剧出版社 1988 年 2 张 76cm（2 开）
定价：CNY0.55
　　年画形式的中国现代风光摄影作品。作者
晓丁，擅长摄影。主要作品有连环画《封神榜》
《阿 Q 正传》《少帅张学良》。作者于速，擅长摄
影。主要年画作品有《双阳公主》《雁门关》《姐
妹缘》等。

J0114270
滇池晴云　陈书帛摄
南京 江苏美术出版社 1988 年 1 张 76cm（2 开）
定价：CNY0.80
　　年画形式的中国现代风光摄影作品。

J0114271
东湖风光　马凌云摄
西安 陕西人民美术出版社 1988 年 1 张
76cm（2 开）定价：CNY0.40
　　年画形式的中国现代风光摄影作品。

J0114272
福建厦门菽庄花园　牛嵩林摄

天津 天津人民出版社 1988 年 1 张 76cm（2 开）
定价：CNY0.40
　　年画形式的中国现代风光摄影作品。

J0114273
俯瞰中国　（美）布德尼克等摄；辛克莱撰文
北京 长城出版社 1988 年 288 页 37cm（8 开）
精装 ISBN：7-80017-078-0 定价：CNY120.00
　　本书为美国现代摄影作品，取材范围广泛。
照片摄自 150 个场所——丝绸之路；戈壁沙漠；
华南稻米飘香的良田；内蒙古草原上的游牧生
活；更有万里长城和大江名川；及上海、南京、
北京等城市的概貌。

J0114274
港台风光　高而颐等摄
杭州 浙江人民美术出版社 1988 年 2 张
76cm（2 开）定价：CNY0.65
　　中国现代风光摄影作品。

J0114275
姑苏园林　陈健行摄
南京 江苏古籍出版社 1988 年 2 张 76cm（2 开）
定价：CNY0.75
　　年画形式的中国现代风光摄影作品。

J0114276
光与彩　宋玉洁摄
北京 人民体育出版社 1988 年 1 张 76cm（2 开）
定价：CNY0.65
　　年画形式的中国现代风光摄影作品。

J0114277
广东深圳石岩温泉　牛嵩林摄
天津 天津人民美术出版社 1988 年 1 张
76cm（2 开）定价：CNY0.40
　　年画形式的中国现代风光摄影作品。

J0114278
广东特区深圳西丽塔　牛嵩林摄
天津 天津人民美术出版社 1988 年 1 张
76cm（2 开）定价：CNY0.40
　　年画形式的中国现代风光摄影作品。

J0114279

广东肇庆七星岩　牛嵩林摄
石家庄 河北美术出版社 1988 年 1 张
76cm（2 开）定价：CNY0.90
　　年画形式的中国现代风光摄影作品。

J0114280

广东中山温泉　何沛行摄
广州 岭南美术出版社 1988 年 1 张 76cm（2 开）
定价：CNY0.70
　　年画形式的中国现代风光摄影作品。

J0114281

广州草暖公园　何沛行摄
广州 岭南美术出版社 1988 年 1 张 76cm（2 开）
定价：CNY0.70
　　年画形式的中国现代风光摄影作品。

J0114282

贵州黄果树瀑布　牛嵩林摄
天津 天津人民美术出版社 1988 年 1 张
76cm（2 开）定价：CNY0.40
　　年画形式的中国现代风光摄影作品。

J0114283

桂林黄布滩　卞志武摄
石家庄 河北美术出版社 1988 年 1 张
76cm（2 开）定价：CNY0.90
　　年画形式的中国现代风光摄影作品。

J0114284

海北　中国共产党海北藏族自治州委员会，海
北藏族自治州人民政府编
西宁 青海人民出版社 1988 年 132 页
[30cm] 精装 定价：CNY20.00
　　中国现代风光摄影作品。

J0114285

杭州花港　王守平摄
西安 陕西人民美术出版社 1988 年 1 张
108cm（全开）定价：CNY1.80
　　年画形式的中国风光摄影作品。

J0114286

杭州云溪　叶天荣摄

天津 天津人民美术出版社 1988 年 1 张
76cm（2 开）定价：CNY0.40
　　年画形式的中国现代风光摄影作品。作者
叶天荣，擅长摄影。主要作品有《杭州云溪》《巾
帼英雄》《鼓浪屿之春》等。

J0114287

河湟行　刘谨，杨雨文撰文；刘谨，戴培荣摄影
北京 华艺出版社 [1988 年][40]页
[20cm]（32 开）定价：CNY6.50
　　这是一本介绍青海省河湟第七农牧业、高原
风采的摄影集。

J0114288

湖北宣昌泌苑　牛嵩林摄
天津 天津人民美术出版社 1988 年 1 张
76cm（2 开）定价：CNY0.40
　　年画形式的中国现代风光摄影作品。

J0114289

华山风景　黄牛摄
西安 陕西人民美术出版社 1988 年 2 张
76cm（2 开）定价：CNY0.80
　　年画形式的中国现代风光摄影作品。

J0114290

黄果树瀑布　赵黄岗摄
南宁 广西人民出版社 [1988 年] 1 张
108cm（全开）定价：CNY3.60
　　年画形式的中国风光摄影作品。

J0114291

黄果树瀑布　李长捷摄
南宁 广西人民出版社 1988 年 1 张 76cm（2 开）
定价：CNY0.88
　　年画形式的中国风光摄影作品。

J0114292

黄山　卞志武摄
石家庄 河北美术出版社 1988 年 1 张
78cm（2 开）定价：CNY0.90
　　年画形式的中国风光摄影作品。

J0114293

黄山　孙肃显摄

北京 人民美术出版社 1988 年 1 张 76cm（2 开）
定价：CNY0.38
　　年画形式的中国风光摄影作品。

J0114294
黄山初晓　卜志武摄
石家庄 河北美术出版社 1988 年 1 张
78cm（2 开）定价：CNY0.90
　　年画形式的中国现代风光摄影作品。

J0114295
黄山风光　孙肃显摄
郑州 河南美术出版社 1988 年 4 张（卷轴）
76cm（2 开）定价：CNY3.60
　　年画形式的中国风光摄影作品。

J0114296
黄山摄影导游　方镜亮编文；郑昌嶷等摄影
合肥 黄山书社［1988 年］64 页 13cm（64 开）
定价：CNY0.50

J0114297
黄山胜景　（猴子观海）刘传炎摄
天津 天津人民美术出版社 1988 年 1 张
76cm（2 开）定价：CNY0.40
　　年画形式的中国现代风光摄影作品。

J0114298
黄山松　卜志武摄
武汉 湖北人民出版社 1988 年 1 张 76cm（2 开）
定价：CNY0.70
　　年画形式的中国现代风光摄影作品。

J0114299
黄山云海　王英恒摄
武汉 湖北美术出版社 1988 年 1 张 76cm（2 开）
定价：CNY0.86
　　年画形式的中国风光摄影作品。作者王英
恒（1932—　　），摄影记者。生于海南琼山县，毕
业于中央美术学院。曾任《新体育》《体育报》等
杂志社美术图片编辑、摄影记者，人民体育出版
社摄影编辑室主任，中国体育摄影学会主席，中
国摄影家协会会员。摄影作品有《剑术》《绳操》
《女排队长张蓉芳》等。

J0114300
加拿大风光　连城摄
武汉 湖北美术出版社 1988 年 1 张 76cm（2 开）
定价：CNY0.36
　　年画形式的中国现代摄影作品，内容为加拿
大风光。

J0114301
金色的秋天　（美国）钟训正摄
南京 江苏美术出版社 1988 年 1 张 76cm（2 开）
定价：CNY0.36
　　年画形式的中国现代摄影作品，内容为美国
风光。

J0114302
景趣欣赏　任涵子等摄
南京 江苏美术出版社 1988 年 2 张 76cm（2 开）
定价：CNY0.75
　　年画形式的中国现代风光摄影作品。

J0114303
九华胜境　顾东升，李宁摄
南京 江苏美术出版社 1988 年 1 张 76cm（2 开）
定价：CNY0.36
　　年画形式的中国现代风光摄影作品。

J0114304
琅琊深秀　朱力摄
南京 江苏美术出版社 1988 年 1 张 76cm（2 开）
定价：CNY0.36
　　年画形式的中国现代风光摄影作品。

J0114305
漓江秀色　王梦祥摄
广州 岭南美术出版社 1988 年 1 张 78cm（2 开）
定价：CNY0.70
　　年画形式的中国现代风光摄影作品。

J0114306
漓江之晨　王梦祥摄
广州 岭南美术出版社 1988 年 1 张 78cm（2 开）
定价：CNY0.70
　　年画形式的中国现代风光摄影作品。

J0114307

漓江之晨　王守平摄

西安　陕西人民美术出版社 1988 年 1 张

108cm（全开）定价：CNY1.80

　　年画形式的中国现代风光摄影作品。

J0114308

蠡园春光　王守平摄

西安　陕西人民美术出版社 1988 年 1 张

108cm（全开）定价：CNY1.80

　　年画形式的中国现代风光摄影作品。

J0114309

龙宫平湖　牛嵩林摄

天津　天津人民美术出版社 1988 年 1 张

76cm（2 开）定价：CNY0.40

　　年画形式的中国风光摄影作品。

J0114310

龙潭湖之夏　刘震摄

西安　陕西人民美术出版社 1988 年 1 张

108cm（全开）定价：CNY1.80

　　年画形式的中国现代风光摄影作品。

J0114311

美国风光　连城摄

武汉　湖北美术出版社 1988 年 1 张 76cm（2 开）

定价：CNY0.36

　　年画形式的中国现代摄影作品，内容为美国
风光。

J0114312

美国风光　夏国陵，陈家明摄

上海　上海人民美术出版社 1988 年 1 张

76cm（2 开）定价：CNY0.36

　　年画形式的中国现代摄影作品，内容为美国
风光。

J0114313

南国风光　卞志武摄

石家庄　河北美术出版社 1988 年 1 张

78cm（2 开）定价：CNY0.90

　　年画形式的中国现代风光摄影作品。作者
卞志武，摄影家。擅长风光摄影、纪实摄影和建
筑摄影。专注拍摄中国西部壮美的高原风光、名

寺古刹和独特的宗教文化。

J0114314

南国之春　孙肃显摄

郑州　河南美术出版社 1988 年 4 张（卷轴）

76cm（2 开）定价：CNY3.60

　　年画形式的中国现代风光摄影作品。

J0114315

南海　卞志武摄

石家庄　河北美术出版社 1988 年 1 张

78cm（2 开）定价：CNY0.90

　　年画形式的中国现代风光摄影作品。

J0114316

南京　（汉英对照）蒋永才撰文；许方明等摄影

北京　华艺出版社 1988 年［20cm］（32 开）

定价：CNY7.50

　　中国现代风光摄影作品。

J0114317

南京玄武湖公园　牛嵩林摄

天津　天津人民美术出版社 1988 年 1 张

76cm（2 开）定价：CNY0.40

　　年画形式的中国风光摄影作品。

J0114318

宁夏　杨杭生主编

银川　宁夏人民出版社 1988 年 28cm（大 16 开）

　　本摄影画册通过 266 幅摄影作品，展现宁夏
的风貌。内容包括：历史文化名城银川、锦绣山
川似江南、新兴工业展翅腾飞、科教事业欣欣向
荣、对外开放充满生机、塞上名胜掠影、独特的
回乡风情等。

J0114319

平潭岛　林文宝等撰文；陈菊生等摄

北京　华艺出版社 1988 年［52］页 26cm（16 开）

定价：CNY7.50

　　中国现代风光摄影作品。

J0114320

普陀山秀色　张颖摄

上海　上海书画出版社 1988 年 1 张 76cm（2 开）

定价：CNY0.44

年画形式的中国现代风光摄影作品。

J0114321
青岛 （画册 汉英对照）青岛出版社编
青岛 青岛出版社 1988年 248页［7×9cm］
精装
　　中国现代风光摄影作品集。

J0114322
青岛 （摄影集 英汉对照）青岛市对外文化交
流协会编
青岛 青岛出版社 1988年 116页［28cm］（16开）
精装
　　中国现代风光摄影作品集。

J0114323
青海掠影 （汉藏对照）青海省接待归国藏胞办
公室编
西宁 青海民族出版社 1988年［20cm］（32开）
定价：CNY2.00
　　中国现代风光摄影作品。

J0114324
厦门鼓浪屿 张颖摄
上海 上海书画出版社 1988年 1张 76cm（2开）
定价：CNY0.44
　　年画形式的中国现代风光摄影作品。

J0114325
厦门鼓浪屿 牛嵩林摄
重庆 重庆出版社 1988年 1张 76cm（2开）
定价：CNY0.70
　　年画形式的中国现代风光摄影作品。

J0114326
山川秀丽 董岩青摄
天津 天津人民美术出版社 1988年 1轴（卷轴）
76cm（2开）定价：CNY1.10
　　年画形式的中国现代风光摄影作品。

J0114327
山泉垂瀑 何世尧摄
南京 江苏美术出版社 1988年 1张 108cm（全开）
定价：CNY1.30
　　年画形式的中国现代风光摄影作品。

J0114328
上海外滩鸟瞰 杨克林摄
上海 上海人民美术出版社 1988年 1张
76cm（2开）定价：CNY0.44
　　年画形式的中国现代风光摄影作品。

J0114329
深圳荔枝园远眺 何沛行摄
广州 岭南美术出版社 1988年 1张 76cm（2开）
定价：CNY0.70
　　年画形式的中国风光摄影作品。

J0114330
深圳罗湖 何沛行，詹祖迪摄
广州 岭南美术出版社 1988年 1张 76cm（2开）
定价：CNY0.70
　　年画形式的中国风光摄影作品。

J0114331
深圳罗湖风光 何沛行摄
广州 岭南美术出版社 1988年 1张 78cm（2开）
定价：CNY0.70
　　年画形式的中国风光摄影作品。

J0114332
深圳西沥湖风光 李长捷摄
北京 人民美术出版社 1988年 1张 76cm（2开）
定价：CNY0.38
　　年画形式的中国风光摄影作品。

J0114333
深圳香蜜湖渡假村 何沛行摄
广州 岭南美术出版社 1988年 1张 76cm（2开）
定价：CNY0.70
　　年画形式的中国风光摄影作品。

J0114334
深圳香蜜湖夏日 何沛行摄
广州 岭南美术出版社 1988年 1张 76cm（2开）
定价：CNY0.45
　　年画形式的中国风光摄影作品。

J0114335
深圳岩湖温泉 牛嵩林摄
重庆 重庆出版社 1988年 1张 76cm（2开）

定价: CNY0.70

　　年画形式的中国现代风光摄影作品。

J0114336

沈阳风光 （汉英对照）徐复泉主编

沈阳 沈阳出版社［1988年］48页 27cm(大16开)

　　中国现代风光摄影作品。

J0114337

沈阳风光 徐复泉主编; 梁枫等摄

沈阳 沈阳出版社 1989年 48页 29cm(10开)

ISBN: 7-80556-075-7

　　本摄影集反映了经济发展中的沈阳, 再现了一派壮丽的北国风光。

J0114338

世界风光集锦 牛嵩林等摄

天津 天津人民出版社 1988年 2张 76cm(2开)

定价: CNY0.80

　　年画形式的中国现代摄影作品, 内容为世界各国风光。

J0114339

首都风光 （北京大观园）胡维标摄

北京 北京美术摄影出版社 1988年 1张

78cm(2开) 定价: CNY0.50

　　年画形式的中国现代风光摄影作品。

J0114340

首都风光 （北京大观园）北京美术摄影出版社编

北京 北京美术摄影出版社 1988年 2张

76cm(2开) 定价: CNY0.48

　　年画形式的中国风光摄影作品。

J0114341

首都风光 （颐和园）胡维标摄

北京 北京美术摄影出版社 1988年 1张

76cm(2开) 定价: CNY0.72

　　年画形式的中国现代风光摄影作品。

J0114342

苏州的天平山 陈健行摄

南京 江苏古籍出版社 1988年 1张 76cm(2开)

定价: CNY0.80

　　年画形式的中国现代风光摄影作品。

J0114343

苏州风光 谢新发等摄

郑州 河南美术出版社 1988年 4张(卷轴)

76cm(2开) 定价: CNY4.20

　　年画形式的中国现代风光摄影作品。

J0114344

苏州留园 牛嵩林摄

石家庄 河北美术出版社 1988年 1张

78cm(2开) 定价: CNY0.90

　　年画形式的中国现代风光摄影作品。

J0114345

苏州留园 明国摄

沈阳 辽宁美术出版社 1988年 1张 76cm(2开)

定价: CNY0.80

　　年画形式的中国现代风光摄影作品。

J0114346

苏州退思园 嵩林摄

南京 江苏美术出版社 1988年 1张 76cm(2开)

定价: CNY0.80

　　年画形式的中国现代风光摄影作品。

J0114347

苏州园林 陈建行等摄

西安 陕西人民美术出版社 1988年 2张

76cm(2开) 定价: CNY0.80

　　年画形式的中国现代风光摄影作品。

J0114348

苏州拙政园 明国摄

沈阳 辽宁美术出版社 1988年 1张 76cm(2开)

定价: CNY0.80

　　年画形式的中国现代风光摄影作品。

J0114349

苏州拙政园 周仁德摄

上海 上海书画出版社 1988年 1张 76cm(2开)

定价: CNY0.44

　　年画形式的中国现代风光摄影作品。

J0114350

太行风情 王月昇摄影

北京 华艺出版社［1988年］［42］页

19cm（小 32 开）定价：CNY5.00

　　中国现代风光摄影作品。

J0114351

天津人民公园之春　刘震摄

天津　天津人民美术出版社 1988 年 1 张

76cm（2 开）定价：CNY0.40

　　年画形式的中国现代风光摄影作品。

J0114352

天津水上公园　刘震摄

西安　陕西人民美术出版社 1988 年 1 张

108cm（全开）定价：CNY1.80

　　年画形式的中国现代风光摄影作品。

J0114353

天津水上公园　张朝玺摄

天津　天津人民美术出版社 1988 年 1 张

108cm（全开）定价：CNY1.70

　　年画形式的中国现代风光摄影作品。

J0114354

天津水上公园假日　王志斌摄

天津　天津人民美术出版社 1988 年 1 张

108cm（全开）定价：CNY1.70

　　年画形式的中国风光摄影作品。

J0114355

天坛之春　肖顺权摄

西安　陕西人民美术出版社 1988 年 1 张

108cm（全开）定价：CNY1.80

　　年画形式的中国风光摄影作品。

J0114356

亭榭赏翠　牛嵩林摄

天津　天津人民美术出版社 1988 年 2 张

76cm（2 开）定价：CNY0.80

　　年画形式的中国风光摄影作品。

J0114357

外国风光　曾万等摄

南昌　江西人民出版社［1988 年］1 张

76cm（2 开）定价：CNY0.84

　　中国现代摄影作品，内容为外国风光。

J0114358

万里长城　中国长城学会编

石家庄　河北人民出版社 1988 年 29cm（16 开）

　　本画册内容包括：中华魁宝、世界奇观；悠久的历史、宏伟的工程；关隘城池、墩堠塞堡；璀璨文化、名胜古迹；长垣万里、山河壮丽；千秋功业、历史丰碑；爱我中华、修我长城等七个部分。收有照片 260 幅，并首次发布《中国历代长城略图》。

J0114359

巍峨长城　刘春根摄

兰州　甘肃人民出版社 1988 年 1 张 76cm（2 开）

定价：CNY0.38

　　年画形式的中国现代风光摄影作品。

J0114360

无锡碧山吟社　嵩林摄

南京　江苏美术出版社 1988 年 1 张 76cm（2 开）

定价：CNY0.80

　　年画形式的中国现代风光摄影作品。

J0114361

无锡蠡园春景　刘震摄

天津　天津人民美术出版社 1988 年 1 张

76cm（2 开）定价：CNY0.40

　　年画形式的中国现代风光摄影作品。

J0114362

西湖春意浓　天鸿摄

石家庄　河北美术出版社 1988 年 1 张

78cm（2 开）定价：CNY0.54

　　年画形式的中国现代风光摄影作品。

J0114363

湘西风光　常春等摄

上海　上海人民美术出版社 1988 年 2 张

76cm（2 开）定价：CNY0.72

　　年画形式的中国现代风光摄影作品。

J0114364

杏甜花香　（汉维对照）华新摄

乌鲁木齐　新疆人民出版社 1988 年 1 张

76cm（2 开）定价：CNY0.65

　　年画形式的中国现代风光摄影作品。

J0114365
秀丽羊城 （二）黄永照等摄
广州 岭南美术出版社 1988年 10张 13cm（60开）
定价：CNY1.50
　　中国现代风光摄影作品。明信片。

J0114366
秀丽羊城 （汉英对照）凌岚等摄
广州 岭南美术出版社［1988年］10张
13cm（60开）
　　中国现代风光摄影作品。

J0114367
阳朔风景 莫文兴摄；李寿平编
北京 人民美术出版社 1988年 2张 76cm（2开）
定价：CNY0.80
　　年画形式的中国现代风光摄影作品。

J0114368
椰林 卜志武摄
石家庄 河北美术出版社 1988年 1张
76cm（2开）定价：CNY0.90
　　年画形式的中国现代风光摄影作品。

J0114369
意大利风光 石森摄
武汉 湖北美术出版社 1988年 2张
定价：CNY0.74
　　中国现代摄影作品，内容为意大利风光。

J0114370
御花园胜景 徐霞时，陈振新摄；陈振新编
北京 人民美术出版社 1988年 2张 76cm（2开）
定价：CNY0.80
　　年画形式的中国风光摄影作品。作者陈振
新（1950—　），江苏南通市人。中国美术家协会
会员，中国民间艺术家协会会员。任职于人民美
术出版社。创作和发表了大量美术、摄影作品。
主要作品有《大家动手，植树栽花，美化环境》
《期望》《林》等。

J0114371
云南滇池 牛嵩林摄
天津 天津人民美术出版社 1988年 1张
76cm（2开）定价：CNY0.40

年画形式的中国风光摄影作品。

J0114372
长江三峡 （摄影集）四川人民出版社编辑
成都 四川人民出版社 1988年 123页
27cm（16开）精装
　　年画形式的中国现代风光摄影作品集。

J0114373
长江三峡观景台 牛嵩林摄
天津 天津人民美术出版社 1988年 1张
76cm（2开）定价：CNY0.40
　　年画形式的中国现代风光摄影作品。

J0114374
浙江画册 浙江人民出版社编辑
杭州 浙江人民出版社 1988年 19cm（小32开）
定价：CNY22.00
　　中国现代风光摄影作品。

J0114375
浙江绍兴东湖 王美德摄
天津 天津人民美术出版社 1988年 1张
76cm（2开）定价：CNY0.40
　　年画形式的中国现代风光摄影作品。

J0114376
中国风光 （黄鹤楼）谷维恒摄
北京 北京美术摄影出版社 1988年 1张
76cm（2开）定价：CNY0.72
　　年画形式的中国现代风光摄影作品。

J0114377
中国风光 （云南翠湖）木易摄
北京 北京美术摄影出版社 1988年 1张
76cm（2开）定价：CNY0.72
　　年画形式的中国现代风光摄影作品。

J0114378
中国风光 周俊彦等摄；立英编
济南 山东美术出版社 1988年 2张 76cm（2开）
定价：CNY0.80
　　年画形式的中国现代风光摄影作品。

J0114379
中国十大风景名胜　北京美术摄影出版社编
北京　北京美术摄影出版社　1988 年　2 张
76cm（2 开）定价：CNY0.48
　　年画形式的中国现代风光摄影作品。

J0114380
中国十大风景名胜　志武等摄；许家庆编
南京　江苏美术出版社　1988 年　2 张　76cm（2 开）
定价：CNY1.20
　　年画形式的中国现代风光摄影作品。

J0114381
中南海风光　北京美术摄影出版社编
北京　北京美术摄影出版社　1988 年　2 张
76cm（2 开）定价：CNY0.48
　　年画形式的中国风光摄影作品。

J0114382
珠海　崔汉平，何沛行摄
广州　岭南美术出版社　1988 年　1 张　76cm（2 开）
定价：CNY0.70
　　年画形式的中国风光摄影作品。

J0114383
珠海九洲城　何沛行，崔汉平摄
广州　岭南美术出版社　1988 年　1 张　76cm（2 开）
定价：CNY0.70
　　年画形式的中国风光摄影作品。

J0114384
珠海市枇杷园　牛嵩林摄
重庆　重庆出版社　1988 年　1 张　76cm（2 开）
定价：CNY0.70
　　年画形式的中国现代风光摄影作品。

J0114385
祖国风光　董瑞成等摄
南昌　江西人民出版社［1988 年］1 张
76cm（2 开）定价：CNY0.84
　　中国现代风光摄影作品。

J0114386
祖国南疆——文山风姿　文山壮族苗族自治
州人民政府编

昆明　云南民族出版社　1988 年　72 页　15×54cm
定价：CNY19.00
　　中国现代风光摄影作品。

J0114387
阿克苏　孙大卫主编
乌鲁木齐　新疆摄影艺术出版社　1989 年　112 页
26cm（16 开）精装　ISBN：7-80547-014-6
定价：CNY35.00
　　中国现代风光摄影作品。

J0114388
八达岭长城之春　邢延生摄
天津　天津人民美术出版社　1989 年　1 张
53cm（4 开）定价：CNY0.50
　　年画形式的中国现代摄影作品。作者邢延
生，擅长摄影。主要作品有《苗苗》《花儿朵朵》
《景山牡丹》等。

J0114389
北海　晓时摄
北京　人民美术出版社　1989 年　2 张　76cm（2 开）
定价：CNY1.05
　　年画形式的中国现代风光摄影作品。

J0114390
北海　茹遂初摄
武汉　长江文艺出版社　1989 年　1 张　76cm（2 开）
定价：CNY1.00
　　年画形式的中国现代风光摄影作品。

J0114391
北海公园　牛嵩林摄
西安　陕西人民美术出版社　1989 年　1 张
76cm（2 开）定价：CNY1.05
　　年画形式的中国现代风光摄影作品。

J0114392
北京八大处　瑜君编摄
北京　人民美术出版社　1989 年　2 张　76cm（2 开）
定价：CNY1.05
　　年画形式的中国现代风光摄影作品。

J0114393
北京大观园　牛嵩林摄

济南 山东美术出版社 1989 年 1 张 107cm（全开）
定价：CNY2.00
　　年画形式的中国现代风光摄影作品。

J0114394
北京大观园 （摄影）
成都 四川省新闻图片社［1989 年］1 张
76cm（2 开）定价：CNY0.70
　　中国现代风光摄影作品。

J0114395
北京风光 （摄影集）
北京 北京美术摄影出版社 1989 年 93 页
25cm（15 开）ISBN：7-80501-075-7
定价：CNY34.00
　　中国现代风光摄影作品。

J0114396
北京龙潭公园　晓言摄
北京 人民美术出版社 1989 年 2 张 76cm（2 开）
定价：CNY1.05
　　年画形式的中国现代风光摄影作品。

J0114397
北京十渡风光　尹晨摄
北京 人民美术出版社 1989 年 2 张 76cm（2 开）
定价：CNY1.05
　　年画形式的中国现代风光摄影作品。

J0114398
北京石景山游乐园 （摄影）
成都 四川省新闻图片社［1989 年］1 张
76cm（2 开）定价：CNY0.90
　　中国现代风光摄影作品。

J0114399
北京四景　李长捷摄
北京 人民美术出版社 1989 年 2 张 76cm（2 开）
定价：CNY1.05
　　年画形式的中国现代风光摄影作品。

J0114400
北京天坛　曾万编摄
北京 人民美术出版社 1989 年 2 张 76cm（2 开）
定价：CNY1.05

年画形式的中国现代风光摄影作品。

J0114401
北京园林新景　尹燕摄
北京 人民美术出版社 1989 年 2 张 76cm（2 开）
定价：CNY1.05
　　年画形式的中国现代风光摄影作品。

J0114402
冰川公园——海螺沟　云生，林强摄
北京 人民美术出版社 1989 年 2 张 76cm（2 开）
定价：CNY1.05
　　年画形式的中国现代风光摄影作品。

J0114403
冰雪之乡 （摄影）
南京 江苏美术出版社 1989 年 1 张 76cm（2 开）
定价：CNY1.40
　　年画形式的中国现代风光摄影作品。

J0114404
澄湖荷香　牛嵩林摄
重庆 重庆出版社 1989 年 1 张 76cm（2 开）
定价：CNY0.90
　　年画形式的中国现代风光摄影作品。

J0114405
春　张朝玺摄
天津 天津人民美术出版社 1989 年 1 张
78cm（3 开）定价：CNY0.35
　　年画形式的中国现代风光摄影作品。

J0114406
春风杨柳万千条　王志成摄
福州 福建美术出版社［1989 年］1 张
76cm（2 开）定价：CNY0.80
　　中国现代风光摄影作品。

J0114407
春光好　陈玉玲摄
上海 上海人民美术出版社 1989 年 1 张
76cm（2 开）定价：CNY1.00
　　年画形式的中国现代风光摄影作品。

J0114408
春夏秋冬　兆欣, 李宁摄; 迟澄诗
南京 江苏美术出版社 1989 年 4 张 76cm（2 开）
定价: CNY3.20
　　年画形式的中国现代风光摄影作品。

J0114409
大理三塔　朗琦摄
沈阳 辽宁画报社 1989 年 1 张 79cm（3 开）
定价: CNY0.75
　　年画形式的中国现代风光摄影作品。

J0114410
东湖春早　陈锦摄
杭州 浙江摄影出版社 1989 年 1 张 107cm（全开）
定价: CNY2.20
　　年画形式的中国现代风光摄影作品。作者
陈锦（1955—　），摄影编辑。出生于四川成都,
毕业于云南大学。四川美术出版社摄影编辑, 中
国摄影家协会会员。出版有《四川茶铺》《感怀
成都》《高原魂》等。

J0114411
繁花似锦　健文摄
北京 人民美术出版社 1989 年 2 张 76cm（2 开）
定价: CNY1.05
　　年画形式的中国现代风光摄影作品。

J0114412
风采　（摄影）
长沙 湖南美术出版社 1989 年 1 张 76cm（2 开）
定价: CNY0.70
　　年画形式的中国现代风光摄影作品。

J0114413
故宫　（中国十大名胜之一）徐震时摄
杭州 浙江人民美术出版社 1989 年 1 张
76cm（2 开）定价: CNY0.90
　　中国现代风光摄影作品。

J0114414
广场即景　李长捷摄
西安 陕西人民美术出版社 1989 年 1 张
107cm（全开）定价: CNY2.40
　　年画形式的中国现代风光摄影作品。

J0114415
国家冰川公园海螺沟　（摄影）山川摄
重庆 重庆出版社 1989 年 1 张 76cm（2 开）
定价: CNY0.90
　　年画形式的中国现代风光摄影作品。

J0114416
海南　（摄影）陈春轩摄
天津 天津人民美术出版社 1989 年 1 张
76cm（2 开）定价: CNY0.50
　　年画形式的中国风光摄影作品。

J0114417
海南风光　周俊彦摄
长沙 湖南美术出版社 1989 年 2 张 76cm（2 开）
定价: CNY0.70
　　年画形式的中国风光摄影作品。

J0114418
杭州西湖　奚天鹰等摄
杭州 浙江人民美术出版社 1989 年 2 张
76cm（2 开）定价: CNY0.90
　　年画形式的中国风光摄影作品。

J0114419
杭州玉泉公园　（摄影）陈书帛摄
天津 天津人民美术出版社 1989 年 1 张
76cm（2 开）定价: CNY0.50
　　年画形式的中国风光摄影作品。

J0114420
荷兰·法国……　（杨绍明访欧作品选）杨绍明
摄; 麦烽, 王苗编辑
北京 中国摄影出版社 1989 年 107 页
27cm（16 开）ISBN: 7-80007-031-X
　　中国现代摄影作品集, 内容为外国风光。作
者杨绍明（1942—　），社会活动家。毕业于北京
大学历史系。新华社摄影记者, 中国摄影家协会
副主席, 世界华人摄影学会会长, 当代摄影学会
主席, 中国人民对外友好协会理事等职。

J0114421
湖光山色　（摄影）国清供稿
南京 江苏美术出版社 1989 年 1 张 76cm（2 开）
定价: CNY1.00

年画形式的中国现代风光摄影作品。

J0114422
湖畔秋色　牛嵩林摄
西安 陕西人民美术出版社 1989 年 1 张
107cm（全开）定价：CNY2.40
　　年画形式的中国现代风光摄影作品。

J0114423
湖心岛影　彭匡摄
贵阳 贵州美术出版社 ［1989 年］1 张
76cm（2 开）定价：CNY0.96
　　年画形式的中国现代风光摄影作品。

J0114424
黄果树瀑布　陈布帛摄
南京 江苏美术出版社 1989 年 1 张 76cm（2 开）
定价：CNY1.10
　　年画形式的中国风光摄影作品。

J0114425
黄果树瀑布　天祥，克昌摄
西安 陕西人民美术出版社 1989 年 1 张
76cm（2 开）定价：CNY1.05
　　年画形式的中国风光摄影作品。

J0114426
黄山奇观　卜志武摄
武汉 湖北美术出版社 1989 年 1 张 76cm（2 开）
定价：CNY1.10
　　年画形式的中国风光摄影作品。

J0114427
黄山奇观　刘传炎摄
天津 天津人民美术出版社 1989 年 2 张
76cm（2 开）定价：CNY1.10
　　年画形式的中国风光摄影作品。

J0114428
黄山人字瀑　胡承斌摄
天津 天津人民美术出版社 1989 年 1 张
76cm（2 开）定价：CNY0.50
　　年画形式的中国现代风光摄影作品。

J0114429
黄山松云　（摄影）
西安 陕西人民美术出版社 1989 年 1 张
107cm（全开）定价：CNY2.40
　　年画形式的中国现代风光摄影作品。

J0114430
黄山云海　丁士摄
杭州 浙江摄影出版社 1989 年 1 张 107cm（全开）
定价：CNY2.20
　　年画形式的中国现代风光摄影作品。

J0114431
黄寨云雾　牛嵩林摄
石家庄 河北美术出版社 1989 年 1 张
78cm（3 开）定价：CNY0.65
　　年画形式的中国现代风光摄影作品。

J0114432
江城远眺　张先良摄
武汉 湖北美术出版社 1989 年 1 张 76cm（2 开）
定价：CNY1.10
　　年画形式的中国现代风光摄影作品。

J0114433
江南名胜　陈春轩等摄
上海 上海人民美术出版社 1989 年 2 张
107cm（全开）定价：CNY2.00
　　年画形式的中国现代风光摄影作品。

J0114434
江南园林　贾鸿勋等摄；华瑜编文
北京 人民美术出版社 1989 年 2 张 76cm（2 开）
定价：CNY1.05
　　年画形式的中国现代风光摄影作品。

J0114435
金色的秋天　（摄影）
北京 人民体育出版社 1989 年 1 张 76cm（2 开）
定价：CNY1.10
　　年画形式的中国现代风光摄影作品。

J0114436
锦绣漓江　胡建瑜摄
杭州 浙江人民美术出版社 1989 年 2 张

76cm（2开）定价：CNY1.00
　　年画形式的中国现代风光摄影作品。

J0114437
锦绣中华　晓庄等摄
西安　陕西人民美术出版社 1989 年 2 张
76cm（2开）定价：CNY0.95
　　年画形式的中国现代风光摄影作品。

J0114438
镜泊湖秋色　何世尧摄
兰州　甘肃人民出版社 1989 年 1 张 107cm（全开）
定价：CNY3.40
　　年画形式的中国现代风光摄影作品。

J0114439
九寨飞瀑　王守平摄
西安　陕西人民美术出版社 1989 年 1 张
107cm（全开）定价：CNY2.40
　　年画形式的中国现代风光摄影作品。

J0114440
九寨沟瀑布　夏彬摄
上海　上海人民美术出版社 1989 年 1 张
107cm（全开）定价：CNY2.20
　　年画形式的中国现代风光摄影作品。

J0114441
漓江波影　莫文兴摄
长沙　湖南美术出版社 1989 年 1 张 76cm（2开）
定价：CNY0.70
　　年画形式的中国现代风光摄影作品。

J0114442
蠡园春色　牛嵩林摄
天津　天津人民美术出版社 1989 年 1 张
76cm（2开）定价：CNY0.50
　　中国现代风光摄影作品。

J0114443
蠡园春色　（摄影）牛嵩林摄
天津　天津人民美术出版社 1994 年 1 张
106×38cm 定价：CNY1.20
　　年画形式的中国现代风光摄影作品。

J0114444
联邦德国采风　（巴符州之旅）张宇摄
南京　江苏美术出版社 1989 年 2 张 76cm（2开）
定价：CNY1.50
　　年画形式的中国现代摄影作品，内容为德国
风光。

J0114445
美国旧金山风光　（摄影）晓晨供稿
南京　江苏美术出版社 1989 年 1 张 76cm（2开）
定价：CNY1.00
　　年画形式的中国现代摄影作品，内容为美国
风光。

J0114446
妙趣天成——贵州梵净山一隅　冯玉照摄
贵阳　贵州美术出版社［1989年］1 张
76cm（2开）定价：CNY0.96
　　年画形式的中国现代风光摄影作品。

J0114447
名园新姿　（杭州西湖）戴华摄
石家庄　河北美术出版社 1989 年 1 张
76cm（2开）定价：CNY0.90
　　年画形式的中国现代风光摄影作品。

J0114448
名园新姿　（苏州虎丘）戴华摄
石家庄　河北美术出版社 1989 年 1 张
76cm（2开）定价：CNY0.90
　　年画形式的中国现代风光摄影作品。

J0114449
名园新姿　（苏州狮子林）徐巾定摄
石家庄　河北美术出版社 1989 年 1 张
76cm（2开）定价：CNY0.90
　　年画形式的中国现代风光摄影作品。

J0114450
名园新姿　（无锡蠡园）戴华摄
石家庄　河北美术出版社 1989 年 1 张
76cm（2开）定价：CNY0.90
　　年画形式的中国现代风光摄影作品。

J0114451

南京梁洲　牛嵩林摄

天津　天津人民美术出版社　1989 年　1 张

76cm（2 开）定价：CNY0.50

　　年画形式的中国现代风光摄影作品。

J0114452

南京鹭洲　牛嵩林摄

天津　天津人民美术出版社　1989 年　1 张

76cm（2 开）定价：CNY0.50

　　年画形式的中国现代风光摄影作品。

J0114453

南靖　（闽南金三角林果之乡　摄影集　中英文本）

北京　华艺出版社　1989 年　63 页　26cm（16 开）

ISBN：7-80039-037-3　定价：CNY11.80

　　中国现代风光摄影作品。

J0114454

南粤风采　（摄影）广东电视台供稿

广州　岭南美术出版社　1989 年　1 张　76cm（2 开）

定价：CNY1.00

　　年画形式的中国现代风光摄影作品。

J0114455

七星岩风光　牛嵩林摄

重庆　重庆出版社　1989 年　1 张　76cm（2 开）

定价：CNY0.90

　　年画形式的中国现代风光摄影作品。

J0114456

祁连冰封　（西部组画　摄影）陈之涛摄

太原　山西人民出版社　1989 年　1 张　76cm（2 开）

定价：CNY1.10

　　年画形式的中国现代风光摄影作品。

J0114457

青海湖畔　（西部组画　摄影）赵绍波摄

太原　山西人民出版社　1989 年　1 张　76cm（2 开）

定价：CNY1.10

　　年画形式的中国现代风光摄影作品。

J0114458

群峰叠翠　孙智和摄

长沙　湖南美术出版社　1989 年　1 张　76cm（2 开）

定价：CNY0.70

　　年画形式的中国现代风光摄影作品。

J0114459

三潭夏荷　郎龙摄

杭州　浙江摄影出版社　1989 年　1 张　107cm（全开）

定价：CNY2.20

　　年画形式的中国现代风光摄影作品。

J0114460

山水情深　（英汉对照）王梧生摄

北京　外文出版社　1989 年　10 张　15cm（40 开）

定价：CNY1.90

　　中国现代风光摄影作品。明信片。

J0114461

上海外滩　浪花摄

上海　上海人民美术出版社　1989 年　1 张

76cm（2 开）定价：CNY1.10

　　年画形式的中国现代风光摄影作品。

J0114462

世界风光　赵淑琪等摄影

济南　山东美术出版社　1989 年　2 张　76cm（2 开）

　　年画形式的中国现代摄影作品，内容为世界

各国风光。

J0114463

世界各地　（摄影集锦）江苏美术出版社编

南京　江苏美术出版社　1989 年　2 张　76cm（2 开）

定价：CNY1.50

　　年画形式的中国现代摄影作品，内容为世界

各国风光。

J0114464

四川海螺沟　隋山川摄

武汉　湖北美术出版社　1989 年　1 张　76cm（2 开）

定价：CNY1.10

　　年画形式的中国现代风光摄影作品。

J0114465

苏州美景　陈健行摄；石红编文

南京　江苏美术出版社　1989 年　2 张　76cm（2 开）

定价：CNY1.50

　　年画形式的中国现代风光摄影作品。

J0114466
苏州名胜 （摄影）
南京 江苏古籍出版社［1989年］1张 76cm（2开）
　　中国现代风光摄影作品。

J0114467
苏州狮子林　杭志忠摄
上海 上海人民美术出版社 1989年 1张
76cm（2开）定价：CNY0.55
　　年画形式的中国现代风光摄影作品。

J0114468
苏州退思园　牛嵩林摄
重庆 重庆出版社 1989年 1张 76cm（2开）
定价：CNY0.90
　　年画形式的中国现代风光摄影作品。

J0114469
苏州网师园　牛嵩林摄
武汉 湖北美术出版社 1989年 1张 76cm（2开）
定价：CNY1.10
　　年画形式的中国现代风光摄影作品。

J0114470
苏州园林　杨中俭摄
北京 人民美术出版社 1989年 2张 76cm（2开）
定价：CNY1.05
　　年画形式的中国现代风光摄影作品。

J0114471
速度使您拥抱自然 （摄影）
石家庄 河北美术出版社 1989年 1张
76cm（2开）定价：CNY0.90
　　年画形式的中国现代风光摄影作品。

J0114472
泰国芭提雅海滨城　何沛行摄
石家庄 河北美术出版社 1989年 1张
76cm（2开）定价：CNY0.90
　　年画形式的中国现代风光摄影作品。

J0114473
檀扇清风心悠悠　陈春轩，姚中玉摄
上海 上海人民美术出版社 1989年 1张
53cm（4开）定价：CNY0.50

　　年画形式的中国现代风光摄影作品。

J0114474
特区新景　牛嵩林摄
天津 天津人民美术出版社 1989年 1张
76cm（2开）定价：CNY0.50
　　年画形式的中国现代风光摄影作品。

J0114475
天安门广场　李长捷摄
南京 江苏美术出版社 1989年 1张 107cm（全开）
定价：CNY2.20
　　年画形式的中国现代风光摄影作品。

J0114476
天府滴翠　四川省林业厅，林业部宣传司编辑
北京 国际文化出版公司 1989年 141页
29cm（13开）ISBN：7-80049-380-6
定价：CNY35.00
　　中国现代风光摄影作品。

J0114477
天府揽胜　书帛等摄
南京 江苏美术出版社 1989年 2张 76cm（2开）
定价：CNY1.00
　　年画形式的中国现代风光摄影作品。

J0114478
巍巍中华　书帛等摄
南京 江苏美术出版社 1989年 1张 107cm（全开）
定价：CNY2.40
　　年画形式的中国现代风光摄影作品。

J0114479
无锡蠡园春秋阁　葛立英摄
济南 山东美术出版社 1989年 1张 107cm（全开）
定价：CNY2.00
　　年画形式的中国风光摄影作品。

J0114480
无锡蠡园春色　杭志忠摄
上海 上海人民美术出版社 1989年 1张
76cm（2开）定价：CNY0.55
　　年画形式的中国现代风光摄影作品。

J0114481

无锡长春桥樱花　陈春轩摄

上海　上海人民美术出版社 1989 年 1 张

76cm（2 开）定价：CNY0.55

　　年画形式的中国现代风光摄影作品。

J0114482

西部奇路　李成春主编

北京　长城出版社 1989 年 161 页 31cm（15 开）

精装 ISBN：7-80017-093-4 定价：CNY71.00

　　中国现代风光摄影作品。

J0114483

西湖四季　钱豫强等摄

杭州　浙江人民美术出版社 1989 年 4 张（卷轴）

76cm（2 开）定价：CNY6.70

　　年画形式的中国现代风光摄影作品。

J0114484

西湖四季　钱豫强等摄

杭州　浙江人民美术出版社 1989 年 2 张

107cm（全开）定价：CNY2.30

　　年画形式的中国现代风光摄影作品。

J0114485

西湖天下景　振龙等摄

南京　江苏美术出版社 1989 年 4 张 76cm（2 开）

定价：CNY3.20

　　年画形式的中国现代风光摄影作品。

J0114486

西湖夏游　天鹰摄

杭州　浙江人民美术出版社 1989 年 1 张

76cm（2 开）定价：CNY1.20

　　年画形式的中国现代风光摄影作品。

J0114487

星湖水榭　卜志武摄

重庆　重庆出版社 1989 年 1 张 76cm（2 开）

定价：CNY0.90

　　年画形式的中国现代风光摄影作品。

J0114488

阳朔漓江之最　（中国风光）北京美术摄影出

版社编

北京　北京美术摄影出版社 1989 年 1 张

76cm（2 开）定价：CNY1.00

　　年画形式的中国现代风光摄影作品。

J0114489

颐和园　（摄影）

成都　四川省新闻图片社 1989 年 1 张

76cm（2 开）定价：CNY0.70

　　中国现代风光摄影作品。

J0114490

颐和园　茹遂初摄

武汉　长江文艺出版社 1989 年 1 张 76cm（2 开）

定价：CNY1.00

　　年画形式的中国现代风光摄影作品。

J0114491

颐和园谐趣园　茹遂初摄

武汉　长江文艺出版社 1989 年 1 张 76cm（2 开）

定价：CNY1.00

　　年画形式的中国现代风光摄影作品。

J0114492

幽谷飞瀑　（摄影）

兰州　甘肃人民出版社 1989 年 1 张 107cm（全开）

定价：CNY3.40

　　年画形式的中国现代风光摄影作品。

J0114493

幽谷瀑声　书帛摄

南京　江苏美术出版社 1989 年 1 张 107cm（全开）

定价：CNY2.20

　　年画形式的中国现代风光摄影作品。

J0114494

渔舟落霞　莫文兴摄

长沙　湖南美术出版社 1989 年 1 张 76cm（2 开）

定价：CNY0.70

　　年画形式的中国现代风光摄影作品。

J0114495

园林风光　陈治黄摄

天津　天津人民美术出版社 1989 年 2 张

76cm（2 开）定价：CNY1.10

　　年画形式的中国现代风光摄影作品。

J0114496

云南风光　贾鸿勋摄

北京 人民美术出版社 1989 年 2 张 76cm（2 开）

定价：CNY1.05

　　年画形式的中国风光摄影作品。

J0114497

中国风光　姜衍波等摄

济南 山东美术出版社 1989 年 2 张 76cm（2 开）

定价：CNY1.00

　　年画形式的中国现代风光摄影作品。

J0114498

中国旅游胜地　徐震时摄；晓君，竞舟文

南京 江苏美术出版社 1989 年 2 张 76cm（2 开）

定价：CNY1.50

　　年画形式的中国现代风光摄影作品。作者徐震时，擅长摄影。主要作品有《胜景大观》《皇家园林》《山溪春晓》等。

J0114499

中国山水　上海人民美术出版社编

上海 上海人民美术出版社 1989 年 455 页 26cm（16 开）精装 ISBN：7-5322-0067-2

定价：CNY125.00

　　本摄影画册共有照片 455 幅，内容分为 7 个专题：《五岳与佛山》《千峰竞秀》《万里长江》《奇峰异洞》《奔腾黄河》《高原盆地》《五湖四海》，书前有秦牧撰写的前言。

J0114500

中华大地　许颖等摄

南宁 广西人民出版社 1989 年 10 张 15cm（40 开）

定价：CNY1.90

　　年画形式的中国现代风光摄影作品。明信片。

J0114501

中华风貌　中华人民共和国国家旅游局编

北京 中国旅游出版社 1989 年 279 页 39cm（8 开）

精装 定价：CNY230.00

　　本画册是综合反映我国旅游资源的摄影作品集。

J0114502

中南海风光　李长捷摄

西安 陕西人民美术出版社 1989 年 1 张 107cm（全开）定价：CNY2.40

　　年画形式的中国现代风光摄影作品。

J0114503

中南海风光　李长捷摄

西安 陕西人民美术出版社 1989 年 2 张 76cm（2 开）定价：CNY0.95

　　年画形式的中国现代风光摄影作品。

J0114504

八达岭长城　李长捷摄

西安 陕西人民美术出版社 1990 年 1 张（全张）

定价：CNY2.40

　　年画形式的中国现代摄影作品。

J0114505

白头山天池　黄范松摄

延吉 延边人民出版社 1990 年 1 张 107cm（全开）

定价：CNY18.00

　　中国现代风光摄影作品。

J0114506

白云胜境　群力摄

西安 陕西人民美术出版社［1990 年］8 张 15cm（40 开）定价：CNY1.60

　　中国现代风光摄影作品。

J0114507

北海盛装　卞志武摄

杭州 浙江人民出版社 1990 年 1 张（2 开）

定价：CNY1.10

　　年画形式的中国现代风光摄影作品。

J0114508

北京双龙亭　李长捷摄

南京 江苏美术出版社 1990 年 1 张（全开）

定价：CNY3.50

　　年画形式的中国现代风光摄影作品。

J0114509

北京天安门　肖顺权摄

西安 陕西人民美术出版社 1990 年 1 张（1 开）

定价: CNY2.40

　　年画形式的中国现代风光摄影作品。

J0114510

北京天安门　肖顺权摄

西安　陕西人民美术出版社 1990 年　1 张(2 开)

定价: CNY0.60

　　年画形式的中国现代风光摄影作品。

J0114511

北京颐和园　崔顺才摄

南京　江苏美术出版社 1990 年　1 张

108cm(3 全开) 定价: CNY24.00

　　中国现代风光摄影作品。作者崔顺才
(1950—　)，河北献县人。任职于天津市群众艺
术馆。中国摄影家协会会员。作品有《仙客来》
《瓜棚小景》等。

J0114512

北京长安街　曾万摄

北京　人民美术出版社 1990 年　2 张 76cm(2 开)

定价: CNY1.05

　　年画形式的中国现代风光摄影作品。

J0114513

北京中山公园　李长捷摄

西安　陕西人民美术出版社 1990 年　1 张(全开)

定价: CNY2.40

　　年画形式的中国现代风光摄影作品。

J0114514

边地风采　(陈志摄影作品选)陈志摄

北京　人民日报出版社 [1990 年] 58 页

29cm(15 开) ISBN: 7-80002-260-9

定价: CNY21.00

　　本书精选了作者拍摄的兄弟民族习俗、人
物、建筑和自然风光的彩色照片 59 幅，并配有
中英文对照说明文字。　陈志(1929—　)，摄影
记者。

J0114515

春　陈春轩摄

天津　天津人民美术出版社 1990 年　1 张(2 开)

定价: CNY0.50

　　年画形式的中国现代风光摄影作品。

J0114516

春的情思

北京　外文出版社 1990 年　8 张　15cm(40 开)

ISBN: 7-119-01302-5 定价: CNY2.00

　　中国现代风光摄影作品。

J0114517

大地

杭州　浙江摄影出版社 [1990 年] 10 张

15cm(40 开) 定价: CNY2.70

　　中国现代风光摄影作品。

J0114518

大地的丰采

北京　外文出版社 1990 年　10 张 15cm(40 开)

ISBN: 7-119-01286-X 定价: CNY2.00

　　中国现代风光摄影作品。

J0114519

大观园　胡维标摄

天津　天津人民美术出版社 1990 年　1 张(2 开)

定价: CNY0.50

　　年画形式的中国现代风光摄影作品。作者
胡维标(1939—　)，著名风光摄影家。江苏镇
江市人。毕业于中国人民解放军防化学兵工程
指挥学院新闻系。中国摄影家协会会员。摄影
作品以旅游风光、古今建筑、文物为主。主要作
品有《长城风光》《北京风光荟萃》《故宫》《天
安门》。

J0114520

大观园滴翠亭　胡维标摄

天津　天津人民美术出版社 1990 年　1 张(2 开)

定价: CNY0.50

　　年画形式的中国现代风光摄影作品。

J0114521

大自然

杭州　浙江摄影出版社 [1990 年] 10 张

15cm(40 开) 定价: CNY2.70

　　中国现代风光摄影作品。

J0114522

滇兰拾味　(云南兰花　一)郭希仪编选，摄影

昆明　云南人民出版社 1990 年　10 张 15cm(40 开)

定价: CNY2.50

　　中国现代风光摄影作品。

J0114523

峨嵋秀色　陈锦, 吴健摄

天津 天津人民美术出版社 1990年 2张

76cm(2开) 定价: CNY1.10

　　年画形式的中国现代风光摄影作品。作者
陈锦(1955—　), 摄影编辑。出生于四川成都,
毕业于云南大学。四川美术出版社摄影编辑, 中
国摄影家协会会员。出版有《四川茶铺》《感怀
成都》《高原魂》等。

J0114524

俯瞰北京　张连富摄

北京 奥林匹克出版社 1990年 8张 15cm(40开)

ISBN: 7-80067-169-0 定价: CNY3.00

　　中国现代风光摄影作品。

J0114525

港澳掠影　健行摄

南京 江苏美术出版社 1990年 2张 76cm(2开)

定价: CNY1.05

　　年画形式的中国现代风光摄影作品。

J0114526

公园秀色　胡维标摄

天津 天津人民美术出版社 1990年 1张(2开)

定价: CNY0.50

　　年画形式的中国现代风光摄影作品。

J0114527

古都北京　晓雨摄; 瑜生编文

北京 人民美术出版社 1990年 2张 76cm(2开)

定价: CNY1.05

　　年画形式的中国现代风光摄影作品。

J0114528

贵州黄果树瀑布　陈书帛摄

北京 中国旅游出版社 1990年 1张 76cm(2开)

定价: CNY1.15

　　年画形式的中国现代风光摄影作品。

J0114529

海滨　鄂毅摄

天津 天津人民美术出版社 1990年 1张(2开)

定价: CNY0.50

　　年画形式的中国现代风光摄影作品。

J0114530

海南碧波　田捷民摄

石家庄 河北美术出版社 1990年 1张

76cm(2开) 定价: CNY1.00

　　年画形式的中国现代风光摄影作品。作者
田捷民(1954—　), 浙江人。重庆市新闻图片社
主任记者。历任四川省摄影家协会副主席、中国
摄影家协会理事、重庆市文联委员、重庆市摄影
家协会驻会副主席兼秘书长等。代表作有《影人
史进》《重担在肩》《照野皑皑融雪》等。

J0114531

海南岛风光　田捷民摄

北京 中国旅游出版社 1990年 1张 76cm(2开)

定价: CNY1.15

　　年画形式的中国风光摄影作品。

J0114532

海南风光　鄂毅摄

北京 中国旅游出版社 1990年 1张 76cm(2开)

定价: CNY2.40

　　年画形式的中国风光摄影作品。

J0114533

海南风光　鄂毅摄

北京 中国旅游出版社 1990年 1张 76cm(2开)

定价: CNY1.15

　　年画形式的中国风光摄影作品。

J0114534

海南龙牙湾　杨茵摄

天津 天津人民美术出版社 1990年 1张(2开)

定价: CNY0.50

　　年画形式的中国现代风光摄影作品。作者
杨茵, 擅长摄影。主要的年历作品有《颐和园》
《华堂瓢香》《楠溪江晨曲》等。

J0114535

杭州花港　牛嵩林摄

天津 天津人民美术出版社 1990年 1张(2开)

定价: CNY0.50

年画形式的中国风光摄影作品。

J0114536

杭州花港公园　　卜志武摄

北京 中国旅游出版社 1990 年 1 张 76cm（2 开）

定价: CNY1.15

　　年画形式的中国风光摄影作品。

J0114537

杭州曲院风荷　　牛嵩林摄

北京 中国旅游出版社 1990 年 1 张 76cm（2 开）

定价: CNY1.15

　　年画形式的中国风光摄影作品。

J0114538

杭州曲院风荷　　牛嵩林摄

北京 中国旅游出版社 1994 年 1 张 38×106cm

定价: CNY1.60

　　年画形式的中国风光摄影作品。

J0114539

杭州西湖　　卜志武摄

北京 中国旅游出版社 1990 年 1 张 76cm（2 开）

定价: CNY2.40

　　年画形式的中国风光摄影作品。

J0114540

杭州西湖　（摄影）卜志武摄

北京 中国旅游出版社 1994 年 1 张 38×106cm

定价: CNY1.90

　　年画形式的中国风光摄影作品。

J0114541

杭州西湖放鹤亭　　天鹰摄

南京 江苏美术出版社 1990 年 1 张 78cm（2 开）

定价: CNY0.80

　　年画形式的中国现代风光摄影作品。

J0114542

杭州小景　　牛嵩林摄

天津 天津人民美术出版社 1990 年 1 张（2 开）

定价: CNY0.50

　　年画形式的中国现代风光摄影作品。

J0114543

杭州小瀛洲　　牛嵩林摄

天津 天津人民美术出版社 1990 年 1 张（2 开）

定价: CNY0.50

　　年画形式的中国现代风光摄影作品。

J0114544

胡同壹佰零壹像　（摄影集）徐勇摄

杭州 浙江摄影出版社 1990 年 27×28cm（12 开）

精装 ISBN: 7-80536-077-4

　　本影集汇集了 1989 初夏至 1990 年春的北京大小胡同照片 101 幅。作者徐勇（1954—　），摄影家。上海人。中国摄影家协会会员，北京摄影家协会会员。代表作品有《胡同》《小方家胡同》《解决方案》《这张脸》等。

J0114545

花香春正好　　罗恒等摄

天津 天津人民美术出版社 1990 年 2 张（2 开）

定价: CNY1.10

　　年画形式的中国现代风光摄影作品。

J0114546

黄果树瀑布　　卜志武摄

杭州 浙江人民美术出版社 1990 年 1 张 76cm（2 开）定价: CNY1.10

　　年画形式的中国风光摄影作品。

J0114547

黄河风光　　张旭奎摄

北京 人民美术出版社 1990 年 2 张 76cm（2 开）

定价: CNY1.05

　　年画形式的中国风光摄影作品。

J0114548

黄河之源　　詹国光摄影；王建民配诗

兰州 甘肃人民美术出版社 [1990 年] 10 张 15cm（40 开）定价: CNY2.00

　　中国现代风光摄影作品。

J0114549

黄山猴子望海　　牛嵩林摄

兰州 甘肃人民美术出版社 1990 年 1 张 107cm（全开）定价: CNY3.95

　　年画形式的中国现代风光摄影作品。

J0114550
黄山揽胜　刘传炎摄
天津 天津人民美术出版社 1990 年 2 张
76cm（2 开）定价：CNY1.10
　　年画形式的中国现代风光摄影作品。

J0114551
江南园林　晓庄等摄
上海 上海书画出版社 1990 年 1 张（2 开）
定价：CNY1.50
　　年画形式的中国现代风光摄影作品。

J0114552
今日北京　（汉英对照）
北京 今日中国出版社 1990 年 10 张 15cm（40开）
ISBN：7–5072–0250–X 定价：CNY2.00
　　中国现代风光摄影作品。

J0114553
锦绣河山　周仁德摄
上海 上海人民美术出版社 1990 年 2 张
定价：CNY2.00
　　年画形式的中国现代风光摄影作品。

J0114554
锦绣河山　张雄等摄
上海 上海书画出版社 1990 年 4 张
定价：CNY2.00
　　年画形式的中国现代风光摄影作品。

J0114555
锦绣山河　孔艺等摄
南宁 广西美术出版社 1990 年 10 张 15cm（40开）
ISBN：7–80585–008–2 定价：CNY1.80
　　中国现代风光摄影作品。

J0114556
静静的湖　陈锦摄
天津 天津人民美术出版社 1990 年 1 张（全开）
定价：CNY0.50
　　年画形式的中国现代风光摄影作品。作者
陈锦（1955—　　），摄影编辑。出生于四川成都，
毕业于云南大学。四川美术出版社摄影编辑，中
国摄影家协会会员。出版有《四川茶铺》《感怀
成都》《高原魂》等。

J0114557
镜泊湖风光　李长捷摄
西安 陕西人民美术出版社 1990 年 1 张
76cm（2 开）定价：CNY0.60
　　年画形式的中国现代风光摄影作品。

J0114558
九寨沟瀑布　崔顺才摄
长沙 湖南美术出版社 1990 年 1 张（2 开）
定价：CNY0.45
　　年画形式的中国现代风光摄影作品。

J0114559
漓江春晓　高明义摄
长沙 湖南美术出版社 1990 年 1 张（2 开）
定价：CNY1.00
　　年画形式的中国现代风光摄影作品。

J0114560
蠡园　胡维标摄
天津 天津人民美术出版社 1990 年 1 张（2 开）
定价：CNY0.50
　　年画形式的中国现代风光摄影作品。

J0114561
六朝古都南京　晓梵等摄
南京 江苏美术出版社 1990 年 2 张
定价：CNY1.50
　　年画形式的中国现代风光摄影作品。

J0114562
庐山风光　华绍祖摄
天津 天津人民美术出版社 1990 年 2 张
定价：CNY1.10
　　年画形式的中国现代风光摄影作品。

J0114563
庐山五老洞　华少祖摄
天津 天津人民美术出版社 1990 年 1 张
定价：CNY0.50
　　年画形式的中国现代风光摄影作品。

J0114564
美国风光
长春 吉林美术出版社 1990 年 10 张 15cm（40开）

定价：CNY2.20

　　中国现代风光摄影作品。

J0114565

美国风光　钟训正，沈仲辉摄

南京 江苏美术出版社 1990 年 2 张 76cm（2 开）

定价：CNY1.05

　　年画形式的中国现代摄影作品，内容为美国风光。

J0114566

美国风光

北京 中国民族摄影艺术出版社［1990 年］

10 张 15cm（40 开）ISBN：7-80069-005-9

定价：CNY2.20

　　年画形式的中国现代摄影作品，内容为美国风光。

J0114567

美丽的南京　周培良摄

南京 江苏美术出版社 1990 年 1 张

定价：CNY1.10

　　年画形式的中国现代风光摄影作品。

J0114568

美丽的鸟岛　黄继贤摄

南京 江苏美术出版社 1990 年 1 张（2 全开）

定价：CNY16.00

　　中国现代风光摄影作品。

J0114569

美丽的西双版纳　张丽英摄

北京 人民美术出版社 1990 年 2 张 76cm（2 开）

定价：CNY1.05

　　年画形式的中国现代风光摄影作品。

J0114570

南京鹭洲　牛嵩林摄

石家庄 河北美术出版社 1990 年 1 张

76cm（2 开）定价：CNY1.00

　　年画形式的中国现代风光摄影作品。

J0114571

南京鹭洲湖畔　牛嵩林摄

天津 天津人民美术出版社 1990 年 1 张

定价：CNY0.50

　　年画形式的中国现代风光摄影作品。

J0114572

欧洲风光　董瑞成编摄

北京 人民美术出版社 1990 年 2 张 76cm（2 开）

定价：CNY1.05

　　年画形式的中国现代摄影作品，内容为欧洲风光。

J0114573

秋的诗韵　谷维恒摄

南京 江苏美术出版社 1990 年 1 张 107cm（全开）

定价：CNY3.50

　　中国现代风光摄影作品。

J0114574

赏龙金秋　卜志武摄

南京 江苏美术出版社 1990 年 1 张（2 全开）

定价：CNY16.00

　　中国现代风光摄影作品。

J0114575

绍兴　（风光摄影画册）陈新等摄影

杭州 浙江人民美术出版社 1990 年 27cm（16 开）

（中国风光摄影画册系列）

　　本摄影集收有照片 100 幅，有三个部分：第一部分稽山鉴水，展示鉴湖、古运河、龙山、石佛寺等；第二部分古城胜迹，有风雨亭、曹娥庙、兰亭、沈园等；第三部分越中风物，社戏、酒店、茶室、小镇、民宅等。

J0114576

深圳西厢湖　李长捷摄

南京 江苏美术出版社 1990 年 1 张（全开）

定价：CNY3.50

　　年画形式的中国风光摄影作品。

J0114577

神州大地　（四 黄果树瀑布）马元浩摄

上海 上海书画出版社 1990 年 1 张（2 开）

定价：CNY1.00

　　年画形式的中国现代风光摄影作品。

J0114578
盛京三陵　辽宁美术出版社编
沈阳 辽宁美术出版社 1990 年［202］页
38cm（12 开）
　　本摄影画册通过 62 幅照片，分别介绍了辽宁抚顺市的永陵、沈阳的福陵、沈阳的昭陵三座中国古代陵寝建筑群。附有中、英、日 3 种文字对照说明。

J0114579
世界风光　王兴章摄
北京 人民美术出版社 1990 年 2 张 76cm（2 开）
定价：CNY1.05
　　年画形式的中国现代摄影作品，内容为世界各国风光。

J0114580
世界风光　王美德，戴瑜忠摄
天津 天津人民美术出版社 1990 年 2 张（2 开）
定价：CNY1.10
　　年画形式的中国现代摄影作品，内容为世界各国风光。

J0114581
世界名城　建斌摄
石家庄 河北美术出版社 1990 年 10 张
15cm（40 开）ISBN：7–5310–0352–X
定价：CNY2.00
　　中国现代摄影作品，内容为世界城市风光。

J0114582
蜀山之王　益西泽珠主编
成都 四川民族出版社 1990 年 26cm（16 开）
定价：CNY0.20
　　本摄影画册收入 200 多幅，反映天府第一峰贡嘎山的巍峨雄姿。内容包括：蜀山之王、冰川奇观、多彩的湖、植物宝库、动物乐园、风情名胜等。

J0114583
四季歌
杭州 浙江摄影出版社［1990 年］10 张
15cm（40 开）定价：CNY2.70
　　中国现代风光摄影作品。

J0114584
苏堤垂柳　刘震摄
天津 天津人民美术出版社 1990 年 1 张（2 开）
定价：CNY0.50
　　年画形式的中国现代风光摄影作品。

J0114585
亭园日丽　李杰摄
北京 人民美术出版社 1990 年 1 张 76cm（2 开）
定价：CNY1.00
　　年画形式的中国现代风光摄影作品。

J0114586
万里长城　李长捷摄
南京 江苏美术出版社 1990 年 1 张 78cm（3 开）
定价：CNY24.00
　　中国现代风光摄影作品。

J0114587
万里长城　严秋白编
北京 外文出版社 1990 年 166 页 30cm（10 开）
精装 定价：CNY75.00
　　中国现代风光摄影集。

J0114588
无锡蠡园灯会　池士潭摄
南京 江苏美术出版社 1990 年 1 张（2 开）
定价：CNY0.80
　　年画形式的中国现代风光摄影作品。

J0114589
五彩缤纷
杭州 浙江摄影出版社［1990 年］10 张
15cm（40 开）定价：CNY2.70
　　中国现代风光摄影作品。

J0114590
武汉黄鹤楼　董岩青摄
天津 天津人民美术出版社 1990 年 1 张（2 开）
定价：CNY0.50
　　中国现代风光摄影作品。

J0114591
武夷山　（摄影集）施友义，张经纬主编；刘杰等摄

北京 华艺出版社 1990 年 61 页 27cm(大 16 开)
定价:CNY16.00
　　中国现代风光摄影作品。

J0114592
西部写真　杨大洲摄
杭州 浙江摄影出版社 1990 年 19×21cm
ISBN:7-5368-0967-0 定价:CNY48.00
　　本摄影画册通过 67 幅照片反映中国西部人物、奇异风光、民俗活动,表现作者的一种新的人生态度。

J0114593
西湖　池长尧选编
杭州 浙江人民出版社 1990 年 110 页
26cm(16 开) 精装 ISBN:7-213-00516-2
定价:CNY50.00
　　中国现代风光摄影作品。外文书名:West Lake.

J0114594
西湖断桥　刘震摄
天津 天津人民美术出版社 1990 年 1 张(2 开)
定价:CNY0.50
　　年画形式的中国现代风光摄影作品。

J0114595
西湖四季　天鹰,豫强摄
杭州 浙江人民美术出版社 1990 年 2 张
76cm(2 开) 定价:CNY0.90
　　年画形式的中国现代风光摄影作品。

J0114596
西欧风光　陆明德等摄
南京 江苏美术出版社 1990 年 2 张(2 开)
定价:CNY1.50
　　年画形式的中国现代摄影作品,内容为西欧风光。

J0114597
溪水淙淙　谷维恒摄
南京 江苏美术出版社 1990 年 1 张(全开)
定价:CNY3.50
　　年画形式的中国现代风光摄影作品。

J0114598
夏日公园　支养年摄
天津 天津人民美术出版社 1990 年 1 张(2 开)
定价:CNY0.50
　　年画形式的中国现代风光摄影作品。

J0114599
夏日颐和园　李长捷摄
南京 江苏美术出版社 1990 年 1 张
153cm(2 全开) 定价:CNY16.00
　　中国现代风光摄影作品。

J0114600
夏日园林　陈书帛摄
天津 天津人民美术出版社 1990 年 1 张(2 开)
定价:CNY0.50
　　年画形式的中国现代风光摄影作品。

J0114601
象鼻山　胡维标摄
天津 天津人民美术出版社 1990 年 1 张(2 开)
定价:CNY0.50
　　年画形式的中国现代风光摄影作品。

J0114602
新疆天地　鄂毅摄
北京 中国旅游出版社 1990 年 1 张 76cm(2 开)
定价:CNY1.15
　　年画形式的中国现代风光摄影作品。

J0114603
沿海风光　阳村摄;瑜生编文
北京 人民美术出版社 1990 年 2 张 76cm(2 开)
定价:CNY1.05
　　年画形式的中国现代风光摄影作品。

J0114604
扬州瘦西湖　杨关麟摄
上海 上海书画出版社 1990 年 1 张(2 开)
定价:CNY1.00
　　年画形式的中国现代风光摄影作品。

J0114605
颐和园　余辰摄;白瑜生编文
北京 人民美术出版社 1990 年 2 张 76cm(2 开)

定价：CNY1.05

年画形式的中国现代风光摄影作品。

J0114606

玉龙雪山　陈锦摄

上海　上海书画出版社　1990 年　1 张

定价：CNY1.00

年画形式的中国现代风光摄影作品。作者陈锦（1955—　），摄影编辑。出生于四川成都，毕业于云南大学。四川美术出版社摄影编辑，中国摄影家协会会员。出版有《四川茶铺》《感怀成都》《高原魂》等。

J0114607

园林秀色　崔顺才摄

长沙　湖南美术出版社　1990 年　1 张

定价：CNY0.90

年画形式的中国现代风光摄影作品。作者崔顺才（1950—　），河北献县人。任职于天津市群众艺术馆。中国摄影家协会会员。作品有《仙客来》《瓜棚小景》等。

J0114608

云海青松　王宁平作

南京　江苏美术出版社　1990 年　1 张　153cm（2 开）

定价：CNY16.00

中国现代风光摄影作品。

J0114609

云南石林之春　陈锦摄

西安　陕西人民美术出版社　1990 年　1 张（2 开）

定价：CNY0.60

年画形式的中国现代风光摄影作品。作者陈锦（1955—　），摄影编辑。出生于四川成都，毕业于云南大学。四川美术出版社摄影编辑，中国摄影家协会会员。出版有《四川茶铺》《感怀成都》《高原魂》等。

J0114610

云南石林之春　陈锦摄

西安　陕西人民美术出版社　1990 年　1 张 （全开）

定价：CNY2.40

年画形式的中国现代风光摄影作品。

J0114611

长城风光　（画册）华仲明等编；李一凡，俞宜国译

北京　新华出版社　1990 年　25cm（小 16 开）

ISBN：7-5011-0810-2　定价：CNY32.00

中国现代风光摄影作品。

J0114612

中国风光　（第十一届亚运会《中国风光摄影展》作品选）北京摄影事业发展基金会编辑

深圳　海天出版社　1990 年　29cm（16 开）

ISBN：7-80542-120-X　定价：CNY38.00

J0114613

中国风光　人民画报社编

北京　人民画报社　1990 年　重印本　221 页

35cm（9 开）　精装　ISBN：7-80024-067-3

中国现代风景摄影集。外文书名：China Scenes.

J0114614

中华圣地　牛嵩林等摄

天津　天津人民美术出版社　1990 年　2 张

定价：CNY1.10

年画形式的中国现代风光摄影作品。

J0114615

中华胜景　天鹰等摄

杭州　浙江人民美术出版社　1990 年　2 张

76cm（2 开）定价：CNY0.90

年画形式的中国现代风光摄影作品。

J0114616

中山公园　李长捷摄

西安　陕西人民美术出版社　1990 年　1 张

定价：CNY0.60

年画形式的中国现代风光摄影作品。

J0114617

中山纪念堂　孙智和摄

长沙　湖南美术出版社　1990 年　1 张

定价：CNY0.45

年画形式的中国风光摄影作品。

J0114618

珠海九洲城　李杰摄
杭州 浙江人民美术出版社 1990 年 1 张
76cm（2 开）定价：CNY1.10
　　年画形式的中国现代风光摄影作品。

J0114619

珠海九洲公园　牛嵩林摄
天津 天津人民美术出版社 1990 年 1 张
定价：CNY0.50
　　年画形式的中国现代风光摄影作品。

J0114620

珠海之滨　孙智和摄
长沙 湖南美术出版社 1990 年 1 张
定价：CNY1.00
　　年画形式的中国现代风光摄影作品。

J0114621

1992：世界风光　（摄影挂历）
南京 江苏美术出版社 1991 年 76cm（2 开）
定价：CNY15.50
　　中国现代摄影作品，内容为世界各国风光。

J0114622

北国风光　（摄影）刘文敏摄
西安 陕西人民美术出版社 1991 年 1 张
107cm（全开）定价：CNY2.50
　　年画形式的中国现代风光摄影作品。作者
刘文敏，中国三峡出版社社长，曾任人民画报社
主任记者、中国画报出版社常务副社长，中国摄
影家协会会员，中国新闻摄影协会理事。

J0114623

北海琼岛　（摄影）陈书帛摄
南京 江苏美术出版社 1991 年 2 张 107cm（全开）
定价：CNY18.00
　　年画形式的中国现代风光摄影作品。

J0114624

北京风光　陈书帛，李长捷摄
北京 人民美术出版社 1991 年 2 张 76cm（2 开）
定价：CNY1.20
　　年画形式的中国现代风光摄影作品。

J0114625

北京风景集萃　望天星编
北京 中国世界语出版社 1991 年 144 页
26cm（16 开）
　　本摄影作品集收有 154 幅作品，集中表现北
京风貌。内容包括天安门、故宫、北海、颐和园、
雍和宫、天坛、大观园、长城、十三陵、恭王府、
颐和园、大钟寺和香山等。

J0114626

北京龙潭湖　（摄影）李长捷摄
北京 人民美术出版社 1991 年 1 张 76cm（2 开）
定价：CNY1.10
　　年画形式的中国现代风光摄影作品。

J0114627

北京西山金秋　姜维朴摄影
北京 中国连环画出版社 1991 年 2 张
76cm（2 开）定价：CNY1.00
　　年画形式的中国现代风光摄影作品。作者
姜维朴（1926—2019），编辑。山东黄县人，毕业
于山东大学文艺系。历任人民美术出版社《连环
画报》编辑室主任、副主编，中国连环画出版社
总编辑等。代表作品有《鲁迅论连环画》《要摄
取事物的本质》《连环画艺术论》等。

J0114628

北京新貌　长弓摄
北京 人民美术出版社 1991 年 2 张 76cm（2 开）
定价：CNY1.20
　　年画形式的中国现代风光摄影作品。

J0114629

北京新貌　姜维朴摄影、编文
北京 中国连环画出版社 1991 年 2 张
76cm（2 开）定价：CNY1.00
　　年画形式的中国现代风光摄影作品。

J0114630

北京长安街　徐震时摄
北京 人民美术出版社 1991 年 2 张 76cm（2 开）
　　年画形式的中国现代风光摄影作品。

J0114631

春山红叶　（摄影）陈书帛摄

天津　天津人民美术出版社　1991 年　1 张
76cm（2 开）ISBN：7-5305-2207-8
定价：CNY0.55
　　年画形式的中国现代风光摄影作品。

J0114632
飞瀑鸣泉　（摄影）王守平摄
长沙　湖南美术出版社　1991 年　1 张　76cm（2 开）
ISBN：7-5356-1547　定价：CNY3.50
　　年画形式的中国现代风光摄影作品。

J0114633
傅庆信风光摄影诗　傅庆信摄
沈阳　辽宁美术出版社　1991 年　112 页
17cm（32 开）ISBN：7-5314-0891-0
定价：CNY18.50
　　本书为中国现代新诗与风光摄影集，收有照
片 100 幅。内容题材有北国雪原、海南椰林、江
河湖海、名山大川、猫狗禽兽、春花秋叶等。每
个摄影作品均是诗中有画，画中有诗。作者傅庆
信（1937—　　），工程师。笔名傅仲山、傅仲鞍。
出生于黑龙江密山，毕业于吉林电专工企电气化
专业。曾任鞍钢矿山公司高级工程师，辽宁省、
市职工摄影家协会会员。著有《傅庆信风光摄影
诗》《大地的乐章》《父亲的爱心》《在一起》等。

J0114634
古城西安　（摄影）黄继贤摄
西安　陕西人民美术出版社［1991 年］1 张
107cm（全开）定价：CNY2.50
　　年画形式的中国现代风光摄影作品。

J0114635
故宫　（摄影四条屏）鄂毅编摄
北京　人民美术出版社　1991 年　2 张　76cm（2 开）
定价：CNY1.20
　　年画形式的中国现代风光摄影作品。

J0114636
故宫　（摄影集）紫禁城出版社编
北京　紫禁城出版社　1991 年　63 页　有图
28cm（大 16 开）ISBN：7-80047-087-3
定价：CNY19.00

J0114637
杭州曲院　（摄影）李晨摄
天津　天津人民美术出版社　1991 年　1 张
76cm（2 开）ISBN：7-5305-22082　定价：CNY0.55
　　年画形式的中国现代风光摄影作品。

J0114638
杭州西湖小瀛洲　（摄影）杭志忠摄
上海　上海人民美术出版社　1991 年　1 张
76cm（2 开）定价：CNY1.20
　　年画形式的中国风光摄影作品。

J0114639
红霞　（摄影）金以云摄
长沙　湖南美术出版社　1991 年　1 张　76cm（2 开）
ISBN：7-5356-1541　定价：CNY1.10
　　年画形式的中国风光摄影作品。

J0114640
虹　（摄影）
上海　上海人民美术出版社［1991 年］1 张
107cm（全开）定价：CNY3.00
　　年画形式的中国风光摄影作品。

J0114641
华清池　费文麓摄影；陈明星编文
北京　中国连环画出版社［1991 年］2 张
76cm（2 开）定价：CNY1.00
　　年画形式的中国风光摄影作品。

J0114642
皇家花园　（北海　摄影）肖顺权摄
北京　中国连环画出版社　1991 年　1 张
76cm（2 开）定价：CNY1.45
　　年画形式的中国现代风光摄影作品。

J0114643
皇家花园　（景山　摄影）肖顺权摄
北京　中国连环画出版社　1991 年　1 张
76cm（2 开）定价：CNY1.45
　　年画形式的中国现代风光摄影作品。

J0114644
皇家花园　（天坛　摄影）肖顺权摄
北京　中国连环画出版社　1991 年　1 张

76cm（2 开）定价：CNY1.45

年画形式的中国现代风光摄影作品。

J0114645

皇家花园 （颐和园 摄影）肖顺权摄
北京 中国连环画出版社 1991 年 1 张
76cm（2 开）定价：CNY1.45

年画形式的中国现代风光摄影作品。

J0114646

黄果树瀑布 （摄影）牛嵩林摄；曹柏昆书
天津 天津人民美术出版社 1991 年 1 张
76cm（2 开）ISBN：7-5305-22105 定价：CNY0.55

年画形式的中国风光摄影作品。

J0114647

黄鹤楼 （摄影）江南等摄
上海 上海人民美术出版社 1991 年 1 张
78cm（2 开）定价：CNY0.80

年画形式的中国风光摄影作品。

J0114648

黄鹤楼 陈振戈摄
天津 天津人民美术出版社 1991 年 1 张
76cm（2 开）ISBN：7-5305-2203-9
定价：CNY0.55

年画形式的中国风光摄影作品。

J0114649

黄山 （摄影集）张希钦主编
北京 中国旅游出版社 1991 年 144 页
27cm（大 16 开）精装 ISBN：7-5032-0441-9
定价：CNY59.00

中国现代风光摄影作品集。

J0114650

黄山 （伟奇幻险 世界名山 摄影集）张希钦主编
北京 中国旅游出版社 1995 年 2 版 143 页
26×27cm 精装 ISBN：7-5032-0441-9
定价：CNY88.00

中国现代风光摄影作品集。

J0114651

黄山云雾 （摄影）李长捷摄
南京 江苏美术出版社 1991 年 2 张 107cm（全开）

定价：CNY18.00

年画形式的中国风光摄影作品。

J0114652

魂系黑土地 《魂系黑土地》编委会编
南京 江苏人民出版社 1991 年 90 页 26cm（16 开）
ISBN：7-214-00685-5 定价：CNY32.00（平装），
CNY46.00（精装）

本书为 1990 年在北京革命博物馆举办的北
大荒知青回顾展摄影画册，其中收有黑龙江生产
建设兵团时期各师团照片，记录了北大荒人的足
迹，反映了中国青年艰苦奋斗的精神面貌。

J0114653

江湖风光 （摄影四条屏）晓惠摄
北京 人民美术出版社 1991 年 2 张 76cm（2 开）

年画形式的中国现代风光摄影作品。

J0114654

江南大观园 （摄影四条屏）姜维朴摄影、编文
北京 中国连环画出版社 1991 年 2 张
76cm（2 开）定价：CNY1.00

年画形式的中国现代风光摄影作品。作者
姜维朴（1926—2019），编辑。山东黄县人，毕业
于山东大学文艺系。历任人民美术出版社《连环
画报》编辑室主任、副主编，中国连环画出版社
总编辑等。代表作品有《鲁迅论连环画》《要摄
取事物的本质》《连环画艺术论》等。

J0114655

今日圆明园 劳飞摄影；张皑编文
北京 中国连环画出版社 1991 年 2 张
76cm（2 开）定价：CNY1.00

年画形式的中国风光摄影作品。

J0114656

锦绣中华 （1 九寨山色秀）常春摄
上海 上海人民美术出版社 1991 年 1 张
53cm（4 开）定价：CNY0.60

年画形式的中国现代风光摄影作品。作者
常春（1933—　　），河北阜城人。原名李凤楼。先
后任《解放日报》记者、上海人美社编辑室主任
等职，并兼任《摄影家》杂志主编。中国摄协上
海分会会员。主要作品有《出击》《横跨激流》《上
工》等。

J0114657

锦绣中华 （2 布达拉宫之夏）常春摄
上海 上海人民美术出版社 1991 年 1 张
53cm（4 开）定价：CNY0.60
　　年画形式的中国现代风光摄影作品。

J0114658

锦绣中华 （5 海南椰林曲）常春摄
上海 上海人民美术出版社 1991 年 1 张
53cm（4 开）定价：CNY0.60
　　年画形式的中国现代风光摄影作品。

J0114659

锦绣中华 （6 桂林山水情）常春摄
上海 上海人民美术出版社 1991 年 1 张
53cm（4 开）定价：CNY0.60
　　年画形式的中国现代风光摄影作品。

J0114660

锦绣中华 （8 浙江富春江）常春摄
上海 上海人民美术出版社 1991 年 1 张
53cm（4 开）定价：CNY0.60
　　年画形式的中国现代风光摄影作品。

J0114661

九寨风光 （摄影四条屏）重庆等摄
沈阳 辽宁美术出版社 1991 年 2 张 76cm（2 开）
ISBN：7-5314-0939 定价：CNY1.20
　　年画形式的中国现代风光摄影作品。

J0114662

漓江风光 （摄影）邵华安摄
上海 上海人民美术出版社［1991 年］1 张
76cm（2 开）定价：CNY2.60
　　年画形式的中国现代风光摄影作品。

J0114663

庐山四季风光 殷锡翔摄
天津 天津人民美术出版社 1991 年 2 张
76cm（2 开）ISBN：7-5305-21996 定价：CNY1.20
　　年画形式的中国现代风光摄影作品。

J0114664

美丽的香港 （摄影）志武摄
南京 江苏美术出版社 1991 年 2 张 107cm（全开）

定价：CNY18.00
　　年画形式的中国现代风光摄影作品。

J0114665

美丽的扬州 姜维朴摄影、编文
北京 中国连环画出版社 1991 年 2 张
76cm（2 开）定价：CNY1.00
　　年画形式的中国现代风光摄影作品。作者
姜维朴（1926—2019），编辑。山东黄县人，毕业
于山东大学文艺系。历任人民美术出版社《连环
画报》编辑室主任、副主编，中国连环画出版社
总编辑等。代表作品有《鲁迅论连环画》《要摄
取事物的本质》《连环画艺术论》等。

J0114666

尼亚加拉大瀑布 （摄影）吴文钦摄
上海 上海人民美术出版社［1991 年］1 张
107cm（全开）定价：CNY2.60
　　年画形式的中国现代摄影作品，内容为尼亚
加拉大瀑布。

J0114667

青岛海滨 （摄影）徐中定摄
上海 上海人民美术出版社［1991 年］1 张
76cm（2 开）定价：CNY1.20
　　年画形式的中国现代风光摄影作品。

J0114668

秋 （摄影）
上海 上海人民美术出版社［1991 年］1 张
107cm（全开）定价：CNY3.00
　　年画形式的中国现代风光摄影作品。

J0114669

秋景 （摄影）
南京 江苏美术出版社 1991 年 1 张 38cm（8 开）
定价：CNY0.50
　　年画形式的中国现代风光摄影作品。

J0114670

赏春 （摄影）韩志雅摄
天津 天津人民美术出版社 1991 年 1 张
76cm（2 开）ISBN：7-5305-2204-0
定价：CNY0.55
　　年画形式的中国现代风光摄影作品。

J0114671

上有天堂下有苏杭 （摄影四条屏）江苏美术
出版社编
南京 江苏美术出版社 1991 年 2 张 76cm（2 开）
定价：CNY1.60
　　年画形式的中国现代风光摄影作品。

J0114672

石林春色 （摄影）陈锦，隋山川摄
天津 天津人民美术出版社 1991 年 1 张
76cm（2 开）ISBN：7-5305-2211-8
定价：CNY0.55
　　年画形式的中国现代风光摄影作品。作者
陈锦（1955— ），摄影编辑。出生于四川成都，
毕业于云南大学。四川美术出版社摄影编辑，中
国摄影家协会会员。出版有《四川茶铺》《感怀
成都》《高原魂》等。

J0114673

苏州四季风光 白瑜生编文；陈建行摄
北京 人民美术出版社 1991 年 2 张 76cm（2 开）
定价：CNY1.20
　　年画形式的中国风光摄影作品。

J0114674

陶然西湖 （摄影）牛嵩林摄
天津 天津人民美术出版社 1991 年 1 张
76cm（2 开）ISBN：7-5305-22124 定价：CNY0.55
　　年画形式的中国现代风光摄影作品。

J0114675

外国风光集锦 （摄影）胡建瑜摄
南京 江苏美术出版社 1991 年 4 张 76cm（2 开）
定价：CNY3.40
　　年画形式的中国现代摄影作品，内容为外国
风光。

J0114676

无锡鼋头渚 （摄影）陈书帛摄
天津 天津人民美术出版社 1991 年 1 张
76cm（2 开）ISBN：7-5305-2207-9
定价：CNY1.10
　　年画形式的中国现代风光摄影作品。

J0114677

五彩缤纷 （摄影）
上海 上海人民美术出版社 1991 年 4 张
53cm（4 开）定价：CNY4.40
　　年画形式的中国现代风光摄影作品。

J0114678

五岳风光 群立摄影；王正宝编文
北京 中国连环画出版社 1991 年 2 张
76cm（2 开）定价：CNY1.00
　　年画形式的中国现代风光摄影作品。

J0114679

武陵源秀色 （摄影）孙智和摄
长沙 湖南美术出版社 1991 年 1 张 76cm（2 开）
ISBN：7-5356-1536-8 定价：CNY1.10
　　年画形式的中国现代风光摄影作品。

J0114680

西湖放鹤亭 （摄影）盛奎，徐俊卿摄
杭州 浙江人民美术出版社 1991 年 1 张
76cm（2 开）定价：CNY1.10
　　年画形式的中国风光摄影作品。

J0114681

西双版纳热带植物园 （摄影）
上海 上海人民美术出版社 ［1991 年］1 张
107cm（全开）定价：CNY2.60
　　年画形式的中国现代风光摄影作品。

J0114682

锡惠公园 （摄影）董岩青摄
天津 天津人民美术出版社 1991 年 1 张
76cm（2 开）ISBN：7-5305-22083 定价：CNY0.55
　　年画形式的中国现代风光摄影作品。

J0114683

锡惠之春 （摄影）梦富作
天津 天津人民美术出版社 1991 年 1 张
76cm（2 开）ISBN：7-5305-22112 定价：CNY0.55
　　年画形式的中国现代风光摄影作品。

J0114684

新疆·天池 （摄影集）《新疆·天池》画册编委
会，新疆美术摄影出版社编辑

乌鲁木齐 新疆美术摄影出版社 1991年 158页 27cm（大16开）ISBN：7-80547-069-3
定价：CNY60.00
中国现代风光摄影作品集。

J0114685
雪湖 （摄影）
南京 江苏美术出版社 1991年 1张 53cm（4开）
定价：CNY0.95
年画形式的中国现代风光摄影作品。

J0114686
亚运村 （摄影）
北京 人民体育出版社 1991年 1张 76cm（2开）
定价：CNY2.50
年画形式的中国风光摄影作品。

J0114687
扬州风光 白瑜生编；阳村摄
北京 人民美术出版社 1991年 2张 76cm（2开）
定价：CNY1.20
年画形式的中国风光摄影作品。

J0114688
颐和园 （摄影）陈书帛摄
北京 人民美术出版社 1991年 1张 76cm（2开）
定价：CNY1.10
年画形式的中国现代风光摄影作品。

J0114689
玉龙山风光 （摄影）卞志武摄
杭州 浙江人民美术出版社 1991年 1张 76cm（2开）定价：CNY1.10
年画形式的中国现代风光摄影作品。

J0114690
玉龙雪山 （摄影）
上海 上海人民美术出版社 ［1991年］1张 107cm（全开）定价：CNY2.60
年画形式的中国现代风光摄影作品。

J0114691
岳阳楼 （摄影）江南等摄
上海 上海人民美术出版社 1991年 1张 78cm（2开）定价：CNY0.80

年画形式的中国风光摄影作品。

J0114692
云南丽江黑龙潭公园 （摄影）
上海 上海人民美术出版社 ［1991年］1张 107cm（全开）定价：CNY2.60
年画形式的中国现代风光摄影作品。

J0114693
云南民族风情旅游 （摄影集）段金录主编
昆明 云南民族出版社 1991年 156页 有彩图 29×21cm 精装 ISBN：7-5367-0469-0
定价：CNY124.00
外文书名：Social and Scenic Tourism to Yunnan Nationalities.

J0114694
长城礼赞 （摄影）维恒摄
南京 江苏美术出版社 1991年 1张 107cm（全开）
定价：CNY3.85
年画形式的中国现代风光摄影作品。

J0114695
长城秋色 （摄影）鄂毅摄
北京 人民美术出版社 1991年 1张 76cm（2开）
定价：CNY1.10
年画形式的中国风光摄影作品。

J0114696
长城雄姿 （摄影）牛嵩林摄影；曹柏昆书
天津 天津人民美术出版社 1991年 1张 76cm（2开）ISBN：7-5305-2210-6
定价：CNY0.55
年画形式的中国风光摄影作品。

J0114697
镇江三山名胜 维朴摄影、编文
北京 中国连环画出版社 1991年 2张 76cm（2开）定价：CNY1.00
年画形式的中国现代风光摄影作品。

J0114698
中国佛教圣地 （摄影）陈东林摄
天津 天津人民美术出版社 1991年 2张 76cm（2开）ISBN：7-5305-2205-0

定价: CNY1.20

年画形式的中国现代风光摄影作品。

J0114699

中国佛教四大名山　(摄影) 中国旅游出版社, 中国佛教文化研究所编

北京 中国旅游出版社 1991 年 26cm(大 16 开)

ISBN: 7-5032-0356-0

本画册为中国现代工艺美术摄影年画作品。通过 148 幅照片, 展现了中国佛教四大名山五台山、峨眉山、普陀山、九华山的风貌。

J0114700

中国名园　张丽英编摄

北京 人民美术出版社 1991 年 2 张 76cm(2 开)

定价: CNY1.20

年画形式的中国现代风光摄影作品。

J0114701

中国七大古都　中国七大古都编辑委员会编

石家庄 河北美术出版社 1991 年 38cm(8 开)

ISBN: 7-5310-0284-1 定价: CNY280

本画册收入照片 579 幅, 分别介绍北京、安阳、西安、洛阳、开封、南京、杭州各个古都的风貌。

J0114702

中华绿色明珠　朱俊凤主编

北京 长城出版社 1991 年 310 页 37cm 精装

ISBN: 7-80017-166-3 定价: CNY350.00

J0114703

茶卡盐湖　(汉英对照) 尉书彬等编

西宁 青海人民出版社 1992 年 29cm(16 开)

ISBN: 7-225-00633-9

中国现代摄影作品集。

J0114704

额博内蒙古风情摄影艺术大画册　(摄影集) 额博摄

呼和浩特 内蒙古人民出版社 1992 年 29 页 19cm(32 开)

本画册收入摄影作品 49 幅, 表现主题内容为草原–母亲, 母亲–祖国。作者额博 (1954—), 蒙古族, 摄影师。内蒙古通辽市科

左后旗人。历任中国摄影家协会理事, 中国艺术摄影协会常务理事, 中国摄影艺术委员会委员, 内蒙古文联副主席, 内蒙古摄影家协会主席。代表作品《北方蒙古马》《牧人之子》《大河上下》《悠悠牧歌》等。

J0114705

风景　(摄影集) 李姆等编辑

杭州 浙江摄影出版社 [1992 年] 94 页 26cm(16 开) ISBN: 7-80536-167-3

定价: CNY32.00

(摄影丛书 第六辑)

外文书名: Landscape.

J0114706

湖畔金秋　李宁摄

南京 江苏美术出版社 1992 年 1 张 53×38cm

定价: CNY0.95

年画形式的中国现代风光摄影作品。

J0114707

尼亚加拉大瀑布　(1993 年年历) 陈金媛摄

上海 上海人民美术出版社 1992 年 1 张 53×38cm 定价: CNY0.70

中国现代摄影作品。

J0114708

山西好风光　(汉日文对照) 孟凡武主编; 山西省旅游局编

北京 中国旅游出版社 1992 年 29cm(16 开)

ISBN: 7-5032-6087-X 定价: CNY45.00

中国现代摄影作品集。

J0114709

水乡集　徐勇摄

杭州 浙江摄影出版社 1992 年 70 页 27×29cm

ISBN: 978-7-80536-168-0 定价: CNY63.00

本画册为叙述江南水乡的民情世故、风俗习惯、日常劳作、文化娱乐等生活场景。属于乡土中国摄影集之一。作者徐勇(1954—), 摄影家。上海人。中国摄影家协会会员, 北京摄影家协会会员。代表作品有《胡同》《小方家胡同》《解决方案》《这张脸》等。

J0114710

西南大动脉 （摄影画册）四川民族出版社编
成都 四川民族出版社 1992年 26cm（16开）
ISBN：7-5409-0841-6 定价：CNY50.0（平装），
65.00（精装）
　　本摄影集为纪念成都铁路局四十周年，共收
入图片300多幅。内容包括：西南路史一撇、路
在延伸、基石颂、天堑突、小站乐、铁路一家人
六个部分。

J0114711

延吉 朴东奎主编
延吉 东北朝鲜民族出版社 1992年 13cm（60开）
定价：CNY0.12
　　本摄影画册收有展现延吉的摄影作品147
幅，内容包括：关怀与鞭策、城市建设、工业经
济、农村经济、财贸经济、科教文卫、风土人情、
游览胜景、友好往来、未来展望等。

J0114712

云南风景名胜 （汉英对照）云南省城乡建设
委员会，云南画报社画册编辑部编
昆明 云南民族出版社 1992年 112页 29cm（16开）
精装 ISBN：7-5367-0463-1 定价：CNY100.00
　　中国现代摄影作品集。

J0114713

长白山风情 王颖，李忠摄影
延边 东北朝鲜民族教育出版社 1992年 123页
13×19cm ISBN：7-3437-1314-7
定价：CNY20.00
　　本摄影画册为庆祝朝鲜族民俗节和演变朝
鲜族自治州成立40周年而编辑的。收有摄影作
品90幅，展现了长白山的风貌。中朝文本。

J0114714

中国自然奇景大观 （摄影集）吕山主编
上海 上海文化出版社 1992年 301页 31cm（10开）
精装 ISBN：7-80511-540-0 定价：CNY220.00
　　本摄影集通过678幅作品，展现了中国的
西北塞上风情、西南高原风貌、北国大地风华、
江南水乡风韵、南国山川风采、黄河线上风光、
长江万里风致和海岸无边风景。外文书名：The
Grand Scenery in China.

J0114715

阿尼玛卿山 （汉、藏文对照）詹国光摄影
西宁 青海民族出版社 1993年 1幅 38×53cm
ISBN：7-5420-0395-X 定价：CNY1.00
　　中国现代摄影作品集。

J0114716

北京颐和园 刘震摄
南京 江苏美术出版社 1993年 2张 77×53cm
定价：CNY2.00
　　年画形式的中国现代风光摄影作品。

J0114717

苍山之春 卞武志摄
南京 江苏美术出版社 1993年 1张 53×154cm
定价：CNY4.20
　　年画形式的中国现代风光摄影作品。

J0114718

风景
杭州 浙江摄影出版社 [1993年] 94页
26cm（16开） ISBN：7-80536-167-3
定价：CNY32.00
（摄影丛书 第6辑）
　　中国现代摄影作品集。

J0114719

姑苏四季 健行摄
南京 江苏美术出版社 1993年 2张 77×53cm
定价：CNY2.00
　　年画形式的中国现代风光摄影作品。

J0114720

古都北京 徐震时摄
南京 江苏美术出版社 1993年 2张 77×53cm
定价：CNY2.00
　　年画形式的中国现代风光摄影作品。

J0114721

广州植物园 志武摄
南京 江苏美术出版社 1993年 1张 77×212cm
定价：CNY4.20
　　年画形式的中国现代风光摄影作品。

J0114722

黄山风光　（云风摄影集）朱云风摄

合肥 安徽美术出版社 1993 年 89 页 25×26cm

ISBN：7-5398-0130-1 定价：CNY35.00

　　本书收作者的《黄山朝晖》《卧龙松》《迎春》等 89 副摄影作品。作者朱云风（1933— ），高级记者。湖北监利人。新华社主任记者，新华社黄山记者站站长。

J0114723

锦绣湖山　鄂毅摄

南京 江苏美术出版社 1993 年 1 张 38×106cm

定价：CNY7.75

　　年画形式的中国现代风光摄影作品。作者鄂毅（1941— ），摄影家。毕业于中央工艺美术学院。曾任北京出版社美术编辑、中国旅游出版社摄影编辑室主任。中国摄影家协会会员、中国出版摄影艺术委员会副主任。主要作品《晨歌》《姐妹松》《苍岩毓秀》等，著有《风光摄影的理论与实践》。

J0114724

京都名苑——香山　（汉英文对照）香山公园管理处编

北京 中国画报出版社 1993 年 96 页 有彩图 26cm（16 开）ISBN：7-80024-178-5

定价：CNY58.00

　　外文书名：The Fragrant Hills Park.

J0114725

丝绸之路　（通向中亚的历史古道）刘文敏主编摄影

北京 中国三峡出版社 1993 年 155 页 有彩照 29cm（16 开）ISBN：7-80099-027-3

定价：CNY95.00

　　本摄影集，按内容分为繁华故都、沙海中的绿洲、塞外江南、高山之园等 10 部分。外文书名：The silk road. 作者刘文敏，中国三峡出版社社长，曾任人民画报社主任记者、中国画报出版社常务副社长，中国摄影家协会会员，中国新闻摄影协会理事。

J0114726

苏州狮子林　张玉同摄

沈阳 辽宁美术出版社 1993 年 1 张 53×77cm

定价：CNY1.96

　　年画形式的中国现代风光摄影作品。

J0114727

苏州四季　陈健行摄

南京 江苏美术出版社 1993 年 4 张 102×38cm

定价：CNY5.20

　　年画形式的中国现代风光摄影作品。

J0114728

泰国公园　何世尧摄

南京 江苏美术出版社 1993 年 1 张 53×154cm

定价：CNY4.20

　　年画形式的中国风光摄影作品。

J0114729

天池　张海峰主编

乌鲁木齐 新疆美术摄影出版社 1993 年 2 版 158 页 29cm（16 开）ISBN：7-80547-069-3

定价：CNY135.00

　　本摄影集收录了"江山留胜迹""山阴道上""天池之春""天池之夏""天池之秋""天池之冬""博格达山""七月的雪峰"等 33 组新疆天池风景照片。

J0114730

无锡美景　德璋，健行摄

南京 江苏美术出版社 1993 年 2 张 77×53cm

定价：CNY2.00

　　年画形式的中国现代风光摄影作品。

J0114731

扬州新景　德安摄

南京 江苏美术出版社 1993 年 1 张 77×212cm

定价：CNY4.20

　　年画形式的中国现代风光摄影作品。

J0114732

玉泉山水园　朱丹摄

南京 江苏美术出版社 1993 年 1 张 53×154cm

定价：CNY4.20

　　年画形式的中国现代风光摄影作品。

J0114733

长白山　（摄影集 英汉对照）李玉民，施友义主编

福州　海风出版社 1993 年　93 页　29cm（16 开）
ISBN：7-80597-003-3　定价：CNY34.00
　　中国现代摄影作品集。

J0114734
长城　（摄影集）华仲明摄影
北京　国际文化出版公司 1993 年　62 页
26cm（16 开）ISBN：7-80049-442-X
定价：CNY48.00
　　本书收关于长城的摄影作品 40 余幅。外文
书名：The Great Wall.

J0114735
中国最美丽的地方
北京　朝华出版社 1993 年　有照片 36cm（15 开）
精装　ISBN：7-5054-0168-8　定价：CNY220.00
　　中国现代风光摄影集。

J0114736
中华四季　书帛摄
南京　江苏美术出版社 1993 年　2 张　77×53cm
定价：CNY2.00
　　年画形式的中国现代风光摄影作品。

J0114737
北京风光　（颐和风光 摄影）陈书帛摄
南京　江苏美术出版社 1994 年　1 张　53×154cm
定价：CNY5.20
　　年画形式的中国现代风光摄影作品。

J0114738
北京陶然亭公园　（摄影）陈书帛摄
北京　中国旅游出版社 1994 年　1 张　38×106cm
定价：CNY1.90
　　年画形式的中国现代风光摄影作品。

J0114739
北京新貌　（摄影）胡维标摄影
北京　中国旅游出版社 1994 年　2 张　77×53cm
定价：CNY3.60
　　年画形式的中国现代风光摄影作品。

J0114740
北京新貌　（摄影四条屏）胡维标摄
北京　中国旅游出版社 1995 年　2 张　77×53cm

定价：CNY5.20
　　年画形式的中国现代风光摄影作品。

J0114741
陈勃中国风光摄影集　陈勃摄
北京　人民美术出版社 1994 年　114 页 31cm（10 开）
精装 ISBN：7-102-01402-3　定价：CNY200.00
　　外文书名：Chinese Landscape Photographs
of Chen Bo. 作者陈勃（1925—2015），摄影家。
河北阜北人。历任中国摄影学会副秘书长、《中
国摄影》杂志主编、中国图片社经理等。代表作
品《雨越大干劲越大》《金鱼》《妙不可言》等。
著作有《简明摄影知识》。

J0114742
春色满园　（摄影）
南京　江苏美术出版社 1994 年　1 张　38×106cm
定价：CNY2.20
　　年画形式的中国风光摄影作品。

J0114743
春色满园　（摄影）刘震摄
南京　江苏美术出版社 1994 年　1 张　53×154cm
定价：CNY5.20
　　年画形式的中国风光摄影作品。

J0114744
断桥花季　（摄影）
南京　江苏美术出版社 1994 年　1 张　38×106cm
定价：CNY2.20
　　年画形式的中国现代风光摄影作品。

J0114745
断桥柳影　（摄影）德安摄
南京　江苏美术出版社 1994 年　1 张　53×154cm
定价：CNY5.20
　　年画形式的中国风光摄影作品。

J0114746
飞瀑巨流　肖顺权摄
北京　中国连环画出版社 1994 年　1 张
77×53cm 定价：CNY2.20
　　年画形式的中国现代风光摄影作品。

J0114747

贵州黄果树瀑布　田捷民摄

北京 中国旅游出版社 1994 年 1 张 53×154cm

定价: CNY4.80

　　年画形式的中国风光摄影作品。

J0114748

海南风光　田捷民摄

北京 中国旅游出版社 1994 年 1 张 38×106cm

定价: CNY1.60

　　年画形式的中国风光摄影作品。

J0114749

海南三亚风光　(摄影)鄂毅摄

北京 中国旅游出版社 1994 年 1 张 38×106cm

定价: CNY1.90

　　年画形式的中国现代风光摄影作品。

J0114750

杭州花港公园　(摄影)胡维标摄

北京 中国旅游出版社 1994 年 1 张 38×106cm

定价: CNY1.90

　　年画形式的中国风光摄影作品。

J0114751

黄山奇观　安徽美术出版社编

合肥 安徽美术出版社 1994 年 26cm(16 开)

ISBN: 7-5398-0313-4 定价: CNY18.00

　　中国现代风光摄影集。

J0114752

黄山天下奇　(摄影集)孙波, 诸葛仁主编

北京 华艺出版社 1994 年 101 页 32×24cm

精装 ISBN: 7-80039-031-4 定价: CNY126.00

　　本画册收百余幅彩色图片, 分晨、松、峰、云、冬、夕 6 组。外文书名: The Marvellous Spectacle of Huangshan.

J0114753

金秋　(摄影)陈锦摄

南京 江苏美术出版社 1994 年 1 张 53×154cm

定价: CNY5.20

　　年画形式的中国现代风光摄影作品。作者陈锦(1955—), 摄影编辑。出生于四川成都, 毕业于云南大学。四川美术出版社摄影编辑, 中

国摄影家协会会员。出版有《四川茶铺》《感怀成都》《高原魂》等。

J0114754

昆明大观楼　(摄影)陈书帛摄

北京 中国旅游出版社 1994 年 1 张 38×106cm

定价: CNY1.90

　　年画形式的中国风光摄影作品。

J0114755

林思齐风光摄影　林思齐摄影

福州 海潮摄影艺术出版社 1994 年 59 页

29cm(16 开) ISBN: 7-80562-155-1

定价: CNY28.00

J0114756

龙潭新貌　李长捷摄

北京 中国旅游出版社 1994 年 1 张 38×106cm

定价: CNY1.60

　　年画形式的中国风光摄影作品。

J0114757

龙潭新貌　(摄影年画)李长捷摄

北京 中国旅游出版社 1995 年 1 张 37×106cm

定价: CNY2.60

　　年画形式的中国风光摄影作品。

J0114758

美国风情　(摄影)张秀时等作

沈阳 辽宁美术出版社 1994 年 2 张 77×53cm

定价: CNY3.60

　　年画形式的中国现代摄影作品, 内容为美国风情。作者张秀时(1938—), 辽宁辽中人, 毕业于鲁迅美术学院中国画系。历任中国美协辽宁分会创作员, 辽宁人民出版社美术图片编辑室负责人, 辽宁美术出版社美编室主任、美术创作室主任、总编室主任兼社长助理、副社长、副总编辑, 《美术大观》主编等。国画作品有《工人学哲学》《让洼塘变富仓》《场院上》。年画有《人民功臣》《祖国万岁》等。

J0114759

美丽的台湾　(摄影)德璋, 石红供稿

南京 江苏美术出版社 1994 年 4 张 106×38cm

定价: CNY6.20

年画形式的中国现代风光摄影作品。

客》等。

J0114760
南京风光 （莫愁春早 摄影）王伟摄
南京 江苏美术出版社 1994年 1张 53×154cm
定价：CNY5.20
　　年画形式的中国现代风光摄影作品。

J0114767
扬州 （摄影画册 汉英文对照）叶绍岚主编；茅永宽等摄
北京 外文出版社 1994年 96页 26×26cm 精装
ISBN：7-119-01334-3 定价：CNY100.00

J0114761
秋林 （摄影）刘震摄
南京 江苏美术出版社 1994年 1张 53×154cm
定价：CNY5.20
　　年画形式的中国现代风光摄影作品。

J0114768
颐和园新景苏州湖 （摄影）刘诚作
沈阳 辽宁美术出版社 1994年 2张 77×53cm
定价：CNY3.60
　　年画形式的中国现代风光摄影作品。

J0114762
厦门鼓浪屿 （摄影）肖顺权摄
北京 中国旅游出版社 1994年 1张 38×106cm
定价：CNY1.90
　　年画形式的中国风光摄影作品。

J0114769
岳阳楼 （摄影）肖顺权摄
北京 中国旅游出版社 1994年 1张 38×106cm
定价：CNY1.90
　　年画形式的中国风光摄影作品。

J0114763
深圳风光 （摄影）华明摄影撰文
南京 江苏美术出版社 1994年 2张 77×53cm
定价：CNY2.80
　　年画形式的中国现代风光摄影作品。

J0114770
长城风光 （汉、英、日、德、法文对照）胡维标编著
北京 文津出版社 1994年 71页 25×26cm
ISBN：7-80554-237-6 定价：CNY40.00
　　中国现代摄影作品集。

J0114764
万里长城 罗哲文等著；许魁武等摄
北京 中国建筑工业出版社 1994年 344页
32×26cm 精装 ISBN：7-112-01589-8
定价：CNY368.00

J0114771
长江三峡 （汉英对照）施友义主编
福州 海风出版社 1994年 109页 29cm（16开）
ISBN：7-80597-050-5 定价：CNY50.00
　　中国现代摄影作品集。

J0114765
西湖小瀛洲 （摄影）杨岩摄
北京 中国旅游出版社 1994年 1张 38×106cm
定价：CNY1.90
　　年画形式的中国现代风光摄影作品。

J0114772
中国名胜景观 陈书帛摄
南京 江苏美术出版社 1994年 2张 77×53cm
定价：CNY2.80
　　年画形式的中国现代风光摄影作品。

J0114766
西湖之春 （摄影）陈东林摄
北京 中国旅游出版社 1994年 1张 38×106cm
定价：CNY1.90
　　年画形式的中国风光摄影作品。作者陈东林（1947— ），安徽人。中国摄影家协会会员。主要摄影作品有《茶馆》《元宵节》《茶香迎远

J0114773
紫禁城 （汉、法、德文对照）紫禁城出版社编
北京 紫禁城出版社 1994年 135页 有图
25×24cm ISBN：7-80047-186-1

J0114774

北海静心斋 （摄影年画）王文波摄

北京 中国旅游出版社 1995 年 1 张 37×106cm

定价：CNY2.60

　　年画形式的中国风光摄影作品。

J0114775

北京春漫双亭 （摄影年画）孟桂摄

北京 中国旅游出版社 1995 年 1 张 37×106cm

定价：CNY2.60

　　年画形式的中国风光摄影作品。

J0114776

北京风光 胡维标等摄

北京 北京美术摄影出版社 1995 年 93 页

25×26cm ISBN：7-80501-075-7

定价：CNY［55.00］

J0114777

北京风景集萃 望天星，姜尚礼编

北京 中国世界语出版社 1995 年 142 页

26cm（16 开）ISBN：7-5052-0043-7

　　本摄影作品集收有 154 幅作品，集中表现北京风貌。内容包括天安门、故宫、北海、颐和园、雍和宫、天坛、大观园、长城、十三陵、恭王府、颐和园、大钟寺和香山等。

J0114778

北京世界公园 （二 摄影年画）王文波摄

北京 中国旅游出版社 1995 年 1 张 37×106cm

定价：CNY2.60

　　年画形式的中国风光摄影作品。

J0114779

春色怡人 （摄影年画）刘震摄

南京 江苏美术出版社 1995 年 1 张 38×106cm

定价：CNY2.50

　　年画形式的中国风光摄影作品。

J0114780

古园新春 （摄影年画）刘震摄

南京 江苏美术出版社 1995 年 1 张 53×150cm

定价：CNY5.50

　　年画形式的中国风光摄影作品。

J0114781

湖光明媚 （摄影年画）兆星摄

南京 江苏美术出版社 1995 年 1 张 53×150cm

定价：CNY5.50

　　年画形式的中国风光摄影作品。

J0114782

黄果树大瀑布 （摄影年画）

上海 上海人民美术出版社 1995 年 1 张

38×106cm 定价：CNY2.50

　　年画形式的中国风光摄影作品。

J0114783

黄山初雪 （摄影年画）

上海 上海人民美术出版社 1995 年 1 张

38×106cm 定价：CNY2.50

　　年画形式的中国风光摄影作品。

J0114784

黄山之美 （汉英对照）王天宝撰文；王天宝摄；杨善录；王天宝译

南京 江苏美术出版社 1995 年 85 页 有彩照

29cm（16 开）ISBN：7-80039-956-7

定价：CNY38.00

　　中国现代摄影艺术作品。

J0114785

吉久利承德风光摄影集 吉久利著

广州 广东人民出版社 1995 年 22×28cm

ISBN：7-218-01580-8 定价：CNY56.00

　　中国现代风光摄影作品集。作者吉久利（1951—　），蒙古族，眼科主管技师、高级摄影师。毕业于承德医学院。历任河北省摄影家协会理事，中国摄影家协会会员，中国艺术摄影学会会员，中国民俗摄影家协会会员，承德医学院附属医院配镜室主任。出版有《承德风光》摄影专辑。

J0114786

加拿大风情 （摄影四条屏）古月摄

南京 江苏美术出版社 1995 年 2 张 77×53cm

定价：CNY3.90

　　年画形式的中国现代摄影作品，内容为加拿大风情。

J0114787

节日北京 （摄影四条屏）陈书帛摄

南京 江苏美术出版社 1995 年 2 张 77×53cm

定价：CNY3.90

　　年画形式的中国现代风光摄影作品。

J0114788

乐山·峨眉山 （汉、英、日文对照）黄文连主编

北京 中国旅游出版社 1995 年 117 页 25×26cm

精装 ISBN：7-5032-1165-2 定价：CNY98.00

　　中国现代摄影艺术作品。

J0114789

美国风光 （摄影四条屏）武冀平摄

北京 中国旅游出版社 1995 年 2 张 77×53cm

定价：CNY5.20

　　年画形式的中国现代摄影作品，内容为美国风光。

J0114790

梦幻尼雅 （汉英对照）林永健等主编

北京 民族出版社 1995 年 86 页 有彩图

26cm（16 开）精装 ISBN：7-105-02415-1

定价：CNY168.00

（摄影爱好者丛书）

　　中国现代摄影艺术作品。

J0114791

南宁清秀山公园 （摄影年画）陈书帛摄

北京 中国旅游出版社 1995 年 1 张 37×106cm

定价：CNY2.60

　　年画形式的中国风光摄影作品。

J0114792

秦淮河畔 （摄影年画）牛嵩林摄

北京 中国连环画出版社 1995 年 1 张

53×77cm 定价：CNY2.90

　　年画形式的中国风光摄影作品。

J0114793

日本风光 （摄影四条屏）鄂毅摄

北京 中国旅游出版社 1995 年 2 张 77×53cm

定价：CNY5.20

　　中国现代风光摄影作品，内容为日本风光。

J0114794

三国城 （摄影四条屏）华明摄

南京 江苏美术出版社 1995 年 2 张 77×53cm

定价：CNY3.90

　　中国现代风光摄影作品。

J0114795

三峡揽胜 （摄影四条屏）

南京 江苏美术出版社 1995 年 2 张 77×53cm

定价：CNY3.90

　　年画形式的中国风光摄影作品。

J0114796

上海新貌 （摄影四条屏）达向群摄

北京 中国旅游出版社 1995 年 2 张 77×53cm

定价：CNY5.20

　　年画形式的中国现代风光摄影作品。

J0114797

世界大都市 （摄影四条屏）华明供稿

南京 江苏美术出版社 1995 年 2 张 77×53cm

定价：CNY3.90

　　年画形式的中国现代摄影作品，内容为外国城市风光。

J0114798

四季风情 （摄影四条屏）石强摄

南京 江苏美术出版社 1995 年 4 张 106×38cm

定价：CNY7.50

　　年画形式的中国现代风光摄影作品。

J0114799

泰山 （汉、英、日文对照）董瑞成主编；中国旅游出版社等编

北京 中国旅游出版社 1995 年 95 页 25×26cm

精装 ISBN：7-5032-1189-X 定价：CNY86.00

　　中国现代摄影艺术作品。

J0114800

万里长城 （汉、英、日、法、德文对照）中国旅游出版社画册编辑室，北京市新华书店东城崇文区店编辑

北京 中国旅游出版社 1995 年 152 页 37cm 精装

ISBN：7-5032-1163-6 定价：CNY230.00

　　中国现代摄影艺术作品。

J0114801

西藏山南·雅著 （汉、藏、英、日文对照）马宜刚主编；龚威健等摄影

北京 中国旅游出版社 1995 年 117 页 25×26cm

精装 ISBN：7-5032-1187-3 定价：CNY98.00

中国现代摄影艺术作品。

J0114802

西湖胜景 （摄影年画）浪花摄

上海 上海人民美术出版社 1995 年 1 张

38×106cm 定价：CNY2.50

年画形式的中国风光摄影作品。

J0114803

小岛景趣 （摄影年画）刘震摄

南京 江苏美术出版社 1995 年 1 张 38×106cm

定价：CNY2.50

年画形式的中国风光摄影作品。

J0114804

雪山远眺 （摄影年画）少忠摄

南京 江苏美术出版社 1995 年 1 张 53×150cm

定价：CNY5.50

年画形式的中国风光摄影作品。

J0114805

园林之春 （摄影年画）刘震摄

南京 江苏美术出版社 1995 年 1 张 38×106cm

定价：CNY2.50

年画形式的中国风光摄影作品。

J0114806

在世界屋脊旅行 （中国西藏旅游）谷维恒主编；西藏自治区旅游局，中国旅游出版社编

北京 中国旅游出版社 1995 年 186 页 27×28cm

精装 ISBN：7-5032-1137-7 定价：CNY138.00

中国现代摄影艺术作品。

J0114807

长江 （摄影集）杨伟光主编

北京 人民出版社 1995 年 152 页 29cm（16 开）

ISBN：7-01-002309-3 定价：CNY150.00

J0114808

长江三峡 李泽儒主编；宜昌国旅集团等编辑；

兰佩瑾等摄影

北京 中国旅游出版社 1995 年 87 页 29cm（16 开）

精装 ISBN：7-5032-1160-1

中国现代摄影艺术作品。

J0114809

长江三峡 （中英日文对照）李泽儒主编；兰佩瑾等摄影

北京 中国旅游出版社 1995 年 87 页 29cm（16 开）

ISBN：7-5032-0948-8

中国现代摄影艺术作品。

J0114810

镇江揽胜 （摄影四条屏）林小玲供稿

南京 江苏美术出版社 1995 年 2 张 77×53cm

定价：CNY3.90

年画形式的中国现代风光摄影作品。

J0114811

中国大城市 （摄影四条屏）

南京 江苏美术出版社 1995 年 2 张 77×53cm

定价：CNY3.90

年画形式的中国现代风光摄影作品。

J0114812

中国庐山 （汉、英、日文对照）韩惠兰等主编；熊元生等摄影

北京 中国旅游出版社 1995 年 119 页 25×26cm

精装 ISBN：7-5032-1164-4 定价：CNY98.00

中国现代摄影艺术作品集。

J0114813

北京 董瑞成主编

北京 中国旅游出版社 1996 年 72 页 25×26cm

ISBN：7-5032-1231-4 定价：CNY45.00

中国现代城市风貌摄影集，中、英、日、朝文对照。

J0114814

大地 严钟义摄

北京 朝华出版社 1996 年 28×28cm 精装

ISBN：7-5054-0458-X 定价：CNY160.00

中国现代风光摄影集。

J0114815

大漠·太阳与生命 （郭新摄影作品集）郭新摄影
乌鲁木齐 新疆美术摄影出版社 1996 年
28×28cm ISBN：7-80547-374-9
定价：CNY58.00
　　本摄影集收入作者的西部风光摄影五十余幅。作者郭新（1960—　　），在新疆克拉玛依从事宣传工作，摄有《大漠·太阳与生命：郭新摄影作品集》。

J0114816

稻城 （在那遥远的地方 汉英日藏对照）牟航远主编
成都 四川美术出版社 1996 年 117 页 25×26cm
精装 ISBN：7-5410-1158-4 定价：CNY135.00
　　中国现代风光摄影集。

J0114817

壶口瀑布 （惠怀杰"黄河壶口瀑布"摄影集）惠怀杰摄
西安 陕西人民美术出版社 1996 年 49 页
22×29cm ISBN：7-5368-0833-X
定价：CNY65.00, CNY75.00（精装）
　　外文书名：Hukou Waterfall: Hui Huaijie Yellow River Hukou Waterfall Photographs Album. 作者惠怀杰（1954—　　），摄影家。陕西子洲人，中国摄影家协会会员，中国艺术摄影学会会员。出版《审美与文化》《黄河壶口》《黄河风光》《黄河壶口瀑布》《中国西部黄土高原》等。

J0114818

花车游 （万众狂欢）哈尔滨日报社，哈尔滨国际文化传播中心编著
哈尔滨 黑龙江美术出版社［1996 年］
27cm（大 16 开）ISBN：7-5318-0402-6
定价：CNY68.00

J0114819

黄河风 黄河水利委员会编
郑州 黄河水利出版社 1996 年 128 页
29cm（16 开）精装 ISBN：7-80621-127-6
定价：CNY86.00
　　中国现代风光摄影集，朱兰琴主编。

J0114820

黄山 （云风摄影集）朱云风摄
合肥 安徽美术出版社 1996 年 191 页 29cm（16 开）
精装 ISBN：7-5398-0506-4 定价：CNY238.00
　　中国现代风光摄影集，中英文本。收录作者以黄山风光为题材的摄影作品 89 幅。外文书名：The Scene of Mt.Huangshan: Zhu Yunfeng Photographic Works. 作者朱云风（1933—　　），高级记者。湖北监利人。新华社主任记者，新华社黄山记者站站长。

J0114821

今日阿克苏 （汉英对照）《今日阿克苏》编辑委员会编
乌鲁木齐 新疆美术摄影出版社 1996 年 144 页
29cm（16 开）精装 ISBN：7-80547-440-0
定价：CNY116.00
　　中国现代边疆风貌摄影集。

J0114822

锦绣神州 新华出版社，北京市新华书店编印
北京 新华出版社 1996 年 278 页 36cm（15 开）
精装 ISBN：7-5011-3032-9 定价：CNY480.00
　　中国现代风光摄影集。外文书名：Wonderful Divine Land of China.

J0114823

外滩今昔 （汉英对照）高达编摄
上海 上海画报出版社 1996 年 112 页 有照片
19×21cm ISBN：7-80530-188-3
定价：CNY38.00
　　中国现代城市风貌摄影集。外文书名：The bund then and now. 作者高达，上海中国国际旅行社高级导游员。

J0114824

长城 （汉英对照）葛剑雄主编；郑伯庆摄影
上海 上海画报出版社 1996 年 148 页 25×26cm
精装 ISBN：7-80530-253-7 定价：CNY160.00
　　中国现代风景摄影集。

J0114825

正在消逝的上海弄堂 （汉英对照）郭博摄影
上海 上海画报出版社 1996 年 124 页
29cm（16 开）ISBN：7-80530-213-8

定价：CNY80.00

　　中国现代城市风貌摄影集。外文书名：The Fast Vanishing Shanghai Lanes.

J0114826

中国庐山　（汉英对照）韩惠兰，孔祥文主编；江西省庐山风景名胜区管理局编

北京 中国旅游出版社 1996 年 10×9cm

ISBN：7-5032-1260-8 定价：CNY15.00

　　中国现代风光摄影集。

J0114827

北京　兰佩瑾编

北京 外文出版社 1997 年 16×17cm 精装

ISBN：7-119-01940-6 定价：CNY［39.00］

　　中国现代城市风貌摄影集。中英文本。

J0114828

鄂尔多斯　（汉英对照）朝鲁主编

呼和浩特 内蒙古出版社 1997 年 64 页

29cm（12 开）ISBN：7-80595-386-4

定价：CNY120.00

　　中国现代风景摄影集。

J0114829

故宫　（中、德、朝文对照）《中国风光画库》编委会编

北京新华出版社 1997 年 2 版 26×26cm

ISBN：7-5011-3031-0 定价：CNY50.00

（中国风光画库 7）

　　中国现代宫殿摄影集。

J0114830

故宫　曹蕾编

北京 外文出版社 1997 年 16×17cm 精装

ISBN：7-119-02071-4 定价：CNY［39.00］

　　中国现代宫殿摄影集。中英文本。

J0114831

海南日月湾　叶显英摄

北京 中国旅游出版社 1997 年 1 张 37×102cm

定价：CNY3.40

　　年画形式的中国现代风光摄影作品。

J0114832

杭州西湖小瀛洲　李长杰摄

北京 中国旅游出版社 1997 年 1 张 37×102cm

定价：CNY3.40

　　年画形式的中国风光摄影作品。

J0114833

杭州西湖小瀛洲之夏　杜泽泉摄

北京 中国旅游出版社 1997 年 1 张 77×102cm

定价：CNY3.40

　　年画形式的中国现代风光摄影作品。

J0114834

呼和浩特　（汉英对照）郝存柱主编；呼和浩特市人民政府新闻办公室编

呼和浩特 内蒙古人民出版社 1997 年 26×21cm

ISBN：7-204-03579-8 定价：CNY100.00

　　中国现代城市风貌摄影集。

J0114835

花园城市——珠海　谷静摄

南京 江苏美术出版社 1997 年 2 张 76×52cm

定价：CNY4.30

　　年画形式的中国现代风光摄影作品。

J0114836

黄山大观　刘欣等撰文；朱力，朱农摄影

北京 人民中国出版社 1997 年 83 页 26cm（16 开）

ISBN：7-80065-596-2 定价：CNY100.00

　　中国现代风光摄影集。中英文本。作者朱力（1937— ），画家。安徽全椒人，安徽艺专毕业。安徽美协会员、国家二级美术师、中国美协会员。出版有《朱力画辑》《朱力国画作品选》《朱力画集》等。

J0114837

黄土苍天　惠怀杰摄

西安 陕西人民美术出版社 1997 年 21×29cm

精装 ISBN：7-5368-0934-4 定价：CNY150.00

　　中国现代风光摄影集。中英文本。作者惠怀杰（1954— ），摄影家。陕西子洲人，中国摄影家协会会员，中国艺术摄影学会会员。出版《审美与文化》《黄河壶口》《黄河风光》《黄河壶口瀑布》《中国西部黄土高原》等。

J0114838
金铎风光摄影集　金铎摄
沈阳 辽宁美术出版社 1997 年 71 页 27×27cm
ISBN：7-5314-1681-6 定价：CNY90.00
（中国当代摄影家精品集）

J0114839
澜沧江——湄公河　（汉英对照）车文龙主编；
民族画报社编辑
北京 中国民族摄影艺术出版社 1997 年 200 页
29cm（16 开）精装 ISBN：7-80069-130-6
定价：CNY160.00
　　中国现代风景摄影集。

J0114840
漓江风光　白亮摄
北京 中国旅游出版社 1997 年 1 张 37×102cm
定价：CNY3.40
　　年画形式的中国现代风光摄影作品。

J0114841
美丽的香港　（摄影）叶维摄影
南京 江苏美术出版社 1997 年 2 张 77×53cm
定价：CNY4.30
　　年画形式的中国现代风光摄影作品。作者
叶维（1940— ），画家。江苏常熟人。毕业于南
京师范大学美术系，受教于傅抱石、杨建侯诸大
师。历任江苏美术出版社编辑室主任、副编审，
中国美术家协会会员。代表作品《峡江晨曦》《碧
玉留江南》《莫愁湖畔》。

J0114842
明十三陵　（汉、英、日文对照）张文广主编
北京 中国旅游出版社 1997 年 有彩照
25×26cm ISBN：7-5032-1387-6
　　中国现代风景摄影集。

J0114843
情系三峡　何天祥，蓝锡麟主编
重庆 重庆出版社 1997 年 29cm（16 开）
ISBN：7-5366-3655-5 定价：CNY80.00
　　外文书名：Long Lasting Feelings in Three
Gorges.

J0114844
日本风光　张遐道摄影
南京 江苏美术出版社 1997 年 2 张 77×53cm
定价：CNY4.30
　　中国现代摄影作品集，内容为日本风光。

J0114845
山水情　戚建庄著
郑州 河南人民出版社 1997 年 185 页 有彩照
19cm（小 32 开）ISBN：7-215-04095-X
定价：CNY25.00
　　中国现代诗歌与风光摄影集。

J0114846
神奇的山谷　（汉英对照）杨发顺编著
昆明 云南美术出版社 1997 年 93 页 29cm（16 开）
ISBN：7-80586-422-5 定价：CNY99.00
　　中国现代风景摄影集。

J0114847
四季风光　兆兴等摄
南京 江苏美术出版社 1997 年 4 张 102×38cm
定价：CNY9.20
　　年画形式的中国现代风光摄影作品。

J0114848
泰山摄影向导　（摄影集 汉英对照）部秀池主编
济南 山东友谊出版社 1997 年 128 页 14×20cm
ISBN：7-70642-014-2 定价：CNY55.00
　　中国现代风景摄影集。

J0114849
天界窥影　林晶华摄
广州 岭南美术出版社 1997 年 38cm（6 开）
精装 定价：CNY250.00
　　中国现代风光摄影集。中英文本。

J0114850
万里长城　（ 摄影集 汉英对照）茹遂初主编；
北京东方明珠文化发展有限责任公司编
北京 中国画报出版社 1997 年 111页 29cm（16 开）
精装 ISBN：7-80024-415-6 定价：CNY138.00
（世界文化与自然遗产 中国部分）

J0114851
文化名胜——扬州　兆兴摄
南京　江苏美术出版社　1997 年　2 张　76×52cm
定价：CNY4.30
　　年画形式的中国现代风光摄影作品。

J0114852
武当　（银道禄摄影作品集）银道禄摄
北京　中国摄影出版社　1997 年　109 页
29cm（13 开）ISBN：7-80007-227-4
定价：CNY160.00（平装），CNY198.00（精装）
　　中国现代风光摄影集。中英文本。

J0114853
新丝绸之路　（上）潘竞万主编
兰州　甘肃人民美术出版社　1997 年　29cm（16 开）
ISBN：7-80588-202-9　定价：CNY68.00（HKD88）
（新亚欧大陆桥丛书）
　　中国现代风光摄影集。中英文本。

J0114854
颐和园　（英汉对照）兰佩瑾编；姚天新撰文，
摄影；许荣，李晶译
北京　外文出版社　1997 年　17×16cm
精装　ISBN：7-119-02036-6　定价：CNY39.00
　　中国现代风景摄影集。

J0114855
颐和园　（京都最大的皇家园林）万依撰文；高
明义等摄影
北京　中国旅游出版社　1997 年　94 页　29cm（16 开）
ISBN：7-5032-1407-4　定价：CNY66.00
　　中国现代皇家园林摄影集。汉英日对照。

J0114856
长城　兰佩瑾，曹蕾编
北京　外文出版社　1997 年　16×17cm　精装
ISBN：7-119-02055-2　定价：CNY［39.00］
　　中国现代风光摄影集。中英文本。

J0114857
长城　（中、英、日、法、德对照）董瑞成主编；
中国旅游出版社编
北京　中国旅游出版社　1997 年　4 版　72 页
有照片　25×26cm　ISBN：7-5032-0990-9

定价：CNY45.00
　　中国现代风光摄影集。外文书名：The Great
Wall.

J0114858
长江三峡揽胜　言宣摄
南京　江苏美术出版社　1997 年　2 张　76×52cm
定价：CNY4.30
　　年画形式的中国现代风光摄影作品。

J0114859
中国庐山　（摄影集）江西省旅游局等编
北京　中国旅游出版社　1997 年　117 页　26×27cm
精装　ISBN：7-5032-1164-4　定价：CNY98.00
　　外文书名：China Lushan.

J0114860
中华四季　兆兴等摄
南京　江苏美术出版社　1997 年　2 张　76×52cm
定价：CNY4.30
　　年画形式的中国现代风光摄影作品。

J0114861
壮丽中华　（摄影集）何光主编
北京　中国旅游出版社　1997 年　131 页　30×40cm
精装　ISBN：7-5032-1426-0　定价：CNY295.00

J0114862
［风景画］　刘震，钟植摄
南京　江苏美术出版社　1998 年　4 张　101×38cm
定价：CNY9.80
　　中国现代风光摄影作品。

J0114863
北京风光　陈书帛等摄
北京　中国旅游出版社　1998 年　95 页　19×22cm
ISBN：7-5032-1512-7　定价：CNY［38.00］
　　中国现代城市风光摄影作品集。

J0114864
陈秀庆风光摄影作品集　陈秀庆摄
沈阳　春风文艺出版社　1998 年　27×27cm
ISBN：7-5313-1866-0　定价：CNY78.00
（中国摄影家）

J0114865
大自然之子 （张荫昌风光摄影作品集）张荫昌摄
沈阳 辽宁美术出版社 1998年 64页 29cm（16开）
ISBN：7-5314-1943-2 定价：CNY70.00

J0114866
法国风景 枫华摄
南京 江苏美术出版社 1998年 2张 77cm（2开）
统一书号：85344.7.696 定价：CNY4.30
　　中国现代摄影作品，内容为法国风景。

J0114867
黄山 （世界自然与文化遗产）黄山风景区管理委员会，中国旅游出版社编
北京 中国旅游出版社 1998年 91页 25×26cm
ISBN：7-5032-1519-4 定价：CNY［98.00］
（中国旅游全览）
　　中国现代风光摄影集。中英文本。

J0114868
加拿大揽胜 张遐道摄
南京 江苏美术出版社 1998年 2张 77×54cm
定价：CNY4.30
　　中国现代摄影作品，内容为加拿大风光。

J0114869
美国夏威夷威基基海滩 谷维恒摄
南京 江苏美术出版社 1998年 1张 54×152cm
定价：CNY6.00
　　中国现代摄影作品，内容为美国夏威夷。作者谷维恒（1944— ），山东人。中国摄影学会陕西省分会、中国摄影家协会会员。摄影作品有《石林奇观》《黄山佛光》《悬空寺夜色》等。

J0114870
木兰围场风光 王世喜，王世忠摄
北京 新华出版社 1998年 86页 25×26cm
ISBN：7-5011-4120-7
　　中国现代风光摄影作品。

J0114871
欧洲漫游 程言萱摄
南京 江苏美术出版社 1998年 2张 77×54cm
定价：CNY4.30

中国现代摄影作品，内容为欧洲风光。

J0114872
普陀胜境 德安，兆欣摄
南京 江苏美术出版社 1998年 2张 77×54cm
定价：CNY4.30
　　中国现代风光摄影作品。

J0114873
青海 （宣传画 鹚岛风光）谷维恒摄
南京 江苏美术出版社 1998年 1张 54×152cm
定价：CNY6.00
　　中国现代风光摄影作品。

J0114874
瑞士风光 （一）吕厚民摄
天津 天津人民美术出版社 1998年 1张
37×52cm 定价：CNY7.00
　　中国现代摄影作品，内容为瑞士风光。作者吕厚民（1928—2015），摄影家。生于黑龙江依兰。曾任中国摄影协会党组书记，中国文联副主席，中华民族文化促进会副主席。代表作品《毛主席和周总理》《周恩来和邓小平在颐和园》等。

J0114875
瑞士风光 （二）吕厚民摄
天津 天津人民美术出版社 1998年 1张
37×52cm 定价：CNY7.00
　　中国现代摄影作品，内容为瑞士风光。

J0114876
沙漠·胡杨 朱春树摄影
杭州 浙江摄影出版社 1998年 83页 27×28cm
精装 ISBN：7-80536-541-5 定价：CNY280.00
　　中国现代风光摄影集。中英文本。

J0114877
山河之恋 （金沙江 澜沧江 怒江—"三江"并流自然景观）伍跃明摄影、撰文
北京 北京工艺美术出版社 1998年 97页
23×26cm 精装 ISBN：7-80526-333-7
定价：CNY120.00
　　中国现代风光摄影作品。

J0114878

神奇的山城——本溪　王树彬主编

沈阳　辽宁民族出版社　1998 年　90 页　有照片

20cm（32 开）ISBN：7-80644-096-8

定价：CNY12.80

　　中国现代城市风光摄影作品。

J0114879

圣彼得堡风光　冯炜烈摄

天津　天津人民美术出版社　1998 年　1 张

37×52cm　定价：CNY7.00

　　中国现代摄影作品，内容为圣彼得堡风光。

J0114880

首都长安街　（宣传画）王建华摄

南京　江苏美术出版社　1998 年　2 张　77×54cm

定价：CNY4.30

　　本作品系中国风光摄影。

J0114881

台湾风光　（宣传画）刘小地摄

南京　江苏美术出版社　1998 年　2 张　77×54cm

定价：CNY4.30

　　本作品系中国风光摄影。

J0114882

台湾高山风情　王古山摄影

台北　星光出版社　1998 年　131 页　明信片

26×27cm　精装　ISBN：957-677-355-5

定价：TWD1500.00

　　中国现代风光摄影作品。明信片。

J0114883

台湾日月潭风光　吕厚民摄

天津　天津人民美术出版社　1998 年　1 张

37×52cm　定价：CNY7.00

J0114884

我的大西北　（马中原风光摄影艺术系列作品

中英文本）马中原［摄］

北京　中国摄影出版社　1998 年　125 页　27×29cm

ISBN：7-80007-294-0　定价：CNY138.00

　　外文书名：My Great Northern West.

J0114885

我的祖国　（邵华将军风光摄影作品选）邵华摄

北京　长城出版社　1998 年　173 页　29×29cm

精装　ISBN：7-80017-371-2　定价：CNY280.00

　　作者邵华（1938—2008），女，毛岸青夫人。湖南常德石门县人，毕业于北京大学中文系。历任中国人民解放军军事科学院百科部副部长，中国女摄影家协会主席，中国花卉协会名誉副会长等职。摄有《海之南：邵华将军风光摄影集》《百花争妍》等。

J0114886

吴玉民国外风光摄影作品集

北京　中国电影出版社　1998 年　29cm（16 开）

精装　ISBN：7-106-01328-5　定价：CNY280.00

　　外文书名：Wu Yumin Foreign Landscape Photography.

J0114887

武当　（银道禄摄影作品集）冯友仁主编；银道禄摄

北京　中国摄影出版社　1998 年　2 版　109 页　1 光盘

29cm（16 开）精装　ISBN：7-80007-227-4

定价：CNY198.00

　　风光摄影作品集。

J0114888

西湖旧影　梅重，钱月明选编撰文

杭州　浙江摄影出版社　1998 年　170 页　25×25cm

精装　ISBN：7-80536-479-6　定价：CNY198.00

J0114889

新丝绸之路　（下）潘竟万主编

兰州　甘肃人民美术出版社　1998 年　57 页

29cm（16 开）ISBN：7-80588-239-8

（新亚欧大陆桥丛书）

　　中国现代风光摄影集，中英文本。

J0114890

张家界　田贵君，常振国主编；张家界市旅游局，中国旅游出版社编

北京　中国旅游出版社　1998 年　120 页　25×26cm

ISBN：7-5032-1536-4

（中国旅游全览　世界自然遗产）

　　中国现代风光摄影集，中英文本。

J0114891
长江三峡　兰佩瑾编
北京　外文出版社 1998年 重印本 72页
16×17cm 精装 ISBN：7-119-01847-7
定价：CNY［39.00］
　　中国现代风光摄影集。中英文本。

J0114892
长江三峡　（汉英日对照）陈池春等摄影
北京　中国旅游出版社 1998年 128页
14cm（64开）精装 ISBN：7-5032-1511-9
（中华名胜导游系列画册）

J0114893
中华名胜　（宣传画）谷静等摄
南京　江苏美术出版社 1998年 2张 77×54cm
定价：CNY4.30
　　本作品系中国风光摄影。

J0114894
百石图　姜平等摄影
天津　天津人民美术出版社 1999年 48页
26cm（16开）ISBN：7-5305-1110-6
定价：CNY19.50
（艺用写真百图丛书）

J0114895
边陲之旅　（西藏·新疆·云南　蒋世承摄影集）
蒋世承摄影
北京　华艺出版社 1999年 56页 25×26cm
ISBN：7-80142-140-X 定价：CNY42.00

J0114896
蔡东壁摄影集　（观景窗的世界）蔡东壁著
台北　生活文化事业公司 1999年 132页
26×27cm 精装 ISBN：957-98760-1-0
定价：TWD1200.00
　　本摄影集汇集了作者 1965—1975 年初期的
20余幅风光摄影作品，再加上近年来拍摄的彩色
照片 90余幅，其中大部分是作者近五年来拍摄
的成果。外文书名：The World of View Finder:
Photographs of Tsai, Tung-Pi.

J0114897
澄净的大地　（牛犇东·中国风景摄影集）牛犇

东著
北京　中国画报出版社 1999年 33cm（12开）
精装 ISBN：7-80024-445-8 定价：CNY360.00
　　外文书名：Land Unspoiled, Photographs of
Chinese Scenery by Niu Bendong.

J0114898
春城揽胜　（昆明十八景　汉英对照）邓耀泽，
杨长福主编
昆明　云南科技出版社 1999年 24×21cm
ISBN：7-5416-1073-9 定价：CNY80.00

J0114899
风光　（王世龙摄影作品选）［王世龙摄］
郑州　黄河水利出版社 1999年 65页 25×26cm
ISBN：7-80621-264-7 定价：CNY80.00
　　本书是一部王世龙拍摄的北京金秋、桂林山
水、华山险峰、黄果树瀑布、张家界仙境、普陀
山香火以及郑州双塔等自然风光的摄影集。作
者王世龙（1930—　），摄影家。河南平舆人，曾
用名于一。曾任中国人民解放军军报随军摄影
记者，河南新乡日报社摄影美术组长，河南日报
社摄影记者，河南人民出版社摄影编辑、编辑室
主任、编审委员等职。中国摄影家协会常务理事。
作品有《秋收完毕》《山里俏》《山村在欢唱》等。

J0114900
风景形态写真　张伟编
沈阳　辽宁美术出版社 1999年 70页 24×26cm
ISBN：7-5314-2118-6 定价：CNY40.00
（艺用系列图片集）

J0114901
贵阳风光　卢永康主编；贵阳市人民政府新闻
办公室编
贵阳　贵州人民出版社 1999年 69页 25×26cm
ISBN：7-221-04918-1 定价：CNY80.00
（中国绿都系列画册 1）
　　中国现代风光摄影集。中英文本。

J0114902
海　（金铎风光摄影——海的抒情）金铎摄
沈阳　辽宁美术出版社 1999年 86页 29cm（16开）
ISBN：7-5314-2174-7 定价：CNY42.00

J0114903

海苍茫 姜振庆摄影

北京 人民美术出版社 1999 年 191 页 27×29cm

ISBN：7-102-02033-3 定价：CNY120.00

　　中国现代摄影集。

J0114904

海之南 （邵华将军风光摄影集）

北京 中国旅游出版社 1999 年 105 页 29×29cm

精装 ISBN：7-5032-1670-0 定价：CNY220.00

　　外文书名：South of the Sea. 作者邵华
（1938—2008），女，毛岸青夫人。湖南常德石门
县人，毕业于北京大学中文系。历任中国人民解
放军军事科学院百科部副部长，中国女摄影家协
会主席，中国花卉协会名誉副会长等职。摄有《海
之南：邵华将军风光摄影集》《百花争妍》等。

J0114905

杭州西湖 （汉英文对照）张克庆摄；陈明钊撰文

北京 中国旅游出版社 1999 年 96 页 14×14cm

精装 ISBN：7-5032-1642-5 定价：CNY28.00

（旅游在中国）

J0114906

黄河，新世纪的灵光 西北勘测设计研究院编

兰州 甘肃人民美术出版社 1999 年 81 页

29cm（16 开） ISBN：7-80588-267-3

定价：CNY80.00

J0114907

黄河壶口 （王悦摄影作品专集）[王悦摄]

北京 中国摄影出版社 1999 年 29cm（16 开）

ISBN：7-80007-323-8 定价：CNY180.00

　　黄河壶口瀑布是中国旅游胜地 40 佳之一，
位于山西省吉县城西北 46 公里处，本摄影集以
80 多幅摄影作品，表现壶口瀑布的胜景。作者
王悦（1950—　 ），摄影记者。出生于山西大同。
历任山西日报摄影部主任、主任记者，著有《黄
河壶口——王悦摄影作品专集》等。

J0114908

黄龙 松潘县旅游局等编；高屯子，何世尧摄影

北京 中国旅游出版社 1999 年 107 页 25×26cm

精装 ISBN：7-5032-1606-9 定价：CNY98.00

（中国旅游全览 世界自然遗产）

现代中国风光摄影集。

J0114909

黄龙 （世界自然遗产）松潘县旅游局等编

北京 中国旅游出版社 1999 年 96 页 19×21cm

精装 ISBN：7-5032-1607-7 定价：CNY48.00

　　现代中国风光摄影集。

J0114910

金色的胡杨 ［高东风摄影］；巴图朝鲁主编

北京 中国摄影出版社 1999 年 111 页

29cm（16 开） ISBN：7-80007-306-8

定价：CNY199.00

（高东风系列摄影作品集 2）

　　本摄影集精选了 80 幅摄影作品来反映胡杨
林昨日与今天，它是作者融入额济纳人民喜怒
哀乐的感情写真集，是他与西北边陲父老乡亲
休戚与共、息息相关的爱的奉献。作者高东风
（1959—　 ），蒙古族，摄影艺术家。中国人民保
险公司内蒙古分公司宣传处专职摄影，中国摄影
家协会会员，国家一级摄影师。作品有《大漠交
响曲》《跑马溜溜的山上》《金色的童年》《生命
河》等。

J0114911

金山岭长城 （精选摄影作品 中英文本）应占
义主编

北京 中国摄影出版社 1999 年 71 页 29cm（16 开）

ISBN：7-80007-308-4

定价：CNY108.00，CNY128.00（精装）

　　本画册从旅游开发的角度反映长城风貌和
自然景观等多方面内容，精选了多家摄影作品独
具特色的画面，反映了对祖国山河的热爱，弘扬
了中华民族的历史文化。

J0114912

九寨沟 （中国摄影家许康荣写真集）许康荣摄影

成都 四川科学技术出版社 1999 年 101 页

有地图 26×26cm 精装 ISBN：7-5364-4291-2

　　本书收录了中国摄影家许康荣拍摄的九寨
沟的瀑布、花海、晨光、森林以及春夏秋冬四季
的特色风光等七十多幅风光摄影作品。作者许
康荣（1946—　 ），摄影家。笔名帆影。历任中国
摄影家协会会员，中国艺术摄影学会会员，四川
省老年摄影家协会顾问。出版有《在这片土地上》

《九寨情怀》等画册。

J0114913
九寨情怀　潘万才等主编
北京　中国林业出版社　1999 年　89 页　21×19cm
精装　ISBN：7-5038-2363-1　定价：CNY49.00
　　　现代中国风光摄影集。

J0114914
庐山三叠泉　（摄影）李敏摄
北京　中国旅游出版社　1999 年　1 张　76×52cm
定价：CNY4.50
　　　现代中国风光摄影作品。

J0114915
洛阳牡丹　李新社，马成信主编
北京　中国画报出版社　1999 年　198 页　29×40cm
精装　ISBN：7-80024-525-X　定价：CNY388.00

J0114916
美景大观　江荣先摄影编著
北京　中国建筑工业出版社　1999 年　180 页
20cm（32 开）ISBN：7-112-03825-1
定价：CNY50.00
（美在自然丛书）
　　　现代中国风光摄影集。

J0114917
鸟语花香　（野鸟田园诗）席慕蓉诗；陈永福摄影
台北　人人月历公司　1999 年　有照片
17cm（40 开）ISBN：957-98015-7-6
定价：TWD180.00
　　　作者席慕蓉（1943—　），女，蒙古族，画家、诗人、散文家。祖籍内蒙古察哈尔部，毕业于台湾师范大学美术系和比利时布鲁塞尔皇家艺术学院。代表作品有《前尘·昨夜·此刻》《七里香》《有一首歌》《心灵的探索》《时光九篇》。

J0114918
奇山秀水　（桂林、漓江、阳朔风光摄影集）陈小立主编
桂林　漓江出版社　1999 年　2 版　84 页　25×25cm
ISBN：7-5407-1576-6
　　　本画册主要收集了桂林、漓江、阳朔等处风光美景 81 幅，收集桂北风俗民情 9 幅，向读者

展示了山水王国的人间仙境，有中英日文说明。

J0114919
奇山秀水　（中英日对照）吕华昌等摄
桂林　漓江出版社　1999 年　84 页　25×25cm
ISBN：7-5407-1576-6　定价：CNY50.00
　　　本画册主要收集了桂林、漓江、阳朔等处风光美景 81 幅，收集桂北风俗民情 9 幅，向读者展示了山水王国的人间仙境。

J0114920
让美好成为永恒　（北京·上海·香港·澳门·深圳·珠海风光摄影散文诗集）柯蓝主编
北京　新华出版社　1999 年　203 页　29cm（16 开）
精装　ISBN：7-5011-4584-9　定价：CNY200.00

J0114921
三国蜀道览胜　虎绍平主编
成都　四川美术出版社　1999 年　156页　29cm（16 开）
精装　ISBN：7-5410-1544-X　定价：CNY218.00

J0114922
山·水·云·石·草　吴成槐摄
沈阳　辽宁美术出版社　1999 年　143 页
29cm（16 开）ISBN：7-5314-2180-1
定价：CNY48.00
　　　作者吴成槐（1943—　），满族，编辑。辽宁沈阳人。辽宁民族出版社社长兼总编辑，辽宁美术家协会、辽宁摄影家协会会员。连环画作品有《南下路上》《大桥争夺战》，编辑设计图书《海外藏明清绘画珍品——沈周卷》《20 世纪中国摄影文献》。

J0114923
山峰百图　姜平等摄影
天津　天津人民美术出版社　1999 年　47 页
26cm（16 开）ISBN：7-5305-1111-4
定价：CNY19.50
（艺用写真百图丛书）

J0114924
世界风光　（程文栋摄影集　中英文本）程文栋摄影
北京　中国旅游出版社　1999 年　170 页　21×30cm
精装　ISBN：7-5032-1625-5　定价：CNY168.00

外文书名：Landscapes of the World. 作者程文栋（1944— ），天津人。毕业于北京外国语大学，曾留学意大利罗马大学。曾任国家旅游局副局长，中国摄影家协会会员。作品有《世界风光》等。

J0114925

四姑娘山 （张德重摄影集）张德重摄
成都 四川美术出版社 1999 年 95 页 19×21cm
ISBN：7-5410-1694-2 定价：CNY50.00
外文书名：Siguniang Mountains.

J0114926

踏花归来 （吴冠中师生坝上采风摄影集）翟墨主编
南宁 广西美术出版社 1999 年 95 页 32cm（10 开）
ISBN：7-80625-678-4 定价：CNY98.00
作者翟墨（1941—2009），编辑。原名翟葆艺，河南尉氏人。毕业于郑州大学中文系和中国艺术研究院研究生部美系。历任《郑州晚报》记者，《中国美术报》副主编，《美术观察》杂志副主编，中国艺术研究院中国文化研究室研究员，东方美术交流学会理事等。作品有《艺术家的美学》《绘画美》等。

J0114927

泰山天下雄 泰安市旅游局编
北京 五洲传播出版社 1999 年 116 页 有照片 29cm（16 开）精装 ISBN：7-80113-431-1
定价：CNY186.00
外文书名：Mount Taishan.

J0114928

王仁定的江南 （中英文本）王仁定［摄］
北京 中国摄影出版社 1999 年 143 页 20×20cm
ISBN：7-80007-318-1 定价：CNY98.00
中国现代风光摄影集。作者王仁定（1963— ），教授。浙江宁波人。曾任杉杉控股副总裁，宁波大学特聘教授、复旦经济学院特邀研究员、中央音乐学院指挥系顾问等。摄有《王仁定的江南》。

J0114929

温岭风光 政协温岭市委员会编
杭州 浙江摄影出版社 1999 年 128 页 有地图

25×26cm 精装 ISBN：7-80536-613-6
定价：CNY85.00

J0114930

武夷山 （刘述先摄影集）刘述先摄影；武夷山国家重点风景名胜区管委会编
福州 海风出版社 1999 年 95 页 19×21cm
ISBN：7-80597-232-X 定价：CNY38.00

J0114931

新疆风情 苏茂春编著摄影
乌鲁木齐 新疆美术摄影出版社 1999 年
25×26cm ISBN：7-80547-552-0
定价：CNY180.00（HKD280）
本摄影集是由新疆摄影师苏茂春拍摄并精选了近 300 幅照片编辑的。展现了新疆一幅幅迷人的地域风光及浓郁的民族风情。作者苏茂春（1940— ），回族，副编审。甘肃静宁县人。新疆美术摄影出版社摄影部副主任、新疆摄影家协会常务理事。

J0114932

俞苏艺术摄影集 （万里江山情）俞苏著
台北 俞苏 1999 年 144 页 28×30cm 精装
定价：TWD1200.00
外文书名：Yu Su Artistic Photo Album.

J0114933

张家界 （汉英文对照）常振国，田贵君主编
北京 中国旅游出版社 1999 年 96 页 14×14cm
精装 ISBN：7-5032-1643-3 定价：CNY28.00
（世界自然遗产）
中国现代摄影艺术作品。

J0114934

张治军摄影作品集 张治军编
北京 五洲传播出版社 1999 年 79 页 29cm（16 开）
ISBN：7-80113-652-7 定价：CNY136.00
外文书名：Zhang Zhijun's Photo Album.
作者张治军（1961— ），摄影家。生于宁夏银川市。历任银川市公安局新城市分局副局长，宁夏摄影家协会副秘书长。出版《张治军摄影作品集》《中国西部风光——宁夏》《神奇宁夏》等。

J0114935
这方山水　（可爱的铜川摄影作品集）陈双全主编
西安　太白文艺出版社［1999年］140页
23×26cm ISBN：7–80605–821–4
定价：CNY68.00，CNY88.00（精装）

J0114936
壮丽中华　（摄影集）车夫摄
昆明　云南美术出版社 1999年 228页 36cm（15开）
精装 ISBN：7–5415–1592–2 定价：CNY460.00
　　本书为中英文本，外文书名：Magnificent China. 本书与云南教育出版社合作出版。

中国舞台摄影作品

J0114937
为社会主义工业化奋斗的中国工人　（第一集）工人出版社，中国工人画集编辑室编
北京　工人 1954年 112页 26cm（16开）
定价：CNY1.10

J0114938
打猪草
上海　上海人民美术出版社 1955年 有剧照
统一书号：8081.1557 定价：CNY0.40
　　本书收安徽省黄梅戏剧团演出的《打猪草》《槐荫会》《夫妻观灯》《蓝桥会》4个折子戏的舞台剧照 49幅及说明文字。

J0114939
双推磨　俞介君等剧本整理
上海　上海人民美术出版社 1955年 重印本
　　本书收入锡剧《双推磨》《庵堂相会》两剧舞台剧照 84幅及说明文件。

J0114940
十五贯　袁子敬编
上海　上海人民美术出版社 1957年
　　本剧为昆区传统剧目，共收剧照 289幅，配以对剧情和表演的简短说明。

J0114941
四进士　周信芳主演；罗选斌编著
上海　上海人民美术出版社 1957年 47页
有肖像及图版 18cm（32开）
统一书号：T8081.3301 定价：CNY0.80
　　共收周信芳演出的《四进士》舞台连续剧照 147幅，每幅配有文字介绍剧情及表演特色。作者周信芳（1895—1975），京剧表演艺术家，"麒派"艺术创始人。名士楚，字信芳，艺名麒麟童，浙江慈溪市人。历任中国戏曲研究院副院长，上海京剧院院长，中国戏剧家协会上海分会主席等职位。代表剧目有《徐策跑城》《乌龙院》《萧何月下追韩信》《香妃》《董小宛》等。

J0114942
京剧　（照片集）北京出版社编
北京　北京出版社 1959年 1套（10幅）
16cm（25开）统一书号：8071.94 定价：CNY0.60
　　中国现代舞台摄影作品。

J0114943
舞蹈　（照片集）北京出版社编
北京　北京出版社 1959年 1套（8幅）
16cm（25开）统一书号：8071.97 定价：CNY0.50
　　中国现代舞台摄影作品。

J0114944
打金枝　吴报章摄影；上海越剧院供稿
上海　上海人民美术出版社 1960年
定价：CNY0.12
　　中国现代舞台摄影作品。

J0114945
西厢记　（越剧）
北京　人民美术出版社 1960年 定价：CNY0.12
　　中国现代舞台摄影作品。

J0114946
霸王别姬
上海　上海人民美术出版社 1962年 76cm（2开）
定价：CNY0.18
　　本书系中国现代舞台摄影作品，梅兰芳扮演虞姬、刘连荣扮演霸王。

J0114947
拜月记　黄克勤摄
［武汉］群益堂 1962年 76cm（2开）

定价: CNY0.18

　　本书系中国现代舞台摄影作品。

J0114948

茶瓶计 （评剧）田原, 甲顺摄

沈阳 辽宁美术出版社 1962 年 53cm（4 开）

定价: CNY0.13

　　本书系中国现代舞台摄影作品。作者田原
（1925—　 ）, 漫画家, 一级美术师。祖籍江苏溧
水, 生于上海。原名潘有炜, 笔名饭牛。中国美
术家协会、中国书法家协会、中国版画家协会、
中国记者协会、中国漫画家协会会员, 中国工艺
美术协会理事, 东南大学、深圳大学教授。书画
作品有《陋室铭》, 出版有《中国民间玩具》《田
原硬笔书法》等, 设计动画片有《熊猫百货商
店》等。

J0114949

陈杏元　武汉汉剧院供稿

[武汉] 群益堂 1962 年 78cm（2 开）

定价: CNY0.12

　　本书系中国现代舞台摄影作品, 汉剧演员陈
伯华扮演。

J0114950

崔莺莺　黄克勤摄

[武汉] 群益堂 1962 年 53cm（4 开）

定价: CNY0.10

　　本书系中国现代舞台摄影作品。

J0114951

黛玉进府　马昭运, 劳柳影摄

合肥 安徽人民出版社 1962 年 76cm（2 开）

定价: CNY0.18

　　本书系中国现代舞台摄影作品。

J0114952

关公　黄克勤摄

[武汉] 群益堂 1962 年 53cm（4 开）

定价: CNY0.10

　　本书系中国现代舞台摄影作品, 京剧名演员
高盛麟扮演。

J0114953

海瑞背月纤 （京剧）田原, 甲顺摄

沈阳 辽宁美术出版社 1962 年 53cm（4 开）

定价: CNY0.13

　　本书系中国现代舞台摄影作品。

J0114954

汉藏一家　千秋万代　尹福康摄

上海 上海人民美术出版社 1962 年 76cm（2 开）

定价: CNY0.25

　　本书系中国现代舞台摄影作品, 文成公主与
松赞干布婚礼图。强巴由洛桑次仁扮演。作者
尹福康（1927—　 ）, 摄影家。江苏南京人。曾任
上海人民美术出版社副编审、上海市摄影家协会
副主席等职。主要作品有《烟笼峰岩》《向荒山
要宝》《晒盐》《工人新村》等。

J0114955

花木兰 （常香玉饰）

郑州 河南人民出版社 1962 年 38cm（6 开）

定价: CNY0.20

　　本书系中国现代舞台摄影作品。

J0114956

京剧《三岔口》　方建平摄

上海 上海人民美术出版社 1962 年 38cm（6 开）

定价: CNY0.13

　　本书系中国现代舞台摄影作品。

J0114957

京剧《杨门女将——杨七娘大战番将》　吴
化学摄

上海 上海人民美术出版社 1962 年 38cm（6 开）

定价: CNY0.18

　　本书系中国现代舞台摄影作品。作者吴化
学（1914—2005）, 摄影家、记者。生于山东寿光
县, 原名吴金声。曾任《曙光报》记者组长, 《前
锋报》采编主任、新闻学校校长、新华社记者、
中央记者组组长。著作有《摄影工作讲授提纲》
《舞台艺术摄影》《摄影美学》。

J0114958

救风尘　陈复礼摄

上海 上海人民美术出版社 1962 年 76cm（2 开）

定价: CNY0.25

　　本书系中国现代舞台摄影作品。

J0114959

梁山伯与祝英台　燕烈摄

上海 上海人民美术出版社 1962 年 53cm（4 开）

定价：CNY0.13

　　本书系中国现代舞台摄影作品，越剧演唱范瑞娟、傅全香扮演。

J0114960

林黛玉　曹震云摄

上海 上海人民美术出版社 1962 年 53cm（4 开）

定价：CNY0.13

　　本书系中国现代舞台摄影作品，越剧演员王文娟扮演。

J0114961

柳毅传书　黄克勤摄

［武汉］群益堂 1962 年 76cm（2 开）

定价：CNY0.18

　　本书系中国现代舞台摄影作品。

J0114962

洛神　李维明摄

上海 上海人民美术出版社 1962 年 38cm（6 开）

定价：CNY0.18

　　本书系中国现代舞台摄影作品，著名京剧表演艺术家梅兰芳扮演。

J0114963

民间舞　（剧照）

郑州 河南人民出版社 1962 年 38cm（6 开）

定价：CNY0.20

　　本书系中国现代舞台摄影作品。

J0114964

伞舞　郁红摄

哈尔滨 黑龙江美术出版社 1962 年 53cm（4 开）

定价：CNY0.13

　　中国现代舞台摄影作品。

J0114965

文姬归汉　张水澄摄

上海 上海人民美术出版社 1962 年 76cm（2 开）

定价：CNY0.25

　　本书系中国现代舞台摄影作品。

J0114966

小女婿　田原，甲顺摄

沈阳 辽宁美术出版社 1962 年 53cm（4 开）

定价：CNY0.13

　　本书系中国现代舞台摄影作品。

J0114967

小演员　熙芳，甲顺摄

沈阳 辽宁美术出版社 1962 年 53cm（4 开）

定价：CNY0.13

　　本书系中国现代舞台摄影作品。

J0114968

鱼美人　（剧照）

郑州 河南人民出版社 1962 年 38cm（6 开）

定价：CNY0.20

J0114969

长鼓舞　郎琦摄

长春 吉林人民出版社 1962 年 53cm（4 开）

定价：CNY0.13

　　本书系中国现代舞台摄影作品。

J0114970

长影艺术片《火焰驹》中的桂英和芸香　（蒙汉文对照）

呼和浩特 内蒙古人民出版社 1962 年 76cm（2 开）定价：CNY0.18

　　本书系中国现代舞台摄影作品。

J0114971

织女与嫦娥　董青摄

合肥 安徽人民出版社 1962 年 76cm（2 开）

定价：CNY0.18

　　本书系中国现代舞台摄影作品。

J0114972

打金枝　赵甲顺摄

沈阳 辽宁美术出版社 1963 年 54cm（4 开）

定价：CNY0.10

　　中国现代舞台摄影作品。

J0114973

扈三娘　宋玉洁摄

沈阳 辽宁美术出版社 1963 年 54cm（4 开）

定价: CNY0.10

　　中国现代舞台摄影作品。

J0114974

梅兰芳剧照屏 （1—4）吴天明摄

上海 上海人民美术出版社 1963 年 4 张

78cm（2 开）定价: CNY0.48

J0114975

穆桂英　阳炎摄

沈阳 辽宁美术出版社 1963 年 54cm（4 开）

定价: CNY0.10

　　中国现代舞台摄影作品。

J0114976

秦香莲　冀连波摄

上海 上海人民美术出版社 1963 年 76cm（2 开）

定价: CNY0.18

　　根据小白玉霜扮演的《秦香莲》评剧改编的现代年画作品。

J0114977

织女穿花　鲍载禄摄

济南 山东人民出版社 1963 年 76cm（2 开）

定价: CNY0.18

　　年画形式的中国现代戏剧剧照。

J0114978

丰收之后 （山东话剧团演出剧照）

上海 上海人民美术 1964 年 [1 张]76cm（2 开）

定价: CNY0.15

　　年画形式的中国现代话剧《丰收之后》剧照。

J0114979

柜台 （青岛市话剧团演出剧照）

上海 上海人民美术出版社 1964 年 [1 张]

76cm（2 开）定价: CNY0.15

　　年画形式的中国现代话剧《柜台》剧照。

J0114980

千万不要忘记 （上海市青年话剧团演出剧照）

青华改编; 陈春轩摄影

上海 上海人民美术出版社 1964 年 [1 张]

76cm（2 开）定价: CNY0.15

　　年画形式的中国现代话剧《千万不要忘记》

剧照。

J0114981

一家人 （上海人民艺术剧院话剧二团演出剧照）林林改编; 应日隆摄影

上海 上海人民美术出版社 1964 年 [1 张]

76cm（2 开）定价: CNY0.15

　　年画形式的中国现代话剧《一家人》剧照。

J0114982

各族人民齐唱《东方红》　郑震孙摄影

石家庄 河北人民出版社 1965 年 53cm（4 开）

定价: CNY0.08

　　中国现代舞台摄影作品。

J0114983

各族人民齐唱《东方红》　郑震孙摄

[武汉] 湖北人民出版社 1965 年 [1 张]

76cm（2 开）定价: CNY0.15

　　中国现代舞台摄影作品。

J0114984

红灯记　谭汉明摄

长沙 湖南人民出版社 1965 年 76cm（2 开）

定价: CNY0.15

　　年画形式的京剧剧照。

J0114985

红色娘子军 （剧照）湖南省戏剧学校演出; 湖南省戏剧学校摄影

长沙 湖南人民出版社 1965 年 76cm（2 开）

定价: CNY0.15

　　年画形式的中国现代戏剧剧照。

J0114986

京剧《红灯记》　中国京剧院演出; 郭仁义摄影

上海 上海人民美术出版社 1965 年 76cm（2 开）

定价: CNY0.15

　　年画形式的中国现代京剧《红灯记》剧照。

J0114987

京剧《红灯记》　中国京剧院演出; 郭仁义摄影

上海 上海人民美术出版社 1966 年 [1 张]

38cm（6 开）定价: CNY0.04

　　年画形式的中国现代京剧《红灯记》剧照。

J0114988
刘胡兰赞　敖恩洪摄
太原　山西人民出版社 1965 年 76cm（2 开）
定价：CNY0.15
　　年画形式的中国现代舞台摄影作品。

J0114989
庆丰收　（新疆维吾尔族民间歌舞）丁峻摄
上海　上海人民美术出版社 1965 年 ［1 张］
76cm（2 开）定价：CNY0.15
　　年画形式的中国现代民间舞蹈摄影作品。

J0114990
**全国少数民族群众业余艺术观摩演出
会**　（画片）民族出版社编辑
［北京］民族出版社 1965 年 25 张（套）
15cm（64 开）定价：CNY0.35
　　中国现代舞台摄影作品。

J0114991
白毛女　（革命现代芭蕾舞剧 剧照图版辑）
北京　北京出版社 1967 年 10 张 13cm（64 开）
定价：CNY0.40

J0114992
革命现代芭蕾舞剧《红色娘子军》　北京出版
社编辑；工农兵芭蕾舞剧团集体创作
北京　北京出版社 1967 年 41 页　有剧照
19cm（32 开）统一书号：0871.222
定价：CNY0.18
　　本书系中国现代芭蕾舞剧《白毛女》剧本，
为纪念毛主席《在延安文艺座谈会上的讲话》发
表二十五周年。

J0114993
革命现代芭蕾舞剧《红色娘子军》　北京工农
兵芭蕾舞剧团演出
天津　天津人民美术出版社 1967 年 ［1 张］
76cm（2 开）定价：CNY0.12
　　年画形式的中国现代芭蕾舞剧《红色娘子
军》剧照。

J0114994
革命现代京剧《智取威虎山》　上海京剧院演出
天津　天津人民美术出版社 1967 年 ［1 张］

76cm（2 开）定价：CNY0.12
　　年画形式的中国现代京剧《智取威虎山》
剧照。

J0114995
奇袭白虎团　（革命现代京剧 剧照图片辑）
北京　北京出版社 1967 年 10 张 13cm（64 开）
定价：CNY0.40
　　中国现代京剧《奇袭白虎团》剧照。

J0114996
沙家浜　（革命现代京剧 剧照图片辑）
北京　北京出版社 1967 年 10 张 13cm（64 开）
定价：CNY0.40
　　中国现代京剧《沙家浜》剧照。

J0114997
沙家浜　（纪念毛主席《在延安文艺座谈会上的
讲话》发表二十五周年演出）北京京剧一团编
北京　人民美术出版社 1967 年 ［1 张］
76cm（2 开）定价：CNY0.16
　　年画形式的中国现代京剧《沙家浜》剧照。

J0114998
智取威虎山　（革命现代京剧 剧照图片辑）
北京　北京出版社 1967 年 10 张 13cm（64 开）
定价：CNY0.40
　　中国京剧剧照摄影作品。

J0114999
白毛女　（革命芭蕾舞剧 四条屏）
北京　人民美术出版社 1968 年 2 张 76cm（2 开）
定价：CNY0.32
　　年画形式的中国现代芭蕾舞剧剧照作品。

J0115000
钢琴伴唱《红灯记》
北京　北京出版社 1968 年 ［1 张］76cm（2 开）
定价：CNY0.16
　　《红灯记》京剧剧照。

J0115001
1970（农历庚戌年)年历　（京剧《红灯记》剧照）
［济南］山东人民出版社 1969 年 11 月
53cm（4 开）定价：CNY0.06

J0115002
1970（农历庚戌年）年历 （《沙家浜》剧照）
[济南] 山东人民出版社 1969 年 53cm（4 开）
定价：CNY0.06

J0115003
1970（农历庚戌年）年历 （京剧《海港》剧照）
[济南] 山东人民出版社 1969 年 53cm（4 开）
定价：CNY0.06

J0115004
1970（农历庚戌年）年历 （京剧《红灯记》剧照）
[济南] 山东人民出版社 1969 年 12 月
53cm（4 开）定价：CNY0.06

J0115005
1970（农历庚戌年）年历 （舞剧《白毛女》剧照）
[济南] 山东人民出版社 1969 年 53cm（4 开）
定价：CNY0.06

J0115006
1970（农历庚戌年）年历 （舞剧《红色娘子军》
剧照）
[济南] 山东人民出版社 1969 年 53cm（4 开）
定价：CNY0.06

J0115007
1970（农历庚戌年）年历 （《白毛女》剧照）
天津 天津人民美术出版社 1969 年 53cm（4 开）
定价：CNY0.07

J0115008
1970（农历庚戌年）年历 （《海港》剧照）
天津 天津人民美术出版社 1969 年 53cm（4 开）
定价：CNY0.07

J0115009
1970（农历庚戌年）年历 （《红灯记》剧照）
天津 天津人民美术出版社 1969 年 53cm（4 开）
定价：CNY0.07
　　《红灯记》剧照作品——接应交通员李玉和。

J0115010
1970（农历庚戌年）年历 （《红色娘子军》剧照）
天津 天津人民美术出版社 1969 年 76cm（2 开）
定价：CNY0.18
　　《红色娘子军》剧照作品——吴清华大刀舞。

J0115011
1970（农历庚戌年）年历 （《沙家浜》剧照）
天津 天津人民美术出版社 1969 年 53cm（4 开）
定价：CNY0.07

J0115012
1970 年年历 （京剧《智取威虎山》剧照）
[长春] 吉林人民出版社 1969 年 38cm（6 开）

J0115013
钢琴伴唱《红灯记》 （毛主席的革命文艺路线
胜利万岁）
[济南] 山东人民出版社 1969 年 [1 张]
53cm（4 开）定价：CNY0.06
　　《红灯记》京剧剧照。

J0115014
钢琴伴唱《红灯记》
天津 天津人民美术出版社 1969 年 [1 张]
53cm（4 开）定价：CNY0.07
　　《红灯记》京剧剧照。

J0115015
革命现代芭蕾舞剧《白毛女》 上海市舞蹈学
校演出
天津 天津人民美术出版社 1969 年 [1 张]
76cm（2 开）定价：CNY0.14
　　年画形式的舞台剧照。

J0115016
革命现代芭蕾舞剧《白毛女》
天津 天津人民美术出版社 1969 年 [1 张]
53cm（4 开）定价：CNY0.07
　　年画形式的芭蕾舞剧《白毛女》中斗争黄世
仁的舞台剧照。

J0115017
革命现代芭蕾舞剧《红色娘子军》
天津 天津人民美术出版社 1969 年 [1 张]
53cm（4 开）定价：CNY0.07
　　年画形式的芭蕾舞剧《红色娘子军》中操练
场景的舞台剧照。

J0115018

革命现代京剧《海港》

[济南] 山东人民出版社 1969 年 [1 张]

53cm（4 开）定价：CNY0.06

　　年画形式的京剧《海港》的舞台剧照。

J0115019

革命现代京剧《海港》 上海京剧院演出

天津 天津人民美术出版社 1969 年 [1 张]

76cm（2 开）定价：CNY0.10

　　年画形式的京剧《海港》的舞台剧照。

J0115020

革命现代京剧《红灯记》 中国京剧团演出

天津 天津人民出版社 1969 年 [1 张]

76cm（2 开）定价：CNY0.14

　　年画形式的京剧《红灯记》的舞台剧照。

J0115021

革命现代京剧《红灯记》（四条屏）中国京剧团演出

天津 天津人民出版社 1969 年 2 张 76cm（2 开）

定价：CNY0.24

　　年画形式的京剧《红灯记》的舞台剧照 16 幅。

J0115022

革命现代京剧《红灯记》 中国京剧团演出

天津 天津人民美术出版社 1969 年 [1 张]

76cm（2 开）定价：CNY0.10

　　年画形式的京剧《红灯记》的舞台剧照。

J0115023

革命现代京剧《红灯记》（仇恨入心要发芽）

天津 天津人民美术出版社 1969 年 [1 张]

53cm（4 开）定价：CNY0.07

　　年画形式的京剧《红灯记》的舞台剧照。

J0115024

革命现代京剧《红灯记》（李铁梅一家三代高举红灯）

天津 天津人民美术出版社 1969 年 [1 张]

53cm（4 开）定价：CNY0.05

　　年画形式的京剧《红灯记》的舞台剧照。

J0115025

革命现代京剧《沙家浜》（十八勇士）

天津 天津人民美术出版社 1969 年 [1 张]

53cm（4 开）定价：CNY0.07

　　年画形式的京剧《沙家浜》的舞台剧照。

J0115026

革命现代京剧《智取威虎山》

北京 人民美术出版社 1969 年 2 张 76cm（2 开）

定价：CNY0.32

　　年画形式的京剧《智取威虎山》的舞台剧照。

J0115027

革命现代京剧《智取威虎山》（计送情报一场）

天津 天津人民美术出版社 1969 年 [1 张]

76cm（2 开）定价：CNY0.14

　　年画形式的京剧《智取威虎山》的舞台剧照。

J0115028

革命现代京剧《智取威虎山》（补充稿 编号0772）

[北京] 1969 年 3 幅 11×15cm 定价：CNY3.00

　　年画形式的京剧《智取威虎山》的舞台剧照。

J0115029

革命现代舞剧《红色娘子军》

[济南] 山东人民出版社 1969 年 [1 张]

53cm（4 开）定价：CNY0.06

　　年画形式的现代舞剧《红色娘子军》的舞台剧照。

J0115030

革命现代舞剧《红色娘子军》（四条屏）中国舞剧团演出

天津 天津人民美术出版社 1969 年 2 张

76cm（2 开）定价：CNY0.28

　　年画形式的现代舞剧《红色娘子军》的舞台剧照 16 幅。

J0115031

1971 年月历（革命现代京剧《海港》剧照）

广州 广东人民出版社 1970 年 1 张 39cm（4 开）

定价：CNY0.03

J0115032

1971 年月历　（革命现代京剧《红灯记》剧照"接应交通员"）

广州 广东人民出版社 1970 年 1 张 54cm（4 开）

定价：CNY0.06

J0115033

1971 年月历　（革命现代京剧《红灯记》剧照"誓做红灯继承人"）

广州 广东人民出版社 1970 年 1 张 54cm（4 开）

定价：CNY0.06

J0115034

1971 年月历　（革命现代京剧《智取威虎山》剧照"杨子荣纵马扬鞭，驰骋在林海雪原"）

广州 广东人民出版社 1970 年 1 张 54cm（4 开）

定价：CNY0.06

J0115035

1971 年月历　（革命现代京剧《智取威虎山》剧照"中国人民解放军某部侦察排长杨子荣"）

广州 广东人民出版社 1970 年 1 张 54cm（4 开）

定价：CNY0.06

J0115036

1971 年月历　（革命现代舞剧《红色娘子军》剧照"红色娘子军连的战士英姿飒爽，在进行军事操练"）

广州 广东人民出版社 1970 年 1 张 39cm（4 开）

定价：CNY0.08

J0115037

1971 年月历　（革命现代京剧《红灯记》剧照"接应交通员"）

石家庄 河北人民出版社 1970 年 1 张

39cm（4 开）定价：CNY0.09

J0115038

1971 年月历　（革命现代京剧《红灯记》剧照"提起敌寇心肺炸"）

石家庄 河北人民出版社 1970 年 1 张

26cm（16 开）定价：CNY0.03

J0115039

1971 年月历　（革命现代京剧《沙家浜》剧照

"突击进军"）

石家庄 河北人民出版社 1970 年 1 张

39cm（8 开）定价：CNY0.09

J0115040

1971 年月历　（革命现代京剧《智取威虎山》剧照）

石家庄 河北人民出版社 1970 年 1 张

39cm（4 开）定价：CNY0.09

J0115041

1971 年月历　（革命现代舞剧《红色娘子军》剧照"常青指路，奔向红区"）

石家庄 河北人民出版社 1970 年 1 张

39cm（4 开）定价：CNY0.09

J0115042

1971 年月历　（革命现代舞剧《红色娘子军》剧照"娘子军连在进行军事操练"）

石家庄 河北人民出版社 1970 年 1 张

39cm（4 开）定价：CNY0.09

J0115043

1971 年月历　（中国人民解放军侦察排长杨子荣剧照）

哈尔滨 黑龙江人民出版社 1970 年 26cm（16 开）

　年画形式的现代京剧《智取威虎山》的舞台剧照。

J0115044

1971 年月历　（革命现代京剧《红灯记》剧照"无产阶级英雄李玉和"）

长沙 湖南人民出版社 1970 年 1 张 30cm（12 开）

定价：CNY0.04

J0115045

1971 年月历　（革命现代京剧《智取威虎山》剧照"杨子荣纵马扬鞭，驰骋在林海雪原"）

南京 江苏省"革命委员会"出版发行局 1970 年

1 张 54cm（4 开）定价：CNY0.06

J0115046

1971 年月历　（革命现代京剧《红灯记》剧照"提起敌寇心肺炸"）

沈阳 辽宁省新华书店 1970 年 1 张 54cm（4 开）

定价：CNY0.10

J0115047
1971 年月历 （革命现代舞剧《红色娘子军》剧照 "常青指路，奔向红区"）
沈阳 辽宁省新华书店 1970 年 1 张 54cm（4 开）
定价：CNY0.10

J0115048
1971 年月历 （革命现代京剧《红灯记》剧照 "英雄李玉和"）
银川 宁夏人民出版社 1970 年 54cm（4 开）
定价：CNY0.10

J0115049
1971 年月历 （革命现代京剧《沙家浜》剧照 "新四军指导员郭建光"）
银川 宁夏人民出版社 1970 年 1 张 54cm（4 开）
定价：CNY0.10

J0115050
1971 年月历 （革命现代舞剧《红色娘子军》剧照 "常青指路，奔向红区"）
银川 宁夏人民出版社 1970 年 1 张 39cm（4 开）
定价：CNY0.06

J0115051
1971 年月历 （革命现代京剧《红灯记》剧照 接应交通员。）
[北京] 农业出版社 1970 年 1 张 39cm（4 开）

J0115052
1971 年月历 （革命现代京剧《红灯记》剧照 "英雄李玉和"）
西宁 青海人民出版社 1970 年 1 张 39cm（4 开）
定价：CNY0.05

J0115053
1971 年月历 （革命现代舞剧《红色娘子军》剧照 常青指路，奔向红区。）
北京 人民美术出版社 1970 年 1 张 54cm（4 开）
定价：CNY0.08

J0115054
1971 年月历 （革命现代京剧《红灯记》剧照 "革命的三代人"）
济南 山东人民出版社 1970 年 1 张 54cm（4 开）
定价：CNY0.05

J0115055
1971 年月历 （革命现代京剧《红灯记》剧照 "浑身是胆雄赳赳"）
济南 山东人民出版社 1970 年 1 张 39cm（4 开）
定价：CNY0.04

J0115056
1971 年月历 （革命现代京剧《红灯记》剧照 "接应交通员"）
济南 山东人民出版社 1970 年 1 张 39cm（4 开）
定价：CNY0.04

J0115057
1971 年月历 （革命现代京剧《红灯记》剧照 "提起敌寇心肺炸"）
济南 山东人民出版社 1970 年 1 张 26cm（16 开）
定价：CNY0.05

J0115058
1971 年月历 （革命现代京剧《红灯记》剧照 "优秀的中国共和产党党员、铁路扳道工人李玉和"）
济南 山东人民出版社 1970 年 1 张 39cm（4 开）
定价：CNY0.04

J0115059
1971 年月历 （革命现代京剧《沙家浜》剧照 "十八位新四军伤病员坚持战斗在芦苇荡"）
济南 山东人民出版社 1970 年 1 张 39cm（4 开）
定价：CNY0.04

J0115060
1971 年月历 （革命现代京剧《沙家浜》剧照 "突击进军"）
济南 山东人民出版社 1970 年 1 张 39cm（4 开）
定价：CNY0.05

J0115061
1971 年月历 （革命现代京剧《沙家浜》剧照 "新四军某部连指导员郭建光"）
济南 山东人民出版社 1970 年 1 张 39cm（4 开）
定价：CNY0.04

J0115062

1971 年月历　（革命现代京剧《智取威虎山》剧照 "解放军发动群众"）

济南　山东人民出版社 1970 年 39cm（4 开）

定价：CNY0.04

J0115063

1971 年月历　（革命现代京剧《智取威虎山》剧照 "杨子荣纵马扬鞭直奔匪巢威虎山"）

济南　山东人民出版社 1970 年 1 张 39cm（4 开）

定价：CNY0.05

J0115064

1971 年月历　（革命现代京剧《智取威虎山》剧照 "侦察排长杨子荣深山问苦"）

济南　山东人民出版社 1970 年 1 张 39cm（4 开）

定价：CNY0.04

J0115065

1971 年月历　（革命现代舞剧《红色娘子军》剧照 "常青指路，奔向红区"）

济南　山东人民出版社 1970 年 1 张 39cm（4 开）

定价：CNY0.04

J0115066

1971 年月历　（革命现代舞剧《红色娘子军》剧照 "红色娘子军连在进行军事操练"）

济南　山东人民出版社 1970 年 1 张 39cm（4 开）

定价：CNY0.04

J0115067

1971 年月历　（革命现代舞剧《红色娘子军》剧照 "吴清华仇恨满腔，逃出匪巢"）

济南　山东人民出版社 1970 年 1 张 39cm（4 开）

定价：CNY0.04

J0115068

1971 年月历　（革命现代京剧《红灯记》剧照 "打不尽豺狼决不下战场"）

西安　陕西人民出版社 1970 年 1 张 54cm（4 开）

定价：CNY0.08

J0115069

1971 年月历　（革命现代京剧《智取威虎山》剧照）

昆明　云南人民出版社 1970 年 1 张 54cm（4 开）

定价：CNY0.10

　　剧照内容为："中国人民解放军某部侦察排长杨子荣来到深山老林访贫问苦"。

J0115070

1971 年月历　（革命现代京剧《智取威虎山》剧照）

昆明　云南人民出版社 1970 年 1 张 54cm（4 开）

定价：CNY0.10

　　革命现代京剧《智取威虎山》剧照，"猎户女儿常宝满怀阶级仇恨，坚决要求上战场"

J0115071

1971 年月历　（革命现代舞剧《红色娘子军》）

1970 年 1 张 54cm（4 开）

J0115072

1971 年月历（农历辛亥年）　（革命现代京剧《红灯记》剧照 "密电码送上柏山岗"）

福州　福建省新华书店 1970 年 1 张 54cm（4 开）

定价：CNY0.05

J0115073

1971 年月历（农历辛亥年）　（革命现代京剧《沙家浜》剧照 "军民亲如一家"）

福州　福建省新华书店 1970 年 1 张 54cm（4 开）

定价：CNY0.05

J0115074

1971 年月历（农历辛亥年）　（革命现代京剧《智取威虎山》剧照 "中国人民解放军某部侦察排长杨子荣"）

兰州　甘肃人民出版社 1970 年 1 张 54cm（4 开）

定价：CNY0.08

J0115075

1971 年月历（农历辛亥年）　（革命现代京剧《红灯记》剧照 "打不尽豺狼决不下战场"）

郑州　河南人民出版社 1970 年 1 张 54cm（4 开）

定价：CNY0.07

J0115076

1971 年月历（农历辛亥年）　（革命现代京剧《红灯记》剧照 "浑身是胆雄赳赳"）

郑州　河南人民出版社 1970 年 1 张 54cm（4 开）

定价：CNY0.07

J0115077
1971 年月历(农历辛亥年)（革命现代京剧
《红灯记》剧照"誓做红灯继承人"）
郑州 河南人民出版社 1970 年 1 张 54cm（4 开）
定价：CNY0.07

J0115078
1971 年月历(农历辛亥年)（革命现代京剧
《红灯记》剧照"无产阶级英雄李玉和"）
郑州 河南人民出版社 1970 年 1 张 54cm（4 开）
定价：CNY0.07

J0115079
1971 年月历(农历辛亥年)（革命现代京剧
《红灯记》剧照"中国共产党党员、铁路扳道工人
李玉和"）
郑州 河南人民出版社 1970 年 1 张 54cm（4 开）
定价：CNY0.07

J0115080
1971 年月历(农历辛亥年)（革命现代京剧
《沙家浜》剧照"想起毛主席的教导有力量"）
郑州 河南人民出版社 1970 年 1 张 54cm（4 开）
定价：CNY0.07

J0115081
1971 年月历(农历辛亥年)（革命现代京剧
《沙家浜》剧照"新四军某部连指导员郭建光"）
郑州 河南人民出版社 1970 年 1 张 54cm（4 开）
定价：CNY0.07

J0115082
1971 年月历(农历辛亥年)（革命现代京剧
《智取威虎山》剧照"杨子荣纵马扬鞭，驰骋在林
海雪原"）
郑州 河南人民出版社 1970 年 1 张 54cm（4 开）
定价：CNY0.07

J0115083
1971 年月历(农历辛亥年)（革命现代京剧
《红灯记》剧照"无产阶级英雄李玉和"）
长春 吉林人民出版社 1970 年 1 张 54cm（4 开）
定价：CNY0.07

J0115084
1971 年月历(农历辛亥年)（革命现代京剧
《沙家浜》剧照"新四军某部连指导员郭建光"）
长春 吉林人民出版社 1970 年 1 张 54cm（4 开）
定价：CNY0.07

J0115085
1971 年月历(农历辛亥年)（革命现代京剧
《智取威虎山》剧照"计送情报"）
长春 吉林人民出版社 1970 年 1 张 54cm（4 开）
定价：CNY0.07

J0115086
1971 年月历(农历辛亥年)（革命现代舞剧
《红色娘子军》剧照"常青指路，奔向红区"）
长春 吉林人民出版社 1970 年 1 张 53cm（4 开）
定价：CNY0.07

J0115087
1971 年月历(农历辛亥年)（革命现代舞剧
《红色娘子军》剧照"常青指路，奔向红区"）
长春 吉林人民出版社 1970 年 1 张 54cm（4 开）
定价：CNY0.07

J0115088
钢琴伴唱《红灯记》（李玉和独唱剧照）
天津 天津人民美术出版社 1970 年［1 幅］
54cm（4 开）定价：CNY0.06

J0115089
钢琴伴唱《红灯记》（铁梅独唱剧照）
天津 天津人民美术出版社 1970 年［1 幅］
54cm（4 开）定价：CNY0.06

J0115090
革命现代芭蕾舞剧《白毛女》（太阳出来了）
长春 吉林人民出版社 1970 年［1 幅］
54cm（4 开）定价：CNY0.07
　　现代芭蕾舞剧《白毛女》的舞台剧照。

J0115091
革命现代芭蕾舞剧《白毛女》（严惩汉奸恶
霸黄世仁）
长春 吉林人民出版社 1970 年［1 幅］
54cm（4 开）定价：CNY0.07

中国现代芭蕾舞剧《白毛女》剧照。

J0115092
革命现代芭蕾舞剧《白毛女》（太阳出来了）
天津　天津人民美术出版社 1970 年［1 幅］5
4cm（4 开）定价：CNY0.06
　　中国现代芭蕾舞剧《白毛女》剧照。

J0115093
革命现代芭蕾舞剧《红色娘子军》（红色娘
子军连的战士英姿飒爽，在进行军事操练）
长春　吉林人民出版社 1970 年［1 幅］
54cm（4 开）定价：CNY0.07
　　中国现代芭蕾舞剧《红色娘子军》剧照。

J0115094
革命现代京剧《海港》
长春　吉林人民出版社 1970 年［1 幅］
54cm（4 开）定价：CNY0.07
　　中国现代京剧舞台剧照。

J0115095
革命现代京剧《海港》（党和毛主席领导好）
上海　上海人民出版社 1970 年［1 幅］
76cm（2 开）定价：CNY0.12
　　中国现代京剧舞台剧照。

J0115096
革命现代京剧《海港》（党和毛主席领导好
码头出现新面貌）
上海　上海市出版"革命组" 1970 年［1 幅］
39cm（4 开）定价：CNY0.04
　　中国革命现代京剧单幅剧照作品。

J0115097
革命现代京剧《海港》（想起党眼明心亮）
上海　上海市出版"革命组" 1970 年［1 幅］
76cm（2 开）定价：CNY0.10
　　中国现代京剧舞台剧照。

J0115098
革命现代京剧《海港》（剧照四条屏）上海京
剧团《海港》剧组演出
天津　天津人民美术出版社 1970 年 2 张
76cm（2 开）定价：CNY0.24

中国现代京剧舞台剧照。

J0115099
革命现代京剧《红灯记》（剧照六条屏）
合肥　安徽省"革命委员会"出版发行局 1970 年
3 张　76cm（2 开）定价：CNY0.36
　　中国现代京剧舞台剧照。

J0115100
革命现代京剧《红灯记》（无产阶级英雄李玉和）
合肥　安徽省"革命委员会"出版发行局 1970 年
［1 幅］54cm（4 开）定价：CNY0.06
　　中国现代京剧舞台剧照。

J0115101
革命现代京剧《红灯记》（誓做红灯继承人）
福州　福建省新华书店 1970 年［1 幅］
54cm（4 开）定价：CNY0.07
　　中国现代京剧《红灯记》舞台剧照。

J0115102
革命现代京剧《红灯记》（打不尽豺狼决不下
战场）
兰州　甘肃人民出版社 1970 年［1 幅］
54cm（4 开）定价：CNY0.08
　　中国现代京剧《红灯记》舞台剧照。

J0115103
革命现代京剧《红灯记》（大义凛然 宁死不屈）
兰州　甘肃人民出版社 1970 年［1 幅］
76cm（2 开）定价：CNY0.16
　　中国现代京剧《红灯记》舞台剧照。

J0115104
革命现代京剧《红灯记》（浑身是胆雄赳赳）
兰州　甘肃人民出版社 1970 年［1 幅］
76cm（2 开）定价：CNY0.12
　　中国现代京剧《红灯记》舞台剧照。

J0115105
革命现代京剧《红灯记》（接应交通员）
兰州　甘肃人民出版社 1970 年［1 幅］
76cm（2 开）定价：CNY0.16
　　中国现代京剧《红灯记》舞台剧照。

J0115106
革命现代京剧《红灯记》（接应交通员）
兰州 甘肃人民出版社 1970年［1幅］
54cm（4开）定价：CNY0.08
　　中国现代京剧《红灯记》舞台剧照。

J0115107
革命现代京剧《红灯记》（剧照集）中国京剧
团集体改编
兰州 甘肃人民出版社 1970年 13cm（60开）
定价：CNY0.12
　　中国现代京剧《红灯记》舞台剧照。

J0115108
革命现代京剧《红灯记》（誓做红灯继承人）
兰州 甘肃人民出版社 1970年
76cm（2开）定价：CNY0.16
　　中国现代京剧《红灯记》舞台剧照。

J0115109
革命现代京剧《红灯记》（无产阶级英雄李玉和）
兰州 甘肃人民出版社 1970年［1幅］
76cm（2开）定价：CNY0.16
　　中国现代京剧《红灯记》舞台剧照。

J0115110
革命现代京剧《红灯记》（雄心壮志冲云天）
兰州 甘肃人民出版社 1970年［1幅］
54cm（4开）定价：CNY0.06
　　中国现代京剧《红灯记》舞台剧照。

J0115111
革命现代京剧《红灯记》（打不尽豺狼决不下
战场）
石家庄 河北人民出版社 1970年［1幅］
76cm（2开）定价：CNY0.10
　　中国现代京剧《红灯记》舞台剧照。

J0115112
革命现代京剧《红灯记》（大义凛然 宁死不屈）
石家庄 河北人民出版社 1970年［1幅］
76cm（2开）定价：CNY0.10
　　中国现代京剧《红灯记》舞台剧照。

J0115113
革命现代京剧《红灯记》（接应交通员）
石家庄 河北人民出版社 1970年［1幅］
76cm（2开）定价：CNY0.10
　　中国现代京剧《红灯记》舞台剧照。

J0115114
革命现代京剧《红灯记》（剧照六条屏）
石家庄 河北人民出版社 1970年 3张
76cm（2开）定价：CNY0.42
　　中国现代京剧《红灯记》舞台剧照。

J0115115
革命现代京剧《红灯记》（胜利前进）
石家庄 河北人民出版社 1970年［1幅］
76cm（2开）定价：CNY0.10
　　中国现代京剧《红灯记》舞台剧照。

J0115116
革命现代京剧《红灯记》（无产阶级英雄李玉和）
石家庄 河北人民出版社 1970年［1幅］
76cm（2开）定价：CNY0.10
　　中国现代京剧《红灯记》舞台剧照。

J0115117
革命现代京剧《红灯记》（接应交通员）新华
社稿
郑州 河南人民出版社 1970年［1幅］
54cm（4开）定价：CNY0.07
　　中国现代京剧《红灯记》舞台剧照。

J0115118
革命现代京剧《红灯记》（剧照集）
郑州 河南人民出版社 1970年 1张 19cm（32开）
定价：CNY0.28
　　中国现代京剧《红灯记》舞台剧照。

J0115119
革命现代京剧《红灯记》（剧照集）
郑州 河南人民出版社 1970年 1张 19cm（32开）
塑膜封面 定价：CNY0.40
　　中国现代京剧《红灯记》舞台剧照。

J0115120
革命现代京剧《红灯记》（前赴后继）新华社稿

郑州 河南人民出版社 1970 年［1 幅］
54cm（4 开）定价：CNY0.07
　　中国现代京剧《红灯记》舞台剧照。

J0115121
革命现代京剧《红灯记》（誓做红灯继承人）
新华社稿
郑州 河南人民出版社 1970 年［1 幅］
54cm（4 开）定价：CNY0.07
　　中国现代京剧《红灯记》舞台剧照。

J0115122
革命现代京剧《红灯记》（痛说革命家史）新
华社稿
郑州 河南人民出版社 1970 年［1 幅］
54cm（4 开）定价：CNY0.07
　　中国现代京剧《红灯记》舞台剧照。

J0115123
革命现代京剧《红灯记》（无产阶级英雄李玉
和）新华社稿
郑州 河南人民出版社 1970 年［1 幅］
54cm（4 开）定价：CNY0.07
　　中国现代京剧《红灯记》舞台剧照。

J0115124
革命现代京剧《红灯记》（粥棚脱险）新华社稿
郑州 河南人民出版社 1970 年［1 幅］
54cm（4 开）定价：CNY0.07
　　中国现代京剧《红灯记》舞台剧照。

J0115125
革命现代京剧《红灯记》（剧照集）
武汉 湖北人民出版社 1970 年 1 张 13cm（60 开）
定价：CNY0.09
　　中国现代京剧《红灯记》舞台剧照。

J0115126
革命现代京剧《红灯记》（剧照四条屏）
武汉 湖北人民出版社 1970 年 2 张 76cm（2 开）
定价：CNY0.24
　　中国现代京剧《红灯记》舞台剧照。

J0115127
革命现代京剧《红灯记》（前赴后继）

武汉 湖北人民出版社 1970 年［1 幅］
54cm（4 开）定价：CNY0.10
　　中国现代京剧《红灯记》舞台剧照。

J0115128
革命现代京剧《红灯记》（胜利前进）
武汉 湖北人民出版社 1970 年［1 幅］
54cm（4 开）定价：CNY0.06
　　中国现代京剧《红灯记》舞台剧照。

J0115129
革命现代京剧《红灯记》（痛说革命家史）
武汉 湖北人民出版社 1970 年［1 幅］
54cm（4 开）定价：CNY0.06
　　中国现代京剧《红灯记》舞台剧照。

J0115130
革命现代京剧《红灯记》（刑场斗争）
武汉 湖北人民出版社 1970 年［1 幅］
76cm（2 开）定价：CNY0.12
　　中国现代京剧《红灯记》舞台剧照。

J0115131
革命现代京剧《红灯记》（剧照集）
长春 吉林人民出版社 1970 年 1 张 15cm（40 开）
定价：CNY0.18
　　中国现代京剧《红灯记》舞台剧照。

J0115132
革命现代京剧《红灯记》（剧照四条屏）
长春 吉林人民出版社 1970 年 2 张 76cm（2 开）
定价：CNY0.28
　　中国现代京剧《红灯记》舞台剧照。

J0115133
革命现代京剧《红灯记》（接受任务）
南京 江苏人民出版社 1970 年［1 幅］
54cm（4 开）定价：CNY0.05
　　中国现代京剧《红灯记》舞台剧照。

J0115134
革命现代京剧《红灯记》（打不尽豺狼决不下
战场）
南京 江苏省"革命委员会"出版发行局 1970 年
［1 幅］76cm（2 开）定价：CNY0.10

中国现代京剧《红灯记》舞台剧照。

J0115135

革命现代京剧《红灯记》（打不尽豺狼决不下战场）

南京 江苏省"革命委员会"出版发行局 1970年 ［1幅］54cm（4开）定价：CNY0.06

　　中国现代京剧《红灯记》舞台剧照。

J0115136

革命现代京剧《红灯记》（大义凛然 宁死不屈）

南京 江苏省"革命委员会"出版发行局 1970年 ［1幅］54cm（4开）定价：CNY0.06

　　中国现代京剧《红灯记》舞台剧照。

J0115137

革命现代京剧《红灯记》（胜利前进）

南京 江苏省"革命委员会"出版发行局 1970年 ［1幅］54cm（4开）定价：CNY0.06

　　中国现代京剧《红灯记》舞台剧照。

J0115138

革命现代京剧《红灯记》（同仇共苦）

南京 江苏省"革命委员会"出版发行局 1970年 ［1幅］54cm（4开）定价：CNY0.06

　　中国现代京剧《红灯记》舞台剧照。

J0115139

革命现代京剧《红灯记》（无产阶级英雄李玉和）

南京 江苏省"革命委员会"出版发行局 1970年 ［1幅］76cm（2开）定价：CNY0.10

　　中国现代京剧《红灯记》舞台剧照。

J0115140

革命现代京剧《红灯记》（无产阶级英雄李玉和）

南京 江苏省"革命委员会"出版发行局 1970年 ［1幅］54cm（4开）定价：CNY0.06

　　中国现代京剧《红灯记》舞台剧照。

J0115141

革命现代京剧《红灯记》（针锋相对斗日寇）

南京 江苏省"革命委员会"出版发行局 1970年 ［1幅］76cm（2开）定价：CNY0.10

　　中国现代京剧《红灯记》舞台剧照。

J0115142

革命现代京剧《红灯记》（针锋相对斗日寇）

南京 江苏省"革命委员会"出版发行局 1970年 ［1幅］54cm（4开）定价：CNY0.06

　　中国现代京剧《红灯记》舞台剧照。

J0115143

革命现代京剧《红灯记》（剧照六条屏）

沈阳 辽宁省新华书店 1970年 3张 76cm（2开）定价：CNY0.30

　　中国现代京剧《红灯记》舞台剧照。

J0115144

革命现代京剧《红灯记》（穷人的孩子早当家）

沈阳 辽宁省新华书店 1970年 ［1幅］ 54cm（4开）定价：CNY0.05

　　中国现代京剧《红灯记》舞台剧照。

J0115145

革命现代京剧《红灯记》（无产阶级英雄李玉和）

沈阳 辽宁省新华书店 1970年 ［1幅］ 76cm（2开）定价：CNY0.10

　　中国现代京剧《红灯记》舞台剧照。

J0115146

革命现代京剧《红灯记》（剧照 纪念《在延安文艺座谈会上的讲话》发表二十八周年）

呼和浩特 内蒙古自治区"革命委员会"毛主席著作办公室 1970年 20张（套）39cm（4开）定价：CNY0.08

J0115147

革命现代京剧《红灯记》（革命的三代人）

北京 人民出版社 1970年 ［1幅］76cm（2开）定价：CNY0.10

　　中国现代京剧《红灯记》舞台剧照。

J0115148

革命现代京剧《红灯记》（浑身是胆雄赳赳）

北京 人民出版社 1970年 ［1幅］76cm（2开）定价：CNY0.10

　　中国现代京剧《红灯记》舞台剧照。

J0115149

革命现代京剧《红灯记》（誓做红灯继承人）

北京　人民出版社 1970 年［1 幅］76cm（2 开）
定价：CNY0.10
　　中国现代京剧《红灯记》舞台剧照。

J0115150
革命现代京剧《红灯记》（无产阶级英雄李玉和）
北京　人民出版社 1970 年［1 幅］76cm（2 开）
定价：CNY0.10
　　中国现代京剧《红灯记》舞台剧照。

J0115151
革命现代京剧《红灯记》（针锋相对斗日寇）
北京　人民出版社 1970 年［1 幅］76cm（2 开）
定价：CNY0.10
　　中国现代京剧《红灯记》舞台剧照。

J0115152
革命现代京剧《红灯记》（打不尽豺狼决不下
战场）
济南　山东人民出版社 1970 年［1 幅］
54cm（4 开）定价：CNY0.06
　　中国现代京剧《红灯记》舞台剧照。

J0115153
革命现代京剧《红灯记》（浑身是胆雄赳赳）
济南　山东人民出版社 1970 年［1 幅］
54cm（4 开）定价：CNY0.06
　　中国现代京剧《红灯记》舞台剧照。

J0115154
革命现代京剧《红灯记》（剧照）
济南　山东人民出版社 1970 年 20 张（套）
39cm（4 开）定价：CNY0.70
　　本书内容为纪念在《延安文艺座谈会上的讲
话》发表二十八周年，新华社新闻展览照片农村
普及版。

J0115155
革命现代京剧《红灯记》（誓做红灯继承人）
济南　山东人民出版社 1970 年［1 幅］
54cm（4 开）定价：CNY0.05
　　中国现代京剧《红灯记》舞台剧照。

J0115156
革命现代京剧《红灯记》（提起敌寇心肺炸）

济南　山东人民出版社 1970 年［1 幅］
54cm（4 开）定价：CNY0.05
　　中国现代京剧《红灯记》舞台剧照。

J0115157
革命现代京剧《红灯记》（无产阶级英雄李玉和）
济南　山东人民出版社 1970 年［1 幅］
76cm（2 开）定价：CNY0.10
　　中国现代京剧《红灯记》舞台剧照。

J0115158
革命现代京剧《红灯记》（中国共产党党员、
工人阶级的代表李玉和）
济南　山东人民出版社 1970 年［1 幅］
76cm（2 开）定价：CNY0.10
　　中国现代京剧《红灯记》舞台剧照。

J0115159
革命现代京剧《红灯记》（接应交通员）
太原　山西人民出版社 1970 年［1 幅］
76cm（2 开）定价：CNY0.10
　　中国现代京剧《红灯记》舞台剧照。

J0115160
革命现代京剧《红灯记》（剧照六条屏）中国
京剧团演出
太原　山西人民出版社 1970 年　3 张　76cm（2 开）
定价：CNY0.30
　　中国现代京剧《红灯记》舞台剧照。

J0115161
革命现代京剧《红灯记》（无产阶级英雄李玉和）
太原　山西人民出版社 1970 年［1 幅］
76cm（2 开）定价：CNY0.10
　　中国现代京剧《红灯记》舞台剧照。

J0115162
革命现代京剧《红灯记》（接应交通员）
西安　陕西人民出版社 1970 年［1 幅］
54cm（4 开）定价：CNY0.06
　　中国现代京剧《红灯记》舞台剧照。

J0115163
革命现代京剧《红灯记》（前赴后继）
西安　陕西人民出版社 1970 年［1 幅］

54cm（4 开）定价：CNY0.06
　　　中国现代京剧《红灯记》舞台剧照。

J0115164
革命现代京剧《红灯记》（胜利前进）
西安 陕西人民出版社 1970 年［1 幅］
54cm（4 开）定价：CNY0.06
　　　中国现代京剧《红灯记》舞台剧照。

J0115165
革命现代京剧《红灯记》（痛说革命家史）
西安 陕西人民出版社 1970 年［1 幅］
39cm（4 开）定价：CNY0.03
　　　中国现代京剧《红灯记》舞台剧照。

J0115166
革命现代京剧《红灯记》（痛说革命家史）
西安 陕西人民出版社 1970 年［1 幅］
54cm（4 开）定价：CNY0.06
　　　中国现代京剧《红灯记》舞台剧照。

J0115167
革命现代京剧《红灯记》（无产阶级英雄李玉和）
西安 陕西人民出版社 1970 年［1 幅］
39cm（4 开）定价：CNY0.03
　　　中国现代京剧《红灯记》舞台剧照。

J0115168
革命现代京剧《红灯记》（革命的三代人）
上海 上海人民出版社 1970 年［1 幅］
76cm（2 开）定价：CNY0.10
　　　中国现代京剧《红灯记》舞台剧照。

J0115169
革命现代京剧《红灯记》（彩色剧照集）上海
市出版 "革命组" 编辑；新华社供稿
上海 上海市出版 "革命组" 1970 年 1 张
19cm（32 开）定价：CNY0.79
　　　中国现代京剧《红灯记》舞台剧照。

J0115170
革命现代京剧《红灯记》（彩色剧照集）上海
市出版 "革命组" 编辑；新华社供稿
上海 上海市出版 "革命组" 1970 年 10 张（套）
9cm（128 开）定价：CNY0.20

　　　中国现代京剧《红灯记》舞台剧照。

J0115171
革命现代京剧《红灯记》（彩色剧照明信片）
上海市出版 "革命组" 编辑；新华社供稿
上海 上海市出版 "革命组" 1970 年 10 张（套）
13cm（60 开）定价：CNY0.42
　　　中国现代京剧《红灯记》舞台剧照。

J0115172
革命现代京剧《红灯记》（打不尽豺狼决不下
战场）
上海 上海市出版 "革命组" 1970 年［1 幅］
76cm（2 开）定价：CNY0.10
　　　中国现代京剧《红灯记》舞台剧照。

J0115173
革命现代京剧《红灯记》（大义凛然 宁死不屈）
上海 上海市出版 "革命组" 1970 年［1 幅］
76cm（2 开）定价：CNY0.10
　　　中国现代京剧《红灯记》舞台剧照。

J0115174
革命现代京剧《红灯记》（单色剧照集）上海
市出版 "革命组" 编辑；新华社供稿
上海 上海市出版 "革命组" 1970 年 1 张
19cm（32 开）定价：CNY0.26
　　　中国现代京剧《红灯记》舞台剧照。

J0115175
革命现代京剧《红灯记》（浑身是胆雄赳赳）
上海 上海市出版 "革命组" 1970 年［1 幅］
76cm（2 开）定价：CNY0.10
　　　中国现代京剧《红灯记》舞台剧照。

J0115176
革命现代京剧《红灯记》（胜利前进）
上海 上海市出版 "革命组" 1970 年［1 幅］
76cm（2 开）定价：CNY0.10
　　　中国现代京剧《红灯记》舞台剧照。

J0115177
革命现代京剧《红灯记》（誓做红灯继承人）
上海 上海市出版 "革命组" 1970 年［1 幅］
76cm（2 开）定价：CNY0.10

中国现代京剧《红灯记》舞台剧照。

J0115178
革命现代京剧《红灯记》（提起敌寇心肺炸）
上海 上海市出版"革命组" 1970 年［1 幅］
76cm（2 开）定价：CNY0.10
　　中国现代京剧《红灯记》舞台剧照。

J0115179
革命现代京剧《红灯记》（痛说革命家史）
上海 上海市出版"革命组" 1970 年［1 幅］
76cm（2 开）定价：CNY0.10
　　中国现代京剧《红灯记》舞台剧照。

J0115180
革命现代京剧《红灯记》（无产阶级英雄李玉和）
上海 上海市出版"革命组" 1970 年［1 幅］
76cm（2 开）定价：CNY0.10
　　中国现代京剧《红灯记》舞台剧照。

J0115181
革命现代京剧《红灯记》（雄心壮志冲云天）
上海 上海市出版"革命组" 1970 年［1 幅］
76cm（2 开）定价：CNY0.10
　　中国现代京剧《红灯记》舞台剧照。

J0115182
革命现代京剧《红灯记》（针锋相对斗日寇）
上海 上海市出版"革命组" 1970 年［1 幅］
76cm（2 开）定价：CNY0.10
　　中国现代京剧《红灯记》舞台剧照。

J0115183
革命现代京剧《红灯记》（粥棚脱险）
上海 上海市出版"革命组" 1970 年［1 幅］
76cm（2 开）定价：CNY0.10
　　中国现代京剧《红灯记》舞台剧照。

J0115184
革命现代京剧《红灯记》（打不尽豺狼决不下战场）
成都 四川人民出版社 1970 年［1 幅］
54cm（4 开）定价：CNY0.07
　　中国现代京剧《红灯记》舞台剧照。

J0115185
革命现代京剧《红灯记》（大义凛然 宁死不屈）
成都 四川人民出版社 1970 年［1 幅］
54cm（4 开）定价：CNY0.07
　　中国现代京剧《红灯记》舞台剧照。

J0115186
革命现代京剧《红灯记》（光辉照儿永向前）
成都 四川人民出版社 1970 年［1 幅］
54cm（4 开）定价：CNY0.07
　　中国现代京剧《红灯记》舞台剧照。

J0115187
革命现代京剧《红灯记》（誓做红灯继承人）
成都 四川人民出版社 1970 年［1 幅］
54cm（4 开）定价：CNY0.07
　　中国现代京剧《红灯记》舞台剧照。

J0115188
革命现代京剧《红灯记》
天津 天津人民美术出版社 1970 年［1 幅］
54cm（4 开）定价：CNY0.07
　　中国现代京剧《红灯记》舞台剧照。

J0115189
革命现代京剧《红灯记》（革命的三代人）
天津 天津人民美术出版社 1970 年［1 幅］
54cm（4 开）定价：CNY0.06
　　中国现代京剧《红灯记》舞台剧照。

J0115190
革命现代京剧《红灯记》（浑身是胆雄赳赳）
天津 天津人民美术出版社 1970 年［1 幅］
54cm（4 开）定价：CNY0.07
　　中国现代京剧《红灯记》舞台剧照。

J0115191
革命现代京剧《红灯记》（剧照六条屏）中国京剧团演出
天津 天津人民美术出版社 1970 年 3 张
76cm（2 开）定价：CNY0.42
　　中国现代京剧《红灯记》舞台剧照。

J0115192
革命现代京剧《红灯记》（胜利前进）

天津 天津人民美术出版社 1970 年［1 幅］
54cm（4 开）定价：CNY0.07
　　中国现代京剧《红灯记》舞台剧照。

J0115193
革命现代京剧《红灯记》（无产阶级英雄李玉和）
天津 天津人民美术出版社 1970 年［1 幅］
76cm（2 开）定价：CNY0.14
　　中国现代京剧《红灯记》舞台剧照。

J0115194
革命现代京剧《红灯记》（无产阶级英雄李玉和）
天津 天津人民美术出版社 1970 年［1 幅］
76cm（2 开）定价：CNY0.16
　　中国现代京剧《红灯记》舞台剧照。

J0115195
革命现代京剧《红灯记》（无产阶级英雄李玉和）
天津 天津人民美术出版社 1970 年［1 幅］
54cm（4 开）定价：CNY0.06
　　中国现代京剧《红灯记》舞台剧照。

J0115196
革命现代京剧《红灯记》（雄心壮志冲云天）
天津 天津人民美术出版社 1970 年［1 幅］
54cm（4 开）定价：CNY0.07
　　中国现代京剧《红灯记》舞台剧照。

J0115197
革命现代京剧《红灯记》（剧照 编号 0408）
［北京］1970 年 20 幅 23×31cm 定价：CNY20.00
　　本作品系新闻展览照片。

J0115198
革命现代京剧《沙家浜》（授计）
合肥 安徽省“革命委员会”出版发行局 1970 年
［1 幅］54cm（4 开）定价：CNY0.06
　　中国现代京剧《沙家浜》舞台剧照。

J0115199
革命现代京剧《沙家浜》（突击进军）
石家庄 河北人民出版社 1970 年［1 幅］
76cm（2 开）定价：CNY0.10
　　中国现代京剧《沙家浜》舞台剧照。

J0115200
革命现代京剧《沙家浜》（新四军某部连指导
员郭建光）
石家庄 河北人民出版社 1970 年［1 幅］
76cm（2 开）定价：CNY0.10
　　中国现代京剧《沙家浜》舞台剧照。

J0115201
革命现代京剧《沙家浜》（重见光明）
石家庄 河北人民出版社 1970 年［1 幅］
76cm（2 开）定价：CNY0.10
　　中国现代京剧《沙家浜》舞台剧照。

J0115202
革命现代京剧《沙家浜》（授计）新华社稿
郑州 河南人民出版社 1970 年［1 幅］
54cm（4 开）定价：CNY0.07
　　中国现代京剧《沙家浜》舞台剧照。

J0115203
革命现代京剧《沙家浜》（新四军某部连指导
员郭建光）新华社稿
郑州 河南人民出版社 1970 年［1 幅］
54cm（4 开）定价：CNY0.07
　　中国现代京剧《沙家浜》舞台剧照。

J0115204
革命现代京剧《沙家浜》（剧照四条屏）
哈尔滨 黑龙江人民出版社 1970 年 2 张
76cm（2 开）定价：CNY0.20
　　中国现代京剧《沙家浜》舞台剧照。

J0115205
革命现代京剧《沙家浜》（授计）
哈尔滨 黑龙江人民出版社 1970 年［1 幅］
76cm（2 开）定价：CNY0.12
　　中国现代京剧《沙家浜》舞台剧照。

J0115206
革命现代京剧《沙家浜》（突破）
哈尔滨 黑龙江人民出版社 1970 年［1 幅］
76cm（2 开）定价：CNY0.14
　　中国现代京剧《沙家浜》舞台剧照。

J0115207

革命现代京剧《沙家浜》（新四军某部连指导员郭建光）

哈尔滨 黑龙江人民出版社 1970年［1幅］

76cm（2开）定价：CNY0.14

　　中国现代京剧《沙家浜》郭建光持枪剧照。

J0115208

革命现代京剧《沙家浜》（奔袭）

武汉 湖北人民出版社 1970年［1幅］

54cm（4开）定价：CNY0.06

　　中国现代京剧《沙家浜》郭建光持枪剧照。

J0115209

革命现代京剧《沙家浜》（奔袭）

武汉 湖北人民出版社 1970年［1幅］

54cm（4开）定价：CNY0.06

　　中国现代京剧《沙家浜》郭建光持枪剧照。

J0115210

革命现代京剧《沙家浜》（飞兵奇袭沙家浜）

武汉 湖北人民出版社 1970年［1幅］

76cm（2开）定价：CNY0.12

　　中国现代京剧《沙家浜》舞台剧照。

J0115211

革命现代京剧《沙家浜》（剧照辑）新华社供稿

武汉 湖北人民出版社 1970年 13cm（60开）

定价：CNY0.09

　　中国现代京剧《沙家浜》舞台剧照。

J0115212

革命现代京剧《沙家浜》（授计）

武汉 湖北人民出版社 1970年［1幅］

54cm（4开）定价：CNY0.06

　　中国现代京剧《沙家浜》舞台剧照。

J0115213

革命现代京剧《沙家浜》（新四军某部连指导员郭建光）

武汉 湖北人民出版社 1970年［1幅］

76cm（2开）定价：CNY0.12

　　中国现代京剧《沙家浜》舞台剧照。

J0115214

革命现代京剧《沙家浜》（转移）

武汉 湖北人民出版社 1970年［1幅］

54cm（4开）定价：CNY0.06

　　中国现代京剧《沙家浜》舞台剧照。

J0115215

革命现代京剧《沙家浜》（坚持）

长春 吉林人民出版社 1970年［1幅］

54cm（4开）定价：CNY0.07

　　中国现代京剧《沙家浜》舞台剧照。

J0115216

革命现代京剧《沙家浜》（剧照四条屏）

长春 吉林人民出版社 1970年 2张 76cm（2开）

定价：CNY0.28

　　中国现代京剧《沙家浜》舞台剧照。

J0115217

革命现代京剧《沙家浜》（剧照画册）

南京 江苏省"革命委员会"出版发行局 1970年

15cm（40开）定价：CNY0.08

　　中国现代京剧《沙家浜》舞台剧照。

J0115218

革命现代京剧《沙家浜》（剧照辑）新华社供稿

南京 江苏省"革命委员会"出版发行局 1970年

10张（套）12cm（56开）定价：CNY0.19

　　中国现代京剧《沙家浜》舞台剧照。

J0115219

革命现代京剧《沙家浜》（剧照四条屏）

沈阳 辽宁省新华书店 1970年 2张 76cm（2开）

定价：CNY0.20

　　中国现代京剧《沙家浜》舞台剧照。

J0115220

革命现代京剧《沙家浜》（新四军某部连指导员郭建光）

沈阳 辽宁省新华书店 1970年［1幅］

54cm（4开）定价：CNY0.05

　　中国现代京剧《沙家浜》舞台剧照。

J0115221

革命现代京剧《沙家浜》（忠于毛主席、热爱

祖国、热爱人民、多谋善断、智勇双全的郭建光）
沈阳 辽宁省新华书店 1970年［1幅］
54cm（4开）定价：CNY0.06
　　中国现代京剧《沙家浜》舞台剧照。

J0115222
革命现代京剧《沙家浜》（飞兵奇袭沙家浜）
北京 人民出版社 1970年［1幅］76cm（2开）
定价：CNY0.10
　　中国现代京剧《沙家浜》舞台剧照。

J0115223
革命现代京剧《沙家浜》（剧照 新闻展览照
片农村普及版）新华通讯社编
北京 人民出版社 1970年 20张（套）39cm（4开）
定价：CNY0.80

J0115224
革命现代京剧《沙家浜》（军民亲如一家）
北京 人民出版社 1970年［1幅］76cm（2开）
定价：CNY0.10
　　中国现代京剧《沙家浜》舞台剧照。

J0115225
革命现代京剧《沙家浜》（军民亲如一家）
上海 上海市出版"革命组"出版社 1970年［1幅］
76cm（2开）定价：CNY0.10
　　中国现代京剧《沙家浜》舞台剧照。

J0115226
革命现代京剧《沙家浜》（授计）
北京 人民出版社 1970年［1幅］76cm（2开）
定价：CNY0.10
　　中国现代京剧《沙家浜》舞台剧照。

J0115227
革命现代京剧《沙家浜》（突击进军）
北京 人民出版社 1970年［1幅］76cm（2开）
定价：CNY0.10
　　中国现代京剧《沙家浜》舞台剧照。

J0115228
革命现代京剧《沙家浜》（新四军某部连指导
员郭建光）
北京 人民出版社 1970年［1幅］76cm（2开）

定价：CNY0.10
　　中国现代京剧《沙家浜》舞台剧照。

J0115229
革命现代京剧《沙家浜》（飞兵奇袭沙家浜）
济南 山东人民出版社 1970年［1幅］
76cm（2开）定价：CNY0.12
　　中国现代京剧《沙家浜》舞台剧照。

J0115230
革命现代京剧《沙家浜》（飞兵奇袭沙家浜）
济南 山东人民出版社 1970年［1幅］
54cm（4开）定价：CNY0.06
　　4开和2开的画面不同。4开的画面内容是：
郭建光带领突击排奔袭沙家浜，途中突遇敌人的
巡逻队，战士小虎要除掉他们，郭建光遂命令大
家隐蔽。

J0115231
革命现代京剧《沙家浜》（军民亲如一家）
济南 山东人民出版社 1970年［1幅］
76cm（2开）定价：CNY0.12
　　中国现代京剧《沙家浜》舞台剧照。

J0115232
革命现代京剧《沙家浜》（新四军某部连指导
员郭建光）
济南 山东人民出版社 1970年［1幅］
76cm（2开）定价：CNY0.12
　　中国现代京剧《沙家浜》舞台剧照。

J0115233
革命现代京剧《沙家浜》（新四军某部连指导
员郭建光）
济南 山东人民出版社 1970年［1幅］
76cm（2开）定价：CNY0.12
　　中国现代京剧《沙家浜》舞台剧照。

J0115234
革命现代京剧《沙家浜》（突击进军）
太原 山西人民出版社 1970年［1幅］
76cm（2开）定价：CNY0.10
　　中国现代京剧《沙家浜》舞台剧照。

J0115235
革命现代京剧《沙家浜》（新四军某部连指导员郭建光）
太原 山西人民出版社 1970 年［1 幅］
76cm（2 开）定价：CNY0.10
　　中国现代京剧《沙家浜》舞台剧照。

J0115236
革命现代京剧《沙家浜》（重见光明）
太原 山西人民出版社 1970 年［1 幅］
76cm（2 开）定价：CNY0.10
　　中国现代京剧《沙家浜》舞台剧照。

J0115237
革命现代京剧《沙家浜》（坚持）
西安 陕西人民出版社 1970 年［1 幅］
54cm（4 开）定价：CNY0.06
　　中国现代京剧《沙家浜》舞台剧照。

J0115238
革命现代京剧《沙家浜》（新四军某部连指导员郭建光）
西安 陕西人民出版社 1970 年［1 幅］
54cm（4 开）定价：CNY0.06
　　中国现代京剧《沙家浜》舞台剧照。

J0115239
革命现代京剧《沙家浜》（彩色剧照集）上海市出版"革命组"编辑；新华社供稿
上海 上海市出版"革命组" 1970 年 19cm（32 开）
定价：CNY0.63
　　中国现代京剧《沙家浜》舞台剧照。

J0115240
革命现代京剧《沙家浜》（彩色剧照辑）上海市出版"革命组"编辑；新华社供稿
上海 上海市出版"革命组" 1970 年 10 张（套）
9cm（128 开）定价：CNY0.20
　　中国现代京剧《沙家浜》舞台剧照。

J0115241
革命现代京剧《沙家浜》（单色剧照集）上海市出版"革命组"编辑；新华社供稿
上海 上海市出版"革命组" 1970 年 19cm（32 开）
定价：CNY0.26
　　中国现代京剧《沙家浜》舞台剧照。

J0115242
革命现代京剧《沙家浜》（飞兵奇袭沙家浜）
上海 上海市出版"革命组" 1970 年［1 幅］
76cm（2 开）定价：CNY0.10
　　中国现代京剧《沙家浜》舞台剧照。

J0115243
革命现代京剧《沙家浜》（军民亲如一家）
上海 上海市出版"革命组" 1970 年［1 幅］
54cm（4 开）定价：CNY0.10
　　中国现代京剧《沙家浜》舞台剧照。

J0115244
革命现代京剧《沙家浜》（新四军某部连指导员郭建光）
上海 上海市出版"革命组" 1970 年［1 幅］
76cm（2 开）定价：CNY0.10
　　中国现代京剧《沙家浜》舞台剧照。

J0115245
革命现代京剧《沙家浜》（新四军某部连指导员郭建光）
天津 天津人民美术出版社 1970 年［1 幅］
76cm（2 开）定价：CNY0.14
　　中国现代京剧《沙家浜》舞台剧照。

J0115246
革命现代京剧《沙家浜》剧照（飞兵奇袭沙家浜）
长沙 湖南人民出版社 1970 年［1 幅］
54cm（4 开）定价：CNY0.08
　　中国现代京剧《沙家浜》舞台剧照。

J0115247
革命现代京剧《智取威虎山》（会师百鸡宴）
合肥 安徽人民出版社 1970 年［1 幅］
54cm（4 开）定价：CNY0.10
　　中国现代京剧《智取威虎山》舞台剧照。

J0115248
革命现代京剧《智取威虎山》（计送情报）
合肥 安徽人民出版社 1970 年［1 幅］
54cm（4 开）定价：CNY0.10

中国现代京剧《智取威虎山》舞台剧照。

J0115249

革命现代京剧《智取威虎山》（坚决要求上战场）

合肥 安徽人民出版社 1970 年［1 幅］

54cm（4 开）定价：CNY0.08

中国现代京剧《智取威虎山》舞台剧照。

J0115250

革命现代京剧《智取威虎山》（剧照四条屏）

合肥 安徽人民出版社 1970 年 2 张 76cm（2 开）

定价：CNY0.24

中国现代京剧《智取威虎山》舞台剧照。

J0115251

革命现代京剧《智取威虎山》（深山问苦）

合肥 安徽人民出版社 1970 年［1 幅］

54cm（4 开）定价：CNY0.10

中国现代京剧《智取威虎山》舞台剧照。

J0115252

革命现代京剧《智取威虎山》（中国人民解放军侦察排长杨子荣）

合肥 安徽人民出版社 1970 年［1 幅］

54cm（4 开）定价：CNY0.10

中国现代京剧《智取威虎山》舞台剧照。

J0115253

革命现代京剧《智取威虎山》（打虎上山）

北京 北京市"革命委员会" 毛主席著作出版办公室

1970 年［1 幅］54cm（4 开）定价：CNY0.08

中国现代京剧《智取威虎山》舞台剧照。

J0115254

革命现代京剧《智取威虎山》（打虎上山）

北京 北京市"革命委员会" 毛主席著作出版办公室

1970 年［1 幅］76cm（2 开）定价：CNY0.16

中国现代京剧《智取威虎山》舞台剧照。

J0115255

革命现代京剧《智取威虎山》（刀丛剑树也要闯，排除万难下山岗）

北京 北京市"革命委员会" 毛主席著作出版办公室

1970 年［1 幅］54cm（4 开）定价：CNY0.08

中国现代京剧《智取威虎山》舞台剧照。

J0115256

革命现代京剧《智取威虎山》（望远方、想战友、军民携手整装待发打豺狼，更激起我斗志昂扬！）

北京 北京市"革命委员会" 毛主席著作出版办公室

1970 年［1 幅］54cm（4 开）定价：CNY0.08

中国现代京剧《智取威虎山》舞台剧照。

J0115257

革命现代京剧《智取威虎山》（中国人民解放军侦察排长杨子荣）

北京 北京市"革命委员会" 毛主席著作出版办公室

1970 年［1 幅］76cm（2 开）定价：CNY0.16

中国现代京剧《智取威虎山》舞台剧照。

J0115258

革命现代京剧《智取威虎山》（中国人民解放军侦察排长杨子荣）

北京 北京市"革命委员会" 毛主席著作出版办公室

1970 年［1 幅］54cm（4 开）定价：CNY0.08

中国现代京剧《智取威虎山》舞台剧照。

J0115259

革命现代京剧《智取威虎山》（乘胜进军）

兰州 甘肃人民出版社 1970 年［1 幅］

76cm（2 开）定价：CNY0.12

中国现代京剧《智取威虎山》舞台剧照。

J0115260

革命现代京剧《智取威虎山》（打虎上山）

兰州 甘肃人民出版社 1970 年［1 幅］

76cm（2 开）定价：CNY0.12

中国现代京剧《智取威虎山》舞台剧照。

J0115261

革命现代京剧《智取威虎山》（计送情报）

兰州 甘肃人民出版社 1970 年［1 幅］

76cm（2 开）定价：CNY0.12

中国现代京剧《智取威虎山》舞台剧照。

J0115262

革命现代京剧《智取威虎山》（坚决要求上战场）

兰州 甘肃人民出版社 1970 年［1 幅］
76cm（2 开）定价：CNY0.12
　　　中国现代京剧《智取威虎山》舞台剧照。

J0115263
革命现代京剧《智取威虎山》（乘胜进军）
石家庄 河北人民出版社 1970 年［1 幅］
76cm（2 开）定价：CNY0.10
　　　中国现代京剧《智取威虎山》舞台剧照。

J0115264
革命现代京剧《智取威虎山》（打虎上山）
石家庄 河北人民出版社 1970 年［1 幅］
76cm（2 开）定价：CNY0.10
　　　中国现代京剧《智取威虎山》舞台剧照。

J0115265
革命现代京剧《智取威虎山》（会师百鸡宴）
石家庄 河北人民出版社 1970 年［1 幅］
76cm（2 开）定价：CNY0.10
　　　中国现代京剧《智取威虎山》舞台剧照。

J0115266
革命现代京剧《智取威虎山》（计送情报）
石家庄 河北人民出版社 1970 年［1 幅］
76cm（2 开）定价：CNY0.10
　　　中国现代京剧《智取威虎山》舞台剧照。

J0115267
革命现代京剧《智取威虎山》（中国人民解放军侦察排长杨子荣）
郑州 河南人民出版社 1970 年［1 幅］
54cm（4 开）定价：CNY0.08
　　　中国现代京剧《智取威虎山》舞台剧照。

J0115268
革命现代京剧《智取威虎山》（乘胜进军）
哈尔滨 黑龙江人民出版社 1970 年［1 幅］
76cm（2 开）定价：CNY0.18
　　　中国现代京剧《智取威虎山》舞台剧照。

J0115269
革命现代京剧《智取威虎山》（中国人民解放军侦察排长杨子荣）
哈尔滨 黑龙江人民出版社 1970 年［1 幅］

76cm（2 开）定价：CNY0.12
　　　中国现代京剧《智取威虎山》舞台剧照。

J0115270
革命现代京剧《智取威虎山》（打虎上山）
武汉 湖北人民出版社 1970 年［1 幅］
54cm（4 开）定价：CNY0.08
　　　中国现代京剧《智取威虎山》舞台剧照。

J0115271
革命现代京剧《智取威虎山》（计送情报）
武汉 湖北人民出版社 1970 年［1 幅］
54cm（4 开）定价：CNY0.06
　　　中国现代京剧《智取威虎山》舞台剧照。

J0115272
革命现代京剧《智取威虎山》（杨子荣跃马扬鞭入林海）
［武汉］湖北人民出版社 1970 年［1 张］
53cm（4 开）定价：CNY0.08
　　　年画形式的中国现代京剧《智取威虎山》舞台剧照。

J0115273
革命现代京剧《智取威虎山》（打虎上山）
长春 吉林人民出版社 1970 年［1 幅］
54cm（4 开）定价：CNY0.07
　　　中国现代京剧《智取威虎山》舞台剧照。

J0115274
革命现代京剧《智取威虎山》（会师百鸡宴）
长春 吉林人民出版社 1970 年［1 幅］
54cm（4 开）定价：CNY0.07
　　　中国现代京剧《智取威虎山》舞台剧照。

J0115275
革命现代京剧《智取威虎山》（坚决要求上战场）
长春 吉林人民出版社 1970 年［1 幅］
54cm（4 开）定价：CNY0.07
　　　中国现代京剧《智取威虎山》舞台剧照。

J0115276
革命现代京剧《智取威虎山》（赤胆忠心）
南京 江苏省“革命委员会”出版发行局 1970 年

［1幅］54cm（4开）定价：CNY0.08
　　中国现代京剧《智取威虎山》舞台剧照。

J0115277
革命现代京剧《智取威虎山》（打虎上山）
南京 江苏省"革命委员会"出版发行局 1970年
［1幅］54cm（4开）定价：CNY0.08
　　中国现代京剧《智取威虎山》舞台剧照。

J0115278
革命现代京剧《智取威虎山》（画册）
南京 江苏省"革命委员会"出版发行局 1970年
15cm（40开）定价：CNY0.05
　　中国现代京剧《智取威虎山》舞台剧照。

J0115279
革命现代京剧《智取威虎山》（计送情报）
南京 江苏省"革命委员会"出版发行局 1970年
［1幅］54cm（4开）定价：CNY0.06
　　中国现代京剧《智取威虎山》舞台剧照。

J0115280
革命现代京剧《智取威虎山》（剧照四条屏）
上海京剧团《智取威虎山》剧组演出
南京 江苏省"革命委员会"出版发行局 1970年
2张 76cm（2开）定价：CNY0.24
　　中国现代京剧《智取威虎山》舞台剧照。

J0115281
革命现代京剧《智取威虎山》（中国人民解
放军侦察排长杨子荣）
南京 江苏省"革命委员会"出版发行局 1970年
［1幅］54cm（4开）定价：CNY0.08
　　中国现代京剧《智取威虎山》舞台剧照。

J0115282
革命现代京剧《智取威虎山》（彩色剧照辑）
沈阳 辽宁省新华书店 1970年 12张(套)
13cm（60开）定价：CNY0.40

J0115283
革命现代京剧《智取威虎山》（打虎上山）人
民画报稿
沈阳 辽宁省新华书店 1970年［1幅］
54cm（4开）定价：CNY0.08

中国现代京剧《智取威虎山》舞台剧照。

J0115284
革命现代京剧《智取威虎山》（打虎上山）人
民画报稿
沈阳 辽宁省新华书店 1970年［1幅］
76cm（2开）定价：CNY0.10
　　中国现代京剧《智取威虎山》舞台剧照。

J0115285
革命现代京剧《智取威虎山》（会师百鸡宴）
沈阳 辽宁省新华书店 1970年［1幅］
54cm（4开）定价：CNY0.08
　　中国现代京剧《智取威虎山》舞台剧照。

J0115286
革命现代京剧《智取威虎山》（中国人民解
放军侦察排长杨子荣）
沈阳 辽宁省新华书店 1970年［1幅］
76cm（2开）定价：CNY0.16
　　中国现代京剧《智取威虎山》舞台剧照。

J0115287
革命现代京剧《智取威虎山》（中国人民解
放军侦察排长杨子荣）《人民画报》稿
沈阳 辽宁省新华书店 1970年［1幅］
54cm（4开）定价：CNY0.07
　　中国现代京剧《智取威虎山》舞台剧照。

J0115288
革命现代京剧《智取威虎山》（中国人民解
放军侦察排长杨子荣）《人民画报》稿
沈阳 辽宁省新华书店 1970年［1幅］
54cm（4开）定价：CNY0.08
　　中国现代京剧《智取威虎山》舞台剧照。

J0115289
革命现代京剧《智取威虎山》（打虎上山）
西宁 青海人民出版社 1970年［1幅］
76cm（2开）定价：CNY0.12
　　中国现代京剧《智取威虎山》舞台剧照。

J0115290
革命现代京剧《智取威虎山》（计送情报）
西宁 青海人民出版社 1970年［1幅］

76cm（2 开）定价：CNY0.12

中国现代京剧《智取威虎山》舞台剧照。

J0115291

革命现代京剧《智取威虎山》（深山问苦）

北京　人民出版社 1970 年［1 幅］

76cm（2 开）定价：CNY0.10

中国现代京剧《智取威虎山》舞台剧照。

J0115292

革命现代京剧《智取威虎山》（打虎上山）

济南　山东人民出版社 1970 年［1 幅］

54cm（4 开）定价：CNY0.07

中国现代京剧《智取威虎山》舞台剧照。

J0115293

革命现代京剧《智取威虎山》（打虎上山）

济南　山东人民出版社 1970 年［1 幅］

76cm（2 开）定价：CNY0.12

中国现代京剧《智取威虎山》舞台剧照。

J0115294

革命现代京剧《智取威虎山》（画片）

济南　山东人民出版社 1970 年 12 张（套）

13cm（46 开）定价：CNY0.30

中国现代京剧《智取威虎山》舞台剧照。

J0115295

革命现代京剧《智取威虎山》（剧照四条屏）

济南　山东人民出版社 1970 年 2 张 76cm（2 开）

定价：CNY0.28

中国现代京剧《智取威虎山》舞台剧照。

J0115296

革命现代京剧《智取威虎山》（彩色剧照辑）

西安　陕西人民出版社 1970 年 16 张（套）

13cm（60 开）定价：CNY0.30

J0115297

革命现代京剧《智取威虎山》（乘胜进军）

西安　陕西人民出版社 1970 年［1 幅］

54cm（4 开）定价：CNY0.08

中国现代京剧《智取威虎山》舞台剧照。

J0115298

革命现代京剧《智取威虎山》（赤胆忠心）

上海　上海人民出版社 1970 年［1 幅］

76cm（2 开）定价：CNY0.10

中国现代京剧《智取威虎山》舞台剧照。

J0115299

革命现代京剧《智取威虎山》（乘胜进军）

上海　上海市出版“革命组” 1970 年［1 幅］

76cm（2 开）定价：CNY0.12

中国现代京剧《智取威虎山》舞台剧照。

J0115300

革命现代京剧《智取威虎山》（打虎上山）

上海　上海市出版“革命组” 1970 年［1 幅］

76cm（2 开）定价：CNY0.12

中国现代京剧《智取威虎山》舞台剧照。

J0115301

革命现代京剧《智取威虎山》（会师百鸡宴）

上海　上海市出版“革命组” 1970 年［1 幅］

76cm（2 开）定价：CNY0.12

中国现代京剧《智取威虎山》舞台剧照。

J0115302

革命现代京剧《智取威虎山》（剧照四条屏）

上海　上海市出版“革命组” 1970 年 2 张

76cm（2 开）定价：CNY0.20

中国现代京剧《智取威虎山》舞台剧照。

J0115303

革命现代京剧《智取威虎山》（中国人民解放军侦察排长杨子荣）

上海　上海市出版“革命组” 1970 年［1 幅］

76cm（2 开）定价：CNY0.12

中国现代京剧《智取威虎山》舞台剧照。

J0115304

革命现代京剧《智取威虎山》（打虎上山）

成都　四川人民出版社 1970 年［1 幅］

54cm（4 开）定价：CNY0.07

中国现代京剧《智取威虎山》舞台剧照。

J0115305

革命现代京剧《智取威虎山》（坚决要求上

战场）

成都　四川人民出版社　1970 年［1 幅］

54cm（4 开）定价：CNY0.07

　　中国现代京剧《智取威虎山》舞台剧照。

J0115306

革命现代京剧《智取威虎山》（中国人民解放军侦察排长杨子荣）

成都　四川人民出版社　1970 年［1 幅］

54cm（4 开）定价：CNY0.07

　　中国现代京剧《智取威虎山》舞台剧照。

J0115307

革命现代京剧《智取威虎山》（打虎上山）

天津　天津人民美术出版社　1970 年［1 幅］

76cm（2 开）定价：CNY0.14

　　中国现代京剧《智取威虎山》舞台剧照。

J0115308

革命现代京剧《智取威虎山》（计送情报）

天津　天津人民美术出版社　1970 年［1 幅］

54cm（4 开）定价：CNY0.06

　　中国现代京剧《智取威虎山》舞台剧照。

J0115309

革命现代京剧《智取威虎山》（剧照四条屏）

上海京剧团《智取威虎山》剧组演出

天津　天津人民美术出版社　1970 年　2 张

76cm（2 开）定价：CNY0.24

　　中国现代京剧《智取威虎山》舞台剧照。

J0115310

革命现代京剧《智取威虎山》（剧照选辑）

天津　天津人民美术出版社　1970 年　15 张

11cm　定价：CNY0.20

　　中国现代京剧《智取威虎山》舞台剧照。

J0115311

革命现代京剧《智取威虎山》（中国人民解放军侦察排长杨子荣）

天津　天津人民美术出版社　1970 年［1 幅］

76cm（2 开）普通胶版纸　定价：CNY0.16

　　中国现代京剧《智取威虎山》舞台剧照。

J0115312

革命现代京剧《智取威虎山》（中国人民解放军侦察排长杨子荣）

天津　天津人民美术出版社　1970 年［1 幅］

54cm（4 开）定价：CNY0.35（厚胶版纸），CNY0.06（普通胶版纸）

　　中国现代京剧《智取威虎山》舞台剧照。

J0115313

革命现代京剧《智取威虎山》（剧照集）新华社供稿

杭州　浙江人民美术出版社　1970 年　19cm（32 开）

定价：CNY0.08

　　中国现代京剧《智取威虎山》舞台剧照。

J0115314

革命现代京剧《智取威虎山》剧照（中国人民解放军侦察排长杨子荣）

沈阳　辽宁省新华书店　1970 年［1 幅］

54cm（4 开）定价：CNY0.08

　　中国现代京剧《智取威虎山》舞台剧照。

J0115315

革命现代京剧《智取威虎山》剧照（打虎上山）

西安　陕西人民出版社　1970 年［1 幅］

54cm（4 开）定价：CNY0.08

　　中国现代京剧《智取威虎山》舞台剧照。

J0115316

革命现代京剧《智取威虎山》剧照（急速出兵）

西安　陕西人民出版社　1970 年［1 幅］

54cm（4 开）定价：CNY0.08

　　中国现代京剧《智取威虎山》舞台剧照。

J0115317

革命现代京剧《智取威虎山》剧照（计送情报）

西安　陕西人民出版社　1970 年［1 幅］

54cm（4 开）定价：CNY0.08

　　中国现代京剧《智取威虎山》舞台剧照。

J0115318

革命现代京剧《智取威虎山》样板戏（打虎上山）

郑州　河南人民出版社　1970 年［1 幅］

54cm（4 开）定价：CNY0.05

中国现代京剧《智取威虎山》舞台剧照。

J0115319

革命现代京剧沙家浜 （画册）新华社供稿
南京 江苏省"革命委员会" 1970 年 28 页
15cm（40 开）统一书号：8100.1405
定价：CNY0.08
　　本书系中国革命现代京剧《沙家浜》摄影画册。

J0115320

革命现代京剧样板戏《智取威虎山》 （乘胜进军）
郑州 河南人民出版社 1970 年［1 幅］
54cm（4 开）定价：CNY0.18
　　本书系中国现代京剧《智取威虎山》单幅剧照，内容是乘胜进军。

J0115321

革命现代京剧样板戏《智取威虎山》 （乘胜进军）
郑州 河南人民出版社 1970 年［1 幅］
54cm（4 开）定价：CNY0.05
　　本书系中国现代京剧《智取威虎山》单幅剧照，内容是乘胜进军。

J0115322

革命现代京剧样板戏《智取威虎山》 （赤胆忠心）
郑州 河南人民出版社 1970 年［1 幅］
54cm（4 开）定价：CNY0.05
　　本作品系中国现代京剧《智取威虎山》剧照，"赤胆忠心"。

J0115323

革命现代京剧样板戏《智取威虎山》 （会师百鸡宴）
郑州 河南人民出版社 1970 年［1 幅］
54cm（4 开）定价：CNY0.05
　　本书系中国现代京剧《智取威虎山》剧照，"会师百鸡宴"。

J0115324

革命现代京剧样板戏《智取威虎山》 （急速出兵）

郑州 河南人民出版社 1970 年［1 幅］
54cm（4 开）定价：CNY0.05
　　本书系中国现代京剧《智取威虎山》剧照，"急速出兵"。

J0115325

革命现代京剧样板戏《智取威虎山》 （计送情报）
郑州 河南人民出版社 1970 年［1 幅］
54cm（4 开）定价：CNY0.05
　　本书系中国现代京剧《智取威虎山》剧照，"计送情报"。

J0115326

革命现代京剧样板戏《智取威虎山》 （坚决要求上战场）
郑州 河南人民出版社 1970 年［1 幅］
54cm（4 开）定价：CNY0.07
　　本书系中国现代京剧《智取威虎山》剧照，"坚决要求上战场"。

J0115327

革命现代京剧样板戏《智取威虎山》 （深山问苦）
郑州 河南人民出版社 1970 年［1 幅］
54cm（4 开）定价：CNY0.05
　　本书系中国现代京剧《智取威虎山》剧照，"深山问苦"。

J0115328

革命现代京剧样板戏《智取威虎山》 （深山问苦）
郑州 河南人民出版社 1970 年［1 幅］
54cm（4 开）定价：CNY0.07
　　本作品系中国现代京剧《智取威虎山》剧照，"深山问苦"。

J0115329

革命现代京剧样板戏《智取威虎山》 （中国人民解放军侦察排长杨子荣）
郑州 河南人民出版社 1970 年［1 幅］
54cm（4 开）定价：CNY0.05
　　本书系中国现代京剧《智取威虎山》剧照。

J0115330

革命现代京剧样板戏《智取威虎山》（中国人民解放军侦察排长杨子荣）

郑州 河南人民出版社 1970 年 ［1 幅］

54cm（4 开）定价：CNY0.07

　　本书系中国现代京剧《智取威虎山》单幅剧照。

J0115331

革命现代京剧智取威虎山　（画册）新华社供稿

南京 江苏省 "革命委员会" 1970 年 17 页

15cm（40 开）统一书号：8100.1406

定价：CNY0.05

　　中国现代京剧《智取威虎山》舞台剧照。

J0115332

革命现代舞剧　（剧照 编号 0413）

［北京］1970 年 16 幅 15×20cm 定价：CNY9.60

J0115333

革命现代舞剧《白毛女》（杨白劳和喜儿奋起反抗地主逼债）

上海 上海市出版 "革命组" 1970 年 ［1 幅］

76cm（2 开）定价：CNY0.10

　　中国现代芭蕾舞剧《白毛女》剧照，内容为杨白劳和喜儿奋起反抗地主逼债。

J0115334

革命现代舞剧《红色娘子军》（常青指路，奔向红区）

石家庄 河北人民出版社 1970 年 ［1 幅］

76cm（2 开）定价：CNY0.10

　　中国现代芭蕾舞剧《红色娘子军》剧照。

J0115335

革命现代舞剧《红色娘子军》（洪常青——娘子军连党代表）

石家庄 河北人民出版社 1970 年 ［1 幅］

76cm（2 开）定价：CNY0.10

　　中国现代芭蕾舞剧《红色娘子军》剧照。

J0115336

革命现代舞剧《红色娘子军》（常青指路，奔向红区）

北京 人民出版社 1970 年 ［1 幅］76cm（2 开）

定价：CNY0.10

　　中国现代芭蕾舞剧《红色娘子军》剧照。

J0115337

革命现代舞剧《红色娘子军》（洪常青——娘子军连党代表）

北京 人民出版社 1970 年 ［1 幅］76cm（2 开）

定价：CNY0.10

　　中国现代芭蕾舞剧《红色娘子军》剧照。

J0115338

革命现代舞剧《红色娘子军》（剧照 新闻展览照片农村普及版）新华通讯社编

北京 人民出版社 1970 年 30 张（套）38cm（6 开）

定价：CNY0.90

　　中国现代芭蕾舞剧《红色娘子军》展览照片，收有 30 张作品，农村普及版。

J0115339

革命现代舞剧《红色娘子军》（吴清华来到红色根据地，万分激动，手捧红旗，热泪滚滚）

北京 人民出版社 1970 年 ［1 幅］76cm（2 开）

定价：CNY0.10

　　中国现代芭蕾舞剧《红色娘子军》剧照。

J0115340

革命现代舞剧《红色娘子军》（吴清华提高了革命觉悟，决心永远跟着毛主席和中国共产党，为解放全人类奋斗终生）

北京 人民出版社 1970 年 ［1 幅］76cm（2 开）

定价：CNY0.10

　　中国现代芭蕾舞剧《红色娘子军》剧照。

J0115341

革命现代舞剧《红色娘子军》（小战士矫健敏捷，朝气蓬勃，认真地练习投弹）

北京 人民出版社 1970 年 ［1 幅］54cm（4 开）

定价：CNY0.10

　　中国现代芭蕾舞剧《红色娘子军》剧照。

J0115342

革命现代舞剧《红色娘子军》（常青指路，奔向红区）

济南 山东人民出版社 1970 年 ［1 幅］

76cm（2 开）定价：CNY0.10

中国现代芭蕾舞剧《红色娘子军》剧照。

J0115343

革命现代舞剧《红色娘子军》（无限忠于毛主席的中国工农红军红色娘子军连党代表洪常青）

济南 山东人民出版社 1970年［1幅］

76cm（2开）定价: CNY0.10

中国现代芭蕾舞剧《红色娘子军》剧照。

J0115344

革命现代舞剧《红色娘子军》（吴清华——娘子军连战士，后接任党代表）

济南 山东人民出版社 1970年［1幅］

76cm（2开）定价: CNY0.10

中国现代芭蕾舞剧《红色娘子军》剧照。

J0115345

革命现代舞剧《红色娘子军》（常青指路，奔向红区）

太原 山西人民出版社 1970年［1幅］

76cm（2开）定价: CNY0.10

中国现代芭蕾舞剧《红色娘子军》剧照。

J0115346

革命现代舞剧《红色娘子军》（红色娘子军连的战士们苦练杀敌本领）

太原 山西人民出版社 1970年［1幅］

76cm（2开）定价: CNY0.10

中国现代芭蕾舞剧《红色娘子军》剧照。

J0115347

革命现代舞剧《红色娘子军》（洪常青——娘子军连党代表）

太原 山西人民出版社 1970年［1幅］

76cm（2开）定价: CNY0.10

中国现代芭蕾舞剧《红色娘子军》剧照。

J0115348

革命现代舞剧《红色娘子军》（满怀阶级仇恨，愤怒逃离匪巢的吴清华）

太原 山西人民出版社 1970年［1幅］

76cm（2开）定价: CNY0.10

中国现代芭蕾舞剧《红色娘子军》剧照。

J0115349

革命现代舞剧《红色娘子军》（吴清华——娘子军连战士，后接任党代表）

太原 山西人民出版社 1970年［1幅］

76cm（2开）定价: CNY0.10

中国现代芭蕾舞剧《红色娘子军》剧照。

J0115350

革命现代舞剧《红色娘子军》（一九七〇年五月演出本 剧照画册）中国舞剧团集体改编

上海 上海市出版"革命组" 1970年 15cm（40开）

定价: CNY0.21

J0115351

革命现代舞剧《红色娘子军》（常青指路，奔向红区）

天津 天津人民美术出版社 1970年［1幅］

76cm（2开）定价: CNY0.14

中国现代芭蕾舞剧《红色娘子军》剧照。

J0115352

革命现代舞剧《红色娘子军》（红色娘子军连的战士英姿飒爽，在进行军事操练）

天津 天津人民美术出版社 1970年［1幅］

76cm（2开）定价: CNY0.14

中国现代芭蕾舞剧《红色娘子军》剧照。

J0115353

革命现代舞剧《红色娘子军》（无限忠于毛主席的中国工农红军娘子军连党代表洪常青）

天津 天津人民美术出版社 1970年［1幅］

76cm（2开）定价: CNY0.14

中国现代芭蕾舞剧《红色娘子军》剧照。

J0115354

革命现代舞剧《红色娘子军》（剧照画册）

杭州 浙江人民美术出版社 1970年 19cm（32开）

定价: CNY0.30

J0115355

革命现代舞剧《红色娘子军》

［北京］1970年 27幅 23×31cm 定价: CNY27.00

新华社新闻展览照片，编号0413。

J0115356

跟着共产党　永远闹革命 （革命现代舞剧《红色娘子军》）

上海　上海市出版"革命组" 1970 年［1 张］

108cm（全开）定价：CNY0.24

　　中国现代芭蕾舞剧《红色娘子军》剧照。

J0115357

红灯记 （誓做红灯继承人）

沈阳　辽宁省新华书店 1970 年［1 幅］

54cm（4 开）定价：CNY0.08

　　中国现代京剧《红灯记》的单幅剧照。

J0115358

红灯记 （无产阶级英雄李玉和）

沈阳　辽宁省新华书店 1970 年［1 幅］

76cm（2 开）定价：CNY0.12

　　本书为中国现代京剧《红灯记》中人物李玉和的剧照。

J0115359

红灯记 （无产阶级英雄李玉和）

沈阳　辽宁省新华书店 1970 年［1 幅］

54cm（4 开）定价：CNY0.05

　　本书为中国现代京剧《红灯记》中人物李玉和的单幅剧照。

J0115360

红色娘子军 （常青指路，奔向红区）

沈阳　辽宁省新华书店 1970 年［1 幅］

76cm（2 开）定价：CNY0.10

　　本书为中国现代芭蕾舞剧《红色娘子军》中人物洪常青的单幅剧照。

J0115361

红色娘子军 （洪常青——娘子军连党代表）

沈阳　辽宁省新华书店 1970 年［1 幅］

76cm（2 开）定价：CNY0.10

　　本书为中国现代芭蕾舞剧《红色娘子军》的单幅剧照。

J0115362

红色娘子军 （吴清华——娘子军连战士，后接任党代表）

沈阳　辽宁省新华书店 1970 年［1 幅］

76cm（2 开）定价：CNY0.10

　　本书为中国现代芭蕾舞剧《红色娘子军》中人物吴清华的单幅剧照。

J0115363

红色娘子军 （吴清华——娘子军连战士，后接任党代表）

沈阳　辽宁省新华书店 1970 年［1 幅］

54cm（4 开）定价：CNY0.05

　　本书为中国现代芭蕾舞剧《红色娘子军》中人物吴清华的单幅剧照。

J0115364

红色娘子军 （剧照）浙江人民美术出版社编辑

杭州　浙江人民美术出版社 1970 年　114 页

17×18cm　定价：CNY0.30

J0115365

毛主席的革命文艺路线胜利万岁 （现代革命京剧《红灯记》）

上海　上海市出版"革命组" 1970 年［1 张］

108cm（全开）定价：CNY0.20

　　本书为中国现代京剧《红灯记》的单幅剧照。

J0115366

毛主席的革命文艺路线胜利万岁 （现代革命京剧《红灯记》）

上海　上海市出版"革命组" 1970 年［1 张］

76cm（2 开）定价：CNY0.10

　　本书为中国现代京剧《红灯记》剧照。

J0115367

人民战争的伟大史诗　革命英雄的壮丽赞歌 （革命现代京剧《智取威虎山》剧照四条屏）

福州　福建省新华书店 1970 年　2 张　76cm（2 开）

定价：CNY0.32

J0115368

人民战争的伟大史诗　革命英雄的壮丽赞歌 （革命现代京剧《智取威虎山》剧照四条屏）

广州　广东人民出版社 1970 年　2 张　76cm（2 开）

定价：CNY0.32

J0115369

人民战争的伟大史诗　革命英雄的壮丽赞

歌 （介绍革命现代京剧《智取威虎山》剧照四条屏）
沈阳 辽宁省新华书店 1970年 2张 76cm（2开）
定价：CNY0.32

J0115370

人民战争的伟大史诗　革命英雄的壮丽赞歌 （介绍革命现代京剧《智取威虎山》剧照）
呼和浩特 内蒙古自治区"革命委员会"毛主席著作出版办公室 1970年 12张（套）39cm（4开）
定价：CNY0.48

J0115371

人民战争的伟大史诗　革命英雄的壮丽赞歌 （介绍革命现代京剧《智取威虎山》）新华通讯社稿
济南 山东人民出版社 1970年 12张（套）
39cm（4开）定价：CNY0.40
　　　中国现代京剧《智取威虎山》剧照。

J0115372

日本松山芭蕾舞剧团再度公演现代芭蕾舞剧《白毛女》 （编号1003）新华社发
[北京] 1970年 1幅 12×15cm 定价：CNY1.00
　　　中国现代芭蕾舞剧《白毛女》剧照。

J0115373

沙家浜 （授计）
沈阳 辽宁省新华书店 1970年 [1幅]
54cm（4开）定价：CNY0.05
　　　中国现代京剧《沙家浜》剧照。

J0115374

沙家浜 （画册）新华社供稿；上海人民出版社编辑
上海 上海人民出版社 1970年 19页 19cm（32开）
统一书号：8.3.147 定价：CNY0.63
　　　中国现代京剧《沙家浜》剧照。

J0115375

沙家浜 （画册）新华社供稿；上海市出版"革命组"编辑
上海 上海市出版"革命组"编辑 1970年 28页
19cm（32开）统一书号：3-123 定价：CNY0.26
　　　中国现代京剧《沙家浜》剧照。

J0115376

沙家浜 （革命现代京剧 剧照 编号0410）
[北京] 1970年 20幅 15×20cm 定价：CNY12.00
　　　中国现代京剧《沙家浜》剧照。

J0115377

智取威虎山 （剧照四条屏）
石家庄 河北人民出版社 1970年 2张
76cm（2开）定价：CNY0.28
　　　年画形式的中国现代京剧《智取威虎山》剧照。

J0115378

智取威虎山 （剧照四条屏）
哈尔滨 黑龙江人民出版社 1970年 2张
76cm（2开）定价：CNY0.24
　　　年画形式的中国现代京剧《智取威虎山》剧照。

J0115379

智取威虎山 （剧照八条屏）
长春 吉林人民出版社 1970年 4张 76cm（2开）
定价：CNY0.56
　　　年画形式的中国现代京剧《智取威虎山》剧照。

J0115380

智取威虎山 （革命现代京剧 画册）
南京 江苏省"革命委员会"出版发行局 1970年
17页 15cm（40开）统一书号：8100.1406
定价：CNY0.05

J0115381

智取威虎山 （剧照四条屏）
[呼和浩特] 内蒙古自治区"革命委员会"毛主席著作出版办公室 1970年 2张 76cm（2开）
定价：CNY0.32
　　　年画形式的中国现代京剧《智取威虎山》剧照。

J0115382

智取威虎山 （剧照四条屏）
北京 人民美术出版社 1970年 2张 76cm（2开）
定价：CNY0.28
　　　年画形式的中国现代京剧《智取威虎山》

剧照。

J0115383
智取威虎山　（剧照四条屏）
太原 山西人民出版社 1970 年 2 张 76cm（2 开）
定价：CNY0.20
　　年画形式的中国现代京剧《智取威虎山》
剧照。

J0115384
大力普及革命样板戏　（赞革命现代京剧《红
灯记》）
［太原］山西人民出版社 1971 年 1 张
19cm（小 32 开）定价：CNY0.09
　　中国现代京剧《红灯记》剧照。

J0115385
革命现代京剧《海港》（方海珍）鸡西市革命
样板戏学习班供稿
哈尔滨 黑龙江人民出版社 1971 年［1 张］
76cm（2 开）定价：CNY0.10
　　中国现代京剧《海港》剧照。

J0115386
革命现代京剧《海港》（党和毛主席领导好）
［长春］吉林人民出版社 1971 年［1］张
76cm（2 开）定价：CNY0.14
　　中国现代京剧《海港》剧照。

J0115387
革命现代京剧《红灯记》（接应交通员）
福州 福建省新华书店出版社 1971 年［1］张
76cm（2 开）定价：CNY0.14
　　年画形式的中国现代京剧《红灯记》剧照。

J0115388
革命现代京剧《红灯记》
［兰州］甘肃人民出版社 1971 年［2］张
76cm（2 开）定价：CNY0.32
　　年画形式的中国现代京剧《红灯记》剧照。

J0115389
革命现代京剧《红灯记》（接应交通员）
兰州 甘肃人民出版社 1971 年［1］张
53cm（4 开）定价：CNY0.08

年画形式的中国现代京剧《红灯记》剧照。

J0115390
革命现代京剧《红灯记》（李铁梅高举红灯）
兰州 甘肃人民出版社 1971 年［1］张
76cm（2 开）定价：CNY0.16
　　年画形式的中国现代京剧《红灯记》剧照。

J0115391
革命现代京剧《红灯记》（李玉和）
兰州 甘肃人民出版社 1971 年［1］张
76cm（2 开）定价：CNY0.16
　　年画形式的中国现代京剧《红灯记》剧照。

J0115392
革命现代京剧《红灯记》（痛说革命家史）
兰州 甘肃人民出版社 1971 年［1］张
53cm（4 开）定价：CNY0.08
　　年画形式的中国现代京剧《红灯记》剧照。

J0115393
革命现代京剧《红灯记》（痛说革命家史）
兰州 甘肃人民出版社 1971 年［1］张
76cm（2 开）定价：CNY0.16
　　年画形式的中国现代京剧《红灯记》剧照。

J0115394
革命现代京剧《红灯记》（刑场斗争）
兰州 甘肃人民出版社 1971 年［1］张
76cm（2 开）定价：CNY0.16
　　年画形式的中国现代京剧《红灯记》剧照。

J0115395
革命现代京剧《红灯记》（刑场斗争）
兰州 甘肃人民出版社 1971 年［1］张
53cm（4 开）定价：CNY0.08
　　年画形式的中国现代京剧《红灯记》剧照。

J0115396
革命现代京剧《红灯记》（都有一颗红亮的心）
石家庄 河北人民出版社 1971 年［1］张
76cm（2 开）定价：CNY0.14
　　年画形式的中国现代京剧《红灯记》剧照。

J0115397
革命现代京剧《红灯记》（接受任务）
石家庄 河北人民出版社 1971 年［1］张
76cm（2 开）定价：CNY0.10
　　年画形式的中国现代京剧《红灯记》剧照。

J0115398
革命现代京剧《红灯记》（接应交通员）
石家庄 河北人民出版社 1971 年［1］张
76cm（2 开）定价：CNY0.10
　　年画形式的中国现代京剧《红灯记》剧照。

J0115399
革命现代京剧《红灯记》（前赴后继）
石家庄 河北人民出版社 1971 年［1］张
76cm（2 开）定价：CNY0.12
　　年画形式的中国现代京剧《红灯记》剧照。

J0115400
革命现代京剧《红灯记》（誓做红灯继承人）
石家庄 河北人民出版社 1971 年［1］张
76cm（2 开）定价：CNY0.10
　　年画形式的中国现代京剧《红灯记》剧照。

J0115401
革命现代京剧《红灯记》（提起敌寇心肺炸）
石家庄 河北人民出版社 1971 年［1］张
76cm（2 开）定价：CNY0.10
　　年画形式的中国现代京剧《红灯记》剧照。

J0115402
革命现代京剧《红灯记》（痛说革命家史）
石家庄 河北人民出版社 1971 年［1］张
76cm（2 开）定价：CNY0.10
　　年画形式的中国现代京剧《红灯记》剧照。

J0115403
革命现代京剧《红灯记》（刑场斗争）
石家庄 河北人民出版社 1971 年［1］张
76cm（2 开）定价：CNY0.10
　　年画形式的中国现代京剧《红灯记》剧照。

J0115404
革命现代京剧《红灯记》 新华社稿
［郑州］河南人民出版社 1971 年［3］张
76cm（2 开）定价：CNY0.42
　　年画形式的中国现代京剧《红灯记》剧照。

J0115405
革命现代京剧《红灯记》（中国京剧团演出）
［哈尔滨］黑龙江人民出版社 1971 年［3］张
76cm（2 开）定价：CNY0.42
　　年画形式的中国现代京剧《红灯记》剧照。

J0115406
革命现代京剧《红灯记》（李玉和）
武汉 湖北人民出版社 1971 年［1］张
76cm（2 开）定价：CNY0.06
　　年画形式的中国现代京剧《红灯记》剧照。

J0115407
革命现代京剧《红灯记》（前赴后继）
武汉 湖北人民出版社 1971 年［1］张
53cm（4 开）定价：CNY0.06
　　年画形式的中国现代京剧《红灯记》剧照。

J0115408
革命现代京剧《红灯记》（痛说革命家史）
武汉 湖北人民出版社 1971 年［1］张
53cm（4 开）定价：CNY0.06
　　年画形式的中国现代京剧《红灯记》剧照。

J0115409
革命现代京剧《红灯记》（中国京剧团演出
之一——之六）
［南京］江苏人民出版社 1971 年［3］张
76cm（2 开）定价：CNY0.30
　　年画形式的中国现代京剧《红灯记》剧照。

J0115410
革命现代京剧《红灯记》（接应交通员）
沈阳 辽宁省新华书店 1971 年［1］张
38cm（6 开）定价：CNY0.07
　　年画形式的中国现代京剧《红灯记》剧照。

J0115411
革命现代京剧《红灯记》（李玉和）
沈阳 辽宁省新华书店 1971 年［1］张
38cm（6 开）定价：CNY0.07
　　年画形式的中国现代京剧《红灯记》剧照。

J0115412
革命现代京剧《红灯记》（提起敌寇心肺炸）
沈阳 辽宁省新华书店 1971 年［1］张
76cm（2 开）定价：CNY0.10
　　年画形式的中国现代京剧《红灯记》剧照。

J0115413
革命现代京剧《红灯记》（痛说革命家史）
沈阳 辽宁省新华书店 1971 年［1］张
76cm（2 开）定价：CNY0.10
　　年画形式的中国现代京剧《红灯记》剧照。

J0115414
革命现代京剧《红灯记》（痛说革命家史）
沈阳 辽宁省新华书店出版社 1971 年［1］张
38cm（6 开）定价：CNY0.07
　　年画形式的中国现代京剧《红灯记》剧照。

J0115415
革命现代京剧《红灯记》（接应交通员）
呼和浩特 内蒙古自治区人民出版社 1971 年
［1］张 76cm（2 开）定价：CNY0.10
　　年画形式的中国现代京剧《红灯记》剧照。

J0115416
革命现代京剧《红灯记》（仇恨入心要发芽
"前赴后继"一场）
北京 人民出版社 1971 年［1］张 53cm（4 开）
定价：CNY0.05
　　年画形式的中国现代京剧《红灯记》剧照。

J0115417
革命现代京剧《红灯记》（打不尽豺狼绝不下
战场）
北京 人民出版社 1971 年［1］张 76cm（2 开）
定价：CNY0.10
　　年画形式的中国现代京剧《红灯记》剧照。

J0115418
革命现代京剧《红灯记》（打不尽豺狼绝不下
战场）
北京 人民出版社 1971 年［1］张 53cm（4 开）
定价：CNY0.05
　　年画形式的中国现代京剧《红灯记》剧照。

J0115419
革命现代京剧《红灯记》（都有一颗红亮的心）
北京 人民出版社 1971 年［1］张 53cm（4 开）
定价：CNY0.05
　　年画形式的中国现代京剧《红灯记》剧照。

J0115420
革命现代京剧《红灯记》（都有一颗红亮的心）
北京 人民出版社 1971 年［1］张 76cm（2 开）
定价：CNY0.10
　　年画形式的中国现代京剧《红灯记》剧照。

J0115421
革命现代京剧《红灯记》（李玉和）
北京 人民出版社 1971 年［1］张 53cm（4 开）
定价：CNY0.05
　　年画形式的中国现代京剧《红灯记》剧照。

J0115422
革命现代京剧《红灯记》（李玉和）
北京 人民出版社 1971 年［1］张 76cm（2 开）
定价：CNY0.10
　　年画形式的中国现代京剧《红灯记》剧照。

J0115423
革命现代京剧《红灯记》（密电码送上柏山
"胜利前进"一场）
北京 人民出版社 1971 年［1］张 53cm（4 开）
定价：CNY0.05
　　年画形式的中国现代京剧《红灯记》剧照。

J0115424
革命现代京剧《红灯记》（密电码送上柏山
"胜利前进"一场）
北京 人民出版社 1971 年［1］张 76cm（2 开）
定价：CNY0.10
　　年画形式的中国现代京剧《红灯记》剧照。

J0115425
革命现代京剧《红灯记》（胜利前进）
北京 人民出版社 1971 年［1］张 53cm（4 开）
定价：CNY0.05
　　年画形式的中国现代京剧《红灯记》剧照。

J0115426
革命现代京剧《红灯记》（胜利前进）
北京 人民出版社 1971 年 [1] 张 76cm（2 开）
定价：CNY0.10
　　年画形式的中国现代京剧《红灯记》剧照。

J0115427
革命现代京剧《红灯记》（誓做红灯继承人
"前赴后继"一场）
北京 人民出版社 1971 年 [1] 张 53cm（4 开）
定价：CNY0.05
　　年画形式的中国现代京剧《红灯记》剧照。

J0115428
革命现代京剧《红灯记》（提起敌寇心肺炸
"前赴后继"一场）
北京 人民出版社 1971 年 [1] 张 76cm（2 开）
定价：CNY0.10
　　年画形式的中国现代京剧《红灯记》剧照。

J0115429
革命现代京剧《红灯记》（痛说革命家史）
北京 人民出版社 1971 年 [1] 张 76cm（2 开）
定价：CNY0.10
　　年画形式的中国现代京剧《红灯记》剧照。

J0115430
革命现代京剧《红灯记》（痛说革命家史）
北京 人民出版社 1971 年 [1] 张 53cm（4 开）
定价：CNY0.05
　　年画形式的中国现代京剧《红灯记》剧照。

J0115431
革命现代京剧《红灯记》（粥棚脱险）
北京 人民出版社 1971 年 [1] 张 53cm（4 开）
定价：CNY0.05
　　年画形式的中国现代京剧《红灯记》剧照。

J0115432
革命现代京剧《红灯记》（接应交通员）
济南 山东人民出版社 1971 年 [1] 张
76cm（2 开）定价：CNY0.12
　　年画形式的中国现代京剧《红灯记》剧照。

J0115433
革命现代京剧《红灯记》（打不尽豺狼绝不下
战场）
太原 山西人民出版社 1971 年 [1] 张
76cm（2 开）定价：CNY0.10
　　年画形式的中国现代京剧《红灯记》剧照。

J0115434
革命现代京剧《红灯记》（接应交通员）
太原 山西人民出版社 1971 年 [1] 张
76cm（2 开）定价：CNY0.10
　　年画形式的中国现代京剧《红灯记》剧照。

J0115435
革命现代京剧《红灯记》（痛说革命家史）
太原 山西人民出版社 1971 年 [1] 张
76cm（2 开）定价：CNY0.10
　　年画形式的中国现代京剧《红灯记》剧照。

J0115436
革命现代京剧《红灯记》
[西安] 陕西人民出版社 1971 年 [1] 张
76cm（2 开）定价：CNY0.22
　　年画形式的中国现代京剧《红灯记》剧照。

J0115437
革命现代京剧《红灯记》
[西安] 陕西人民出版社 1971 年 20 张
13cm（64 开）定价：CNY0.48
　　中国现代京剧《红灯记》剧照。

J0115438
革命现代京剧《红灯记》（提起敌寇心肺炸）
西安 陕西人民出版社 1971 年 [1] 张
76cm（2 开）定价：CNY0.16
　　年画形式的中国现代京剧《红灯记》剧照。

J0115439
革命现代京剧《红灯记》
上海 上海人民出版社 1971 年 8 张 9×11cm
袋装 定价：CNY0.28
　　中国现代京剧《红灯记》剧照。

J0115440
革命现代京剧《红灯记》（密电码送上柏山）

上海 上海人民出版社 1971 年 ［1］张
76cm（2 开）定价：CNY0.10

年画形式的中国现代京剧《红灯记》剧照。

J0115441
革命现代京剧《红灯记》（毛主席的革命文艺路线胜利万岁！ 一—四）
［成都］四川人民出版社 1971 年 ［2］张
76cm（2 开）定价：CNY0.18

年画形式的中国现代京剧《红灯记》剧照。

J0115442
革命现代京剧《红灯记》（粥棚脱险）
成都 四川人民出版社 1971 年 ［1］张
53cm（4 开）定价：CNY0.07

年画形式的中国现代京剧《红灯记》剧照。

J0115443
革命现代京剧《红灯记》（仇恨入心要发芽）
天津 天津人民美术出版社 1971 年 ［1］张
76cm（2 开）定价：CNY0.14

年画形式的中国现代京剧《红灯记》剧照。

J0115444
革命现代京剧《红灯记》（李玉和）
天津 天津人民美术出版社 1971 年 ［1］张
76cm（2 开）定价：CNY0.14

年画形式的中国现代京剧《红灯记》剧照。

J0115445
革命现代京剧《红灯记》（痛说革命家史）
天津 天津人民美术出版社 1971 年 ［1］张
76cm（2 开）定价：CNY0.14

年画形式的中国现代京剧《红灯记》剧照。

J0115446
革命现代京剧《红灯记》（粥棚脱险）
天津 天津人民美术出版社 1971 年 ［1］张
76cm（2 开）定价：CNY0.14

年画形式的中国现代京剧《红灯记》剧照。

J0115447
革命现代京剧《红灯记》
［杭州］浙江人民出版社 1971 年 1 张
11cm（100 开）定价：CNY0.16

年画形式的中国现代京剧《红灯记》剧照。

J0115448
革命现代京剧《红色娘子军》（常青指路）
［福州］福建人民出版社 1971 年 ［1］张
76cm（2 开）定价：CNY0.10

年画形式的中国现代京剧《红色娘子军》剧照。

J0115449
革命现代京剧《红色娘子军》（常青指路）
［兰州］甘肃人民出版社 1971 年 ［1］张
53cm（4 开）定价：CNY0.08

年画形式的中国现代京剧《红色娘子军》剧照。

J0115450
革命现代京剧《红色娘子军》（洪常青）
［兰州］甘肃人民出版社 1971 年 ［1］张
76cm（2 开）定价：CNY0.16

年画形式的中国现代京剧《红色娘子军》剧照。

J0115451
革命现代京剧《红色娘子军》（吴清华）
［兰州］甘肃人民出版社 1971 年 ［1］张
76cm（2 开）定价：CNY0.16

年画形式的中国现代京剧《红色娘子军》剧照。

J0115452
革命现代京剧《红色娘子军》（吴清华加入红色娘子军行列）
［兰州］甘肃人民出版社 1971 年 ［1］张
53cm（4 开）定价：CNY0.08

年画形式的中国现代京剧《红色娘子军》剧照。

J0115453
革命现代京剧《红色娘子军》（大义凛然 气壮山河）
［石家庄］河北人民出版社 1971 年 ［1］张
76cm（2 开）定价：CNY0.10

年画形式的中国现代京剧《红色娘子军》剧照。

J0115454

革命现代京剧《红色娘子军》（斗笠舞）

［石家庄］河北人民出版社 1971 年［1］张

76cm（2 开）定价：CNY0.10

　　年画形式的中国现代京剧《红色娘子军》剧照。

J0115455

革命现代京剧《红色娘子军》（革命军人的英雄气概）

［石家庄］河北人民出版社 1971 年［1］张

76cm（2 开）定价：CNY0.10

　　年画形式的中国现代京剧《红色娘子军》剧照。

J0115456

革命现代京剧《红色娘子军》（洪常青）

［石家庄］河北人民出版社 1971 年［1］张

76cm（2 开）定价：CNY0.10

　　年画形式的中国现代京剧《红色娘子军》剧照。

J0115457

革命现代京剧《红色娘子军》（化装侦查）

［石家庄］河北人民出版社 1971 年［1］张

76cm（2 开）定价：CNY0.10

　　年画形式的中国现代京剧《红色娘子军》剧照。

J0115458

革命现代京剧《红色娘子军》（击毙南霸天）

［石家庄］河北人民出版社 1971 年［1］张

76cm（2 开）定价：CNY0.10

　　年画形式的中国现代京剧《红色娘子军》剧照。

J0115459

革命现代京剧《红色娘子军》（死也不做奴隶）

［石家庄］河北人民出版社 1971 年［1］张

76cm（2 开）定价：CNY0.10

　　年画形式的中国现代京剧《红色娘子军》剧照。

J0115460

革命现代京剧《红色娘子军》（为解放全人类奋斗终生）

［石家庄］河北人民出版社 1971 年［1］张

76cm（2 开）定价：CNY0.10

　　年画形式的中国现代京剧《红色娘子军》剧照。

J0115461

革命现代京剧《红色娘子军》（吴清华逃出匪窝）

［石家庄］河北人民出版社 1971 年［1］张

76cm（2 开）定价：CNY0.10

　　年画形式的中国现代京剧《红色娘子军》剧照。

J0115462

革命现代京剧《红色娘子军》（吴清华找到了红旗）

［石家庄］河北人民出版社 1971 年［1］张

76cm（2 开）定价：CNY0.10

　　年画形式的中国现代京剧《红色娘子军》剧照。

J0115463

革命现代京剧《红色娘子军》（以洪常青为榜样革命到底）

［石家庄］河北人民出版社 1971 年［1］张

76cm（2 开）定价：CNY0.10

　　年画形式的中国现代京剧《红色娘子军》剧照。

J0115464

革命现代京剧《红色娘子军》（在毛泽东的旗帜下胜利前进）

［石家庄］河北人民出版社 1971 年［1］张

76cm（2 开）定价：CNY0.10

　　年画形式的中国现代京剧《红色娘子军》剧照。

J0115465

革命现代京剧《红色娘子军》（吴清华）

［武汉］湖北出版社 1971 年［1］张 76cm（2 开）定价：CNY0.13

　　年画形式的中国现代京剧《红色娘子军》剧照。

J0115466

革命现代京剧《红色娘子军》（常青指路）

［武汉］湖北人民出版社 1971年 ［1］张

76cm（2开）定价：CNY0.13

年画形式的中国现代京剧《红色娘子军》剧照。

J0115467

革命现代京剧《红色娘子军》（斗笠舞）

［武汉］湖北人民出版社 1971年 ［1］张

53cm（4开）定价：CNY0.07

年画形式的中国现代京剧《红色娘子军》剧照。

J0115468

革命现代京剧《红色娘子军》（洪常青）

［武汉］湖北人民出版社 1971年 ［1］张

76cm（2开）定价：CNY0.13

年画形式的中国现代京剧《红色娘子军》剧照。

J0115469

革命现代京剧《红色娘子军》（洪常青给娘子军上政治课）

［武汉］湖北人民出版社 1971年 ［1］张

76cm（2开）定价：CNY0.14

年画形式的中国现代京剧《红色娘子军》剧照。

J0115470

革命现代京剧《红色娘子军》（连长和清华欣然起舞）

［武汉］湖北人民出版社 1971年 ［1］张

53cm（4开）定价：CNY0.07

年画形式的中国现代京剧《红色娘子军》剧照。

J0115471

革命现代京剧《红色娘子军》（吴清华找到了红旗）

［武汉］湖北人民出版社 1971年 ［1］张

53cm（4开）定价：CNY0.07

年画形式的中国现代京剧《红色娘子军》剧照。

J0115472

革命现代京剧《红色娘子军》（常青指路）

［沈阳］辽宁人民出版社 1971年 ［1］张

38cm（6开）定价：CNY0.07

年画形式的中国现代京剧《红色娘子军》剧照。

J0115473

革命现代京剧《红色娘子军》（红色娘子军连在进行军事操练）

［沈阳］辽宁省新华书店 1971年 ［1］张

38cm（6开）定价：CNY0.07

年画形式的中国现代京剧《红色娘子军》剧照。

J0115474

革命现代京剧《红色娘子军》（吴清华逃出匪窝）

［沈阳］辽宁省新华书店 1971年 ［1］张

38cm（6开）定价：CNY0.07

年画形式的中国现代京剧《红色娘子军》剧照。

J0115475

革命现代京剧《红色娘子军》（常青指路）

［呼和浩特］内蒙古自治区人民出版社 1971年

［1］张 76cm（2开）定价：CNY0.10

年画形式的中国现代京剧《红色娘子军》剧照。

J0115476

革命现代京剧《红色娘子军》（洪常青）

［呼和浩特］内蒙古自治区人民出版社 1971年

［1］张 76cm（2开）定价：CNY0.10

年画形式的中国现代京剧《红色娘子军》剧照。

J0115477

革命现代京剧《红色娘子军》（苦练杀敌本领）

［呼和浩特］内蒙古自治区人民出版社 1971年

［1］张 76cm（2开）定价：CNY0.10

年画形式的中国现代京剧《红色娘子军》剧照。

J0115478

革命现代京剧《红色娘子军》（吴清华接受任党代表）

[呼和浩特] 内蒙古自治区人民出版社 1971年 [1]张 76cm（2开）定价：CNY0.10

年画形式的中国现代京剧《红色娘子军》剧照。

J0115479

革命现代京剧《红色娘子军》（吴清华逃出匪窝）

[呼和浩特] 内蒙古自治区人民出版社 1971年 [1]张 76cm（2开）定价：CNY0.10

年画形式的中国现代京剧《红色娘子军》剧照。

J0115480

革命现代京剧《红色娘子军》（倒踢紫金冠）

北京 人民出版社 1971年 [1]张 76cm（2开）定价：CNY0.10

年画形式的中国现代京剧《红色娘子军》剧照。

J0115481

革命现代京剧《红色娘子军》（倒踢紫金冠）

北京 人民出版社 1971年 [1]张 53cm（4开）定价：CNY0.05

年画形式的中国现代京剧《红色娘子军》剧照。

J0115482

革命现代京剧《红色娘子军》（敌人的搜捕，更激起清华的无比仇恨）

北京 人民出版社 1971年 [1]张 76cm（2开）定价：CNY0.10

年画形式的中国现代京剧《红色娘子军》剧照。

J0115483

革命现代京剧《红色娘子军》（敌人的搜捕，更激起清华的无比仇恨）

北京 人民出版社 1971年 [1]张 53cm（4开）定价：CNY0.05

年画形式的中国现代京剧《红色娘子军》剧照。

J0115484

革命现代京剧《红色娘子军》（连长和清华欣然起舞）

北京 人民出版社 1971年 [1]张 76cm（2开）定价：CNY0.10

年画形式的中国现代京剧《红色娘子军》剧照。

J0115485

革命现代京剧《红色娘子军》（为解放全人类奋斗终生）

北京 人民出版社 1971年 [1]张 53cm（4开）定价：CNY0.05

年画形式的中国现代京剧《红色娘子军》剧照。

J0115486

革命现代京剧《红色娘子军》（吴清华向党宣誓）

北京 人民出版社 1971年 [1]张 76cm（2开）定价：CNY0.10

年画形式的中国现代京剧《红色娘子军》剧照。

J0115487

革命现代京剧《红色娘子军》（吴清华找到了红旗）

北京 人民出版社 1971年 [1]张 53cm（4开）定价：CNY0.05

年画形式的中国现代京剧《红色娘子军》剧照。

J0115488

革命现代京剧《红色娘子军》（洪常青）

[济南] 山东人民出版社 1971年 [1]张 76cm（2开）定价：CNY0.12

年画形式的中国现代京剧《红色娘子军》剧照。

J0115489

革命现代京剧《红色娘子军》（苦练杀敌本领）

[济南] 山东人民出版社 1971年 [1]张 76cm（2开）定价：CNY0.12

年画形式的中国现代京剧《红色娘子军》剧照。

J0115490
革命现代京剧《红色娘子军》（吴清华接受任党代表）
[济南] 山东人民出版社 1971 年 [1] 张
76cm（2 开）定价：CNY0.14
　　年画形式的中国现代京剧《红色娘子军》剧照。

J0115491
革命现代京剧《红色娘子军》（吴清华逃出匪窝）
[济南] 山东人民出版社 1971 年 [1] 张
76cm（2 开）定价：CNY0.12
　　年画形式的中国现代京剧《红色娘子军》剧照。

J0115492
革命现代京剧《红色娘子军》（吴清华找到了红旗）
[太原] 山西人民出版社 1971 年 [1] 张
76cm（2 开）定价：CNY0.10
　　年画形式的中国现代京剧《红色娘子军》剧照。

J0115493
革命现代京剧《红色娘子军》（常青指路）
[西安] 陕西人民出版社 1971 年 [1] 张
76cm（2 开）定价：CNY0.11
　　年画形式的中国现代京剧《红色娘子军》剧照。

J0115494
革命现代京剧《红色娘子军》（洪常青）
[西安] 陕西人民出版社 1971 年 [1] 张
76cm（2 开）定价：CNY0.11
　　年画形式的中国现代京剧《红色娘子军》剧照。

J0115495
革命现代京剧《红色娘子军》（苦练杀敌本领）
[西安] 陕西人民出版社 1971 年 [1] 张
76cm（2 开）定价：CNY0.11
　　年画形式的中国现代京剧《红色娘子军》剧照。

J0115496
革命现代京剧《红色娘子军》　新华社供稿；
上海人民出版社编辑
上海 上海人民出版社 1971 年 10 张 15cm（23 开）
定价：CNY0.42
　　中国现代京剧《红色娘子军》剧照。

J0115497
革命现代京剧《红色娘子军》（常青指路）
上海 上海人民出版社 1971 年 [1] 张
76cm（2 开）定价：CNY0.10
　　年画形式的中国现代京剧《红色娘子军》剧照。

J0115498
革命现代京剧《红色娘子军》（大义凛然　气壮山河）
上海 上海人民出版社 1971 年 [1] 张
76cm（2 开）定价：CNY0.10
　　年画形式的中国现代京剧《红色娘子军》剧照。

J0115499
革命现代京剧《红色娘子军》（刀劈匪兵）
上海 上海人民出版社 1971 年 [1] 张
76cm（2 开）定价：CNY0.10
　　年画形式的中国现代京剧《红色娘子军》剧照。

J0115500
革命现代京剧《红色娘子军》（斗笠舞）
上海 上海人民出版社 1971 年 [1] 张
76cm（2 开）定价：CNY0.10
　　年画形式的中国现代京剧《红色娘子军》剧照。

J0115501
革命现代京剧《红色娘子军》（革命军人的英雄气概）
上海 上海人民出版社 1971 年 [1] 张
76cm（2 开）定价：CNY0.10
　　年画形式的中国现代京剧《红色娘子军》剧照。

J0115502

革命现代京剧《红色娘子军》（洪常青）

上海 上海人民出版社 1971 年 [1] 张

76cm（2 开）定价：CNY0.10

　　年画形式的中国现代京剧《红色娘子军》剧照。

J0115503

革命现代京剧《红色娘子军》（化装侦查）

上海 上海人民出版社 1971 年 [1] 张

76cm（2 开）定价：CNY0.10

　　年画形式的中国现代京剧《红色娘子军》剧照。

J0115504

革命现代京剧《红色娘子军》（击毙南霸天）

上海 上海人民出版社 1971 年 [1] 张

76cm（2 开）定价：CNY0.10

　　年画形式的中国现代京剧《红色娘子军》剧照。

J0115505

革命现代京剧《红色娘子军》（剧照集）新华社供稿；上海人民出版社编辑

上海 上海人民出版社 1971 年 10 张 9cm（30 开）

定价：CNY0.20

J0115506

革命现代京剧《红色娘子军》（砍头不要紧共产主义真）

上海 上海人民出版社 1971 年 [1] 张

76cm（2 开）定价：CNY0.10

　　年画形式的中国现代京剧《红色娘子军》剧照。

J0115507

革命现代京剧《红色娘子军》（苦练杀敌本领）

上海 上海人民出版社 1971 年 [1] 张

76cm（2 开）定价：CNY0.10

　　年画形式的中国现代京剧《红色娘子军》剧照。

J0115508

革命现代京剧《红色娘子军》（死也不做奴隶）

上海 上海人民出版社 1971 年 [1] 张

76cm（2 开）定价：CNY0.10

　　年画形式的中国现代京剧《红色娘子军》剧照。

J0115509

革命现代京剧《红色娘子军》（吴清华逃出匪窝）

上海 上海人民出版社 1971 年 [1] 张

76cm（2 开）定价：CNY0.10

　　年画形式的中国现代京剧《红色娘子军》剧照。

J0115510

革命现代京剧《红色娘子军》（吴清华找到了红旗）

上海 上海人民出版社 1971 年 [1] 张

76cm（2 开）定价：CNY0.10

　　年画形式的中国现代京剧《红色娘子军》剧照。

J0115511

革命现代京剧《红色娘子军》（以洪常青为榜样革命到底）

上海 上海人民出版社 1971 年 [1] 张

76cm（2 开）定价：CNY0.10

　　年画形式的中国现代京剧《红色娘子军》剧照。

J0115512

革命现代京剧《红色娘子军》（在毛泽东的旗帜下胜利前进）

上海 上海人民出版社 1971 年 [1] 张

76cm（2 开）定价：CNY0.10

　　年画形式的中国现代京剧《红色娘子军》剧照。

J0115513

革命现代京剧《红色娘子军》（为解放全人类奋斗终生）

上海 上海市人民出版社 1971 年 [1] 张

76cm（2 开）定价：CNY0.10

　　年画形式的中国现代京剧《红色娘子军》剧照。

J0115514
革命现代京剧《红色娘子军》（"红色娘子军"连向前进）
天津 天津人民出版社 1971 年 [1]张
76cm（2 开）定价：CNY0.14
年画形式的中国现代京剧《红色娘子军》剧照。

J0115515
革命现代京剧《红色娘子军》（斗笠舞）
天津 天津人民出版社 1971 年 [1]张
76cm（2 开 ）定价：CNY0.14
年画形式的中国现代京剧《红色娘子军》剧照。

J0115516
革命现代京剧《红色娘子军》
天津 天津人民美术出版社 1971 年 15 张
11cm（29 开）定价：CNY0.20
中国现代京剧《红色娘子军》剧照。

J0115517
革命现代京剧《沙家浜》
[合肥] 安徽省"革命委员会"出版发行局 1971 年 [2]张 76cm（2 开）定价：CNY0.20
年画形式的中国现代京剧《沙家浜》剧照。

J0115518
革命现代京剧《沙家浜》（突破）
福州 福建出版社 1971 年 [1]张 53cm（4 开）定价：CNY0.07
年画形式的中国现代京剧《沙家浜》剧照。

J0115519
革命现代京剧《沙家浜》（北京京剧团演出）
[福州] 福建人民出版社 1971 年 [2]张
76cm（2 开）定价：CNY0.28
年画形式的中国现代京剧《沙家浜》剧照。

J0115520
革命现代京剧《沙家浜》（"奔袭"一场——郭建光）
兰州 甘肃人民出版社 1971 年 [1]张
76cm（2 开）定价：CNY0.16
年画形式的中国现代京剧《沙家浜》剧照。

J0115521
革命现代京剧《沙家浜》（"斥敌"一场——阿庆嫂）
兰州 甘肃人民出版社 1971 年 [1]张
53cm（4 开）定价：CNY0.08
年画形式的中国现代京剧《沙家浜》剧照。

J0115522
革命现代京剧《沙家浜》（"智斗"一场——阿庆嫂）
兰州 甘肃人民出版社 1971 年 [1]张
53cm（4 开）定价：CNY0.08
年画形式的中国现代京剧《沙家浜》剧照。

J0115523
革命现代京剧《沙家浜》（"智斗"一场——阿庆嫂）
兰州 甘肃人民出版社 1971 年 [1]张
53cm（4 开）定价：CNY0.08
年画形式的中国现代京剧《沙家浜》剧照。

J0115524
革命现代京剧《沙家浜》（"转移"一场——军民亲如一家）
兰州 甘肃人民出版社 1971 年 [1]张
53cm（4 开）定价：CNY0.08
年画形式的中国现代京剧《沙家浜》剧照。

J0115525
革命现代京剧《沙家浜》（"转移"一场——沙奶奶）
[兰州] 甘肃人民出版社 1971 年 [1]张
53cm（4 开）定价：CNY0.08
年画形式的中国现代京剧《沙家浜》剧照。

J0115526
革命现代京剧《沙家浜》（飞兵奇袭沙家浜）
兰州 甘肃人民出版社 1971 年 [1]张
76cm（2 开）定价：CNY0.16
年画形式的中国现代京剧《沙家浜》剧照。

J0115527
革命现代京剧《沙家浜》（郭建光战斗在芦荡）
兰州 甘肃人民出版社 1971 年 [1]张
76cm（2 开）定价：CNY0.16

年画形式的中国现代京剧《沙家浜》剧照。

J0115528

革命现代京剧《沙家浜》（授计）

兰州 甘肃人民出版社 1971 年 [1]张

76cm（ 2 开）定价：CNY0.16

　　年画形式的中国现代京剧《沙家浜》剧照。

J0115529

革命现代京剧《沙家浜》（喜看鸡头米）

兰州 甘肃人民出版社 1971 年 [1]张

53cm（ 4 开）定价：CNY0.08

　　年画形式的中国现代京剧《沙家浜》剧照。

J0115530

革命现代京剧《沙家浜》（阿庆嫂）

广州 广东人民出版社 1971 年 [1]张

38cm（ 6 开）定价：CNY0.03

　　年画形式的中国现代京剧《沙家浜》剧照。

J0115531

革命现代京剧《沙家浜》（阿庆嫂）

石家庄 河北人民出版社 1971 年 [1]张

76cm（ 2 开）定价：CNY0.10

　　年画形式的中国现代京剧《沙家浜》剧照。

J0115532

革命现代京剧《沙家浜》（阿庆嫂）

石家庄 河北人民出版社 1971 年 [1]张

76cm（ 2 开）定价：CNY0.12

　　年画形式的中国现代京剧《沙家浜》剧照。

J0115533

革命现代京剧《沙家浜》（奔袭）

石家庄 河北人民出版社 1971 年 [1]张

76cm（ 2 开）定价：CNY0.10

　　年画形式的中国现代京剧《沙家浜》剧照。

J0115534

革命现代京剧《沙家浜》 新华社稿

[郑州]河南人民出版社 1971 年 [2]张

76cm（ 2 开）定价：CNY0.28

　　年画形式的中国现代京剧《沙家浜》剧照。

J0115535

革命现代京剧《沙家浜》（第九场“突破”）

哈尔滨 黑龙江人民出版社 1971 年 [1]张

76cm（ 2 开）定价：CNY0.14

　　年画形式的中国现代京剧《沙家浜》剧照。

J0115536

革命现代京剧《沙家浜》（郭建光战斗在芦荡
新四军某部指挥员郭建光）

哈尔滨 黑龙江人民出版社 1971 年 [1]张

76cm（ 2 开）定价：CNY0.14

　　年画形式的中国现代京剧《沙家浜》剧照。

J0115537

革命现代京剧《沙家浜》

[长春]吉林人民出版社 1971 年 [2]张

76cm（ 2 开）定价：CNY0.24

　　年画形式的中国现代京剧《沙家浜》剧照。

J0115538

革命现代京剧《沙家浜》（剧照）

[南京]江苏人民出版社 1971 年 [1]张

76cm（ 2 开）定价：CNY0.10

　　年画形式的中国现代京剧《沙家浜》剧照。

J0115539

革命现代京剧《沙家浜》（奔袭）

沈阳 辽宁省新华书店 1971 年 [1]张

38cm（ 6 开）定价：CNY0.07

　　年画形式的中国现代京剧《沙家浜》剧照。

J0115540

革命现代京剧《沙家浜》（坚持）

沈阳 辽宁省新华书店 1971 年 [1]张

38cm（ 6 开）定价：CNY0.07

　　年画形式的中国现代京剧《沙家浜》剧照。

J0115541

革命现代京剧《沙家浜》（新四军某部指导员
郭建光）

沈阳 辽宁省新华书店 1971 年 [1]张

38cm（ 6 开）定价：CNY0.07

　　年画形式的中国现代京剧《沙家浜》剧照。

J0115542

革命现代京剧《沙家浜》（阿庆嫂）
呼和浩特 内蒙古自治区人民出版社 1971 年
［1］张 76cm（2 开）定价：CNY0.10
　　年画形式的中国现代京剧《沙家浜》剧照。

J0115543

革命现代京剧《沙家浜》（郭建光战斗在芦荡）
呼和浩特 内蒙古自治区人民出版社 1971 年
［1］张 76cm（2 开）定价：CNY0.10
　　年画形式的中国现代京剧《沙家浜》剧照。

J0115544

革命现代京剧《沙家浜》（坚持）
呼和浩特 内蒙古自治区人民出版社 1971 年
［1］张 76cm（2 开）定价：CNY0.10
　　年画形式的中国现代京剧《沙家浜》剧照。

J0115545

革命现代京剧《沙家浜》（"奔袭"一场——
郭建光）
北京 人民出版社 1971 年 ［1］张 76cm（2 开）
定价：CNY0.10
　　年画形式的中国现代京剧《沙家浜》剧照。

J0115546

革命现代京剧《沙家浜》（"奔袭"一场——
郭建光）
北京 人民出版社 1971 年 ［1］张 53cm（4 开）
定价：CNY0.05
　　年画形式的中国现代京剧《沙家浜》剧照。

J0115547

革命现代京剧《沙家浜》（"转移"一场——
军民亲如一家）
北京 人民出版社 1971 年 ［1］张 53cm（4 开）
定价：CNY0.05
　　年画形式的中国现代京剧《沙家浜》剧照。

J0115548

革命现代京剧《沙家浜》（奔袭）
北京 人民出版社 1971 年 ［1］张 53cm（4 开）
定价：CNY0.05
　　年画形式的中国现代京剧《沙家浜》剧照。

J0115549

革命现代京剧《沙家浜》（奔袭）
北京 人民出版社 1971 年 ［1］张 76cm（2 开）
定价：CNY0.10
　　年画形式的中国现代京剧《沙家浜》剧照。

J0115550

革命现代京剧《沙家浜》（阿庆嫂）
济南 山东人民出版社 1971 年 ［1］张
76cm（2 开）定价：CNY0.12
　　年画形式的中国现代京剧《沙家浜》剧照。

J0115551

革命现代京剧《沙家浜》（奔袭）
济南 山东人民出版社 1971 年 ［1］张
76cm（2 开）定价：CNY0.14
　　年画形式的中国现代京剧《沙家浜》剧照。

J0115552

革命现代京剧《沙家浜》（坚持）
太原 山西人民出版社 1971 年 ［1］张
76cm（2 开）定价：CNY0.10
　　年画形式的中国现代京剧《沙家浜》剧照。

J0115553

革命现代京剧《沙家浜》（阿庆嫂）
西安 陕西人民出版社 1971 年 ［1］张
76cm（2 开）定价：CNY0.16
　　年画形式的中国现代京剧《沙家浜》剧照。

J0115554

革命现代京剧《沙家浜》（突击进军）
西安 陕西人民出版社 1971 年 ［1］张
76cm（2 开）定价：CNY0.16
　　年画形式的中国现代京剧《沙家浜》剧照。

J0115555

革命现代京剧《沙家浜》
上海 上海人民出版社 1971 年 6 张 9×11cm
定价：CNY0.28（袋装）
　　中国现代京剧《沙家浜》剧照。

J0115556

革命现代京剧《沙家浜》（坚持）
上海 上海人民出版社 1971 年 ［1］张

76cm（2开）定价：CNY0.10
　　年画形式的中国现代京剧《沙家浜》剧照。

J0115557
革命现代京剧《沙家浜》（重见光明）
上海　上海人民出版社 1971 年 [1] 张
76cm（2开）定价：CNY0.10
　　年画形式的中国现代京剧《沙家浜》剧照。

J0115558
革命现代京剧《沙家浜》（北京京剧团演出）
天津　天津人民出版社 1971 年 [2] 张
76cm（2开）定价：CNY0.28
　　年画形式的中国现代京剧《沙家浜》剧照。

J0115559
革命现代京剧《沙家浜》
天津　天津人民美术出版社 1971 年 15 张
11cm（100开）定价：CNY0.20
　　中国现代京剧《沙家浜》剧照。

J0115560
革命现代京剧《沙家浜》（郭建光战斗在芦荡）
天津　天津人民美术出版社 1971 年 [1] 张
76cm（2开）定价：CNY0.14
　　年画形式的中国现代京剧《沙家浜》剧照。

J0115561
革命现代京剧《沙家浜》
[杭州] 浙江人民出版社 1971 年 1 张
11cm（100开）定价：CNY0.16
　　中国现代京剧《沙家浜》剧照。

J0115562
革命现代京剧《智取威虎山》（杨子荣纵马加鞭）
福州　福建人民出版社 1971 年 [1] 张
76cm（2开）定价：CNY0.14
　　年画形式的中国现代京剧《智取威虎山》剧照。

J0115563
革命现代京剧《智取威虎山》（会师百鸡宴）
[石家庄] 河北出版社 1971 年 [1] 张
76cm（2开）定价：CNY0.10

J0115564
革命现代京剧《智取威虎山》（赤胆忠心）
[石家庄] 河北人民出版社 1971 年 [1] 张
76cm（2开）定价：CNY0.10
　　年画形式的中国现代京剧《智取威虎山》剧照。

J0115565
革命现代京剧《智取威虎山》（军民团结如一人，试看天下谁能敌？）
[石家庄] 河北人民出版社 1971 年 [1] 张
76cm（2开）定价：CNY0.10
　　年画形式的中国现代京剧《智取威虎山》剧照。

J0115566
革命现代京剧《智取威虎山》（深山问苦）
石家庄　河北人民出版社 1971 年 [1] 张
76cm（2开）定价：CNY0.10
　　年画形式的中国现代京剧《智取威虎山》剧照。

J0115567
革命现代京剧《智取威虎山》（四条屏）石家庄 “五七” 工艺美术厂美工组画
石家庄　河北人民出版社 1971 年 [2] 张
76cm（2开）定价：CNY0.20
　　年画形式的中国现代京剧《智取威虎山》剧照。

J0115568
革命现代京剧《智取威虎山》（胸有成竹）
[石家庄] 河北人民出版社 1971 年 [1] 张
76cm（2开）定价：CNY0.10
　　年画形式的中国现代京剧《智取威虎山》剧照。

J0115569
革命现代京剧《智取威虎山》（杨子荣）
石家庄　河北人民出版社 1971 年 [1] 张
76cm（2开）定价：CNY0.10
　　年画形式的中国现代京剧《智取威虎山》

剧照。

J0115570

革命现代京剧《智取威虎山》（侦察排长杨子荣）

长沙 湖南人民出版社 1971 年 [1] 张
53cm（4 开）定价: CNY0.05

　　年画形式的中国现代京剧《智取威虎山》剧照。

J0115571

革命现代京剧《智取威虎山》（1—4）

[南京] 江苏人民出版社 1971 年 [2] 张
76cm（2 开）定价: CNY0.20

　　年画形式的中国现代京剧《智取威虎山》剧照。

J0115572

革命现代京剧《智取威虎山》（少剑波）

[沈阳] 辽宁人民出版社 1971 年 [1] 张
38cm（6 开）定价: CNY0.07

　　年画形式的中国现代京剧《智取威虎山》剧照。

J0115573

革命现代京剧《智取威虎山》（深山问苦）

沈阳 辽宁省新华书店 1971 年 [1] 张
38cm（6 开）定价: CNY0.07

　　年画形式的中国现代京剧《智取威虎山》剧照。

J0115574

革命现代京剧《智取威虎山》（杨子荣纵马加鞭）

沈阳 辽宁省新华书店 1971 年 [1] 张
38cm（6 开）定价: CNY0.07

　　年画形式的中国现代京剧《智取威虎山》剧照。

J0115575

革命现代京剧《智取威虎山》（乘胜进军）

[呼和浩特] 内蒙古自治区人民出版社 1971 年
[1] 张 76cm（2 开）定价: CNY0.10

　　年画形式的中国现代京剧《智取威虎山》剧照。

J0115576

革命现代京剧《智取威虎山》（侦察英雄杨子荣）

呼和浩特 内蒙古自治区人民出版社 1971 年
[1] 张 76cm（2 开）定价: CNY0.10

　　年画形式的中国现代京剧《智取威虎山》剧照。

J0115577

革命现代京剧《智取威虎山》（侦察英雄杨子荣）

呼和浩特 内蒙古自治区人民出版社 1971 年
[1] 张 53cm（2 开）定价: CNY0.05

　　年画形式的中国现代京剧《智取威虎山》剧照。

J0115578

革命现代京剧《智取威虎山》（乘胜进军）

北京 人民出版社 1971 年 [1] 张 76cm（2 开）
定价: CNY0.10

　　年画形式的中国现代京剧《智取威虎山》剧照。

J0115579

革命现代京剧《智取威虎山》（乘胜进军）

北京 人民出版社 1971 年 [1] 张 53cm（4 开）
定价: CNY0.05

　　年画形式的中国现代京剧《智取威虎山》剧照。

J0115580

革命现代京剧《智取威虎山》（坚决要求上战场）

北京 人民出版社 1971 年 [1] 张 76cm（2 开）
定价: CNY0.10

　　年画形式的中国现代京剧《智取威虎山》剧照。

J0115581

革命现代京剧《智取威虎山》（坚决要求上战场）

北京 人民出版社 1971 年 [1] 张 53cm（4 开）
定价: CNY0.05

　　年画形式的中国现代京剧《智取威虎山》剧照。

J0115582

革命现代京剧《智取威虎山》（少剑波）

北京 人民出版社 1971 年［1］张 76cm（2 开）

定价：CNY0.10

年画形式的中国现代京剧《智取威虎山》剧照。

J0115583

革命现代京剧《智取威虎山》（少剑波）

北京 人民出版社 1971 年［1］张 53cm（4 开）

定价：CNY0.05

年画形式的中国现代京剧《智取威虎山》剧照。

J0115584

革命现代京剧《智取威虎山》（杨子荣纵马加鞭）

北京 人民出版社 1971 年［1］张 76cm（2 开）

定价：CNY0.10

年画形式的中国现代京剧《智取威虎山》剧照。

J0115585

革命现代京剧《智取威虎山》（杨子荣纵马加鞭）

北京 人民出版社 1971 年［1］张 53cm（4 开）

定价：CNY0.05

年画形式的中国现代京剧《智取威虎山》剧照。

J0115586

革命现代京剧《智取威虎山》（侦察英雄杨子荣）

北京 人民出版社 1971 年［1］张 76cm（2 开）

定价：CNY0.10

年画形式的中国现代京剧《智取威虎山》剧照。

J0115587

革命现代京剧《智取威虎山》（侦察英雄杨子荣）

北京 人民出版社 1971 年［1］张 53cm（4 开）

定价：CNY0.05

年画形式的中国现代京剧《智取威虎山》剧照。

J0115588

革命现代京剧《智取威虎山》（坚决要求上战场）

［济南］山东人民出版社 1971 年［1］张 76cm（2 开）定价：CNY0.12

年画形式的中国现代京剧《智取威虎山》剧照。

J0115589

革命现代京剧《智取威虎山》（打虎上山）

［太原］山西人民出版社 1971 年［1］张 76cm（2 开）定价：CNY0.10

年画形式的中国现代京剧《智取威虎山》剧照。

J0115590

革命现代京剧《智取威虎山》（坚决要求上战场）

［西安］陕西人民出版社 1971 年［1］张 76cm（2 开）定价：CNY0.16

年画形式的中国现代京剧《智取威虎山》剧照。

J0115591

革命现代京剧《智取威虎山》 新华社供稿

上海 上海人民出版社 1971 年 19cm（24 开）

定价：CNY0.26

中国现代京剧《智取威虎山》剧照。

J0115592

革命现代京剧《智取威虎山》

上海 上海人民出版社 1971 年 7 张 9cm（128 开）

定价：CNY0.31（袋装）

中国现代京剧《智取威虎山》剧照。

J0115593

革命现代京剧《智取威虎山》（1—4）

［成都］四川人民出版社 1971 年［2］张 76cm（2 开）定价：CNY0.18

年画形式的中国现代京剧《智取威虎山》剧照。

J0115594

革命现代京剧《智取威虎山》（会师百鸡宴）

［成都］四川人民出版社 1971 年［1］张

53cm（4开）定价：CNY0.07

　　年画形式的中国现代京剧《智取威虎山》剧照。

J0115595

革命现代京剧《智取威虎山》（活捉座山雕）

［成都］四川人民出版社 1971年［1］张

53cm（4开）定价：CNY0.07

　　年画形式的中国现代京剧《智取威虎山》剧照。

J0115596

革命现代京剧《智取威虎山》

天津 天津人民美术出版社 1971年 12张

［17cm］（44开）定价：CNY0.35

　　中国现代京剧《智取威虎山》剧照。

J0115597

革命现代京剧《智取威虎山》（发动群众）

天津 天津人民美术出版社 1971年［1］张

76cm（2开）定价：CNY0.14

　　年画形式的中国现代京剧《智取威虎山》剧照。

J0115598

革命现代京剧《智取威虎山》（管叫山河换新装）

天津 天津人民美术出版社 1971年［1］张

76cm（2开）定价：CNY0.14

　　年画形式的中国现代京剧《智取威虎山》剧照。

J0115599

革命现代京剧《智取威虎山》（坚决要求上战场）

天津 天津人民美术出版社 1971年［1］张

76cm（2开）定价：CNY0.14

　　年画形式的中国现代京剧《智取威虎山》剧照。

J0115600

革命现代京剧《智取威虎山》（胸有成竹）

天津 天津人民美术出版社 1971年［1］张

76cm（2开）定价：CNY0.14

　　年画形式的中国现代京剧《智取威虎山》

剧照。

J0115601

革命现代京剧《智取威虎山》（侦察英雄杨子荣）

天津 天津人民美术出版社 1971年［1］张

76cm（2开）定价：CNY0.14

　　年画形式的中国现代京剧《智取威虎山》剧照。

J0115602

革命现代京剧《智取威虎山》（杨子荣纵马加鞭）

杭州 浙江人民出版社 1971年［1］张

76cm（2开）定价：CNY0.10

　　年画形式的中国现代京剧《智取威虎山》剧照。

J0115603

革命现代舞剧《白毛女》（八路军指导员王大春）

上海 上海人民出版社 1971年［1］张

76cm（2开）定价：CNY0.10

　　年画形式的中国现代芭蕾舞剧《白毛女》剧照。

J0115604

革命现代舞剧《白毛女》（斧劈"积善堂"）

上海 上海人民出版社 1971年［1］张

76cm（2开）定价：CNY0.10

　　年画形式的中国现代芭蕾舞剧《白毛女》剧照。

J0115605

革命现代舞剧《白毛女》（太阳出来了）

上海 上海人民出版社 1971年［1］张

76cm（2开）定价：CNY0.10

　　年画形式的中国现代芭蕾舞剧《白毛女》剧照。

J0115606

革命现代舞剧《白毛女》（喜儿参军）

上海 上海人民出版社 1971年［1］张

76cm（2开）定价：CNY0.10

　　年画形式的中国现代芭蕾舞剧《白毛女》剧照。

J0115607

革命现代舞剧《红色娘子军》（剧照集）新华
社供稿
上海　上海人民出版社　1971 年　19cm（小 32 开）
定价：CNY0.79

J0115608

革命现代舞剧《红色娘子军》（剧照集
一九七〇年五月演出本）中国舞剧团集体改编
上海　上海人民出版社　1971 年　19cm（小 32 开）
定价：CNY0.80

J0115609

革命现代舞剧《红色娘子军》剧照选集
北京　人民出版社　1971 年　19cm（小 32 开）
定价：CNY1.20

J0115610

红灯记（都有一颗红亮的心）
沈阳　辽宁省新华书店　1971 年　［1］张
76cm（2 开）定价：CNY0.10
　　年画形式的中国现代京剧《红灯记》剧照。

J0115611

红色娘子军（剧照选集）人民出版社编辑
北京　人民出版社　1971 年　68 页　有剧照
17×18cm　统一书号：8001.172　定价：CNY1.20
　　中国现代芭蕾舞剧《红色娘子军》剧照。

J0115612

红色娘子军（剧照选集）
北京　人民出版社　1971 年　69 页　19cm（小 32 开）
　　中国现代芭蕾舞剧《红色娘子军》剧照。

J0115613

红色娘子军（革命现代舞剧）上海人民出版
社编辑
上海　上海人民出版社　1971 年　30 页　19×17cm
统一书号：8.3.257　定价：CNY0.79
　　中国现代芭蕾舞剧《红色娘子军》剧照。

J0115614

红色娘子军
［杭州］浙江人民出版社　1971 年　1 张
11cm（100 开）定价：CNY0.16

中国现代芭蕾舞剧《红色娘子军》剧照。

J0115615

沙家浜
［石家庄］河北人民出版社　1971 年　［2］张
76cm（2 开）定价：CNY0.28
　　年画形式的中国现代京剧《沙家浜》剧照。

J0115616

沙家浜
［郑州］河南人民出版社　1971 年　［2］张
76cm（2 开）定价：CNY0.28
　　年画形式的中国现代京剧《沙家浜》剧照。

J0115617

沙家浜
［呼和浩特］内蒙古自治区人民出版社　1971 年
［2］张　76cm（2 开）定价：CNY0.26
　　年画形式的中国现代京剧《沙家浜》剧照。

J0115618

沙家浜
北京　人民美术出版社　1971 年　［2］张
76cm（2 开）定价：CNY0.28
　　年画形式的中国现代京剧《沙家浜》剧照。

J0115619

沙家浜
［太原］山西人民出版社　1971 年　［2］张
76cm（2 开）定价：CNY0.20
　　年画形式的中国现代京剧《沙家浜》剧照。

J0115620

沙家浜
［西安］陕西人民出版社　1971 年　［2］张
76cm（2 开）定价：CNY0.26
　　年画形式的中国现代京剧《沙家浜》剧照。

J0115621

智取威虎山（革命现代京剧）新华社供稿
上海　上海人民出版社　1971 年　26 页　有图
19cm（32 开）统一书号：8.3.276　定价：CNY0.26
　　本书为中国现代京剧《智取威虎山》摄影集。

J0115622
智取威虎山
[杭州] 浙江人民出版社 1971 年 1 张
11cm（100 开）定价：CNY0.16
　　年画形式的中国现代京剧《智取威虎山》剧照。

J0115623
白毛女 （革命现代舞剧）
上海 上海人民出版社 1972 年 1 袋（28 幅）
36cm（15 开）统一书号：8.3.365 定价：CNY0.95
　　中国现代芭蕾舞剧《白毛女》剧照。

J0115624
白毛女 （剧照）上海人民出版社编辑
上海 上海人民出版社 1972 年 55 页 17×18cm
定价：CNY1.30
　　中国现代芭蕾舞剧《白毛女》剧照。

J0115625
常青指路 （革命现代舞剧《红色娘子军》剧照）
北京 人民美术出版社 1972 年 [1 张]
54cm（4 开）定价：CNY0.07
　　中国现代芭蕾舞剧《红色娘子军》剧照。

J0115626
革命现代京剧《海港》（四条屏）
[合肥] 安徽人民出版社 1972 年 2 张
76cm（2 开）定价：CNY0.28
　　中国现代京剧《海港》剧照。

J0115627
革命现代京剧《海港》（第六场 壮志凌云）
[广州] 广东人民出版社 1972 年 [1 张]
76cm（2 开）定价：CNY0.12
　　中国现代京剧《海港》剧照。

J0115628
革命现代京剧《海港》（方海珍）
[广州] 广东人民出版社 1972 年 [1 张]
76cm（2 开）定价：CNY0.12
　　中国现代京剧《海港》剧照。

J0115629
革命现代京剧《海港》（方海珍）

[石家庄] 河北人民出版社 1972 年 [1 张]
76cm（2 开）
　　中国现代京剧《海港》剧照。

J0115630
革命现代京剧《海港》（码头工人，胜利完成援外任务，高奏国际主义凯歌。）
[石家庄] 河北人民出版社 1972 年 [1 张]
76cm（2 开）定价：CNY0.10
　　中国现代京剧《海港》剧照。

J0115631
革命现代京剧《海港》（第七场 海港的早晨）
[武汉] 湖北人民出版社 1972 年 [1 张]
76cm（2 开）定价：CNY0.13
　　中国现代京剧《海港》剧照。

J0115632
革命现代京剧《海港》（装卸组长高志扬）
[武汉] 湖北人民出版社 1972 年 [1 张]
76cm（2 开）定价：CNY0.13
　　中国现代京剧《海港》剧照。

J0115633
革命现代京剧《海港》（方海珍、马洪亮教育青年工人韩小强）
[沈阳] 辽宁人民出版社 1972 年 [1 张]
76cm（2 开）定价：CNY0.10
　　中国现代京剧《海港》剧照。

J0115634
革命现代京剧《海港》（方海珍参加突击抢运）
[沈阳] 辽宁人民出版社 1972 年 [1 张]
76cm（2 开）定价：CNY0.10
　　中国现代京剧《海港》剧照。

J0115635
革命现代京剧《海港》（方海珍细读公报）
[沈阳] 辽宁人民出版社 1972 年 [1 张]
76cm（2 开）定价：CNY0.05
　　中国现代京剧《海港》剧照。

J0115636
革命现代京剧《海港》（码头工人，胜利完成援外任务，高奏国际主义凯歌）

［沈阳］辽宁人民出版社 1972 年［1 张］
76cm（2 开）定价：CNY0.10
　　中国现代京剧《海港》剧照。

J0115637
革命现代京剧《海港》（退休装卸工人马洪亮）
［沈阳］辽宁人民出版社 1972 年［1 张］
76cm（2 开）定价：CNY0.10
　　中国现代京剧《海港》剧照。

J0115638
革命现代京剧《海港》（退休装卸工人马洪亮）
［沈阳］辽宁人民出版社 1972 年［1 张］
54cm（4 开）定价：CNY0.05
　　中国现代京剧《海港》剧照。

J0115639
革命现代京剧《海港》（装卸组长高志扬）
［沈阳］辽宁人民出版社 1972 年［1 张］
76cm（2 开）定价：CNY0.10
　　中国现代京剧《海港》剧照。

J0115640
革命现代京剧《海港》（装卸组长高志扬）
［沈阳］辽宁人民出版社 1972 年［1 张］
54cm（4 开）定价：CNY0.05
　　中国现代京剧《海港》剧照。

J0115641
革命现代京剧《海港》（方海珍参加突击抢运）
［济南］山东人民出版社 1972 年［1 张］
76cm（2 开）定价：CNY0.14
　　中国现代京剧《海港》剧照。

J0115642
革命现代京剧《海港》
［太原］山西人民出版社 1972 年［1 张］
76cm（2 开）定价：CNY0.12
　　中国现代京剧《海港》剧照。

J0115643
革命现代京剧《海港》（装卸队党支部书
记——方海珍）
［太原］山西人民出版社 1972 年［1 张］
76cm（2 开）定价：CNY0.12

中国现代京剧《海港》剧照。

J0115644
革命现代京剧《海港》（装卸组长高志扬）
［太原］山西人民出版社 1972 年［1 张］
76cm（2 开）定价：CNY0.12
　　中国现代京剧《海港》剧照。

J0115645
革命现代京剧《海港》（方海珍）新华社供稿
［西安］陕西人民出版社 1972 年［1 张］
76cm（2 开）定价：CNY0.12
　　中国现代京剧《海港》剧照。

J0115646
革命现代京剧《海港》（方海珍"立足海港 胸
怀世界"）
上海 上海人民出版社 1972 年［1 张］
76cm（2 开）定价：CNY0.10
　　中国现代京剧《海港》剧照。

J0115647
革命现代京剧《海港》（海港的早晨）
上海 上海人民出版社 1972 年［1 张］
76cm（2 开）定价：CNY0.12
　　中国现代京剧《海港》剧照。

J0115648
革命现代京剧《海港》（剧照画册）新华社供稿
上海 上海人民出版社 1972 年 19cm（32 开）
定价：CNY0.63
　　中国现代京剧《海港》剧照。

J0115649
革命现代京剧《海港》（战斗动员）
上海 上海人民出版社 1972 年［1 张］
76cm（2 开）定价：CNY0.10
　　中国现代京剧《海港》剧照。

J0115650
革命现代京剧《海港》（发动群众追根寻源）
［成都］四川人民出版社 1972 年［1 张］
54cm（4 开）定价：CNY0.07
　　中国现代京剧《海港》剧照。

J0115651

革命现代京剧《海港》（方海珍、马洪亮教育青年工人韩小强）

［成都］四川人民出版社 1972 年［1 张］

54cm（4 开）定价：CNY0.07

　　中国现代京剧《海港》剧照。

J0115652

革命现代京剧《海港》（方海珍细读公报）

［成都］四川人民出版社 1972 年［1 张］

54cm（4 开）定价：CNY0.07

　　中国现代京剧《海港》剧照。

J0115653

革命现代京剧《海港》（方海珍与马洪亮喜夸码头）

［成都］四川人民出版社 1972 年［1 张］

54cm（4 开）定价：CNY0.07

　　中国现代京剧《海港》剧照。

J0115654

革命现代京剧《海港》（码头工人，胜利完成援外任务，高奏国际主义凯歌）

［成都］四川人民出版社 1972 年［1 张］

54cm（4 开）定价：CNY0.07

　　中国现代京剧《海港》剧照。

J0115655

革命现代京剧《海港》（装不完卸不尽的上海港，呈现出一派繁忙景象）

［成都］四川人民出版社 1972 年［1 张］

54cm（4 开）定价：CNY0.07

　　中国现代京剧《海港》剧照。

J0115656

革命现代京剧《海港》（装卸组长高志扬）

［成都］四川人民出版社 1972 年［1 张］

54cm（4 开）定价：CNY0.07

　　中国现代京剧《海港》剧照。

J0115657

革命现代京剧《海港》（党的八届十中全会公报鼓舞着方海珍在阶级斗争的征途上前进）

天津 天津人民美术出版社 1972 年［1 张］

76cm（2 开）定价：CNY0.10

　　中国现代京剧《海港》剧照。

J0115658

革命现代京剧《海港》（无限热爱伟大领袖毛主席和中国共产党的老工人马洪亮）

天津 天津人民美术出版社 1972 年［1 张］

76cm（2 开）定价：CNY0.10

　　中国现代京剧《海港》剧照。

J0115659

革命现代京剧《海港》（用毛泽东思想和党的基本路线武装起来的上海港装卸队党支部书记方海珍）

天津 天津人民美术出版社 1972 年［1 张］

76cm（2 开）

　　中国现代京剧《海港》剧照。

J0115660

革命现代京剧《海港》（装卸工人怀着无产阶级国际主义的深情厚谊，奋战在海港。）

天津 天津人民美术出版社 1972 年［1 张］

76cm（2 开）定价：CNY0.10

　　中国现代京剧《海港》剧照。

J0115661

革命现代京剧《红灯记》（六条屏）中国京剧团演出

［南京］江苏人民出版社 1972 年 3 张

76cm（2 开）定价：CNY0.30

　　中国现代京剧《红灯记》剧照。

J0115662

革命现代京剧《红灯记》（仇恨入心要发芽）

［济南］山东人民出版社 1972 年［1 张］

54cm（4 开）定价：CNY0.07

　　中国现代京剧《红灯记》剧照。

J0115663

革命现代京剧《红灯记》（李奶奶和铁梅高举红灯）

［济南］山东人民出版社 1972 年［1 张］

54cm（4 开）定价：CNY0.07

　　中国现代京剧《红灯记》剧照。

J0115664

革命现代京剧《红灯记》（李奶奶和铁梅高举红灯）

［济南］山东人民出版社 1972 年 ［1 张］

76cm（2 开）定价：CNY0.14

　　中国现代京剧《红灯记》剧照。

J0115665

革命现代京剧《红灯记》（李玉和和铁梅在车站附近接应交通员）

［济南］山东人民出版社 1972 年 ［1 张］

76cm（2 开）定价：CNY0.14

　　中国现代京剧《红灯记》剧照。

J0115666

革命现代京剧《红灯记》（临行喝妈一碗酒，浑身是胆雄赳赳。）

［济南］山东人民出版社 1972 年 ［1 张］

76cm（2 开）定价：CNY0.14

　　中国现代京剧《红灯记》剧照。

J0115667

革命现代京剧《红灯记》（铁梅"誓作红灯的继承人"）

［济南］山东人民出版社 1972 年 ［1 张］

76cm（2 开）定价：CNY0.14

　　中国现代京剧《红灯记》剧照。

J0115668

革命现代京剧《红灯记》（李玉和——铁路扳道工人。中国共产党党员）

［太原］山西人民出版社 1972 年 ［1 张］

76cm（2 开）定价：CNY0.07

　　中国现代京剧《红灯记》剧照。

J0115669

革命现代京剧《红灯记》（提起敌寇心肺炸）

［太原］山西人民出版社 1972 年 ［1 张］

76cm（2 开）定价：CNY0.10

　　中国现代京剧《红灯记》剧照。

J0115670

革命现代京剧《红灯记》（李玉和——铁路扳道工人。中国共产党党员）

天津　天津人民美术出版社 1972 年 ［1 张］

78cm（2 开）定价：CNY0.07

　　中国现代京剧《红灯记》剧照。

J0115671

革命现代京剧《红灯记》（李奶奶和铁梅高举红灯）

［昆明］云南人民出版社 1972 年 ［1 张］

78cm（2 开）定价：CNY0.10

　　中国现代京剧《红灯记》剧照。

J0115672

革命现代京剧《红灯记》（李玉和手提红灯接应交通员）

［昆明］云南人民出版社 1972 年 ［1 张］

78cm（2 开）定价：CNY0.10

　　中国现代京剧《红灯记》剧照。

J0115673

革命现代京剧《红色娘子军》剧照 （编号0355）新华社稿

［北京］1972 年 20 幅 12×15cm 定价：CNY20.00

　　中国现代京剧《红色娘子军》剧照。

J0115674

革命现代京剧《龙江颂》（测量水位归来的江水英）

［石家庄］河北人民出版社 1972 年 ［1 张］

76cm（2 开）定价：CNY0.14

　　中国现代京剧《龙江颂》剧照。

J0115675

革命现代京剧《龙江颂》（丰收凯歌）

［石家庄］河北人民出版社 1972 年 ［1 张］

76cm（2 开）定价：CNY0.14

　　中国现代京剧《龙江颂》剧照。

J0115676

革命现代京剧《龙江颂》（江水英带领社员学习毛主席著作）

［石家庄］河北人民出版社 1972 年 ［1 张］

76cm（2 开）定价：CNY0.14

　　中国现代京剧《龙江颂》剧照。

J0115677

革命现代京剧《龙江颂》（江水英带领社员学

习毛主席著作）

［郑州］河南人民出版社 1972 年［1 张］

76cm（2 开）定价：CNY0.10

　　中国现代京剧《龙江颂》剧照。

J0115678

革命现代京剧《龙江颂》（巡视工地的江水英）

［武汉］湖北人民出版社 1972 年［1 张］

76cm（2 开）定价：CNY0.13

　　中国现代京剧《龙江颂》剧照。

J0115679

革命现代京剧《龙江颂》（测量水位归来的江水英）

［沈阳］辽宁人民出版社 1972 年［1 张］

76cm（2 开）定价：CNY0.10

　　中国现代京剧《龙江颂》剧照。

J0115680

革命现代京剧《龙江颂》（丰收凯歌）

［沈阳］辽宁人民出版社 1972 年［1 张］

76cm（2 开）定价：CNY0.10

　　中国现代京剧《龙江颂》剧照。

J0115681

革命现代京剧《龙江颂》（江水英带领社员学习毛主席著作）

［沈阳］辽宁人民出版社 1972 年［1 张］

76cm（2 开）定价：CNY0.10

　　中国现代京剧《龙江颂》剧照。

J0115682

革命现代京剧《龙江颂》（江水英带着县委关于堵江抗旱的决定，赶回龙江村。）

［沈阳］辽宁人民出版社 1972 年［1 张］

76cm（2 开）定价：CNY0.10

　　中国现代京剧《龙江颂》剧照。

J0115683

革命现代京剧《龙江颂》（巡视工地的江水英）

［沈阳］辽宁人民出版社 1972 年［1 张］

76cm（2 开）定价：CNY0.10

　　中国现代京剧《龙江颂》剧照。

J0115684

革命现代京剧《龙江颂》（江水英带着县委关于堵江抗旱的决定，赶回龙江村。）

［太原］山西人民出版社 1972 年［1 张］

76cm（2 开）定价：CNY0.12

　　中国现代京剧《龙江颂》剧照。

J0115685

革命现代京剧《龙江颂》（巡视工地的江水英）

［太原］山西人民出版社 1972 年［1 张］

76cm（2 开）定价：CNY0.12

　　中国现代京剧《龙江颂》剧照。

J0115686

革命现代京剧《龙江颂》

［西安］陕西人民出版社 1972 年［1 张］

76cm（2 开）定价：CNY0.11

　　中国现代京剧《龙江颂》剧照。

J0115687

革命现代京剧《龙江颂》（"抢险合龙"）

上海 上海人民出版社 1972 年［1 张］

76cm（2 开）定价：CNY0.10

　　中国现代京剧《龙江颂》剧照。

J0115688

革命现代京剧《龙江颂》（丰收凯歌）

上海 上海人民出版社 1972 年［1 张］

76cm（2 开）定价：CNY0.10

　　中国现代京剧《龙江颂》剧照。

J0115689

革命现代京剧《龙江颂》（江水英"一轮红日照胸间"）

上海 上海人民出版社 1972 年［1 张］

76cm（2 开）定价：CNY0.10

　　中国现代京剧《龙江颂》剧照。

J0115690

革命现代京剧《龙江颂》（阿坚伯）

［成都］四川人民出版社 1972 年［1 张］

54cm（4 开）定价：CNY0.07

　　中国现代京剧《龙江颂》剧照。

J0115691
革命现代京剧《龙江颂》（阿莲）
[成都] 四川人民出版社 1972 年 [1 张]
54cm（4 开）定价：CNY0.07
　　中国现代京剧《龙江颂》剧照。

J0115692
革命现代京剧《龙江颂》（江水英带领群众揪出反革命分子）
[成都] 四川人民出版社 1972 年 [1 张]
54cm（4 开）定价：CNY0.07
　　中国现代京剧《龙江颂》剧照。

J0115693
革命现代京剧《龙江颂》（江水英和李志田）
[成都] 四川人民出版社 1972 年 [1 张]
54cm（4 开）定价：CNY0.07
　　中国现代京剧《龙江颂》剧照。

J0115694
革命现代京剧《龙江颂》（开闸放水）
[成都] 四川人民出版社 1972 年 [1 张]
54cm（4 开）定价：CNY0.07
　　中国现代京剧《龙江颂》剧照。

J0115695
革命现代京剧《龙江颂》（巡视工地的江水英）
[成都] 四川人民出版社 1972 年 [1 张]
76cm（2 开）定价：CNY0.07
　　中国现代京剧《龙江颂》剧照。

J0115696
革命现代京剧《龙江颂》
天津 天津人民美术出版社 1972 年 [1 张]
76cm（2 开）定价：CNY0.10
　　中国现代京剧《龙江颂》剧照。

J0115697
革命现代京剧《龙江颂》（龙江大队党支部书记江水英）
天津 天津人民美术出版社 1972 年 [1 张]
76cm（2 开）定价：CNY0.10
　　中国现代京剧《龙江颂》剧照。

J0115698
革命现代京剧《龙江颂》（巡视工地的江水英）
天津 天津人民美术出版社 1972 年 [1 张]
76cm（2 开）定价：CNY0.10
　　中国现代京剧《龙江颂》剧照。

J0115699
革命现代京剧《龙江颂》剧照（第 0236 号）
新华社记者摄
[北京] 1972 年 20 幅 11×15cm 定价：CNY20.00
　　中国现代京剧《龙江颂》剧照。

J0115700
革命现代京剧《奇袭白虎团》（崔大娘和崔大嫂装作上山打柴，侦察敌情）
[济南] 山东人民出版社 1972 年 [1 张]
76cm（2 开）定价：CNY0.14
　　中国现代京剧《奇袭白虎团》剧照。

J0115701
革命现代京剧《奇袭白虎团》（胜利地完成敌后侦察任务的严伟才）
[济南] 山东人民出版社 1972 年 [1 张]
76cm（2 开）定价：CNY0.14
　　中国现代京剧《奇袭白虎团》剧照。

J0115702
革命现代京剧《奇袭白虎团》（严伟才和崔大娘会面）
[济南] 山东人民出版社 1972 年 [1 张]
76cm（2 开）定价：CNY0.14
　　中国现代京剧《奇袭白虎团》剧照。

J0115703
革命现代京剧《沙家浜》
[福州] 福建人民出版社 1972 年 [1 张]
76cm（2 开）定价：CNY0.10
　　中国现代京剧《沙家浜》剧照。

J0115704
革命现代京剧《沙家浜》（奇袭沙家浜）
[兰州] 甘肃人民出版社 1972 年 [1 张]
76cm（2 开）定价：CNY0.16
　　中国现代京剧《沙家浜》剧照。

J0115705
革命现代京剧《沙家浜》（十八颗青松耸云天）
［兰州］甘肃人民出版社 1972 年［1 张］
76cm（2 开）定价：CNY0.16
　　中国现代京剧《沙家浜》剧照。

J0115706
革命现代京剧《沙家浜》（阿庆嫂决心战胜顽敌，抢救伤员）
［济南］山东人民出版社 1972 年［1 张］
54cm（4 开）定价：CNY0.07
　　中国现代京剧《沙家浜》剧照。

J0115707
革命现代京剧《沙家浜》（奇袭沙家浜）
［济南］山东人民出版社 1972 年［1 张］
76cm（2 开）定价：CNY0.14
　　中国现代京剧《沙家浜》剧照。

J0115708
革命现代京剧《沙家浜》（郭建光——新四军某部连指导员）
［太原］山西人民出版社 1972 年［1 张］
78cm（2 开）定价：CNY0.07
　　中国现代京剧《沙家浜》剧照。

J0115709
革命现代京剧《沙家浜》（郭建光——新四军某部连指导员）
天津 天津人民美术出版社 1972 年［1 张］
78cm（2 开）定价：CNY0.07
　　中国现代京剧《沙家浜》剧照。

J0115710
革命现代京剧《沙家浜》（彩色明信片辑）
［北京］外文出版社 1972 年 12 张（套）
［17cm］（44 开）定价：CNY0.44
　　中国现代京剧《沙家浜》剧照。

J0115711
革命现代京剧《智取威虎山》（坚决要求上战场）
［石家庄］河北人民出版社 1972 年 76cm（2 开）
定价：CNY0.10
　　中国现代京剧《智取威虎山》剧照。

J0115712
革命现代京剧《智取威虎山》（杨子荣"胸有朝阳"）
［武汉］湖北人民出版社 1972 年 54cm（4 开）
定价：CNY0.06
　　中国现代京剧《智取威虎山》剧照。

J0115713
革命现代京剧《智取威虎山》（常宝"坚决要求上战场"）
［沈阳］辽宁人民出版社 1972 年 76cm（2 开）
定价：CNY0.10
　　中国现代京剧《智取威虎山》剧照。

J0115714
革命现代京剧《智取威虎山》
［济南］山东人民出版社 1972 年 76cm（2 开）
定价：CNY0.14
　　中国现代京剧《智取威虎山》剧照。

J0115715
革命现代京剧《智取威虎山》（常宝"坚决要求上战场"）
［济南］山东人民出版社 1972 年 76cm（2 开）
定价：CNY0.14
　　中国现代京剧《智取威虎山》剧照。

J0115716
革命现代京剧《智取威虎山》（赤胆忠心）
［太原］山西人民出版社 1972 年 76cm（2 开）
定价：CNY0.10
　　中国现代京剧《智取威虎山》剧照。

J0115717
革命现代京剧《智取威虎山》（杨子荣——中国人民解放军某部侦察排长）
［太原］山西人民出版社 1972 年 76cm（2 开）
定价：CNY0.07
　　中国现代京剧《智取威虎山》剧照。

J0115718
革命现代京剧《智取威虎山》
天津 天津人民出版社 1972 年［1］张
78cm（2 开）定价：CNY0.07
　　中国现代京剧《智取威虎山》剧照。

J0115719

革命现代京剧《智取威虎山》（四条屏　纸裱卷轴）

天津　天津人民美术出版社东方红画店　1972 年　4 卷　76cm（2 开）定价：CNY1.12

中国现代京剧《智取威虎山》剧照。

J0115720

革命现代京剧《智取威虎山》

[昆明]云南人民出版社　1972 年　10 张（套）11cm（60 开）定价：CNY0.20

中国现代京剧《智取威虎山》剧照。背面有唱词和曲谱。

J0115721

革命现代京剧《智取威虎山》（赤胆忠心）

[昆明]云南人民出版社　1972 年　78cm（2 开）定价：CNY0.10

中国现代京剧《智取威虎山》剧照。

J0115722

革命现代京剧英雄人物　（四条屏　纸裱卷轴）

天津　天津人民美术出版社东方红画店　1972 年　4 卷　76cm（2 开）定价：CNY1.12

中国现代舞台摄影作品。

J0115723

革命现代舞剧《白毛女》（翻身后的喜儿向太阳向人民的大救星毛主席纵情歌唱）

[石家庄]河北人民出版社　1972 年　[1 张]76cm（2 开）定价：CNY0.12

中国现代芭蕾舞剧《白毛女》剧照。

J0115724

革命现代舞剧《白毛女》

[武汉]湖北人民出版社　1972 年　2 张76cm（2 开）定价：CNY0.24

中国现代芭蕾舞剧《白毛女》剧照。

J0115725

革命现代舞剧《白毛女》

[武汉]湖北人民出版社　1972 年　[1 张]76cm（2 开）定价：CNY0.13

中国现代芭蕾舞剧《白毛女》剧照。

J0115726

革命现代舞剧《白毛女》

[武汉]湖北人民出版社　1972 年　[1 张]54cm（4 开）定价：CNY0.06

中国现代芭蕾舞剧《白毛女》剧照。

J0115727

革命现代舞剧《白毛女》（八路军指挥员王大春）

北京　人民出版社　1972 年　[1 张]76cm（2 开）定价：CNY0.14

中国现代芭蕾舞剧《白毛女》剧照。

J0115728

革命现代舞剧《白毛女》（八路军指挥员王大春）

北京　人民出版社　1972 年　[1 张]54cm（4 开）定价：CNY0.11

中国现代芭蕾舞剧《白毛女》剧照。

J0115729

革命现代舞剧《白毛女》（紧握钢枪杀敌寇）

北京　人民出版社　1972 年　[1 张]76cm（2 开）定价：CNY0.14

中国现代芭蕾舞剧《白毛女》剧照。

J0115730

革命现代舞剧《白毛女》（四条屏）

北京　人民出版社　1972 年　[1 张]54cm（4 开）定价：CNY0.07

中国现代芭蕾舞剧《白毛女》剧照。

J0115731

革命现代舞剧《白毛女》（喜儿从芦苇丛中走上岸来）

北京　人民出版社　1972 年　[1 张]54cm（4 开）定价：CNY0.07

中国现代芭蕾舞剧《白毛女》剧照。

J0115732

革命现代舞剧《白毛女》（喜儿盼着爹爹快回家）

北京　人民出版社　1972 年　[1 张]54cm（4 开）定价：CNY0.07

中国现代芭蕾舞剧《白毛女》剧照。

J0115733

革命现代舞剧《白毛女》（喜儿向大春愤怒地

诉说汉奸恶霸地主的罪恶)

北京 人民出版社 1972 年 [1 张] 76cm(2 开)

定价: CNY0.14

　　中国现代芭蕾舞剧《白毛女》剧照。

J0115734

革命现代舞剧《白毛女》（迎着太阳的喜儿）

北京 人民出版社 1972 年 [1 张] 54cm(4 开)

定价: CNY0.07

　　中国现代芭蕾舞剧《白毛女》剧照。

J0115735

革命现代舞剧《白毛女》（彩色明信片辑）上

海人民出版社编辑

[上海] 山海人民出版社 1972 年 17 张(套)

15cm(64 开) 定价: CNY0.68

　　中国现代芭蕾舞剧《白毛女》剧照。

J0115736

革命现代舞剧《白毛女》（八路军指挥员王大春）

[太原] 山西人民出版社 1972 年 [1 张]

76cm(2 开) 定价: CNY0.10

　　中国现代芭蕾舞剧《白毛女》剧照。

J0115737

革命现代舞剧《白毛女》（大红枣献给八路军）

[太原] 山西人民出版社 1972 年 [1 张]

76cm(2 开) 定价: CNY0.10

　　中国现代芭蕾舞剧《白毛女》剧照。

J0115738

革命现代舞剧《白毛女》（紧握钢枪杀敌寇）

[太原] 山西人民出版社 1972 年 [1 张]

76cm(2 开) 定价: CNY0.10

　　中国现代芭蕾舞剧《白毛女》剧照。

J0115739

革命现代舞剧《白毛女》（太阳出来了）

[太原] 山西人民出版社 1972 年 [1 张]

76cm(2 开) 定价: CNY0.10

　　中国现代芭蕾舞剧《白毛女》剧照。

J0115740

革命现代舞剧《白毛女》（八路军指挥员王大

春）新华社稿

[西安] 陕西人民出版社 1972 年 [1 张]

76cm(2 开) 定价: CNY0.11

　　中国现代芭蕾舞剧《白毛女》剧照。

J0115741

革命现代舞剧《白毛女》（大红枣献给八路军）

[西安] 陕西人民出版社 1972 年 [1 张]

76cm(2 开) 定价: CNY0.11

　　中国现代芭蕾舞剧《白毛女》剧照。

J0115742

革命现代舞剧《白毛女》（翻身的喜儿和乡亲

们向着太阳纵情歌舞）

[西安] 陕西人民出版社 1972 年 [1 张]

76cm(2 开) 定价: CNY0.11

　　中国现代芭蕾舞剧《白毛女》剧照。

J0115743

革命现代舞剧《白毛女》（喜儿向大春愤怒地

诉说汉奸恶霸地主的罪恶）新华社供稿

[西安] 陕西人民出版社 1972 年 [1 张]

76cm(2 开) 定价: CNY0.11

　　中国现代芭蕾舞剧《白毛女》剧照。

J0115744

革命现代舞剧《白毛女》（大春斗敌）

上海 上海人民出版社 1972 年 [1 张]

76cm(2 开) 定价: CNY0.10

　　中国现代芭蕾舞剧《白毛女》剧照。

J0115745

革命现代舞剧《白毛女》（大红枣献给八路军）

上海 上海人民出版社 1972 年 [1 张]

76cm(2 开) 定价: CNY0.10

　　中国现代芭蕾舞剧《白毛女》剧照。

J0115746

革命现代舞剧《白毛女》（红头绳）

上海 上海人民出版社 1972 年 [1 张]

76cm(2 开) 定价: CNY0.10

　　中国现代芭蕾舞剧《白毛女》剧照。

J0115747

革命现代舞剧《白毛女》（见仇人了火烧）

上海 上海人民出版社 1972 年 [1 张]

76cm（2开）定价：CNY0.10

中国现代芭蕾舞剧《白毛女》剧照。

J0115748

革命现代舞剧《白毛女》（紧握钢枪杀敌寇）

上海　上海人民出版社　1972年［1张］

76cm（2开）定价：CNY0.10

中国现代芭蕾舞剧《白毛女》剧照。

J0115749

革命现代舞剧《白毛女》（剧照画册）上海人

民出版社编辑

上海　上海人民出版社　1972年　19cm（32开）

中国现代芭蕾舞剧《白毛女》剧照。

J0115750

革命现代舞剧《白毛女》（剧照辑）

上海　上海人民出版社　1972年　28张（套）

38cm（8开）定价：CNY0.95

中国现代芭蕾舞剧《白毛女》剧照。

J0115751

革命现代舞剧《白毛女》（四条屏）

上海　上海人民出版社　1972年［4张］

54cm（4开）定价：CNY0.20

中国现代芭蕾舞剧《白毛女》剧照。

J0115752

革命现代舞剧《白毛女》（投奔八路军）

上海　上海人民出版社　1972年［1张］

76cm（2开）定价：CNY0.10

中国现代芭蕾舞剧《白毛女》剧照。

J0115753

革命现代舞剧《白毛女》（严惩汉奸恶霸黄世仁）

上海　上海人民出版社　1972年［1张］

76cm（2开）定价：CNY0.10

中国现代芭蕾舞剧《白毛女》剧照。

J0115754

革命现代舞剧《白毛女》（杨白劳怒打黄世仁）

上海　上海人民出版社　1972年［1张］

76cm（2开）定价：CNY0.10

中国现代芭蕾舞剧《白毛女》剧照。

J0115755

革命现代舞剧《白毛女》（英姿飒爽）

上海　上海人民出版社　1972年［1张］

76cm（2开）定价：CNY0.10

中国现代芭蕾舞剧《白毛女》剧照。

J0115756

革命现代舞剧《红色娘子军》（吴清华仇恨

满腔，逃出匪巢）

［兰州］甘肃人民出版社　1972年［1张］

76cm（2开）定价：CNY0.16

中国现代芭蕾舞剧《白毛女》剧照。

J0115757

革命现代舞剧《红色娘子军》（斗笠舞）

［武汉］湖北人民出版社　1972年［1张］

54cm（4开）定价：CNY0.06

中国现代芭蕾舞剧《白毛女》剧照。

J0115758

革命现代舞剧《红色娘子军》（红色娘子军

连集体射击舞）

［武汉］湖北人民出版社　1972年［1张］

76cm（2开）定价：CNY0.13

中国现代舞台摄影作品。

J0115759

革命现代舞剧《红色娘子军》（洪常青单人

持刀舞）

［武汉］湖北人民出版社　1972年［1张］

76cm（2开）定价：CNY0.13

中国现代芭蕾舞剧《白毛女》剧照。

J0115760

革命现代舞剧《红色娘子军》（清华在连长

的带领下，练射击，练投弹，勇往直前。）

［武汉］湖北人民出版社　1972年［1张］

76cm（2开）定价：CNY0.13

中国现代芭蕾舞剧《白毛女》剧照。

J0115761

革命现代舞剧《红色娘子军》（常青指路，奔

向红区。）

［济南］山东人民出版社　1972年［1张］

76cm（2开）定价：CNY0.14

中国现代芭蕾舞剧《白毛女》剧照。

J0115762
革命现代舞剧《红色娘子军》（红色娘子军
连的战士们苦练杀敌本领。）
［济南］山东人民出版社 1972 年［1 张］
76cm（2 开）定价：CNY0.14
　　中国现代芭蕾舞剧《白毛女》剧照。

J0115763
革命现代舞剧《红色娘子军》（吴清华仇恨
满腔，逃出匪巢）
［济南］山东人民出版社 1972 年［1 张］
76cm（2 开）定价：CNY0.14
　　中国现代芭蕾舞剧《白毛女》剧照。

J0115764
革命现代舞剧《红色娘子军》（吴清华——
娘子军连战士，后接任党代表　吴清华接受阶级
教育后的剧照）
［济南］山东人民出版社 1972 年［1 张］
76cm（2 开）定价：CNY0.14
　　中国现代芭蕾舞剧《白毛女》剧照。

J0115765
革命现代舞剧《红色娘子军》（吴清华——
娘子军连战士，后接任党代表　吴清华庄严宣誓
剧照）
［济南］山东人民出版社 1972 年［1 张］
76cm（2 开）定价：CNY0.14
　　中国现代芭蕾舞剧《白毛女》剧照。

J0115766
革命现代舞剧《红色娘子军》（中国工农红
军红色娘子军代表洪常青　洪常青持刀剧照）
［济南］山东人民出版社 1972 年［1 张］
76cm（2 开）定价：CNY0.14
　　中国现代芭蕾舞剧《白毛女》剧照。

J0115767
革命现代舞剧《红色娘子军》（斗笠舞）
［太原］山西人民出版社 1972 年［1 张］
76cm（2 开）定价：CNY0.10
　　中国现代芭蕾舞剧《白毛女》剧照。

J0115768
革命现代舞剧《红色娘子军》（洪常青——
年志军连党代表）
［太原］山西人民出版社 1972 年［1 张］
78cm（2 开）定价：CNY0.07
　　中国现代芭蕾舞剧《白毛女》剧照。

J0115769
革命现代舞剧《红色娘子军》（洪常青——
娘子军连党代表）
天津　天津人民美术出版社 1972 年　1 张
78cm（2 开）定价：CNY0.07
　　中国现代芭蕾舞剧《白毛女》剧照。

J0115770
革命现代舞剧《红色娘子军》
［昆明］云南人民出版社 1972 年［1 张］
54cm（4 开）定价：CNY0.05
　　中国现代芭蕾舞剧《白毛女》剧照。

J0115771
海港（四条屏）
［石家庄］河北人民出版社 1972 年　2 张
76cm（2 开）定价：CNY0.28
　　年画形式的中国现代京剧《海港》剧照。

J0115772
海港（四条屏）
［郑州］河南人民出版社 1972 年　2 张
76cm（2 开）定价：CNY0.28
　　年画形式的中国现代京剧《海港》剧照。

J0115773
海港（四条屏）
北京　人民美术出版社 1972 年　2 张　76cm（2 开）
双面胶版纸　定价：CNY0.28
　　年画形式的中国现代京剧《海港》剧照。

J0115774
海港（四条屏）
北京　人民美术出版社 1972 年　2 张　76cm（2 开）
单面胶版纸　定价：CNY0.22
　　年画形式的中国现代京剧《海港》剧照。

J0115775
海港 （四条屏）
[济南] 山东人民出版社 1972 年 2 张
76cm（2 开）定价：CNY0.28
　　年画形式的中国现代京剧《海港》剧照。

J0115776
海港 （四条屏）
天津 天津人民美术出版社 1972 年 [2 张]
76cm（2 开）定价：CNY0.20
　　年画形式的中国现代京剧《海港》剧照。

J0115777
红灯记 （四条屏）
[郑州] 河南人民出版社 1972 年 2 张
76cm（2 开）定价：CNY0.28
　　年画形式的中国现代京剧《红灯记》剧照。

J0115778
红灯记 （四条屏）
[济南] 山东人民出版社 1972 年 2 张
76cm（2 开）定价：CNY0.28
　　年画形式的中国现代京剧《红灯记》剧照。

J0115779
红灯记 （李玉和"粥棚说险" 纸裱卷轴）
天津 天津人民美术出版社 1972 年 [1 张]
54cm（4 开）定价：CNY0.18

J0115780
红灯记 （铁梅 "提起敌寇心肺炸" 纸裱卷轴）
天津 天津人民美术出版社 1972 年 [1 张]
54cm（4 开）定价：CNY0.18

J0115781
红色娘子军 （四条屏）
[郑州] 河南人民出版社 1972 年 2 张
76cm（2 开）定价：CNY0.28
　　年画形式的中国现代舞台摄影作品。

J0115782
红色娘子军 （四条屏）
[哈尔滨] 黑龙江人民出版社 1972 年 2 张
76cm（2 开）定价：CNY0.24
　　年画形式的中国现代舞台摄影作品。

J0115783
红色娘子军 （四条屏）
[济南] 山东人民出版社 1972 年 2 张
76cm（2 开）定价：CNY0.28
　　年画形式的中国现代舞台摄影作品。

J0115784
红色娘子军 （革命现代京剧 剧照 编号：沪发 0070）
上海 上海市新闻图片社 1972 年 20 幅
16×20cm 定价：CNY5.00

J0115785
红色娘子军 （革命现代京剧 剧照 编号：沪发 0070）
上海 上海市新闻图片社 1972 年 20 幅
25×31cm 定价：CNY10.00

J0115786
红色娘子军 （洪常青单人刀舞 纸裱卷轴）
天津 天津人民美术出版社 1972 年 [1 张]
54cm（4 开）定价：CNY0.18

J0115787
红色娘子军 （吴清华"满腔仇恨，冲出虎口" 纸裱卷轴）
天津 天津人民美术出版社 1972 年 [1 张]
54cm（4 开）定价：CNY0.18

J0115788
龙江颂 （四条屏）
[广州] 广东人民出版社 1972 年 2 张
76cm（2 开）定价：CNY0.24
　　年画形式的中国现代京剧《龙江颂》剧照。

J0115789
龙江颂 （四条屏）
[石家庄] 河北人民出版社 1972 年 2 张
76cm（2 开）定价：CNY0.28
　　年画形式的中国现代京剧《龙江颂》剧照。

J0115790
龙江颂 （四条屏）
[郑州] 河南人民出版社 1972 年 2 张
76cm（2 开）定价：CNY0.28

年画形式的中国现代京剧《龙江颂》剧照。

J0115791
龙江颂 （四条屏）
[呼和浩特] 内蒙古自治区人民出版社 1972 年
2 张 76cm（2 开）定价：CNY0.28
年画形式的中国现代京剧《龙江颂》剧照。

J0115792
龙江颂 （四条屏）
北京 人民美术出版社 1972 年 2 张 76cm（2 开）
单面胶版纸 定价：CNY0.22
年画形式的中国现代京剧《龙江颂》剧照。

J0115793
龙江颂 （四条屏）
北京 人民美术出版社 1972 年 2 张 76cm（2 开）
双面胶版纸 定价：CNY0.28
年画形式的中国现代京剧《龙江颂》剧照。

J0115794
龙江颂 （四条屏）
[济南] 山东人民出版社 1972 年 2 张
76cm（2 开）定价：CNY0.28
年画形式的中国现代京剧《龙江颂》剧照。

J0115795
龙江颂 （四条屏）
天津 天津人民美术出版社 1972 年 2 张
76cm（2 开）定价：CNY0.20
年画形式的中国现代京剧《龙江颂》剧照。

J0115796
日本齿轮座剧团访华演出大型话剧《波涛》
剧照 （编号 0064）新华社记者摄
[北京] 1972 年 6 幅 12×15cm 定价：CNY6.00

J0115797
沙家浜 （四条屏）
[郑州] 河南人民出版社 1972 年 2 张
76cm（2 开）定价：CNY0.28
年画形式的中国现代京剧《沙家浜》剧照。

J0115798
沙家浜 （四条屏）

[济南] 山东人民出版社 1972 年 2 张
76cm（2 开）定价：CNY0.26
年画形式的中国现代京剧《沙家浜》剧照。

J0115799
沙家浜 （阿庆嫂单人剧照 纸裱卷轴）
天津 天津人民美术出版社东方红画店 1972 年
[1 轴] 54cm（4 开）定价：CNY0.18
中国现代京剧《沙家浜》剧照。

J0115800
沙家浜 （郭建光 "坚持" 纸裱卷轴）
天津 天津人民美术出版社东方红画店 1972 年
[1 轴] 54cm（4 开）定价：CNY0.18
中国现代京剧《沙家浜》剧照。

J0115801
织网舞
[广州] 广东人民出版社 1972 年 [1 张]
76cm（2 开）定价：CNY0.12
中国现代舞台摄影作品。

J0115802
织网舞 人民画报社稿
[石家庄] 河北人民出版社 1972 年 [1 张]
76cm（2 开）定价：CNY0.14
中国现代舞台摄影作品。

J0115803
织网舞
[石家庄] 河北人民出版社 1972 年 [1 张]
76cm（2 开）定价：CNY0.16
中国现代舞台摄影作品。

J0115804
织网舞
[沈阳] 辽宁人民出版社 1972 年 [1 张]
76cm（2 开）定价：CNY0.10
中国现代舞台摄影作品。

J0115805
织网舞
沈阳 辽宁人民出版社 1973 年 76cm（2 开）
定价：CNY0.10
中国现代舞台摄影作品。

J0115806

智取威虎山 （四条屏）

[郑州] 河南人民出版社 1972 年 2 张

76cm（2 开）定价：CNY0.28

　　年画形式的中国现代京剧《智取威虎山》剧照。

J0115807

智取威虎山 （四条屏）

[哈尔滨] 黑龙江人民出版社 1972 年 2 张

76cm（2 开）定价：CNY0.24

　　年画形式的中国现代京剧《智取威虎山》剧照。

J0115808

智取威虎山 （四条屏）

[济南] 山东人民出版社 1972 年 2 张

76cm（2 开）定价：CNY0.28

　　年画形式的中国现代京剧《智取威虎山》剧照。

J0115809

智取威虎山 （常宝"坚决要求上战场"）

天津 天津人民美术出版社东方红画店 1972 年

[1] 轴 53cm（4 开）定价：CNY0.18

　　中国现代京剧《智取威虎山》剧照，场景为常宝"坚决要求上战场"。纸裱卷轴装。

J0115810

智取威虎山 （杨子荣"革命的智慧能胜天"）

天津 天津人民美术出版社东方红画店 1972 年

[1] 轴 53cm（4 开）定价：CNY0.18

　　中国现代京剧《智取威虎山》剧照，场景为杨子荣"革命的智慧能胜天"。纸裱卷轴装。

J0115811

智取威虎山 （杨子荣单人剧照）

天津 天津人民美术出版社东方红画店 1972 年

[1] 轴 53cm（4 开）定价：CNY0.18

　　中国现代京剧《智取威虎山》剧照，纸裱卷轴装

J0115812

智取威虎山 （杨子荣计送情报）

天津 天津人民美术出版社东方红画店 1972 年

[1] 张 53cm（4 开）定价：CNY0.18

　　中国现代京剧《智取威虎山》剧照，场景为杨子荣计送情报。纸裱卷轴装。

J0115813

中国革命现代舞台艺术

北京 人民出版社 1972 年 10 张(套)

15cm（64 开）定价：CNY0.40

　　中国现代舞台摄影彩色明信片。

J0115814

粥棚脱险

天津 天津人民美术出版社 1972 年 [1 张]

76cm（2 开）定价：CNY0.10

　　中国现代京剧《智取威虎山》剧照。

J0115815

比军鞋　郑华等摄

济南 山东人民出版社 1973 年 76cm（2 开）

定价：CNY0.14

　　中国现代舞台摄影作品。

J0115816

采药舞　吴云龙摄

济南 山东人民出版社 1973 年 76cm（2 开）

定价：CNY0.14

　　中国现代舞台摄影作品。

J0115817

革命现代京剧《杜鹃山》剧照 （编号 1364）

新华社稿

[北京] 1973 年 22 幅 12×15cm 定价：CNY22.00

J0115818

革命现代京剧《海港》　新华社供稿

济南 山东人民出版社 1973 年 15cm（40 开）

定价：CNY0.40

　　中国现代京剧《海港》剧照。

J0115819

革命现代京剧《海港》

天津 天津人民出版社 1973 年 76cm（2 开）

定价：CNY0.10

　　中国现代京剧《海港》剧照。

J0115820
革命现代京剧《龙江颂》
郑州 河南人民出版社 1973 年 76cm（2 开）
定价：CNY0.11
　　中国现代京剧《龙江颂》剧照。

J0115821
革命现代京剧《龙江颂》 新华社稿
西安 陕西人民出版社 1973 年 76cm（2 开）
定价：CNY0.11
　　中国现代京剧《龙江颂》剧照。

J0115822
革命现代京剧《龙江颂》（四条屏）新华社稿
西安 陕西人民出版社 1973 年 76cm（2 开）
定价：CNY0.28
　　年画形式的中国现代京剧《龙江颂》剧照。

J0115823
革命现代京剧《奇袭白虎团》（敌机窜到安
平里狂轰滥炸。中朝军民同仇敌忾，怒火满腔）
武汉 湖北人民出版社 1973 年 76cm（2 开）
定价：CNY0.14
　　中国现代京剧《奇袭白虎团》剧照。

J0115824
革命现代京剧《奇袭白虎团》（侦查英雄严
伟才胜利地完成敌后侦察任务，迎着朝霞，精神
百倍地来到久别地安平里）
武汉 湖北人民出版社 1973 年 76cm（2 开）
定价：CNY0.14
　　中国现代京剧《奇袭白虎团》剧照。

J0115825
革命现代京剧《奇袭白虎团》（四条屏）
沈阳 辽宁人民出版社 1973 年 2 张 76cm（2 开）
定价：CNY0.24
　　中国现代京剧《奇袭白虎团》剧照。

J0115826
革命现代京剧《奇袭白虎团》（剧照选集）新
华社供稿；山东人民出版社编辑
济南 山东人民出版社 1973 年 19cm（32 开）
定价：CNY0.60

J0115827
革命现代京剧《奇袭白虎团》（侦查英雄严
伟才胜利地完成敌后侦察任务，迎着朝霞，精神
百倍地来到久别地安平里）
济南 山东人民出版社 1973 年 76cm（2 开）
定价：CNY0.14
　　中国现代京剧《奇袭白虎团》剧照。

J0115828
革命现代京剧《奇袭白虎团》（战斗友谊）新
华社稿
上海 上海人民出版社 1973 年 76cm（2 开）
定价：CNY0.11
　　中国现代京剧《奇袭白虎团》剧照。

J0115829
革命现代京剧《奇袭白虎团》（崔大娘崔大
嫂装作上山砍柴，侦察敌情）
成都 四川人民出版社 1973 年 53cm（4 开）
定价：CNY0.07
　　中国现代京剧《奇袭白虎团》剧照。

J0115830
革命现代京剧《奇袭白虎团》（严伟才听了
团首长的亲切鼓励）
成都 四川人民出版社 1973 年 53cm（4 开）
定价：CNY0.07
　　中国现代京剧《奇袭白虎团》剧照。

J0115831
革命现代舞剧《白毛女》（太阳出来了）
太原 山西人民出版社 1973 年 76cm（2 开）
定价：CNY0.12
　　中国现代芭蕾舞剧《白毛女》剧照。

J0115832
革命杂技 尹福康，夏道陵等摄影
上海 上海人民出版社 1973 年 76cm（2 开）
定价：CNY0.11
　　中国现代舞台摄影作品。

J0115833
海港 （革命现代京剧）新华通讯社供稿
济南 山东人民出版社 1973 年 15cm（64 开）
统一书号：10099.111 定价：CNY0.40

中国现代京剧《海港》剧照。

J0115834
杂技集锦
天津 天津人民美术出版社 1973 年 76cm（2 开）
定价：CNY0.14
　　中国现代舞台摄影作品。

J0115835
杂技艺术　新华社稿
石家庄 河北人民出版社 1973 年 2 张
76cm（2 开）定价：CNY0.28
　　中国现代舞台摄影作品。

J0115836
杂技艺术
郑州 河南人民出版社 1973 年 1 张 全张
定价：CNY0.22
　　中国现代舞台摄影作品。

J0115837
杂技艺术
西安 陕西人民出版社 1973 年 76cm（2 开）
定价：CNY0.14
　　中国现代舞台摄影作品。

J0115838
杂技艺术　（编号 0384）新华社稿
［北京］1973 年 5 幅 12×15cm 定价：CNY5.00
　　中国现代舞台摄影作品。

J0115839
半篮花生　浙江人民出版社摄
杭州 浙江人民出版社 1974 年［1 张］
76cm（2 开）定价：CNY0.14
　　中国现代舞台摄影作品。

J0115840
草原红花　（四条屏）北京市木偶剧团集体创作
演出；关景宇，徐震时摄
北京 人民美术出版社 1974 年 2 张 76cm（2 开）
定价：CNY0.22
　　中国现代舞台摄影作品。

J0115841
东海女民兵　舟山地区演出队演出；浙江人民
出版社摄
杭州 浙江人民出版社 1974 年［1 张］
76cm（2 开）定价：CNY0.11
　　中国现代舞台摄影作品。

J0115842
杜鹃山　（四条屏）北京京剧团《杜鹃山》剧组
演出；李晨声等摄
武汉 湖北人民出版社 1974 年 2 张 76cm（2 开）
定价：CNY0.28
　　中国现代京剧《杜鹃山》剧照。

J0115843
杜鹃山　（四条屏）北京京剧团《杜鹃山》剧组
演出；李晨声等摄
北京 人民美术出版社 1974 年 2 张 76cm（2 开）
定价：CNY0.28
　　中国现代京剧《杜鹃山》剧照

J0115844
杜鹃山　（四条屏）新华社供稿
西安 陕西人民出版社 1974 年 2 张 76cm（2 开）
定价：CNY0.28
　　中国现代京剧《杜鹃山》剧照

J0115845
杜鹃山　（四条屏）北京京剧团《杜鹃山》剧组
演出；李晨声等摄
天津 天津人民美术出版社 1974 年 2 张
76cm（2 开）定价：CNY0.28
　　中国现代京剧《杜鹃山》剧照

J0115846
杜鹃山——农民自卫军党代表柯湘
沈阳 辽宁人民出版社 1974 年［1 张］
76cm（2 开）定价：CNY0.11
　　中国现代京剧《杜鹃山》剧照

J0115847
柑林曲　温州市第三中学业余舞蹈队演出；浙
江人民出版社摄
杭州 浙江人民出版社 1974 年［1 张］
76cm（2 开）定价：CNY0.14

中国现代舞台摄影作品。

J0115848

革命现代京剧　革命现代舞剧剧照集锦

新华社稿

上海　上海人民出版社　1974 年［1 张］

76cm（2 开）定价：CNY0.10

　　中国现代舞台摄影作品。

J0115849

革命现代京剧《杜鹃山》（四条屏）

兰州　甘肃人民出版社　1974 年 4 张 54cm（4 开）

定价：CNY0.22

　　中国现代京剧《杜鹃山》剧照。

J0115850

革命现代京剧《杜鹃山》（柯湘坚持毛主席建军路线，带领部队打土豪，分积谷，发动群众，扩大武装，上山整训，使自卫军面貌一新，充满朝气。）

石家庄　河北人民出版社　1974 年［1 张］

76cm（2 开）定价：CNY0.14

　　中国现代京剧《杜鹃山》剧照。

J0115851

革命现代京剧《杜鹃山》（柯湘教育雷刚）

石家庄　河北人民出版社　1974 年［1 张］

76cm（2 开）定价：CNY0.14

　　中国现代京剧《杜鹃山》剧照。

J0115852

革命现代京剧《杜鹃山》（农民自卫军党代表柯湘）

石家庄　河北人民出版社　1974 年［1 张］

76cm（2 开）定价：CNY0.14

　　中国现代京剧《杜鹃山》剧照。

J0115853

革命现代京剧《杜鹃山》（在严峻的局势面前，柯湘想起毛委员，力量倍增。她决心依靠党，依靠群众，力挽狂澜，化险为夷。）

石家庄　河北人民出版社　1974 年［1 张］

76cm（2 开）定价：CNY0.14

　　中国现代京剧《杜鹃山》剧照。

J0115854

革命现代京剧《杜鹃山》（自卫军汇合主力部队，党代表柯湘身先士卒，英勇杀敌。）

石家庄　河北人民出版社　1974 年［1 张］

76cm（2 开）定价：CNY0.14

　　中国现代京剧《杜鹃山》剧照。

J0115855

革命现代京剧《杜鹃山》（党代表柯湘向农民自卫军战士诉说自己的苦难家史）

长沙　湖南人民出版社　1974 年［1 张］

76cm（2 开）定价：CNY0.14

　　中国现代京剧《杜鹃山》剧照。

J0115856

革命现代京剧《杜鹃山》（柯湘教育雷刚）

长沙　湖南人民出版社　1974 年［1 张］

76cm（2 开）定价：CNY0.14

　　中国现代京剧《杜鹃山》剧照。

J0115857

革命现代京剧《杜鹃山》（农民自卫军党代表柯湘）

南京　江苏人民出版社　1974 年［1 张］

76cm（2 开）定价：CNY0.14

　　中国现代京剧《杜鹃山》剧照。

J0115858

革命现代京剧《杜鹃山》（农民自卫军党代表柯湘）新华社稿

南昌　江西人民出版社　1974 年［1 张］

76cm（2 开）定价：CNY0.14

　　中国现代京剧《杜鹃山》剧照。

J0115859

革命现代京剧《杜鹃山》（农民自卫军队长雷刚）

沈阳　辽宁人民出版社　1974 年［1 张］

76cm（2 开）定价：CNY0.11

　　中国现代京剧《杜鹃山》剧照。

J0115860

革命现代京剧《杜鹃山》（柯湘耐心地教育和帮助雷刚）新华社供稿

西安　陕西人民出版社　1974 年［1 张］

54cm（4 开）定价：CNY0.06

中国现代京剧《杜鹃山》剧照。

J0115861

革命现代京剧《杜鹃山》（农民自卫军党代表柯湘）新华社供稿

西安　陕西人民出版社　1974 年［1 张］

76cm（2 开）定价：CNY0.11

中国现代京剧《杜鹃山》剧照。

J0115862

革命现代京剧《杜鹃山》（剧照集锦）新华社稿

上海　上海人民出版社　1974 年［1 张］

76cm（2 开）定价：CNY0.10

J0115863

革命现代京剧《杜鹃山》（农民自卫军党代表柯湘）新华社稿

上海　上海人民出版社　1974 年［1 张］

76cm（2 开）定价：CNY0.10

中国现代京剧《杜鹃山》剧照。

J0115864

革命现代京剧《杜鹃山》（劝阻下山）陈娟美摄

上海　上海人民出版社　1974 年［1 张］

76cm（2 开）定价：CNY0.10

中国现代京剧《杜鹃山》剧照。

J0115865

革命现代京剧《杜鹃山》（砥柱中流）

天津　天津人民美术出版社　1974 年［1 张］

76cm（2 开）定价：CNY0.14

中国现代京剧《杜鹃山》剧照。

J0115866

革命现代京剧《杜鹃山》（飞渡云堑）

天津　天津人民美术出版社　1974 年［1 张］

76cm（2 开）定价：CNY0.14

中国现代京剧《杜鹃山》剧照。

J0115867

革命现代京剧《杜鹃山》（农民自卫军党代表柯湘）

天津　天津人民美术出版社　1974 年［1 张］

76cm（2 开）定价：CNY0.14

中国现代京剧《杜鹃山》剧照。

J0115868

革命现代京剧《杜鹃山》彩色影片剧照——杜鹃山农民自卫军党代表柯湘

南京　江苏人民出版社　1974 年［1 张］

76cm（2 开）定价：CNY0.14

J0115869

革命现代京剧《海港》（剧照集锦）新华社稿

上海　上海人民出版社　1974 年［1 张］

76cm（2 开）定价：CNY0.10

J0115870

革命现代京剧《龙江颂》（剧照集锦）新华社稿

上海　上海人民出版社　1974 年［1 张］

76cm（2 开）定价：CNY0.10

J0115871

革命现代京剧《平原作战》（军爱民，民拥军）新华社供稿

石家庄　河北人民出版社　1974 年［1 张］

76cm（2 开）定价：CNY0.14

中国现代京剧《平原作战》剧照。

J0115872

革命现代京剧《平原作战》（赵勇刚率领战士们，顶风冒雨，深夜来到贫农张大娘家。）新华社供稿

石家庄　河北人民出版社　1974 年［1 张］

76cm（2 开）定价：CNY0.14

中国现代京剧《平原作战》剧照。

J0115873

革命现代京剧《平原作战》（八路军排长赵勇刚）新华社供稿

西安　陕西人民出版社　1974 年［1 张］

76cm（2 开）定价：CNY0.11

中国现代京剧《平原作战》剧照。

J0115874

革命现代京剧《平原作战》（青纱帐里）新华社供稿

西安　陕西人民出版社　1974 年［1 张］

76cm（2 开）定价：CNY0.11

中国现代京剧《平原作战》剧照。

J0115875
革命现代京剧《平原作战》（八路军排长赵勇刚）新华社供稿
上海 上海人民出版社 1974 年 [1 张]
76cm（2 开）定价：CNY0.10
　　中国现代京剧《平原作战》剧照。

J0115876
革命现代京剧《平原作战》（剧照集锦）新华社稿
上海 上海人民出版社 1974 年 [1 张]
76cm（2 开）定价：CNY0.10

J0115877
革命现代京剧《平原作战》（鱼水情深）
天津 天津人民美术出版社 1974 年 [1 张]
76cm（2 开）定价：CNY0.14
　　中国现代京剧《平原作战》剧照。

J0115878
革命现代京剧《奇袭白虎团》（剧照集锦）新华社稿
上海 上海人民出版社 1974 年 [1 张]
76cm（2 开）定价：CNY0.10

J0115879
革命现代京剧《奇袭白虎团》（团结战斗，并肩前进）新华社稿
上海 上海人民出版社 1974 年 [1 张]
76cm（2 开）定价：CNY0.10
　　中国现代京剧《奇袭白虎团》剧照。

J0115880
革命现代京剧《沙家浜》（剧照集锦）新华社稿
上海 上海人民出版社 1974 年 [1 张]
76cm（2 开）定价：CNY0.10

J0115881
革命现代京剧《沙家浜》（军民亲如一家）新华社稿
上海 上海人民出版社 1974 年 [1 张]
76cm（2 开）定价：CNY0.10
　　中国现代京剧《沙家浜》剧照。

J0115882
革命现代京剧《智取威虎山》（剧照集锦）新华社稿
上海 上海人民出版社 1974 年 [1 张]
76cm（2 开）定价：CNY0.10

J0115883
革命现代舞剧《白毛女》（剧照）陈春轩摄
上海 上海人民出版社 1974 年 [1 张]
39cm（8 开）定价：CNY0.13

J0115884
革命现代舞剧《红色娘子军》（剧照集锦）新华社稿
上海 上海人民出版社 1974 年 [1 张]
76cm（2 开）定价：CNY0.10

J0115885
海岛女民兵 （舞蹈）山东省歌舞团演出；郑华等摄
济南 山东人民出版社 1974 年 [1 张]
76cm（2 开）定价：CNY0.14
　　中国现代舞台摄影作品。

J0115886
河北省围场县文工团演出话剧《烈马河畔》剧照 （第 0113 号）新华社记者摄
[北京] 1974 年 2 幅 11×15cm 定价：CNY2.00

J0115887
平原作战 （四条屏）新华社供稿
西安 陕西人民出版社 1974 年 2 张 76cm（2 开）
定价：CNY0.28
　　中国现代舞台摄影作品。

J0115888
青松岭 （四条屏）
哈尔滨 黑龙江人民出版社 1974 年 2 张
76cm（2 开）定价：CNY0.28
　　中国现代舞台摄影作品。

J0115889
杂技剪集 （德文、西班牙文、世界语对照）
北京 外文出版社 1974 年 20cm（32 开）
定价：CNY3.00

中国现代舞台摄影作品。

J0115890

杂技剪集 （英文、法文、斯瓦希里文对照）

北京 外文出版社 1974 年 20cm（32 开）

定价：CNY3.00

　　中国现代舞台摄影作品。

J0115891

（革命现代舞剧）草原儿女　　新华通讯社编

北京 人民美术出版社 1975 年 17 页 有剧照

38cm（6 开）定价：CNY0.82

　　中国现代舞剧摄影作品。

J0115892

（革命现代舞剧）沂蒙颂　　新华通讯社编

北京 人民美术出版社 1975 年 17 页 有剧照

38cm（6 开）定价：CNY0.82

　　中国现代舞剧摄影作品。

J0115893

半篮花生 （四条屏）浙江越剧团演出；浙江人

民出版社摄影

[杭州] 浙江人民出版社 1975 年 2 张

76cm（2 开）定价：CNY0.28

　　年画形式的中国现代戏剧剧照。

J0115894

革命现代京剧《杜鹃山》 （农民自卫军党代表

柯湘）

[长沙] 湖南人民出版社 1975 年 76cm（2 开）

定价：CNY0.14

　　中国现代京剧《杜鹃山》剧照。

J0115895

革命现代京剧《杜鹃山》 （在严重的局势面

前，柯湘想起毛委员，力量倍增）

[长沙] 湖南人民出版社 1975 年 76cm（2 开）

定价：CNY0.14

　　中国现代京剧《杜鹃山》剧照。

J0115896

革命现代京剧《杜鹃山》 （杜鹃山农民自卫军

党代表柯湘）

[济南] 山东人民出版社 1975 年 [1 张]

76cm（2 开）定价：CNY0.14

　　中国现代京剧《杜鹃山》剧照。

J0115897

革命现代京剧《杜鹃山》

[昆明] 云南人民出版社 1975 年 53cm（4 开）

定价：CNY0.06

　　中国现代京剧《杜鹃山》剧照。

J0115898

革命现代京剧《龙江颂》　　新华社稿

[长沙] 湖南人民出版社 1975 年 76cm（2 开）

定价：CNY0.14

　　中国现代京剧《龙江颂》剧照。

J0115899

革命现代京剧《龙江颂》　　新华社稿

[西安] 陕西人民出版社 1975 年 76cm（2 开）

定价：CNY0.11

　　中国现代京剧《龙江颂》剧照。

J0115900

革命现代京剧《平原作战》 （共产党员、八路

军排长赵勇刚，率队来到敌后平原）

[长沙] 湖南人民出版社 1975 年 76cm（2 开）

定价：CNY0.14

　　中国现代京剧《平原作战》剧照。

J0115901

革命现代京剧《平原作战》 （张庄的老贫农在

回忆赵勇刚带领群众学习毛主席的光辉著作《论

持久战》的情景）

[长沙] 湖南人民出版社 1975 年 76cm（2 开）

定价：CNY0.14

　　中国现代京剧《平原作战》剧照。

J0115902

革命现代京剧《平原作战》 （赵勇刚化装侦察）

[长沙] 湖南人民出版社 1975 年 76cm（2 开）

定价：CNY0.14

　　中国现代京剧《平原作战》剧照。

J0115903

革命现代京剧《平原作战》 （八路军排长赵勇刚）

[济南] 山东人民出版社 1975 年 76cm（2 开）

定价: CNY0.14

　　中国现代京剧《平原作战》剧照。

J0115904

革命现代京剧《平原作战》（鱼水情深）全国影展办公室供稿

［西安］陕西人民出版社 1975 年 76cm（2 开）

定价: CNY0.11

　　中国现代京剧《平原作战》剧照。

J0115905

革命现代京剧《平原作战》（赵勇刚刀劈日寇曹长，最后放火烧了日寇中心炮楼）

［成都］四川人民出版社 1975 年 53cm（4 开）

定价: CNY0.06

　　中国现代京剧《平原作战》剧照。

J0115906

革命现代京剧《平原作战》（军爱民，民拥军。乡亲们热情地慰问子弟兵）

［成都］四川人民出版社 1975 年 53cm（4 开）

定价: CNY0.06

　　中国现代京剧《平原作战》剧照。

J0115907

革命现代京剧《平原作战》（张庄的老贫农在回忆赵勇刚带领群众学习毛主席的光辉著作《论持久战》的情景）

［成都］四川人民出版社 1975 年 53cm（4 开）

定价: CNY0.06

　　中国现代京剧《平原作战》剧照。

J0115908

革命现代京剧《平原作战》剧照　陈娟美摄

北京 人民美术出版社 1975 年 53cm（4 开）

定价: CNY0.20

J0115909

革命现代京剧《奇袭白虎团》　新华社供稿

［长沙］湖南人民出版社 1975 年 76cm（2 开）

定价: CNY0.14

　　中国现代京剧《奇袭白虎团》剧照。

J0115910

革命现代舞剧《草原儿女》（剧照 1976 农历

丙辰年 年历）

［南京］江苏人民出版社 1975 年 53cm（4 开）

铜版纸 定价: CNY0.14

　　年历，中国现代舞剧《草原儿女》剧照，场景为"少先队员斯琴清点羊群发现少了一只"。

J0115911

革命现代舞剧《草原儿女》（草原儿女心向党，立志接好革命班）

［西安］陕西人民出版社 1975 年 76cm（2 开）

定价: CNY0.11

　　中国现代舞剧《草原儿女》剧照。

J0115912

革命现代舞剧《草原儿女》（小兄妹冒飞雪，战风暴，奋力护羊，拢羊八圈）新华社稿

［西安］陕西人民出版社 1975 年 76cm（2 开）

定价: CNY0.11

　　中国现代舞剧《草原儿女》剧照。

J0115913

革命现代舞剧《草原儿女》

［昆明］云南人民出版社 1975 年 53cm（4 开）

定价: CNY0.06

　　中国现代舞剧《草原儿女》剧照。

J0115914

革命现代舞剧《沂蒙颂》

［长沙］湖南人民出版社 1975 年 53cm（4 开）

定价: CNY0.06

　　中国现代舞剧《沂蒙颂》剧照。

J0115915

革命现代舞剧《沂蒙颂》（剧照 1976 年年历）

［南京］江苏人民出版社 1975 年 53cm（4 开）

铜版纸 定价: CNY0.14

J0115916

革命现代舞剧《沂蒙颂》（剧照 1976 农历丙辰年 年历）

北京 人民美术出版社 1975 年 53cm（4 开）

铜版纸 定价: CNY0.18

J0115917

湖南花鼓戏移植革命样板戏《沙家浜》　孙

忠靖摄

[长沙] 湖南人民出版社 1975 年 [1 幅]

76cm（2 开）定价：CNY0.14

　　湖南花鼓戏剧照。

J0115918

沂蒙颂 （四条屏）张雅新摄

[石家庄] 河北人民出版社 1975 年 2 张

76cm（2 开）定价：CNY0.28

　　中国现代舞剧《沂蒙颂》剧照。

J0115919

沂蒙颂 （四条屏）中国舞剧团演出

北京 人民美术出版社 1975 年 2 张 76cm（2 开）

定价：CNY0.28

　　年画形式的中国现代舞剧《沂蒙颂》剧照。

J0115920

草原儿女 （革命现代舞剧）新华社供稿

上海 上海人民出版社 1976 年 23 页 20cm（32 开）

统一书号：8171.1477 定价：CNY0.63

　　中国现代舞剧《草原儿女》剧照。

J0115921

革命现代舞剧《草原儿女》 （剧照）新华社稿

福州 福建人民出版社 1976 年 1 张 76cm（2 开）

定价：CNY0.14

J0115922

革命现代舞剧《草原儿女》 （少先队员斯琴

剧照）

西安 陕西人民出版社 1976 年 1 张 76cm（2 开）

定价：CNY0.11

J0115923

革命现代舞剧《草原儿女》 （少先队员斯琴誓

为贫下中牧掌好放羊鞭 剧照）新华社稿

西安 陕西人民出版社 1976 年 1 张 76cm（2 开）

定价：CNY0.11

J0115924

革命现代舞剧《草原儿女》 新华社供稿

上海 上海人民出版社 1976 年 2 张 76cm（2 开）

定价：CNY0.20

　　中国现代舞剧《草原儿女》剧照。

J0115925

革命现代舞剧《草原儿女》 （英雄兄妹 剧照）

新华社供稿

上海 上海人民出版社 1976 年 1 张 76cm（2 开）

定价：CNY0.12

J0115926

革命现代舞剧《沂蒙颂》 （剧照）

西安 陕西人民出版社 1976 年 1 张 76cm（2 开）

定价：CNY0.14

　　本作品描述了革命现代舞剧《沂蒙颂》中"大

军胜利返回沂蒙山，英嫂和乡亲们送康复的方排

长归队"的场景。

J0115927

革命现代舞剧《沂蒙颂》 （英嫂上山挖野菜

剧照）

西安 陕西人民出版社 1976 年 1 张 76cm（2 开）

定价：CNY0.11

J0115928

革命现代舞剧《沂蒙颂》 （乳汁救亲人 剧照）

新华社稿

上海 上海人民出版社 1976 年 1 张 76cm（2 开）

定价：CNY0.10

J0115929

革命样板作品剧照选集 《中国摄影》编辑部编

北京 中国摄影出版社 1976 年 142 页

19cm（32 开）统一书号：8028.3001

定价：CNY22.00

J0115930

沂蒙颂 （革命现代舞剧）新华社供稿

上海 上海人民出版社 1976 年 23 页 20cm（32 开）

统一书号：8171.1475 定价：CNY0.63

　　中国现代舞剧《沂蒙颂》剧照。

J0115931

白毛女 （剧照）吕相友等摄

北京 人民美术出版社 1977 年 2 张（套）

76cm（2 开）定价：CNY0.22

　　年画形式的中国现代芭蕾舞剧剧照作品。

J0115932
洪湖赤卫队　（剧照）黄克勤摄
武汉　湖北人民出版社 1977 年 76cm（2 开）
定价：CNY0.11
　　年画形式的中国现代戏剧剧照。

J0115933
小刀会　（舞剧）上海歌剧院创作；沈阳歌舞团
演出，供稿；杜裕民摄
沈阳　辽宁人民出版社 1977 年 2 张（套）
76cm（2 开）定价：CNY0.22
　　中国现代舞台摄影作品。

J0115934
小刀会　胡汝彗配诗；池一平摄
杭州　浙江人民出版社 1977 年 2 张（套）
76cm（2 开）定价：CNY0.28
　　中国现代舞台摄影作品。

J0115935
延安歌舞　（剧照）中共延安地委宣传部，延安
地区“革委会”文化局编；魏至善，景风摄影；晓
蕾配诗
西安　陕西人民出版社 1977 年 76cm（2 开）
定价：CNY0.14

J0115936
百花吐艳　（剧照）浙江歌舞团演出；谭铁民摄影
杭州　浙江人民出版社 1978 年 76cm（2 开）
定价：CNY0.14

J0115937
闯王旗　（汉剧）黄克勤摄
武汉　湖北人民出版社 1978 年 76cm（2 开）
定价：CNY0.11

J0115938
东方歌舞一枝花　王景仁摄影
上海　上海人民美术出版社 1978 年 76cm（2 开）
定价：CNY0.14
　　中国现代年画作品，为东方歌舞团演出舞台
剧照。

J0115939
歌剧《白毛女》　卢世澄编文；于天为等摄影
上海　上海人民美术出版社 1978 年 76cm（2 开）
定价：CNY0.11
　　年画形式的中国现代歌剧剧照。

J0115940
金猴奋起千钧棒　浙江绍兴地区剧团演出；浙
江人民出版社摄影
杭州　浙江人民出版社 1978 年 76cm（2 开）
定价：CNY0.11
　　中国现代舞台摄影作品。

J0115941
历史京剧《红灯照》　王景仁摄影
上海　上海人民美术出版社 1978 年 76cm（2 开）
定价：CNY0.11
　　中国现代舞台摄影作品。

J0115942
小刀会　周彼编文；尹福康等摄影
上海　上海人民美术出版社 1978 年 2 张（套）
76cm（2 开）定价：CNY0.22
　　中国现代舞台摄影作品。

J0115943
杨门女将　张祖道摄影；焦育峰配诗
石家庄　河北人民出版社 1978 年 2 张（套）
76cm（2 开）定价：CNY0.28
　　年画形式的中国现代舞台摄影作品。作者
张祖道（1922—　），纪实摄影家。生于湖南浏阳，
就读与西南联大社会学系，毕业于清华大学社会
学系。历任《新观察》杂志摄影记者，中国摄影
家协会理事，出版有《江村纪事》。

J0115944
杂技　于天为等摄影
上海　上海人民美术出版社 1978 年 76cm（2 开）
定价：CNY0.11
　　年画形式的中国现代杂技舞台摄影作品。

J0115945
杂技集锦　杭州杂团演出；浙江人民出版社摄影
杭州　浙江人民出版社 1978 年 76cm（2 开）
定价：CNY0.14
　　年画形式的中国现代杂技舞台摄影作品。

J0115946
白蛇传 （剧照）池一平，钱予强摄影；周攸配诗
杭州 浙江人民出版社 1979 年 2 张 76cm（2 开）
定价：CNY0.28
　　年画形式的中国现代舞台摄影作品。

J0115947
宝莲灯 （剧照）康诗纬等摄
合肥 安徽人民出版社 1979 年 2 张 76cm（2 开）
定价：CNY0.28
　　年画形式的中国现代舞台摄影作品。作者康诗纬（1943—　　），国家一级摄影师。别名康昊，生于浙江奉化。历任安徽省文联副主席、安徽省摄影家协会主席兼秘书长、安徽省文艺评论家协会副主席，中国摄影家协会理事。出版有《速写》《摄影版画》《业余摄影实用技法》等。

J0115948
海瑞罢官 （剧照）王雁编文；肖顺权等摄
北京 人民美术出版社 1979 年 2 张 76cm（2 开）
定价：CNY0.28
　　年画形式的中国现代舞台摄影作品。作者肖顺权（1934—　　），曾用名肖顺泉、肖舜权。河北博野人。曾任人民美术出版社总编办公室副主任、摄影部副主任等职。主要作品有《唐永泰公主墓壁画集》《故宫》《元明清雕塑》等。

J0115949
红楼梦 （剧照）徐进编词；曹涵仪摄影
上海 上海人民美术出版社 1979 年 2 张 76cm（2 开）定价：CNY0.28
　　年画形式的中国现代舞台摄影作品。

J0115950
花木兰 （剧照）周淑丽摄
郑州 河南人民出版社 1979 年 2 张 76cm（2 开）
定价：CNY0.30
　　年画形式的中国现代舞台摄影作品。

J0115951
巾帼英雄 （剧照）薛锡等摄影；洪涛配诗
西安 陕西人民美术出版社 1979 年 2 张 76cm（2 开）定价：CNY0.32
　　中国现代年画作品，内容为穆桂英、周秀英、高桂英、花木兰。

J0115952
京剧《贵妃醉酒》 尹福康摄
上海 上海人民美术出版社 1979 年 ［1 张］
76cm（2 开）定价：CNY0.14

J0115953
京剧《文姬归汉》 （剧照）张水澄摄
上海 上海人民美术出版社 1979 年 ［1 张］
76cm（2 开）定价：CNY0.14

J0115954
京剧《杨门女将》——穆桂英 尹福康摄
上海 上海人民美术出版社 1979 年 ［1 张］
76cm（2 开）定价：CNY0.14

J0115955
穆桂英挂帅 王世龙摄
郑州 河南人民出版社 1979 年 ［1 张］
76cm（2 开）定价：CNY0.16

J0115956
穆桂英挂帅 （剧照）洛阳市豫剧团编文；王世龙摄
郑州 河南人民出版社 1979 年 2 张 76cm（2 开）
定价：CNY0.30

J0115957
秦香莲 （剧照）池一平，钱豫强摄
杭州 浙江人民出版社 1979 年 ［1 张］
76cm（2 开）定价：CNY0.14

J0115958
杀宫 （剧照）顾棣，李文奎摄
太原 山西人民出版社 1979 年 ［1 张］
53cm（4 开）定价：CNY0.08
　　作者顾棣（1929—　　），摄影家。生于河北阜平。《山西画报》原总编辑、山西省摄影家协会原副主席。合作编著的图书有《中国解放区摄影史料》《崇高美的历史再现》《中国摄影史》《沙飞纪念集》等。

J0115959
西园记 （剧照）池一平，钱予强摄影；贝庚配诗
杭州 浙江人民出版社 1979 年 2 张 76cm（2 开）
定价：CNY0.28

年画形式的中国现代舞台摄影作品。

J0115960
杨开慧 （剧照）
长沙 湖南人民出版社 1979年［1张］
76cm（2开）定价：CNY0.14
　　年画形式的中国现代舞台摄影作品。

J0115961
越剧《打金枝》 陈春轩摄
上海 上海人民美术出版社 1979年［1张］
76cm（2开）定价：CNY0.14
　　年画形式的中国现代舞台摄影作品。

J0115962
越剧《红楼梦》 （剧照）曹震云摄
上海 上海人民美术出版社 1979年［1张］
76cm（2开）定价：CNY0.14
　　年画形式的中国现代舞台摄影作品。

J0115963
杂技 曲文玉，陈玉华摄
合肥 安徽人民出版社 1979年［1张］
76cm（2开）定价：CNY0.16
　　年画形式的中国现代舞台摄影作品。

J0115964
祝英台 （剧照）张志增摄
石家庄 河北人民出版社 1979年［1张］
76cm（2开）定价：CNY0.14
　　年画形式的中国现代舞台摄影作品。

J0115965
《丝路花雨》剧照 李绍云摄
兰州 甘肃人民出版社 1980年［1］张
53cm（4开）定价：CNY0.09
　　年画形式的中国现代舞台摄影作品。

J0115966
白娘子与许仙 汪文华，陈寿建摄
南京 江苏人民出版社 1980年［1］张
76cm（2开）定价：CNY0.18
　　年画形式的中国现代舞台摄影作品。

J0115967
白蛇传 朱广智，王世龙摄；阎中强，潘秀璞编文
郑州 河南人民出版社 1980年 2张 76cm（2开）
定价：CNY0.36
　　年画形式的中国现代舞台摄影作品。

J0115968
宝莲灯 纪梅摄；刘仲武配诗
石家庄 河北人民出版社 1980年 2张
76cm（2开）定价：CNY0.32
　　年画形式的中国现代舞台摄影作品。作者刘仲武（1945— ），河北霸县（现霸州市）人。历任中国戏曲表演学会常务理事，原河北省戏剧家协会副主席，现任河北省戏剧家协会顾问，艺术指导委员会委员，河北省京剧票友协会副主席兼秘书长。

J0115969
嫦娥奔月 （上）李以恭等摄
南京 江苏人民出版社 1980年 2张 76cm（2开）
定价：CNY0.36
　　年画形式的中国现代舞台摄影作品。

J0115970
嫦娥奔月 （下）李以恭等摄
南京 江苏人民出版社 1980年 2张 76cm（2开）
定价：CNY0.36
　　年画形式的中国现代舞台摄影作品。

J0115971
打金枝 纪梅摄
石家庄 河北人民出版社 1980年［1］张
76cm（2开）定价：CNY0.18
　　年画形式的中国现代舞台摄影作品。

J0115972
打金枝 马名骏摄
太原 山西人民出版社 1980年［1］张
76cm（2开）定价：CNY0.18
　　年画形式的中国现代舞台摄影作品。作者马名骏（1933— ），摄影家。河北省阳原县人。历任山西人民出版社编审，中国摄影家协会会员，山西省摄影家协会副主席。

J0115973

红楼结亲　汪文华，陈寿建摄
南京　江苏人民出版社　1980年　[1]张
76cm（2开）定价：CNY0.18
　　年画形式的中国现代舞台摄影作品。

J0115974

红娘和莺莺　葛立英摄影
济南　山东人民出版社　1980年　[1]张
76cm（2开）定价：CNY0.16
　　年画形式的中国现代舞台摄影作品。

J0115975

虹桥赠珠　肖顺权，徐震时摄
北京　人民美术出版社　1980年　[1]张
76cm（2开）定价：CNY0.18
　　年画形式的中国现代舞台摄影作品。

J0115976

京剧《华容道》——关羽、关平、周仓　王
景仁摄
上海　上海人民美术出版社　1980年　[1]张
76cm（2开）定价：CNY0.11
　　年画形式的中国现代舞台摄影作品。

J0115977

孟丽君　张颖摄
杭州　西泠印社　1980年　2张　76cm（2开）
定价：CNY0.36
　　年画形式的中国现代舞台摄影作品。作者
张颖，作有年画《对镜画容》（越剧《孟丽君》），
摄影有年画《团圆》（越剧《孟丽君》）等。

J0115978

孟丽君　张颖摄影
杭州　西泠印社　[1982年]2张　76cm（2开）
定价：CNY0.36
　　年画形式的中国现代戏剧剧照。

J0115979

拾玉镯　肖顺权，徐震时摄
北京　人民美术出版社　1980年　[1]张
76cm（2开）定价：CNY0.18
　　年画形式的中国现代戏剧剧照。

J0115980

丝路花雨　（舞剧）赵之洵执笔；甘肃省歌舞团
《丝路花雨》组编剧
兰州　甘肃人民出版社　1980年　136页　有照片
21cm（32开）统一书号：10096.204
定价：CNY1.25
　　年画形式的中国现代舞台摄影作品。

J0115981

丝路花雨　陈建腾摄
石家庄　河北人民出版社　1980年　[1]张
76cm（2开）定价：CNY0.16
　　年画形式的中国现代舞台摄影作品。

J0115982

丝路花雨　甘肃省歌舞团《丝路花雨》创作组
集体编剧；赵之洵执笔；吕振模等摄影
南京　江苏人民出版社　1980年　55页　19cm（32开）
统一书号：8100.3342　定价：CNY1.40
　　年画形式的中国现代舞台摄影作品。

J0115983

丝路花雨　吕振模等摄
南京　江苏人民出版社　1980年　4张　53cm（4开）
定价：CNY0.36
　　年画形式的中国现代舞台摄影作品。

J0115984

丝路花雨　（舞剧）王景仁，蒋锋摄；许林编文
北京　人民美术出版社　1980年　[1]张
76cm（2开）定价：CNY0.13

J0115985

丝路花雨　赵之洵编文；尹福康等摄影
上海　上海人民出版社　1980年　2张　53cm（4开）
定价：CNY0.36
　　作者尹福康（1927—　　），摄影家。江苏南京
人。曾任上海人民美术出版社副编审、上海市摄
影家协会副主席等职。主要作品有《烟笼峰岩》
《向荒山要宝》《晒盐》《工人新村》等。

J0115986

孙悟空三调芭蕉扇　薛锡等摄影；杨飞编文
西安　陕西人民美术出版社　1980年　2张
76cm（2开）定价：CNY0.36

J0115987
武松　池一平，钱豫强摄影；周攸配诗
杭州　浙江人民美术出版社 1980 年　2 张
76cm（2 开）定价：CNY0.28

J0115988
舞蹈集锦　池一平，钱豫强摄影
杭州　浙江人民美术出版社 1980 年［1］张
76cm（2 开）定价：CNY0.16
　　作者钱豫强（1944—　　），浙江嘉善人，历任
浙江美术出版社副编审，浙江赛丽美术馆执行
馆长。

J0115989
舞剧《丝路花雨》——反弹琵琶　陈春轩摄
上海　上海人民美术出版社 1980 年［1］张
76cm（2 开）定价：CNY0.16

J0115990
舞剧《丝路花雨》——盘上舞　陈春轩摄
上海　上海人民美术出版社 1980 年［1］张
76cm（2 开）定价：CNY0.16

J0115991
西安事变　志堂等摄影；西安市秦腔一团编
西安　陕西人民美术出版社 1980 年　2 张
76cm（2 开）定价：CNY0.36

J0115992
西厢记　池一平，张克庆摄影；贝庚配诗
杭州　浙江人民美术出版社 1980 年　2 张
76cm（2 开）定价：CNY0.32

J0115993
锡剧《嫦娥奔月》　周仓志等摄影
上海　上海人民美术出版社 1980 年［1］张
76cm（2 开）定价：CNY0.11
　　年画形式的中国现代地方剧剧照。作者周
仓志，摄影连环画有《李太白与杨贵妃》，黄梅戏
《女驸马》四连拍，锡剧《嫦娥奔月》等。

J0115994
薛丁山　樊梨花　杨宗保　穆桂英　黄克勤摄
武汉　湖北人民出版社 1980 年　76cm（2 开）
定价：CNY0.14

　　年画形式的中国现代舞台摄影作品。

J0115995
杨排风　肖顺权，徐震时摄
北京　人民美术出版社 1980 年［1］张
76cm（2 开）定价：CNY0.18
　　年画形式的中国现代戏剧剧照。

J0115996
莺莺和红娘　纪梅摄
石家庄　河北人民出版社 1980 年［1］张
76cm（2 开）定价：CNY0.16
　　年画形式的中国现代戏剧剧照。

J0115997
《花墙会》（杨二舍与王美蓉）（剧照）李康生摄
北京　宝文堂书店 1981 年［1 张］76cm（2 开）
定价：CNY0.13
　　年画形式的中国现代舞台摄影作品。

J0115998
《花墙会》中王美蓉观花　（剧照）李康生摄
北京　宝文堂书店 1981 年［1 张］76cm（2 开）
定价：CNY0.13
　　年画形式的中国现代戏剧剧照。

J0115999
《金水桥》剧照　顾棣摄
太原　山西人民出版社 1981 年［1 张］
76cm（2 开）定价：CNY0.16
　　年画形式的中国现代戏剧剧照。

J0116000
《小宴》剧照　马名骏作
太原　山西人民出版社 1981 年　76cm（2 开）
定价：CNY0.16
　　年画形式的中国现代戏剧剧照。作者马名
骏（1933—　　），摄影家。河北省阳原县人。历任
山西人民出版社编审，中国摄影家协会会员，山
西省摄影家协会副主席。

J0116001
八大锤　（剧照）刘震摄
天津　天津杨柳青画店 1981 年［1 张］
76cm（2 开）定价：CNY0.16

年画形式的中国现代戏剧剧照。

J0116002
白蛇传 （浙江省乐清县越剧团演出）陈春轩摄
南昌 江西人民出版社 1981 年［1 张］
76cm（2 开）定价：CNY0.18
　　年画形式的中国现代戏剧剧照。

J0116003
白蛇传 肖顺权，徐震时摄
北京 人民美术出版社 1981 年 2 张 76cm（2 开）
定价：CNY0.32
　　年画形式的中国现代舞台摄影作品。

J0116004
茶瓶记 （剧照）刘震摄
天津 天津杨柳青画店 1981 年［1 张］
76cm（2 开）定价：CNY0.16
　　年画形式的中国现代舞台摄影作品。

J0116005
船舟借伞 （剧照）陈湘华摄
成都 四川人民出版社 1981 年［1 张］
54cm（4 开）定价：CNY0.08
　　年画形式的中国现代戏剧剧照。

J0116006
打金枝 （剧照）刘震摄
天津 天津杨柳青画店 1981 年［1 张］
76cm（2 开）定价：CNY0.16
　　年画形式的中国现代戏剧剧照。

J0116007
大登殿 （剧照）刘震摄
天津 天津杨柳青画店 1981 年［1 张］
76cm（2 开）定价：CNY0.16
　　年画形式的中国现代戏剧剧照。

J0116008
洞房花烛夜 （剧照）穆家宏，杨克林摄
南京 江苏人民出版社 1981 年［1 张］
76cm（2 开）定价：CNY0.18
　　年画形式的中国现代戏剧剧照。

J0116009
杜十娘 （剧照）刘震摄
天津 天津杨柳青画店 1981 年［1 张］
76cm（2 开）定价：CNY0.16
　　年画形式的中国现代戏剧剧照。

J0116010
对镜画容 （越剧《孟丽君》）张颖摄
上海 上海人民美术出版社 1981 年［1 张］
76cm（2 开）定价：CNY0.16
　　年画形式的中国现代戏剧剧照。作者张颖，
作有年画《对镜画容》（越剧《孟丽君》），摄影
有年画《团圆》（越剧《孟丽君》)等。

J0116011
樊江关 （剧照）刘震摄
天津 天津杨柳青画店 1981 年［1 张］
76cm（2 开）定价：CNY0.16
　　年画形式的中国现代戏剧剧照。

J0116012
樊梨花 （剧照）刘震摄
天津 天津杨柳青画店 1981 年［1 张］
76cm（2 开）定价：CNY0.16
　　年画形式的中国现代戏剧剧照。

J0116013
风雨同舟(白蛇传) （剧照）黄绍芬摄
上海 上海人民美术出版社 1981 年［1 张］
76cm（2 开）定价：CNY0.16
　　年画形式的中国现代戏剧剧照。

J0116014
凤钗订婚 （越剧《钗头凤》）穆家宏，谢新发摄
上海 上海人民美术出版社 1981 年［1 张］
76cm（2 开）定价：CNY0.16
　　年画形式的中国现代戏剧剧照。

J0116015
夫妻相爱(白蛇传) （剧照）黄绍芬摄
上海 上海人民美术出版社 1981 年［1 张］
76cm（2 开）定价：CNY0.16
　　年画形式的中国现代戏剧剧照。

J0116016

格萨尔王 （剧照）朱力摄

北京 宝文堂书店 1981 年 [1 张] 76cm（2 开）

定价: CNY0.13

年画形式的中国现代戏剧剧照。

J0116017

姑嫂英雄(剧照) （中堂轴画）刘震摄

天津 天津杨柳青画店 1981 年 [1 张] 副对联

一副 108cm（全开）定价: CNY1.30

年画形式的中国现代戏剧剧照。

J0116018

挂画 王志英，李械摄

石家庄 河北人民出版社 1981 年 [1 张]

76cm（2 开）定价: CNY0.18

年画形式的中国现代舞台摄影作品。

J0116019

红楼良缘(白蛇传) （剧照）黄绍芬摄

上海 上海人民美术出版社 1981 年 [1 张]

76cm（2 开）定价: CNY0.16

年画形式的中国现代戏剧剧照。

J0116020

红娘子护送陈圆圆 （剧照）鄂毅摄

北京 人民美术出版社 1981 年 [1 张]

76cm（2 开）定价: CNY0.18

年画形式的中国现代戏剧剧照。

J0116021

蝴蝶杯 （剧照）李以恭等摄

南京 江苏人民出版社 1981 年 2 张 76cm（2 开）

定价: CNY0.36

年画形式的中国现代戏剧剧照。

J0116022

蝴蝶杯 （剧照）刘震摄

天津 天津杨柳青画店 1981 年 [1 张]

76cm（2 开）定价: CNY0.16

年画形式的中国现代戏剧剧照。

J0116023

花墙会 （剧照）晓丁编；马利国等摄

北京 宝文堂书店 1981 年 2 张 76cm（2 开）

定价: CNY0.26

年画形式的中国现代戏剧剧照。

J0116024

结亲 （越剧《狄青与双阳》）李以恭摄

南京 江苏人民出版社 1981 年 [1 张]

76cm（2 开）定价: CNY0.16

年画形式的中国现代戏剧剧照。

J0116025

借伞 （剧照）葛立英摄

济南 山东人民出版社 1981 年 [1 张]

76cm（2 开）定价: CNY0.16

年画形式的中国现代戏剧剧照。

J0116026

孔雀恋歌 （剧照）杨克林，谢新发摄

上海 上海人民美术出版社 1981 年 [1 张]

76cm（2 开）统一书号：8081.12444

定价: CNY0.16

年画形式的中国现代戏剧剧照。

J0116027

寇准背靴 （剧照）李学庭编；梁祖宏摄

北京 宝文堂书店 1981 年 2 张 76cm（2 开）

定价: CNY0.26

年画形式的中国现代戏剧剧照。

J0116028

寇准背靴 （剧照）

天津 天津杨柳青画店 1981 年 [1 张]

76cm（2 开）定价: CNY0.16

年画形式的中国现代戏剧剧照。

J0116029

梁红玉击鼓(舞蹈《金山战鼓》) （剧照）王

乐摄

上海 上海人民美术出版社 1981 年 [1 张]

76cm（2 开）定价: CNY0.16

年画形式的中国现代戏剧剧照。

J0116030

龙凤呈祥 （剧照）任国兴摄

石家庄 河北人民出版社 1981 年 [1 张]

76cm（2 开）定价: CNY0.18

年画形式的中国现代戏剧剧照。

J0116031
龙凤呈祥　（剧照集锦）吴钢摄
天津　天津人民美术出版社 1981 年［1 张］
76cm（2 开）定价：CNY0.16
　　年画形式的中国现代戏剧剧照。

J0116032
龙舞　黄克勤摄
武汉　湖北人民出版社 1981 年［1 张］
76cm（2 开）定价：CNY0.16
　　年画形式的中国现代舞台摄影作品。

J0116033
吕布与貂蝉　（剧照）刘震摄
天津　天津杨柳青画店 1981 年［1 张］
76cm（2 开）定价：CNY0.13
　　年画形式的中国现代戏剧剧照。

J0116034
摸花轿　（剧照）
兰州　甘肃人民出版社 1981 年 4 张 54cm（4 开）
定价：CNY0.36
　　年画形式的中国现代戏剧剧照。

J0116035
牡丹仙子　（剧照）高琛编；祁建，王祖强摄
北京　宝文堂书店 1981 年 2 张 76cm（2 开）
定价：CNY0.26
　　年画形式的中国现代戏剧剧照。

J0116036
牡丹仙子　（剧照）刘震摄
天津　天津杨柳青画店 1981 年［1 张］
76cm（2 开）定价：CNY0.13
　　年画形式的中国现代戏剧剧照。

J0116037
穆桂英下山　（剧照）曲文玉，陈玉华摄
合肥　安徽人民出版社 1981 年 2 张 76cm（2 开）
定价：CNY0.32
　　年画形式的中国现代戏剧剧照。

J0116038
穆柯寨　（剧照）葛立英摄
济南　山东人民出版社 1981 年［1 张］
76cm（2 开）定价：CNY0.18
　　年画形式的中国现代戏剧剧照。

J0116039
闹天宫　（剧照）李少春饰
北京　宝文堂书店 1981 年［1 张］
76cm（2 开）定价：CNY0.13
　　年画形式的中国现代戏剧剧照。

J0116040
盘夫　（剧照）王志英，李械摄
石家庄　河北人民出版社 1981 年［1 张］
76cm（2 开）定价：CNY0.18
　　中国现代年画形式的舞台摄影作品。

J0116041
秋江　（剧照）
北京　宝文堂书店 1981 年［1 张］76cm（2 开）
定价：CNY0.13
　　中国现代年画形式的舞台摄影作品。

J0116042
十一郎　（剧照）池一平，钱豫强摄；金松等配诗
杭州　浙江人民美术出版社 1981 年 2 张
76cm（2 开）定价：CNY0.32
　　年画形式的中国现代戏剧剧照。

J0116043
孙悟空三盗芭蕉扇　（剧照）刘震摄
天津　天津杨柳青画店 1981 年［1 张］
76cm（2 开）定价：CNY0.16
　　年画形式的中国现代戏剧剧照。

J0116044
团圆　（越剧《孟丽君》）张颖摄
上海　上海人民美术出版社 1981 年［1 张］
76cm（2 开）定价：CNY0.16
　　年画形式的中国现代戏剧剧照。

J0116045
望夫石　（剧照）黎方文；李承埔，张晓源摄
昆明　云南人民出版社 1981 年 4 张 54cm（4 开）

定价: CNY0.36

年画形式的中国现代戏剧剧照。

J0116046

望夫云 （剧照）杨明等编；丁宇光摄

北京 宝文堂书店 1981 年 2 张 76cm（2 开）

定价: CNY0.26

年画形式的中国现代戏剧剧照。

J0116047

舞坛新蕾 （剧照）池一平等摄

杭州 浙江人民美术出版社 1981 年［1 张］

76cm（2 开）定价: CNY0.16

年画形式的中国现代舞台摄影作品。

J0116048

西施 （剧照）李以恭等摄

南京 江苏人民出版社 1981 年［1 张］

76cm（2 开）定价: CNY0.16

年画形式的中国现代戏剧剧照。

J0116049

西施 （剧照）李以恭等摄

南京 江苏人民出版社 1981 年 2 张 76cm（2 开）

定价: CNY0.36

年画形式的中国现代戏剧剧照。

J0116050

西施 （剧照）

天津 天津人民美术出版社 1981 年 2 张

76cm（2 开）定价: CNY0.32

年画形式的中国现代戏剧剧照。

J0116051

西厢记 （剧照）王世龙，杨永明摄

郑州 河南人民出版社 1981 年 2 张 76cm（2 开）

定价: CNY0.36

年画形式的中国现代戏剧剧照。

J0116052

西厢记 （剧照）刘震摄

天津 天津杨柳青画店 1981 年［1 张］

76cm（2 开）定价: CNY0.13

年画形式的中国现代戏剧剧照。

J0116053

喜荣归 （剧照）刘震摄

天津 天津杨柳青画店 1981 年［1 张］

76cm（2 开）定价: CNY0.13

年画形式的中国现代戏剧剧照。

J0116054

戏剧集锦 （一～四）刘震摄

天津 天津杨柳青画店 1981 年 4 张 76cm（2 开）

定价: CNY1.20

年画形式的中国现代戏剧剧照。

J0116055

小放牛 （剧照）

北京 宝文堂书店 1981 年［1 张］76cm（2 开）

定价: CNY0.13

年画形式的中国现代戏剧剧照。

J0116056

许仙和白素贞 （剧照）肖顺权，徐震时摄

北京 人民美术出版社 1981 年［1 张］

76cm（2 开）定价: CNY0.16

年画形式的中国现代戏剧剧照。

J0116057

薛平贵出征 （扬剧《武家坡》）陈春轩摄

上海 上海人民美术出版社 1981 年［1 张］

76cm（2 开）定价: CNY0.13

年画形式的中国现代戏剧剧照。

J0116058

杨门女将 葛立英摄

济南 山东人民出版社 1981 年 2 张 76cm（2 开）

定价: CNY0.32

年画形式的中国现代戏剧剧照。

J0116059

杨延景和柴郡主 （豫剧《困皇陵》剧照）杨永明摄

郑州 中州书画社 1981 年［1 张］76cm（2 开）

定价: CNY0.18

年画形式的中国现代戏剧剧照。

J0116060

银瓶 （剧照）池一平，钱豫强摄；洪毅配诗

杭州 浙江人民美术出版社 1981 年 2 张
76cm（2 开）定价：CNY0.32
　　年画形式的中国现代戏剧剧照。

J0116061
御河桥 （剧照）肖顺权, 徐震时摄
北京 人民美术出版社 1981 年［1 张］
76cm（2 开）定价：CNY0.13
　　年画形式的中国现代戏剧剧照。

J0116062
豫剧《白蛇传》中的白素贞和许仙 （剧照）
王世龙摄
郑州 中州书画社 1981 年［1 张］76cm（2 开）
定价：CNY0.18
　　年画形式的中国现代戏剧剧照。

J0116063
岳云 （剧照）葛立英摄
济南 山东人民出版社 1981 年［1 张］
76cm（2 开）定价：CNY0.18
　　年画形式的中国现代戏剧剧照。

J0116064
杂技新花 （剧照）高冠威摄
兰州 甘肃人民出版社 1981 年 2 张 76cm（2 开）
定价：CNY0.36
　　年画形式的中国现代杂技舞台摄影作品。

J0116065
张羽煮海 （剧照）纪梅摄；刘仲武配诗
石家庄 河北人民出版社 1981 年 2 张
76cm（2 开）定价：CNY0.36
　　年画形式的中国现代戏剧剧照。作者刘仲
武（1945— ），河北霸县（现霸州市）人。历任
中国戏曲表演学会常务理事，原河北省戏剧家协
会副主席，现任河北省戏剧家协会顾问，艺术指
导委员会委员，河北省京剧票友协会副主席兼秘
书长。

J0116066
珠塔姻缘 （剧照年画）陈春轩摄
南昌 江西人民出版社 1981 年［1 张］
76cm（2 开）统一书号：8110.283 定价：CNY0.38
　　年画形式的中国现代戏剧剧照。

J0116067
百花公主 关景宇摄影
北京 人民美术出版社 1982 年 76cm（2 开）
定价：CNY0.13
　　年画形式的中国现代戏剧剧照。作者关景
宇（1940— ），北京人。历任北京出版社美术编
辑、人民美术出版社《连环画报》编辑部副主编。
擅长连环画、插图。作品有连环画《林道静》《骆
驼祥子》《豹子湾战斗》等。

J0116068
拜月记 刘震, 张煜摄影
天津 天津杨柳青画社 1982 年 76cm（2 开）
定价：CNY0.16
　　年画形式的中国现代戏剧剧照。

J0116069
采茶戏 （《追鱼》）陈宏仁摄影
上海 上海人民美术出版社 1982 年 76cm（2 开）
统一书号：8081.12840 定价：CNY0.16
　　年画形式的中国现代戏剧剧照。作者陈宏
仁（1937— ），上海人。毕业于山东师范学院美
术科。中国摄影家协会会员。主要摄影作品有《猫
头鹰》《骆驼》《五老峰》等。

J0116070
打金枝 方辉摄影
济南 山东人民出版社 1982 年 76cm（2 开）
定价：CNY0.16
　　年画形式的中国现代戏剧剧照。

J0116071
丹青引 刘震, 张煜摄影
天津 天津杨柳青画社 1982 年 76cm（2 开）
定价：CNY0.16
　　年画形式的中国现代舞台摄影作品。

J0116072
订亲 （晋剧《三点元帅》剧照）马名俊摄影
太原 山西人民出版社 1982 年 54cm（4 开）
定价：CNY0.09
　　年画形式的中国现代戏剧剧照。

J0116073
洞房花烛夜 刘震, 张煜摄影

天津 天津杨柳青画社 1982 年 76cm（2 开）
定价：CNY0.18
　　年画形式的中国现代戏剧剧照。

J0116074
读书 （《窦线娘》剧照）张朝玺，董岩青摄影
天津 天津人民美术出版社 1982 年 76cm（2 开）
定价：CNY0.18
　　年画形式的中国现代戏剧剧照。

J0116075
杜十娘　刘立滨等摄影；席宝昆编文
北京 中国戏剧出版社 1982 年 2 张 76cm（2 开）
定价：CNY0.32
　　年画形式的中国现代戏剧剧照。

J0116076
樊江关　高国强摄影
南京 江苏人民出版社 1982 年 76cm（2 开）
定价：CNY0.18
　　年画形式的中国现代戏剧剧照。

J0116077
方卿戏姑　陈春轩摄影
南昌 江西人民出版社［1982 年］2 张
76cm（2 开）定价：CNY0.36
　　年画形式的中国现代戏剧剧照。

J0116078
凤还巢　刘震，张煜摄影
天津 天津杨柳青画社 1982 年 76cm（2 开）
定价：CNY0.16
　　年画形式的中国现代戏剧剧照。

J0116079
凤还巢　刘震，张煜摄
天津 天津杨柳青画社 1983 年 76cm（2 开）
定价：CNY0.16
　　年画形式的中国现代戏剧剧照。

J0116080
刚正不阿　（京剧《海瑞罢官》剧照）王景仁摄影
上海 上海人民出版社 1982 年 76cm（2 开）
定价：CNY0.16
　　年画形式的中国现代戏剧剧照。

J0116081
古代英雄人物屏　杨克林摄影
上海 上海人民美术出版社 1982 年 2 张
76cm（2 开）定价：CNY0.32

J0116082
柜中缘　刘震，张煜摄影
天津 天津杨柳青画店 1982 年 76cm（2 开）
定价：CNY0.16
　　年画形式的中国现代戏剧剧照。

J0116083
扈家庄　刘震，张煜摄影
天津 天津杨柳青画社 1982 年 76cm（2 开）
定价：CNY0.16
　　年画形式的中国现代戏剧剧照。

J0116084
扈三娘　关景宇摄影
北京 人民美术出版社 1982 年 76cm（2 开）
定价：CNY0.16
　　年画形式的中国现代戏剧剧照。

J0116085
花打朝　费文麓等摄影
北京 中国戏剧出版社 1982 年 2 张 76cm（2 开）
定价：CNY0.32
　　年画形式的中国现代戏剧剧照。

J0116086
花团锦簇　（荷花舞）李兰英摄
上海 上海人民美术出版社 1982 年 76cm（2 开）
定价：CNY0.16
　　年画形式的中国现代舞蹈摄影作品。

J0116087
花为媒　刘震，张煜摄影
天津 天津杨柳青画社 1982 年 76cm（2 开）
定价：CNY0.16
　　年画形式的中国现代戏剧剧照。

J0116088
贾宝玉与林黛玉　（《红楼梦》剧照）杨克林摄影
上海 上海人民美术出版社 1982 年 76cm（2 开）
定价：CNY0.16

年画形式的中国现代戏剧剧照。

J0116089
叫画 （昆曲《牡丹亭》剧照）费文麓，王辉摄影
北京 中国戏剧出版社 1982 年 76cm（2 开）
定价：CNY0.13
　　年画形式的中国现代戏剧剧照。

J0116090
京剧《百花公主》 尹福康摄影
上海 上海人民美术出版社 1982 年 76cm（2 开）
定价：CNY0.16
　　年画形式的中国现代戏剧剧照。

J0116091
京剧《百花公主》 尹福康摄影
上海 上海人民美术出版社 1984 年 76cm（2 开）
定价：CNY0.16
　　年画形式的中国现代戏剧剧照。

J0116092
李慧娘 关景宇摄影
北京 人民美术出版社 1982 年 76cm（2 开）
定价：CNY0.16
　　年画形式的中国现代戏剧剧照。

J0116093
罗通扫北 周彦昌，杨永明摄影
郑州 中州书画社 1982 年 2 张 76cm（2 开）
定价：CNY0.36
　　年画形式的中国现代戏剧剧照。作者杨永明，云南保山人。曾任德宏州摄影家协会理事、中国橡树摄影网会员。主要作品有《传授》《泼水欢歌》《春眠不觉晓》《相聚喊沙》等。

J0116094
卖水 刘震，张煜摄影
天津 天津杨柳青画社 1982 年 76cm（2 开）
定价：CNY0.16
　　年画形式的中国现代戏剧剧照。

J0116095
拾玉镯 样如薪，杨永明摄影
郑州 中州书画社 1982 年 1 张 76cm（2 开）
定价：CNY0.18

J0116096
西厢记 陈美轩摄影
南昌 江西人民出版社 ［1982 年］2 张
76cm（2 开）定价：CNY0.36
　　年画形式的中国现代戏剧剧照。

J0116097
西厢记 张朝玺，董岩青摄影
天津 天津人民美术出版社 1982 年 1 张
76cm（2 开）定价：CNY0.18
　　年画形式的中国现代戏剧剧照。

J0116098
西园记 黄宗炜摄影；易行编文
上海 上海人民美术出版社 1982 年 2 张
76cm（2 开）定价：CNY0.32
　　年画形式的中国现代戏剧剧照。

J0116099
习武 （《窦线娘》剧照）张朝玺，董岩青摄影
天津 天津人民美术出版社 1982 年 1 张
76cm（2 开）定价：CNY0.18
　　年画形式的中国现代戏剧剧照。

J0116100
相爱 （晋剧《三点元帅》剧照）顾棣摄影
太原 山西人民出版社 1982 年 1 张 54cm（4 开）
定价：CNY0.09
　　年画形式的中国现代戏剧剧照。

J0116101
杨门女将 （胶印画轴）刘震，张煜摄影
天津 天津杨柳青画店 1982 年 4 张 78cm（2 开）
定价：CNY1.20
　　年画形式的中国现代戏剧剧照。

J0116102
一往情深 （锡剧《西厢记》剧照）夏永烈摄影
上海 上海人民美术出版社 1982 年 1 张
76cm（2 开）定价：CNY0.16
　　年画形式的中国现代戏剧剧照。作者夏永烈（1935— ），笔名夏咏，江苏无锡人。江苏太仓师范毕业。历任《新民晚报》《解放日报》等摄

影记者，中国摄影家协会上海分会会员，中国摄影家协会会员。主要作品有《鹿跳》《冬练三九》《滑雪队的早锻炼》《长白踏琼瑶》等。

J0116103
游园惊梦 张朝玺，董岩青摄影
天津 天津人民美术出版社 1982 年 76cm（2 开）
定价：CNY0.18
　　年画形式的中国现代戏剧剧照。

J0116104
虞姬夜巡 刘立滨等摄影
北京 中国戏剧出版社 1982 年 76cm（2 开）
定价：CNY0.13
　　年画形式的中国现代戏剧剧照。

J0116105
越剧《舞台姐妹》 穆家宏，谢新发摄影
上海 上海人民美术出版社 1982 年 76cm（2 开）
定价：CNY0.16
　　年画形式的中国现代戏剧剧照。

J0116106
越剧《西园记》 王宗炜摄影
上海 上海人民美术出版社 1982 年 76cm（2 开）
定价：CNY0.16
　　年画形式的中国现代戏剧剧照。

J0116107
张飞·黄忠 杨永明，王宗云摄影
郑州 中州书画社 1982 年 76cm（2 开）
定价：CNY0.36
　　年画形式的中国现代舞台摄影作品。

J0116108
昭君神引杏元 池一平摄影
杭州 浙江人民美术出版社 1982 年 76cm（2 开）
定价：CNY0.16
　　中国现代年画形式的舞台摄影作品。

J0116109
真假美猴王 张朝玺，董岩青摄影
天津 天津人民美术出版社 1982 年 76cm（2 开）
定价：CNY0.18
　　年画形式的中国现代戏剧剧照。

J0116110
真假美猴王 张祖道，费文麓摄影
北京 中国戏剧出版社 1982 年 2 张 76cm（2 开）
定价：CNY0.32
　　年画形式的中国现代戏剧剧照。作者张祖道（1922—　　），纪实摄影家。生于湖南浏阳，就读与西南联大社会学系，毕业于清华大学社会学系。历任《新观察》杂志摄影记者，中国摄影家协会理事，出版有《江村纪事》。

J0116111
珠塔联姻 （锡剧《珍珠塔》剧照）夏永烈摄影
上海 上海人民美术出版社 1982 年 76cm（2 开）
定价：CNY0.16
　　年画形式的中国现代戏剧剧照。

J0116112
白蛇传 黄绍芳摄；易行编文
上海 上海人民美术出版社 1983 年 2 张 76cm（2 开）定价：CNY0.32
　　年画形式的中国现代戏剧剧照。

J0116113
白蛇传 红楼梦 梁山伯与祝英台 孔雀东南飞 （1984 年年历）齐力摄影
天津 天津人民美术出版社 1983 年 2 张 76cm（2 开）定价：CNY0.26
　　年画形式的中国现代戏剧剧照。

J0116114
百花公主 张朝玺，董岩青摄
天津 天津人民美术出版社 1983 年 76cm（2 开）
定价：CNY0.18
　　年画形式的中国现代戏剧剧照。作者董岩青（1925—　　），山东蓬莱人。笔名冬山，别名董宝珊。中国摄影家协会会员，天津摄影家协会理事、顾问。作品有《我为祖国献石油》《早班车》《古街新雪》等。

J0116115
杯酒定情 梁祖宏摄
北京 中国戏剧出版社 1983 年 76cm（2 开）
统一书号：8069.431 定价：CNY0.13
　　年画形式的中国现代戏剧剧照。

J0116116

北路梆子《金水桥》 顾棣摄

太原 山西人民出版社 1983 年 76cm（2 开）

定价：CNY0.18

　　年画形式的中国现代戏剧剧照。

J0116117

打焦赞 刘震，张煜摄

天津 天津杨柳青画社 1983 年 76cm（2 开）

定价：CNY0.16

　　年画形式的中国现代戏剧剧照。

J0116118

打焦赞 费文麓摄

北京 中国戏剧出版社 1983 年 76cm（2 开）

定价：CNY0.13

　　年画形式的中国现代戏剧剧照。

J0116119

大登殿 刘震，张煜摄

天津 天津杨柳青画店 1983 年 76cm（2 开）

定价：CNY0.16

　　年画形式的中国现代戏剧剧照。

J0116120

单刀赴会 刘震，张煜摄

天津 天津杨柳青画店 1983 年 76cm（2 开）

定价：CNY0.16

　　年画形式的中国现代戏剧剧照。

J0116121

二进宫 刘震，张煜摄

天津 天津杨柳青画店 1983 年［1 张］

76cm（2 开）定价：CNY0.16

　　年画形式的中国现代戏剧剧照。

J0116122

凤还巢 （胶印画轴）刘震，张煜摄

天津 天津杨柳青画店 1983 年 1 轴 附对联

107cm（全开）定价：CNY1.30

　　年画形式的中国现代戏剧剧照。

J0116123

甘露寺 刘震，张煜摄

天津 天津杨柳青画店 1983 年 76cm（2 开）

定价：CNY0.16

　　年画形式的中国现代戏剧剧照。

J0116124

跟着奶奶学花枪 费文麓摄

北京 中国戏剧出版社 1983 年 76cm（2 开）

定价：CNY0.13

　　年画形式的中国现代戏剧剧照。

J0116125

贵妃醉酒 刘震，张煜摄

天津 天津杨柳青画店 1983 年 76cm（2 开）

定价：CNY0.16

　　年画形式的中国现代戏剧剧照。

J0116126

红娘和莺莺 晓庄，亚生摄

南京 江苏人民出版社 1983 年 76cm（2 开）

定价：CNY0.18

　　年画形式的中国现代戏剧剧照。

J0116127

花田八错 张朝玺等摄

天津 天津人民美术出版社 1983 年 76cm（2 开）

定价：CNY0.18

　　年画形式的中国现代戏剧剧照。

J0116128

黄梅戏《女驸马》 周仓志摄

上海 上海人民美术出版社 1983 年 76cm（2 开）

定价：CNY0.16

　　年画形式的中国现代戏剧剧照。作者周仓

志，摄影连环画有《李太白与杨贵妃》，黄梅戏

《女驸马》四连拍，锡剧《嫦娥奔月》等。

J0116129

嘉排新戏庆丰收 梁祖宏摄影

北京 中国戏剧出版社 1983 年 76cm（2 开）

定价：CNY0.13

　　年画形式的中国现代戏剧剧照。

J0116130

金鱼仙子斗八仙 刘震，张煜摄

天津 天津杨柳青画店 1983 年 2 张 76cm（2 开）

定价：CNY0.16

年画形式的中国现代戏剧剧照。

J0116131
京剧《樊江关》 周仓志摄
上海 上海人民美术出版社 1983 年 76cm（2 开）
定价：CNY0.16
　　年画形式的中国现代戏剧剧照。

J0116132
剧坛小百花 （1—4）池一平, 钱豫强摄
杭州 浙江人民美术出版社 1983 年 2 张
76cm（2 开）定价：CNY0.32

J0116133
昆剧《牡丹亭》 张继青主演；陈春轩摄
上海 上海人民美术出版社 1983 年 76cm（2 开）
定价：CNY0.16
　　年画形式的中国现代戏剧剧照。

J0116134
李白与杨贵妃 骆仲琦摄；刘卫国文
天津 天津人民美术出版社 1983 年 2 张
76cm（2 开）定价：CNY0.36
　　年画形式的中国现代戏剧剧照。

J0116135
龙凤呈祥 刘震, 张煜摄
天津 天津杨柳青画店 1983 年 76cm（2 开）
定价：CNY0.16
　　年画形式的中国现代戏剧剧照。

J0116136
民族舞蹈 池一平摄
杭州 浙江人民美术出版社 1983 年 76cm（2 开）
定价：CNY0.16
　　年画形式的中国现代舞台摄影作品。

J0116137
木兰夜巡 费文麓摄
北京 中国戏剧出版社 1983 年 76cm（2 开）
定价：CNY0.13
　　年画形式的中国现代戏剧剧照。

J0116138
哪吒 李辉编文, 摄影

天津 天津杨柳青画店 1983 年 2 张 76cm（2 开）
定价：CNY0.32
　　年画形式的中国现代戏剧剧照。

J0116139
秦香莲 刘震, 刘煜摄
天津 天津杨柳青画社 1983 年 76cm（2 开）
定价：CNY0.16
　　年画形式的中国现代戏剧剧照。

J0116140
群英会 刘震, 张煜摄
天津 天津杨柳青画店 1983 年 76cm（2 开）
定价：CNY0.16
　　年画形式的中国现代戏剧剧照。

J0116141
婺剧《三请梨花》 尹福康摄
上海 上海人民美术出版社 1983 年 1 张
76cm（2 开）定价：CNY0.16
　　年画形式的中国现代戏剧剧照。

J0116142
锡剧《孟丽君》 夏永烈摄
上海 上海人民美术出版社 1983 年 1 张
76cm（2 开）定价：CNY0.16
　　年画形式的中国现代戏剧剧照。作者夏永烈（1935—　　），笔名夏咏，江苏无锡人。江苏太仓师范毕业。历任《新民晚报》《解放日报》等摄影记者，中国摄影家协会上海分会会员，中国摄影家协会会员。主要作品有《鹿跳》《冬练三九》《滑雪队的早锻炼》《长白踏琼瑶》等。

J0116143
杨文广和杨金花 杨克林, 刘海发摄
北京 人民美术出版社 1983 年 1 张 76cm（2 开）
定价：CNY0.16
　　年画形式的中国现代戏剧剧照。

J0116144
玉梅闹婚 夏永烈摄；言志平文
天津 天津人民美术出版社 1983 年 2 张
76cm（2 开）定价：CNY0.36
　　年画形式的中国现代戏剧剧照。

J0116145
战马超　刘震，张煜摄
天津　天津杨柳青画店　1983 年　76cm（2 开）
定价：CNY0.16
　　年画形式的中国现代戏剧剧照。

J0116146
白蛇传　张力军改编
北京　中国戏剧出版社　1984 年　2 张　76cm（2 开）
定价：CNY0.32
　　年画形式的中国现代戏剧剧照。

J0116147
百花公主　费文麓摄影
北京　中国戏剧出版社　1984 年　76cm（2 开）
定价：CNY0.16
　　年画形式的中国现代戏剧剧照。

J0116148
编钟乐舞　陈石，李广喜摄；刘有才，梅乾正文
武汉　长江文艺出版社　1984 年　2 张　76cm（2 开）
定价：CNY0.36
　　年画形式的中国现代舞台摄影作品。

J0116149
彩楼配　梁铁柱编文；周彦昌摄影
郑州　河南人民出版社　1984 年　2 张　76cm（2 开）
定价：CNY0.36
　　年画形式的中国现代戏剧剧照。

J0116150
春草　（《春草闯堂》）费文麓摄影
北京　中国戏剧出版社　1984 年　76cm（2 开）
定价：CNY0.16
　　年画形式的中国现代戏剧剧照。

J0116151
扈三娘　（《扈家庄》）费文麓摄影
北京　中国戏剧出版社　1984 年　76cm（2 开）
定价：CNY0.16
　　年画形式的中国现代戏剧剧照。

J0116152
花为媒　张惠宝改编；王秉龙摄影
北京　中国戏剧出版社　1984 年　2 张　76cm（2 开）
定价：CNY0.32
　　年画形式的中国现代戏剧剧照。

J0116153
金殿惩奸　（《狐仙小翠》）王秉龙摄影
北京　中国戏剧出版社　1984 年　76cm（2 开）
定价：CNY0.16
　　年画形式的中国现代戏剧剧照。

J0116154
练刀　（《红灯照》）费文麓摄影
北京　中国戏剧出版社　1984 年　76cm（2 开）
定价：CNY0.16
　　年画形式的中国现代戏剧剧照。

J0116155
林黑娘与田小雁　（《红灯照》）费文麓摄影
北京　中国戏剧出版社　1984 年　76cm（2 开）
定价：CNY0.16
　　年画形式的中国现代戏剧剧照。

J0116156
凌波仙子　（《虹桥赠珠》）费文麓摄影
北京　中国戏剧出版社　1984 年　76cm（2 开）
定价：CNY0.16
　　年画形式的中国现代戏剧剧照。

J0116157
梅玉配　苏群力摄影
南京　江苏美术出版社　1984 年　76cm（2 开）
定价：CNY0.18
　　年画形式的中国现代戏剧剧照。

J0116158
美满姻缘　王可信摄
北京　农村读物出版社　1984 年　76cm（2 开）
定价：CNY0.18
　　年画形式的中国现代戏剧剧照。

J0116159
穆桂英　（《杨门女将》）费文麓摄影
北京　中国戏剧出版社　1984 年　76cm（2 开）
定价：CNY0.16
　　年画形式的中国现代戏剧剧照。

J0116160
穆桂英点兵　费文麓摄影
北京 中国戏剧出版社 1984 年 76cm（2 开）
定价：CNY0.16
　　年画形式的中国现代戏剧剧照。

J0116161
珊瑚情 （一～四）池一平，郭阿根摄影
杭州 浙江人民美术出版社 1984 年 2 张
76cm（2 开）定价：CNY0.32
　　年画形式的中国现代戏剧剧照。

J0116162
双喜 （越剧"五女拜寿"）池一平，郭阿根摄影
杭州 浙江人民美术出版社 1984 年 1 张
76cm（2 开）定价：CNY0.16
　　年画形式的中国现代戏剧剧照。

J0116163
四喜临门　西园摄；顾锡东词
南昌 江西人民出版社［1984 年］2 张
76cm（2 开）定价：CNY0.36

J0116164
五女拜寿　陈春轩摄影
天津 天津人民美术出版社 1984 年 2 张
76cm（2 开）定价：CNY0.36
　　年画形式的中国现代戏剧剧照。

J0116165
五女拜寿 （一～四）池一平，郭阿根摄影；文
幸配词
杭州 浙江人民美术出版社 1984 年 2 张
76cm（2 开）定价：CNY0.32
　　年画形式的中国现代戏剧剧照。

J0116166
五女拜寿　王秉龙改编摄影
北京 中国戏剧出版社 1984 年 2 张 76cm（2 开）
定价：CNY0.32
　　年画形式的中国现代戏剧剧照。

J0116167
舞蹈《海情》　轩新杰摄
上海 上海人民美术出版社 1984 年 1 张

76cm（2 开）定价：CNY0.16
　　年画形式的中国现代舞台摄影作品。

J0116168
舞台姻缘集锦　池一平等摄影
杭州 浙江人民美术出版社 1984 年 2 张
76cm（2 开）定价：CNY0.32
　　年画形式的中国现代舞台摄影作品。

J0116169
绣楼赏春　厉胜利摄影
南京 江苏美术出版社 1984 年 1 张 76cm（2 开）
定价：CNY0.18

J0116170
哑女告状　祝英培摄影；陈呖文
南昌 江西人民出版社［1984 年］2 张
76cm（2 开）定价：CNY0.36
　　年画形式的中国现代戏剧剧照。

J0116171
杨玉环 （《贵妃醉酒》）费文麓摄影
北京 中国戏剧出版社 1984 年 1 张 76cm（2 开）
定价：CNY0.16
　　年画形式的中国现代戏剧剧照。

J0116172
游春 （《春草闯堂》）费文麓摄影
北京 中国戏剧出版社 1984 年 76cm（2 开）
定价：CNY0.16
　　年画形式的中国现代戏剧剧照。

J0116173
越剧《拜月记》　张颖，张英军摄
上海 上海人民美术出版社 1984 年 76cm（2 开）
定价：CNY0.16
　　年画形式的中国现代戏剧剧照。作者张英
军，摄影有年画《相思奈何天》等。作者张颖，作
有年画《对镜画容》（越剧《孟丽君》），　摄影有
年画《团圆》（越剧《孟丽君》）等。

J0116174
越剧《打金枝》　吴报章摄
上海 上海人民美术出版社 1984 年 76cm（2 开）
定价：CNY0.16

年画形式的中国现代戏剧剧照。

J0116175

越剧《雪里小梅香》　张颖，张英军摄

上海 上海人民美术出版社 1984 年 76cm（2 开）

定价：CNY0.16

年画形式的中国现代戏剧剧照。

J0116176

张五可梳妆　（《花为媒》）王秉龙摄影

北京 中国戏剧出版社 1984 年 76cm（2 开）

定价：CNY0.16

年画形式的中国现代戏剧剧照。作者王秉龙（1943— ），生于山西祁县。中国戏剧家协会会员，北京美术家协会会员。擅长楷书、魏碑、行书。出版《科学发明家故事》《明史演义》等多部连环画册；改编拍摄并出版了几百种传统戏曲年画，被称为中国戏曲年画摄影第一人。

J0116177

巴基斯坦舞　梁枫摄

乌鲁木齐 新疆人民出版社 1985 年 1 张53cm（4 开）定价：CNY0.20

年画形式的中国现代舞台摄影作品。

J0116178

白蛇后传　王秉龙摄

北京 中国戏剧出版社 1985 年 2 张 76cm（2 开）

定价：CNY0.44

年画形式的中国现代戏剧剧照。

J0116179

拜月记　曹震云摄

北京 人民美术出版社 1985 年 1 张 76cm（2 开）

定价：CNY0.26

年画形式的中国现代戏剧剧照。

J0116180

傣族舞蹈《澜沧江船歌》　杨克林摄

上海 上海人民美术出版社 1985 年 1 张76cm（2 开）定价：CNY0.20

年画形式的中国现代舞台摄影作品。

J0116181

东方歌舞　辽友摄

沈阳 辽宁美术出版社 1985 年 1 张 76cm（2 开）

定价：CNY0.20

年画形式的中国现代舞台摄影作品。

J0116182

扈三娘　王秉龙摄影并编文

北京 中国戏剧出版社 1985 年 2 张 76cm（2 开）

定价：CNY0.44

年画形式的中国现代戏剧剧照。

J0116183

花枪缘　王世龙，杨永明编文并摄影

郑州 河南美术出版社 1985 年 2 张 76cm（2 开）

定价：CNY0.40

年画形式的中国现代戏剧剧照。作者王世龙（1930— ），摄影家。河南平舆人，曾用名于一。曾任中国人民解放军军报随军摄影记者，河南新乡日报社摄影美术组长，河南日报社摄影记者，河南人民出版社摄影编辑、编辑室主任、编审委员等职。中国摄影家协会常务理事。作品有《秋收完毕》《山里俏》《山村在欢唱》等。作者杨永明，云南保山人。曾任德宏州摄影家协会理事、中国橡树摄影网会员。主要作品有《传授》《泼水欢歌》《春眠不觉晓》《相聚喊沙》等。

J0116184

金银花　骆仲琦摄

天津 天津人民美术出版社 1985 年 2 张76cm（2 开）定价：CNY0.42

J0116185

晋剧《碧玉簪》　高士萍，张克勤摄

太原 山西人民出版社 1985 年 1 张 76cm（2 开）

定价：CNY0.20

年画形式的中国现代戏剧剧照。

J0116186

狸猫换太子　于速摄

北京 中国戏剧出版社 1985 年 2 张 76cm（2 开）

定价：CNY0.42

年画形式的中国现代戏剧剧照。作者于速，擅长摄影。主要年画作品有《双阳公主》《雁门关》《姐妹缘》等。

J0116187

奇双会 兆欣,基中摄

南京 江苏美术出版社 1985年 1张 76cm(2开)

定价:CNY0.21

　　年画形式的中国现代戏剧剧照。

J0116188

巧县官 姜玉梅编文;葛庆亚,魏素梅摄影

郑州 河南美术出版社 1985年 2张 76cm(2开)

定价:CNY0.40

　　年画形式的中国现代戏剧剧照。

J0116189

秦俑魂 (图册 英汉对照)方戈撰;王辉译;郭佑民摄影

西安 陕西人民美术出版社 [1985年]

20cm(32开)统一书号:8199.1005

J0116190

山猫咀说媒 严承信编文;刘清云等摄

郑州 河南美术出版社 1985年 2张(2开)

定价:CNY0.40

　　年画形式的中国现代戏剧剧照。

J0116191

收姜维 葛庆亚,魏素梅编文并摄影

郑州 河南美术出版社 1985年 2张 76cm(2开)

定价:CNY0.40

　　年画形式的中国现代戏剧剧照。

J0116192

双锁山 梁祖宏摄

北京 中国戏剧出版社 1985年 2张 76cm(2开)

定价:CNY0.44

　　年画形式的中国现代戏剧剧照。

J0116193

唐、长安乐舞 陕西省歌舞团《长安乐舞》创作组创作

西安 陕西人民出版社 1985年 47页 有图

26cm(16开)统一书号:8199.998

　　中国唐代长安乐舞的现代摄影集。

J0116194

唐伯虎传奇 兆欣等摄;张弘编剧

南京 江苏美术出版社 1985年 2张 76cm(2开)

定价:CNY0.46

　　年画形式的中国现代戏剧剧照。作者张弘(1959—),湖南宁乡人,生于武汉,毕业于广州美术学院中国画系。历任广州美院美术教育系系主任、教授、硕士研究生导师,中国美术家协会会员,广东美术家协会理事。作品有《新港》《日月盈昃》《不灭的火焰》《十月秋染山》《日落而息》。

J0116195

天之骄女 一柳摄

杭州 浙江人民美术出版社 1985年 2张 76cm(2开)定价:CNY0.38

　　年画形式的中国现代戏剧剧照。

J0116196

舞台姻缘集锦 池一平,郭阿根摄

杭州 浙江人民美术出版社 1985年 2张 76cm(2开)定价:CNY0.38

　　中国现代舞台摄影作品。

J0116197

喜结良缘 李治平等摄

北京 中国戏剧出版社 1985年 1张 76cm(2开)

定价:CNY0.20

　　中国现代舞台摄影作品。

J0116198

喜结同心 池一平,郭阿根摄

杭州 浙江人民美术出版社 1985年 1张 76cm(2开)定价:CNY0.18

　　中国现代摄影作品。

J0116199

薛刚反朝 梁祖宏摄影;王星荣编文

北京 中国戏剧出版社 1985年 2张 76cm(2开)

定价:CNY0.42

　　年画形式的中国现代戏剧剧照。

J0116200

杨八姐

西安 陕西人民美术出版社 1985年 2张 76cm(2开)定价:CNY0.50

　　年画形式的中国现代戏剧剧照。

J0116201

杨排风 王秉龙摄影并编文
北京 中国戏剧出版社 1985 年 2 张 76cm（2 开）
定价：CNY0.44
年画形式的中国现代戏剧剧照。

J0116202

越剧《长相思》 倪嘉德摄
上海 上海人民美术出版社 1985 年 1 张
76cm（2 开）定价：CNY0.20
年画形式的中国现代戏剧剧照。作者倪嘉
德（1943— ），摄影师。江苏无锡人。历任上海
人民美术出版社副编审，高级摄影师。作品出版
有《越窑》《唐三彩》《景德镇民间青花瓷器》《福
建陶瓷》《四川陶瓷》《宋元青白瓷》等。

J0116203

杂技 费文麓等摄
上海 上海人民美术出版社 1985 年 2 张
76cm（2 开）定价：CNY0.40
年画形式的中国现代舞台摄影作品。

J0116204

战洪州 凌振祥编文；周彦昌，杨永明摄影
郑州 河南美术出版社 1985 年 2 张 76cm（2 开）
定价：CNY0.40
年画形式的中国现代戏剧剧照。

J0116205

长乐宫 王秉龙，周有摄；陈伟龙编文
北京 中国戏剧出版社 1985 年 2 张 76cm（2 开）
年画形式的中国现代戏剧剧照。作者王秉
龙（1943— ），生于山西祁县。中国戏剧家协会
会员，北京美术家协会会员。擅长楷书、魏碑、
行书。出版《科学发明家故事》《明史演义》等多
部连环画册；改编拍摄并出版了几百种传统戏曲
年画，被称为中国戏曲年画摄影第一人。

J0116206

珍珠公主 胡建瑜摄
上海 上海人民美术出版社 1985 年 1 张
76cm（2 开）定价：CNY0.20
年画形式的中国现代戏剧剧照。

J0116207

智搭鹊桥赖红娘 钟祥摄
西安 陕西人民美术出版社 1985 年 1 张
76cm（2 开）定价：CNY0.50
年画形式的中国现代戏剧剧照。

J0116208

中国革命之歌 （大型音乐舞蹈史诗）叶林编
文；徐震时摄影
北京 人民美术出版社 1985 年 2 张 76cm（2 开）
定价：CNY0.52
中国现代舞台摄影作品。

J0116209

白蛇传 陈春轩摄
成都 四川美术出版社 1986 年 1 张 76cm（2 开）
定价：CNY0.20
中国现代戏剧剧照。

J0116210

包公误 施振广，刘玉华摄
天津 天津人民美术出版社 1986 年 2 张
76cm（2 开）定价：CNY0.44
中国现代戏剧剧照。

J0116211

沉香扇 夏永烈，金宝源摄；赵振威编
南昌 江西人民出版社 1986 年 2 张 76cm（2 开）
定价：CNY0.48
年画形式的中国现代戏剧剧照。作者夏永
烈（1935— ），笔名夏咏，江苏无锡人。江苏太
仓师范毕业。历任《新民晚报》《解放日报》等摄
影记者，中国摄影家协会上海分会会员，中国摄
影家协会会员。主要作品有《鹿跳》《冬练三九》
《滑雪队的早锻炼》《长白踏琼瑶》等。

J0116212

楚三怪娶亲 刘效伟，周伯平摄；杨咸胜编
南昌 江西人民出版社 1986 年 2 张 76cm（2 开）
定价：CNY0.48
中国现代戏剧剧照。

J0116213

大闹天宫 《西游记》剧组供稿；刘大健摄
南京 江苏美术出版社 1986 年 4 张 76cm（2 开）

定价: CNY1.00

J0116214
大闹天宫　刘大健摄
南京 江苏美术出版社 1986 年 2 张 76cm（2 开）
定价: CNY0.50

J0116215
凤冠梦　尹福康, 刘海发摄; 范迪声编
南昌 江西人民出版社 1986 年 2 张 76cm（2 开）
定价: CNY0.48
　　中国现代舞台摄影作品。

J0116216
金殿认子　池一平, 陈坚摄; 胡越, 陈慧琪配词
杭州 浙江人民美术出版社 1986 年 2 张
76cm（2 开）定价: CNY0.40
　　中国现代戏曲舞台摄影作品。

J0116217
酒中缘　闵斌编; 杨永明摄
郑州 河南美术出版社 1986 年 2 张 76cm（2 开）
定价: CNY0.50
　　中国现代戏曲舞台摄影作品。

J0116218
绝缨会　池一平, 郭阿根摄; 周红良配词
杭州 浙江人民美术出版社 1986 年 2 张
76cm（2 开）定价: CNY0.40
　　中国现代戏曲舞台摄影作品。

J0116219
攀弓带　徐晓等摄
南京 江苏美术出版社 1986 年 2 张 76cm（2 开）
定价: CNY0.46
　　中国现代戏曲舞台摄影作品。

J0116220
七星剑　徐晓等摄
南京 江苏美术出版社 1986 年 2 张 76cm（2 开）
定价: CNY0.46
　　中国现代戏曲舞台摄影作品。

J0116221
奇双会　周苍志等摄

天津 天津人民美术出版社 1986 年 2 张
76cm（2 开）定价: CNY0.44
　　中国现代戏曲舞台摄影作品。

J0116222
抢驸马
天津 天津人民美术出版社 1986 年 1 张
76cm（2 开）定价: CNY0.44
　　中国现代戏曲舞台摄影作品。

J0116223
青蛇传　玲玲编摄
南昌 江西人民出版社 1986 年 2 张 76cm（2 开）
定价: CNY0.48
　　中国现代戏曲舞台摄影作品。

J0116224
青蛇传　兆欣摄
西安 陕西人民美术出版社 1986 年 2 张
76cm（2 开）定价: CNY0.50
　　中国现代戏曲舞台摄影作品。

J0116225
晴雯　钱咏摄; 杭志忠编
上海 上海人民出版社 1986 年 2 张
76cm（2 开）定价: CNY0.40
　　中国现代戏曲舞台摄影作品。

J0116226
曲判记　祝英培摄; 何长生编文
南昌 江西人民出版社 1986 年 2 张 76cm（2 开）
定价: CNY0.48
　　中国现代戏曲舞台摄影作品。

J0116227
三女认子　何兆欣摄
杭州 浙江人民美术出版社 1986 年 2 张
76cm（2 开）定价: CNY0.40
　　中国现代戏曲舞台摄影作品。

J0116228
十五贯　张维华编文; 刘清云等摄
郑州 河南美术出版社 1986 年 2 张 76cm（2 开）
定价: CNY0.50
　　中国现代戏曲舞台摄影作品。

J0116229

双锁柜 （1—4）魏民编文；周彦昌摄影

郑州 河南美术出版社 1986 年 2 张 76cm（2 开）

定价：CNY0.50

　　中国现代戏曲舞台摄影作品。

J0116230

双锁山 梁祖宏摄

西安 陕西人民美术出版社 1986 年 1 张

76cm（2 开）定价：CNY0.22

　　中国现代戏曲舞台摄影作品。

J0116231

双玉蝉 尹荣摄

成都 四川美术出版社 1986 年 1 张 76cm（2 开）

定价：CNY0.20

　　中国现代戏曲舞台摄影作品。

J0116232

双珠凤 东来摄影编文

南昌 江西人民出版社 1986 年 2 张 76cm（2 开）

定价：CNY0.48

　　中国现代越剧舞台摄影作品。

J0116233

唐伯虎点秋香 池一平等摄；吴兆坚配词

杭州 浙江人民美术出版社 1986 年 2 张

76cm（2 开）定价：CNY0.40

　　中国现代戏曲舞台摄影作品。

J0116234

唐伯虎点秋香 陈坚改编；王秉龙摄

北京 中国戏剧出版社 1986 年 2 张 76cm（2 开）

定价：CNY0.50

　　中国现代戏曲舞台摄影作品。作者陈坚
（1959— ），山东青岛人。曾任中国美术家协会
水彩画艺术委员会副主任兼秘书长、北京市美协
水彩画艺术委员会副主任、北京水彩画学会副
会长。主要作品有《塔吉克老人》《塔吉克姑娘》
《逝》等。作者王秉龙(1943—)，生于山西祁
县。中国戏剧家协会会员，北京美术家协会会员。
擅长楷书、魏碑、行书。出版《科学发明家故事》
《明史演义》等多部连环画册；改编拍摄并出版了
几百种传统戏曲年画，被称为中国戏曲年画摄影
第一人。

J0116235

天仙配 魏启平改编；王秉龙摄

北京 中国戏剧出版社 1986 年 2 张 76cm（2 开）

定价：CNY0.50

　　中国现代戏曲舞台摄影作品。

J0116236

文武香球 王海青编文；王广林等摄

南京 江苏美术出版社 1986 年 1 张 76cm（2 开）

定价：CNY0.46

　　中国现代戏曲舞台摄影作品。作者王广林
（1944— ），记者。江苏铜山人，历任新华日报
社摄影部主任，中国摄影家协会会员，江苏新闻
摄影协会副会长，江苏年画研究会理事。

J0116237

西施浣纱 池一平，郭阿根摄影

杭州 浙江人民美术出版社 1986 年 1 张

76cm（2 开）定价：CNY0.20

　　中国现代戏曲舞台摄影作品。

J0116238

西施浣纱 贵妃出浴 陈春轩，刘海发摄

成都 四川美术出版社 1986 年 1 张 76cm（2 开）

定价：CNY0.22

　　中国现代戏曲舞台摄影作品。

J0116239

惜春描园 池一平，郭阿根摄

杭州 浙江人民美术出版社 1986 年 1 张

76cm（2 开）定价：CNY0.20

　　中国现代戏曲舞台摄影作品。

J0116240

喜姻缘 荣卫，苏群摄

南京 江苏美术出版社 1986 年 1 张 76cm（2 开）

定价：CNY0.21

　　中国现代戏曲舞台摄影作品。

J0116241

相思奈何天 陈春轩摄；方霭吉编

南昌 江西人民出版社 1986 年 2 张 76cm（2 开）

定价：CNY0.48

　　中国现代戏曲舞台摄影作品。

J0116242
薛丁山与樊梨花　陈春轩摄
南昌 江西人民出版社 1986 年 1 张 76cm（2 开）
定价：CNY0.23
　　中国现代戏曲舞台摄影作品。

J0116243
薛丁山与樊梨花　欧之行摄
成都 四川美术出版社 1986 年 1 张 76cm（2 开）
定价：CNY0.20
　　中国现代戏曲舞台摄影作品。

J0116244
杨贵妃　王秉龙改编；王秉龙，何鉴德摄
北京 中国戏剧出版社 1986 年 2 张 76cm（2 开）
定价：CNY0.50
　　中国现代戏曲舞台摄影作品。

J0116245
杨门女将　张明东编文；王世龙摄
郑州 河南美术出版社 1986 年 2 张 76cm（2 开）
定价：CNY0.50
　　中国现代戏曲舞台摄影作品。

J0116246
杂技　黄克勤摄
武汉 湖北美术出版社 1986 年 2 张 76cm（2 开）
定价：CNY0.44
　　中国现代舞台摄影作品。

J0116247
长乐宫　张英军摄；水登编文
南昌 江西人民出版社 1986 年 2 张 76cm（2 开）
定价：CNY0.48
　　中国现代戏剧舞台摄影作品。

J0116248
昭君出塞　貂蝉拜月　陈春轩，刘海发摄
成都 四川美术出版社 1986 年 1 张 76cm（2 开）
定价：CNY0.22
　　中国现代戏剧舞台摄影作品。

J0116249
珍珠塔后传　周竹寒，王金元改编；王秉龙摄
北京 中国戏剧出版社 1986 年 2 张 76cm（2 开）

定价：CNY0.50
　　中国现代戏剧舞台摄影作品。

J0116250
钟馗嫁妹　张义超摄
成都 四川美术出版社 1986 年 1 张 76cm（2 开）
定价：CNY0.20
　　中国现代年画形式的舞台摄影作品。

J0116251
白蛇前传　（剧照）郑伟，朱永纬摄
杭州 浙江人民美术出版社 1987 年 2 张
76cm（2 开）定价：CNY0.50
　　中国现代戏剧舞台摄影作品。

J0116252
宝镜重圆　（剧照）健中编；王全亨摄
上海 上海人民美术出版社 1987 年 2 张
76cm（2 开）定价：CNY0.58
　　中国现代戏剧舞台摄影作品。

J0116253
大观园　（剧照）湖涌编；王正保，刘春根摄
郑州 河南美术出版社 1987 年 2 张 76cm（2 开）
定价：CNY0.70
　　中国现代戏剧舞台摄影作品。

J0116254
大观园　（剧照）郑伟等摄
杭州 浙江人民美术出版社 1987 年 2 张
76cm（2 开）定价：CNY0.50
　　中国现代戏剧舞台摄影作品。

J0116255
洞房花烛夜　（剧照）王全亨摄
上海 上海人民美术出版社 1987 年 1 张
76cm（2 开）定价：CNY0.28
　　中国现代戏剧舞台摄影作品。

J0116256
樊梨花归唐　范应龙编；杨永明摄
郑州 河南美术出版社 1987 年 2 张 76cm（2 开）
定价：CNY0.70
　　中国现代戏剧舞台摄影作品。

J0116257
红楼梦人物 （剧照）杨永明摄
郑州 河南美术出版社 1987 年 4 张 76cm（2 开）
定价：CNY1.50
　　中国现代戏剧舞台摄影作品。

J0116258
花田错 （剧照）骆仲奇等摄；陈元宁文
天津 天津人民美术出版社 1987 年 2 张
76cm（2 开）定价：CNY0.60
　　中国现代戏剧舞台摄影作品。

J0116259
皇帝与村姑 （剧照）兆海，培良摄；东海编
北京 人民美术出版社 1987 年 2 张 76cm（2 开）
定价：CNY0.66
　　中国现代戏剧舞台摄影作品。

J0116260
姐妹皇后 （剧照）张中胜编；周彦昌，牛洪涛摄
郑州 河南美术出版社 1987 年 1 张 76cm（2 开）
定价：CNY0.70
　　中国现代戏剧舞台摄影作品。

J0116261
乱世奇缘 （剧照）张潮摄；江敏编文
上海 上海人民美术出版社 1987 年 2 张
76cm（2 开）定价：CNY0.58
　　中国现代戏剧舞台摄影作品。

J0116262
美满姻缘 （越剧《孟丽君》剧照）含语摄
上海 上海人民美术出版社 1987 年 1 张
76cm（2 开）定价：CNY0.28
　　中国现代戏剧舞台摄影作品。

J0116263
穆桂英威震沙场 （剧照）刘震摄
长沙 湖南美术出版社 1987 年 1 张 76cm（2 开）
定价：CNY0.23
　　中国现代戏剧舞台摄影作品。

J0116264
劈山救母 （剧照）陈学章等摄
杭州 西泠印社 1987 年 2 张 76cm（2 开）

定价：CNY0.50
　　中国现代戏剧舞台摄影作品。

J0116265
青蛇传 （剧照）孟玉骧编；樊淼摄
杭州 河南美术出版社 1987 年 2 张 76cm（2 开）
定价：CNY0.70
　　中国现代戏剧舞台摄影作品。

J0116266
三看御妹 （剧照）张潮摄；仁敏编文
上海 上海人民美术出版社 1987 年 2 张
76cm（2 开）定价：CNY0.58
　　中国现代戏剧舞台摄影作品。

J0116267
送凤冠 （越剧《碧玉簪》剧照）叶天荣摄
上海 上海人民美术出版社 1987 年 1 张
76cm（2 开）定价：CNY0.28
　　中国现代戏剧舞台摄影作品。

J0116268
唐伯虎赶考 （剧照）何兆欣摄；姚博初配词
西安 陕西人民美术出版社 1987 年 2 张
76cm（2 开）定价：CNY0.60
　　中国现代戏剧舞台摄影作品。

J0116269
唐伯虎与秋香 （剧照）春城编；刘福同摄
上海 上海人民美术出版社 1987 年 2 张
76cm（2 开）定价：CNY0.58
　　中国现代戏剧舞台摄影作品。

J0116270
王老虎抢亲　郭阿根摄
杭州 西湖摄影艺术出版社 1987 年 2 张
76cm（2 开）定价：CNY0.47
　　中国现代戏剧舞台摄影作品。

J0116271
卧龙求凤 （剧照）山东美术出版社编
济南 山东美术出版社 1987 年 1 张 76cm（2 开）
定价：CNY0.27
　　中国现代戏剧舞台摄影作品。

J0116272
五虎将　胡荣卫等摄
南京　江苏美术出版社 1987 年　1 张　76cm（2 开）
定价：CNY0.28
　　中国现代戏剧舞台摄影作品。

J0116273
喜结良缘　（剧照）池一平等摄
杭州　浙江人民美术出版社 1987 年　2 张
76cm（2 开）定价：CNY0.50
　　中国现代戏剧舞台摄影作品。

J0116274
喜脉案　（剧照）游振卿摄；挥之等编
长沙　湖南美术出版社 1987 年　2 张　76cm（2 开）
定价：CNY0.48
　　中国现代戏剧舞台摄影作品。

J0116275
喜庆团圆　丁宇光摄
北京　人民美术出版社 1987 年　1 张　76cm（2 开）
定价：CNY0.25
　　中国现代戏剧舞台摄影作品。

J0116276
戏曲故事屏　（剧照）彩云摄影；春城编文
上海　上海人民美术出版社 1987 年　2 张
76cm（2 开）定价：CNY0.58
　　中国现代戏剧舞台摄影作品。

J0116277
戏曲集锦　徐建兴摄
南京　江苏美术出版社 1987 年　4 轴(卷轴)
76cm（2 开）定价：CNY3.50
　　中国现代戏剧舞台摄影作品。

J0116278
戏曲集锦　兆欣摄
南京　江苏美术出版社 1987 年　4 张　76cm（2 开）
定价：CNY1.30
　　中国现代戏剧舞台摄影作品。

J0116279
玉镯为媒成眷属　陈坚，石如摄影
杭州　西湖摄影艺术出版社 1987 年　1 张

76cm（2 开）定价：CNY0.24
　　年画形式的中国现代舞台摄影作品。

J0116280
越剧《乱世奇缘》　（剧照）张潮摄
上海　上海人民美术出版社 1987 年　1 张
76cm（2 开）定价：CNY0.28
　　中国现代越剧舞台摄影作品。

J0116281
越剧《拾玉镯》　（剧照）叶天荣摄
上海　上海人民美术出版社 1987 年　1 张
76cm（2 开）定价：CNY0.28
　　中国现代越剧舞台摄影作品。作者叶天荣，
擅长摄影。主要作品有《杭州云溪》《巾帼英雄》
《鼓浪屿之春》等。

J0116282
越剧集锦　（剧照）叶天荣摄
上海　上海人民美术出版社 1987 年　1 张
76cm（2 开）定价：CNY0.28
　　中国现代越剧舞台摄影集锦。作者叶天荣，
擅长摄影。主要作品有《杭州云溪》《巾帼英雄》
《鼓浪屿之春》等。

J0116283
杂技　含语摄
上海　上海人民美术出版社 1987 年　2 张
76cm（2 开）定价：CNY0.58
　　中国现代舞台摄影作品。

J0116284
珍珠塔　（剧照）尹福康，黄东摄；谈暄编
上海　上海人民美术出版社 1987 年　2 张
76cm（2 开）定价：CNY0.58
　　中国现代戏剧舞台摄影作品。

J0116285
珍珠塔前传　（剧照）培良，辛影摄
南京　江苏美术出版社 1987 年　2 张　76cm（2 开）
定价：CNY0.60
　　中国现代戏剧舞台摄影作品。

J0116286
真假太子　（剧照）尚进摄；范迪声编

上海　上海人民美术出版社　1987 年　2 张
76cm（2 开）定价：CNY0.58
　　中国现代戏剧舞台摄影作品。

J0116287
主奴联姻　（剧照）林子龙等摄
杭州　西泠印社　1987 年　2 张　76cm（2 开）
定价：CNY0.50
　　中国现代戏剧舞台摄影作品。

J0116288
芭蕾舞　马元浩摄
杭州　浙江人民美术出版社　1988 年　1 张
76cm（2 开）定价：CNY0.32
　　年画形式的中国现代舞台摄影作品。作者
马元浩（1944—　），摄影家、导演。毕业于上海
财经学院。中国摄影家协会会员，英国皇家摄影
学会高级会士。出版有《中国古代雕塑观音》等。

J0116289
出将入相　（戏曲影集）吴钢摄著
香港　专业出版社　1988 年　有照片　15cm（40 开）
ISBN：962-315-016-4　定价：HKD35.00
　　中国现代戏剧舞台摄影作品。

J0116290
大破铜风阵　晓丁，于速摄
北京　中国戏剧出版社　1988 年　2 张　76cm（2 开）
定价：CNY0.55
　　中国现代戏剧舞台摄影作品。作者晓丁，擅
长摄影。主要作品有连环画《封神榜》《阿 Q 正
传》《少帅张学良》。作者于速，擅长摄影。主要
年画作品有《双阳公主》《雁门关》《姐妹缘》等。

J0116291
洞房花烛　王秉龙摄
重庆　重庆出版社　1988 年　1 张　76cm（2 开）
定价：CNY0.36
　　中国现代戏剧舞台摄影作品。

J0116292
对弈图　豫强，郑伟摄
杭州　浙江人民美术出版社　1988 年　1 张
76cm（2 开）定价：CNY0.32

J0116293
法门寺　晓丁，于速摄
北京　中国戏剧出版社　1988 年　2 张　76cm（2 开）
定价：CNY0.55
　　中国现代戏剧舞台摄影作品。作者晓丁，擅
长摄影。主要作品有连环画《封神榜》《阿 Q 正
传》《少帅张学良》。

J0116294
花田错　晓丁，于速摄
北京　中国戏剧出版社　1988 年　2 张　76cm（2 开）
定价：CNY0.55
　　中国现代戏剧舞台摄影作品。

J0116295
济公赠图救少年　晓丁，于速摄
北京　中国戏剧出版社　1988 年　1 张　76cm（2 开）
定价：CNY0.26
　　中国现代戏剧舞台摄影作品。

J0116296
济公智擒华云龙　晓丁，于速摄
北京　中国戏剧出版社　1988 年　2 张　76cm（2 开）
定价：CNY1.20
　　中国现代戏剧舞台摄影作品。

J0116297
姐妹缘　丁宇光，于速摄
北京　中国戏剧出版社　1988 年　2 张　76cm（2 开）
定价：CNY0.55
　　中国现代戏剧舞台摄影作品。

J0116298
巾帼英雄　叶天荣摄
上海　上海人民美术出版社　1988 年　1 张
76cm（2 开）定价：CNY0.36
　　年画形式的中国现代戏剧剧照。

J0116299
巾帼英雄——樊梨花　杨永明摄
郑州　河南美术出版社　1988 年　4 张　78cm（2 开）
定价：CNY0.94
　　中国现代戏剧舞台摄影作品。

J0116300
金玉奴　晓丁, 于速摄
北京 中国戏剧出版社 1988 年 2 张 76cm（2 开）
定价: CNY0.55
　　中国现代戏剧舞台摄影作品。

J0116301
劲舞　龚洁摄
南宁 广西人民出版社 1988 年 1 张 54cm（4 开）
定价: CNY0.44
　　中国现代舞台摄影作品。

J0116302
龙凤呈祥　王秉龙摄
石家庄 河北美术出版社 1988 年 1 张
76cm（2 开）定价: CNY0.40
　　年画形式的中国现代戏剧舞台摄影作品。

J0116303
龙凤呈祥　丁宇光, 王秉龙摄
北京 中国戏剧出版社 1988 年 1 张 76cm（2 开）
定价: CNY0.60
　　中国现代戏剧舞台摄影作品。

J0116304
绿林奇缘　陈春轩, 王全亨摄
南昌 江西人民出版社［1988 年］2 张
76cm（2 开）定价: CNY0.86

J0116305
聂小倩　丁宇光, 于速摄
北京 中国戏剧出版社 1988 年 2 张 76cm（2 开）
定价: CNY0.55

J0116306
女县令　柬茸摄
南昌 江西人民出版社［1988 年］2 张
76cm（2 开）定价: CNY0.86
　　中国现代戏剧舞台摄影作品。

J0116307
双凤会　刘震摄
天津 天津人民美术出版社 1988 年 1 张
76cm（2 开）定价: CNY0.38
　　中国现代戏剧舞台摄影作品。

J0116308
四郎探母　晓丁, 于速摄
北京 中国戏剧出版社 1988 年 2 张 76cm（2 开）
定价: CNY0.55
　　中国现代戏剧舞台摄影作品。

J0116309
唐伯虎　池一平, 陈坚摄; 顾锡东配词
杭州 浙江人民美术出版社 1988 年 2 张
76cm（2 开）定价: CNY0.65
　　中国现代戏剧舞台摄影作品。作者陈坚
（1959—　　），山东青岛人。曾任中国美术家协会
水彩画艺术委员会副主任兼秘书长、北京市美协
水彩画艺术委员会副主任、北京水彩画学会副
会长。主要作品有《塔吉克老人》《塔吉克姑娘》
《逝》等。

J0116310
唐伯虎点秋香　陈春轩摄
上海 上海人民美术出版社 1988 年 1 张
76cm（2 开）定价: CNY0.36
　　中国现代戏剧舞台摄影作品。

J0116311
唐伯虎与沈九娘　何兆欣, 石强摄; 姚莹湘配诗
北京 人民美术出版社 1988 年 2 张 76cm（2 开）
定价: CNY0.80
　　中国现代戏剧舞台摄影作品。

J0116312
无双传　王秉龙摄
北京 中国戏剧出版社 1988 年 2 张 76cm（2 开）
定价: CNY0.55
　　中国现代戏剧舞台摄影作品。

J0116313
舞台姻缘集锦　池一平, 陈坚摄
杭州 浙江人民美术出版社 1988 年 2 张
76cm（2 开）定价: CNY0.65
　　中国现代舞台摄影作品。

J0116314
喜结良缘　尹福康摄
上海 上海书画出版社 1988 年 1 张 76cm（2 开）
定价: CNY0.36

中国现代舞台摄影作品。

J0116315
戏剧鸳鸯谱　北京美术摄影出版社编
北京 北京美术摄影出版社 1988 年 2 张
76cm（2 开）定价：CNY0.48
　　中国现代戏剧舞台摄影作品。

J0116316
杨七郎与杨七娘　王秉龙摄
北京 中国戏剧出版社 1988 年 2 张 76cm（2 开）
定价：CNY0.55
　　中国现代戏剧舞台摄影作品。

J0116317
元妃省亲　（大型古装表演 汉、日、英对照）北
京大观园管理委员会编
北京 北京美术摄影出版社 1988 年 13cm（64 开）
折装
　　中国现代舞台摄影作品。

J0116318
岳震招亲　晓丁，于速摄
北京 中国戏剧出版社 1988 年 2 张 76cm（2 开）
定价：CNY0.55
　　中国现代戏剧舞台摄影作品。

J0116319
钟馗嫁妹　常河摄；王秉龙编
天津 天津人民美术出版社 1988 年 2 张
76cm（2 开）定价：CNY0.80
　　中国现代戏剧舞台摄影作品。

J0116320
诸葛亮招亲　王秉龙摄
北京 中国戏剧出版社 1988 年 2 张 76cm（2 开）
定价：CNY1.20
　　中国现代戏剧舞台摄影作品。作者王秉龙
（1943—　　），生于山西祁县。中国戏剧家协会会
员，北京美术家协会会员。擅长楷书、魏碑、行
书。出版《科学发明家故事》《明史演义》等多部
连环画册；改编拍摄并出版了几百种传统戏曲年
画，被称为中国戏曲年画摄影第一人。

J0116321
草原欢歌　（新疆舞蹈 摄影）
乌鲁木齐 新疆人民出版社 1989 年 1 张
76cm（2 开）定价：CNY1.00
　　中国现代舞蹈摄影作品。

J0116322
大漠深情　（摄影 新疆舞蹈）
乌鲁木齐 新疆人民出版社 1989 年 1 张
76cm（2 开）定价：CNY1.00
　　中国现代舞蹈摄影作品。

J0116323
洞房花烛　杭志忠摄
天津 天津人民美术出版社 1989 年 1 张
76cm（2 开）定价：CNY0.50

J0116324
斗法降三怪　《西游记》剧组供稿
天津 天津人民美术出版社 1989 年 2 张
76cm（2 开）定价：CNY1.10

J0116325
芳情相思知多少　任清威摄
上海 上海人民美术出版社 1989 年 1 张
76cm（2 开）定价：CNY1.00

J0116326
哈萨克族舞蹈　（新疆舞蹈 摄影）
乌鲁木齐 新疆人民出版社 1989 年 1 张
76cm（2 开）定价：CNY1.00
　　中国现代舞蹈摄影作品。

J0116327
金殿让子　陈春轩，刘福同摄
上海 上海人民美术出版社 1989 年 2 张
76cm（2 开）定价：CNY0.90
　　中国现代戏剧舞台摄影作品。

J0116328
龙凤呈祥　王秉龙摄
重庆 重庆出版社 1989 年 1 张 76cm（2 开）
定价：CNY0.55
　　年画形式的中国现代舞台摄影作品。

J0116329
绿林奇缘 陈春轩，王全亭摄
西安 陕西人民美术出版社 1989 年 1 张
76cm（2 开）定价：CNY0.48

J0116330
心花怒放 （新疆舞蹈 摄影）
乌鲁木齐 新疆人民出版社 1989 年 1 张
76cm（2 开）定价：CNY1.00
　　中国现代舞蹈摄影作品。

J0116331
芭蕾之梦 翟欣建摄
北京 外文出版社 1990 年 10 张 15cm（40 开）
ISBN：7–119–0131–7 定价：CNY2.00
　　中国现代舞台摄影作品。

J0116332
拜月记 林峰编摄
北京 人民美术出版社 1990 年 3 张 76cm（2 开）
定价：CNY1.05
　　中国现代戏剧舞台摄影作品。

J0116333
共和国保卫者 陆明华摄
上海 上海人民美术出版社 1990 年 1 张（2 开）
定价：CNY1.00

J0116334
皇后易嫁 豫强，益民摄
杭州 浙江人民美术出版社 1990 年 2 张
76cm（2 开）定价：CNY2.70
　　中国现代戏剧舞台摄影作品。作者益民，擅
长摄影。主要年画作品有《西厢记》《百年和合》
《琴棋书画》等。

J0116335
金殿拒婚 豫强，益民摄
杭州 浙江人民美术出版社 1990 年 2 张
76cm（2 开）定价：CNY0.90
　　中国现代戏剧舞台摄影作品。

J0116336
喜脉案 吴钟炎编；陈春轩，杭志忠摄
哈尔滨 黑龙江美术出版社 1990 年 2 张

76cm（2 开）定价：CNY1.15
　　中国现代戏剧舞台摄影作品。

J0116337
珍珠塔传奇 何兆新摄
西安 陕西人民美术出版社 1990 年 2 张
76cm（2 开）定价：CNY1.10
　　中国现代戏剧舞台摄影作品。

J0116338
醉戏柳眉儿 晓地摄
天津 天津人民美术出版社 1990 年 2 张
76cm（2 开）定价：CNY1.10
　　中国现代戏剧舞台摄影作品。

J0116339
宫廷杀手江湖客 （剧照四条屏）
天津 天津人民美术出版社 1991 年 2 张
76cm（2 开）ISBN：7–5305–2198–1
定价：CNY1.20

J0116340
红叶 （摄影）胡维标摄
天津 天津人民美术出版社 1991 年 1 张
76cm（2 开）ISBN：7–5305–2215 定价：CNY0.55

J0116341
花枪缘 （摄影）王秉龙摄
天津 天津人民美术出版社 1991 年 1 张
76cm（2 开）ISBN：7–5305–2210–1
定价：CNY0.55
　　中国现代戏剧舞台摄影作品。

J0116342
交谊舞 （摄影）阿声，周畅摄
北京 人民美术出版社 1991 年 4 张 76cm（2 开）
定价：CNY4.40
　　中国现代舞蹈摄影作品。

J0116343
巾帼英雄 （剧照条屏 — 梁红玉）陈春轩等摄
上海 上海人民美术出版社 1991 年 1 张
78cm（2 开）定价：CNY0.80
　　中国现代戏剧剧照。

J0116344

巾帼英雄 （剧照条屏 二 双阳公主）陈春轩等摄
上海 上海人民美术出版社 1991 年 1 张
78cm（2 开）定价：CNY0.80
　　　中国现代戏剧剧照。

J0116345

巾帼英雄 （剧照条屏 三 杨八姐）陈春轩等摄
上海 上海人民美术出版社 1991 年 1 张
78cm（2 开）定价：CNY0.80
　　　中国现代戏剧剧照。

J0116346

巾帼英雄 （剧照条屏 四 穆桂英）陈春轩等摄
上海 上海人民美术出版社 1991 年 1 张
78cm（2 开）定价：CNY0.80
　　　中国现代戏剧剧照。

J0116347

救风尘 （剧照四条屏）江苏电视台供稿
南京 江苏美术出版社 1991 年 2 张 76cm（2 开）
定价：CNY1.10
　　　中国现代戏剧剧照。

J0116348

吕洞宾飞剑斩三虎 蒋剑奎文；徐晓摄
南京 江苏美术出版社 1991 年 2 张 76cm（2 开）
定价：CNY1.10
　　　年画形式的中国现代戏剧剧照。作者徐晓，
擅长摄影。主要作品有《真假唐伯虎》《金玉满
堂》《金鸡独立》等。

J0116349

女侠野玫瑰 （剧照四条屏）徐晓摄；蒋剑奎文
天津 天津人民美术出版社 1991 年 2 张
76cm（2 开）ISBN：7-5305-2198-4
定价：CNY1.20

J0116350

西厢记 （摄影）
天津 天津人民美术出版社 1994 年 2 张
77×53cm 定价：CNY2.40
　　　年画形式的中国现代戏剧剧照。

J0116351

汉宫怨 （剧照四条屏）建国摄
南京 江苏美术出版社 1995 年 2 张 77×53cm
定价：CNY3.90
　　　年画形式的中国现代戏剧剧照。

J0116352

走向辉煌 （庆祝新疆维吾尔自治区成立四十
周年大型文艺演出）郝丽萍主编；宋士敬等摄影
乌鲁木齐 新疆美术摄影出版社 1996 年 有彩照
29cm（16 开）ISBN：7-80547-368-4
定价：CNY68.00
　　　庆祝新疆维吾尔自治区成立四十周年大型
文艺演出舞台摄影集。

J0116353

牛眼看家 （牛群名家摄影集）牛群作
北京 中国摄影出版社 1997 年 234 页 25×25cm
ISBN：7-80007-224-X 定价：CNY98.00

中国动体、夜间、空中、水下摄影作品

J0116354

跳舞照相集 （现代上海舞星）
上海 新明照相社 1935 年 24 页 ［18cm］（42 开）
　　　本书收照片 28 幅。

J0116355

西陲吟痕 张默君著
南京 ［1935 年］38 页 有照片 15×23cm（23 开）
活页精装
　　　本书收作者至陕西、甘肃、山西、宁夏一带
旅游所拍摄的照片 40 幅，每幅照片附有题诗。

J0116356

文娱和体育
北京 人民美术出版社 1950 年 ［16cm］（26 开）
定价：CNY0.20
（工农画册）
　　　本书系中国现代体育摄影作品集。

J0116357

锻炼身体保卫祖国 （"八一"体育大会摄影集）

北京 人民美术出版社 1953 年 26cm（16 开）
定价：CNY0.36
　　中国现代体育摄影作品。

J0116358
一九五三年的五次全国运动会　中华全国体
育总会编
北京 人民美术出版社 1954 年 定价：CNY1.00
　　中国现代体育摄影集。

J0116359
新中国学生的体育活动　人民体育出版社编
［北京］人民体育出版社 1955 年 定价：CNY0.40
　　中国现代体育摄影作品。

J0116360
匈牙利人民的体育活动　上海人民美术出版
社编
上海 上海人民美术出版社 1955 年
定价：CNY0.26

J0116361
1955 年的体育运动　人民体育出版社编
［北京］人民体育出版社 1956 年 定价：CNY0.60
　　中国现代体育摄影作品。

J0116362
奥运会选拔　（画册）人民体育出版社编
［北京］人民体育出版社 1956 年 定价：CNY0.50
　　中国现代体育摄影作品。

J0116363
开展群众性体育运动　上海人民美术出版社编
上海 上海人民美术出版社 1956 年
定价：CNY0.40
（人民中国画库）
　　中国现代群众体育摄影集。

J0116364
游泳与体操　（画册）人民体育出版社编
［北京］人民体育出版社 1956 年 定价：CNY0.60
　　中国现代体育摄影集。

J0116365
少年运动员　全国第一届少年体育运动会宣传

处编
北京 人民体育出版社 1957 年 36 页 30cm（12 开）
定价：CNY0.60

J0116366
万众奔腾　（上海人民广场节日夜景）张颖摄
上海 上海人民美术出版社 1960 年
定价：CNY0.10
　　中国现代摄影作品。

J0116367
以攀登珠穆朗玛峰的英雄气概攻尖端，攀高峰
北京 人民体育出版社 1960 年 定价：CNY0.12
　　中国现代体育摄影作品。

J0116368
第二十六届世界乒乓球锦标赛纪念画册
中华人民共和国乒乓球协会编；于兆雄等摄影
北京 人民体育出版社 1961 年 ［69］页
29cm（15 开）定价：CNY22.00（甲种本），
CNY17.00（乙种本），CNY22.00（英文译本）

J0116369
中国登山运动　（摄影集）人民体育出版社编辑
［北京］人民体育出版社 1964 年 27cm（大 16 开）
定价：CNY6.50

J0116370
中国登山运动　人民体育出版社编
［北京］外文出版社 1965 年
　　中国现代体育摄影作品。

J0116371
革命赞歌　（中华人民共和国第二届运动会团
体操摄影画册）人民体育出版社编辑
北京 人民体育出版社 1966 年 ［33］页
19×28cm 统一书号：8015.1342 定价：CNY1.50

J0116372
月夜哨兵　大海摄影
武汉 湖北人民出版社 1970 年 1 张 54cm（4 开）
定价：CNY0.07
　　中国现代夜间摄影作品。

J0116373

月夜哨兵　大海摄影

长春 吉林人民出版社 1970 年 1 张 54cm（4 开）

定价：CNY0.07

　　中国现代夜间摄影作品。

J0116374

月夜哨兵　大海摄影

天津 天津人民美术出版社 1970 年 1 张 54cm（4 开）定价：CNY0.07

　　中国现代夜间摄影作品。

J0116375

月夜哨兵　大海摄影

［石家庄］河北人民出版社 1971 年 1 张 53cm（4 开）定价：CNY0.07

　　中国现代夜间摄影作品。

J0116376

月夜哨兵　大海摄影

［沈阳］辽宁省新华书店 1971 年 1 张 76cm（2 开）定价：CNY0.12

　　中国现代夜间摄影作品。

J0116377

月夜哨兵　大海摄影

北京 人民美术出版社 1971 年 1 张 76cm（2 开）

定价：CNY0.16

　　中国现代夜间摄影作品。

J0116378

月夜哨兵　大海摄影

北京 人民美术出版社 1971 年 1 张 53cm（4 开）

定价：CNY0.08

　　中国现代夜间摄影作品。

J0116379

武术新花向阳红　（四条屏）人民体育出版社编

北京 人民体育出版社 1974 年 2 张 76cm（2 开）

定价：CNY0.28

　　中国现代体育摄影作品。

J0116380

中国旅游　（汉文版）中国国际旅行社总社，外文出版社编

北京 外文出版社 1974 年 30cm（10 开）

定价：CNY10.00

　　中国现代旅游摄影作品。

J0116381

武汉杂技　（摄影集）武汉杂技团供稿；黄克勤摄影

武汉 湖北人民出版社 1975 年 10 幅 11×15cm（50 开）统一书号：8106.1497

定价：CNY0.50

　　中国现代体育摄影作品。

J0116382

武汉杂技　（四条屏）黄克勤摄影

［武汉］湖北人民出版社 1975 年 2 张 76cm（2 开）定价：CNY0.28

　　中国现代体育摄影作品。

J0116383

武术新花　（四条屏）章械华摄

［石家庄］河北人民出版社 1975 年 2 张 76cm（2 开）定价：CNY0.28

　　中国现代体育摄影作品。

J0116384

万里长江横渡　武汉市体育运动委员会《万里长江横渡》画册编辑组编

北京 人民体育出版社 1977 年 32 页 25cm（16 开）

统一书号：8015.1637 定价：CNY1.00

　　中国现代体育摄影作品。

J0116385

健美的盛会　（一九七八年上海国际体操友好邀请赛）许培德等摄；刘振恺等英译；张其正等编辑

上海 上海教育出版社 1979 年 92 页 26cm（16 开）

统一书号：7150.2071 定价：CNY7.50

　　中国体育摄影作品集。

J0116386

江山多娇　（编号：总稿 9046）新华社稿

上海 上海新华书店发行 1979 年 30 幅 25×31cm 定价：CNY15.00

　　新华社新闻展览照片。

J0116387

体育摄影作品选 （一）人民体育出版社编辑

北京 人民体育出版社 1979年 46页 20cm（32开）

统一书号：8015.1731 定价：CNY0.70

中国体育摄影集。

J0116388

体育摄影作品选 （二 汉、英文对照）人民体育出版社编

北京 人民体育出版社 1980年 20cm（32开）

统一书号：8015.1860 定价：CNY1.20

J0116389

体育之春 人民体育出版社编辑

北京 人民体育出版社 1979年 200页 35cm（8开）

统一书号：8015.1726 定价：CNY14.80

中国体育摄影集。

J0116390

五星红旗插上托木尔峰 中国登山队，《体育报》编辑部编

北京 外文出版社 1979年 103页［30cm］

中国现代体育摄影作品选集。

J0116391

马术 （汉、蒙、英文对照）李祖慧等摄影

呼和浩特 内蒙古人民出版社 1980年 12张

13cm（64开）定价：CNY0.60

中国现代体育摄影作品。

J0116392

体操 （摄影画册）官天一等摄影；王英恒编辑

北京 人民体育出版社 1980年 19cm（小32开）

统一书号：8015.1828 定价：CNY1.40

（中国体育运动画册 1）

中国现代体育摄影作品。作者官天一（1940— ），记者、摄影编辑。山东高密人。历任新华社主任记者，中国摄影家协会会员，中国体育摄影学会常务理事。出版有《体育摄影理论与实践》等。

J0116393

中国的旅行 （3 敦煌和西北·西南）邵宇，〔日〕野间省一主编；中国人民美术出版社编辑

北京 中国人民美术出版社 1980年 180页

25cm（小16开）

中国现代旅游摄影作品。作者邵宇（1919—1992），教授。曾用名邵进德，辽宁丹东人。毕业于北平美术专科学校。代表作品有《土地》《上饶集中营》《首都速写》《选举》《早读》等。

J0116394

中国的旅行 （4 上海和华东）邵宇，〔日〕野间省一主编；中国人民美术出版社编辑

北京 中国人民美术出版社 1980年 180页

25cm（小16开）

中国现代旅游摄影作品。

J0116395

中国的旅行 （5 桂林和华中·华南）邵宇，〔日〕野间省一主编；中国人民美术出版社编辑

北京 中国人民美术出版社 1980年 180页

25cm（小16开）

中国现代旅游摄影作品。

J0116396

中国体育运动画册 （一 体操 汉、英文对照）

北京 人民体育出版社 1980年 68页

19cm（小32开）定价：CNY1.40

中国现代体育摄影作品。

J0116397

中国体育运动画册 （二 田径技巧 汉、英文对照）

北京 人民体育出版社 1980年 56页

19cm（小32开）定价：CNY1.20

中国现代体育摄影作品。

J0116398

承德金山 白亮摄

北京 中国旅游出版社 1981年［1张］

76cm（2开）定价：CNY0.18

中国现代旅游摄影年画作品。

J0116399

昆明大观楼 鄂毅摄

北京 中国旅游出版社 1981年［1张］

76cm（2开）定价：CNY0.18

中国现代旅游摄影作品。

J0116400

台湾的山岳摄影　阮荣助作
台北 同光出版社 1981 年 202 页 29×22cm
精装 定价：TWD450.00
（台湾摄影大系 1）
　　中国现代旅游摄影作品。

J0116401

台湾的山岳摄影　阮荣助作
台北 同光出版社 1982 年 再版 202 页
29×22cm 精装 定价：TWD450.00
（台湾摄影大系 1）
　　中国现代旅游摄影作品。

J0116402

体育集锦　周铁侠等摄；张晓岚编
上海 上海人民美术出版社 1981 年［1 张］
76cm（2 开）定价：CNY0.16
　　中国现代体育摄影作品。作者周铁侠
（1943— ），人民体育出版社编审，中国摄影家
协会理事，中国体育摄影学会副秘书长。

J0116403

武术　王景仁等摄
北京 人民美术出版社 1981 年 2 张 76cm（2 开）
定价：CNY0.32
　　中国现代体育摄影作品。

J0116404

陕西杂技　郭继成，王守平摄影
西安 陕西人民美术出版社 1982 年 2 张
76cm（2 开）定价：CNY0.36
　　中国现代体育摄影作品。

J0116405

孔雀舞　谢新发，潘敖齐摄
上海 上海人民美术出版社 1983 年［1 张］
76cm（2 开）定价：CNY0.16
　　中国现代摄影作品。作者谢新发，擅长年画
摄影。主要作品有《节日欢舞》《风光摄影》《怎
样拍摄夜景》等。

J0116406

庐山　（汉英文对照）
北京 外文出版社 1983 年 119页［20cm］（32 开）

定价：CNY6.60
　　本书收有彩色照片 120 幅，除介绍庐山各旅
游点外，还介绍了九江市区，鄱阳湖和石钟山等
附近名胜。另附导游图和介绍庐山历史、地理，
以及神话传说的短文。

J0116407

杂技之花　黄克勤摄
武汉 湖北人民出版社 1983 年 2 张 76cm（2 开）
定价：CNY0.36
　　本作品是中国现代年画。

J0116408

1985 年月历　（中国健儿在第23届奥运会上）
周铁侠，吴桦摄影
北京 人民美术出版社 1984 年 54cm（4 开）
定价：CNY3.30

J0116409

钓鱼台国宾馆　陈书帛，刘英杰摄影
北京 中国旅游出版社 1984 年 76cm（2 开）
定价：CNY0.18
　　中国现代摄影作品。

J0116410

体育大看台　杨克林等摄影
上海 上海人民美术出版社 1984 年 1 张
76cm（2 开）定价：CNY0.16
　　中国现代体育摄影作品。

J0116411

武术　唐禹民，张连诚摄影
成都 四川人民出版社 1984 年 1 张 76cm（2 开）
定价：CNY0.16
　　中国现代体育摄影作品。

J0116412

艺术体操　华安，小京摄影
南宁 漓江出版社 1984 年 1 张 76cm（2 开）
定价：CNY0.16
　　中国现代体育摄影作品。

J0116413

飒爽英姿
北京 人民体育出版社 1985 年 1 张 76cm（2 开）

定价：CNY0.20
　　中国现代体育摄影作品。

J0116414
武坛新苗
北京 人民体育出版社 1985 年 1 张 76cm（2 开）
定价：CNY0.20
　　中国现代武术摄影作品。

J0116415
西子鸟瞰　张克庆摄
杭州 浙江人民美术出版社 1985 年 1 张
76cm（2 开）定价：CNY0.45
　　中国现代航空摄影作品。

J0116416
中华武术　袁学军等摄
北京 人民美术出版社 1985 年 2 张 76cm（2 开）
定价：CNY0.52
　　中国现代体育摄影作品。作者袁学军
（1950—　），四川成都人，解放军画报社主任记
者。作品有《我们劳动去》《二重奏》《印象·青
藏高原》等。

J0116417
中华武术　杨克林等摄影；何伟琪撰文
上海 上海人民美术出版社 1985 年 6 张
53cm（4 开）定价：CNY0.70
　　中国现代体育摄影作品。

J0116418
绿茵梦　（85/91 辽沈足坛纪实）李振岐摄影
沈阳 辽宁美术出版社 1986 年 14×26cm
ISBN：7-5314-0942-9 定价：CNY12.00
　　本摄影画册通过 146 幅图片，记述中国足坛
1985—1991 年在辽宁地区的重要赛事。

J0116419
武林精英访遍世界
北京 人民体育出版社 1986 年 2 张 76cm（2 开）
定价：CNY0.50
　　中国现代武术摄影作品。

J0116420
武林新苗

北京 人民体育出版社 1986 年 2 张 76cm（2 开）
定价：CNY0.50
　　中国现代武术摄影作品。

J0116421
武英高手张宏梅
北京 人民体育出版社 1986 年 1 张 76cm（2 开）
定价：CNY0.25
　　中国现代武术摄影作品。

J0116422
羊城之夜　韶光摄
广州 岭南美术出版社 1986 年 1 张 76cm（2 开）
定价：CNY0.42
　　中国现代夜间摄影作品。

J0116423
岳阳楼月色　孙智和摄
天津 天津人民美术出版社 1986 年 1 张
76cm（2 开）定价：CNY0.22
　　中国现代夜间风光摄影作品。

J0116424
战斗在世界屋脊　成都军区政治部宣传部，解
放军画报社编
北京 长城出版社 1986 年 26cm（16 开）
定价：CNY14.00
　　中国现代军事摄影作品。

J0116425
大江南北　（新四军抗日战争革命史料画集）上
海市新四军历史研究会编
上海 上海人民美术出版社 1987 年 116 页
26×24cm ISBN：7-5322-0002-7
定价：CNY8.65，CNY11.00（精装）
　　本画集收图 600 幅，共分 3 部分，第一部分
是 1937—1945 年抗战初期至抗日战争胜利的摄
影作品；第二部分是文献文物，编入抗日战争时
期中共中央的文献；第三部分美术作品，编入新
四军时期美术工作者木刻、年画、宣传画、速写
等 160 多幅。本书与上海画报出版社合作出版。

J0116426
凤舞龙姿
北京 人民体育出版社 1987 年 1 张 76cm（2 开）

定价：CNY0.30

中国现代体育摄影作品。

J0116427

健美　陈振戈，江聪摄影
贵阳 贵州美术出版社［1987年］1张
54cm（4开）定价：CNY0.35

中国现代体育摄影作品。

J0116428

健美　孙文志摄
武汉 湖北美术出版社 1987年 1张 76cm（2开）
定价：CNY0.26

中国现代体育摄影作品，内容为艺术体操之球操。

J0116429

健美　姚亚萍等摄影；刘勉怡文
长沙 湖南美术出版社［1987年］8张
15cm（40开）定价：CNY1.80

中国现代体育摄影作品。作者刘勉怡（1944—　），湖南湘乡人，湖南美术出版社任职。

J0116430

龙腾虎跃
北京 人民体育出版社 1987年 2张 76cm（2开）
定价：CNY0.60

中国现代体育摄影作品。

J0116431

气功强身法图解　王崇行等编；吴延恺摄
上海 上海教育出版社 1987年 1张 107cm（全开）
定价：CNY0.85

中国现代体育摄影作品。

J0116432

天津水上公园鸟瞰　王志城摄
天津 天津人民美术出版社 1987年 1张
76cm（2开）定价：CNY0.30

中国现代航空摄影作品。

J0116433

五连冠——中国女排
北京 人民体育出版社 1987年 2张 76cm（2开）
定价：CNY0.60

中国现代体育摄影作品。

J0116434

武林高手陈凤萍
北京 人民体育出版社 1987年 1张 76cm（2开）
定价：CNY0.30

中国现代武术摄影作品。

J0116435

武术新秀张宏梅　金禺摄
天津 天津人民美术出版社 1987年 1张
76cm（2开）定价：CNY0.28

中国现代体育摄影作品。

J0116436

武坛女杰
北京 人民体育出版社 1987年 2张 76cm（2开）
定价：CNY0.60

中国现代武术摄影作品。

J0116437

新旅游胜地——湖南武陵山　张朝玺摄
天津 天津人民美术出版社 1987年 1张
76cm（2开）定价：CNY0.30

中国现代旅游摄影作品。

J0116438

英姿勃勃
北京 人民体育出版社 1987年 1张 76cm（2开）
定价：CNY0.30

中国现代体育摄影作品。

J0116439

中华武术　三禾摄
天津 天津人民美术出版社 1987年 2张
76cm（2开）定价：CNY0.60

中国现代体育摄影作品。

J0116440

周游世界　江苏美术出版社编
南京 江苏美术出版社 1987年 2张 76cm（2开）
定价：CNY0.60

中国现代旅游摄影作品。

J0116441

安徽黄山　谭尚忍摄

天津 天津人民美术出版社 1988 年 1 张

76cm（2 开）定价：CNY0.40

　　中国现代工艺美术旅游摄影年画作品。作者谭尚忍（1940— ），上海人。上海美术家协会和上海摄影家协会会员，上海人民美术出版社副编审。作品有《儿童武书》《民族英雄岳飞》等。

J0116442

冰灯艺术　宋辉，德振摄

天津 天津人民美术出版社 1988 年 2 张

76cm（2 开）定价：CNY0.80

　　中国现代夜间摄影作品。

J0116443

旅游胜地厦门风光　梅林摄

北京 中国戏剧出版社 1988 年 2 张 76cm（2 开）

定价：CNY0.55

　　中国现代旅游摄影作品。

J0116444

拳术　张泓摄

南宁 广西人民出版社 1988 年 2 张 76cm（2 开）

定价：CNY0.80

　　中国现代体育摄影作品。

J0116445

武术　冯进，忠民摄

武汉 湖北美术出版社 1988 年 2 张 76cm（2 开）

定价：CNY0.74

　　中国现代体育摄影作品。

J0116446

杂技艺术之花　费文麓摄；李志涓编

北京 中国连环画出版社 1988 年 2 张

76cm（2 开）定价：CNY0.95

　　中国现代体育摄影作品。

J0116447

中华戏曲武功　（毯子功）梅林摄

北京 中国戏剧出版社 1988 年 2 张 76cm（2 开）

定价：CNY0.55

　　中国现代体育摄影作品。

J0116448

华人揽胜　国人等摄

西安 陕西人民美术出版社 1989 年 1 张

76cm（2 开）定价：CNY0.48

　　中国现代旅游摄影作品。

J0116449

青春之光　（摄影）

北京 人民体育出版社 1989 年 1 张 76cm（2 开）

定价：CNY0.50

　　中国现代体育摄影作品。

J0116450

中华武术　陈振新摄

北京 人民美术出版社 1989 年 2 张 76cm（2 开）

定价：CNY1.05

　　中国现代体育摄影作品。

J0116451

北京天安门广场　李长捷摄

北京 中国旅游出版社 1990 年 1 张（2 开）

定价：CNY1.15

　　中国现代旅游摄影作品。

J0116452

宫廷游　金宝根等摄

上海 上海书画出版社 1990 年 8 张（2 开）

定价：CNY6.00

　　中国现代旅游摄影作品。

J0116453

胡同壹佰零一像　徐勇摄

杭州 浙江摄影出版社 1990 年 101 页 27×28cm

精装 ISBN：7-80536-077-4

　　本摄影画册共收有 101 幅北京胡同照片，展现了北京人传统生活的历史和现状。有"四合院""雕花门楼""富贵门第""贫舍寒门"等。中英文本。作者徐勇（1954— ），摄影家。上海人。中国摄影家协会会员，北京摄影家协会会员。代表作品有《胡同》《小方家胡同》《解决方案》《这张脸》等。

J0116454

亚运丹青

北京 奥林匹克出版社 1990 年 10 张 15cm（40 开）

ISBN: 7-80067-136-4 定价: CNY3.20
　　中国现代体育摄影作品。

J0116455
足球本来并不圆　陈健麟编著
广州 花城出版社 1990 年 26cm(16 开)
　　中国现代体育摄影作品。

J0116456
冰灯奇观　(摄影四条屏)华绍祖摄
天津 天津人民美术出版社 1991 年 2 张
76cm(2 开) ISBN: 7-5305-2199-9
定价: CNY1.20
　　中国现代夜间摄影作品。

J0116457
刀枪剑棍闪烁生辉　(摄影四条屏)
北京 人民体育出版社 1991 年 2 张 76cm(2 开)
定价: CNY1.20
　　中国现代体育摄影作品。

J0116458
峨眉刺　(摄影)
北京 人民体育出版社 1991 年 1 张 76cm(2 开)
定价: CNY0.60
　　中国现代体育摄影作品。

J0116459
剑术　(摄影)
北京 人民体育出版社 1991 年 1 张 76cm(2 开)
定价: CNY0.60
　　中国现代体育摄影作品。

J0116460
江苏旅游　(摄影四条屏)庄原等摄
南京 江苏美术出版社 1991 年 2 张 76cm(2 开)
定价: CNY1.60
　　中国现代旅游摄影作品。

J0116461
力量　(摄影)
天津 天津人民美术出版社 1991 年 1 张
76cm(2 开) ISBN: 7-5305-2202-7
定价: CNY0.55
　　中国现代体育摄影作品。

J0116462
力与美　(摄影)
南京 江苏美术出版社 1991 年 1 张 76cm(2 开)
定价: CNY1.80
　　中国现代体育摄影作品。

J0116463
南拳　(摄影)
北京 人民体育出版社 1991 年 1 张 76cm(2 开)
定价: CNY0.60
　　中国现代体育摄影作品。

J0116464
苏联大马戏团　(摄影)刘明浩, 金定根摄
上海 上海人民美术出版社 [1991 年] 1 张
76cm(2 开) 定价: CNY1.10
　　中国现代夜间摄影作品。

J0116465
武林少年为国争光　(摄影四条屏)
北京 人民美术出版社 1991 年 2 张 76cm(2 开)
定价: CNY1.20
　　中国现代体育摄影作品。

J0116466
相聚在北京　(北京第十一届亚洲运动会大型
团体操)
北京 人民体育出版社 1991 年 2 张 76cm(2 开)
定价: CNY1.20
　　中国现代体育摄影年画作品。

J0116467
陕西风貌　(汉英对照)陕西省外事办公室编
西安 陕西人民美术出版社 1992 年 29cm(18 开)
ISBN: 7-5368-0302-8 定价: CNY60.00
　　中国现代旅游摄影集, 介绍了陕西历史、自
然、经济和文化艺术的概貌。分雄姿、揽胜、溢
彩、惠风 4 篇。

J0116468
长城颂　(韩荣志军事摄影作品选)韩荣志摄
北京 长征出版社 1992 年 80 页 21×19cm
ISBN: 7-80015-227-8 定价: CNY8.30
(解放军报社老新闻工作者作品选)
　　本影集所选作品, 反映了大半个世纪以来我

国革命斗争历史和我军所走过的光辉历程。作者韩荣志(1925—2003),曾名萧军、均隐、聂楚,出生于河北清苑县。历任中国新闻摄影学会副会长、顾问,中国老年摄影家学会理事等。编著有《让更多的新闻照片问世》。

J0116469

安徽黄山 （摄影）牛嵩林摄

北京 中国旅游出版社 1994 年 1 张 38×106cm

定价：CNY1.90

　　中国现代旅游摄影年画作品。

J0116470

百花盛开的季节 田予摄

北京 中国旅游出版社 1994 年 1 张 38×106cm

定价：CNY1.60

　　中国现代旅游摄影作品。

J0116471

北京八一湖公园 （摄影）蒙紫摄

北京 中国旅游出版社 1994 年 1 张 38×106cm

定价：CNY1.90

　　中国现代旅游摄影作品。作者蒙紫（1933—　　）,摄影家。历任解放军画报记者,中国摄影家协会理事,中国旅游出版社编辑室主任、编委会副主任、高级记者、编审等。出版了《美丽的桂林》《故宫》《紫禁城》《炎黄故里》等画册。

J0116472

北京大观园 （摄影）肖顺权摄

北京 中国旅游出版社 1994 年 1 张 38×106cm

定价：CNY1.90

　　中国现代旅游摄影作品。作者肖顺权（1934—　　）,曾用名肖顺泉、肖舜权。河北博野人。曾任人民美术出版社总编办公室副主任、摄影部副主任等职。主要作品有《唐永泰公主墓壁画集》《故宫》《元明清雕塑》等。

J0116473

北京日坛公园 （摄影）陈书帛摄

北京 中国旅游出版社 1994 年 1 张 38×106cm

定价：CNY1.90

　　中国现代旅游摄影作品。

J0116474

北京天安门广场 李长捷摄

北京 中国旅游出版社 1994 年 1 张 38×106cm

定价：CNY1.60

　　中国现代旅游摄影作品。

J0116475

北京天坛公园 卞志武摄

北京 中国旅游出版社 1994 年 1 张 38×106cm

定价：CNY1.60

　　中国现代旅游摄影作品。

J0116476

北京天坛双环亭 董瑞成摄

北京 中国旅游出版社 1994 年 1 张 38×106cm

定价：CNY1.60

　　中国现代旅游摄影作品。

J0116477

北京颐和园之春 陈书帛摄

北京 中国旅游出版社 1994 年 1 张 38×106cm

定价：CNY1.60

　　中国现代旅游摄影作品。

J0116478

北京游乐园 （摄影）鄂毅摄

北京 中国旅游出版社 1994 年 1 张 38×106cm

定价：CNY1.90

　　中国现代旅游摄影作品。

J0116479

北京玉渊潭公园 徐庄摄

北京 中国旅游出版社 1994 年 1 张 38×106cm

定价：CNY1.60

　　中国现代旅游摄影作品。

J0116480

北京圆明园 肖田摄

北京 中国旅游出版社 1994 年 1 张 38×106cm

定价：CNY1.60

　　中国现代旅游摄影作品。

J0116481

北京中山公园 田歌摄

北京 中国旅游出版社 1994 年 1 张 38×106cm

定价: CNY1.60

　中国现代旅游摄影作品。

J0116482

春到天坛 （摄影）鄂毅摄

北京 中国旅游出版社 1994 年 1 张 38×106cm

定价: CNY1.90

　中国现代旅游摄影作品。作者鄂毅(1941—),
摄影家。毕业于中央工艺美术学院。曾任北京
出版社美术编辑、中国旅游出版社摄影编辑室主
任。中国摄影家协会会员、中国出版摄影艺术委
员会副主任。主要作品《晨歌》《姐妹松》《苍岩
毓秀》等, 著有《风光摄影的理论与实践》。

J0116483

春到扬州瘦西湖 （摄影）谷维恒摄

北京 中国旅游出版社 1994 年 1 张 38×106cm

定价: CNY1.90

　中国现代旅游摄影作品。

J0116484

春满枝头 （摄影）鄂毅摄

北京 中国旅游出版社 1994 年 1 张 38×106cm

定价: CNY1.90

　中国现代旅游摄影作品。

J0116485

春之歌 白桦摄

北京 中国旅游出版社 1994 年 1 张 77×53cm

定价: CNY1.60

　中国现代旅游摄影作品。

J0116486

钓鱼台公园 （摄影）蒙紫摄

北京 中国旅游出版社 1994 年 1 张 38×106cm

定价: CNY1.90

　中国现代旅游摄影作品。

J0116487

钓鱼台国宾馆 杨岩摄

北京 中国旅游出版社 1994 年 1 张 38×106cm

定价: CNY1.60

　中国现代旅游摄影年画作品。

J0116488

古园新貌 李长捷摄

北京 中国旅游出版社 1994 年 1 张 38×106cm

定价: CNY1.60

　中国现代旅游摄影作品。

J0116489

杭州曲院秀色 牛嵩林摄

北京 中国旅游出版社 1994 年 1 张 38×106cm

定价: CNY1.60

　中国现代旅游摄影作品。

J0116490

杭州植物园 （摄影）鄂毅摄

北京 中国旅游出版社 1994 年 1 张 38×106cm

定价: CNY1.90

　中国现代旅游摄影作品。

J0116491

黄山北海秀色 董瑞成摄

北京 中国旅游出版社 1994 年 1 张 53×154cm

定价: CNY0.80

　中国现代旅游摄影作品。

J0116492

节日天安门 王文波摄

北京 中国旅游出版社 1994 年 1 张 38×106cm

定价: CNY1.60

　中国现代旅游摄影作品。

J0116493

靖西瀑布 （新开发的广西旅游胜地）肖田摄

北京 中国旅游出版社 1994 年 1 张 53×77cm

定价: CNY1.60

　中国现代旅游摄影作品。

J0116494

漓江 （摄影）邓朝兴摄

北京 中国旅游出版社 1994 年 1 张 38×106cm

定价: CNY1.90

　中国现代旅游摄影年画作品。

J0116495

漓江春 肖山摄

北京 中国旅游出版社 1994 年 1 张 38×106cm

定价: CNY1.60

中国现代旅游摄影作品。

J0116496

宁静的亚运村 （摄影）胡维标摄

北京 中国旅游出版社 1994年 1张 38×106cm

定价: CNY1.90

中国现代旅游摄影作品。作者胡维标
（1939— ），著名风光摄影家。江苏镇江市人。
毕业于中国人民解放军防化学兵工程指挥学院
新闻系。中国摄影家协会会员。摄影作品以旅
游风光、古今建筑、文物为主。主要作品有《长
城风光》《北京风光荟萃》《故宫》《天安门》。

J0116497

乾隆皇帝江南足迹 （摄影）周锦骝撰文；刘
大健等摄影

北京 中国旅游出版社 1994年 2张 77×53cm

定价: CNY3.60

中国现代旅游摄影作品。

J0116498

**庆祝建国45周年全军摄影艺术展览作品
集** 解放军报社解放军画报编辑部编

北京 长城出版社 1994年 64页 29cm（16开）

ISBN: 7-80017-243-0 定价: CNY30.00

J0116499

厦门植物园 （摄影）谷维恒摄

北京 中国旅游出版社 1994年 1张 38×106cm

定价: CNY1.90

中国现代旅游摄影作品。

J0116500

深圳香蜜湖度假村 （摄影）鄂毅摄

北京 中国旅游出版社 1994年 1张 38×106cm

定价: CNY1.90

中国现代旅游摄影作品。

J0116501

桃红柳绿映碧池 （摄影）李捷摄

北京 中国旅游出版社 1994年 1张 38×106cm

定价: CNY1.90

中国现代旅游摄影作品。

J0116502

鲜花盛开天安门 （摄影）胡维标摄

北京 中国旅游出版社 1994年 1张 38×106cm

定价: CNY1.90

中国现代旅游摄影作品。

J0116503

香港九龙新貌 （摄影）胡维标摄

北京 中国旅游出版社 1994年 1张 38×106cm

定价: CNY1.90

中国现代旅游摄影作品。

J0116504

雪后谐趣园 高明义摄

北京 中国旅游出版社 1994年 1张 38×106cm

定价: CNY1.60

中国现代旅游摄影作品。

J0116505

扬州瘦西湖之春 （摄影）胡维标摄

北京 中国旅游出版社 1994年 1张 38×106cm

定价: CNY1.90

中国现代旅游摄影作品。

J0116506

扬州徐园春色 （摄影）田捷民摄

北京 中国旅游出版社 1994年 1张 38×106cm

定价: CNY1.90

中国现代旅游摄影作品。作者田捷民
（1954— ），浙江人。重庆市新闻图片社主任记
者。历任四川省摄影家协会副主席、中国摄影家
协会理事、重庆市文联委员、重庆市摄影家协会
驻会副主席兼秘书长等。代表作有《影人史进》
《重担在肩》《照野皑皑融雪》等。

J0116507

从空中看北京 （摄影集 中英文对照）郑炎主编

北京 北京美术摄影出版社 1995年 89页

25×26cm ISBN: 7-80501-184-2

中国现代空中摄影作品。外文书名：Over-
looking Beijing.

J0116508

花的肖像 （祖友义摄影集）祖友义摄

大连 大连出版社 1995年 108页 26×26cm

ISBN：7-80612-177-3
定价：CNY98.00，CNY138.00（精装）

外文书名：Flower Portraits. 本书与香港人民美术出版社合作出版。作者祖友义（1932—　），曾任人民美术出版社编辑主任，中国摄影家协会会员。

J0116509
环球旅游 （摄影四条屏）建华摄
南京　江苏美术出版社 1995 年　2 张　77×53cm
定价：CNY3.90
中国现代旅游摄影年画作品。

J0116510
乾隆皇帝江南足迹 （摄影四条屏）刘大健等摄
北京　中国旅游出版社 1995 年　2 张　77×53cm
定价：CNY5.20
中国现代旅游摄影年画作品。

J0116511
日本东京迪斯尼乐园 （摄影四条屏）郭律等摄
北京　中国旅游出版社 1995 年　2 张　77×53cm
定价：CNY5.20
中国现代旅游摄影年画作品。

J0116512
滇西北秘境 （汉英日对照）张金明主编
昆明　云南科技出版社 1996 年　91 页　有图,地图
26cm（16 开）ISBN：7-5416-0835-1
定价：CNY88.00
本书以摄影图片的形式，展示了云南大理、丽江、迪庆香格里拉等地方壮丽的自然风光以及独特的风俗风情。

J0116513
泰国风情 （汉英对照）徐学良，张大群主编
北京　中国摄影出版社 1996 年　96 页　29cm（16 开）
ISBN：7-80007-212-6 定价：CNY132.00
（中国摄影家看世界系列 1）
旅游摄影集。

J0116514
中国 56 个民族传统体育摄影作品集 第五届全国民运会组委会大型活动部编辑
昆明　云南民族出版社 1996 年　103 页

29cm（16 开）ISBN：7-5367-1131-X
定价：CNY88.00
中国现代体育摄影作品集。

J0116515
北国冰雪情 《北国冰雪情》编辑委员会编辑
北京　中国国际广播出版社 1997 年　108 页
25×26cm ISBN：7-5078-1558-7
定价：CNY98.00，CNY148.00（精装）
中国东北地区现代艺术摄影风光摄影集，香港锦宏国际控股有限公司协助。

J0116516
北京钓鱼台湖心亭 张肇基摄
北京　中国旅游出版社 1997 年　1 张　37×102cm
定价：CNY3.40
中国现代旅游摄影年画作品。

J0116517
北京名园春色 胡维标摄
北京　中国旅游出版社 1997 年　1 张　37×102cm
定价：CNY3.40
中国现代旅游摄影作品。

J0116518
春到天坛 鄂毅摄
北京　中国旅游出版社 1997 年　1 张　37×102cm
定价：CNY3.40
中国现代旅游摄影作品。

J0116519
广东肇庆七星岩 严平摄
北京　中国旅游出版社 1997 年　1 张　37×102cm
定价：CNY3.40
中国现代旅游摄影作品。

J0116520
昆明 花泽飞，董瑞成主编；昆明市旅游局，中国旅游出版社编
北京　中国旅游出版社 1997 年　96 页　25×26cm
ISBN：7-5032-1492-9 定价：CNY［73.00］
（中国旅游全览）
中国现代旅游摄影作品。中英日文本。

J0116521

深圳世界之窗　贾英摄

北京 中国旅游出版社 1997年 1张 77×102cm

定价：CNY3.40

　　中国现代旅游摄影作品。

J0116522

鲜花盛开天安门　胡维标摄

北京 中国旅游出版社 1997年 1张 37×102cm

定价：CNY3.40

　　中国现代旅游摄影作品。

J0116523

新疆天池冬景　卞志武摄

北京 中国旅游出版社 1997年 1张 37×102cm

定价：CNY3.40

　　中国现代旅游摄影作品。

J0116524

亚运村景色　李长杰摄

北京 中国旅游出版社 1997年 1张 37×102cm

定价：CNY3.40

　　中国现代旅游摄影作品。

J0116525

扬州瘦西湖之春　胡维标摄

北京 中国旅游出版社 1997年 1张 37×102cm

定价：CNY3.40

　　中国现代旅游摄影作品。

J0116526

郁金花开太子湾　董瑞成摄

北京 中国旅游出版社 1997年 1张 37×102cm

定价：CNY3.40

　　中国现代旅游摄影作品。

J0116527

云南大理三塔　王文波摄

北京 中国旅游出版社 1997年 1张 37×102cm

定价：CNY3.40

　　中国现代旅游摄影作品。

J0116528

中国承德旅游　国宝田，赵家启撰稿；陈克寅
等摄影

北京 中国旅游出版社 1997年 80页 29cm（16开）

ISBN：7-5032-1378-7

　　中国现代旅游摄影作品。

J0116529

珠海九洲城　李长捷摄

北京 中国旅游出版社 1997年 1张 77×102cm

定价：CNY3.40

　　中国现代旅游摄影作品。

J0116530

虎韵　（孙占礼摄影作品选）孙占礼摄

桂林 漓江出版社 1998年 92页 29cm（16开）

ISBN：7-5407-2259-2 定价：CNY86.00

J0116531

上海　（法、德）兰佩瑾编

北京 外文出版社 1998年 71页 14×16cm 精装

ISBN：7-119-02224-5 定价：CNY48.00

　　中国现代旅游摄影作品。

J0116532

上海　（日、韩）兰佩瑾编

北京 外文出版社 1998年 71页 14×16cm 精装

ISBN：7-119-02225-3 定价：CNY48.00

　　中国现代旅游摄影作品。

J0116533

万众一心　（1998中国抗洪抢险画卷）解放军
画报社，中华锦绣画报社编辑

北京 长城出版社 1998年 291页 31cm（10开）

精装 ISBN：7-80017-289-9 定价：CNY450.00

J0116534

从空中看北京　（英汉对照）

北京 北京出版社 1999年 89页 光盘1片

25×26cm ISBN：7-200-03719-2

定价：CNY80.00

　　中国现代空中摄影作品。

J0116535

国脚西游记　马德兴编

珠海 珠海出版社 1999年 80页 有彩图

29cm（16开）ISBN：7-80607-553-4

定价：CNY19.80

中国现代体育摄影作品。

J0116536
红色风暴　（1999 曼联金册）骆明, 周枫主编
珠海　珠海出版社 1999 年 104 页 有彩图
29cm（16 开）ISBN: 7-80607-571-2
定价: CNY25.80

J0116537
最后的香格里拉——稻城亚丁　王晓东摄影编选
成都　四川美术出版社 1999 年 106 页 有彩照及
地图 29cm（16 开）精装 ISBN: 7-5410-1575-X
定价: CNY158.00
中国现代旅游摄影作品。

中国新闻摄影作品

J0116538
大革命写真画　（第 1-11 集第 13-14 集）商务
印书馆编译所编辑
商务印书馆编译所 1911—1912 年 摄影本
19cm（32 开）
中国新闻摄影集。分十三册。

J0116539
天津水灾照片
［天津］［民国］29×38cm
中国近代新闻摄影作品。

J0116540
抗战摄影集　马啸弓编
上海　著者自刊 1937 年 62 页［19×26cm］
本书为中国抗日战争摄影集, 收照片 200 余
幅, 每幅均有中、英文说明。

J0116541
解放大西南　工农的画编委会编
北京　人民美术出版社 1950 年［16cm］（26 开）
定价: CNY0.26
（工农画册）
本作品系中国现代新闻摄影作品集。

J0116542
解放海南岛　工农的书编委会编
北京　人民美术出版社 1950 年［16cm］（26 开）
定价: CNY0.42
（工农画册）
本作品系中国现代新闻摄影作品集。

J0116543
抗美援朝在前方　（电影新闻特辑第一号）新
电影杂志社编辑部编
北京　人民美术出版社 1951 年 定价: CNY0.33
中国现代新闻摄影作品。

J0116544
全国劳动模范大会师　新闻摄影局等摄影; 华
恕, 张三编
北京　人民美术出版社 1952 年 定价: CNY0.48
中国现代新闻摄影作品集。

J0116545
走苏联老大哥的路　（傣文）云南省中苏友好
协会, 云南人民出版社编辑部编辑
昆明　云南人民出版社 1952 年 23 页 有照片
20cm（32 开）定价: CNY10.00
中国现代新闻摄影作品。

J0116546
苏联艺术家在北京的演出　朱波, 张力编摄
北京　人民美术出版社 1953 年 定价: CNY0.24
（工农画册）
中国现代新闻摄影作品。

J0116547
世界民主青年联盟理事会北京会议　世界青
年杂志社编
［北京］中国青年出版社 1954 年 定价: CNY0.85
中国现代新闻摄影集。

J0116548
中国人民解放军建军二十四年　（傣文）云南
人民出版社编辑; 傅懋绩等翻译
昆明　云南人民出版社 1954 年 62 页 有照片
19cm（32 开）统一书号: 54-48 定价: CNY2.000
中国现代新闻摄影作品选集。

J0116549
朝鲜实习生在中国工厂里 上海人民美术出版社编
上海 上海人民美术出版社 1955 年
定价: CNY0.28
（人民中国画库 第一辑）
  中国现代新闻摄影作品。

J0116550
四季青蔬菜生产合作社 吴钰导演；耕野摄影
北京 中央新闻纪录电影制片厂 1955 年 油印本
4 页 17×25cm
  中国纪录片电影完成台本(分镜头剧本)。

J0116551
新中国开始了林业建设 上海人民美术出版社编著
上海 上海人民美术出版社 1956 年 1 册
17cm（32 开）定价: CNY0.28
（人民中国书库）
  中国现代新闻摄影作品。

J0116552
印度文化代表团在中国 人民美术出版社编
北京 人民美术出版社 1956 年 定价: CNY4.50
  中国现代新闻摄影作品。

J0116553
黄河 （1946—1955 治理黄河图片集）黄河水利委员会编
郑州 河南人民出版社 1957 年 ［84 页］有肖像
  中国现代新闻摄影作品。

J0116554
新闻摄影选集 新华通讯社新闻摄影部编
上海 上海人民美术出版社 1957 年 112 页
26cm（16 开）精装 统一书号: 8081.2841
定价: CNY5.50

J0116555
毛主席在韶山和少年儿童在一起 侯波摄影
长沙 湖南人民出版社 1960 年 定价: CNY0.06
  中国现代新闻摄影作品。

J0116556
农民炼铁
北京 人民美术出版社 1960 年 定价: CNY0.12
  中国现代新闻摄影作品。

J0116557
万水千山 （电影画刊）中国电影出版社编辑
北京 中国电影出版社 1960 年 38 页 21cm（32 开）
统一书号: 8061.835 定价: CNY1.00
  中国新闻电影画刊。

J0116558
新闻摄影与摄影记者工作 石少华著
北京 新闻摄影编辑室 1960 年 112 页 有照片
20cm（32 开）
  作者石少华(1918—1998)，摄影艺术家。原籍广东番禺，出生于香港。毕业于陕北公学、抗日军政大学。历任新华社副社长、新华出版社社长、中国老年摄影协会会长等职。代表作品《毛主席和小八路》《埋地雷》《白洋淀上的雁翎队》等。

J0116559
和平与友谊 新华社供稿
［沈阳］辽宁画报出版社 1961 年 ［1 张］
定价: CNY0.02
  中国现代新闻摄影作品。

J0116560
毛主席和各族人民在一起 民族出版社编辑
北京 民族出版社 1961 年 67 页 26cm（16 开）
统一书号: 8049.23 定价: CNY3.00(纸面精装本),
CNY4.00（绸面精装本）
  中国现代新闻摄影作品。

J0116561
战斗的古巴 （电影画刊）中国电影出版社编辑
北京 中国电影出版社 1961 年 56 页 21cm（32 开）
统一书号: 8061.824 定价: CNY1.50

J0116562
我国舞坛百花开 （编号 2830）
［北京］1962 年 20 幅 15×20cm 定价: CNY20.00

J0116563

雷锋和少年儿童在一起　张峻摄影

上海　上海人民美术出版社 1964 年［1张］

76cm（2开）定价：CNY0.15

中国现代新闻摄影作品。

J0116564

新运会火炬永放光芒　（中国体育代表团在雅加达）人民体育出版社编辑

［北京］人民体育出版社 1964 年　15×54cm

精装 定价：CNY15.00

中国现代新闻摄影作品。

J0116565

中阿战斗友谊万岁　（我国领导人访问阿尔巴尼亚图片集）

北京　人民出版社 1964 年　27cm（大16开）

定价：CNY5.00

中国现代新闻摄影作品。

J0116566

白求恩同志战地疗伤　吴印咸摄

［石家庄］河北人民美术出版社 1965 年

53cm（4开）定价：CNY0.10

民国时期新闻摄影作品。作者吴印咸（1900—1994），摄影艺术家、导演。原名吴荫诚，祖籍安徽歙县，生于江苏沭阳。曾在上海美术专科学校学习。历任东北电影制片厂厂长，北京电影学院副院长兼摄影系主任，文化部电影局顾问，中国摄影家协会副主席，中国电影摄影师学会副理事长，全国文学艺术联合会委员等。代表作品《生死同心》《风云儿女》《坚苦的奋斗》。

J0116567

农业靠大寨精神　（全国大寨式农业典型展览挂图）农业部编

北京　人民美术出版社 1965 年　254张 53cm（4开）

定价：CNY21.28

中国现代新闻摄影作品。本书与上海人民美术出版社合作出版。

J0116568

沙漠勘探　闵福全摄

上海　上海人民美术出版社 1965 年　38cm（6开）

定价：CNY0.25

中国现代新闻摄影作品。

J0116569

昔日黄沙滚滚　今天麦浪翻腾　（汉蒙文对照）民族画报社编

［北京］民族出版社 1965 年　9张 38cm（6开）

定价：CNY0.45

中国现代新闻摄影作品。

J0116570

蔡祖泉　杨富珍　杨怀远　红雷青年小组学习毛主席著作挂图　上海人民美术出版社编

上海　上海人民美术出版社 1966 年　24张

53cm（4开）定价：CNY1.56

中国现代新闻摄影作品。

J0116571

蔡祖泉学习毛主席著作挂图　上海人民美术出版社编

上海　上海人民美术出版社 1966 年　5张

76cm（1张）（4开）定价：CNY0.36

中国现代新闻摄影作品。

J0116572

高举毛泽东思想伟大红旗为实现"五个一千万亩"而奋斗!　张甸等摄影；辽宁图片社编

［沈阳］辽宁美术出版社 1966 年　6张

53cm（4开）定价：CNY0.45

中国现代新闻摄影作品。

J0116573

红雷青年小组学习毛主席著作挂图　上海人民美术出版社编

上海　上海人民美术出版社 1966 年　6张

53cm（4开）定价：CNY0.36

中国新闻摄影作品。

J0116574

阶级教育展览挂图　辽宁省阶级教育展览馆供稿

［沈阳］辽宁美术出版社 1966 年　20张

53cm（4开）定价：CNY1.50

中国新闻摄影作品。

J0116575

李家庄团支部组织青年学习毛主席著作挂图　共青团中央宣传部编
上海　上海人民美术出版社　1966 年　19 张
76cm（2 开）定价：CNY1.62
　　　中国新闻摄影作品。

J0116576

牧区"大寨"——乌审召　（汉蒙文对照）民族画报社，内蒙古自治区畜牧厅编
［北京］民族出版社　1966 年　17 张　38cm（6 开）
定价：CNY0.85
　　　新闻摄影作品，关于内蒙古自治区乌审旗乌审召人民公社建设社会主义新牧区的介绍。

J0116577

劈湖造田创新天　（湖南汉寿县周文庙公社红菱湖大队）湖南省农业厅编
［长沙］湖南人民美术出版社　1966 年　6 张
53cm（4 开）定价：CNY0.42
　　　中国现代新闻摄影作品。

J0116578

上海青年在新疆　上海青年宫编
上海　上海人民美术出版社　1966 年　10 张
76cm（2 张）（2 开）定价：CNY0.72
　　　中国新闻摄影作品。

J0116579

社会主义教育宣传图片　（第 8 辑　大庆式企业阜新蒙古族自治县农业机械制造厂）
［沈阳］辽宁美术出版社　1966 年　18 张
26cm（16 开）定价：CNY0.60
　　　中国新闻摄影作品。

J0116580

学大寨革命精神　走大寨革命道路　（展览图片）民族画报社编
［北京］民族出版社　1966 年　13 张　38cm（6 开）
定价：CNY0.65
　　　中国现代新闻摄影作品。

J0116581

学习毛主席著作标兵李素文学习经验挂图　李素文学习毛主席著作展览办公室供稿；

中国财政经济出版社，辽宁美术出版社编
［沈阳］辽宁美术出版社　1966 年　12 张
53cm（4 开）定价：CNY0.95
　　　中国现代新闻摄影作品。

J0116582

杨富珍学习毛主席著作挂图　上海人民美术出版社编
上海　上海人民美术出版社　1966 年　6 张
53cm（4 开）定价：CNY0.36
　　　中国新闻摄影作品。

J0116583

杨怀远学习毛主席著作挂图　上海人民美术出版社编
上海　上海人民美术出版社　1966 年　5 张
53cm（4 开）定价：CNY0.36
　　　中国新闻摄影作品。

J0116584

一九三九年在晋察冀边区……　吴印咸摄
［石家庄］河北人民美术出版社　1966 年　［1 张］
38cm（6 开）定价：CNY0.08
　　　中国新闻摄影作品。

J0116585

英雄的越南人民必胜
［武汉］湖北人民出版社　1966 年　16 张
38cm（6 开）定价：CNY0.64
　　　中国新闻摄影作品。

J0116586

红太阳照亮了碱厂堡　（展览图片）《辽宁日报》图片组编
［沈阳］辽宁省"革命委员会"毛主席著作出版办公室　1969 年　5 张　76cm（2 开）定价：CNY0.60
　　　中国现代新闻摄影作品。

J0116587

几内亚朋友赞扬革命样板戏　（编号 0800）
［北京］1969 年　1 幅　11×15cm　定价：CNY2.00
　　　中国现代新闻摄影作品。

J0116588

人民战争的伟大史诗　革命英雄的壮丽赞

歌 （介绍革命现代京剧《智取威虎山》编号 0736）

[北京] 1969年 16幅 11×15cm 定价：CNY16.00
　　新华社新闻展览照片。

J0116589

外国朋友观看革命现代样板戏 （第0866号）
新华社记者摄

[北京] 1969年 4幅 11×28cm 定价：4.00
　　中国现代新闻摄影作品。

J0116590

一所贫下中农掌权的学校松树小学 （展览图片）《辽宁日报》图片组编

[沈阳] 辽宁省新华书店 1969年 5张

76cm（2开）定价：CNY0.60
　　中国现代新闻摄影作品。

J0116591

部份省、市、自治区文艺调演节目选介 （编号1154）新华社记者摄

[北京] 1970年 14幅 11×15cm 定价：CNY14.00
　　中国现代新闻摄影作品。

J0116592

打倒新沙皇 （新闻图片）
广州 广东人民出版社 1970年 30张（套）

54cm（4开）定价：CNY0.16
　　中苏关系新闻摄影史料。

J0116593

纪念《在延安文艺座谈会上的讲话》发表二十八周年 （革命现代京剧《红灯记》剧照 编号0405）新华社稿

[北京] 1970年 28幅 11×15cm 定价：CNY28.00
　　中国现代新闻摄影作品。

J0116594

节日之夜，天安门广场充满着一片欢腾的景象，热烈庆祝伟大的中华人民共和国成立二十周年
广州 广东人民出版社 1970年 [1张]

76cm（2开）定价：CNY0.11
　　中国现代新闻摄影作品。

J0116595

棉区的一面红旗 （靠毛泽东思想做出粮棉双贡献的滨县杨柳雪大队 新闻图片普及版）
济南 山东新闻图片社 1970年 10张（套）

39cm（4开）定价：CNY0.32
　　本书为中国现代新闻摄影图片。

J0116596

民族解放斗争的雄伟史诗　无产阶级英雄的光辉典型 （革命现代京剧《红灯记》一九七〇五月演出本剧照 编号0357）新华社稿

[北京][新华社] 1970年 22幅 11×15cm

定价：CNY22.00
　　中国现代新闻摄影作品。

J0116597

农业学大寨 （昔阳县学大寨三年巨变 新闻展览照片农村普及版）新华通讯社编

北京 人民出版社 1970年 12张（套）

[88cm]（9开）定价：CNY0.36
　　中国现代新闻摄影作品集。

J0116598

庆祝伟大的中华人民共和国成立二十周年游行的中国人民解放军指战员迈着整齐的步伐通过天安门广场，接受伟大领袖毛主席的检阅
广州 广东人民出版社 1970年 [1张]

76cm（2开）定价：CNY0.11
　　中国现代新闻摄影作品。

J0116599

让无产阶级英雄人物占领银幕 （记革命现代京剧《智取威虎山》拍成彩色电影 编号1022）
新华社记者摄

[北京] 1970年 16幅 11×15cm 定价：CNY16.00
　　中国现代新闻摄影作品。

J0116600

洒热血　捍江山 （珍宝岛十英雄事迹 摄影画册）
广州 广东人民出版社 1970年 28cm（16开）

定价：CNY0.18
　　中国现代新闻摄影作品。

J0116601
三口大锅闹革命 （吉林市油脂厂自力更生、艰苦创业的先进事迹　普及版第一号）吉林省新闻照片发稿站编辑
长春　吉林省新闻照片发稿站　1970年　2版
108cm（全开）定价：CNY0.28
　　本书为中国现代新闻照片，反映吉林市油脂厂自力更生、艰苦创业的先进事迹。

J0116602
首都数十万军民举行盛大庆祝游行，热烈庆祝伟大的中华人民共和国成立二十周年
广州　广东人民出版社　1970年　[1张]
76cm（2开）定价：CNY0.11
　　中国现代新闻摄影作品。

J0116603
外国朋友赞扬我国革命样板戏 （编号0972）
新华社稿
[北京]　1970年　2幅　12×15cm　定价：CNY2.00
　　中国现代新闻摄影作品。

J0116604
为革命造就一代新人 （在光辉的"五·七"道路上前进的海龙县"五·七"中学　普及版第四号）
吉林省新闻照片发稿站编
长春　吉林人民出版社　1970年　1张　108cm（全开）
定价：CNY0.28
　　中国新闻照片，内容反映海龙县"五·七"中学先进事迹。

J0116605
为纪念《在延安文艺座谈会上的讲话》发表二十八周年 （日本松山芭蕾舞剧团在东京公演现代芭蕾舞剧《白毛女》编号0439）新华社发
[北京]　1970年　1幅　11×15cm　定价：CNY1.00
　　中国现代新闻摄影作品。

J0116606
我国电影工业新成就 （编号0681）新华社稿
[北京]　1970年　3幅　11×15cm　定价：CNY3.00
　　中国现代新闻摄影作品。

J0116607
无产阶级革命文艺的新品种钢琴协奏曲《黄河》在北京公演 （编号0369）新华社记者摄
[北京]　1970年　2幅　11×15cm　定价：CNY2.00
　　中国现代新闻摄影作品。

J0116608
向优秀的共产主义战士王大彪同志学习（普及版第三号）吉林省新闻照片发稿站编辑
长春　吉林省新闻照片发稿站　1970年　2张
76cm（2开）定价：CNY0.28
　　中国优秀共产主义战士王大彪同志新闻照片。

J0116609
向珍宝岛战斗英雄学习 （摄影画册）
沈阳　辽宁省新华书店　1970年　1册　19cm（32开）
定价：CNY0.20
　　本书为中国现代英雄生平事迹摄影画册。

J0116610
学唱革命现代京剧《红灯记》 （编号0368）
[北京]　1970年　1幅　11×15cm　定价：CNY1.00
　　中国现代新闻摄影作品。

J0116611
学习样板戏　誓做革命人 （编号0970）新华社稿
[北京]　1970年　8幅　12×15cm　定价：CNY8.00
　　中国现代新闻摄影作品。

J0116612
学习样板戏　誓做革命人 （工农兵群众热爱革命样板戏　编号0425）
[北京]　1970年　12幅　15×20cm　定价：CNY7.20
　　中国现代新闻摄影作品。

J0116613
学习样板戏　誓做革命人 （工农兵群众热爱革命样板戏　编号0425）
[北京]　1970年　12幅　23×31cm　定价：CNY12.00
　　中国现代新闻摄影作品。

J0116614
一所新型的社会主义大学 （阜新蒙古族自治县创办的"五·七"农业大学　新闻展览图片）辽宁日报社图片组编

沈阳 辽宁省新华书店 1970 年 10 张(套)
76cm(2 开) 定价: CNY0.40

　　中国新闻展览图片, 反映阜新蒙古族自治县
创办"五·七"农业大学的事迹, 收 10 张作品。

J0116615
一心想着为国家多作贡献 (记"苦战奋斗的
红旗生产队"——小乡生产队 普及版第二号)
吉林省新闻照片发稿站编
长春 吉林人民出版社 1970 年 2 张 76cm(2 开)
定价: CNY0.28

　　中国农业建设新闻摄影照片。

J0116616
珍宝岛十英雄 (摄影画册)
石家庄 河北人民出版社 1970 年 19cm(32 开)
定价: CNY0.30

　　本书为珍宝岛自卫反击战十英雄摄影画册。

J0116617
珍宝岛自卫反击战十英雄 (摄影画册)《解
放军画报》社供稿
合肥 安徽省"革命委员会"出版发行局 1970 年
40 页 15cm(40 开) 定价: CNY0.15

　　中国英雄传记摄影作品画册。

J0116618
北京京剧团在朝鲜 (编号 1047)新华社记者摄
[北京] 1971 年 3 幅 12×15cm 定价: CNY3.00

　　中国现代新闻摄影作品。

J0116619
唱好两首革命歌曲, 提高路线斗争觉悟 (第
1204 号) 新华社记者摄
[北京] 1971 年 4 幅 11×15cm 定价: CNY4.00

　　中国现代新闻摄影作品。

J0116620
朝气蓬勃的战斗指挥部 (中共东丰县委坚定
不移突出政治 普及版第七号)
[长春] 吉林省新闻照片发稿站 1971 年 1 张
107cm(全开) 定价: CNY0.28

　　中国现代新闻摄影作品。

J0116621
大寨精神遍地开花 (介绍四个"农业大寨"先
进典型)新华通讯社编
北京 人民出版社 1971 年 13 张 38cm(6 开)
定价: CNY0.39 (袋装)

　　中国现代新闻摄影作品。

J0116622
沸腾的柴达木 (青海石油工人发扬大庆精神
建设新油田的英雄事迹 编号 0363)新华社记
者摄
[北京] 1971 年 4 幅 12×15cm 定价: CNY4.00

　　中国现代新闻摄影作品。

J0116623
革命样板戏《红色娘子军》电影剧照 (编号
0042)
[北京][新华社] 1971 年 22 幅 12×15cm
定价: CNY22.00

　　新华社新闻展览照片。

J0116624
工业学大庆 新华社稿
上海 上海人民出版社 1971 年 1 张 107cm(全开)
定价: CNY0.20

　　中国现代新闻摄影作品。

J0116625
广阔天地育新人 吉林省新闻照片发稿站编辑
[长春] 吉林省新闻照片发稿站 1971 年 14 张
38cm(6 开) 定价: CNY0.60 (袋装)

　　中国现代新闻摄影作品。

J0116626
**捍卫毛主席革命路线的英雄——大庆油田
"铁人"王进喜** 大庆毛泽东思想文化宣传站,
上海人民出版社编
上海 上海人民出版社 1971 年 19 张 53cm(4 开)
定价: CNY1.40

　　中国现代新闻摄影作品。

J0116627
纪念中国共产党五十周年 新华通讯社编
北京 人民出版社 1971 年 50 张 38cm(8 开)
定价: CNY4.80 (袋装), CNY8.00 (函装)

中国现代新闻摄影作品。

J0116628

继续革命永向前 （建昌县杨树湾子公社又夺粮棉高产）《辽宁日报》图片组编

[沈阳] 辽宁人民出版社 1971 年 8 张

38cm（6 开）定价：CNY0.35（袋装）

中国现代新闻摄影作品。

J0116629

加速实现农业机械化的正确途径 （河北省遵化县正确处理农、轻、重关系的事迹）新华通讯社编

北京 人民出版社 1971 年 12 张 38cm（6 开）

定价：CNY0.36（袋装）

中国现代新闻摄影作品。

J0116630

井冈山红旗飘万代 中国人民解放军纪念《五·七指示》五周年办公室供稿

上海 上海人民出版社 1971 年 1 张 38cm（6 开）

定价：CNY0.13

中国现代新闻摄影作品。

J0116631

井冈山红旗飘万代 中国人民解放军纪念《五·七指示》五周年办公室供稿

上海 上海人民出版社 1971 年 1 张 53cm（4 开）

定价：CNY0.25

中国现代新闻摄影作品。

J0116632

绿化祖国宣传挂图 （一～四）浙江省"革命委员会"生产指挥组农林局编

[杭州] 浙江人民出版社 1971 年 4 张

76cm（2 开）定价：CNY0.58

J0116633

毛主席作《关于农业合作化问题》的报告

（一九五五年）新华社稿

上海 上海人民出版社 1971 年 1 张 76cm（2 开）

定价：CNY0.12

中国现代新闻摄影作品。

J0116634

农村医疗卫生工作的新面貌 新华通讯社编

北京 人民出版社 1971 年 10 张 38cm（6 开）

定价：CNY0.30（袋装）

中国现代新闻摄影作品。

J0116635

农业学大寨 新华社稿

上海 上海人民出版社 1971 年 1 张 107cm（全开）

定价：CNY0.20

中国现代新闻摄影作品。

J0116636

农业学大寨 全国农业展览会供稿

上海 上海人民出版社 1971 年 17 张 38cm（6 开）

定价：CNY0.45

中国现代新闻摄影作品。

J0116637

群众运动威力无穷 （鞍钢第一薄板厂飞跃前进）《辽宁日报》图片组编

[沈阳] 辽宁省新华书店 1971 年 8 张

38cm（6 开）定价：CNY0.35（袋装）

中国现代新闻摄影作品。

J0116638

热烈欢呼革命现代舞剧《红色娘子军》普及本出版发行 （编号 0830）

[北京] [新华社] 1971 年 1 幅 11×16cm

定价：CNY1.00

新华社新闻展览照片。

J0116639

踏遍黄山寻草药 中国人民解放军纪念《五·七指示》五周年办公室供稿

上海 上海人民出版社 1971 年 1 张 38cm（6 开）

定价：CNY0.13

中国现代新闻摄影作品。

J0116640

太行山上红旗飘 （河南省林县人民重新安排河山改装换貌）新华通讯社编

北京 人民出版社 1971 年 9 张 38cm（6 开）

定价：CNY0.29（袋装）

中国现代新闻摄影作品。

J0116641

提高警惕　常备不懈（具有光荣使命传统的赵畽民兵连）济南部队摄影学习班供稿

［济南］山东人民出版社 1971 年 17 张 38cm（6 开）定价：CNY0.45（袋装）

　　中国现代新闻摄影作品。

J0116642

伟大的社会主义祖国欣欣向荣　新华通讯社编

北京 人民出版社 1971 年 18 张 38cm（6 开）

定价：CNY0.54（袋装）

　　中国现代新闻摄影作品。

J0116643

伟大社会主义祖国欣欣向荣　新华社供稿

上海 上海人民出版社 1971 年 15cm（64 开）

定价：CNY0.13

　　中国现代新闻摄影作品。

J0116644

我们的朋友遍天下　新华通讯社编

北京 人民出版社 1971 年 12 张 38cm（6 开）

定价：CNY0.36（袋装）

　　中国现代新闻摄影作品。

J0116645

以粮为纲　全面发展（广东省东莞县"农业学大寨"，农、林、牧、副、渔全面发展的先进事迹）新华通讯社编

北京 人民出版社 1971 年 9 张 38cm（6 开）

定价：CNY0.29（袋装）

　　中国现代新闻摄影作品。

J0116646

永不卷刃的尖刀　永不褪色的红旗（记一二〇二钻井队发扬大庆精神转战新油田的英雄事迹 编号 0361）新华社记者摄

［北京］1971 年 3 幅 12×15cm 定价：CNY3.00

　　中国现代新闻摄影作品。

J0116647

用毛泽东思想武装起来的人最过硬（本溪市建筑公司第一工程队）《辽宁日报》图片组编

［沈阳］辽宁省新华书店 1971 年 10 张 38cm（6 开）定价：CNY0.40（袋装）

　　中国现代新闻摄影作品。

J0116648

育马天山为革命　中国人民解放军纪念《五·七指示》五周年办公室供稿

上海 上海人民出版社 1971 年 1 张 53cm（4 开）

定价：CNY0.25

　　中国现代新闻摄影作品。

J0116649

"跃进"中的即墨　山东新闻图片社编

［济南］山东人民出版社 1971 年 12 张 38cm（6 开）定价：CNY0.40（袋装）

　　中国现代新闻摄影作品。

J0116650

中国舞剧团在阿尔巴尼亚（编号 1042）新华社［供稿］

［北京］［新华社］1971 年 3 幅 12×15cm

定价：CNY3.00

　　中国现代新闻摄影作品。

J0116651

种田人就是能学好用好哲学　新华通讯社编

北京 人民出版社 1971 年 12 张 38cm（6 开）

定价：CNY0.36（袋装）

　　中国现代新闻摄影作品。

J0116652

"全国美术作品展览"在北京展出（第 0668 号）新华社记者摄

［北京］1972 年 1 幅 11×15cm 定价：CNY1.00

　　中国现代新闻摄影作品。

J0116653

百花齐放推陈出新（工艺美术新作品 编号：总稿 2430 沪发 0085）新华社稿

［北京］1972 年 18 幅 15×20cm 定价：CNY9.00

　　中国现代新闻摄影作品。

J0116654

大力发展养猪事业（四川省什邡县认真落实政策实现"一人一猪，一亩一猪"新闻展览照片农村普及版）新华通讯社编

北京 人民出版社 1972 年 9 张（套）38cm（6 开）

定价：CNY0.29

中国现代新闻摄影作品。

J0116655

大力开展群众体育运动 （摄影图片）上海市体育运动委员会供稿

上海 上海人民出版社 1972年［1张］

107cm（全开）定价：CNY0.20

中国现代新闻摄影作品。

J0116656

发扬光荣传统 新华通讯社编

北京 人民出版社 1972年 13幅（套）

35cm（18开）定价：CNY0.54

中国现代新闻摄影作品。

J0116657

发扬光荣传统 （新闻展览照片农村普及版）新华通讯社编

北京 人民出版社 1972年 18张（套）38cm（6开）

定价：CNY0.54

中国现代新闻摄影作品。

J0116658

改革中的武汉杂技 （第0593号）新华社记者摄

［北京］1972年 7幅 11×15cm 定价：CNY7.00

中国现代新闻摄影作品。

J0116659

革命现代京剧《海港》（剧照 新闻展览照片农村普及版）新华通讯社编

北京 人民出版社 1972年 21张（套）38cm（6开）

定价：CNY0.63

中国现代新闻摄影作品。

J0116660

革命现代京剧《海港》剧照 （编号0111）新华社稿

［北京］1972年 19幅 12×15cm 定价：CNY19.00

中国现代新闻摄影作品。

J0116661

革命现代京剧《红色娘子军》（剧照 新闻展览照片农村普及版）新华通讯社编

北京 人民出版社 1972年 21张（套）38cm（8开）

定价：CNY0.63

中国现代新闻摄影作品。

J0116662

革命现代京剧《龙江颂》（剧照 新闻展览照片农村普及版）新华通讯社编

北京 人民出版社 1972年 21张（套）38cm（6开）

定价：CNY0.63

中国现代新闻摄影作品。

J0116663

革命现代京剧《奇袭白虎团》（剧照 新闻展览照片农村普及版）新华通讯社编

北京 人民出版社 1972年 21张（套）38cm（6开）

定价：CNY0.63

中国现代新闻摄影作品。

J0116664

工业学大庆挂图

［济南］山东人民出版社 1972年［1张］

定价：CNY4.00

本作品系中国现代新闻摄影，全套共44张，计2开的6张，4开的38张。

J0116665

国家要独立　民族要解放　人民要革命

（新闻展览照片农村普及版）新华通讯社编

北京 人民出版社 1972年 12张（套）38cm（6开）

定价：CNY0.36

中国现代新闻摄影作品。

J0116666

河北人民根治海河的伟大斗争 （摄影图片）河北省根治海河指挥部供稿

［石家庄］河北人民出版社 1972年 8张（套）

76cm（2开）定价：CNY1.30

中国现代新闻摄影作品。

J0116667

湖南花鼓戏剧队学习、移植革命样板戏

（第0692号）新华社记者摄

［北京］1972年 3幅 11×15cm 定价：CNY3.00

中国现代新闻摄影作品。

J0116668

纪念毛主席关于民兵工作 "三落实" 指示十周年 （摄影图片）广西军区司令部, 政治部编

[南宁] 广西人民出版社 1972 年 2 张

76cm（2 开）定价: CNY0.24

　　中国现代新闻摄影作品。

J0116669

艰苦作风　代代相传——南京路上好八连（摄影图片）上海警备区政治部编

上海 上海人民出版社 1972 年 21 张（套）

26cm（16 开）定价: CNY0.67

　　中国现代新闻摄影作品。

J0116670

江苏工艺美术展新貌 （编号 0453）新华社记者摄

[北京] 1972 年 4 幅 12×15cm 定价: CNY4.00

　　中国现代新闻摄影作品。

J0116671

科学种田夺丰收（1）（新闻展览照片农村普及版）新华通讯社编

北京 人民出版社 1972 年 13 张（套）38cm（6 开）

定价: CNY0.39

　　中国现代新闻摄影作品。

J0116672

民兵工作要做到组织落实、政治落实、军事落实。（摄影图片）

[吉林] 延边人民出版社 1972 年 2 张

76cm（2 开）定价: CNY0.20

　　中国现代新闻摄影作品。

J0116673

全国摄影艺术展览在北京展出 （第 0669 号）

新华社记者摄

[北京] 1972 年 1 幅 11×15cm 定价: CNY1.00

　　中国现代新闻摄影作品。

J0116674

山东省农业学大寨展览 （摄影图片）山东省 "革命委员会" 农林局, 水利局, 展览工作办公室合编

[济南] 山东人民出版社 1972 年 76cm（2 开）

定价: CNY2.80

中国现代新闻摄影作品, 全套共 18 张, 计 2 开的 6 张, 4 开的 2 张。

J0116675

上海民兵在前进 （摄影图片）上海民兵指挥部编

上海 上海人民出版社 1972 年 [1 张] 106cm

定价: CNY0.20

　　中国现代新闻摄影作品。

J0116676

上海玉石雕刻厂老工人努力发展玉雕创作 （第 0765 号）新华社记者摄

[北京] 1972 年 3 幅 11×15cm 定价: CNY3.00

　　中国现代新闻摄影作品。

J0116677

深入生活创作优秀工艺品 （记上海工艺美术工厂黄杨木雕小组的活动 编号 0908）新华社记者摄

[北京] 1972 年 3 幅 12×15cm 定价: CNY3.00

　　中国现代新闻摄影作品。

J0116678

要把黄河的事情办好 （新闻展览照片农村普及版）

北京 人民出版社 1972 年 19 张（套）38cm（6 开）

定价: CNY0.57

　　中国现代新闻摄影作品。

J0116679

要把黄河的事情办好　新华通讯社编

北京 人民出版社 1972 年 1 套（18 幅）

35cm（8 开）定价: CNY0.57

　　中国现代新闻摄影作品。

J0116680

一个深受贫下中农欢迎的「庄户剧团」

[北京] 1972 年 4 幅 15×11cm 定价: CNY4.00

　　中国现代新闻摄影作品。

J0116681

一九五九年十月一日, 毛主席和首都军民一起, 欢庆中华人民共和国成立十周年。

[太原] 山西人民出版社 1972 年 [1] 张

76cm（2 开）定价：CNY0.14

　　中国现代新闻摄影作品。

J0116682

一九五九年十月一日，毛主席和首都军民一起，欢庆中华人民共和国成立十周年。

天津 天津人民美术出版社 1972 年 ［1］张

76cm（2 开）定价：CNY0.14

　　中国现代新闻摄影作品。

J0116683

植树造林　绿化祖国 （新闻展览照片农村普及版）新华通讯社编

北京 人民出版社 1972 年 13张（套）38cm（6开）

定价：CNY0.39

　　中国现代新闻摄影作品。

J0116684

中国北京杂技团到达阿尔及尔 （第1692号）新华社记者摄

［北京］1972 年 1 幅 11×15cm 定价：CNY1.00

　　中国现代新闻摄影作品。

J0116685

中国绘画、工艺展览会在加拿大 （编号0979）新华社稿

［北京］1972 年 1 幅 12×15cm 定价：CNY1.00

　　中国现代新闻摄影作品。

J0116686

中国上海舞剧团抵达东京 （编号0911）新华社发

［北京］1972 年 1 幅 12×15cm 定价：CNY1.00

　　中国现代新闻摄影作品。

J0116687

中国上海舞剧团在东京首次演出 （编号0938）新华社稿

［北京］1972 年 1 幅 12×15cm 定价：CNY1.00

　　中国现代新闻摄影作品。

J0116688

中国上海舞剧团在日本大阪访问演出 （编号1009）新华社记者摄

［北京］1972 年 2 幅 12×15cm 定价：CNY2.00

中国现代新闻摄影作品。

J0116689

自力更生大办农村小水电——介绍兴办农村小水电的几个典型 （新闻展览照片农村普及版）新华通讯社编

北京 人民出版社 1972 年 13张（套）38cm（6开）

定价：CNY0.39

　　中国现代新闻摄影作品。

J0116690

北京猿人之家 （新闻展览照片农村普及版）新华通讯编

北京 人民出版社 1973 年 9 张（套）38cm（6开）

定价：CNY0.29

　　中国现代新闻摄影作品。

J0116691

春满余江 （新闻展览照片农村普及版）新华通讯编

北京 人民出版社 1973 年 9 张（套）38cm（6开）

定价：CNY0.29

　　中国现代新闻摄影作品。

J0116692

大别山下万木春 （介绍湖北省罗田县大力发展经济林的经验）新华通讯编

北京 人民美术出版社 1973 年 12 张（套）

38cm（6 开）定价：CNY0.42

　　本书为新闻展览照片农村普及版。

J0116693

大寨步步高 （新闻展览照片农村普及版）新华通讯编

北京 人民出版社 1973 年 18张（套）38cm（6开）

定价：CNY0.54

　　中国现代新闻摄影作品。

J0116694

洞庭湖区景色新 （编号：总稿3403 沪发0095）新华社稿

［北京］1973 年 18 幅 15×20cm 定价：CNY9.00

　　中国现代新闻摄影作品。

J0116695

杜鹃山　（编号：总稿 3443 沪发 0124）新华社稿

1973 年　20 幅　22×31cm　定价：CNY10.00

　　中国现代新闻摄影作品。

J0116696

高山峻岭开新河　（黎城县多快好省地兴建勇进渠的事迹）黎城县委通讯组，晋东南地委摄影组供稿

太原　山西人民出版社　1973 年　2 张（套）

76cm（2 开）定价：CNY0.32

　　中国现代新闻摄影作品。

J0116697

歌舞曲艺放新彩　（新闻展览照片农村普及版）新华通讯编

北京　人民出版社　1973 年　12 张（套）38cm（6 开）

定价：CNY0.36

J0116698

革命现代京剧《平原作战》（剧照　新闻展览照片农村普及版）新华通讯社编

北京　人民美术出版社　1973 年　18 张（套）

38cm（6 开）定价：CNY0.63

J0116699

革命现代京剧《平原作战》剧照　（编号 0957）新华社记者摄

［北京］1973 年　22 幅　11×15cm　定价：CNY22.00

　　中国现代新闻摄影作品。

J0116700

工业学大庆的先进典型——开漆煤矿　（河北新闻照片）河北新闻图片社编

石家庄　河北人民出版社　1973 年　76cm（2 开）

定价：CNY0.14

J0116701

河北大寨——何横城　（新闻展览照片农村普及版）新华通讯编

北京　人民出版社　1973 年　12 张（套）38cm（6 开）

定价：CNY0.36

J0116702

河北省根治海河十年伟大成就　（河北新闻

照片）河北新闻图片社编；河北省纪念毛主席"一定要根治海河"题词十周年影展办公室供稿

石家庄　河北人民出版社　1973 年　2 张（套）

76cm（2 开）定价：CNY0.28

J0116703

河北省农业学大寨一面红旗——何横城

（河北新闻照片）河北新闻图片社编

石家庄　河北人民出版社　1973 年　2 张（套）

76cm（2 开）定价：CNY0.28

J0116704

黄河新貌　（摄影挂图）山西省"革命委员会"水利局编

太原　山西人民出版社　1973 年　5 张（套）

76cm（2 开）定价：CNY0.80

　　中国现代新闻摄影作品。

J0116705

九龙江畔展宏图　（福建省龙海县学大寨赶昔阳四年大变样　新闻展览照片农村普及版）新华通讯编

北京　人民出版社　1973 年　12 张（套）38cm（6 开）

定价：CNY0.36

J0116706

林县红旗渠　（四条屏）魏德忠等摄

郑州　河南人民出版社　1973 年　2 张　76cm（2 开）

定价：CNY0.28

　　中国现代新闻摄影作品。

J0116707

鲁北人民战海河　山东新闻图片社编辑；山东省"革命委员会"水利局等供稿

济南　山东新闻图片社　1973 年　24 张（套）

38cm（6 开）定价：CNY1.20

　　纪念毛主席"一定要根治海河"光辉题词十周年新闻摄影作品。

J0116708

绿化祖国　山东省"革命委员会"农业局，山东省"革命委员会"外贸局编

济南　山东人民出版社　1973 年　6 张（套）

76cm（2 开）定价：CNY0.96

　　中国现代新闻摄影作品。

J0116709
毛主席在河南与牧羊人亲切谈话
郑州 河南人民出版社 1973 年 76cm（2 开）
定价：CNY0.14
　　中国现代新闻摄影作品。

J0116710
南泥湾 吴印咸编摄
上海 上海人民出版社 1973 年 24 张（套）
38cm（6 开）定价：CNY1.40
　　中国现代新闻摄影作品。

J0116711
农村新貌 （浙江）浙江人民出版社编辑
杭州 浙江人民出版社 1973 年 76cm（2 开）
定价：CNY0.11
　　中国现代新闻摄影作品。

J0116712
日本神奈川《音乐爱好者》管弦乐团演奏中国钢琴协奏曲《黄河》 （编号 1635）新华社稿
［北京］1973 年 2 幅 12×15cm 定价：CNY2.00
　　中国现代新闻摄影作品。

J0116713
韶山 （新闻展览照片农村普及版）新华通讯编
北京 人民美术出版社 1973 年 16 张（套）
38cm（6 开）定价：CNY0.64

J0116714
太行"愚公"绘新图 （黎城县上遥公社自力更生修建漳南渠的事迹）黎城县委通讯组，晋东南地委摄影组供稿
太原 山西人民出版社 1973 年 2 张（套）
76cm（2 开）定价：CNY0.32
　　中国现代新闻摄影作品。

J0116715
团结胜利的党的第十次全国代表大会万岁
（新闻展览照片农村普及版）新华通讯编
北京 人民美术出版社 1973 年 24 张（套）
38cm（6 开）定价：CNY0.96

J0116716
为贫下中农背一辈子药箱 （记江镇人民公社

"赤脚医生"）川沙县"革委会"政宣组编
上海 上海人民出版社 1973 年 ［1 张］
107cm（全开）定价：CNY0.20
　　中国现代新闻摄影作品。

J0116717
我 国 的 杂 技 艺 术 （编号：总稿 3402 沪发0097）新华社稿
［上海］1973 年 18 幅 15×20cm 定价：CNY4.50
　　中国现代新闻摄影作品。

J0116718
我 国 的 杂 技 艺 术 （编号：总稿 3402 沪发0097）新华社稿
［上海］1973 年 18 幅 22×31cm 定价：CNY9.00
　　中国现代新闻摄影作品。

J0116719
向工农兵学习为工农兵服务 （第 0011 号）新华社记者摄
［北京］1973 年 9 幅 11×15cm 定价：CNY9.00
　　中国现代新闻摄影作品。

J0116720
沿着党的"十大"路线夺取新的胜利 上海人民出版社编摄
上海 上海人民出版社 1973 年 ［1 张］
107cm（全开）定价：CNY0.22
　　中国现代新闻摄影作品。

J0116721
阳光灿烂　新苗茁壮 （记上海市培光中学坚持用党的基本路线教育学生）
上海 上海人民出版社 1973 年 ［1 张］
107cm（全开）定价：CNY0.20
　　中国现代新闻摄影作品。

J0116722
中国体育 （中文版）人民体育出版社编辑
北京 外文出版社 1973 年 30cm（10 开）
定价：CNY2.50
　　中国现代新闻摄影作品。

J0116723
大搞农田基本建设 四川省农业展览馆供稿

成都 四川人民出版社 1974 年 2 张 76cm（2 开）
定价：CNY0.22
　　中国现代新闻摄影作品。

J0116724
到处洋溢着社会主义的新思想——天津市宝坻县小靳庄十件新事 （新闻展览照片 农村普及版）新华通讯社编
北京 人民美术出版社 1974 年 12 张（套）
39cm（8 开）定价：CNY0.67

J0116725
电影战线传喜讯 （编号：总稿 4407 沪发 0131）新华社稿
1974 年 21 幅 22×31cm 定价：CNY10.50
　　中国现代新闻摄影作品。

J0116726
独立自主自力更生——上海工业新成就
上海人民出版社编
上海 上海人民出版社 1974 年［1 张］
108cm（全开）定价：CNY0.28
　　中国现代新闻摄影作品。

J0116727
干部必须坚持参加集体生产劳动——吴堡县三级干部参加集体生产劳动事迹 中共榆林地委宣传部编；陈宝生等摄
西安 陕西人民出版社 1974 年 2 张 76cm（2 开）
定价：CNY0.28
　　中国现代新闻摄影作品。

J0116728
革命现代京剧《杜鹃山》 （剧照 新闻展览照片 农村普及版）新华通讯社编
北京 人民美术出版社 1974 年 18 张（套）
38cm（6 开）定价：CNY0.79

J0116729
革命现代京剧《红灯记》 （剧照集锦）新华社稿
上海 上海人民出版社 1974 年［1 张］
76cm（2 开）定价：CNY0.10
　　中国现代新闻摄影作品。

J0116730
革命现代京剧《龙江颂》 （剧照画册）新华社供稿
上海 上海人民出版社 1974 年 19cm（小 32 开）
定价：CNY0.71
　　中国现代新闻摄影作品。

J0116731
广积粮　多贡献——吉林省榆树县发展农业生产为国家作出重大贡献 （新闻展览照片 农村普及版）新华通讯社编
北京 人民美术出版社 1974 年 9 张（套）
38cm（6 开）定价：CNY0.42

J0116732
广阔天地大有作为 （汉、朝文对照）延边博物馆供稿
延吉 延边人民出版社 1974 年 2 张（套）
76cm（2 开）定价：CNY0.28
　　中国现代新闻摄影作品。

J0116733
合作医疗越办越好——湖北省长阳县乐园公社 （新闻展览照片 农村普及版）新华通讯社编
北京 人民美术出版社 1974 年 9 张（套）
38cm（6 开）定价：CNY0.42

J0116734
合作医疗越办越好——记延安县南泥湾公社马坊大队合作医疗站 中共延安县委宣传部编；景风摄
西安 陕西人民出版社 1974 年 2 张 76cm（2 开）
定价：CNY0.28
　　中国现代新闻摄影作品。

J0116735
今日杨桥畔 中共榆林地委宣传部编；陈宝生摄
西安 陕西人民出版社 1974 年 2 张 76cm（2 开）
定价：CNY0.28
　　中国现代新闻摄影作品。

J0116736
辽沈、平津战役的胜利是毛主席军事路线的伟大胜利 （学习毛主席关于辽沈、平津战役的

作战方针 上海 上海人民出版社 1974 年
16 张(套)
54cm(4 开) 定价: CNY1.10
　　中国现代新闻摄影作品。

J0116737
评剧革命的可喜成果 （第 0107 号）新华社记
者摄
[北京] 1974 年 1 幅 11×15cm 定价: CNY1.00

J0116738
全国各族人民大团结万岁 薛斌摄
上海 上海人民出版社 1974 年 [1 张]
108cm(全开) 定价: CNY0.28
　　中国现代新闻摄影作品。

J0116739
上钢五厂工人理论队伍在斗争中成长 上
海人民出版社编
上海 上海人民出版社 1974 年 [1 张]
108cm(全开) 定价: CNY0.20
　　中国现代新闻摄影作品。

J0116740
社会主义到处都在胜利地前进 （新闻展览
照片 农村普及版）新华通讯社编
北京 人民美术出版社 1974 年 24 张(套)
39cm(8 开) 定价: CNY1.16

J0116741
社会主义新生事物不可战胜 （新闻展览照片
农村普及版）新华通讯社编
北京 人民美术出版社 1974 年 9 张(套)
38cm(6 开) 定价: CNY0.42

J0116742
水乡广积粮 （摄影 1975〈农历乙卯年〉年历）
李开远摄
[福州] 福建人民出版社 1974 年 53cm(4 开)
定价: CNY0.07
　　1975 年历书，中国现代新闻摄影作品。

J0116743
**我们工人的肩膀是铁打的——上海第二焊
接厂的战斗景象** 上海人民出版社编

上海 上海人民出版社 1974 年 [1 张]
108cm(全开) 定价: CNY0.22
　　中国现代新闻摄影作品。

J0116744
无产阶级必须牢固占领农村思想文化阵地
（新闻展览照片 农村普及版）新华通讯社编
北京 人民美术出版社 1974 年 16 张(套)
39cm(8 开) 定价: CNY0.76

J0116745
昔阳山河重安排
太原 山西人民出版社 1974 年 4 张(套)
76cm(2 开) 定价: CNY0.56
　　中国现代新闻摄影作品。

J0116746
向工农兵学习为工农兵演出 （部分省、市、
自治区文艺调演为工农兵演出侧记 第 1116 号）
新华社记者摄
[北京] 1974 年 4 幅 11×15cm 定价: CNY4.00
　　中国现代新闻摄影作品。

J0116747
沿着光辉的"五·七"大道奋勇前进 西安市
南泥湾"五·七"干校"革委会"编；丁俊明等摄
西安 陕西人民出版社 1974 年 2 张 76cm(2 开)
定价: CNY0.28
　　中国现代新闻摄影作品。

J0116748
**沿着农业学大寨的道路阔步前进——河南
辉县人民艰苦奋斗建设社会主义新山区**（新
闻展览照片 农村普及版）新华通讯社编
北京 人民美术出版社 1974 年 16 张(套)
39cm(8 开) 定价: CNY0.79

J0116749
**扬眉吐气的三万二千浬——欢庆"风庆"轮
远航胜利归来**
上海 上海人民出版社 1974 年 [1 张]
108cm(全开) 定价: CNY0.22
　　中国现代新闻摄影作品。

J0116750

云南边疆欣欣向荣 （傣文）云南人民出版社编
昆明 云南人民出版社 1974 年［32］页 有照片
20cm（32 开）ISBN：8116.639 定价：CNY0.05
　　中国现代新闻摄影作品。

J0116751

云南边疆欣欣向荣 （汉文、德宏傣文对照）
昆明 云南人民出版社 1974 年 19cm（32 开）
定价：CNY0.05
　　中国现代新闻摄影作品集。

J0116752

云南边疆欣欣向荣 （汉文、景颇文对照）
昆明 云南人民出版社 1974 年 19cm（32 开）
定价：CNY0.05
　　中国现代新闻摄影作品集。

J0116753

云南边疆欣欣向荣 （汉文、西双版纳傣文对照）
昆明 云南人民出版社 1974 年 19cm（32 开）
定价：CNY0.05
　　中国现代新闻摄影作品集。

J0116754

知识青年在农村 （新闻展览照片 农村普及
版）新华通讯社编
北京 人民美术出版社 1974 年 12 张（套）
39cm（8 开）定价：CNY0.52

J0116755

苗壮成长 （摄影集）湖北省美术摄影展览办公
室，新华社湖北分社供稿
武汉 湖北人民出版社 1974 年 8 幅 10×15cm
统一书号：8106.1470 定价：CNY0.25
　　中国新闻摄影作品。

J0116756

"鞍钢宪法"胜利万岁 辽宁新闻图片社编
［沈阳］辽宁人民出版社 1975 年 23 张（套）
26cm（16 开）定价：CNY1.20
　　中国现代新闻摄影作品。

J0116757

保持革命战争时期的那么一股劲 （新闻展

览照片农村普及版）新华通讯社编
北京 人民美术出版社 1975 年 16 张（套）
38cm（6 开）定价：CNY0.72
　　中国现代新闻摄影作品。

J0116758

保持革命战争时期那么一股劲 （新闻展览
照片农村普及版）新华通讯社编
北京 人民美术出版社 1975 年 26×38cm
统一书号：［7507］定价：CNY0.72

J0116759

保卫海疆 郭道义摄
北京 人民美术出版社 1975 年 53cm（4 开）
定价：CNY0.20
　　中国现代新闻摄影作品。

J0116760

朝气蓬勃干革命的带头人 （记咸阳地区农业
劳动模范、先进人物在第一线）中共咸阳地委宣
传部编；魏少云等摄影
［西安］陕西人民出版社 1975 年 2 张（套）
76cm（2 开）定价：CNY0.28
　　中国现代新闻摄影作品。

J0116761

大搞科学种田　加速农业发展 （介绍湖南
华容县四级农业科学实验网）新华通讯社编
北京 人民美术出版社 1975 年 12 张（套）
38cm（6 开）定价：CNY0.64
　　中国现代新闻摄影作品。

J0116762

大寨 （农村版图书）全国农业展览馆，农业出
版社编
［北京］农业出版社 1975 年 26 张（套）
26cm（16 开）定价：CNY1.20
　　中国现代新闻摄影作品。

J0116763

大寨简介 昔阳县大寨接待站编
北京 人民美术出版社 1975 年 16 页 19cm（32 开）
统一书号：8027.6179 定价：CNY0.20
　　中国现代新闻摄影作品。

J0116764
电网新珠放异采 （欢呼我国最大的三十万瓦火力发电机组胜利发电）上海人民出版社编辑
上海 上海人民出版社 1975 年 [1 张]
107cm（全开）定价：CNY0.22
　　　中国现代新闻摄影作品。

J0116765
发扬革命战争年代的光荣传统 解放军画报社供稿
上海 上海人民出版社 1975 年 24 张（套）
38cm（6 开）定价：CNY1.10
　　　中国现代新闻摄影作品。

J0116766
风展红旗气象新——祖国在社会主义大道上胜利前进 （新闻展览照片农村普及版）新华通讯社编
北京 人民美术出版社 1975 年 15 张（套）
38cm（6 开）定价：CNY0.82

J0116767
妇女能顶半边天 （新闻展览照片农村普及版）新华通讯社编
北京 人民美术出版社 1975 年 16 张（套）
38cm（6 开）定价：CNY0.82

J0116768
光辉的历程 （纪念中国工农红军长征四十四周年展览图片）解放军画报社编
上海 上海人民出版社 1975 年 20 张（套）
38cm（6 开）定价：CNY0.80
　　　中国现代新闻摄影作品。

J0116769
红旗渠 （图片集）河南日报社编
北京 人民美术出版社 1975 年 25cm（15 开）
统一书号：8027.5949 定价：CNY4.00
　　　中国现代新闻摄影作品。

J0116770
淮北大寨——江苏宿迁县新貌 （新闻展览照片农村普及版）新华通讯社编
北京 人民美术出版社 1975 年 12 张（套）
38cm（6 开）定价：CNY0.64

J0116771
坚持社会主义道路反对资本主义倾向 （新闻展览照片农村普及版）新华通讯社编
北京 人民美术出版社 1975 年 12 张（套）
38cm（6 开）定价：CNY0.64

J0116772
教育革命谱新曲 中黄咸阳地委宣传部编；邱亚农摄影
[西安] 陕西人民出版社 1975 年 2 张
76cm（2 开）定价：CNY0.28
　　　中国现代新闻摄影作品。

J0116773
教育阵地的深刻变革 （新闻展览照片农村普及版）新华通讯社编
北京 人民美术出版社 1975 年 18 张（套）
38cm（6 开）定价：CNY0.82

J0116774
毛主席革命路线的伟大胜利 （新闻展览照片农村普及版）新华通讯社编
北京 人民美术出版社 1975 年 18 张（套）
38cm（6 开）定价：CNY0.87

J0116775
南海诸岛之一——西沙群岛 （新闻展览照片农村普及版）新华通讯社编
北京 人民美术出版社 1975 年 26 张（套）
38cm（6 开）定价：CNY1.13

J0116776
全党动员　大办农业　为普及大寨县而奋斗 （第一期）广东人民出版社，广东省美术摄影展览办公室合编
[广州] 广东人民出版社 1975 年 3 张 76cm（2 开）
定价：CNY0.24
　　　中国现代新闻摄影作品。

J0116777
全党动员　大办农业　为普及大寨县而奋斗 新华社稿；本刊通讯员摄影
[沈阳] 辽宁人民出版社 1975 年 [1 张]
107cm（全开）定价：CNY0.22
　　　中国现代新闻摄影作品。

J0116778

全党动员　大办农业　为普及大寨县而奋斗　上海人民出版社编辑

上海　上海人民出版社　1975 年　[1 张]

107cm（全开）定价：CNY0.22

中国现代新闻摄影作品。

J0116779

全国各族人民大团结万岁　（摄影 1976 年年历）

[西安] 陕西人民出版社　1975 年　53cm（4 开）

定价：CNY0.15

中国现代新闻摄影作品。

J0116780

社会主义新生事物好　新华社记者，本刊通讯员，本刊记者摄影

[沈阳] 辽宁人民出版社　1975 年　[1 张]

107cm（全开）定价：CNY0.22

中国现代新闻摄影作品。

J0116781

实行计划生育，做好儿童保健　（摄影 1976 年年历）福建省计划生育领导小组办公室供稿

[福州] 福建人民出版社　1975 年　53cm（4 开）

定价：CNY0.07

J0116782

一所社会主义新型大学　（上海机床厂"七·二一"工人大学在前进！）上海人民出版社编辑

上海　上海人民出版社　1975 年　22 张（套）

38cm（6 开）定价：CNY0.80

中国现代新闻摄影作品。

J0116783

营口县在学大寨的道路上阔步前进　本刊通讯员，本刊记者摄影

[沈阳] 辽宁人民出版社　1975 年　[1 张]

107cm（全开）定价：CNY0.22

中国现代新闻摄影作品。

J0116784

抓大事　促大干　千军万马战金山　（筹建中的上海石油化工总厂）上海人民出版社编辑

上海　上海人民出版社　1975 年　[1 张]

107cm（全开）定价：CNY0.22

中国现代新闻摄影作品。

J0116785

抓理论学习　促工农业生产　上海人民出版社编辑

上海　上海人民出版社　1975 年　18 张（套）

38cm（6 开）定价：CNY0.66

中国现代新闻摄影作品。

J0116786

抓理论学习　走大寨道路　（金山县八二大队坚持农业学大寨坚持党的基本路线夺取高产更高产）上海人民出版社编辑

上海　上海人民出版社　1975 年　18 张（套）

26cm（16 开）定价：CNY0.39

中国现代新闻摄影作品。

J0116787

广阔天地　大有作为　（上海知识青年在农村）上海人民出版社编辑

上海　上海人民出版社　1976 年　108 页　17×18cm

定价：CNY3.30

中国现代新闻摄影作品。

J0116788

红旗渠　人民美术出版社编辑

北京　人民美术出版社　1976 年　20cm（32 开）

统一书号：8027.6239　定价：CNY0.90

中国现代新闻摄影作品。

J0116789

农业学大寨　（摄影 1977 年年历）高革摄

沈阳　辽宁人民出版社　1976 年　1 张　53cm（4 开）

定价：CNY0.06

中国现代新闻摄影作品。

J0116790

实行计划生育做好儿童保健　（摄影 1977〈农历丁已年〉年历）福建省计划生育领导小组办公室编

福州　福建人民出版社　1976 年　1 张　53cm（4 开）

定价：CNY0.07

1977 年历书，中国现代新闻摄影作品。

J0116791

"八一"南昌起义 （纪念中国人民解放军建军五十周年　展览图片）中国共产党南昌市委员会纪念中国人民解放军建军五十周年领导小组办公室编

南昌　江西人民出版社　1977 年　21 张(套)

38cm(6 开) 定价: CNY0.86

中国现代新闻摄影作品。本书与上海人民出版社合作出版。

J0116792

"硬骨头六连"战旗红　徐洁, 孙水堂摄影; 上海人民出版社编辑

上海　上海人民出版社　1977 年 [1 张]

107cm(全开) 定价: CNY0.28

中国现代新闻摄影作品。

J0116793

办沼气　好处多 （新闻展览照片农村普及版）新华通讯社编

北京　人民美术出版社　1977 年　18 张(套)

38cm(6 开) 定价: CNY0.82

中国现代新闻摄影作品。

J0116794

大庆 （新闻展览照片农村普及版）新华通讯社编

北京　人民美术出版社　1977 年　26 张(套)

38cm(6 开) 定价: CNY1.20

中国现代新闻摄影作品。

J0116795

大庆英雄赞　大庆政治部编

北京　石油化学工业出版社　1977 年 [1 张]

76cm(2 开)

中国现代新闻摄影作品。

J0116796

大庆油田先锋五队在斗争中前进 （图片集）大庆政治部宣传处编

北京　石油化学工业出版社　1977 年　14 页

19cm(小 32 开)

中国现代新闻摄影作品。

J0116797

革命的摇篮 （纪念毛主席创建井冈山革命根据地五十周年　展览图片）江西省井冈山管理局纪念井冈山革命根据地创建五十周年活动办公室编

南昌　江西人民出版社　1977 年　29 张(套)

38cm(6 开) 定价: CNY1.20

中国现代新闻摄影作品。本书与上海人民出版社合作出版。

J0116798

广东新闻图片 （1977 年第 1 期　更高地举起农业学大寨的红旗）广东人民出版社编辑

广州　广东人民出版社　1977 年　2 张(套)

76cm(2 开) 定价: CNY0.16

中国现代新闻摄影作品。

J0116799

广东新闻图片 （1977 年第 2 期　动员全党、全省工人阶级为普及大庆式企业而奋斗）

广州　广东人民出版社　1977 年　2 张(套)

76cm(2 开) 定价: CNY0.16

中国现代新闻摄影作品。

J0116800

广东新闻图片 （1977 年第 3 期　南海长城）广东人民出版社编辑

广州　广东人民出版社　1977 年　2 张(套)

76cm(2 开) 定价: CNY0.16

中国现代新闻摄影作品。

J0116801

广东新闻图片 （1977 年第 4 期　欢呼胜利　乘胜前进　广州地区百万军民热烈庆祝党的十届三中全会胜利召开）广东人民出版社编辑

广州　广东人民出版社　1977 年　2 张(套)

76cm(2 开) 定价: CNY0.16

中国现代新闻摄影作品。

J0116802

广东新闻图片 （1977 年第 5 期　在党的十一大精神鼓舞下前进）广东人民出版社编辑

广州　广东人民出版社　1977 年　2 张(套)

76cm(2 开) 定价: CNY0.16

中国现代新闻摄影作品。

J0116803

好好的保育儿童 （摄影 1978 农历戊午年年历）福建省计划生育领导小组办公室编

福州 福建人民出版社 1977 年［1 张］

54cm（4 开）定价：CNY0.07

　　1978 年历书，中国现代新闻摄影作品。

J0116804

华国锋主席高兴地向百万群众亲切招手致意 新华社供稿

上海 上海人民出版社 1977 年［1］张

76cm（2 开）定价：CNY0.14

　　中国现代新闻摄影作品。

J0116805

华国锋主席高兴地向百万群众亲切招手致意 新华社供稿

上海 上海人民出版社 1977 年［1］张

54cm（4 开）定价：CNY0.26

　　中国现代新闻摄影作品。

J0116806

华国锋主席高兴地向百万群众亲切招手致意 新华社供稿

上海 上海人民出版社 1977 年［1］张

39cm（8 开）定价：CNY0.13

　　中国现代新闻摄影作品。

J0116807

华国锋主席在天安门城楼上向参加庆祝大会的群众亲切招手致意 新华社供稿

沈阳 辽宁人民出版社 1977 年［1］张

76cm（2 开）定价：CNY0.18

　　中国现代新闻摄影作品。

J0116808

华国锋主席在天安门城楼上向参加庆祝大会的首都百万军民亲切招手致意 新华社供稿

上海 上海人民出版社 1977 年［1］张

39cm（8 开）定价：CNY0.13

　　中国现代新闻摄影作品。

J0116809

欢庆胜利　高歌猛进 （衷心爱戴、坚决拥护华国锋主席为首的党中央彻底清算“四人帮”的反革命罪行，发展大好形势）福建省新闻图片社编

福州 福建人民出版社 1977 年［1］张

76cm（2 开）定价：CNY0.14

　　中国现代新闻摄影作品。

J0116810

计划生育好 （新闻展览照片农村普及版）新华通讯社编

北京 人民美术出版社 1977 年 7 张(套)

38cm（6 开）定价：CNY0.46

　　中国现代新闻摄影作品。

J0116811

毛主席和华国锋同志

合肥 安徽人民出版社 1977 年［1 张］

54cm（4 开）定价：CNY0.12

　　中国现代新闻摄影作品。

J0116812

毛主席和周恩来同志

北京 人民美术出版社 1977 年［1 张］

38cm（6 开）定价：CNY0.08

　　中国现代新闻摄影作品。

J0116813

毛主席和周总理

合肥 安徽人民出版社 1977 年［1 张］

54cm（4 开）定价：CNY0.12

　　中国现代新闻摄影作品。

J0116814

毛主席和周总理、朱委员长在一起

合肥 安徽人民出版社 1977 年［1 张］

76cm（2 开）定价：CNY0.14

　　中国现代新闻摄影作品。

J0116815

毛主席和周总理、朱委员长在一起

合肥 安徽人民出版社 1977 年［1 张］

54cm（4 开）定价：CNY0.18

　　中国现代新闻摄影作品。

J0116816

毛主席和周总理、朱委员长在一起 新华社稿

福州 福建人民出版社 1977 年［1 张］
［40cm］（6 开）定价：CNY0.10
　　中国现代新闻摄影作品。

J0116817
毛主席和周总理、朱委员长在一起
兰州 甘肃人民出版社 1977 年［1 张］
54cm（4 开）定价：CNY0.14
　　中国现代新闻摄影作品。

J0116818
毛主席和周总理、朱委员长在一起
广州 广东人民出版社 1977 年［1 张］
54cm（4 开）定价：CNY0.22
　　中国现代新闻摄影作品。

J0116819
毛主席和周总理、朱委员长在一起
哈尔滨 黑龙江人民出版社 1977 年［1 张］
54cm（4 开）定价：CNY0.15
　　中国现代新闻摄影作品。

J0116820
毛主席和周总理、朱委员长在一起
南昌 江西人民出版社 1977 年［1 张］
54cm（4 开）定价：CNY0.18
　　中国现代新闻摄影作品。

J0116821
毛主席和周总理、朱委员长在一起　　新华社稿
沈阳 辽宁人民出版社 1977 年［1 张］
38cm（6 开）定价：CNY0.08
　　中国现代新闻摄影作品。

J0116822
毛主席和周总理、朱委员长在一起
北京 人民美术出版社 1977 年［1 张］
76cm（2 开）定价：CNY0.14
　　中国现代新闻摄影作品。

J0116823
毛主席和周总理、朱委员长在一起
西安 陕西人民出版社 1977 年［1 张］
54cm（4 开）定价：CNY0.16
　　中国现代新闻摄影作品。

J0116824
毛主席和周总理、朱委员长在一起　　新华社稿
上海 上海人民出版社 1977 年［1 张］
76cm（2 开）定价：CNY0.14
　　中国现代新闻摄影作品。

J0116825
毛主席和周总理、朱委员长在一起　　新华社稿
上海 上海人民出版社 1977 年［1 张］
54cm（4 开）定价：CNY0.26
　　中国现代新闻摄影作品。

J0116826
毛主席和周总理、朱委员长在一起
成都 四川人民出版社 1977 年［1 张］
54cm（4 开）定价：CNY0.15
　　中国现代新闻摄影作品。

J0116827
毛主席和周总理、朱委员长在一起
天津 天津人民美术出版社 1977 年［1 张］
76cm（2 开）定价：CNY0.14
　　中国现代新闻摄影作品。

J0116828
毛主席和周总理、朱委员长在一起
天津 天津杨柳青画店 1977 年［1 张］
54cm（4 开）定价：CNY0.30
　　中国现代新闻摄影作品。

J0116829
毛主席和周总理在中央人民政府委员会第二十四次会议上　（一九五三年）
西安 陕西人民出版社 1977 年［1 张］
54cm（4 开）定价：CNY0.15
　　中国现代新闻摄影作品。

J0116830
毛主席和周总理在中央人民政府委员会第二十四次会议上　（一九五三年）《中国摄影》供稿
上海 上海人民出版社 1977 年［1 张］
76cm（2 开）定价：CNY0.14
　　中国现代新闻摄影作品。

J0116831

毛主席和朱德同志

北京　人民美术出版社 1977 年 ［1 张］

38cm（6 开）定价：CNY0.08

　　中国现代新闻摄影作品。

J0116832

模范民兵营长孙天柱　陕西省军区政治部编；

袁伟撰文；永锦等绘画；天育等摄影

西安　陕西人民出版社 1977 年 2 张（套）

76cm（2 开）定价：CNY0.28

　　中国现代新闻摄影作品。

J0116833

热烈庆祝党的十届三中全会的胜利召开　新华社记者等摄

沈阳　辽宁人民出版社 1977 年 ［1 张］

107cm（全开）定价：CNY0.22

（辽宁画报 增刊）

　　中国现代新闻摄影作品。

J0116834

热烈庆祝中国共产党第十一次全国代表大会胜利召开　（新闻展览照片农村普及版）新华通讯社编

北京　人民美术出版社 1977 年 2 张（套）

107cm（全开）定价：CNY0.70

　　中国现代新闻摄影作品。

J0116835

热烈拥护党的第十一次全国代表大会的胜利召开　新华社记者，辽宁画报记者摄

沈阳　辽宁人民出版社 1977 年 ［1 张］

107cm（全开）定价：CNY0.22

（辽宁画报 增刊）

　　中国现代新闻摄影作品。

J0116836

深切怀念敬爱的周总理

沈阳　辽宁人民出版社 1977 年 ［1 张］

107cm（全开）定价：CNY0.28

（辽宁画报 增刊）

　　中国现代新闻摄影作品。

J0116837

世世代代高举毛主席的伟大旗帜　新华社稿

沈阳　辽宁人民出版社 1977 年 ［1］张

107cm（全开）定价：CNY0.22

（辽宁画报 增刊）

　　中国现代新闻摄影作品。

J0116838

颂歌声声传北京　（摄影 1978 年年历）

延吉　延边人民出版社 1977 年 ［1 张］

54cm（4 开）定价：CNY0.09

　　1978 年历书，中国现代新闻摄影作品。

J0116839

万水千山　新华社，人民画报社摄

北京　人民美术出版社 1977 年 2 张（套）

76cm（2 开）定价：CNY0.22

　　中国现代新闻摄影作品。

J0116840

伟大的共产主义战士——雷锋　解放军画报社编

上海　上海人民出版社 1977 年 40 页 36cm（12 开）

定价：CNY1.35

　　中国现代新闻摄影作品。

J0116841

伟大的文学家、思想家、革命家鲁迅　（新闻展览照片农村普及版）新华通讯社编

北京　人民美术出版社 1977 年 23 张（套）

38cm（6 开）定价：CNY1.20

　　中国现代新闻摄影作品。

J0116842

伟大领袖毛主席永远活在我们心中　（四川新闻照片 特刊）四川省新闻图片社编辑

成都　四川省新闻图片社 1977 年 83 页

26cm（16 开）定价：CNY1.00

　　中国现代新闻摄影作品。

J0116843

我们热爱华主席　（摄影 1978 农历戊午年年历）黄克勤摄

武汉　湖北人民出版社 1977 年 ［1 张］

54cm（4 开）定价：CNY0.15

1978 年历书，中国现代新闻摄影作品。

J0116844
周恩来同志为共产主义事业光辉战斗的一生
广州 广东人民出版社 1977 58 页 30cm（16 开）
定价：CNY1.00
　　中国现代新闻摄影作品。

J0116845
周恩来同志为共产主义事业光辉战斗的一生　新华社供稿
南京 江苏人民出版社 1977 年 60 页 26cm（16 开）
定价：CNY0.80
　　中国现代新闻摄影作品。

J0116846
周恩来同志为共产主义事业光辉战斗的一生（四川新闻照片 特刊）四川新闻图片社编辑
成都 四川新闻图片社 1977 年 60 页 26cm（16 开）
定价：CNY0.80
　　中国现代新闻摄影作品。

J0116847
周恩来同志为共产主义事业光辉战斗的一生　云南人民出版社编辑
昆明 云南人民出版社 1977 年 68 页 30cm（16 开）
定价：CNY1.10
　　中国现代新闻摄影作品。

J0116848
周恩来同志为共产主义事业光辉战斗的一生　《中国摄影》编辑部编
北京 中国摄影出版社 1977 年 60 页 30cm（16 开）
定价：CNY1.00
　　中国现代新闻摄影作品。

J0116849
周总理和大庆职工家属演出队在一起
北京 人民美术出版社 1977 年 ［1 张］
26cm（16 开）定价：CNY0.04
　　中国现代新闻摄影作品。

J0116850
周总理和王进喜同志亲切握手
北京 人民美术出版社 1977 年 ［1 张］

26cm（16 开）定价：CNY0.04
　　中国现代新闻摄影作品。

J0116851
祖国南北盛开大寨花　（新闻展览照片农村普及版）新华通讯社编
北京 人民美术出版社 1977 年 17 张（套）
38cm（6 开）定价：CNY0.82
　　中国现代新闻摄影作品。

J0116852
鞍钢——跑步学大庆进行新长征　（辽宁画报增刊）王洪昌等摄影
沈阳 辽宁美术出版社 1978 年 ［1 张］
120cm（全张）定价：CNY0.22
　　中国现代新闻摄影作品。

J0116853
大养其猪　（新闻展览照片农村普及版）新华通讯社编
北京 人民美术出版社 1978 年 8 张（套）
38cm（6 开）定价：CNY0.46

J0116854
高举大庆红旗阔步前进　中共广东省委工业学大庆办公室，广东省煤炭工业局编
广州 广东省科学技术出版社 1978 年 2 张（套）
76cm（2 开）
　　广东省工业学大庆一面红旗，马安煤矿新闻摄影作品。

J0116855
光明的中国　（新闻展览照片农村普及版）新华通讯社编
北京 人民美术出版社 1978 年 16 张（套）
38cm（6 开）定价：CNY0.82
　　中国现代新闻摄影作品。

J0116856
华国锋主席访问伊朗　（新闻展览照片农村普及版）新华通讯社编
北京 人民美术出版社 1978 年 ［1 张］
107cm（全开）定价：CNY0.35
　　中国现代新闻摄影作品。

J0116857

华主席在中国共产党第十一届中央委员会第一次全体会议上　新华社供稿
上海　上海人民美术出版社　1978年　1幅
53cm（4开）定价：CNY0.30
　　中国现代新闻人物摄影作品。

J0116858

华主席在中国共产党第十一届中央委员会第一次全体会议上　新华社供稿
上海　上海人民美术出版社　1978年　76cm（2开）
定价：CNY0.14
　　中国现代新闻人像摄影作品。

J0116859

雷北大队在前进　中共渭南地委宣传部编；陆兴谓，范德元摄影
西安　陕西人民出版社　1978年　2张（套）
76cm（2开）定价：CNY0.28
　　中国现代新闻摄影作品．

J0116860

落实政策大展宏图　（湖南湘乡县　新闻展览照片农村普及版）新华通讯社编；孙忠精摄影
北京　人民美术出版社　1978年　12张（套）
38cm（6开）定价：CNY0.68
　　中国现代新闻摄影作品。

J0116861

农林牧综合发展的典型　陕西省农林科学院，陕西省农业技术推广总站编；张学文等摄影
西安　陕西人民出版社　1978年　2张（套）
76cm（2开）定价：CNY0.28
　　中国现代新闻摄影作品．

J0116862

农业学大寨的带头人　（记渭南地区农业劳动模范、先进人物在第一线）中共渭南地委宣传部编；范德元摄影
西安　陕西人民出版社　1978年　3张（套）
76cm（2开）定价：CNY0.42
　　中国现代新闻摄影作品。

J0116863

全国科学大会　（新闻展览照片农村普及版）

新华通讯社编
北京　人民美术出版社　1978年　[1张]
107cm（全开）定价：CNY0.35
　　中国现代新闻摄影作品。

J0116864

山东治淮影集　山东新闻图片社编
济南　山东新闻图片社　1978年　100页
30cm（16开）定价：CNY10.00
　　中国现代新闻摄影作品。

J0116865

掀起农田基本建设新高潮　（看当代愚公改造山东　新闻展览照片农村普及版）新华通讯社编
北京　人民美术出版社　1978年　9张（套）
38cm（6开）定价：CNY0.46
　　中国现代新闻摄影作品。

J0116866

英明领袖华主席视察东北三省时在列车上　钱嗣杰摄影
沈阳　辽宁人民出版社　1978年　53cm（4开）
定价：CNY0.13
　　中国现代新闻摄影作品。

J0116867

震撼千古的革命行动　（1976年清明节天安门事件纪实）新华通讯社编
北京　人民美术出版社　1978年　[1张]
107cm（全开）定价：CNY0.35
　　中国现代新闻摄影作品。

J0116868

中罗两党、两国人民的革命友谊和战斗团结万岁（新闻展览照片农村普及版）新华通讯社编
北京　人民美术出版社　1978年　[1张]
107cm（全开）定价：CNY0.35
　　中国现代新闻摄影作品。

J0116869

中南两党、两国和两国人民友好关系史上新的里程碑　（新闻展览照片农村普及版）新华通讯社编
北京　人民美术出版社　1978年　[1张]
107cm（全开）定价：CNY0.35

中国现代新闻摄影作品。

J0116870

邓小平副总理访问美国 （新闻展览照片农村普及版）新华通讯社编；郭占英等摄影
北京 人民美术出版社 1979 年［1 张］
107cm（全开）定价：CNY0.35

J0116871

国营农场在前进——介绍黑龙江八五三农场 （新闻展览照片农村普及版）新华通讯社编
北京 人民美术出版社 1979 年 12 张 38cm（6 开）
定价：CNY0.68

J0116872

林海绿浪 陕西省陕北革命建设委员会编；陈宝生摄影
西安 陕西人民美术出版社 1979 年 3 张
76cm（2 开）定价：CNY0.42
　　中国现代新闻摄影作品。

J0116873

沙漠变绿洲 陕西省陕北革命建设委员会编；陈宝生摄影
西安 陕西人民美术出版社 1979 年 2 张
76cm（2 开）定价：CNY0.28
　　中国现代新闻摄影作品。

J0116874

铜墙铁壁 榆林军分区政治部编；陈宝生摄影
西安 陕西人民美术出版社 1979 年 2 张
76cm（2 开）定价：CNY0.28
　　中国现代新闻摄影作品。

J0116875

兴旺发达的社队企业——江苏省无锡县兴办社队企业，促进了农业的高速度发展 （新闻展览照片农村普及版）新华通讯社编；李平等摄
北京 人民美术出版社 1979 年 12 张 38cm（6 开）
定价：CNY0.64

J0116876

亿万人民心中的丰碑 （怀念敬爱的周恩来同志 新闻展览照片农村普及版）新华通讯社编

北京 人民美术出版社 1979 年 24 张 38cm（6 开）
定价：CNY0.97
　　中国新闻摄影作品集。

J0116877

展览照片普及版 （1）新华通讯社编
北京 人民美术出版社 1979 年 16 张 38cm（6 开）
定价：CNY1.10

J0116878

展览照片普及版 （2）新华通讯社编
北京 人民美术出版社 1979 年 16 张 38cm（6 开）
定价：CNY1.10

J0116879

毛泽东 刘少奇 周恩来 朱德同志在一起
成都 四川人民出版社 1980 年 53cm（4 开）
定价：CNY0.15
　　中国现代新闻摄影作品。

J0116880

绿满淳化 （新闻图片）陕西省陕北革命建设委员会，咸阳地区农业委员会编；王成等摄
西安 陕西人民美术出版社 1981 年 76cm（2 开）
定价：CNY0.16

J0116881

毛泽东 刘少奇 周恩来 朱德同志在机场 新华社稿
石家庄 河北人民出版社 1981 年 76cm（2 开）
定价：CNY0.18
　　中国现代新闻摄影作品。

J0116882

毛泽东 刘少奇 周恩来 朱德同志在机场 新华社稿
石家庄 河北美术出版社 1982 年 54cm（4 开）
定价：CNY0.20
　　中国现代新闻摄影作品。

J0116883

沙区农垦新貌 （新闻图片）陕北革命建设委员会，榆林地区文联编；陈宝生摄
西安 陕西人民出版社 1981 年 2 张 76cm（2 开）
定价：CNY0.32

J0116884

西厢记 （剧照）安志强编；新华社记者摄
北京 宝文堂书店 1981 年 2 张 76cm（2 开）
定价：CNY0.26

J0116885

植树造林　造福人民 （新闻图片）陕北革命
建设委员会，榆林地区文联编；陈宝生摄
西安 陕西人民出版社 1981 年 2 张 76cm（2 开）
定价：CNY0.32

J0116886

开发陕北　建设陕北 陕北革命建设委员会，
榆林地区文联编；陈宝生摄影
西安 陕西人民美术出版社 1982 年 4 张
76cm（2 开）定价：CNY0.64
　　中国现代新闻摄影作品。

J0116887

老区新貌 陕西省陕北革命建设委员会，咸阳
地区农业委员会编；王成等摄影
西安 陕西人民美术出版社 1982 年 3 张
76cm（2 开）定价：CNY0.48
　　中国现代新闻摄影作品。

J0116888

毛泽东　刘少奇　周恩来　朱德同志在一起
北京 人民美术出版社 1982 年 76cm（2 开）
定价：CNY0.40
　　中国现代新闻摄影作品。

J0116889

**毛泽东　周恩来　刘少奇　朱德　邓小平
陈云同志在一起** 新华社供稿
北京 人民美术出版社 1982 年 76cm（2 开）
定价：CNY0.40
　　中国现代新闻摄影作品。

J0116890

**毛泽东　周恩来　刘少奇　朱德　邓小平
陈云同志在一起** 新华社供稿
北京 人民美术出版社 1982 年 76cm（2 开）
定价：CNY0.20
　　中国现代新闻摄影作品。

J0116891

沙塬林海 榆林地区文联，靖边县林业局编；
陈宝生摄影
西安 陕西人民出版社 1982 年 76cm（2 开）
定价：CNY0.18
　　中国现代新闻摄影作品。

J0116892

延安在前进 陕西省陕北革命建设委员会，延
安地区农业展览馆编；景风等摄影；古溪配诗
西安 陕西人民美术出版社 1982 年 4 张
76cm（2 开）定价：CNY0.64
　　中国现代新闻摄影作品。

J0116893

工人业余生活 中华全国总工会编
北京 工人出版社 1983 年 27cm（16 开）
统一书号：7007.98 定价：CNY5.00
　　中国现代新闻摄影作品。

J0116894

**毛泽东同志、周恩来同志、刘少奇同志、朱
德同志在一起**
北京 人民美术出版社 1983 年 ［1 张］
76cm（2 开）定价：CNY0.40
　　中国现代新闻摄影作品。

J0116895

一个孩好 （1984 年年历）苏耕摄影
济南 山东人民出版社 1983 年 1 张 53cm（4 开）
定价：CNY0.20
　　作者苏耕（1943— ），画家。生于山东荣
成。原名苏永畔。毕业于山东艺专，后结业于中
央美院。威海画院专职画家，副院长、副书记，
中国美术家协会会员，国家一级美术师，作品有
《大街小巷》《铁路哨兵》《童心》《在艺术的故乡
里》等。

J0116896

祖国的关怀 （港澳全国人大代表、全国政协委
员在北京国事活动影集）《祖国的关怀》编辑委
员会编
香港 香港新中国新闻公司 1983 年 237 页
有图 29cm（16 开）精装
　　中国现代新闻摄影作品。

J0116897

健与美的盛会　（中华人民共和国第五届运动会开幕式表演）杨克林等摄影

上海　上海人民美术出版社　1984年　76cm（2开）

定价：CNY0.16

中国现代新闻摄影作品。作者杨克林，擅长摄影。主要作品有年历《时装·女东方衫》《怒放》《漫游太空》等。

J0116898

全国获奖新闻照片选介　伍素心编著

长沙　湖南美术出版社　1984年　184页

19cm（32开）统一书号：8233.613　定价：CNY0.98

本书共60个选题，70幅作品，并附有作者拍摄的经过和经验。

J0116899

国庆盛典

北京　北京美术摄影出版社　1985年　2张

76cm（2开）定价：CNY0.36

中国现代新闻摄影作品。

J0116900

国庆之夜　刘铁生摄

北京　北京美术摄影出版社　1985年　1张

79cm（3开）定价：CNY0.30

中国现代新闻摄影作品。

J0116901

陕西省新闻摄影大赛作品选　（1976～1984）

陕西省新闻图片社编

西安　陕西人民美术出版社　1985年　26cm（16开）

定价：CNY5.00

中国陕西省改革开放初期新闻摄影集。

J0116902

新闻摄影　王天育著

西安　陕西人民美术出版社　1985年　180页

有照片　19cm（32开）定价：CNY2.60

J0116903

琳琅珠玉　苏茂春摄

乌鲁木齐　新疆人民出版社　1986年　1张

78cm（2开）定价：CNY0.40

J0116904

沙飞摄影集　沙飞摄

沈阳　辽宁美术出版社　1986年　118页　有照片

35cm（15开）精装　定价：CNY13.00

本摄影集是为纪念作者摄影工作50周年编辑出版的摄影专集，共收集摄影作品100余幅。作者沙飞（1912—1950），摄影家。广东开平人。毕业于上海美术专科学校西画系。曾任晋察冀军区新闻摄影科科长。1936年10月拍摄发表鲁迅最后的留影、鲁迅遗容及其葬礼的摄影作品，引起广泛震动。

J0116905

国庆阅兵　张韫磊摄

南宁　广西人民出版社　1987年　1张　76cm（2开）

定价：CNY0.65

中国现代新闻摄影作品。作者张韫磊（1926—　），记者。山东莱州人。人民画报社高级记者，中国老摄影家协会理事。出版专著有《怎样拍夜景》《神州风光》（画册）等。

J0116906

国庆盛典　徐震时摄

北京　人民美术出版社　1988年　1张　76cm（2开）

定价：CNY0.38

中国现代新闻摄影作品。

J0116907

国庆首都花海洋　王秉龙，丁宇光摄

北京　中国戏剧出版社　1988年　2张　76cm（2开）

定价：CNY0.55

中国现代新闻摄影作品。

J0116908

石家庄地区在前进　（1948—1988）刘志敏主编

石家庄　河北美术出版社　1988年　94页　有照片

26cm（16开）ISBN：7-5310-0157-8

纪念中共中央进驻西柏坡四十周年摄影作品集。

J0116909

中国新闻摄影年鉴　（1987）中国新闻摄影学会编辑

北京　新华出版社　1988年　201页　26cm（16开）

外文书名：The Best of Chinese Photojournalism.

J0116910

北京国际新闻摄影周 （1988）时新德等摄
北京 中国摄影出版社 1989年 83页 26cm（16开）
ISBN：7-80007-032-8

J0116911

春暖北疆 （党和国家领导人视察黑龙江）元仁
山主编
哈尔滨 黑龙江人民出版社 1989年 36×20cm
ISBN：7-207-01356-6
　　本画册收集了中华人民共和国成立以来党
和国家主要领导人毛泽东、刘少奇、朱德、周恩
来、邓小平、陈云等视察黑龙江和指导工作各种
照片200幅。

J0116912

历史的脚印 （高粮摄影作品集）高粮摄；辽宁
美术出版社编
沈阳 辽宁美术出版社 1989年 26cm（12开）
精装 ISBN：7-5314-0217-3 定价：CNY80.00
　　本画册收入作者摄影作品120幅，记录老
一辈无产阶级革命家从事革命活动，在线抗日战
争、解放战争、抗美援朝的战斗场面，以及天安
门升起第一面五星红旗的激动人心的壮观场面。
作者高粮（1921—2006），摄影记者。生于河北易
县。历任《人民日报》社摄影组长、高级记者，中
国老摄影家协会理事，中国老摄影记者联谊会理
事。出版有《高粮诗影集》。

J0116913

赤子情 （台湾同胞在山东）刘鲁民，叶武杰主编
北京 华艺出版社 [1990年] 57页 20cm（32开）
ISBN：7-80039-242-2 定价：CNY12.00

J0116914

大路 （谢明庄印度影像）谢明庄摄
香港 友禾制作商务所 1990年 有照片
17cm（40开）定价：HKD38.00
（友禾纯影集 4）

J0116915

国家气象局国家气象中心
北京 气象出版社 [1990年] 10张 15cm（40开）

ISBN：7-5029-0384-4

J0116916

灵魂之光——黄岛油库灭火抢险纪实 （摄
影集）高纪明主编
青岛 青岛出版社 1990年 78页 27cm（大16开）
精装 定价：CNY45.00
　　中国现代新闻摄影作品。

J0116917

**毛泽东同志、周恩来同志、刘少奇同志、朱
德同志在一起**
石家庄 河北美术出版社 1990年 1张
76cm（2开）定价：CNY1.00
　　中国现代新闻摄影作品。

J0116918

咪咪 （人间有真情）
福州 福建美术出版社 1990年 10张 15cm（40开）
定价：CNY2.00
　　中国现代新闻摄影作品。

J0116919

时盘棋新闻摄影四十年 （1949 ~ 1989）时
盘棋摄
济南 山东人民出版社 1990年 194页
26cm（16开）精装 ISBN：7-209-00710-5
定价：CNY30.00
　　中国现代新闻摄影作品。

J0116920

铁甲雄风 （中国战车彩色图片）《坦克装甲车
辆》编辑部编辑
北京 兵器工业出版社 [1990年] 8张
15cm（40开）ISBN：7-80038-258-3
定价：CNY2.20
　　中国现代新闻摄影作品。

J0116921

武装直升机 《现代军事》编辑部编
北京 中国民族摄影艺术出版社 [1990年] 10张
15cm（40开）定价：CNY2.60
（武器装备图片精选 1）
　　中国现代新闻摄影作品。

J0116922

战斗机 《现代军事》编辑部编

北京 中国民族摄影艺术出版社 [1990 年] 10 张

15cm(40 开) 定价: CNY2.60

(武器装备图片精选 2)

中国现代新闻摄影作品。

J0116923

冀热辽烽火 《冀热辽烽火》编委会编

沈阳 辽宁美术出版社 1991 年 27cm(12 开)

ISBN: 7-5314-0905-4 定价: CNY35.00

本摄影集通过 190 幅摄影照片, 图文并茂地介绍了抗日根据地冀热辽地区, 在中国共产党的领导下, 在艰苦的八年抗战中可歌可泣的英雄事迹。其中还收录了冀热辽军区领导人彭真、聂荣臻、肖克、程子华等为摄影集的题词, 以及李云昌、张明远、李中权等撰写的回忆录。

J0116924

亚运之光 (摄影)

北京 人民体育出版社 1991 年 1 张 76cm(2 开)

定价: CNY1.20

中国现代新闻摄影作品。

J0116925

中国灭火队 (赴科威特布尔甘油田灭火纪实)

唐克碧主编

成都 四川人民出版社 1991 年 19cm(32 开)

本摄影画册真实记录了海湾战争后, 中国灭火队赴科威特帮助扑灭油井大火的全过程, 所收入的 80 幅现场照片, 均为灭火队员们现场拍摄。

J0116926

领袖·将帅·名人 (李书良新闻人物摄影作品选) 李书良摄

北京 长征出版社 1992 年 78 页 有照片

21×18cm ISBN: 7-80015-225-1 定价: CNY8.30

(解放军报社老新闻工作者作品选)

作者李书良(1932—), 解放军画报社、解放军报社高级记者, 中国摄影家协会会员。作品有《炸开突破口, 冲入新保安》《向太原进军》《扫清太原外围据点》《给太原守敌最后一击》等。

J0116927

情 (党和国家领导人视察安徽) 中共安徽省委党史工作委员会编

合肥 安徽美术出版社 1992 年 38cm(8 开)

ISBN: 7-5398-0253-7 定价: CNY185.00

中国现代新闻摄影作品集。收录了 1949 年至 1991 年, 包括: 毛泽东、周恩来、刘少奇、朱德、邓小平等在内的 73 位党和国家领导人先后视察安徽的珍贵照片 505 幅。每张照片均附有文字概述和说明。

J0116928

田捷新闻作品集 田捷著

银川 宁夏人民出版社 1992 年 67 页 有照片

20cm(32 开) ISBN: 7-227-00882-7

定价: CNY10.00

本书收入的作品大都是作者在全国报刊发表的有较大影响的文章、获奖作品及新闻作品。作者田捷, 陕西靖边人, 靖边县广播电视局副局长, 记者, 榆林地区新闻工作者协会常务理事, 陕西省新闻摄影学会会员。

J0116929

望长城内外 (郑鸣的新闻摄影视点 汉英对照) 郑鸣著

北京 北京工艺美术出版社 1992 年 187 页

20cm(32 开) 定价: CNY15.80

(望长城内外系列丛书)

作者郑鸣(1957—), 记者。中国摄影家协会会员, 中国新闻摄影学会副秘书长。

J0116930

征程纪实

北京 新华出版社 1992 年 248 页 29cm(16 开)

ISBN: 7-5011-1589-3

定价: CNY140.00, CNY150.00 (精装)

纪念新华社新闻摄影部成立四十周年摄影集, 外文书名: A Selection of Xinhua News Photos.

J0116931

为改革开放保驾护航 杭志忠摄

上海 上海人民美术出版社 1993 年 2 张

77×53cm 定价: CNY3.20

中国现代新闻摄影作品。

J0116932

为了孩子 （全国新闻摄影比赛作品选集）王振华主编

武汉 湖北教育出版社 1994年 70页 26cm（16开）

ISBN：7-5351-1730-9 定价：CNY25.00

　　本书所选作品，讴歌了广大教育工作者的无私奉献，反映了我国部分地区方教育落后的现实。

J0116933

中国新闻摄影获奖作品选集 （1980—1992）

中国新闻摄影学会编

福州 福建美术出版社 1994年 127页

29cm（16开）ISBN：7-5393-0238-0

定价：CNY78.00

　　外文书名：Selected Prize Winning Works of Chinese Photojournalism：1980—1992.

J0116934

1953年毛泽东同志和周恩来同志在最高国务会议上 （摄影 1996年年历）吕厚民摄

北京 中国连环画出版社 1995年 1张

77×53cm 定价：CNY2.90

　　1996年年历，中国现代新闻摄影作品。作者吕厚民（1928—2015），摄影家。生于黑龙江依兰。曾任中国摄影协会党组书记，中国文联副主席，中华民族文化促进会副主席。代表作品《毛主席和周总理》《周恩来和邓小平在颐和园》等。

J0116935

1953年毛泽东同志和周恩来同志在最高国务会议上 （摄影 1998年年历）吕厚民摄影

北京 中国连环画出版社 1997年 1张

76×51cm 定价：CNY3.20

　　中国现代新闻摄影作品。

J0116936

波黑人：战火浮生 （摄影集）曾璜摄；黄文撰文

北京 中国摄影出版社 1995年 95页 26×24cm

ISBN：7-80007-190-1

定价：CNY70.00，CNY85.00（精装）

　　外文书名：Life & Death in Bosnia & Herzegovina. 作者曾璜（1957— ），摄影人，编辑。毕业于纽约 Syracuse 大学 S·I·Newhouse 传播学院研究生院。新华通讯社摄影记者。出版有《图片编辑手册》《报道摄影》《波黑：战火浮生》等。

J0116937

崇高美的历史再现 （中国解放区新闻摄影美学风格论）蔡子谔，顾棣著

太原 山西人民出版社 1995年 985页 有照片 27cm（大16开）精装 ISBN：7-203-03373-2

定价：CNY180.00

（中国解放区摄影书系）

　　外文书名：Reappearance of the Lofty Beauty in History: Theory of Aesthetic Style of News Photography in Chinese Liberated Area. 作者蔡子谔（1943— ），教授。生于湖北武汉。历任石家庄市第二十九中学、第十九中学、教育学院教师，河北省社会科学院文学研究所研究员，河北大学中文系教授、研究生导师、中国作家协会、河北省社会科学院副研究员。专著有《崇高美的历史再现·正编》《中国服饰美学史》《晋察冀文艺史》等。作者顾棣（1929— ），摄影家。生于河北阜平。《山西画报》原总编辑、山西省摄影家协会原副主席。合作编著的图书有《中国解放区摄影史料》《崇高美的历史再现》《中国摄影史》《沙飞纪念集》等。

J0116938

祖国在我心中 （摄影 1996年年历）年华祖摄

上海 上海人民美术出版社 1995年 1张

77×53cm 定价：CNY2.40

　　1996年年历，中国现代新闻摄影作品。

J0116939

尊敬我们的老师 （摄影 1996年年历）年华祖摄

上海 上海人民美术出版社 1995年 1张

77×53cm 定价：CNY2.40

　　1996年年历，中国现代新闻摄影作品。

J0116940

蒋齐生新闻摄影理论及其它 蒋齐生著

北京 中国摄影出版社 1996年 347页 有照片 20cm（32开）ISBN：7-80007-202-9

定价：CNY36.00

（中国文联晚霞文库）

　　作者蒋齐生（1917—1997），新闻摄影理论家、高级编辑。陕西户县人。曾任新华通讯社新

闻摄影编辑部副主任、新闻摄影家协会常务理事、中国新闻摄影学会会长等。作品有《老舍》《肖三》《郭沫若》《吴晗》等，出版《新闻摄影论集》《新闻摄影一百四十年》《新闻摄影的价值与规律》《摄影史记》等。

J0116941
锦绣中华　何光暐主编；中国旅游出版社编著
北京 中国旅游出版社 1996年 280页
35cm（15开）精装 ISBN：7-5032-1410-4
定价：CNY［350.00］

J0116942
两栖生涯　（徐建中摄影·通讯选集）徐建中［著］
北京 人民日报出版社 1996年 104页 26×26cm
精装 ISBN：7-80002-858-5 定价：CNY66.00

J0116943
沙飞纪念集　（1912/1950）王雁主编
深圳 海天出版社 1996年 189页 有照片
29cm（16开）ISBN：7-80615-488-4
定价：CNY138.00
（中国解放区摄影书系）
　　本书收录了中国革命摄影的开拓者——沙飞的一些摄影作品。该书既是一本摄影集，又是抗日根据地的形象缩影。它可以使读者了解作者对革命摄影事业所作出的贡献。本书与山西人民出版社合作出版。

J0116944
新闻摄影之我见　（摄影集）王学成著
成都 四川美术出版社 1996年 141页
19cm（小32开）ISBN：7-5410-1123-1
定价：CNY38.00
　　作者王学成（1947—　　），成都晚报主任记者，四川省摄影家协会副主席。

J0116945
中流砥柱　（'95辽宁抗洪救灾纪实）辽宁省赈灾委员会等编
沈阳 辽宁画报出版社 1996年 104页
29cm（16开）ISBN：7-80601-071-8
定价：CNY100.00
　　1995年辽宁抗洪救灾纪实摄影集。

J0116946
华夏一日　（97全国庆祝香港回归获奖摄影作品精选 珍藏本）尚进主编
广州 岭南美术出版社 1997年 179页 31cm（10开）
精装 ISBN：7-5362-1578-9 定价：CNY268.00

J0116947
欢庆香港回归　《欢庆香港回归》编委会编辑
北京 奥林匹克出版社 1997年 29cm（16开）
精装 ISBN：7-80067-350-2 定价：CNY199.80
　　中国现代城市风貌与新闻摄影集，中英文本。

J0116948
锦绣中华　罗文发等摄；施永南，望天星编辑
北京 中国世界语出版社 1997年 221页
37cm 精装 ISBN：7-5052-0318-5
定价：CNY268.00
　　外文书名：Famous Places in China.

J0116949
毛泽东同志、周恩来同志、刘少奇同志、朱德同志在一起
南京 江苏美术出版社 1997年 1张 53×77cm
定价：CNY3.20
　　中国现代新闻摄影作品。

J0116950
三峡百万大移民　（一期移民工程纪实 汉英对照）迟文江主编
北京 中国三峡出版社 1997年 97页 29cm（16开）
ISBN：7-80099-329-9 定价：CNY120.00
　　中国现代新闻摄影集。

J0116951
三峡丰碑　《三峡丰碑》编委会编
武汉 湖北人民出版社 1997年 125页
29cm（16开）ISBN：7-216-02167-3
定价：CNY98.00
　　中国现代水利工程新闻摄影集。

J0116952
香港回归　（汉英对照）新华社摄影部，文化部外联局编
北京 新华出版社 1997年 239页 38cm（6开）

精装 ISBN：7–5011–3694–7 定价：CNY970.00
中国现代新闻摄影集。

J0116953
1978—1998 改革之光中国新闻摄影精品集　范敬宜，胡颖主编；中国新闻摄影学会编辑
北京 新华出版社 1998 年 191 页 有照片
29cm（16 开）精装 ISBN：7–5011–4136–3
定价：CNY200.00

J0116954
1998 中国水灾　（大型摄影纪实画册）中华慈善总会编辑
北京 九州出版社 1998 年 97 页 30cm（10 开）
精 装 ISBN：7–80114–338–8 定 价：CNY199.80
（HKD398.00，USD50.00）
外文书名：China's Flood of 1998.

J0116955
1999：祖国万岁　（庆祝中华人民共和国成立 50 周年 摄影挂历）新华社摄影部供稿
福州 福建美术出版社 1998 年 26×38cm
ISBN：7–5393–0697–1 定价：CNY70.00
中国现代新闻摄影作品。

J0116956
春天的脚步　（人民日报摄影记者作品选 1978—1998）人民日报摄影部编
北京 人民日报出版社 1998 年 106 页 25×26cm
ISBN：7–80153–052–7 定价：CNY88.00

J0116957
改革之光　（中国新闻摄影论文集 1978—1998）
胡颖主编
北京 新华出版社 1998 年 750 页 有照片
20cm（32 开）精装 ISBN：7–5011–4135–5
定价：CNY20.00

J0116958
李楠报道摄影　李楠摄影
北京 中国摄影出版社 1998 年 128 页 29×29cm
ISBN：7–80007–284–3 定价：CNY220.00
外文书名：Linan's Story Photos.

J0116959
历史的奇迹　（'98 全国抗洪抢险新闻摄影评选获奖集）胡颖主编
北京 新华出版社 1998 年 304 页 29cm（16 开）
精装 ISBN：7–5011–4335–8 定价：CNY280.00

J0116960
三峡 1997　杨发维［摄］
武汉 湖北美术出版社 1998 年 96 页 28×28cm
精装 ISBN：7–5394–0736–0 定价：CNY180.00
中国现代新闻摄影集。

J0116961
新闻摄影　王黎江主编
北京 人民日报出版社 1998 年 152 页 有照片
20cm（32 开）ISBN：7–80002–955–7
定价：CNY12.00

J0116962
中流砥柱　（'98 人民子弟兵抗洪抢险纪实）王建民主编；新华社解放军分社编辑
北京 解放军文艺出版社 1998 年 29cm（16 开）
ISBN：7–5033–1051–0 定价：CNY215.00

J0116963
改革与创新　（湖北日报社新闻摄影论集）傅必亮主编
北京 新华出版社 1999 年 367 页 20cm（32 开）
ISBN：7–5011–4586–5 定价：CNY20.00

J0116964
黑白海南　黄一鸣［摄影］
北京 中国摄影出版社 1999 年 23×26cm
ISBN：7–80007–354–8 定价：CNY68.00
本摄影集反映的是当时的现状。海南曾经出现的房地产热，导致出现了大量闲置的商品房、"半拉子工程"和已批租尚未开发的土地，占压了较大数量的银行资金，严重影响了海南省经济社会的发展。作者黄一鸣（1960—　），摄影家。历任《中国日报》海南记者站站长，中国摄影家协会会员，海南省青年摄影家协会主席。出版摄影集有《黑白海南》《海南故事》等。

J0116965
目击　（陈更生新闻摄影作品选）陈更生著

北京 中国摄影出版社 1999 年 25×26cm
ISBN：7-80007-330-0 定价：CNY98.00

J0116966
昨天的瞬间 （一个摄影记者的自我剖析）葛新德著
西安 陕西人民出版社 1999 年 397 页 有照片
20cm（32 开）ISBN：7-224-05110-1
定价：CNY21.00

中国建筑摄影作品

J0116967
塔影集 （全国猎影集）张沅恒编
上海 良友图书公司［民国］［60］页 19cm（32 开）
　　本书收照片 60 幅。包括全国各种塔 70 余座。

J0116968
江苏东台等处闸关建筑照片　全国经济委员
会水利处里下河工程局摄
全国经济委员会水利处里下河工程局［1934 年］
27cm（16 开）

J0116969
人民大会堂　人民美术出版社编
北京 人民美术出版社［1959—1969 年］20 页
37×52cm
　　中国建筑摄影作品。

J0116970
北京颐和园石舫　陈渊摄影
上海 上海人民美术出版社 1960 年
定价：CNY0.14
　　中国建筑摄影作品。

J0116971
北京站　（新建北京车站纪念画刊）人民铁道出
版社编
［北京］人民铁道出版社 1960 年 定价：CNY2.50
　　中国建筑摄影作品。

J0116972
上海中苏友好大厦　杨溥涛摄

上海 上海人民美术出版社 1960 年
定价：CNY0.10
　　中国建筑摄影作品。

J0116973
颐和园十七孔桥　连隆珍摄
上海 上海人民美术出版社 1961 年［1 张］
定价：CNY0.18
　　中国建筑摄影作品。

J0116974
节日的天安门　刘庆瑞摄
上海 上海人民美术出版社 1963 年 76cm（2 开）
定价：CNY0.18
　　中国建筑摄影作品。

J0116975
节日的天安门　（汉、朝文对照版）刘庆瑞摄
上海 上海人民美术出版社 1964 年［1 张］
76cm（2 开）定价：CNY0.15
　　中国建筑摄影作品。

J0116976
节日的天安门　（汉、傣纳、傣仂、景颇、拉祜、
傈僳、佤文对照版）刘庆瑞摄
上海 上海人民美术出版社 1964 年［1 张］
76cm（2 开）定价：CNY0.15
　　中国建筑摄影作品。

J0116977
节日的天安门　（汉、蒙文对照版）刘庆瑞摄
上海 上海人民美术出版社 1964 年［1 张］
76cm（2 开）定价：CNY0.15
　　中国建筑摄影作品。

J0116978
节日的天安门　（汉、僮文对照版）刘庆瑞摄
上海 上海人民美术出版社 1964 年［1 张］
76cm（2 开）定价：CNY0.15
　　中国建筑摄影作品。

J0116979
节日的天安门　（汉、维、哈、锡伯文对照版）
刘庆瑞摄
上海 上海人民美术出版社 1964 年［1 张］

76cm（2开）定价：CNY0.15
中国建筑摄影作品。

J0116980
节日的天安门 （汉、藏文对照版）刘庆瑞摄
上海 上海人民美术出版社 1964年［1张］
76cm（2开）定价：CNY0.15
中国建筑摄影作品。

J0116981
北京新建筑 文物出版社编辑
北京 北京文物出版社 1964年 3版 10张（套）
19cm（小32开）定价：CNY0.70
中国建筑摄影作品。

J0116982
山村电站 于天为摄
上海 上海人民美术出版社 1964年［1张］
38cm（6开）定价：CNY0.25
中国建筑摄影作品。

J0116983
南京长江大桥 （彩色摄影明信片）
北京 外文出版社 1970年 10张（套）14×11cm
定价：CNY0.40
本书为1970年出版的南京长江大桥摄影集，
有越南文、日文、阿拉伯文、英文、俄文、法文、
西班牙文、世界语等8种文版。

J0116984
韶山毛主席旧居
北京 人民出版社 1971年 1张 76cm（2开）
定价：CNY0.14
中国革命纪念地摄影作品

J0116985
韶山毛主席旧居
北京 人民出版社 1971年 1张 53cm（4开）
定价：CNY0.07
中国革命纪念地摄影作品

J0116986
韶山毛主席旧居 李长捷摄影
［济南］山东人民出版社 1971年 1张
76cm（2开）定价：CNY0.14

中国革命纪念地摄影作品

J0116987
韶山毛主席旧居
天津 天津人民美术出版社 1971年 1张
76cm（2开）定价：CNY0.14
中国革命纪念地摄影作品

J0116988
北京天安门
［兰州］甘肃人民出版社 1972年［1］张
53cm（4开）定价：CNY0.08
中国建筑摄影作品。

J0116989
广州农民运动讲习所旧址
［哈尔滨］黑龙江人民出版社 1972年［1］张
53cm（4开）定价：CNY0.08
中国革命纪念地摄影作品

J0116990
井冈山黄洋界哨口 茹遂初摄影
［石家庄］河北人民出版社 1972年［1］张
76cm（全开）定价：CNY0.16
中国革命纪念地摄影作品

J0116991
井冈山黄洋界哨口 茹遂初摄影
［郑州］河南人民出版社 1972年［1］张
53cm（4开）铜版纸 定价：CNY0.14
中国建筑摄影作品。

J0116992
井冈山黄洋界哨口 茹遂初摄影
［郑州］河南人民出版社 1972年［1］张
53cm（4开）胶版纸 定价：CNY0.07
中国革命纪念地摄影作品

J0116993
鲁迅故居（上海） 尹福康等摄；上海鲁迅纪念
馆编辑
上海 上海人民出版社 1972年 8张（套）
13cm（64开）定价：CNY0.39
中国纪念地摄影作品。作者尹福康
（1927—　），摄影家。江苏南京人。曾任上海人

民美术出版社副编审、上海市摄影家协会副主席等职。主要作品有《烟笼峰岩》《向荒山要宝》《晒盐》《工人新村》等。

J0116994
毛主席创办的农民夜校旧址(韶山)
[杭州]浙江人民出版社 1972年 [1]张
38cm(6开)定价:CNY0.08
　　中国革命纪念地摄影作品

J0116995
瑞金桥
上海 上海人民出版社 1972年 [1]张
38cm(8开)定价:CNY0.10
　　中国革命纪念地摄影作品

J0116996
上海市少年宫 (中、英文对照)
上海 上海人民出版社 1972年 12张(套)
13cm(64开)
　　中国建筑摄影作品。

J0116997
韶山毛主席旧居 李长捷摄影
[郑州]河南人民出版社 1972年 [1]张
53cm(4开)定价:CNY0.07
　　中国革命纪念地摄影作品

J0116998
韶山毛主席旧居 李长捷摄影
[沈阳]辽宁人民出版社 1972年 [1]张
76cm(2开)定价:CNY0.12
　　中国革命纪念地摄影作品

J0116999
韶山毛主席旧居 李长捷摄影
[太原]山西人民出版社 1972年 [1]张
76cm(2开)定价:CNY0.14
　　中国革命纪念地摄影作品

J0117000
韶山毛主席旧居 李长捷摄影
天津 天津人民美术出版社 1972年 [1]张
53cm(4开)定价:CNY0.09
　　中国革命纪念地摄影作品

J0117001
新安江水电站 上海人民出版社编摄
上海 上海人民出版社 1972年 12张(套)
13cm(64开)定价:CNY0.53
　　中国建筑摄影作品。

J0117002
白求恩墓 刘志伟摄影
上海 上海人民出版社 1977年 [1张]
38cm(6开)定价:CNY0.13
　　中国建筑摄影作品。

J0117003
宏伟的江都水利枢纽工程 陈春轩等摄
上海 上海人民出版社 1977年 76cm(2开)
定价:CNY0.11
　　中国建筑摄影作品。

J0117004
毛主席纪念堂
北京 人民出版社 1977年 10张(套) 10×15cm
定价:CNY0.50
　　中国建筑摄影作品。

J0117005
毛主席纪念堂 双毅摄
北京 人民出版社 1977年 [1张]54cm(4开)
定价:CNY0.18
　　中国建筑摄影作品。

J0117006
毛主席纪念堂 顾棣摄
太原 山西人民出版社 1977年 [1张]
54cm(4开)定价:CNY0.18
　　中国建筑摄影作品。

J0117007
内蒙古建筑 内蒙古自治区"革命委员会"基本建设委员会编
呼和浩特 内蒙古人民出版社 1977年
26cm(16开)统一书号:M8089.171
定价:CNY6.00
　　本书为内蒙古建筑摄影集。

J0117008
毛主席纪念堂　上海人民美术出版社编辑
上海　上海人民美术出版社 1978 年 11 张(套)
18cm(15 开) 定价: CNY0.59
　　中国建筑摄影作品。

J0117009
毛主席纪念堂　中国建筑工业出版社, 国家基
本建设委员会建筑科学研究院编
北京　中国建筑工业出版社 1978 年 107 页
38cm(6 开) 定价: CNY6.40, CNY35.00(绸面精
装), CNY25.00(布面精装)
　　中国建筑摄影作品。

J0117010
上海市工业展览馆　上海人民美术出版社编辑
上海　上海人民美术出版社 1978 年 12 张(套)
13cm(60 开) 定价: CNY0.63
　　中国建筑摄影作品。

J0117011
上海体育馆　尹福康等摄影
上海　上海人民美术出版社 1978 年 10 张(套)
18cm(32 开) 定价: CNY0.55
　　中国建筑摄影作品。

J0117012
北京故宫　欧志培, 肖顺权摄影
北京　人民美术出版社 1982 年 2 张 76cm(2 开)
定价: CNY0.32
　　中国建筑摄影作品。

J0117013
拉萨布达拉宫　闵飞摄
北京　中国旅游出版社 1982 年 76cm(2 开)
定价: CNY0.18
　　中国建筑摄影作品。

J0117014
避暑山庄　肖顺权摄
北京　人民美术出版社 1983 年 2 张 76cm(2 开)
定价: CNY0.32
　　中国建筑摄影作品。

J0117015
天坛双亭　牛嵩林摄影
天津　天津杨柳青画社 1983 年 [1 张]
76cm(2 开) 定价: CNY0.18
　　中国建筑摄影作品。

J0117016
曲阜孔庙　孙肃显摄影
北京　人民美术出版社 1984 年 2 张 76cm(2 开)
定价: CNY0.36
　　中国建筑摄影作品。

J0117017
新安江水电站　张克庆摄影
杭州　浙江人民美术出版社 1984 年 1 张
76cm(2 开) 定价: CNY0.16
　　中国建筑摄影作品。

J0117018
中南海新华门　梅林摄影
北京　中国戏剧出版社 1984 年 76cm(2 开)
定价: CNY0.16
　　中国建筑摄影作品。

J0117019
北海五龙亭　孙永学摄
济南　山东美术出版社 1985 年 1 张 76cm(2 开)
定价: CNY0.20
　　中国建筑摄影作品。

J0117020
北京故宫　刘春根摄
北京　中国文联出版公司 1985 年 2 张
76cm(2 开) 定价: CNY0.50
　　中国建筑摄影作品。

J0117021
故宫三大殿　北京美术摄影出版社编
北京　北京美术摄影出版社 1985 年 1 张
78cm(3 开) 定价: CNY0.30
　　中国建筑摄影作品, 内容为故宫三大殿。

J0117022
少林山门　孙肃显摄
郑州　河南美术出版社 1985 年 1 张 76cm(2 开)

定价: CNY0.50
　　中国建筑摄影作品。

J0117023
天安门雄姿　文物出版社
北京 文物出版社 1985 年 1 张 76cm（2 开）
定价: CNY0.45
　　中国建筑摄影作品。

J0117024
天坛双亭　牛嵩林摄
石家庄 河北美术出版社 1985 年 1 张
76cm（2 开）定价: CNY0.48
　　中国建筑摄影作品。

J0117025
伊斯兰建筑　（沙夫达尔江陵墓）
乌鲁木齐 新疆人民出版社 1985 年 1 张
53cm（4 开）定价: CNY0.20
　　中国建筑摄影作品。

J0117026
钓鱼台国宾馆　牛嵩林等摄
郑州 河南美术出版社 1986 年 2 张 76cm（2 开）
定价: CNY0.85
　　中国建筑摄影作品。

J0117027
古天文台　李焱摄
长沙 湖南美术出版社 1986 年 1 张 76cm（2 开）
定价: CNY0.45
　　中国建筑摄影作品。

J0117028
故宫太和殿　李淼摄
成都 四川美术出版社 1986 年 1 张 76cm（2 开）
定价: CNY0.45
　　中国建筑摄影作品。

J0117029
黄鹤楼新貌　彭年生摄
武汉 湖北美术出版社 1986 年 1 张 76cm（2 开）
定价: CNY0.22
　　中国建筑摄影作品。作者彭年生（1955—　　），
美术摄影编辑。生于湖北武汉市，毕业于武汉大

学新闻系艺术摄影专业。历任长江文艺出版社
副社长，湖北美术出版社副社长，中国摄影家协
会会员等职。出版有《思想者——彭年生摄影作
品集》《性格肖像——彭年生摄影作品集》等。

J0117030
嘉定古舟石舫　牛嵩林摄
天津 天津人民美术出版社 1986 年 1 张
76cm（2 开）定价: CNY0.22
　　中国建筑摄影作品。

J0117031
亭台楼阁　张朝玺等摄
天津 天津人民美术出版社 1986 年 1 张
76cm（2 开）定价: CNY0.44
　　中国建筑摄影作品。

J0117032
澳大利亚悉尼歌剧院　（摄影）
重庆 重庆出版社 1987 年 1 张［30cm］（15 开）
定价: CNY1.20

J0117033
北京故宫
成都 四川新闻图片社 1987 年 1 张 76cm（2 开）
定价: CNY0.55
　　中国建筑摄影作品。

J0117034
避暑山庄　路石摄
杭州 浙江人民美术出版社 1987 年 1 张
76cm（2 开）定价: CNY0.25
　　中国建筑摄影作品。

J0117035
广东特区别墅庭园　牛嵩林摄
天津 天津人民美术出版社 1987 年 1 张
76cm（2 开）定价: CNY0.30
　　中国建筑摄影作品。

J0117036
天安门广场　李长捷摄
郑州 河南美术出版社 1987 年 1 张 76cm（2 开）
定价: CNY0.70
　　中国建筑摄影作品。

J0117037

天安门广场　曾万编文；肖雁摄

北京 人民美术出版社 1987 年 2 张 76cm（2 开）

定价：CNY0.54

　　中国建筑摄影作品。

J0117038

天坛　肖顺权，黄博施摄

北京 人民美术出版社 1987 年 1 张 76cm（2 开）

定价：CNY0.31

　　中国建筑摄影作品。

J0117039

中国古塔　徐振时等摄；白瑜生编文

北京 人民美术出版社 1987 年 2 张 76cm（2 开）

定价：CNY0.54

　　中国建筑摄影作品。

J0117040

北京大观园滴翠阁　牛嵩林摄

天津 天津人民美术出版社 1988 年 1 张

76cm（2 开）定价：CNY0.40

　　中国建筑摄影作品。

J0117041

北京故宫太和殿　郑曙光摄

济南 山东美术出版社 1988 年 1 张 76cm（2 开）

定价：CNY0.36

　　中国建筑摄影作品。

J0117042

北京龙潭龙吟阁　牛嵩林摄

天津 天津人民美术出版社 1988 年 1 张

76cm（2 开）定价：CNY0.40

　　中国建筑摄影作品。

J0117043

北京石景山游乐场　（灰姑娘城堡）牛嵩林摄

天津 天津人民美术出版社 1988 年 1 张

76cm（2 开）定价：CNY0.40

　　中国建筑摄影作品。

J0117044

避暑山庄　卞志武摄

南京 江苏美术出版社 1988 年 1 张 108cm（全开）

定价：CNY1.95

　　中国建筑摄影作品。

J0117045

承德避暑山庄　牛嵩林摄

重庆 重庆出版社 1988 年 1 张 76cm（2 开）

定价：CNY0.70

　　中国建筑摄影作品。

J0117046

广州中山纪念堂　何沛行摄

广州 岭南美术出版社 1988 年 1 张 76cm（2 开）

定价：CNY0.70

　　中国建筑摄影作品。

J0117047

广州中山纪念堂　肖顺全摄

上海 上海人民美术出版社 1988 年 1 张

76cm（2 开）定价：CNY0.44

　　中国建筑摄影作品。

J0117048

河北承德金山亭　牛嵩林摄

天津 天津人民美术出版社 1988 年 1 张

76cm（2 开）定价：CNY0.65

　　中国建筑摄影作品。

J0117049

湖南岳阳楼胜景　鄂毅摄

天津 天津人民美术出版社 1988 年 1 张

76cm（2 开）定价：CNY0.40

　　中国建筑摄影作品。作者鄂毅（1941—　），
摄影家。毕业于中央工艺美术学院。曾任北京
出版社美术编辑、中国旅游出版社摄影编辑室主
任。中国摄影家协会会员、中国出版摄影艺术委
员会副主任。主要作品《晨歌》《姐妹松》《苍岩
毓秀》等，著有《风光摄影的理论与实践》。

J0117050

明苑宾馆　（英汉对照）北京明苑宾馆编

北京 北京美术摄影出版社［1988 年］

19cm（小 32 开）折装

　　中国建筑摄影作品。

J0117051
南通文峰塔　韩德洲摄
兰州 甘肃人民出版社 1988 年 1 张 76cm（2 开）
定价：CNY0.38
　　中国建筑摄影作品。

J0117052
北京建筑新景　王昌摄
北京 人民美术出版社 1989 年 2 张 76cm（2 开）
定价：CNY1.05
　　中国建筑摄影作品。

J0117053
古刹行宫　陈克寅摄
南京 江苏美术出版社 1989 年 2 张 76cm（2 开）
定价：CNY1.50
　　中国建筑摄影作品。

J0117054
湖滨别墅（摄影）
南京 江苏美术出版社 1989 年 1 张 76cm（2 开）
定价：CNY1.40
　　中国建筑摄影作品。

J0117055
节日的天安门　山川摄
重庆 重庆出版社 1989 年 1 张 76cm（2 开）
定价：CNY0.90
　　中国建筑摄影作品。

J0117056
林中木屋（摄影）
南京 江苏美术出版社 1989 年 1 张 76cm（2 开）
定价：CNY1.40
　　中国建筑摄影作品。

J0117057
北京日坛　陈书帛摄
天津 天津人民美术出版社 1990 年 1 张（2 开）
定价：CNY0.50
　　中国建筑摄影作品。

J0117058
节日的天安门　胡维标摄
天津 天津人民美术出版社 1990 年 1 张

定价：CNY0.50
　　中国建筑摄影作品。作者胡维标（1939—　），
著名风光摄影家。江苏镇江市人。毕业于中国
人民解放军防化学兵工程指挥学院新闻系。中
国摄影家协会会员。摄影作品以旅游风光、古今
建筑、文物为主。主要作品有《长城风光》《北京
风光荟萃》《故宫》《天安门》。

J0117059
昆明大观楼　陈锦摄
西安 陕西人民美术出版社 1990 年 1 张
107cm（全开）定价：CNY2.40
　　中国建筑摄影作品。作者陈锦（1955—　），
摄影编辑。出生于四川成都，毕业于云南大学。
四川美术出版社摄影编辑，中国摄影家协会会
员。出版有《四川茶铺》《感怀成都》《高原魂》等。

J0117060
昆明大观楼　陈锦摄
西安 陕西人民美术出版社 1990 年 1 张
76cm（2 开）定价：CNY0.60
　　中国建筑摄影作品。

J0117061
昆明大观楼　陈书帛摄
天津 天津人民美术出版社 1990 年 1 张（2 开）
定价：CNY0.50
　　中国建筑摄影作品。

J0117062
昆明大观园　陈书帛摄
天津 天津人民美术出版社 1990 年 1 张（2 开）
定价：CNY0.50
　　中国建筑摄影作品。

J0117063
滕王阁　李子清等摄
南昌 江西美术出版社 1990 年 10 张 15cm（40开）
ISBN：7-80580-028-6 定价：CNY1.95
　　中国建筑摄影作品。

J0117064
天津碧波山庄　刘震摄
南京 江苏美术出版社 1990 年 1 张（全开）
定价：CNY3.50

中国建筑摄影作品。

J0117065
天津新车站　董岩青摄
天津　天津人民美术出版社　1990 年　1 张（2 开）
定价：CNY0.50
　　中国建筑摄影作品。

J0117066
亚运明珠　北京市对外文化交流协会编
北京　北京美术摄影出版社　1990 年　10 张
15cm（40 开）定价：CNY2.80
　　中国建筑摄影作品。

J0117067
扬州五亭桥　牛嵩林摄
天津　天津人民美术出版社　1990 年　1 张（2 开）
定价：CNY0.50
　　中国建筑摄影作品。

J0117068
北京豪华大饭店　赵德增摄影；张皑编文
北京　中国连环画出版社　1991 年　2 张
76cm（2 开）定价：CNY1.00
　　中国建筑摄影作品。

J0117069
碧树繁花　（第十一届亚运会绿化美化工程专
集）北京市园林局编
北京　北京出版社　1991 年　（16 开）
ISBN：7-200-01441-9 定价：CNY1.30
　　本画册记录了北京在举行第十一届亚运会
期间，在亚运会会场、天安门广场、首都机场、
比赛场馆等绿化美化工程。内容包括：繁花似锦、
明珠璀璨、满城青翠、奉献之歌四个部分。

J0117070
钓鱼台国宾馆　（摄影）肖顺权摄
北京　中国连环画出版社　1991 年　1 张
76cm（2 开）定价：CNY1.45
　　中国建筑摄影作品。作者肖顺权（1934—　），
曾用名肖顺泉、肖舜权。河北博野人。曾任人民
美术出版社总编办公室副主任、摄影部副主任等
职。主要作品有《唐永泰公主墓壁画集》《故宫》
《元明清雕塑》等。

J0117071
恭王府花园　卜木摄影、编文
北京　中国连环画出版社　1991 年　2 张
76cm（2 开）定价：CNY1.00
　　中国建筑摄影作品。

J0117072
故宫胜迹　肖顺权摄影；张皑编文
北京　中国连环画出版社　1991 年　2 张
76cm（2 开）定价：CNY1.00
　　中国建筑摄影作品。

J0117073
国家奥林匹克体育中心　（摄影）
北京　人民体育出版社　1991 年　1 张 76cm（2 开）
定价：CNY2.50
　　中国建筑摄影作品。

J0117074
锦绣中华　（3 昆明大观楼）常春摄
上海　上海人民美术出版社　1991 年　1 张
53cm（4 开）定价：CNY0.60
　　中国建筑摄影作品。

J0117075
锦绣中华　（4 大勐龙佛塔）常春摄
上海　上海人民美术出版社　1991 年　1 张
53cm（4 开）定价：CNY0.60
　　中国建筑摄影作品。

J0117076
南京夫子庙　（摄影）肖顺权摄
北京　中国连环画出版社　1991 年　1 张
76cm（2 开）定价：CNY1.45
　　中国建筑摄影作品。

J0117077
外国古典建筑艺术　（俄罗斯风貌）江苏美术
出版社编
南京　江苏美术出版社　1991 年　2 张 76cm（2 开）
定价：CNY1.60

J0117078
雄伟的天安门　（摄影）张朝玺摄
天津　天津人民美术出版社　1991 年　1 张

76cm（2开）ISBN：7-5305-22077 定价：CNY0.55

中国建筑摄影作品。

J0117079

亚运场馆集锦　江苏美术出版社编

南京 江苏美术出版社 1991年 2张 76cm（2开）

定价：CNY1.60

中国建筑摄影作品。

J0117080

弄堂集　徐勇摄

杭州 浙江摄影出版社 1992年 70页 27×29cm

ISBN：978-7-80536-168-0 定价：CNY63.00

本摄影集反映的是上海城市中弄堂的生活
景象，包括人们日常生活中的洗漱、淘米、乘凉、
晒太阳、娱乐活动等。属于乡土中国摄影集之一。

J0117081

上海建筑风貌　上海市房地产管理局编

上海 上海人民出版社 1992年 206页 38cm（6开）

精装 ISBN：7-208-01206-7 定价：CNY180.00

中国建筑摄影作品。

J0117082

天坛　（摄影）肖顺权摄

北京 中国旅游出版社 1994年 1张 38×106cm

定价：CNY1.90

中国建筑摄影作品。

J0117083

天坛公园双环亭　（摄影）鄂毅摄

北京 中国旅游出版社 1994年 1张 38×106cm

定价：CNY1.90

中国建筑摄影作品。

J0117084

节日的天安门　（摄影年画）胡维标摄

北京 中国旅游出版社 1995年 1张 37×106cm

定价：CNY2.60

中国建筑摄影作品。

J0117085

首都新建筑　（群众喜爱的具有民族风格的新
建筑）赵知敬主编；首都建筑艺术委员会，北京
日报社编

北京 北京出版社 1995年 259页 29×29cm

精装 ISBN：7-200-02685-9 定价：CNY298.00

本书列举了首都北京最具民族风格的建筑。
内容包括：民族文化宫、人民大会堂、人民英
雄纪念碑、中国美术馆、北京站、友谊宾馆、海
关办公楼、中国人民银行总行金融中心等。外
文书名：New Architectures in the Capital: New
Architectures with National Styles and Well-re-
ceived by the Mass.

J0117086

胡同的魅力　（《胡同101像》选粹）徐勇摄影；
和明主编

北京 世界图书出版公司 1996年 88页

27×29cm ISBN：7-5062-2317-1

定价：CNY150.00

中国现代城市风貌摄影集。外文书名：
Hutong's of Beijing.

J0117087

中国大连城市建设　（汉英对照）杨白新主编

北京 中国建筑工业出版社 1996年 131页

有彩照 26×26cm 精装 ISBN：7-112-02842-6

定价：CNY86.00

中国现代城市风貌摄影集，外文书名：
Urban Development of Dalian China.

J0117088

北京皇陵　曹蕾编

北京 外文出版社 1997年 16×17cm 精装

ISBN：7-119-02072-2 定价：CNY［39.00］

中国现代皇家陵墓摄影集，中英文本。

J0117089

京华百园　（中、英、日文对照）郭晓梅主编；
北京市园林局，北京公园协会编著

北京 中国旅游出版社 1997年 126页

29cm（16开）ISBN：7-5032-1435-X

定价：CNY81.00

中国现代园林风景摄影集。

J0117090

走进故宫　（汉英对照）李少白摄

北京 中国世界语出版社 1997年 94页

26×26cm 精装 ISBN：7-5052-0326-6

定价: CNY88.00

　　中国现代宫殿摄影集。作者李少白（1942— ），著名摄影家。生于重庆。先后任《大众摄影》《中国摄影》等杂志编委，《中国国家地理》《文明》等杂志签约摄影师。出版有《李少白摄影作品选》《神秘的紫禁城》《伟大的长城》《走进故宫》等。

J0117091
埃菲尔铁塔 （法国）常津生摄
天津 天津人民美术出版社 1998 年 1 张
37×52cm 定价: CNY7.00

J0117092
八闽第一路 郑强平, 谢俊林摄影
福州 海风出版社 1998 年 133 页 29cm（16 开）
ISBN: 7-80597-179-X 定价: CNY118.00

J0117093
巴黎圣母院 （法国）常津生摄
天津 天津人民美术出版社 1998 年 1 张
53×38cm 定价: CNY7.00

J0117094
避暑山庄 洪贵芝编撰
北京 外文出版社 1998 年 71 页 16×17cm 精装
ISBN: 7-119-02160-5 定价: CNY［48.00］
　　中国建筑摄影作品。

J0117095
荷兰阿姆斯特丹 吕厚民摄
天津 天津人民美术出版社 1998 年 1 张
37×52cm 定价: CNY7.00

J0117096
叶卡捷琳娜宫 （俄罗斯）冯炜烈摄
天津 天津人民美术出版社 1998 年 1 张
37×52cm 定价: CNY7.00

J0117097
中国城建艺术摄影 范秉勋, 陈淑芬主编
北京 中国摄影出版社 1998 年 95 页 24×31cm
精装 ISBN: 7-80007-242-8 定价: CNY118.00
　　中国建筑摄影作品。

J0117098
黄浦公园今昔 （汉英对照）高达摄影编译
上海 上海人民美术出版社 1999 年 57 页
22cm（30 开）ISBN: 7-5322-2208-X
定价: CNY23.20

中国动物、植物摄影作品

J0117099
［火鸡青羊图照片］
民国 摄影本 6 页 有照片

J0117100
百狗图 （30）上海良友图书公司［编］
上海 上海良友图书公司 1936 年 18cm（15 开）
定价: 大洋三角
（万有画库）
　　本书为中国现代动物摄影集。

J0117101
美丽的花 王敏等作
昆明 云南人民出版社 1958 年 10 幅 26cm（16 开）
统一书号: 8116.115 定价: CNY1.20
　　中国花卉摄影集。

J0117102
花卉 （照片集）北京出版社编
北京 北京出版社 1959 年 1 套（10 幅）
16cm（25 开）统一书号: 8071.95 定价: CNY0.60
　　中国花卉摄影集。

J0117103
丹顶鹤
北京 人民美术出版社 1960 年 定价: CNY0.12
　　中国现代动物摄影作品。

J0117104
菊花 蒋齐生, 敖恩洪摄影
上海 上海人民美术出版社 1960 年 重印本
15cm（40 开）统一书号: T8081.1906
定价: CNY0.36
　　中国现代花卉摄影作品。作者蒋齐生（1917—1997），新闻摄影理论家、高级编辑。陕

西户县人。曾任新华通讯社新闻摄影编辑部副主任、新闻摄影家协会常务理事、中国新闻摄影学会会长等。作品有《老舍》《肖三》《郭沫若》《吴晗》等，出版《新闻摄影论集》《新闻摄影一百四十年》《新闻摄影的价值与规律》《摄影史记》等。

J0117105
金鱼 邓勉之摄
上海 上海人民美术出版社 1961年［1张］
定价：CNY0.18
本作品系中国现代动物摄影作品。

J0117106
菊花 郑光华摄
［沈阳］辽宁美术出版社 1961年［1张］
定价：CNY0.05
本作品系中国现代花卉摄影作品。

J0117107
篮花 刘旭沧摄影；费华插花
上海 上海人民美术出版社 1961年［1张］
定价：CNY0.10
本书系中国现代花卉摄影作品。

J0117108
睡莲 莫品莉摄
上海 上海人民美术出版社 1961年［1张］
定价：CNY0.18
中国花卉摄影艺术作品。

J0117109
岁寒三友 黄翔摄
上海 上海人民美术出版社 1961年［1张］
定价：CNY0.18
中国植物摄影作品。

J0117110
昙花一现 杨北钊摄
上海 上海人民美术出版社 1961年［1张］
定价：CNY0.18
中国花卉摄影艺术作品。

J0117111
桃李梅 刘凤鸣摄影

［长春］吉林人民出版社 1961年［1张］
定价：CNY0.10
本书系中国现代花卉摄影作品。

J0117112
柱顶红 张印泉摄
上海 上海人民美术出版社 1961年［1张］
定价：CNY0.18
本书系中国现代花卉摄影作品。作者张印泉（1900—1971），河北丰润县人。毕业于北京国立政法大学经济系，历任新华社新闻摄影部研究员，中国摄影学会副主席，中国文学艺术界联合会全国委员会委员。作品有《力挽狂澜》《雪地惊鹅》《前进》，著有《摄影原理与实用》《人造光摄影》《摄影应用光学》等 。

J0117113
曹州牡丹图 山东农学院，山东人民出版社编；陈之平等摄影；喻衡著文
济南 山东人民出版社 1962年［21×36cm］
定价：CNY3.00
本书系中国现代花卉摄影作品。

J0117114
东北虎 张印泉摄
上海 上海人民美术出版社 1962年 53cm（4开）
定价：CNY0.18
本书系中国现代动物摄影作品。作者张印泉（1900—1971），河北丰润县人。毕业于北京国立政法大学经济系，历任新华社新闻摄影部研究员，中国摄影学会副主席，中国文学艺术界联合会全国委员会委员。作品有《力挽狂澜》《雪地惊鹅》《前进》，著有《摄影原理与实用》《人造光摄影》《摄影应用光学》等 。

J0117115
金鱼 张颖摄
上海 上海人民美术出版社 1962年 53cm（4开）
定价：CNY0.60
本书系中国现代动物摄影作品。作者张颖，作有年画《对镜画容》（越剧《孟丽君》）， 摄影有年画《团圆》（越剧《孟丽君》）等。

J0117116
菊花

郑州 河南人民出版社 1962 年 38cm（6 开）
定价：CNY0.20
　　本书系中国现代花卉摄影作品。

J0117117
梅花 黄翔摄
上海 上海人民美术出版社 1962 年 53cm（4 开）
定价：CNY0.60
　　本书系中国现代花卉摄影作品。

J0117118
梅花 黄翔摄
上海 上海人民美术出版社 1962 年 38cm（6 开）
定价：CNY0.18
　　本书系中国现代花卉摄影作品。

J0117119
牡丹花 敖恩洪摄影；钱浩编
上海 上海人民美术出版社 1962 年 8 张（套）
13cm（60 开）定价：CNY0.40
　　本书系中国现代花卉摄影作品。

J0117120
花卉集锦
［沈阳］辽宁美术出版社 1964 年 12 张（套）
13cm（64 开）定价：CNY0.35
　　中国现代花卉摄影作品。

J0117121
金鱼 陈勃摄
上海 上海人民美术出版社 1964 年 ［1 张］
38cm（6 开）定价：CNY0.35
　　中国现代动物摄影作品。作者陈勃（1925—2015），摄影家。河北阜北人。历任中国摄影学会副秘书长、《中国摄影》杂志主编、中国图片社经理等。代表作品《雨越大干劲越大》《金鱼》《妙不可言》等。著作有《简明摄影知识》。

J0117122
海鸥 湖北人民出版社编文；黄克勤摄
武汉 湖北人民出版社 1965 年 2 张 76cm（2 开）
定价：CNY0.30
　　年画形式的中国动物摄影作品。

J0117123
菊花 （中、英、法、西班牙文对照版）
上海 上海人民美术出版社 1965 年 10 张（套）
15cm（64 开）
　　中国现代花卉摄影作品。

J0117124
云南茶花 云南人民出版社，上海人民美术出版社联合编辑
［昆明］云南人民出版社 1965 年 8 张（套）
13cm（64 开）定价：CNY0.64
　　中国现代花卉摄影作品。本书与上海人民美术出版社合作出版。

J0117125
扶桑 （摄影 1977〈农历丁已年〉年历）吴印咸摄
西安 陕西人民出版社 1976 年 1 张 26cm（16 开）
定价：CNY0.04
　　1977 年历书，中国现代工艺美术花卉摄影作品。

J0117126
兰花 尹福康摄影
上海 上海人民美术出版社 1978 年 11 张（套）
18cm（15 开）定价：CNY0.59
　　中国现代花卉摄影作品。

J0117127
牡丹 张水澄摄影
上海 上海人民美术出版社 1978 年 12 张（套）
18cm（15 开）定价：CNY0.63
　　中国现代花卉摄影作品。

J0117128
牡丹 浙江人民出版社摄影
杭州 浙江人民出版社 1978 年 76cm（2 开）
定价：CNY0.14
　　中国现代花卉摄影作品。

J0117129
秋菊 俞创硕，尹福康摄影
上海 上海人民美术出版社 1978 年 11 张（套）
18cm（32 开）定价：CNY0.59
　　中国现代花卉摄影作品。

J0117130
洋竹兰　刘励中摄影
上海　上海人民美术出版社 1978 年 1 张
38cm（6 开）定价：CNY0.15
　　中国现代花卉摄影作品。

J0117131
百花盛开春满园　浙江人民出版社摄影
杭州　浙江人民出版社 1979 年［1 张］
76cm（2 开）定价：CNY0.14
　　中国现代花卉摄影作品。

J0117132
雏燕展翅　王瑞祥摄影
南宁　广西人民出版社 1979 年［1 张］
53cm（4 开）定价：CNY0.20
　　中国现代动物摄影作品。

J0117133
大熊猫　（天津动物园）李向军等摄影
天津　天津人民美术出版社 1980 年 6 页
13cm（64 开）定价：CNY0.40（折叠）
　　中国现代动物摄影作品集。

J0117134
小鸽子　阎德明摄
石家庄　河北人民出版社 1980 年［1］张
76cm（2 开）定价：CNY0.13
　　中国现代动物摄影作品。

J0117135
曹州牡丹　（摄影图片辑）姜伟等摄
济南　山东人民出版社 1981 年 13 张
19cm（小 32 开）定价：CNY0.55
　　中国现代花卉摄影作品。作者姜伟
（1932—　　），摄影家。江苏涟水人。山东人民出
版社从事摄影工作，中国摄影家协会、中华全国
新闻工作者协会会员。

J0117136
金鱼　何东海摄
南京　江苏人民出版社 1981 年 76cm（2 开）
定价：CNY0.18
　　中国现代动物摄影作品。

J0117137
猫　江美摄
南京　江苏人民出版社 1981 年［1 张］
76cm（2 开）定价：CNY0.18
　　中国现代动物摄影作品。

J0117138
梅花　（摄影文学话梅花）汉光文化事业公司编
辑委员会著
台北　汉光文化事业公司 1981 年 273 页
29cm（16 开）ISBN：0-914929-06-2
定价：TWD320.00
（中华之美系列）
　　本书为中华之美系列中的中国现代文学作
品中梅花的摄影集。

J0117139
鸟　江梅摄
南京　江苏人民出版社 1981 年［1 张］
76cm（2 开）定价：CNY0.18
　　中国现代动物摄影作品。

J0117140
碧波仙子　方辉摄影
济南　山东人民出版社 1982 年 76cm（2 开）
定价：CNY0.16
　　中国现代花卉摄影图片集。

J0117141
洛阳牡丹　梁祖宏，孙北辰摄影；王世端，曹法
舜编文
郑州　中州书画社 1982 年 24cm（26 开）
统一书号：8219.183 定价：CNY0.95
　　本画册收有洛阳牡丹彩色摄影 32 幅。

J0117142
洛阳牡丹　梁祖宏，孙北辰摄影
郑州　中州书画社 1982 年 2 张 76cm（2 开）
定价：CNY0.36
　　中国现代花卉摄影作品。

J0117143
睡莲　海陵摄影
福州　福建人民出版社 1982 年 54cm（4 开）
定价：CNY0.09

中国现代花卉摄影图片集。

中国现代动物摄影作品。

J0117144

中国野生动物集锦 （1）忻丁诚摄影；洪波编文；余家璜校订

上海　上海教育出版社 1982 年 16 张 10cm（64 开）

定价：CNY0.79

　　中国现代动物摄影图片集。

J0117145

中国野生动物集锦 （2）忻丁诚摄影；洪波编文；余家璜校订

上海　上海教育出版社 1982 年 16 10cm（64 开）

定价：CNY0.79

　　中国现代动物摄影作品。

J0117146

1984（花卉·摄影）

郑州　中州书画社 1983 年 30cm（15 开）

定价：CNY1.00

　　1984 年历书，中国现代花卉摄影作品。

J0117147

1984（花卉·摄影）

天津　天津人民美术出版社 1983 年 54cm（4 开）

定价：CNY3.50

　　1984 年历书，中国现代花卉摄影作品。

J0117148

彩蝶　卢林摄影

成都　四川人民出版社 1983 年［1 张］

76cm（2 开）定价：CNY0.32

　　中国现代动物摄影作品。

J0117149

春花怒放　牛嵩林摄影

天津　天津杨柳青画社 1983 年［1 张］

76cm（2 开）定价：CNY0.18

　　中国现代花卉摄影作品。

J0117150

动物　卜涛等摄影

成都　四川人民出版社 1983 年［1 张］

76cm（2 开）铜版纸

定价：CNY0.32，CNY0.16（胶版纸）

J0117151

花　上海植物园编

上海　上海人民美术出版社 1983 年 160 页 32cm（10 开）

　　本书是花卉摄影画册，共收集拍摄国内外名花照片 168 幅。另附花卉介绍和栽培知识。

J0117152

花卉　（欣赏栽培集锦）贺永清撰文；林伟新，虞垒摄影

上海　上海文化出版社 1983 年 12 张 13cm（60 开）

定价：CNY0.90

　　中国现代观赏花卉摄影作品。

J0117153

景山牡丹　牛嵩林摄影

天津　天津杨柳青画社 1983 年［1 张］

76cm（2 开）定价：CNY0.18

　　中国现代花卉摄影作品。

J0117154

菊　（1）康正平摄影

上海　上海文化出版社 1983 年［1 张］

13cm（60 开）定价：CNY0.70

　　中国现代花卉摄影作品。

J0117155

菊　（2）康正平摄影

上海　上海文化出版社 1983 年［1 张］

76cm（2 开）定价：CNY0.70

　　中国现代花卉艺术摄影。

J0117156

洛阳牡丹　冷文，法舜注诗；孙北辰摄影

郑州　中州书画社 1983 年［1 张］19cm（32 开）

定价：CNY0.20

　　中国现代花卉摄影作品。

J0117157

洛阳牡丹　梁祖宏摄影

郑州　中州书画社 1983 年［1 张］38cm（6 开）

定价：CNY0.20

　　中国现代花卉摄影作品。

J0117158
美丽的金鱼　　孙肃显，陈岱宗摄
北京 人民美术出版社 1983 年 2 张 76cm（2 开）
定价：CNY0.32
　　年画形式的中国现代动物摄影作品。

J0117159
秋菊争艳　　尹福康摄影
上海 上海人民美术出版社 1983 年［1 张］
53cm（4 开）定价：CNY0.08
　　中国现代花卉摄影作品。

J0117160
无锡杜鹃花　（汉英文对照）无锡市园林局编
上海 上海人民美术出版社［1983 年］［1 张］
19cm（32 开）（折叠）
　　中国现代花卉摄影作品。

J0117161
云南奇花异卉　　谭嘉昆，张刘摄影
昆明 云南人民出版社 1983 年［1 张］
76cm（2 开）定价：CNY0.18
　　中国现代花卉摄影作品。

J0117162
云南珍禽异兽　　唐世龙等摄影
昆明 云南人民出版社 1983 年［1 张］
76cm（2 开）定价：CNY0.18
　　中国现代动物摄影艺术作品。

J0117163
长安牡丹　　樊明生撰文；友名摄影
西安 陕西人民美术出版社 1983 年［1 张］
76cm（2 开）定价：CNY0.18
　　中国现代花卉摄影作品。

J0117164
1985 年台历　（花卉）何炳福等摄影
北京 人民美术出版社 1984 年 19cm（32 开）
定价：CNY1.40
　　中国现代花卉摄影作品。

J0117165
1985 年台历　（金鱼）朱金科等摄影
北京 人民美术出版社 1984 年 19cm（32 开）

定价：CNY1.40
　　中国现代动物摄影艺术作品。

J0117166
北海荷涛　　牛嵩林摄影
天津 天津杨柳青画社 1984 年 76cm（2 开）
铜版纸 定价：CNY0.40
　　年画形式的中国现代花卉植物摄影作品。

J0117167
波斯猫　　麦粒摄影
乌鲁木齐 新疆人民出版社 1984 年 54cm（4 开）
定价：CNY0.20
　　中国现代年画。

J0117168
动物　　李德镁摄影
成都 四川人民出版社 1984 年 76cm（2 开）
定价：CNY0.16
　　年画形式的中国现代动物摄影作品。

J0117169
虎　　张克庆摄影
杭州 浙江人民美术出版社 1984 年 76cm（2 开）
定价：CNY0.16
　　年画形式的中国现代动物摄影作品。

J0117170
花卉集锦　　朱力等摄影
南京 江苏美术出版社 1984 年 2 张 76cm（2 开）
定价：CNY0.40
　　年画形式的中国花卉艺术摄影作品。作者
朱力（1937—　　），画家。安徽全椒人，安徽艺专
毕业。安徽美协会员、国家二级美术师、中国美
协会员。出版有《朱力画辑》《朱力国画作品选》
《朱力画集》等。

J0117171
满园荷香　　牛嵩林摄影
长沙 湖南美术出版社 1984 年 76cm（2 开）
定价：CNY0.18
　　年画形式的中国花卉植物摄影作品。

J0117172
十二月花谱　　张震，杨国定摄影；沈在秀编文

上海 上海人民美术出版社 1984 年 1 张
76cm（2 开）定价：CNY0.16
  中国现代花卉摄影作品。

J0117173
水仙 王露摄影
乌鲁木齐 新疆人民出版社 1984 年 1 张
54cm（4 开）定价：CNY0.20
  中国现代花卉摄影作品。

J0117174
雪梅迎春 池一平，郭阿根摄影
杭州 浙江人民美术出版社 1984 年 1 张
76cm（2 开）定价：CNY0.16
  中国现代花卉植物摄影作品。

J0117175
珍禽图 张词祖摄影
上海 上海书画出版社 1984 年 76cm（2 开）
定价：CNY0.16
  中国现代动物摄影作品。

J0117176
1986：花卉摄影 王大钧撰；方永熙，林伟新摄
上海 上海人民美术出版社 1985 年 9cm（128 开）
折叠装 定价：CNY0.25
  中国现代花卉摄影作品。

J0117177
1986：花卉摄影
天津 天津人民美术出版社 1985 年 53cm（4 开）
定价：CNY3.00
  中国现代花卉摄影作品。

J0117178
春色满园 王秉龙摄影
北京 中国戏剧出版社 1985 年 1 张 76cm（2 开）
定价：CNY0.20
  中国现代花卉摄影作品。

J0117179
菊花 刘师汉编
上海 上海人民美术出版社 1985 年 168 页
有彩照 26cm（16 开）统一书号：8081.13646
定价：CNY34.50

本画册共收入传统名菊及新培育的名种200
种，其中的几篇短文简要地介绍了菊花的栽培历
史、分类方法和欣赏常识。

J0117180
骏马飞腾 胡建瑜摄
上海 上海人民美术出版社 1985 年 1 张
76cm（2 开）定价：CNY0.20
  中国现代动物摄影作品。

J0117181
咪咪 浙江人民美术出版社编
杭州 浙江人民美术出版社 1985 年 1 张
76cm（2 开）定价：CNY0.45
  中国现代动物摄影作品。

J0117182
鸟语花香 贾鸿勋摄
北京 人民美术出版社 1985 年 1 张 76cm（2 开）
定价：CNY0.26
  中国现代动植物摄影作品。

J0117183
青松傲冬 冬山摄
天津 天津人民美术出版社 1985 年 1 张
76cm（2 开）定价：CNY0.20
  中国现代植物摄影作品。

J0117184
秋实 亦木摄
兰州 甘肃人民出版社 1985 年 1 张 53cm（4 开）
定价：CNY0.10
  中国现代植物摄影作品。

J0117185
双猫图
桂林 漓江出版社 1985 年 1 张 76cm（2 开）
定价：CNY0.50
  中国现代动物摄影作品。

J0117186
珍奇的动物 陈岱宗等摄
北京 人民美术出版社 1985 年 2 张 76cm（2 开）
定价：CNY0.42
  中国现代动物摄影作品。

J0117187
《花卉》四条屏　陈春轩,刘海发摄
成都 四川美术出版社 1986 年 2 张 76cm(2 开)
定价:CNY0.44
　　年画形式的中国现代花卉摄影作品。

J0117188
八骏图　张克庆摄
杭州 浙江人民美术出版社 1986 年 1 张
76cm(2 开)定价:CNY0.30

J0117189
繁花　邵华安摄
乌鲁木齐 新疆人民出版社 1986 年 1 张
53cm(4 开)定价:CNY0.20
　　中国现代花卉摄影作品。

J0117190
虎趣图　沈治昌摄
南京 江苏美术出版社 1986 年 1 张 76cm(2 开)
定价:CNY0.21
　　中国现代动物摄影作品。作者沈治昌,摄影
家。作品有年历画《电影演员陈剑月》《电影演
员殷亭如》《颐和园万寿山》《鹿顶迎晖》等。

J0117191
金鱼满塘　刘震摄
天津 天津人民美术出版社 1986 年 1 张
76cm(2 开)定价:CNY0.22
　　中国现代动物摄影作品。

J0117192
秋菊有佳色　李以恭等摄
南京 江苏美术出版社 1986 年 2 张 76cm(2 开)
定价:CNY0.46
　　中国现代花卉摄影作品。

J0117193
百花争艳　姜炎等摄
郑州 河南美术出版社 1987 年 2 张 107cm(全开)
定价:CNY2.80
　　中国现代花卉摄影作品。作者姜炎(1937—),
摄影家。安徽宿县人,淮北矿务局摄影员、主任
记者,中国摄影家协会会员、安徽新闻摄影学会
副会长。

J0117194
百花争艳　谢新发,张涵毅摄
济南 山东美术出版社 1987 年 1 张 76cm(2 开)
定价:CNY0.27
　　中国现代花卉摄影作品。

J0117195
百松图　董岩青等摄影
天津 天津人民美术出版社 1987 年 138 页
13×19cm ISBN:7-5305-0098-8 定价:CNY5.40
　　中国现代植物摄影作品。

J0117196
曹州牡丹　曹明镜等编
济南 山东美术出版社 1987 年 32 页 19cm(32 开)
统一书号:8332.1041 ISBN:7-5330-0015-3
　　中国现代花卉摄影作品。

J0117197
雏燕展翅　唐禹民摄
天津 天津人民美术出版社 1987 年 1 张
76cm(2 开)定价:CNY0.28
　　中国现代动物摄影作品。作者唐禹民(1940—),
记者。出生于辽宁朝阳市。历任国家体育总局
中国体育杂志社摄影部主任,中国体育记者协会
理事,中国体育摄影学会副主席兼秘书长等。著
有《抹不掉的记忆》《体育摄影理论与实践》等。

J0117198
春色满园
北京 人民体育出版社 1987 年 2 张 76cm(2 开)
定价:CNY0.60
　　中国现代花卉摄影作品。

J0117199
春色满园　(剧照)张克庆摄;田地配诗
杭州 浙江人民美术出版社 1987 年 1 张
76cm(2 开)定价:CNY0.50
　　中国现代花卉摄影作品。作者张克庆(1946—),
摄影编辑。重庆人。历任当代文学艺术研究院
院士,香港现代摄影学会会员,中国职业摄影撰
稿人,中国华侨摄影学会会员,浙江人民出版社
美术编辑室,浙江人民美术出版社摄影年画编辑
室。出版有《杭州西湖》摄影画册。

J0117200

飞禽百图　莫平编

南宁 广西人民出版社 1987 年 48 页 19×21cm

ISBN：7–219–00309–9 定价：CNY1.40

　　中国现代动物摄影作品。

J0117201

蝴蝶屏　李长捷摄

北京 人民美术出版社 1987 年 1 张 76cm（2 开）

定价：CNY0.66

　　中国现代动物摄影作品。

J0117202

花卉　华新等摄影

乌鲁木齐 新疆人民出版社 1987 年 10 张

15cm（40 开）定价：CNY1.40

　　中国现代花卉摄影作品。

J0117203

金鱼　阿华编文；尹福康，林伟新摄

上海 上海人民美术出版社 1987 年 1 张

76cm（2 开）定价：CNY0.28

　　中国现代动物摄影作品。

J0117204

金鱼　张词祖摄

天津 天津人民美术出版社 1987 年 2 张

76cm（2 开）定价：CNY0.60

　　中国现代动物摄影作品。

J0117205

猫　（第二辑 汉英对照）刘世昭摄影

北京 外文出版社 1987 年 10 张 15cm（40 开）

定价：CNY1.70

　　明信片，中国现代动物摄影作品。作者刘世昭（1948—　　），摄影家。四川省成都市人。作品《神境幽声》《归来的羊群》，摄影集有《徒步三峡》。

J0117206

牡丹花　王路昌编文；长林摄

上海 上海人民美术出版社 1987 年 1 张

76cm（2 开）定价：CNY0.28

　　中国现代花卉摄影作品。

J0117207

鸟语花香　张词祖摄编

天津 天津人民美术出版社 1987 年 2 张

76cm（2 开）定价：CNY0.60

　　中国现代动植物摄影作品。

J0117208

青松　王锦秋摄

杭州 西湖摄影艺术出版社 1987 年 1 张

85cm（3 开）定价：CNY0.22

　　中国现代植物摄影作品。

J0117209

秋菊山雀　林伟新摄

南京 江苏美术出版社 1987 年 4 张 76cm（2 开）

定价：CNY2.60

　　中国现代动植物摄影作品。

J0117210

双猫

重庆 重庆出版社 1987 年 1 张 30cm（5 开）

定价：CNY1.20

　　中国现代动物摄影作品。

J0117211

珍禽屏　陈岱宗，陈天摄；甘声云，凌燕编文

北京 人民美术出版社 1987 年 2 张 76cm（2 开）

定价：CNY0.54

　　中国现代动物摄影作品。

J0117212

珍禽异兽　忻丁诚等摄

南京 江苏美术出版社 1987 年 2 张 76cm（2 开）

定价：CNY0.60

　　中国现代动物摄影作品。

J0117213

中国金鱼　（摄影集）王占海主编；张词祖摄影

合肥 安徽科学技术出版社 1987 年 99 页

26cm（16 开）精装 定价：CNY15.00

　　中国现代动物摄影作品。

J0117214

杜鹃诗影　牟心海著；祁步，郝永铨摄

沈阳 辽宁人民出版社 1988 年 108 页 有彩照

19cm（32开）ISBN：7-205-00368-7
定价：CNY5.00
　　中国现代花卉摄影作品，每幅作品配诗。作者牟心海（1939—2013），诗人。满族，出生于辽宁盖州市，毕业于辽宁大学。中国作家协会辽宁分会会员。作者祁步（1936—　），中国摄影家协会会员。作者郝永铨（1931—　），中国摄影家协会会员。

J0117215
芳香的鲜花　天鹰摄
南京　江苏美术出版社　1988年　1张　54cm（4开）
定价：CNY0.40
　　中国现代花卉摄影作品。

J0117216
花朵　谢新发，姜锁根摄
石家庄　河北美术出版社　1988年　1张
54cm（4开）定价：CNY0.40
　　年画形式的中国现代花卉摄影作品。

J0117217
花红榴艳　（汉维对照）苏茂春摄
乌鲁木齐　新疆人民出版社　1988年　1张
76cm（2开）定价：CNY0.65
　　年画形式的中国现代花卉摄影作品。作者苏茂春（1940—　），回族，副编审。甘肃静宁县人。新疆美术摄影出版社摄影部副主任、新疆摄影家协会常务理事。

J0117218
猫咪和狗　宝万摄
西安　陕西人民美术出版社　1988年　2张
76cm（2开）定价：CNY0.80
　　年画形式的中国现代动物摄影作品。

J0117219
猫戏图　马家吉摄
天津　天津人民美术出版社　1988年　4张（卷轴）
76cm（2开）定价：CNY3.30
　　年画形式的中国现代动物摄影作品。

J0117220
秋菊多佳景　张正刚摄
南宁　广西人民出版社　1988年　10张　13cm（60开）

定价：CNY1.90
　　明信片，中国现代花卉摄影作品。

J0117221
甜葡萄　春华摄
武汉　湖北美术出版社　1988年　1张　76cm（2开）
定价：CNY0.76
　　年画形式的中国现代植物摄影作品。

J0117222
野生动物四条屏　张词组，王美德摄
天津　天津人民美术出版社　1988年　2张
76cm（2开）定价：CNY0.80
　　年画形式的中国动物摄影作品。

J0117223
争芳斗艳　（汉维对照）华新摄
乌鲁木齐　新疆人民出版社　1988年　1张
76cm（2开）定价：CNY0.65
　　年画形式的中国现代花卉摄影作品。

J0117224
中国大熊猫　（汉英对照）蒲涛摄
成都　四川民族出版社　1988年　10张　13cm（60开）
　　明信片，中国动物摄影作品。

J0117225
荷花生命系列摄影全集　林景星摄
台南　秋雨印刷公司　1989年　111页　有照片
21×30cm　精装
　　外文书名：A Photographic Collection on Lotus Life Series.

J0117226
红月季　陈春轩摄
天津　天津人民美术出版社　1989年　1张
76cm（2开）定价：CNY0.50
　　年画形式的中国花卉摄影作品。

J0117227
花香　马元浩摄
天津　天津人民美术出版社　1989年　1张
76cm（2开）定价：CNY0.50
　　年画形式的中国花卉摄影作品。

J0117228

猫趣图　马家吉摄

天津　天津人民美术出版社 1989 年 2 张

76cm（2 开）定价：CNY1.10

年画形式的中国动物摄影作品。

J0117229

千花万卉斗芬芳　春兰秋菊开不败　陈春

轩，姚中玉摄

上海　上海人民美术出版社 1989 年 2 张

76cm（2 开）定价：CNY1.00

年画形式的中国花卉摄影作品。作者姚中

玉，画家。曾任湖南省艺术家书画院会员、长沙

市书法家协会会员等职。主要作品有《迎风燕

舞》《向天歌》《一唱雄鸡天下白》《春情》《富贵

吉祥》等。

J0117230

映日荷花　任国兴摄

武汉　湖北美术出版社 1989 年 1 张 76cm（2 开）

定价：CNY1.10

年画形式的中国花卉摄影作品。

J0117231

中国城市市花　秦燕主编

北京　华夏出版社 1989 年 223 页 29cm（16 开）

精装 ISBN：7-80053-740-4 定价：CNY120.00

中国现代花卉摄影作品。外文书名：China

City Flowers.

J0117232

中外名花　王伟摄；谢芊编文

南京　江苏美术出版社 1989 年 2 张 76cm（2 开）

定价：CNY1.50

年画形式的中国花卉摄影作品。

J0117233

白牡丹　少华，麦粒摄

乌鲁木齐　新疆人民出版社 1990 年 1 张（2 开）

定价：CNY0.90

年画形式的中国花卉摄影作品。

J0117234

百鸟争春　张词祖摄

天津　天津人民美术出版社 1990 年 2 张（2 开）

定价：CNY1.10

年画形式的中国动物摄影作品。

J0117235

北京古树名木　（摄影集）北京市园林局编

北京　北京出版社 1990 年 125 页

［29cm］（大 16 开）定价：CNY55.00

J0117236

茶花　少华，麦粒摄

乌鲁木齐　新疆人民出版社 1990 年 1 张

定价：CNY0.90

年画形式的中国花卉摄影作品。

J0117237

动物屏　林晓输等摄

北京　人民美术出版社 1990 年 2 张 76cm（2 开）

定价：CNY1.05

年画形式的中国动物摄影作品。

J0117238

粉红牡丹　少华，麦粒摄

乌鲁木齐　新疆人民出版社 1990 年 1 张（2 开）

定价：CNY0.90

年画形式的中国花卉摄影作品。

J0117239

红牡丹　少华，麦粒摄

乌鲁木齐　新疆人民出版社 1990 年 1 张（2 开）

定价：CNY0.90

年画形式的中国花卉摄影作品。

J0117240

花

南宁　广西民族出版社［1990 年］10 张

15cm（40 开）ISBN：7-5363-0757-8

定价：CNY2.00

中国花卉摄影作品。

J0117241

花

沈阳　辽宁美术出版社 1990 年 9 张 15cm（40 开）

ISBN：7-5314-0743-X 定价：CNY2.50

中国现代花卉摄影作品。

J0117242
花朵　袁学军摄
长沙 湖南美术出版社 1990 年 1 张 53cm（4 开）
定价：CNY0.40
　　年画形式的中国花卉摄影作品。

J0117243
花朵满园　华少祖摄
天津 天津人民美术出版社 1990 年 2 张（2 开）
定价：CNY1.10
　　年画形式的中国花卉摄影作品。

J0117244
花儿朵朵香　忠向东，胡维标摄
天津 天津人民美术出版社 1990 年 1 张（2 开）
定价：CNY0.50
　　年画形式的中国花卉摄影作品。

J0117245
花港春浓　卞志武摄
杭州 浙江人民美术出版社 1990 年 1 张
76cm（2 开）定价：CNY1.10
　　年画形式的中国花卉摄影作品。

J0117246
花卉小品　（1）邓正明摄
南京 江苏人民出版社［1990 年］5 张
15cm（40 开）定价：CNY1.50
　　中国花卉摄影作品。

J0117247
花卉小品　（2）邓正明摄
南京 江苏人民出版社 1990 年 5 张 15cm（40 开）
定价：CNY1.50
　　中国花卉摄影作品。

J0117248
华南植物园　杨茵摄
天津 天津人民美术出版社 1990 年 1 张（4 开）
定价：CNY0.30
　　年画形式的中国现代植物摄影作品。作者
杨茵，擅长摄影。主要的年历作品有《颐和园》
《华堂飘香》《楠溪江晨曲》等。

J0117249
兰花　（一 洋兰）
呼和浩特 内蒙古人民出版社［1990 年］10 张
15cm（40 开）定价：CNY2.20
　　中国现代花卉摄影作品。

J0117250
兰花　（二 国兰）
呼和浩特 内蒙古人民出版社［1990 年］10 张
15cm（40 开）定价：CNY2.20
　　中国现代花卉摄影作品。

J0117251
牡丹　（一）
北京 外文出版社 1990 年 10 张 15cm（40 开）
ISBN：7-119-01299-1 定价：CNY2.00
　　中国现代花卉摄影作品。

J0117252
牡丹　（二）
北京 外文出版社 1990 年 10 张 15cm（40 开）
ISBN：7-119-01300-9 定价：CNY2.00
　　中国现代花卉摄影作品。

J0117253
芍药　少华，麦粒摄
乌鲁木齐 新疆人民出版社 1990 年 1 张（2 开）
定价：CNY0.90
　　年画形式的中国花卉摄影作品。

J0117254
双猫贺喜　周屹，朵朵摄
北京 人民美术出版社 1990 年 1 张（2 开）
定价：CNY1.00
　　年画形式的中国动物摄影作品。

J0117255
双猫图　周屹摄
长沙 湖南美术出版社 1990 年 1 张（2 开）
定价：CNY0.90
　　年画形式的中国动物摄影作品。

J0117256
中国十大名花　方永熙，刘震摄
上海 上海书画出版社 1990 年 1 张

定价：CNY1.50

年画形式的中国花卉摄影作品。

J0117257

白桦林 （摄影）陈书帛摄

天津 天津人民美术出版社 1991 年 1 张

76cm（2 开）ISBN：7–5305–2208–0

定价：CNY0.55

年画形式的中国植物摄影作品。

J0117258

白桦林 （摄影）陈书帛摄

天津 天津人民美术出版社 1994 年 1 张

106×38cm 定价：CNY1.20

年画形式的中国植物摄影作品。

J0117259

百花争艳　林伟新，孙合营摄

天津 天津人民美术出版社 1991 年 2 张

76cm（2 开）ISBN：7–5305–2203–1

定价：CNY1.20

年画形式的中国花卉摄影作品。

J0117260

动物世界 （摄影）张词祖摄

天津 天津人民美术出版社 1991 年 1 张

107cm（全开）ISBN：7–5305–2194–1

定价：CNY1.20

年画形式的中国动物摄影作品。

J0117261

荷 （摄影）杨银乐摄

西安 陕西人民美术出版社 1991 年 1 张

107cm（全开）定价：CNY2.50

年画形式的中国花卉摄影作品。

J0117262

花果 （摄影）鹏飞，加贝摄

南京 江苏美术出版社 1991 年 1 张 53cm（4 开）

定价：CNY0.95

年画形式的中国花卉摄影作品。

J0117263

猫戏图 （摄影）

上海 上海人民美术出版社［1991 年］1 张

76cm（2 开）定价：CNY1.50

年画形式的中国动物摄影作品。

J0117264

咪咪 （摄影）高盛奎摄

天津 天津人民美术出版社 1991 年 1 张

76cm（2 开）ISBN：7–5305–2193–4

定价：CNY0.55

年画形式的中国动物摄影作品。

J0117265

群猫趣 （摄影）

南京 江苏美术出版社 1991 年 1 张 53cm（4 开）

定价：CNY0.95

年画形式的中国动物摄影作品。

J0117266

天坛百花园 （摄影）陈书帛摄

北京 人民美术出版社 1991 年 1 张 76cm（2 开）

定价：CNY1.10

年画形式的中国花卉摄影作品。

J0117267

珍禽王国 （摄影画册）游云谷摄

福州 海潮摄影艺术出版社 1991 年［1 张］

39cm（8 开）ISBN：7–80562–002–4

定价：CNY18.00

本摄影画册选收了 120 幅彩色摄影作品，反映了江西鄱阳湖上百鸟汇集的壮观景色。书后附有何福霖、石秀的评论文章，以及作者拍摄札记。

J0117268

曹州牡丹 （摄影图片辑）山东菏泽柏青大厦有限公司编

上海 上海人民美术出版社 1992 年 233 页

26cm（大 16 开）定价：CNY0.55

本摄影集收有 605 幅照片，按照红色花系、绿色花系、粉色花系、紫色花系、黑色花系、白色花系、复色花系、黄色花系、蓝色花系等 9 个系列展现山东菏泽曹州的牡丹花。附有中日英文品种索引。

J0117269

花季　志恒摄

南京 江苏美术出版社 1993 年 1 张 53×38cm
定价：CNY0.90
　　年画形式的中国花卉摄影作品。

J0117270
鲜莓　志恒摄
南京 江苏美术出版社 1993 年 1 张 53×38cm
定价：CNY0.90
　　年画形式的中国植物摄影作品。

J0117271
百莲图　马元浩摄影
上海 上海古籍出版社 1994 年 92 页 有图册
28x21cm ISBN：7-5325-1847-7
　　年画形式的中国花卉摄影作品。作者马元
浩（1944—　　），摄影家、导演。毕业于上海财经
学院。中国摄影家协会会员，英国皇家摄影学会
高级会士。出版有《中国古代雕塑观音》等。

J0117272
福猫贺春图　（摄影）
北京 中国电影出版社 1994 年 1 张 77×53cm
定价：CNY1.30
　　年画形式的中国动物摄影作品。

J0117273
花红艳　（摄影）
北京 中国电影出版社 1994 年 1 张 77×53cm
定价：CNY1.30
　　年画形式的中国花卉摄影作品。

J0117274
菊花　王潮摄
上海 上海人民美术出版社 1994 年 1 张
77×53cm 定价：CNY2.00
　　年画形式的中国花卉摄影作品。

J0117275
猫趣　洪斌摄
北京 中国旅游出版社 1994 年 1 张 77×53cm
定价：CNY1.60
　　年画形式的中国动物摄影作品。

J0117276
咪咪同乐　（摄影）

北京 中国电影出版社 1994 年 1 张 77×53cm
定价：CNY1.30
　　年画形式的中国动物摄影作品。

J0117277
中国金鱼　（摄影）张克庆摄影
北京 中国旅游出版社 1994 年 2 张 77×53cm
定价：CNY3.60
　　年画形式的中国动物摄影作品。

J0117278
国花颂　颜其麟著
桂林 广西师范大学出版社 1995 年 169 页
29cm（16 开）精装 ISBN：7-5633-2006-7
定价：CNY200.00
　　本书为中国现代牡丹摄影集和诗集，题名取
自版权页。本书与香港大学出版印务公司合作
出版。

J0117279
花卉摄影作品集　林思齐，吴爱兰摄影；蔡其
矫作诗
福州 海潮摄影艺术出版社 1995 年 60 页
25×26cm ISBN：7-80562-342-2
定价：CNY48.00
（摄影家丛书）

J0117280
锦园翠竹　（摄影四条屏）士潭等摄
南京 江苏美术出版社 1995 年 4 张 106×38cm
　　年画形式的中国植物摄影作品。

J0117281
中国茶花　（古树暨品种集锦 汉英对照）庞金
虎等著；冯志舟等摄影
北京 中国世界语出版社 1995 年 156 页
26cm（16 开）精装 ISBN：7-5052-0259-6
定价：CNY78.00
　　中国花卉摄影作品。

J0117282
百花集　姜炎撰文摄影
合肥 安徽美术出版社 1996 年 203 页 有彩照
21cm（32 开）ISBN：7-5398-0376-2
定价：CNY80.00

中国现代花卉摄影集。作者姜炎（1937—　），摄影家。安徽宿县人，淮北矿务局摄影员、主任记者，中国摄影家协会会员、安徽新闻摄影学会副会长。

J0117283

百花图　方永熙摄影

南宁　广西美术出版社　1997年　88页　26cm（16开）

ISBN：7-80625-267-3　定价：CNY49.00

　　中国现代花卉摄影集。

J0117284

鹤摄影集　（1991—1996）吴绍同摄影／撰文

南投县　台湾省立凤凰谷鸟园　1997年　144页

27×28cm　精装　ISBN：957-02-0019-7

　　外文书名：A Collection of Cranes Photographed.

J0117285

山花　高盛奎摄

天津　天津人民美术出版社　1997年　1张

72×100cm　定价：CNY6.80

　　年画形式的中国花卉摄影作品。

J0117286

杨国美麋鹿摄影集　（汉英对照）杨国美摄

北京　中国摄影出版社　1997年　48页　22×22cm

ISBN：7-80007-213-4　定价：CNY58.00

　　中国现代珍稀动物摄影集。

J0117287

咏荷四百首　高占祥著

深圳　海天出版社　1997年　13+400页　20cm（32开）

精装　ISBN：7-80615-681-X　定价：CNY180.00

　　中国现代花卉诗词与摄影集。作者高占祥（1935—　），诗人、书法家。笔名罗丁、高翔，北京通县人。曾任文化部常务副部长，中国作家协会、中国书法家协会、中国摄影家协会会员，北京大学、中国人民大学、上海交通大学客座教授。著有《人生宝鉴》《咏荷四百首》《浇花集》《微笑集》等，摄影集有《莲花韵》《祖国颂》等。

J0117288

百树图　马元浩摄

上海　上海古籍出版社　1998年　106页

29cm（16开）ISBN：7-5325-2344-6

定价：CNY98.00

　　中国植物摄影作品。

J0117289

虎　苏克任著

杭州　浙江摄影出版社　1998年　75页　25×26cm

精装　ISBN：7-80536-545-8　定价：CNY168.00

　　中国动物摄影作品。

J0117290

花鸟一瞬　（叶学龄摄影作品选）叶学龄［摄］；严瑞藩，刘榜主编

北京　中国摄影出版社　1998年　95页

28cm（大16开）ISBN：7-80007-299-1

定价：CNY128.00，CNY158.00（精装）

　　本书选收88幅荷花和候鸟摄影作品，表现了白鹭云集、荷花飘香的美景，同时宣传了江西的生态环境，提升了人们的环保意识。作者叶学龄（1933—　），江西进贤人，曾任江西省委统战部长、省政协副主席，著有《花鸟一瞬》等。

J0117291

牡丹百图　（上）冯炜烈等摄影

天津　天津人民美术出版社　1998年　48页

26cm（16开）ISBN：7-5305-0947-0

定价：CNY19.50

（艺用写真百图丛书）

　　中国花卉摄影作品。

J0117292

牡丹百图　（下）冯炜烈等摄影

天津　天津人民美术出版社　1998年　48页

26cm（16开）ISBN：7-5305-0948-9

定价：CNY19.50

（艺用写真百图丛书）

　　中国花卉摄影作品。

J0117293

月季百图　卢俊才摄影

天津　天津人民美术出版社　1998年　48页

26cm（16开）ISBN：7-5305-0949-7

定价：CNY19.50

（艺用写真百图丛书）

　　中国花卉摄影作品。

J0117294
百荷图　冯炜烈等摄影
天津　天津人民美术出版社　1999 年　48 页
26cm（16 开）ISBN：7-5305-0951-9
定价：CNY19.50
（艺用写真百图丛书）
　　中国花卉摄影作品。

J0117295
百鹤图　李正平等摄影
天津　天津人民美术出版社　1999 年　48 页
26cm（16 开）ISBN：7-5305-1055-X
定价：CNY19.50
（艺用写真百图丛书）
　　中国动物摄影作品。

J0117296
百猴图　任红伏等摄影
天津　天津人民美术出版社　1999 年　48 页
26cm（16 开）ISBN：7-5305-1057-6
定价：CNY19.50
（艺用写真百图丛书）
　　中国动物摄影作品。

J0117297
百虎图　李正平等摄影
天津　天津人民美术出版社　1999 年　48 页
26cm（16 开）ISBN：7-5305-1059-2
定价：CNY19.50
（艺用写真百图丛书）
　　中国动物摄影作品。

J0117298
百花集锦　江荣先摄影 / 编著
北京　中国建筑工业出版社　1999 年　216 页
20cm（32 开）ISBN：7-112-03820-0
定价：CNY58.00
（美在自然丛书）
　　中国花卉摄影作品。

J0117299
百花争妍　（邵华将军花卉摄影艺术）邵华摄
昆明　云南教育出版社　1999 年　1 盒 37cm　散页盒
装　ISBN：7-5415-1656-2　定价：CNY380.00
　　外文书名：Flowers Contending for Beauty.

作者邵华（1938—2008），女，毛岸青夫人。湖南
常德石门县人，毕业于北京大学中文系。历任中
国人民解放军军事科学院百科部副部长，中国女
摄影家协会主席，中国花卉协会名誉副会长等
职。摄有《海之南：邵华将军风光摄影集》《百花
争妍》等。

J0117300
百鸡图　马家吉等摄影
天津　天津人民美术出版社　1999 年　48 页
26cm（16 开）ISBN：7-5305-0946-2
定价：CNY19.50
（艺用写真百图丛书）
　　中国动物摄影作品。

J0117301
百菊图　冯炜烈摄影
天津　天津人民美术出版社　1999 年　48 页
26cm（16 开）ISBN：7-5305-1054-1
定价：CNY19.50
（艺用写真百图丛书）
　　中国花卉摄影作品。

J0117302
百鹭图　宫正摄
南昌　江西美术出版社　1999 年　85 页　22×21cm
ISBN：7-80580-612-8　定价：CNY39.80
　　中国现代鸟类美术摄影集。

J0117303
百牛图　刘建平等摄影
天津　天津人民美术出版社　1999 年　48 页
26cm（16 开）ISBN：7-5305-0944-6
定价：CNY19.50
（艺用写真百图丛书）
　　中国动物摄影作品。

J0117304
百羊图　马家吉等摄影
天津　天津人民美术出版社　1999 年　48 页
26cm（16 开）ISBN：7-5305-0945-4
定价：CNY19.50
（艺用写真百图丛书）
　　中国动物摄影作品。

J0117305
北戴河观鸟 （中英文本）乔振忠等［摄影］
北京 中国摄影出版社 1999 年 117 页 25×26cm
ISBN：7-80007-342-4
定价：CNY150.00，CNY200.00（精装）
　　鸟类——自然生态中不可缺少的最活跃的生灵，它们和人们的生活息息相关，给人们的生活带来欢悦、带来安逸。本画册是摄影者对大自然及鸟类的感知和认识。

J0117306
国花牡丹 陈岚编著
杭州 中国美术学院出版社 1999 年 84 页
26cm（16 开）ISBN：7-81019-729-0
定价：CNY40.00
　　中国现代花卉摄影作品。

J0117307
何伟艺术摄影集 （中英文本）何伟［摄影］
北京 中国摄影出版社 1999 年 92 页 28×26cm
精装 ISBN：7-80007-319-X 定价：CNY128.00
　　何伟先生的《荷韵》影集，运用了镜中的光和影，留下了荷的美丽、荷的品德、荷的风骨、荷的韵味。本摄影集包括 92 幅摄影作品。作者何伟（1957—　 ），摄影家。中国民俗摄影协会会员，广东省摄影家协会会员，广东花都市摄影家协会名誉会长，香港大众摄影会会员，美国摄影协会会员。出版摄影集有《荷韵——何伟艺术摄影集》等。

J0117308
荷花大观 （高占祥摄影作品）高占祥摄
石家庄 河北美术出版社 1999 年 658 页
29cm（16 开）精装 ISBN：7-5310-1306-1
定价：CNY780.00
　　作者高占祥（1935—　 ），诗人、书法家。笔名罗丁、高翔，北京通县人。曾任文化部常务副部长，中国作家协会、中国书法家协会、中国摄影家协会会员，北京大学、中国人民大学、上海交通大学客座教授。著有《人生宝鉴》《咏荷四百首》《浇花集》《微笑集》等，摄影集有《莲花韵》《祖国颂》等。

J0117309
荷韵 （叶学龄摄影作品选）叶学龄［摄］
北京 中国摄影出版社［1999 年］55 页
28cm（大 16 开）精装 ISBN：7-80007-347-5
定价：CNY118.00
　　本书与《鹭情》同为《花鸟一瞬》的续集，选60 幅荷花的摄影作品，表现荷花飘香的美景，并宣传环境保护意识。作者叶学龄（1933—　 ），江西进贤人，曾任江西省委统战部长、省政协副主席，著有《花鸟一瞬》等。

J0117310
金鱼百图 张祠祖，曹知非摄影
天津 天津人民美术出版社 1999 年 48 页
26cm（16 开）ISBN：7-5305-1065-7
定价：CNY19.50
（艺用写真百图丛书）
　　中国动物摄影作品。

J0117311
锦鸡孔雀百图 任红伏等摄影
天津 天津人民美术出版社 1999 年 48 页
26cm（16 开）ISBN：7-5305-1108-4
定价：CNY19.50
（艺用写真百图丛书）
　　中国动物摄影作品。

J0117312
菊花 张雪萝编
西安 陕西人民出版社 1999 年 279 页
20cm（32 开）ISBN：7-224-04995-6
定价：CNY46.00
　　中国花卉摄影作品。

J0117313
昆虫百图 任红伏摄影
天津 天津人民美术出版社 1999 年 46 页
26cm（16 开）ISBN：7-5305-0950-0
定价：CNY19.50
（艺用写真百图丛书）
　　中国动物摄影作品。

J0117314
鹭情 （叶学龄摄影作品选）叶学龄［摄］
北京 中国摄影出版社［1999 年］55 页
28cm（大 16 开）精装 ISBN：7-80007-347-5
定价：CNY118.00

本书与《荷韵》同为《花鸟一瞬》的续集，选60幅鹭鸟的摄影作品，表现白鹭云集的美景，宣传环境保护意识。

J0117315

梅花百图　冯炜烈等摄影

天津　天津人民美术出版社　1999 年
2 册（48 ; 48 页）26cm（16 开）
ISBN：7-5305-1056-8　定价：CNY39.00
（艺用写真百图丛书）

　　中国花卉摄影作品。

J0117316

鸣禽百图　张祠祖等摄影

天津　天津人民美术出版社　1999 年　48 页
26cm（16 开）ISBN：7-5305-1066-5
定价：CNY19.50
（艺用写真百图丛书）

　　中国动物摄影作品。

J0117317

山禽百图　任红伏等摄影

天津　天津人民美术出版社　1999 年　48 页
26cm（16 开）ISBN：7-5305-1109-2
定价：CNY19.50
（艺用写真百图丛书）

　　中国动物摄影作品。

J0117318

水禽百图　张祠祖等摄影

天津　天津人民美术出版社　1999 年
2 册（48 ; 48 页）26cm（16 开）
ISBN：7-5305-1060-6　定价：CNY39.00
（艺用写真百图丛书）

　　中国动物摄影作品。

J0117319

松树百图　姜平等摄影

天津　天津人民美术出版社　1999 年
2 册（48 ; 48 页）26cm（16 开）
ISBN：7-5305-1112-2　定价：CNY39.00
（艺用写真百图丛书）

　　中国植物摄影作品。

J0117320

艺用马造型写真　李升权编

沈阳　辽宁美术出版社　1999 年　88 页　24×26cm
ISBN：7-5314-2024-4　定价：CNY55.00

　　中国动物摄影作品。作者李升权（1942—　　），辽宁锦州人。辽宁美术出版社《美术大观》编辑部副主编，辽宁美术家协会会员，中国工业美协会员，中国书画电视艺术学会会员

J0117321

艺用树形资料　吴成槐著

沈阳　辽宁美术出版社　1999 年　2 版　144 页
26cm（16 开）ISBN：7-5314-2099-6
定价：CNY38.00

　　中国植物摄影作品。作者吴成槐（1943—　　），满族，编辑。辽宁沈阳人。辽宁民族出版社社长兼总编辑，辽宁美术家协会、辽宁摄影家协会会员。连环画作品有《南下路上》《大桥争夺战》，编辑设计图书《海外藏明清绘画珍品——沈周卷》《20 世纪中国摄影文献》。

J0117322

艺用树形资料　吴成槐著

沈阳　辽宁美术出版社　1999 年　111 页
26cm（16 开）ISBN：7-5314-2099-6
定价：CNY36.00

J0117323

咏荷诗五百首　高占祥［作］

石家庄　河北美术出版社　1999 年　500 页
29cm（16 开）精装　ISBN：7-5310-1307-X
定价：CNY660.00

　　中国花卉摄影作品。

J0117324

张之先荷花摄影集

北京　人民美术出版社　1999 年　25×27cm
ISBN：7-102-02025-2
定价：CNY80.00，CNY158.00（精装）

　　中国花卉摄影作品。

中国其他题材摄影作品

（专题摄影等）

J0117325

黑白二届影集 黑白影社编

上海 黑白影社 [1934年] 48页 26cm（16开）

　　本书收摄影作品 17 幅以及影展目录。书前有社章及卢施福的《论徕卡与康泰时的小镜箱》一文。

J0117326

黑白影集 （第 1 册）陈传霖等编

上海 黑白影社 1934年 112页 27cm（16开）

精装 定价：洋一元五角

　　本书收该社举办的"第二届摄影展览会"的作品 83 幅及该社社员写的有关摄影技术方面的文章 6 篇，有聂光地的《世界第二高峰上之摄影》、陈传霖的《小镜箱实验谈》、吴印咸的《光线与摄影》、卢施福的《论徕卡与康泰时的小镜箱》等。书前有编者的《本社的过去、现在和未来》等，书末附该社社章及社员名录等。

J0117327

黑白影集 （1935 第 2 册）陈传霖等编

上海 黑白影社 1935年 130页 27cm（16开）

　　本书收该社举办的"第三届摄影展览会"的作品 80 幅，以及《摄影的光学》（陈传霖）、《艺术摄影的放大操纵》（卢施福）、《镜头要义》（陈传霖）、《小镜箱之细纹底片显影液》（聂光池）、《靶形测距法》（陈传霖）、《小型放大机构造法》（沈毓炳）等文章。另有选刊目录、人名录、社章、社员名录、广告等。

J0117328

黑白影集 （1936—1937 第 3 册）聂光地等编

上海 黑白影社 1937年 116页 26cm（16开）

　　本书为中国现代黑白摄影集，收民国时期上海黑白影社举办的"第四届摄影展览会"作品 72 幅，以及《论广告摄影之布局》（聂光地）、《人像摄影—光》（陈傅霖）、《新闻摄影概论》（毛松友）、《摄影艺术的欣赏》（吴印咸）、《闲话阴影》

（张慧安）等文章 11 篇，并有社章、社员名录、入社志愿书等。

J0117329

黑白四届影展特刊 黑白影社编

上海 黑白影社 1937年 50页 26cm（16开）

　　本书为中国现代黑白摄影集，收民国时期上海黑白影社的摄影作品 16 幅及影展目录。附《八年来的黑白影社》（陈传霖）、《泛论摄影与艺术》（敖恩洪）两文。

J0117330

和平友谊的花朵 （画册）人民体育出版社编

[北京] 人民体育出版社 1956年 定价：CNY0.60

J0117331

北京大学 北京大学编

上海 上海人民美术出版社 1958年 20cm（32开）

定价：CNY2.60

J0117332

革命圣地延安 （摄影集）长安美术出版社编

西安 长安美术出版社 1960年 [45]页

25cm（15开）定价：CNY1.80

　　中国革命纪念地摄影作品。

J0117333

革命圣地延安

[西安] 长安美术出版社 1961年 8张（套）

定价：CNY0.50

　　本作品系中国革命纪念地摄影作品。

J0117334

瑞金日出 郭仁仪摄

上海 上海人民美术出版社 1961年 [1张]

定价：CNY0.18

　　本书系中国革命纪念地摄影作品。

J0117335

韶山 方建平，赵力摄

[长沙] 湖南人民出版社 1961年 2版

10张（全套）定价：CNY0.55

　　本书系中国革命纪念地摄影作品，1959年9月第1版。

J0117336
延安景色　常春摄
上海　上海人民美术出版社　1961 年［1 张］
定价：CNY0.18
　　　本作品系中国革命纪念地摄影。

J0117337
井冈山　（中、俄、英、法文对照版）漆荒诗等摄影
［南昌］江西人民出版社　1965 年　12 张（套）
15cm（64 开）
　　　中国革命纪念地摄影作品。

J0117338
红太阳升起的地方——毛主席旧居韶山
［长沙］湖南人民出版社　1968 年［1 张］
26cm（16 开）定价：CNY0.06
　　　中国革命纪念地摄影作品。

J0117339
革命圣地——延安　黄韬鹏摄影
［石家庄］河北人民出版社　1971 年　1 张
76cm（2 开）定价：CNY0.15
　　　中国革命纪念地摄影作品。

J0117340
革命圣地——延安
北京　人民美术出版社　1971 年　1 张　76cm（2 开）
定价：CNY0.14
　　　中国革命纪念地摄影作品。

J0117341
革命圣地——延安
北京　人民美术出版社　1971 年　1 张　53cm（4 开）
定价：CNY0.07
　　　中国革命纪念地摄影作品。

J0117342
革命圣地——延安　黄韬鹏摄影
［济南］山东人民出版社　1971 年　1 张
76cm（2 开）定价：CNY0.14
　　　中国革命纪念地摄影作品。

J0117343
革命圣地——延安
天津　天津人民美术出版社　1971 年　1 张

76cm（2 开）定价：CNY0.14
　　　中国革命纪念地摄影作品。

J0117344
光辉的历程　（我国革命纪念地介绍）新华通
讯社编
北京　人民出版社　1971 年　20 张　38cm（6 开）
定价：CNY0.60（袋装）
　　　中国革命纪念地摄影作品。

J0117345
光辉的历程　（我国革命纪念地介绍）新华社
供稿
［西安］陕西人民出版社　1971 年　19cm（小 32 开）
定价：CNY0.30
　　　中国革命纪念地摄影集。

J0117346
光辉的历程　（我国革命纪念地介绍）新华社稿
上海　上海人民出版社　1971 年　1 张　107cm（全开）
定价：CNY0.20
　　　中国革命纪念地摄影作品。

J0117347
红军长征时抢渡的大渡河铁索桥　齐学进摄影
［郑州］河南人民出版社　1971 年　1 张
76cm（2 开）定价：CNY0.14
　　　中国革命纪念地摄影作品。

J0117348
红军长征时抢渡的大渡河铁索桥
北京　人民美术出版社　1971 年　1 张　53cm（4 开）
定价：CNY0.07
　　　中国革命纪念地摄影作品。

J0117349
红军长征时抢渡的大渡河铁索桥　齐学进摄影
［济南］山东人民出版社　1971 年　1 张
76cm（2 开）定价：CNY0.14
　　　中国革命纪念地摄影作品。

J0117350
嘉兴南湖革命纪念船　新华社供稿
上海　上海人民出版社　1971 年　1 张　38cm（6 开）
定价：CNY0.10

中国革命纪念地专题摄影作品。

J0117351

井冈山黄洋界哨口

天津　天津人民美术出版社　1971 年　1 张

53cm（4 开）定价：CNY0.14

　　中国革命纪念地摄影作品

J0117352

长沙革命纪念地画片

［长沙］湖南人民出版社　1971 年　9 张

15cm（64 开）定价：CNY0.40

　　中国革命纪念地摄影作品

J0117353

中国共产党第一次全国代表大会会址　上

海人民出版社编摄

上海　上海人民出版社　1971 年　1 张　38cm（6 开）

定价：CNY0.10

　　中国革命纪念地摄影作品

J0117354

遵义会议会址

［沈阳］辽宁省新华书店　1971 年　1 张

76cm（2 开）定价：CNY0.12

　　中国革命纪念地摄影作品。

J0117355

遵义会议会址

北京　人民美术出版社　1971 年　1 张　76cm（2 开）

定价：CNY0.14

　　中国革命纪念地摄影作品。

J0117356

遵义会议会址

北京　人民美术出版社　1971 年　1 张　53cm（4 开）

定价：CNY0.07

　　中国革命纪念地摄影作品。

J0117357

遵义会议会址　何世尧摄影

［济南］山东人民出版社　1971 年　1 张

76cm（2 开）定价：CNY0.14

　　中国革命纪念地摄影作品。作者何世尧

（1935—　），摄影家。生于浙江永康，曾在人民

画报社学习摄影，后任人民画报社摄影记者。作品有《巍巍长城》《静海晨雾》等，有风光摄影画册《黄龙》《春雨绵绵》。

J0117358

遵义会议会址

天津　天津人民美术出版社　1971 年　1 张

76cm（2 开）定价：CNY0.14

　　中国革命纪念地摄影作品

J0117359

革命纪念地　（四条屏　纸裱卷轴）

天津　天津人民出版社　1972 年　4 卷 76cm（2 开）

定价：CNY1.04

　　中国革命纪念地摄影作品。

J0117360

革命圣地——延安　黄韬鹏摄影

［石家庄］河北人民出版社　1972 年 ［1］张

76cm（2 开）定价：CNY0.16

　　中国革命纪念地摄影作品。

J0117361

革命圣地——延安　黄韬鹏摄影

［郑州］河南人民出版社　1972 年 ［1］张

53cm（4 开）铜版纸　定价：CNY0.14

　　中国革命纪念地摄影作品。

J0117362

革命圣地——延安　黄韬鹏摄影

［郑州］河南人民出版社　1972 年 ［1］张

53cm（4 开）胶版纸　定价：CNY0.07

　　中国革命纪念地摄影作品。

J0117363

革命圣地——延安　黄韬鹏摄影

［沈阳］辽宁人民出版社　1972 年 ［1］张

76cm（2 开）定价：CNY0.12

　　中国革命纪念地摄影作品。

J0117364

革命圣地——延安　黄韬鹏摄影

北京　人民美术出版社　1972 年 ［1］张

53cm（4 开）定价：CNY0.15

　　中国革命纪念地摄影作品

J0117365
革命圣地——延安　黄韬鹏摄影
[太原] 山西人民出版社 1972 年 [1]张
53cm（4开）定价: CNY0.07
　　中国革命纪念地摄影作品。

J0117366
革命圣地——延安　黄韬鹏摄影
[太原] 山西人民出版社 1972 年 [1]张
76cm（2开）定价: CNY0.14
　　中国革命纪念地摄影作品。

J0117367
革命圣地——延安　黄韬鹏摄影
天津 天津人民出版社 1972 年 [1]张
53cm（4开）定价: CNY0.09
　　中国革命纪念地摄影作品。

J0117368
光辉的历程　（四条屏）新华社供稿
上海 上海人民出版社 1972 年 2 张 76cm（2开）
定价: CNY0.22
　　中国革命纪念地摄影作品。

J0117369
红军长征时抢渡的大渡河铁索桥
[石家庄] 河北人民出版社 1972 年 [1]张
76cm（2开）定价: CNY0.16
　　中国革命纪念地专题摄影作品。

J0117370
红军长征时抢渡的大渡河铁索桥
北京 人民美术出版社 1972 年 [1]张
53cm（4开）定价: CNY0.15
　　中国革命纪念地专题摄影作品。

J0117371
红军长征时抢渡的大渡河铁索桥
[太原] 山西人民出版社 1972 年 [1]张
76cm（2开）定价: CNY0.14
　　中国革命纪念地专题摄影作品。

J0117372
红军长征时抢渡的大渡河铁索桥
天津 天津人民出版社 1972 年 [1]张

76cm（2开）定价: CNY0.14
　　中国革命纪念地专题摄影作品。

J0117373
嘉兴南湖革命纪念船
[杭州] 浙江人民出版社 1972 年 [1]张
38cm（6开）定价: CNY0.08
　　中国革命纪念地专题摄影作品。

J0117374
遵义会议会址　何世尧摄影
[石家庄] 河北人民出版社 1972 年 [1]张
76cm（2开）定价: CNY0.16
　　中国革命纪念地摄影作品。

J0117375
遵义会议会址　何世尧摄影
[郑州] 河南人民出版社 1972 年 [1]张
53cm（4开）定价: CNY0.07
　　中国革命纪念地摄影作品。

J0117376
遵义会议会址　何世尧摄影
北京 人民美术出版社 1972 年 [1]张
53cm（4开）定价: CNY0.15
　　革命纪念地摄影作品。

J0117377
遵义会议会址　何世尧摄影
[太原] 山西人民出版社 1972 年 [1]张
76cm（2开）定价: CNY0.14
　　中国革命纪念地摄影作品。

J0117378
革命纪念地　（四条屏）
长沙 湖南人民出版社 1973 年 53cm（4开）
定价: CNY0.28
　　中国革命纪念地摄影作品。

J0117379
革命圣地延安　（四条屏）吴印咸等摄影
西安 陕西人民出版社 1973 年 2 张 76cm（2开）
定价: CNY0.28
　　中国革命纪念地摄影作品。

J0117380

鲁迅墓　张祖林摄影

上海　上海人民出版社　1973 年　38cm（6 开）

定价：CNY0.13

　　中国现代摄影作品。

J0117381

韶山毛主席旧居　李长捷摄影

济南　山东人民出版社　1973 年　1 张　76cm（2 开）

定价：CNY0.14

　　中国革命纪念地摄影作品。

J0117382

**中国共产党第一次全国代表大会会址内
景**　尹硕庚摄影

上海　上海人民出版社　1973 年　38cm（6 开）

定价：CNY0.13

　　中国革命纪念地摄影作品。

J0117383

八一南昌起义　《八一南昌起义》画册编辑组编

南昌　江西人民出版社　1977 年　80 页　34×19cm

精装　定价：CNY9.00

　　本书与上海人民出版社合作出版。

J0117384

井冈山　（1927—1977）《井冈山》画册编辑组编

南昌　江西人民出版社　1977 年　180 页

30cm（10 开）定价：CNY12.50

　　纪念毛主席创建井冈山革命根据地五十周
年历史文献画册。画册共两编，有彩色摄影作品
140 余幅。本书与上海人民出版社合作出版。

J0117385

井冈山茨坪　郝建国摄影

上海　上海人民出版社　1977 年 ［1 张］

54cm（4 开）定价：CNY0.26

　　中国革命纪念地摄影作品。作者郝建国
（1926—　），记者。河北饶阳人。解放军报摄影
记者、组长，中国摄影家协会理事等。代表作品
有《突破石家庄外市沟》《摄影记者在前线》《红
旗插上太原城头》等。

J0117386

南昌起义　（革命旧址）南昌八一起义纪念馆编

南昌　江西人民出版社　1977 年　11 张（套）

16×14cm　定价：CNY0.50

　　南昌起义革命纪念地摄影选集。本书与上
海人民出版社合作出版。

J0117387

井冈山

南昌　江西人民出版社　1978 年　10 张（套）

15cm（40 开）定价：CNY0.47

　　中国革命纪念地摄影作品。

J0117388

井冈山　上海人民美术出版社编辑

上海　上海人民美术出版社　1978 年　12 张（套）

17cm（40 开）定价：CNY0.63

　　中国革命纪念地摄影作品。

J0117389

井冈山　井冈山博物馆编

北京　文物出版社　1978 年　12 张（套）

17cm（40 开）定价：CNY0.85

　　中国革命纪念地摄影作品。

J0117390

毛主席在中南海住过的地方　新华社稿

上海　上海人民美术出版社　1978 年　11 张（套）

18cm（15 开）定价：CNY0.63

J0117391

秋收起义文家市会师旧址　陈秀全摄

长沙　湖南人民出版社　1978 年　8 张（套）

18cm（15 开）定价：CNY0.40

　　中国革命纪念地摄影作品。

J0117392

韶山　韶山毛泽东同志旧居陈列馆编

北京　文物出版社　1978 年　84 幅　30cm（15 开）

定价：CNY5.50，CNY10.00（精装）

　　中国革命纪念地摄影作品。

J0117393

正义的还击　解放军画报社编辑

北京　解放军画报社　1979 年　129 页　26cm（16 开）

　　献给自卫还击保卫边疆的英雄指战员！摄
影集。

J0117394
庄学本少数民族摄影选　庄学本摄
北京 人民美术出版社 1980年 有照片
38×18cm
　　本摄影集收入作者反映我国少数民族生活的摄影作品133幅。作者庄学本(1909—1984),纪实摄影家。上海浦东人。代表作《十年西行记》《尘封的历史瞬间》。

J0117395
雨花石珍品集　江苏古籍出版社编
南京 江苏古籍出版社 1981年 116页 27cm(12开)
　　本画册收入 70多位雨花石收藏家提供的 3万枚藏石中精选出来的,共有照片534幅。内容分为山水、花卉、人物、动物、抽象、奇巧6个部分,中英文对照。

J0117396
岳飞像　张克庆摄
杭州 浙江人民美术出版社 1981年 [1张]
76cm(2开) 定价: CNY0.16

J0117397
国营西北第五棉纺织厂
西安 陕西人民美术出版社 [1982年]
19cm(小32开) 定价: CNY1.00

J0117398
建军五十五周年全军摄影展览作品集　庞嵋等编辑
北京 长城出版社 1982年 117页 19cm(32开)
统一书号: 8269.28 定价: CNY1.00

J0117399
建军五十五周年全军摄影展览作品集　庞嵋等编辑
北京 长城出版社 1982年 117页 20cm(32开)
统一书号: 8269.28 定价: CNY1.00
　　本书收入 1982年举办的全军摄影作品展览的全部作品200余幅。

J0117400
今日中国人民解放军　解放军画报社编辑; 柳成行等摄影
北京 长城出版社 1982年 71页 25cm(小16开)

统一书号: 8269.7
　　这本画册选用的图片,反映了中国人民解放军的若干侧面,可从中看出今天中国人民解放军的英雄面貌。

J0117401
鲜果　尹福康摄影
上海 上海人民美术出版社 1984年 1张
54cm(4开) 定价: CNY0.20
　　中国现代静物摄影作品。

J0117402
新疆瓜果　麦粒摄影
乌鲁木齐 新疆人民出版社 1984年 1张
54cm(4开) 定价: CNY0.20
　　中国现代静物摄影作品。

J0117403
北京北海公园　刘臣摄
北京 中国文联出版公司 1985年 2张
76cm(2开) 定价: CNY0.50
　　中国现代园林摄影作品。

J0117404
蜜桔　陈之涛摄
兰州 甘肃人民出版社 1985年 1张 53cm(4开)
定价: CNY0.10
　　中国现代静物摄影作品。

J0117405
庆祝中华人民共和国成立三十五周年全军摄影展览作品集　王良元, 郭道义编辑
北京 长城出版社 1985年 117页 19cm(32开)
定价: CNY0.75
　　本书共收有入选作品133幅。

J0117406
山西新军影集　(1937年8月1日–1945年10月)《山西新军影集》编辑部编
太原 山西人民出版社 1985年 [130]页
30cm(15开) 精装 定价: CNY12.00
　　中国全面抗日战争时期军事摄影集。

J0117407
深圳游乐场　天鹰摄

杭州 浙江人民美术出版社 1985 年 1 张
76cm（2 开）定价：CNY0.18
　　中国现代游乐场专题摄影作品。

J0117408
天津 （汉英日文对照）天津人民美术出版社编辑
天津 天津人民美术出版社 1985 年 82 页
26cm（16 开）
　　中国现代摄影作品集。

J0117409
天坛公园 北京美术摄影出版社编
北京 北京美术摄影出版社 1985 年 1 张
77 × 36cm（2 开）定价：CNY0.30
　　中国现代园林摄影作品。

J0117410
延安工业 延安地区行政公署编；师银生撰文；
景风等摄影
西安 陕西人民美术出版社 1985 年 1 册
30cm（15 开）定价：CNY6.50
　　中国现代工业摄影作品集。

J0117411
中央军事委员会主席邓小平检阅受阅部队
四川省新闻图片社
成都 四川省新闻图片社 1985 年 1 张
53cm（4 开）定价：CNY0.23
　　中国现代军事新闻摄影作品。

J0117412
广东游乐 陈洛才，谢建良摄
广州 岭南美术出版社 1986 年 1 张 76cm（2 开）
定价：CNY0.42

J0117413
日坛·月坛 钟离果摄；华瑜，余晨编
北京 人民美术出版社 1986 年 1 张 76cm（2 开）
定价：CNY0.42
　　中国现代专题摄影作品。

J0117414
现代游乐场 杨秀云摄
成都 四川美术出版社 1986 年 1 张 76cm（2 开）
定价：CNY0.45

中国现代游乐场专题摄影作品。

J0117415
北京园林艺术 陈振新摄影并撰文
北京 人民美术出版社 1987 年 2 张 76cm（2 开）
定价：CNY0.66
　　中国现代园林摄影作品。

J0117416
丰泽园——毛主席故居 胡维标摄
北京 北京美术摄影出版社 1987 年 1 张
78cm（3 开）定价：CNY0.32
　　中国现代专题摄影作品。

J0117417
河北邯郸丛台公园 陈东林摄
天津 天津人民美术出版社 1987 年 1 张
76cm（2 开）定价：CNY0.30
　　中国现代园林摄影作品。

J0117418
华东抗日解放战争摄影集 华东抗日解放战
争摄影集编委会编
杭州 西湖摄影艺术出版社 1987 年 124 页
38cm（6 开）精装 定价：CNY48.00

J0117419
今日中国军队 （汉英对照）解放军画报社编辑
北京 中国长城出版社 1987 年 [120]页
38cm（6 开）精装
　　中国现代军事摄影作品。

J0117420
全国黑白摄影艺术展览作品集 中国摄影家
协会等编
北京 中国摄影出版社 1987 年 86 页 26cm（16 开）
统一书号：8226.43 定价：CNY5.60

J0117421
水果飘香 姜勇摄
长沙 湖南美术出版社 1987 年 1 张 76cm（2 开）
定价：CNY0.70
　　中国现代静物摄影作品。

J0117422

天津水上公园　马家吉摄

天津 天津人民美术出版社 1987 年 1 张

76cm（2 开）定价: CNY0.30

　　中国现代公园专题摄影作品。

J0117423

威海公园　刘震摄

天津 天津人民美术出版社 1987 年 1 张

76cm（2 开）定价: CNY0.30

　　中国现代公园专题摄影作品。

J0117424

湘西国家森林公园　张朝玺摄

天津 天津人民美术出版社 1987 年 1 张

76cm（2 开）定价: CNY0.30

　　中国现代公园专题摄影作品。

J0117425

新建游乐场　北京美术摄影出版社编

北京 北京美术摄影出版社 1987 年 1 张

76cm（2 开）定价: CNY0.20

　　中国现代游乐场专题摄影作品。

J0117426

中国当代青年黑白摄影新作选　江汀等摄

成都 四川美术出版社 1987 年 95 页 20cm（32 开）

ISBN: 7–5410–0007–8 定价: CNY5.20

J0117427

北京北海公园静心斋　牛嵩林摄

天津 天津人民美术出版社 1988 年 1 张

76cm（2 开）定价: CNY0.40

　　中国现代园林摄影作品。

J0117428

滴水观音　吴江南, 许景辉摄

南昌 江西人民美术出版社［1988 年］1 张

76cm（2 开）定价: CNY0.56

　　年画形式的中国现代静物摄影作品。

J0117429

年年吉庆　马家吉摄

天津 天津人民美术出版社 1988 年 1 张

76cm（2 开）定价: CNY0.38

　　年画形式的中国现代摄影作品。

J0117430

岁岁安康　马家吉摄

天津 天津人民美术出版社 1988 年 1 张

76cm（2 开）定价: CNY0.38

J0117431

中国少数民族　中国民族摄影艺术出版社编

北京 中国民族摄影艺术出版社 1988 年 有照片

20cm（32 开）

J0117432

吉它　高原摄

天津 天津人民美术出版社 1989 年 1 张

76cm（2 开）定价: CNY0.50

　　中国现代静物摄影作品。

J0117433

雄师震南疆　中国人民解放军 51002 部队编

石家庄 河北美术出版社 1989 年 26cm（16 开）

　　本画册通过实战拍摄的 206 幅照片, 展示了

中国人民解放军某部在云南老山地区担负对越

防预作战任务时的精神面貌。

J0117434

世界新型飞机精选　江东摄

上海 上海人民美术出版社 1990 年 1 张（2 开）

定价: CNY1.00

　　年画形式的中国现代摄影作品。

J0117435

无花生蜜饯　麦粒摄

乌鲁木齐 新疆人民出版社 1990 年 1 张（2 开）

定价: CNY0.90

　　中国现代摄影年画作品。

J0117436

现代家电系列画　邵杭潘摄

上海 上海人民美术出版社 1990 年 2 张（2 开）

定价: CNY2.00

J0117437

静物　（摄影 一）

南京 江苏美术出版社 1991 年 1 张 53cm（2 开）

定价：CNY0.95

　　年画形式的中国静物摄影作品。

J0117438
静物 （摄影　二）
南京　江苏美术出版社　1991 年　1 张　53cm（4 开）
定价：CNY0.95
　　年画形式的中国静物摄影作品。

J0117439
军威雄壮 （摄影）支柱摄
天津　天津人民美术出版社　1991 年　1 张
76cm（2 开）ISBN：7–5305–2209–3
定价：CNY0.55

J0117440
侨乡·侨情 （摄影集）全国侨联宣传部《中国记者》杂志社，中国华侨摄影学会编辑
北京　中国华侨出版公司　1991 年　29cm（16 开）
ISBN：7–80074–380–2 定价：CNY72.00
　　本画册选编 162 幅作品，反映了改革开放以来我国侨乡发生的巨大变化。

J0117441
云南大学 （汉英对照）徐嘉文等摄影
昆明　云南大学出版社［1993 年］10 张
17cm（40 开）ISBN：7–81025–000–0
定价：CNY2.10
　　中国现代摄影作品集。

J0117442
苏州网师园 （摄影）谷维恒摄
北京　中国旅游出版社　1994 年　1 张　38×106cm
定价：CNY1.90
　　年画形式的中国园林摄影作品。

J0117443
苏州拙政园之春 （摄影）谷维恒摄
北京　中国旅游出版社　1994 年　1 张　38×106cm
定价：CNY1.90
　　年画形式的中国园林摄影作品。作者谷维恒（1944—　），山东人。中国摄影学会陕西省分会、中国摄影家协会会员。摄影作品有《石林奇观》《黄山佛光》《悬空寺夜色》等。

J0117444
北京北海公园 （摄影年画）肖顺权摄
北京　中国旅游出版社　1995 年　1 张　37×106cm
定价：CNY2.60
　　年画形式的中国园林摄影作品。作者肖顺权（1934—　），曾用名肖顺泉、肖舜权。河北博野人。曾任人民美术出版社总编办公室副主任、摄影部副主任等职。主要作品有《唐永泰公主墓壁画集》《故宫》《元明清雕塑》等。

J0117445
少先队日 （摄影年画）支柱摄
天津　天津人民美术出版社　1995 年　1 张
77×53cm　定价：CNY2.20

J0117446
俺爹俺娘　焦波著
济南　山东画报出版社　1998 年　171 页　有照片
20cm（32 开）ISBN：7–80603–312–2
定价：CNY12.00

J0117447
民族风情 （宣传画）士明，顾扬编文；兆欣摄
南京　江苏美术出版社　1998 年　2 张　77cm（2 开）
定价：CNY4.30
　　中国现代摄影作品。

J0117448
康恩达彝族风俗专题摄影集　康恩达著
昆明　云南民族出版社　1999 年　43 页　26×25cm
ISBN：7–80586–650–3 定价：CNY48.00

中国摄影年历

J0117449
南宁 （摄影集）
南宁　广西人民出版社　1960 年　12 张（套）
定价：CNY1.00

J0117450
1965 年摄影月历
上海　上海人民美术出版社　1964 年［1 张］
50cm（4 开）定价：CNY3.50

J0117451

内蒙古 （明信片 蒙汉文对照）

[呼和浩特] 内蒙古人民出版社 1966 年 10 张
13cm（64 开）定价：CNY0.60

J0117452

苏州 （中、英、法、西班牙文对照）

上海 上海人民美术出版社 1966 年 10 张
13cm（64 开）

J0117453

延安 （明信片 中、英、法、西班牙文对照）

[西安] 长安美术出版社 1966 年 8 张 13cm（64 开）

J0117454

1970(农历庚戌年)年历 （摄影《南京长江大桥》）

天津 天津人民美术出版社 1969 年 76cm（2 开）
定价：CNY0.14

J0117455

1970 年年历 （摄影《毛主席旧居——韶山冲》）

[长沙] 湖南人民出版社 1969 年 38cm（6 开）
定价：CNY0.10

J0117456

1970 年年历 （摄影《南京长江大桥》）南京艺
术学院红画笔

[南京] 江苏省"革命委员会"出版发行局 1969 年
38cm（6 开）定价：CNY0.04

J0117457

1971 年月历 （《伟大领袖毛主席的家乡——韶
山》彩色照片）

南京 江苏省"革命委员会"出版发行局 1970 年
1 张 54cm（4 开）定价：CNY0.06

J0117458

1971 年月历 （《雄伟壮丽的南京长江大桥》照片）

南京 江苏省"革命委员会"出版发行局 1970 年
1 张 76cm（2 开）定价：CNY0.11

J0117459

1971 年月历 （《首都军民数十万人举行盛大集
会和游行，热烈庆祝伟大的中华人民共和国成立
二十一周年》）

沈阳 辽宁省新华书店 1970 年 1 张 54cm（4 开）
定价：CNY0.10

J0117460

1971 年月历 （《首都军民数十万人举行盛大集
会和游行，热烈庆祝伟大的中华人民共和国成立
二十一周年》摄影。）

北京 人民美术出版社 1970 年 1 张 54cm（4 开）
定价：CNY0.08

J0117461

1971 年月历 （《珍宝岛地区英雄边防部队战士
和民兵一起守卫边防，警惕地注视着敌人的动向》）

太原 山西人民出版社 1970 年 39cm（4 开）
定价：CNY0.05

J0117462

1971 年月历 （《聚精会神》大海摄影）

西安 陕西人民出版社 1970 年 1 张 54cm（4 开）
定价：CNY0.08

J0117463

1971 年月历 （《月夜哨兵》）大海摄影

西安 陕西人民出版社 1970 年 1 张 54cm（4 开）
定价：CNY0.08

J0117464

1971 年月历 （《南京长江大桥节日之夜》摄影）

上海 上海东方红书画社 1970 年 1 张
54cm（4 开）定价：CNY0.20

J0117465

1971 年月历 （《首都数十万军民举行盛大集
会和游行，热烈庆祝伟大的中华人民共和国成立
二十一周年》摄影。）

上海 上海东方红书画社 1970 年 54cm（4 开）
定价：CNY0.20

J0117466

1971 年月历（农历辛亥年） （《首都数十万军
民举行盛大集会和游行，热烈庆祝中华人民共和
国成立二十一周年》摄影）

福州 福建省新华书店 1970 年 1 张 54cm（4 开）
定价：CNY0.07

J0117467
1971 年月历(农历辛亥年)（井冈山黄洋界照片）
南昌 江西省新华书店 1970 年 1 张 26cm（16 开）

J0117468
1971 年月历(农历辛亥年)（《古田会议旧址》摄影）
天津 天津人民美术出版社 1970 年 1 张
54cm（4 开）定价：CNY0.07

J0117469
［**1972 年年历**］（摄影《首都风光——北海公园》）峻岭摄
［广州］广东人民出版社［1971 年］［1］张
38cm（6 开）定价：CNY0.08

J0117470
［**1972 年年历**］（摄影《井冈山》）
［郑州］河南人民出版社［1971 年］［1］张
53cm（4 开）定价：CNY0.07

J0117471
［**1972 年年历**］（摄影《林县红旗渠》）
［郑州］河南人民出版社［1971 年］［1］张
53cm（4 开）定价：CNY0.07

J0117472
［**1972 年年历**］（摄影《南京长江大桥夜景》）
［郑州］河南人民出版社［1971 年］［1］张
53cm（4 开）定价：CNY0.07

J0117473
［**1972 年年历**］（摄影《韶山毛主席旧居》）
［郑州］河南人民出版社［1971 年］［1］张
53cm（4 开）定价：CNY0.14

J0117474
［**1972 年年历**］（摄影《拖拉机厂》）
［郑州］河南人民出版社［1971 年］［1］张
53cm（4 开）定价：CNY0.07

J0117475
［**1972 年年历**］（摄影《郑州二七大罢工纪念塔》）
［郑州］河南人民出版社［1971 年］［1］张
53cm（4 开）定价：CNY0.07

J0117476
［**1972 年年历**］（摄影《革命圣地——延安》）
［哈尔滨］黑龙江人民出版社［1971 年］［1］张
38cm（6 开）定价：CNY0.04

J0117477
［**1972 年年历**］（摄影《革命摇篮——井冈山》）
［哈尔滨］黑龙江人民出版社［1971 年］［1］张
38cm（6 开）定价：CNY0.04

J0117478
［**1972 年年历**］（摄影《松花湖上》）
［长春］吉林人民出版社［1971 年］［1］张
53cm（4 开）定价：CNY0.07

J0117479
［**1972 年年历**］（摄影《植树造林育良田》）
［长春］吉林人民出版社［1971 年］［1］张
53cm（4 开）定价：CNY0.07

J0117480
［**1972 年年历**］（摄影《红色娘子军连在进行军事操练》）
［南京］江苏人民出版社［1971 年］［1］张
53cm（4 开）定价：CNY0.10

J0117481
［**1972 年年历**］（摄影《南京长江大桥桥头堡夜景》）
［南京］江苏人民出版社［1971 年］［1］张
53cm（4 开）定价：CNY0.14

J0117482
［**1972 年年历**］（摄影《大渡河铁索桥》）
［沈阳］辽宁省新华书店［1971 年］［1］张
53cm（4 开）定价：CNY0.10

J0117483
［**1972 年年历**］（摄影《革命圣地——延安》）
［沈阳］辽宁省新华书店［1971 年］［1］张
53cm（4 开）定价：CNY0.10

J0117484
［**1972 年年历**］（摄影《井冈山黄洋界哨口》）
茹遂初摄

［沈阳］辽宁省新华书店［1971 年］［1］张
53cm（4 开）定价：CNY0.10

J0117485
［**1972 年年历**］（摄影《庐山雄姿》）初咏摄
［沈阳］辽宁省新华书店［1971 年］［1］张
53cm（4 开）定价：CNY0.10

J0117486
［**1972 年年历**］（摄影《韶山毛主席旧居》）李
长捷摄
［沈阳］辽宁省新华书店［1971 年］［1］张
53cm（4 开）定价：CNY0.10

J0117487
［**1972 年年历**］（摄影《遵义会议会址》）何世
尧摄
［沈阳］辽宁省新华书店［1971 年］［1］张
53cm（4 开）定价：CNY0.10

J0117488
［**1972 年年历**］（摄影《六盘山》）
［银川］宁夏回族自治区人民出版社［1971 年］
［1］张　38cm（6 开）定价：CNY0.04

J0117489
［**1972 年年历**］（摄影《大渡河铁索桥》）
［济南］山东人民出版社［1971 年］［1］张
53cm（4 开）定价：CNY0.07

J0117490
［**1972 年年历**］（摄影《革命圣地延安》）
［济南］山东人民出版社［1971 年］［1］张
53cm（4 开）定价：CNY0.07

J0117491
［**1972 年年历**］（摄影《井冈山黄洋界哨口》）
［济南］山东人民出版社［1971 年］［1］张
53cm（4 开）定价：CNY0.07

J0117492
［**1972 年年历**］（摄影《庐山雄姿》）
［济南］山东人民出版社［1971 年］［1］张
53cm（4 开）定价：CNY0.07

J0117493
［**1972 年年历**］（摄影《韶山毛主席旧居》）
［济南］山东人民出版社［1971 年］［1］张
53cm（4 开）定价：CNY0.07

J0117494
［**1972 年年历**］（摄影《遵义会议会址》）
［济南］山东人民出版社［1971 年］［1］张
53cm（4 开）定价：CNY0.07

J0117495
［**1972 年年历**］（摄影《沧海变良田》）
上海　上海东方红书画社［1971 年］［1］张
53cm（4 开）定价：CNY0.20

J0117496
［**1972 年年历**］（摄影《试航》）
上海　上海东方红书画社［1971 年］［1］张
53cm（4 开）定价：CNY0.20

J0117497
［**1972 年年历**］（摄影《大渡河铁索桥》）
［成都］四川人民出版社［1971 年］［1］张
53cm（4 开）定价：CNY0.14

J0117498
［**1972 年年历**］（摄影《庐山雄姿》）
［成都］四川人民出版社［1971 年］［1］张
53cm（4 开）定价：CNY0.06

J0117499
［**1972 年年历**］（摄影《守卫海防》朝汉文对照）
［延吉］延边人民出版社［1971 年］［1］张
38cm（6 开）定价：CNY0.03

J0117500
1972 年年历　（摄影《福建乌龙江大桥》）
［福州］福建人民出版社［1971 年］［1］张
53cm（4 开）定价：CNY0.07

J0117501
1972 年年历　（摄影《古田会议会址》）
［福州］福建人民出版社［1971 年］［1］张
53cm（4 开）定价：CNY0.07

J0117502

1972 年年历 （摄影《红旗渠》）

［福州］福建人民出版社［1971 年］［1］张

53cm（4 开）定价：CNY0.05

J0117503

1972 年年历 （摄影《南京长江大桥》）

［福州］福建人民出版社［1971 年］［1］张

53cm（4 开）定价：CNY0.07

J0117504

1972 年年历 （摄影《我国自建的 "岳阳"、"险峰" 万吨轮下水》）

［福州］福建人民出版社［1971 年］［1］张

53cm（4 开）定价：CNY0.07

J0117505

1972 年年历 （摄影《红军经过的天险腊子口》）

［兰州］甘肃人民出版社［1971 年］［1］张

53cm（4 开）定价：CNY0.08

J0117506

1972 年年历 （摄影《嘉兴南湖革命纪念船》）

［兰州］甘肃人民出版社［1971 年］［1］张

38cm（6 开）定价：CNY0.04

J0117507

1972 年年历 （摄影《捕鱼归来》）峻岭摄

［广州］广东人民出版社［1971 年］［1］张

38cm（6 开）定价：CNY0.08

J0117508

1972 年年历 （摄影《节日前夕》）峻岭摄

［广州］广东人民出版社［1971 年］［1］张

38cm（6 开）定价：CNY0.08

J0117509

1972 年年历 （摄影《南海哨兵》）峻岭摄

［广州］广东人民出版社［1971 年］［1］张

38cm（6 开）定价：CNY0.08

J0117510

1972 年年历 （摄影《英姿飒爽》）峻岭摄

［广州］广东人民出版社［1971 年］［1］张

38cm（6 开）定价：CNY0.08

J0117511

大寨 （摄影 1973 年年历）

杭州 浙江人民出版社 1972 年 39cm（4 开）

定价：CNY0.08

J0117512

思考 （1973 年年历）

济南 山东人民出版社 1972 年 1 张 54cm（4 开）

定价：CNY0.06

J0117513

渔汛之前 （摄影 1972《农历壬子年》年历）

南宁 广西人民出版社 1972 年［1 张］

38cm（6 开）定价：CNY0.06

J0117514

"二七" 大罢工纪念塔 （摄影 1974《农历甲寅年》年历）王世龙摄

郑州 河南人民出版社 1973 年 38cm（8 开）

统一书号：8105.438 定价：CNY0.04

J0117515

1974（美术月历） 吕秀等摄影

长春 吉林人民出版社 1973 年 38cm（6 开）

定价：CNY1.80

J0117516

1974 年年历 ［郑华摄影］

济南 山东人民出版社 1973 年 1 幅 53cm（4 开）

定价：CNY0.12

J0117517

1974 年年历

成都 四川人民出版社 1973 年 1 幅 53cm（4 开）

定价：CNY0.07

　　中国现代摄影作品，内容为漓江游泳画面。

J0117518

1974 年摄影月历 上海人民出版社编辑

上海 上海人民出版社 1973 年 53cm（4 开）

定价：CNY2.50

J0117519

承德风光 （摄影 1974 年年历）章力华摄

石家庄 河北人民出版社 1973 年 53cm（4 开）

定价: CNY0.15

J0117520
待运 （摄影 1974《农历甲寅年》年历）王世龙摄
郑州 河南人民出版社 1973 年 53cm（4 开）
定价: CNY0.07

J0117521
桂林山水 （摄影 1974 年年历）
石家庄 河北人民出版社 1973 年 53cm（4 开）
定价: CNY0.15

J0117522
桂林山水
北京 外文出版社 1973 年 12 张（套）
17cm（40 开）定价: CNY0.44
　　与广西人民出版社合作出版。

J0117523
禾苗喜雨雨自来 （摄影 1974 年年历）郎琦摄
长春 吉林人民出版社 1973 年 53cm（4 开）
定价: CNY0.07
　　作者郎琦，满族，摄影家。曾用名魁琦，吉
林珲春人。中国摄影家协会会员、中国艺术摄影
家协会理事。作品有《中国人民解放军入北平仪
式》《踏雪送医》《林海银鹰》等。

J0117524
收割油棕 （摄影 1974 年年历）
昆明 云南人民出版社 1973 年 1 张 53cm（4 开）
定价: CNY0.10

J0117525
吐鲁番葡萄丰收 （摄影 1974《农历甲寅年》
年历 汉、维吾尔新文字对照）宋士敬，武纯展摄
乌鲁木齐 新疆人民出版社 1973 年 1 张
26cm（16 开）定价: CNY0.04

J0117526
无锡风光 （中、英文对照）徐春荣摄
上海 上海人民出版社 1973 年 1 册 15cm（40 开）
统一书号: 8171.525

J0117527
武汉 （彩色明信片）《武汉》游览图摄影组摄

武汉 湖北人民出版社 1973 年 10 张（套）
[15cm]（46 开）定价: CNY0.60

J0117528
向东渠 （摄影 1974《农历甲寅年》年历）刘杰摄
福州 福建人民出版社 1973 年 1 张 53cm（4 开）
定价: CNY0.07

J0117529
育秧 （摄影 1974《农历甲寅年》年历）郭绍忠摄
福州 福建人民出版社 1973 年 53cm（4 开）
定价: CNY0.05

J0117530
郑州"二七"广场 （摄影 1974《农历甲寅年》
年历）王世龙摄
郑州 河南人民出版社 1973 年 38cm（6 开）
定价: CNY0.04

J0117531
1975 年摄影月历
上海 上海人民出版社 1974 年 39cm（4 开）
定价: CNY2.50

J0117532
百倍警惕 （摄影 1975《农历乙卯年》年历 汉、
维文标题）宋士敬摄
[乌鲁木齐] 新疆人民出版社 1974 年
53cm（4 开）定价: CNY0.08

J0117533
草原轻骑 （摄影 1975 年年历 汉、维文标题）
宋士敬摄
[乌鲁木齐] 新疆人民出版社 1974 年
53cm（4 开）定价: CNY0.08

J0117534
初试锋芒 （摄影 1975《农历乙卯年》年历）宋
士敬摄
[银川] 宁夏人民出版社 1974 年 38cm（6 开）
定价: CNY0.04

J0117535
广州 （摄影集 中、英文对照 彩色明信片辑）
广东人民出版社编

广州 广东人民出版社 1974 年 10 幅 10×15cm
统一书号：8111.1304 定价：CNY0.46

J0117536
广州 （摄影明信片辑 汉英文对照）广东人民
出版社编辑
广州 广东人民出版社 1980 年 11 张（套）
15cm（64 开）定价：CNY0.80

J0117537
辉县新貌 （摄影集 彩色明信片辑）
郑州 河南人民出版社 1974 年 12 幅 10×15cm
统一书号：8105.469 定价：CNY0.46

J0117538
绘新图 （摄影 1975《农历乙卯年》年历 汉、
维文标题）徐邦摄
［乌鲁木齐］新疆人民出版社 1974 年
53cm（4 开）定价：CNY0.08

J0117539
绘新图 （摄影 1975 年年历 汉、维文标题）宋
士敬摄
［乌鲁木齐］新疆人民出版社 1974 年
53cm（4 开）定价：CNY0.08

J0117540
昆明 （彩色明信片辑 中、英文对照）
昆明 云南人民出版社 1974 年 12 张（套）
15cm（64 开）

J0117541
满船新棉满船歌 （摄影 1975《农历乙卯年》
年历）黄克勤摄
［武汉］湖北人民出版社 1974 年 38cm（6 开）
定价：CNY0.10

J0117542
内蒙古 （彩色明信片辑 汉、蒙文对照）
呼和浩特 内蒙古人民出版社 1974 年 12 张（套）
15cm（64 开）定价：CNY0.50

J0117543
拖拉机出厂 （摄影 1975《农历乙卯年》年历）
刘杰摄

［福州］福建人民出版社 1974 年 53cm（4 开）
定价：CNY0.07

J0117544
西沙雄鹰 （摄影 1975 年年历）任明福摄
［广州］广东人民出版社 1974 年 53cm（4 开）
定价：CNY0.18

J0117545
延安 （彩色明信片辑 中、英文对照）吴印咸等摄
西安 陕西人民出版社 1974 年 12 张（套）
15cm（64 开）定价：CNY0.58

J0117546
勇往直前 （摄影 1975《农历乙卯年》年历）
［太原］山西人民出版社 1974 年 39cm（4 开）
定价：CNY0.08

J0117547
勇往直前 （摄影 1975 年年历）谢永一摄
［西安］陕西人民出版社 1974 年 53cm（4 开）
定价：CNY0.12

J0117548
勇往直前 （摄影 1975 年年历）
天津 天津人民美术出版社 1974 年 53cm（4 开）
定价：CNY0.10

J0117549
1975 （摄影）
［乌鲁木齐］新疆人民出版社 1975 年
53cm（4 开）定价：CNY0.08

J0117550
1976 挂历 李显智等摄影
［合肥］安徽人民出版社 1975 年 53cm（4 开）
定价：CNY1.20

J0117551
把青春献给农村 （摄影 1976 年年历）白智摄
上海 上海书画社 1975 年 53cm（4 开）
定价：CNY0.06

J0117552
大寨山河重安排 （摄影 1976 年年历）李安保摄

［杭州］浙江人民出版社 1975 年 53cm（4 开）

定价：CNY0.10

J0117553

大寨之县——昔阳 （摄影 1976《农历丙辰年》年历）肖顺权摄

北京 人民美术出版社 1975 年 53cm（4 开）

定价：CNY0.18

J0117554

风雨无阻 （摄影 1976 年年历）张应铭摄

［西安］陕西人民出版社 1975 年 26cm（16 开）

定价：CNY0.03

J0117555

海上钻井 （摄影 1976 年年历）孙海山摄

［杭州］浙江人民出版社 1975 年 53cm（4 开）

定价：CNY0.10

J0117556

红花朵朵 （摄影 1976《农历丙辰年》年历）

刘以宽摄

［武汉］湖北人民出版社 1975 年 53cm（4 开）

定价：CNY0.15

　　作者刘以宽(1933—)，摄影家。武汉人。曾在《战士画报》社、汉口高级步兵学校宣传部和武汉印刷厂设计室从事摄影，中国摄影家协会会员，湖北摄影家协会理事、常务理事，武汉摄影家协会副主席。

J0117557

红星桥畔 （摄影 1976 年年历）苏茂春摄

［乌鲁木齐］新疆人民出版社 1975 年

53cm（4 开）定价：CNY0.08

J0117558

红星照我去战斗 （摄影 1976 年《农历丙辰年》年历）

［太原］山西人民出版社 1975 年 53cm（4 开）

定价：CNY0.05

J0117559

护牧 （摄影 1976《农历丙辰年》年历）力华摄

［石家庄］河北人民出版社 1975 年 53cm（4 开）

定价：CNY0.15

J0117560

花儿朵朵 （摄影 1976 年年历）刘振祥摄

上海 上海书画社 1975 年 30cm（12 开）

定价：CNY0.04

J0117561

欢乐的土家 （摄影 1976《农历丙辰年》年历）

黄克勤摄

［武汉］湖北人民出版社 1975 年 53cm（4 开）

定价：CNY0.15

J0117562

荒山变果园 （摄影 1976《农历丙辰年》）

［成都］四川人民出版社 1975 年 38cm（6 开）

定价：CNY0.03

J0117563

密林红哨 （摄影 1976《农历丙辰年》年历）

乐近雄摄

［成都］四川人民出版社 1975 年 53cm（4 开）

定价：CNY0.06

J0117564

齐唱民族大团结 （摄影 1976 年年历）苏茂春摄

［乌鲁木齐］新疆人民出版社 1975 年

53cm（4 开）定价：CNY0.08

　　作者苏茂春(1940—)，回族，副编审。甘肃静宁县人。新疆美术摄影出版社摄影部副主任、新疆摄影家协会常务理事。

J0117565

齐心协力 （摄影 1976 年年历）

［北京］人民体育出版社 1975 年 53cm（4 开）

定价：CNY0.16

J0117566

胜利炼油厂雄姿 （摄影 1976 年年历）刘振清摄

［济南］山东人民出版社 1975 年 53cm（4 开）

定价：CNY0.12

J0117567

天河飞架 （摄影 1976《农历丙辰年》年历）

刘杰摄

［福州］福建人民出版社 1975 年 53cm（4 开）
定价：CNY0.07

J0117568
喜丰收 （摄影 1976 年年历）刘成龙摄
［南昌］江西人民出版社 1975 年 38cm（6 开）
定价：CNY0.10

J0117569
学习潘冬子做党的好孩子 （摄影 1976 年年历）苏茂春摄
［乌鲁木齐］新疆人民出版社 1975 年
53cm（4 开）定价：CNY0.08

J0117570
学英雄 （摄影 1976《农历丙辰年》年历）张谦美摄
［郑州］河南人民出版社 1975 年 38cm（6 开）
定价：CNY0.04

J0117571
英雄花 （摄影 1976《农历丙辰年》年历）刘杰摄
［福州］福建人民出版社 1975 年 53cm（4 开）
定价：CNY0.07

J0117572
畲族新医 （摄影 1976 年年历）章贡摄
［南昌］江西人民出版社 1975 年 53cm（4 开）
定价：CNY0.12

J0117573
在大风大浪中前进 （摄影 1976《农历丙辰年》年历）刘以宽摄
［武汉］湖北人民出版社 1975 年 53cm（4 开）
定价：CNY0.15

J0117574
政治夜校 （摄影 1976 年年历）邹本东摄
［济南］山东人民出版社 1975 年 53cm（4 开）
定价：CNY0.09

J0117575
1977（摄影挂历）
兰州 甘肃人民出版社 1976 年 1 张 38cm（6 开）

定价：CNY2.00

J0117576
1977（摄影挂历）
南京 江苏人民出版社 1976 年 1 张 53cm（4 开）
定价：CNY1.50

J0117577
1977（摄影挂历）
银川 宁夏人民出版社 1976 年 1 张 53cm（4 开）
定价：CNY2.00

J0117578
1977（摄影挂历）
北京 人民体育出版社 1976 年 1 张 53cm（4 开）
定价：CNY2.00

J0117579
1977（摄影挂历）
太原 山西人民出版社 1976 年 1 张 53cm（4 开）
定价：CNY2.00

J0117580
1977（摄影挂历） 山西省《大寨画册》《昔阳画册》办公室编
太原 山西人民出版社 1976 年 1 张 53cm（4 开）
定价：CNY2.00

J0117581
1977（摄影挂历）
上海 上海人民出版社 1976 年 1 张 53cm（4 开）
定价：CNY2.20

J0117582
1977（摄影挂历）
昆明 云南人民出版社 1976 年 1 张 53cm（4 开）

J0117583
白雪红心巡医忙 （1977 年年历）郎琦摄
上海 上海书画社 1976 年 1 张 38cm（6 开）
定价：CNY0.05

J0117584
采药归来 （摄影 1977 年年历）蔡芳珠摄
南昌 江西人民出版社 1976 年 1 张 53cm（4 开）

定价: CNY0.16

J0117585

春风送医到水乡 （摄影 1977 年年历）金伟勇摄
南昌 江西人民出版社 1976 年 1 张 53cm（4 开）
定价: CNY0.16

J0117586

大庆花开映钢城 （摄影 1977 年年历）余泽恩摄
南昌 江西人民出版社 1976 年 1 张 53cm（4 开）
定价: CNY0.12

J0117587

东海铁壁 （摄影 1977 年年历）刘杰摄
石家庄 河北人民出版社 1976 年 1 张
53cm（4 开）定价: CNY0.15

J0117588

凤阳花鼓唱新歌 （摄影 1977《农历丁巳年》
年历）朱力摄
合肥 安徽人民出版社 1976 年 1 张 53cm（4 开）
定价: CNY0.16
　　作者朱力（1937—　），画家。安徽全椒人，
安徽艺专毕业。安徽美协会员、国家二级美术师、
中国美协会员。出版有《朱力画辑》《朱力国画
作品选》《朱力画集》等。

J0117589

管理好 （摄影 1977 年年历）
济南 山东人民出版社 1976 年 1 张 53cm（4 开）
定价: CNY0.12

J0117590

广阔天地育新人 （摄影 1977 年年历）吕原民摄
南昌 江西人民出版社 1976 年 1 张 53cm（4 开）
定价: CNY0.12

J0117591

节日鉴湖 （摄影 1977 年年历）石冰摄
乌鲁木齐 新疆人民出版社 1976 年 1 张
53cm（4 开）定价: CNY0.08

J0117592

劳武结合 （摄影 1977 年年历）宋士敬摄
乌鲁木齐 新疆人民出版社 1976 年 1 张
53cm（4 开）定价: CNY0.08

J0117593

苗岭风雷 （摄影 1977《农历丁巳年》年历）金
德明，石俊生摄
贵阳 贵州人民出版社 1976 年 1 张 53cm（4 开）
定价: CNY0.07

J0117594

勤练本领 （摄影 1977《农历丁巳年》年历）金
德明，石俊生摄
贵阳 贵州人民出版社 1976 年 1 张 53cm（4 开）
定价: CNY0.07

J0117595

秋收起义文家市会师操坪 （摄影 1977 年年
历）陈秀全摄
长沙 湖南人民出版社 1976 年 1 张 53cm（4 开）
定价: CNY0.14

J0117596

送戏下乡 （摄影 1977《农历丁巳年》年历）朱
玉摄
成都 四川人民出版社 1976 年 1 张 38cm（6 开）
定价: CNY0.04

J0117597

天山铁骑 （摄影 1977 年年历）杨兵才摄
乌鲁木齐 新疆人民出版社 1976 年 1 张
53cm（4 开）定价: CNY0.08

J0117598

我爱草原 （摄影 1977 年年历）买买提·艾依提摄
乌鲁木齐 新疆人民出版社 1976 年 1 张
53cm（4 开）定价: CNY0.08

J0117599

我们爱大寨 （摄影 1977 年年历）熊卓然摄
南昌 江西人民出版社 1976 年 1 张 53cm（4 开）

J0117600

昔日瀚海葡萄甜 （摄影 1977 年年历）梁枫摄
乌鲁木齐 新疆人民出版社 1976 年 1 张
53cm（4 开）定价: CNY0.08

J0117601

新课堂 （摄影 1977 年年历）刘浪摄

乌鲁木齐 新疆人民出版社 1976 年 1 张
53cm（4 开）定价：CNY0.08

J0117602
阳光雨露育新苗 （摄影 1977 年年历）浙江人
民出版社摄
杭州 浙江人民出版社 1976 年 1 张 53cm（4 开）
定价：CNY0.14

J0117603
一九七七年月历 吴印咸等摄影
西安 陕西人民出版社 1976 年 1 张 30cm（10 开）
定价：CNY1.00

J0117604
迎新春 （摄影 1977 年年历）张应铭摄
西安 陕西人民出版社 1976 年 1 张 53cm（4 开）
定价：CNY0.15

J0117605
玉泉喷绿 （摄影 1977《农历丁已年》年历）张
其军摄
武汉 湖北人民出版社 1976 年 1 张 53cm（4 开）
定价：CNY0.15

J0117606
长大我去当牧民 （摄影 1977 年年历）章达摄
沈阳 辽宁人民出版社 1976 年 1 张 53cm（4 开）
定价：CNY0.06

J0117607
支农号 （摄影 1977 年年历）徐远荣摄
南京 江苏人民出版社 1976 年 1 张 53cm（4 开）
定价：CNY0.14

J0117608
支农新贡献 （摄影 1977《农历丁已年》年历）
苌喜之摄
武汉 湖北人民出版社 1976 年 1 张 53cm（4 开）
定价：CNY0.14

J0117609
苗壮成长 （摄影 1977《农历丁已年》年历）甘
新作
兰州 甘肃人民出版社 1976 年 1 张 38cm（6 开）

定价：CNY0.04

J0117610
1978 年挂历 董青等摄；安徽省新闻图片社编
合肥 安徽人民出版社 1977 年［1 张］
54cm（4 开）定价：CNY1.80

J0117611
1978 年年历 浙江人民出版社摄
杭州 浙江人民出版社 1977 年［1 张］
39cm（8 开）定价：CNY0.12

J0117612
1978 年摄影月历 上海人民出版社编
上海 上海人民出版社 1977 年［1 张］
39cm（8 开）定价：CNY2.50

J0117613
1978 月历 郑于鹤，张淑敏作；张志增等摄
太原 山西人民出版社 1977 年［1 张］
13cm（64 开）定价：CNY0.42

J0117614
第一师范水井 （摄影 1978 年年历）陈秀全摄
长沙 湖南人民出版社 1977 年［1 张］
54cm（4 开）定价：CNY0.14

J0117615
东海巡逻 （摄影 1978 农历戊午年年历）杨苏
民摄
福州 福建人民出版社 1977 年［1 张］
54cm（4 开）定价：CNY0.07

J0117616
高路入云端 （摄影 1978 年年历）胡佑仁摄
南昌 江西人民出版社 1977 年［1 张］
54cm（4 开）定价：CNY0.18

J0117617
红花向阳 （摄影 1978 年年历）智颖，云石摄
兰州 甘肃人民出版社 1977 年［1 张］
54cm（4 开）定价：CNY0.18

J0117618
花儿朵朵 （摄影 1978 农历丁已年年历）刘振

祥摄
哈尔滨 黑龙江人民出版社 1977 年［1 张］
39cm（8 开）定价：CNY0.07

J0117619
欢乐的节日 （摄影 1978 年年历）沈延太摄
上海 上海人民出版社 1977 年［1 张］
54cm（4 开）定价：CNY0.19

J0117620
欢庆十一大 （摄影 1978 农历戊午年年历）王
耿平摄
福州 福建人民出版社 1977 年［1 张］
54cm（4 开）定价：CNY0.07

J0117621
描春绘彩 （摄影 1978 年年历）福信摄
西安 陕西人民出版社 1977 年［1 张］
54cm（4 开）定价：CNY0.18

J0117622
南海渔歌 （摄影 1978 农历戊午年年历）德振摄
哈尔滨 黑龙江人民出版社 1977 年［1 张］
54cm（4 开）定价：CNY0.15

J0117623
羌寨苹果香 （摄影 1978 年年历）朱玉摄
成都 四川民族出版社 1977 年［1 张］
54cm（4 开）定价：CNY0.07

J0117624
喜迎春 （摄影 1978 农历戊午年年历）
北京 人民体育出版社 1977 年［1 张］
39cm（8 开）定价：CNY0.14

J0117625
喜摘井冈茶 （摄影 1978 年年历）王光其，蒋
乐思摄
南昌 江西人民出版社 1977 年［1 张］
54cm（4 开）定价：CNY0.18

J0117626
欣欣向荣 （摄影 1978 年年历）刘励中摄
济南 山东人民出版社 1977 年［1 张］
54cm（4 开）定价：CNY0.12

J0117627
一九七八年挂历 吕秀等摄；延边人民出版社编
延吉 延边人民出版社 1977 年［1 张］
39cm（8 开）定价：CNY1.80

J0117628
中国摄影艺术选辑 （1975 年）杨明辉摄；上
海人民出版社编辑
上海 上海人民出版社 1977 年 12 幅 10×15cm
散页 统一书号：8171.1855 定价：CNY0.53

J0117629
苗壮成长 （摄影 1978 农历戊午年年历）
北京 人民体育出版社 1977 年［1 张］
39cm（8 开）定价：CNY0.14

J0117630
1979 年挂历 甘新等摄
兰州 甘肃人民出版社 1978 年 53cm（4 开）
定价：CNY2.40

J0117631
1979 年挂历 金德明等摄
贵阳 贵州人民出版社 1978 年 53cm（4 开）
定价：CNY2.50

J0117632
1979 年挂历 吴印咸摄影
南昌 江西人民出版社 1978 年 38cm（6 开）
定价：CNY1.80
　　作者吴印咸（1900—1994），摄影艺术家、导
演。原名吴荫诚，祖籍安徽歙县，生于江苏沭阳。
曾在上海美术专科学校学习。历任东北电影制
片厂厂长，北京电影学院副院长兼摄影系主任，
文化部电影局顾问，中国摄影家协会副主席，中
国电影摄影师学会副理事长，全国文学艺术联合
会委员等。代表作品《生死同心》《风云儿女》《坚
苦的奋斗》。

J0117633
1979 年挂历 范奇玉等摄影
呼和浩特 内蒙古人民出版社 1978 年
53cm（4 开）定价：CNY2.20

J0117634

1979 年挂历　邱明元等摄

西宁 青海人民出版社 1978 年 53cm（4 开）

定价：CNY1.30

J0117635

1979 年月历　谭铁民等摄影

杭州 浙江人民出版社 1978 年 1 张 26cm（16 开）

定价：CNY1.20

中国现代摄影作品。作者谭铁民（1932—1983）出生山东省潍坊市潍城区，原名谭铮，曾用笔名谭晓、集英。摄影家。主要摄影作品有《把电输往农村》《锦绣坡田》《盖叫天》《织网舞》《钱江潮》等。

J0117636

红灯照首领——大师姐林黑娘　（摄影 1979《农历己未年》年历）杨茹鑫摄

郑州 河南人民出版社 1978 年 1 张 53cm（4 开）

定价：CNY0.18

J0117637

芦笛岩

南宁 广西人民出版社 1978 年 12 幅（一函）18cm（15 开）统一书号：8113.459

J0117638

我爱小手鼓　（摄影 1979 年年历）尹福康，王全亨摄

上海 上海人民美术出版社 1978 年 1 张 53cm（4 开）定价：CNY0.19

J0117639

我们爱科学　（摄影 1979 年年历）李志恒摄

太原 山西人民出版社 1978 年 1 张 53cm（4 开）

定价：CNY0.18

J0117640

我们都是向阳花　（摄影 1979 年年历）张洛摄

广州 广东人民出版社 1978 年 1 张 53cm（4 开）

定价：CNY0.12

J0117641

咏梅　（摄影 1979 年年历）康诗纬摄

合肥 安徽人民出版社 1978 年 1 张 53cm（4 开）

定价：CNY0.14

作者康诗纬（1943—　），国家一级摄影师。别名康旻，生于浙江奉化。历任安徽省文联副主席，安徽省摄影家协会主席兼秘书长，安徽省文艺评论家协会副主席，中国摄影家协会理事。出版有《速写》《摄影版画》《业余摄影实用技法》等。

J0117642

友谊之歌　（摄影 1979 年年历）顾棣摄

太原 山西人民出版社 1978 年 1 张 53cm（4 开）

定价：CNY0.18

作者顾棣（1929—　），摄影家。生于河北阜平。《山西画报》原总编辑、山西省摄影家协会原副主席。合作编著的图书有《中国解放区摄影史料》《崇高美的历史再现》《中国摄影史》《沙飞纪念集》等。

J0117643

月月红　（摄影 1979 年年历）辛稔美摄

乌鲁木齐 新疆人民出版社 1978 年 1 张 53cm（4 开）定价：CNY0.18

J0117644

珍珠光　（摄影 1979 年年历）马元浩摄

合肥 安徽人民出版社 1978 年 1 张 53cm（4 开）

定价：CNY0.18

J0117645

1980 年挂历　杨如鑫等摄影

郑州 河南人民出版社 1979 年［1 张］53cm（4 开）定价：CNY2.00

J0117646

1980 年年历　曲敬基摄

沈阳 辽宁美术出版社 1979 年［1 张］38cm（6 开）定价：CNY0.12

J0117647

1980 年月历　中国摄影出版社编辑

北京 中国摄影出版社 1979 年［1 张］53cm（4 开）定价：CNY2.30

J0117648

蓓蕾　（摄影 1980 年年历）

合肥 安徽人民出版社 1979 年［1 张］
53cm（4 开）定价：CNY0.18

J0117649
从小爱科学 （摄影 1980 年年历）杨振华摄
昆明 云南人民出版社 1979 年［1 张］
53cm（4 开）定价：CNY0.18

J0117650
宫女献酒 （摄影 1980《庚申年》年历）王锡
安摄
沈阳 辽宁美术出版社 1979 年［1 张］
53cm（4 开）定价：CNY0.12

J0117651
含嫣 （摄影 1980《农历庚申年》年历）顾棣，
李瑞芝摄
太原 山西人民出版社 1979 年［1 张］
53cm（4 开）定价：CNY0.18

J0117652
湖畔对剑 （摄影 1980《农历庚申年》年历）廖
德营摄
北京 人民体育出版社 1979 年［1 张］
53cm（4 开）定价：CNY0.18

J0117653
花儿朵朵 （摄影 1980《农历庚申年》年历）马
南摄
贵阳 贵州人民出版社 1979 年［1 张］
53cm（4 开）定价：CNY0.18

J0117654
回荆州 （摄影 1980《农历庚申年》年历）刘
震摄
天津 天津杨柳青画店 1979 年［1 张］
53cm（4 开）定价：CNY0.18

J0117655
节日里 （摄影 1980 年年历）缪群飞摄
南京 江苏人民出版社 1979 年［1 张］
53cm（4 开）定价：CNY0.16

J0117656
金穗数不完 （一九八〇《农历庚申年》月建节

气表）王福增作
济南 山东人民出版社 1979 年［1 张］
53cm（4 开）定价：CNY0.06

J0117657
秋江 （摄影 1980 年年历）陈振戈摄
成都 四川人民出版社 1979 年［1 张］
53cm（4 开）定价：CNY0.07

J0117658
泉边 （摄影 1980 年年历）张昆元，麦粒摄
乌鲁木齐 新疆人民出版社 1979 年［1 张］
53cm（4 开）定价：CNY0.20

J0117659
人随春色到蒲东 （摄影 1980 年年历）志堂等摄
西安 陕西人民美术出版社 1979 年［1 张］
78cm（2 开）定价：CNY0.20

J0117660
甜蜜的笑 （摄影 1980 年年历）金义良摄
合肥 安徽人民出版社 1979 年［1 张］
53cm（4 开）定价：CNY0.18

J0117661
甜蜜的笑 （摄影 1980 年年历）金义良摄
太原 山西人民出版社 1979 年［1 张］
53cm（4 开）定价：CNY0.18

J0117662
同读西厢 （摄影 1980《农历庚申年》年历）王
世龙摄
郑州 河南人民出版社 1979 年［1 张］
53cm（4 开）定价：CNY0.15
　　作者王世龙（1930— ），摄影家。河南平舆
人，曾用名于一。曾任中国人民解放军军报随军
摄影记者，河南新乡日报社摄影美术组长，河南
日报社摄影记者，河南人民出版社摄影编辑、编
辑室主任、编审委员等职。中国摄影家协会常务
理事。作品有《秋收完毕》《山里俏》《山村在欢
唱》等。

J0117663
未来 （摄影 1980 年年历）
乌鲁木齐 新疆人民出版社 1979 年［1 张］

53cm（4 开）定价：CNY0.20

J0117664
我爱小提琴 （摄影 1980 年年历）林刚摄
长沙 湖南人民出版社 1979 年［1 张］
53cm（4 开）定价：CNY0.21

J0117665
小红花 （摄影 1980 年年历）金义良摄
南京 江苏人民出版社 1979 年［1 张］
53cm（4 开）定价：CNY0.16

J0117666
蟹爪 （摄影 1980《农历庚申年》年历）纪梅摄
石家庄 河北人民出版社 1979 年［1 张］
53cm（4 开）定价：CNY0.12

J0117667
新姿映垂柳 （摄影 1980《农历庚申年》年历）
王天育摄
西安 陕西人民美术出版社 1979 年［1 张］
78cm（2 开）定价：CNY0.20

J0117668
渔歌 （摄影 1980 年年历）李文奎摄
太原 山西人民出版社 1979 年［1 张］
53cm（4 开）定价：CNY0.18

J0117669
捉迷藏 （摄影 1980 年年历）许志刚摄
南昌 江西人民出版社 1979 年［1 张］
53cm（4 开）定价：CNY0.18

J0117670
1981 年挂历 （摄影）
太原 山西人民出版社 1980 年 53cm（4 开）
定价：CNY3.00

J0117671
1981 年摄影周历 陈星辰编
上海 上海人民美术出版社 1980 年
19cm（小 32 开）定价：CNY4.00

J0117672
1981 年月历 （摄影）北京人民美术出版社编辑

北京 人民美术出版社 1980 年 53cm（4 开）
定价：CNY3.50

J0117673
爱清洁 （摄影 1981 年年历）陈春轩摄
上海 上海人民美术出版社 1980 年 53cm（4 开）
定价：CNY0.16

J0117674
遨游未来世界 （摄影 1981 年年历）杨克林摄
上海 上海人民美术出版社 1980 年 53cm（4 开）
定价：CNY0.16
　　作者杨克林，擅长摄影。主要作品有年历
《时装·女东方衫》《怒放》《漫游太空》等。

J0117675
白娘子 （摄影 1981 年年历）梁祖宏摄
郑州 河南人民出版社 1980 年 53cm（4 开）
定价：CNY0.09

J0117676
百花仙子 （摄影 1981 年年历）
南昌 江西人民出版社 1980 年 53cm（4 开）
定价：CNY0.18

J0117677
半屏山 （摄影 1981 年年历）
天津 天津人民美术出版社 1980 年 78cm（2 开）
镶铁边 定价：CNY0.70

J0117678
不是为了爱情 （摄影 1981 年年历）陈振戈摄
成都 四川人民出版社 1980 年 53cm（4 开）
定价：CNY0.18

J0117679
嫦娥奔月 （摄影 1981 年年历）
南昌 江西人民出版社 1980 年 53cm（4 开）
定价：CNY0.18

J0117680
成都 （摄影明信片辑 汉英文对照）
北京 中国旅游出版社 1980 年 1 册 5 张
19cm（小 32 开）定价：CNY1.00

J0117681
雏鸡 （摄影　1981 年年历）武平摄
西安　陕西人民出版社　1980 年　39cm（8 开）
定价：CNY0.12

J0117682
春天 （摄影　1981 年年历）杜玉林，刘云石摄
兰州　甘肃人民出版社　1980 年　53cm（4 开）
定价：CNY0.20

J0117683
耳朵在这儿 （摄影　1981 年年历）吕振模摄
南京　江苏人民出版社　1980 年　53cm（4 开）
定价：CNY0.18

J0117684
二度梅 （摄影　1981《农历辛酉年》年历）纪
梅摄
石家庄　河北人民出版社　1980 年　39cm（8 开）
定价：CNY0.13

J0117685
放眼未来 （摄影　1981《农历辛酉年》年历）甘
新摄
西安　陕西人民出版社　1980 年　78cm（2 开）
定价：CNY0.24

J0117686
飞上蓝天 （摄影　1981《农历辛酉年》年历）梅
廷林摄
武汉　湖北人民出版社　1980 年　定价：CNY0.20

J0117687
红孩子 （摄影　1981《农历辛酉年》年历）黄祎
民摄
太原　山西人民出版社　1980 年　53cm（4 开）
定价：CNY0.18

J0117688
红霞泛彩 （摄影　1981《农历辛酉年》年历）火
力，大兰摄
石家庄　河北人民出版社　1980 年　53cm（4 开）
定价：CNY0.20

J0117689
葫芦 （摄影　1981 年年历）刘海粟作
南京　江苏人民出版社　1980 年　53cm（4 开）
定价：CNY0.18

　　　作者刘海粟（1896—1994），画家、美术教育
家。名槃，字季芳，号海翁。江苏武进人。参与
创办上海私立美术学院。曾任华东艺术专科学
校校长，南京艺术学院院长。代表作《黄山云海
奇观》《披狐皮的女孩》《九溪十八涧》等，有画
集《黄山》《海粟老人书画集》等。

J0117690
蕙兰 （摄影　1981《农历辛酉年》年历）梅樱摄
石家庄　河北人民出版社　1980 年　39cm（8 开）
定价：CNY0.13

J0117691
节日 （摄影　1981 年年历）刘宝成摄
沈阳　辽宁美术出版社　1980 年　53cm（4 开）
定价：CNY0.22

J0117692
科学的春天 （摄影　1981《农历辛酉年》年历）
沈今声摄
北京　人民美术出版社　1980 年　53cm（4 开）
定价：CNY0.20

J0117693
两个"洋娃娃" （摄影　1981《农历辛酉年》年
历）周铁侠摄
北京　人民体育出版社　1980 年　53cm（4 开）
定价：CNY0.20

J0117694
龙凤呈祥 （摄影　1981 年年历）任国兴摄
沈阳　辽宁美术出版社　1980 年　53cm（4 开）
定价：CNY0.22

J0117695
庐山恋 （摄影　1981《农历辛酉年》年历）南京
市广告公司设计
南京　江苏人民出版社　1980 年　53cm（4 开）
定价：CNY0.18

J0117696
绿绒蒿 （摄影　1981 年年历）李承埔摄
昆明　云南人民出版社 1980 年 39cm（8 开）
定价：CNY0.12

J0117697
麻姑献寿 （摄影 1981 年年历）
南昌　江西人民出版社 1980 年 53cm（4 开）
定价：CNY0.18

J0117698
漫游太空 （摄影 1981 年年历）杨克林摄
成都　四川人民出版社 1980 年 53cm（4 开）
定价：CNY0.18
　　作者杨克林，擅长摄影。主要作品有年历《时装·女东方衫》《怒放》《漫游太空》等。

J0117699
迷 （摄影 1981 年年历）利智仁摄
长沙　湖南人民出版社 1980 年 53cm（4 开）
定价：CNY0.20

J0117700
琵琶春晓 （摄影 1981 年年历）王全亨，尹毅摄
上海　上海人民美术出版社 1980 年 53cm（4 开）
定价：CNY0.16

J0117701
琴声 （摄影 1981《农历辛酉年》年历）张甸，刘万田摄
沈阳　辽宁美术出版社 1980 年 53cm（4 开）
定价：CNY0.22

J0117702
群芳争艳 （摄影 1981 年年历）梁枫等摄
沈阳　辽宁美术出版社 1980 年 76cm（2 开）
定价：CNY0.22

J0117703
深情 （摄影 1981《农历辛酉年》年历）左福信摄
西安　陕西人民出版社 1980 年 78cm（2 开）
定价：CNY0.24

J0117704
思考 （摄影 1981 年年历）

J0117705
唐·吉柯德 （摄影 1981 年年历）刘春生摄
成都　四川人民出版社 1980 年 53cm（4 开）
定价：CNY0.18，CNY0.08（双面胶版纸）

J0117706
天真 （摄影 1981 年年历）吉林画报社编；郑捷摄
长春　吉林人民出版社 1980 年 53cm（4 开）
定价：CNY0.12

J0117707
万紫千红 （摄影　1981 年年历）杨兴林，隋其增摄
沈阳　辽宁美术出版社 1980 年 53cm（4 开）
定价：CNY0.22

J0117708
夏练之余 （摄影 1981《农历辛酉年》年历）岳鹏飞摄
北京　人民体育出版社 1980 年 53cm（4 开）
定价：CNY0.20

J0117709
仙女赏花 （摄影 1981《农历辛酉年》年历）黄克勤摄
武汉　湖北人民出版社 1980 年 53cm（4 开）
定价：CNY0.20

J0117710
想一想 （摄影 1981 年年历）尹福康，王全亨摄
上海　上海人民美术出版社 1980 年 53cm（4 开）
定价：CNY0.19

J0117711
小鹿和小囡 （摄影 1981《农历辛酉年》年历）张应名摄
西安　陕西人民出版社 1980 年 53cm（4 开）
定价：CNY0.18

J0117712
小憩 （摄影 1981 年年历）张涵毅，徐斌摄

南昌 江西人民出版社 1980 年 53cm（4 开）
定价: CNY0.18

J0117713
小天鹅 （摄影　1981《农历辛酉年》年历）伍仁摄
沈阳 辽宁美术出版社 1980 年 39cm（8 开）
定价: CNY0.16

J0117714
心声 （摄影 1981 年年历）刘云石摄
兰州 甘肃人民出版社 1980 年 53cm（4 开）
定价: CNY0.20

J0117715
英娘 （摄影 1981 年年历）吕振模摄
南京 江苏人民出版社 1980 年 53cm（4 开）
定价: CNY0.18

J0117716
迎春 （摄影 1981《农历辛酉年》年历）郑永吉摄
沈阳 辽宁美术出版社 1980 年 53cm（4 开）
定价: CNY0.22

J0117717
迎新年 （摄影 1981 年年历）徐斌，张涵毅摄
上海 上海人民美术出版社 1980 年 53cm（4 开）
定价: CNY0.19

J0117718
重庆 （一 摄影明信片辑 汉英文对照）中国国际旅行社，中国旅行社重庆分社编
北京 中国旅游出版社 1980 年 1 册 5 张
19cm（32 开）定价: CNY1.00

J0117719
重庆 （二 摄影明信片辑 汉英文对照）中国国际旅行社，中国旅行社重庆分社编
北京 中国旅游出版社 1980 年 1 册 5 张
19cm（32 开）定价: CNY1.00

J0117720
朱顶红 （摄影 1981《农历辛酉年》年历）梅樱摄
石家庄 河北人民出版社 1980 年 39cm（8 开）
定价: CNY0.13

J0117721
［**1982 年美术挂历**］（摄影）
石家庄 河北人民出版社 1981 年 39cm（8 开）
定价: CNY1.70

J0117722
［**1982 年美术挂历**］（摄影）
长春 吉林人民出版社 1981 年 定价: CNY3.20

J0117723
《**瞧，那边！**》照 （1982 年年历）毅宏摄
南京 江苏人民出版社 1981 年 54cm（4 开）
定价: CNY0.18

J0117724
《**万紫千红**》照 （1982 年年历）钟向荣摄
南京 江苏人民出版社 1981 年 54cm（4 开）
定价: CNY0.18

J0117725
1982（简庆福摄影艺术）
上海 上海书画出版社 1981 年 54cm（4 开）
定价: CNY4.00

J0117726
碧水鱼跃 （1982 年年历）曹桂江摄
广州 岭南美术出版社 1981 年 39cm（8 开）
定价: CNY0.14

J0117727
波光晨曲 （1982 农历壬戌年年历）方艺摄
北京 人民美术出版社 1981 年 54cm（4 开）
定价: CNY0.16

J0117728
猜 （1982 年年历）岑永生摄
济南 山东人民出版社 1981 年 54cm（4 开）
定价: CNY0.10

J0117729
猜 （1982 农历壬戌年年历）岑永生摄
西安 陕西人民美术出版社 1981 年 54cm（4 开）
定价: CNY0.18

J0117730
春 （1982 年年历）赵延芳摄
成都 四川人民出版社 1981 年 54cm（4 开）
定价：CNY0.08，CNY0.18（双胶纸）

J0117731
第一个印象 （1982 年年历）赵延芳摄
成都 四川人民出版社 1981 年 54cm（4 开）
定价：CNY0.08，CNY0.20（双胶纸）

J0117732
婀娜多姿 （1982 农历壬戌年年历）李飞摄
北京 人民美术出版社 1981 年 54cm（4 开）
定价：CNY0.20

J0117733
芳芳 （1982 年年历）宫正摄
南昌 江西人民出版社 1981 年 54cm（4 开）
定价：CNY0.18

J0117734
飞 （1982 年年历）杨克林摄
南昌 江西人民出版社 1981 年 54cm（4 开）
定价：CNY0.18

J0117735
红玛瑙 （1982 年年历）冯斐摄
乌鲁木齐 新疆人民出版社 1981 年 54cm（4 开）
定价：CNY0.20

J0117736
红玛瑙 （摄影 1983 年年历）冯斐摄
乌鲁木齐 新疆人民出版社 1982 年 54cm（4 开）
定价：CNY0.20

J0117737
红玛瑙 （摄影 1988 年年历）冯斐，陈德松摄影
乌鲁木齐 新疆人民出版社 1987 年 1 张（2 开）
定价：CNY0.40

J0117738
花献光荣人家 （1982 年年历）张克庆摄
杭州 浙江人民美术出版社 1981 年 54cm（4 开）
定价：CNY0.19

J0117739
桦林静静 （1982 年年历）马云摄
南昌 江西人民出版社 1981 年 54cm（4 开）
定价：CNY0.18

J0117740
假日 （1982 年年历）马元浩摄
南昌 江西人民出版社 1981 年 54cm（4 开）
定价：CNY0.18

J0117741
兰州 （明信片）宋士诚编；王仲虎等摄
上海 上海人民美术出版社 1981 年 8 张
[17cm]（44 开）定价：CNY0.47

J0117742
梁红玉 （1982 年年历）周槐，王亚辉摄
成都 四川人民出版社 1981 年 54cm（4 开）
定价：CNY0.08

J0117743
亮亮 （1982 年年历）陈振戈摄
上海 上海人民美术出版社 1981 年 54cm（4 开）
定价：CNY0.16

J0117744
瞧 （1982 农历壬戌年年历）方艺摄
北京 人民美术出版社 1981 年 54cm（4 开）
定价：CNY0.16

J0117745
人间恋 （1982 农历壬戌年年历）魏德忠摄
郑州 中州书画社 1981 年 54cm（4 开）
定价：CNY0.09

J0117746
赏秋 （1982 年年历）马云摄
南昌 江西人民出版社 1981 年 54cm（4 开）
定价：CNY0.18

J0117747
伟伟 （1982 农历壬戌年年历）程远东摄
郑州 中州书画社 1981 年 54cm（4 开）
定价：CNY0.18

J0117748
想想看（1982 农历壬戌年年历）方艺摄
北京 人民美术出版社 1981 年 54cm（4 开）
定价：CNY0.16

J0117749
小雷雷（1982 年年历）天鹰，凯光摄
杭州 浙江人民美术出版社 1981 年 54cm（4 开）
定价：CNY0.19

J0117750
心爱的小飞机（1982 农历壬戌年年历）梅延
林摄
武汉 湖北人民出版社 1981 年 54cm（4 开）
定价：CNY0.20

J0117751
新秀（1982 年年历）尹福康摄
南昌 江西人民出版社 1981 年 54cm（4 开）
定价：CNY0.18

J0117752
幸福（1982 年年历）高英熙，张秀芬摄
成都 四川人民出版社 1981 年 54cm（4 开）
定价：CNY0.08

J0117753
咏月（1982 农历壬戌年年历）刘立兵，高强摄
西安 陕西人民美术出版社 1981 年 78cm（2 开）
定价：CNY0.24

J0117754
幼苗（1982 农历壬戌年年历）朱光明摄
西安 陕西人民美术出版社 1981 年 54cm（4 开）
定价：CNY0.18

J0117755
幼苗（1982 年年历）陈振戈摄
成都 四川人民出版社 1981 年 54cm（4 开）
定价：CNY0.08，CNY0.18（双胶纸）

J0117756
于山小亭（1982 年年历）刘振清摄
济南 山东人民出版社 1981 年 54cm（4 开）
定价：CNY0.10

J0117757
远眺（1982 年年历）蒲涛摄
成都 四川人民出版社 1981 年 54cm（4 开 ）
定价：CNY0.08

J0117758
真有趣（1982 农历壬戌年年历）方艺摄
北京 人民美术出版社 1981 年 54cm（4 开）
定价：CNY0.16

J0117759
"太阳红"（摄影 1983 年年历）朱力摄影
南京 江苏人民出版社 1982 年 1 张 54cm（4 开）
定价：CNY0.18

J0117760
1—2—3—哆—唻—咪（摄影 1983 年年历）
穆家宏，倪嘉德摄影
南昌 江西人民出版社 1982 年［1 张］
54cm（4 开）定价：CNY0.22

J0117761
1983（《小青青的天地》摄影挂历）
南昌 江西人民出版社［1982 年］54cm（4 开）
定价：CNY1.80

J0117762
1983（摄影挂历） 何世尧摄影
石家庄 河北美术出版社 1982 年 53cm（4 开）
定价：CNY3.50

J0117763
1983（摄影挂历）
南京 江苏科学技术出版社 1982 年 38cm（6 开）
定价：CNY1.70

J0117764
1983（摄影挂历）
沈阳 辽宁美术出版社 1982 年 54cm（4 开）
定价：CNY3.50

J0117765
1983（摄影挂历） 梁枫等摄影
沈阳 辽宁美术出版社 1982 年 38cm（6 开）
定价：CNY1.80

J0117766
1983（摄影挂历） 燕毅摄影
济南 山东人民出版社 1982 年 54cm（4 开）
定价：CNY3.20

J0117767
1983（摄影挂历）
太原 山西人民出版社 1982 年 54cm（4 开）
定价：CNY3.00

J0117768
1983（摄影挂历）
太原 山西人民出版社 1982 年 54cm（4 开）
定价：CNY2.00

J0117769
1983（摄影挂历）
太原 山西人民出版社 1982 年 54cm（4 开）
定价：CNY4.00

J0117770
1983（摄影挂历） 龙雨，小林摄影
成都 四川人民出版社 1982 年 54cm（4 开）
定价：CNY3.20

J0117771
1983（摄影挂历）
天津 天津人民美术出版社 1982 年 54cm（4 开）
定价：CNY3.50

J0117772
1983（摄影挂历）
北京 中国旅游出版社 1982 年 78cm（2 开）

J0117773
1983（摄影挂历） 邓朝兴等摄影
北京 中国旅游出版社 1982 年 54cm（4 开）
定价：CNY3.50

J0117774
1983（摄影台历）
上海 上海人民美术出版社 1982 年 17cm（40 开）
定价：CNY3.00

J0117775
1983 年（摄影挂历） 晓雪等摄影
石家庄 河北美术出版社 1982 年 54cm（4 开）
定价：CNY3.20

J0117776
1983 年（摄影挂历）
天津 天津杨柳青画社 1982 年 54cm（4 开）
定价：CNY3.30

J0117777
1983 年（摄影艺术）
广州 岭南美术出版社［1982 年］54cm（4 开）
定价：CNY3.60

J0117778
爱工艺 （摄影 1983 年年历）李兰英摄影
上海 上海人民美术出版社 1982 年［1 张］
54cm（4 开）定价：CNY0.16

J0117779
猜 （摄影 1983 年年历）陈国庭，陈永锡摄影
成都 四川人民出版社 1982 年 54cm（4 开）
铜版纸 定价：CNY0.18，CNY0.08（铜版纸）

J0117780
猜猜看 （摄影 1983 年年历）穆家宏，倪嘉德
摄影
南昌 江西人民出版社［1982 年］54cm（4 开）
定价：CNY0.11

　　作者倪嘉德（1943— ），摄影师。江苏无锡
人。历任上海人民美术出版社副编审，高级摄影
师。作品出版有《越窑》《唐三彩》《景德镇民间
青花瓷器》《福建陶瓷》《四川陶瓷》《宋元青白
瓷》等。

J0117781
草原新花 （摄影 1983 年年历）
石家庄 河北美术出版社 1982 年 78cm（2 开）
定价：CNY0.15

J0117782
大同 （摄影明信片辑 汉英文对照）
北京 中国旅游出版社 1982 年 19cm（32 开）
定价：CNY1.00

J0117783
二龙戏珠 （摄影 1983 年年历）钟向东摄影
南京 江苏人民出版社 1982 年 54cm（4 开）
定价：CNY0.18

J0117784
飞珠溅玉 （摄影 1983 年年历）一虹摄影
南昌 江西人民出版社 1982 年 54cm（4 开）
定价：CNY0.19

J0117785
桂林 （摄影明信片辑 汉英文对照）桂林旅游
公司编辑
上海 上海人民美术出版社 1982 年 20cm（32 开）

J0117786
桂林风光 （摄影明信片辑 汉英文对照）王梧
生摄影
北京 外文出版社 1982 年 10 张 13cm（60 开）
定价：CNY0.90
　　作者王梧生（1942— ），高级摄影师。江
苏江宁人。中国摄影家协会会员，广西艺术摄影
学会副会长，桂林市艺术摄影学会会长，华中理
工大学美术摄影研究室副主任，桂林市展览馆馆
长。著有《现代风光摄影技巧》《桂林山水摄影
集》等；摄影作品有《奇峰红叶》《晓雾船影》《金
光冲破水中天》等。

J0117787
哈尔滨 （摄影明信片辑 汉英文对照）黑龙江
省旅游局编；杨力等摄影
北京 中国旅游出版社 1982 年 19cm（32 开）
定价：CNY1.00

J0117788
红装绿叶 （摄影 1983 年年历）
南昌 江西人民出版社［1982 年］54cm（4 开）
定价：CNY0.19

J0117789
花儿 （摄影 1983 年年历）冯静之摄影
合肥 安徽人民出版社 1982 年 53cm（4 开）
定价：CNY0.12

J0117790
花仙 （摄影 1983 年年历）沈今声摄影
武汉 湖北人民出版社 1982 年 54cm（4 开）
定价：CNY0.20

J0117791
欢乐 （摄影 1983 年年历）张涵毅摄影
上海 上海人民美术出版社 1982 年 54cm（4 开）
定价：CNY0.19

J0117792
欢乐 （摄影 1986 年年历）张涵毅摄影
上海 上海人民美术出版社 1985 年 1 张
53cm（4 开）定价：CNY0.26

J0117793
节日 （摄影 1983 年年历）晓峰摄影
杭州 浙江人民美术出版社 1982 年 54cm（4 开）
定价：CNY0.19

J0117794
金山战鼓 （摄影 1983 年年历）陈湘华摄影
济南 山东人民出版社 1982 年 54cm（4 开）
定价：CNY0.18

J0117795
静观细读 （摄影 1983 年年历）一虹摄影
南昌 江西人民出版社 1982 年 54cm（4 开）
定价：CNY0.11

J0117796
康廉 （摄影 1983 年年历）林剑摄影
北京 人民体育出版社 1982 年 54cm（4 开）
定价：CNY0.20

J0117797
乐 （摄影 1983 年年历）陈春生，丁定摄影
上海 上海人民美术出版社 1982 年 54cm（4 开）
定价：CNY0.16

J0117798
琳琳 （摄影 1983 年年历）葛立英摄影
济南 山东人民出版社 1982 年 54cm（4 开）
定价：CNY0.18

J0117799
柳浪闻莺　（摄影 1983 年年历）张洛摄影
广州 岭南美术出版社［1982 年］54cm（4 开）
定价: CNY0.18

J0117800
马蹄莲　（摄影 1983 年年历）莫宁摄影
呼和浩特 内蒙古人民出版社 1982 年
54cm（4 开）定价: CNY0.18

J0117801
美的旋律　（摄影 1983 年年历）康大荃等摄影
成都 四川省新闻图片社 1982 年 54cm（4 开）
定价: CNY0.20

J0117802
美好的理想　（摄影 1983 年年历）
石家庄 河北美术出版社 1982 年 78cm（2 开）
定价: CNY0.15

J0117803
美人蕉　（摄影 1983 年年历）言浩生摄影
长沙 湖南美术出版社 1982 年 53cm（4 开）
定价: CNY0.14

J0117804
苗苗　（摄影 1983 年年历）
石家庄 河北美术出版社 1982 年 78cm（2 开）
定价: CNY0.15

J0117805
苗苗　（摄影 1983 年年历）邢延生摄影
太原 山西人民出版社 1982 年 54cm（4 开）
定价: CNY0.18
　　作者邢延生，擅长摄影。主要作品有《苗苗》
《花儿朵朵》《景山牡丹》等。

J0117806
苗苗　（摄影 1983 年年历）小林摄影
成都 四川人民出版社 1982 年 78cm（2 开）
定价: CNY0.25

J0117807
木兰　（摄影 1983 年年历）刘臣摄影
石家庄 河北美术出版社 1982 年 54cm（4 开）

定价: CNY0.18

J0117808
凝神屏息　（摄影 1983 年年历）
南昌 江西人民出版社 1982 年 54cm（4 开）
定价: CNY0.19

J0117809
怒放　（摄影 1983 年年历）张贵三摄影
兰州 甘肃人民出版社 1982 年 54cm（4 开）
定价: CNY0.20

J0117810
泡泡乐　（摄影 1983 年年历）叶林辉摄影
广州 岭南美术出版社［1982 年］54cm（4 开）
定价: CNY0.18

J0117811
憩　（摄影 1983 年年历）穆家宏摄影
天津 天津人民美术出版社 1982 年 54cm（4 开）
定价: CNY0.18

J0117812
亲昵　（摄影 1983 年年历）穆家宏摄影
南昌 江西人民出版社 1982 年 54cm（4 开）
定价: CNY0.22

J0117813
青春之歌　（摄影 1983 年年历）朴雄斗摄影
延吉 延边人民出版社 1982 年 54cm（4 开）
定价: CNY0.18

J0117814
秋趣　（摄影 1983 年年历）顾东升摄影
南京 江苏人民出版社 1982 年 54cm（4 开）
定价: CNY0.18

J0117815
秋艳　（摄影 1983 年年历）吕渝生摄影
长沙 湖南美术出版社 1982 年 54cm（4 开）
定价: CNY0.20

J0117816
趣　（摄影 1983 年年历）刘志义摄影
成都 四川省新闻图片社［1982 年］54cm（4 开）

定价: CNY0.20

J0117817
赛球归来 （摄影 1983 年年历）章直摄影
太原 山西人民出版社 1982 年 54cm（4 开）
定价: CNY0.18

J0117818
陕西珍贵文物 （摄影明信片辑 汉英文对照）
陕西省文物事业管理局编
西安 陕西人民美术出版社 1982 年 10 张
13cm（60 开）定价: CNY0.50

J0117819
生命之花 （摄影 1983 年年历）马元浩摄影
上海 上海书画出版社 1982 年 1 张 54cm（4 开）
定价: CNY0.19
　　作者马元浩（1944—　　），摄影家、导演。毕
业于上海财经学院。中国摄影家协会会员，英国
皇家摄影学会高级会士。出版有《中国古代雕塑
观音》等。

J0117820
试航 （摄影 1983 年年历）池一平等摄影
杭州 浙江人民美术出版社 1982 年 1 张
54cm（4 开）定价: CNY0.19

J0117821
数 （摄影 1983 年年历）鄂毅摄影
成都 四川人民出版社 1982 年 1 张 54cm（4 开）
铜版纸 定价: CNY0.18, CNY0.08（胶版纸）

J0117822
甜 （摄影 1983 年年历）陈宏仁作
济南 山东人民出版社 1982 年 1 张 54cm（4 开）
定价: CNY0.18
　　作者陈宏仁（1937—　　），上海人。毕业于山
东师范学院美术科。中国摄影家协会会员。主
要摄影作品有《猫头鹰》《骆驼》《五老峰》等。

J0117823
甜 （摄影 1983 年年历）万如摄影
杭州 浙江人民美术出版社 1982 年 1 张
54cm（4 开）定价: CNY0.19

J0117824
甜美 （摄影 1983 年年历）宫正摄影
南昌 江西人民出版社 1982 年 1 张 54cm（4 开）
定价: CNY0.22

J0117825
甜蜜蜜 （摄影 1983 年年历）周祖贻摄影
长沙 湖南美术出版社 1982 年 1 张 54cm（4 开）
定价: CNY0.20

J0117826
娃娃与小鹿 （摄影 1983 年年历）金铎摄影
沈阳 辽宁美术出版社 1982 年 1 张 54cm（4 开）
定价: CNY0.30

J0117827
万壑争流 （摄影 1983 年年历）何世尧摄影
石家庄 河北美术出版社 1982 年 1 张
54cm（4 开）定价: CNY0.20

J0117828
我爱春天 （摄影 1983 年年历）江小铎摄影
上海 上海书画出版社 1982 年 1 张 54cm（4 开）
定价: CNY0.19

J0117829
我爱风车 （摄影 1983 年年历）沈治昌，杨定
国摄影
上海 上海书画出版社 1982 年 1 张 54cm（4 开）
定价: CNY0.19
　　作者沈治昌，摄影家。作品有年历画《电影
演员陈剑月》《电影演员殷亭如》《颐和园万寿
山》《鹿顶迎晖》等。

J0117830
我爱红杜鹃 （摄影 1983 年年历）佳艺摄影
天津 天津人民美术出版社 1982 年 1 张
54cm（4 开）定价: CNY0.18

J0117831
我爱熊猫 （摄影 1983 年年历）江小铎摄影
上海 上海书画出版社 1982 年 1 张 54cm（4 开）
定价: CNY0.11

J0117832
我爱阳光 （摄影 1983 年年历）江小铎摄影
上海 上海书画出版社 1982 年 1 张 54cm（4 开）
定价：CNY0.19

J0117833
我还要 （摄影 1983 年年历）李顺年摄影
西安 陕西人民美术出版社 1982 年 1 张
54cm（4 开）定价：CNY0.18

J0117834
我在这儿！ （摄影 1983 年年历）文波, 杨明
摄影
北京 中国旅游出版社 1982 年 1 张 54cm（4 开）
定价：CNY0.20

J0117835
无锡 （摄影图片）中国国际旅行社无锡支社,
无锡中国旅行社编
上海 上海人民美术出版社 1982 年 19cm（32 开）

J0117836
西安 （摄影明信片辑 汉英文对照）
西安 陕西人民出版社［1982 年］8 张
13cm（60 开）定价：CNY0.50

J0117837
喜送苹果 （摄影 1983 年年历）刘振国摄影
长沙 湖南美术出版社 1982 年 1 张 54cm（4 开）
定价：CNY0.20

J0117838
喜迎春 （摄影 1983 年年历）刘川摄影
成都 四川省新闻图片社［1982 年］1 张
54cm（4 开）定价：CNY0.20

J0117839
喜悦 （摄影 1983 年年历）穆家宏, 倪嘉德摄影
南昌 江西人民出版社［1982 年］1 张
54cm（4 开）定价：CNY0.11
　　作者倪嘉德（1943— ），摄影师。江苏无锡
人。历任上海人民美术出版社副编审，高级摄影
师。作品出版有《越窑》《唐三彩》《景德镇民间
青花瓷器》《福建陶瓷》《四川陶瓷》《宋元青白
瓷》等。

J0117840
喜悦 （摄影 1983 年年历）李诚摄影
天津 天津人民美术出版社 1982 年 1 张
54cm（4 开）定价：CNY0.18

J0117841
喜悦 （摄影 1983 年年历）宫正摄影
北京 中国旅游出版社 1982 年 1 张
54cm（4 开）定价：CNY0.20

J0117842
遐想 （摄影 1983 年年历）穆家宏等摄影
兰州 甘肃人民出版社 1982 年 1 张 54cm（4 开）
定价：CNY0.20

J0117843
香港 （摄影 1983 年年历）
北京 人民美术出版社 1982 年 1 张 54cm（4 开）
定价：CNY0.20

J0117844
向往蓝天 （摄影 1983 年年历）徐斌摄影
长沙 湖南美术出版社 1982 年 1 张 54cm（4 开）
定价：CNY0.20

J0117845
心爱的小鹿 （摄影 1983 年年历）刘全聚摄影
北京 人民美术出版社 1982 年 1 张（4 开）
定价：CNY0.20

J0117846
幸福花开 （摄影 1983 年年历）李维良摄影；
贺德超设计
武汉 湖北人民出版社 1982 年 1 张 54cm（4 开）
定价：CNY0.20

J0117847
秀泉情思 （摄影 1983 年年历）田捷民摄影
成都 四川省新闻图片社 1982 年 1 张
54cm（4 开）定价：CNY0.20
　　作者田捷民（1954— ），浙江人。重庆市新
闻图片社主任记者。历任四川省摄影家协会副
主席、中国摄影家协会理事、重庆市文联委员、
重庆市摄影家协会驻会副主席兼秘书长等。代
表作有《影人史进》《重担在肩》《照野皑皑融

雪》等。

J0117848
瑶琳仙境　（摄影 1983 年年历）王天瑞摄影
杭州 浙江人民美术出版社 1982 年 1 张
54cm（4 开）定价：CNY0.19

J0117849
长大要当机枪手　（摄影 1983 年年历）谢新发
摄影
太原 山西人民出版社 1982 年 54cm（4 开）
定价：CNY0.18

J0117850
长沙　（摄影明信片辑 汉英文对照）
长沙 湖南美术出版社 1982 年 7 张 19cm（32 开）
定价：CNY1.00

J0117851
郑州　（摄影明信片辑 汉英文对照）
北京 中国旅游出版社 1982 年 10 张 13cm（60 开）
定价：CNY0.60

J0117852
祝君长寿　（摄影 1983 年年历）姜长庚摄影
杭州 西泠印社［1982 年］78cm（2 开）
定价：CNY0.24
　　作者姜长庚（1945—　　），摄影家。笔名肖疆
等，中国摄影家协会会员。

J0117853
祝您幸福　（摄影 1983 年年历）张洛摄影
广州 岭南美术出版社［1982 年］54cm（4 开）
定价：CNY0.18

J0117854
淄博　（摄影明信片辑 汉英文对照）
北京 中国旅游出版社 1982 年 19cm（32 开）

J0117855
"健与美" 体育月历（1984）　杨克林等摄影
上海 上海人民美术出版社 1983 年 54cm（4 开）
定价：CNY3.50

J0117856
1984（儿童·摄影）
南昌 江西人民出版社［1983 年］54cm（4 开）
定价：CNY3.50

J0117857
1984（儿童·摄影）
沈阳 辽宁美术出版社 1983 年 39cm（4 开）
定价：CNY2.20

J0117858
1984（儿童·摄影）
天津 天津人民美术出版社 1983 年 30cm（15 开）
定价：CNY1.20

J0117859
1984（儿童摄影）　吉林画报社编辑
长春 吉林人民出版社 1983 年 54cm（4 开）
定价：CNY3.50

J0117860
1984（风景摄影）
天津 天津杨柳青画店 1983 年 78cm（2 开）
定价：CNY4.50

J0117861
1984（风景摄影）
北京 中国旅游出版社 1983 年 54cm（4 开）
定价：CNY3.50

J0117862
1984（摄影艺术展览作品选）
呼和浩特 内蒙古人民出版社 1983 年
54cm（4 开）定价：CNY3.00

J0117863
1984（诗词·摄影）
西安 陕西科学技术出版社 1983 年 54cm（4 开）
定价：CNY2.00

J0117864
1984［年历］《摄影世界》编辑部编辑
北京 新华出版社 1983 年 1 张 54cm（4 开）

J0117865

1984 年摄影周历

上海　上海人民美术出版社 1983 年 19cm（ 32 开 ）

定价：CNY4.00

J0117866

北京冬景　（摄影 1984 年年历）

郑州　中州书画社 1983 年 54cm（ 4 开 ）

定价：CNY0.18

J0117867

蓓蕾　（摄影 1984 年年历）晓庄，汪文华摄影

南京　江苏人民出版社 1983 年 54cm（ 4 开 ）

定价：CNY0.18

J0117868

碧波仙子　（摄影 1984〈农历甲子年〉年历）金宝源摄影

南昌　江西人民出版社［1983 年］54cm（ 4 开 ）

定价：CNY0.19

J0117869

姹紫嫣红　（摄影 1984 年年历）金宝源摄影

南昌　江西人民出版社［1983 年］54cm（ 4 开 ）

定价：CNY0.19

J0117870

春蚕　（摄影 1984〈农历甲子年〉年历）刘长忠摄影

长沙　湖南美术出版社 1983 年 54cm（ 4 开 ）

定价：CNY0.20

J0117871

逗　（摄影 1984 年年历）肖旭摄影

杭州　浙江人民美术出版社 1983 年 54cm（ 4 开 ）

定价：CNY0.19

J0117872

飞天　（摄影 1984 年年历）白雨果摄影

西安　陕西人民美术出版社 1983 年 78cm（ 2 开 ）

定价：CNY0.24

J0117873

福寿康乐　（摄影 1984 年年历）孙公照作

济南　山东人民出版社 1983 年 54cm（ 4 开 ）

定价：CNY0.20

　　作者孙公照（1943—　　），画家。山东青岛人。山东美术家协会会员，德州美术家协会名誉主席。擅长油画、水粉画、年画，尤精于风景画。油画作品有《波涌夕阳》等。

J0117874

福寿图　（摄影 1984 年年历）倪辰生作

济南　山东人民出版社 1983 年 54cm（ 4 开 ）

定价：CNY0.20

J0117875

工艺品屏条　（四屏条 1984 年年历）俞泉耕摄影

上海　上海人民美术出版社 1983 年 4 张

78cm（ 2 开 ）定价：CNY0.44

J0117876

瓜叶菊　（摄影 1984〈农历甲子年〉年历）魏连三摄影

北京　人民美术出版社 1983 年 54cm（ 4 开 ）

定价：CNY0.20

J0117877

桂林风光　（摄影 1984〈农历甲子年〉年历）王留大摄影

太原　山西人民出版社 1983 年 54cm（ 4 开 ）

定价：CNY0.18

J0117878

桂林岩洞　（汉、日、英文对照）王梧生摄影

北京　外文出版社 1983 年 10 张 13cm（ 60 开 ）

定价：CNY1.10

　　本作品是 10 张有关桂林岩洞的明信片。桂林的岩溶洞穴有 3000 个以上，无洞不奇。著名的有芦笛岩、七星岩、穿山岩、冠岩、丰鱼岩、银子岩、莲花岩和黑岩。这些岩洞内的钟乳石色影斑斓，拟人状物，惟妙惟肖，出神入化。大自然的鬼斧神工令人无不惊叹。作者王梧生（1942—　　），高级摄影师。江苏江宁人。中国摄影家协会会员，广西艺术摄影学会副会长，桂林市艺术摄影学会会长，华中理工大学美术摄影研究室副主任，桂林市展览馆馆长。著有《现代风光摄影技巧》《桂林山水摄影集》等；摄影作品有《奇峰红叶》《晓雾船影》《金光冲破水中天》等。

J0117879
桂林岩洞 （汉、日、英对照）王梧生摄影
北京 外文出版社 1989 年 8 张 15cm（40 开）
定价: CNY1.70

J0117880
国色天香 （摄影 1984 年年历）友名摄影
西安 陕西人民美术出版社 1983 年 39cm（4 开）
定价: CNY0.13

J0117881
好朋友 （摄影 1984 年年历）邢延生摄影
天津 天津人民美术出版社 1983 年 54cm（4 开）
定价: CNY0.20

J0117882
红艳 （摄影 1984〈农历甲子年〉年历）默如作
石家庄 河北美术出版社 1983 年 76cm（2 开）
定价: CNY0.25

J0117883
花丛中 （摄影 1984〈农历甲子年〉年历）李建东摄影
郑州 中州书画社 1983 年 39cm（4 开）
定价: CNY0.12

J0117884
花儿朵朵 （摄影 1984 年年历）邢延生摄影
兰州 甘肃人民出版社 1983 年 54cm（4 开）
定价: CNY0.20
　　作者邢延生，擅长摄影。主要作品有《苗苗》《花儿朵朵》《景山牡丹》等。

J0117885
花儿朵朵 （摄影 1984 年年历）田雨摄影
成都 四川人民出版社 1983 年 54cm（4 开）
铜版纸 定价: CNY0.18, CNY0.08（胶版纸）

J0117886
花儿朵朵 （摄影 1984 年年历）川新摄影
成都 四川省新闻图片社 1983 年 54cm（4 开）
定价: CNY0.20

J0117887
花好月圆 （摄影 1984 年年历）陈玉华摄影

合肥 安徽科学技术出版社 1983 年 78cm（2 开）
定价: CNY0.24

J0117888
画中游 （摄影 1984〈农历甲子年〉年历）顾棣摄影
太原 山西人民出版社 1983 年 54cm（4 开）
定价: CNY0.18

J0117889
欢 （摄影 1984 年年历 彝、汉对照）高英熙摄影
成都 四川民族出版社 ［1983 年］54cm（4 开）
定价: CNY0.18（铜版纸）, CNY0.08（胶版纸）

J0117890
欢唱 （摄影 1984 年年历）姜节安摄影
上海 上海人民美术出版社 1983 年 54cm（4 开）
定价: CNY0.19

J0117891
加餐 （摄影 1984 年年历）沈治昌摄影
上海 上海书画出版社 1983 年 54cm（4 开）
定价: CNY0.11
　　作者沈治昌，摄影家。作品有年历画《电影演员陈剑月》《电影演员殷亭如》《颐和园万寿山》《鹿顶迎晖》等。

J0117892
金枝 （摄影 1984〈农历甲子年〉年历）方辉摄影
石家庄 河北美术出版社 1983 年 54cm（4 开）
定价: CNY0.20

J0117893
静波 （摄影 1984 年年历）洪海摄影
兰州 甘肃人民出版社 1983 年 54cm（4 开）
定价: CNY0.20

J0117894
凌波 （摄影 1984 年年历）钱豫强摄影
杭州 浙江人民美术出版社 1983 年 54cm（4 开）
定价: CNY0.19

J0117895
凌云 （摄影 1984〈农历甲子年〉年历）罗文发摄影

长沙　湖南美术出版社　1983 年　54cm（4 开）
定价：CNY0.20

J0117896
令箭　（摄影　1984 年年历）杨林摄影
兰州　甘肃人民出版社　1983 年　54cm（4 开）
定价：CNY0.20

J0117897
留芳溢香　（摄影　1984 年年历）金宝源摄影
南昌　江西人民出版社［1983 年］54cm（4 开）
定价：CNY0.19

J0117898
龙腾虎跃　（摄影　1984 年年历）凌炳炎，郭阿根摄影
南昌　江西人民出版社［1983 年］39cm（4 开）
定价：CNY0.10

J0117899
美的旋律　（摄影　1984 年年历）禹民等摄影
南宁　漓江出版社　1983 年　54cm（4 开）
定价：CNY0.20

J0117900
美的旋律　（摄影　1984 年年历）孙文志摄影
天津　天津杨柳青画社　1983 年　54cm（4 开）
定价：CNY0.20

J0117901
美女梳妆　（摄影　1984 年年历）刘宇一作
南宁　漓江出版社　1983 年　39cm（4 开）
定价：CNY0.15

J0117902
妙手缀春　（摄影　1984 年年历）
南昌　江西人民出版社［1983 年］54cm（4 开）
定价：CNY0.19

J0117903
明珠莹莹　（1984〈农历甲子年〉年历）燕雁摄影
成都　四川省新闻图片社［1983 年］54cm（4 开）
定价：CNY0.20

J0117904
凝望　（摄影　1984〈农历甲子年〉年历）方艺摄影
北京　人民美术出版社　1983 年　54cm（4 开）
定价：CNY0.20

J0117905
平地一声雷　（摄影　1984 年年历）孔祥民摄影
济南　山东人民出版社　1983 年　54cm（4 开）
定价：CNY0.20

J0117906
苹果真香　（摄影　1984 年年历）葛立英摄影
济南　山东人民出版社　1983 年　54cm（4 开）
定价：CNY0.20

J0117907
扑蝶　（摄影　1984〈农历甲子年〉年历）徐书摄影
杭州　西泠印社［1983 年］54cm（4 开）
定价：CNY0.20

J0117908
翘望　（摄影　1984 年年历）张煜摄影
天津　天津杨柳青画社　1983 年　76cm（2 开）
定价：CNY0.16

J0117909
青春的韵律　（摄影　1984〈农历甲子年〉年历）龙雨摄影
郑州　中州书画社　1983 年　54cm（4 开）
定价：CNY0.12

J0117910
清凉世界　（摄影　1984 年年历）郑昌燧摄影
合肥　安徽人民出版社　1983 年　78cm（2 开）
定价：CNY0.24

J0117911
请喝一杯酥油茶　（摄影　1984 年年历）高英熙摄影
成都　四川民族出版社　1983 年　54cm（4 开）甲
定价：CNY0.18，CNY0.08（乙）

J0117912
秋　（摄影　1984 年年历）鄂毅摄影
成都　四川人民出版社　1983 年　54cm（4 开）

铜版纸 定价：CNY0.18，CNY0.08（胶版纸）

J0117913
秋灿　（摄影　1984〈农历甲子年〉年历）刘启俊摄影
长沙　湖南美术出版社　1983 年　54cm（4 开）
定价：CNY0.20

J0117914
秋涧跳波　（摄影　1984 年年历）胡武功摄影
西安　陕西人民美术出版社　1983 年　54cm（4 开）
定价：CNY0.18
　　作者胡武功（1949—　　），摄影记者。生于陕西西安。现任陕西省摄影家协会主席。出版文集《摄影家的眼睛》《中国影像革命》，摄影画册《胡武功摄影作品集》《四方城》《西安记忆》《藏着的关中》等。

J0117915
秋色斑斓　（摄影　1984 年年历）艾桦摄影
乌鲁木齐　新疆人民出版社　1983 年　39cm（8 开）
定价：CNY0.20

J0117916
秋艳　（摄影　1984 年年历）刘英恒摄影
天津　天津人民美术出版社　1983 年　54cm（4 开）
定价：CNY0.20

J0117917
群芳争艳　（摄影　1984 年年历）金宝源摄影
南昌　江西人民出版社［1983 年］54cm（4 开）
定价：CNY0.19

J0117918
群峰竞秀　（摄影　1984 年年历）李振廷摄影
天津　天津杨柳青画社　1983 年　54cm（4 开）
定价：CNY0.20

J0117919
乳燕展翅　（摄影　1984 年年历）杨元昌，周银强摄影
上海　上海书画出版社　1983 年　54cm（4 开）
定价：CNY0.19

J0117920
三比零　（摄影　1984 年年历）刘海发摄影
上海　上海人民美术出版社　1983 年　53cm（4 开）
定价：CNY0.19

J0117921
三月桃泛　（摄影　1984 年年历）金宝源摄影
南昌　江西人民出版社　1983 年　53cm（4 开）
定价：CNY0.19

J0117922
色雅香浓　（摄影　1984 年年历）
南昌　江西人民出版社［1983 年］54cm（4 开）
定价：CNY0.19

J0117923
山茶绽芳　（摄影　1984 年年历）金宝源摄影
南昌　江西人民出版社　1983 年　53cm（4 开）
定价：CNY0.19

J0117924
上步刺剑　（摄影　1984 年年历）
南昌　江西人民出版社　1983 年［1 张］
53cm（4 开）定价：CNY0.19

J0117925
上学去　（摄影　1984 年年历）江小铎摄影
上海　上海书画出版社　1983 年　1 张　53cm（4 开）
定价：CNY0.19

J0117926
深院芳姿　（摄影　1984〈农历甲子年〉年历）苏晓摄影
福州　福建人民出版社　1983 年　1 张　54cm（4 开）
定价：CNY0.20

J0117927
思考　（摄影　1984 年年历）志成摄影
天津　天津人民美术出版社　1983 年　1 张
54cm（4 开）定价：CNY0.20

J0117928
岁寒四友　（摄影　1984〈农历甲子年〉年历）钱万里摄影
郑州　中州书画社　1983 年　1 张　54cm（4 开）

定价：CNY0.18

J0117929
塔尔寺 （青海风光 汉英文对照）詹国光摄影
北京 北京旅游出版社［1983 年］10 张
11×17cm
　　明信片。

J0117930
塔里木夜曲 （摄影 1984 年年历）冉冉摄影
南京 江苏人民出版社 1983 年 1 张 54cm（4 开）
定价：CNY0.18

J0117931
探索 （摄影 1984 年年历）姜长庚摄影
南昌 江西人民出版社［1983 年］1 张
54cm（4 开）定价：CNY0.19

J0117932
甜 （摄影 1984 年年历）唐禹民摄影
南京 江苏科学技术出版社 1983 年 1 张
54cm（4 开）定价：CNY0.18

J0117933
甜 （摄影 1984 年年历）晓峰摄影
杭州 浙江人民美术出版社 1983 年 1 张
54cm（4 开）定价：CNY0.19

J0117934
万紫千红 （摄影 1984 年年历）金宝源摄影
上海 上海人民美术出版社 1983 年 1 张
53cm（4 开）定价：CNY0.19

J0117935
微笑 （摄影 1984 年年历）姜长庚摄影
南昌 江西人民出版社［1983 年］1 张
54cm（4 开）定价：CNY0.19

J0117936
喂！您好 （摄影 1984〈农历甲子年〉年历）尹
福康摄影
长沙 湖南美术出版社 1983 年 1 张 54cm（4 开）
定价：CNY0.20

J0117937
我爱布娃娃 （摄影 1984〈农历甲子年〉年历）
吴钢摄影
北京 中国戏剧出版社 1983 年 1 张 54cm（4 开）
定价：CNY0.20

J0117938
我爱大白兔 （摄影 1984 年年历）张涵毅摄影
上海 上海人民美术出版社 1983 年 1 张
54cm（4 开）定价：CNY0.19

J0117939
我爱金丽花 （摄影 1984 年年历）刘震，张煜
摄影
天津 天津杨柳青画社 1983 年 1 张 54cm（4 开）
定价：CNY0.20

J0117940
我爱小猫咪 （摄影 1984〈农历甲子年〉年历）
刘春鸿摄影
北京 中国戏剧出版社 1983 年 1 张 54cm（4 开）
定价：CNY0.20

J0117941
我爱熊猫 （摄影 1984 年年历）王虹军摄影
南京 江苏人民出版社 1983 年 1 张 54cm（4 开）
定价：CNY0.18

J0117942
我爱自然 （摄影 1984 年年历）高强摄影
南京 江苏人民出版社［1983 年］1 张
54cm（4 开）定价：CNY0.18

J0117943
我的伙伴 （摄影 1984 年年历）刘震，张煜摄影
天津 天津杨柳青画社 1983 年 1 张 54cm（4 开）
定价：CNY0.20

J0117944
我的小钱鼓 （摄影 1984〈农历甲子年〉年历）
陈一年，相光海摄
福州 福建人民出版社 1983 年 1 张 54cm（4 开）
定价：CNY0.20

J0117945

无锡 （汉英文对照）陆炳荣等摄影

上海 上海人民美术出版社 ［1983 年］12 张

［17cm］（44 开）

J0117946

希望 （摄影 1984 年年历）徐斌摄影

天津 天津人民美术出版社 1983 年 1 张

54cm（4 开）定价：CNY0.20

　　作者徐斌，擅长摄影。主要作品有年历《算一算》《喜悦》《小演员》等。

J0117947

戏水 （摄影 1984 年年历）施大光摄影

沈阳 辽宁美术出版社 1983 年 1 张 54cm（4 开）

定价：CNY0.20

J0117948

戏水 （摄影 1985 年农历乙丑年年历）施大光摄影

沈阳 辽宁美术出版社 1984 年 1 张 54cm（4 开）

定价：CNY0.20

J0117949

想 （摄影 1984 年年历）茅瑾摄影

南京 江苏科学技术出版社 1983 年 1 张

54cm（4 开）定价：CNY0.18

J0117950

向往 （摄影 1984 年年历）曾宪阳摄影

贵阳 贵州人民出版社 1983 年 1 张 54cm（4 开）

定价：CNY0.18

J0117951

向往 （摄影 1984 年年历）王广林摄影

南京 江苏人民出版社 ［1983 年］1 张

54cm（4 开）定价：CNY0.18

　　作者王广林（1944— ），记者。江苏铜山人，历任新华日报社摄影部主任，中国摄影家协会会员，江苏新闻摄影协会副会长，江苏年画研究会理事。

J0117952

向往 （摄影 1984 年年历）江小铎摄影

上海 上海书画出版社 1983 年 1 张 54cm（4 开）

定价：CNY0.19

J0117953

向往 （摄影 1984 年年历）志成摄影

天津 天津人民美术出版社 1983 年 1 张

54cm（4 开）定价：CNY0.20

J0117954

小翠 （摄影 1984 年年历）姜伟摄影

济南 山东人民出版社 1983 年 1 张 53cm（4 开）

定价：CNY0.20

　　作者姜伟（1932— ），摄影家。江苏涟水人。山东人民出版社从事摄影工作，中国摄影家协会、中华全国新闻工作者协会会员。

J0117955

小红花 （摄影 1984 年年历）庄永兴摄影

天津 天津杨柳青画社 1983 年 1 张 53cm（4 开）

定价：CNY0.20

J0117956

心爱的玩具 （摄影 1984 年年历）王英恒摄影

天津 天津人民美术出版社 1983 年 1 张

54cm（4 开）定价：CNY0.20

　　作者王英恒（1932— ），摄影记者。生于海南琼山县，毕业于中央美术学院。曾任《新体育》《体育报》等杂志社美术图片编辑、摄影记者，人民体育出版社摄影编辑室主任，中国体育摄影学会主席，中国摄影家协会会员。摄影作品有《剑术》《绳操》《女排队长张蓉芳》等。

J0117957

心甜 （摄影 1984〈农历甲子年〉年历）马贵云摄影

长沙 湖南美术出版社 1983 年 1 张 54cm（4 开）

定价：CNY0.20

J0117958

新苗 （摄影 1984 年年历）张涵毅摄影

上海 上海人民美术出版社 1983 年 1 张

54cm（4 开）定价：CNY0.19

J0117959

新浴 （摄影 1984 年年历）刘震，张煜摄影

天津 天津杨柳青画社 1983 年 1 张 54cm（4 开）

定价：CNY0.20

J0117960

馨香 （摄影 1984 年年历）晓雪摄影

杭州 浙江人民美术出版社 1983 年 1 张
54cm（4 开）定价：CNY0.19

J0117961

幸福 （摄影 1984 年年历）刘震，张煜摄影

天津 天津杨柳青画社 1983 年 1 张 54cm（4 开）

定价：CNY0.20

J0117962

雄风 （摄影 1984 年年历）

天津 天津杨柳青画社 1983 年 1 张 78cm（2 开）

定价：CNY0.27

J0117963

旋律 （摄影 1984 年年历）王英恒摄影

北京 人民体育出版社 1983 年 1 张 54cm（4 开）

定价：CNY0.20

J0117964

旋律 （摄影 1984 年年历）兆燕摄影

成都 四川人民出版社 1983 年 1 张 54cm（4 开）

铜版纸 定价：CNY0.18，CNY0.08（胶版纸）

J0117965

学弹琴 （摄影 1984 年年历）尹福康摄影

上海 上海人民美术出版社 1983 年 1 张
54cm（4 开）定价：CNY0.19

J0117966

嫣红凝露 （摄影 1984 年年历）鲁晓明摄影

南京 江苏人民出版社 1983 年 1 张 54cm（4 开）

定价：CNY0.18

J0117967

阳光明媚 （摄影 1984〈农历甲子年〉年历）曹
振云摄影

北京 人民美术出版社 1983 年 1 张 54cm（4 开）

定价：CNY0.20

J0117968

阳光下 （摄影 1984〈农历甲子年〉年历）陈振

戈摄影

福州 福建人民出版社 1983 年 1 张 54cm（4 开）

定价：CNY0.20

J0117969

仰见排云 （摄影 1984 年年历）刘英杰摄影

天津 天津杨柳青画社 1983 年 1 张 54cm（4 开）

定价：CNY0.20

J0117970

瑶台神韵 （摄影 1984〈农历甲子年〉年历）苏
晓摄影

福州 福建人民出版社 1983 年 1 张 54cm（4 开）

定价：CNY0.20

J0117971

一江清幽 （摄影 1984 年年历）

南昌 江西人民出版社 1983 年 1 张 53cm（4 开）

定价：CNY0.19

J0117972

一九八四年摄影月历

北京 友谊出版公司 1983 年 1 张 54cm（4 开）

定价：CNY2.90

J0117973

依偎 （摄影 1983 年年历）

南昌 江西人民出版社 1983 年 1 张 39cm（8 开）

定价：CNY0.10

J0117974

怡情悦性 （摄影 1984 年年历）金宝源摄影

南昌 江西人民出版社 ［1983 年］1 张
54cm（4 开）定价：CNY0.19

J0117975

鹰蛇斗法 （摄影 1984〈农历甲子年〉年历）唐
禹民摄影

北京 人民体育出版社 1983 年 78cm（2 开）

定价：CNY0.28

　　作者唐禹民（1940—　 ），记者。出生于辽宁
朝阳市。历任国家体育总局中国体育杂志社摄
影部主任，中国体育记者协会理事，中国体育摄
影学会副主席兼秘书长等。著有《抹不掉的记忆》
《体育摄影理论与实践》等。

J0117976
迎春 （摄影 1984 年年历）王英恒摄影
天津 天津人民美术出版社 1983 年 54cm（4 开）
定价：CNY0.20

J0117977
迎佳节 （摄影 1984〈农历甲子年〉年历）黄风
摄影
广州 岭南美术出版社［1983 年］54cm（4 开）
定价：CNY0.30

J0117978
优生 （摄影 1984 年年历）黎明摄影
成都 四川省新闻图片社［1983 年］54cm（4 开）
定价：CNY0.20

J0117979
悠闲自在 （摄影 1984〈农历甲子年〉年历）方
艺摄影
北京 人民美术出版社 1983 年 54cm（4 开）
定价：CNY0.20

J0117980
游园留影 （摄影 1984 年年历）
福州 福建人民出版社 1983 年 54cm（4 开）
定价：CNY0.20

J0117981
友谊 （摄影 1984 年年历）刘震摄影
天津 天津杨柳青画社 1983 年 78cm（2 开）
定价：CNY0.27

J0117982
有趣的书 （摄影 1984 年年历）周波摄影
天津 天津人民美术出版社 1983 年 54cm（4 开）
定价：CNY0.20

J0117983
幼苗 （摄影 1984 年年历）农雨摄影
成都 四川人民出版社 1983 年 54cm（4 开）
铜版纸 定价：CNY0.18，CNY0.08（胶版纸）

J0117984
幼苗 （摄影 1984〈农历甲子年〉年历）
重庆 重庆出版社 1983 年 54cm（4 开）

定价：CNY0.20

J0117985
玉池桑影 （摄影 1984〈农历甲子年〉年历）苏
晓摄影
福州 福建人民出版社 1983 年 54cm（4 开）
定价：CNY0.20

J0117986
玉洁冰心 （摄影 1984 年年历）金宝源摄影
南昌 江西人民出版社［1983 年］54cm（4 开）
定价：CNY0.19

J0117987
育新苗 （摄影 1984 年年历）陈振戈摄影
太原 山西人民出版社 1983 年 54cm（4 开）
定价：CNY0.18

J0117988
御河桥 （摄影 1984〈农历甲子年〉年历）陈振
戈摄影
合肥 安徽人民出版社 1983 年 54cm（4 开）

J0117989
月季杏黄天 （摄影 1984〈农历甲子年〉年历）
顾棣摄影
太原 山西人民出版社 1983 年 54cm（4 开）
定价：CNY0.18

J0117990
在阳光下 （摄影 1984 年年历）志成摄影
天津 天津人民美术出版社 1983 年 54cm（4 开）
定价：CNY0.20

J0117991
展翅 （摄影 1984 年年历）王海摄影
南昌 江西人民出版社［1983 年］54cm（4 开）
定价：CNY0.19

J0117992
照个相 （摄影 1984 年年历）张涵毅，徐斌摄影
上海 上海人民美术出版社 1983 年 54cm（4 开）
定价：CNY0.19

J0117993
真好看 （摄影 1984〈农历甲子年〉年历）今涛
摄影
福州 福建人民出版社 1983 年 54cm（4 开）
定价：CNY0.20

J0117994
真有趣 （摄影 1984 年年历）郑捷摄影
长春 吉林人民出版社 1983 年 54cm（4 开）
定价：CNY0.20
　　作者郑捷，摄影家。摄影宣传画有《优生优
育茁壮成长（1984 年）》，编有《安徒生童话》等。

J0117995
真有趣 （摄影 1984 年年历）鄂毅摄影
济南 山东人民出版社 1983 年 54cm（4 开）
定价：CNY0.20

J0117996
镇远青龙洞 （摄影 1984 年年历）金德明摄影
贵阳 贵州人民出版社 1983 年 54cm（4 开）
定价：CNY0.18

J0117997
争妍 （摄影 1984〈农历甲子年〉年历）梅樱摄影
石家庄 河北美术出版社 1983 年 54cm（4 开）
定价：CNY0.20

J0117998
争艳 （摄影 1984 年年历）幽泉摄影
南京 江苏人民出版社 1983 年 54cm（4 开）
定价：CNY0.18

J0117999
只生一个好　活泼又健康 （摄影 1984 年年
历）史元摄影
南昌 江西人民出版社［1983 年］54cm（4 开）
定价：CNY0.19

J0118000
钟情 （摄影 1984 年年历）池一平摄影
杭州 浙江人民美术出版社 1983 年 54cm（4 开）
定价：CNY0.19

J0118001
祝福 （摄影 1984 年年历）陈春轩摄影
南昌 江西人民出版社［1983 年］54cm（4 开）
定价：CNY0.19

J0118002
壮志凌云 （摄影 1984 年年历）谢安摄影
北京 中国戏剧出版社 1983 年 54cm（4 开）
定价：CNY0.20

J0118003
西藏风光 （一九八五年月历）
拉萨 西藏人民出版社 1984 年 54cm（4 开）
定价：CNY3.50

J0118004
1985（摄影挂历）
哈尔滨 黑龙江美术出版社 1984 年 54cm（4 开）
定价：CNY3.40

J0118005
1985（摄影挂历）　吉林画报社编
长春 吉林人民出版社［1984 年］78cm（3 开）
定价：CNY4.50

J0118006
1985（摄影挂历）　谢新发等摄影
上海 上海人民美术出版社 1984 年 54cm（4 开）
定价：CNY2.70

J0118007
1985（摄影挂历）
天津 天津人民美术出版社 1984 年 76cm（2 开）
定价：CNY6.00

J0118008
1985（摄影挂历）
天津 天津杨柳青画社 1984 年 78cm（3 开）
定价：CNY4.30

J0118009
1985（摄影挂历）
昆明 云南民族出版社［1984 年］54cm（4 开）
定价：CNY0.80

J0118010
1985（摄影挂历）
昆明　云南民族出版社［1984 年］54cm（4 开）
定价：CNY1.20

J0118011
1985（摄影挂历）
北京　中国电影出版社［1984 年］54cm（4 开）

J0118012
1985（摄影画历）
西宁　青海人民出版社 1984 年 54cm（4 开）
定价：CNY3.40

J0118013
1985（摄影年历片）
天津　天津人民美术出版社［1984 年］4 张
13cm（60 开）定价：CNY0.40

J0118014
1985（摄影月历）
昆明　云南民族出版社［1984 年］39cm（4 开）
定价：CNY0.25

J0118015
1985 年摄影周历 （台历）
上海　上海人民美术出版社 1984 年 17cm（21 开）
定价：CNY3.00

J0118016
1985 年月历 （艺术摄影）上海人民美术出版社编
上海　上海人民美术出版社 1984 年 74cm（2 开）
定价：CNY3.20

J0118017
把好方向盘 （摄影 1985 年年历）谢安摄影
天津　天津人民美术出版社 1984 年 54cm（4 开）
定价：CNY0.20

J0118018
版纳风情 （摄影 1985 年年历）孙恒恬摄影
天津　天津人民美术出版社 1984 年 54cm（4 开）
定价：CNY0.20

J0118019
伴侣 （摄影 1985 年年历）聂雨摄影
南昌　江西人民出版社［1984 年］54cm（4 开）
定价：CNY0.19

J0118020
保俶塔晨曦——杭州 （摄影 1985 年年历）
张赫嵩摄影
石家庄　河北美术出版社 1984 年 54cm（4 开）
定价：CNY0.20

J0118021
北戴河海滨 （摄影 1985 年年历）敦竹堂摄影
石家庄　河北美术出版社 1984 年 54cm（4 开）
定价：CNY0.20

J0118022
蓓蕾 （摄影 1985 年年历）朱宪民摄影
北京　人民美术出版社 1984 年 54cm（4 开）
定价：CNY0.20
　　作者朱宪民（1942—　　），编辑。生于山东濮
城，祖籍河南范县。历任中国艺术研究院编审，
《中国摄影家》杂志社社长兼总编辑，中国摄影艺
术研究所所长，中国摄影家协会理事，中国艺术
摄影学会副会长。著作有《黄河百姓》《中国摄
影家朱宪民作品集》《草原人》等。

J0118023
冰清玉洁 （摄影 1985 年年历）刘占军摄影
福州　福建人民出版社 1984 年 54cm（4 开）
定价：CNY0.20

J0118024
苍龙入海 （摄影 1985 年年历）陈玉华摄影
合肥　安徽科学技术出版社 1984 年 54cm（4 开）
定价：CNY0.20

J0118025
蝉唱荫浓 （摄影 1985 年年历）吴然摄影
天津　天津杨柳青画社 1984 年 54cm（4 开）
定价：CNY0.20

J0118026
承德风光 （摄影 1985 年年历）李明光摄影
太原　山西人民出版社 1984 年 78cm（2 开）

定价: CNY0.27

J0118027
春风得意 （摄影 1985 年年历）钱万里摄影
长沙 湖南美术出版社 1984 年 39cm（4 开）
定价: CNY0.14

J0118028
翠滴珠醉 （摄影 1985 年农历乙丑年年历）姜
景全摄影
成都 四川省新闻图片社 ［1984 年］54cm（4 开）
定价: CNY0.20

J0118029
蝶恋花 （摄影 1985 年年历）宋振华摄影
石家庄 河北美术出版社 1984 年 54cm（4 开）
定价: CNY0.20

J0118030
蝶恋花 （摄影 1985 年农历乙丑年年历）华绍
祖摄影
沈阳 辽宁美术出版社 1984 年 39cm（4 开）
定价: CNY0.14

J0118031
风骨峥嵘 （摄影 1985 年农历乙丑年年历）李
维良摄影
成都 四川省新闻图片社 ［1984 年］54cm（4 开）
定价: CNY0.20

J0118032
观灯 （摄影 1985 年年历）葛立英摄影
济南 山东美术出版社 1984 年 54cm（4 开）
定价: CNY0.20

J0118033
国色 （摄影 1985 年年历）刘震摄影
天津 天津杨柳青画社 1984 年 54cm（4 开）
定价: CNY0.20

J0118034
海兰 （摄影 1985 年年历）程兴怀摄影
济南 山东美术出版社 1984 年 54cm（4 开）
定价: CNY0.20

J0118035
含鄱素裹 （摄影 1985 年年历）李子青摄影
南昌 江西人民出版社 ［1984 年］54cm（4 开）
统一书号: 81110.774 定价: CNY0.19

J0118036
好吃吗? （摄影 1985 年年历）邢延生摄影
南京 江苏科学技术出版社 1984 年 54cm（4 开）
定价: CNY0.20

J0118037
好镜头 （摄影 1985 年年历）天鹰摄影
杭州 浙江人民美术出版社 1984 年 54cm（4 开）
定价: CNY0.19

J0118038
好朋友 （摄影 1985 年年历）苏晓摄影
福州 福建人民出版社 1984 年 54cm（4 开）
定价: CNY0.20

J0118039
好球 （摄影 1985 年年历）周必云摄影
福州 福建人民出版社 1984 年 54cm（4 开）
定价: CNY0.20

J0118040
和平天使 （摄影 1985 年农历乙丑年年历）姜
景全摄影
成都 四川省新闻图片社 ［1984 年］54cm（4 开）
定价: CNY0.20

J0118041
荷花仙子 （摄影 1985 年农历乙丑年年历）潘
一如摄影
长沙 湖南美术出版社 1984 年 54cm（4 开）
定价: CNY0.20

J0118042
鹤乡 （摄影 1985 年年历）梁枫摄影
沈阳 辽宁美术出版社 1984 年 54cm（4 开）
定价: CNY0.20

J0118043
黑天鹅 （摄影 1985 年年历）朱云风摄影
合肥 安徽人民出版社 1984 年 54cm（4 开）

定价：CNY0.20

J0118044
红莲（摄影 1985 年年历）
福州 福建人民出版社 1984 年 54cm（4 开）
定价：CNY0.20

J0118045
红莲（摄影 1985 年年历）陈思禹摄影
银川 宁夏人民出版社 1984 年 54cm（4 开）
定价：CNY0.20

J0118046
花燃万珠红（摄影 1985 年年历）林孙杏摄影
长沙 湖南美术出版社 1984 年 54cm（4 开）
定价：CNY0.20

J0118047
花仙（摄影 1985 年年历）陈春轩，杨克林摄影
重庆 重庆出版社 1984 年 54cm（4 开）
定价：CNY0.20

J0118048
滑雪去（摄影 1985 年年历）农雨摄影
成都 四川人民出版社 1984 年 54cm（4 开）
定价：CNY0.18

J0118049
欢乐（摄影 1985 年年历）
上海 上海人民美术出版社 1984 年 78cm（2 开）
定价：CNY0.30

J0118050
郊游（摄影 1985 年年历）纯石摄影
天津 天津人民美术出版社 1984 年 54cm（4 开）
定价：CNY0.20

J0118051
皆大欢喜（摄影 1985 年年历）聂雨摄影
杭州 西泠印社 1984 年 78cm（2 开）
定价：CNY0.24

J0118052
洁（摄影 1985 年年历）曾宪阳摄影
贵阳 贵州人民出版社 1984 年 54cm（4 开）

定价：CNY0.18
　　作者曾宪阳（1940—2008），摄影师，漫画家。贵州贵阳人。曾任贵州省美术出版社副总编辑，贵州省漫画研究会副会长。主要作品有《昨天我发薪》《乱弹琴》《三思而后行》等。

J0118053
洁白无瑕（摄影 1985 年年历）佐力摄影
天津 天津人民美术出版社 1984 年 54cm（4 开）
定价：CNY0.20

J0118054
结伴吸清芬（摄影 1985 年年历）梁祖德摄影
长沙 湖南美术出版社 1984 年 54cm（4 开）
定价：CNY0.20

J0118055
金采凤（摄影 1985 年年历）
南昌 江西人民出版社［1984 年］54cm（4 开）
定价：CNY0.19

J0118056
金叶片片（摄影 1985 年年历）海德光摄影
北京 人民美术出版社 1984 年 54cm（4 开）
定价：CNY0.20

J0118057
惊喜催花（摄影 1985 年农历乙丑年年历）田捷明摄影
成都 四川省新闻图片社［1984 年］54cm（4 开）
定价：CNY0.20

J0118058
就这样照（摄影 1985 年年历）潘德润摄影
天津 天津杨柳青画社 1984 年 54cm（4 开）
定价：CNY0.20

J0118059
口弦（摄影 1985 年年历）高云翔摄影
银川 宁夏人民出版社 1984 年 54cm（4 开）
定价：CNY0.20

J0118060
蕾蕾（摄影 1985 年年历）葛立英摄影
济南 山东美术出版社 1984 年 54cm（4 开）

定价：CNY0.20

J0118061
两个小伙伴 （摄影 1985 年年历）高强摄影
郑州 河南人民出版社 1984 年 54cm（4 开）
定价：CNY0.18

J0118062
两心不语暗知情 （摄影 1985 年年历）钱万里
摄影
西安 陕西人民美术出版社 1984 年 54cm（4 开）
定价：CNY0.20

J0118063
凌空 （摄影 1985 年年历）同海摄影
天津 天津杨柳青画社 1984 年 54cm（4 开）
定价：CNY0.20

J0118064
柳上话语 （摄影 1985 年年历）钱万里摄影
长沙 湖南美术出版社 1984 年 39cm（4 开）
定价：CNY0.14

J0118065
绿色的旋律 （摄影 1985 年年历）张一摄影
天津 天津杨柳青画社 1984 年 54cm（4 开）
定价：CNY0.20

J0118066
美的旋律 （摄影 1985 年年历）王新民摄影
石家庄 河北美术出版社 1984 年 54cm（4 开）
定价：CNY0.20

J0118067
美的旋律 （摄影 1985 年农历乙丑年年历）
重庆 重庆出版社 1984 年 78cm（2 开）
定价：CNY0.28

J0118068
美丽的五彩笔 （摄影 1985 年年历）晓马摄影
杭州 浙江人民美术出版社 1984 年 54cm（4 开）
定价：CNY0.19

J0118069
苗苗 （摄影 1985 年年历）陈扬坤摄影

福州 福建人民出版社 1984 年 54cm（4 开）
定价：CNY0.20

J0118070
苗苗 （摄影 1985 年年历）徐斌，张涵毅摄影
石家庄 河北美术出版社 1984 年 54cm（4 开）
定价：CNY0.20

J0118071
妙音 （摄影 1985 年年历）李元奇摄影
沈阳 辽宁美术出版社 1984 年 54cm（4 开）
定价：CNY0.20

J0118072
母子情 （摄影 1985 年年历）金铎摄影
长沙 湖南美术出版社 1984 年 54cm（4 开）
定价：CNY0.20

J0118073
囡囡 （摄影 1985 年年历）
上海 上海人民美术出版社 1984 年 78cm（2 开）
定价：CNY0.30

J0118074
南京 （汉英文对照）南京博物院编
北京 文物出版社 1984 年 10 张 15cm（64 开）
定价：CNY0.75
　　摄影明信片辑。

J0118075
闹春 （摄影 1985 年年历）苏俊慧摄影
乌鲁木齐 新疆人民出版社 1984 年 54cm（4 开）
定价：CNY0.20

J0118076
霓裳 （摄影 1985 年农历乙丑年年历）李诚摄影
成都 四川人民出版社 1984 年 54cm（4 开）
定价：CNY0.18

J0118077
你猜是什么 （摄影 1985 年年历）曹震云，方
蕴华摄影
天津 天津杨柳青画社 1984 年 54cm（4 开）
定价：CNY0.20

J0118078
年月峥嵘 （摄影 1985 年年历）陈玉华，孙燕军摄影
合肥 安徽人民出版社 1984 年 54cm（4 开）
定价：CNY0.20

J0118079
凝眸 （摄影 1985 年年历）何信泉摄影
长沙 湖南美术出版社 1984 年 54cm（4 开）
定价：CNY0.20

J0118080
凝望 （摄影 1985 年年历）徐斌，张涵毅摄影
石家庄 河北美术出版社 1984 年 54cm（4 开）
定价：CNY0.20

J0118081
怒放 （摄影 1985 年年历）
兰州 甘肃人民出版社 1984 年 54cm（4 开）
定价：CNY0.20

J0118082
攀 （摄影 1985 年年历）陈国庭摄影
成都 四川人民出版社 1984 年 54cm（4 开）
定价：CNY0.18

J0118083
胖胖 （摄影 1985 年年历）谢新发，张函毅摄影
昆明 云南人民出版社 1984 年 54cm（4 开）
定价：CNY0.20

J0118084
琴音袅袅 （摄影 1985 年年历）尹福康摄影
成都 四川人民出版社 1984 年 54cm（4 开）
定价：CNY0.18

J0118085
青春常驻 （摄影 1985 年年历）胡庆荣摄影
合肥 安徽人民出版社 1984 年 54cm（4 开）
定价：CNY0.20

J0118086
秋晨 （摄影 1985 年年历）李福堂摄影
武汉 长江文艺出版社 1984 年 54cm（4 开）
定价：CNY0.20

J0118087
秋光艳阳 （摄影 1985 年年历）宋秋摄影
天津 天津杨柳青画社 1984 年 54cm（4 开）
定价：CNY0.20

J0118088
群星璀璨 （摄影 1985 年年历）天鹰摄影
长沙 湖南美术出版社 1984 年 39cm（8 开）
定价：CNY0.10

J0118089
日暖江南春 （摄影 1985 年年历）尹福康摄影
长沙 湖南美术出版社 1984 年 54cm（4 开）
定价：CNY0.20

J0118090
山吹 （摄影 1985 年年历）钱豫强摄影
杭州 浙江人民美术出版社 1984 年 54cm（4 开）
定价：CNY0.19
　　作者钱豫强（1944— ），浙江嘉善人，历任浙江美术出版社副编审，浙江赛丽美术馆执行馆长。

J0118091
山如碧玉簪 （摄影 1985 年年历）唐杰之摄影
长沙 湖南美术出版社 1984 年 54cm（4 开）
定价：CNY0.20

J0118092
闪光的年代 （摄影 1985 年农历乙丑年年历）
谢新发摄影
成都 四川省新闻图片社［1984 年］［1 张］
54cm（4 开）定价：CNY0.20

J0118093
思 （摄影 1985 年年历）纯石摄影
天津 天津人民美术出版社 1984 年 1 张
54cm（4 开）定价：CNY0.20

J0118094
思 （摄影 1985 年年历）陈石摄影
武汉 长江文艺出版社 1984 年 1 张 54cm（4 开）
定价：CNY0.20

J0118095

四季之鹿 （摄影 1985 年年历）（日）中村东见摄影
天津 天津杨柳青画社 1984 年 1 张 54cm（4 开）
定价：CNY0.20

J0118096

苏州 （汉英文对照）
北京 中国旅游出版社 1984 年 12 张 15cm（64 开）
定价：CNY0.66

　　摄影明信片辑。

J0118097

算一算 （摄影 1985 年年历）徐斌摄影
石家庄 河北美术出版社 1984 年 1 张
54cm（4 开）定价：CNY0.20

　　作者徐斌，擅长摄影。主要作品有年历《算一算》《喜悦》《小演员》等。

J0118098

唐乐 （摄影 1985 年年历）群力摄影
西安 陕西人民美术出版社 1984 年 54cm（4 开）
定价：CNY0.20

J0118099

天山明珠 （摄影 1985 年年历）张彬摄影
沈阳 辽宁美术出版社 1984 年 1 张 54cm（4 开）
定价：CNY0.20

J0118100

天真 （摄影 1985 年年历）
上海 上海人民美术出版社 1984 年 1 张
78cm（2 开）定价：CNY0.30

J0118101

恬静 （摄影 1985 年农历乙丑年年历）凌承纬摄影
重庆 重庆出版社 1984 年 1 张 54cm（4 开）
定价：CNY0.20

　　作者凌承纬（1944— ），编审。重庆永川人。历任中国美术家协会四川分会理事，重庆美术家协会艺术理论委员会主任，红岩文学杂志美术编辑。出版有《四川新兴版画发展史》《画笔下的寻找》《现实主义之路》《时代与艺术》《传承·求索》等。

J0118102

甜 （摄影 1985 年年历）刘建华摄影
西安 陕西人民美术出版社 1984 年 1 张
54cm（4 开）定价：CNY0.20

J0118103

甜 （摄影 1985 年年历）姜长庚摄影
上海 上海人民美术出版社 1984 年 1 张
54cm（4 开）定价：CNY0.20

J0118104

甜美 （摄影 1985 年年历）周钦岳摄影
上海 上海人民美术出版社 1984 年 1 张
54cm（4 开）定价：CNY0.20

J0118105

甜蜜 （摄影 1985 年年历）叶介渔摄影
成都 四川人民出版社 1984 年 1 张 54cm（4 开）
定价：CNY0.18

J0118106

甜甜 （摄影 1985 年年历）陈扬坤摄影
福州 福建人民出版社 1984 年 1 张 54cm（4 开）
定价：CNY0.20

J0118107

甜甜 （摄影 1985 年年历）吕渝生，笪建华摄影
天津 天津杨柳青画社 1984 年 1 张 54cm（4 开）
定价：CNY0.20

J0118108

听阿姨讲故事 （摄影 1985 年年历）茅瑾摄影
南京 江苏科学技术出版社 1984 年 1 张
54cm（4 开）定价：CNY0.20

J0118109

娃娃会开车 （摄影 1985 年年历）纯石摄影
天津 天津人民美术出版社 1984 年 1 张
54cm（4 开）定价：CNY0.20

J0118110

王吊钟 （摄影 1985 年年历）
北京 中国文联出版公司 1984 年 1 张
54cm（4 开）定价：CNY0.20

J0118111
微笑 （摄影 1985 年年历）陈连武摄影
天津 天津杨柳青画社 1984 年 1 张 78cm（2 开）
定价: CNY0.27

J0118112
微笑 （摄影 1985 年年历）陈健腾摄影
杭州 西泠印社 1984 年 1 张 54cm（4 开）
定价: CNY0.20

J0118113
喂, 您好! （摄影 1985 年年历）林群摄影
合肥 安徽人民出版社 1984 年 1 张 54cm（4 开）
定价: CNY0.20

J0118114
温沛 （摄影 1985 年年历）
南昌 江西人民出版社 ［1984 年］1 张
54cm（4 开）定价: CNY0.19

J0118115
我爱鲜花 （摄影 1985 年农历乙丑年年历）袁
学军摄影
北京 中国戏剧出版社 1984 年 1 张 54cm（4 开）
定价: CNY0.20

J0118116
我爱小红花 （摄影 1985 年年历）陈根龙摄影
北京 人民美术出版社 1984 年 1 张 54cm（4 开）
定价: CNY0.20

J0118117
我爱小花 （摄影 1985 年年历）立宾摄影
兰州 甘肃人民出版社 1984 年 1 张 54cm（4 开）
定价: CNY0.20

J0118118
我爱小花狗 （摄影 1985 年年历）杨定国摄影
上海 上海人民美术出版社 1984 年 1 张
54cm（4 开）定价: CNY0.20

J0118119
我爱小鹿 （摄影 1985 年年历）于占德摄影
济南 山东美术出版社 1984 年 1 张 54cm（4 开）
定价: CNY0.20

作者于占德（1946—　　）, 山东武城县人。曾
任中国美术家协会会员、山东画院高级画师、德
州学院副教授等职。主要作品有《农家宝宝》
《甜》《连年有余》等。

J0118120
我爱迎春花 （摄影 1985 年年历）李元奇摄影
天津 天津人民美术出版社 1984 年 1 张
54cm（4 开）定价: CNY0.20

J0118121
我爱中国 （摄影 1985 年年历）周炘摄影
上海 上海书画出版社 1984 年 1 张 54cm（4 开）
定价: CNY0.20

J0118122
我的朋友 （摄影 1985 年年历）黄友摄影
天津 天津杨柳青画社 1984 年 1 张 54cm（4 开）
定价: CNY0.20

J0118123
我和小花 （摄影 1985 年年历）王金亨摄影
昆明 云南人民出版社 1984 年 1 张 54cm（4 开）
定价: CNY0.20

J0118124
我和小猫 （摄影 1985 年年历）金铎摄影
沈阳 辽宁美术出版社 1984 年 1 张 54cm（4 开）
定价: CNY0.20

J0118125
我胖吗? （摄影 1985 年年历）茅瑾摄影
南京 江苏科学技术出版社 1984 年 1 张
54cm（4 开）定价: CNY0.20

J0118126
我是小巴郎 （摄影 1985 年年历）巨鹿摄影
杭州 浙江人民美术出版社 1984 年 1 张
54cm（4 开）定价: CNY0.19

J0118127
我是小红花 （摄影 1985 年年历）陈振戈摄影
杭州 浙江人民美术出版社 1984 年 1 张
54cm（4 开）定价: CNY0.19

J0118128
我也要游泳　（摄影 1985 年年历）柏雨果摄影
西安 陕西人民美术出版社 1984 年 1 张
54cm（4 开）定价：CNY0.20

　　作者柏雨果（1948—　），摄影师。陕西凤县人。中国摄影家协会会员、中国电影家协会会员。曾举办《天、地、人》摄影作品展，出版文学作品《拜见非洲大酋长》。

J0118129
我有苹果　（摄影 1985 年年历）陈扬坤摄影
福州 福建人民出版社 1984 年 1 张 54cm（4 开）
定价：CNY0.20

J0118130
我在这儿　（摄影 1985 年年历）江小铎摄影
上海 上海书画出版社 1984 年 1 张 54cm（4 开）
定价：CNY0.20

J0118131
我在这儿　（摄影 1985 年年历）天鹰摄影
天津 天津人民美术出版社 1984 年 1 张
54cm（4 开）定价：CNY0.20

J0118132
我知道　（摄影 1985 年年历）
上海 上海人民美术出版社 1984 年 1 张
78cm（2 开）定价：CNY0.30

J0118133
无敌于天下　（摄影 1985 年农历乙丑年年历）戴纪明摄影
成都 四川省新闻图片社［1984 年］1 张
54cm（4 开）定价：CNY0.20

J0118134
无锡风光　（摄影 1985 年年历）刘世昭摄影
太原 山西人民出版社 1984 年 1 张 54cm（4 开）
定价：CNY0.20

　　作者刘世昭（1948—　），摄影家。四川省成都市人。作品《神境幽声》《归来的羊群》，摄影集有《徒步三峡》。

J0118135
无锡风光　（汉日英文对照）华仲明摄影
北京 外文出版社 1984 年 10 张 15cm（64 开）
定价：CNY1.10
　　摄影明信片。

J0118136
无锡蠡园　（摄影 1985 年年历）林日雄摄影
合肥 安徽人民出版社 1984 年 1 张 54cm（4 开）
定价：CNY0.20

J0118137
勿忘国耻　振兴中华　（摄影 1985 年农历乙丑年年历）刘烙山摄影
成都 四川省新闻图片社［1984 年］1 张
54cm（4 开）定价：CNY0.20

J0118138
吸引　（摄影 1985 年年历）陈国庭摄影
成都 四川人民出版社 1984 年 1 张 54cm（4 开）
定价：CNY0.18

J0118139
希望　（摄影 1985 年农历乙丑年年历）张苏妍摄影
成都 四川省新闻图片社［1984 年］1 张
54cm（4 开）定价：CNY0.20

J0118140
嬉水　（摄影 1985 年年历）丁锋摄影
福州 福建人民出版社 1984 年 1 张 54cm（4 开）
定价：CNY0.20

J0118141
喜庆　（摄影 1985 年年历）谢新发摄影
昆明 云南人民出版社 1984 年 1 张 54cm（4 开）
定价：CNY0.20

J0118142
喜悦　（摄影 1985 年年历）刘立宾摄影
郑州 河南人民出版社 1984 年 1 张 78cm（2 开）
定价：CNY0.24

J0118143
戏水　（摄影 1985 年年历）梅延林摄影
武汉 长江文艺出版社 1984 年 1 张 54cm（4 开）
定价：CNY0.20

J0118144
遐想 （摄影 1985 年年历）高强摄影
南京 江苏科学技术出版社 1984 年 1 张
54cm（4 开）定价：CNY0.20

J0118145
暇游 （摄影 1985 年年历）景青峰摄影
银川 宁夏人民出版社 1984 年 1 张 54cm（4 开）
定价：CNY0.20

J0118146
夏日 （摄影 1985 年年历）马奔摄影
福州 福建人民出版社 1984 年 1 张 54cm（4 开）
定价：CNY0.20

J0118147
夏日 （摄影 1985 年年历）陌福摄影
西安 陕西人民美术出版社 1984 年 1 张
78cm（2 开）定价：CNY0.27

J0118148
夏日 （摄影 1985 年年历）农雨摄影
成都 四川人民出版社 1984 年 1 张 54cm（4 开）
定价：CNY0.18

J0118149
鲜花献给解放军 （摄影 1985 年年历）张克庆
摄影
杭州 浙江人民美术出版社 1984 年 1 张
54cm（4 开）定价：CNY0.19

J0118150
乡间的小路 （摄影 1985 年年历）吕一摄影
天津 天津人民美术出版社 1984 年 1 张
54cm（4 开）定价：CNY0.20

J0118151
向前、向前、向前 （摄影 1985 年年历）孙振
宇摄影
成都 四川人民出版社 1984 年 1 张 54cm（4 开）
定价：CNY0.18

J0118152
向往 （摄影 1985 年年历）天鹰，更生摄影
杭州 浙江人民美术出版社 1984 年 1 张

54cm（4 开）定价：CNY0.19

J0118153
向往 （摄影 1985 年农历乙丑年年历）吕渝生
摄影
重庆 重庆出版社 1984 年 1 张 54cm（4 开）
定价：CNY0.20

J0118154
象趣横生 （摄影 1985 年年历）陈玉华，高旗
摄影
合肥 安徽科学技术出版社 1984 年 1 张
54cm（4 开）定价：CNY0.20

J0118155
小冰冰 （摄影 1985 年年历）天鹰摄影
杭州 浙江人民美术出版社 1984 年 1 张
54cm（4 开）定价：CNY1.19

J0118156
小放牛 （摄影 1985 年年历）纪梅摄影
石家庄 河北美术出版社 1984 年 1 张
78cm（2 开）定价：CNY0.27

J0118157
小径 （摄影 1985 年年历）纯石摄影
天津 天津人民美术出版社 1984 年 1 张
54cm（4 开）定价：CNY0.20

J0118158
小苗 （摄影 1985 年年历）虞磊，陈盈国摄影
北京 中国戏剧出版社 1984 年 1 张 54cm（4 开）
定价：CNY0.20

J0118159
小小 （摄影 1985 年年历）金铎摄影
沈阳 辽宁美术出版社 1984 年 1 张 54cm（4 开）
定价：CNY0.20

J0118160
笑一笑 （摄影 1985 年年历）陈春轩，丁国兴
摄影
石家庄 河北美术出版社 1984 年 1 张
54cm（4 开）定价：CNY0.20

J0118161
心儿的歌 （摄影 1985 年年历）岳鹏飞摄影
福州 福建人民出版社 1984 年 1 张 54cm（4 开）
定价: CNY0.20

J0118162
新蕾 （摄影 1985 年年历）金铎摄影
沈阳 辽宁美术出版社 1984 年 1 张 54cm（4 开）
定价: CNY0.20

J0118163
新苗 （摄影 1985 年年历）穆家宏, 倪嘉德摄影
上海 上海人民美术出版社 1984 年 1 张
54cm（4 开）定价: CNY0.20

J0118164
新苗 （摄影 1985 年年历）青山摄影
天津 天津杨柳青画社 1984 年 1 张 54cm（4 开）
定价: CNY0.20

J0118165
新声 （摄影 1985 年年历）冯静之摄影
合肥 安徽人民出版社 1984 年 1 张 54cm（4 开）
定价: CNY0.20

J0118166
新姿 （摄影 1985 年年历画）向彭摄影
北京 人民体育出版社 1984 年 1 张 78cm（2 开）
定价: CNY0.28

J0118167
星湖凤凰开 （摄影 1985 年年历）林孙杏摄影
石家庄 河北美术出版社 1984 年 1 张
54cm（4 开）定价: CNY0.20

J0118168
星球 （摄影 1985 年年历）
北京 中国文联出版公司 1984 年 1 张
54cm（4 开）定价: CNY0.20

J0118169
幸福 （摄影 1985 年年历）郑赞嘉摄影
福州 福建人民出版社 1984 年 1 张 54cm（4 开）
定价: CNY0.20

J0118170
幸福 （摄影 1985 年年历）王兴建摄影
上海 上海人民美术出版社 1984 年 1 张
54cm（4 开）定价: CNY0.20

J0118171
幸福 （摄影 1985 年年历）陈石摄影
武汉 长江文艺出版社 1984 年 1 张 54cm（4 开）
定价: CNY0.20

J0118172
绣春图 （摄影 1985 年年历）刘江远摄影
南昌 江西人民出版社 [1984 年] 1 张
54cm（4 开）定价: CNY0.19

J0118173
学妈妈 （摄影 1985 年农历乙丑年年历）范仲
实摄影
成都 四川省新闻图片社 [1984 年] [1 张]
54cm（4 开）定价: CNY0.20

J0118174
学算术 （摄影 1985 年年历）吴钢摄影
天津 天津人民美术出版社 1984 年 1 张
54cm（4 开）定价: CNY0.20

J0118175
学习雷锋好榜样 （摄影 1985 年年历）杨苏民
摄影
福州 福建人民出版社 1984 年 1 张 54cm（4 开）
定价: CNY0.20

J0118176
丫丫 （摄影 1985 年年历）金铎摄影
沈阳 辽宁美术出版社 1984 年 1 张 54cm（4 开）
定价: CNY0.20

J0118177
扬眉腾飞 （摄影 1985 年农历乙丑年年历）传
艺摄影
成都 四川省新闻图片社 [1984 年] 1 张
54cm（4 开）定价: CNY0.20

J0118178
阳光下 （摄影 1985 年年历）马奔摄影

福州 福建人民出版社 1984 年 1 张 54cm（4 开）
定价：CNY0.20

J0118179
阳光下 （摄影 1985 年农历乙丑年年历）杨明富摄影
重庆 重庆出版社 1984 年 1 张 78cm（2 开）
定价：CNY0.28

J0118180
遥峰凝翠霭 （摄影 1985 年年历）何信泉摄影
长沙 湖南美术出版社 1984 年 1 张 54cm（4 开）
定价：CNY0.20

J0118181
野渡 （摄影 1985 年年历）刘以宽摄影
武汉 长江文艺出版社 1984 年 1 张 39cm（8 开）
定价：CNY0.10

J0118182
已闻燕雁一声新 （摄影 1985 年年历）钱万里摄影
西安 陕西人民美术出版社 1984 年 1 张 54cm（4 开）定价：CNY0.20

J0118183
艺坛吐芳 （摄影 1985 年农历乙丑年年历）笪建华摄影
成都 四川省新闻图片社［1984 年］1 张 54cm（4 开）定价：CNY0.20

J0118184
银装世界 （摄影 1985 年年历）徐向摄影
天津 天津杨柳青画社 1984 年 1 张 54cm（4 开）
定价：CNY0.20

J0118185
引滦入津展宏图 （摄影 1985 年年历）支柱摄影
天津 天津杨柳青画社 1984 年 1 张 78cm（2 开）
定价：CNY0.27

J0118186
迎春 （摄影 1985 年年历）谢新发，晓音摄影
上海 上海人民美术出版社 1984 年 54cm（4 开）
定价：CNY0.20

J0118187
迎春 （摄影 1985 年年历）金玉摄影
天津 天津杨柳青画社 1984 年 54cm（4 开）
定价：CNY0.20

J0118188
迎春桃 （摄影 1985 年年历）区松德摄影
广州 岭南美术出版社 1984 年 39cm（4 开）
定价：CNY0.20

J0118189
迎春图 （摄影 1985 年年历）韩洪摄影
合肥 安徽人民出版社 1984 年 54cm（4 开）
定价：CNY0.20

J0118190
迎风展翅 （摄影 1985 年年历）钱万里摄影
长沙 湖南美术出版社 1984 年 39cm（4 开）
定价：CNY0.14

J0118191
优生 （摄影 1985 年年历）朱裕陶摄影
福州 福建人民出版社 1984 年 54cm（4 开）
定价：CNY0.20

J0118192
幽境 （摄影 1985 年年历）天鹰摄影
杭州 浙江人民美术出版社 1984 年 76cm（2 开）
定价：CNY0.35

J0118193
友爱 （摄影 1985 年年历）钱万里摄影
西安 陕西人民美术出版社 1984 年 54cm（4 开）
定价：CNY0.20

J0118194
友爱 （摄影 1985 年年历）杨定国摄影
上海 上海人民美术出版社 1984 年 54cm（4 开）
定价：CNY0.20

J0118195
友爱 （摄影 1985 年年历）
天津 天津杨柳青画社 1984 年 54cm（4 开）
定价：CNY0.20

J0118196
友谊 （摄影 1985 年年历）段震中摄影
合肥 安徽人民出版社 1984 年 54cm（4 开）
定价：CNY0.20
　　作者段震中（1944—　　），河南滑县人。毕业
于中央工艺美术学院。中国电影家协会会员、中
国电影美术学会会员，北京电影制片厂美术设计
师。担任过数十部影片和多部电视剧的美术设
计，主要有《元帅之死》《四个小伙伴》等。

J0118197
友谊 （摄影 1985 年年历）段震中摄影
郑州 河南人民出版社 1984 年 54cm（4 开）
定价：CNY0.18

J0118198
有趣的玩具 （摄影 1985 年年历）梅延林摄影
武汉 长江文艺出版社 1984 年 54cm（4 开）
定价：CNY0.20

J0118199
又一春 （摄影 1985 年农历乙丑年年历）晓庄
摄影
沈阳 辽宁美术出版社 1984 年 54cm（4 开）
定价：CNY0.20

J0118200
幼苗 （摄影 1985 年年历）蒙紫摄影
南京 江苏美术出版社 1984 年 54cm（4 开）
定价：CNY0.20

J0118201
幼苗 （摄影 1985 年年历）薛天祥摄影
西安 陕西人民美术出版社 1984 年 54cm（4 开）
定价：CNY0.20

J0118202
鱼水情 （摄影 1985 年年历）范德元摄影
石家庄 河北美术出版社 1984 年 54cm（4 开）
定价：CNY0.20

J0118203
鱼游图 （摄影 1985 年年历）孙肃显摄影
郑州 河南人民出版社 1984 年 39cm（4 开）
定价：CNY0.12

J0118204
玉兰 （摄影 1985 年年历）顾棣摄影
太原 山西人民出版社 1984 年 54cm（4 开）
定价：CNY0.20

J0118205
玉兰 （摄影 1985 年年历）黄克勤摄影
武汉 长江文艺出版社 1984 年 54cm（4 开）
定价：CNY0.20

J0118206
浴后 （摄影 1985 年年历）岑卫摄影
上海 上海人民美术出版社 1984 年 54cm（4 开）
定价：CNY0.20

J0118207
圆圆 （摄影 1985 年年历）岳鹏飞摄影
天津 天津人民美术出版社 1984 年 54cm（4 开）
定价：CNY0.20

J0118208
远眺 （摄影 1985 年年历）纯石摄影
天津 天津人民美术出版社 1984 年 54cm（4 开）
定价：CNY0.20

J0118209
月月红 （摄影 1985 年农历乙丑年年历）易行，
朱进摄影
成都 四川省新闻图片社［1984 年］54cm（4 开）
定价：CNY0.20

J0118210
岳阳 （汉日英文对照）言浩生等摄影
长沙 湖南美术出版社 1984 年 8 张 15cm（64 开）
定价：CNY0.55
　　摄影明信片。

J0118211
在阳光下 （摄影 1985 年年历）高强摄影
南京 江苏科学技术出版社 1984 年 54cm（4 开）
定价：CNY0.20

J0118212
照镜子 （摄影 1985 年年历）娄晓曦摄影
天津 天津人民美术出版社 1984 年 54cm（4 开）

定价: CNY0.20

　　作者娄晓曦, 摄影家。主要作品有《重庆长江大桥》《雪》《思念》等。

J0118213
这是什么 （摄影 1985 年年历）陈湘华摄影
昆明 云南人民出版社 1984 年 54cm（4 开）
定价: CNY0.20

J0118214
真好玩 （摄影 1985 年年历）苏晓摄影
福州 福建人民出版社 1984 年 54cm（4 开）
定价: CNY0.20

J0118215
真甜 （摄影 1985 年年历）海德光摄影
北京 人民美术出版社 1984 年 54cm（4 开）
定价: CNY0.20

J0118216
争妍 （摄影 1985 年年历）王洪珣摄影
石家庄 河北美术出版社 1984 年 54cm（4 开）
定价: CNY0.20

J0118217
争艳 （摄影 1985 年年历）
兰州 甘肃人民出版社 1984 年 54cm（4 开）
定价: CNY0.20

J0118218
争艳 （摄影 1985 年农历乙丑年年历）赵维泽摄影
重庆 重庆出版社 1984 年 54cm（4 开）
定价: CNY0.20

J0118219
知音 （摄影 1985 年年历）段震中摄影
郑州 河南人民出版社 1984 年 54cm（4 开）
定价: CNY0.18

J0118220
祝您健康 （摄影 1985 年年历）肖安摄影
成都 四川人民出版社 1984 年 54cm（4 开）
定价: CNY0.18

J0118221
捉迷藏 （摄影 1985 年年历）陈宗健摄影
上海 上海人民美术出版社 1984 年 54cm（4 开）
定价: CNY0.20

J0118222
1985：摄影挂历
北京 中国对外经济贸易出版社 1985 年
73cm（3 开）

J0118223
1986：摄影挂历
哈尔滨 北方文艺出版社［1985 年］85cm（3 开）
定价: CNY5.20

J0118224
1986：摄影挂历 杨永明等摄
郑州 河南美术出版社 1985 年 53cm（4 开）
定价: CNY3.80

J0118225
1986：摄影挂历 王志渊等摄
广州 岭南美术出版社［1985 年］85cm（3 开）
定价: CNY4.50

J0118226
1986：摄影挂历
济南 山东少年儿童出版社 1985 年 53cm（4 开）
定价: CNY3.20

J0118227
1986：摄影挂历
上海 上海人民美术出版社 1985 年 73cm（2 开）

J0118228
1986：摄影——光与影 王志强摄
南京 江苏美术出版社 1985 年 85cm（3 开）
定价: CNY5.20

J0118229
1986：摄影——中国风情
南昌 江西人民出版社 1985 年 85cm（3 开）
定价: CNY5.00

J0118230
1986 年摄影艺术欣赏月历
上海　上海人民美术出版社 1985 年 85cm（3 开）
定价：CNY5.00

J0118231
宝扣 （摄影 1986 年年历）杨刚摄影
昆明　云南人民出版社 1985 年 1 张 54cm（4 开）
定价：CNY0.22

J0118232
报春 （摄影 1986 年年历）马元浩摄影
福州　福建美术出版社 1985 年 1 张 54cm（4 开）
定价：CNY0.24

J0118233
北京 （第二辑 汉英对照）外文出版社
北京　外文出版社 1985 年 10 张 15cm（64 开）
定价：CNY1.20
　　摄影明信片。

J0118234
北京风光 （汉英日对照 一）中国旅游出版社
北京　中国旅游出版社 1985 年 12 张 15cm（40 开）
　　摄影明信片。

J0118235
北京风光 （汉英日对照 二）中国旅游出版社
北京　中国旅游出版社 1985 年 12 张 15cm（40 开）
　　摄影明信片。

J0118236
沧浪结伴游 （摄影 1986 年年历）张涵毅摄影
沈阳　辽宁美术出版社 1985 年 1 张 54cm（4 开）
定价：CNY0.25

J0118237
姹紫嫣红 （摄影 1986 年年历）陈振戈摄影
石家庄　河北美术出版社 1985 年 1 张
54cm（4 开）定价：CNY0.22

J0118238
乘风破浪 （1986 年年历）何克敌摄影
广州　岭南美术出版社 1985 年 1 张 39cm（4 开）
定价：CNY0.20

J0118239
待渡 （摄影 1986 年年历）
福州　福建美术出版社 1985 年 1 张 54cm（4 开）
定价：CNY0.24

J0118240
豆绿 （摄影 1986 年年历）梁祖宏摄影
郑州　河南美术出版社 1985 年 1 张 78cm（3 开）
定价：CNY0.30

J0118241
高速滑车 （摄影 1986 年农历丙寅年年历）李
蕾摄影
广州　岭南美术出版社 1985 年 1 张 39cm（4 开）
定价：CNY0.20

J0118242
瓜叶菊 （摄影 1986 年年历）肖顺权摄影
济南　山东美术出版社 1985 年 1 张 53cm（4 开）
定价：CNY0.24

J0118243
桂林 漓江出版社
桂林　漓江出版社 1985 年 10 张 13cm（60 开）
定价：CNY1.10
　　摄影明信片。

J0118244
哈尔滨风光 （1 汉、英、日、俄对照）程力立
摄影
哈尔滨　黑龙江美术出版社 1985 年 10 张
13cm（60 开）
　　摄影明信片。

J0118245
寒星 （摄影 1986 年年历）周俊彦摄影
石家庄　河北美术出版社 1985 年 1 张
54cm（4 开）定价：CNY0.22

J0118246
好伙伴 （摄影 1986 年年历）
南昌　江西人民出版社［1985 年］1 张
53cm（4 开）定价：CNY0.24

J0118247
荷塘清趣 （摄影 1986 年年历）肖星摄影
长春 吉林人民出版社 1985 年 1 张 39cm（4 开）
定价: CNY0.14

J0118248
鹤乡 （汉英对照）丁凤玲等摄影
哈尔滨 黑龙江美术出版社 1985 年 10 张
15cm（40 开）定价: CNY1.10
　　摄影明信片。

J0118249
黑蜻蜓 （摄影 1986 年年历）陈松筠摄影
上海 上海人民美术出版社 1985 年 1 张
54cm（4 开）定价: CNY0.24

J0118250
红豆相思 （摄影 1986 年年历）黄乐摄影
合肥 安徽科学技术出版社 1985 年 1 张
78cm（3 开）定价: CNY0.35

J0118251
红鸾禧 （摄影 1986 年年历）兆欣, 基中摄影
南京 江苏美术出版社 1985 年 1 张 53cm（4 开）
定价: CNY0.24

J0118252
红艳凝香 （摄影 1986 年年历）金宝源摄影
合肥 安徽科学技术出版社 1985 年 1 张
78cm（3 开）定价: CNY0.35

J0118253
花儿朵朵 （摄影 1986 年年历）丁铮摄影
福州 福建美术出版社 1985 年 1 张 53cm（4 开）
定价: CNY0.24

J0118254
花园作诗 （摄影 1986 年年历）陈振戈摄影
合肥 安徽美术出版社 1985 年 1 张 53cm（4 开）
定价: CNY0.24

J0118255
欢 （摄影 1986 年年历）李以恭摄影
武汉 湖北美术出版社 1985 年 1 张 53cm（4 开）
定价: CNY0.24

J0118256
吉祥 （摄影 1986 年年历）杨永明摄影
郑州 河南美术出版社 1985 年 1 张 53cm（4 开）
定价: CNY0.23

J0118257
假日 （摄影 1986 年年历）尹春华摄影
福州 福建美术出版社 1985 年 1 张 78cm（2 开）
定价: CNY0.32

J0118258
假日 （摄影 1987 年年历）尹春华摄影
福州 福建美术出版社 1986 年 1 张 78cm（2 开）
定价: CNY0.32

J0118259
江湖唱晚 （摄影 1986 年年历）凌军摄影
合肥 安徽美术出版社 1985 年 1 张 53cm（4 开）
定价: CNY0.24

J0118260
娇娇 （摄影 1986 年年历）曹振威摄影
石家庄 河北美术出版社 1985 年 1 张
54cm（4 开）定价: CNY0.24

J0118261
娇娇 （摄影 1987 年年历）曹振威摄影
石家庄 河北美术出版社 1986 年 1 张
53cm（4 开）定价: CNY0.25

J0118262
金光闪闪 （摄影 1986 年年历）王英恒摄影
北京 人民体育出版社 1985 年 1 张 78cm（2 开）
定价: CNY0.33
　　作者王英恒（1932—　 ），摄影记者。生于海
南琼山县，毕业于中央美术学院。曾任《新体育》
《体育报》等杂志社美术图片编辑、摄影记者，人
民体育出版社摄影编辑室主任，中国体育摄影学
会主席，中国摄影家协会会员。摄影作品有《剑
术》《绳操》《女排队长张蓉芳》等。

J0118263
晶晶 （摄影 1986 年年历）章荣海摄影
石家庄 河北美术出版社 1985 年 1 张
54cm（4 开）定价: CNY0.24

J0118264
晶晶 （摄影 1987 年年历）章荣海摄影
石家庄 河北美术出版社 1986 年 1 张
53cm（4 开）定价：CNY0.25

J0118265
乐 （摄影 1986 年年历）林伟新摄影
武汉 湖北美术出版社 1985 年 1 张
53cm（4 开）定价：CNY0.24

J0118266
乐 （摄影 1986 年年历）赵淑琪摄影
济南 山东美术出版社 1985 年 1 张 53cm（4 开）
定价：CNY0.24

J0118267
乐哈哈 （摄影 1986 年农历丙寅年年历）陈湘
华摄影
太原 山西人民出版社 1985 年 1 张 53cm（4 开）
定价：CNY0.24

J0118268
乐韵 （摄影 1986 年年历）诸应书摄影
沈阳 辽宁美术出版社 1985 年 1 张 53cm（4 开）
定价：CNY0.25

J0118269
鲤鱼仙子 （摄影 1986 年年历）厉英摄影
济南 山东美术出版社 1985 年 1 张 78cm（2 开）
定价：CNY0.32

J0118270
立立 （摄影 1986 年年历）李志涛摄影
石家庄 河北美术出版社 1985 年 1 张
53cm（4 开）定价：CNY0.24

J0118271
立立 （摄影 1987 年年历）李志涛摄影
石家庄 河北美术出版社 1986 年 1 张
53cm（4 开）定价：CNY0.25

J0118272
亮亮 （摄影 1986 年年历）曹振威摄影
石家庄 河北美术出版社 1985 年 1 张
54cm（4 开）定价：CNY0.24

J0118273
亮亮 （摄影 1987 年年历）曹振威摄影
石家庄 河北美术出版社 1986 年 1 张
53cm（4 开）定价：CNY0.25

J0118274
林黛玉 （摄影 1986 年年历）高国强摄影
南京 江苏美术出版社 1985 年 1 张 78cm（2 开）
定价：CNY0.32

J0118275
流波蕴馨 （摄影 1986 年年历）
南昌 江西人民出版社［1985 年］1 张
54cm（4 开）定价：CNY0.24

J0118276
龙鳞凤爪 （摄影 1986 年年历）王锦秋摄影
合肥 安徽科学技术出版社 1985 年 1 张
［78cm］（3 开）定价：CNY0.35

J0118277
龙争虎斗 （摄影 1986 年年历）丁一摄影
北京 人民体育出版社 1985 年 1 张
［78cm］（3 开）定价：CNY0.33

J0118278
露润吐芳 （摄影 1986 年农历丙寅年年历）吕
渝生摄影
成都 四川省新闻图片社［1985 年］1 张
54cm（4 开）定价：CNY0.23

J0118279
马蹄莲 （摄影 1986 年年历）奉黄摄影
兰州 甘肃人民出版社 1985 年 1 张 53cm（4 开）
定价：CNY0.22

J0118280
卖水 （摄影 1986 年年历）厉英摄影
济南 山东美术出版社 1985 年 1 张 54cm（4 开）
定价：CNY0.24

J0118281
毛毛 （摄影 1986 年年历）江志鸿摄影
石家庄 河北美术出版社 1985 年 1 张
53cm（4 开）定价：CNY0.24

J0118282
毛毛 （摄影 1987 年年历）江志鸿摄影
石家庄 河北美术出版社 1986 年 1 张
53cm（4 开）定价：CNY0.25

J0118283
美的旋律 （摄影 1986 年年历）贾育平摄影
南京 江苏科学技术出版社 1985 年 1 张
54cm（4 开）定价：CNY0.24

J0118284
美的旋律之二 （摄影 1986 年年历）周铁侠摄影
北京 中国摄影出版社［1985 年］1 张
78cm（2 开）定价：CNY0.40
　　作者周铁侠（1943—　　），人民体育出版社编
审，中国摄影家协会理事，中国体育摄影学会副
秘书长。

J0118285
美的旋律之三 （摄影 1986 年年历）周铁侠摄影
北京 中国摄影出版社［1985 年］1 张
78cm（2 开）定价：CNY0.40

J0118286
美的旋律之四 （摄影 1986 年年历）周铁侠摄影
北京 中国摄影出版社［1985 年］1 张
78cm（2 开）定价：CNY0.40

J0118287
美人蕉 （摄影 1986 年年历）陈春轩摄影
重庆 重庆出版社 1985 年 1 张 54cm（4 开）
定价：CNY0.20

J0118288
梦笔生花 （摄影 1986 年年历）杨光华摄影
合肥 安徽美术出版社 1985 年 1 张 54cm（4 开）
定价：CNY0.24

J0118289
南京 （汉英日对照）江苏旅游服务社编
北京 北京旅游出版社 1985 年 9 张 15cm（40 开）
定价：CNY1.20
　　摄影明信片

J0118290
南京 （汉英日对照）外文出版社
北京 外文出版社 1985 年 10 张 15cm（40 开）
定价：CNY1.20
　　摄影明信片

J0118291
凝眸 （摄影 1986 年农历丙寅年年历）陈湘华
摄影
郑州 河南美术出版社 1985 年 1 张 54cm（4 开）
定价：CNY0.23

J0118292
凝视 （摄影 1986 年年历）
沈阳 辽宁美术出版社 1985 年 1 张 54cm（4 开）
定价：CNY0.25

J0118293
盼 （摄影 1986 年年历）俊杰摄影
天津 天津人民美术出版社 1985 年 1 张
54cm（4 开）定价：CNY0.25

J0118294
喷玉流芳 （摄影 1986 年年历）陈春轩摄影
南昌 江西人民出版社［1985 年］1 张
78cm（2 开）定价：CNY0.33

J0118295
琴声叮咚 （摄影 1986 年年历）尹福康摄影
西安 陕西人民美术出版社 1985 年 1 张
54cm（4 开）定价：CNY0.24

J0118296
青春活力 （摄影 1986 年年历）李治平摄影
成都 四川省新闻图片社［1985 年］1 张
39cm（8 开）定价：CNY0.16

J0118297
琼楼高雅 （摄影 1986 年年历）黄宗林摄影
南昌 江西人民出版社［1985 年］1 张
78cm（2 开）定价：CNY0.33

J0118298
秋 （摄影 1986 年年历）邵华安摄影
上海 上海人民美术出版社 1985 年 1 张

54cm（4 开）定价：CNY0.35

J0118299
秋 （摄影 1986 年年历）尹福康摄影
上海 上海人民美术出版社 1985 年 1 张
54cm（4 开）定价：CNY0.24

J0118300
秋波荡漾 （摄影 1986 年年历）陈春轩摄影
南昌 江西人民出版社［1985 年］1 张
78cm（2 开）定价：CNY0.33

J0118301
秋色 （摄影 1986 年年历）胡维标摄影
南昌 江西人民出版社［1985 年］1 张
76cm（2 开）定价：CNY0.48

J0118302
秋收季节 （摄影 1986 年年历）金铎摄影
沈阳 辽宁美术出版社 1985 年 1 张 54cm（4 开）
定价：CNY0.25

J0118303
秋水湛湛枫叶红 （摄影 1986 年年历）张学德
摄影
西安 陕西人民美术出版社 1985 年 1 张
78cm（2 开）定价：CNY0.32

J0118304
秋叶红似火 （摄影 1986 年年历）何世光摄影
成都 四川省新闻图片社［1985 年］1 张
76cm（2 开）定价：CNY0.44

J0118305
秋之恋 （摄影 1986 年农历丙寅年年历）庞渝
江摄影
成都 四川省新闻图片社［1985 年］1 张
39cm（8 开）定价：CNY0.12

J0118306
山茶 （摄影 1986 年年历）宋涛摄影
合肥 安徽人民出版社 1985 年 1 张 53cm（4 开）
定价：CNY0.20

J0118307
什皮兹之春 （摄影 1986 年年历）钟仪摄影
南京 江苏美术出版社 1985 年 1 张 53cm（4 开）
定价：CNY0.26

J0118308
思 （摄影 1986 年年历）
重庆 重庆出版社 1985 年 1 张 54cm（4 开）
定价：CNY0.20

J0118309
思考 （摄影 1986 年年历）
北京 知识出版社 1985 年 1 张 54cm（4 开）
定价：CNY0.20

J0118310
太阳黄 （摄影 1986 年年历）汪冠民摄影
郑州 河南美术出版社 1985 年 1 张 53cm（4 开）
定价：CNY0.23

J0118311
探索 （摄影 1986 年年历）严仲义摄影
呼和浩特 内蒙古人民出版社 1985 年 1 张
54cm（4 开）定价：CNY0.22

J0118312
陶陶 （摄影 1986 年年历）殷孟珍摄影
石家庄 河北美术出版社 1985 年 1 张
54cm（4 开）定价：CNY0.24

J0118313
陶陶 （摄影 1987 年年历）殷孟珍摄影
石家庄 河北美术出版社 1986 年 1 张
53cm（4 开）定价：CNY0.25

J0118314
天籁 （摄影 1986 年年历）雷智贵摄影
贵阳 贵州人民出版社 1985 年 1 张 53cm（4 开）
定价：CNY0.22

J0118315
天女散花 （摄影 1986 年年历）梁祖宏摄影
郑州 河南美术出版社 1985 年 1 张
［78cm］（3 开）定价：CNY0.32

J0118316

天上人间 （摄影 1986 年年历）袁廉摄影

南京 江苏美术出版社 1985 年 1 张 53cm（4 开）

定价: CNY0.26

J0118317

甜 （摄影 1986 年年历）天鹰摄影

长沙 湖南美术出版社 1985 年 1 张 54cm（4 开）

定价: CNY0.25

J0118318

甜 （摄影 1986 年年历）沈治昌摄影

上海 上海书画出版社 1985 年 1 张 54cm（4 开）

定价: CNY0.24

J0118319

甜蜜生活 （摄影 1986 年年历）海德光摄影

太原 山西人民出版社 1985 年 1 张 54cm（4 开）

定价: CNY0.24

J0118320

甜甜 （摄影 1986 年年历）章荣海摄影

石家庄 河北美术出版社 1985 年 1 张

78cm（2 开）定价: CNY0.32

J0118321

痛快 （摄影 1986 年年历）柏雨果摄影

成都 四川省新闻图片社 ［1985 年］1 张

54cm（4 开）定价: CNY0.23

　　作者柏雨果（1948— ），摄影师。陕西凤县
人。中国摄影家协会会员、中国电影家协会会员。
曾举办《天、地、人》摄影作品展，出版文学作品
《拜见非洲大酋长》。

J0118322

微笑 （摄影 1986 年年历）陈振戈摄影

兰州 甘肃人民出版社 1985 年 1 张 54cm（4 开）

定价: CNY0.22

J0118323

薇薇 （摄影 1986 年年历）李志涛摄影

石家庄 河北美术出版社 1985 年 1 张

54cm（4 开）定价: CNY0.24

J0118324

喂 （摄影 1986 年年历）张克庆摄影

长沙 湖南美术出版社 1985 年 1 张 54cm（4 开）

定价: CNY0.25

J0118325

我爱小鸟 （摄影 1986 年年历）谢新发摄影

长春 吉林人民出版社 1985 年 1 张 54cm（4 开）

定价: CNY0.24

J0118326

我的布娃娃 （摄影 1986 年农历丙寅年年历）

栗志毅摄影

郑州 河南美术出版社 1985 年 1 张 54cm（4 开）

定价: CNY0.23

J0118327

我给娃娃弹新曲 （摄影 1986 年年历）刘城摄影

长春 吉林人民出版社 1985 年 1 张 54cm（4 开）

定价: CNY0.24

J0118328

我教你 （摄影 1986 年年历）谢新发摄影

长春 吉林人民出版社 1985 年 1 张 54cm（4 开）

定价: CNY0.24

J0118329

我喜欢 （摄影 1986 年年历）丁定摄影

武汉 湖北少年儿童出版社 1985 年 1 张

54cm（4 开）定价: CNY0.24

J0118330

我也去 （摄影 1986 年年历）谢新发摄影

长春 吉林人民出版社 1985 年 1 张 54cm（4 开）

定价: CNY0.24

J0118331

妩媚 （摄影 1986 年年历）段震中摄影

合肥 安徽美术出版社 1985 年 1 张 54cm（4 开）

定价: CNY0.24

　　作者段震中（1944— ），河南滑县人。毕业
于中央工艺美术学院。中国电影家协会会员、中
国电影美术学会会员，北京电影制片厂美术设计
师。担任过数十部影片和多部电视剧的美术设
计，主要有《元帅之死》《四个小伙伴》等。

J0118332

妩媚 （摄影 1986 年年历）马元浩摄影
福州 福建美术出版社 1985 年 1 张 54cm（4 开）
定价：CNY0.24

J0118333

希尔薇亚 （摄影 1986 年年历）杨亚伦摄影
长沙 湖南美术出版社 1985 年 1 张 54cm（4 开）
定价：CNY0.25

J0118334

希望之光 （摄影 1986 年年历）
杭州 浙江人民美术出版社 1985 年 1 张
54cm（4 开）定价：CNY0.24

J0118335

喜盼佳期待西厢 （摄影 1986 年年历）钟祥摄影
西安 陕西人民美术出版社 1985 年 1 张
76cm（2 开）定价：CNY0.50

J0118336

喜试新装 （摄影 1986 年年历）钟向东摄影
成都 四川省新闻图片社 1985 年 1 张
78cm（2 开）定价：CNY0.31

作者钟向东（1944—　），画家。别名钟兴、号高联居士，江西兴国长岗人。毕业于赣南师范学院艺术系及中国书画函授大学国画专业。历任江西省美术家协会会员、漫画学会理事、工艺美术学会会员、摄影家协会会员、赣南画院美术事业部主任、特聘画家、赣州市中山书画院特聘画师。主要作品有《郁孤台》《现代风》《希望之星》《考察报告》等。

J0118337

喜悦 （摄影 1986 年年历）王炯平摄影
福州 福建美术出版社 1985 年 1 张 78cm（2 开）
定价：CNY0.32

J0118338

喜悦 （摄影 1986 年年历）江小铎摄影
上海 上海书画出版社 1985 年 1 张 54cm（4 开）
定价：CNY0.24

J0118339

夏 （摄影 1986 年年历）岑永生，秦天卫摄影
上海 上海人民美术出版社 1985 年 1 张
54cm（4 开）定价：CNY0.35

J0118340

夏 （摄影 1986 年年历）常春摄影
上海 上海人民美术出版社 1985 年 1 张
54cm（4 开）定价：CNY0.24

作者常春（1933—　），河北阜城人。原名李凤楼。先后任《解放日报》记者、上海人美社编辑室主任等职，并兼任《摄影家》杂志主编。中国摄协上海分会会员。主要作品有《出击》《横跨激流》《上工》等。

J0118341

夏梦 （摄影 1986 年年历）马元浩摄影
福州 福建美术出版社 1985 年 1 张 54cm（4 开）
定价：CNY0.24

J0118342

乡思 （摄影 1986 年年历）颜德昌摄影
合肥 安徽美术出版社 1985 年 1 张 38cm（6 开）
定价：CNY0.12

J0118343

香港风光 （摄影 1986 年年历）沈平摄影
杭州 浙江人民美术出版社 1985 年 1 张
54cm（4 开）定价：CNY0.24

J0118344

向往 （摄影 1986 年年历）尹春华摄影
福州 福建美术出版社 1985 年 1 张 53cm（4 开）
定价：CNY0.24

J0118345

向往 （摄影 1986 年农历丙寅年年历）何沛行摄影
广州 岭南美术出版社 1985 年 1 张 53cm（4 开）
定价：CNY0.30

J0118346

向往海洋 （摄影 1986 年年历）张家奇摄影
南昌 江西人民出版社 ［1985 年］1 张
53cm（4 开）定价：CNY0.24

J0118347
消暑（摄影 1986 年农历丙寅年年历）陈振戈
摄影
广州 岭南美术出版社 1985 年 1 张 54cm（4 开）
定价：CNY0.30

J0118348
小憩（摄影 1986 年年历）天鹰摄影
福州 福建美术出版社 1985 年 1 张
［78cm］（2 开）定价：CNY0.32

J0118349
笑笑（摄影 1986 年年历）晓旭摄影
杭州 浙江人民美术出版社 1985 年 1 张
54cm（4 开）定价：CNY0.24

J0118350
笑靥（摄影 1986 年年历）马元浩摄影
福州 福建美术出版社 1985 年 1 张 54cm（4 开）
定价：CNY0.24

J0118351
谐趣图（摄影 1986 年年历）孙永学摄影
济南 山东美术出版社 1985 年 1 张 54cm（4 开）
定价：CNY0.25

J0118352
心花怒放（摄影 1986 年农历丙寅年年历）王
之风摄影
广州 岭南美术出版社 1985 年 1 张
［40cm］（6 开）定价：CNY0.20

J0118353
心怡（摄影 1986 年年历）吕渝生摄影
成都 四川省新闻图片社［1985 年］1 张
53cm（4 开）定价：CNY0.23

J0118354
欣欣向荣（摄影 1986 年年历）牛嵩林摄影
石家庄 河北美术出版社 1985 年 1 张
78cm（2 开）定价：CNY0.32

J0118355
新客（摄影 1986 年年历）乔天富摄影
重庆 重庆出版社 1985 年 1 张 54cm（4 开）

定价：CNY0.20

　　作者乔天富（1954—　　），高级记者，四川绵
竹市人。历任解放军报高级记者，中国摄影家协
会理事，中国新闻摄影学会常务理事。代表作品
《中国人民解放军驻香港部队》《大阅兵》《军中
姐妹》。

J0118356
新苗（摄影 1986 年年历）王昀摄影
济南 山东少年儿童出版社 1985 年 1 张
54cm（4 开）定价：CNY0.24

J0118357
新奇（摄影 1986 年年历）刘立宾摄影
沈阳 辽宁美术出版社 1985 年 1 张 54cm（4 开）
定价：CNY0.25

J0118358
新玩具（摄影 1986 年年历）张涵毅摄影
长春 吉林人民出版社 1985 年 1 张 54cm（4 开）
定价：CNY0.24

J0118359
杏黄天（摄影 1986 年年历农历丙寅年年历）
梁祖宏摄影
郑州 河南美术出版社 1985 年 1 张 54cm（4 开）
定价：CNY0.23

J0118360
幸福成长（摄影 1986 年年历）鄂毅摄影
呼和浩特 内蒙古人民出版社 1985 年 1 张
54cm（4 开）定价：CNY0.22

J0118361
旋律（摄影 1986 年年历）马元浩摄影
武汉 湖北美术出版社 1985 年 1 张 54cm（4 开）
定价：CNY0.24

J0118362
艳秋（摄影 1986 年年历）刘培武摄影
合肥 安徽美术出版社 1985 年 1 张 39cm（8 开）
定价：CNY0.12

J0118363
阳光下（摄影 1986 年农历丙寅年年历）钟向

东摄影

成都 四川省新闻图片社［1985 年］1 张

53cm（4 开）定价：CNY0.23

J0118364

洋兰 （摄影 1986 年农历丙寅年年历）王步贵

摄影

太原 山西人民出版社 1985 年 1 张 54cm（4 开）

定价：CNY0.24

J0118365

一九八六：迪斯科 郑昌燡，凌军摄

合肥 安徽美术出版社 1985 年 1 张

［78cm］（3 开）定价：CNY5.30

J0118366

一九八六：恭贺新喜 赵慕志摄

广州 岭南美术出版社［1985 年］1 张

［78cm］（3 开）定价：CNY4.50

J0118367

一九八六：挂历 北方妇女儿童出版社编；张

涵毅摄影

长春 北方妇女儿童出版社［1985 年］1 张

78cm（3 开）定价：CNY5.50

J0118368

一九八六：国际礼品 胡锤摄

北京 中国展望出版社［1985 年］1 张 73cm（2 开）

　　本书与经济管理出版社合作出版。

J0118369

一九八六：摄影挂历 魏黎明摄

哈尔滨 北方文艺出版社［1985 年］1 张

53cm（4 开）定价：CNY3.80

J0118370

一九八六：摄影挂历 德振摄

哈尔滨 北方文艺出版社［1985 年］1 张

108cm（全开）定价：CNY4.30

J0118371

一九八六：摄影挂历 夏永烈等摄

南京 江苏科学技术出版社 1985 年 1 张

108cm（全开）定价：CNY4.90

J0118372

一九八六：摄影挂历 徐昕等摄

南京 江苏美术出版社 1985 年 1 张 53cm（4 开）

定价：CNY4.20

J0118373

一九八六：摄影挂历 林伟新等摄

南京 江苏美术出版社 1985 年 1 张 53cm（4 开）

定价：CNY4.20

J0118374

一九八六：摄影挂历 杜裕民等摄

沈阳 辽宁科学技术出版社 1985 年 1 张

108cm（全开）定价：CNY5.50

J0118375

一九八六：摄影挂历 中共哲里木盟委员会宣

传部编；岳枫等摄

哲里木盟通辽 内蒙古少年儿童出版社

［1985 年］1 张 108cm（全开）定价：CNY3.50

J0118376

一九八六：摄影挂历 姜维周摄

西宁 青海人民出版社 1985 年 1 张 53cm（4 开）

定价：CNY4.00

J0118377

一九八六：摄影挂历 柏雨果等摄

西安 陕西人民美术出版社 1985 年 1 张

53cm（4 开）定价：CNY3.90

　　作者柏雨果（1948—　），摄影师。陕西凤县

人。中国摄影家协会会员、中国电影家协会会员。

曾举办《天、地、人》摄影作品展，出版文学作品

《拜见非洲大酋长》。

J0118378

一九八六：摄影挂历 继西等摄

西安 陕西人民美术出版社 1985 年 1 张

108cm（全开）定价：CNY5.00

J0118379

一九八六：摄影挂历 陈庭鑫等摄

成都 四川人民出版社 1985 年 1 张 53cm（4 开）

定价：CNY5.00

J0118380
一九八六：摄影挂历　马元浩等摄
天津　天津人民美术出版社 1985 年　1 张
108cm（全开）定价：CNY7.50

J0118381
一九八六：摄影挂历　邓尔威等摄
天津　天津人民美术出版社 1985 年　1 张
108cm（全开）定价：CNY5.20

J0118382
一九八六：摄影挂历　纯石等摄
天津　天津人民美术出版社 1985 年　1 张
108cm（全开）定价：CNY4.50

J0118383
一九八六：摄影挂历　《摄影》编辑部编
北京　新华出版社［1985 年］1 张　53cm（4 开）

J0118384
一九八六：摄影挂历　梁枫等摄
乌鲁木齐　新疆人民出版社 1985 年　1 张
53cm（4 开）定价：CNY3.50

J0118385
一九八六：新年快乐　马元浩摄
杭州　浙江人民美术出版社 1985 年　1 张
53cm（4 开）定价：CNY4.30

J0118386
一九八六：新秀摄影艺术
南京　江苏美术出版社 1985 年　1 张　53cm（4 开）
定价：CNY5.20

J0118387
一九八六年台式周历　沈延太等摄
北京　人民美术出版社 1985 年　1 册　19cm（32 开）
定价：CNY2.80

J0118388
疑是九天来　（摄影 1986 年年历）宋玉洁摄影
沈阳　辽宁美术出版社 1985 年　1 张　54cm（4 开）
定价：CNY0.25

J0118389
倚栏眺望　（摄影 1986 年农历丙寅年年历）吕渝生摄影
成都　四川省新闻图片社［1985 年］1 张
54cm（4 开）定价：CNY0.23

J0118390
银幕外　（摄影 1986 年年历）马元浩摄影
武汉　湖北美术出版社 1985 年　1 张 54cm（4 开）
定价：CNY0.24

J0118391
银装　（摄影 1986 年年历）刘平，李子青摄影
南昌　江西人民出版社［1985 年］1 张
76cm（2 开）定价：CNY0.48

J0118392
银装素裹掩西岳　（摄影 1986 年年历）蒋恩有摄影
沈阳　辽宁美术出版社 1985 年　1 张 54cm（4 开）
定价：CNY0.25

J0118393
优生　（摄影 1986 年年历）章荣海摄影
济南　山东少年儿童出版社 1985 年　1 张
53cm（4 开）定价：CNY0.24

J0118394
幽兰　（摄影 1986 年年历）钱豫强摄影
杭州　浙江人民美术出版社 1985 年　1 张
54cm（4 开）定价：CNY0.24

J0118395
幼苗　（摄影 1986 年年历）陈振戈摄影
武汉　湖北美术出版社 1985 年　1 张 53cm（4 开）
定价：CNY0.24

J0118396
幼苗　（摄影 1986 年年历）姜庚摄影
南京　江苏科技出版社 1985 年　1 张 53cm（4 开）
定价：CNY0.24

J0118397
幼苗　（摄影 1986 年年历）吴本华摄影
太原　山西人民出版社 1985 年　1 张 53cm（4 开）

定价：CNY0.24

J0118398
榆钱叠雪 （摄影 1986 年年历）林伟新摄影
合肥 安徽科学技术出版社 1985 年 1 张
78cm（2 开）定价：CNY0.35

J0118399
玉树银枝 （摄影 1986 年年历）岳鹏飞摄影
西安 陕西人民美术出版社 1985 年 1 张
53cm（4 开）定价：CNY0.24

J0118400
浴罢 （摄影 1986 年年历）冰凌摄影
福州 福建美术出版社 1985 年 1 张 54cm（4 开）
定价：CNY0.24

J0118401
浴光 （摄影 1986 年年历）李以慕摄影
武汉 湖北美术出版社 1985 年 1 张 54cm（4 开）
定价：CNY0.24

J0118402
园园 （摄影 1986 年年历）殷孟珍摄影
石家庄 河北美术出版社 1985 年 1 张
54cm（4 开）定价：CNY0.24

J0118403
园园 （摄影 1987 年年历）殷孟珍摄影
石家庄 河北美术出版社 1986 年 1 张
53cm（4 开）定价：CNY0.25

J0118404
月夜 （摄影 1986 年年历）刘震摄影
长春 吉林人民出版社 1985 年 1 张 53cm（4 开）
定价：CNY0.24

J0118405
月圆花好 （摄影 1986 年农历丙寅年年历）刘
全聚摄影
成都 四川省新闻图片社［1985 年］1 张
53cm（4 开）定价：CNY0.23

J0118406
早春 （摄影 1986 年年历）冰凌摄影

福州 福建美术出版社 1985 年 1 张
［78cm］（3 开）定价：CNY0.32

J0118407
珍珍 （摄影 1986 年年历）穆家宏摄影
济南 山东少年儿童出版社 1985 年 1 张
54cm（4 开）定价：CNY0.24

J0118408
珍珠 （摄影 1986 年年历）潘炳元摄影
武汉 湖北美术出版社 1985 年 1 张 54cm（4 开）
定价：CNY0.24

J0118409
珍珠公主 （摄影 1986 年年历）胡建瑜摄影
上海 上海人民美术出版社 1985 年 1 张
54cm（4 开）定价：CNY0.24

J0118410
争辉 （摄影 1986 年年历）
天津 天津人民美术出版社 1985 年 1 张
53cm（4 开）定价：CNY0.25

J0118411
争相艳丽 （摄影 1986 年年历）范泰宏摄影
昆明 云南人民出版社 1985 年 1 张 53cm（4 开）
定价：CNY0.22

J0118412
争艳 （摄影 1986 年年历）方永熙摄影
上海 上海人民美术出版社［1985 年］1 张
53cm（4 开）定价：CNY0.30

J0118413
仲夏 （摄影 1986 年年历）天鹰,周道明摄影
杭州 浙江人民美术出版社 1985 年 1 张
76cm（2 开）定价：CNY0.45
　　作者周道明，中国美术学院从事摄影教学、
编辑工作。

J0118414
仲夏 （摄影 1986 年年历）天鹰,周道明摄影
杭州 浙江人民美术出版社 1985 年 1 张
53cm（4 开）定价：CNY0.24

J0118415
祝 （摄影 1986 年年历）曾宪阳摄影
贵阳 贵州人民出版社 1985 年 1 张 54cm（4 开）
定价：CNY0.22

J0118416
祝愿歌 （摄影 1986 年年历）林伟新，徐益明
摄影
上海 上海人民美术出版社 1985 年 1 张
54cm（4 开）定价：CNY0.24

J0118417
姊妹易嫁 （摄影 1986 年年历）厉英摄影
济南 山东美术出版社 1985 年 1 张 54cm（4 开）
定价：CNY0.24

J0118418
1987：缤纷世界 （摄影挂历）
杭州 浙江人民美术出版社 1986 年 53cm（4 开）
定价：CNY4.50

J0118419
1987：风华 （摄影挂历）
南京 江苏教育出版社 1986 年 78cm（2 开）
定价：CNY5.80

J0118420
1987：恭贺新禧——立体扇面摄影 （挂历）
上海 上海人民美术出版社 1986 年 53cm（4 开）
定价：CNY4.20

J0118421
1987：光与影 （摄影艺术挂历）
南京 江苏科技出版社 1986 年 78cm（2 开）
定价：CNY5.30

J0118422
1987：今天明天 （摄影挂历）
武汉 湖北人民出版社 1986 年 76cm（2 开）
定价：CNY4.80

J0118423
1987：美的时代 （摄影挂历）周有俊等摄影
上海 上海画报出版社 1986 年 78cm（2 开）
定价：CNY5.30

J0118424
1987：摄影挂历
郑州 河南美术出版社 1986 年 78cm（2 开）
定价：CNY5.00

J0118425
1987：摄影挂历
长沙 湖南美术出版社 1986 年 76cm（2 开）
定价：CNY5.50

J0118426
1987：摄影挂历
南昌 江西人民出版社 1986 年 78cm（2 开）
定价：CNY7.85

J0118427
1987：摄影挂历 《摄影世界》编辑部编
北京 新华出版社 1986 年 53cm（4 开）
定价：CNY4.20

J0118428
1987：摄影台历——大地，你好
杭州 浙江人民美术出版社 1986 年 19cm（32 开）
定价：CNY4.90

J0118429
1987：文物 （摄影挂历）
西安 陕西人民美术出版社 1986 年 53cm（4 开）
定价：CNY4.00

J0118430
1987：仙山神游 （摄影挂历）
武汉 湖北美术出版社 1986 年 53cm（4 开）
定价：CNY4.50

J0118431
1987：现代生活 （摄影挂历）
沈阳 辽宁美术出版社 1986 年 78cm（2 开）
定价：CNY5.50

J0118432
1987：新苗 （摄影挂历）
长春 北方妇女儿童出版社 1986 年 78cm（2 开）
定价：CNY5.90

J0118433
1987：艺术摄影 （挂历）
武汉 长江文艺出版社 1986年 12册 19cm（32开）
定价：CNY1.80

J0118434
1987年摄影艺术欣赏月历
上海 上海人民美术出版社 1986年 53cm（4开）
定价：CNY4.20

J0118435
1987年摄影周历 陆星辰编
上海 上海人民美术出版社 1986年 19cm（32开）
定价：CNY4.80

J0118436
1988：旅日台湾摄影家黄金树摄影作品选
（挂历）黄金树摄影
重庆 重庆出版社 1986年（2开）
定价：CNY11.00

J0118437
百年好合 （摄影 1987年年历）林伟新作
上海 上海人民美术出版社 1986年 1张
53cm（4开）定价：CNY0.24

J0118438
版纳风光 （摄影 1987年年历）张金明摄影
昆明 云南人民出版社［1986年］1张
76cm（2开）

J0118439
报春 （摄影 1987年年历）马元浩摄影
福州 福建美术出版社 1986年 1张 53cm（4开）
定价：CNY0.24

J0118440
北京新貌 （摄影 1987年年历）贾鸿勋摄影
北京 人民美术出版社 1986年 1张 53cm（4开）
定价：CNY0.24

J0118441
别具风采 （摄影 1987年年历）钟向东摄影
成都 四川省新闻图片社 1986年 1张
53cm（4开）定价：CNY0.23

J0118442
畅想曲 （摄影 1987年年历）陈振戈摄影
郑州 河南美术出版社 1986年 1张 76cm（2开）
定价：CNY0.50

J0118443
绰约多姿 （摄影 1987年年历）马元浩摄影
南昌 江西人民出版社［1986年］1张
78cm（2开）定价：CNY0.33

J0118444
乘风破浪 （摄影 1987年年历）
北京 人民美术出版社 1986年 1张 53cm（4开）
定价：CNY0.24

J0118445
春华秋实 （摄影 1987年年历）金宝源摄影
南昌 江西人民出版社［1986年］1张
78cm（2开）定价：CNY0.33

J0118446
丛中笑 （摄影 1987年年历）马元浩摄影
福州 福建美术出版社 1986年 1张 78cm（2开）
定价：CNY0.32

J0118447
大理 欧燕生等摄影
昆明 云南民族出版社［1986年］10张
定价：CNY1.10

J0118448
等候 （摄影 1987年年历）
上海 上海人民美术出版社 1986年 1张
53cm（4开）定价：CNY0.37

J0118449
芳香 （摄影 1987年年历）金宝源摄影
武汉 湖北美术出版社 1986年 1张 38cm（6开）
定价：CNY0.12

J0118450
飞进画中来 （摄影 1987年年历）高深摄影
北京 人民体育出版社 1986年 1张 78cm（2开）
定价：CNY0.35

J0118451
乖乖 （摄影 1987 年年历）许辉摄影
沈阳 辽宁美术出版社 1986 年 1 张 53cm（4 开）
定价：CNY0.25

J0118452
光与影 （摄影 1987 年年历）谢新发摄影
西安 陕西人民美术出版社 1986 年 1 张
53cm（4 开）定价：CNY0.24

J0118453
桂林山水 （摄影 1987 年年历）孙永学摄影
北京 人民美术出版社 1986 年 1 张 53cm（4 开）
定价：CNY0.24

J0118454
桂林仙境 （摄影 1987 年年历）胡建瑜摄影
南宁 广西人民出版社 1986 年 2 张 76cm（2 开）
定价：CNY0.46

J0118455
和驹 （摄影 1987 年年历）吕雨摄影
福州 福建美术出版社 1986 年 1 张 53cm（4 开）
定价：CNY0.24

J0118456
红头巾 （摄影 1987 年年历）高英熙摄影
成都 四川美术出版社 1986 年 1 张 53cm（4 开）
定价：CNY0.24

J0118457
红装绿裹 （摄影 1987 年年历）沈今声摄影
福州 福建美术出版社 1986 年 1 张 78cm（2 开）
定价：CNY0.24

J0118458
花丛中 （摄影 1987 年年历）马元浩摄影
福州 福建美术出版社 1986 年 1 张 76cm（2 开）
定价：CNY0.32

J0118459
花静神凝 （摄影 1987 年年历）周炘摄影
南昌 江西人民出版社［1986 年］1 张（2 开）
定价：CNY0.33

J0118460
花开芳草地 （摄影 1987 年年历）张华铭摄影
天津 天津人民美术出版社 1986 年 1 张
53cm（4 开）定价：CNY0.25
　　作者张华铭，摄影家。著有《自然之花，中国人体艺术摄影》，与陈耀武合作《有阳光下的中国人体》。

J0118461
花前月下 （摄影 1987 年年历）田源摄影
南昌 江西人民出版社［1986 年］1 张（2 开）
定价：CNY0.24

J0118462
花香人寿 （摄影 1987 年年历）金宝源摄影
南昌 江西人民出版社［1986 年］1 张（4 开）
定价：CNY0.33

J0118463
花园留影 （摄影 1987 年年历）浩人摄影
福州 福建美术出版社 1986 年 1 张 53cm（4 开）
定价：CNY0.24

J0118464
伙伴 （摄影 1987 年年历）梅延林摄影
武汉 湖北美术出版社 1986 年 1 张 53cm（4 开）
定价：CNY0.24

J0118465
获 （摄影 1987 年年历）梁西平摄影
西安 陕西人民教育出版社 1986 年 1 张
53cm（4 开）定价：CNY0.25

J0118466
节日之夜 （摄影 1987 年年历）胡维标摄影
郑州 河南美术出版社 1986 年 1 张 76cm（2 开）
定价：CNY0.50

J0118467
晶莹欲滴 （摄影 1987 年年历）姜长庚摄影
南昌 江西人民出版社［1986 年］1 张（4 开）
定价：CNY0.24
　　作者姜长庚（1945—　　），摄影家。笔名肖疆等，中国摄影家协会会员。

J0118468
静待 （摄影 1987 年年历）
上海 上海人民美术出版社 1986 年 1 张
53cm（4 开）定价：CNY0.37

J0118469
静思 （摄影 1987 年年历）吕渝生摄影
福州 福建美术出版社 1986 年 1 张 78cm（2 开）
定价：CNY0.32

J0118470
静夜思 （摄影 1987 年年历）尹春华摄影
福州 福建美术出版社 1986 年 1 张 78cm（2 开）
定价：CNY0.32

J0118471
九歌 （摄影 1987 年年历）黄克勤, 刘以宽摄影
武汉 湖北美术出版社 1986 年 1 张 53cm（4 开）
定价：CNY0.24
　　作者刘以宽（1933— ），摄影家。武汉人。
曾在《战士画报》社、汉口高级步兵学校宣传部
和武汉印刷厂设计室从事摄影，中国摄影家协会
会员，湖北摄影家协会理事、常务理事，武汉摄
影家协会副主席。

J0118472
快乐的旋律 （摄影 1987 年年历）夏阳摄影
北京 人民体育出版社 1986 年 1 张 78cm（2 开）
定价：CNY0.35

J0118473
乐 （摄影 1987 年年历）谢诚摄影
上海 上海人民美术出版社 1986 年 1 张
53cm（4 开）定价：CNY0.24

J0118474
乐 （摄影 1989 年年历）谢诚摄
上海 上海人民美术出版社 1988 年 1 张
54cm（4 开）定价：CNY0.40

J0118475
乐乐 （摄影 1987 年年历）梁西平摄影
西安 陕西人民体育出版社 1986 年 1 张
53cm（4 开）定价：CNY0.24

J0118476
离歌 （摄影 1987 年年历）马元浩摄影
福州 福建美术出版社 1986 年 1 张 76cm（2 开）
定价：CNY0.54

J0118477
理想之歌 （摄影 1987 年年历）梁龙新摄影
成都 四川省新闻图片社 1986 年 1 张
53cm（4 开）定价：CNY0.23

J0118478
良辰 （摄影 1987 年年历）郭阿根摄影
杭州 西湖摄影艺术出版社 1986 年 1 张
53cm（4 开）定价：CNY0.25

J0118479
良辰美景 （摄影 1987 年年历）
南昌 江西人民出版社［1986 年］1 张（4 开）
定价：CNY0.24

J0118480
两情缱绻 （摄影 1987 年年历）田源摄影
南昌 江西人民出版社［1986 年］1 张（4 开）
定价：CNY0.24

J0118481
靓 （摄影 1987 年年历）奚天鹰摄影
福州 福建美术出版社 1986 年 1 张 53cm（4 开）
定价：CNY0.24

J0118482
林间小溪 （摄影 1987 年年历）天鹰摄影
杭州 浙江人民美术出版社 1986 年 1 张
76cm（2 开）定价：CNY0.50

J0118483
六月银花 （摄影 1987 年年历）天鹰, 阿根摄影
杭州 浙江人民美术出版社 1986 年 1 张
53cm（4 开）定价：CNY0.28

J0118484
六月银花 （摄影 1987 年年历）天鹰, 阿根摄影
杭州 浙江人民美术出版社 1986 年 1 张
107cm（全开）定价：CNY0.95

J0118485

芦笛岩 （汉英对照）温少瑛, 王晓鸣摄影
北京 中国旅游出版社 1986 年 10 张
定价: CNY1.00

　　摄影明信片。作者温少瑛(1940—)，广西
桂林市卫生防疫站主管医师，全国卫生摄影协会
理事，桂林市摄影家协会副主席。代表作品《渔
村炊烟》《山乡晨光》等。

J0118486

芦苇恋歌 （摄影 1987 年年历）晓明摄影
成都 四川新闻图片社［1986 年］1 张
定价: CNY0.23

J0118487

绿色浮香 （摄影 1987 年年历）王万录摄影
石家庄 河北美术出版社 1986 年 1 张
53cm（4 开）定价: CNY0.25

J0118488

绿茵 （摄影 1987 年年历）培良摄影
南京 江苏美术出版社 1986 年 1 张 78cm（2 开）
定价: CNY0.34

J0118489

满目芬菲 （摄影 1987 年年历）周炘摄影
南昌 江西人民出版社［1986 年］1 张
定价: CNY0.33

J0118490

漫绾青丝 （摄影 1987 年年历）周炘摄影
福州 福建美术出版社 1986 年 1 张 78cm（2 开）
定价: CNY0.32

J0118491

美的运动 （摄影 1987 年年历）路远摄影
北京 人民体育出版社 1986 年 1 张 53cm（4 开）
定价: CNY0.27

J0118492

梦笔生花 （摄影 1987 年年历）张克庆摄影
杭州 浙江人民美术出版社 1986 年 1 张
53cm（4 开）定价: CNY0.28

J0118493

苗苗 （摄影 1986 年年历）曹振威摄影
石家庄 河北美术出版社 1985 年 1 张
54cm（4 开）定价: CNY0.24

J0118494

苗苗 （摄影 1987 年年历）曹振威摄影
石家庄 河北美术出版社 1986 年 1 张
53cm（4 开）定价: CNY0.25

J0118495

母与子 （摄影 1987 年年历）于祝明摄影
福州 福建美术出版社 1986 年 1 张 53cm（4 开）
定价: CNY0.24

J0118496

凝神 （摄影 1987 年年历）浩南摄影
福州 福建美术出版社 1986 年 1 张 538cm（4 开）
定价: CNY0.24

J0118497

凝视 （摄影 1987 年年历）元厦摄影
福州 福建美术出版社 1986 年 1 张 53cm（4 开）
定价: CNY0.24

J0118498

凝视 （摄影 1987 年年历）
上海 上海人民美术出版社 1986 年 1 张
53cm（4 开）定价: CNY0.37

J0118499

凝视 （摄影 1987 年年历）
重庆 重庆出版社 1986 年 1 张 76cm（2 开）
定价: CNY0.40

J0118500

凝望 （摄影 1987 年年历）吕渝生摄影
福州 福建美术出版社 1986 年 1 张 53cm（4 开）
定价: CNY0.24

J0118501

怒放 （摄影 1987 年年历）杨克林摄影
上海 上海人民美术出版社 1986 年 1 张
53cm（4 开）定价: CNY0.37

　　作者杨克林，擅长摄影。主要作品有年历

《时装·女东方衫》《怒放》《漫游太空》等。

J0118502
排排坐 （摄影 1987 年年历）
成都 四川美术出版社 1986 年 1 张 53cm（4 开）
定价：CNY0.24

J0118503
盼 （摄影 1987 年年历）天鹰摄影
福州 福建美术出版社 1986 年 1 张 78cm（2 开）
定价：CNY0.32

J0118504
培育 （摄影 1987 年年历）陈宗健摄影
上海 上海人民美术出版社 1986 年 1 张
53cm（4 开）定价：CNY0.24

J0118505
期望 （摄影 1987 年年历）
上海 上海人民美术出版社 1986 年 1 张
53cm（4 开）定价：CNY0.37

J0118506
气贯长虹 （摄影 1987 年年历）金禹摄影
天津 天津人民美术出版社 1986 年 1 张
53cm（4 开）定价：CNY0.25

J0118507
憩 （摄影 1987 年年历）奚天鹰摄影
福州 福建美术出版社 1986 年 1 张 53cm（4 开）
定价：CNY0.24

J0118508
琴心共鸣 （摄影 1987 年年历）田源摄影
南昌 江西人民出版社［1986 年］1 张（4 开）
定价：CNY0.24

J0118509
青春的火焰 （摄影 1987 年年历）方园摄影
北京 人民体育出版社 1986 年 1 张 53cm（4 开）
定价：CNY0.27

J0118510
青春圆舞曲 （摄影 1987 年年历）张卫民摄影
北京 人民体育出版社 1986 年 1 张 78cm（2 开）
定价：CNY0.35

J0118511
清晨 （摄影 1987 年年历）张运辉摄影
广州 岭南美术出版社 1986 年 1 张 38cm（6 开）
定价：CNY0.15

J0118512
秋 （摄影 1987 年年历）杨文庆摄影
福州 福建美术出版社 1986 年 1 张 53cm（4 开）
定价：CNY0.24

J0118513
秋兰 （摄影 1987 年年历）朱力摄影
天津 天津人民美术出版社 1986 年 1 张
53cm（4 开）定价：CNY0.25

J0118514
秋水 （摄影 1987 年年历）吕渝生摄影
福州 福建美术出版社 1986 年 1 张 78cm（2 开）
定价：CNY0.32

J0118515
秋水伊人 （摄影 1987 年年历）田源摄影
南昌 江西人民出版社［1986 年］1 张
53cm（4 开）定价：CNY0.24

J0118516
让我们荡起双桨 （摄影 1987 年年历）陈春
轩，滕俊杰摄影
上海 上海书画出版社 1986 年 1 张 53cm（4 开）
定价：CNY0.24
　　作者滕俊杰（1957—　　），一级导演。江苏苏
州人。历任上海东方电视台文艺频道总监兼主
编，上海文广新闻传媒集团副总裁，上海广播电
视台副台长，上海市文化广播影视管理局党委委
员、艺术总监。上海文化广播影视集团有限公司
监事长、上海市文联副主席。出版散文集《沧海
飞跃》《电视方程式》《凌步拂云》等。

J0118517
让我想一想 （摄影 1987 年年历）沈治昌摄影
上海 上海书画出版社 1986 年 1 张 53cm（4 开）
定价：CNY0.24
　　作者沈治昌，摄影家。作品有年历画《电影

演员陈剑月》《电影演员殷亭如》《颐和园万寿山》《鹿顶迎晖》等。

J0118518
柔情似水　（摄影 1988 年年历）田源摄影
南昌 江西人民出版社［1986 年］1 张
54cm（4 开）定价：CNY0.24

J0118519
山城在前进　（摄影 1987 年年历）邱明远摄影
成都 四川省新闻图片社 1986 年 1 张
53cm（4 开）定价：CNY0.23

J0118520
深圳之最　（摄影 1987 年年历）何煌友摄影
广州 岭南美术出版社 1986 年 1 张 53cm（4 开）
定价：CNY0.30

J0118521
什样锦　（摄影 1987 年年历）健民摄影
北京 人民美术出版社 1986 年 1 张 53cm（4 开）
定价：CNY0.24

J0118522
神采飞扬　（摄影 1987 年年历）罗清, 广建摄影
广州 岭南美术出版社 1986 年 1 张 38cm（8 开）
定价：CNY0.15

J0118523
神气吗　（摄影 1987 年年历）袁学军摄影
武汉 湖北美术出版社 1986 年 1 张 53cm（4 开）
定价：CNY0.24
　　作者袁学军（1950—　　），四川成都人，解放军画报社主任记者。作品有《我们劳动去》《二重奏》《印象·青藏高原》等。

J0118524
神枪手　（摄影 1987 年年历）谢新发摄影
西安 陕西人民美术出版社 1986 年 1 张
53cm（4 开）定价：CNY0.24

J0118525
神仙鱼　（摄影 1987 年年历）顾棣摄影
太原 希望出版社 1986 年 1 张 53cm（4 开）
定价：CNY0.24

J0118526
神奕　（摄影 1987 年年历）朱宪民摄影
武汉 湖北美术出版社 1986 年 1 张 53cm（4 开）
定价：CNY0.24

J0118527
神奕　（摄影 1987 年年历）朱宪民摄影
武汉 长江文艺出版社 1986 年 1 张 53cm（4 开）
定价：CNY0.24

J0118528
试泳　（摄影 1987 年年历）云贵摄影
成都 四川省新闻图片社 1986 年 1 张
53cm（4 开）定价：CNY0.23

J0118529
拭目以待　（摄影 1987 年年历）梁西平摄影
西安 陕西人民教育出版社 1986 年 1 张
53cm（4 开）定价：CNY0.25

J0118530
收获　（摄影 1987 年年历）伍俊杰摄影
武汉 湖北美术出版社 1986 年 1 张 53cm（4 开）
定价：CNY0.24

J0118531
思　（摄影 1987 年年历）长空摄影
福州 福建美术出版社 1986 年 1 张 53cm（4 开）
定价：CNY0.24

J0118532
思　（摄影 1987 年年历）
成都 四川美术出版社 1986 年 1 张 53cm（4 开）
定价：CNY0.22

J0118533
四季屏农家历　（摄影 1987 年年历）黄继贤,
张应铭摄影
西安 陕西科学技术出版社 1986 年 2 张
76cm（2 开）定价：CNY1.05

J0118534
苏州　（汉、英对照）苑子安等摄影
南京 江苏人民出版社 1986 年
　　摄影明信片。

J0118535
塔里木夜曲 （摄影 1987 年年历）刘海发摄影
上海 上海人民美术出版社 1986 年 1 张
53cm（4 开）定价：CNY0.37

J0118536
腾飞 （摄影 1987 年年历）林永华摄影
天津 天津人民美术出版社 1986 年 1 张
53cm（4 开）定价：CNY0.25

J0118537
天女散花 （摄影 1987 年年历）佟欣摄影
沈阳 辽宁美术出版社 1986 年 1 张 53cm（4 开）
定价：CNY0.17

J0118538
甜 （摄影 1987 年年历）徐斌摄影
南昌 江西人民出版社 1986 年 1 张 76cm（2 开）
定价：CNY0.24

J0118539
甜 （摄影 1987 年年历）李元奇摄影
沈阳 辽宁美术出版社 1986 年 1 张 53cm（4 开）
定价：CNY0.25

J0118540
甜 （摄影 1987 年年历）屠政摄影
天津 天津人民美术出版社 1986 年 1 张
53cm（4 开）定价：CNY0.25

J0118541
甜蜜蜜 （摄影 1987 年年历）长城摄影
上海 上海书画出版社 1986 年 1 张 53cm（4 开）
定价：CNY0.24

J0118542
甜甜 （摄影 1987 年年历）周必云摄影
福州 福建美术出版社 1986 年 1 张 53cm（4 开）
定价：CNY0.24

J0118543
甜甜 （摄影 1987 年年历）章荣海摄影
石家庄 河北美术出版社 1986 年 1 张
53cm（4 开）定价：CNY0.14

J0118544
望仙台 （摄影 1987 年年历）陈洛才摄影
广州 岭南美术出版社 1986 年 1 张 38cm（6 开）
定价：CNY0.15

J0118545
微妙微俏 （摄影 1987 年年历）陈振戈摄影
广州 岭南美术出版社 1986 年 1 张 53cm（4 开）
定价：CNY0.30

J0118546
薇薇 （摄影 1987 年年历）李志清摄影
石家庄 河北美术出版社 1986 年 1 张
53cm（4 开）定价：CNY0.24

J0118547
我的轻骑 （摄影 1987 年年历）邵华安摄影
成都 四川省新闻图片社 1986 年 1 张
53cm（4 开）定价：CNY0.23

J0118548
我的小伙伴 （摄影 1987 年年历）
杭州 西湖摄影艺术出版社 1986 年 1 张
53cm（4 开）定价：CNY0.25

J0118549
我叫小虎 （摄影 1987 年年历）张颖，瑞雪摄影
上海 上海书画出版社 1986 年 1 张 53cm（4 开）
定价：CNY0.24

J0118550
我俩好 （摄影 1987 年年历）钟向东摄影
成都 四川省新闻图片社 1986 年 1 张
53cm（4 开）定价：CNY0.23

J0118551
无题 （摄影 1987 年年历）路毅，罗刚摄影；北
京地铁摩托车服务部编辑
北京 北京工艺美术出版社 1986 年 1 张
76cm（2 开）定价：CNY0.85

J0118552
西安 （汉英对照）姬秉明，马凌云编
西安 陕西旅游出版社［1986 年］12 张（40 开）

J0118553
习武之余 （摄影 1987 年年历）向民摄影
北京 人民体育出版社 1986 年 1 张 53cm（4 开）
定价：CNY0.27

J0118554
喜结同心 （摄影 1987 年年历）郭阿根摄影
杭州 西湖摄影艺术出版社 1986 年 1 张
78cm（2 开）定价：CNY0.30

J0118555
喜悦 （摄影 1987 年年历）王炯平摄影
福州 福建美术出版社 1986 年 1 张 78cm（2 开）
定价：CNY0.32

J0118556
喜悦 （摄影 1987 年年历）章诚，戴敏飞摄影
上海 上海书画出版社 1986 年 1 张 53cm（4 开）
定价：CNY0.24

J0118557
遐想 （摄影 1987 年年历）林伟新摄影
武汉 湖北美术出版社 1986 年 1 张 53cm（4 开）
定价：CNY0.24

J0118558
遐想 （摄影 1987 年年历）陈振戈摄影
广州 岭南美术出版社 1986 年 1 张 53cm（4 开）
定价：CNY0.28

J0118559
夏 （摄影 1987 年年历）天鹰，豫强摄影
杭州 浙江人民美术出版社 1986 年 1 张
78cm（2 开）定价：CNY0.35

J0118560
夏日 （摄影 1987 年年历）金铎摄影
沈阳 辽宁美术出版社 1986 年 1 张 53cm（4 开）
定价：CNY0.25

J0118561
夏日 （摄影 1987 年年历）周俊彦摄影
杭州 西湖摄影艺术出版社 1986 年 1 张
53cm（4 开）定价：CNY0.25

J0118562
仙姿 （摄影 1987 年年历）佟欣摄影
沈阳 辽宁美术出版社 1986 年 1 张 53cm（4 开）
定价：CNY0.17

J0118563
闲趣 （摄影 1987 年年历）
广州 岭南美术出版社 1986 年 1 张 53cm（4 开）
定价：CNY0.20

J0118564
想往 （摄影 1987 年年历）浩南摄影
福州 福建美术出版社 1986 年 1 张 53cm（4 开）
定价：CNY0.24

J0118565
想想看 （摄影 1987 年年历）袁学军摄影
武汉 湖北美术出版社 1986 年 1 张 53cm（4 开）
定价：CNY0.24

J0118566
向往 （摄影 1987 年年历）张涵毅摄影
上海 上海人民美术出版社 1986 年 1 张
53cm（4 开）定价：CNY0.24

J0118567
消暑 （摄影 1987 年年历）
成都 四川省新闻图片社 1986 年 1 张
53cm（4 开）定价：CNY0.23

J0118568
小海螺 （摄影 1987 年年历）袁学军摄影
北京 人民美术出版社 1986 年 1 张 53cm（4 开）
定价：CNY0.24

J0118569
小憩 （摄影 1987 年年历）刘克成摄影
福州 福建美术出版社 1986 年 1 张 78cm（2 开）
定价：CNY0.32

J0118570
小憩 （摄影 1987 年年历）郭大公摄影
杭州 西湖摄影艺术出版社 1986 年 1 张
53cm（4 开）定价：CNY0.27

J0118571
小小（摄影 1987 年年历）谢新发摄影
天津 天津人民美术出版社 1986 年 1 张
53cm（4 开）定价：CNY0.25

J0118572
心曲（摄影 1987 年年历）陈振戈摄影
广州 岭南美术出版社 1986 年 1 张 38cm（6 开）
定价：CNY0.30

J0118573
心心相印（摄影 1987 年年历）田源摄影
南昌 江西人民美术出版社［1986 年］1 张
53cm（4 开）定价：CNY0.24

J0118574
新春快乐，万事如意（摄影 1987 年年历）周
勇摄影
武汉 湖北美术出版社 1986 年 1 张 53cm（4 开）
定价：CNY0.24

J0118575
新奇（摄影 1987 年年历）徐斌摄影
西安 陕西人民美术出版社 1986 年 1 张
78cm（2 开）定价：CNY0.32

J0118576
新装（摄影 1987 年年历）天鹰摄影
杭州 杭州人民美术出版社 1986 年 1 张
78cm（2 开）定价：CNY0.35

J0118577
星期天（摄影 1987 年年历）俞京摄影
杭州 浙江人民美术出版社 1986 年 1 张
53cm（4 开）定价：CNY0.27
　　作者俞京，擅长摄影。主要年历作品有《祝
您健康》《青春美》《费翔》等。

J0118578
星球探险（摄影 1987 年年历）陈洛才，谢建
良摄影
广州 岭南美术出版社 1986 年 1 张 53cm（4 开）
定价：CNY0.30

J0118579
幸福（摄影 1987 年年历）吴延恺摄影
上海 上海书画出版社 1986 年 1 张 53cm（4 开）
定价：CNY0.24

J0118580
幸福的时代（摄影 1987 年年历）任俊杰摄影
武汉 湖北美术出版社 1986 年 1 张 53cm（4 开）
定价：CNY0.24

J0118581
羞涩（摄影 1987 年年历）陈振戈摄影
南昌 江西人民出版社［1986 年］1 张
54cm（4 开）定价：CNY0.24

J0118582
羞涩（摄影 1987 年年历）陈振戈摄影
广州 岭南美术出版社 1986 年 1 张 53cm（4 开）
定价：CNY0.30

J0118583
秀外慧中（摄影 1987 年年历）邵华安摄影
南昌 江西人民出版社［1986 年］1 张（2 开）
定价：CNY0.33

J0118584
寻得一枝芳（摄影 1987 年年历）黎明摄影
成都 四川省新闻图片社 1986 年 1 张
76cm（2 开）定价：CNY0.44

J0118585
嫣然（摄影 1987 年年历）吕渝生摄影
福州 福建美术出版社 1986 年 1 张 78cm（2 开）
定价：CNY0.32

J0118586
眼聚秋波（摄影 1987 年年历）马元浩摄影
南昌 江西人民出版社［1986 年］1 张
78cm（2 开）定价：CNY0.33
　　作者马元浩（1944—　　），摄影家、导演。毕
业于上海财经学院。中国摄影家协会会员，英国
皇家摄影学会高级会士。出版有《中国古代雕塑
观音》等。

J0118587
阳光（摄影 1987 年年历）吴寿华摄影
福州 福建美术出版社 1986 年 1 张 53cm（4 开）
定价：CNY0.24

J0118588
阳光下（摄影 1987 年年历）刘小地，董国靖摄影
南京 江苏教育出版社 1986 年 1 张 78cm（2 开）
定价：CNY0.32

J0118589
阳光下（摄影 1987 年年历）唐载清摄影
上海 上海书画出版社 1986 年 1 张 53cm（4 开）
定价：CNY0.40

J0118590
一朵小红花（摄影 1987 年年历）郭兴贤摄影
武汉 湖北美术出版社 1986 年 1 张 53cm（4 开）
定价：CNY0.24

J0118591
一帆风顺（摄影 1987 年年历）张征众摄影
广州 岭南美术出版社 1986 年 1 张 53cm（4 开）
定价：CNY0.20

J0118592
一花独秀（摄影 1987 年年历）刘启梭摄影
成都 四川省新闻图片社 1986 年 1 张
53cm（4 开）定价：CNY0.23

J0118593
一九八七：摄影挂历
哈尔滨 黑龙江美术出版社 1986 年 78cm（2 开）
定价：CNY5.60

J0118594
一九八七：摄影挂历
天津 天津人民美术出版社 1986 年 53cm（4 开）
定价：CNY4.50

J0118595
一九八七：摄影挂历
天津 天津杨柳青画社 1986 年 53cm（4 开）
定价：CNY4.20

J0118596
一九八七：天鹅之歌（摄影挂历）
哈尔滨 黑龙江美术出版社 1986 年 53cm（4 开）
定价：CNY5.80

J0118597
艺术摄影（1987 周历）
南京 江苏美术出版社 1986 年 19cm（小 32 开）
定价：CNY4.00
（世界艺术摄影选萃）

J0118598
吟诗（摄影 1987 年年历）浩人摄影
福州 福建美术出版社 1986 年 1 张 53cm（4 开）
定价：CNY0.24

J0118599
樱樱（摄影 1987 年年历）江聪摄影
石家庄 河北美术出版社 1986 年 1 张
53cm（4 开）定价：CNY0.25

J0118600
迎风（摄影 1987 年年历）陈振戈摄影
广州 岭南美术出版社 1986 年 1 张 53cm（4 开）
定价：CNY0.30

J0118601
影坛新星（摄影 1987 年年历）张苏妍摄影
福州 福建美术出版社 1986 年 1 张 53cm（4 开）
定价：CNY0.24

J0118602
永结同心（摄影 1987 年年历）尹福康，叶天荣摄影
西安 陕西人民美术出版社 1986 年 1 张
78cm（2 开）定价：CNY0.32

J0118603
幽姿远思（摄影 1987 年年历）马元浩摄影
南昌 江西人民出版社［1986 年］1 张
78cm（2 开）定价：CNY0.33

J0118604
游泳去（摄影 1987 年年历）浪花摄影
上海 上海人民美术出版社 1986 年 1 张

53cm（4开）定价：CNY0.24

J0118605
幼苗 （摄影 1987年年历）谢新发摄影
西安 陕西人民美术出版社 1986年 1张
53cm（4开）定价：CNY0.24

J0118606
渔舟唱晚——李海霞 （摄影 1987年年历）
海华摄影
上海 上海人民美术出版社 1986年 1张
53cm（4开）定价：CNY0.24

J0118607
喁喁情话 （摄影 1987年年历）田源摄影
南昌 江西人民出版社［1986年］1张
定价：CNY0.24

J0118608
玉洁冰清 （摄影 1987年年历）金宝源摄影
南昌 江西人民出版社［1986年］1张
［78cm］（3开）定价：CNY0.33

J0118609
玉立 （摄影 1987年年历）吕渝生摄影
福州 福建美术出版社 1986年 1张 78cm（2开）
定价：CNY0.32

J0118610
欲飞 （摄影 1987年年历）吕渝生摄影
福州 福建美术出版社 1986年 1张 53cm（4开）
定价：CNY0.24

J0118611
缘侠女 （摄影 1987年年历）樊森摄；孙肃显编
郑州 河南美术出版社 1986年 2张 76cm（2开）
定价：CNY0.50

J0118612
跃跃欲试 （摄影 1987年年历）吕渝生摄影
福州 福建美术出版社 1986年 1张 53cm（4开）
定价：CNY0.24

J0118613
云飞霞舞 （摄影 1987年年历）金宝源摄影

南昌 江西人民出版社［1986年］1张
78cm（2开）定价：CNY0.33

J0118614
早春 （摄影 1987年年历）钟向东摄影
南京 江苏美术出版社 1986年 1张 53cm（4开）
定价：CNY0.25

J0118615
战斗冰雪 （摄影 1987年年历）董岩青摄影
成都 四川省新闻图片社 1986年 1张
53cm（4开）定价：CNY0.23

J0118616
战斗冰雪 （摄影 1987年年历）董岩青摄影
成都 四川省新闻图片社 1986年 1张
53cm（4开）定价：CNY0.23

J0118617
张虹 （摄影 1987年年历）徐斌摄影
西安 陕西人民美术出版社 1986年 1张
53cm（4开）定价：CNY0.24

J0118618
长艳 （摄影 1987年年历）张运辉摄影
广州 岭南美术出版社 1986年 1张 38cm（6开）
定价：CNY0.15

J0118619
争妍 （摄影 1987年年历）张运辉摄影
广州 岭南美术出版社 1986年 1张 53cm（4开）
定价：CNY0.15

J0118620
争艳 （摄影 1987年年历）晓庆摄影
济南 山东美术出版社 1986年 1张 53cm（4开）
定价：CNY0.25

J0118621
争艳 （摄影 1987年年历）杨克林摄影
上海 上海人民美术出版社 1986年 1张
53cm（4开）定价：CNY0.37

J0118622
枝虬叶舒 （摄影 1987年年历）马元洪摄影

南昌 江西人民出版社［1986年］1张
定价：CNY0.33

J0118623
纸短情长 （摄影 1987年年历）田源摄影
南昌 江西人民出版社［1986年］1张
定价：CNY0.24

J0118624
重庆 （汉、日、英对照）
北京 外文出版社 1986年 10张 定价：CNY1.30
　　摄影明信片。

J0118625
重庆 （汉、日、英对照）
北京 外文出版社 1987年 2版 10张
13cm（60开）定价：CNY1.55
　　摄影明信片。

J0118626
珠圆玉润 （摄影 1987年年历）谭尚忍摄影
上海 上海人民美术出版社 1986年 1张
78cm（2开）定价：CNY0.32

J0118627
伫立 （摄影 1987年年历）马浩摄影
福州 福建美术出版社 1986年 1张 53cm（4开）
定价：CNY0.24

J0118628
祝您快乐 （摄影 1987年年历）秦望，宋满屯
摄影
石家庄 河北美术出版社 1986年 1张
78cm（2开）定价：CNY0.32

J0118629
祝您长寿 （摄影 1987年年历）任涵子摄影
西安 陕西人民美术出版社 1986年 1张
53cm（4开）定价：CNY0.24

J0118630
庄严的军旗 （摄影 1987年年历）段文华摄影
成都 四川省新闻图片社 1986年 1张
53cm（4开）定价：CNY0.23

J0118631
紫荨 （摄影 1987年年历）鲁筠摄影
太原 山西人民出版社 1986年 1张 53cm（4开）
定价：CNY0.24

J0118632
1988：爱我中华 （挂历）谢新发等摄影
长春 吉林美术出版社 1987年 79cm（3开）
定价：CNY6.50

J0118633
1988：芳草 （摄影挂历）
杭州 西湖摄影艺术出版社 1987年 53cm（4开）
定价：CNY2.50

J0118634
1988：芬芳 （摄影挂历）郭阿根摄影
杭州 西湖摄影艺术出版社 1987年 79cm（3开）
定价：CNY6.50

J0118635
1988：芬芳 （摄影挂历）郭阿根摄影
杭州 西湖摄影艺术出版社 1987年 53cm（4开）
定价：CNY4.80

J0118636
1988：港澳摄影艺术作品欣赏 （挂历）
天津 天津人民美术出版社 1987年 76cm（2开）
定价：CNY9.50

J0118637
1988：挂历 李跃波，段觊乐编辑；蒋力摄影
昆明 云南民族出版社［1987年］78cm（2开）
定价：CNY0.80

J0118638
1988：广东建设新貌 （摄影挂历）
广州 岭南美术出版社 1987年 78cm（2开）
定价：CNY5.50

J0118639
1988：广东建筑新貌 （摄影挂历）
广州 岭南美术出版社 1987年 53cm（4开）
定价：CNY5.00

J0118640

1988：海天情　（摄影挂历）

杭州　浙江人民美术出版社　1987 年 79cm（3 开）

定价：CNY6.50

　　　中国现代摄影作品。

J0118641

1988：美　（摄影挂历）

上海　上海人民美术出版社　1987 年　39cm（8 开）

定价：CNY3.00

J0118642

1988：美与生活　（摄影挂历）

上海　上海人民美术出版社　1987 年（3 开）

定价：CNY6.30

J0118643

1988：摩登家族　（摄影挂历）

太原　山西人民出版社　1987 年（3 开）

定价：CNY6.90

J0118644

1988：巧夺天工　（摄影挂历）

西安　陕西人民美术出版社　1987 年（3 开）

定价：CNY9.00

J0118645

1988：摄影艺术集锦　（挂历）

重庆　重庆出版社　1987 年（2 开）

定价：CNY11.00

J0118646

1988：深圳风光　（摄影挂历）

深圳　海天出版社　1987 年（2 开）

J0118647

1988：生活艺术　（摄影挂历）

上海　上海人民美术出版社　1987 年（3 开）

定价：CNY6.70

J0118648

1988：诗情画意　（摄影挂历）

南京　江苏少年儿童出版社　1987 年（3 开）

定价：CNY6.90

J0118649

1988：台湾风光　（摄影挂历）

天津　天津人民美术出版社　1987 年　78cm（3 开）

定价：CNY6.50

J0118650

1988：万紫千红　（摄影挂历）

杭州　浙江人民美术出版社　1987 年（3 开）

定价：CNY6.50

J0118651

1988：无声的诗——摄影艺术　（挂历）

郑州　河南人民出版社　1987 年（3 开）

定价：CNY7.00

J0118652

1988：香港摄影艺术作品选　（挂历）

上海　上海人民美术出版社　1987 年（2 开）

定价：CNY9.50

J0118653

1988：小康之家　（摄影挂历）

上海　上海人民美术出版社　1987 年（2 开）

定价：CNY9.50

J0118654

1988：新潮　（摄影双月历）

福州　福建美术出版社 ［1987 年］（4 开）

定价：CNY2.30

J0118655

1988：新年好　（摄影挂历）

长沙　湖南美术出版社　1987 年（2 开）

定价：CNY5.20

J0118656

1988：兴安山珍　（摄影挂历）

哈尔滨　哈尔滨地图出版社　1987 年（16 开）

定价：CNY2.20

J0118657

1988：艺术摄影　（挂历）

成都　四川美术出版社　1987 年（16 开）

定价：CNY2.20

J0118658
1988：艺术摄影挂历
北京 中国食品出版社［1987年］76cm（2开）
定价：CNY9.80

J0118659
1988：迎春 （摄影挂历）
上海 上海人民美术出版社 1987年（3开）
定价：CNY6.30

J0118660
1988：郑永琦艺术摄影 （挂历）
南京 江苏人民出版社 1987年（2开）
定价：CNY9.50
　　作者郑永琦(1939—)满族，摄影师。生于辽宁大连。历任中国国际文艺家协会博学会员、高级摄影师，中国摄影家协会会员，大连市群众艺术馆研究馆员，大连理工大学兼职教授。出版《俄罗斯之冬》《女性篇》《模特篇》《人生一程又一程——郑永琦人物摄影作品选》。

J0118661
1988：祝您快乐 （摄影挂历）黄松等摄影
西安 陕西人民美术出版社 1987年（4开）
定价：CNY5.60

J0118662
阿支嬷和小狗 （摄影 1988年年历）秦勋栋摄影
成都 四川民族出版社 1987年 1张（3开）
定价：CNY0.40

J0118663
遨游 （摄影 1988年年历）
成都 四川美术出版社 1987年 1张（4开）
定价：CNY0.28

J0118664
伴侣 （摄影 1988年年历）黄金树摄影
北京 人民美术出版社 1987年 1张（2开）
定价：CNY0.56

J0118665
保卫祖国 （摄影 1988年年历）孙振宇摄影
成都 四川美术出版社 1987年 1张 78cm（2开）
定价：CNY0.38

J0118666
蓓蕾 （摄影 1988年年历）袁学军摄影
武汉 湖北少年儿童出版社 1987年 1张（4开）
定价：CNY0.30

J0118667
碧空芭蕾 （摄影 1988年年历）陈汝炬摄影
上海 上海人民美术出版社 1987年 1张（4开）
定价：CNY0.30

J0118668
蔡灵芝 （摄影 1988年年历）
上海 上海人民美术出版社［1987年］1张（2开）
定价：CNY0.80

J0118669
蔡灵芝 （摄影 1988年年历）
上海 上海人民美术出版社［1987年］1张（2开）
定价：CNY0.75

J0118670
畅想曲 （摄影 1988年年历）王予祥摄影
上海 上海人民美术出版社 1987年 1张
53cm（4开）定价：CNY0.30

J0118671
成都 （汉、英、日对照）
北京 外文出版社 1987年 10张 定价：CNY1.55
　　明信片。

J0118672
初醒 （摄影 1988年年历）王万禄摄影
西安 陕西人民美术出版社 1987年 1张
定价：CNY0.30

J0118673
春城新客 （摄影 1988年年历）张华铭摄影
重庆 重庆出版社 1987年 1张 53cm（4开）
定价：CNY0.30

J0118674
纯洁无瑕 （摄影 1988年年历）姜长庚摄影
长沙 湖南美术出版社 1987年 1张
定价：CNY0.38

J0118675
待放 （摄影 1988 年年历）王德英摄影
郑州 河南美术出版社 1987 年 1 张 78cm（2 开）
定价：CNY0.43

J0118676
淡黄色的旋律 （摄影 1988 年年历）彭年生摄影
武汉 湖北少年儿童出版社 1987 年 1 张
54cm（4 开）定价：CNY0.30
　　作者彭年生（1955— ），美术摄影编辑。生
于湖北武汉市，毕业于武汉大学新闻系艺术摄影
专业。历任长江文艺出版社副社长，湖北美术出
版社副社长，中国摄影家协会会员等职。出版有
《思想者——彭年生摄影作品集》《性格肖像——
彭年生摄影作品集》等。

J0118677
淡香 （摄影 1988 年年历）周俊彦摄影
杭州 西湖摄影艺术出版社 1987 年 1 张
76cm（2 开）定价：CNY0.56

J0118678
蝶恋花 （摄影 1988 年年历）华新摄影
乌鲁木齐 新疆人民出版社 1987 年 1 张（2 开）
定价：CNY0.30

J0118679
二龙戏珠 （摄影 1988 年年历）王洪询摄影
北京 人民体育出版社 1987 年 1 张 78cm（3 开）
定价：CNY0.38

J0118680
丰韵 （摄影 1988 年年历）郭阿根摄影
西安 陕西人民美术出版社 1987 年 1 张
76cm（2 开）定价：CNY0.60

J0118681
恭贺新禧 （摄影 1988 年年历）
沈阳 辽宁美术出版社 1987 年 1 张（2 开）
定价：CNY0.30

J0118682
广西风光 许武成等摄影
南宁 广西人民出版社 1987 年 10 张
定价：CNY1.40

摄影明信片。

J0118683
桂林 （汉、日、英对照）王梧生摄影
北京 外文出版社 1987 年 10 张 15cm（40 开）
定价：CNY1.70
　　摄影明信片。

J0118684
桂林山水甲天下 （第五辑 汉、日、英对照）
王梧生摄影
北京 外文出版社 1987 年 10 张 15cm（40 开）
定价：CNY1.30
　　摄影明信片。作者王梧生（1942— ），高级
摄影师。江苏江宁人。中国摄影家协会会员，广
西艺术摄影学会副会长，桂林市艺术摄影学会会
长，华中理工大学美术摄影研究室副主任，桂林
市展览馆馆长。著有《现代风光摄影技巧》《桂
林山水摄影集》等；摄影作品有《奇峰红叶》《晓
雾船影》《金光冲破水中天》等。

J0118685
桂林山水甲天下 （第六辑 汉、日、英对照）
王梧生摄影
北京 外文出版社 1987 年 10 张 15cm（40 开）
　　摄影明信片。

J0118686
国色天香 （摄影 1988 年年历）汪军摄影
兰州 甘肃人民出版社 1987 年 1 张 53cm（4 开）
定价：CNY0.26

J0118687
果篮 （摄影 1988 年年历）光泽摄影
武汉 长江文艺出版社 1987 年 1 张 78cm（2 开）
定价：CNY0.42

J0118688
哈尔滨风光 （汉英对照）陈晋经等摄影
哈尔滨 黑龙江美术出版社［1987 年］10 张
13cm（60 开）定价：CNY0.95

J0118689
汉台岿然话汉中 （摄影 1988 年年历）
西安 陕西人民美术出版社 1987 年 1 张（15 开）

定价: CNY0.37

J0118690
杭州 （汉英对照）张克庆摄；严秋白编
北京　外文出版社　1987年　10张　定价: CNY1.30
　　摄影明信片。

J0118691
阖家欢乐 （摄影　1988年年历）
赤峰　内蒙古科学技术出版社［1987年］
1张（2开）定价: CNY0.30

J0118692
黑天鹅 （摄影　1988年年历）李晓斌摄影
石家庄　河北美术出版社　1987年　1张（4开）
定价: CNY0.26

J0118693
红苹果 （摄影　1988年年历）娄晓曦摄影
杭州　西湖摄影艺术出版社　1987年　1张（4开）
定价: CNY0.29

J0118694
红琼 （摄影　1988年年历）阿凡摄影
西安　陕西人民美术出版社　1987年　1张（2开）
定价: CNY0.37

J0118695
花伴琴声 （摄影　1988年年历）林伟新摄影
石家庄　河北美术出版社　1987年　1张（2开）
定价: CNY0.38

J0118696
花果香 （摄影　1988年年历）谭尚忍摄影
上海　上海书画出版社　1987年　1张
定价: CNY0.30

J0118697
花果盈盈 （摄影　1988年年历）谭尚忍摄影
上海　上海人民美术出版社　1987年　1张
定价: CNY0.60
　　作者谭尚忍（1940—　　），上海人。上海美术
家协会和上海摄影家协会会员，上海人民美术出
版社副编审。作品有《儿童武书》《民族英雄岳
飞》等。

J0118698
花果盈盈 （摄影　1988年年历）谭尚忍摄影
上海　上海人民美术出版社　1987年　1张
定价: CNY0.34

J0118699
花红果丰 （摄影　1988年年历）谢新发摄影
石家庄　河北美术出版社　1987年　1张（2开）
定价: CNY0.38

J0118700
花荣艳足 （摄影　1988年年历）林伟新摄影
石家庄　河北美术出版社　1987年　1张（2开）
定价: CNY0.38

J0118701
花香满园 （摄影　1988年年历）
福州　福建美术出版社［1987年］1张（4开）
定价: CNY0.28

J0118702
华国璋摄画 （英汉对照）华国璋摄影
上海　上海人民美术出版社　1987年　12张
定价: CNY1.50
　　摄影明信片。

J0118703
画中游 （摄影　1988年年历）王守平摄影
西安　陕西人民美术出版社　1987年　1张
53cm（4开）定价: CNY0.30

J0118704
欢快 （摄影　1988年年历）唐乔明摄影
石家庄　河北美术出版社　1987年　1张
78cm（2开）定价: CNY0.38

J0118705
欢快 （摄影　1988年年历）家吉摄影
天津　天津人民美术出版社　1987年　1张
53cm（4开）定价: CNY0.30

J0118706
欢天喜地 （摄影　1988年年历）历文摄影
沈阳　辽宁美术出版社　1987年　1张　53cm（4开）
定价: CNY0.30

J0118707
回眸 （摄影 1988 年年历）黄文麓摄影
西安 陕西人民美术出版社 1987 年 1 张（4 开）
定价：CNY0.30

J0118708
吉祥如意 （摄影 1988 年年历）周必云摄影
福州 福建美术出版社 1987 年 1 张
定价：CNY0.28

J0118709
佳果飘香 （摄影 1988 年年历）晓安摄影
西安 陕西人民美术出版社 1987 年 1 张
53cm（4 开）定价：CNY0.30

J0118710
家室永富贵 （摄影 1988 年年历）晓安摄影
西安 陕西人民美术出版社 1987 年 1 张
78cm（2 开）定价：CNY0.37

J0118711
江山多娇 （汉英对照）王志诚等摄影
哈尔滨 黑龙江美术出版社 ［1987 年］
10 张（13 开）定价：CNY0.95
　　摄影明信片。

J0118712
洁白无瑕 （摄影 1988 年年历）燕京摄影
兰州 甘肃人民出版社 1987 年 1 张 54cm（4 开）
定价：CNY0.26

J0118713
惊奇 （摄影 1988 年年历）张育才摄影
石家庄 河北美术出版社 1987 年 1 张
78cm（2 开）定价：CNY0.38

J0118714
静思 （摄影 1988 年年历）马元浩摄影
福州 福建美术出版社 ［1987 年］1 张（4 开）
定价：CNY0.28

J0118715
柯柯 （摄影 1988 年年历）陈振戈摄影
石家庄 河北美术出版社 1987 年 1 张
53cm（4 开）定价：CNY0.26

J0118716
乐韵 （摄影 1988 年年历）
福州 福建美术出版社 ［1987 年］1 张（4 开）
定价：CNY0.28

J0118717
恋 （摄影 1988 年年历）郭阿根摄影
杭州 西湖摄影艺术出版社 1987 年 1 张（2 开）
定价：CNY0.29

J0118718
恋曲 （摄影 1988 年年历）金戈摄影
南京 江苏美术出版社 1987 年 1 张 78cm（2 开）
定价：CNY0.43

J0118719
良辰美景 （摄影 1988 年年历）谢新发摄影
石家庄 河北美术出版社 1987 年 1 张（2 开）
定价：CNY0.38

J0118720
猎 （摄影 1988 年年历）陈守福摄影
北京 北京美术摄影出版社 1987 年 1 张
76cm（2 开）定价：CNY0.50

J0118721
林黛玉 （摄影 1988 年年历）秦峰摄影
杭州 浙江人民美术出版社 1987 年 1 张（4 开）
定价：CNY0.30

J0118722
琳琅珠玉 （摄影 1988 年年历）苏茂春摄影
乌鲁木齐 新疆人民出版社 1987 年 1 张（2 开）
定价：CNY0.40

J0118723
柳暗花明 （摄影 1988 年年历）张岩摄影
天津 天津人民美术出版社 1987 年 1 张
78cm（2 开）定价：CNY0.45

J0118724
龙 （摄影 1988 年年历）肖顺权摄影
北京 人民美术出版社 1987 年 1 张
［78cm］（3 开）定价：CNY0.42

J0118725
龙凤呈祥 （摄影 1988 年年历）历文摄影
沈阳 辽宁美术出版社 1987 年 1 张 53cm（4 开）
定价：CNY0.30

J0118726
龙华富贵 （摄影 1988 年年历）郭治国摄影
沈阳 辽宁美术出版社 1987 年 1 张
［78cm］（3 开）定价：CNY0.40

J0118727
美的旋律 （摄影 1988 年年历）唐禹民摄影
天津 天津人民美术出版社 1987 年 1 张
54cm（4 开）定价：CNY0.30

J0118728
苗为青 （摄影 1988 年年历）
上海 上海人民美术出版社［1987 年］1 张
76cm（2 开）定价：CNY0.75

J0118729
冥想 （摄影 1988 年年历）李晓斌摄影
杭州 西湖摄影艺术出版社 1987 年 1 张
54cm（4 开）定价：CNY0.29

J0118730
目秀 （摄影 1988 年年历）唐乔明摄影
石家庄 河北美术出版社 1987 年 1 张
［78cm］（3 开）定价：CNY0.38

J0118731
沐浴 （摄影 1988 年年历）杨时音摄影
长沙 湖南美术出版社 1987 年 1 张
定价：CNY0.38

J0118732
内秀 （摄影 1988 年年历）姚锦祥摄影
石家庄 河北美术出版社 1987 年 1 张
［78cm］（3 开）定价：CNY0.38

J0118733
年年有余 （摄影 1988 年年历）袁学军摄影
武汉 湖北少年儿童出版社 1987 年 1 张
定价：CNY0.30

J0118734
年年有余 （摄影 1988 年年历）历文摄影
沈阳 辽宁美术出版社 1987 年 1 张
定价：CNY0.30

J0118735
凝视 （摄影 1988 年年历）吴兆华摄影
石家庄 河北美术出版社 1987 年 1 张
78cm（2 开）定价：CNY0.38

J0118736
怒放 （摄影 1988 年年历）茹鹏生摄影
乌鲁木齐 新疆人民出版社 1987 年 1 张
78cm（2 开）定价：CNY0.30

J0118737
胖胖 （摄影 1988 年年历）叶广伟摄影
上海 上海书画出版社 1987 年 1 张 76cm（2 开）
定价：CNY0.60

J0118738
胖胖 （摄影 1988 年年历）钟向东摄影
重庆 重庆出版社 1987 年 1 张 54cm（4 开）
定价：CNY0.30

J0118739
飘逸 （摄影 1988 年年历）朱宪民摄影
长春 吉林美术出版社 1987 年 1 张（4 开）
定价：CNY0.30

J0118740
期待 （摄影 1988 年年历）天鹰，张文祥摄影
杭州 浙江人民美术出版社 1987 年 1 张（4 开）
定价：CNY0.30

J0118741
期望 （摄影 1988 年年历）
上海 上海人民美术出版社［1987 年］1 张（4 开）
定价：CNY0.43

J0118742
憩息 （摄影 1988 年年历）张德诚摄影
上海 上海人民美术出版社 1987 年 1 张
54cm（4 开）定价：CNY0.30

J0118743
亲昵 （摄影 1988 年年历）袁学军摄影
武汉 湖北少年儿童出版社 1987 年 1 张
54cm（4 开）定价：CNY0.30

J0118744
亲昵 （摄影 1988 年年历）许志刚摄影
杭州 西湖摄影艺术出版社 1987 年 1 张
54cm（4 开）定价：CNY0.29

J0118745
青春的火焰 （摄影 1988 年年历）唐禹民摄影
天津 天津人民美术出版社 1987 年 1 张（4 开）
定价：CNY0.30
　　作者唐禹民（1940— ），记者。出生于辽宁
朝阳市。历任国家体育总局中国体育杂志社摄
影部主任，中国体育记者协会理事，中国体育摄
影学会副主席兼秘书长等。著有《抹不掉的记忆》
《体育摄影理论与实践》等。

J0118746
青春绿草地 （摄影 1988 年年历）陈振戈摄影
福州 福建美术出版社［1987 年］1 张（4 开）
定价：CNY0.28

J0118747
轻风 （摄影 1988 年年历）莫大林摄影
杭州 西湖摄影艺术出版社 1987 年 1 张
53cm（4 开）定价：CNY0.29

J0118748
清凉世界 （摄影 1988 年年历）林伟新摄影
南京 江苏美术出版社 1987 年 1 张 78cm（2 开）
定价：CNY0.43

J0118749
清婉 （摄影 1988 年年历）牛犇东摄影
西安 陕西人民美术出版社 1987 年 1 张
76cm（2 开）定价：CNY0.60

J0118750
清幽 （摄影 1988 年年历）陈春轩摄影
重庆 重庆出版社 1987 年 1 张 78cm（2 开）
定价：CNY0.44

J0118751
情思 （摄影 1988 年年历）天鹰，钱豫强摄影
杭州 浙江人民美术出版社 1987 年 1 张
76cm（2 开）定价：CNY0.60

J0118752
秋 （摄影 1988 年年历）李瑞雨摄影
天津 天津人民美术出版社 1987 年 1 张
53cm（4 开）定价：CNY0.30

J0118753
秋艳 （摄影 1988 年年历）谭尚忍摄影
天津 天津人民美术出版社 1987 年 1 张
76cm（2 开）定价：CNY0.60

J0118754
秋韵 （摄影 1988 年年历）钱炜摄影
南京 江苏美术出版社 1987 年 1 张 78cm（2 开）
定价：CNY0.43

J0118755
瞿琴 （摄影 1988 年年历）
上海 上海人民美术出版社［1987 年］1 张
76cm（2 开）定价：CNY0.75

J0118756
如意 （摄影 1988 年年历）元夏摄影
福州 福建美术出版社 1987 年 1 张 53cm（4 开）
定价：CNY0.28

J0118757
软语温馨 （摄影 1988 年年历）薛锡摄影
西安 陕西人民美术出版社 1987 年 1 张
53cm（4 开）定价：CNY0.30

J0118758
赏心悦目 （摄影 1988 年年历）孙茂阳摄影
沈阳 辽宁美术出版社 1987 年 1 张（4 开）
定价：CNY0.30

J0118759
上海 （汉英对照）张颖等摄影
杭州 西湖摄影艺术出版社 1987 年 10 张
定价：CNY1.30
　　摄影明信片。

J0118760
上海 （汉英对照）杨中俭等摄影
北京 中国旅游出版社 1987 年 10 张
定价：CNY1.30
　　摄影明信片。

J0118761
上海手帕年历 （二 幸福 摄影 1988 年年历）
上海 上海书画出版社 1987 年 1 张 78×36cm
定价：CNY0.68

J0118762
少女的歌 （摄影 1988 年年历）天鹰，袁棣一
摄影
杭州 浙江人民美术出版社 1987 年 1 张
53cm（4 开）定价：CNY0.30

J0118763
摄影艺术 （旅日台湾摄影家黄金树作品）宁夏
画报社编
银川 宁夏人民出版社 1987 年 10 张 15cm（40开）
定价：CNY1.50
　　摄影明信片。

J0118764
胜似春光 （摄影 1988 年年历）永刚，俊清作；
晓安摄影
西安 陕西人民美术出版社 1987 年 1 张
78cm（2 开）定价：CNY0.37
　　作者永刚，主要年历作品有《胜似春光》《百
卉群放图》《胜似春光》等。

J0118765
思 （摄影 1988 年年历）马元浩摄影
福州 福建美术出版社 1987 年 1 张 78cm（2 开）
定价：CNY0.36

J0118766
思 （摄影 1988 年年历）费文麓摄影
西安 陕西人民美术出版社 1987 年 1 张
53cm（4 开）定价：CNY0.30

J0118767
思 （摄影 1988 年年历）
武汉 长江文艺出版社 1987 年 1 张 78cm（2 开）

定价：CNY0.42

J0118768
思红 （摄影 1988 年年历）苏茂春摄影
乌鲁木齐 新疆人民出版社 1987 年 1 张
78cm（2 开）定价：CNY0.30

J0118769
岁岁平安 （摄影 1988 年年历）历文摄影
沈阳 辽宁美术出版社 1987 年 1 张（4 开）
定价：CNY0.30

J0118770
腾飞 （摄影 1988 年年历）云画摄影
昆明 云南人民出版社 1987 年 1 张（2 开）
定价：CNY0.28

J0118771
天涯海角 （摄影 1988 年年历）
成都 四川省新闻图片社 1987 年 1 张
76cm（2 开）定价：CNY0.55

J0118772
恬静 （摄影 1988 年年历）王小宾摄影
南京 江苏美术出版社 1987 年 1 张 78cm（2 开）
定价：CNY0.43

J0118773
恬静 （摄影 1988 年年历）天鹰，钱豫强摄影
杭州 浙江人民美术出版社 1987 年 1 张
76cm（2 开）定价：CNY0.60

J0118774
恬美 （摄影 1988 年年历）郭阿根摄影
杭州 西湖摄影艺术出版社 1987 年 1 张
54cm（4 开）定价：CNY0.29

J0118775
甜 （摄影 1988 年年历）黄继贤摄影
西安 陕西人民美术出版社 1987 年 1 张
54cm（4 开）定价：CNY0.30

J0118776
甜 （摄影 1988 年年历）天鹰摄影
杭州 浙江人民美术出版社 1987 年 1 张

54cm（4 开）定价：CNY0.30

J0118777
甜（摄影 1988 年年历）高英熙摄影
重庆 重庆出版社 1987 年 1 张 54cm（4 开）
定价：CNY0.30

J0118778
甜蜜（摄影 1988 年年历）李基摄影
石家庄 河北美术出版社 1987 年 1 张
78cm（2 开）定价：CNY0.22

J0118779
甜蜜蜜（摄影 1988 年年历）刘立宾摄影
西安 陕西人民美术出版社 1987 年 1 张
78cm（2 开）定价：CNY0.37

J0118780
甜蜜蜜（摄影 1988 年年历）岑永生摄影
上海 上海书画出版社 1987 年 1 张 54cm（4 开）
定价：CNY0.30

J0118781
眺（摄影 1988 年年历）周有骏摄影
西安 陕西人民美术出版社 1987 年 1 张
78cm（2 开）定价：CNY0.37

J0118782
万古长青（摄影 1988 年年历）沈珏浩摄影
杭州 西湖摄影艺术出版社 1987 年 1 张
76cm（2 开）定价：CNY0.56

J0118783
万紫千红（摄影 1988 年年历）林伟新摄影
石家庄 河北美术出版社 1987 年 1 张
［78cm］（2 开）定价：CNY0.38

J0118784
望果节（摄影 1988 年年历）丹朗摄影
拉萨 西藏人民出版社 1987 年 1 张 78cm（2 开）
定价：CNY0.50

J0118785
望世（摄影 1988 年年历）牛施政摄影
石家庄 河北美术出版社 1987 年 1 张

78cm（2 开）定价：CNY0.38

J0118786
喂果汁（摄影 1988 年年历）谢新发摄影
西安 陕西人民美术出版社 1987 年 1 张（4 开）
定价：CNY0.37

J0118787
文静（摄影 1988 年年历）唐乔明摄影
石家庄 河北美术出版社 1987 年 1 张
［78cm］（2 开）定价：CNY0.38

J0118788
我的生日（摄影 1988 年年历）陈春轩，刘海
发摄影
石家庄 河北美术出版社 1987 年 1 张（4 开）
定价：CNY0.26

J0118789
我的小伙伴（摄影 1988 年年历）唐禹民摄影
郑州 河南美术出版社 1987 年 1 张（4 开）
定价：CNY0.33

J0118790
无锡风光（汉英对照）茅瑾等摄影
南京 江苏人民出版社 1987 年 10 张
定价：CNY1.50
　　摄影明信片。

J0118791
妩媚（摄影 1988 年年历）林伟新摄影
南京 江苏美术出版社 1987 年 1 张（2 开）
定价：CNY0.43

J0118792
武汉东湖（汉英对照）李福堂等摄影
武汉 湖北人民出版社 1987 年 10 张（60 开）
定价：CNY1.30
　　摄影明信片。

J0118793
希望（摄影 1988 年年历）梅延林摄影
武汉 湖北少年儿童出版社 1987 年 1 张（4 开）
定价：CNY0.30

J0118794
嬉雪 （摄影 1988 年年历）金铎摄影
沈阳 辽宁美术出版社 1987 年 1 张 54cm（4 开）
定价：CNY0.30

J0118795
喜临门 （摄影 1988 年年历）高永刚制作；林
伟新摄影
上海 上海书画出版社 1987 年 ［1 张］（4 开）
定价：CNY0.30

J0118796
喜悦 （摄影 1988 年年历）徐斌摄影
福州 福建美术出版社 1987 年 1 张（2 开）
定价：CNY0.36
　　作者徐斌，擅长摄影。主要作品有年历《算
一算》《喜悦》《小演员》等。

J0118797
遐思 （摄影 1988 年年历）胡晓申，陆天福摄影
上海 上海人民美术出版社 1987 年 1 张（4 开）
定价：CNY0.30

J0118798
遐思 （摄影 1988 年年历）张动摄影
杭州 西湖摄影艺术出版社 1987 年 1 张（4 开）
定价：CNY0.29

J0118799
遐想 （摄影 1988 年年历）佳红摄影
天津 天津人民美术出版社 1987 年 1 张（4 开）
定价：CNY0.30

J0118800
遐想 （摄影 1988 年年历）天鹰，光远摄影
杭州 浙江人民美术出版社 1987 年 1 张（2 开）
定价：CNY0.40

J0118801
夏 （摄影 1988 年年历）林伟新摄影
南京 江苏美术出版社 1987 年 1 张（2 开）
定价：CNY0.43

J0118802
夏 （摄影 1988 年年历）周俊彦摄影

杭州 西湖摄影艺术出版社 1987 年 1 张（4 开）
定价：CNY0.29

J0118803
夏日 （摄影 1988 年年历）高亚雄摄影
沈阳 辽宁美术出版社 1987 年 1 张（2 开）
定价：CNY0.40

J0118804
夏日 （摄影 1988 年年历）周有骏摄影
西安 陕西人民美术出版社 1987 年 1 张（4 开）
定价：CNY0.30

J0118805
鲜花送模范 （摄影 1988 年年历）高英熙摄影
成都 四川美术出版社 1987 年 1 张（4 开）
定价：CNY0.28

J0118806
香港风光 （摄影 1988 年年历）杨如鑫摄影
郑州 河南美术出版社 1987 年 1 张 76cm（2 开）
定价：CNY0.65

J0118807
香气宜人 （摄影 1988 年年历）林伟新摄影
沈阳 辽宁美术出版社 1987 年 1 张 54cm（4 开）
定价：CNY0.30

J0118808
翔 （摄影 1988 年年历）黄金树摄影
北京 人民美术出版社 1987 年 1 张（2 开）
定价：CNY0.56

J0118809
向往 （摄影 1988 年年历）程荣章摄影
石家庄 河北美术出版社 1987 年 1 张（4 开）
定价：CNY0.26

J0118810
小巴郎 （摄影 1988 年年历）天鹰摄影
杭州 浙江人民美术出版社 1987 年 1 张
53cm（4 开）定价：CNY0.30

J0118811
小红花 （摄影 1988 年年历）吴铭摄影

上海　上海人民美术出版社　1987 年　1 张

53cm（4 开）定价：CNY0.30

J0118812

小帽帽 （摄影　1988 年年历）罗贵沅, 杨鸿滨

摄影

天津　天津人民美术出版社　1987 年　1 张

53cm（4 开）定价：CNY0.30

J0118813

小憩 （摄影　1988 年年历）周必云摄影

福州　福建美术出版社　1987 年　1 张　53cm（4 开）

定价：CNY0.28

J0118814

小真真 （摄影　1988 年年历）陈振戈摄影

南京　江苏美术出版社　1987 年　1 张　53cm（4 开）

定价：CNY0.32

J0118815

心曲 （摄影　1988 年年历）林华尚摄影

福州　福建美术出版社　1987 年　1 张　53cm（4 开）

定价：CNY0.28

J0118816

心香 （摄影　1988 年年历）辛奇摄影

杭州　西湖摄影艺术出版社　1987 年　1 张

76cm（2 开）定价：CNY0.56

J0118817

欣喜 （摄影　1988 年年历）李基摄影

石家庄　河北美术出版社　1987 年　1 张

78cm（2 开）定价：CNY0.38

J0118818

欣欣向荣 （摄影　1988 年年历）钱豫强摄影

重庆　重庆出版社　1987 年　1 张　53cm（4 开）

定价：CNY0.30

J0118819

新春 （摄影　1988 年年历）王志成摄影

郑州　河南美术出版社　1987 年　1 张（2 开）

定价：CNY0.43

J0118820

新的玩具 （摄影　1988 年年历）长城摄影

石家庄　河北美术出版社　1987 年　1 张（4 开）

定价：CNY0.26

J0118821

新疆好 （一　新疆风光　汉英对照）新疆对外文

化交流会编辑

乌鲁木齐　新疆人民出版社　1987 年　10 张

15cm（40 开）定价：CNY1.60

　　明信片。

J0118822

新蕾 （摄影　1988 年年历）谢新发摄影

南京　江苏美术出版社　1987 年　1 张（4 开）

定价：CNY0.32

J0118823

新绿 （摄影　1988 年年历）于志新摄影

杭州　西湖摄影艺术出版社　1987 年　1 张（4 开）

定价：CNY0.29

J0118824

新妆 （摄影　1988 年年历）孙铨摄影

上海　上海书画出版社　1987 年　1 张（2 开）

定价：CNY0.42

J0118825

新装 （摄影　1988 年年历）娄晓曦摄影

杭州　西湖摄影艺术出版社　1987 年　1 张（4 开）

定价：CNY0.29

J0118826

幸福成长 （摄影　1988 年年历）谢新发摄影

济南　山东美术出版社　1987 年　1 张　53cm（4 开）

定价：CNY0.33

J0118827

旋律 （摄影　1988 年年历）

重庆　重庆出版社　1987 年　1 张　54cm（4 开）

定价：CNY0.30

J0118828

妍 （摄影　1988 年年历）董岩青摄影

天津　天津人民美术出版社　1987 年　1 张（4 开）

定价：CNY0.30

J0118829
颜开　（摄影 1988 年年历）程荣章摄影
石家庄 河北美术出版社 1987 年 1 张
78cm（2 开）定价：CNY0.22

J0118830
艳雅　（摄影 1988 年年历）家吉摄影
天津 天津人民美术出版社 1987 年 1 张
54cm（4 开）定价：CNY0.30

J0118831
阳光　（摄影 1988 年年历）马元浩摄影
福州 福建美术出版社［1987 年］1 张
53cm（4 开）定价：CNY0.28

J0118832
阳光·草地　（摄影 1988 年年历）尹春华摄影
福州 福建美术出版社 1987 年 1 张 53cm（4 开）
定价：CNY0.28

J0118833
姚黄　（摄影 1988 年年历）汪军摄影
兰州 甘肃人民出版社 1987 年 1 张 54cm（4 开）
定价：CNY0.26

J0118834
椰林曲　（摄影 1988 年年历）田捷民摄影
天津 天津人民美术出版社 1987 年 1 张
定价：CNY0.30
　　作者田捷民（1954—　），浙江人。重庆市新闻图片社主任记者。历任四川省摄影家协会副主席、中国摄影家协会理事、重庆市文联委员、重庆市摄影家协会驻会副主席兼秘书长等。代表作有《影人史进》《重担在肩》《照野皑皑融雪》等。

J0118835
野趣　（摄影 1988 年年历）娄晓曦摄影
杭州 西湖摄影艺术出版社 1987 年 1 张
54cm（4 开）定价：CNY0.29

J0118836
一对小天鹅　（摄影 1988 年年历）尹福康摄影

上海 上海人民美术出版社 1987 年 1 张
53cm（4 开）定价：CNY0.30

J0118837
依依离情　（摄影 1988 年年历）
南京 江苏人民出版社 1987 年 1 张 78cm（2 开）
定价：CNY0.50

J0118838
溢香　（摄影 1988 年年历）林伟新摄影
沈阳 辽宁美术出版社 1987 年 1 张（4 开）
定价：CNY0.30

J0118839
银装　（摄影 1988 年年历）谢新发摄影
石家庄 河北美术出版社 1987 年 1 张
76cm（2 开）定价：CNY0.58

J0118840
银装素裹　（摄影 1988 年年历）苏茂春摄影
乌鲁木齐 新疆人民出版社 1987 年 1 张
78cm（2 开）定价：CNY0.30

J0118841
幽　（摄影 1988 年年历）郭青摄影
北京 人民美术出版社 1987 年 1 张 54cm（4 开）
定价：CNY0.28

J0118842
幽蓝传香　（摄影 1988 年年历）谢新发摄影
石家庄 河北美术出版社 1987 年 1 张
78cm（2 开）定价：CNY0.38

J0118843
幼苗　（摄影 1988 年年历）江聪摄影
武汉 湖北美术出版社 1987 年 1 张（4 开）
定价：CNY0.28

J0118844
余辉　（摄影 1988 年年历）何炳富摄影
太原 山西人民出版社 1987 年 1 张
定价：CNY0.40
　　作者何炳富（1940—　），摄影师。上海人，军事科学院摄影师，中国摄影家协会会员。

J0118845
渔舟唱晚（摄影 1988 年年历）任国恩摄影
西安 陕西人民美术出版社 1987 年 1 张
54cm（4 开）定价：CNY0.30

J0118846
愉悦（摄影 1988 年年历）张动摄影
杭州 西湖摄影艺术出版社 1987 年 1 张（4 开）
定价：CNY0.29

J0118847
榆桩（摄影 1988 年年历）建龙，乐石摄影
天津 天津人民美术出版社 1987 年 1 张（4 开）
定价：CNY0.30

J0118848
雨过天晴（摄影 1988 年年历）张克庆摄影
杭州 浙江人民美术出版社 1987 年 1 张
53cm（4 开）定价：CNY0.30

J0118849
圆圆（摄影 1988 年年历）陈治黄摄影
杭州 浙江人民美术出版社 1987 年 1 张
定价：CNY0.30

J0118850
远眺（摄影 1988 年年历）陆国良摄影
石家庄 河北美术出版社 1987 年 1 张
定价：CNY0.22

J0118851
张虹（摄影 1988 年年历）
北京 中国电影出版社［1987 年］1 张
定价：CNY0.25

J0118852
张莉（摄影 1988 年年历）
上海 上海人民美术出版社［1987 年］1 张
定价：CNY0.75

J0118853
长青（摄影 1988 年年历）张候权，李江树摄影
杭州 西湖摄影艺术出版社 1987 年 1 张
53cm（4 开）定价：CNY0.29

J0118854
仇迎春（摄影 1988 年年历）宋旭光摄影
石家庄 河北美术出版社 1987 年 1 张
［78cm］（3 开）定价：CNY0.38

J0118855
真甜（摄影 1988 年年历）马铭摄影
郑州 河南美术出版社 1987 年 1 张 54cm（4 开）
定价：CNY0.33

J0118856
争艳图（摄影 1988 年年历）晓安摄影
西安 陕西人民美术出版社 1987 年 1 张
78cm（2 开）定价：CNY0.37

J0118857
稚气（摄影 1988 年年历）赵东海摄影
长沙 湖南美术出版社 1987 年 1 张（4 开）
定价：CNY0.30

J0118858
1989：爱中华（摄影挂历）
延吉 延边人民出版社［1988 年］78cm（3 开）
定价：CNY7.90

J0118859
1989：百年和合（摄影挂历）
杭州 浙江人民美术出版社 1988 年 78cm（3 开）
定价：CNY7.50

J0118860
1989：春芽（摄影挂历）
长春 北方妇女儿童出版社［1988 年］
78cm（3 开）定价：CNY7.90

J0118861
1989：儿童乐园（摄影挂历）
南宁 广西人民出版社［1988 年］76cm（2 开）

J0118862
1989：芳菲（摄影挂历）
天津 天津人民美术出版社 1988 年 76cm（2 开）
定价：CNY12.00

J0118863
1989：芳华 （摄影挂历）
南京 江苏人民出版社 1988 年 76cm（2 开）
定价：CNY12.40

J0118864
1989：芳姿 （摄影挂历）
南京 江苏人民出版社 1988 年 78cm（3 开）
定价：CNY8.30

J0118865
1989：风华 （摄影挂历）
长春 吉林美术出版社 1988 年 76cm（2 开）
定价：CNY11.80

J0118866
1989：福 （摄影挂历）
天津 天津杨柳青画社 1988 年 76cm（2 开）

J0118867
1989：恭贺新年 （摄影挂历）
南京 南京出版社 1988 年 76cm（2 开）
定价：CNY14.80

J0118868
1989：恭贺新禧 （摄影挂历）
沈阳 辽宁民族出版社［1988 年］76cm（2 开）
定价：CNY12.00

J0118869
1989：恭贺新禧 （摄影挂历）
济南 山东美术出版社 1988 年 78cm（3 开）
定价：CNY7.80

J0118870
1989：恭贺新禧 （摄影挂历）
上海 上海三联书店［1988 年］76cm（2 开）
定价：CNY12.00

J0118871
1989：恭贺新禧 （摄影挂历）
乌鲁木齐 新疆人民出版社 1988 年 76cm（2 开）
定价：CNY12.50

J0118872
1989：恭贺新禧 （摄影挂历）
昆明 云南人民出版社 1988 年 76cm（2 开）
定价：CNY13.00

J0118873
1989：光与彩 （摄影挂历）
南京 江苏人民出版社 1988 年 78cm（3 开）
定价：CNY8.30

J0118874
1989：海花 （摄影挂历）
沈阳 辽宁人民出版社［1988 年］78cm（3 开）
定价：CNY8.00

J0118875
1989：海之恋 （摄影挂历）
北京 中国电影出版社［1988 年］76cm（2 开）
定价：CNY12.00

J0118876
1989：和声 （摄影挂历）
南京 江苏文艺出版社 1988 年 78cm（3 开）
定价：CNY7.90

J0118877
1989：吉祥如意 （摄影挂历）
福州 福建人民出版社［1988 年］78cm（3 开）
定价：CNY4.50

J0118878
1989：吉祥如意 （摄影挂历）
昆明 云南人民出版社 1988 年 78cm（3 开）
定价：CNY8.50

J0118879
1989：佼 （摄影挂历）
长春 吉林美术出版社［1988 年］78cm（3 开）
定价：CNY7.90

J0118880
1989：浪花 （摄影挂历）
杭州 西泠印社 1988 年 78cm（3 开）
定价：CNY7.50

J0118881
1989 : 龙凤呈祥 （摄影挂历）
天津 天津杨柳青画社 1988 年 78cm（3 开）
定价：CNY8.00

J0118882
1989 : 美的造型 （摄影挂历）
石家庄 河北美术出版社 1988 年 78cm（3 开）
定价：CNY8.00

J0118883
1989 : 美加乐 （摄影挂历）
沈阳 辽宁人民出版社 1988 年 78cm（3 开）
定价：CNY8.00

J0118884
1989 : 妙羿天然 （摄影挂历）
广州 岭南美术出版社 1988 年 76cm（2 开）
定价：CNY13.00
　　书名应为：妙契天然。

J0118885
1989 : 屏芬 （摄影挂历）
济南 山东美术出版社 1988 年 78cm（3 开）
定价：CNY7.80

J0118886
1989 : 千山万水情 （摄影挂历）
石家庄 河北美术出版社 1988 年 76cm（2 开）
定价：CNY11.80

J0118887
1989 : 青岛风光 （摄影挂历）
青岛 青岛出版社 1988 年 76cm（2 开）
定价：CNY9.50

J0118888
1989 : 青海美 （摄影挂历）
西宁 青海人民出版社 1988 年 78cm（3 开）
定价：CNY6.50

J0118889
1989 : 庆贺新年 （摄影挂历）
南京 南京出版社 1988 年 76cm（2 开）
定价：CNY14.80

J0118890
1989 : 群芳 （摄影挂历）
南京 江苏美术出版社 1988 年 78cm（3 开）
定价：CNY8.30

J0118891
1989 : 日异月恒 （摄影挂历）
杭州 浙江摄影出版社 ［1988 年］76cm（2 开）
定价：CNY12.00

J0118892
1989 : 柔美 （摄影挂历）
上海 上海画报出版社 ［1988 年］78cm（3 开）
定价：CNY8.40

J0118893
1989 : 神采 （摄影挂历）
南京 江苏人民出版社 1988 年 78cm（3 开）
定价：CNY7.90

J0118894
1989 : 神曲 （摄影挂历）
杭州 浙江摄影出版社 1988 年 78cm（3 开）
定价：CNY7.50

J0118895
1989 : 神韵 （摄影挂历）
长春 吉林美术出版社 ［1988 年］78cm（3 开）
定价：CNY7.90

J0118896
1989 : 诗情画意 （摄影挂历）
北京 中国电影出版社 ［1988 年］78cm（3 开）
定价：CNY8.00

J0118897
1989 : 世界风情 （摄影挂历）
上海 上海人民美术出版社 1988 年 76cm（2 开）
定价：CNY12.00

J0118898
1989 : 室有山林乐人同天地春 （摄影挂历）
广州 科学普及出版社广州分社 1988 年
30cm（12 开）定价：CNY15.00

J0118899
1989：四季丹青　（摄影挂历）
武汉　湖北人民出版社 1988 年 78cm（3 开）
定价：CNY9.80

J0118900
1989：温馨　（摄影挂历）
广州　岭南美术出版社 1988 年 76cm（2 开）

J0118901
1989：五彩世界　（摄影挂历）
杭州　浙江人民美术出版社 1988 年 78cm（3 开）
定价：CNY7.60

J0118902
1989：希望　（摄影挂历）
上海　上海人民美术出版社［1988 年］
54cm（4 开）定价：CNY5.60

J0118903
1989：香港风光　（摄影挂历）
深圳　海天出版社［1988 年］76cm（2 开）
定价：CNY14.00

J0118904
1989：小小花朵　（摄影挂历）
长春　吉林美术出版社 1988 年 78cm（3 开）
定价：CNY7.90

J0118905
1989：新潮　（摄影挂历）
福州　福建美术出版社［1988 年］78cm（3 开）
定价：CNY7.80

J0118906
1989：新潮　（摄影挂历）
沈阳　辽宁人民出版社［1988 年］78cm（3 开）
定价：CNY8.00

J0118907
1989：新年快乐　（摄影挂历）
广州　岭南美术出版社 1988 年 76cm（2 开）
定价：CNY13.00

J0118908
1989：新年如意　（摄影挂历）
西安　陕西人民美术出版社［1988 年］
78cm（3 开）

J0118909
1989：新时代　（摄影挂历）
赤峰　内蒙古科学技术出版社［1988 年］
76cm（2 开）定价：CNY11.50

J0118910
1989：旋律　（摄影挂历）
长春　吉林美术出版社 1988 年 76cm（2 开）
定价：CNY11.80

J0118911
1989：雅趣　（摄影挂历）
杭州　浙江人民美术出版社 1988 年 54cm（4 开）
定价：CNY5.50

J0118912
1989：妍　（摄影挂历）
杭州　浙江摄影出版社 1988 年 78cm（3 开）
定价：CNY7.50

J0118913
1989：艳丽　（摄影挂历）
南京　江苏美术出版社 1988 年 76cm（2 开）
定价：CNY13.00

J0118914
1989：艳丽　（摄影挂历）
上海　上海画报出版社［1988 年］78cm（3 开）
定价：CNY7.90

J0118915
1989：艳丽　（摄影挂历）
延吉　延边人民出版社［1988 年］78cm（3 开）
定价：CNY7.90

J0118916
1989：韵　（摄影挂历）
杭州　浙江人民美术出版社 1988 年 76cm（2 开）
定价：CNY12.50

J0118917
1989：祝您春节愉快健康长寿 （摄影挂历）
西安 陕西人民美术出版社 1988 年 78cm（3 开）

J0118918
1989：祝您万事如意 （摄影挂历）
天津 天津杨柳青画社 1988 年 76cm（2 开）
定价：CNY12.50

J0118919
1989：祝您幸福 （摄影挂历）
长沙 湖南美术出版社 1988 年 76cm（2 开）
定价：CNY11.50

J0118920
1989：自然美态 （摄影挂历）
太原 山西科学教育出版社 1988 年 76cm（2 开）
定价：CNY7.20

J0118921
澳门风光 （摄影 1989 年年历）李长捷摄
北京 人民美术出版社 1988 年 1 张 78cm（3 开）
定价：CNY0.54

J0118922
八一军旗红 （摄影 1989 年年历）袁学军摄
南宁 广西人民出版社 1988 年 1 张 54cm（4 开）
定价：CNY0.44

J0118923
北京名胜内景荟萃
北京 北京美术摄影出版社［1988 年］10 张
13cm（60 开）定价：CNY1.20
　　摄影明信片。

J0118924
北京名胜内景荟萃 （汉日英对照）
北京 北京美术摄影出版社［1988 年］10 张
13cm（60 开）定价：CNY3.00
　　摄影明信片。

J0118925
蓓蕾 （摄影 1989 年年历）陈振戈摄
济南 山东美术出版社 1988 年 1 张 54cm（4 开）
定价：CNY0.40

J0118926
蓓蕾组画 （摄影 1989 年年历 一）钟文毅摄
南京 江苏人民出版社 1988 年 1 张 54cm（4 开）
定价：CNY0.80

J0118927
蓓蕾组画 （摄影 1989 年年历 二）谢新发摄
南京 江苏人民出版社 1988 年 1 张 54cm（4 开）
定价：CNY0.80

J0118928
并蒂莲 （摄影 1989 年年历）享耳摄
沈阳 辽宁美术出版社 1988 年 1 张 54cm（4 开）
定价：CNY0.45

J0118929
承德风光 （汉日英对照）
北京 外文出版社 1988 年 10 张 13cm（60 开）
定价：CNY1.50
　　摄影明信片。

J0118930
窗 （摄影 1989 年年历）李小平摄
天津 天津人民美术出版社 1988 年 1 张
54cm（4 开）定价：CNY0.40

J0118931
窗 （摄影 1989 年年历）天鹰摄
杭州 浙江人民美术出版社 1988 年 1 张
76cm（2 开）定价：CNY0.50

J0118932
纯洁 （摄影 1989 年年历）苏健琼摄
南京 江苏美术出版社 1988 年 1 张 78cm（2 开）
定价：CNY0.55

J0118933
丛中笑 （摄影 1989 年年历）马元浩摄
郑州 河南美术出版社 1988 年 1 张 54cm（4 开）
定价：CNY0.15

J0118934
丛中笑 （摄影 1989 年年历）马元浩摄
郑州 河南美术出版社 1988 年 1 张 54cm（4 开）
定价：CNY0.35

J0118935
大连风光
上海 上海科技文献出版社［1988年］10张
13cm（60开）定价：CNY1.60
　　摄影明信片。

J0118936
丹青玉颜　（摄影 1989年年历）天鹰, 豫强摄
杭州 浙江人民美术出版社 1988年 1张
76cm（2开）定价：CNY0.75

J0118937
芳泽满堂　德振摄
天津 天津人民美术出版社 1988年 1张
78cm（2开）定价：CNY0.55

J0118938
丰年　（摄影 1989年年历）天羽摄
杭州 浙江人民美术出版社 1988年 1张
78cm（2开）定价：CNY0.50

J0118939
福建茶　（摄影 1989年年历）林伟新摄
南宁 广西人民出版社 1988年 1张 54cm（4开）
定价：CNY0.44

J0118940
富到福到年年有余　（摄影 1989年年历）陈治
黄摄
济南 山东美术出版社 1988年 1张 54cm（4开）
定价：CNY0.38

J0118941
瓜果飘香　（摄影 1989年年历）苏共春摄
乌鲁木齐 新疆人民出版社 1988年 1张
76cm（2开）定价：CNY0.60

J0118942
乖乖　（摄影 1989年年历）朱裕陶摄影
福州 福建美术出版社［1988年］1张
54cm（4开）定价：CNY0.40

J0118943
果　（摄影 1989年农历己巳年年历）
重庆 重庆出版社 1988年 1张 54cm（4开）

定价：CNY0.35

J0118944
海之恋　（摄影 1989年年历）金铎摄
沈阳 辽宁美术出版社 1988年 1张 54cm（4开）
定价：CNY0.45

J0118945
好朋友　（摄影 1989年年历）马家吉摄
天津 天津人民美术出版社 1988年 1张
54cm（4开）定价：CNY0.40

J0118946
合家欢乐：现代家庭　（一 摄影 1989年年历）
上海 上海人民美术出版社 1988年 1张
76cm（2开）定价：CNY0.80

J0118947
合家欢乐：现代家庭　（二 摄影 1989年年历）
上海 上海人民美术出版社 1988年 1张
76cm（2开）定价：CNY0.80

J0118948
合家欢乐：现代家庭　（三 摄影 1989年年历）
上海 上海人民美术出版社 1988年 1张
76cm（2开）定价：CNY0.80

J0118949
合家欢乐：现代家庭　（四 摄影 1989年年历）
上海 上海人民美术出版社 1988年 1张
76cm（2开）定价：CNY0.80

J0118950
花丛中　（摄影 1989年年历）陈振戈摄影
福州 福建美术出版社［1988年］1张
78cm（2开）定价：CNY0.55

J0118951
花丛中　（摄影 1989年年历）钟向东摄影
成都 四川省新闻图片社［1988年］1张
54cm（4开）定价：CNY0.32

J0118952
花儿朵朵　（摄影 1989年农历己巳年年历）许
志刚摄

武汉 湖北美术出版社 1988 年 1 张 54cm（4 开）
定价：CNY0.38

J0118953
花花 （摄影 1989 年年历）达历摄
沈阳 辽宁美术出版社 1988 年 1 张 54cm（4 开）
定价：CNY0.45

J0118954
回旋心曲 （摄影 1989 年农历己巳年年历）林伟新摄
广州 岭南美术出版社 1988 年 1 张 54cm（4 开）
定价：CNY0.40

J0118955
伙伴 （摄影 1989 年农历己巳年年历）梁际琛摄
武汉 湖北美术出版社 1988 年 1 张 54cm（4 开）
定价：CNY0.38

J0118956
伙伴 （摄影 1989 年农历己巳年年历）
广州 岭南美术出版社 1988 年 1 张 54cm（4 开）
定价：CNY0.40

J0118957
伙伴 （摄影 1989 年年历）
西安 陕西人民美术出版社 1988 年 1 张 76cm（2 开）定价：CNY0.96

J0118958
佳果飘香 （摄影 1989 年年历）周祖贻摄
重庆 重庆出版社 1988 年 1 张 54cm（4 开）
定价：CNY0.35

J0118959
假日 （摄影 1989 年年历）
沈阳 辽宁美术出版社 1988 年 1 张 54cm（4 开）
定价：CNY0.45

J0118960
健健 （摄影 1989 年年历）
北京 人民体育出版社 1988 年 1 张 76cm（2 开）
定价：CNY0.48

J0118961
娇艳 （摄影 1989 年年历）林伟新摄
成都 四川省新闻图片社［1988 年］1 张 78cm（2 开）定价：CNY0.38

J0118962
节日广场 （摄影 1989 年年历）胡维标摄
北京 北京美术摄影出版社 1988 年 1 张 76cm（2 开）定价：CNY0.72

J0118963
金色的披纱 （摄影 1989 年年历）苏健琼摄
南京 江苏美术出版社 1988 年 1 张 78cm（2 开）
定价：CNY0.55

J0118964
涓涓情思 （摄影 1988 年年历）
成都 四川省新闻图片社［1988 年］1 张 54cm（4 开）定价：CNY0.40

J0118965
蓝天卫士 （摄影 1989 年农历己巳年年历）乔天富摄
重庆 重庆出版社 1988 年 1 张 54cm（4 开）
定价：CNY0.35
　　作者乔天富（1954—　　），高级记者，四川绵竹市人。历任解放军报高级记者，中国摄影家协会理事，中国新闻摄影学会常务理事。代表作品《中国人民解放军驻香港部队》《大阅兵》《军中姐妹》。

J0118966
连年有余 （摄影 1989 年年历）陈振新摄
北京 人民美术出版社 1988 年 1 张 54cm（4 开）
定价：CNY0.40

J0118967
两个小伙伴 （摄影 1989 年年历）丁定摄
郑州 河南美术出版社 1988 年 1 张 54cm（4 开）
定价：CNY0.35

J0118968
两情相依依 （摄影 1989 年年历）张词祖摄
上海 上海人民美术出版社 1988 年 1 张 54cm（4 开）定价：CNY0.40

J0118969
林黛玉 （摄影 1989 年农历己巳年年历）李耀宗摄
武汉 湖北美术出版社 1988 年 1 张 76cm（2 开）
定价: CNY0.76

J0118970
林黛玉 （摄影 1989 年年历）黄宗炜摄
上海 上海人民美术出版社 1988 年 1 张
54cm（4 开）定价: CNY0.40

J0118971
流盼 （摄影 1989 年年历）陈振戈摄
重庆 重庆出版社 1988 年 1 张 54cm（4 开）
定价: CNY0.35

J0118972
露浸玉臂寒 （摄影 1988 年年历）郭大公摄
成都 四川省新闻图片社 ［1988 年］1 张
78cm（2 开）定价: CNY0.38

J0118973
绿茵 （摄影 1989 年年历）周俊彦摄
杭州 浙江人民美术出版社 1988 年 1 张
54cm（4 开）定价: CNY0.37

J0118974
芒果 （摄影 1989 年农历己巳年年历）梁伟摄
广州 岭南美术出版社 1988 年 1 张 54cm（4 开）
定价: CNY0.40

J0118975
毛毛 （摄影 1989 年年历）马元浩摄
兰州 甘肃人民出版社 1988 年 1 张 78cm（2 开）
定价: CNY0.54

J0118976
美的风采 （摄影 1989 年年历）晓安摄
天津 天津人民美术出版社 1988 年 1 张
78cm（2 开）定价: CNY0.55

J0118977
美的思索 （摄影 1989 年年历）谢新发摄
上海 上海人民美术出版社 1988 年 1 张
78cm（2 开）定价: CNY0.55

J0118978
美的天使 （摄影 1989 年年历）杨克林摄
沈阳 辽宁美术出版社 1988 年 1 张 54cm（4 开）
定价: CNY0.45

J0118979
美满幸福 （摄影 1989 年年历）谢新发摄
石家庄 河北美术出版社 1988 年 1 张
78cm（2 开）定价: CNY0.54

J0118980
美满姻缘 （摄影 1989 年年历）陈洪庶摄
重庆 重庆出版社 1988 年 1 张 54cm（4 开）
定价: CNY0.35

J0118981
美在人间 （摄影 1989 年年历）陈诚摄
上海 上海人民美术出版社 1988 年 1 张
78cm（2 开）定价: CNY0.24

J0118982
梦回 （摄影 1989 年农历己巳年年历）慕星摄
武汉 湖北美术出版社 1988 年 1 张 76cm（2 开）
定价: CNY0.76

J0118983
梦思 （摄影 1989 年农历己巳年年历）天一摄
武汉 湖北美术出版社 1988 年 1 张 54cm（4 开）
定价: CNY0.38

J0118984
母爱 （摄影 1989 年年历）
南昌 江西人民出版社 ［1988 年］1 张
78cm（2 开）定价: CNY0.50

J0118985
母与子 （摄影 1989 年年历）
南昌 江西人民出版社 ［1988 年］1 张
78cm（2 开）定价: CNY0.40

J0118986
耐安 （摄影 1989 年年历）邵黎阳摄
石家庄 河北美术出版社 1988 年 1 张
54cm（4 开）定价: CNY0.40

J0118987
睨 （摄影 1989 年年历）刘韵摄
上海 上海人民美术出版社 1988 年 1 张
78cm（2 开）定价：CNY0.28

J0118988
凝 （摄影 1989 年年历）
长春 吉林美术出版社 1988 年 1 张 54cm（4 开）
定价：CNY0.60

J0118989
凝眸 （摄影 1989 年年历）吕大千摄影
福州 福建美术出版社［1988 年］1 张
54cm（4 开）定价：CNY0.40

J0118990
凝眸 （摄影 1989 年农历己巳年年历）张炎摄
武汉 湖北美术出版社 1988 年 1 张 54cm（4 开）
定价：CNY0.38

J0118991
胖胖 （摄影 1989 年年历）钟向东摄
南京 江苏美术出版社 1988 年 1 张 54cm（4 开）
定价：CNY0.40

J0118992
朋友 （摄影 1989 年年历）姜长庚摄
南昌 江西人民出版社［1988 年］1 张
78cm（2 开）定价：CNY0.50

J0118993
娉婷 （摄影 1989 年农历己巳年年历）荒野摄
武汉 湖北美术出版社 1988 年 1 张 54cm（4 开）
定价：CNY0.38

J0118994
亲密无间 （摄影 1989 年农历己巳年年历）
广州 岭南美术出版社 1988 年 1 张 54cm（4 开）
定价：CNY0.40

J0118995
琴思 （摄影 1989 年年历）天鹰,予强摄
南京 江苏美术出版社 1988 年 1 张 78cm（2 开）
定价：CNY0.55

J0118996
青春的遐想 （摄影 1989 年年历）张九荣摄
南京 江苏人民出版社 1988 年 1 张 76cm（2 开）
定价：CNY0.78
　　作者张九荣,画家、摄影家。摄影作品有年
画《花卉仕女图》《春》等。

J0118997
青岛 （汉英对照）刘笃义等摄
青岛 青岛出版社 1988 年 10 张 13cm（60 开）
定价：CNY1.80
　　摄影明信片。

J0118998
青睐 （摄影 1989 年年历）钟向东摄
西安 陕西人民美术出版社 1988 年 1 张
54cm（4 开）定价：CNY0.45

J0118999
清丽 （摄影 1989 年年历）钱豫强摄
杭州 浙江人民美术出版社 1988 年 1 张
54cm（4 开）定价：CNY0.37

J0119000
秋实图 （摄影 1989 年年历）谭尚忍摄
天津 天津人民美术出版社 1988 年 1 张
54cm（4 开）定价：CNY0.40

J0119001
泉声 （摄影 1989 年年历）马奔摄影
福州 福建美术出版社［1988 年］1 张
54cm（4 开）定价：CNY0.40

J0119002
荣华富贵 （摄影 1989 年年历）林伟新摄
济南 山东美术出版社 1988 年 1 张 54cm（4 开）
定价：CNY0.40

J0119003
榕荫古渡 （摄影 1989 年年历）莫文兴摄
北京 人民美术出版社 1988 年 1 张 78cm（2 开）
定价：CNY0.54

J0119004
瑞鸟鸣祥 （摄影 1989 年年历）伍力成摄

天津 天津人民美术出版社 1988 年 1 张
54cm（4 开）定价：CNY0.55

J0119005
沙孚 （摄影 1989 年年历）
长春 吉林美术出版社 1988 年 1 张 54cm（4 开）
定价：CNY0.45

J0119006
山如碧玉簪 （摄影 1989 年年历）陈亚江摄
石家庄 河北美术出版社 1988 年 1 张
54cm（4 开）定价：CNY0.40

J0119007
山野清趣 （摄影 1989 年农历己巳年年历）陈春轩摄
重庆 重庆出版社 1988 年 1 张 78cm（2 开）
定价：CNY0.50

J0119008
深圳 （汉英对照）刘伟雄摄
广州 广东旅游出版社［1988 年］10 张
13cm（60 开）定价：CNY1.60

J0119009
神驰 （摄影 1989 年年历）周勇摄影
福州 福建美术出版社［1988 年］1 张
54cm（4 开）定价：CNY0.40

J0119010
神往 （摄影 1989 年年历）陈振戈摄
长春 吉林美术出版社 1988 年 1 张 78cm（2 开）
定价：CNY0.60

J0119011
神仙鱼 （摄影 1989 年年历）陈春轩摄
上海 上海人民美术出版社 1988 年 1 张
54cm（4 开）定价：CNY0.40

J0119012
圣田圣子 （摄影 1989 年年历）牛犇东摄
昆明 云南人民出版社 1988 年 1 张 54cm（4 开）
定价：CNY0.38

J0119013
胜利的旗帜 （摄影 1988 年年历）
成都 四川省新闻图片社［1988 年］1 张
54cm（4 开）定价：CNY0.28

J0119014
思 （摄影 1989 年年历）龚田夫摄
昆明 云南人民出版社 1988 年 1 张 54cm（4 开）
定价：CNY0.38

J0119015
探春 （摄影 1989 年年历）张金摄
沈阳 辽宁美术出版社 1988 年 1 张 54cm（4 开）
定价：CNY0.45

J0119016
唐舞 （摄影 1989 年农历己巳年年历）春华摄
武汉 湖北美术出版社 1988 年 1 张 78cm（2 开）
定价：CNY0.50

J0119017
天真 （摄影 1989 年年历）
北京 人民体育出版社 1988 年 1 张 76cm（2 开）
定价：CNY0.48

J0119018
天真 （摄影 1989 年年历）晓晓摄
上海 上海人民美术出版社 1988 年 1 张
54cm（4 开）定价：CNY0.40

J0119019
恬美 （摄影 1989 年农历己巳年年历）天一摄
武汉 湖北美术出版社 1988 年 1 张 54cm（4 开）
定价：CNY0.38

J0119020
恬美 （摄影 1989 年年历）刘海发摄
上海 上海书画出版社 1988 年 1 张 54cm（4 开）
定价：CNY0.40

J0119021
甜蜜 （摄影 1989 年年历）林伟新摄
南京 江苏美术出版社 1988 年 1 张 54cm（4 开）
定价：CNY0.40

J0119022
甜甜 （摄影 1989 年年历）
兰州 甘肃人民出版社 1988 年 1 张 78cm（2 开）
定价：CNY0.54

J0119023
听，云雀 （摄影 1989 年年历）金以云摄
南宁 广西人民出版社 1988 年 1 张 54cm（4 开）
定价：CNY0.44

J0119024
童雅 （摄影 1989 年年历）天一摄
武汉 湖北美术出版社 1988 年 1 张 54cm（4 开）
定价：CNY0.38

J0119025
吻 （摄影 1989 年年历）刘祺云摄
沈阳 辽宁美术出版社 1988 年 1 张 54cm（4 开）
定价：CNY0.45

J0119026
我爱春天 （摄影 1989 年年历）王钢，李正摄
上海 上海书画出版社 1988 年 1 张 54cm（4 开）
定价：CNY0.40

J0119027
我爱大熊猫 （摄影 1989 年年历）尚忍摄
上海 上海人民美术出版社 1988 年 1 张
54cm（4 开）定价：CNY0.40

J0119028
我爱阳光 （摄影 1989 年农历己巳年年历）黎
启祥摄
广州 岭南美术出版社 1988 年 1 张 54cm（4 开）
定价：CNY0.40

J0119029
我同鱼儿乐 （摄影 1989 年年历）晓东摄
成都 四川省新闻图片社 1988 年 1 张
54cm（4 开）定价：CNY0.28

J0119030
我在这里 （摄影 1989 年年历）谢新发摄
石家庄 河北美术出版社 1988 年 1 张
54cm（4 开）定价：CNY0.40

J0119031
西安 （汉英对照）
西安 陕西人民美术出版社［1988 年］8 张
13cm（60 开）定价：CNY1.30

J0119032
西双版纳风光 （摄影 1989 年年历）周俊彦摄
济南 山东美术出版社 1988 年 1 张 54cm（4 开）
定价：CNY0.38

J0119033
西厢待月 （摄影 1989 年年历）王万录摄
石家庄 河北美术出版社 1988 年 1 张
54cm（4 开）定价：CNY0.40

J0119034
嬉鱼图 （摄影 1989 年年历）马家吉摄
天津 天津人民美术出版社 1988 年 1 张
54cm（4 开）定价：CNY0.40

J0119035
喜悦 （摄影 1989 年年历）张动摄影
福州 福建美术出版社［1988 年］1 张
54cm（4 开）定价：CNY0.40

J0119036
喜悦 （摄影 1989 年年历）奚天鹰摄
石家庄 河北美术出版社 1988 年 1 张
54cm（4 开）定价：CNY0.40

J0119037
喜悦 （摄影 1989 年年历）马元浩摄影
上海 上海书画出版社［1988 年］1 张
54cm（4 开）定价：CNY0.40

J0119038
遐思 （摄影 1989 年年历）马元浩摄影
福州 福建美术出版社［1988 年］1 张
54cm（4 开）定价：CNY0.40

J0119039
遐想 （摄影 1989 年年历）马元浩摄
南昌 江西人民出版社［1988 年］1 张
76cm（2 开）定价：CNY0.84

J0119040
夏菁 （摄影 1989 年年历）晓雪摄
石家庄 河北美术出版社 1988 年 1 张
54cm（4 开）定价：CNY0.54

J0119041
夏日 （摄影 1989 年年历）郭治国摄
沈阳 辽宁美术出版社 1988 年 1 张 54cm（4 开）
定价：CNY0.45

J0119042
闲适 （摄影 1989 年年历）周勇摄影
福州 福建美术出版社［1988 年］1 张
54cm（4 开）定价：CNY0.40

J0119043
相映 （摄影 1989 年年历）冯学敏摄
上海 上海书画出版社 1988 年 1 张 54cm（4 开）
定价：CNY0.40

J0119044
向往 （摄影 1989 年年历）王鲁闽摄影
福州 福建美术出版社［1988 年］1 张
54cm（4 开）定价：CNY0.40

J0119045
向往 （摄影 1989 年年历）茅瑾摄
南京 江苏人民出版社 1988 年 1 张 76cm（2 开）
定价：CNY0.78

J0119046
小红帽 （摄影 1989 年年历）王文波摄
郑州 河南美术出版社 1988 年 1 张 78cm（2 开）
定价：CNY0.47

J0119047
小红球 （摄影 1990 年年历）柏雨果摄影
福州 福建美术出版社［1988 年］1 张
54cm（4 开）定价：CNY0.40
　　作者柏雨果（1948—　　），摄影师。陕西凤县
人。中国摄影家协会会员、中国电影家协会会员。
曾举办《天、地、人》摄影作品展，出版文学作品
《拜见非洲大酋长》。

J0119048
小伙伴 （摄影 1989 年年历）
石家庄 河北美术出版社 1988 年 1 张 54cm（4 开）

J0119049
小乐乐 （摄影 1988 年年历）张华铭摄
石家庄 河北美术出版社 1988 年 1 张
54cm（4 开）定价：CNY0.24
　　作者张华铭，摄影家。著有《自然之花，中
国人体艺术摄影》，与陈耀武合作《有阳光下的中
国人体》。

J0119050
小丽达 （摄影 1989 年年历）赵乃澄摄
杭州 浙江人民美术出版社 1988 年 1 张
54cm（4 开）定价：CNY0.37

J0119051
小憩 （摄影 1989 年年历）杨玉光摄影
福州 福建美术出版社［1988 年］1 张
78cm（2 开）定价：CNY0.55

J0119052
小顽猴 （摄影 1988 年年历）
成都 四川省新闻图片社［1988 年］1 张
54cm（4 开）定价：CNY0.28

J0119053
晓妆 （摄影 1988 年年历）伍洪摄
成都 四川省新闻图片社［1988 年］1 张
54cm（4 开）定价：CNY0.28

J0119054
心事如珠 （摄影 1989 年农历己巳年年历）林
伟新摄
广州 岭南美术出版社 1988 年 1 张 54cm（4 开）
定价：CNY0.40

J0119055
心弦 （摄影 1989 年年历）周必云摄影
福州 福建美术出版社［1988 年］1 张
54cm（4 开）定价：CNY0.55

J0119056
心中的歌 （摄影 1989 年年历）元浩摄

福州 福建美术出版社［1988 年］1 张
54cm（4 开）定价：CNY0.28

J0119057
欣欣向荣 （摄影 1989 年年历）苏潮摄
上海 上海人民美术出版社［1988 年］1 张
78cm（2 开）定价：CNY0.75

J0119058
新蕾 （摄影 1989 年年历）张金摄
沈阳 辽宁美术出版社 1988 年 1 张 54cm（4 开）
定价：CNY0.45

J0119059
新装添采 （摄影 1989 年年历）伍洪摄
成都 四川省新闻图片社［1988 年］1 张
54cm（4 开）定价：CNY0.28

J0119060
馨 （摄影 1989 年年历）张甸摄
沈阳 辽宁美术出版社 1988 年 1 张 54cm（4 开）
定价：CNY0.45

J0119061
馨 （摄影 1989 年年历）王子祥摄
上海 上海人民美术出版社 1988 年 1 张
54cm（4 开）定价：CNY0.40

J0119062
馨香 （摄影 1989 年年历）杨克林摄
沈阳 辽宁美术出版社 1988 年 1 张 54cm（4 开）
定价：CNY0.45

J0119063
星期天 （摄影 1989 年年历）王颂宪摄影
福州 福建美术出版社［1988 年］1 张
78cm（2 开）定价：CNY0.55

J0119064
兄弟 （摄影 1989 年年历）
长春 吉林美术出版社 1988 年 1 张 54cm（4 开）
定价：CNY0.45

J0119065
绚丽 （摄影 1989 年年历）俞京摄

上海 上海书画出版社 1988 年 1 张 54cm（4 开）
定价：CNY0.40

J0119066
丫丫 （摄影 1989 年年历）马家吉摄
天津 天津人民美术出版社 1988 年 1 张
54cm（4 开）定价：CNY0.40

J0119067
言犹在耳 （摄影 1989 年农历己巳年年历）林
伟新摄
广州 岭南美术出版社 1988 年 1 张 54cm（4 开）
定价：CNY0.40

J0119068
妍丽 （摄影 1989 年年历）建新摄
上海 上海书画出版社 1988 年 1 张 54cm（4 开）
定价：CNY0.40

J0119069
掩住心扉 （摄影 1988 年年历）张苏妍摄
成都 四川省新闻图片社［1988 年］1 张
54cm（4 开）定价：CNY0.28

J0119070
杨桃 （摄影 1989 年农历己巳年年历）梁伟摄
广州 岭南美术出版社 1988 年 1 张 54cm（4 开）
定价：CNY0.40

J0119071
遥远的爱 （摄影 1988 年年历）马南摄
福州 福建美术出版社［1988 年］1 张
54cm（4 开）定价：CNY0.28

J0119072
窈窕 （摄影 1989 年农历己巳年年历）李诚摄
广州 岭南美术出版社 1988 年 1 张 54cm（4 开）
定价：CNY0.40

J0119073
一往情深 （摄影 1989 年年历）兰洪裕摄
长春 吉林美术出版社 1988 年 1 张 78cm（2 开）
定价：CNY0.60

J0119074
倚翠闻涛 （摄影 1989 年年历）林伟新摄
天津 天津人民美术出版社 1988 年 1 张
78cm（2 开）定价：CNY0.55

J0119075
艺海采珠 （二 摄影 1989 年年历）
上海 上海人民美术出版社 1988 年 1 张
78cm（2 开）定价：CNY0.55

J0119076
艺海采珠 （五 摄影 1989 年年历）
上海 上海人民美术出版社 1988 年 1 张
78cm（2 开）定价：CNY0.55

J0119077
艺苑群芳 （三 摄影 1989 年年历）
上海 上海书画出版社 1988 年 1 张 78cm（2 开）
定价：CNY0.80

J0119078
艺苑群芳 （四 摄影 1989 年年历）
上海 上海书画出版社 1988 年 1 张 78cm（2 开）
定价：CNY0.80

J0119079
艺苑群芳 （五 摄影 1989 年年历）
上海 上海书画出版社 1988 年 1 张 78cm（2 开）
定价：CNY0.80

J0119080
鹰击长空 （摄影 1989 年年历）
成都 四川省新闻图片社 ［1988 年］1 张
54cm（4 开）定价：CNY0.28

J0119081
迎春 （摄影 1989 年年历）林伟新摄
南京 江苏美术出版社 1988 年 1 张 54cm（4 开）
定价：CNY0.40

J0119082
幽香 （摄影 1989 年年历）林伟新摄
天津 天津人民美术出版社 1988 年 1 张
54cm（4 开）定价：CNY0.40

J0119083
悠思 （摄影 1989 年年历）韩斌，永伟摄
长春 吉林美术出版社 1988 年 1 张 54cm（4 开）
定价：CNY0.45

　　作者韩斌（1942—　），教授、设计师。又名
韩庆斌，河南新乡人，毕业于中央工艺美院建筑
装饰美术系。历任北京市科技交流馆、中国科
技馆工程师，中央工艺美院工业设计系主任、教
授、硕士生导师。中国工艺美术总公司高级工艺
美术师。　主要著述有《论展示艺术设计的学科
特征》《展示与社会》《展示设计学》。

J0119084
友爱 （摄影 1989 年年历）聂雨摄
石家庄 河北美术出版社 1988 年 1 张
54cm（4 开）定价：CNY0.24

J0119085
余娅 （摄影 1989 年年历）尹福康摄
石家庄 河北美术出版社 1988 年 1 张
54cm（4 开）定价：CNY0.40

J0119086
御笔峰 （摄影 1989 年年历）秦天喜摄
北京 人民美术出版社 1988 年 1 张 54cm（4 开）
定价：CNY0.40

J0119087
悦 （摄影 1989 年年历）陈振戈摄
兰州 甘肃人民出版社 1988 年 1 张 54cm（4 开）
定价：CNY0.45

J0119088
悦 （摄影 1988 年年历）郭阿根摄
杭州 西湖摄影艺术出版社 1988 年 1 张
78cm（2 开）定价：CNY0.29

J0119089
悦目 （摄影 1988 年年历）屠政摄
石家庄 河北美术出版社 1988 年 1 张
78cm（2 开）定价：CNY0.38

J0119090
在海边 （摄影 1989 年年历）尹春华摄
昆明 云南人民出版社 1988 年 1 张 54cm（4 开）

定价：CNY0.38

作者尹春华，擅长摄影。主要年历作品有《凝视》《梦乡》《小青河上》等。

J0119091
张虹　（摄影 1989 年农历己巳年年历）
北京 中国电影出版社［1988 年］1 张
78cm（2 开）定价：CNY0.30

J0119092
张莉　（摄影 1989 年年历）陈士杰摄
上海 上海人民美术出版社［1988 年］1 张
78cm（2 开）定价：CNY0.75

J0119093
赵粉　（摄影 1989 年年历）申少斌摄
石家庄 河北美术出版社 1988 年 1 张
54cm（4 开）定价：CNY0.40

J0119094
珍妮　（摄影 1989 年年历）金铎摄
沈阳 辽宁美术出版社 1988 年 1 张 54cm（4 开）
定价：CNY0.45

J0119095
真甜　（摄影 1989 年年历）曹知非摄
郑州 河南美术出版社 1988 年 1 张 78cm（2 开）
定价：CNY0.47

J0119096
争妍　（摄影 1989 年农历己巳年年历）许志刚摄
武汉 湖北美术出版社 1988 年 1 张 54cm（4 开）
定价：CNY0.38

J0119097
争艳　（摄影 1989 年年历）谢新发摄
郑州 河南美术出版社 1988 年 1 张 78cm（2 开）
定价：CNY0.47

J0119098
争艳　（摄影 1989 年年历）郭阿根摄
西安 陕西人民美术出版社 1988 年 1 张
76cm（2 开）定价：CNY0.96

J0119099
捉迷藏　（摄影 1989 年年历）尹春华摄
杭州 浙江人民美术出版社 1988 年 1 张
54cm（4 开）定价：CNY0.37

J0119100
茁壮成长　（摄影 1989 年年历）陈振戈摄
济南 山东美术出版社 1988 年 1 张 54cm（4 开）
定价：CNY0.38

J0119101
1989：情趣　（摄影挂历）
福州 福建美术出版社［1989 年］78cm（3 开）
定价：CNY7.80

J0119102
1990：爱的诗篇　（摄影挂历）
长沙 湖南美术出版社 1989 年 76cm（2 开）
定价：CNY8.00

J0119103
1990：碧海花　（摄影挂历）
长春 吉林美术出版社 1989 年 107cm（全开）
定价：CNY32.00

J0119104
1990：大海情　（摄影挂历）
济南 山东美术出版社 1989 年 76cm（2 开）
定价：CNY15.00

J0119105
1990：大吉大利　（摄影挂历）
沈阳 辽宁美术出版社［1989 年］78cm（3 开）
定价：CNY11.80

J0119106
1990：当代风采　（摄影挂历）
兰州 甘肃人民出版社 1989 年 76cm（2 开）
定价：CNY16.00

J0119107
1990：东方神话　（摄影挂历）
长沙 湖南美术出版社 1989 年 76cm（2 开）
定价：CNY12.50

J0119108
1990：**儿童世界**　（摄影挂历）
上海　上海人民美术出版社　1989 年　78cm（3 开）
定价：CNY10.20

J0119109
1990：**芳韵**　（摄影挂历）
南京　江苏人民出版社　1989 年　78cm（3 开）
定价：CNY10.00

J0119110
1990：**风采**　（摄影挂历）
广州　岭南美术出版社　1989 年　76cm（2 开）
定价：CNY15.50

J0119111
1990：**风采**　（摄影挂历）
上海　上海书画出版社　1989 年　76cm（2 开）
定价：CNY15.50

J0119112
1990：**风姿**　（摄影挂历）
武汉　长江文艺出版社　1989 年　76cm（2 开）
定价：CNY14.50

J0119113
1990：**恭贺新喜**　（摄影挂历）
上海　百家出版社［1989 年］76cm（2 开）
定价：CNY16.90

J0119114
1990：**桂林风光**　（摄影挂历）
桂林　漓江出版社［1989 年］54cm（4 开）
定价：CNY20.00

J0119115
1990：**国外现代生活**　（摄影挂历）
沈阳　辽宁美术出版社　1989 年　76cm（2 开）
定价：CNY15.80

J0119116
1990：**海外风采**　（摄影挂历）
沈阳　辽宁美术出版社　1989 年　76cm（2 开）
定价：CNY15.80

J0119117
1990：**豪华**　（摄影挂历）
长春　吉林人民出版社［1989 年］76cm（2 开）
定价：CNY15.50

J0119118
1990：**花好月圆**　（摄影挂历）
上海　上海人民美术出版社［1989 年］
76cm（2 开）定价：CNY16.00

J0119119
1990：**华堂飘香**　（摄影挂历）
天津　天津杨柳青画社　1989 年　76cm（2 开）

J0119120
1990：**今日世界**　（摄影挂历）
上海　上海人民美术出版社［1989 年］
76cm（2 开）定价：CNY16.80

J0119121
1990：**美·爱**　（摄影挂历）
沈阳　春风文艺出版社［1989 年］78cm（3 开）
定价：CNY11.50

J0119122
1990：**美·首饰·发饰**　（摄影挂历）
沈阳　辽宁美术出版社　1989 年　78cm（3 开）
定价：CNY11.80

J0119123
1990：**美的世界**　（摄影挂历）
沈阳　辽宁美术出版社［1989 年］76cm（2 开）
定价：CNY16.50

J0119124
1990：**美美美**　（摄影挂历）
济南　山东美术出版社　1989 年　78cm（3 开）
定价：CNY10.50

J0119125
1990：**美女·服装·家俱**　（摄影挂历）
成都　四川人民出版社［1989 年］76cm（2 开）
定价：CNY11.00

J0119126
1990：**美在人间** （摄影挂历）
上海 上海人民美术出版社 1989 年 78cm（3 开）
定价：CNY10.20

J0119127
1990：**魅力** （摄影挂历）
长沙 湖南美术出版社 1989 年 76cm（2 开）
定价：CNY14.00

J0119128
1990：**魅力** （摄影挂历）
太原 山西人民出版社 1989 年 76cm（2 开）
定价：CNY16.00

J0119129
1990：**魅力** （摄影挂历）
西安 陕西人民美术出版社［1989 年］
76cm（2 开）定价：CNY16.50

J0119130
1990：**迷你** （摄影挂历）
沈阳 沈辽书社［1989 年］76cm（2 开）
定价：CNY16.00

J0119131
1990：**摩登家庭** （摄影挂历）
天津 天津人民美术出版社 1989 年 76cm（2 开）
定价：CNY16.00

J0119132
1990：**南国情** （摄影挂历）
杭州 西泠印社 1989 年 76cm（2 开）
定价：CNY15.50

J0119133
1990：**青春的呼唤** （摄影挂历）
成都 四川人民出版社［1989 年］76cm（2 开）
定价：CNY17.80

J0119134
1990：**青春的诗** （摄影挂历）
杭州 浙江人民美术出版社［1989 年］
76cm（2 开）定价：CNY17.50

J0119135
1990：**青春奏鸣曲** （摄影挂历）
长沙 湖南美术出版社 1989 年 76cm（2 开）
定价：CNY15.50

J0119136
1990：**情** （摄影挂历）
沈阳 辽宁画报社 1989 年 78cm（3 开）
定价：CNY11.80

J0119137
1990：**情趣** （摄影挂历）
哈尔滨 黑龙江美术出版社 1989 年 76cm（2 开）
定价：CNY16.50

J0119138
1990：**情趣** （摄影挂历）
天津 天津杨柳青画社 1989 年 78cm（3 开）

J0119139
1990：**群芳** （摄影挂历）
太原 山西人民出版社 1989 年 76cm（2 开）
定价：CNY16.00

J0119140
1990：**摄影艺术** （挂历）
长春 吉林人民出版社［1989 年］76cm（2 开）
定价：CNY15.80

J0119141
1990：**摄影艺术** （摄影挂历）
沈阳 辽宁美术出版社 1989 年 78cm（3 开）
定价：CNY11.80

J0119142
1990：**深圳风光** （摄影挂历）
深圳 海天出版社 1989 年 76cm（2 开）
定价：CNY16.50

J0119143
1990：**深圳风貌** （摄影挂历）
深圳 海天出版社 1989 年 76cm（2 开）
定价：CNY12.50

J0119144
1990：生活美 （摄影挂历）
哈尔滨 黑龙江美术出版社 1989 年 76cm（2 开）
定价：CNY16.50

J0119145
1990：万事如意 （摄影挂历）
杭州 浙江人民美术出版社［1989 年］
78cm（3 开）定价：CNY10.30

J0119146
1990：温馨世界 （摄影挂历）
杭州 浙江摄影出版社 1989 年 76cm（2 开）
定价：CNY15.30

J0119147
1990：喜气洋洋 （摄影挂历）
济南 山东美术出版社 1989 年 78cm（3 开）

J0119148
1990：夏之星 （摄影挂历）
北京 中国电影出版社［1989 年］76cm（2 开）
定价：CNY15.50

J0119149
1990：新春 （摄影挂历）
天津 天津杨柳青画社 1989 年 76cm（2 开）
定价：CNY16.00

J0119150
1990：雅趣 （摄影挂历）
南京 江苏人民出版社 1989 年 78cm（3 开）
定价：CNY10.00

J0119151
1990：妍 （摄影挂历）
上海 上海书画出版社 1989 年 76cm（2 开）
定价：CNY12.80

J0119152
1990：摇篮 （摄影挂历）
成都 四川人民出版社［1989 年］76cm（2 开）
定价：CNY11.80

J0119153
1990：银河现代潮 （摄影挂历）
北京 中国电影出版社［1989 年］76cm（2 开）
定价：CNY16.50

J0119154
1990：运动与美 （摄影挂历）
沈阳 辽宁美术出版社［1989 年］76cm（2 开）
定价：CNY21.00

J0119155
1990：祝您顺利 （摄影挂历）
上海 上海人民美术出版社［1989 年］
76cm（2 开）定价：CNY16.00

J0119156
爱之旅
杭州 浙江摄影出版社［1989 年］10 张
15cm（40 开）统一书号：880686.36
定价：CNY2.70
　　　　摄影明信片

J0119157
百灵 （摄影 1990 年年历）
福州 福建美术出版社［1989 年］1 张
76cm（2 开）定价：CNY0.65

J0119158
版纳风光 （摄影 1990 年年历）丁宇光摄影
天津 天津人民美术出版社 1989 年 1 张
54cm（4 开）定价：CNY0.50

J0119159
奔放 （摄影 1990 年年历）
南京 江苏美术出版社 1989 年 1 张 78cm（2 开）
定价：CNY0.80

J0119160
不夜城——香港 （摄影 1990 年年历）华仲明
摄影
南京 江苏美术出版社 1989 年 1 张 76cm（2 开）
定价：CNY1.00

J0119161
草原小红花 （摄影 1990 年农历庚午年年历）

陈振新摄影
北京 人民美术出版社 1989 年 1 张 54cm（4 开）
定价：CNY0.50
　　作者陈振新（1950— ），江苏南通市人。中国美术家协会会员，中国民间艺术家协会会员。任职于人民美术出版社。创作和发表了大量美术、摄影作品。主要作品有《大家动手，植树栽花，美化环境》《期望》《林》等。

J0119162
姹紫嫣红 （摄影 1990 年农历庚午年年历）周勇摄影
武汉 湖北美术出版社 1989 年 1 张 76cm（2 开）
定价：CNY0.90

J0119163
超超 （摄影 1990 年农历庚午年年历）吴中民摄影
武汉 长江文艺出版社 1989 年 1 张 54cm（4 开）
定价：CNY0.45

J0119164
窗
杭州 浙江摄影出版社［1989 年］10 张
15cm（40 开）定价：CNY2.70

J0119165
春潮 （摄影 1990 年年历）
福州 福建美术出版社［1989 年］1 张
78cm（2 开）定价：CNY0.65

J0119166
春花 （摄影 1990 年年历）
沈阳 辽宁美术出版社 1989 年 1 张 54cm（4 开）
定价：CNY0.55

J0119167
春花 （摄影 1990 年年历）华安摄影
重庆 重庆出版社 1989 年 1 张 54cm（4 开）
定价：CNY0.45

J0119168
春神 （摄影 1990 年年历）
福州 福建少年儿童出版社［1989 年］1 张
54cm（4 开）定价：CNY0.45

J0119169
纯情 （摄影 1989 年年历）建新摄影
上海 上海书画出版社 1989 年 1 张 54cm（4 开）
定价：CNY0.40

J0119170
纯情 （摄影 1990 年年历）奚天鹰摄影
天津 天津人民美术出版社 1989 年 1 张
76cm（2 开）定价：CNY1.00

J0119171
此时无声胜有声 （摄影 1989 年年历）郭大公摄影
福州 福建美术出版社［1989 年］1 张
78cm（2 开）定价：CNY0.55

J0119172
聪聪 （摄影 1990 年年历）邵杭摄影
石家庄 河北美术出版社 1989 年 1 张
78cm（2 开）定价：CNY0.65

J0119173
睇 （摄影 1990 年农历庚午年年历）马元浩摄影
福州 福建美术出版社 1989 年 1 张 54cm（4 开）
定价：CNY0.45

J0119174
蝶恋花 （摄影 1990 年年历）庆文摄影
天津 天津人民美术出版社 1989 年 1 张
54cm（4 开）定价：CNY0.65

J0119175
端庄 （摄影 1990 年农历庚午年年历）（美）李小镜摄影
石家庄 河北美术出版社 1989 年 1 张
54cm（4 开）定价：CNY0.45

J0119176
丰姿 （摄影 1990 年年历）
南京 江苏美术出版社 1989 年 1 张 78cm（2 开）
定价：CNY0.80

J0119177
风雅 （摄影 1990 年年历）李忠摄影
天津 天津人民美术出版社 1989 年 1 张

54cm（4开）定价：CNY0.50

J0119178

高洁 （摄影 1990 年年历）陈春轩，宋士诚摄影
南京 江苏美术出版社 1989 年 1 张 78cm（2 开）
定价：CNY0.80

J0119179

工余 （摄影 1990 年农历庚午年年历）梅延林
摄影
武汉 长江文艺出版社 1989 年 1 张 78cm（2 开）
定价：CNY0.60

J0119180

桂林漓江 （摄影 1990 年年历）田京摄影
天津 天津人民美术出版社 1989 年 1 张
78cm（2 开）定价：CNY0.75

J0119181

桂林山水 （摄影 1990 年年历）林伟新摄影
上海 上海人民美术出版社 1989 年 1 张
54cm（4开）定价：CNY0.50

J0119182

国色天香 （摄影 1990 年农历庚午年年历）曾
万摄影
北京 人民美术出版社 1989 年 1 张 54cm（4 开）
定价：CNY0.50

J0119183

果香心醉 （摄影 1990 年年历）双山摄影
沈阳 辽宁美术出版社 1989 年 1 张 54cm（4 开）
定价：CNY0.55

J0119184

哈哈，摩托车 （摄影 1990 年农历庚午年年历）
福州 福建美术出版社 1989 年 1 张 54cm（4 开）
定价：CNY0.45

J0119185

海之恋 （摄影 1990 年年历）
福州 福建美术出版社［1989 年］1 张
54cm（4 开）定价：CNY0.45

J0119186

含笑 （摄影 1990 年年历）杨中俭摄影
福州 福建美术出版社［1989 年］1 张
78cm（2 开）定价：CNY0.65

J0119187

好年华 （摄影 1990 年农历庚午年年历）陈春
轩摄影
西安 陕西人民美术出版社 1989 年 1 张
78cm（2 开）定价：CNY0.75

J0119188

好奇 （摄影 1990 年年历）姜长根摄影
南昌 江西人民出版社［1989 年］1 张
54cm（4 开）定价：CNY0.55

J0119189

合家欢乐 （摄影 1990 年年历 一）邵黎阳等
摄影
上海 上海书画出版社 1989 年 1 张 78cm（2 开）
定价：CNY0.75

　　作者邵黎阳（1942— ），画家。浙江镇海
人。历任《解放军报》美术编辑，上海人民美术
出版编辑部主任。作品有版画《山高攀》《胜利
的旗帜》《航标灯》，油画 《房东》《马石山十勇
士》《天福山起义》等。著有《藏书票入门》。

J0119190

合家欢乐 （摄影 1990 年年历 二）邵黎阳等
摄影
上海 上海书画出版社 1989 年 1 张 78cm（2 开）
定价：CNY0.75

J0119191

合家欢乐 （摄影 1990 年年历 三）邵黎阳等
摄影
上海 上海书画出版社 1989 年 1 张 78cm（2 开）
定价：CNY0.75

J0119192

合家欢乐 （摄影 1990 年年历 四）邵黎阳等
摄影
上海 上海书画出版社 1989 年 1 张 78cm（2 开）
定价：CNY0.75

J0119193
红艳艳 （摄影 1990 年年历）谭尚忍摄影
上海 上海人民美术出版社 1989 年 1 张
78cm（2 开）定价：CNY0.75

J0119194
花丛中 （摄影 1990 年农历庚午年年历）杨中
俭摄影
福州 福建美术出版社 1989 年 1 张 54cm（4 开）
定价：CNY0.45

J0119195
花蝶 （摄影 1990 年农历庚午年年历）张朝玺
摄影
天津 天津人民美术出版社 1989 年 1 张
78cm（2 开）定价：CNY0.75

J0119196
花神 （摄影 1990 年年历 一）
昆明 云南人民出版社 1989 年 1 张 54cm（4 开）
定价：CNY0.60

J0119197
花神 （摄影 1990 年年历 二）
昆明 云南人民出版社 1989 年 1 张 54cm（4 开）
定价：CNY0.60

J0119198
花神 （摄影 1990 年年历 三）
昆明 云南人民出版社 1989 年 1 张 54cm（4 开）
定价：CNY0.60

J0119199
花神 （摄影 1990 年年历 四）
昆明 云南人民出版社 1989 年 1 张 54cm（4 开）
定价：CNY0.60

J0119200
花神 （摄影 1990 年年历 五）
昆明 云南人民出版社 1989 年 1 张 54cm（4 开）
定价：CNY0.60

J0119201
花神 （摄影 1990 年年历 六）
昆明 云南人民出版社 1989 年 1 张 54cm（4 开）

定价：CNY0.60

J0119202
华年 （摄影 1990 年年历）周俊彦摄影
广州 岭南美术出版社 1989 年 1 张 39cm（4 开）
定价：CNY0.36

J0119203
幻境仙踪 （摄影 1990 年年历）陈振戈摄影
广州 岭南美术出版社 1989 年 1 张 54cm（4 开）
定价：CNY0.55

J0119204
浣溪沙 （摄影 1990 年年历）叶导摄影
长沙 湖南美术出版社 1989 年 1 张 76cm（2 开）
定价：CNY1.40

J0119205
回眸 （摄影 1990 年年历）
长沙 湖南美术出版社 1989 年 1 张 76cm（2 开）
定价：CNY0.90

J0119206
回眸 （摄影 1990 年农历庚午年年历）尹春华
摄影
天津 天津人民美术出版社 1989 年 1 张
54cm（4 开）定价：CNY0.50

J0119207
回眸 （摄影 1990 年年历）钱豫强摄影
重庆 重庆出版社 1989 年 1 张 54cm（4 开）
定价：CNY0.45

J0119208
回旋心曲 （摄影 1990 年年历）李大平摄影
石家庄 河北美术出版社 1989 年 1 张
54cm（4 开）定价：CNY0.45

J0119209
佳果飘香 （摄影 1990 年年历）林伟新摄影
重庆 重庆出版社 1989 年 1 张 38cm（6 开）
定价：CNY0.25

J0119210
假日 （摄影 1990 年年历）

沈阳 辽宁美术出版社 1989 年 1 张 54cm（4 开）
定价：CNY0.55

J0119211
交辉 （摄影 1990 年年历）陈振戈摄影
石家庄 河北美术出版社 1989 年 1 张
78cm（2 开）定价：CNY0.65

J0119212
郊游 （摄影 1990 年农历庚午年年历）黄颙摄影
福州 福建美术出版社 1989 年 1 张 54cm（4 开）
定价：CNY0.45

J0119213
娇娆 （摄影 1990 年年历）周俊彦摄影
广州 岭南美术出版社 1989 年 1 张 54cm（4 开）
定价：CNY0.55

J0119214
骄阳 （摄影 1989 年年历）李殿明，朱裕陶摄影
福州 福建美术出版社 ［1989 年］1 张
54cm（4 开）定价：CNY0.40

J0119215
洁 （摄影 1990 年年历）天鹰等摄影
杭州 浙江人民美术出版社 1989 年 1 张
54cm（4 开）定价：CNY1.15

J0119216
静室 （摄影 1990 年年历）王志强，谭尚忍摄影
天津 天津人民美术出版社 1989 年 1 张
76cm（2 开）定价：CNY1.00

J0119217
九朵金花 （摄影 1990 年年历）石建敏，俞京摄影
上海 上海书画出版社 1989 年 1 张（4 开）
定价：CNY0.50
　　作者俞京，擅长摄影。主要年历作品有《祝您健康》《青春美》《费翔》等。

J0119218
可爱的洋娃娃 （摄影 1990年农历庚午年年历）
北京 人民美术出版社 1989 年 1 张 54cm（4 开）
定价：CNY0.50

J0119219
渴望 （摄影 1990 年年历）
长沙 湖南美术出版社 1989 年 1 张 76cm（2 开）
定价：CNY0.70

J0119220
烂漫 （摄影 1990 年年历）钟向东摄影
南京 江苏美术出版社 1989 年 1 张 78cm（2 开）
定价：CNY0.80
　　作者钟向东（1944— ），画家。别名钟兴、号高联居士，江西兴国长岗人。毕业于赣南师范学院艺术系及中国书画函授大学国画专业。历任江西省美术家协会会员、漫画学会理事、工艺美术学会会员、摄影家协会会员、赣南画院美术事业部主任、特聘画家、赣州市中山书画院特聘画师。主要作品有《郁孤台》《现代风》《希望之星》《考察报告》等。

J0119221
灵犀点通 （摄影 1990 年年历）凌岚摄影
广州 岭南美术出版社 1989 年 1 张 54cm（4 开）
定价：CNY0.55

J0119222
流盼 （摄影 1990 年年历）陈锦摄影
重庆 重庆出版社 1989 年 1 张 54cm（4 开）
定价：CNY0.45
　　作者陈锦（1955— ），摄影编辑。出生于四川成都，毕业于云南大学。四川美术出版社摄影编辑，中国摄影家协会会员。出版有《四川茶铺》《感怀成都》《高原魂》等。

J0119223
玫瑰色的年华 （摄影 1990 年年历）夏小希摄影
南京 江苏美术出版社 1989 年 1 张 76cm（2 开）
定价：CNY1.00
　　作者夏小希（1959— ），女，中国摄影家协会会员。

J0119224
美美 （摄影 1990 年年历）
沈阳 辽宁美术出版社 1989 年 1 张 54cm（4 开）
定价：CNY0.55

J0119225
美人鱼 （摄影 1990 年年历）（菲）张国梁摄影
南京 江苏美术出版社 1989 年 1 张 54cm（4 开）
定价：CNY0.66

J0119226
魅力 （摄影 1990 年年历）天鹰摄影
杭州 浙江人民美术出版社 1989 年 1 张
54cm（4 开）定价：CNY0.55

J0119227
梦 （摄影 1990 年年历）何雪峰，励敏摄影
杭州 浙江摄影出版社 1989 年 1 张 54cm（4 开）
定价：CNY0.50

J0119228
明洁 （摄影 1990 年年历）杨克林摄影
南京 江苏美术出版社 1989 年 1 张 78cm（2 开）
定价：CNY0.80

J0119229
明亮的眼睛 （摄影 1990 年农历庚午年年历）
辛师摄影
武汉 湖北美术出版社 1989 年 1 张 54cm（4 开）
定价：CNY0.45

J0119230
明眸 （摄影 1990 年年历）
福州 福建美术出版社［1989 年］1 张
78cm（2 开）定价：CNY0.65

J0119231
摩登的帽子 《摄影家》编辑部编
上海 上海人民美术出版社 1989 年 10 张
15cm（40 开）定价：CNY1.80
（摄影家系列明信片 5）

J0119232
眸 （摄影 1990 年农历庚午年年历）谭尚忍摄影
天津 天津人民美术出版社 1989 年 1 张
54cm（4 开）定价：CNY0.50

J0119233
凝神 （摄影 1990 年农历庚午年年历）
厦门 鹭江出版社［1989 年］1 张 76cm（2 开）

定价：CNY0.45

J0119234
凝视 （摄影 1990 年年历）
福州 福建美术出版社 1989 年 1 张 76cm（2 开）
定价：CNY1.00

J0119235
凝视 （摄影 1990 年农历庚午年年历）尹春华
摄影
西安 陕西人民美术出版社 1989 年 1 张
78cm（2 开）定价：CNY0.75

J0119236
凝望 （摄影 1990 年年历）程全归摄影
辽宁 辽宁画报社 1989 年 1 张 54cm（4 开）
定价：CNY0.55

J0119237
盼 （摄影 1990 年年历）
福州 福建美术出版社［1989 年］1 张
78cm（2 开）定价：CNY0.65

J0119238
盼 （摄影 1990 年年历）
福州 福建少年儿童出版社［1989 年］1 张
54cm（4 开）定价：CNY0.45

J0119239
盼望 （摄影 1990 年农历庚午年年历）
厦门 鹭江出版社［1989 年］1 张 54cm（4 开）
定价：CNY0.45

J0119240
娉婷 （摄影 1990 年年历）谭尚忍摄影
广州 岭南美术出版社 1989 年 1 张 54cm（4 开）
定价：CNY0.55
　　作者谭尚忍（1940—　　），上海人。上海美术
家协会和上海摄影家协会会员，上海人民美术出
版社副编审。作品有《儿童武书》《民族英雄岳
飞》等。

J0119241
七彩梦 （摄影 1990 年农历庚午年年历）周勇
摄影

武汉 湖北美术出版社 1989 年 1 张 54cm（4 开）
定价：CNY0.45

J0119242
起头难 （摄影 1990 年农历庚午年年历）刘以宽摄影
武汉 长江文艺出版社 1989 年 1 张 54cm（4 开）
定价：CNY0.45

　　作者刘以宽（1933—　），摄影家。武汉人。曾在《战士画报》社、汉口高级步兵学校宣传部和武汉印刷厂设计室从事摄影，中国摄影家协会会员，湖北摄影家协会理事、常务理事，武汉摄影家协会副主席。

J0119243
绮丽
杭州 浙江摄影出版社［1989 年］10 张 15cm（40 开）定价：CNY2.70

　　摄影明信片。

J0119244
憩 （摄影 1990 年年历）倪嘉德，庆文摄影
天津 天津人民美术出版社 1989 年 1 张 76cm（2 开）定价：CNY1.00

J0119245
惬意 （摄影 1990 年年历）程全归摄影
广州 岭南美术出版社 1989 年 1 张 54cm（4 开）
定价：CNY0.55

J0119246
亲密无间 （摄影 1989 年年历）涧南，寿华摄影
福州 福建美术出版社［1989 年］1 张 54cm（4 开）定价：CNY0.40

J0119247
琴思 （摄影 1990 年年历）山川摄影
重庆 重庆出版社 1989 年 1 张 54cm（4 开）
定价：CNY0.45

J0119248
琴心 （摄影 1989 年年历）周必玉摄影
福州 福建美术出版社［1989 年］1 张 54cm（4 开）定价：CNY0.40

J0119249
琴心 （摄影 1990 年农历庚午年年历）
福州 福建美术出版社［1989 年］1 张 76cm（2 开）定价：CNY1.00

J0119250
沁沁 （摄影 1990 年年历）石建敏，俞京摄影
上海 上海书画出版社 1989 年 1 张 54cm（4 开）
定价：CNY0.50

J0119251
青春似火 （摄影 1990 年年历）曾宪阳摄影
重庆 重庆出版社 1989 年 1 张 54cm（4 开）
定价：CNY0.45

J0119252
清晨 （摄影 1990 年年历）青松林摄影
福州 福建美术出版社 1989 年 1 张 54cm（4 开）
定价：CNY0.45

J0119253
清辉 （摄影 1990 年年历）林伟新摄影
南京 江苏美术出版社 1989 年 1 张 54cm（4 开）
定价：CNY0.53

J0119254
清丽 （摄影 1990 年年历）刘春毓摄影
长春 吉林人民出版社［1989 年］1 张 54cm（4 开）定价：CNY0.70

J0119255
清丽 （摄影 1990 年年历）尚忍摄影
南京 江苏美术出版社 1989 年 1 张 78cm（2 开）
定价：CNY0.75

J0119256
清水出芙蓉 （摄影 1990 年年历）刘春毓摄影
长春 吉林人民出版社［1989 年］1 张 54cm（4 开）定价：CNY0.70

J0119257
清香 （摄影 1990 年年历）叶导摄影
长沙 湖南美术出版社 1989 年 1 张 54cm（4 开）
定价：CNY0.40

　　作者叶导，擅长摄影。主要年历作品有《花

仙子》《清香》《九寨沟秋色》等。

J0119258
情　（摄影 1990 年年历）何文蓉摄影
济南 山东美术出版社 1989 年 1 张 54cm（4 开）

J0119259
情深　（摄影 1990 年农历庚午年年历）胡祥胜摄影
武汉 湖北美术出版社 1989 年 1 张 54cm（4 开）
定价：CNY0.45

J0119260
情思　（摄影 1990 年年历）
长沙 湖南美术出版社 1989 年 1 张 76cm（2 开）
定价：CNY0.70

J0119261
情思　（摄影 1990 年农历庚午年年历）洪军摄影
天津 天津人民美术出版社 1989 年 1 张
54cm（4 开）定价：CNY0.50

J0119262
秋　（摄影 1990 年年历）春玉摄影
上海 上海人民美术出版社 1989 年 1 张
39cm（4 开）定价：CNY0.35

J0119263
秋　（摄影 1990 年农历庚午年年历）何兆欣摄影
武汉 长江文艺出版社 1989 年 1 张 76cm（2 开）
定价：CNY1.00

J0119264
秋蕾（摄影 1990 年年历）邵黎阳摄影
上海 上海人民美术出版社 1989 年 1 张
54cm（4 开）定价：CNY0.50

J0119265
秋恋　（摄影 1990 年年历）马元浩摄影
天津 天津人民美术出版社 1989 年 1 张
76cm（2 开）定价：CNY1.00

J0119266
秋色　（摄影 1990 年农历庚午年年历）周俊彦摄影

武汉 长江文艺出版社 1989 年 1 张 76cm（2 开）
定价：CNY1.30

J0119267
秋艳　（摄影 1990 年农历庚午年年历）陈学章摄影
西安 陕西人民美术出版社 1989 年 1 张
78cm（2 开）定价：CNY0.75

J0119268
秋韵　（摄影 1990 年年历）马元浩摄影
福州 福建美术出版社［1989 年］1 张
54cm（4 开）定价：CNY0.40

J0119269
热热闹闹　（摄影 1989 年年历）杨坤摄影
福州 福建美术出版社［1989 年］1 张
54cm（4 开）定价：CNY0.40

J0119270
荣华富贵　（摄影 1990 年年历）豫强摄影
杭州 浙江人民美术出版社 1989 年 1 张
78cm（2 开）定价：CNY0.75

J0119271
柔情　（摄影 1990 年年历）程全归摄影
沈阳 辽宁画报社 1989 年 1 张 54cm（4 开）
定价：CNY0.55

J0119272
柔情　（摄影 1990 年年历）马元浩摄影
天津 天津人民美术出版社 1989 年 1 张
76cm（2 开）定价：CNY1.00

J0119273
柔姿　（摄影 1990 年年历）尚新摄影
南昌 江西人民出版社［1989 年］1 张
78cm（2 开）定价：CNY0.75

J0119274
闪　（摄影 1990 年年历）方凯军摄影
北京 人民体育出版社 1989 年 1 张 78cm（2 开）
定价：CNY0.72

J0119275
赏春　（摄影 1990 年年历）韩志雅摄影
天津 天津人民美术出版社 1989 年 1 张
78cm（2 开）定价：CNY0.75

J0119276
神采　（摄影 1990 年年历）辛影摄影
南京 江苏美术出版社 1989 年 1 张 78cm（2 开）
定价：CNY0.80

J0119277
神往　（摄影 1990 年年历）程全归摄影
沈阳 辽宁画报社 1989 年 1 张 54cm（4 开）
定价：CNY0.55

J0119278
生日快乐　（摄影 1990 年年历）支养年摄影
天津 天津人民美术出版社 1989 年 1 张
54cm（4 开）定价：CNY0.50

J0119279
胜利了　（摄影 1990 年年历）江聪摄影
石家庄 河北美术出版社 1989 年 1 张
54cm（4 开）定价：CNY0.45

J0119280
时光九篇　李建民摄
乌鲁木齐 新疆青少年出版社 1989 年 10 张
15cm（40 开）定价：CNY2.20
　　摄影明信片。

J0119281
思（摄影 1990 年年历）程全归摄影
沈阳 辽宁画报社 1989 年 1 张 54cm（4 开）
定价：CNY0.55

J0119282
思　（摄影 1990 年年历）
杭州 浙江摄影出版社 1989 年 1 张 76cm（2 开）
定价：CNY1.00

J0119283
思念　（摄影 1990 年年历）金以云摄影
长沙 湖南美术出版社 1989 年 1 张 76cm（2 开）
定价：CNY0.90

J0119284
四季芳香　（摄影 1990 年年历）崔启刚摄影
沈阳 辽宁美术出版社 1989 年 1 张 54cm（4 开）
定价：CNY0.55

J0119285
唐舞　（摄影 1990 年农历庚午年年历）尹春华
摄影
西安 陕西人民美术出版社 1989 年 1 张
78cm（2 开）定价：CNY0.75

J0119286
天涯海角　（摄影 1990 年年历）王秉龙摄影
天津 天津人民美术出版社 1989 年 1 张
76cm（2 开）定价：CNY1.00
　　作者王秉龙（1943—　），生于山西祁县。中
国戏剧家协会会员，北京美术家协会会员。擅长
楷书、魏碑、行书。出版《科学发明家故事》《明
史演义》等多部连环画册；改编拍摄并出版了几
百种传统戏曲年画，被称为中国戏曲年画摄影第
一人。

J0119287
天真　（摄影 1990 年年历）陈振戈摄影
沈阳 辽宁画报社 1989 年 1 张 54cm（4 开）
定价：CNY0.55

J0119288
天真　（摄影 1990 年年历）周钦岳摄影
上海 上海人民美术出版社 1989 年 1 张
54cm（4 开）定价：CNY0.50

J0119289
天姿　（摄影 1990 年年历）王锦秋摄影
杭州 浙江摄影出版社 1989 年 1 张 54cm（4 开）
定价：CNY0.50

J0119290
田园情　（摄影 1990 年年历）邱东皓摄影
杭州 浙江摄影出版社 1989 年 1 张 54cm（4 开）
定价：CNY0.50

J0119291
恬静　（摄影 1990 年年历）莫大林摄影
杭州 浙江人民美术出版社 1989 年 1 张

54cm（4 开）定价：CNY0.50

J0119292
恬美 （摄影　1990 年年历）英艺，建敏摄影
上海　上海书画出版社 1989 年 1 张 54cm（4 开）
定价：CNY0.50

　　作者英艺，擅长摄影。主要的年历作品有《祝您长寿》《幸福儿童》《小司机》等。

J0119293
甜 （摄影　1990 年年历）叶舟摄影
南京　江苏美术出版社 1989 年 1 张 76cm（2 开）
定价：CNY1.00

J0119294
甜蜜 （摄影　1990 年年历）程全归摄影
沈阳　辽宁画报社 1989 年 1 张 54cm（4 开）
定价：CNY0.55

J0119295
甜蜜的回忆 （摄影　1990 年年历）程全归摄影
广州　岭南美术出版社 1989 年 1 张 54cm（4 开）
定价：CNY0.55

J0119296
甜甜 （摄影　1990 年年历）兴华摄影
沈阳　辽宁美术出版社 1989 年 1 张 54cm（4 开）
定价：CNY0.55

J0119297
甜甜 （摄影　1990 年农历庚午年年历）沈福庆摄影
西安　陕西人民美术出版社 1989 年 1 张
54cm（4 开）定价：CNY0.55

J0119298
听琴 （摄影　1990 年年历）韩志雅摄影
天津　天津人民美术出版社 1989 年 1 张
78cm（2 开）定价：CNY0.75

J0119299
彤彤 （摄影　1990 年年历）钱惠良摄影
石家庄　河北美术出版社 1989 年 1 张
78cm（2 开）定价：CNY0.65

J0119300
万紫千红 （摄影　1990 年年历　之一）金宝源等摄影
上海　上海书画出版社 1989 年 1 张 78cm（2 开）
定价：CNY1.00

J0119301
万紫千红 （摄影　1990 年年历　之二）金宝源等摄影
上海　上海书画出版社 1989 年 1 张 78cm（2 开）
定价：CNY1.00

J0119302
万紫千红 （摄影　1990 年年历　之三）金宝源等摄影
上海　上海书画出版社 1989 年 1 张 78cm（2 开）
定价：CNY1.00

J0119303
万紫千红 （摄影　1990 年年历　之四）金宝源等摄影
上海　上海书画出版社 1989 年 1 张 78cm（2 开）
定价：CNY1.00

J0119304
万紫千红 （摄影　1990 年年历　之五）金宝源等摄影
上海　上海书画出版社 1989 年 1 张 78cm（2 开）
定价：CNY1.00

J0119305
万紫千红 （摄影　1990 年年历　之六）金宝源等摄影
上海　上海书画出版社 1989 年 1 张 78cm（2 开）
定价：CNY1.00

J0119306
微笑 （摄影　1990 年年历）岳鹏飞摄影
长春　吉林人民出版社［1989 年］1 张
54cm（4 开）定价：CNY0.70

J0119307
微笑 （摄影　1990 年年历）陈春轩，宋士诚摄影
南京　江苏美术出版社 1989 年 1 张 78cm（2 开）
定价：CNY0.80

J0119308
温馨 （摄影 1990 年年历）陈春轩，宋士诚摄影
南京 江苏美术出版社 1989 年 1 张 78cm（2 开）
定价：CNY0.80

J0119309
温馨 （摄影 1990 年年历）程全归摄影
沈阳 辽宁画报社 1989 年 1 张 54cm（4 开）
定价：CNY0.55

J0119310
温馨典雅 （摄影 1990 年年历）许国庆摄影
北京 朝花美术出版社 1989 年 1 张 76cm（2 开）
定价：CNY1.00

J0119311
我爱米老鼠 （摄影 1990 年农历庚午年年历）
刘欣摄影
天津 天津人民美术出版社 1989 年 1 张
54cm（4 开）定价：CNY0.50

J0119312
我两岁 （摄影 1990 年农历庚午年年历）宋刚
明摄影
武汉 湖北美术出版社 1989 年 1 张 54cm（4 开）
定价：CNY0.45

J0119313
我想当个小司机 （摄影 1990 年年历）侯福梁
摄影
上海 上海人民美术出版社 1989 年 1 张
78cm（2 开）定价：CNY0.75

J0119314
我在这儿 （摄影 1990 年农历庚午年年历）刘
欣摄影
天津 天津人民美术出版社 1989 年 1 张
54cm（4 开）定价：CNY0.50

J0119315
妩媚 （摄影 1990 年年历）潘杰摄影
重庆 重庆出版社 1989 年 1 张 54cm（4 开）
定价：CNY0.45

J0119316
嬉 （摄影 1990 年年历）天鹰，凯光摄影
杭州 浙江人民美术出版社 1989 年 1 张
76cm（2 开）定价：CNY1.15

J0119317
嬉耍 （摄影 1990 年年历）姜长庚摄影
南昌 江西人民出版社 ［1989 年］1 张
54cm（4 开）定价：CNY0.55
　　作者姜长庚（1945—　　），摄影家。笔名肖疆
等，中国摄影家协会会员。

J0119318
嬉水 （摄影 1990 年农历庚午年年历）李少文
摄影
武汉 湖北美术出版社 1989 年 1 张 54cm（4 开）
定价：CNY0.45

J0119319
喜 （摄影 1989 年年历）高晓舰摄影
福州 福建美术出版社 ［1989 年］1 张
54cm（4 开）定价：CNY0.40

J0119320
喜临门 （摄影 1990 年年历 一）刘海发摄影
上海 上海书画出版社 1989 年 1 张 54cm（4 开）
定价：CNY0.50

J0119321
喜临门 （摄影 1990 年年历 二）刘海发摄影
上海 上海书画出版社 1989 年 1 张 54cm（4 开）
定价：CNY0.50

J0119322
喜临门 （摄影 1990 年年历 三）刘海发摄影
上海 上海书画出版社 1989 年 1 张 54cm（4 开）
定价：CNY0.50

J0119323
喜庆同寿 （摄影 1990 年年历）林伟新摄影
昆明 云南人民出版社 1989 年 1 张 54cm（4 开）
定价：CNY0.60

J0119324
戏水 （摄影 1990 年农历庚午年年历）

福州 福建美术出版社 1989 年 1 张 54cm（4 开）
定价：CNY0.45

J0119325
戏水 （摄影 1990 年年历）夏文宇摄影
天津 天津人民美术出版社 1989 年 1 张
54cm（4 开）定价：CNY0.50

J0119326
戏鱼荷香 （摄影 1990 年年历）兴华摄影
沈阳 辽宁美术出版社 1989 年 1 张 54cm（4 开）

J0119327
遐想 （摄影 1990 年农历庚午年年历）王毅摄影
武汉 长江文艺出版社 1989 年 1 张 54cm（4 开）
定价：CNY0.45

J0119328
夏 （摄影 1989 年年历）周必云摄影
福州 福建美术出版社［1989 年］1 张
54cm（4 开）定价：CNY0.40

J0119329
夏 （摄影 1990 年农历庚午年年历）何兆欣摄影
武汉 长江文艺出版社 1989 年 1 张 76cm（2 开）
定价：CNY1.00

J0119330
夏风 （摄影 1990 年年历）银豫强摄影
杭州 浙江人民美术出版社 1989 年 1 张
54cm（4 开）定价：CNY0.55

J0119331
夏日 （摄影 1990 年农历庚午年年历）彭年生
摄影
武汉 湖北美术出版社 1989 年 1 张 54cm（4 开）
定价：CNY0.45
　　作者彭年生（1955—　），美术摄影编辑。生
于湖北武汉市，毕业于武汉大学新闻系艺术摄影
专业。历任长江文艺出版社副社长，湖北美术出
版社副社长，中国摄影家协会会员等职。出版有
《思想者——彭年生摄影作品集》《性格肖像——
彭年生摄影作品集》等。

J0119332
夏日 （摄影 1990 年年历）程全归摄影
沈阳 辽宁画报社 1989 年 1 张 54cm（4 开）
定价：CNY0.55

J0119333
夏日 （摄影 1990 年年历）刘海发摄影
沈阳 辽宁美术出版社 1989 年 1 张 54cm（4 开）
定价：CNY0.55

J0119334
夏日 （摄影 1990 年农历庚午年年历）王毅摄影
武汉 长江文艺出版社 1989 年 1 张 54cm（4 开）
定价：CNY0.45

J0119335
夏日阳光 （摄影 1990 年年历）兆欣，李宁摄影
南京 江苏美术出版社 1989 年 1 张 78cm（2 开）
定价：CNY0.80

J0119336
鲜花敬亲人 （摄影 1990 年年历）京耳摄影
沈阳 辽宁美术出版社 1989 年 1 张 54cm（4 开）
定价：CNY0.55

J0119337
鲜花献英雄 （摄影 1990 年年历）支养年摄影
天津 天津人民美术出版社 1989 年 1 张
76cm（2 开）定价：CNY1.00

J0119338
娴静 （摄影 1990 年农历庚午年年历）谢将摄影
武汉 湖北美术出版社 1989 年 1 张 54cm（4 开）
定价：CNY0.45

J0119339
娴静 （摄影 1990 年年历）予强摄影
南京 江苏美术出版社 1989 年 1 张 78cm（2 开）
定价：CNY0.80

J0119340
娴淑 （摄影 1990 年年历）黄正雄摄影
杭州 浙江摄影出版社 1989 年 1 张 54cm（4 开）
定价：CNY0.50

J0119341
娴淑 （摄影 1990 年年历）杨中俭摄影
杭州 浙江摄影出版社 1989 年 1 张 54cm（4 开）
定价：CNY0.50

J0119342
香港海洋公园 （摄影 1990 年农历庚午年年历）陈健摄影
武汉 长江文艺出版社 1989 年 1 张 54cm（4 开）
定价：CNY0.45

J0119343
向往 （摄影 1990 年农历庚午年年历）黎杭摄影
石家庄 河北美术出版社 1989 年 1 张
78cm（2 开）定价：CNY0.65

J0119344
向往 （摄影 1990 年农历庚午年年历）王毅摄影
西安 陕西人民美术出版社 1989 年 1 张
54cm（4 开）定价：CNY0.55

J0119345
小枫 （摄影 1990 年农历庚午年年历）杨中俭摄影
福州 福建美术出版社 1989 年 1 张 54cm（4 开）
定价：CNY0.45

J0119346
小诗 马丰春摄影
兰州 甘肃人民出版社［1989 年］8 张
15cm（40 开）定价：CNY2.00

J0119347
心爱 （摄影 1990 年年历）邵杭摄影
上海 上海人民美术出版社［1989 年］1 张
78cm（2 开）定价：CNY1.00

J0119348
心驰神往 （摄影 1990 年年历）杨时荣摄影
广州 岭南美术出版社 1989 年 1 张 54cm（4 开）
定价：CNY0.55

J0119349
心花 （摄影 1990 年农历庚午年年历）
福州 福建美术出版社 1989 年 1 张 78cm（2 开）
定价：CNY0.65

J0119350
心花怒放 （摄影 1990 年年历）杨中俭摄影
广州 岭南美术出版社 1989 年 1 张 78cm（2 开）
定价：CNY0.73

J0119351
心曲 （摄影 1990 年年历）姜长庚摄影
长沙 湖南美术出版社 1989 年 1 张 76cm（2 开）
定价：CNY0.70

J0119352
欣 （摄影 1989 年年历）屈正一摄影
福州 福建美术出版社［1989 年］1 张
54cm（4 开）定价：CNY0.40

J0119353
新春 （摄影 1990 年年历）程全归摄影
沈阳 辽宁画报社 1989 年 1 张 54cm（4 开）
定价：CNY0.55

J0119354
新春 （摄影 1990 年年历）晔石摄影
上海 上海书画出版社 1989 年 1 张 54cm（4 开）
定价：CNY0.50
　　作者晔石，擅长摄影。主要作品有《南海姑娘》《南国情》《四季山水》等。

J0119355
新花 （摄影 1990 年年历）曾宪阳摄影
重庆 重庆出版社 1989 年 1 张 54cm（4 开）
定价：CNY0.45

J0119356
新禧 （摄影 1990 年年历）谢将摄影
沈阳 辽宁美术出版社 1989 年 1 张 54cm（4 开）
定价：CNY0.55

J0119357
新姿 （摄影 1990 年年历）高伯海摄影
重庆 重庆出版社 1989 年 1 张 54cm（4 开）
定价：CNY0.45

J0119358

馨 （摄影 1990 年年历）英艺，建敏摄影
上海 上海书画出版社 1989 年 1 张 54cm（4 开）
定价：CNY0.50

　　作者英艺，擅长摄影。主要的年历作品有《祝您长寿》《幸福儿童》《小司机》等。

J0119359

幸福成长 （摄影 1990 年年历）王志成摄影
济南 山东美术出版社 1989 年 1 张 54cm（4 开）
定价：CNY0.48

J0119360

幸福快乐 （摄影 1990 年年历）谢建良摄影
广州 岭南美术出版社 1989 年 1 张 54cm（4 开）
定价：CNY0.55

J0119361

休假日 （摄影 1989 年年历）高晓舰摄影
福州 福建美术出版社［1989 年］1 张
78cm（2 开）定价：CNY0.55

J0119362

血染的风采 （摄影 1989 年年历）文华摄影
成都 四川省新闻图片社［1989 年］1 张
54cm（4 开）定价：CNY0.32

J0119363

雅居 （摄影 1990 年农历庚午年年历）王志强，谭尚忍摄影
天津 天津人民美术出版社 1989 年 1 张
76cm（2 开）定价：CNY1.00

J0119364

雅馨 （摄影 1990 年年历）林伟新摄影
重庆 重庆出版社 1989 年 1 张 39cm（8 开）
定价：CNY0.25

J0119365

妍丽 （摄影 1990 年年历）豫强摄影
杭州 浙江人民美术出版社 1989 年 1 张
76cm（2 开）定价：CNY1.00

J0119366

艳红 （摄影 1990 年年历）林伟新摄影
天津 天津人民美术出版社 1989 年 1 张
54cm（4 开）定价：CNY0.65

J0119367

艳丽 （摄影 1990 年年历）辛影摄影
南京 江苏美术出版社 1989 年 1 张 78cm（2 开）
定价：CNY0.75

J0119368

艳丽 （摄影 1990 年年历）豫强摄影
杭州 浙江人民美术出版社 1989 年 1 张
78cm（2 开）定价：CNY0.75

J0119369

阳光明媚 （摄影 1990 年农历庚午年年历）张九荣摄影
北京 人民美术出版社 1989 年 1 张 54cm（4 开）
定价：CNY0.50

J0119370

阳光下 （摄影 1990 年年历）程全归摄影
沈阳 辽宁画报社 1989 年 1 张 54cm（4 开）
定价：CNY0.55

J0119371

阳光下 （摄影 1990 年年历）
天津 天津人民美术出版社 1989 年 1 张
78cm（2 开）定价：CNY0.75

J0119372

窈窕 （摄影 1990 年年历）尚新摄影
重庆 重庆出版社 1989 年 1 张 54cm（4 开）
定价：CNY0.45

J0119373

一往情深 （摄影 1990 年年历）曾宪阳摄影
重庆 重庆出版社 1989 年 1 张 54cm（4 开）
定价：CNY0.45

　　作者曾宪阳（1940—2008），摄影师，漫画家。贵州贵阳人。曾任贵州省美术出版社副总编辑，贵州省漫画研究会副会长。主要作品有《昨天我发薪》《乱弹琴》《三思而后行》等。

J0119374

依恋 （摄影 1990 年农历庚午年年历）刘以宽

摄影
武汉 长江文艺出版社 1989 年 1 张 78cm（2 开）
定价：CNY0.60

J0119375
依依 （摄影 1990 年农历庚午年年历）
福州 福建美术出版社 1989 年 1 张 54cm（4 开）
定价：CNY0.45

J0119376
倚 （摄影 1990 年年历）天鹰摄影
杭州 浙江人民美术出版社 1989 年 1 张
78cm（全开）定价：CNY0.75

J0119377
意意 （摄影 1990 年农历庚午年年历）吴中民
摄影
武汉 长江文艺出版社 1989 年 1 张 54cm（4 开）
定价：CNY0.45

J0119378
幽香 （摄影 1990 年年历）支养年摄影
天津 天津人民美术出版社 1989 年 1 张
54cm（4 开）定价：CNY0.50

J0119379
悠悠情 （摄影 1990 年年历）黄正雄摄影
杭州 浙江摄影出版社 1989 年 1 张 54cm（4 开）
定价：CNY0.50

J0119380
友谊传四方 （摄影 1990 年年历）林伟新摄影
济南 山东美术出版社 1989 年 1 张 54cm（4 开）

J0119381
渔光曲 （摄影 1990 年年历）天鹰等摄影
杭州 浙江人民美术出版社 1989 年 1 张
76cm（2 开）定价：CNY1.15

J0119382
渔舟唱晚 （摄影 1990 年农历庚午年年历）卞
志武摄影
武汉 湖北美术出版社 1989 年 1 张 54cm（4 开）
定价：CNY0.45
　　作者卞志武，摄影家。擅长风光摄影、纪实

摄影和建筑摄影。专注拍摄中国西部壮美的高
原风光、名寺古刹和独特的宗教文化。

J0119383
渔舟唱晚 （摄影 1990 年年历）岳国芳摄影
天津 天津人民美术出版社 1989 年 1 张
54cm（4 开）定价：CNY0.50

J0119384
玉立 （摄影 1990 年年历）谭尚忍摄影
广州 岭南美术出版社 1989 年 1 张 54cm（4 开）
定价：CNY0.55

J0119385
浴罢 （摄影 1989 年年历）周勇摄影
福州 福建美术出版社 ［1989 年］1 张
54cm（4 开）定价：CNY0.40

J0119386
原野 （摄影 1990 年年历）山川摄影
西安 陕西人民美术出版社 1989 年 1 张
54cm（4 开）定价：CNY0.55

J0119387
圆圆 （摄影 1990 年年历）陈振戈摄影
石家庄 河北美术出版社 1989 年 1 张
54cm（4 开）定价：CNY0.45

J0119388
岳阳柳毅井 （摄影 1990 年年历）华绍祖摄影
天津 天津人民美术出版社 1989 年 1 张
54cm（4 开）定价：CNY0.50

J0119389
长春藤 （摄影 1990 年年历）豫强摄影
杭州 浙江人民美术出版社 1989 年 1 张
78cm（2 开）定价：CNY0.75

J0119390
真情 （摄影 1990 年年历）张旬摄影
沈阳 辽宁美术出版社 1989 年 1 张 54cm（4 开）

J0119391
争妍 （摄影 1990 年年历）达仁摄影
沈阳 辽宁美术出版社 1989 年 1 张 54cm（4 开）

定价: CNY0.55

J0119392
争艳 （摄影 1990 年年历）秦望摄影
石家庄 河北美术出版社 1989 年 1 张
54cm（4 开）定价: CNY0.45

J0119393
争艳 （摄影 1990 年年历）杨中俭摄影
广州 岭南美术出版社 1989 年 1 张 54cm（4 开）
定价: CNY0.55

J0119394
争艳 （摄影 1990 年年历）秦天喜摄影
济南 山东美术出版社 1989 年 1 张 54cm（4 开）

J0119395
争艳 （摄影 1990 年年历）年华摄影
上海 上海人民美术出版社 1989 年 1 张
76cm（2 开）定价: CNY1.00

J0119396
逐浪 （摄影 1990 年年历）
南昌 江西人民出版社［1989 年］1 张
78cm（2 开）定价: CNY0.75

J0119397
祝福 （摄影 1990 年农历庚午年年历）黎杭摄影
石家庄 河北美术出版社 1989 年 1 张
78cm（2 开）定价: CNY0.65

J0119398
祝福 （摄影 1990 年年历）天鹰，凯光摄影
杭州 浙江人民美术出版社 1989 年 1 张
78cm（2 开）定价: CNY0.80

J0119399
祝您健康 （摄影 1990 年年历 一）石建敏，俞
京摄影
上海 上海书画出版社 1989 年 1 张 78cm（2 开）
定价: CNY0.75
　　作者俞京，擅长摄影。主要年历作品有《祝
您健康》《青春美》《赘翔》等。

J0119400
祝您健康 （摄影 1990 年年历 二）石建敏，俞
京摄影
上海 上海书画出版社 1989 年 1 张 78cm（2 开）
定价: CNY0.75

J0119401
祝您健康 （摄影 1990 年年历 三）石建敏，俞
京摄影
上海 上海书画出版社 1989 年 1 张 78cm（2 开）
定价: CNY0.75

J0119402
祝您健康 （摄影 1990 年年历 四）石建敏，俞
京摄影
上海 上海书画出版社 1989 年 1 张 78cm（2 开）
定价: CNY0.75

J0119403
祝您顺风 （摄影 1990 年年历 一）许骏摄影
上海 上海书画出版社 1989 年 1 张 54cm（4 开）
定价: CNY0.50

J0119404
祝您顺风 （摄影 1990 年年历 二）许骏摄影
上海 上海书画出版社 1989 年 1 张 54cm（4 开）
定价: CNY0.50

J0119405
祝您顺风 （摄影 1990 年年历 三）许骏摄影
上海 上海书画出版社 1989 年 1 张 54cm（4 开）
定价: CNY0.50

J0119406
祝您顺风 （摄影 1990 年年历 四）许骏摄影
上海 上海书画出版社 1989 年 1 张 54cm（4 开）
定价: CNY0.50

J0119407
祝您顺风 （摄影 1990 年年历）林伟新摄影
上海 上海书画出版社 1989 年 1 张 38cm（6 开）
定价: CNY0.25

J0119408
祝您幸福 （摄影 1990 年年历 一）金定根摄影

上海 上海书画出版社 1989 年 1 张 54cm（4 开）
定价：CNY0.50

J0119409
祝您幸福 （摄影 1990 年年历 二）金定根摄影
上海 上海书画出版社 1989 年 1 张 54cm（4 开）
定价：CNY0.50

J0119410
祝您幸福 （摄影 1990 年年历 三）金定根摄影
上海 上海书画出版社 1989 年 1 张 54cm（4 开）
定价：CNY0.50

J0119411
祝您幸福 （摄影 1990 年年历 四）金定根摄影
上海 上海书画出版社 1989 年 1 张 54cm（4 开）
定价：CNY0.50

J0119412
祝您幸运 （摄影 1990 年年历 一）林伟新摄影
上海 上海书画出版社 1989 年 1 张 54cm（4 开）
定价：CNY0.50

J0119413
祝您幸运 （摄影 1990 年年历 二）林伟新摄影
上海 上海书画出版社 1989 年 1 张 54cm（4 开）
定价：CNY0.50

J0119414
祝您幸运 （摄影 1990 年年历 四）林伟新摄影
上海 上海书画出版社 1989 年 1 张 54cm（4 开）
定价：CNY0.50

J0119415
祝您长寿 （摄影 1990 年年历 一）英艺，建敏
摄影
上海 上海书画出版社 1989 年 1 张 78cm（2 开）
定价：CNY0.75
　　作者英艺，擅长摄影。主要的年历作品有
《祝您长寿》《幸福儿童》《小司机》等。

J0119416
祝您长寿 （摄影 1990 年年历 二）英艺，建敏
摄影
上海 上海书画出版社 1989 年 1 张 78cm（2 开）

定价：CNY0.75

J0119417
祝您长寿 （摄影 1990 年年历 三）英艺，建敏
摄影
上海 上海书画出版社 1989 年 1 张 78cm（2 开）
定价：CNY0.75

J0119418
祝您长寿 （摄影 1990 年年历 四）英艺，建敏
摄影
上海 上海书画出版社 1989 年 1 张 78cm（2 开）
定价：CNY0.75

J0119419
妆 （摄影 1990 年年历）
杭州 浙江摄影出版社 1989 年 1 张 107cm（全开）
定价：CNY2.20

J0119420
妆 （摄影 1990 年年历）黄正雄摄影
杭州 浙江摄影出版社 1989 年 1 张 54cm（4 开）
定价：CNY0.50

J0119421
捉迷藏 （摄影 1990 年农历庚午年年历）李立
摄影
武汉 湖北美术出版社 1989 年 1 张 54cm（4 开）
定价：CNY0.45

J0119422
卓越风姿 （摄影 1990 年农历庚午年年历）彭
年生摄影
武汉 湖北美术出版社 1989 年 1 张 76cm（2 开）
定价：CNY0.90
　　作者彭年生（1955—　　），美术摄影编辑。生
于湖北武汉市，毕业于武汉大学新闻系艺术摄影
专业。历任长江文艺出版社副社长，湖北美术出
版社副社长，中国摄影家协会会员等职。出版有
《思想者——彭年生摄影作品集》《性格肖像——
彭年生摄影作品集》等。

J0119423
紫气东来 （摄影 1990 年年历）李静波摄影
沈阳 辽宁画报社 1989 年 1 张 54cm（4 开）

定价: CNY0.55

定价: CNY16.50

J0119424
1991: 蓓蕾初绽 （摄影挂历）李立等摄
长春 吉林美术出版社 1990 年 76cm（2 开）
定价: CNY16.00

J0119433
1991: 风采 （摄影挂历）
武汉 湖北美术出版社 1990 年 76cm（2 开）
定价: CNY15.90

J0119425
1991: 春潮 （摄影挂历）钟石等摄
长春 吉林美术出版社 1990 年 76cm（2 开）
定价: CNY17.00

J0119434
1991: 风采 （摄影挂历）李大平摄
天津 天津人民美术出版社 1990 年 76cm（2 开）
定价: CNY16.80

J0119426
1991: 春秋芳姿 （摄影挂历）谢新发, 春轩摄影
杭州 西泠印社 1990 年 76cm（2 开）
定价: CNY16.80

J0119435
1991: 风采 （摄影挂历）
延吉 延边人民出版社 1990 年 76cm（2 开）
定价: CNY16.00

J0119427
1991: 大上海 （摄影挂历）邵黎阳等摄
上海 上海人民美术出版社 1990 年 78cm（3 开）
定价: CNY10.80

J0119436
1991: 风翠 （摄影挂历）
上海 上海人民美术出版社 1990 年 76cm（2 开）
定价: CNY13.30

J0119428
1991: 带给您欢笑 （摄影挂历）王勇, 年欣摄
西安 陕西人民美术出版社 1990 年 76cm（2 开）
定价: CNY16.00

J0119437
1991: 福 （摄影挂历）
北京 中国电影出版社 1990 年 76cm（2 开）
定价: CNY18.00

J0119429
1991: 当代风采 （摄影挂历）
兰州 甘肃人民美术出版社 1990 年 76cm（2 开）
定价: CNY17.50

J0119438
1991: 俯瞰北京 （摄影挂历）张肇基等摄
北京 北京美术摄影出版社 1990 年 76cm（2 开）
定价: CNY10.00

J0119430
1991: 东方春韵 （摄影挂历）杨茵等摄
北京 北京美术摄影出版社 1990 年 76cm（2 开）
定价: CNY17.00

J0119439
1991: 海之星 （摄影挂历）张动等摄
北京 中国电影出版社 1990 年 76cm（2 开）
定价: CNY18.00

J0119431
1991: 多彩的世界 （摄影挂历）
太原 山西科学教育出版社 1990 年 76cm（2 开）
定价: CNY17.00

J0119440
1991: 好运 （摄影挂历）刘红燕摄
北京 中国电影出版社 1990 年 76cm（2 开）
定价: CNY18.00

J0119432
1991: 芳姿 （摄影挂历）辽宁画报社编
沈阳 辽宁美术出版社 1990 年 76cm（2 开）

J0119441
1991: 和美 （摄影挂历）辽宁画报社编
沈阳 辽宁美术出版社 1990 年 78cm（3 开）

定价: CNY12.30

J0119442
1991: 佳景盈芳 （摄影挂历）牛嵩林摄
天津　天津杨柳青画社　1990 年　76cm（2 开）
定价: CNY16.80

J0119443
1991: 娇 （摄影挂历）林伟新, 钱豫强摄
天津　天津杨柳青画社　1990 年　76cm（2 开）
定价: CNY16.80
　　作者钱豫强（1944—　　），浙江嘉善人，历任浙江美术出版社副编审，浙江赛丽美术馆执行馆长。

J0119444
1991: 娇妍 （摄影挂历）
哈尔滨　黑龙江美术出版社　1990 年　76cm（2 开）
定价: CNY18.60

J0119445
1991: 今日深圳 （摄影挂历）
北京　奥林匹克出版社　1990 年　76cm（2 开）
定价: CNY16.00

J0119446
1991: 晶莹 （摄影挂历）郑向农, 胡长水编
济南　山东美术出版社　1990 年　76cm（2 开）
定价: CNY17.00

J0119447
1991: 快乐天地 （摄影挂历）周凯光, 高盛奎摄
杭州　浙江人民美术出版社　1990 年　76cm（2 开）
定价: CNY16.00

J0119448
1991: 蓝天之歌 （摄影挂历）董岩青等摄
天津　天津人民美术出版社　1990 年　76cm（2 开）
定价: CNY16.80
　　作者董岩青（1925—　　），山东蓬莱人。笔名冬山，别名董宝珊。中国摄影家协会会员，天津摄影家协会理事、顾问。作品有《我为祖国献石油》《早班车》《古街新雪》等。

J0119449
1991: 乐在其中 （摄影挂历）葛国伟等摄
上海　上海书画出版社　1990 年　76cm（2 开）
定价: CNY16.50

J0119450
1991: 美的生活 （摄影挂历）
太原　山西科学教育出版社　1990 年　76cm（2 开）
定价: CNY17.50

J0119451
1991: 美化生活 （摄影挂历）林伟新摄
上海　上海书画出版社　1990 年　76cm（2 开）
定价: CNY16.50

J0119452
1991: 魅力 （摄影挂历）豫强等摄
南京　江苏美术出版社　1990 年　76cm（2 开）
定价: CNY16.90

J0119453
1991: 梦幻 （摄影挂历）
哈尔滨　黑龙江美术出版社　1990 年　76cm（2 开）
定价: CNY18.60

J0119454
1991: 梦乡 （摄影挂历）尹春华等摄
天津　天津人民美术出版社　1990 年　76cm（2 开）
定价: CNY16.80

J0119455
1991: 摩登家庭 （摄影挂历）
延吉　延边人民出版社　1990 年　76cm（2 开）
定价: CNY16.00

J0119456
1991: 南国情 （摄影挂历）娄晓希, 李瑞雨摄
天津　天津杨柳青画社　1990 年　76cm（2 开）
定价: CNY16.80

J0119457
1991: 绮丽 （摄影挂历）
济南　山东友谊书社　1990 年　76cm（2 开）
定价: CNY21.00

J0119458
1991：情趣 （摄影挂历）
长春 吉林美术出版社 1990 年 76cm（2 开）
定价：CNY16.50

J0119459
1991：情趣 （摄影挂历）
广州 岭南美术出版社 1990 年 76cm（2 开）
定价：CNY16.50

J0119460
1991：如意 （摄影挂历）
长春 吉林美术出版社 1990 年 76cm（2 开）
定价：CNY18.00

J0119461
1991：山河恋 （摄影挂历）李静波等摄
沈阳 辽宁美术出版社 1990 年 76cm（2 开）
定价：CNY15.80

J0119462
1991：上海新姿 （摄影挂历）陶军摄
上海 上海人民出版社 1990 年 76cm（2 开）
定价：CNY16.70

J0119463
1991：摄影挂历
天津 天津杨柳青画社 1990 年 76cm（2 开）
定价：CNY16.80

J0119464
1991：神韵 （摄影挂历）
昆明 云南民族出版社 1990 年 76cm（2 开）
定价：CNY15.50

J0119465
1991：丝丽 （摄影挂历）辽宁画报社编
沈阳 辽宁美术出版社 1990 年 76cm（2 开）
定价：CNY16.50

J0119466
1991：四时佳果 （摄影挂历）梁力昌等摄
广州 岭南美术出版社 1990 年 76cm（2 开）
定价：CNY11.00

J0119467
1991：嗽叭吹夏 （摄影挂历）孟庆和等摄
昆明 云南民族出版社 1990 年 53cm（4 开）
定价：CNY3.50

J0119468
1991：调色板 （摄影挂历）傅红旗，白颐摄
北京 中国妇女出版社 1990 年 76cm（2 开）
定价：CNY17.00

J0119469
1991：万事如意 （摄影挂历）郎戈等摄影
杭州 浙江摄影出版社 1990 年 76cm（2 开）
定价：CNY16.90

J0119470
1991：温馨之梦 （挂历）陈健行等摄
天津 天津杨柳青画社 1990 年 76cm（2 开）
定价：CNY16.80

J0119471
1991：五彩缤纷 （摄影挂历）周勇等摄影
武汉 湖北美术出版社 1990 年 76cm（2 开）
定价：CNY14.90

J0119472
1991：现代家庭 （摄影挂历）
兰州 甘肃人民美术出版社 1990 年 76cm（2 开）
定价：CNY17.50

J0119473
1991：现代家庭 （摄影挂历）
济南 山东美术出版社 1990 年 76cm（2 开）
定价：CNY21.00

J0119474
1991：逍遥游 （摄影挂历）
太原 山西人民出版社 1990 年 76cm（2 开）
定价：CNY19.00

J0119475
1991：新姿蓓蕾 （摄影挂历）程荣章等摄
石家庄 河北美术出版社 1990 年 78cm（3 开）
定价：CNY11.40

J0119476
1991：秀集雅博　（摄影挂历）陈力等摄
天津　天津杨柳青画社　1990 年　76cm（2 开）
定价：CNY16.00

J0119477
1991：旋律与节奏　（摄影挂历）晓柳摄
上海　上海人民美术出版社　1990 年　78cm（3 开）
定价：CNY10.70

J0119478
1991：雅静　（摄影挂历）桑榆摄
上海　上海人民美术出版社　1990 年　76cm（2 开）
定价：CNY16.80

J0119479
1991：雅趣　（摄影挂历）
哈尔滨　黑龙江美术出版社　1990 年　76cm（2 开）
定价：CNY17.40

J0119480
1991：雅韵　（摄影挂历）夏大统摄
长沙　湖南美术出版社　1990 年　76cm（2 开）
定价：CNY17.50

J0119481
1991：一帆风顺　（摄影挂历）辽宁画报社编
沈阳　辽宁美术出版社　1990 年　76cm（2 开）
定价：CNY12.30

J0119482
1991：艺葩　（摄影挂历）
济南　山东友谊书社　1990 年　76cm（2 开）
定价：CNY20.00

J0119483
1991：艺术的魅力　（摄影挂历）
太原　山西科学教育出版社　1990 年　76cm（2 开）
定价：CNY17.00

J0119484
1991：艺术摄影　（挂历）
沈阳　辽宁美术出版社　1990 年　78cm（3 开）
定价：CNY11.80

J0119485
1991：影坛综观　（摄影挂历）中录沈阳音像
制作中心供稿
长春　吉林美术出版社　1990 年　76cm（2 开）
定价：CNY17.00

J0119486
1991：拥抱太阳　（摄影挂历）中国体育报社编
北京　奥林匹克出版社　1990 年　76cm（2 开）

J0119487
1991：云南风光　（摄影挂历）孟庆和等摄
昆明　云南民族出版社　1990 年　53cm（4 开）
定价：CNY3.50

J0119488
1991：韵　（挂历）豫强等摄
天津　天津杨柳青画社　1990 年　76cm（2 开）
定价：CNY16.80

J0119489
1991：稚蕾　（摄影挂历）张成等摄
天津　天津杨柳青画社　1990 年　76cm（2 开）
定价：CNY16.80

J0119490
1991：中华颂　（摄影挂历）郑捷摄
长春　吉林美术出版社　1990 年　76cm（2 开）
定价：CNY17.50

J0119491
1991：祝君幸福　（摄影挂历）
沈阳　辽宁美术出版社　1990 年　76cm（2 开）
定价：CNY15.80

J0119492
1991：祝您合家欢乐　（摄影挂历）王勇，年
欣摄
西安　陕西人民美术出版社　1990 年　78cm（3 开）
定价：CNY11.50

J0119493
澳门远眺　（摄影 1991 年年历）田捷民摄
上海　上海书画出版社　1990 年　1 张（3 开）
定价：CNY0.75

J0119494
伴侣 （摄影 1991 年年历）林伟新摄
上海 上海人民美术出版社 1990 年 1 张
53cm（4 开）定价：CNY0.40

J0119495
薄酒 （摄影 1991 年年历）林伟新摄
上海 上海书画出版社 1990 年 1 张 53cm（4 开）
定价：CNY0.50

J0119496
奔向未来 （摄影 1991 年年历）张成摄
天津 天津杨柳青画社 1990 年 1 张 53cm（4 开）
定价：CNY0.50
　　作者张成，擅长摄影。主要年历作品有《致
敬》《夏日》《对旗下》等。

J0119497
步步登高 （摄影 1991 年年历）易木摄
北京 人民美术出版社 1990 年 1 张 78cm（2 开）
定价：CNY0.90

J0119498
草帽 （摄影 1991 年年历）冯一平摄
西安 陕西人民美术出版社 1990 年 1 张
78cm（2 开）定价：CNY0.78

J0119499
姹紫嫣红 （摄影 1991 年年历）林琳摄
上海 上海书画出版社 1990 年 1 张 76cm（2 开）
定价：CNY1.30

J0119500
春花 （摄影 1991 年年历）新发摄
南京 江苏美术出版社 1990 年 1 张 78cm（2 开）
定价：CNY0.80

J0119501
纯情 （摄影 1991 年年历）许景辉摄
南昌 江西人民出版社 1990 年 1 张 78cm（2 开）
定价：CNY0.75

J0119502
聪聪 （摄影 1991 年年历）程荣，李基摄
石家庄 河北美术出版社 1990 年 1 张

78cm（2 开）定价：CNY0.75

J0119503
逗逗 （摄影 1991 年年历）山奇摄
西安 陕西人民美术出版社 1990 年 1 张
78cm（2 开）定价：CNY0.78

J0119504
端庄 （摄影 1991 年年历）程大利摄
天津 天津杨柳青画社 1990 年 1 张 53cm（4 开）
定价：CNY0.50
　　作者程大利（1945—　　），书画家、编辑出
版家、美术理论家。江苏徐州人。历任江苏美
术出版社社长兼总编辑、副编审，中国美术家协
会会员，江苏省国画院特邀画师，中国年画研究
会常务理事等。主要作品有《曲尽箫笙息》《风
云际会时》《闲云》《太行岂止铁壁高》《汉风流
宕》等。

J0119505
多姿 （摄影 1991 年年历）邵华安摄
天津 天津杨柳青画社 1990 年 1 张 53cm（4 开）
定价：CNY0.50

J0119506
福禄寿喜 （摄影 1991 年年历）林伟新摄
上海 上海书画出版社 1990 年 1 张 53cm（4 开）
定价：CNY0.50

J0119507
恭贺新禧 （摄影 1991 年年历）蔡俊清摄
上海 上海书画出版社 1990 年 1 张 53cm（4 开）
定价：CNY0.50

J0119508
恭喜 （摄影 1991 年年历）伟新摄
杭州 浙江人民美术出版社 1990 年 1 张
53cm（4 开）定价：CNY0.50

J0119509
观鱼 （摄影 1991 年年历）陈东林摄
天津 天津人民美术出版社 1990 年 1 张
78cm（2 开）定价：CNY0.75

J0119510
海阔天空 （摄影 1991 年年历）相忠摄
济南 山东美术出版社 1990 年 1 张 53cm（4 开）

J0119511
海之恋 （摄影 1991 年年历）全归摄
沈阳 辽宁美术出版社 1990 年 1 张 53cm（4 开）
定价：CNY0.55

J0119512
好朋友 （摄影 1991 年年历）
西安 陕西人民美术出版社 1990 年 1 张
53cm（4 开）定价：CNY0.58

J0119513
红红 （摄影 1991 年年历）程荣章，李基摄
石家庄 河北美术出版社 1990 年 1 张
53cm（4 开）定价：CNY0.75

J0119514
花好月圆 （摄影 1991 年年历）沈黎等摄
上海 上海书画出版社 1990 年 4 张（2 开）
定价：CNY4.00

J0119515
花神 （摄影 1991 年年历）陈达瑜摄
杭州 浙江人民美术出版社 1990 年 1 张
53cm（4 开）定价：CNY0.50

J0119516
花香四季 （摄影 1991 年年历）谢新发摄
天津 天津人民美术出版社 1990 年 4 张
53cm（4 开）定价：CNY2.00

J0119517
花颜 （摄影 1991 年年历）谭尚忍摄
广州 岭南美术出版社 1990 年 1 张 53cm（4 开）
定价：CNY0.60

J0119518
华年如花 （摄影 1991 年年历）
沈阳 辽宁美术出版社 1990 年 1 张 53cm（4 开）
定价：CNY0.55

J0119519
华堂飘香 （摄影 1991 年年历）杨茵摄
天津 天津杨柳青画社 1990 年 1 张 53cm（4 开）
定价：CNY0.50
　　作者杨茵，擅长摄影。主要的年历作品有
《颐和园》《华堂飘香》《楠溪江晨曲》等。

J0119520
华姿 （摄影 1991 年年历）刘海发摄
石家庄 河北美术出版社 1990 年 1 张
53cm（4 开）定价：CNY0.50

J0119521
滑水去 （摄影 1991 年年历）
沈阳 辽宁美术出版社 1990 年 1 张 53cm（4 开）
定价：CNY0.55

J0119522
伙伴 （摄影 1991 年年历）
呼和浩特 内蒙古人民出版社 1990 年 1 张
定价：CNY0.55

J0119523
吉祥如意 （摄影 1991 年年历）金宝根摄
上海 上海书画出版社 1990 年 1 张（4 开）
定价：CNY0.50

J0119524
佳果飘香 （摄影 1991 年年历）苏茂春摄
广州 岭南美术出版社 1990 年 1 张 53cm（4 开）
定价：CNY0.60

J0119525
假日 （摄影 1991 年年历）
呼和浩特 内蒙古人民出版社 1990 年 1 张
53cm（4 开）定价：CNY0.55

J0119526
假日 （摄影 1991 年年历）叶导摄
上海 上海书画出版社 1990 年 1 张 53cm（4 开）
定价：CNY0.50

J0119527
假日 （摄影 1991 年年历）周雁明，庆文摄
天津 天津人民美术出版社 1990 年 1 张

78cm（2 开）定价：CNY0.75

J0119528
健健 （摄影 1991 年年历）唐乔明摄
石家庄 河北美术出版社 1990 年 1 张
78cm（2 开）定价：CNY0.75

J0119529
娇 （摄影 1991 年年历）钱豫强摄
天津 天津杨柳青画社 1990 年 1 张 76cm（2 开）
定价：CNY1.00

J0119530
洁白的祝福 （摄影 1991 年年历）钱豫强摄
杭州 浙江人民美术出版社 1990 年 1 张
53cm（4 开）定价：CNY0.50

J0119531
金梦 （摄影 1991 年年历）屈正摄
长沙 湖南美术出版社 1990 年 1 张 76cm（2 开）
定价：CNY0.90

J0119532
金色的梦 （摄影 1991 年年历）豫强摄
杭州 浙江人民美术出版社 1990 年 1 张
53cm（4 开）定价：CNY0.50

J0119533
锦绣前程 （摄影 1991 年年历）朱子容摄
杭州 浙江人民美术出版社 1990 年 1 张
78cm（2 开）定价：CNY0.75
　　作者朱子容，编审。浙江永康人。浙江人民
美术出版社副编审。代表作品有木刻《来帮忙》。
编著《江山多娇》《面向未来》《鹏程万里》《边陲
小花》《花香千里》等。

J0119534
敬队礼 （摄影 1991 年年历）郭泉摄
天津 天津杨柳青画社 1990 年 1 张 53cm（4 开）
定价：CNY0.50

J0119535
静 （摄影 1991 年年历）陈锦摄
武汉 湖北美术出版社 1990 年 1 张 53cm（4 开）
定价：CNY0.50

　　作者陈锦（1955—　），摄影编辑。出生于四
川成都，毕业于云南大学。四川美术出版社摄影
编辑，中国摄影家协会会员。出版有《四川茶铺》
《感怀成都》《高原魂》等。

J0119536
静 （摄影 1991 年年历）晓安摄
乌鲁木齐 新疆人民出版社 1990 年 1 张
78cm（2 开）定价：CNY0.80

J0119537
静静 （摄影 1991 年年历）程荣章，李基摄
石家庄 河北美术出版社 1990 年 1 张
78cm（2 开）定价：CNY0.75

J0119538
静思 （摄影 1991 年年历）
沈阳 辽宁美术出版社 1990 年 1 张 53cm（4 开）
定价：CNY0.55

J0119539
渴望 （摄影 1991 年年历）杨菌摄
天津 天津杨柳青画社 1990 年 1 张 53cm（4 开）
定价：CNY0.50

J0119540
蕾蕾 （摄影 1991 年年历）刘设摄
天津 天津人民美术出版社 1990 年 1 张
53cm（4 开）定价：CNY0.50

J0119541
亮眼睛 （摄影 1991 年年历）钱豫强摄
杭州 浙江人民美术出版社 1990 年 1 张
53cm（4 开）定价：CNY0.50
　　作者钱豫强（1944—　），浙江嘉善人，历任
浙江美术出版社副编审，浙江赛丽美术馆执行
馆长。

J0119542
林中 （摄影 1991 年年历）贾育平摄
天津 天津人民美术出版社 1990 年 1 张
78cm（2 开）定价：CNY0.75

J0119543
玲玲 （摄影 1991 年年历）程荣章，李基摄

石家庄 河北美术出版社 1990 年 1 张
78cm（2 开）定价：CNY0.75

J0119544
流盼 （摄影 1991 年年历）钱豫强摄
天津 天津杨柳青画社 1990 年 1 张 53cm（4 开）
定价：CNY0.50

J0119545
绿色之梦 （摄影 1991 年年历）
天津 天津杨柳青画社 1990 年 1 张 38cm（6 开）
定价：CNY0.30

J0119546
毛毛 （摄影 1991 年年历）宋万华, 王宝贵摄
天津 天津人民美术出版社 1990 年 1 张
53cm（4 开）定价：CNY0.50

J0119547
美酒飘香 （摄影 1991 年年历）刘肇胜摄
天津 天津杨柳青画社 1990 年 1 张 53cm（4 开）
定价：CNY0.50

J0119548
美食 （摄影 1991 年年历）成渝摄
天津 天津人民美术出版社 1990 年 1 张
53cm（4 开）定价：CNY0.50

J0119549
魅力 （摄影 1991 年年历）陈春轩摄
天津 天津人民美术出版社 1990 年 1 张
53cm（4 开）定价：CNY0.50

J0119550
梦 （摄影 1991 年年历）尹春华, 梦宇摄
天津 天津人民美术出版社 1990 年 1 张
53cm（4 开）定价：CNY0.50

J0119551
蜜意 （摄影 1991 年年历）娄晓曦摄
天津 天津杨柳青画社 1990 年 1 张 53cm（4 开）
定价：CNY0.50

J0119552
苗苗 （摄影 1991 年年历）王宝贵摄

天津 天津杨柳青画社 1990 年 1 张 53cm（4 开）
定价：CNY0.50

J0119553
妙语警心 （摄影 1991 年年历）林伟新摄
天津 天津人民美术出版社 1990 年 1 张
78cm（2 开）定价：CNY0.75

J0119554
明媚 （摄影 1991 年年历）刘海发摄
天津 天津人民美术出版社 1990 年 1 张
53cm（4 开）定价：CNY0.50

J0119555
明眸 （摄影 1991 年年历）尚雅摄
广州 岭南美术出版社 1990 年 1 张 53cm（4 开）
定价：CNY0.60

J0119556
明眸 （摄影 1991 年年历）杨中俭摄
天津 天津人民美术出版社 1990 年 1 张
53cm（4 开）定价：CNY0.50

J0119557
你好 （摄影 1991 年年历）林伟新摄
天津 天津杨柳青画社 1990 年 1 张 78cm（2 开）
定价：CNY1.00

J0119558
凝视 （摄影 1991 年年历）陈春轩摄
南京 江苏美术出版社 1990 年 1 张 78cm（2 开）
定价：CNY0.80

J0119559
飘逸 （摄影 1991 年年历）豫强摄
杭州 浙江人民美术出版社 1990 年 1 张
78cm（2 开）定价：CNY0.75

J0119560
奇妙世界 （摄影 1991 年年历）
上海 上海书画出版社 1990 年 6 张
定价：CNY7.80

J0119561
憩 （摄影 1991 年年历）尹春华, 梦宇摄

天津 天津人民美术出版社 1990 年 1 张
53cm（4 开）定价：CNY0.50

J0119562
憩 （摄影 1991 年年历）张候权摄
天津 天津杨柳青画社 1990 年 1 张 53cm（4 开）
定价：CNY0.50

J0119563
憩息 （摄影 1991 年年历）钱豫强摄
天津 天津杨柳青画社 1990 年 1 张 53cm（4 开）
定价：CNY0.50

J0119564
瞧 （摄影 1991 年年历）娄晓曦摄
天津 天津杨柳青画社 1990 年 1 张 78cm（2 开）
定价：CNY0.75

J0119565
琴声悠扬 （摄影 1991 年年历）陈振戈摄
广州 岭南美术出版社 1990 年 1 张 53cm（4 开）
定价：CNY0.60

J0119566
青春之歌 （摄影 1991 年年历）李少白摄
上海 上海人民美术出版社 1990 年 1 张（2 开）
定价：CNY0.75

J0119567
倾慕 （摄影 1991 年年历）
沈阳 辽宁美术出版社 1990 年 1 张 53cm（4 开）
定价：CNY0.55

J0119568
清清 （摄影 1991 年年历）邵黎阳摄
石家庄 河北美术出版社 1990 年 1 张
78cm（2 开）定价：CNY0.75

J0119569
情 （摄影 1991 年年历）
南京 江苏美术出版社 1990 年 1 张 76cm（2 开）
定价：CNY1.85

J0119570
情趣 （摄影 1991 年年历）一君摄

石家庄 河北美术出版社 1990 年 1 张
76cm（2 开）定价：CNY1.00

J0119571
情思 （摄影 1991 年年历）杭志忠摄
上海 上海人民美术出版社 1990 年 1 张
78cm（2 开）定价：CNY0.75

J0119572
情思 （摄影 1991 年年历）钱强摄
杭州 浙江人民美术出版社 1990 年 1 张
53cm（4 开）定价：CNY0.50

J0119573
情思 （摄影 1991 年年历）豫强摄
杭州 浙江人民美术出版社 1990 年 1 张
53cm（4 开）定价：CNY0.50

J0119574
庆丰年 （摄影 1991 年年历）李志成摄
上海 上海人民美术出版社 1990 年 1 张
53cm（4 开）定价：CNY0.40

J0119575
秋 （摄影 1991 年年历）刘万田摄
沈阳 辽宁美术出版社 1990 年 1 张 53cm（4 开）
定价：CNY0.55

J0119576
秋光秀姿 （摄影 1991 年年历）豫强，光远摄
杭州 浙江人民美术出版社 1990 年 1 张
76cm（2 开）定价：CNY1.00

J0119577
秋艳 （摄影 1991 年年历）国康摄
上海 上海人民美术出版社 1990 年 1 张（2 开）
定价：CNY0.75

J0119578
容 （摄影 1991 年年历）
南京 江苏美术出版社 1990 年 1 张 76cm（2 开）
定价：CNY1.85

J0119579
柔情 （摄影 1991 年年历）鲁夫摄

沈阳 辽宁美术出版社 1990 年 1 张 53cm（4 开）
定价：CNY0.55

J0119580
如花 （摄影 1991 年年历）肖雅摄
广州 岭南美术出版社 1990 年 1 张 53cm（4 开）
定价：CNY0.60

J0119581
沙浴 （摄影 1991 年年历）贾育平摄
天津 天津人民美术出版社 1990 年 1 张
78cm（2 开）定价：CNY0.75

J0119582
少女与老虎 （摄影 1991 年年历）贾育平，李
树忠摄
天津 天津人民美术出版社 1990 年 1 张
53cm（4 开）定价：CNY0.50

J0119583
神往 （摄影 1991 年年历）王小滨摄
天津 天津杨柳青画社 1990 年 1 张 53cm（4 开）
定价：CNY0.50

J0119584
圣境接云 （摄影 1991 年年历）陈高摄
沈阳 辽宁美术出版社 1990 年 1 张 78cm（2 开）
定价：CNY0.75

J0119585
盛世福至 （摄影 1991 年年历）建国摄
济南 山东美术出版社 1990 年 1 张 53cm（4 开）

J0119586
舒展 （摄影 1991 年年历）钟向东摄
南京 江苏美术出版社 1990 年 1 张 78cm（2 开）
定价：CNY0.50

J0119587
思念 （摄影 1991 年年历）钱豫强摄
上海 上海书画出版社 1990 年 1 张（4 开）
定价：CNY0.50

J0119588
思念 （摄影 1991 年年历）华安摄

乌鲁木齐 新疆人民出版社 1990 年 1 张
76cm（2 开）定价：CNY0.90

J0119589
四季甜美 （摄影 1991 年年历）崔君刚摄
沈阳 辽宁美术出版社 1990 年 1 张 53cm（4 开）
定价：CNY0.55

J0119590
四时佳果 （摄影 1991 年年历）梁力昌摄
广州 岭南美术出版社 1990 年 1 张 78cm（2 开）
定价：CNY0.80

J0119591
随想曲 （摄影 1991 年年历）许刚摄
上海 上海书画出版社 1990 年 1 张 53cm（4 开）
定价：CNY0.50

J0119592
涛涛 （摄影 1991 年年历）周良摄
天津 天津人民美术出版社 1990 年 1 张
53cm（4 开）定价：CNY0.50

J0119593
桃鲜 （摄影 1991 年年历）金铎摄
沈阳 辽宁美术出版社 1990 年 1 张 53cm（4 开）
定价：CNY0.55

J0119594
陶陶 （摄影 1991 年年历）山奇摄
西安 陕西人民美术出版社 1990 年 1 张
78cm（2 开）定价：CNY0.78

J0119595
恬静 （摄影 1991 年年历）建国摄
济南 山东美术出版社 1990 年 1 张 53cm（4 开）

J0119596
恬静 （摄影 1991 年年历）天鹰摄影
杭州 浙江人民美术出版社 1990 年 1 张
53cm（4 开）

J0119597
恬美 （摄影 1991 年年历）马元浩摄
上海 上海书画出版社 1990 年 1 张（4 开）

定价: CNY0.50

J0119598
甜 （摄影 1991 年年历）何历摄
沈阳 辽宁美术出版社 1990 年 1 张 76cm（2 开）
定价: CNY0.55

J0119599
甜 （摄影 1991 年年历）张成摄
天津 天津杨柳青画社 1990 年 1 张 53cm（4 开）
定价: CNY0.50
　　作者张成，擅长摄影。主要年历作品有《致敬》《夏日》《对旗下》等。

J0119600
甜甜 （摄影 1991 年年历）浪花摄
济南 山东美术出版社 1990 年 1 张 53cm（4 开）

J0119601
万事如意 （摄影 1991 年年历）王万录摄
石家庄 河北美术出版社 1990 年 1 张
78cm（2 开）定价: CNY0.75

J0119602
微笑 （摄影 1991 年年历）刘海发摄
石家庄 河北美术出版社 1990 年 1 张
53cm（4 开）定价: CNY0.50

J0119603
微笑 （摄影 1991 年年历）钱子强摄
南京 江苏美术出版社 1990 年 1 张 76cm（2 开）
定价: CNY1.05

J0119604
文文 （摄影 1991 年年历）程荣章，李基摄
石家庄 河北美术出版社 1990 年 1 张
78cm（2 开）定价: CNY0.75

J0119605
我爱蓝天 （摄影 1991 年年历）天鹰，光远摄
杭州 浙江人民美术出版社 1990 年 1 张
78cm（2 开）定价: CNY0.75

J0119606
无锡·蠡园 （摄影 1991 年年历）

南京 江苏美术出版社 1990 年 1 张 76cm（2 开）
定价: CNY1.05

J0119607
西双版纳风光 （摄影 1991 年年历）张丽英摄
北京 人民美术出版社 1990 年 1 张 76cm（2 开）
定价: CNY1.00

J0119608
希望 （摄影 1991 年年历）郭治国摄
沈阳 辽宁美术出版社 1990 年 1 张 53cm（4 开）
定价: CNY0.55

J0119609
嬉水 （摄影 1991 年年历）惠子摄
武汉 湖北美术出版社 1990 年 1 张 53cm（4 开）
定价: CNY0.50

J0119610
曦 （摄影 1991 年年历）宗玉珍摄
南昌 江西人民出版社 1990 年 1 张 78cm（2 开）
定价: CNY0.75

J0119611
喜上眉梢 （摄影 1991 年年历）沈福堂摄
西安 陕西人民美术出版社 1990 年 1 张
76cm（2 开）定价: CNY1.10

J0119612
喜悦 （摄影 1991 年年历）陈健行摄
南京 江苏美术出版社 1990 年 1 张 53cm（4 开）
定价: CNY1.05

J0119613
戏水 （摄影 1991 年年历）李少白摄
上海 上海人民美术出版社 1990 年 1 张
53cm（4 开）定价: CNY0.50
　　作者李少白（1942—　），著名摄影家。生于重庆。先后任《大众摄影》《中国摄影》等杂志编委，《中国国家地理》《文明》等杂志签约摄影师。出版有《李少白摄影作品选》《神秘的紫禁城》《伟大的长城》《走进故宫》等。

J0119614
戏水 （摄影 1991 年年历）建敏，新发摄

天津 天津人民美术出版社 1990 年 1 张
53cm（4 开）定价：CNY0.50

J0119615
遐想 （摄影 1991 年年历）金云摄
天津 天津杨柳青画社 1990 年 1 张 76cm（2 开）
定价：CNY0.75

J0119616
夏 （摄影 1991 年年历）刘海发摄
沈阳 辽宁美术出版社 1990 年 1 张 53cm（4 开）
定价：CNY0.55

J0119617
夏风 （摄影 1991 年年历）林伟新摄
上海 上海书画出版社 1990 年 1 张 78cm（2 开）
定价：CNY0.75

J0119618
夏日 （摄影 1991 年年历）晓溪摄
长沙 湖南美术出版社 1990 年 1 张 78cm（2 开）
定价：CNY0.55

J0119619
夏日 （摄影 1991 年年历）陈海摄
上海 上海书画出版社 1990 年 1 张 53cm（4 开）
定价：CNY0.50

J0119620
夏日 （摄影 1991 年年历）张成摄
天津 天津杨柳青画社 1990 年 1 张 53cm（4 开）
定价：CNY0.50
　　作者张成，擅长摄影。主要年历作品有《致
敬》《夏日》《对旗下》等。

J0119621
夏日 （摄影 1991 年年历）张钟龄摄
天津 天津杨柳青画社 1990 年 1 张 53cm（4 开）
定价：CNY0.50

J0119622
夏日情 （摄影 1991 年年历）
沈阳 辽宁美术出版社 1990 年 1 张 53cm（4 开）
定价：CNY0.55

J0119623
鲜花美酒 （摄影 1991 年年历）沈黎摄
上海 上海书画出版社 1990 年 1 张 53cm（4 开）
定价：CNY0.50

J0119624
鲜花献卫士 （摄影 1991 年年历）牧之，庆文摄
天津 天津人民美术出版社 1990 年 1 张
76cm（2 开）定价：CNY1.00

J0119625
娴静 （摄影 1991 年年历）李志宏摄
长沙 湖南美术出版社 1990 年 1 张 78cm（2 开）
定价：CNY0.55

J0119626
乡恋 （摄影 1991 年年历）全归摄
沈阳 辽宁美术出版社 1990 年 1 张 53cm（4 开）
定价：CNY0.55

J0119627
乡情 （摄影 1991 年年历）许谋摄
上海 上海人民美术出版社 1990 年 1 张（2 开）
定价：CNY0.75

J0119628
香甜四溢 （摄影 1991 年年历）金铎摄
沈阳 辽宁美术出版社 1990 年 1 张 53cm（4 开）
定价：CNY0.55

J0119629
香艳 （摄影 1991 年年历）程全归摄
沈阳 辽宁美术出版社 1990 年 1 张 53cm（4 开）
定价：CNY0.55

J0119630
向往 （摄影 1991 年年历）钱豫强摄
天津 天津杨柳青画社 1990 年 1 张 78cm（2 开）
定价：CNY0.75

J0119631
潇洒 （摄影 1991 年年历）谭尚忍摄
南京 江苏美术出版社 1990 年 1 张 76cm（2 开）
定价：CNY1.05

J0119632
小憩 （摄影 1991 年年历）丁定摄
上海 上海人民美术出版社 1990 年 1 张（4 开）
定价: CNY0.40

J0119633
小夜曲 （摄影 1991 年年历）夏大统摄
杭州 浙江人民美术出版社 1990 年 1 张
53cm（4 开）定价: CNY0.50

J0119634
心花 （摄影 1991 年年历）林伟新摄
天津 天津杨柳青画社 1990 年 1 张 76cm（2 开）
定价: CNY1.00

J0119635
心曲 （摄影 1991 年年历）诸国祥摄
西安 陕西人民美术出版社 1990 年 1 张
53cm（4 开）定价: CNY0.58

J0119636
心曲 （摄影 1991 年年历）杨振吉摄
天津 天津杨柳青画社 1990 年 1 张 53cm（4 开）
定价: CNY0.50

J0119637
欣 （摄影 1991 年年历）刘海发摄
天津 天津人民美术出版社 1990 年 1 张
35cm（8 开）定价: CNY0.20

J0119638
欣欣向荣 （摄影 1991 年年历）刘明义摄
昆明 云南人民出版社 1990 年 1 张 53cm（4 开）
定价: CNY0.60

J0119639
新春 （摄影 1991 年年历）林伟新摄
上海 上海书画出版社 1990 年 1 张 76cm（2 开）
定价: CNY0.75

J0119640
羞涩 （摄影 1991 年年历）邵华安摄
天津 天津杨柳青画社 1990 年 1 张 76cm（2 开）
定价: CNY0.50

J0119641
秀美丰姿 （摄影 1991 年年历）
沈阳 辽宁美术出版社 1990 年 1 张 53cm（4 开）
定价: CNY0.55

J0119642
妍 （摄影 1991 年年历）天鹰摄
杭州 浙江人民美术出版社 1990 年 1 张
53cm（4 开）定价: CNY0.50

J0119643
艳冠群芳 （摄影 1991 年年历）林瑛珊摄
沈阳 辽宁美术出版社 1990 年 1 张 53cm（4 开）
定价: CNY0.55
　　作者林瑛珊(1940—　　)笔名砚春，号步云
居士。辽宁省盖州市人。1965 年毕业于鲁迅美术
学院，为赵梦朱、郭西河先生入室弟子，又拜师
著名国画大师崔子范先生。辽宁美术出版社社
长兼总编辑。出版有《林瑛珊画集》《砚春花鸟
画集锦》《砚春国画小品》等。

J0119644
羊年大吉 （摄影 1991 年年历）邵黎阳摄
上海 上海人民美术出版社 1990 年 1 张
78cm（2 开）定价: CNY0.75
　　作者邵黎阳(1942—　　)，画家。浙江镇海
人。历任《解放军报》美术编辑，上海人民美术
出版编辑部主任。作品有版画《山高攀》《胜利
的旗帜》《航标灯》，油画 《房东》《马石山十勇
士》《天福山起义》等。著有《藏书票入门》。

J0119645
意趣 （摄影 1991 年年历）于志新摄
天津 天津杨柳青画社 1990 年 1 张 53cm（4 开）
定价: CNY0.50

J0119646
熠熠芳华 （摄影 1991 年年历）陈健麟摄
广州 岭南美术出版社 1990 年 1 张 53cm（4 开）
定价: CNY0.60

J0119647
银屏新昼 （摄影 1991 年年历）小溪摄
武汉 湖北美术出版社 1990 年 1 张 53cm（4 开）
定价: CNY0.50

J0119648
迎春 （摄影 1991 年年历）陈坚摄
天津 天津杨柳青画社 1990 年 1 张 53cm（4 开）
定价：CNY0.50

J0119649
友爱 （摄影 1991 年年历）
沈阳 辽宁美术出版社 1990 年 1 张 53cm（4 开）
定价：CNY0.55

J0119650
友情 （摄影 1991 年年历）李如海摄
天津 天津杨柳青画社 1990 年 1 张 38cm（6 开）
定价：CNY0.30

J0119651
郁香 （摄影 1991 年年历）叶导摄
长沙 湖南美术出版社 1990 年 1 张 76cm（2 开）
定价：CNY0.90

J0119652
浴日 （摄影 1991 年年历）
天津 天津杨柳青画社 1990 年 1 张 38cm（6 开）
定价：CNY0.30

J0119653
月夜 （摄影 1991 年年历）何文萼摄
上海 上海人民美术出版社 1990 年 1 张
53cm（4 开）定价：CNY0.50

J0119654
悦 （摄影 1991 年年历）
南京 江苏美术出版社 1990 年 1 张 76cm（2 开）
定价：CNY1.85

J0119655
真好吃 （摄影 1991 年年历）
沈阳 辽宁美术出版社 1990 年 1 张 53cm（4 开）
定价：CNY0.55

J0119656
致敬 （摄影 1991 年年历）张成,庆文摄
天津 天津人民美术出版社 1990 年 1 张
76cm（2 开）定价：CNY1.00
　　作者张成,擅长摄影。主要年历作品有《致

敬》《夏日》《对旗下》等。

J0119657
祝福 （摄影 1991 年年历）杨中俭摄
天津 天津人民美术出版社 1990 年 1 张
53cm（4 开）定价：CNY0.50

J0119658
祝君快乐 （摄影 1991 年年历）赵荣摄
上海 上海人民美术出版社 1990 年 1 张（2 开）
定价：CNY0.75

J0119659
祝君快乐 （摄影 1991 年年历）谭尚忍摄
天津 天津杨柳青画社 1990 年 1 张 53cm（4 开）
定价：CNY0.50

J0119660
祝您好运 （摄影 1991 年年历）张宝声摄
上海 上海书画出版社 1990 年 4 张
定价：CNY4.00

J0119661
祝您一帆风顺 （摄影 1991 年年历）
天津 天津杨柳青画社 1990 年 1 张 53cm（4 开）
定价：CNY0.50

J0119662
妆 （摄影 1991 年年历）
南京 江苏美术出版社 1990 年 1 张 76cm（2 开）
定价：CNY1.85

J0119663
［1992 年挂历］ （挂历）徐晋燕摄
昆明 云南民族出版社 ［1991 年］85cm
定价：CNY1.20

J0119664
1992：OK 生活 （摄影挂历）
沈阳 辽宁美术出版社 1991 年 76cm（2 开）
定价：CNY17.80

J0119665
1992：春满华堂 （摄影挂历）
杭州 浙江人民美术出版社 1991 年 76cm（2 开）

定价: CNY17.80

J0119666
1992：春燕展翅 （摄影挂历）桑榆摄
上海　上海人民美术出版社［1991年］
76cm（2开）定价: CNY23.00

J0119667
1992：大空灵秀 （摄影挂历）张朝玺摄
天津　天津人民美术出版社 1991年 76cm（2开）
定价: CNY18.80

J0119668
1992：多姿多彩 （摄影挂历）陈春轩,张英军摄
上海　上海人民美术出版社 1991年 76cm（2开）
定价: CNY18.00
　　作者张英军,摄影有年画《相思奈何天》等。

J0121963
1992：芳菲 （摄影挂历）林伟新等摄
天津　天津人民美术出版社 1991年 76cm（2开）
ISBN：7-5305-8116-6 定价: CNY18.80

J0119669
1992：芳华 （摄影挂历）辽宁画报社编
沈阳　辽宁美术出版社 1991年 76cm（2开）
定价: CNY17.80

J0119670
1992：芳香 （摄影挂历）山东美术出版社编
济南　山东美术出版社 1991年 76cm（2开）

J0119671
1992：飞驰 （摄影挂历）
银川　宁夏人民出版社［1991年］76cm（2开）
定价: CNY19.50

J0119672
1992：丰碑 （摄影挂历）
西宁　青海人民出版社［1991年］76cm（2开）
定价: CNY19.50

J0119673
1992：恭贺新禧 （工艺品挂历）同力摄
沈阳　辽宁人民出版社 1991年 76cm（2开）
定价: CNY18.80

J0119674
1992：恭贺新禧 （摄影挂历）
北京　气象出版社［1991年］53cm（4开）

J0119675
1992：恭贺新禧 （挂历）钱豫强,汤益民摄
杭州　浙江人民美术出版社 1991年 85cm（3开）
定价: CNY16.20
　　作者钱豫强(1944—　),浙江嘉善人,历任
浙江美术出版社副编审,浙江赛丽美术馆执行
馆长。

J0119676
1992：恭贺新禧 （摄影挂历）
北京　中国妇女出版社［1991年］76cm（2开）
定价: CNY16.00

J0119677
1992：恭贺新禧 （摄影挂历）费文麓摄
北京　中国连环画出版社 1991年 76cm（2开）
定价: CNY17.50

J0119678
1992：光照神州 （摄影挂历）
石家庄　河北美术出版社 1991年 76cm（2开）

J0119679
1992：瑰丽 （摄影挂历）桑榆等摄
上海　上海人民美术出版社［1991年］
76cm（2开）定价: CNY13.50

J0119680
1992：海情 （摄影挂历）
北京　中国连环画出版社 1991年 76cm（2开）
定价: CNY18.50

J0119681
1992：海之花 （挂历）
天津　天津杨柳青画社 1991年 76cm（2开）
ISBN：7-80503-373-1 定价: CNY17.80

J0119682
1992：花仙子 （挂历）方永熙等摄
天津　天津人民美术出版社 1991年 76cm（2开）
ISBN：7-5305-8116-7 定价: CNY18.80

J0119683
1992：花之恋　（摄影挂历）
厦门　鹭江出版社［1991年］76cm（2开）
ISBN：7-80533-465-X　定价：CNY15.00

J0119684
1992：花之情　（摄影挂历）祖友义摄
北京　人民美术出版社　1991年　53cm（4开）
定价：CNY16.00
　　作者祖友义（1932—　），曾任人民美术出版
社编辑主任，中国老摄影家协会会员。

J0119685
1992：花中情　（摄影挂历）胡黎明摄
长春　吉林美术出版社　1991年　76cm（2开）
定价：CNY23.00

J0119686
1992：伙伴　（摄影挂历）
沈阳　辽宁美术出版社［1991年］76cm（2开）
定价：CNY18.80

J0119687
1992：今夜星辰　（摄影挂历）邵华安，姚中玉摄
上海　上海人民美术出版社［1991年］
76cm（2开）定价：CNY18.00

J0119688
1992：金色的梦　（摄影挂历）
上海　上海书画出版社　1991年　76cm（2开）
定价：CNY20.20

J0119689
1992：金色歌声　（挂历）犁君等摄
石家庄　河北美术出版社　1991年　76cm（2开）

J0119690
1992：精粹　（挂历）
济南　山东美术出版社［1991年］76cm（2开）
定价：CNY22.00

J0119691
1992：乐万家　（摄影挂历）张朝玺等摄
天津　天津人民美术出版社　1991年　76cm（2开）
ISBN：7-5305-8115-7　定价：CNY21.00

J0119692
1992：美　（摄影挂历）
广州　岭南美术出版社［1991年］76cm（2开）
定价：CNY16.00

J0119693
1992：美　（摄影挂历）崔顺才等摄
天津　天津杨柳青画社　1991年　76cm（2开）
定价：CNY19.00

J0119694
1992：美的世界　（摄影挂历）安肇等摄
上海　上海人民美术出版社［1991年］
76cm（2开）定价：CNY22.50

J0119695
1992：美的韵律　（摄影挂历）
北京　人民美术出版社　1991年　76cm（2开）
定价：CNY11.00

J0119696
1992：美好家园　（摄影挂历）
广州　广东科技出版社［1991年］76cm（2开）
定价：CNY16.00

J0119697
1992：美丽的大自然　（摄影挂历）
昆明　云南人民出版社［1991年］76cm（2开）
定价：CNY18.50

J0119698
1992：美丽芳香　（摄影挂历）卞志武等摄
天津　天津杨柳青画社　1991年　76cm（2开）
定价：CNY19.00

J0119699
1992：美人娇　（摄影挂历）
福州　福建美术出版社［1991年］76cm（2开）
定价：CNY15.00

J0119700
1992：美韵　（摄影挂历）华仲明，刘立宾摄
济南　山东友谊书社　1991年　76cm（2开）
定价：CNY18.00

J0119701
1992：美在人间 （摄影挂历）盛奎等摄
杭州 浙江人民美术出版社 1991 年 76cm（2 开）
定价：CNY11.80

J0119702
1992：魅力 （摄影挂历）
西安 陕西人民美术出版社［1991 年］
76cm（2 开）定价：CNY17.40

J0119703
1992：迷人的世界 （摄影挂历）辽宁画报社编
沈阳 辽宁美术出版社 1991 年 76cm（2 开）
定价：CNY19.80

J0119704
1992：鸣馨 （摄影挂历）周屹摄
北京 人民美术出版社 1991 年 76cm（2 开）
定价：CNY18.50

J0119705
1992：飘香四季 （挂历）李健坤摄
海口 海南摄影美术出版社［1991 年］
76cm（2 开）定价：CNY19.50

J0119706
1992：青春的旋律 （摄影挂历）张朝玺等摄
天津 天津人民美术出版社 1991 年 76cm（2 开）
ISBN：7–5305–81162 定价：CNY16.80

J0119707
1992：群芳 （挂历）王雄伟等摄
郑州 河南美术出版社 1991 年 76cm（2 开）
定价：CNY17.50

J0119708
1992：群芳 （挂历）
上海 上海书画出版社 1991 年 76cm（2 开）
定价：CNY18.00

J0119709
1992：群芳 （挂历）谭尚忍等摄
天津 天津人民美术出版社 1991 年 76cm（2 开）
ISBN：7–5305–8136–9 定价：CNY18.80
　作者谭尚忍（1940—　　），上海人。上海美术

家协会和上海摄影家协会会员，上海人民美术出版社副编审。作品有《儿童武书》《民族英雄岳飞》等。

J0119710
1992：如意 （摄影挂历）辽宁画报社编
沈阳 辽宁美术出版社 1991 年 76cm（2 开）
定价：CNY17.80

J0119711
1992：神韵 （挂历）李国盛摄
沈阳 春风文艺出版社 1991 年 76cm（2 开）
ISBN：7–5313–0641–7 定价：CNY18.80

J0119712
1992：诗 （挂历）华仲明摄
济南 山东友谊书社 1991 年 76cm（2 开）
定价：CNY18.00

J0119713
1992：诗情画意 （摄影挂历）
沈阳 辽宁美术出版社 1991 年 76cm（2 开）
定价：CNY17.80

J0119714
1992：诗情画意 （摄影挂历）
西宁 青海人民出版社 1991 年 76cm（2 开）
定价：CNY17.50

J0119715
1992：时代风茂 （摄影挂历）
海口 海南摄影美术出版社［1991 年］
76cm（2 开）定价：CNY18.50

J0119716
1992：世界博览 （摄影挂历）
北京 农村读物出版社［1991 年］76cm（2 开）
定价：CNY19.50

J0119717
1992：饰 （摄影挂历）
北京 朝花美术出版社 1991 年 76cm（2 开）
定价：CNY18.00

J0119718
1992：舒适的生活 （摄影挂历）
北京 朝花美术出版社 1991 年 76cm（2 开）
定价：CNY19.00

J0119719
1992：四季飘香 （摄影挂历）谢新发，王路明摄
石家庄 河北美术出版社 1991 年 76cm（2 开）

J0119720
1992：岁岁平安 （摄影挂历）
呼和浩特 内蒙古人民出版社［1991 年］
76cm（2 开）定价：CNY17.80

J0119721
1992：天姿 （摄影挂历）
北京 中国旅游出版社［1991 年］76cm（2 开）
定价：CNY19.00

J0119722
1992：温馨 （摄影挂历）
济南 山东美术出版社 1991 年 76cm（2 开）
定价：CNY23.00

J0119723
1992：温馨 （挂历）
济南 山东友谊书社［1991 年］76cm（2 开）
定价：CNY24.00

J0119724
1992：温馨 （摄影挂历）桑榆等摄
上海 上海人民美术出版社［1991 年］
76cm（2 开）定价：CNY17.80

J0119725
1992：温馨年华 （挂历）金汞等摄
石家庄 河北美术出版社 1991 年 76cm（2 开）

J0119726
1992：夏意 （摄影挂历）
石家庄 河北美术出版社 1991 年 76cm（2 开）

J0119727
1992：仙霞明珠 （摄影挂历）
北京 朝花美术出版社 1991 年 76cm（2 开）

定价：CNY19.00

J0119728
1992：翔 （摄影挂历）
昆明 云南人民出版社 1991 年 76cm（2 开）
定价：CNY13.50

J0119729
1992：潇洒世界 （摄影挂历）石建敏等摄
济南 山东美术出版社 1991 年 76cm（2 开）
定价：CNY17.80

J0119730
1992：小天使 （摄影挂历）林伟新摄
郑州 河南美术出版社 1991 年 76cm（2 开）
定价：CNY17.50

J0119731
1992：馨 （摄影挂历）
北京 朝花美术出版社［1991 年］76cm（2 开）
定价：CNY18.00

J0119732
1992：星朗 （挂历）金以云摄
天津 天津人民美术出版社 1991 年 76cm（2 开）
ISBN：7-5305-8116-0 定价：CNY18.80

J0119733
1992：雅风 （摄影挂历）于志新，陈学璋摄
天津 天津杨柳青画社 1991 年 76cm（2 开）
ISBN：7-80503—3680 定价：CNY19.00
　　作者陈学璋（1955— ），浙江德清人。笔名晨牧。擅长中国画、年画。浙江省美术家协会会员、湖州市美术家协会理事、德清县美协主席、赵孟頫书画院院长。主要作品有《又是一个丰收年》《小康属龙》《桑梓情》等。

J0119734
1992：雅兰 （挂历）甘肃少年儿童出版社编
兰州 甘肃人民出版社 1991 年 76cm（2 开）
定价：CNY19.50

J0119735
1992：雅美 （摄影挂历）
沈阳 辽宁美术出版社 1991 年 76cm（2 开）

定价：CNY17.80

J0119736
1992：雅趣 （挂历）舒怀摄
天津 天津杨柳青画社 1991 年 53cm（4 开）
定价：CNY11.00

J0119737
1992：雅艳留香 （挂历）杨中俭等摄
石家庄 河北美术出版社 1991 年 76cm（2 开）

J0119738
1992：艺林拾萃 （摄影挂历）陈春轩等摄
上海 上海人民美术出版社 [1991 年]
76cm（2 开）定价：CNY11.50

J0119739
1992：艺苑精华 （摄影挂历）丁定等摄
上海 上海人民美术出版社 [1991 年]
76cm（2 开）定价：CNY22.50

J0119740
1992：异国风采 （摄影挂历）
兰州 甘肃民族出版社 [1991 年] 76cm（2 开）
定价：CNY18.50

J0119741
1992：异国风情 （摄影挂历）
呼和浩特 内蒙古人民出版社 1991 年
76cm（2 开）定价：CNY17.50

J0119742
1992：影姿 （摄影挂历）
济南 山东美术出版社 1991 年 76cm（2 开）
定价：CNY17.80

J0119743
1992：悠然乐韵 （摄影挂历）
广州 广东科技出版社 [1991 年] 76cm（2 开）
定价：CNY16.00

J0119744
1992：玉树临风 （摄影挂历）
延吉 延边人民出版社 1991 年 76cm（2 开）
定价：CNY19.80

J0119745
1992：云风凝座 （摄影挂历）牛嵩林等摄
天津 天津杨柳青画社 1991 年 76cm（2 开）
定价：CNY17.80

J0119746
1992：在水一方 （摄影挂历）游振鑫，孙智和摄
长沙 湖南美术出版社 1991 年 76cm（2 开）
定价：CNY19.00

J0119747
1992：中国魂 （摄影挂历）
北京 农村读物出版社 [1991 年] 76cm（2 开）
定价：CNY19.50

J0119748
1992：祝福 （挂历）林伟新等摄
郑州 河南美术出版社 1991 年 76cm（2 开）
定价：CNY20.00

J0119749
1992：祝君如意 （挂历）桑榆摄
上海 上海人民美术出版社 [1991 年]
76cm（2 开）定价：CNY21.00

J0119750
1992：祝你好运 （挂历）胡黎明摄
长春 吉林美术出版社 1991 年 76cm（2 开）
定价：CNY16.00

J0119751
1992：祝您幸福 （挂历）豫强，金荣摄
杭州 浙江人民美术出版社 1991 年 76cm（2 开）
定价：CNY18.20

J0119752
1992：追风 （摄影挂历）
贵阳 贵州人民出版社 [1991 年] 76cm（2 开）
定价：CNY17.50

J0119753
1992 年年历 （摄影）沈新，王秉龙摄
天津 天津人民美术出版社 1991 年 1 张
53cm（4 开）ISBN：7-5305-81340 定价：CNY1.10

J0119754
百福图 （摄影 1992 年年历）苏霄松作
上海 上海人民美术出版社［1991 年］1 张
53cm（4 开）定价：CNY0.60

J0119755
哺育 （摄影 1992 年年历）
上海 上海人民美术出版社 1991 年 1 张
［40cm］（6 开）定价：CNY0.40

J0119756
猜猜看 （1992 年年历）焦卫摄
西安 陕西人民美术出版社 1991 年 1 张
78cm（2 开）定价：CNY0.78

J0119757
春姑娘 （摄影 1992 年年历）
沈阳 辽宁美术出版社 1991 年 1 张 53cm（4 开）
ISBN：7-5314-1551 定价：CNY0.70

J0119758
芳草 （摄影 1992 年年历）李雷摄
沈阳 辽宁美术出版社 1991 年 1 张 53cm（4 开）
ISBN：7-5314-0687 定价：CNY0.70

J0119759
瑰丽 （摄影 1992 年年历 一～ 六）
上海 上海人民美术出版社［1991 年］6 张
76cm（2 开）定价：CNY8.40

J0119760
国色天香 （摄影 1992 年年历）枫叶摄
沈阳 辽宁美术出版社［1991 年］1 张
53cm（4 开）ISBN：7-5314-0659 定价：CNY0.70

J0119761
哈哈 （摄影 1992 年年历）梁达明摄
沈阳 辽宁美术出版社 1991 年 1 张 53cm（4 开）
ISBN：7-5314-1501 定价：CNY0.70

J0119762
海花 （摄影 1992 年年历）陈熙芳摄
沈阳 辽宁美术出版社 1991 年 1 张 53cm（4 开）
ISBN：7-5314-1581 定价：CNY0.70

J0119763
好伙伴 （摄影 1992 年年历）豫强摄
杭州 浙江人民美术出版社［1991 年］1 张
53cm（4 开）定价：CNY0.60

J0119764
好朋友 （摄影 1992 年年历）
沈阳 辽宁美术出版社 1991 年 1 张 53cm（4 开）
ISBN：7-5314-1535 定价：CNY0.70

J0119765
鸿运 （摄影 1992 年年历）
沈阳 辽宁美术出版社 1991 年 1 张 53cm（4 开）
ISBN：7-5314-1507 定价：CNY0.70

J0119766
花儿朵朵 （摄影 1992 年年历）少白摄
沈阳 辽宁美术出版社 1991 年 1 张 53cm（4 开）
ISBN：7-5314-1539 定价：CNY0.70

J0119767
花好月圆 （摄影 1992 年年历）四方摄
沈阳 辽宁美术出版社 1991 年 1 张 53cm（4 开）
ISBN：7-5314-1591 定价：CNY0.70

J0119768
华贵 （摄影 1992 年年历）滕俊杰等摄
南京 江苏美术出版社 1991 年 1 张 78cm（2 开）
定价：CNY0.85

J0119769
欢乐 （摄影 1992 年年历）王志强摄
上海 上海人民美术出版社［1991 年］1 张
53cm（4 开）定价：CNY0.60

J0119770
婚礼曲 （1992 年年历）姚华平摄
上海 上海人民美术出版社 1991 年 4 张
76cm（2 开）定价：CNY4.40

J0119771
伙伴 （摄影 1992 年年历）潘小明摄
沈阳 辽宁美术出版社 1991 年 1 张 53cm（4 开）
ISBN：7-5314-0674 定价：CNY0.70

J0119772
吉日良辰 （摄影 1992 年年历）
上海 上海人民美术出版社［1991 年］1 张
［40cm］（6 开）定价：CNY0.40

J0119773
接班人 （摄影 1992 年年历）陈平摄
天津 天津人民美术出版社 1991 年 1 张
76cm（2 开）ISBN：7-5305-81178 定价：CNY1.10

J0119774
乐乐 （摄影 1992 年年历）邵华安摄
沈阳 辽宁美术出版社［1991 年］1 张
53cm（4 开）ISBN：7-5314-1516 定价：CNY0.70

J0119775
乐园 （摄影 1992 年年历）尹春华，陈平摄
天津 天津人民美术出版社［1991 年］1 张
53cm（4 开）ISBN：7-5305-8120-9
定价：CNY0.60

J0119776
美的世界 （摄影 1992 年年历 一～六）
上海 上海人民美术出版社［1991 年］6 张
76cm（2 开）定价：CNY9.00

J0119777
美的旋律 （摄影 1992 年年历）侯福梁，双吉摄
沈阳 辽宁美术出版社 1991 年 1 张 53cm（4 开）
ISBN：7-5314-1540 定价：CNY0.70

J0119778
摩登 （摄影 1992 年年历）李明摄
沈阳 辽宁美术出版社 1991 年 1 张 53cm（4 开）
ISBN：7-5314-1532 定价：CNY0.70

J0119779
盼望 （摄影 1992 年年历）江小铎摄
上海 上海人民美术出版社［1991 年］1 张
53cm（4 开）定价：CNY0.60

J0119780
媲美 （摄影 1992 年年历）少白摄
沈阳 辽宁美术出版社 1991 年 1 张 53cm（4 开）
ISBN：7-5314-1555 定价：CNY0.70

J0119781
前程万里 （摄影 1992 年年历）谢新发摄
上海 上海人民美术出版社 1991 年 1 张
78cm（2 开）定价：CNY0.80

J0119782
清秀 （摄影 1992 年年历）滕俊杰等摄
南京 江苏美术出版社 1991 年 1 张 78cm（2 开）
定价：CNY0.85

J0119783
情 （摄影 1992 年年历）鲁夫摄
沈阳 辽宁美术出版社 1991 年 1 张 53cm（4 开）
ISBN：7-5314-1585 定价：CNY0.70

J0119784
人寿丰年 （摄影 1992 年年历）双吉摄
沈阳 辽宁美术出版社 1991 年 1 张 53cm（4 开）
ISBN：7-5314-1562 定价：CNY0.70

J0119785
三个小伙伴 （摄影 1992 年年历）张潮摄
上海 上海人民美术出版社 1991 年 1 张
53cm（4 开）定价：CNY0.60

J0119786
思念 （1992 年年历）桑榆摄
上海 上海人民美术出版社［1991 年］1 张
76cm（2 开）定价：CNY1.10

J0119787
天真 （摄影 1992 年年历）
上海 上海人民美术出版社［1991 年］1 张
53cm（4 开）定价：CNY0.50

J0119788
甜蜜蜜 （摄影 1992 年年历）枫叶摄
沈阳 辽宁美术出版社 1991 年 1 张 53cm（4 开）
ISBN：7-5314-0663 定价：CNY0.70

J0119789
甜甜 （摄影 1992 年年历）肖顺权摄
北京 人民美术出版社 1991 年 1 张 76cm（2 开）
定价：CNY1.20

J0119790
童年梦 （摄影 1992 年年历）李明摄
沈阳 辽宁美术出版社 1991 年 1 张 53cm（4 开）
ISBN：7-5314-1504 定价：CNY0.70

J0119791
万事如意 （摄影 1992 年年历）
沈阳 辽宁美术出版社 1991 年 1 张 53cm（4 开）
ISBN：7-5314-1578 定价：CNY0.70

J0119792
未来球星 （摄影 1992 年年历）安邦摄
沈阳 辽宁美术出版社 1991 年 1 张 53cm（4 开）
ISBN：7-5314-0700 定价：CNY0.70

J0119793
五彩纷呈 （摄影 1992 年年历）
沈阳 辽宁美术出版社 1991 年 1 张 53cm（4 开）
ISBN：7-5314-1541 定价：CNY0.70

J0119794
嬉戏 （摄影 1992 年年历）
沈阳 辽宁美术出版社［1991 年］1 张
53cm（4 开）ISBN：7-5314-1550 定价：CNY0.70

J0119795
嬉戏 （摄影 1992 年年历）
北京 中国电影出版社［1991 年］1 张
76cm（2 开）定价：CNY1.00

J0119796
喜悦 （1992 年年历）焦卫摄
西安 陕西人民美术出版社 1991 年 1 张
78cm（2 开）定价：CNY0.78

J0119797
喜悦 （1992 年年历）刘海发摄
天津 天津人民美术出版社 1991 年 1 张
53cm（4 开）ISBN：7-5305-8119-8
定价：CNY0.60

J0119798
遐想 （摄影 1992 年年历）杨中俭摄
上海 上海人民美术出版社 1991 年 1 张
78cm（2 开）定价：CNY0.80

J0119799
娴静 （摄影 1992 年年历）孙金媛摄
上海 上海人民美术出版社 1991 年 1 张
53cm（4 开）定价：CNY0.60

J0119800
香港海洋公园 （摄影 1992 年年历）王志强摄
上海 上海人民美术出版社 1991 年 1 张
53cm（4 开）定价：CNY0.60

J0119801
小花 （摄影 1992 年年历）何兆欣摄
天津 天津人民美术出版社 1991 年 1 张
53cm（4 开）ISBN：7-5305-8120-4
定价：CNY0.60

J0119802
欣欣向荣 （摄影 1992 年年历 一～四）宋士
诚,陈春轩摄
上海 上海人民美术出版社［1991 年］4 张
76cm（2 开）定价：CNY6.40

J0119803
馨 （摄影 1992 年年历）
南京 江苏美术出版社 1991 年 1 张 85cm
定价：CNY0.85

J0119804
馨香 （摄影 1992 年年历）
沈阳 辽宁美术出版社 1991 年 1 张 53cm（4 开）
ISBN：7-5314-1574 定价：CNY0.70

J0119805
馨香 （1992 年年历）刘海发摄
天津 天津人民美术出版社 1991 年 1 张
53cm（4 开）ISBN：7-5305-8119-7
定价：CNY0.60

J0119806
鱼跃龙门 （摄影 1992 年年历）梁达明摄
沈阳 辽宁美术出版社［1991 年］1 张
53cm（4 开）ISBN：7-5314-1500 定价：CNY0.70

J0119807
云南少数民族 （摄影 明信片）云众摄影

昆明 云南大学出版社 1991 年 2 版 25 张
15cm（64 开）定价：CNY9.90

J0119808
祝愿 （1992 年年历）桑榆摄
上海 上海人民美术出版社［1991 年］1 张
76cm（2 开）定价：CNY1.10

J0119809
祖国——我的母亲 （摄影 1992 年年历）
上海 上海人民美术出版社 1991 年 1 张
78cm（2 开）定价：CNY0.80

J0119810
1993：黛韵 （挂历）
银川 宁夏人民出版社［1992 年］77cm（2 开）
定价：CNY20.50

J0119811
1993：福 （挂历）
北京 中国戏剧出版社 1992 年 77cm（2 开）
定价：CNY14.50

J0119812
1993：恭贺新喜 （摄影挂历）
北京 中国电影出版社［1992 年］77cm（2 开）
定价：CNY26.00

J0119813
1993：静趣 （挂历）
天津 天津人民美术出版社 1992 年 77cm（2 开）
ISBN：7-5305-8157-6 定价：CNY20.50

J0119814
1993：摩登 （挂历）
昆明 云南美术出版社［1992 年］77cm（2 开）
定价：CNY21.00

J0119815
1993：墨宝 （挂历）
牡丹江 黑龙江朝鲜民族出版社［1992 年］
77cm（2 开）定价：CNY22.00

J0119816
1993：墨韵 （挂历）

长沙 湖南美术出版社 1992 年 68cm（3 开）
定价：CNY13.00

J0119817
1993：气象月历 （摄影挂历）
北京 气象出版社［1992 年］53cm（4 开）

J0119818
1993：情怀 （摄影挂历）
广州 岭南美术出版社［1992 年］77×106cm
定价：CNY25.80

J0119819
1993：人杰地灵 （摄影挂历）
天津 天津人民美术出版社 1992 年 77cm（2 开）
ISBN：7-5305-8148-1 定价：CNY20.50

J0119820
1993：瞬间精华 （挂历）
西安 陕西人民美术出版社［1992 年］
77cm（2 开）定价：CNY21.80

J0119821
1993：馨 （挂历）
昆明 云南美术出版社［1992 年］77cm（2 开）
定价：CNY21.00

J0119822
1993 年年历 张英军摄
上海 上海人民美术出版社 1992 年 1 张
68×38cm 定价：CNY1.10

J0119823
春游 （1993 年年历）可人摄
广州 岭南美术出版社 1992 年 1 张 53×38cm
定价：CNY0.70

J0119824
荡舟 （1993 年年历）刘海发，腾俊杰摄
天津 天津人民美术出版社 1992 年 1 张
53×38cm ISBN：7-5305-8154-0 定价：CNY0.65

J0119825
芳香 （1993 年年历）德安，王伟摄
南京 江苏美术出版社 1992 年 1 张 68×38cm

定价: CNY0.90

J0119826
风韵 （1993 年年历）豫强摄
杭州 浙江人民美术出版社 1992 年 1 张
53×38cm 定价: CNY0.70

J0119827
根 （1993 年年历）胡杭生摄
天津 天津人民美术出版社 1992 年 1 张
53cm（4 开）ISBN: 7-5305-8155-6
定价: CNY0.65

J0119828
恭贺新禧 （1993 年年历）豫强, 益民摄
天津 天津人民美术出版社 1992 年 1 张
53cm（4 开）定价: CNY0.65

J0119829
桂林风光 （1993 年年历）金可林摄
南宁 广西美术出版社 [1992 年] 1 张
33cm（5 开）定价: CNY0.40

J0119830
海淀 （1993 年年历）杨茵摄
天津 天津人民美术出版社 1992 年 1 张
68cm ISBN: 7-5305-8156-2 定价: CNY1.00

J0119831
海外掠影 （1993 年年历）
上海 上海人民美术出版社 [1992 年] 4 张
53cm（4 开）定价: CNY6.80

J0119832
红孩儿 （1993 年年历）志忠摄
上海 上海人民美术出版社 1992 年 1 张
53×38cm 定价: CNY0.70

J0119833
鸡年好运 （1993 年年历）
北京 中国电影出版社 [1992 年] 1 张 77×53cm
定价: CNY1.10

J0119834
金曲 （1993 年年历）豫强摄

杭州 浙江人民美术出版社 1992 年 1 张
77×53cm 定价: CNY1.40

J0119835
锦华 （1993 年年历）俊卿, 盛奎摄
杭州 浙江人民美术出版社 1992 年 1 张
26cm（8 开）定价: CNY0.20

J0119836
京城夏日 （1993 年年历）胡维标摄
天津 天津人民美术出版社 1992 年 1 张
68×38cm ISBN: 7-5305-8156-4 定价: CNY1.00

J0119837
静 （1993 年年历）徐嬿配诗
南宁 广西美术出版社 [1992 年] 1 张
33cm（5 开）定价: CNY0.40

J0119838
快乐的假日 （1993 年年历）侯福梁摄
上海 上海人民美术出版社 1992 年 1 张
68×38cm 定价: CNY1.10

J0119839
丽日当空 （1993 年年历）凌军摄
南京 江苏美术出版社 1992 年 1 张 77×53cm
定价: CNY1.20

J0119840
律动
杭州 浙江摄影出版社 [1992 年] 10 张
17cm（40 开）定价: CNY2.90
　　摄影明信片。

J0119841
绿色随响 （树）茹逐初等摄影
北京 今日中国出版社 [1992 年] 10 张
17cm（40 开）ISBN: 7-5072-0253-4
定价: CNY2.20
　　摄影明信片。

J0119842
美满幸福 （1993 年年历）韩志雅摄
天津 天津人民美术出版社 1992 年 1 张
53cm（4 开）ISBN: 7-5305-8152-7

定价: CNY0.65

J0119843
美神 （1993 年年历）
杭州 浙江人民美术出版社 1992 年 1 张
77×53cm 定价: CNY1.40

J0119844
美姿 （1993 年年历）刘海发摄
天津 天津人民美术出版社 1992 年 1 张
53cm（4 开）ISBN: 7-5305-8153-2
定价: CNY0.65

J0119845
明艳 （1993 年年历）予强摄
南京 江苏美术出版社 1992 年 1 张 77×53cm
定价: CNY1.20

J0119846
浓爱 （1993 年年历）伟新, 王伟摄
南京 江苏美术出版社 1992 年 1 张 77×53cm
定价: CNY1.20

J0119847
情深意长 （1993 年年历）豫强, 益民摄
杭州 浙江人民美术出版社 1992 年 1 张
68cm 定价: CNY1.00
　　作者益民，擅长摄影。主要年画作品有《西厢记》《百年和合》《琴棋书画》等。

J0119848
情意 （1993 年年历）伟新, 王伟摄
南京 江苏美术出版社 1992 年 1 张 77×53cm
定价: CNY1.20

J0119849
秋思 （1993 年年历）王耕摄
上海 上海人民美术出版社 1992 年 1 张
39cm（6 开）定价: CNY0.40

J0119850
神采 （1993 年年历）山佳摄
南京 江苏美术出版社 1992 年 1 张 77×53cm
定价: CNY1.20

J0119851
生命 潘杰摄
杭州 浙江摄影出版社［1992 年］10 张
17cm（40 开）定价: CNY2.90
　　摄影明信片。

J0119852
童话世界 （1993 年年历）孙金媛, 杨克林摄
上海 上海人民美术出版社 1992 年 1 张
77×53cm 定价: CNY1.40

J0119853
温情 （1993 年年历）建国, 王伟摄
南京 江苏美术出版社 1992 年 1 张 68cm
定价: CNY0.90

J0119854
温馨 （1993 年年历）谭尚忍摄
天津 天津人民美术出版社 1992 年 1 张
53cm（4 开）ISBN: 7-5305-8154-5
定价: CNY0.65

J0119855
我爱军旗红 （1993 年年历）陆明华摄
上海 上海人民美术出版社 1992 年 1 张
77cm（2 开）定价: CNY1.40

J0119856
喜悦 （1993 年年历）樊克强摄
南京 江苏美术出版社 1992 年 1 张 77×53cm
定价: CNY1.20

J0119857
喜悦 （1993 年年历）徐俊清摄
天津 天津人民美术出版社 1992 年 1 张
77×53cm ISBN: 7-5305-8154-8 定价: CNY0.65

J0119858
现代 （1993 年年历）刘海发, 腾俊杰摄
天津 天津人民美术出版社 1992 年 1 张
53×38cm ISBN: 7-5305-8154-2 定价: CNY0.65

J0119859
幸福 （1993 年年历）刘深摄
天津 天津人民美术出版社 1992 年 1 张

53×38cm ISBN：7-5305-8152-2 定价：CNY0.65

J0119860
秀丽 （1993 年年历）德安摄
南京 江苏美术出版社 1992 年 1 张 77×53cm
定价：CNY1.20

J0119861
雅意 （1993 年年历）德安，王伟摄
南京 江苏美术出版社 1992 年 1 张 68cm
定价：CNY0.90

J0119862
艳 （1993 年年历）邵华安摄
天津 天津人民美术出版社 1992 年 1 张
53cm（4 开）ISBN：7-5305-8154-6
定价：CNY0.65

J0119863
遥寄此岸一片情 （1993 年年历）
北京 中国电影出版社［1992 年］1 张 77×53cm
定价：CNY1.10

J0119864
异海情思 （1993 年年历）
沈阳 辽宁美术出版社 1992 年 1 张 53×38cm
定价：CNY0.76

J0119865
英发 （1993 年年历）伟新摄
南京 江苏美术出版社 1992 年 1 张 53×38cm
定价：CNY0.65

J0119866
忧雅 （1993 年年历）光远摄
杭州 浙江人民美术出版社 1992 年 1 张
68×38cm 定价：CNY1.00

J0119867
雨 （1993 年年历）徐嫩配诗
南宁 广西美术出版社［1992 年］1 张
33cm（5 开）定价：CNY0.40

J0119868
遇 （1993 年年历）徐嫩配诗

南宁 广西美术出版社［1992 年］1 张 77×53cm
定价：CNY0.40

J0119869
悦 （1993 年年历）强原摄
杭州 浙江人民美术出版社 1992 年 1 张
53cm（4 开）定价：CNY0.70

J0119870
韵 （1993 年年历）俞颖摄
上海 上海人民美术出版社 1992 年 1 张
53cm（4 开）定价：CNY0.70

J0119871
峥嵘岁月 （1993 年年历）李一意摄
上海 上海人民美术出版社［1992 年］1 张
77×53cm 定价：CNY1.25

J0119872
烛光 （1993 年年历）
长沙 湖南美术出版社 1992 年 1 张 53cm（4 开）
定价：CNY0.65

J0119873
祝福 （1993 年年历）尹春华摄
天津 天津人民美术出版社 1992 年 1 张
53cm（4 开）ISBN：7-5305-8154-1
定价：CNY0.65

J0119874
祝愿 （1993 年年历）
上海 上海人民美术出版社［1992 年］1 张
77×53cm 定价：CNY10.20

J0119875
1994：爱 （挂历）
南昌 江西美术出版社［1993 年］76×53cm
定价：CNY30.80

J0119876
1994：编织异彩 （摄影挂历）
杭州 浙江人民美术出版社 1993 年 76×53cm
定价：CNY25.00

J0119877
1994：彩韵诗情 （摄影挂历）
杭州 浙江人民美术出版社 1993 年 76×53cm
定价：CNY25.00

J0119878
1994：驰 （摄影挂历）
北京 中国旅游出版社 ［1993 年］ 77×53cm
定价：CNY25.60

J0119879
1994：春意芳情 （摄影挂历）
杭州 浙江人民美术出版社 ［1993 年］ 76×53cm
定价：CNY26.00

J0119880
1994：醇香 （摄影挂历）
天津 天津人民美术出版社 ［1993 年］ 76×53cm
定价：CNY33.50

J0119881
1994：东方风韵 （摄影挂历）
南昌 江西美术出版社 ［1993 年］ 12 页
76×53cm 定价：CNY27.80

J0119882
1994：发发发 （摄影挂历）
沈阳 辽宁美术出版社 1993 年 76×53cm
定价：CNY33.80

J0119883
1994：飞翔 （摄影挂历）
武汉 湖北美术出版社 ［1993 年］ 76×53cm
定价：CNY26.80

J0119884
1994：富贵吉祥 （摄影挂历）
武汉 湖北美术出版社 1993 年 76×53cm
定价：CNY32.80

J0119885
1994：好运 （摄影挂历）
沈阳 辽宁美术出版社 1993 年 76×53cm
定价：CNY33.80

J0119886
1994：好运来 （摄影挂历）
北京 中国旅游出版社 ［1993 年］ 77×53cm
定价：CNY29.80

J0119887
1994：华丽 （摄影挂历）
杭州 西泠印社 ［1993 年］ 76×53cm
定价：CNY28.00

J0119888
1994：火热的心声 （摄影挂历）
武汉 湖北美术出版社 ［1993 年］ 106×77cm
定价：CNY48.80

J0119889
1994：吉祥如意 （摄影挂历）
沈阳 辽宁美术出版社 1993 年 76×53cm
定价：CNY33.80

J0119890
1994：吉祥如意 （摄影挂历）
上海 上海人民美术出版社 ［1993 年］ 76×53cm
定价：CNY32.00

J0119891
1994：娇艳 （摄影挂历）
武汉 湖北美术出版社 ［1993 年］ 76×53cm
定价：CNY26.80

J0119892
1994：金玉满堂 （摄影挂历）
天津 天津人民美术出版社 ［1993 年］ 76×53cm

J0119893
1994：净土 （摄影挂历）
成都 四川民族出版社 ［1993 年］ 76×53cm
定价：CNY27.00

J0119894
1994：菊诗情 （摄影挂历）
西安 陕西人民美术出版社 ［1993 年］ 76×53cm
定价：CNY29.80

J0119895
1994：开门大发 （摄影挂历）
西安 陕西人民美术出版社 1993 年 84×55cm
定价：CNY22.50

J0119896
1994：流光溢彩 （摄影挂历）
南京 江苏美术出版社 1993 年 76×53cm
定价：CNY27.80

J0119897
1994：美的韵律 （摄影挂历）
武汉 湖北美术出版社 1993 年 76×53cm
定价：CNY32.80

J0119898
1994：魅 （摄影挂历）
沈阳 辽宁美术出版社 1993 年 76×53cm
定价：CNY33.80

J0119899
1994：梦之旅 （摄影挂历）
上海 上海人民美术出版社 ［1993 年］76×53cm
定价：CNY33.00

J0119900
1994：名人雅趣 （摄影挂历）
上海 上海人民美术出版社 ［1993 年］76×53cm
定价：CNY30.00

J0119901
1994：漂亮 （摄影挂历）
杭州 浙江人民美术出版社 1993 年 76×53cm
定价：CNY25.00

J0119902
1994：前程万里 （摄影挂历）
福州 福建美术出版社 ［1993 年］76×53cm
定价：CNY18.00

J0119903
1994：亲亲如我 （摄影挂历）
武汉 湖北美术出版社 ［1993 年］76×53cm
定价：CNY32.80

J0119904
1994：清韵 （摄影挂历）
杭州 西泠印社 ［1993 年］76×53cm
定价：CNY32.00

J0119905
1994：情 （摄影挂历）
成都 四川民族出版社 ［1993 年］76×53cm
定价：CNY27.00

J0119906
1994：趣 （摄影挂历）
西宁 青海人民出版社 ［1993 年］76×53cm
定价：CNY29.80

J0119907
1994：群芳 （摄影挂历）
长沙 湖南美术出版社 1993 年 76×53cm
定价：CNY35.00

J0119908
1994：群芳 （摄影挂历）梅生摄
北京 中国旅游出版社 ［1993 年］77×53cm
定价：CNY27.80

J0119909
1994：荣华富贵 （摄影挂历）
沈阳 辽宁美术出版社 ［1993 年］76×53cm
定价：CNY31.00

J0119910
1994：神彩 （摄影挂历）
杭州 西泠印社 ［1993 年］76×53cm
定价：CNY28.00

J0119911
1994：圣地 （摄影挂历）
天津 天津人民美术出版社 ［1993 年］76×53cm
定价：CNY26.80

J0119912
1994：诗情画意 （摄影挂历）
福州 福建美术出版社 ［1993 年］76×53cm
定价：CNY18.00

J0119913
1994：诗情画意 （摄影挂历）
上海　上海人民美术出版社［1993 年］76×53cm
定价：CNY33.50

J0119914
1994：舒美雅 （摄影挂历）
北京　中国旅游出版社［1993 年］77×53cm
定价：CNY28.80

J0119915
1994：丝丝如意 （摄影挂历）
南京　江苏美术出版社 1993 年 76×53cm
定价：CNY27.80

J0119916
1994：四季飘香 （摄影挂历）
上海　上海人民美术出版社［1993 年］76×53cm
定价：CNY33.00

J0119917
1994：天姿 （摄影挂历）
天津　天津人民美术出版社［1993 年］76×53cm
定价：CNY26.80

J0119918
1994：万事如意 （摄影挂历）
沈阳　辽宁美术出版社［1993 年］76×53cm
定价：CNY39.80

J0119919
1994：温馨 （摄影挂历）
西安　陕西人民美术出版社 1993 年 76×53cm
定价：CNY28.50

J0119920
1994：温馨梦 （摄影挂历）
武汉　湖北美术出版社 1993 年 76×53cm
定价：CNY32.80

J0119921
1994：喜 （摄影挂历）
昆明　云南民族出版社［1993 年］69×37cm
定价：CNY3.00

J0119922
1994：乡情 （摄影挂历）
北京　中国旅游出版社［1993 年］76×53cm
定价：CNY26.80

J0119923
1994：祥和如意 （摄影挂历）
天津　天津人民美术出版社［1993 年］76×53cm
定价：CNY26.80

J0119924
1994：小伙伴 （摄影挂历）
杭州　浙江人民美术出版社 1993 年 76×53cm
定价：CNY25.00

J0119925
1994：新上海 （摄影挂历）
上海　上海人民美术出版社［1993 年］76×53cm
定价：CNY28.00

J0119926
1994：星光曲 （摄影挂历）
西宁　青海人民出版社 1993 年 76×53cm
定价：CNY28.80

J0119927
1994：雅丽 （摄影挂历）
济南　山东友谊书社［1993 年］76×53cm
定价：CNY32.80

J0119928
1994：一帆风顺 （摄影挂历）
天津　天津人民美术出版社［1993 年］76×53cm
定价：CNY26.80

J0119929
1994：一路平安 （摄影挂历）
武汉　湖北美术出版社［1993 年］76×53cm
定价：CNY21.80

J0119930
1994：韵与美 （摄影挂历）
武汉　湖北美术出版社［1993 年］76×53cm
定价：CNY32.80

J0119931
1994：中华集粹 （摄影挂历）
南京 江苏美术出版社 1993 年 76×53cm
定价：CNY18.80

J0119932
北国红豆 （摄影 1994 年年历）陈默，肖崔摄
沈阳 辽宁美术出版社 1993 年 1 张 38×53cm
定价：CNY0.98

J0119933
奔放 （摄影 1994 年年历）王小滨摄
南京 江苏美术出版社 1993 年 1 张 77×53cm
定价：CNY1.40

J0119934
碧丽 （摄影 1994 年年历）黄正雄摄
南京 江苏美术出版社 1993 年 1 张 77×53cm
定价：CNY1.40

J0119935
冰清玉洁 （摄影 1994 年年历）朱丹摄
南京 江苏美术出版社 1993 年 1 张 77×53cm
定价：CNY1.40

J0119936
春之梦 （摄影 1994 年年历）陈春轩等摄
上海 上海人民美术出版社 1993 年 1 张
53×38cm 定价：CNY0.85

J0119937
纯 （摄影 1994 年年历）伍京生摄
南京 江苏美术出版社 1993 年 1 张 53×38cm
定价：CNY0.75

J0119938
等着你 （摄影 1994 年年历）鲁夫摄
沈阳 辽宁美术出版社 1993 年 1 张 53×38cm
定价：CNY0.98

J0119939
婀娜多姿 （摄影 1994 年年历）石强摄
南京 江苏美术出版社 1993 年 1 张 77×53cm
定价：CNY1.40

J0119940
芳姿 （摄影 1994 年年历）高盛奎摄
杭州 浙江人民美术出版社 1993 年 1 张
53×38cm 定价：CNY0.75

J0119941
风雅 （摄影 1994 年年历）兆欣摄
南京 江苏美术出版社 1993 年 1 张 68×38cm
定价：CNY1.05

J0119942
风姿 （摄影 1994 年年历）伍京生摄
南京 江苏美术出版社 1993 年 1 张 68×38cm
定价：CNY1.05

J0119943
光艳 （摄影 1994 年年历）黄正雄摄
南京 江苏美术出版社 1993 年 1 张 77×53cm
定价：CNY1.40

J0119944
瑰宝 （一 1994 年年历）
上海 上海人民美术出版社［1993 年］1 张
77×53cm 定价：CNY1.90

J0119945
瑰宝 （二 1994 年年历）
上海 上海人民美术出版社［1993 年］1 张
77×53cm 定价：CNY1.90

J0119946
瑰宝 （三 1994 年年历）
上海 上海人民美术出版社［1993 年］1 张
77×53cm 定价：CNY1.90

J0119947
瑰宝 （四 1994 年年历）
上海 上海人民美术出版社［1993 年］1 张
77×53cm 定价：CNY1.90

J0119948
瑰宝 （五 1994 年年历）
上海 上海人民美术出版社［1993 年］1 张
77×53cm 定价：CNY1.90

J0119949
瑰宝 （六 1994 年年历）
上海 上海人民美术出版社 ［1993 年］1 张
77×53cm 定价：CNY1.90

J0119950
海之恋 （摄影 1994 年年历）高强摄
沈阳 辽宁美术出版社 1993 年 1 张 53×38cm
定价：CNY0.98

J0119951
海之恋 （摄影 1994 年年历）靳东立摄
上海 上海人民美术出版社 1993 年 1 张
77×53cm 定价：CNY1.65

J0119952
好凉快 （摄影 1994 年年历）
沈阳 辽宁美术出版社 1993 年 1 张 53×38cm
定价：CNY0.98

J0119953
红颜族·浪漫 （摄影 1994 年年历）伍金生摄
南京 江苏美术出版社 1993 年 1 张 77×53cm
定价：CNY1.40

J0119954
花黄果甜 （摄影 1994 年年历）卞志武摄
沈阳 辽宁美术出版社 1993 年 1 张 53×38cm
定价：CNY0.98

J0119955
花锦果香 （摄影 1994 年年历）卞志武摄
沈阳 辽宁美术出版社 1993 年 1 张 53×38cm
定价：CNY0.98

J0119956
火红的青春 （摄影 1994 年年历）陆明华摄
上海 上海人民美术出版社 1993 年 1 张
77×53cm 定价：CNY1.65

J0119957
吉祥如意 （一 摄影 1994 年年历）
上海 上海人民美术出版社 ［1993 年］1 张
77×53cm 定价：CNY1.90

J0119958
吉祥如意 （二 摄影 1994 年年历）
上海 上海人民美术出版社 ［1993 年］1 张
77×53cm 定价：CNY1.90

J0119959
吉祥如意 （三 摄影 1994 年年历）
上海 上海人民美术出版社 ［1993 年］1 张
77×53cm 定价：CNY1.90

J0119960
吉祥如意 （四 摄影 1994 年年历）
上海 上海人民美术出版社 ［1993 年］1 张
77×53cm 定价：CNY1.90

J0119961
矜 （摄影 1994 年年历）张甡妍摄
南京 江苏美术出版社 1993 年 1 张 68×38cm
定价：CNY1.05

J0119962
龙舟竞渡 （摄影 1994 年年历）瑛珊摄
沈阳 辽宁美术出版社 1993 年 1 张 38×53cm
定价：CNY0.98

J0119963
魅 （摄影 1994 年年历）张甡妍摄
南京 江苏美术出版社 1993 年 1 张 68×38cm
定价：CNY1.05

J0119964
明丽 （摄影 1994 年年历）王小滨摄
南京 江苏美术出版社 1993 年 1 张 77×53cm
定价：CNY1.40

J0119965
内秀 （摄影 1994 年年历）王小滨摄
南京 江苏美术出版社 1993 年 1 张 77×53cm
定价：CNY1.40

J0119966
琴声袅绕 （摄影 1994 年年历）明华摄
上海 上海人民美术出版社 1993 年 1 张
77×53cm 定价：CNY4.65

J0119967
舒展 （摄影 1994 年年历）郭治国摄
沈阳 辽宁美术出版社 1993 年 1 张 38×53cm
定价：CNY0.98

J0119968
天涯海角 （摄影 1994 年年历）郭治国摄
沈阳 辽宁美术出版社 1993 年 1 张 38×53m
定价：CNY0.98

J0119969
天真 （摄影 1994 年年历）郭治国，任丽摄
沈阳 辽宁美术出版社 1993 年 1 张 38×53cm
定价：CNY0.98

J0119970
天真 （摄影 1994 年年历）光远摄
杭州 浙江人民美术出版社 1993 年 1 张
53×38cm 定价：CNY0.75

J0119971
温馨 （摄影 1994 年年历）高盛奎摄
杭州 浙江人民美术出版社 1993 年 1 张
53×38cm 定价：CNY0.75

J0119972
霞飞 （摄影 1994 年年历）黄正雄摄
南京 江苏美术出版社 1993 年 1 张 77×53cm
定价：CNY1.40

J0119973
夏梦 （摄影 1994 年年历）伍京生摄
南京 江苏美术出版社 1993 年 1 张 68×38cm
定价：CNY1.05

J0119974
夏日风采 （摄影 1994 年年历）豫强，晓杨摄
杭州 浙江人民美术出版社 1993 年 1 张
77×53cm 定价：CNY1.10

J0119975
小花 （摄影 1994 年年历）
北京 中国电影出版社 1993 年 1 张 77×53cm
定价：CNY1.30

J0119976
鸭鸭 （摄影 1994 年年历）叶子摄
杭州 浙江人民美术出版社 1993 年 1 张
53×38cm 定价：CNY0.75

J0119977
雅 （摄影 1994 年年历）张甦妍摄
南京 江苏美术出版社 1993 年 1 张 68×38cm
定价：CNY1.05

J0119978
雅趣 （摄影 1994 年年历）光远摄
杭州 浙江人民美术出版社 1993 年 1 张
68×38cm 定价：CNY1.10

J0119979
雅颜 （摄影 1994 年年历）兆欣摄
南京 江苏美术出版社 1993 年 1 张 77×35cm
定价：CNY1.05

J0119980
亦步亦趋 （摄影 1994 年年历）秀艳摄
沈阳 辽宁美术出版社 1993 年 1 张 38×53cm
定价：CNY0.98

J0119981
音乐之华 （摄影 1994 年年历）
北京 中国电影出版社 ［1993 年］1 张 77×53cm
定价：CNY1.30

J0119982
银河擂鼓 （摄影 1994 年年历）凡璞作
南京 江苏美术出版社 1993 年 1 张 77×53cm
定价：CNY1.40

J0119983
银梦 （摄影 1994 年年历）豫强摄
杭州 浙江人民美术出版社 1993 年 1 张
77×53cm 定价：CNY1.80

J0119984
玉龙佳秀 （摄影 1994 年年历）林英珊摄
沈阳 辽宁美术出版社 1993 年 1 张 38×53cm
定价：CNY0.98

J0119985
韵 （摄影 1994 年年历）潘小明摄
沈阳 辽宁美术出版社 1993 年 1 张 38×53cm
定价：CNY0.98

J0119986
争奇斗艳 （摄影 1994 年年历）华安摄
沈阳 辽宁美术出版社 1993 年 1 张 53×38cm
定价：CNY0.98

J0119987
祝君健康 （摄影 1994 年年历）朱丹摄
南京 江苏美术出版社 1993 年 1 张 77×53cm
定价：CNY1.40

J0119988
祝君快乐 （一 摄影 1994 年年历）
南京 江苏人民美术出版社 1993 年 1 张
77×53cm 定价：CNY1.60

J0119989
祝君快乐 （二 摄影 1994 年年历）
南京 江苏人民美术出版社 1993 年 1 张
77×53cm 定价：CNY1.60

J0119990
祝君快乐 （A 摄影 1994 年年历）王伟摄
南京 江苏人民美术出版社 1993 年 1 张
77×53cm 定价：CNY1.40

J0119991
祝君快乐 （B 摄影 1994 年年历）王伟摄
南京 江苏人民美术出版社 1993 年 1 张
77×53cm 定价：CNY1.40

J0119992
祝君顺利 （摄影 1994 年年历）朱丹摄
南京 江苏美术出版社 1993 年 1 张 77×53cm
定价：CNY1.40

J0119993
祝君幸福 （摄影 1994 年年历）建国摄
南京 江苏美术出版社 1993 年 1 张 77×53cm
定价：CNY1.40

J0119994
追求 （摄影 1994 年年历）长江摄
沈阳 辽宁美术出版社 1993 年 1 张 38×53cm
定价：CNY0.98

J0119995
祖国在心中 （摄影 1994 年年历）豫强，志武摄
杭州 浙江人民美术出版社 1993 年 1 张
53×38cm 定价：CNY0.75

J0119996
1995：爱的伴侣 （摄影挂历）
武汉 长江文艺出版社 1994 年 77×53cm
定价：CNY38.00

J0119997
1995：爱心 （摄影挂历）
杭州 浙江人民美术出版社 1994 年 77×53cm
定价：CNY36.80

J0119998
1995：缤纷天地 （摄影挂历）甘肃人民出版
社编
兰州 甘肃人民出版社 1994 年 77×53cm
定价：CNY39.00

J0119999
1995：财运亨通 （摄影挂历）
武汉 湖北美术出版社 1994 年 73×48cm
定价：CNY39.80

J0120000
1995：春天的祝愿 （摄影挂历）
北京 中国电影出版社 1994 年 77×53cm
定价：CNY29.80

J0120001
1995：大地风情 （摄影挂历）河北美术出版
社编
石家庄 河北美术出版社 1994 年 74×48cm
定价：CNY41.80

J0120002
1995：大富贵 （摄影挂历）
杭州 浙江人民美术出版社 1994 年 77×53cm

定价: CNY29.00

J0120003
1995: 东方雅韵 （摄影挂历）
南京 江苏美术出版社 1994年 77×53cm
定价: CNY42.60

J0120004
1995: 发财 （摄影挂历）谢新发等摄
天津 天津人民美术出版社 1994年 77×53cm
定价: CNY39.80

J0120005
1995: 芳馨 （摄影挂历）王石之, 冀秋英摄
石家庄 河北美术出版社 1994年 77×53cm
定价: CNY36.80
　　作者王石之(1946—　), 画家。生于黑龙江阿城。毕业于中央美术学院附中。中国美术家协会、中国摄影家协会、北京油画学会、中国舞台美术协会、中国工业设计协会、中国展示设计协会会员。作品有《香山雪夜镶明珠》等。

J0120006
1995: 芳溢流香 （摄影挂历）王立忠等摄
天津 天津人民美术出版社 1994年 77×53cm
定价: CNY39.80

J0120007
1995: 芬芳 （摄影挂历）雄伟等摄
杭州 浙江人民美术出版社 1994年 77×53cm
定价: CNY36.00

J0120008
1995: 风行 （摄影挂历）山东美术出版社编
济南 山东美术出版社 1994年 77×53cm
定价: CNY36.80

J0120009
1995: 风雅 （摄影挂历）
北京 中国电影出版社 1994年 77×53cm
定价: CNY36.60

J0120010
1995: 风韵 （摄影挂历）刘海发摄
上海 上海人民美术出版社 1994年 77×53cm

定价: CNY42.00

J0120011
1995: 富贵吉祥 （摄影挂历）陈春轩, 宋士诚摄
上海 上海人民美术出版社 1994年 77×53cm
定价: CNY42.00

J0120012
1995: 富贵吉祥 （摄影挂历）方永熙, 杨中俭摄
天津 天津人民美术出版社 1994年 77×53cm
定价: CNY39.80

J0120013
1995: 恭喜发财 （摄影挂历）王伟戌等绘
上海 上海人民美术出版社 1994年 102×77cm
定价: CNY44.00

J0120014
1995: 吉祥大发 （摄影挂历）天舒, 绍甲摄
武汉 湖北美术出版社 1994年 77×53cm
定价: CNY40.80

J0120015
1995: 今日家庭 （摄影挂历）
杭州 浙江人民美术出版社 1994年 77×53cm
定价: CNY36.80

J0120016
1995: 精品屋 （摄影挂历）
上海 上海人民美术出版社 1994年 77×53cm
定价: CNY39.00

J0120017
1995: 路路发 （摄影挂历）
沈阳 辽宁美术出版社 1994年 77×53cm
定价: CNY39.80

J0120018
1995: 美雅 （摄影挂历）
天津 天津人民美术出版社 1994年 77×53cm
定价: CNY39.80

J0120019
1995: 迷 （摄影挂历）
沈阳 辽宁美术出版社 1994年 77×53cm

定价：CNY39.80

J0120020
1995：世界之星　（摄影挂历）
南京　江苏人民出版社　1994 年　102x72cm
定价：CNY78.00

J0120021
1995：四季发　（摄影挂历）
武汉　湖北人民出版社　1994 年　77×53cm
定价：CNY38.00

J0120022
1995：四季平安　（摄影挂历）
沈阳　辽宁美术出版社　1994 年　77×53cm
定价：CNY39.80

J0120023
1995：旺旺　（摄影挂历）
南京　江苏人民出版社　1994 年　77×53cm
定价：CNY37.00

J0120024
1995：温馨　（摄影挂历）
武汉　湖北美术出版社　1994 年　77×53cm
定价：CNY38.00

J0120025
1995：温馨　（摄影挂历）伍鼎宏等摄
上海　上海人民美术出版社　1994 年　77×53cm
定价：CNY39.00
　　作者伍鼎宏（1948—　），中国人像摄影学会
会员，上海摄影家协会会员。

J0120026
1995：温馨优雅　（摄影挂历）河北美术出版
社编
石家庄　河北美术出版社　1994 年　74×48cm
定价：CNY41.80

J0120027
1995：新潮　（摄影挂历）
杭州　浙江人民美术出版社　1994 年　77×53cm
定价：CNY36.80

J0120028
1995：雅君　（摄影挂历）岭南美术出版社编
广州　岭南美术出版社　1994 年　66×92cm
统一书号：5362.4954　定价：CNY56.00

J0120029
1995：雅君　（摄影挂历）岭南美术出版社编
广州　岭南美术出版社　1994 年　68x100cm
统一书号：5362.4977　定价：CNY52.80

J0120030
1995：雅趣　（摄影挂历）山东美术出版社编
济南　山东美术出版社　1994 年　77×53cm
定价：CNY36.80

J0120031
1995：雅韵　（摄影挂历）
南昌　江西美术出版社　1994 年　77×53cm
定价：CNY32.80

J0120032
1995：野韵　（摄影挂历）山东友谊出版社编
济南　山东友谊出版社　1994 年　77×53cm
定价：CNY39.80

J0120033
1995：一帆风顺　（摄影挂历）
上海　上海人民美术出版社　1994 年　102x72cm
定价：CNY44.00

J0120034
1995：一路发　（摄影挂历）
天津　天津人民美术出版社　1994 年　77×53cm
定价：CNY39.80

J0120035
1995：怡趣　（摄影挂历）贾育平等摄
济南　山东友谊出版社　1994 年　74×48cm
定价：CNY39.80

J0120036
1995：溢香　（摄影挂历）
天津　天津人民美术出版社　1994 年　77×53cm
定价：CNY39.80

J0120037
1995：**溢影** （摄影挂历）豫强，新强摄
杭州 浙江人民美术出版社 1994 年 77×53cm
定价：CNY36.00

J0120038
1995：**银星** （摄影挂历）
北京 中国电影出版社 1994 年 77×53cm
定价：CNY29.80

J0120039
1995：**月曼清流** （摄影挂历）
北京 中国电影出版社 1994 年 77×53cm
定价：CNY42.00

J0120040
1995：**韵** （摄影挂历）
天津 天津人民美术出版社 1994 年 77×53cm
定价：CNY39.80

J0120041
1995：**中华风采** （摄影挂历）维恒摄
南京 江苏美术出版社 1994 年 77×53cm
定价：CNY34.00

J0120042
1995：**中华风采** （摄影挂历）于云天等摄
天津 天津人民美术出版社 1994 年 77×53cm
定价：CNY33.50

J0120043
1995：**猪年大吉** （摄影挂历）
广州 广东科技出版社 1994 年 77×53cm
定价：CNY19.50

J0120044
1995：**祝您长寿** （摄影挂历）
武汉 长江文艺出版社 1994 年 77×53cm
定价：CNY38.00

J0120045
奔放 （摄影 1995 年年历）
南京 江苏美术出版社 1994 年 1 张 77×53cm
定价：CNY1.80

J0120046
财源滚滚 （系列画三 摄影 1995 年年历）陈春轩摄
上海 上海人民美术出版社 1994 年 1 张
77×53cm 定价：CNY2.00

J0120047
楚楚风姿 （摄影 1995 年年历）
北京 中国电影出版社 1994 年 1 张 52×38cm
定价：CNY0.70

J0120048
纯洁 （摄影 1995 年年历）
南京 江苏美术出版社 1994 年 1 张 77×53cm
定价：CNY1.80

J0120049
丰收曲 （摄影 1995 年年历）
北京 中国电影出版社 1994 年 1 张 77×53cm
定价：CNY1.80

J0120050
风采 （摄影 1995 年年历）王伟摄
南京 江苏美术出版社 1994 年 1 张 77×35cm
定价：CNY1.25

J0120051
风采 （摄影 1995 年年历）高胜奎摄影
天津 天津人民出版社 1994 年 1 张 53×38cm
定价：CNY0.80

J0120052
福到春来 （摄影 1995 年年历）石之摄
北京 中国连环画出版社 1994 年 1 张
77×53cm 定价：CNY2.20

J0120053
福到春来 （摄影 1996 年年历）石之摄
北京 中国连环画出版社 1995 年 1 张
77×53cm 定价：CNY2.90

J0120054
恭喜发财 （摄影 1995 年年历）梅林摄
北京 中国连环画出版社 1994 年 1 张
77×53cm 定价：CNY2.20

J0120055
光辉中华（摄影 1995 年农历乙亥年年历）
天津 天津人民美术出版社 1994 年 1 张
77×53cm 定价：CNY1.60

J0120056
光荣人家（摄影 1995 年年历）
杭州 浙江人民美术出版社 1994 年 1 张
68×38cm 定价：CNY1.60

J0120057
贵州风雨桥（摄影 1995 年年历）牛嵩林摄
北京 中国连环画出版社 1994 年 1 张
77×53cm 定价：CNY2.20

　　作者牛嵩林(1925—)，记者、摄影师。大连庄河市人。历任解放军报社高级记者，中国旅游出版社编辑室主任，中国摄影家协会会员，中国老摄影家协会理事。20世纪50年代至70年代，曾担任中央国事采访工作，作品有《伟人的瞬间画册》《周恩来总理纪念册》《民兵画册》《领袖风采》《共和国十大将》等画册。

J0120058
贵州风雨桥（摄影 1996 年年历）牛嵩林摄
北京 中国连环画出版社 1995 年 1 张
77×53cm 定价：CNY2.90

J0120059
含蕴（摄影 1995 年年历）石强摄
南京 江苏美术出版社 1994 年 1 张 77×53cm
定价：CNY1.80

J0120060
和平天使（摄影 1995 年年历）谢新发，包于飞摄
上海 上海人民美术出版社 1994 年 1 张
77×53cm 定价：CNY2.00

J0120061
花好月圆（摄影 1995 年年历）陈春轩摄
上海 上海人民美术出版社 1994 年 1 张
77×53cm 定价：CNY2.00

J0120062
华彩乐章（摄影 1995 年年历）
北京 中国电影出版社 1994 年 1 张 77×53cm
定价：CNY1.80

J0120063
华美（摄影 1995 年年历）陈春轩摄影
天津 天津人民美术出版社 1994 年 1 张
53×38cm 定价：CNY0.80

J0120064
华厅（摄影 1995 年年历）
南京 江苏美术出版社 1994 年 1 张 77×53cm
定价：CNY2.20

J0120065
华厅（摄影 1995 年年历）
南京 江苏美术出版社 1994 年 1 张 102×72cm
定价：CNY5.20

J0120066
欢乐时光（摄影 1995 年年历）廉志军摄影
北京 中国旅游出版社 1994 年 1 张 53×38cm
定价：CNY1.00

J0120067
激浪涛声（摄影 1995 年年历）梅林摄
北京 中国连环画出版社 1994 年 1 张
38×53cm 定价：CNY1.10

J0120068
吉庆有余（摄影 1995 年年历）张克庆摄影
北京 中国旅游出版社 1994 年 1 张 53×77cm
定价：CNY1.90

J0120069
浪漫情怀（摄影 1994 年年历）
北京 中国电影出版社 1994 年 1 张 52×38cm
定价：CNY0.70

J0120070
恋曲（摄影 1995 年年历）
北京 中国电影出版社 1994 年 1 张 52×38cm
定价：CNY1.00

J0120071
流光溢彩（摄影）

南京 江苏美术出版社 1994 年 1 张 50×140cm
定价: CNY5.20

J0120072
马到成功 （摄影 1995 年年历）
北京 中国电影出版社 1994 年 1 张 52×38cm
定价: CNY1.00

J0120073
美丽 （摄影 1995 年年历）
南京 江苏美术出版社 1994 年 1 张 77×53cm
定价: CNY1.80

J0120074
美妙的瞬间 （摄影 1995 年年历）廉志军摄影
北京 中国旅游出版社 1994 年 1 张 53×38cm
定价: CNY1.00

J0120075
明天更美好 （摄影 1995 年年历）陈春轩摄
上海 上海人民美术出版社 1994 年 1 张
77×53cm 定价: CNY2.00

J0120076
内秀 （摄影 1995 年年历）
南京 江苏美术出版社 1994 年 1 张 77×53cm
定价: CNY1.80

J0120077
胖胖 （摄影 1995 年年历）宋士诚摄
上海 上海人民美术出版社 1994 年 1 张
77×53cm 定价: CNY2.00

J0120078
憩 （摄影 1994 年年历）
北京 中国电影出版社 1994 年 1 张 52×38cm
定价: CNY0.70

J0120079
松鹤长春 （摄影 1995 年年历）
杭州 浙江人民美术出版社 1994 年 1 张
77×35cm 定价: CNY1.60

J0120080
天真 （摄影 1995 年年历）李少白摄影
天津 天津人民美术出版社 1994 年 1 张
53×38cm 定价: CNY0.80

J0120081
万事如意 （摄影 1995 年年历）杨中俭摄影
北京 中国旅游出版社 1994 年 1 张 53×38cm
定价: CNY1.00

J0120082
温馨 （摄影 1995 年年历）陈建国摄
南京 江苏美术出版社 1994 年 1 张 77×53cm
定价: CNY1.80

J0120083
温馨 （摄影 1995 年农历乙亥年年历）陈春轩
摄影
天津 天津人民美术出版社 1994 年 1 张
53×38cm 定价: CNY0.80

J0120084
温馨 （摄影 1995 年年历）贾育平摄影
北京 中国旅游出版社 1994 年 1 张 53×38cm
定价: CNY1.00

J0120085
温馨 （摄影 1996 年年历）贾育平摄
北京 中国旅游出版社 1995 年 1 张 53×38cm
定价: CNY1.30

J0120086
喜庆临门 （摄影 1995 年年历）杨中俭摄影
北京 中国旅游出版社 1994 年 1 张 53×38cm
定价: CNY1.00
　　作者杨中俭，擅长摄影。主要年历作品有
《花好人妍》《上海外滩》《喜庆临门》等。

J0120087
夏日 （摄影 1995 年年历）
南京 江苏美术出版社 1994 年 1 张 77×53cm
定价: CNY2.20

J0120088
夏日风情 （摄影 1995 年年历）陈悦摄影
天津 天津人民美术出版社 1994 年 1 张
53×38cm 定价: CNY0.80

J0120089

闲情 （摄影 1995 年农历乙亥年年历）谢新发摄

天津 天津人民美术出版社 1994 年 1 张

53×38cm 定价：CNY0.80

J0120090

小花 （摄影 1995 年年历）年华祖摄

上海 上海人民美术出版社 1994 年 1 张

68×37cm 定价：CNY1.40

J0120091

小帽帽 （摄影 1995 年年历）阿星摄

上海 上海人民美术出版社 1994 年 1 张

77×53cm 定价：CNY2.00

J0120092

雅 （摄影 1995 年年历）

南京 江苏美术出版社 1994 年 1 张 102×72cm

定价：CNY5.20

J0120093

艳丽 （摄影 1995 年年历）

南京 江苏美术出版社 1994 年 1 张 77×53cm

定价：CNY1.80

J0120094

音乐之华 （摄影 1995 年年历）

北京 中国电影出版社 1994 年 1 张 77×53cm

定价：CNY1.80

J0120095

真善美 （摄影 1995 年年历）谢新发，包于飞摄

上海 上海人民美术出版社 1994 年 1 张

77×53cm 定价：CNY2.00

J0120096

［1996 年美术挂历］ 何小芳摄

广州 岭南美术出版社 1995 年 100×70cm

ISBN：7-5362-1231-3 定价：CNY48.00

J0120097

［1996 年美术挂历］ 何小芳摄

广州 岭南美术出版社 1995 年 87×68cm

ISBN：7-5362-1230-5 定价：CNY31.00

J0120098

1996：财源通宝 （摄影挂历）天津人民美术出版社编

天津 天津人民美术出版社 1995 年 74×48cm

ISBN：7-5305-0509-2 定价：CNY24.00

J0120099

1996：宠贵 （摄影挂历）石之，秋英摄

北京 中国三峡出版社 1995 年 72×48cm

ISBN：7-80099-103-2 定价：CNY23.80

J0120100

1996：富贵家庭 （摄影挂历）强远，雪红摄

杭州 浙江人民美术出版社 1995 年 77×53cm

ISBN：7-5340-0567-1 定价：CNY24.50

J0120101

1996：合家欢 （摄影挂历）李鸿等摄

天津 天津人民美术出版社 1995 年 77×53cm

ISBN：7-5305-0497-5 定价：CNY25.00

J0120102

1996：花仙 （摄影挂历）

重庆 重庆出版社 1995 年 78×52cm

ISBN：5366.862

J0120103

1996：华彩 （摄影挂历）桑榆摄

上海 上海人民美术出版社 1995 年 77×53cm

定价：CNY32.00

J0120104

1996：吉庆 （摄影挂历）冯进，步铁力摄

西安 陕西人民美术出版社 1995 年 86×58cm

ISBN：7-5368-0769-4 定价：CNY25.00

J0120105

1996：吉祥如意 （摄影挂历）周祖贻摄

上海 上海科学技术出版社 1995 年 26×35cm

ISBN：7-5323-3900-9 定价：CNY16.00

J0120106

1996：纪念孙中山先生诞辰 130 周年 （摄影挂历）中山海外联谊会编

广州 广东省地图出版社 1995 年 76×52cm

ISBN：7-80522-316-5 定价：CNY25.00

J0120107
1996：晶彩 （摄影挂历）杨柳摄
天津 天津杨柳青画社 1995 年 74×48cm
ISBN：7-80503-276-9 定价：CNY23.00

J0120108
1996：清风 （摄影挂历）天津人民美术出版社编
天津 天津人民美术出版社 1995 年 74×48cm
ISBN：7-5305-0502-5 定价：CNY24.00

J0120109
1996：清雅 （摄影挂历）杨柳摄
天津 天津杨柳青画社 1995 年 74×48cm
ISBN：7-80503-274-2 定价：CNY23.00

J0120110
1996：如意家庭 （摄影挂历）西泠印社编
杭州 西泠印社 1995 年 77×53cm
ISBN：7-80517-176-9 定价：CNY24.50

J0120111
1996：神驰 （摄影挂历）贾育平摄
西宁 青海人民出版社 1995 年 74×48cm
ISBN：7-225-01033-6 定价：CNY24.00

J0120112
1996：诗情 （摄影挂历）青海人民出版社编
西宁 青海人民出版社 1995 年 74×48cm
ISBN：7-225-01041-7 定价：CNY25.00

J0120113
1996：顺风得利 （摄影挂历）西泠印社编
杭州 西泠印社 1995 年 77×53cm
ISBN：7-80517-175-0 定价：CNY25.00

J0120114
1996：万事如意 （摄影挂历）陈春轩，徐中定摄
杭州 西泠印社 1995 年 77×53cm
ISBN：7-80517-171-8 定价：CNY25.00

J0120115
1996：为人民服务 （摄影挂历）侯波等摄
杭州 浙江人民美术出版社 1995 年 77×53cm

ISBN：7-5340-0613-9 定价：CNY25.00

J0120116
1996：温雅 （摄影挂历）王胜利摄
广州 岭南美术出版社 1995 年 66×92cm
ISBN：7-5362-1233-X 定价：CNY28.80

J0120117
1996：心和百福 （摄影挂历）姜大斧等摄
济南 山东美术出版社 1995 年 77×53cm
ISBN：7-5330-0874-X 定价：CNY25.00

J0120118
1996：新世界 （摄影挂历）天津人民美术出版社编
天津 天津人民美术出版社 1995 年 74×48cm
ISBN：7-5305-0508-4 定价：CNY24.00

J0120119
1996：一帆风顺 （摄影挂历）
北京 冶金工业出版社 1995 年 95×63cm
ISBN：7-5024-1789-3 定价：CNY48.00

J0120120
1996：影韵 （摄影挂历）单大伟摄
广州 岭南美术出版社 1995 年 100×70cm
ISBN：7-5362-1234-8 定价：CNY28.80

J0120121
1996：韵 （摄影挂历）房翔摄
杭州 浙江人民美术出版社 1995 年 77×53cm
ISBN：7-5340-0617-1 定价：CNY25.00

J0120122
1996：招财进宝 （摄影挂历）石之，静蕴摄
北京 中国三峡出版社 1995 年 72×48cm
ISBN：7-80099-104-0 定价：CNY23.80

J0120123
1996：祝福 （摄影挂历）梅生摄
兰州 甘肃人民美术出版社 1995 年 77×53cm
ISBN：7-80588-111-1 定价：CNY25.00

J0120124
1996：祝福 （摄影挂历）青海人民出版社编

西宁 青海人民出版社 1995 年 77×53cm
定价：CNY38.80

J0120125
春华 （摄影 1996 年年历）庆志摄
南京 江苏美术出版社 1995 年 1 张 77×53cm
定价：CNY2.40

J0120126
典雅 （摄影 1996 年年历）
南京 江苏美术出版社 1995 年 1 张 77×53cm
定价：CNY2.40

J0120127
风采 （摄影 1996 年年历）江苏美术出版社编
南京 江苏美术出版社 1995 年 1 张 77×35cm
定价：CNY1.60

J0120128
风采 （摄影 1996 年年历）贾育平摄
北京 中国旅游出版社 1995 年 1 张 53×38cm
定价：CNY1.30

J0120129
瓜果飘香 （摄影 1996 年年历）年华祖摄
上海 上海人民美术出版社 1995 年 1 张
53×77cm 定价：CNY2.40

J0120130
瓜果飘香 （摄影 1997 年年历）年华祖摄
上海 上海人民美术出版社 1996 年 1 张
77×53cm 定价：CNY2.80

J0120131
国色天香 （摄影 1996 年年历）
西安 陕西人民美术出版社 1995 年 1 张
77×53cm 定价：CNY2.60

J0120132
花好月圆 （摄影 1996 年年历）年华祖摄
上海 上海人民美术出版社 1995 年 1 张
77×53cm 定价：CNY2.40

J0120133
华彩 （摄影 1996 年年历）陈春轩摄

上海 上海人民美术出版社 1995 年 1 张
77×53cm 定价：CNY2.40

J0120134
华贵 （摄影 1996 年年历）刘海发摄
天津 天津人民美术出版社 1995 年 1 张
53×37cm 定价：CNY1.00

J0120135
回眸 （摄影 1996 年年历）
南京 江苏美术出版社 1995 年 1 张 77×53cm
定价：CNY2.40

J0120136
吉祥如意 （摄影 1996 年年历）年华祖摄
上海 上海人民美术出版社 1995 年 1 张
77×53cm 定价：CNY2.40

J0120137
交相辉映 （摄影 1996 年年历）登峰摄
北京 中国连环画出版社 1995 年 1 张
77×53cm 定价：CNY2.90

J0120138
娇艳 （摄影 1996 年年历）登峰摄
北京 中国连环画出版社 1995 年 1 张
77×53cm 定价：CNY2.90

J0120139
浪漫 （摄影 1996 年年历）
南京 江苏美术出版社 1995 年 1 张 77×53cm
定价：CNY2.40

J0120140
乐淘淘 （摄影 1996 年年历）王伟摄
南京 江苏美术出版社 1995 年 1 张 77×53cm
定价：CNY2.40

J0120141
恋曲 （摄影 1996 年年历）庆志摄
南京 江苏美术出版社 1995 年 1 张 77×53cm
定价：CNY2.40

J0120142
美艳 （摄影 1996 年年历）

南京 江苏美术出版社 1995 年 1 张 77×53cm
定价: CNY2.40

J0120143
迷恋 （摄影 1996 年年历）
南京 江苏美术出版社 1995 年 1 张 77×53cm
定价: CNY2.40

J0120144
内秀 （摄影 1996 年年历）江苏美术出版社编
南京 江苏美术出版社 1995 年 1 张 77×35cm
定价: CNY1.60

J0120145
宁静 （摄影 1996 年年历）建华供稿
南京 江苏美术出版社 1995 年 1 张 77×53cm
定价: CNY2.40

J0120146
凝视 （摄影 1996 年年历）四星供稿
南京 江苏美术出版社 1995 年 1 张 77×53cm
定价: CNY2.40

J0120147
轻盈 （摄影 1996 年年历）谷静供稿
南京 江苏美术出版社 1995 年 1 张 77×53cm
定价: CNY2.40

J0120148
求索 （摄影 1996 年年历）陈春轩摄
上海 上海人民美术出版社 1995 年 1 张
77×53cm 定价: CNY2.40

J0120149
人寿年丰 （摄影 1996 年年历）张董芬摄
北京 中国连环画出版社 1995 年 1 张
77×53cm 定价: CNY2.90

J0120150
舒适 （摄影 1996 年年历）
南京 江苏美术出版社 1995 年 1 张 77×53cm
定价: CNY2.40

J0120151
天涯海角 （摄影 1996 年年历）鄂毅摄

沈阳 辽宁美术出版社 1995 年 1 张 38×53cm
定价: CNY1.30

J0120152
甜美 （摄影 1996 年年历）何兆欣摄
天津 天津人民美术出版社 1995 年 1 张
53×37cm 定价: CNY1.00

J0120153
喂果汁 （摄影 1996 年年历）
西安 陕西人民美术出版社 1995 年 1 张
68×38cm 定价: CNY2.00

J0120154
温馨 （摄影 1996 年年历）庆志摄
南京 江苏美术出版社 1995 年 1 张 77×53cm
定价: CNY2.40

J0120155
无瑕 （摄影 1996 年年历）钱豫强摄
北京 中国旅游出版社 1995 年 1 张 53×38cm
定价: CNY1.30

J0120156
希望 （摄影 1996 年年历）张玉同摄
沈阳 辽宁美术出版社 1995 年 1 张 38×53cm
定价: CNY1.30

J0120157
惜春 （摄影 1996 年年历）林瑛珊摄
沈阳 辽宁美术出版社 1995 年 1 张 38×53cm
定价: CNY1.30
　　作者林瑛珊（1940—　）笔名砚春，号步云
居士，辽宁省盖州市人。1965 年毕业于鲁迅美术
学院，为赵梦朱、郭西河先生入室弟子，又拜师
著名国画大师崔子范先生。辽宁美术出版社社
长兼总编辑。出版有《林瑛珊画集》《砚春花鸟
画集锦》《砚春国画小品》等。

J0120158
闲情 （摄影 1996 年年历）
天津 天津人民美术出版社 1995 年 1 张
53×37cm 定价: CNY1.00

J0120159
小伙伴 （摄影 1996 年年历）
西安 陕西人民美术出版社 1995 年 1 张
77×53cm 定价：CNY2.60

J0120160
幸福 （摄影 1996 年年历）谭尚忍，宋士诚摄
上海 上海人民美术出版社 1995 年 1 张
77×53cm 定价：CNY2.40

J0120161
雅洁 （摄影 1996 年年历）庆志摄
南京 江苏美术出版社 1995 年 1 张 77×53cm
定价：CNY2.40

J0120162
吧 （摄影 1996 年年历）韩志雅摄
天津 天津人民美术出版社 1995 年 1 张
53×37cm 定价：CNY1.00

J0120163
珍珠 （摄影 1996 年年历）登峰摄
北京 中国连环画出版社 1995 年 1 张
77×53cm 定价：CNY2.90

J0120164
志在蓝天 （摄影 1996 年年历）年华祖摄
上海 上海人民美术出版社 1995 年 1 张
53×37cm 定价：CNY1.30

J0120165
众星捧月 （摄影 1996 年年历）登峰摄
北京 中国连环画出版社 1995 年 1 张
77×53cm 定价：CNY2.90

J0120166
祖国，我爱您 （摄影 1996 年年历）四星，建
华摄
南京 江苏美术出版社 1995 年 1 张 77×53cm
定价：CNY2.40

J0120167
祖国颂 （摄影 1996 年年历）年华祖摄
上海 上海人民美术出版社 1995 年 1 张
77×53cm 定价：CNY2.40

J0120168
祖国万岁 （摄影 1996 年年历）年华祖摄
上海 上海人民美术出版社 1995 年 1 张
77×53cm 定价：CNY2.40

J0120169
1997：[摄影挂历] 何小芳绘
广州 岭南美术出版社 1996 年 100×70cm
ISBN：7-5362-1400-6 定价：CNY48.00

J0120170
1997：[摄影挂历] 何小芳绘
广州 岭南美术出版社 1996 年 87×68cm
ISBN：7-5362-1399-9 定价：CNY31.00

J0120171
1997：[摄影挂历] 李昌摄
广州 岭南美术出版社 1996 年 100×70cm
ISBN：7-5362-1484-7 定价：CNY42.00

J0120172
1997：[摄影挂历] 何小芳绘
广州 岭南美术出版社 1996 年 100×70cm
ISBN：7-5362-1398-0 定价：CNY48.00

J0120173
1997：财通四海 （摄影挂历）上海人民美术
出版社编
上海 上海人民美术出版社 1996 年 77×53cm
ISBN：7-5322-1559-8 定价：CNY26.00

J0120174
1997：财源流长 （摄影挂历）福建美术出版
社编
福州 福建美术出版社 1996 年 106×77cm
ISBN：7-5393-0396-4 定价：CNY33.00

J0120175
1997：超霸 （摄影挂历）李卫民摄
呼和浩特 内蒙古人民出版社 1996 年 58×87cm
ISBN：7-204-03268-3 定价：CNY30.80

J0120176
1997：超越时空 （摄影挂历）中国连环画出
版社编

北京 中国连环画出版社 1996 年 62×87cm
ISBN：7-5061-0714-7 定价：CNY26.00

J0120177
1997：车霸别墅 （摄影挂历）新疆美术摄影
出版社编
乌鲁木齐 新疆美术摄影出版社 1996 年
77×53cm ISBN：7-80547-389-7
定价：CNY27.50

J0120178
1997：车魂 （摄影挂历）杨克俭摄
西安 陕西人民美术出版社 1996 年 74×58cm
ISBN：7-5368-0859-3 定价：CNY27.50

J0120179
1997：乘风破浪 （摄影挂历）上海人民美术
出版社编
上海 上海人民美术出版社 1996 年 95×69cm
ISBN：7-5322-1561-X 定价：CNY32.50

J0120180
1997：驰 （摄影挂历）杨柳摄
天津 天津杨柳青画社 1996 年 77×53cm
ISBN：7-80503-329-3 定价：CNY27.00

J0120181
1997：萃珍 （摄影挂历）吴江南等摄
南昌 江西美术出版社 1996 年 98×69cm
ISBN：7-80580-305-6 定价：CNY35.00

J0120182
1997：翠影 （摄影挂历）王伟等摄
南京 江苏美术出版社 1996 年 77×53cm
ISBN：7-5344-0514-9 定价：CNY26.80

J0120183
1997：大地恩赐 （摄影挂历）高胜奎等摄
杭州 浙江人民美术出版社 1996 年 76×52cm
ISBN：7-5340-0487-X 定价：CNY32.00

J0120184
1997：东方星云 （摄影挂历）桑榆等摄
上海 上海人民美术出版社 1996 年 77×53cm
ISBN：7-5322-1546-6 定价：CNY27.50

J0120185
1997：都市潮 （摄影挂历）豫强摄
杭州 浙江人民美术出版社 1996 年 76×52cm
ISBN：7-5340-0538-8 定价：CNY27.50

J0120186
1997：风姿韵彩 （摄影挂历）福建美术出版
社编
福州 福建美术出版社 1996 年 77×53cm
ISBN：7-5393-0465-0 定价：CNY16.00

J0120187
1997：凤月合鸣 （年历画）顾文荃摄
北京 中国连环画出版社 1996 年 1 张
52×38cm ISBN：85061.92005 定价：CNY1.60
　　作者顾文荃，中国摄影家协会中直会员。

J0120188
1997：福到春来 （年历画）石之摄
北京 中国连环画出版社 1996 年 1 张
76×52cm ISBN：85061.94001 定价：CNY3.20

J0120189
1997：富贵家庭 （摄影挂历）西泠印社编
杭州 西泠印社 1996 年 77×53cm
ISBN：7-80517-212-9 定价：CNY27.50

J0120190
1997：富豪美景 （摄影挂历）陈卫忠摄
天津 天津杨柳青画社 1996 年 77×53cm
ISBN：7-80503-332-3 定价：CNY27.00

J0120191
1997：高风亮节 （摄影挂历）池士潭，池卫摄
天津 天津杨柳青画社 1996 年 77×53cm
ISBN：7-80503-317-X 定价：CNY27.00

J0120192
1997：恭贺新喜 （摄影挂历）吴伟雄摄
广州 岭南美术出版社 1996 年 87×68cm
ISBN：7-5362-1464-2 定价：CNY31.00

J0120193
1997：好时光 （摄影挂历）西泠印社编
杭州 西泠印社 1996 年 77×53cm

ISBN：7-80517-211-0 定价：CNY27.50

J0120194
1997：**红星风采** （摄影挂历）福建美术出版社编
福州 福建美术出版社 1996年 77×53cm
ISBN：7-5393-0404-9 定价：CNY26.00

J0120195
1997：**红星风韵** （摄影挂历）福建美术出版社编
福州 福建美术出版社 1996年 77×53cm
ISBN：7-5393-0489-8 定价：CNY16.00

J0120196
1997：**红星闪闪** （摄影挂历）福建美术出版社编
福州 福建美术出版社 1996年 106×77cm
ISBN：7-5393-0450-2 定价：CNY33.00

J0120197
1997：**回归** （摄影挂历）福建美术出版社编
福州 福建美术出版社 1996年 106×77cm
ISBN：7-5393-0427-8 定价：CNY30.00

J0120198
1997：**交相辉映** （年历画）登峰摄
北京 中国连环画出版社 1996年 1张
76×52cm ISBN：85061.95019 定价：CNY3.20

J0120199
1997：**今日世界** （摄影挂历）上海人民美术出版社编
上海 上海人民美术出版社 1996年 95×69cm
ISBN：7-5322-1563-6 定价：CNY54.00

J0120200
1997：**金玉满堂** （摄影挂历）福建美术出版社编
福州 福建美术出版社 1996年 77×53cm
ISBN：7-5393-0437-5 定价：CNY27.50

J0120201
1997：**晶莹** （摄影挂历）高胜奎摄
杭州 浙江人民美术出版社 1996年 76×52cm

J0120202
1997：**浪漫情怀** （摄影挂历）福建美术出版社编
福州 福建美术出版社 1996年 77×53cm
ISBN：7-5393-0495-2 定价：CNY16.00

J0120203
1997：**丽姿** （摄影挂历）江苏美术出版社编
南京 江苏美术出版社 1996年 106×77cm
ISBN：7-5344-0528-9 定价：CNY35.00

J0120204
1997：**靓彩** （摄影挂历）杨柳摄
天津 天津杨柳青画社 1996年 77×53cm
ISBN：7-80503-292-0 定价：CNY25.80

J0120205
1997：**凌波闹春** （年历画）辛晓摄
北京 中国连环画出版社 1996年 1张
76×52cm ISBN：85061.96006 定价：CNY3.20

J0120206
1997：**玫瑰人生** （摄影挂历）王勇摄
西安 陕西人民美术出版社 1996年 74×58cm
ISBN：7-5368-0858-5 定价：CNY27.50

J0120207
1997：**魅** （摄影挂历）黄正雄摄
杭州 西泠印社 1996年 77×53cm
ISBN：7-80517-207-2 定价：CNY27.50

J0120208
1997：**梦之境** （摄影挂历）湖北美术出版社编
武汉 湖北美术出版社 1996年 77×106cm
ISBN：7-5394-0610-0 定价：CNY32.00

J0120209
1997：**梦之情** （摄影挂历）崇艺摄
长沙 湖南美术出版社 1996年 95×70cm
ISBN：7-5356-0849-3 定价：CNY33.80

J0120210
1997：**妙韵** （摄影挂历）杨柳摄

天津　天津杨柳青画社 1996 年 77×53cm
ISBN：7-80503-294-7 定价：CNY27.00

J0120211
1997：名城风流 （摄影挂历）福建美术出版
社编
福州　福建美术出版社 1996 年 77×53cm
ISBN：7-5393-0452-9 定价：CNY26.80

J0120212
1997：名门之家 （摄影挂历）王建华等供稿
南京　江苏美术出版社 1996 年 77×53cm
ISBN：7-5344-0534-3 定价：CNY27.50

J0120213
1997：名人雅趣 （摄影挂历）丁俊人摄
上海　上海人民美术出版社 1996 年 77×53cm
ISBN：7-5322-1560-1 定价：CNY27.50

J0120214
1997：鸣翠 （摄影挂历）
天津　天津杨柳青画社 1996 年 86×57cm
ISBN：7-80503-293-9

J0120215
1997：嫩 （年历画）石之，静蕴摄
北京　中国连环画出版社 1996 年 1 张
76×52cm ISBN：85061.93013 定价：CNY3.20

J0120216
1997：年年富裕 （年历画）萧璐摄
北京　中国连环画出版社 1996 年 1 张
76×52cm ISBN：85061.96007 定价：CNY3.20

J0120217
1997：盼回归 （摄影挂历）林伟新摄
沈阳　辽宁画报出版社 1996 年 98×69cm
ISBN：7-80601-077-7 定价：CNY59.80

J0120218
1997：媲美 （年历画）登峰摄
北京　中国连环画出版社 1996 年 1 张
76×52cm ISBN：85061.95017 定价：CNY3.20

J0120219
1997：千姿百态 （摄影挂历）黄正雄摄
杭州　西泠印社 1996 年 77×53cm
ISBN：7-80517-214-5 定价：CNY27.50

J0120220
1997：青春潮 （摄影挂历）福建美术出版社编
福州　福建美术出版社 1996 年 106×77cm
ISBN：7-5393-0421-9 定价：CNY30.00

J0120221
1997：青春梦 （摄影挂历）福建美术出版社编
福州　福建美术出版社 1996 年 106×77cm
ISBN：7-5393-0424-3 定价：CNY33.00

J0120222
1997：青春年华 （摄影挂历）诚民供稿
乌鲁木齐　新疆美术摄影出版社 1996 年
77×53cm ISBN：7-80547-432-X
定价：CNY26.80

J0120223
1997：青春之旅 （摄影挂历）福建美术出版
社编
福州　福建美术出版社 1996 年 70×100cm
ISBN：7-5393-0422-7 定价：CNY34.00

J0120224
1997：清 （摄影挂历）新疆美术摄影出版社编
乌鲁木齐　新疆美术摄影出版社 1996 年
77×53cm ISBN：7-80547-398-6
定价：CNY27.50

J0120225
1997：清风雅韵 （摄影挂历）田雨摄
西安　陕西人民美术出版社 1996 年 74×58cm
ISBN：7-5368-0842-9 定价：CNY27.50

J0120226
1997：群芳 （摄影挂历）贾育平供稿
乌鲁木齐　新疆美术摄影出版社 1996 年
77×53cm ISBN：7-80547-431-1
定价：CNY26.80

J0120227

1997：群星争辉 （摄影挂历）贾育平供稿

乌鲁木齐 新疆美术摄影出版社 1996年

106×77cm ISBN：7-80547-427-3

定价：CNY32.00

J0120228

1997：人寿年丰 （年历画）张董芬摄

北京 中国连环画出版社 1996年 1张

76×52cm ISBN：85061.95001 定价：CNY3.20

J0120229

1997：诗 （摄影挂历）卜志武摄

北京 中国连环画出版社 1996年 86×59cm

ISBN：7-5061-0705-8 定价：CNY36.50

J0120230

1997：时代风 （摄影挂历）高胜奎等摄

杭州 浙江人民美术出版社 1996年 76×52cm

ISBN：7-5340-0492-6 定价：CNY27.50

J0120231

1997：属您拥有 （摄影挂历）福建美术出版社编

福州 福建美术出版社 1996年 77×53cm

ISBN：7-5393-0441-3 定价：CNY26.00

J0120232

1997：四季飘香 （摄影挂历）江苏美术出版社编

南京 江苏美术出版社 1996年 77×53cm

ISBN：7-5344-0522-X 定价：CNY26.00

J0120233

1997：四季青 （摄影挂历）福建美术出版社编

福州 福建美术出版社 1996年 77×53cm

ISBN：7-5393-0497-9 定价：CNY16.00

J0120234

1997：四季如意 （摄影挂历）田原摄

杭州 西泠印社 1996年 77×53cm

ISBN：7-80517-217-X 定价：CNY34.50

　　作者田原（1925— ），漫画家，一级美术师。祖籍江苏溧水，生于上海。原名潘有炜，笔名饭牛。中国美术家协会、中国书法家协会、中国版画家协会、中国记者协会、中国漫画家协会会员，中国工艺美术协会理事，东南大学、深圳大学教授。书画作品有《陋室铭》，出版有《中国民间玩具》《田原硬笔书法》等，设计动画片有《熊猫百货商店》等。

J0120235

1997：天趣 （摄影挂历）石强，陈建国摄

南京 江苏美术出版社 1996年 77×53cm

ISBN：7-5344-0513-0 定价：CNY26.80

J0120236

1997：天涯共此时 （摄影挂历）张动摄

天津 天津杨柳青画社 1996年 86×57cm

ISBN：7-80503-326-9 定价：CNY30.80

J0120237

1997：天长地久 （摄影挂历）崇艺摄

长沙 湖南美术出版社 1996年 95×70cm

ISBN：7-5356-0898-1 定价：CNY33.80

J0120238

1997：天真活泼 （摄影挂历）福建美术出版社编

福州 福建美术出版社 1996年 77×53cm

ISBN：7-5393-0477-4 定价：CNY16.00

J0120239

1997：恬静 （摄影挂历）黄正雄摄

杭州 西泠印社 1996年 77×53cm

ISBN：7-80517-215-3 定价：CNY27.50

J0120240

1997：庭园青幽 （摄影挂历）田雨摄

西安 陕西人民美术出版社 1996年 74×58cm

ISBN：7-5368-0843-7 定价：CNY27.50

J0120241

1997：童年 （摄影挂历）全景图片公司供稿

乌鲁木齐 新疆美术摄影出版社 1996年

95×69cm ISBN：7-80547-412-5

定价：CNY66.00

J0120242

1997：童年的梦 （摄影挂历）新疆美术摄影

出版社编
乌鲁木齐 新疆美术摄影出版社 1996 年
77×53cm ISBN：7-80547-399-4
定价：CNY27.50

J0120243
1997：童真　（摄影挂历）陕西人民美术出版社编
西安 陕西人民美术出版社 1996 年 74×58cm
ISBN：7-5368-0829-1 定价：CNY27.50

J0120244
1997：万年青　（摄影挂历）杨柳摄
天津 天津杨柳青画社 1996 年 77×53cm
ISBN：7-80503-329-3 定价：CNY27.00

J0120245
1997：王者风范　（摄影挂历）中国连环画出
版社编
北京 中国连环画出版社 1996 年 95×70cm
ISBN：7-5061-0713-9 定价：CNY36.80

J0120246
1997：温馨乐园　（摄影挂历）崇艺摄
长沙 湖南美术出版社 1996 年 69×98cm
ISBN：7-5356-0846-9 定价：CNY33.80

J0120247
1997：温馨祝福　（摄影挂历）福建美术出版
社编
福州 福建美术出版社 1996 年 70×100cm
ISBN：7-5393-0431-6 定价：CNY37.00

J0120248
1997：稀世珍宝　（摄影挂历）宫宗摄
南京 江苏美术出版社 1996 年 77×53cm
ISBN：7-5344-0529-7 定价：CNY27.50

J0120249
1997：鲜　（年历画）石之，静蕴摄
北京 中国连环画出版社 1996 年 1 张
76×52cm ISBN：85061.93012 定价：CNY3.20

J0120250
1997：香车丽影　（摄影挂历）福建美术出版
社编

福州 福建美术出版社 1996 年 77×53cm
ISBN：7-5393-0493-6 定价：CNY16.00

J0120251
1997：香港　（摄影挂历）湖北美术出版社编
武汉 湖北美术出版社 1996 年 77×106cm
ISBN：7-5394-0609-7 定价：CNY32.00

J0120252
1997：香港　（摄影挂历）兆兴等摄
南京 江苏美术出版社 1996 年 86×57cm
ISBN：7-5344-0530-0 定价：CNY32.80

J0120253
1997：香港　（摄影挂历）新疆美术摄影出版社编
乌鲁木齐 新疆美术摄影出版社 1996 年
77×53cm ISBN：7-80547-386-2
定价：CNY32.00

J0120254
1997：香港　（摄影挂历）光远等摄
杭州 浙江人民美术出版社 1996 年 76×52cm
ISBN：7-5340-0546-9 定价：CNY27.50

J0120255
1997：香港——东方之珠回归　（摄影挂历）
阿金摄
天津 天津杨柳青画社 1996 年 64×58cm
ISBN：7-80503-331-5 定价：CNY30.80

J0120256
1997：香港——再创辉煌　（摄影挂历）于健
英摄
北京 中国连环画出版社 1996 年 74×51cm
ISBN：7-5061-0704-X 定价：CNY36.00

J0120257
1997：潇洒人生　（摄影挂历）福建美术出版
社编
福州 福建美术出版社 1996 年 106×77cm
ISBN：7-5393-0400-6 定价：CNY33.00

J0120258
1997：小城故事　（摄影挂历）张耀文摄
南京 江苏美术出版社 1996 年 31×31cm

ISBN：7-5344-0523-8 定价：CNY28.00

J0120259
1997：心心相印 （摄影挂历）全景摄
杭州 浙江人民美术出版社 1996 年 76×52cm
ISBN：7-5340-0481-0 定价：CNY25.50

J0120260
1997：新感觉 （摄影挂历）豫强，杭平摄
杭州 浙江人民美术出版社 1996 年 76×52cm
ISBN：7-5340-0481-8 定价：CNY27.50

J0120261
1997：新年好 （年历画）萧路摄
北京 中国连环画出版社 1996 年 1 张
76×52cm ISBN：85061.96008 定价：CNY3.20

J0120262
1997：星光灿烂 （摄影挂历）福建美术出版
社编
福州 福建美术出版社 1996 年 106×77cm
ISBN：7-5393-0409-X 定价：CNY30.00

J0120263
1997：星光闪耀 （摄影挂历）福建美术出版
社编
福州 福建美术出版社 1996 年 77×53cm
ISBN：7-5393-0488-X 定价：CNY16.00

J0120264
1997：星河现今灿 （摄影挂历）福建美术出
版社编
福州 福建美术出版社 1996 年 77×53cm
ISBN：7-5393-0434-0 定价：CNY26.00

J0120265
1997：性灵遐想 （摄影挂历）福建美术出版
社编
福州 福建美术出版社 1996 年 77×53cm
ISBN：7-5393-0425-1 定价：CNY26.80

J0120266
1997：雄奇壮美 （摄影挂历）福建美术出版
社编
福州 福建美术出版社 1996 年 106×77cm

ISBN：7-5393-0410-3 定价：CNY30.00

J0120267
1997：绚丽 （摄影挂历）黄正雄摄
杭州 西泠印社 1996 年 77×53cm
ISBN：7-80517-218-8 定价：CNY34.50

J0120268
1997：雅居 （摄影挂历）福建美术出版社编
福州 福建美术出版社 1996 年 29×42cm
ISBN：7-5393-0439-1 定价：CNY27.50

J0120269
1997：雅居 （摄影挂历）上海人民美术出版社编
上海 上海人民美术出版社 1996 年 77×53cm
ISBN：7-5322-1567-9 定价：CNY26.00

J0120270
1997：延年益寿 （摄影挂历）上海人民美术
出版社编
上海 上海人民美术出版社 1996 年 77×53cm
ISBN：7-5322-1566-0 定价：CNY26.00

J0120271
1997：夜来香 （摄影挂历）新疆美术摄影出
版社编
乌鲁木齐 新疆美术摄影出版社 1996 年
76×52cm ISBN：7-80547-388-9
定价：CNY27.50

J0120272
1997：一代风流 （摄影挂历）向艺摄
乌鲁木齐 新疆美术摄影出版社 1996 年
77×53cm ISBN：7-80547-390-0
定价：CNY27.50

J0120273
1997：一代天娇 （摄影挂历）崇艺摄
长沙 湖南美术出版社 1996 年 74×51cm
ISBN：7-5356-0856-6 定价：CNY26.80

J0120274
1997：忆江南 （摄影挂历）豫强摄
杭州 浙江人民美术出版社 1996 年 76×52cm
ISBN：7-5340-0536-1 定价：CNY27.50

J0120275
1997：迎春接福 （摄影挂历）爱民供稿
乌鲁木齐 新疆美术摄影出版社 1996 年
77×106cm ISBN：7-80547-426-5
定价：CNY32.00

J0120276
1997：永恒的辉煌 （摄影挂历）福建美术出版社编
福州 福建美术出版社 1996 年 106×77cm
ISBN：7-5393-0401-4 定价：CNY33.00

J0120277
1997：玉宇彩虹 （摄影挂历）爱民供稿
乌鲁木齐 新疆美术摄影出版社 1996 年
77×106cm ISBN：7-80547-425-7
定价：CNY32.00

J0120278
1997：月朦胧 （摄影挂历）那启明摄
天津 天津杨柳青画社 1996 年 77×53cm
ISBN：7-80503-296-3 定价：CNY27.00
　　作者那启明（1936—　　）满族，北京人。擅长民间美术。1958 年毕业于中央美术学院附中。

现任天津杨柳青画社编辑部主任、编审。作品《白求恩》获三届全国年画美展二等奖，《团结图》获五届全国年画美展三等奖，《多彩夕阳》获中华人民共和国成立 45 周年美 展佳作奖，《喜迎春》等作品入选第四届、五届全国年画展和第六届、七届、八届全国美展。1994 年被中央文化部、新闻出版署评为"优秀年画编辑"，中国美术家协会会员。

J0120279
1997：韵律 （摄影挂历）福建美术出版社编
福州 福建美术出版社 1996 年 77×53cm
ISBN：7-5393-0407-3 定价：CNY26.80

J0120280
1997：周末休闲游 （摄影挂历）中国旅游出版社编
北京 中国旅游出版社 1996 年 53×38cm
ISBN：7-5032-1135-0 定价：CNY25.00

J0120281
1997：祝福 （摄影挂历）福建美术出版社编
福州 福建美术出版社 1996 年 106×77cm
ISBN：7-5393-0498-7 定价：CNY33.00